یہودیت، عیسائیت اور اسلام
ــــ تالیف ــــ

ڈاکٹر سید عارف ظفر، پی ایچ ڈی

جُملہ حقوق بحقِ ناشر محفوظ ہیں

یہ کتاب یا اس ک کوئ حصہ مصنف کی اجازت کے بغیر شائع نہیں کیا جاسکتا۔
ادارے کو قانونی کاروائی کا حق حاصل ہے۔

کتاب : یہودیت، عیسائیت اور اسلام
مصنف : ڈاکٹر سید عارف ظفر، پی ایچ ڈی
اشاعتِ اوّل : اگست2025ء
ٹائٹل ڈیزائن : عمر بھٹی
ناشر: پیپر کرافٹ پبلیشرز (papercraftpublishers.com)

+92-313-4192268
hi@papercraftpublishers.com

قیمت:
آئ-ایس-بی-این: 979-8-9932847-0-5[1]

PAPER CRAFT
PUBLISHERS

1. https://www.myidentifiers.com/title_registration?isbn=979-8-9932847-0-5&icon_type=Assigned

انتساب

اِس کتاب کا انتساب میرے مرحوم والدین سید فصاحت علی اور رضیہ فصیح کے نام ہے جن سے مجھے عزتِ نفس کی قدر اور پہچان ملی۔ میری اہلیہ فوزیہ عارف کے طویل عرصہ تعاون کے بغیر یہ کام ممکن نہیں تھا اور ساتھ ہی میرے بچوں وقار، عدیل، زہرا اور نبیل کے نام جنہیں کسی واضح تحریر کے ذریعے زندگی کے برتر مفہوم سے متعارف کرنا میرے دل کی بڑی آرزوؤں میں سے ایک آرزو تھی

ــــ عارف

پیشِ لفظ

بِسمِ اللہِ الرَّحمٰنِ الرَّحِیم

دینِ اسلام میں قرآنِ کریم کے ساتھ ساتھ اللہ تعالیٰ کے نازل کردہ سابقہ آسمانی صحائف پر ایمان شامل ہے ۔ سابقہ صحائف میں تورات، زبور اور انجیل ہی وہ صحائف ہیں جو دنیا میں موجود ہیں اور یہودی و عیسائی عقیدوں کی بنیاد ہیں ۔ قرآنِ کریم کی سورتوں میں معتدبہ حصّہ دینِ اسلام کی ہدایات کے ساتھ ساتھ سابقہ انبیاء و رسل کی سیرت، تعلیمات اور پیغمبرانہ زندگی کے لئے مختص ہے اور نوعِ انسانی کو دی جانے والی ہدایات اور تصورِ دین کی مکمّل تشریح کے اہم ترین اجزاء میں شامل ہے ۔

اللہ تعالیٰ نے قرآنِ کریم میں مختلف پہلوؤں سے اس حقیقت کی وضاحت کر دی ہے کہ سابقہ تینوں صحائف یعنی تورات، زبور اور انجیل اصل نازل کردہ الفاظ میں محفوظ نہیں ۔ اسلامی مفکرین، متکلمین اور اہلِ علم حضرات کو اپنی تحریروں اور خطابات میں سابقہ امّتوں اور سابقہ صحائف کو اکثر و بیشتر موضوعِ تحریر اور موضوعِ کلام بنانے کی ضرورت پیش آتی ہے ۔اِس ضرورت کے تحت تورات و انجیل میں سے عموماً وہ حصّہ استعمال کیا جاتا ہے جو اُن کی نظر میں قرآنِ کریم میں بیان کردہ تفصیلات سے کسی حد تک مطابقت رکھتا ہو اور پھر یہ کہ وہاں سے ایسی اضافی معلومات حاصل ہو سکیں جو قرآنی آیات میں دستیاب نہیں تھیں ۔ یہ طریقۂ کار رسول اللہ کے وصال کے بعد کے ابتدائی مفسرین نے اختیار کیا اور تب سے لے کر آج تک یہ طریقہ کسی نہ کسی شکل میں جدید مفسرین کے پیش کردہ کاموں میں جاری ہے ۔ابتدائی مفسرین کے زیرِ استعمال بائیبل کی روایات کا وہ حصّہ جو دورِ جدید کے اسلامی مفسرین کی سمجھ کے مطابق معتبر نہیں ہے ، اس نوعیت کے حوالہ جات تو جدید مفسرین نے استعمال کرنا چھوڑ دئے ہیں، لیکن اب بھی ان حضرات کی سمجھ کے مطابق، بائیبل

میں جو کچھ بظاہر درست ہے اور قرآنی آیات کی شرح و تفسیر میں مددگار ہے، اپنی تحاریر ، خطبات یا درس و تدریس میں اس کا استعمال کیا جاتا ہے ۔ اِس طریقۂ کار کا نتیجہ ہے کہ قرآنی آیات کے بعض مقامات پر وہ مفاہیم اب بھی وضع ہو رہے ہیں اور عام مسلمانوں کے سامنے تحاریر، تفاسیر اور تقاریر کی صورت میں پیش کئے جا رہے ہیں جو ان آیات کے اصل مفاہیم نہیں ہیں یہ قرآنِ کریم کی نسبت انتہائی سنجیدہ اور انتہائی تشویشناک امر ہے ۔اس طریقۂ کار سے قطعی اور کُلّی اجتناب برتنے کی ایک صورت کے سوا کوئی اور صورت ممکن نہیں کہ مروجہ تورات، زبور اور انجیل کی یہ حقیقت مبرہن کر دی جائے کہ ان صحائف میں سے کسی فقرہ کو بھی سو فیصد یقین کے ساتھ اللہ تعالیٰ کا اصل کلام سمجھنا ممکن نہیں ہے ۔ اِس وضاحت کی سب سے بڑی وجہ یہ ہے کہ کوئی بھی ایسی بات جو حقیقتاً اللہ تعالیٰ کا کلام اللہ تعالیٰ کے اپنے الفاظ میں متعین نہ کی جا سکتی ہو، اُس سے استفادہ کرنے کی کوشش انسان کو لازماً غلط راہ پر چلانے میں ہی مددگار ہو سکتی ہے ، خصوصاً اس صورت میں جبکہ قرآنِ کریم بحیثیتِ کتاب انسانی ہدایات کے لئے ہر پہلو سے مکمّل ہے ۔

قارئین کے ہاتھ میں جو کتاب ہے، اس کتاب میں ہماری تمام تر کوشش یہ ہے کہ تورات و انجیل کی اصل حقیقت خود ان کتابوں کے اپنے مندرجات سے ثابت کر دیں کہ یہ قابلِ بھروسہ کتابیں نہیں ہیں اور ساتھ میں یہ بھی ثابت کردیں کہ یہ کتابیں لکھے جانے کے اصل مُحرِّکات کیا تھے جن کی وجہ سے یہ کتابیں قابلِ استفادہ نہیں ہو سکتیں ہمارے عام قارئین کے حوالے سے ایک بڑی دشواری یہ ہے کہ اکثریت ان کتابوں سے براہ راست واقف نہیں بلکہ اسلامی تعلیمات کے وسیلے سے محض اتنا جانتی ہے کہ تورات حضرت موسیٰؑ پر ، زبور حضرت داؤدؑ پر اور انجیل حضرت عیسیٰؑ پر نازل ہوئی ۔جہاں تک مروجہ صحائف کا سوال ہے تو اُن کو کتابی شکل میں ہماری اکثریت میں سے شاید ہی کسی نے اپنی زندگی میں دیکھ رکھا ہو ۔یہ دشواری محسوس کرنے کی بنا پر ہم نے بائیبل کے اصل حقائق واضح کرنے کے لئے جہاں تک ضروری سمجھا، کم از کم اس حد تک کے اقتباسات براہ راست بائیبل سے نقل کر دئے ہیں، اور ساتھ میں حوالہ جات بھی اقتباس کے خاتمہ پر درج کر دئے ہیں ۔اس طریقے سے ہمیں قوی امید ہے کہ قارئین کو مباحث کی سمجھ پیدا کرنے کے لئے بہت

زیادہ دشواریوں کا سامنا نہیں رہے گا ۔اصل مدعا کی سمجھ پیدا کرنے کے معاملے میں قارئین کو عرض ہے کہ یہ کوئی سہل نوعیت کی تاریخی کتاب نہیں ہو سکتی جسے بآسانی پڑھ لیا جائے، بلکہ گزشتہ چار ہزار سال سے زائد عرصہ پر پھیلے ہوئے انسانی زندگی سے وابستہ عقیدہ اور ایمان جیسے معاملہ کی اصلیت سمجھنے کے لئے کی جانے والی تحقیقات ہیں لہٰذا اس معاملہ کی کماحقہ سمجھ پیدا کرنے کے لئے قارئین کو بھی مناسب توجّہ سے کام لینا ضروری ہے ۔

یہاں ہمارے دوسرے اہم ترین مقصد کی بھی نشاندہی کردینا مناسب ہے ۔ یہ کتاب تحریر کرنے کی ہماری اصل غایت عام قارئین کے مقابلے میں خصوصاً ان اہلِ علم حضرات کو بائیبل کی اصلیت سے روشناس کرانا ہے جو آئندہ قرآنی تفاسیر یا مذہبی کتابیں لکھنے یا پھر خطبات اور لیکچروں کے ذریعے لوگوں میں مذہبی رغبت پیدا کرنے کے خواہشمند ہیں ۔ایسے ہی حضرات کو زیادہ اہم قرار دیتے ہوئے بائیبل کی جس گہرائی کی حد تک جانا ضروری تھا ،وہاں تک کی رسائی مہیا کردینا ہمیں اپنی ترجیحات میں شامل رکھنا پڑا ہے ۔ اِس وجہ سے عام قارئین کی غالب اکثریت کو یہودی تاریخ اور متعلقہ عقیدہ کی وضاحت پر مبنی کتاب کا پہلا حصّہ سمجھنے میں خاصی دشواری کا سامنا کرنا پڑے گا ۔ لہٰذا عام قارئین حسبِ توفیق جس حد تک کی سمجھ پیدا کرنا چاہیں، اتنی محنت کے لئے خود کو تیار کر سکتے ہیں ۔

بائیبل کے عہد نامہ قدیم کی بعض کتابوں میں حضرت داؤدؑ اور حضرت سلیمانؑ کی انتہائی ظلم پر مبنی کردار کشی کے واقعات تحریر ہیں ۔ان واقعات میں سے حضرت داؤدؑ سے منسوب گھناؤنی روایت کی اصلیت کا پردہ اللہ تعالیٰ نے قرآنِ کریم میں کھول دیا ہے ۔ہمیں اپنی کتاب کے پہلے حصّے میں اس وجہ سے بھی اضافی تفصیل میں جانا پڑا کہ قارئین کے سامنے خود بائیبل کی تحریروں سے ثابت کر دیں کہ نہ صرف حضرت داؤدؑ بلکہ حضرت سلیمانؑ سے بھی منسوب تمام گھناؤنے واقعات قطعی جھوٹے تھے اور یہ کہ ایسے جھوٹ گڑھے جانے کے اصل مُحرِّکات کیا تھے ۔ حضرت داؤدؑ اور حضرت سلیمانؑ اللہ تعالیٰ کی طرف سے نوعِ انسانی کی ہدایت کے لئے مبعوث کردہ انبیاء کے سلسلے کی انتہائی گراں قدر شخصیات میں شامل ہیں لیکن یہودی کتابیں ان قابلِ احترام شخصیات کو انبیاء میں شمار نہیں کرتیں ۔

ہم بائیبل کی تحریروں سے ثابت کر سکیں گے کہ یہ دونوں شخصیات حضرت موسیٰؑ کے بعد بحیثیتِ قوم یہودیوں کے عظیم ترین محسنوں میں شمار کی جانی چاہئے تھیں اور پھر انجیل کے ایک اقتباس سے ثابت کیا جا سکے گا کہ ابتدا میں یہودی دونوں شخصیات کو نبی جانتے تھے لیکن بائیبل کے مصنفین نے اپنے عقیدت مندوں سے اس حقیقت کو پوشیدہ رکھا ۔ہم اللہ تعالیٰ کے انتہائی شکر گزار ہیں کہ ایسی تمام تفصیلات جو خود بائیبل میں موجود تھیں ان کی رسائی کا موقع ہمیں فراہم ہوا ۔قارئین اندازہ کر سکتے ہیں کہ اِس کتاب کو تحریر کرنا کتنا ضروری تھا کہ مسلمانوں کے ساتھ ساتھ عام یہودی و عیسائی عقیدت مند اپنے عقائد کی اصل حقیقتوں سے واقف ہو سکیں ۔یہی وجہ ہے کہ اِس کتاب میں درحقیقت بے شمار معاملات، مقامات اور افراد کے نام وغیرہ سے ہمارے قارئین کو مسلسل واسطہ پڑے گا ۔ پہلی مرتبہ کتاب پڑھنے کے دوران بہت سے معاملات یاد داشت میں اپنی جگہ شاید نہ بنا سکیں جو آگے تحریر کردہ واقعات کے ساتھ ربط کے لئے درکار ہیں ۔ اگر آپ بھی ہماری طرح واجبی یادداشت و ذہانت کے مالک ہیں تو امید ہے کہ ایک دفعہ سے زائد مرتبہ یہ کتاب پڑھی جائے تو زیادہ بہتر مفہوم آپ کے بھی دماغ میں جگہ بنا سکے گا ۔

اس کتاب کا عنوان " یہودیت، عیسائیت اور اسلام " منتخب کرنے سے اصل مقصد ان عقائد کی تفصیلات بیان کرنا نہیں بلکہ یہودیت اور عیسائیت کے موضوع پر ہماری تمام تر توجّہ اس سوال پر ہے کہ یہ کتابیں تاریخی طور پر کس طرح وضع کی گئیں اور منظرِ عام پر آسکی ہیں ۔اسی تحقیق سے ان عقائد کی تفصیلات بھی خود بخود واضح ہو جاتی ہیں ۔تیسرے موضوع یعنی عقیدۂ اسلام کے مصحف کی تعریف اپنی جگہ بہت سادہ ہے کہ یہاں مآخذ کتاب اس کتاب کے نازل کرنے والی ہستی نے خود اپنے الفاظ میں محفوظ کردی اور قرآنِ کریم کی صورت میں ہمیں مہیا کر دی ہے ۔لیکن جس مصیبت کا ہمیں سامنا ہے وہ یہ کہ اللہ تعالیٰ کی ہستی ہی قرآنِ کریم کی محافظ ہونے کے باوجود قرآنی آیات کے مفاہیم اپنی عقل و سمجھ کے مطابق متعین کئے جاتے رہے ہیں اور آج تک کئے جا رہے ہیں ۔اس افسوسناک معاملہ کی جو انتہائی شکل نمودار ہو سکی وہ یہ کہ سرزمینِ عرب پر تقریباً پندرہ صدی قبل اپنے جملہ مقتضیات کے ساتھ قائم کر دیئے جانے والے عقیدۂ اسلام بحیثیتِ نظریۂ حیات کے معتقدین تشریحات

کی راہ سے افتراق کا راستہ نکال کر خود کو چھوٹے گروہوں میں تقسیم کرتے رہے ہیں ۔یہاں جزوی اختلافات تنہا مسئلہ نہیں بلکہ دینِ اسلام کی تعبیر میں ہی راہیں جدا کر لی گئی ہیں۔ یہ مسئلہ ایسا نہیں ہے کہ انسانی استعداد محض تشریحات و دلائل کے تحت اسے حل کرنے میں کامیاب ہو سکے ۔ قرآنِ کریم کی طرف رجوع کیا جائے تو اس مسئلہ کے حل کے لئے طریقۂ کار تلاش ہو سکتا ہے، اگر کسی صاحبِ نظر کی نظر متلاشی ہو ۔ دینِ اسلام کی متفرق تعبیرات جس شکل میں برصغیر پاک و ہند میں جاری ہیں ہم نے اپنی کتاب میں اسی بنیادی مسئلہ کی وضاحت کے لئے بعض جدید اور خصوصاً معروف مفسرین یا مفکرین کے کام کو موضوعِ سخن بنایا ہے۔ پھر اسی بحث کے تسلسل میں قرآنِ کریم کی اصل تعلیمات اور دینِ اسلام کے حوالے سے انسان کی انفرادی اور پھر اجتماعیت کا ایک جزو ہونے کی حیثیت سے عائد ہونے والی ذمّہ داریاں مختلف پہلوؤں سے نمایاں کی ہیں ۔

یہودیت اور عیسائیت میں شروع سے مذہبی اکابرین ہی عقیدت مندوں کے عقائد کی نگہداشت کا فریضہ انجام دیتے رہے ہیں ۔ عام عقیدت مندوں کو یہاں بھی عام مسلمانوں کی طرح اتنی فرصت اور دلچسپی نہیں رہتی کہ عقائد کی اصلیت بھی کسی کسوٹی پر پرکھ لے ۔ہوتا ہمیشہ یہی ہے کہ عقائد کی ایسی تفصیلات جو کسی نہ کسی طرح انسانی طبیعت و نفسیات کو مرغوب نظر آتی ہیں انہیں پیش کیا جاتا ہے اور عام معتقد بڑھ کر انہیں پکڑتا ہے اور اس کے بعد ہاتھ سے انہیں جانے نہیں دیتا، چاہے اس معاملہ میں کوئی نفع حاصل ہو یا نہ ہو۔ ایک مرتبہ چل پڑنے کے بعد وہ عقیدہ کی اس راہ سے پیچھے نہیں ہٹتا، خواہ عقیدہ کے تقاضے پورے کرنے میں خود اپنے مال اور مشقّت کے ذریعے ادائیگی کیوں نہ کرنی پڑے ۔ یہ طریقۂ کار ماضی بعید سے نسل در نسل چلا آرہا ہے اور اس مشاہدہ میں کسی مذہب، کسی عقیدہ، کسی فرقہ اور کسی زمانے کی کوئی قید نہیں ہے ۔ نتیجہ یہ ہے کہ انسان اُس فضیلت کے احساس سے مکمّل محروم رہ جاتا ہے جو فضیلت دے کر اسے پیدا کیا گیا تھا ۔یہودی اور عیسائی مذہبی اکابرین نہیں چاہتے کہ ان کے معتقدین اصل حقیقت سے واقف ہو سکیں، لہٰذا حقیقت کی پردہ پوشی بڑی محنت سے کی جاتی رہی ہے ۔ہم نے اس کتاب میں عام یہودی اور عیسائی عقیدت مندوں کے لئے بھی ہمدردی کے جذبات کے تحت کوشش کی ہے کہ کسی دل آزاری کا سبب نہ بنیں

اور انہیں یہ کتاب پڑھنے کی دعوت دے سکیں ۔قارئین کرام سے بھی استدعا ہے کہ اہلِ کتاب بھائیوں کو خلوص دلی کے ساتھ اس کتاب کی رغبت دیں تاکہ وہ محض تقلید کے بجائے اپنے عقائد عقلی طور پر پرکھ سکیں ۔

اس کتاب میں قرآنِ کریم اور تورات و انجیل کے اقتباسات بکثرت نقل کئے جائیں گے اور متواتر نظروں کے سامنے آتے رہیں گے ۔ ہمارے اہلِ علم حضرات قرآنِ کریم کی آیات یا احادیث نقل کرتے ہیں تو عربی اور اردو زبان میں اقتباسات نقل کردیتے ہیں ۔ہمیں اس طریقہ میں اضافی افادیت نظر نہیں آتی سوائے غالباً یہ کہ عربی اقتباسات کی موجودگی کی وجہ سے پڑھنے والا یہ تاثر لے سکے کہ غلط بیانی نہیں کی جا رہی ہے ۔ہم نے قرآنی آیات کے لئے ایک ہی طریقہ اختیار کیا ہے، اور وہ یہ کہ آیات کا صرف رواں ترجمہ مولانا مودودیؒ کی مشہور تفہیم القرآن میں سے نقل کیا ہے ، جبکہ متعلقہ عربی آیات نقل نہ کرنے سے کتاب کی ضخامت میں کچھ کمی حاصل کرنے کی کوشش کی ہے ۔ قرآنی آیات اور بائیبل کے اقتباسات کے آخر میں حوالہ بھی ضرور درج کر دیا ہے تاکہ متجسس قارئین اگر چاہیں تو مذکورہ صحائف میں سے وہ مقام تلاش کر کے اضافی معلومات حاصل کر سکیں ۔

قرآنِ کریم میں 114 سورتیں ہر سورت کے ایک مخصوص نام کے ساتھ درج ہیں ، پھر ان سورتوں کی آیات کے ساتھ شناخت اور تلاش میں سہولت کے لئے ترتیب میں اعداد منسلک ہیں ۔ حوالہ کے طریقۂ کار کے لئے ہم نے مثلاً کہیں (2-البقرة:30) لکھا تو اِس سے مراد ہے: قرآنِ کریم کی سورہ نمبر 2، پھر سورہ کا نام اور اِس کے بعد آیت کا نمبر 30-کسی اقتباس میں ہم نے اگر ایک سے زائد آیات درج کی ہیں تو وہ بھی آیت کے نمبر سے متصل قرآنِ کریم میں دیکھی جا سکتی ہیں ۔

بائیبل بہت زیادہ ضخیم ہے ۔ یہ کتاب دراصل کتابوں کا مجموعہ ہے جس میں مختلف کتابیں ایک خاص ترتیب کے تحت جمع کی گئی ہیں ۔ہر کتاب کا ایک مخصوص نام ہے ، ہر کتاب ابواب کی شکل میں عددی ترتیب کے تحت تقسیم ہے پھر ہر ایک باب میں موجود آیات یا فقروں کو بھی عددی ترتیب میں لکھا گیا ہے ۔ اس طرح بائیبل کی کوئی بھی مخصوص آیت بآسانی تلاش ہو جاتی ہے ۔بائیبل کے اقتباسات کے لئے بھی ہم نے ملتا جلتا طریقہ استعمال کیا ہے ۔ مثلاً، (خروج5:11)

سے مراد بائیبل کی کتاب خروج کا باب نمبر 5 اور آیت نمبر 11 میں وہ اقتباس مل سکتا ہے -

مصنف کا تعارف

اس کتاب کے مقدمہ سے فائدہ اٹھاتے ہوئے مجھے اپنا تعارف بھی بیان کر دینا مناسب ہے تاکہ قارئین شروع میں اندازہ کر لیں کہ تحریر کے جملہ متن سے کیا متوقع ہو سکتا ہے ۔میری زندگی کا عملی شعبہ مذاہب ، اسلام یا تاریخ و عمرانیات وغیرہ سے نہیں رہا ہے ۔ طبعاً مجھے جوان عمری سے ریاضی و طبیعیات میں زیادہ دلچسپی تھی، لہٰذا یہی مضامین سمجھنے میں میری زندگی کا بیشتر وقت گزرا ہے ۔ 1984ء میں شعبہ طبیعیات میں جامعہ کراچی سے MSc کیا اور چھ سال جامعہ اردو کراچی میں اسی مضمون کی تدریس کی ۔اس کے بعد مزید تعلیم کے لئے امریکہ آنے کا موقع ملا تو ڈیڑھ سال شعبہ طبیعیات میں وقت گزرنے کے بعد بوجوہ شعبہ برقی انجینئرنگ میں تبادلہ کیا اور اسی ڈپارٹمنٹ سے یکے بعد دیگرے MS اور PhD کی اسناد حاصل کیں ۔ تعلیم کی تکمیل اور 1997ء سے پیشہ ورانہ زندگی کے آغاز کے بعد معاشی ضروریات کے تقاضے میرا تمام وقت بھی اسی طرح کھینچ لے گئے جیسا کہ ایسی صورتحال میں ہر ایک کو سامنا ہوتا ہے ۔ البتہ، معاش اور ، الحمدللہ، چار اولادوں کی تعلیمی ذمہ داریوں کے معاملہ میں جوں ہی محسوس ہوا کہ ملازمت کی ضرورت باقی نہ رہی تو جلد ریٹائرمنٹ لے لی، اس طرح بعض دوسرے حضرات کے مقابلے میں کچھ اضافی وقت مجھے دستیاب ہو گیا ۔

گذشتہ دس سالوں کے دوران تاریخِ انسانی کا موضوع اس لحاظ سے زیرِ توجّہ رہا ہے کہ تاریخ میں ہمارے لئے کیا موجود ہے جس سے انسان کوئی سبق حاصل کر سکے ۔اسی کتب بینی کے دوران محسوس ہوا کہ ہمارے بعض مفکرین کے اذہان اسلام اور دوسرے عقائد، خصوصاً اہلِ کتاب کے متعلق جس حد تک واضح ہونے چاہئیں، واضح نہیں ہیں، لہٰذا اکثر و بیشتر لوگوں تک ناقص تعلیمات پہنچانے کا سبب ہیں ۔بنیادی طور پر ایسے ہی حضرات کو ذہن میں رکھتے ہوئے یہ کتاب تحریر کی گئی ہے ۔اس کتاب کو اس کے موضوع کے

متعلق مکمّل تعلیمات کے بجائے یہ سمجھنا چاہئے کہ اس کے زیرِ نظر اجزاء یعنی یہودیت، عیسائیت اور اسلام پر ایک تحقیقی نظر ہے ۔ تحقیق چاہے کسی موضوع پر ہو یہ ایک جاری رہنے والا عمل ہے ۔ انسان کسی موضوع پر غور کر کے چند مفروضات کے تحت کچھ نتائج تک پہنچتا ہے اور انہیں بعض اوقات دوسروں کے آگے پیش کر دیتا ہے ۔ بعد میں خود اس کی مزید تحقیق یا اس کے پیش کردہ نتائج پر دوسروں کی تحقیقات کے ذریعے گذشتہ نتائج کے نقائص سمجھ میں آتے ہیں ، اس طرح زندگی کے ہر شعبے میں بہتری کا سلسلہ جاری رہتا ہے ۔ بالکل یہی بات اس کتاب کے معاملے میں بھی درست ہے ۔اضافی غور و فکر کے نتیجہ میں مذکورہ عقائد سے متعلق پیش کردہ اور مروجہ مفاہیم کے نقائص کی نشاندہی ہونے کے بعد اُن نقائص کی طرف قارئین کو متوجہ کرنا چاہتے ہیں تاکہ عقائد پر اندھا اعتقاد رکھنے کے بجائے عقلی بنیاد پر عقیدہ کی حکمت انسان پر واضح سے واضح تر ہوتی رہے ۔

فہرستِ مضامین
حصّہ اوّل — یہودیت

تعارف — صفحہ 2

باب — 1: بائبل کب لکھی گئی؟ صفحہ 4 تا 19

عہد نامہ قدیم 5 — موسیٰؑ کی پانچ کتابیں (کُتبِ خمسہ) 6 — محققین کی گذشتہ 600 سالہ تاریخ 7 — تحقیق کا دوسرا دور 9 — تحقیق کا تیسرا دور (قدیم تحریری مآخذ) 11 — مفروضہ 14 — بائبل پر تحقیق جدید دور میں 15 — بنی اسرائیل کی ابتدائی تاریخ 16

باب — 2: 1200-700 ق م کا فلسطین صفحہ 20 تا 61

خطے کے مذہبی عقائد 22 — بادشاہت کی ابتدا 25 — حضرت داؤدؑ کی بادشاہت 27 — حضرت داؤدؑ کی سلطنت 30 حضرت داؤدؑ کی شادیاں اور شاہی خاندان 32 — حضرت سلیمانؑ کی سلطنت 34 — اسرائیل تقسیم ہو گیا 35 — اسرائیلی تقسیم کا ممکنہ محرک 52 — اسرائیل اور یہودیہ دو ملک 56 — یربعام بادشاہ کے کاہن 59 — اسرائیل کی بربادی 60

باب — 3: J اور E صفحہ 62 تا 88

دو اشارات کا ایک نکتہ پر اتفاق 62 — دہرائے گئے واقعات 64 — مآخذ کی دریافت 68 — طوفانِ نوح کا دو مرتبہ بیان 70 — ہر تحریر اپنے اپنے الفاظ میں 74 — داخلی دروازہ 76 — دو ملک دو لکھنے والے 77 — J یہودیہ سے اور E اسرائیل سے 78 — روایات میں موجود شواہد 83 — جڑواں بھائی 85

باب — 4: دو مملکت دو مصنف صفحہ 89 تا 101

سونے کا بیل 89 — یہوداہ کی اولادیں 95 — عقیدہ کی علامات 97 — J اور E کب لکھی گئیں؟ 99

باب — 5: 722-587 ق م کا فلسطین صفحہ 102 تا 140

P تحریر 104 — P تحاریر تورات میں 105 — P تحریر کب لکھی گئی؟ 111 — P کس نے لکھی؟ 112 — اپنی تورات خود لکھ لی 114 —

ایک متبادل تورات 115 — صحرا میں بغاوت 118 — خدا کا تصوّر 121 — حضرت موسیٰ کی وقعت 123 — اضافہ اور تخفیف 128 — بادشاہت پر کاہنی نظام کا کنٹرول 131 — شاہ حزقیاہ 135 — P مصنف 140

باب — 6: D تحریریں صفحہ 141 تا 153

شاہ یوسیاہ 149 — یہودیہ کے آخری سال 151

باب — 7: یوسیاہ کے دربار میں صفحہ 154 تا 173

ہیکل میں تورات کی دریافت 154 — نہ صرف کتاب استثنا 156 — عہد نامہ 157 — پہلا ایڈیشن 161 — شاہ یوسیاہ کا دربار 162 — یوسیاہ کا حضرت موسیٰ سے موازنہ 166 — شاہ یوسیاہ پر گھڑی رک گئی 171

باب — 8: D مصنف صفحہ 174 تا 188

کتاب استثنا: شرعی قوانین مندرجات 174 — لاوی قبیلے کا کیسا مذہبی گروہ؟ 177 — شہر سیلا کا کاہن 178 — سیلا سے تعلق 179 — یرمیاہ نبی 181 — E اور D 183 — کیا D مصنف P مصنف سے واقف تھا؟ 184 — D کے قوانین اور تاریخی واقعات 188

باب — 9: استثنائی تاریخ کی تخلیق صفحہ 189 تا 229

دائمی عہد 193 — قومی تاریخ کو ایک ساخت دینا 196 — جلا وطن کاہن 197 — تاریخ کی نئی ساخت 198 — جلاوطنی 198 — دوسرے دیوتا 199 — شاہ منسّی 200 — دو عہد نامے 202 — مصر واپسی 204 — رحیم خدا 205 — ایک ہی شخص 206 — E اور D مصنفوں کا آبائی خاندان 217 — سیلا کا پہلا سردار کاہن 218 — عیلی کا قبیلہ؟ 221

باب — 10: 400-587 ق م کا فلسطین صفحہ 230 تا 258

سب سے کم واقفیت کا زمانہ 230 — مذہب 232 — جلاوطنی کی زندگی 233 — خدا، بادشاہ، ہیکل اور کاہن 235 — فارس کی سلطنت!مستری کا دور 237 — میراث کے ملک میر واپسی 239 — عزرا 240 — ہیکل اور تورات 243 — ستم ظریفی اور حیرانی 244 — ایک ہارونی کاہن 245 — ہیکل ثانی کے ایّام 247 — عزرا کاہن 250 — طریقہ 252 — تسلسل 255 — پہلی بائبل 257

باب — 11: بائبل نے جو دنیا پیدا کی صفحہ 259 تا 268

بائبل کی آخری ہیئت 259 — خدا کی صورت پر 260 — خدا کی بستی 262 — انصاف اور رحم 264 — تلخیص 265

حصّہ دوئم: عیسائیت

ت عارف ـــ صفحہ 270
باب ـــ 1: یہودی تاریخ ما قبل حضرت عیسٰی صفحہ 274 تا 292
سقوطِ یروشلم کا پس منظر 274 ـــ سقوطِ یروشلم سے بیس سال قبل 279 ـــ ہیکل سلیمانی کا لوٹا جانا 285
باب ـــ 2: یرمیاہ اور حزقی ایل کی پیشگوئیاں صفحہ 293 تا 319
وہ نبی 294 ـــ دوسری پیشگوئیاں 298 ـــ بابل سے واپس یروشلم 315
باب ـــ 3چار سو سال ما قبل حضرت عیسٰی صفحہ 320تا 327
باب ـــ 4:میکابی تحریک صفحہ 328تا 336
نئے فرقے 330 ـــ یونان کا زوال 331
باب ـــ 5:عیسائی عقیدہ صفحہ 337 تا 351
عقیدہ کے پانچ اجزاء 339 ـــ چار اناجیل 343 ـــ متی کی انجیل 348 ـــ اناجیل کی زمانی ترتیب 350
باب ـــ 6:عہد نامہ قدیم میں تصوّر صفحہ 352 تا 357
عہد نامہ قدیم میں خدا کا تصوّر 352 ـــ عہد نامہ قدیم میں باپ اور بیٹا کا تصوّر 353 ـــ عہد نامہ قدیم میں روح القدس کا تصوّر 355
باب ـــ 7:عہدِ جدید میں تصوّر صفحہ 358 تا 371
اناجیل میں باپ اور بیٹا کا تصوّر 358 ـــ اِبن داؤد 364
باب ـــ 8: کتاب اعمال صفحہ 372 تا 396
کتاب اعمال کا پہلا نصف حصّہ 385 ـــ پَولُس اور برنباس کی جدائی 392 ـــ کتاب اعمال کا آخری نصف حصّہ 393
باب ـــ 9: پَولُس کا عقیدہ اور تعلیمات صفحہ 397 تا 417
پَولُس کے عصری حالات 403 ـــ پَولُس کی الجھن 405 ـــ شریعت پَولُس کی نظر میں 410 ـــ ختنہ، سنّت ابراہیمی 411- اشیائے خورد و نوش کی حُرمت و حِلّت414 ـــ قربِ قیامت 416
باب ـــ 10:مسیح پر ایمان پَولُس کی نظر میں صفحہ 418 تا 442

14

گناہِ آدم اور اُس کے نتائج 424 ــ گناہ کا کفّارہ 425 ــ خدا کا عہد 429 ــ عملی زندگی پَولُس کی نظر میں 431 ــ ازدواجی زندگی پَولُس کی نظر میں 433 ــ عبرانی عیسائیوں کا ردعمل 435 ــ پَولُس کی تعلیمات کا اناجیل سے موازنہ 436

باب ــ 11: حضرت عیسٰی کی تعلیمات صفحہ 443 تا 456

پہلا جزو: آخرت 444 ــ دوسرا جزو: موسوی شریعت 446 ــ تیسرا جزو: زمین پر خدا کی بادشاہت 450 ــ چوتھا جزو: خوشخبری 454

باب ــ 12: پَولُس کی تعلیمات اور چوتھی انجیل صفحہ 457 تا 465

باب ــ 13: روح القدس کا وعدہ صفحہ 466 تا 475

پَولُس کی تبلیغ کامیاب رہی 470 ــ تلخیص 472

حصّہ سوئم: اسلام

تعارف ــــ صفحہ 477

باب ــ 1:دورِ حاضر کے مفکرین صفحہ 481 تا 543

مولانا ابو الاعلی مودودیؒ 482 ــ مولانا وحید الدین خاں 489 ــ مولانا حمید الدین فراہیؒ 490 ــ مولانا امین احسن اصلاحی 492 ــ جاوید احمد غامدی 493 ــ ڈاکٹر اسرار احمد 494 ــ جدید مفکرین اور اسلام 495 ــ ڈاکٹر اسرار احمد اور "منتخب نصاب" 496 ــ مولانا وحید الدین خاں اور "تعبیر کی غلطی" 499 ــ مولانا وحید الدین خاں اور "دین کا صحیح تصوّر" 510 ــ مولانا حمید الدین فراہیؒ اور "سورہ فیل" 513 ــ مولانا امین احسن اصلاحی اور "تدبّر قرآن" 518 ــ جاوید احمد غامدی اور "المیزان" 525

باب ــ 2: قرآنی تعلیمات صفحہ 544 تا 578

رسولِ اکرمؐ کی بشارت بائیبل میں 549 ــ رسولِ اکرمؐ کی بشارت انجیل میں 559 ــ عشاء ربّانی 561 ــ پطرس حواری بطورِ مصفاہ 564 ــ اللہ تعالیٰ کے دو اسماء 574 ــ یہواہ (خداوندِ خدا) 576 ــ ایلوہیم 577

باب ــ 3: تخلیقِ آدمؑ صفحہ 579 تا 609

تخلیقِ آدمؑ اور قصّہ آدمؑ و ابلیس 584 ــ تخلیقِ آدمؑ و حوّا کا بیان بائبل میں 585 ــ تخلیقِ آدمؑ و حوّا کا بیان قرآن میں 592 ــ آدمؑ کو سب نام سکھائے 597 ــ درپیش مسئلہ 598 ــ کلیدی نکتہ:ابلیس یا شیطان 600

باب ــ 4:طبع و صفاتِ انسانی صفحہ 610 تا 631

ماضی کے چند بین الاقوامی واقعات 610 ــ شرفِ بنی آدم 618 ــ نفسِ امارہ 626 ــ نفسِ لوّامہ 628 ــ نفسِ مطمئنہ 629

باب ــ 5:حفاظت قرآن صفحہ 632 تا 647

باب ــ 6:دینِ اسلام صفحہ 648 تا 727

قدیم اقوام 665 ــ مقصدِ تخلیق 676 ــ تکمیلِ دین 687 ــ نوعِ انسانی کی امامت 699 ــ امامت کی منتقلی 702 ــ انزار اور نصیحت 707 ــ سنّت اللہ 712 ــ ہم زندگی کیسے بسر کریں؟ 726

باب — 7: متفرقات صفحہ 728 تا 865

متعدد خداؤں کا تصوّر 728 — علوم فلکیات 743 — ارسطو کی فلکیات 745 — بطلیموس کی فلکیات 746 — اسلامی دنیا میں فلکیات پر تحقیق 747 — مغربی عیسائیت میں فلکیات 751 — آئزک نیوٹن 755 — R^3 اور T^2 کے درمیان ربط 759 — آئن سٹائن 761 — ہبل ٹیلی اسکوپ 764 — تلخیص موضوع 765 — قرآنِ کریم کا تصورِ فلکیات 769 — تخلیقِ کائنات 775 — تخلیقِ کائنات کی قرآنی ترتیب 784 — کائنات کی تخلیقی ترتیب اور سائنس 788 — کائنات کی عمر 790 — کائنات کا تخلیقی عمل 791 — ارضی ارتقاء 795 — حضرت علیؓ سے منسوب کرامات 808 — آخری الزماں 811 — حضرت عیسیٰؑ کی آمدِ ثانی 831 — حضرت عیسیٰؑ کی آمدِ ثانی اور انجیل 844 — حضرت عیسیٰؑ کی آمدِثانی کی ضرورت؟ 848 — یہوداہ کی انجیل 860 — حرفِ آخر 863 — فہرستِ مآخذ 866

حصّہ اوّل

یہودیت

تعارف

بائیبل کے نام سے جو کتابِ مقدّس دستیاب ہے اسے عیسائی مذہب کے رہنماؤں نے دو حصوں میں تقسیم کیا ہے ۔حصّہ اوّل کو انہوں نے عہد نامہ قدیم (Old Testament) کا نام دیا ہے جس میں مختلف طوالت کے جملہ 39 اسباق ہیں۔ قدیم زمانہ میں یہ انفرادی کتابیں یا انفرادی صحیفے کے طور پر جانے جاتے تھے لیکن ماضی قریب کی سائنسی ترقی اور مشینی اشاعت کے باعث تمام کتابوں کو ایک جلد کی صورت میں مرتب کر دیا گیا ہے ، لہٰذا ہم اِنکو 39 اسباق شمار کر سکتے ہیں ۔یہ تمام اسباق بنیادی طور پر یہودی مذہب کی کتابیں ہیں ۔جبکہ حصّہ دوم جو سراسر عیسائی مذہب سے متعلق ہے اسکو عہد نامہ جدید (New Testament) کے نام سے منسوب کیا گیا ہے ۔اس دوسرے حصّہ میں پہلے تو چار بنیادی کتابیں ہیں انہی کو عیسائی حضرت عیسیٰ کی انجیل کے نام سے جانتے ہیں یعنی متیؔ ،مرقسؔ ،لوقاؔ اور یوحناؔ۔ ان چاروں صحیفوں میں حضرت عیسیٰ کی پیغمبر انہ زندگی اور آپ کی تعلیم کی تفصیلات درج ہیں اور حضرت عیسیٰ ہی ان کتابوں کی مرکزی شخصیت ہیں ۔ان چاروں اناجیل کے بعد اعمال نامی کتاب ہے جو حضرت عیسیٰ کے بعد انکے منتخب کردہ اصحاب یا حواریوں کی تبلیغی سرگرمیوں پر کچھ روشنی ڈالتی ہے ۔اس کتاب کے بعد مختلف طوالت کے 22 خطوط ہیں جو آپ کے حواریوں کے لکھے ہوئے بتائے گئے ہیں اور آخر میں آپکے حواری یوحناؔ کا مکاشفہ کے نام سے ایک مکتوب شامل ہے ۔

پہلے حصّہ یعنی عہد نامہ قدیم کی ابتدائی پانچ کتابیں تورات کہلاتی ہیں اور براہ راست حضرت موسیٰ سے منسوب ہونے کی وجہ

سے اِس حصّہ کی اہم ترین کتابیں شمار کی جاتی ہیں ۔ پھر اسی حصّہ میں ایک صحیفہ زبور کے نام سے موجود ہے جو حضرت داؤدؑ سے منسوب ہے ۔ مسلمانوں کے لئے قرآنِ کریم کے ساتھ ان تین صحیفوں یعنی تورات ،زبور اور انجیل پر ایمان رکھنا انکے ایمان کا لازمی جزو ہے ۔یہودی اور عیسائی قرآن کو خدا کی کتاب تسلیم نہیں کرتے اور قرآن کی تعلیمات سے واقف نہیں لیکن وہ اپنی ان کتابوں پر ایمان رکھتے ہیں لہذا ہم جاننا چاہتے ہیں کہ یہ کتابیں ہیں کیا ؟جنہیں یہودی اور عیسائی ایمان کا درجہ دیتے ہیں ۔ اس لیے ہمارے پیشِ نظر ان کتابوں میں موجود تحریروں کا تنقیدی جائزہ ہے تاکہ ان کتابوں کی قدر کا تعین کر سکیں اور مکمّل ایمانداری کے ساتھ دیکھ سکیں کہ یہود و نصارا کہاں تک اپنے ایمان میں حق بجانب ہیں ۔ گرچہ قرآن میں بکثرت یہود و نصارا کو مخاطب کیا گیا ہے، تنبیہات کی گئی ہیں اور قرآن پر ایمان لانے کی دعوت دی گئی ہے لیکن اگر ہمارا مقصد بائیبل کو اسکے اپنے ہی مندرجات کی بنیاد پر سمجھنا ہو تو اپنے تجزیہ میں ہمیں قرآن کی تعلیمات استعمال کرنا غیر مناسب ہے ۔ اِس لئے اپنی کتاب کو ہم نے تین حصوں میں تقسیم کیا ہے۔ حصّہ اوّل میں بائیبل کا حصّہ اوّل یعنی عہد نامہ قدیم کا تحقیقی جائزہ پیش کیا جائے گا یہاں ہماری تحقیق کا محور تورات یعنی بائیبل کی ابتدائی پانچ کتابیں ہیں تاہم بائیبل کی دیگر کتابوں کے منتخب حصّے حسبِ ضرورت زیرِ بحث لائے جائیں گے ۔حصّہ ثانی عیسائیت یعنی عہد نامہ جدید یا انجیل کی تحقیق پر مشتمل ہے پھر حصّہ سوئم میں قرآنِ کریم کی تعلیمت کے وہ پہلو زیرِ بحث آئنگےجو ہماری کتاب کا اصل موضوع ہے یعنی صحائفِ آسمانی کی حقیقی تعلیمات ۔

حصّہ اوّل کے متعلق عرض ہے کہ تورات کی اصلیت جاننے کے معاملے میں حالیہ دور کے امریکی محقق اور دانشور رچرڈ فرائڈ مین کی تحریر کردہ کتاب "Who wrote the Bible?" سے بہتر کتاب ہماری نظر میں نہیں آسکی ہے ۔یہ کتاب انتہائی قابلِ احترام مصنف نے 1987ء میں شائع کی جس میں اپنی تحقیقات کے نتائج بیان کرنے کے ساتھ ساتھ بائیبل پر مغربی دنیا میں کی جانے والی جملہ تحقیقات کی تمام تفصیلات بھی بہترین الفاظ میں تحریر کردیں۔ بغور مطالعہ کے دوران محسوس ہوا کہ محترم مصنف قرآنِ کریم سے ناواقفیت کی بنا پر اپنے بعض تجزیات میں اصل حقیقت تک پہنچنے سے محروم رہ گئے

۔ یہ بات غالباً اہم ہے کہ پیدائشی طور پر عیسائی ہونے کی وجہ سے بائیبل پر مذکورہ مصنف کی نظر اور ہماری نظر میں ایک نمایاں فرق عمل پیرا تھا جو کہ ایک قدرتی عنصر ہے ۔پس اپنے غیر جانبدارانہ نقطۂ نظر کے نتیجے میں ہم چند تحقیقی کمزوریوں کی نشاندہی کرنے اور ان کے قابلِ تسلیم حل بھی بائیبل ہی سے تلاش کرنے میں کامیاب ہو سکے ۔ یہاں حصّہ اوّل میں ہم نے مذکورہ کتاب سے بکثرت فائدہ اٹھانے کے ساتھ ساتھ مصنف کی کتاب پر کسی تنقیدی نقطۂ نظر کو درمیان میں لائے بغیر تورات کے اصل حقائق ضبطِ تحریر کر دیئے ہیں ۔

باب 1

بائیبل کب لکھی گئ ؟

زمانۂ قدیم سے بائیبل پڑھی جاتی رہی ہے ،آج بھی لوگ پڑھتے ہیں اور آنے والے وقتوں میں بھی پڑھتے رہیں گے -یہ کہنا غلط نہ ہوگا کہ اسکی طباعت دنیا میں موجود کسی بھی کتاب سے زیادہ کی گئی ہے ،لوگوں کی تحاریر میں کسی کتاب سے زیادہ اسکے حوالے دیئے گئے ہیں ، اسکے تراجم بھی کسی بھی کتاب سے زیادہ کیے گئے ہیں۔ یہ بائیبل یہودی اور عیسائی مذاہب کی بنیاد کی حیثیت رکھتی ہے -ان مذاہب کے علماء اور مفسرین اس کتاب کی تعلیم و تشریح لوگوں کو پڑھاتے اور سکھاتے رہے ہیں۔ ان کے علماء اور دانشور اپنی عمر کا بڑا حصّہ اسکے علم کے حصول پر صرف کرتے ہیں۔ مغربی ممالک کی جامعات میں باقاعدہ شعبے قائم ہیں جہاں بائیبل پر تحقیق عرصہ دراز سے جاری ہے اور ان کے طلباء ڈاکٹریٹ تک کی ڈگریاں حاصل کرتے ہیں۔ لوگ اس کتاب کو پڑھتے ہیں، اس میں غور و فکر کرتے ہیں، اس کے مندر جات کے متعلق تحقیقی مقالے لکھتے ہیں ، مباحثہ کرتے ہیں ، اسکے بارے میں جھگڑتے ہیں، اس کتاب سے واقعتاً محبت کرتے ہیں یہاں تک کہ اس کی خاطر لڑتے مرتے ہیں -یہ باتیں گزشتہ زمانوں میں بارہا مشاہدہ میں آتی رہی ہیں -انکا عام عقیدہ ہے کہ یہ کتاب خدا کی طرف سے بعض چنے ہوئے افراد پر الہام کی گئی یا انکے دل میں اتار ی گئی یا املاء کرائی گئی ہے لیکن یہ بڑی تعجب انگیز حقیقت ہے کہ کوئی نہیں جانتا کہ اس کتاب کو لکھنے والے کون ہیں -یہ بہت حیرت کی بات ہے کہ مغربی اقوام کی تہذیب کی تعمیر میں جو کتاب بنیاد کی حیثیت رکھتی ہے اسکے لکھنے والوں کے متعلق کوئی مستند معلومات انہیں میسر نہیں ہیں۔

عہد نامہ قدیم

تاریخی نوعیت کی کسی کتاب کے مصنف کا علم نہ ہو تو اکثر اوقات اس کتاب کو صحیح طور پر سمجھنا مشکل ہو جاتا ہے خصوصاً اس بات کا علم کہ لکھنے والا بیان کردہ تاریخ کے کس دور سے تعلق رکھتا ہے ، جو واقعات وہ تحریر کررہا ہے آیا وہ اسکے ذاتی مشاہدات ہیں یا کسی سابقہ تحریری مواد سے نقل کر رہا ہے ،زبانی روایات ہیں جن کو اس نے سنا، الہام یا مکاشفات ہیں یا اسکے ذہن کی تخلیق جو کسی خاص مقصد کے حصول کے لئے مرتب کی گئ ہے ؟ اگر اس کی ذہنی تخلیق ہے تو وہ خود اپنے دور کے حالات و واقعات سے کس درجہ متاثر ہے جسکے تحت کچھ طے شدہ نتائج فراہم ہو جانے کی کوشش میں وہ مواد تحریر کیا ہے ؟آیا کہ لکھنے والے نے اِس ذہن سے بائیبل کے واقعات لکھے کہ آئندہ زمانوں میں وہ تحریر ایسی مذہبی نوعیت اختیار کر یگی جیسا کہ واقعتاً ہوا؟ یہ اہم سوالات ہیں اور بائیبل کا درست مفہوم جاننے کیلئے ان سوالات کو ابتداء ہی سے ذہن میں رکھنا ضروری ہے ۔

اگر تاریخ کے پہلو سے دیکھا جائے تو بائیبل حصّہ اوّل میں زمین و آسمان کی پیدائش اور اس پر اوّلین انسان یعنی حضرت آدمؑ کی آمد سے لے کر حضرت عیسیٰؑ سے 400 سال قبل تک کے ادوار کے تاریخی واقعات، خاندانی شجرے اور طرح طرح کی دوسری معلومات درج ہیں ۔یہ وقت کا بہت طویل دورانیہ ہے ۔ ظاہر بات ہے کہ حضرت آدمؑ کے واقعات خود ان کے دور میں تو نہیں لکھے گئے تھے، لہٰذا بائیبل کا پڑھنے والا خواہ مذہبی ذہن و عقیدہ رکھتا ہو یا غیر مذہبی اور محض تاریخ میں دلچسپی رکھتا ہو، یہ سوال اسے ذہن نشین ہو نا ضروری ہے کہ جس فرد یا افراد کی تحریر زیرِ غور ہے وہ خود کس زمانے سے تعلق رکھتا یا رکھتے ہیں ۔

موسیٰ کی پانچ کتابیں (کُتبِ خمسہ)

یہ دنیا کی ایک قدیم ترین گتھی ہے ۔ محققین اُس دن سے اس گتھی سے نبرد آزما رہے ہیں جب سے خود یہ بائیبل مدون ہوئی ہے ۔ ایسا ابتدا ہی سے نہیں ہوا کہ تحقیق براہ راست اس بات کی ہو کہ بائیبل لکھی کس نے ہے ؟ یہ کچھ اس طرح شروع ہو ا کہ بعض محققین کے ذہن میں بائیبل میں موجود بعض واقعات کے متعلق سوالات پیدا ہوئے پھر سراغ رسانی کی طرز پر انکی تحقیق صدیوں اور نسل در نسل پر محیط چلتی رہی اور آہستہ آہستہ محققین پر سراغ در سراغ واضح ہوتے چلے گئے ۔ان سوالوں کی شروعات بائیبل کی ابتدائی پانچ کتابوں پیدائش، خروج، احبار، گنتی اور استثنا کے بعض اندراجات سے ہوئ ۔ یہ کتابیں Pentateuch کے نام سے مشہور ہیں جو یونانی زبان کا لفظ ہے جسکا لفظی ترجمہ پانچ مخطوطات یا پانچ طومار ہے۔ انہی پانچ کتابوں کو عبرانی زبان میں تو رات کہا جاتا ہے جسکا عبرانی مطلب ہدایات ،قانون یا شریعت ہے اور یہی حضرت موسیٰ کی پانچ کتابیں (کُتبِ خمسہ) کے نام سے مشہور ہے ۔ان کتابوں کی مرکزی شخصیت حضرت موسیٰ ہی ہیں اور قدیم یہودی اور عیسائی روایات انہی کو ان کتابوں کا مصنف قرار دیتی رہی ہیں ۔ اگرچہ ان پانچوں کتابوں میں حضرت موسیٰ نے کہیں بیان نہیں کیا کہ یہ آنجناب کی تحریر ہے ،تاہم پانچویں کتاب "استثنا" میں دو مقامات ایسے ہیں جو کچھ شبہات پیدا کر سکتے ہیں :

جب موسیٰ اس شریعت کی باتوں کو ایک کتاب میں لکھ چکا اور وہ ختم ہو گئیں تو موسیٰ نے لاویوں سے جو خداوند کے عہد کے صندوق کو اٹھایا کرتے تھے کہا کہ اس شریعت کی کتاب کو لے کر خداوند اپنے خدا کے عہد کے صندوق کے پاس رکھ دو تاکہ وہ تیرے برخلاف گواہ رہے ۔استثنا (31:23)

یہاں تو رات سے مراد وہ پانچ کتابیں نہیں جو بعد میں حضرت موسیٰ کی لکھی گئی تو رات کے نام سے مشہور ہوگئیں ۔حضرت

موسیٰ کو ان کتابوں کا مصنف قرار دیئے جانے پر چند در چند مسائل پیدا ہوئے اس لیے کہ بغور پڑھنے والوں کو بعض مقامات پر نمایاں تضاد محسوس ہوا یعنی کہیں پر کچھ واقعات کو ایک ترتیب سے بیان کیا اور کسی دوسرے مقام پر انہی واقعات کو کسی دوسری ترتیب سے یا یہ کہ کچھ اشیاء دو کی تعداد میں تھیں اور کہیں وہی اشیاء چودہ کی تعداد میں، مثلاً یہ کہ کسی موآبی نے کوئی غلط حرکت کی اور بعد میں یہ کہ اسکا کرنے والا کوئی مدیانی تھا ، مثلاً کسی باب میں بتایا گیا کہ حضرت موسیٰ خیمہ گاہ میں گئے جبکہ اُس خیمہ گاہ کی تعمیر کسی بعد کے باب میں بتائی گئی ۔ لوگوں کے مشاہدہ میں یہ بات بھی آئی کہ اِن پانچ کتابوں میں بعض حقائق ایسے ہیں جو حضرت موسیٰ کے علم میں نہ ہوں یا انہوں نے نہ کہے ہوں ۔ ان میں حتیٰ کہ حضرت موسیٰ کی وفات کی خبر موجود ہے یا یہ بھی کہ حضرت موسیٰ روئے زمین پر نیک ترین انسان تھے جبکہ ایک نیک ترین انسان خود اپنے لئے یہ بات نہیں کہتا بلکہ کوئی دوسرا فرد ہی کسی شخص کے متعلق اپنی دلی کیفیت ایسے الفاظ کے ذریعے ظاہر کرتا ہے ۔

ابتدا میں ان اعتراضات کو یکسر مسترد کر دیا گیا ۔تیسری صدی عیسوی میں عیسائی دانشور ارایجن نے اور پھر بعد میں آنے والے تمام دانشوروں نے حضرت موسیٰ کو پانچ کتابوں کا مصنف ہونے کی روایت کو قائم رکھا اور جو اعتراضات یا شبہات بعض افراد نے اٹھائے تھے اُس کی رد میں دلائل پیش کیے کہ وہ بظاہر تضاد نظر آتے ہیں لیکن ان کی تفسیر اضافی وضاحت کے ذریعے کی جا سکتی ہے یا یہ کہ جو واقعات حضرت موسیٰ کے بعد پیشِ آئے انکا آپ کو علم تھا اس لئے کہ وہ آخر کو نبی تھے۔ اس طرح کم و بیش دسویں صدی تک یہ اعتراضات دبائے رکھے گئے لیکن گیارھویں صدی آتے آتے بعض محققین نے ایک نئے انداز سے ان شبہات یا اعتراضات کا جواب دینے کی کوشش کی۔

محققین کی گزشتہ 600 سالہ تاریخ

ابتدا میں محققین نے ان روایات کو قبول کیا کہ حضرت موسیٰ ہی پانچ کتابوں کے مصنف ہیں تاہم انہوں نے اس رائے کا اظہار کیا کہ ان کتابوں کی تدوین کے دوران بعض سطور کہیں کہیں اضافہ کر دی گئی ہیں ۔ گیارھویں صدی میں مسلمان اسپین کے بادشاہ کے طبیب اسحاق بن یہوش نے نشاندہی کی کہ ادومی بادشاہوں کے ناموں کی فہرست جو پیدائش باب 36 میں درج ہے وہ بادشاہ حضرت موسیٰ کے بعد کے ادوار میں گزرے ہیں ۔اس نے رائے دی کہ یہ کام کسی ایسے شخص کا ہے جو حضرت موسیٰ کے بعد کسی دور میں گزرا ہو ۔اس کی رائے پر جو رد عمل آیا وہ یہ تھا کہ اسحاق کی بات غلط ہے ۔یہ رد عمل دینے والا بارہویں صدی کا اسپین ہی کا عالمِ دین ابن عزرا تھا ۔اس نے تجویز کیا کہ ابن یہوش کی کتاب کو جلا دینا چاہیے لیکن دلچسپ بات یہ ہے کہ ابن عزرا نے اپنی تحاریر میں بعض نکات ایسے اٹھائے جو ظاہر کرتے تھے کہ وہ خود بھی اس معاملے میں شکوک کا شکار تھا ۔اس نے بائیبل کے کئی مقامات کی نشاندہی کی جو بظاہر حضرت موسیٰ کے لکھے ہوئے نہیں لگتے تھے ۔مثلاً بعض جغرافیائی مقامات جہاں حضرت موسیٰ کبھی گئے ہی نہ تھے یا ایسے جملے جو بظاہر کوئی دوسرا شخص حضرت موسیٰ کے متعلق لکھ رہا ہو یا ایسا زمانہ جو آپ کے زمانے سے تعلق نہ رکھتا ہو وغیرہ ۔ابن عزرا نے کھلے الفاظ میں اس نشاندہی کی جرات تو نہیں کی تاہم اس نے لکھا کہ جو بھی ان باتوں کی سمجھ پیدا کرے اس پر سچ واضح ہو جائے گا۔ اسی طرح وہ بیانات جو آپس میں متضاد تھے، اس نے لکھا کہ جو سمجھ جائے وہ خاموش ہی رہے گا۔ سولہویں صدی میں دمشق کے رہائشی ایک محقق بانفلس نے ابن عزرا کے اعتراضات کو تسلیم کیا لیکن اس کی خاموشی اختیار کرنے کی نصیحت کو قبول نہ کیا ۔ اس نے واضح الفاظ میں ان مشکل مقامات کی نشاندہی کی کہ وہ حضرت موسیٰ کے لکھے ہوئے نہیں ہو سکتے بلکہ بعد کے ادوار کے کسی نبی یا انبیاء نے لکھے ہیں ۔

واضح ہو کہ بائیبل کسی ہستی کے نبی ہونے کی جو تصویر پیش کر تی ہے وہ مسلمانوں کے تصوّر سے مختلف ہے ۔بائیبل میں بہت سے مرد اور خوٰاتین کو نبی ٹھہرایا گیا ہے یا انہوں نے خود نبی ہونے کی خبر دی ۔ہمارے لئے سوائے سیموئل نبی کے کسی اور نبی کی ،جو حضرت داؤدؑکے بعد کے ادوار میں نمودار ہوئے اور عہد نامہ قدیم میں شامل ہیں، تصدیق کرنا مشکل ہے اس لیے کہ جو تعلیمات یا واقعات

ان سے منسوب ہیں وہ ہمارے تصوّر میں کسی نبی کی تعلیمات سے مطابقت نہیں رکھتے ۔

با نفلس نے اگرچہ اس بات کو رد نہیں کیا کہ وہ الہامی کتابیں ہیں لیکن اس کے باوجود ساڑھے تین صدی بعد بھی جب اس کی تحاریر دوبارہ شائع کی گئیں تو ان موضوعات کو صاف اڑا دیا گیا ۔پندرہویں صدی میں بھی چند اسکالرز نے سوال اٹھائے تھے کہ بعض تفصیلات اور خصوصاً حضرت موسیٰ کی وفات کا تذکرہ انکا لکھا ہوا نہیں ہو سکتا ۔قدیم یہودی روایت میں یہ عندیہ بھی ملتا تھا کہ حضرت موسیٰ کے بعدانکے خلیفہ یشوع نے آپ کی وفات کا لکھا لیکن سولہویں صدی کے ہمعصر افراد نے واضح کیا کہ اِن پانچ کتابوں کے فوراً بعد کی کتابوں کی تحریر کا انداز وہی ہے جو حضرت موسیٰ کی وفات بیان کرنے کیلئے استعمال ہوا ہے ،اس لیے یہ تسلیم کرنا مشکل ہے کہ یشوع نے محض چند جملے آپ کی لکھی ہوئی تحریر میں بڑھا دیئے ۔پھر یہ مسئلہ بھی پیدا ہوا کہ تورات کا کتنا حصّہ خود حضرت موسیٰ کا لکھا ہوا ہے اور کتنا کسی دوسرے فرد کا ؟

تحقیق کا دوسرا دور

تحقیق کے دوسرے مرحلے میں محققین نے رائے پیش کی کہ تورات کی پانچ کتابیں حضرت موسیٰ ہی کی لکھی گئی ہیں لیکن بعد کے ادوار میں کسی وقت اُن میں توضیح کی خاطر چند جملوں کی صورت میں کچھ اضافے کئے گئے۔ اِس طرح سولہویں صدی میں تصوّر پیش کیا گیا کہ حضرت موسیٰ کی تحریر میں بعد میں چند جملے یا مقامات کے نام جدید ناموں کے مطابق کردیئے گئے تھے تاکہ پڑھنے والے کو آسانی ہو اور وہ زیادہ بہتر طریقے سے بات سمجھ سکے ۔لیکن اس تصوّر کو قبولیت حاصل نہ ہوئی بلکہ اِن کتابوں کو بھی ممنوعہ کتابوں کی فہرست میں ڈال دیا گیا۔تحقیق کے اس دور میں یہ تسلیم کرلیا گیا کہ پانچ کتابوں کا زیادہ تر حصّہ حضرت موسیٰ کا لکھا ہوا نہیں ہے ۔ برطانوی فلسفی تھا مس ہابس نے نئے اعتراضات پیش کیے مثلاً بعض مقامات پر کچھ واقعات کیلئے درج ہے "آج کے دن تک"۔ یہ جملہ کوئی شخص جو اپنے ہی زمانہ کے حالات لکھ رہا ہو استعمال نہیں کرتا بلکہ کسی بات کی تاریخ میں زندہ رہ جانے کی

نشاندہی کیلئے لکھتا ہے چنانچہ فرانس کے ایک غیر کیتھولک فرقہ کے مذہبی عالم نے لکھا کہ حضرت موسیٰ ان کتابوں کے مصنف نہیں ہو سکتے ۔ اس نے تورات میں موجود مزید مشکلات کو نمایاں کیا اور اپنے دلائل میں نشاندہی کی کہ مثلاً کتاب استثنا کا پہلا جملہ "یہ وہی باتیں ہیں جو موسیٰ نے یردن کے اُس پار بیابان میں ۔۔۔سب اسرائیلیوں سے کہیں "۔

"یردن کے اُس پار سے" کے الفاظ کسی ایسے شخص کے ہیں جو دریا کے دوسری طرف پیش آئے ہوئے واقعات بیان کر رہا ہے یعنی کوئی شخص اسرائیل میں رہتے ہوئے بتا رہا ہے کہ دریا کے اُس پار موسیٰ نے کیا کہا ۔ حضرت موسیٰ خود دریا پار کر کے اسرائیل میں کبھی داخل نہیں ہوئے ۔ دریا کے اُس پار یعنی بنی اسرائیل کے فلسطین میں داخلہ سے قبل ہی آپ کی وفات کا واقعہ پیش آیا جیسا کہ کتاب استثنا میں بیان کیا گیا ہے ۔ان سوالات کو اٹھانے کا نتیجہ یہ نکلا کہ اس کو گرفتار کر لیا گیا اور اس کے لیے ایک ہی راستہ چھوڑا گیا کہ وہ اپنے الفاظ واپس لے اور کیتھولک مذہب قبول کرے۔ اس نے یہی کیا ۔

کم و بیش اسی زمانے میں مشہور فلسفی اسپنوزا نے ہالینڈ میں ایک تنقیدی مقالہ شائع کیا کہ بائیبل میں مشکل مقامات کچھ کم تعداد میں نہیں ہیں کہ انکی ایک ایک کرکے توضیح کی جا سکے بلکہ یہ پانچوں کتابوں میں کثرت سے پھیلے ہوئے ہیں ۔ مختلف نوعیت کی مشکلات کی نشاندہی کرنے کے ساتھ اس نے کتاب استثنا کے ایک جملہ کا حوالہ دیا :

> اور اُس وقت سے اب تک بنی اسرائیل میں کوئی نبی موسیٰ کی مانند جس سے خدا نے رو برو باتیں کیں نہیں اٹھا۔ (استثنا 34:10)

اسپنو زا نے اعتراض کیا کہ یہ تو کوئی ایسا شخص لکھ رہا ہے جو موسیٰ کے بعد کے کافی زمانے سے واقف ہو جس میں کئی انبیاء گزر چکے ہوں اور اسکی نظر میں موسیٰ تمام انبیاء میں عظیم ترین ہوں ۔اسپنو زا نے لکھا :"جیسا کھڑی دوپہر میں سورج نمایاں رہتا ہے اُسی طرح یہ بھی واضح ہے کہ یہ جملہ موسیٰ کا نہیں "۔تاہم اس کو خمیازہ یہ بھگتنا پڑا کہ اسے یہودیت سے خارج کر دیا گیا، کیتھولک اور پروٹسٹنٹ دونوں طبقات کی طرف سے اس کو رد کر دیا گیا اور اسکی کتاب کو ممنوعہ کتابوں کی فہرست میں شامل کر دیا گیا ۔چھہ

سال کے دوران سینتیس مقدمات کے فیصلے اسکے خلاف دیئے گئے اور اسکے اوپر قاتلانہ حملہ کیا گیا۔

تھوڑے ہی عرصے بعد رچرڈ سائمن نامی شخص، جس نے پروٹسٹنٹ مذہب چھوڑ کر کیتھولک مذہب اختیار کر لیا تھا، اسپنوزا کی رد میں ایک مقالہ لکھا۔ اس نے کہا کہ شریعت یعنی قانونِ موسیٰ کا لکھا ہوا ہے تاہم بعض جگہ اضافہ کیے گئے ہیں اور یہ اضافے بعض ان لکھنے والوں کے ہیں جنہوں نے قدیم تحریر کو جدید الفاظ میں بیان کیا تاکہ مقامات اور واقعات پڑھنے والوں کیلئے زیادہ واضح ہو سکیں۔ سائمن کی رائے میں یہ بعد میں آنے والے انبیاء ہی تھے جنہوں نے الہام کی روشنی میں اس کام کو انجام دیا اس طرح اس نے بائبیل کی الہامی حیثیت کی تائید کی لیکن کیتھولک مذہبی طبقہ کوئی ایسی بات قبول کرنے کو تیار نہ ہوا کہ حضرت موسیٰ کے علاوہ بھی کوئی فرد جزوی طور پر شریک قرار دیا جا سکے لہٰذا اس کو اپنے فرقے سے خارج کردیا ،اس پر حملہ ہوا، مارا پیٹا گیا اور اس کی کتاب بھی ممنوعہ کتابوں کی فہرست میں ڈال دی گئی چالیس مقالے اُس کی رد میں لکھے گئے ۔جو تیرہ سو کاپیاں اس کے کام کی طبع ہو چکی تھیں وہ تمام جلا دی گئیں سوائے چھ جلدوں کے جو کسی طرح جلنے سے بچ گئیں ۔اُس کی کتاب کا انگلش میں ترجمہ کسی جو ہن ہیمپڈن نامی شخص نے شایع کیا لیکن اس جرم کی پاداش میں اسے قید کر دیا گیا ۔جب وہ اپنے کام سے دستبردار ہوا اور اسکو غلط قرار دیا تب ہی رہائی ملی۔

تحقیق کا تیسرا دور(قدیم تحریری مآخذ)

رچرڈ سائمن کی یہ تجویز کہ بائیبل کی پانچ کتابیں کسی قدیم تحریر ی مآخذ کو استعمال کرکے لکھی گئی ہیں یہ معلوم کرنے میں ایک اہم قدم ثابت ہوئی کہ بائیبل لکھنے والے کون تھے ۔اس تجویز نے ایک اور مشکل کا سامنا کرنے کیلئے بھی راہ ہموار کی جو مغربی محققین نے سترھویں صدی میں شناخت کی تھی ۔ انہوں نے دیکھا کہ ان پانچ کتابوں میں بعض واقعات کو دو مرتبہ دو مختلف مقامات پر مختلف الفاظ میں بیان کیا گیا ہے ۔ بائیبل کی ابتدائی پانچ کتابوں کو توجہ سے پڑھنے پر یہ بہت آسانی سے نمایاں ہو جاتا ہے کہ ایک ہی واقعہ کو دو جگہ بدلے ہوئے الفاظ میں دہرا یا گیا ہے ۔مثلاً کائنات کی تخلیق کی بابت دو تحریریں ہیں جن میں نمایاں فرق ہے ۔اسی طرح خدا اور حضرت ابراہیم کے درمیان عہد کیلئے دو تحریریں ،دو تحریریں جہاں حضرت ابراہیم نے حضرت اسحاق کا نام رکھا ، دو تحریریں جہاں حضرت ابراہیم نے غیر ملک کے بادشاہ کے سامنے حضرت سارہ کو اپنی بہن بتایا ۔ حضرت اسحاق کے بیٹے حضرت یعقوب کا میسو پوٹامیہ کا سفر کےلیے دو تحریریں۔ دو تحریریں جس میں حضرت یعقوب کو بیت ایل کے مقام پر الہام نازل ہوا۔ دو تحریریں جہاں خدا نے حضرت یعقوب کا نام بدل کر اسرائیل رکھا ۔ دو تحریریں جن میں حضرت موسیٰ مریبہ کے مقام پر پہاڑ کی چٹان سے بنی اسرائیل کیلئے پانی جاری کر تے ہیں اسی طرح سے چند اور دہرے واقعات ۔

وہ لوگ جن کا اُسی روایتی عقیدہ پر ایمان تھا کہ ان پانچ کتابوں کے لکھنے والے حضرت موسیٰ ہی تھے انہوں نے زور دیا کہ یہ دہرے مضامین بلا وجہ دہرائے نہیں گئے ہیں بلکہ وہ ایک دوسرے کی تائید کرتے ہیں اور ایسے گوشے نمایاں کرتے ہیں جن سے پڑھنے والے کو بائیبل کو سمجھنے میں مدد ملتی ہے یعنی یہ بات کہ حضرت موسیٰ کے بجائے کوئی اور لکھنے والا ہو قابلِ قبول نہیں، لیکن ان ہی دہرے واقعات میں ایک سراغ ایسا نکل آیا جس نے ان دلائل کو واضح تقویت فراہم کر دی کہ حضرت موسیٰ تورات لکھنے والے نہیں ہو سکتے ۔

محققین نے دریافت کیا کہ ان دہرے واقعات کو دو گروپ میں اس طرح تقسیم کیا جاسکتا ہے کہ ایک گروپ میں جب بھی کسی فقرے میں اللہ تعالی کا نام تحریر ہوا ہے اسے "یہواہ" کے نام سے لکھا گیا ہے جبکہ دوسرے گروپ میں اللہ تعالی کا نام "ایلوہیم" سے لکھا گیا ہے ۔اس طرح دہرائے گئے واقعات متوازی طریقے پر دو گروپ میں تقسیم کئے جا سکتے ہیں اور ہر گروپ میں اللہ تعالیٰ کے نام کے ذریعے تقسیم برقرار رہتی ہے ۔ اور تنہا نام ہی نہیں بلکہ محققین نے یہ بھی دریافت کیا کہ بعض دوسری خصوصیات بھی ایسی ہیں جو ہر ایک گروپ کے لئے مخصوص ہیں ۔ اب تک کے مشاہدات سے یہ تاثر قائم ہو نے لگا کہ دو قدیم تحریری مآخذ کو اجزاء میں تقسیم کرکے دوبارہ اس طرح جوڑا گیا ہے کہ یہ آپس میں خلط ملط ہوگئے اور ایک مسلسل تاریخی واقعات کی شکل میں حضرت موسیٰ کی پانچ کتابیں قرار پا گئی ہیں ۔تحقیق کی اگلی سطح از خود تقاضا کرتی تھی کہ اِن دونوں گتھی ہوئی تحریروں کو علیحدہ کر کے زیرِ غور لایا جائے ۔

اٹھارہویں صدی میں محققین کے تین مختلف گروہ کم و بیش یکساں نتائج تک پہنچے جن میں ایک جرمن مذہبی شخص ایچ بی وٹر، دوسرا فرانس کا ایک ڈاکٹر ژان اسٹرک اور تیسرا ایک جرمن پروفیسر آیکہارن تھے ۔ ابتداء میں ان کی رائے ہوئی کہ کتاب پیدائش میں موجود ایک گروپ کی تحریروں کا کوئی قدیم نسخہ حضرت موسیٰ کو دستیاب تھا جس کو انہوں نے استعمال کیا جبکہ دوسرا گروپ خود انکی تحریر ہے ۔بعد ازاں یہ بھی خیال کیا گیا کہ دونوں گروپ کوئی قدیم محفوظ شدہ تحریریں ہیں جنہیں حضرت موسیٰ نے پانچ کتابوں کی صورت میں ترتیب دیا تھا لیکن آخر کار یہی قیاس تسلیم کیا گیا کہ یہ پانچ کتابیں حضرت موسیٰ کے بعد کسی زمانے میں لکھی گئی ہیں اس طرح ان کتابوں کی حضرت موسیٰ سے وابستگی کم سے کم ہو تی چلی گئی ۔

انیسویں صدی کے آغاز میں دو علیحدہ تحریری مآخذ کے نظریہ کو مزید پھیلانے کی کوشش کی گئی ۔بائیبل کے اسکالرز آخر کار اس نتیجے پر پہنچے کہ حضرت موسیٰ سے منسوب پانچ کتابیں چار مختلف مآخذ دستاویزات سے پیدا کی گئی ہیں ۔ بعد ازاں یہ بھی دریافت ہوا کہ بائیبل کی ابتدائی چار کتابوں میں بعض واقعات دو مرتبہ نہیں بلکہ تین مرتبہ بھی موجود ہیں یعنی ایک ہی واقعہ تین مرتبہ الفاظ کے فرق کے ساتھ بیان ہوا ہے اور ساتھ ہی مزید تقویت پہونچا نے والی

شہادتیں بھی پائی گئیں مثلاً باہمی تضاد اور انفرادی واقعات میں بعض منفرد الفاظ کا چناؤ وغیرہ مل کر یہ تجویز کرتے تھے کہ ایک تیسری مآخذ تحریر بھی بائیبل میں پوشیدہ ہے ۔بعد ازاں ایک کم عمر جرمن اسکالر ڈی وٹ نے پی ایچ ڈی مقالہ میں اپنی تحقیق ظاہر کی کہ پانچویں کتاب استثنا دیگر چار کتابوں سے بہت مختلف انداز میں لکھی گئی ہے اور اس کتاب استثنا میں تین دریافت شدہ مآخذ نہیں پائے جاتے ۔ ڈی و ٹ نے تجویز کیا کہ کتاب استثنا ایک الگ ہی تحریر ہے۔ اس طرح بہت سے افراد کی اجتماعی محنت جس میں بعض کو ذاتی نقصان اور مصیبتوں کی صورت میں قیمت چکانی پڑی لیکن اُس کا حاصل یہ ہوا کہ بائیبل میں پوشیدہ رازعیاں ہونے لگے اور تحقیق کیلئے ایک عملی نقطۂ نظر عمومی مباحثہ میں آنا شروع ہو گیا اور ساتھ ہی اسکالرز کو مذہبی نظام کے دباؤ اور سزا کا سامنا کرنے کا موقع بھی کم سے کم ہو تا چلا گیا ۔ یہ ایک غیر معمولی کامیابی تھی جو بائیبل کی تاریخ کی تحقیق کے دوران حاصل ہوئی ۔اب بائیبل کے طلباء کتاب پیدائش کا کوئی بھی صفحہ پڑھ کر بآسانی دو یا تین مختلف لکھنے والوں کی تحریریں ایک ہی صفحہ پر موجود پہچان سکتے تھے ۔اب بائیبل پر تحقیق اپنے تاریخی ارتقاء کے مراحل کے دوران حیرت انگیز طور پر اس حالیہ دور میں پہنچ چکی تھی اور اگرچہ تحقیقاتی کام ابھی باقی تھا لیکن یوں کہو کہ گتھی یااُلجھی ڈور کا سرا ہاتھ آ چکا تھا اس لئے آیندہ آنے والی کامیابیوں کے لیے بہت آسانی پیدا ہو گئی ۔یہاں تک پہنچ کر یہ مفروضہ قائم ہو چکا تھا کہ بائیبل کی حضرت موسیٰ سے منسوب ابتدائی پانچ کتابوں کے کم از کم چار لکھنے والے ہیں جبکہ کوئی پانچواں فرد بھی اس مسئلہ میں شامل ہے جس نے ان تحریروں کو ٹکڑوں میں تقسیم کر کے واپس کچھ اس طرح جوڑا ہے کہ ایک سلسلہ وار تاریخی بیان کی حامل ایک ایسی کتاب تیار ہو گئی ہے جو گزشتہ دو ہزار سال سے حضرت موسیٰ کی لکھی ہوئی تورات سمجھی جا تی رہی ہے ۔

جو سوالات محققین کو درپیش تھے وہ یہ کہ چاروں مآخذ تحریروں کے لکھنے والے کون تھے ؟تاریخ کے کس دور میں یہ کام کیا گیا؟ ان کو تحریر کرنے کی کیا ضرورت پیش آئی؟ ساتھ ہی ساتھ وہ شخص یا اشخاص جنہوں نے ان تحریروں کو ٹکڑوں میں تقسیم کر کے واپس جوڑا یعنی ایڈیٹر یا ایڈیٹرز ، انہوں نے اس کام کو کیا ہی کیوں؟تحقیق

کو آگے بڑھانے کیلئے مغربی محققین نے مفروضات کا ایک فریم ورک تجویز کیا تاکہ مختلف افراد کی تحقیقات کو ایک مربوط انداز میں سامنے لا سکیں یہ فریم ورک بنانا بہت مناسب اور ضروری تھا تاکہ ہر ایک تحقیق ایک ہی طرح سے پیش ہو اور سمجھی جا سکے ۔تحقیقی فریم ورک میں چار مختلف مآخذ تحریروں کی نشاندہی کیلئے انگریزی کے چار حروف تہجی مخصوص کیے گئے :

جس مآخذ تحریر میں اللہ تعالی کے نام کیلئے عبرانی زبان کا لفظ استعمال کیا گیا، اِس لفظ کو جرمن زبان میں 'Yahweh' ''یہواہ' یعنی کے بجائے حرفِ تہجی "Y" لکھا جاتا ہے، لہٰذا اِس کے لئے 'Jehovah' منتخب کیا گیا ۔ اردو بائیبل میں اسکو ' خداوندِ خدا ' جبکہ انگریزی J بائیبل میں 'LORD God' لکھا گیا ہے۔

۔ جس مآخذ تحریر میں اللہ تعالی کے نام کیلئے عبرانی زبان کا لفظ ایلوهیم یعنی 'Elohim'استعمال کیا گیا اسکے لئے حرف "E" مخصوص کیا گیا ۔اردو بائیبل میں اسکے لئے' خدا' جبکہ انگریزی بائیبل میں 'God' استعمال کیا گیا ہے۔

۔تیسرا تحریری مآخذ جو کہ اپنی ضخامت میں سب سے زیادہ تھا اور اِس میں زیادہ تر قانونی مسائل، عبادات اور وہ معاملات جو یہودیوں کے مذہبی علماء سے متعلق تھے، اِس کے لئے لفظ Priestly کا حرفPچنا گیا ۔

۔آخری تحریری مآخذ جو کتاب استثنا یعنی پانچویں کتاب کے لئے خاص تھا اسکے لئے حرف D استعمال کیا گیا جو اس کتب کے انگریزی نام 'Deuteronomy' سے منتخب کیا گیا تھا ۔

ہم ضروری سمجھتے ہیں کہ ان شناختی حروف یا علامات کو اسی طرح اس کتاب میں استعمال کریں جس طرح مغربی محققین نے منتخب کئے ۔ قارئین کو نصیحت ہے کہ ان چار اصطلاحات یعنی 'J' اور 'E' اور 'P' اور 'D'اور انکے پس منظر کو اس موقع پر اچھی طرح ذہن نشین کر لیں اس لیے کہ ان کا کثرت سے اِس کتاب میں استعمال کیا جائے گا ورنہ کتاب کے سمجھنے میں دشواری کا سامنا پیش آئے گا ۔

مفروضہ

اب تک کی تحقیق نے جو مجموعی تصویر بائیبل کے متعلق پیدا کی وہ یہ کہ حضرت موسیٰ سے منسوب پانچ کتابوں میں موجود اندرونی شہادتیں تجویز کرتی ہیں کہ وہ چار مآخذ تحریروں کو جوڑ کر ایک مسلسل تاریخی بیان کی صورت میں مرتب کر دی گئی ہیں اور اِس مفروضہ کو چار حروفِ تہجی 'J' اور 'E' اور 'P' اور 'D'سے ظاہر کیا جا سکتا ہے ۔لیکن جو سوالات پیش آتے ہیں وہ یہ کہ ان مختلف تحریروں کی تاریخی حیثیت کیسے متعین کی جائے، نہ صرف یہ کہ ان کو لکھا کن لوگوں نے ؟بلکہ یہ بھی کہ کسی تاریخی بیان کے چار ورژن لکھے جانے کی ضرورت کیوں پیش آئی ؟ ان کا آپس میں کیا تعلق ہے؟ آیا کہ کوئی ایک بھی تحریر لکھنے والا دوسری تحریروں کی موجودگی سے واقف تھا؟ کن زمانوں میں یہ تحاریر لکھی گئیں؟ کیسے وہ محفوظ رہ گئیں اور آپس میں جوڑ دی گئیں اور متعدد دیگر سوالات ۔

بائیبل پر تحقیق جدید دور میں

انیسویں صدی میں یورپ کے کئ اسکالرز نے ان سوالوں کے جوابات تلاش کرنے میں نمایاں پیش رفت کی اور تحقیقی کوششوں کو نئی سطح پر پہونچایا لیکن اس دوران مذہبی مخالفت برقرار رہی مثلاً ولیم رابرٹسن سمتھ جو اسکاٹ لینڈ کالج میں عہد نامہ قدیم کا پروفیسر تھا اور ساتھ ہی انسائیکلوپیڈیا برٹانیکا کا ایڈیٹر بھی تھا اس نے انسائیکلوپیڈیا میں نئی تحقیقات کے حوالے سے مقالات لکھے لیکن اُس پر چرچ میں مقدمہ قائم کیا گیا جس میں اگرچہ وہ heresy یعنی 'کفر' کے الزام سے تو بری ہو گیا تاہم ملازمت سے ہاتھ دھونا پڑے ۔اسی طرح جنوبی افریقہ میں جوہن کولینسو جو ایک انجلیکن بشپ تھا اس نے ملتے جلتے خلاصے شائع کیے لیکن اس کو بھی مخالفت کا سامنا کرنا پڑا اور اس کو بدمعاش بشپ کا خطاب ملا ۔لیکن آہستہ آہستہ مخالفت کا زور ٹوٹتا رہا اور بیسویں صدی آتے آتے ایک بڑا واقعہ یہ پیش آیا کہ پوپ پائس نے 1943 میں عیسائی دنیا کو ترغیب دی کہ بائیبل کے متعلق جدید تحقیق کی مخالفت کرنا غیر مناسب ہے اور اس تحقیقی عمل کو جاری رہنا چاہئے ۔ اس رائے نے کیتھولک مخالفت کا زور

یکایک ختم کر دیا اور ساتھ ہی پروٹسٹنٹ فرقہ نے بھی بائیبل پر تنقیدی تحقیق کی مخالفت ختم کر دی ۔بیسویں صدی کے درمیانی عرصے میں یورپ اور امریکا کی نمایاں جامعات میں بائیبل کا تنقیدی مطالعہ اور تحقیق شروع ہو گئی اور بعض یہودی درسگاہوں میں بھی یہ تحقیق جاری رہنے کو قبول کر لیا گیا ۔ اور اب صورت یہ ہے کہ موجودہ زمانہ میں دنیا میں کہیں بھی کوئی اسکالر پایا نہیں جاتا جو یہ کہے کہ Pentateuch موسیٰ کی لکھی ہوئی ہیں ۔

یہ گزشتہ چھ صدیوں کی تحقیق کا ایک مختصر جائزہ تھا۔ واحد ذریعہ جو محققین کے پاس موجود تھا اور ہے وہ بائیبل کی تحریروں میں موجود اندرونی شہادتیں ہی تھیں اور پہلی گتھی کا جو سراغ حاصل ہوا وہ یہ کہ چار مآخذ تحریریں کس زمانے میں لکھی گئیں اور پھر اسی سے دوسرے کئ سوالوں کے جواب بھی حاصل ہوئے ۔ ان تحریروں کے لکھے جانے کے زمانے کے تعین کو سمجھنے کے لئے قارئین کو بنی اسرائیل کی تاریخ سے اجمالی واقفیت ہونا ضروری ہے ۔

بنی اسرائیل کی ابتدائی تاریخ

بنی اسرائیل حضرت ابراہیمؑ کو اپنی قوم کا سب سے اہم بزرگ مانتے ہیں ۔حضرت ابراہیمؑ اپنی پیدائش کے وقت بابل کے جنوبی خطے کے ایک شہر اُر کے باشندے تھے۔ اس زمانے میں وہاں کے علاقوں پر اُر نَمُّو نامی جنگی سورما کی بادشاہت قائم تھی جس کو عربی میں نمرود لکھا جاتا ہے۔ تورات ایک بڑے بادشاہ کی حیثیت سے اس کا تذکرہ کرتی ہے (پیدائش 10:8)، لیکن نمرود کا حضرت ابراہیمؑ سے کیا واسطہ رہا اس کی بابت اس میں کچھ لکھا نہیں گیا ۔بائیبل کے مطابق حضرت نوحؑ کی نسل سے تارح نے ازخود اپنے آبائی شہر اُرسے کنعان کی طرف نقل مکانی کا ارادہ کیا اور اپنے بیٹے حضرت براہیمؑ، انکی بیوی ساری اور پوتے لوطؑ کو لے کر بابل سے ایک ہزار کلو میٹر دور شمال مغرب میں حاران میں رہائش اختیار کی۔ ماضی قریب کی مشینی ایجادات سے پہلے تک قدیم زمانے سے اونٹوں پر اتنے طویل سفر کے لئے کم از کم ڈیڑھ ماہ کا عرصہ درکار ہوتا تھا ۔تارح حاران میں قیام کے بعد وہیں مر گیا ۔تب بائیبل کوئی وجہ بتائے بغیر کہتی ہے

کہ خدا نے حضرت ابراہیمؑ سے کہا کہ وہ حضرت ساری اور حضرت لوطؑ کو لے کر ایک ہزار کلو میٹر دور جنوب مغرب میں کنعان کے ملک میں جا بسیں اور یہ کہ خدا انہیں ایک بڑی قوم بنائے گا (پیدائش 12:1)۔

بیسویں صدی کے ابتدائی زمانے سے پہلے تک بابل یا میسو پوٹامیہ کے بارے میں انسان کو بائیبل میں موجود بہت محدود اور غیر مفید معلومات کے علاوہ کوئی ذریعہ میسر نہیں تھا ۔ قرآنِ کریم کی متعدد سورتوں میں اللہ تعالیٰ نے حضرت ابراہیمؑ کے پیغمبرانہ مشن کے حوالے سے اہم اجزا کو تفصیلاً بیان کیا ہے ۔ ان میں سے بعض تفصیلات اِس کتاب کے حصّہ سوئم کے آخری باب میں ہی ہم پیش کر سکیں گے ۔بر سبیلِ موقع 1920ؤ سے 1933ء کے دوران مشہور برطانوی ماہرِ آثارِ قدیمہ چارلس لیونارڈ وولی (Sir Leonard Woolley) کی سرزمینِ عراق پر کی جانے والی آرکیالوجیکل تحقیقات سے حاصل ہونے والے انتہائی اہم نتائج کا سرسری تذکرہ کر سکتے ہیں ۔لیونارڈ وولی کی برٹش میوزیم اور یونیورسٹی آف پنسلوانیہ، امریکہ کے تعاون سے کی جانے والی یہ تحقیقات انسانی تاریخ کے حوالے سے اہم ترین دریافتوں میں شمار ہیں ۔زیرِ زمین کھدائی کے دوران مٹی کے برتن، موسیقی کے آلات، اوزار، ہتھیار، آرٹ و دستکاری کے اجزا اور اٹھارہ سو سے زائد قبریں دریافت ہوئیں جو 2500 ق م سے 2000 ق م کے زمانے کی روزمرہ زندگی سے متعلق اہم معلومات فراہم کرتی ہیں ۔ دورانِ تحقیق خصوصاً مختلف گنجائش کے سولہ شاہی مقبرے دریافت ہوئے۔ بڑے شاہی مقبروں کی تعمیر کے لئے زمین میں بہت بڑا گڑھا کھود کر اُس کی گہرائی میں مقبرہ کا کمرہ بڑے پتھروں سے بنایا گیا جس میں فوت شدہ بادشاہ یا ملکہ یا اولادوں کی ملکیت میں شامل نوادرات میں سونا اور چاندی سے بنے زیورات، قیمتی پتھر وغیرہ کے ساتھ ساتھ اُس کے خدمت گار اور کنیزیں بھی زندہ دفنائی گئیں ۔ پتھروں سے بند مقبرہ کے باہر گڑھے کی گہرائی میں مزید افراد اور اور جانوروں کی ہڈیاں موجود پائ گئیں ۔ ایک بڑے مقبرہ میں پانچ مَردوں اور اڑسٹھ عورتوں کی ہڈیاں دریافت ہوئیں جو مرنے والے کے ساتھ زندہ دفنائے گئے تھے ۔گڑھے میں مردہ کو دفن کرنے کے لئے اور لوگوں اور جانوروں کو لانے کیلئے ڈھلوان راستہ مٹّی سے بنایا گیا پھر تمام رسومات پوری ہونے کے بعد

گڑھے کو مکمّل طور پر مٹّی سے بھر دیا گیا ۔اِس مختصر تفصیل سے ہمیں یہ توجّہ مقصود ہے کہ انسانی تمدّن باطل اور پست نظریات پر تعمیر ہو تو ابتدائی زمانے سے بااثر طبقات تذلیل اور ظلم کا مظاہرہ کرنے اور کمزور طبقات اور اقوام اسے سہنے اور انگیز کر نے پر مجبور کئے جاتے رہے ہیں ۔ تحقیقات کی روشنی میں جدید اثری تاریخ نگار 2100 ق م " نَمُوّ" یا عربی و عبرانی میں نمرود کی سلطنت میں حضرت ابراہیمؑ کے ظہور کا زمانہ تسلیم کر تے ہیں ۔ حضرت ابراہیمؑ کے قریب کے زمانے میں مسوپوٹامیہ میں سماریہ، بابل اور اسیریا کی تہذیبیں دریائے دجلہ و دریائے فرات کے درمیانی اور قریبی علاقوں میں پائی جاتی تھیں ۔ اس وقت تک انسان اپنے تمدنی ارتقاء کے مراحل میں زراعت، مویشیوں کے استعمال، تیر کمان اور نیزہ و تلوار کی ابتدائی تکنیکی مہارتیں حاصل کر چکا تھا ۔ ساتھ ہی جنگی مہمات کے لئے گھوڑے سدھار نے اور فوجی استعمال کی رتھ بنا نے جیسے علوم سے واقفیت حاصل تھی ، جیسا کہ دورِ حاضر کی تحقیقات سے واضح ہوا ۔

خدا کے حکم کے مطابق حضرت ابراہیمؑ اور ان کے بعد ان کے بیٹے حضرت اسحاقؑ اور پھر حضرت اسحاقؑ کے بیٹے حضرت یعقوبؑ نے کنعان میں سکونت اختیار کی ۔ حضرت اسحاقؑ کی پیدائش سے قبل حضرت اسماعیلؑ پیدا ہوچکے تھے لیکن فی الوقت حضرت اسحاقؑ کا خاندانی سلسلہ زیرِ بحث رہے گا ۔حضرت یعقوبؑ کا نام خدا نے اسرائیل رکھا پھر انہی کی بارہ اولادِ نرینہ سے بنی اسرائیل نے اپنے بارہ قبیلوں کی شناخت حاصل کی ۔ حضرت یعقوبؑ کے گیارہویں بیٹے حضرت یوسفؑ کو ان کے سوتیلے بھائیوں نے حسد کی بنا پر کنویں میں دھکیل کر قتل کر نے کی سازش کی لیکن ایک تجارتی قافلے نے ان کو دریافت کر لیا اور مصر لے جا کر بیچ دیا ۔اس طرح حضرت ابراہیمؑ کی کنعان آمد کی دو صدی بعد 1900 ق م میں خدا کی قدرت سے حضرت یوسفؑ مصر کے حاکم بنا دئے گئے ۔حضرت یوسفؑ کی مصر آمد سے قبل مصر کے شمالی زرخیز علاقوں میں چرواہے بادشاہوں (Hyksos Kings)کی حکومت قائم تھی ۔یہ مصری قوم میں سے نہیں بلکہ کنعان ہی کے باشندے تھے جو تقریباً ایک صدی قبل سے دریائے نیل کے زیادہ مفیدِ مطلب علاقوں کے حصول پر نظر رکھتے تھے ۔ حضرت ابراہیمؑ کی فراہم کردہ اخلاقی، دینی اور دنیاوی

تعلیمات نے ان کو مصری باشندوں کے مقابلے میں زیادہ بہتر تمدنی اور اخلاقی حالت میں پہنچا دیا تھا پھر مصریوں کے داخلی انتشار اورتمدنی پسماندگی بھی کنعانیوں کو وہاں اپنا غلبہ قائم رکھنے میں مددگار ثابت ہوئی۔ بائیبل کتاب پیدائش کے باب 14 میں میسوپوٹامیہ کے پانچ قبائل کے ایک مشترکہ حملے کا واقعہ تحریر ہے جس میں اس مشترکہ فوج نے کنعان،سدوم اور عمورہ کے بڑے علاقے فتح کر لیے اور لوٹ کے تمام مال میں حضرت لوطؑ کو بھی مال سمیت قیدی بنا کر واپس پلٹے ۔ حضرت ابراہیمؑ نے مطلع ہونے پر اپنے بہت ہی مختصر تعداد میں سپاہیوں کے ساتھ ان کا پیچھا کیا ، شکست دی اور حضرت لوطؑ اور تمام لوٹے گئے مال کو بھی چھڑا لائے یہ واقعہ ان کی علمی و فنّی قابلیت اور ذہنی برتری ثابت کرتا ہے -100ء کا مشہور یہودی تاریخ نگار یوسیفس اپنی کتاب میں بتاتا ہے کہ حضرت ابراہیمؑ نے مصر میں بادشاہ کو ریاضی کی تعلیم دی ۔ان باتوں سے اندازہ لگایا جاسکتا ہے کہ کنعان کے ان گڑھ باشندوں کو کیا کچھ ہدایات و تربیت کی دولت حضرت ابراہیمؑ اور ان کی صالح اولاد کے توسط سے دستیاب تھیں ۔

یوسیفس ان کنعانی بادشاہوں کو چرواہے بادشاہ لکھتا ہے ۔ قدیم یونانی مصنفوں نے ان کو Hyksos kings کا لقب دیا تھا جس کے معنی ہیں بیرونی علاقوں سے آنے والے حاکم۔ ان مصنفوں کے مطابق انہوں نے جابرانہ طریقے سے مصر کے علاقے اپنے قبضے میں نہیں لیے بلکہ وہاں نقل مکانی کی اور بدلے میں تمدنی ضروریات کے لئے تکنیکی معلومات وہاں متعارف کیں اوراسی اخلاقی برتری کی وجہ سے بعد میں حاکمیت بھی حاصل ہو گئی لیکن اس ایک صدی سے زائد عرصے کے دوران تمام مصر پر ان کا اقتدار کبھی نہیں رہا بلکہ ملک کے باقی حصے مصریوں کے زیر اقتدار تھے ۔دوسری طرف جدید مصری تحقیق کے ماہرین کے مطابق قدیم مصری تاریخ نگار اور مذہبی علوم سے وابستہ افراد ان چرواہے بادشاہوں کو خون آشام بیرونی حملہ آور اور اصلی باشندوں کا استحصال کرنے والے قرار دیتے ہیں ۔بائیبل قصّہ یوسف میں ان بادشاہوں کو بھی فرعون بتاتی ہے جو درست نہیں ہے ۔اہم بات یہ ہے کہ یہ چرواہے بادشاہ چونکہ حضرت یوسفؑ کے ہم قوم و ہم زباں تھے اس لئے حضرت یوسفؑ کی پاکیزہ ترین زندگی، نیک نفسی اور ذہنی قابلیت نے ان کے لئے حاکمیت کی راہ ہموار کی اور وہ اسّی سال تک وہاں حاکم رہے ۔ اپنی حاکمیت

کے شروع دنوں میں انہوں نے اپنے والدین اور بھائیوں کے خاندانوں کو کنعان سے مصر میں لا بسایا - 1805 ق م میں حضرت یوسفؑ کی وفات کے بعد ان کی قوم کی گرفت وہاں مضبوط نہ رہی اور کچھ ہی عرصے میں مصر کے اصل باشندے تمام ملک پر اپنا تسلط قائم کرنے میں کامیاب ہوگئے اور بنی اسرائیل کو آیندہ آنے والے تقریباً ڈیڑھ دو سو سال کے لئے بدترین غلامی میں دھکیل دیا -

1446 ق م میں حضرت موسیٰ کی بدولت خدا نے بنی اسرائیل کی غلامی سے نجات کی راہ نکالی -1406 ق م میں حضرت موسیٰ کی وفات کے بعد ان کے نامزد کردہ خلیفہ یشوع کی سربراہی میں بنی اسرائیل نے 1375 ق م سے فلسطین کے علاقے فتح کرنا شروع کئے اور چند سالوں میں فلسطین کا بڑا حصّہ حاصل کر کے اپنے تمام قبائل میں تقسیم کر لیا ۔یہ بات عجیب ہے کہ بائیبل یشوع کی طبعی وفات کے موقع پر ان کے ذریعے نامزد کردہ کسی سربراہ کا نام تو کیا وہ یہ بھی نہیں بتاتی کہ قومی سربراہی کا مسئلہ زیرِ غور آیا بھی تھا یا نہیں - نتیجہ یہ ہوا کہ یشوع کی وفات کے بعد بنی اسرائیل آنے والے 325 سال قبائلی معاشرت کے تحت رہتے رہے جب تک کہ 1050 ق م میں طالوت ان کا بادشاہ نہ بنا دیا گیا - یہ بنی اسرائیل کی ابتدائی ایک ہزار سالہ تاریخ کے دوران پیش آنے والے چند اہم واقعات کا اجمالی جائزہ تھا ۔بائیبل کے مصنفوں کی تلاش کے لئے اس کے بعد کے زمانہ کو نسبتاً زیادہ تفصیل سے جاننا ضروری ہے -

باب2

1200- 700 ق م کا فلسطین

زمینی خطہ جہاں بائیبل لکھی گئی اپنے رقبہ کے لحاظ سے کوئی نمایاں حیثیت نہیں رکھتا ۔اسکی لمبائی تقریباً تین سو کلومیٹر جبکہ چوڑائی قریباً سو کلومیٹر ہے یعنی بذریعہ کار تین گھنٹے میں اسکے ایک کونے سے دوسرےکونے تک کا سفر کیا جا سکتا ہے، تاہم اپنی خصوصیات کے لحاظ سے ایسا ہی ہے کہ دنیا میں بہت ہی کم پایا جا سکے بلکہ غالباً کہیں نہ پایا جاتا ہو ۔یہ بحیرہ روم کے مشرقی ساحل کے ساتھ واقع ہے جو کہ براعظم افریقہ اور ایشیا کے قدرتی ملنے کی جگہ ہے ۔یہاں کی موسمی خصوصیات، پانی کے ذرائع،اس کی نباتاتی اقسام اور زمینی ساخت کی نمایاں تبدیلیاں اپنے اندر سحرِ انگیز خصوصیات رکھتی ہیں ۔اِس کے شمال مشرقی علاقے میں تازہ میٹھے پانی کی نہر دریائے گلیل کے نام سے واقع ہے جوکہ بہتی ہوئی جنوب کی طرف دریائے اردن میں جا ملتی ہے ۔دریائے اردن سیدھے راستے پر بہتا ہوا بحرِ مردار میں جا گرتا ہے ۔بحر مردار اپنی خصوصیات میں دریائے گلیل سے اتنا ہی زیادہ مختلف ہے جیسا کہ دو ذخیرۂ آب زیادہ سے زیادہ مختلف ہو سکتے ہوں ۔بحیرہ مردار بہت زیادہ مقدار میں نمک کی وجہ سے بہت گاڑھا پانی رکھتا ہے اور بہت گرم بیابان سے گھرا ہوا ہے ۔اِس خطے کی روایات یہ ہیں کہ کبھی یہ بہت زرخیز اور خوبصورت علاقہ تھا لیکن اسکے باشندوں، قوم لوط، کے برے کرتوتوں کے باعث اللہ تعالیٰ نے اُن کو گندھک اور آگ کی برسات سے تباہ کردیا اور یہ علاقہ ایسا جائے عبرت بنا دیا کہ رہنے کے قابل نہ چھوڑا ۔تاہم شمالی علاقہ بہت زرخیز رہا جس میں ہموار زمین، چھوٹی پہاڑیاں اور وادیاں کاشتکاری اور قدرتی ذرائع کے لئے بہت مفید ثابت ہوئے ۔ملک کے درمیانی حصّے میں سمندری ساحل اور مغرب میں بحیرہ روم کے نشیبی علاقے جبکہ مشرق کی جانب پہاڑ اور سلسلہ وار چھوٹی پہاڑیاں ساتھ میں ملک کا جنوبی حصّہ بڑی حد تک صحرائی ۔ سمندر کے کنارے کا علاقہ خصوصاً گرمیوں میں گرم اور

مرطوب، پہاڑی علاقوں میں خشک ہوا جبکہ صحرا میں زیادہ خشک ہوائیں ۔سردی بہت زیادہ نہیں لیکن موسمِ سرما میں پہاڑوں پر کبھی کبھار برف بھی پڑ جاتی ۔اس طرح تمام ہی علاقہ بہت خوبصورت قرار دینا پڑتا ہے ۔لوگ دریااور سمندر کی خوبصورتی،پھول پودوں اور ہریالی اور صحرا کی خوبصورتی کا مشاہدہ چند میلوں کے فاصلے پر کر سکتے تھے ۔

جتنا تنوع اس خطے کی طبعی خصوصیات میں تھا اتنا ہی اس کے بسنے والے لوگوں میں بھی ۔بائیبل کئ طرح کی قومیتیں اور رسم و رواج رکھنے والے لوگوں کا تذکرہ کرتی ہے جس میں کنعانی،اموری، حتّی ،فرِزّی،قینی،قدمونی،جرجاسی اور یبوسی شامل ہیں ۔پھر اِس کے علاوہ فِلستی بھی تھے جو طبیعتاً دوسری اقوام سے مختلف تھے ۔ان کے بارے میں تاثر ہے کہ یہ قوم بحیرۂ روم کے پار یونانی جزیرہ سے یہاں چلے آئے تھے ۔ اسی طرح بعض دوسری اقوام اِس ملک کی سرحدوں کا احاطہ کیے ہوئے تھیں۔شمالی سرحد سے متصل فونیشیا جسکے بارے میں عام خیال ہے کہ انہوں نے ہی رسم الخط یا تحریر اس علاقے میں متعارف کرائی ۔مشرقی سرحد کے ساتھ شمال میں سیریا پھر عمون اور موآب پھر جنوب میں ادوم اور پھر سب سے بڑی تعداد میں اسرائیلی جو 1200ق م سے اس علاقے کے مالک تھے جنکے لئے یا جنکے بارے میں بائیبل لکھی گئی ۔

یہ خطہ افریقہ اور ایشیا کی تجارتی گزرگاہ کے راستے میں واقع ہونے کی وجہ سے مصر اور میسو پوٹامیہ (زمین کا وہ حصہ جس میں آج کے شام،ترکی اور عراق شامل ہیں) کے معاشی مفادات اس علاقے سے وابستہ تھے ۔یہ اس زمانے کی طاقتور اقوام تھیں لہٰذا فلسطین کے باشندے دو بڑی اقوام کے اثرات سے باہر رہ نہیں سکتے تھے ۔اسی طرح ایران کے چین اور ہندوستان کے ساتھ تجارتی معاملات کے لئے بھی یہ گذرگاہ اہمیت رکھتی تھی ۔علاوہ ازیں طرح طرح کے باشندے جہاں کے رہنے والے ہوں جن کے مذہبی عقائد،تہذیب اور زبانیں بھی ایک دوسرے سے مختلف ہوں تو اندازہ کیا جاسکتا ہے کہ خطے کی تاریخ بھی کبھی بغیر بڑی ہلچل کے زیادہ عرصہ سکون سے نہیں رہ سکتی ۔ جس طرح سے بائیبل مرتب ہوئی ہے آپ دیکھیں گے کہ بائیبل کے تحریری متن پر ان باتوں نے بڑا اثر ڈالا ہے ۔ 1200ق م سے 700ق م کی پانچ صدیوں کے دوران اس خطہ میں کبھی معاشی آسودگی کبھی

معاشی مشکلات،کبھی سیاسی استحکام کبھی عدم استحکام پھر ساتھ میں اسی خطے کی دوسری اقوام کے ساتھ خانہ جنگی پھر تسلسل کے ساتھ بیرونی طاقتور اقوام کے حملے اور مغلوبیت کے اثرات کا شکار رہتا رہا ۔ان حالات کا اثر بائیبل کے متن پر پڑتا نظر آئے گا ۔

خطے کے مذہبی عقائد

تمام علاقے کی مختلف اقوام کے مابین نمایاں مذہب بُت پرستی کا مذہب تھا جس میں مختلف اقوام کائنات کے قدرتی مظاہر کو بُت کی شکل میں ڈھال کر ان کے آگے اپنی عبادتی رسومات کے ذریعے اپنی قربت کا اظہار کر تی تھیں۔ پچھلی صدی کے دوران آرکیالوجی کی تحقیقات سے متعدد چکنی مٹی سے بنائی گئی ٹکیاں (tablets)دریافت ہوئی ہیں جن میں انکی عبادت کے طریقے، دعائیں اور عبادت کے خصوصی مقامات کی نشاندہی وغیرہ کا علم حاصل ہوا ہے ۔ان سے ظاہر ہوتا ہے کہ لوگ طاقتور قدرتی مظاہر مثلاً آسمان، طوفانی ہوائیں، سمندر، سورج، چاند،ا فزائش وغیرہ کی عبادت کرتے تھے ۔تاہم یہ سمجھنا غلط ہو گا کہ لوگ براہ راست ان بُتوں کی پوجا کرتے تھے ۔ان کی نظر میں زمین اور آسمانوں میں کچھ غیر مرئی قوتیں موجود ہیں جو ان طاقتور قدرتی مظاہر کو کنٹرول کرتی ہیں ۔انہی غیر مرئ قوتوں کو بُت کی صورت میں ظاہر کیا جاتا تھا ۔بُتوں کی موجودگی ان کے تصوّر میں ان خداؤں کی موجودگی کوظاہر کرتی تھیں جن کے آگے اپنی عبادتی رسومات ادا کرنے سے لوگ اُن خداؤں کی تائید حاصل کر سکتے تھے ۔انسانی نفسیات بتاتی ہے کہ بنی آدم عبادتی رسومات ادا کرتے وقت اپنے معبودوں کی قربت محسوس کرنے اور اپنی قربت ظاہر کرنے کے لئے طبعی اجسام چاہتا ہے ۔ قرینِ قیاس ہے کہ ان بُتوں کے وسیلہ سے وہ اپنے خداؤں کے ساتھ ایک قسم کی قربت کا احساس پیدا کرتے ہوں گے ۔

جو علاقہ آخر کو اسرائیل بننا تھا اس علاقہ کے سب سے بڑے خدا کو وہ 'ایل' کے نام سے پکارتے تھے ۔یہ ان کے لئے ایک مُذکّر خدا تھا اور باقی چھوٹے خداؤں پر اُس کو اقتدار حاصل تھا ۔ان کا دوسرا بڑا خدا ہدو کے نام سے تھا جو طوفانی ہوائیں چلاتا تھا اسکے علاوہ بائیبل میں انکے دیگر خدا بعل دیوتا یا بعلیم (صیغہ جمع)کے نام سے ظاہر

کیے گئے ہیں تاہم سب سے بڑا خدا 'ایل' کسی کائناتی مظہر کا نمائندہ نہیں تھا بلکہ وہ کوئی علیحدہ نوعیت کی غیر مرئی قوت تھی جو باقی تمام خداؤں پر اقتدار رکھتی تھی۔

اسرائیل اپنے خدا کو یہواہ کے نام سے جانتے تھے بائیبل کے مدون ہونے کے بعد بنی اسرائیل کے بعض طبقات میں رجحان پیدا ہوا کہ خدا کے نام کو احترام کی خاطر تحریر میں نہ استعمال کیا جائے اس لیے بعض اوقات تحریر میں کہیں خدا کا نام لکھنا ہو تو وہ اتنی جگہ خالی چھوڑ دیتے ہیں ۔بعض دوسروں نے اپنی تحریر میں ان تمام مقامات پر جہاں یہواہ لکھنا ہواسکی جگہ لفظ 'LORD' اپنی عبرانی تحریر میں استعمال کیا۔ اردو بائیبل میں بھی یہواہ کے لئے لفظ 'خدا' استعمال ہوا ہے ۔اس کتاب میں جو مقصد پیش نظر ہے اسکی خاطر ہم یہواہ ہی استعمال کریں گے۔

بائیبل میں یہواہ کو کائنات کی تاریخ کے عمل میں اسکے کیے گئے کاموں کے حوالے سے ظاہر کیا گیا ہے اور کہیں اس طرح کہ جیسے وہ کسی جسمانی وجود کی صورت میں بعض افراد کے سامنے ظاہر ہو جاتا ہو اور انسانوں جیسے جذبات رکھتا ہو اور واقعات سے انسانوں کی طرح متاثر ہو جاتا ہو ۔یہ نکتہ اس کتاب کے اختتام پر تفصیل سے اٹھایا جائے گا۔

اسرائیلی قوم کی زبان عبرانی تھی ۔علاقے کی دوسری زبانیں عبرانی سے ملتی جلتی تھیں ۔فونیسی، کنعانی، آرامی، موآبی زبانیں سامی زبان کے خاندان میں شمار کی جاتی ہیں ۔ان مختلف زبانوں کے تحریری استعمال کے لئے اپنے حروفِ تہجی تھے ۔لوگ اپنی دستاویزات پاپائرس پر لکھتے اور چکنی مٹی کی سیل سے مہر کرتے تھے اسکے علاوہ چمڑے پر،مٹی کی ٹکیوں یا پتھر یا پلاسٹر پر مختصر جملوں یا الفاظ کی کھدائی کرتے ۔مختصر الفاظ کو ٹوٹے ہوئے برتنوں پر بھی لکھنے کا رواج تھا جیسا کہ موجودہ دور کی کھدائی میں اکثر دریافت کیے جاتے ہیں ۔لوگ پتھروں اور لکڑیوں سے ایک منزلہ یا دو منزلہ مکان بنا کر رہتے ۔بعض شہروں میں پانی کا بہت اچھا نظام تھا جس میں زیرِ زمین سرنگیں بنا کر پانی کو دور تک پہنچا کر بڑی مقدار میں حوضوں میں ذخیرہ کر لیا جاتا تھا۔ شہروں کے گرد مضبوط دیواریں بیرونی حملہ سے بچاؤ کیلئے تعمیر کی جاتی تھیں۔ شراب کشید کرنے اور پینے کا رواج تھا ۔لوہا، تامبا اور سونا چاندی ان

کو میسر تھا جن کو زراعت و جنگ کے اوزار، زیورات اور موسیقی کے آلات وغیرہ میں تبدیل کرنے کا ہنر جانتے تھے ۔ زمانہ قبل از تاریخ کی روایات ان کے ہاں موجود تھیں ۔انکے اجداد کی بابل سے کنعان یعنی فلسطین آمد، مصر کی آبادکاری اور غلامی کا دور پھر وہاں سے رہائی اور فلسطین آمد، وغیرہ تاہم آرکیالوجی سے ایسے شواہد اب تک دریافت نہیں ہو سکے جو ان ادوار کی تصدیق میں مدد فراہم کرسکیں ۔بنی اسرائیل کی تاریخ پر دوسرے ذرائع سے جو روشنی ڈالی جا سکتی ہے وہ 1200 ق م کے بعد کا دور ہے جب وہ بطور قوم اسرائیل میں پہلی مرتبہ مستحکم ہو گئے تھے ۔

اس دور میں اسرائیل کی سیاسی زندگی قبائل کی بنیاد پر شروع ہوئی ۔بائیبل کے مطابق ان کے تیرہ قبیلے تھے جس میں چھوٹے سے چھوٹے اور بڑے سے بڑے قبیلہ کے افراد کی تعداد اور انکے زیر اثر زمینی رقبہ میں نمایاں فرق بھی تھا ۔بارہ قبیلے اپنے اپنے زمینی خطے کے مالک تھے جبکہ تیرھواں قبیلہ بنی لاوی کہلاتا تھا ۔اسکا کوئی اپنا زمینی خطہ نہیں تھا بلکہ وہ دیگر بارہ قبیلوں کے درمیان اپنے علاقے حاصل کر کے رہتے تھے ۔یہ قبیلہ خود کو مذہبی گروہ کی حیثیت سے مخصوص کر تا تھا ۔ حضرت موسیٰ اور حضرت ہارونؑ اپنے خاندان کے اعتبار سے اِسی لاوی قبیلے میں شمار کئے گئے ہیں ۔ہر قبیلے کا اپنا منتخب یا تسلیم کیا ہوا سربراہ ہوتا تھا۔ اسکے علاوہ ان میں ایسی نمایاں شخصیات بھی ہوتی تھیں جو اپنی ذاتی صلاحیتوں یا معاشرے میں حیثیت کی بنیاد پر کسی قبیلے یا بعض قبیلوں پر اپنا تسلط حاصل کر جاتی تھیں ۔یہ افراد قاضی یا مذہبی سربراہ شمار ہوتے تھے تاکہ افراد اور قبیلوں کے درمیان اختلافات، مقدمات اور نزاع کا فیصلہ کریں ۔ قاضی کے ادارہ کو صرف اختلافی مسائل حل کر نا ہی نہیں بلکہ بیرونی طاقتوں کے حملہ آور ہونے کی صورت میں تمام قبائل سے افراد اکٹھا کر نا، انکی فوج بنانا اور جنگ یا مدافعت کی ذمہ داری بھی ادا کرنا ہوتی تھی ۔اس طرح جنگوں کے موقع پر قاضی کافی طاقت اپنے گرد جمع کر سکتے تھے ۔ قاضی مَرد یا عورت میں سے کوئی بھی ہو سکتا تھا لیکن مذہبی سربراہ صرف مَردوں ہی میں سے بن سکتا تھا اور وراثت کی بناء پراسکو لاوی قبیلے میں سے ہونا ضروری تھا یعنی ایک مخصوص خاندان کا فرد ہی تمام اسرائیل کے نزدیک قابلِ قبول مذہبی سربراہ کا مقام حاصل کر سکتا تھا ۔یہی سربراہ اسرائیل کے

مذہبی مقامات پر مخصوص مذہبی خدمات سر انجام دے سکتا تھا جس میں بنیادی اور اہم ترین رسم قربانی تھی جو مویشی جانوروں کو ذبح کرنے اور زرعی پیداوار کا کچھ حصّہ ادا کرنے کے ذریعے کی جا سکتی تھی ۔ان خدمات کے بدلے یا اعتراف میں قربانیوں کا کچھ حصّہ ان لاوی مذہبی افراد کی گزر بسر کے لئے ان کو ادا کیا جاتا تھا ۔

ایک اور نوعیت کے افراد اپنی انفرادی حیثیت میں بنی اسرائیل کی رہنمائی کے لئے برپا ہوئے وہ نبی کے عنوان سے جانے گئے ۔یہ کوئی ادارہ یا مخصوص خاندان یا پیشہ نہیں تھا بلکہ معاشرے کا کوئی بھی فرد جو کسی پیشہ سے وابستہ ہو خود کو نبی کی حیثیت سے پیش کر سکتا تھا یا یہ کہ لوگ اس کو نبی کی حیثیت سے قبول کر لیں ۔ عبرانی زبان میں بھی اس کے لئے نبی کا لفظ ہی مخصوص ہے اور اس سے مراد 'وہ شخص جسے بلایا گیا 'یہ مَرد و عورت میں سے کوئی بھی فرد ہو سکتا تھا جس کو خدا نے بنی اسرائیل میں کوئی خاص کام سرانجام دینے کیلئے بلایا۔ اس خاص کام سے مراد مصیبتوں کے وقت لوگوں کی ہمت بڑھانا یا انکے غلط کاموں پر تنقید اور نصیحت یا پھر سیاسی معاملات، اخلاقیات اور عبادات سے متعلق ہدایات وغیرہ شامل تھیں ۔

بادشاہت کی ابتدا

بنی اسرائیل میں قاضی کا ادارہ سیموئل نبی پر ختم ہو گیا ۔ سیموئل نبی اپنی ذات میں قاضی، مذہبی سربراہ اور نبی تینوں حیثیات کے حامل تھے ۔آخری قاضی کی حیثیت سے ان کو کافی سیاسی اور مذہبی اختیارات حاصل تھے ۔اُن کا تعلق اسرائیل کے شمالی حصے کے ایک شہر سیلا سے تھا جو اُس وقت اسرائیل کا مرکزی مذہبی شہر تھا ۔بنی اسرائیل کی خیمہ گاہ وہاں رکھی ہوئی تھی جس میں اسرائیلی روایات کے مطابق وہ صندوق موجود تھا جس میں پتھر کی دو سلیں محفوظ تھیں جن پر اللہ تعالٰی کی قدرت سے کھودے گئے دس احکامات حضرت موسیٰؑ کے حوالے کئے گئے تھے۔ اس وقت حضرت سیموئل کے نبی بنائے جانے سے قبل ایک نمایاں مذہبی خاندان بنی اسرائیل کے مذہبی امور کا سربراہ تھا۔ اس شخص کا نام بائیبل میں عیلی بتایا گیا ہے ۔بعض جدید اسکالرز کے مطابق عیلی کا نسب حضرت موسیٰؑ سے

جا ملتا تھا جبکہ بائیبل کی کتاب 1-سیموئل کے ابتدائی باب میں جہاں عیلی کی بابت تحریر ہے وہاں اسکے نسب کا تذکرہ نہیں کیا گیا ہے ۔نسب کا تذکرہ نہ کرنا بائیبل کے عمومی تحریر ی انداز کے حوالے سے بڑی غیر معمولی بات ہے ۔اس معاملے پر بحث سے قبل ہمارے قارئین کے لئے بہت سی باتوں کی وضاحت ضروری ہے اس لئے اس کو کسی مناسب وقت کے لئے موخر کرتے ہیں ۔

تورات سے منسوب پانچ کتابوں کے بعد اگلی کتاب یشوع بتاتی ہے کہ حضرت موسیٰ کی وفات کے بعد جب یشوع کی رہنمائی میں بنی اسرائیل فلسطین میں داخل ہوئے تو انہوں نے زمینی قبضہ حاصل کرنے کے دوران وہاں بسنے والی قدیم اقوام میں سے بعض کا تو مکمّل خاتمہ کر دیا لیکن بیشتر کو حربی طور پر بہت کمزور کرنے کے بعد بیگار میں مشقتی کاموں کیلئے بچا لیا جبکہ بعض گروہ انکے درمیان ہی اپنے غیر مفتوح علاقوں میں رہتے رہے ۔ اس طرح بنی اسرائیل پر تین سوسال کا عرصہ گزر گیا جس میں وہ بھی بارہ قبائل کی صورت میں اپنے اپنے علاقوں میں بسے رہے ۔ یہ عیلی کی مذہبی سربراہی کا زمانہ تھا جب انہی کے درمیان بسنے والی فلستی قوم نے اپنی حربی کمزوریاں ختم کرکے اتنی طاقت حاصل کر لی کہ بنی اسرائیل کے ایک یا دو قبیلوں کیلئے ان کے خلاف مدافعت ممکن نہ رہی اور انہیں ضرورت محسوس ہوئی کہ کسی ایک شخص کی قیادت کے زیرِ اثر انکے تمام قبائل متحد ہو سکیں ۔دوسرے الفاظ میں انہیں کسی بادشاہ کی ضرورت محسوس ہوئی ۔ غالباً بڑی وجہ یہ تھی کہ ان کے قریب کی طاقتور اقوام عراق اور مصر میں قائم بادشاہت کا عنصر ان کے لئے بہت نمایاں تھا ۔عیلی کے بعد وہ سیموئل نبی ہی تھے جنہوں نے قوم کے مطالبے پر کچھ ہچکچاہٹ کے ساتھ ساؤل (طالوت)کو ان کا بادشاہ منتخب کیا اور یہی موقع قاضی کے دور کا اختتام اور بادشاہی دور کی ابتدا ثابت ہوا ۔یہاں اگرچہ قاضی کا ادارہ تو ختم ہو گیا لیکن کہنوں اور نبوت کا نظام آنے والی دس صدیوں تک برقرار رہا ۔ اس طرح بنی اسرائیل کا ابتدائی سیاسی نظام اس طرح وضع ہوا کہ بادشاہ ملک کے اقتدار کا مطلق مالک نہیں ہو سکتا تھا بلکہ بادشاہ کی طاقت کی لگام قبائلی لیڈرز، سردار کاہن اور کہیں زیادہ ان انبیاء کے ہاتھوں میں تھی جن کو بنی اسرائیل نبی جانتے یا قبول کئے ہوتے تھے ۔ اس طرح قریبی ممالک کے بادشاہی نظام کے مقابلے میں بنی اسرائیل اس لحاظ

سے ممتاز تھے کہ ان کا سیاسی نظام مذہبی ادارے اور کاہنوں کے ادارے کے زیرِ اثر تھا۔ کسی شخص کے بادشاہ بن جانے اور اقتدار کو برقرار رکھنے کے لئے قبائلی سرداروں کی تائید اور اس سے بڑھ کر یہ کہ کسی نبی کی اعانت لازمی تھی اور صرف یہی نہیں بلکہ اس کے ساتھ ساتھ مذہبی امور کے سربراہ یعنی سردار کاہن کی رضامندی بھی ضروری امر تھی ۔جس دور میں بنی اسرائیل میں بادشاہت کی ابتدا ہوئی اس دور کی خصوصیت ہی یہ تھی کہ مذہبی سربراہ،قبائلی سردار اور اس دور کے نبی (سیموئل) معاشرے میں مضبوط مقام رکھتے تھے ۔ساتھ ہی ساتھ اس دور کے سیاسی حالات مقتضی تھے کہ بادشاہ کو قبائلی سرداروں کی اعانت حاصل ہو اس لئے کہ قبائلی سردار ہی اس کے لئے فوجی مہیا کر سکتے تھے اور بغیر فوجی قوّت کے اسکی طاقت کا کوئی اور ذریعہ نہ تھا ۔ پھر مروجہ نبی ہی کسی شخص کو بادشاہ مقرر کر سکتا تھا ۔بنی اسرائیل میں نبی اس اعلان کے ساتھ کہ فلاں شخص خدا کی طرف سے بادشاہ مقرر ہوا ہے اس شخص کو مسح کرتا تھا یعنی نبی اس شخص کے سر پر مُقدّس تیل لگا کر مسح کی رسم انجام دیتا تھا ۔اس طرح خدا کا مسیح سے بنی اسرائیل یہ مراد لیتے تھے کہ وہ خدا کی طرف سے بادشاہ مقرر ہوا۔

یہ بات قابلِ توجہ ہے کہ بائیبل کی روایات ظاہر کرتی ہیں کہ انکی معاشرت میں مذہب کے لئے کوئی الگ نام نہیں تھا جس سے حکومت یا اقتدار یا سیاسیات کو الگ مشخص کیا گیا ہو ۔سیاسیات اور مذہبیت الگ الگ شاخوں میں منقسم نہیں بلکہ ان کی زندگی کے ساتھ ملی ہوئی تھیں ۔یہی وجہ تھی کہ مذہبی قیادت کی قبولیت کے بغیر بادشاہ کے لئے حقیقی سیاسی قیادت برقرار رکھنا ممکن نہیں تھا اور اگر بادشاہ سے مذہبی اقتدار کی حمایت چھوٹ گئی تو اس کا مطلب یہ کہ اُس کی مصیبت کے دن شروع ہو چکے ۔

طالوت کے ساتھ یہی معاملہ ہو ا۔وہ بنی اسرائیل کا پہلا بادشاہ تھا اور اسی کے زیر اقتدار تمام قبائل متحد ہو کر پہلی مرتبہ ایک ملک کی شکل اختیار کر گئے تھے ۔ طا لوت نے مسلسل حربی مہمات کے ذریعے غیر قوموں کی جارہیت کا زور بڑی حد تک کم کر دیا لیکن سیموئل نبی جو بیک وقت نبی اور سردار کاہن تھے ان کی بطور بادشاہ طالوت کی حمایت میں کمی آگئی ۔بائیبل میں کتاب 1۔سیموئل دو مختلف واقعات کی نشاندہی کر تی ہے جو انکی حمایت کو طالوت کے ہاتھ

سے نکلنے کا سبب بنے ، لیکن مشترک بات یہ کہ شاہ طالوت نے ان معاملات کی حدود میں داخلے کی کوشش کی جو صرف مذہبی سربراہ کے لئے مختص تھے ۔ سیموئل نبی کا ردعمل یہ ہوا کہ انہوں نے ایک اور شخص کو بادشاہ چن لیا، حضرت داودؑ کو۔

حضرت داؤد کی بادشاہت

حضرت داودؑ ان عظیم ترین اور انبیاء کی طویل فہرست میں اس مختصر ترین فہرست میں شامل ہیں جنکو اللہ تعالٰی نے حاملِ کتاب کی حیثیت میں نسل انسانی کو عطا کیا ۔ انکو زبور عطا کی ۔افسوسناک ہےیہ بات کہ یہ کتاب اصل حالت میں محفوظ نہ رہی ۔ بائیبل میں زبور کے نام سے موجود کتاب کو حضرت داودؑ سے منسوب کیا گیا ہے لیکن اس میں سے انسانی آمیزش کو علیحدہ کرنا اللہ تعالٰی کی مدد کے بغیر ممکن نہیں ۔

بائیبل کے مصنفین نہ صرف حضرت داؤد کو بلکہ انکے جلیل القدر فرزند حضرت سلیمانؑ کو بھی نبی اور بادشاہ کے بجائے صرف بادشاہ کی حیثیت سے پیش کر تے ہیں جبکہ یہی دو بادشاہ ہیں جن کے دور اقتدار میں بنی اسرائیل کو ان کی تمام تاریخ میں وہ عروج حاصل ہوا جو پھر ان کی تقدیر میں نہ تھا ۔بائیبل میں سب سے زیادہ تحریری مواد جس ہستی کے لئے پایا جاتا ہے وہ حضرت داؤد ہی ہیں لیکن حضرت موسیٰؑ کے بعد بنی اسرائیل کے عظیم ترین محسنوں حضرت داؤد اور حضرت سلیمان سے قبیح روایات بھی بائیبل میں منسوب کی گئی ہیں ۔ہم ضروری معلومات قارئین کے سامنے آجانے کے بعد خود بائیبل سے نہ صرف ان باتوں کا جھوٹ ہونا بلکہ بعض اور روایات جو دوسرے انبیاء سے منسوب کی گئیں ان کا جھوٹ ہونا اور ساتھ میں ان کو گھڑنے کی وجوہات بھی پیش کریں گے ۔

حضرت داودؑ سے متعلق بہت کچھ اس کتاب میں تحریر کیا جائے گا اس لیے کہ یہودی عقیدہ میں آنجناب کی ہستی آنے والے وقت کے حوالے سے بڑا اہم مقام رکھتی ہے۔ وہ سمجھتے ہیں کہ خدا ان کے لئے ایک مسیح بھیجے گا جو حضرت داودؑ کی نسل سے ہو گا ۔ عیسائی عقیدہ میں بھی آپ کی ہستی اہم ترین ہے اس لئے کہ وہ سمجھتے ہیں کہ یہ وعدہ حضرت عیسیٰؑ کے نزول سے پورا ہوا ۔

بائیبل کے مطابق حضرت داودؑ اپنی جوانی میں ہی طالوت کی بادشاہت میں نمایاں حیثیت حاصل کر چکے تھے جب انہوں نے فلستی قوم سے جنگ کے دوران اس کے گرانڈیل پہلوان جولیت کو ہلاک کردیا تھا ۔طالوت نے اپنی بیٹی آپ سے بیاہ دی لیکن آپ کی صلاحیتوں اور عوام میں مقبولیت کو اپنی اور اپنے بعد اپنی اولاد کی بادشاہت کے لئے خطرہ سمجھنے لگا ۔نتیجہ یہ ہوا کہ طالوت کی کاہنی نظام میں مداخلت کے باعث جب حضرت داؤد کو ایک کاہن کی حمایت حاصل ہوئی تو طالوت نے اس کاہنی خاندان کے پچاسی افراد اس الزام میں ہلاک کر دیئے کہ کاہن نے حضرت داؤد کی مدد کی تھی ۔ کاہن خاندان کا صرف ایک بیٹا ابیاتر بچ سکا جس کو بعد میں حضرت داؤد نے اپنے دورِ اقتدار میں سردار کاہن بنایا ۔ طالوت کی بادشاہت جاری رہی جب تک کہ وہ فلستیوں کے خلاف جنگ کے دوران اپنے تین بڑے بیٹوں سمیت ہلاک نہ ہو گیا ۔

طالوت کے مرنے کے بعد اسرائیل کا ملک دو حصوں میں تقسیم ہو گیا ۔حضرت داؤد کی بادشاہت انکے اپنے قبیلہ یہوداہ پر قائم ہو گئی جو کہ اسرائیل کے جنوبی نصف حصّہ کے مساوی تھا۔ یہوداہ کے جغرافیائی علاقے میں بن یمین قبیلہ بھی شامل تھا لیکن وہ عددی اور رقبے کے لحاظ سے بہت چھوٹا تھا۔ جغرافیائی رقبہ کے اعتبار سے تقریباً آدھا شمالی حصّہ جو باقی دس اسرائیلی قبیلوں پر مشتمل تھا ان پر طالوت کے بچ جانے والے بیٹوں میں سے ایک بیٹے اشبوست کو بادشاہ بنا لیا گیا ۔طالوت خود نسلی طور پر بن یمینی تھا اور اس کو بادشاہ قبول کر لینے میں اسکے قد آور اور وجیہہ ہونے کے ساتھ اس کا قبیلہ چھوٹا ہونا بھی اسکی قبولیت میں شامل کیا جاسکتا ہے ۔ اسکے قبیلے کے چھوٹے ہونے کی وجہ قارئین کو جان لینا مناسب ہے ۔ اسکی وجہ بائیبل کی کتاب قضاۃ آخری تین ابواب میں بیان کر تی ہے ۔ اسکا خلاصہ یہ ہے کہ لاوی قبیلے کے ایک شخص نے یہوداہ قبیلے کی کسی عورت سے شادی کر رکھی تھی۔ بیوی کو میکے سے اپنے گھر واپس لانے کے سفر میں اسے بن یمین قبیلے میں رات ٹھہرنا پڑا ۔ وہاں چند بن یمینی بدقماشوں نے مل کر اس کی بیوی کو زبردستی چھین لیااور اس طرح بے حرمت کیا کہ غریب خاوند کو صبح مردہ حالت میں ملی۔ اس جرم کی اطلاع اس نے تمام قبائل کو بھیج دی ۔ تمام قبائل نے مل کر اس قبیلے سے مجرموں کو سزا کیلئے حوالے کرنے کا تقاضا

کیا لیکن انہوں نے حوالے نہ کیا ۔ اسکی پاداش میں بن یمین قبیلہ کو عورتوں اور جانوروں سمیت تہ تیغ کر دیا اور تمام شہروں کو جلا ڈالا گیا۔ اس طرح چھبیس ہزار شمشیر زن جوانوں میں سے صرف چھ سو مرد فرار ہوجانے کی وجہ سے بچ سکے ۔ یہ واقعہ طالوت کے بادشاہ بننے سے بہت عرصہ پہلے کا نہیں ہے ۔بنی اسرائیل کی چند بدقماشوں کے جرم کے بدلے میں اپنے ہی قبیلوں میں سے ایک قبیلے کو بے قصور عورتوں اور بچوں سمیت تقریباً پورے طور پر ہلاک کر دینے جیسی وحشت کا تصوّر کرنا بڑا محال ہے ۔

طالوت کا ایک چھوٹے قبیلہ سے تعلق ہونے سے دوسرے قبائل کا یہ سمجھنا قرینِ قیاس ہے کہ وہ کسی زیادہ طاقتور قبیلے کے فرد کو بادشاہ بنا کر اس قبیلے کے تسلط میں نہ آجائیں ۔دیکھا جا سکتا ہے کہ بنی اسرائیل کے قومی استحکام کے حوالے سے ابتداء میں جب تمام ملک ایک بادشاہ طالوت کے زیر اثر متحد ہوا ہی تھا کہ وہ دو الگ حکومتوں میں تقسیم ہو گیا ۔ طالوت کی حکمرانی میں بنی اسرائیل نے ملک کی سرحدوں سے متصل دوسری اقوام کو جنگ کے ذریعے مغلوب کیا اور فوج کے بڑے سپہ سالار کی حیثیت میں حضرت داؤد کی مدد سے بڑی کامیابیاں حاصل کیں ۔جب تک ملک ایک بادشاہ کے زیر اثر متحد تھا تو اسکی متحدہ طاقت دوسری اقوام کے مقابلے میں زیادہ مضبوط تھی ۔لیکن ملک دو حصوں میں تقسیم ہو جانے کا نتیجہ یہی ہوسکتا تھا کہ مجموعی طاقت کمزور ہو جائے ۔تاہم کچھ ہی سال بعد شمالی ریاست کے بادشاہ اشبوست کو اس کے اپنے ہی قبیلے کے دو افراد نے قتل کر دیا ۔اس طرح شمالی ریاست کے دس قبیلوں نے بھی ،جب کوئی اور اہل سربراہ نہ ملا تو ،حضرت داؤد کو بادشاہ کی حیثیت سے قبول کر لیا اور آنجناب کے زیر اثر تمام ملک ایک مرتبہ پھر ایک بادشاہ کے زیرِ اثر متحد ہو گیا ۔ غور طلب بات یہ ہے کہ متحدہ بنی اسرائیل کی ابتدائی تاریخ ہی میں بادشاہ اور بادشاہ کے درمیان اختلاف اور بادشاہ اور مذہبی نظام کے درمیان اختلاف کے عناصر نظر آتے ہیں ۔یہ سیاسی منظر نامہ ایک دن بائیبل کے مدون ہونے میں اہم کردار ادا کرے گا ۔

عبرانی بائیبل میں حضرت داؤد بعد میں آنے والے تمام بادشاہوں کے درمیان بہت نمایاں نظر آتے ہیں ۔یہ واحد شخصیت ہیں جوبنی اسرائیل پر اثرات کے اعتبار سے حضرت موسیٰ کے ہم پلہ نظر آتی

ہے ۔اِس کی کئی وجوہات ہیں ۔ا ولاً ، یہ کہ بائیبل میں دوسرے بادشاہوں کے مقابلے میں حضرت داؤد کے متعلق کہیں زیادہ معلومات میسر ہیں ۔کتاب 1۔سیموئل کا بڑا حصہ اور کتاب 2۔سیموئل تمام تر حضرت داؤد کے بادشاہی دور کی تفصیلات پر مشتمل ہے اور بڑی غیر معمولی تاریخی دستاویز کی حیثیت سے سامنے آتی ہے ۔یہ کھلے الفاظ میں اپنے رہنما پر تنقید کرتی نظر آتی ہے جو گردوپیش کی قدیم تاریخی کتابوں میں دوسرے مشاہیر کے لئے ناپید ہے ۔ثانیاً، یہ کہ حضرت داؤد کے چالیس سالہ اقتدار کے بعد انکی اولاد در اولاد میں چار صدیوں پر محیط ایسا بادشاہی سلسلہ قائم ہوا جو انسانی تاریخ میں کسی بھی خاندان کے لئے طویل ترین ہے ۔ثالثاً، یہ کہ بائیبل کی روایات میں حضرت داؤد کی نسل سے مستقبل میں ایک مسیح بادشاہ کے وعدہ کا تصوّر پیدا ہوا جو یہودی اور عیسائی عقیدہ میں آج بھی قائم ہے ۔ اس وعدہ پر سیر حاصل بحث اس کتاب کے حصہ دوئم میں کی جائے گی ۔

حضرت داؤد کی سلطنت

جیسا کہ ہم نے بتایا، بن یمین قبیلہ چھوٹا ہو نے کی وجہ سے اس قبیلے کی امارت بنی اسرائیل کو زیادہ قابلِ قبول تھی، لیکن جب طالوت کا جانشین وارث شمالی ریاست کا بادشاہ مار دیا گیا تب ہی انہوں نے حضرت داؤد کی امارت قبول کی ۔حضرت داؤد نے اپنی دور اندیشی کی بناء پر ابتدا ہی سے ایسے اقدامات کئے جس نے تمام اسرائیلی قبائل کو نئے سرے سے متحد کیا اور اس اتحاد کو برقرار بھی رکھا ۔اولاً ،یہ کہ انہوں نے اپنا دار الخلافہ حبرون سے ،جو یہوداہ کا اہم ترین شہر تھا ، یروشلم منتقل کر دیا ۔یروشلم فلسطین کی یبوسی قوم کے تسلط میں تھا اور پہاڑ پر تعمیر ہونے کی وجہ سے بیرونی مداخلت اور حملوں سے بہت حد تک محفوظ تھا لیکن حضرت داؤد نے اس کو شکست دے کر علاقے کو اپنی سلطنت میں شامل کر لیا ۔اس فتح کی خاص بات ایک تقریباً عمودی پانی کی سرنگ جو شہر کے نیچے بہتی تھی اس کو ایک فوجی مہم کے ذریعے حاصل کر لیا ۔یہ سرنگ جو Warren's Shaft کے نام سے آرکیالوجی کی تحقیقات میں دریافت ہوئی اور 1985 ءمیں لوگوں کے عام مشاہدہ کے لئے کھول دی گئی ہے ۔یہ شہر یبوسی قوم کے قبضے میں ہونے کی وجہ سے کسی بھی اسرائیلی قبیلے کی

جائداد میں شامل نہیں تھا اس لیے حضرت داؤد کا دار الخلافہ کے لئے یروشلم کا انتخاب کسی بھی قبیلے کی ناراضگی یا حمایت یا پھر یہوداہ قبیلے کو ترجیح دینے کے الزام کا باعث نہیں بن سکتا تھا ۔ ثانیاً ، یہ کہ یروشلم تمام اسرائیل اور یہوداہ کی متحدہ سلطنت کے تقریباً مرکز میں واقع تھا اس طرح ملک کے دار الخلافہ کو ملک کے جغرافیائی مرکز میں ہونا عملی لحاظ سے نہایت مناسب تھا ۔ثالثاً، اور اضافی سب سے اہم وجہ یہ کہ پہاڑ پر واقع ہونے کی وجہ سے یہ شہر بیرونی حملہ آوروں کے لئے مشکل ترین ہدف تھا اس لئے محفوظ ترین بھی تھا ۔اس طرح یروشلم کو دار الخلافہ ہونا حضرت داؤد کا بہترین انتخاب تھا ۔

قبائلی اتحاد کے لئے دوسرا بہت بڑا فیصلہ آپ نے یہ کیا کہ سلطنت کی مذہبی نمائندگی کے لئے دو سردار کاہنوں کا انتخاب کیا ،ایک ریاست کے شمالی علاقے سے اور ایک جنوبی علاقہ یہوداہ میں سے ۔دو سردار کاہنوں کا انتخاب ایک طرح سے دو منقسم علاقوں کو ایک ملک کی شکل میں جوڑ دینے کے لئے مضبوط ذریعہ کا سبب بنا ۔حضرت داؤد نے شمالی کاہن ابیاتر کو سردار کاہن بنایا ۔وہ واحد کاہن تھا جو طالوت کے قتلِ عام سے بچ گیا تھا ۔ابیاتر خود سیلا کے سردار کاہن عیلی کی نسل سے تھا ۔ اور جیسا کہ ہم نے پہلے تذکرہ کیا کہ جدید دور کے محققین عیلی کا نسلی تعلق حضرت موسی سے خیال کرتے ہیں ۔ ہم انکی رائے سے متفق ہیں لیکن فی الحال اپنے موضوع سے جُڑے رہنے کی خاطر یہ تفصیل آیندہ کے لئے موخر کرتے ہیں ۔

حضرت داؤد کا جنوبی ریاست سے لیا گیا کاہن کا نام صدوق تھا جو انکے ساتھ دار الخلافہ حبرون میں پہلے ہی سے سردار کاہن تھا اور اسکا نسبی تعلق حضرت ہارون کے خاندان سے تھا ۔بائیبل کی رو سے خدانے حضرت ہارون کو حضرت موسیٰ کے ذریعے بنی اسرائیل کا اوّلین سردار کاہن مقرر کیا تھا ۔اس طرح دو سردار کاہن ،جو انفرادی حیثیت میں دونوں ریاستوں سے لئے گئے تھے، نہ صرف دونوں ریاستوں کے باشندوں کے اطمینان کا سبب تھے بلکہ انکے ماضی میں قائم ہوئے دو مذہبی خاندانوں کے سربراہ یعنی حضرت موسیٰ کے خاندان اور حضرت ہارون کے خاندان سے بھی براہ راست وابستہ تھے ۔ یہ پہلے ہی سے قائم شدہ مذہبی سربراہی تمام بنی اسرائیلی قبیلوں کے اطمینان اور باہمی یگانگت کا موثر ترین ذریعہ تھا ۔

پھر حضرت داؤد نے تیسرا بڑا عملی قدم یہ لیا کہ اپنی آزادانہ فوج قائم کی جو نہ صرف تمام قبائل سے اکٹھا کئے ہوئے فوجی افراد پر مشتمل تھی بلکہ غیر اسرائیلی اقوام جو خطے میں برقرار تھیں ان سے بھی فوج اکٹھا کی اور ان میں اپنے خود کے منتخب کردہ فوجی عہدیدار مقرر کئے۔ اس طرح جنگ کے مواقع پر حضرت داؤد قبائل سے فوج اکٹھا کرنے کے پابند نہ رہے اور اس معاملے میں قبائل پر ان کا انحصار ختم ہو گیا۔ اپنی مستقل فوج دستیاب کر لینے کے بعد حضرت داؤد مسلسل فوجی مہمات کے ذریعے ملک کی سرحدوں پر بسنے والی تمام اقوام کو اپنے زیرِ اقتدار لے آئے۔ اس طرح انہوں نے ایک ایسی بادشاہت قائم کر دی جو اس خطے میں پہلے کبھی دیکھی نہ گئی تھی اور اس کے حدود مصر کے دریا سے لے کر میسوپوٹامیہ میں واقع دریائے فرات تک وسیع ہو گئے۔ انہوں نے یروشلم کو سیاسی مرکز کے ساتھ ساتھ مذہبی مرکز بھی بنا لیا اس طرح کہ حضرت موسیٰ کا بنایا گیا عہد کا صندوق جو بنی اسرائیل کی متبرک ترین شئے تھی اسکو یروشلم لے آئے اور اپنے دو کاہن سرداروں کو عوام کی مذہبی رہنمائی کے لیے مقرر کر دیا اور اسرائیل پہلی مرتبہ نزدیکی تمام خطے میں ایک طاقتور سیاسی سلطنت کی حیثیت اختیار کر گیا۔

حضرت داؤد کی شادیاں اور شاہی خاندان

سلطنت کو بتدریج کمزور ہونے کے بجائے برقرار رکھنے کے لئے عسکری عناصر کی شیرازہ بندی کے ساتھ ساتھ حضرت داؤد کا شادیوں کا ریکارڈ بھی اہم ہے۔ انہوں نے کئی خواتین کے ساتھ شادی کا تعلق قائم کیا جو مختلف سیاسی اہمیت کے حامل علاقوں سے وابستہ تھیں اور مختلف قبائل کے معاشرتی بندھن کو شاہی خاندان کے ساتھ مضبوط کرانے اور باہمی قبائلی عصبیت پیدا نہ ہونے یا کم رکھنے میں مددگار ہو سکتی تھیں۔ جن لوگوں کو شادیوں کی زیادہ تعداد عجیب لگے وہ دراصل شادی کا محض جسمانی ضروریات سے متعلق ہو نا کے سوا کچھ اور نہیں جانتے۔

وہ ادوار اور جغرافیائی علاقے، وہاں کی زندگی کا ماحول، واقعات اور اہم افراد جو بائیبل وضع کرنے کا سبب ہوئے ان کو سمجھنے کے لئے شاہی خاندان کے اپنے معاملات اور واقعات کو نظر میں رکھنا ضروری ہے ۔حضرت داؤد کا کئی شادیاں کرنے کا نتیجہ یہ ہوا کہ ان کی متعدد اولاد ان خواتین کے بطن سے پیدا ہوئیں جو آپس میں سوتیلے بھائی بہن کا تعلق رکھتی تھیں ۔حضرت داؤد کے سب سے بڑے بیٹے کا نام امنون تھا جو آپ کا ولیعہد ہو سکتا تھا تاہم کتاب 2۔سیموئل باب 13 یہ افسوسناک واقعہ بتاتی ہے کہ امنون نے پہلے اپنی سوتیلی بہن تمر کی بے حرمتی کی اور بعد میں اس کو مسترد کر دیا ۔ حضرت داؤد کی بیٹی تمر جسور کی شہزادی کے بطن سے تھی جو ارام کا ایک ملک تھا ۔تمر کے بھائی ابی سلوم نے انتقاماً امنون کو قتل کر دیا ۔اس قتل نے انتقام کی ضرورت تو ضرور پوری کی لیکن ساتھ میں اس قتل نے ابی سلوم کے لئے بادشاہت کی راہ بھی ہموار کر دی، اس لیے کہ قدیم سے چلی اسرائیلی روایات میں بڑا حق پہلوٹے یعنی امنون کا ہوتا ۔ بادشاہی نظام میں خونی رشتے اور سیاسی مفادات ہمیشہ الجھے نظر آتے ہیں ۔یہاں بھی یہی ہوا۔ ابی سلوم نے بعد میں اپنے باپ یعنی بادشاہ سے بغاوت کر دی ۔ قبائلی فوج کے گروہ نے ابی سلوم کی حمایت کی جبکہ حضرت داؤد کی قائم کردہ پیشہ ور فوج نے بادشاہ کا ساتھ دیا ۔پیشہ ور فوج کامیاب رہی ۔ابی سلوم مارا گیا ۔

حضرت داؤد کے بڑھاپے کی عمر میں ایک اور بیٹے نے بادشاہت کے حصول کی سازش کی ۔ادونیاہ جو بڑے بیٹوں میں سے تھا اور ابی سلوم کے بعد پیدا ہوا تھا اس نے دوسرے کئی شہزادوں کو اپنے ساتھ ملا کر اپنی بادشاہت کا اعلان کر دیا ۔اس بغاوت میں فوج کا سردار یوآب جو حضرت داؤد کا بھانجا تھا اور ابیاتر جو شمالی اسرائیل کا سردار کاہن تھا انہوں نے بھی ادونیاہ کا ساتھ دیا ۔ یہ بھاری سازش عین وقت پر پکڑ لی گئی ۔حضرت سلیمان کی والدہ اور سردار کاہن صدوق کی کوششوں سے حضرت داؤد نے حکمنامہ جاری کردیا کہ ناتن نبی حضرت سلیمان کو بادشاہت کی حیثیت سے مسح کریں ۔اس طرح بغیر کسی فساد کے حضرت سلیمان بادشاہ بن گئے ۔

قارئین نوٹ کرلیں کہ ابیاتر جو شمالی علاقہ کے قدیم مذہبی شہر سیلا کا سردار کاہن تھا اور امکانی طور پر حضرت موسیٰ کی نسل سے تھا اس نے باغیوں کی معاونت کی تھی جبکہ جنوبی علاقے کا

سردار کاہن صدوق جو یہوداہ کے شہر حبرون سے اور حضرت ہارون کی نسل سے تھا اس نے حضرت سلیمان کا ساتھ دیا ۔ جلد ہی آنے والی بحث میں یہ نکتہ درکار ہوگا جب بائیبل کے مصنفین کی شناخت کی کوشش کی جائے گی ۔

حضرت داؤد کی وفات کے بعد حضرت سلیمان نے قبائلی فوج کا سردار یوآب جو انکا پھوپھی زاد بھائی اور سازش میں شریک تھا اس کو قتل کروا دیا ۔ سازش میں شریک دوسرے بڑے کردار سردار کاہن ابیاتر کے ساتھ یہ رعایت برتی کہ اسے قتل نہیں کیا لیکن کہانت سے معزول کر دیا ، دار الخلافہ یروشلم سے باہر نکال دیا اور اس کو یروشلم سے قریب ہی ایک چھوٹے گاؤں عنتوت میں نظر بند کردیا یہ گاؤں حضرت ہارون کی نسبی میراث میں تھا تاکہ غالباً ابیاتر کی حرکات نظروں میں رہے ۔

حضرت سلیمان کی سلطنت

حضرت سلیمان کی فراست اور دوراندیشی مشہور ہے ۔بائیبل نے یہ تصویر پیش کی ہے کہ انہوں نے ایک مضبوط اور خوشحال بادشاہت کو اپنی سفارتی اور اقتصادی حکمتِ عملی کے ذریعے دو آم دیا۔ حضرت داؤد نے اپنے چالیس سالہ دورِ اقتدار میں عسکری جدوجہد اس مقام پر پہنچا دی تھی کہ حضرت سلیمان کو اپنے چالیس سالہ دور حکومت میں حربی مہمات کی ضرورت ہی نہ پیش ہوئی - انہوں نے اسرائیل کی جغرافیائی اہمیت کا فائدہ اٹھاتے ہوئے بآسانی افریقہ اور ایشیا کے ساتھ تجارتی مراسم قائم کیے ۔تجارت کے منافع اور پڑوسی ممالک کے سفارتی تعلقات سے بڑی مقدار میں سونا، چاندی اور جواہرات کا وافر ذخیرہ اکٹھا کیا - پھر شاہی خزانہ کا بیشتر حصّہ خدا کی عبادت کے لئے یروشلم میں خدا کا گھر تعمیر کر کے اسکی آرائش و زیبائش میں استعمال کردیا جو ہیکل سلیمانی کے نام سے تاریخ میں زندہ رہ گیا ۔اس کی تعمیر میں نہ صرف اپنا خزانہ بلکہ حضرت داؤد کا انکی اپنی بادشاہت میں جمع کیا گیا خزانہ جوبڑی مقدار میں تھا اور انہوں نے اور انکی دیکھا دیکھی قبائلی سرداروں نے بھی خطیر مقدار میں قیمتی اشیاء عطیہ کردی تھیں - ساتھ ہی میں تمام قوم کے دئے گئے عطیات بھی ہیکل سلیمانی کی تعمیر میں استعمال کر دیے جس کی تفصیل کتاب1-تواریخ باب 22 میں دیکھی جا سکتی ہے- اس گھر میں بنی اسرائیل کی متبرک ترین شئے یعنی عہد کا صندوق اور مقدس خیمہ گاہ رکھ دی گئیں جس سے یروشلم کی دارالخلافہ کی حیثیت کے ساتھ اس کی مذہبی مرکز کی حیثیت مستحکم ہو گئی -

ہیکل سلیمانی اپنے حجم میں کوئی بڑی تعمیر نہیں تھا ۔صرف 15 گز چوڑائی اور 30 گز لمبائی لیکن اس کا رقبہ اہم نہیں اس لئے کہ سوائے سردار کاہن کے کوئی دوسرا اس میں داخل نہیں ہو سکتا تھا ۔مذہبی تقریبات اور مویشی جانوروں کی قربانی ہیکل کے صحن ہی میں انجام دی جا سکتی تھیں ۔تاہم اہمیت کی حامل وہ اشیاء تھیں جنہیں ہیکل میں رکھا گیا تھا اور جس طرح سے ہیکل کی تزئین و آرائش کی گئی تھی -

اس کی دیواروں کو پتھروں سے بنانے کے بعد دیودار کے تختوں سے پاٹ دیا گیا تھا۔ہیکل کی عمارت کا اندرونی حصہ دو کمروں میں منقسم تھا۔ایک بیرونی کمرہ جو مُقدّس مقام کہلاتا تھا اس کے اندر ایک اور کمرہ جس کو مُقدّس ترین مقام کا نام دیا گیا تھا۔ یہ ایک مکمّل مکعب کی ساخت میں تھا جس کی ہر سطح کی پیمائش دس گز تھی۔اس کے اندر دو اہم مجسمے رکھے گئے تھے جو Cherubکہلاتے تھے۔ یہ شیر کی طرح کے مجسمے تھے جس میں ہر ایک کی چار ٹانگیں لیکن سر انسانی اور بازو کسی پرندے کے بازوؤں کی طرح تھے۔ یہ مجسمے زیتون کی لکڑی کو تراش کر بنائے گئے تھے اور ان پر سونے کی پتری چڑھا ئ گئی تھی۔یہ کسی نوعیت کے بُت نہیں تھے بلکہ ان کے متعلق تصوّر تھا کہ وہ خدا کا عرش ہے جس پر وہ غیر محسوس طور پر براجمان ہو تا ہے۔ان مجسموں کے بازوؤں کے نیچے کمرے کے درمیان میں اسرائیل کی مُقدّس ترین شئے یعنی لکڑی اور سونے کے کام سے بنا عہد کا صندوق دو پتھر کی سلوں سمیت رکھ دیا جن پر ابتدائی دس احکامات کندہ تھے۔

اس ہیکل کی تعمیر کے علاوہ حضرت سلیمان نے دوسرے تعمیراتی منصوبے مکمّل کئے جن میں ان کا محل جو اپنی جسامت میں ہیکل سے بڑا تھا۔پھر انہوں نے ملک کے مختلف علاقوں میں دفاعی مقاصد کیلئے قلعے تعمیر کئے۔ اس بڑی نوعیت کے تعمیراتی منصوبے بنی اسرائیل میں حضرت سلیمان سے پہلے یا انکے بعد کسی بادشاہی زمانے میں ان کے مشاہدے میں نہیں آئے اس لئے بائیبل حضرت سلیمان کو ایک بڑے بادشاہ کی حیثیت سے پیش کر تی ہے۔

اسرائیل تقسیم ہو گیا

بائیبل کی کتاب 1۔سلاطین،باب 12 کے مطابق حضرت سلیمان کی وفات کے چند دن بعد انکا بیٹا رحبعام یروشلم کے قریباً پچاس میل دور شمالی اسرائیل کے ایک بڑے شہر سکم کو گیا جہاں تمام اسرائیل کے نمائندے اسکی بادشاہت کی تصدیق کے لئے جمع تھے۔ تصدیق سے قبل انہوں نے اسکی حکومتی پالیسی پر سوال کیا جسکا غیر تسلی بخش جواب ملنے پر وہ منہ در منہ اسکی بادشاہت کے منکر ہوگئے۔ رحبعام کو وہاں سے فرار ہونا پڑا اور اسی وقت شمالی قبائل نے افرائیم قبیلے

کے ایک شخص یربعام کو اپنا بادشاہ چن لیا ۔اس طرح حضرت داؤد اور حضرت سلیمان کا قائم کردہ متحد ملک دو ملکوں میں تقسیم ہو گیا ۔شمالی دس قبائل پر مشتمل ریاست کا نام انہوں نے اسرائیل قرار دیا جبکہ جنوبی ریاست یہودیہ کے نام سے تاریخ میں جانی گئی اور پھر اگلی چند صدیوں میں یہ دونوں ریاستیں ختم تو ہو گئیں لیکن مل نہ پائیں۔

جدید محققین میں سے ہارورڈ یونیورسٹی کے باروخ ہالپرن نامی نوجوان طالب علم نے 1972 میں اس تقسیم کی بابت اپنا تجزیہ پیش کیا جو بہت مقبول ہوا ہے ۔ اس نے اپنے تجزیہ میں بائیبل میں پائی جانے والی تفصیلات کے مطابق حضرت سلیمان کو ہی اس تقسیم کا اصل مُحرّک قرار دیا ۔ حضرت داؤد کی بادشاہت کی ابتدا میں ہم دیکھ چکے ہیں کہ اسرائیل دو ملکوں میں تقسیم تھا ۔شمالی دس قبائل نے طالوت کے مرنے کے بعد اس کے بیٹے اشبوست کو اسرائیل کا بادشاہ چن لیا تھا جو سات سال قائم رہا ۔ لیکن اشبوست کو خود اسکے قبیلے کے دو فوجی سرداروں نے قتل کر دیا ۔ اس خلا کو پر کرنے کے لئے جب کوئی اور قابلِ بھروسہ ہستی انہیں نظر نہ آئی تو انہوں نے حضرت داؤد کو اپنا بادشاہ قبول کرلیا ۔اس طرح حضرت داؤد کے بقیہ 33 سال اور حضرت سلیمان کے 40 سال تک اسرائیل ایک ملک کی حیثیت سے نہ صرف قائم ہی رہا بلکہ قریب کے علاقوں میں طاقتور ترین سلطنت شمار ہوا۔ تاہم ہالپرن کے تجزیہ کے مطابق حضرت سلیمان کی داخلی اور خارجہ پالیسیاں ایسی تھیں جو ان کی وفات کے فوراً بعد ہی ملک کی تقسیم کاسبب بن گئیں ۔ کتاب 1۔سلاطین میں یقیناً ایسے واقعات موجود ہیں جو ہالپرن کے دلائل کے حق میں جاتے ہیں ۔ان مُحرّکات کو اس نے بائیبل میں بیان کردہ واقعات کی روشنی میں چند نکات کی صورت میں اپنے تجزیہ میں پیش کیا جو ذیل میں درج ہیں ۔اس کے بعد بتایا جائے گا کہ اِس تجزیہ سے اتفاق کیوں نہیں کیا جاسکتا ۔ قارئین متوجہ رہیں کہ ذیل کی تحریر ہالپرن کے تجزیاتی نکات پر مشتمل ہے ۔

1. پہلی بات تو یہی کہ حضرت سلیمان نے حضرت داؤد کے شمالی علاقوں کے نمائندہ سردار کاہن ابیاتر کو باغی گروہ کا ساتھ دینے کی بناء پر معزول کرکے یروشلم سے قریب گاؤں یا قصبہ میں جلا وطن کر دیا تھا ۔ پھر یہ کہ اسرائیل

سے ملحق ساحلی ریاست صور کا بادشاہ، جو انکا خسر بھی تھا، حضرت سلیمان کو دیودار درخت کے کاٹے گئے تنے اور سونا ہیکل اور انکے محل کی تعمیر کے لئے تحفتاً فراہم کر رہا تھا اسکے جواب میں حضرت سلیمان نے شمالی شہر گلیل کے 20 قصبے تحفے میں دیئے جو شمالی قبائل کے علاقے میں تھے ۔

2.ایک اور فیصلہ جس نے ان قبائل میں تشویش پیدا کی وہ یہ کہ حضرت سلیمان نے بارہ انتظامی ڈسٹرکٹ وضع کئے جو دارالسلطنت کو ہر ماہ خوراک مہیا کرنے کے ذمہ دار تھے یہ ڈسٹرکٹ قبائل کی جغرافیائی سرحدیں تحلیل کرکے بنائے گئے اور اپنے منتخب کردہ سربراہوں کو اس کام کی نگرانی کے لئے مختص کیا جو مرے پر ایک اور دُرّہ ثابت ہوا ۔اس پر مزید ناانصافی یہ کہ اس جبری ترسیل میں اپنے قبیلے یہودیہ کو شامل نہ کیا گیا ۔

3.اگر یہ سب بھی باشندوں کو اس احساس کے لئے کافی نہ تھا کہ مرکز اپنی طاقت کا غلط استعمال کرتا ہے، حضرت سلیمان نے ایک اور اقتصادی پالیسی کا نفاذ کیا جسکے لئے عبرانی میں ایک مخصوص لفظ "missim" استعمال ہوا ہے یہ ایک قسم کا ٹیکس تھا جسکا اطلاق پیسے کے بجائے جسمانی محنت پر ہوتا تھا ۔اس میں باشندوں کو ایک ماہ کی جسمانی محنت کی صورت میں ٹیکس ادا کرنے کا پابند کیا گیا تھا ۔

غور طلب بات یہ ہے کہ یہ اسرائیلی قوم کا تذکرہ ہے جن کی روایات یہ تھیں کہ ایک وقت وہ مصر میں غلام تھے اور اب آزاد ملک کے باشندے ہیں ۔یہ قانونی بیگاری انکے لئے ایسی گولی نہ ہو سکتی تھی جس کو وہ آسانی سے نگل سکیں ۔اسکے دو واقعات بائیبل میں ملتے ہیں ۔ پہلا موقع تورات کی کتاب خروج میں ملتا ہے جس کے مصنفین میں سے ایک نے مصر کے اسرائیلی غلاموں پر نگران کو ٹاسک ماسٹر کی عمومی اصطلاح کے بجائے "office of missim" کا لفظ استعمال کیا ہے (خروج 5:14)- دوسرا مسئلہ یہ کہ شمالی قبائل کی بے چینیوں کے باوجود حضرت سلیمان کے اقتدار کا ہاتھ اس قدر مضبوط تھا کہ قبائل اگرچہ ایک قوم کی حیثیت سے برقرار رہے لیکن

جوں ہی ان کی وفات کے فوراً بعد لوگ سکم میں جمع ہوئے تو انکے بیٹے رحبعام سے اسکی پالیسی پر سوال کیا وہ بائیبل کے الفاظ میں یہ تھا :

> تو یربعام اور اسرائیل کی ساری جماعت آکر رحبعام سے یوں کہنے لگی کہ تیرے باپ نے ہمارا جوا سخت کر دیا تھا سو تو اب پنے باپ کی اس سخت خدمت کو اور اُس بھاری جوئے کو **جو** اس نے ہم پر رکھا ہلکا کر دے اور ہم تیری خدمت کریں گے -(1-سلاطین 12:3)

جو واقعہ ان قبائل کے انتشار کی نشاندہی کرتا ہے وہ یہ کہ رحبعام نے اپنے "missim" کو یعنی بیگار یوں پر مقرر سرکاری نمائندہ کو سکم بھیجا لیکن اُس کے ساتھ کیا ہوا وہ ذیل میں درج ہے:

> پھر رحبعام بادشاہ نے ادورام کو بھیجا جو بیگار یوں کے اوپر تھا اور سارے اسرائیل نے اُسے سنگسار کیا اور وہ مر گیا ۔تب رحبعام بادشاہ نے اپنے رتھ پر سوار ہونے میں جلدی کی تاکہ یروشلم کو بھاگ جائے (1-سلاطین 12:18)

یہ وہ دوسرا موقع ہے جہاں عبرانی اصطلاح "missim" تمام بائیبل میں استعمال ہوئی ملتی ہے ۔ اسرائیل کے دس قبائل نے اسی موقع پر یربعام ، افرائم قبیلے کا ایک فرد، کی سربراہی میں الگ ملک بنا لیا ۔ حضرت سلیمان کی ان پالیسیوں کا نتیجہ یہ نکلا کہ رحبعام صرف یہودیہ پر حاکم رہا جس میں بنی بنیمین قبیلہ اقلیت میں اورکمزور ہونے کی وجہ سے حکومت کے ماتحت رہا ۔باقی تمام قبائل نے یربعام کو بادشاہ چن لیا اور ملک تقسیم ہو گیا ۔

اوپر نقل کی گئ تحریر میں ہالپرن نے تین دلائل اپنے تجزیہ کے حق میں استعمال کئے ہیں جس کا خلاصہ یہ کہ اوّلا، شمالی قبائل کے علاقے میں سے گلیل کے 20 شہر صور کے بادشاہ کو تحفتاً دیئے ۔ ثانیاً ، دارالخلافہ میں خوراک کی جبری ترسیل کے لئے پورے ملک میں بارہ انتظامی ڈسٹرکٹ وضع کئے لیکن ان میں اپنے قبیلے یہودیہ کو شامل نہیں کیا۔ ثلاثاً ، اپنی تعمیرات کے لئے اسرائیلی قبائل میں سے بیگاری لگائے ۔

یہ بڑی عجیب بات ہے کہ بائیبل جس حالت میں پائی جاتی ہے اگر آپ کوئی مخصوص نقطۂ نظر وضع کرنا اور پیش کرنا چاہیں تو

اسکے لئے تحریری مواد آپ کو بائیبل میں سے مل جاتا ہے ۔ہالپرن نے جو تجزیہ یا نتائج کتاب 1۔سلاطین سے حاصل کئے وہ یقیناً وہاں موجود ہیں لیکن ہم سمجھتے ہیں کہ اس نے مزید غور اور جستجو کرنے کے بجائے عجلت میں یہ رائے قائم کر لی ۔ہمارے لئے سوال صرف یہی نہیں کہ ہم ان دلائل کا تجزیہ کریں بلکہ ہم حضرت سلیمان کو ا للہ کا نبی جانتے ہیں ۔ بائیبل ان کو جس حیثیت میں پیش کر تی ہے وہ ہمارے لئے قابلِ قبول نہیں ہو سکتے ۔ قرآنِ کریم کی تعلیمات یا بیانات ہم یہاں استعمال کرنا نہیں چاہتے ۔اس لئے بائیبل ہی سے یہ جاننے کے خواہشمند ہیں کہ حضرت سلیمان کو مجرم ٹھہرانے کی حقیقت کیا تھی؟ اور ملک کی تقسیم کے اصل مُحرّکات کیا تھے ؟

ہالپرن نے اپنے دلائل میں1۔سلاطین میں موجود ایک اور تفصیل کو اپنے دلائل میں استعمال نہیں کیا ۔ ہم قارئین کو اس کی طرف بھی متوجہ کرتے ہیں۔ یہ اقتباس طویل ہے لیکن ہمیں یہاں استعمال کرنا پڑتا ہے اس لیے کہ یہودی اور عیسائی عقیدہ سے متعلق اہم ترین باتوں میں سے ایک سے ہمارے قارئین کو مناسب حد تک واقف ہونا ضروری ہے۔ یہ ان اہم نکات میں سے ہے جو نہ صرف بائیبل کے مصنفوں کی تحقیق کے لئے بلکہ اس کتاب کے حصہ دوئم کے لئے بھی درکار ہیں جو عیسائ عقیدہ کے لیے مخصوص ہے۔ یہ تفصیل بائیبل کے اپنے الفاظ میں :

> اور سلیمان بادشاہ فرعون کی بیٹی کے علاوہ بہت سی اجنبی عورتوں یعنی موآبی ۔ عمونی ۔ ادومی ۔ صیدانی اور حتی عورتوں سے محبت کرنے لگا ۔یہ ان قوموں کی تھیں جن کی بابت خداوند نے بنی اسرائیل سے کہا تھا کہ تم ان کے بیچ نہ جانا اور نہ وہ تمہارے بیچ آئیں کیونکہ وہ ضرور تمہارے دلوں کو اپنے دیوتاؤں کی طرف مائل کر لیں گی ۔سلیمان ان ہی کے عشق کا دم بھرنے لگا ۔اور اس کے پاس سات سو شاہزادیاں اس کی بیویاں اور تین سو حرمیں تھیں اور اس کی بیویوں نے اس کے دل کو پھیر دیا۔کیونکہ جب سلیمان بڈھا ہو گیا تو اس کی بیویوں نے اس کے دل کو غیر معبودوں کی طرف مائل کر لیا اور اُس کا دل خداوند اپنے خدا کے ساتھ کامل نہ رہا جیسا اس کے باپ داؤد کا دل تھا ۔کیونکہ سلیمان صیدانیوں کی دیوی عستارات اور عمونیوں کے نفرتی ملکوم کی پیروی کرنے لگا ۔اور سلیمان نے خداوند کے آگے بدی کی اور اس نے خداوند کی پوری پیروی نہ کی جیسی اس کے باپ داؤد نے کی تھی ۔پھر سلیمان نے موآبیوں کے نفرتی کموس کے لئے اس پہاڑ پر جو یروشلم کے سامنے ہے اور بنی عمون کے نفرتی مولک کے لئے بلند مقام بنا دیا

YAHUDIYAT, ISAIYAT OR ISLAM 63

۔اس نے ایسا ہی اپنی سب اجنبی بیویوں کی خاطر کیا جو اپنے دیوتاؤں کے حضور بخور جلاتی اور قربانی گزرانتی تھیں ۔

اور خداوند سلیمان سے ناراض ہوا کیونکہ اُس کا دل خداوند اسرائیل کے خدا سے پھر گیا تھا جس نے اسے دو بار دکھائی دے کر اس کو اس بات کا حکم کیا تھا کہ وہ غیر معبودوں کی پیروی نہ کرے پر اس نے وہ بات نہ مانی جس کا حکم خداوند نے دیا تھا ۔اس سبب سے خداوند نے سلیمان کو کہا کیونکہ تجھ سے یہ فعل ہوا اور تو نے میرے عہد اور میرے آئین کو جن کا میں نے تجھے حکم دیا نہیں مانا اس لئے میں سلطنت کو ضرور تجھ سے چھین کر تیرے خادم کو دوں گا ۔تو بھی تیرے باپ داؤد کی خاطر میں تیرے ایام میں یہ نہیں کروں گا بلکہ اُسے تیرے بیٹے کے ہاتھ سے چھینوں گا ۔پھر بھی میں ساری سلطنت کو نہیں چھینوں گا بلکہ اپنے بندہ داؤد کی خاطر اور یروشلم کی خاطر جسے میں نے چن لیا ہے ایک قبیلہ تیرے بیٹے کو دوں گا ۔ (1-سلاطین 11:1)

یہ اقتباس واضح ہے کہ انتہائی سخت اور بدترین الفاظ حضرت سلیمان کے لئے استعمال کئے گئے ہیں اور قباحت میں کوئی کسر نہیں چھوڑی ہے ۔اس کتاب اور اگلی کتاب 2-سلاطین میں آئندہ آنے والی چار صدیوں میں 19 اسرائیل کے اور 23 یہودیہ کے بادشاہوں کے کردار کو موضوعِ بحث بنایا گیا جس میں دو چار کے سوا سب ہی کو بدکردار اور کفر کا مرتکب ٹھہرایا گیا ہے، لیکن کوئی ایک بھی بادشاہ اتنی قباحت کے قریب نہیں دکھائی دیتا جو یہاں درج ہے ۔اوپر عمونیوں کے نفرتی ملکوم کا جو تذکرہ کیا ہے وہ انکے درمیان رہنے والی عمونی قوم کا سب سے بڑا قومی دیوتا تھا جس کے نام پر بچوں کو جلا کر قربانی پیش کی جاتی تھی اور صیدانیوں کی عستارات افزائش نسل کی دیوی تھی جس کی عبادت کے نام پر ہر قسم کی آبرو باختہ حرکات سے آلودہ ہونا عمونیوں کا دستور تھا ۔ ان قباحتی پرستش کے مقامات کی تعمیر میں حضرت سلیمان کو موردِ الزام ٹھہرایا گیا ہے ۔اس وقت اگر چہ وہ بوڑھے ہو چکے تھے ،بقول بائیبل، لیکن ان کے حرم میں ایک ہزار خواتین تھیں ۔وہ اپنی وفات کے وقت بوڑھے شمار نہیں کئے جا سکتے ۔ بائیبل بتاتی ہے کہ وہ چالیس سال بادشاہ رہے تب انکی وفات ہوئی ۔ لیکن 1-تواریخ باب 29 کے اپنے الفاظ میں:

اور بادشاہ داؤد نے ساری جماعت سے کہا کہ خدا نے فقط میرے بیٹے سلیمان کو چنا ہے اور وہ ہنوز لڑکا اور نا تجربہ کار ہے اور کام بڑا ہے کیونکہ وہ محل انسان کے لئے نہیں بلکہ خداوند خدا کے لئے ہے ۔

یہ حضرت سلیمان کو بادشاہ بنائے جانے کی تقریب ہے جس میں حضرت داؤد لوگوں سے خدا کا گھر یعنی ہیکل سلیمانی تعمیر کرنے کے بارے میں خطاب کر رہے ہیں ۔ اندازہ کیا جائے تو حضرت سلیمان کی عمر اِس وقت غالباً پندرہ سال ہو، اس طرح چالیس سالہ بادشاہت کے بعد وفات کے وقت ان کی عمر پچپن سال کے لگ بھگ قیاس کی جا نی چاہئے جس کو بوڑھا تصوّر کرنا مشکل ہے ۔ لیکن بالفرض بوڑھا قیاس کیا جائے تو زیادہ مناسب یہ سمجھنا ہے کہ ایسا شخص ذہنی عدم توازن کا شکار ہے کہ بڑھاپے میں ایک ہزار خواتین لئے بیٹھا ہے اور کافرانہ عقائد میں نہ صرف ملوث ہے بلکہ ان عبادت گاہوں کی تعمیر میں بھی اپنے لوگوں کو غلام بنا کر جھونک رکھا ہے جس جرم کی ابتدائی درجہ پر بھی سزا اس قوم کی شریعت میں سزائے موت ہے ۔

اس انتہائی مایوس کن تحریری متن کی صداقت جاننے کے لئے ہمیں یہ دیکھنا ضروری ہے کہ بائیبل حضرت سلیمان کی "بڑھاپے" سے قبل کی زندگی کیلئے کیا کہتی ہے ۔ کتاب 1۔سلاطین کا اقتباس جو اوپر ہم نے تحریر کیا اس کو یہ مصنف حضرت سلیمان کے "بڑھاپے" کا وقت بتاتا ہے جہاں ان کے دور سلطنت کا اختتام بیان ہوا ہے ۔لیکن اسی کتاب کے باب 3 میں یہی مصنف ان الفاظ میں آپ کا تعارف کراتا ہے :

> اور سلیمان خداوند سے محبت رکھتا اور اپنے باپ داؤد کے آئین پر چلتا تھا ۔اتنا ضرور ہے کہ وہ اونچی جگہوں میں قربانی کرتا اور بخور جلاتا تھا ۔اور بادشاہ جبعون کو گیا تاکہ قربانی کرے کیونکہ وہ خاص اونچی جگہ تھی اور سلیمان نے اس مذبح پر ایک ہزار سوختنی قربانیاں گزرانیں۔جبعون میں خداوند رات کے وقت سلیمان کو خواب میں دکھائی دیا اور خدا نے کہا مانگ میں تجھے کیا دوں۔ سلیمان نے کہا تو نے اپنے خادم میرے باپ داؤد پر بڑا احسان کیا اس لئے کہ وہ تیرے حضور راستی اور صداقت اور تیرے ساتھ سیدھے دل سے چلتا رہا اور تو نے اس کے واسطے یہ بڑا احسان رکھ چھوڑا تھا کہ تو نے اسے ایک بیٹا عنایت کیا جو اس کے تخت پر بیٹھے جیسا آج کے دن ہے ۔اور اب اے خداوند میرے خدا تو نے اپنے خادم کو میرے باپ داؤد کی جگہ بادشاہ بنایا ہے اور میں چھوٹا لڑکا ہی ہوں اور مجھے باہر جانے اور بھیتر آنے کا شعور نہیں ۔اور تیرا خادم تیری قوم کے بیچ میں ہے جسے تو نے چن لیا ہے ۔وہ ایسی قوم ہے جو کثرت کے باعث نہ گنی جا سکتی ہے نہ شمار ہو سکتی ہے ۔سو تو اپنے خادم کو اپنی قوم کا انصاف کرنے کے لئے سمجھنے والا

دل عنایت کر تاکہ میں برے اور بھلے میں امتیاز کر سکوں کیونکہ تیری اس بڑی قوم کا انصاف کون کر سکتا ہے ۔اور یہ بات خداوند کو پسند آئ کہ سلیمان نے یہ چیز مانگی ۔اور خدا نے اس سے کہا چونکہ تو نے یہ چیز مانگی اور اپنے لئے عمر کی درازی کی درخواست نہ کی اور نہ اپنے لئے دولت کا سوال کیا اور نہ اپنے دشمنوں کی جان مانگی بلکہ انصاف پسندی کے لئے تو نے اپنے واسطے عقلمندی کی درخواست کی ہے ۔سو دیکھ میں نے تیری درخواست کے مطابق کیا۔میں نے ایک عاقل اور سمجھنے والا دل تجھکو بخشا ایسا کہ تیری مانند نہ تو کوئی تجھسے پہلے ہوا اور نہ کوئی تیرے بعد تجھسا برپا ہو گا ۔اور میں نے تجھکو کچھ اور بھی دیا جو تو نے نہیں مانگا یعنی دولت اور عزت ایسا کہ بادشاہوں میں تیری عمر بھر کوئی تیری مانند نہ ہو گا۔

یہی مصنف حضرت سلیمان کی سلطنت کے ابتدائی دور کے لئے بتاتا ہے کہ آپ نے خدا سے دعا کی اور اسی وقت اس دعا کو شرفِ قبولیت عطا کردیا گیا ۔ آپ کو وہ شخصی کردار اور طبیعت دے دی گئی جو نہ ان سے پہلے کسی کو ملی اور نہ ہی بعد میں کسی کو مل سکے گی ، اور ان کی عمر بھر کے لئے ان کو ایسی عزت دے دی گئی جو کسی اور بادشاہ کے نصیب میں نہیں ۔ اس کا مطلب یہ ہے کہ کتاب کا مصنف اپنے خدا کا تصوّر یہ رکھتا اور اپنے پڑھنے والوں کو بتاتا ہے کہ خدا کو یہ علم ہی نہیں کہ جس شخص کو یہ عنایات اس نےکر دی ہیں آگے چل کر وہ کیا کچھکرنے والا ہے ۔اور صرف اتنا ہی نہیں بلکہ حضرت سلیمان کی ہیکل کی تعمیر ، ان کی ہیکل کی افتتاحی عبادات اور مناجات غیر معمولی احترام کے ساتھ بتائے گئے ہیں ۔ یہی مصنف باب دس میں سبا کی ملکہ کا یروشلم آنا اور انکی شان وشوکت اور شخصی خصوصیات دیکھ کر ششدر رہ جانا بتاتا ہے۔ جن الفاظ میں ملک سبا کے تاثرات اس مصنف نے قلمبند کیے وہ ہم ذیل میں درج کرتے ہیں:

اور جب سبا کی ملکہ نے سلیمان کی ساری حکمت اور اس محل کو جو اس نے بنایا تھا اور اس کے دسترخوان کی نعمتوں اور اس کے ملازموں کی نشست اور اس کے خادموں کی حاضر باشی اور ان کی پوشاک اور اس کے ساقیوں اور اس سیڑھی کو جس سے وہ خداوند کے گھر کو جاتا تھا دیکھا تو اس کے ہوش اڑ گئے ۔اور اس نے بادشاہ سے کہا کہ وہ خبر سچی تھی جو میں نے تیرے کاموں اور تیری حکمت کی بابت اپنے ملک میں سنی تھی تو بھی میں نے وہ باتیں باور نہ کیں جب تک خود آکر اپنی آنکھوں سے یہ دیکھ نہ لیا اور مجھے تو آدھا بھی نہیں بتایا گیا تھا کیونکہ

تیری حکمت اور اقبالمندی اس شہرت سے جو میں نے سنی بہت زیادہ ہے ۔ خوش نصیب ہیں تیرے لوگ اور خوش نصیب ہیں تیرے یہ ملازم جو برابر تیرے حضور کھڑے رہتے اور تیری حکمت سنتے ہیں ۔خداوند تیرا خدا مبارک ہو جو تجھ سے ایسا خوشنود ہوا کہ تجھے اسرائیل کے تخت پر بٹھایا ہے ۔ (1۔سلاطین 10:4)

یہ اقتباس بتاتا ہے کہ جو دعا حضرت سلیمان نے خدا سے کی تھی وہ، اس مصنف کی نظر میں، خدا کے حضور مقبول ہوئی ۔ اسکے بعد وہ سلیمان بادشاہ کی دولت و ثروت اور انکے اخلاق انتہائ قابلِ ستائش الفاظ میں تحریر کرتا ہے، لیکن اچانک اگلے باب یعنی باب 11 میں بالکل مخالف سمت میں پلٹ کر حضرت سلیمان کے شاندار تاریخی واقعات کے تسلسل میں ان کا خدا سے انحراف بیان کرنے پر اپنی تحریر ختم کرتا ہے ۔یہ کسی غلطی کی بنا پر نہیں ہو ا بلکہ قصداً کیا گیا ہے ۔اسکی وضاحت کی جائے گی لیکن ابھی بائیبل کا مقدمہ تیار ہونے میں وقت درکار ہے ۔ سرِدست قارئین یہ بات ذہن میں رکھیں کہ حضرت سلیمان نے شمالی قبائل کے نمائندہ سردار کاہن ابیاتر کو بغاوت میں حصّہ دار ہونے کی وجہ سے سردار کاہن کے عہدے سے برطرف کر دیا تھا اور یروشلم سے بھی باہر نکال دیا تھا ۔

جدید محقق ہالپرن کی نظر میں حضرت سلیمان سے منسوب یہ تاریک اخلاقی پہلو ملک کی تقسیم کے مُحرِّکات میں چاہے شامل نہ ہو لیکن کتاب 1۔سلاطین کے بیان کردہ جن واقعات پر یقین رکھتے ہوئے اس نے ملکی تقسیم کی وجوہات اخذ کیں کم از کم ان واقعات کی صداقت پرکھنے کے لئے اوپر بیان کردہ اخلاقی پہلو کی صداقت پر بھی کچھ غور کرنا اس کو مناسب تھا ۔

ہالپرن کے پیش کئے گئے حقائق کا تجزیہ کرنے سے قبل بائیبل کی مذکورہ تاریخ پر مبنی کتابوں کی کچھ وضاحت ضروری ہے ۔پہلی بات تو یہ کہ بنی اسرائیل کی بحیثیتِ قوم فلسطین میں قیام کی تاریخ بائیبل کی چار کتابوں؛ 1۔سیموئل، 2۔سیموئل، 1۔سلاطین اور 2۔سلاطین نامی کتابوں میں درج ہیں ۔ان میں سے سلاطین نامی دو کتابوں کی خاص بات یہ ہے کہ اس میں تقسیم شدہ دو ریاستوں کے بادشاہوں کے واقعات اس طرح درج کئے گئے ہیں کہ پہلے یہودیہ کے بادشاہ کا زمانہ تحریر کیا اسکے بعد اسی بادشاہ کے زمانے میں جو بادشاہ اسرائیل پر قائم تھا اس کے واقعات تحریر کئے ۔اسی زمانی ترتیب کے

لحاظ سے اسرائیلی قوم کی تاریخ یکجا طور پر ترتیب دے دی گئی ہے - یہ طریقہ بذات خود قابلِ ستائش ہے- لیکن غور طلب بات یہ ہے کہ ان چار کتابوں کے بعد بائیبل میں دو مزید کتابیں بالترتیب 1-تواریخ اور 2-تواریخ کے نام سے ملتی ہیں - اور یہ دو کتابیں بنی آدم اور بنی اسرائیل کے متعلقہ نسبی شجر ناموں وغیرہ کے بعد صرف اور صرف یہودیہ کے بادشاہوں کی تاریخ بیان کرتی ہیں -ان میں شمالی ریاست اسرائیل کا تذکرہ کم و بیش سرے سے نہیں کیا گیا ہے سوائے ان مواقع پر جب اسرائیلی ریاست کا الجھاؤ یہودیہ سے ہوا ہو - س طرح بہت سے واقعات جو کتاب سلاطین میں بیان ہوئے ہیں وہ کتاب تواریخ میں بھی ملتے ہیں -

عجیب بات یہ ہے کہ کتاب تواریخ میں حضرت سلیمان کا خدا سے انحراف، پست اخلاقی ، اصنام پرستی اور ملک میں بدترین گمراہی کی ترویج کے واقعات،جو 1-سلاطین باب 11 میں بڑی شدومد سے بیان کیے گئے ہیں، سرے سے موجود ہی نہیں ہیں - کتاب 2-تواریخ کی ابتدا حضرت سلیمان کے دور اقتدار سے ہوتی ہے - حضرت سلیمان کا خدا سے انحراف اپنی تفصیلات میں اتنا بڑا واقعہ ہے کہ اگر واقعتاً ہوا ہو تو کتاب 2-تواریخ کا مصنف قصداً جھوٹ بیانی سے کام لے رہا ہے جب وہ ایسے انتہائی قبیح واقعات مکمّل حذف کر کے آنجناب کو انتہائی قابلِ ستائش الفاظ میں اپنی کتاب میں پیش کرتا ہے - ور اگر حقیقت یہی ہے کہ وہ اس قبیح الزام سے پاک ہیں تو 1-سلاطین کا مصنف انتہائی بےباکی سے اور انتہائی ظلم کے ساتھ جھوٹ گڑھ رہا ہے - دونوں میں سے ایک مصنف کو بہرحال جھوٹا قرار دینا پڑے گا - یا تو کتاب 1-سلاطین کا مصنف جھوٹا ہے یا کتاب 2-تواریخ کا مصنف جھوٹ لکھتا ہے - دونوں مصنف کم از کم اِس معاملے میں بیک وقت سچ یا بیک وقت جھوٹ لکھنے والے تسلیم نہیں کئے جا سکتے -

فی الوقت اتنی بات کو ذہن میں رکھتے ہوئے ہم ہالپرن کے اخذ کردہ نتائج پر بحث کر سکتے ہیں - ہالپرن کا پہلا نکتہ یہ تھا کہ حضرت سلیمان نے شمالی قبائل میں سے ایک قبیلے کی ملکیت میں شامل گلیل شہر کے بیس قصبات صور کے بادشاہ کو تحفتاً دے دیئے تھے جو شمالی قبائل کی بے چینی کا سبب ہو سکتے تھے - یہ واقعہ بائیبل میں اس طرح بیان ہوا ہے:

سلیمان بادشاہ نے گلیل کے ملک میں بیس شہر حیرام کو دئیے اور حیرام ان شہروں کو جو سلیمان نے اسے دئے تھے دیکھنے کے لئے صور سے نکلا پر وہ اسے پسند نہ آئے سو اس نے کہا اے میرے بھائی یہ کیا شہر ہیں جو تو نے مجھے دئے ۔(1۔سلاطین 9:11)

یہ اقتباس واضح نہیں کرتا کہ شہروں کی ادائیگی حقیقتاً پیش آئی ہو اس لئے کہ آگے کی تحریر میں کہیں بھی اس ادائیگی کی تصدیق موجود نہیں ہے ۔ بائیبل میں اسرائیل کی بعد کی تاریخ بتاتی ہے کہ یہ شہر کبھی صور کی ملکیت نہ تھے۔ یہ بھی نوٹ کرنا ضروری ہے کہ کتاب 2۔تواریخ نے اس پورے واقعہ کا کوئی تذکرہ نہیں کیا ہے ۔ ہالپرن کا اس واقع کو بیان کرنے کا انداز ایسا ہے کہ یہ ادائیگی حقیقتاً پیش آئی ہو ۔ سوچنے کی بات یہ کہ گلیل زراعت کے لحاظ سے پسندیدہ علاقوں میں سے ایک رہتا رہا ہے ۔کتاب سلاطین کے مطابق حیرام نے انہیں نا پسند کیا لیکن مصنف اس ناپسندیدگی کی وجہ بیان نہیں کر تا ۔گلیل حضرت عیسیٰ کے زمانے میں رومی سلطنت کے ٹیکس ریوینیو کے لئے اہم ترین شہروں میں سے تھا ۔ پس ہم نتیجہ نکالتے ہیں کہ یہ مصنف کا گھڑا ہوا واقعہ ہے ، اس لیے ہالپرن کی بیان کردہ یہ وجہ تو کچھ وزن نہیں رکھتی ۔

ہالپرن کا دوسرا نکتہ یہ تھا کہ حضرت سلیمان نے 12 انتظامی ڈسٹرکٹ یروشلم میں خوراک کی ترسیل کے لئے وضع کئے جو شمالی قبائل پر بوجھ ثابت ہوئے ۔یہ روداد 1۔سلاطین 4:7میں موجود ہے ۔ اس روداد میں اسرائیل کے ایسے غیر معروف علاقوں کے نام اور ذمہ دار افراد کے نام استعمال ہوئے ہیں کہ اسکی کھوج ہمیں کوئی اضافی مدد فراہم نہیں کرتی، اس لئے یہاں نقل نہیں کیا جاتا ۔ لیکن پہلی بات یہ ہے کہ یہ بیان کتاب 2۔تواریخ میں حضرت سلیمان کے واقعات میں نہیں ملتا ۔ پھر اس سے بھی زیادہ اہم بات یہ ہے کہ یروشلم میں سال کے بارہ مہینے بادشاہ اور یروشلم کی خدمت کے لئے انتظامیہ کی تشکیل یقیناً کی گئی لیکن یہ حضرت داؤد کے ذریعے کی گئی تھی (1۔تواریخ 27:1)۔ اِس کا مطلب یہ ہوا کہ اس طریقہ کی ابتدا حضرت داؤد نے کی اور حضرت سلیمان نے اسکو اپنے دور میں جاری رکھا ۔ اس طرح ہالپرن کی دوسری دلیل ملک کی تقسیم کے مُحرِّکات میں شمار نہیں کی جا سکتی ۔اگر کسی کو مجرم ٹھہرانا ہی تھا تو وہ حضرت داؤد کو مجرم ٹھہرائے نہ کہ حضرت سلیمان کو ۔

ہالپرن کا تیسرا اور آخری نکتہ حضرت سلیمان کا شمالی قبائل پر بیگاری کے نفاذ سے متعلق تھا۔ اس معاملہ پر بائیبل کا اقتباس اور پس منظر ہم پہلے ہی درج کر چکے ہیں اس لئے دہرانے کی ضرورت نہیں ۔ قارئین ضرورت محسوس کریں تو دوبارہ پڑھ لیں ۔ یہاں غور طلب بات یہ ہے کہ یہ واقعہ حضرت سلیمان کی وفات کے فوراً بعد ان کے بیٹے رحبعام کو پیش ہوا جب اس نے متحدہ ملک کے باشندوں کو اسکی بادشاہت قبول کر لینے کے لئے جمع کیا تھا ۔ اِس کا مطلب یہ ہونا چاہئے کہ حضرت سلیمان کی حکومت میں ان قبائل پر عائد کردہ بیگاری کی مشقت اس مقام پر پہونچ چکی تھی کہ اسکی مزید برداشت ان کے لئے آسان نہ رہی تھی اور یہ کہ حضرت سلیمان کے اقتدار کی گرفت اتنی مضبوط تھی کہ اس سے چھٹکارے کی کوئی صورت ان کو میسر نہ تھی ۔ حضرت سلیمان کی وفات کی خبر ان کے لئے امید کی کرن بن کر آئی اور اس پہلے ہی موقع پر جب ان کا بیٹا اس مشقت کو ہلکا کرنے کی درخواست مسترد کر بیٹھا ،ان دس قبائل نے اپنا الگ ملک قائم کر لیا اس سے پہلے کہ کہیں رحبعام کا اقتدار بھی طاقت نہ پکڑ لے ۔

اس بات کو سچ ہونے کے لئے ہمیں توقع ہونی چاہئے کہ بائیبل میں کم از کم کچھ عرصہ تو یہ قبائل بیگاری میں پھنسا دئے جانے کی مصیبت کا سامنا کرتے نظر آئیں گے ۔ اور دوسری لازمی توقع یہ رکھنی پڑے گی کہ جبری بیگاری حضرت سلیمان کے اقتدار کے آخری حصّہ تک جاری رہنی چاہئے اس لئے کہ اس مصنف کے مطابق یہ مسئلہ حضرت سلیمان کی وفات کے وقت اٹھایا گیا تھا ۔

ہماری اس بات کی تلاش کے نتائج ذیل میں درج کئے جاتے ہیں ۔لیکن اس بحث سے قبل قارئین ذہن نشین رکھیں کہ حضرت سلیمان کی چالیس سالہ بادشاہت کے چوتھے سال انہوں نے ہیکل کی تعمیر شروع کی اور وہ سات سال میں مکمّل ہوا ۔ اسکے بعد انہوں نے اپنا محل تعمیر کیا اور تخت سلیمانی بنوایا جن کو دیکھ کر ملکہ سبا ششدر رہ گئی تھی ۔ اس طرح ، بائیبل کے مطابق ،ان کی بادشاہت کے بیسویں سال ملک گیر تعمیراتی مہم کے دوسرے دور کا آغاز ہوا ۔اس زمانے میں انہوں نے ملک میں کئ شہر اور قلعے تعمیر کئے جس میں بنیادی توجہ ان شہروں کے گرد کٹائ کئے گئے پتھروں سے مضبوط دیواروں اور مضبوط دروازوں کی ایسی تعمیر تھی جو بیرونی حملہ آوروں کی یلغار برداشت کر سکے ۔ پھر اسرائیلی قوم کو ان شہروں میں بسایا

گیا۔ اسی طرح تجارتی اغراض کے لئے آبی جہازوں کے مکمّل بیڑوں کی تعمیرات کروائی گئیں جن کی تفاصیل 1۔سلاطین اور 2۔تواریخ میں موجود ہیں ۔

حسنِ اتفاق یہ ہے کہ ان دو تعمیراتی ادوار یعنی ابتدائی چار سے بیس سال کا دور جس میں ہیکل اور محل کی تعمیر کی گئی پھر بیس سال سے چالیس سال کا دور جس میں شہر اور جہاز سازی کی صنعت تعمیرہویں ۔ ان دونوں ادوار کے لئے ایک ایک تحریر بائیبل میں 1۔سلاطین اور 2۔تواریخ میں موجود ہیں ۔ اس طرح یہ سب مل کر دو تعمیراتی ادوار کے لئے دو تحریروں کے بجائے چار تحریریں ہو جاتی ہیں ۔ ہم دوسری تفصیلات چھوڑ کر صرف وہ حصّہ ان تحریروں میں سے درج کرتے ہیں جو بیگاری کے مسئلے کی اصل سچائ اور ساتھ ہی ہالپرن کے تیسرے نکتہ کی وضاحت کر سکتی ہیں ۔ قارئین توجہ رکھیں کہ بیگاری کا مسئلہ صرف ا۔سلاطین میں ملتا ہے اور ہالپرن نے اسی کی تحریر کو اپنے تجزیہ میں استعمال کیا ۔ قارئین ذیل میں پیش کی جانے والی چاروں تحریریں توجہ سے پڑھیں تو سچ بآسانی واضح ہو جائے گا ۔ پھر ہر اقتباس کے آخر میں کتاب کا حوالہ موجود ہے جس پر توجّہ رکھنے سے یہ مسئلہ بآسانی حل بھی ہو سکے گا ۔ایک اور بات یہ کہ حضرت سلیمان کی ہیکل اور محل کی تعمیر کے بعد دوسرے مرحلے میں ملک گیر تعمیری مہم کا بیان پہلے نقل کرنا زیادہ مناسب ہے ۔ یہ چار اقتباسات اِس حقیقت کی وضاحت کے لئے کافی ہیں کہ حضرت سلیمان کی "بڑھاپے" میں بدترین شرک اور اخلاق باختگی اور ساتھ میں بنی اسرائیل کی جبری بے گاری کا مجرم قرار دے کر اپنے قومی محسن پر بدترین ظلم کیا گیا ہے ۔ قارئین سے درخواست ہے کہ اِس معاملہ کو کسی قدر توجّہ کے ساتھ اسی موقع پر سمجھ لیں۔ ہماری بعد کی تحریر میں عہد نامہ قدیم کی یہی خصوصیت ہمارے سامنے آتی رہے گی، لہٰذا بعد کے مسائل کا سمجھنا ہمارے لئے آسان رہے گا ۔

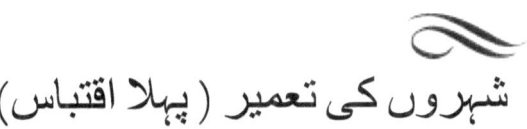

شہروں کی تعمیر (پہلا اقتباس)

اور بعلت اور خزانہ کے سب شہر جو سلیمان کے تھے اور رتھوں کے سب شہر اور سواروں کے شہر اور جو کچھ سلیمان چاہتا تھا کہ یروشلم اور لبنان اور اپنی مملکت کی ساری سر زمین میں بنائے وہ سب بنایا ۔اور وہ سب لوگ جو حتیوں اور اموریوں اور فرزیوں اور حویوں اور یبوسیوں میں سے باقی رہ گئے تھے اور اسرائیلی نہ تھے ۔ان ہی کی اولاد جو ان کے بعد ملک میں باقی رہ گئی تھی جسے بنی اسرائیل نے نابود نہیں کیا اُسی میں سے سلیمان نے بیگاری مقرر کئے جیسا آج کے دن ہے ۔پر سلیمان نے اپنے کام کے لئے بنی اسرائیل میں سے کسی کو غلام نہ بنایا بلکہ وہ جنگی مرد اور اس کے لشکروں کے سردار اور اس کے رتھوں اور سواروں پر حکمران تھے۔ (2۔تواریخ 8:6)

شہروں کی تعمیر (دوسرا اقتباس)

اور ذخیروں کے سب شہروں کو جو سلیمان کے پاس تھے اور اپنے رتھوں کے لئے شہروں کو اور اپنے سواروں کے لئے شہروں کو اور جو کچھ سلیمان نے اپنی مرضی سے یروشلم میں اور لبنان میں اور اپنی مملکت کی ساری زمین میں بنا نا چاہا بنایا ۔اور وہ سب لوگ جو اموریوں اور حتیوں اورفرزیوں اور حویوں اور یبوسیوں میں سے باقی رہ گئے تھے اور بنی اسرائیل میں سے نہ تھے ۔سو ان کی اولاد کو جو ان کے بعد ملک میں باقی رہی جن کو بنی اسرائیل پورے طور پر نابود نہ کر سکے سلیمان نے غلام بنا کر بیگار میں لگایا جیسا آج تک ہے ۔لیکن سلیمان نے بنی اسرائیل میں سے کسی کو غلام نہ بنایا بلکہ وہ اس کے جنگی مرد اور ملازم اور امرا اور فوجی سردار اور اس کے رتھوں اور سواروں کے حاکم تھے ۔(1۔سلاطین 9:19)

ہم دیکھ سکتے ہیں کہ یہ دو اقتباسات الفاظ کے معمولی فرق کے باوجود اپنے متن کی تفصیلات میں سو فیصد متفق ہیں کہ حضرت سلیمان نے غیر اقوام کے غلام باشندوں کو بیگاری پر مقرر کیا جبکہ بنی اسرائیل کو ان پر افسران اور حاکم بنایا اور یہی نہیں بلکہ یہ طریقہ بعد کے ادوار کے لئے قائم ہو گیا جیسا کہ "جیسا آج کے دن ہے"

سے ظاہر ہے ۔ "بیگاری" کے حوالے سے اہم ترین بات یہ ہے کہ یہ دو اقتباسات حضرت سلیمان کی تعمیراتی مہم کے دوسرے مرحلے "شہروں" کی تعمیرات سے متعلق ہیں جن کے آخر میں آپ کی وفات ہوئی تھی ۔ ہمارے دیکھنے کی بات یہ ہے کہ اوپر دوسرے اقتباس میں اسلاطین کا یہی مصنف بتا چکا ہے کہ حضرت سلیمان کی وفات کے وقت تعمیرات کے دوسرے دور کے لئے "بیگاری" غیر اقوام میں سے تھے ۔اسی تعمیراتی دور کے اختتام پر حضرت سلیمان کی وفات ہوئی جس موقع پر حضرت سلیمان کے بیٹے رحبعام کی بادشاہت کی انعقادی تقریب میں اس مصنف نے جبری بیگاری کا مسئلہ تحریر کیا تھا ۔ محض اتنی ہی تفصیلات سے مصنف بیگاری کا جو الزام لکھتا ہے اُس کی صداقت خود اس کے اپنے بیان سے ہی صراحتاً مشتبہ ہو چکی ہے ۔ یہ نکتہ ذہن میں رکھتے ہوئے ہم حضرت سلیمان کی پہلی تعمیراتی مہم کی طرف متوجہ ہو سکتے ہیں ۔

ہیکل کی تعمیر (تیسرا اقتباس)

اور سلیمان نے اسرائیل کے ملک میں سب پردیسیوں کو شمار کیا جیسے اس کے باپ داؤد نے ان کو شمار کیا تھا اور وہ ایک لاکھ ترپن ہزار چھ سو نکلے ۔اور اس نے ان میں سے ستر ہزار کو باربر داری پر اور اسی ہزار کو پہاڑ پر پتھر کاٹنے کے لئے اور تین ہزار چھ سو کو لوگوں سے کام لینے کے لئے ناظر ٹھہرایا ۔(2-تواریخ2:17)

ہیکل کی تعمیر (چوتھا اقتباس)

اور سلیمان نے سارے اسرائیل میں سے بیگاری لگائے ۔وہ بیگاری تیس ہزار آدمی تھے اور وہ ہر مہینہ ان میں سے دس دس ہزار کو باری باری سے لبنان بھیجتا تھا ۔سو وہ ایک مہینہ لبنان پر اور دو مہینے اپنے گھر رہتے اور ادونرام ان بیگار یوں کے اوپر تھا ۔اور سلیمان کے ستر ہزار بوجھ اٹھانے والے اور اسی ہزار درخت کاٹنے والے پہاڑوں میں تھے ۔ان کے علاوہ سلیمان کے تین ہزار تین سو خاص منصب دار تھے جو اس کام پر مختار تھے اور ان لوگوں پر جو کام کرتے تھے سردار تھے ۔اور

بادشاہ کے حکم سے وہ بڑے بڑے بیش قیمت پتھر نکال کر لائے تاکہ گھر کی بنیاد گھڑے ہوئے پتھروں کی ڈھالی جائے -(1-سلاطین 5:13)

ان دو اقتباسات میں واضح فرق دیکھا جا سکتا ہے - تیسرا اقتباس تو بیگاری کے لئے وہی اصول بتاتا ہے جو پہلے اور دوسرے اقتباسات میں بتائے گئے تھے - لیکن چوتھے اقتباس کی چالاکی سے تراش کی گئی ہے - حضرت سلیمان کے ابتدائی تعمیراتی دور کے لئے 1-سلاطین کے مصنف کو دستیاب تو وہی تحریر تھی جو تیسرے اقتباس میں ہے لیکن اُس نے اِس تحریر کو تراشا - اس میں سے ' پردیسیوں" کا لفظ صاف اڑا دیا اور "بیگاری" کو بنی اسرائیل سے جوڑ دیا۔ پھر "ادورام" کے لئے"missim" کی وہ عبرانی اصطلاح استعمال کی جس اصطلاح کی نشاندہی ہارورڈیونیورسٹی کے طالبِ علم ہالپرن نے کی تھی -

کتاب سلاطین کا مصنف حضرت سلیمان کی پہلی تعمیراتی مہم کے سلسلے میں آپ کو قوم پر جبری بیگاری مسلط کرنے کا مجرم ٹھہراتا ہے لیکن اِس پورے دورانیہ میں آپ کی عظمت، قوم کے لئے خیر خواہی، بارگاہِ خداوندی میں اخلاص کی پاکیزگی وغیرہ کے لئے جو فقرے استعمال کئے، ایسے قابلِ قدر فقرے بعد کے بادشاہوں کے لئے تو ایک طرف، ایسی اعلیٰ صفات تمام بائبل میں کسی بھی دوسرے فرد کے لئے نظر نہیں آتیں - یہی مصنف حضرت سلیمان کی دوسری تعمیراتی مہم کے لئے لکھتا ہے کہ آپ نے غلام قوموں سے بے گاری کے لئے افراد اکٹھا کئے جو طریقۂ کار "آج تک قائم ہے"۔

اگر ہم چوتھے اقتباس کو،جسے ہالپرن نے بطور دلیل استعمال کیا ہے،سچ مان لیں تو رحبعام کو پیش کی گئی اسرائیلی قبائل کی شکایت اور ہالپرن کی ملکی تقسیم کے لئے دلیل درست مانی جا سکتی ہے ۔لیکن اسے تحقیق لازم تھی کہ حضرت سلیمان کی اسی مصنف کی ابتدا میں بیان کردہ شخصیت کے ساتھ چوتھا اقتباس مطابقت رکھتا ہے یا پہلے تین۔ اسی لئے ہم نے اس بحث سے قبل اسی مصنف کی قلم زدہ حضرت سلیمان کی شخصیت سے متعلق انتہائی بلند سیرت اور انتہائی گھناونا کفر و بدکرداری بیک وقت تحریر کرنا نقل کر دیا تھا - اس مصنف کی اپنی ہی تحریر اسے جھوٹا ثابت کر دیتی ہے ۔جو ظلم حضرت سلیمان پر اس شخص نے کیا سو کیا لیکن اپنے پست کردار سے اپنی قوم پر جو ظلم کیا وہ کسی طرح کم نہیں ہے ۔اپنے عمل سے اُس نے خود کو قطعی ناقص العقل الگ ثابت کیا - کچھ ذہانت ہوتی تو

اپنے دونوں اقتباسات(دوسرا اور چوتھااقتباس) تراش چکا ہوتا ۔ صد شکر کہ اُس نے ایسا نہیں کیا اور ہمارا کام آسان کر دیا ۔ اگر وہ ایسا کر دیتا تو اس کے بیان پر کتاب تواریخ کے بیان کو ترجیح دینے کے لئے ہمارے پاس کوئی دلیل نہ رہتی ۔ اگر اس کو کتاب 1۔سلاطین کا بیان تراشنا ہی تھا تو حضرت سلیمان کی وفات سے متصل تعمیراتی دور (دوسرا اقتباس) تراشتا تاکہ کم از کم رحبعام کو پیش کی جانے والی بنی اسرائیل کی درخواست میں کچھ مطابقت تو پیدا ہوتی ۔ یہ بات کافی دلیل ہے کہ چوتھا اقتباس قصداً بدلا گیا ہے ۔دیکھا جا سکتا ہےکہ اس اقتباس میں بیگاریوں کا انچارج ادورام کو نام سے بتایا گیا ہے ۔ اسی نام کا شخص رحبعام نے اسرائیلی قبائل کی طرف بھیجا تھا جس کو انہوں نے ہلاک کردیا تھا ۔ یہ سب اس مصنف کی اختراع ہے ۔

اس مصنف نے حضرت سلیمان کی تاریخ کے اختتام پر ان کا بڑھاپے کی عمر میں خدا سے انحراف اور غیر اقوام کی عورتوں سے ملوث ہونا بیان کیا تھا ۔ لیکن یہی مصنف حضرت سلیمان کے ملکی تعمیر کے پراجیکٹس جو انکے آخری بیس سال کے پراجیکٹس تھے، اور ہیکل اور اپنے محل کی تعمیر سے کہیں زیادہ بڑے پراجیکٹس تھے، ان کے لئے تو تصریح کے ساتھ لکھتا ہے کہ انہوں نے غیر اقوام سے بیگاری لگائے "جو آج تک ہے"۔ دیکھیں دوسرا اقتباس ۔ پھر اسرائیلی باشندوں پر بیگاری دھرنے کا مجرم ہیکل اور محل کی تعمیر کے وقت ٹھہراتا ہے جو ابتدائی بیس سالوں کے منصوبے تھے ۔ دیکھیں چوتھا اقتباس ۔لیکن انہی ابتدائی سالوں میں اس مصنف نے حضرت سلیمان کی سیرت جن بہترین الفاظ میں بیان کی ہے وہ آپ دیکھ ہی چکے ہیں ۔نتیجہ یہ ہے کہ خود اُس کی اپنی کہی باتیں صریح عدم مطابقت کا شکار ہیں جن میں اپنی قوم کے عظیم محسن کے کردار پر ایسی گندگی چسپاں کرنے کی کوشش کی ، لیکن اس مصنف کے کچھ اور ہی عزائم ہیں جو آگے واضح ہوں گے ۔ کمال یہ ہے کہ مفتوح اقوام میں سے بیگاری مقرر کرنے کا نظام بھی حضرت سلیمان کا وضع کردہ نہیں تھا ۔ کتاب 1۔تواریخ بتاتی ہے کہ ہیکل تعمیر کرنے کا سامان مہیا کرنے کی تیاریاں حضرت داؤد ہی نے شروع کر دی تھیں :

> اور داؤد نے حکم دیا کہ اُن پردیسیوں کو جو اسرائیل کے ملک میں تھے جمع کریں اور اس نے سنگتراش مقرر کئے کہ خدا کے گھر کے بنانے کے لئے پتھر کاٹ کر گھڑیں۔(1۔تواریخ2-22)

یہ تجزیہ ہمیں نتیجہ فراہم کرتا ہے کہ کتاب 1-سلاطین کے مصنف کواس تمام معاملہ کی جو معلومات میسر تھیں وہ تیسرے اقتباس کی شکل میں تھیں۔ اس نے ان معلومات کی تراش خراش کی اور ادورام نامی شخص اپنی تحریر میں داخل کیا تاکہ بنی اسرائیل کو بیگاری بنادیا جانا ملک کی تقسیم کا اصل مُحرّک بن سکے اورپھر یہی ادورام کا نام رحبعام کی قبائل کا سامنا کرنے والی تحریر میں داخل کیا تاکہ کتابِ مُقدّس پڑھنے والے حضرت سلیمان کو ظالم شہنشاہ، اخلاق باختہ ،خدا سے منحرف اور کفر کے مرتکب قرار پائیں جیسا کہ اس مصنف نے آنجناب کے بوڑھا ہونے کے وقت کا واقعہ تحریر کیا تھا ۔

کتاب 1-سلاطین اور 1-تواریخ حضرت داؤد کی حربی صلاحیتوں کے ذریعے داخلی اور سرحدی اقوام کو ملک اسرائیل کے زیر اثر لانا بہترین الفاظ میں بیان کر تی ہے -اور پھر یہی نہیں بلکہ جیسے جیسے موقع ملتا گیا حضرت داؤد نے پورے ملک کا نظام، قبائل کے سربراہ، فوج کی تشکیل، عبادت گاہ کے مذہبی اور انتظامی امور کے علاوہ دوسرے تمام ہی شعبوں کا باضابطہ نظام قائم کر دیا ۔ بائیبل میں وہ نوجوانی میں مویشیوں کی نگہداشت کرتے بتائے گئے ہیں پھر اسی نوعمری میں جنگی مہمات میں الجھ گئے ۔ تیس سال کی عمر میں بادشاہ بنائے گئے اور چالیس سال اسرائیل پر حکمرانی کی ۔ بنی اسرائیل کی تاریخ میں پہلی مرتبہ تمام ملک کو آپ ایک ایسے ضابطہ میں لے آئے جس میں بظاہر کسی تبدیلی کی وجہ نظر نہیں آتی، لہٰذا حضرت سلیمان کو اس نظام میں کسی بنیادی تبدیلی کی ضرورت نہ پیش آئی ۔ کتاب 1-سلاطین میں حضرت سلیمان سے منسوب نئی انتظامیہ کی تشکیل کا بیان غیر حقیقی ہے خصوصاً اس وقت جبکہ اسی کتاب کا مصنف 2-سیموئل میں حضرت داؤد کی تاریخ بیان کرتے وقت ان معاملات کے لئے انکی خدمات کا کوئی ذکر ہی نہیں کرتا۔ یہ بہترین انتظامی معاملات کی تفصیل صرف 1-تواریخ میں ملتی ہیں ۔

یہاں یہ بھی بتا دیں کہ تمام بائیبل میں پہلی مرتبہ حضرت داؤد ہی کی بادشاہت میں تاریخ لکھنے کا شعبہ قائم کیا گیا ہے۔ کتاب 2-سیموئل 20:23 میں حضرت داؤد کے عہدیداروں کی فہرست میں پہلی مرتبہ "اخیلود کا بیٹا یہوسفط مورخ " کی حیثیت سے درج ہے ۔ اس طرح حضرت داؤد کا شروع کر دہ تاریخ لکھنے کا رواج بنی اسرائیل میں قائم ہوا اور بعد میں ان گنت کتابوں کی شکل میں پھیلتا چلا گیا جن

میں سے چند ہی کتابیں بنی اسرائیل کے مذہبیت سے وابستہ افراد کی نظروں میں مفید اور غیر مفید ہو نے کی بنیاد پر بائیبل میں جگہ بنا سکی ہیں ، اور جو کتابیں مفید قرار دی گئیں ان کی خصوصیات ہمارے قارئین دیکھنا شروع ہو چکے ہیں ۔

اب تک کی بحث کا خلاصہ یہ نکلا کہ ہالپرن کے پیش کردہ دلائل میں سے کوئی ایک دلیل بھی حضرت سلیمان کو ملکی تقسیم کا ذمہ دار قرار نہیں دے سکتی ۔ہالپرن کے تجزیہ کو اپنا موضوع بنانے کی کوئی وجہ ہمارے پاس نہیں سوائے یہ کہ اس تجزیہ کو بطور مثال استعمال کریں کہ کوئی مسئلہ زیرِ غور ہو توعجلت اختیار کرنے سے اصل حقیقت اوجھل رہ جاتی ہے جیسا کہ ہالپرن کے ساتھ ہوا ۔لیکن اس سے کہیں زیادہ اہم بات یہ ہے کہ اس تمام واقعہ کا تجزیہ تورات کے مصنفوں کی شناخت میں ہمیں بہت مددگار ثابت ہو گا ۔

حضرت سلیمان کے بعد بنی اسرائیل کی ملکی تقسیم بائیبل کی حد تک ایک تصدیق شدہ حقیقت ہے لیکن ہالپرن کے دلائل سے اس کے اسباب واضح نہیں ہوئے ۔ کیا ایسا ممکن ہے کہ بائیبل کی اندرونی شہادتیں اس کے اصل اسباب پر روشنی ڈال سکیں؟ یہی ہمارا اگلا موضوع ہے جس کے بعد ہم بائیبل کے مصنفین کی شناخت اور دوسرے بیشترسوالوں کے جواب جیسے بڑےموضوع پر متوجہ ہونگے ۔

اسرائیلی تقسیم کا ممکنہ مُحرِّک

بنی اسرائیل کو حضرت موسیٰ کے ہاتھوں مصر کی غلامی سے نجات ملی لیکن پھر چالیس سال صحرا نوردی کے بعد یشوع کی رہنمائی میں فلسطین میں داخلے کا موقع ملا تو وہ بارہ الگ قبیلوں کی شکل میں وہاں بسنا شروع ہوئے ۔ غور سے دیکھیں تو قبائلی تقسیم اِس قوم کے مزاج میں گہری جڑیں قائم رکھے ہوئے تھی اور آنے والے وقتوں میں قبائلی عصبیت کی گرفت سے یہ قوم کبھی آزاد نہ رہ سکی ۔ ہم اسی عنصر کو اسرائیل کی تقسیم کا اصل مُحرِّک ثابت کر سکیں

گے ۔ اس عنصر کی نشاندہی کے لئے ہم بائیبل کی کتاب 1۔سلاطین کے متعلقہ حصے یہاں اپنے الفاظ میں تحریر کریں گے ۔

بنی اسرائیل میں بادشاہت کی اور بارہ قبائل کے بجائے ایک قوم اور ایک ملک ہو جانے کی ابتدا طالوت سے ہوئی ۔ طالوت اپنے اقتدار کے بیسویں سال فلستی قوم کے حملے میں اپنے تین بیٹوں سمیت ہلاک ہو گیا ۔ اس وقت تک طالوت کی فوج کا لیڈر ہونے کی بنا پر حضرت داؤد کی حربی صلاحیتیں اس قوم پر بخوبی ظاہر ہوچکی تھیں ۔ لیکن شمالی اسرائیل کے دس قبائل کے درمیان کوئی عنصر ایسا موجود تھا جس نے ان قبائل کو حضرت داؤد کو اپنا بادشاہ قبول کرنے سے قاصر رکھا ۔ حضرت داؤد اگرچہ جالوت جیسے گرانڈیل جنگی سورما کو صرف گوپھن کے پتھر سے ہلاک کر کے قوم کو فتح دلا چکے تھے،بلکہ متعدد دوسری فتوحات کا بھی کامیاب مظاہرہ کر چکے تھے، لیکن شمالی دس قبیلوں نے طالوت کے جنگ میں ہلاک ہونے کے بعد بچ جانے والے تنہا بیٹے اشبوست کو حضرت داؤد پر ترجیح دی ۔ صرف جنوبی علاقہ یہودیہ نے حضرت داؤد کو اپنا بادشاہ منتخب کیا ۔ حضرت داؤد خود اسی قبیلہ سے نسلی رشتہ رکھتے تھے ۔وہ سات سال یہودیہ پر بادشاہ تھے لیکن قابلِ توجہ بات یہ ہے کہ اس دوران دونوں ریاستوں میں جنگ کی نوبت پیش ہوئی ۔اس زمانے میں حضرت داؤد کے تین بھانجے(یوآب، ابی شے اور عساہیل) جو آپس میں سگے بھائی تھے اُن کی فوج کے سالار تھے ۔ اشبوست کے سپہ سالار ابنیر کے ہاتھوں عساہیل مذکورہ جنگ میں قصداً نہیں بلکہ مجبوراً ہلاک ہو گیا لیکن حضرت داؤد کا لشکر ہی فتح یاب رہا ۔ اس جنگ کے بعد کسی وقت یوآب نے ابنیر کو قتل کرکے اپنے بھائی کے خون کا بدلہ لے لیا جس سے حضرت داؤد نے اپنی براءت یا ناراضمندی ظاہر کی۔ ابنیر کے قتل ہو جانے کے بعد اشبوست کو اس کے اپنے ہی دو ہم قبیلہ فوجی سرداروں نے قتل کردیا اور اس کا سر قلم کر کے حضرت داؤد کے پاس اس امید میں لائے کہ انکے دشمن کو ہلاک کرنے پر انعام ملے گا لیکن حضرت داؤد نے قتل کا مجرم گردانتے ہوئے ان کو موت کی سزا دی ۔

اشبوست اور ابنیر کے قتل سے جو خلا پیدا ہوا اسے پر کرنے کیلئے شمالی قبائل کو اہل شخصیت نہ ملی اور اب تک حضرت داؤد کی حربی صلاحیتوں کے ساتھ ساتھ آپ کی نمایاں صالحیت سے وہ

واقف ہو چکے تھے لہٰذا انہوں نے بھی سات سال بعد آپ کو اپنا بادشاہ تسلیم کر لیا ۔ اس طرح اسرائیل ایک مرتبہ پھر ایک ملک کی حیثیت سے قائم ہو گیا ۔

کتاب 1۔تواریخ 3:1 میں حضرت داؤد کے 19 بیٹے نام کے ساتھ بتائے گئے ہیں اور ساتھ میں یہ بھی لکھتی ہے کہ اس کے علاوہ بھی ان کے بیٹے تھے جن کے نام اور تعداد درج نہیں کئے ۔ ان میں سب سے بڑے کا نام امنون تھا جس کو ان کی دوسری بیوی سے پیدا ہوئے ابی سلوم نے قتل کردیا اور بادشاہ کے ڈر سے جسور فرار ہوگیا جو ارام کا ایک ملک تھا ۔ اسکی ماں وہاں کی شہزادی تھی ۔ لیکن کتاب 2۔سیموئل کے مطابق حضرت داؤد کے فوجی سربراہ یوآب کی درخواست اور سفارش کی وجہ سے حضرت داؤد نے اسے واپس اپنے گھر آنے کی اجازت دے دی ۔

اب یہ نہیں معلوم کہ اس کی ماں نے اپنے بیٹے کو بادشاہ بننے کا خواب دکھا یا اور ترغیب دی یا خود اسکے دل میں خواہش پیدا ہوئی لیکن ابی سلوم چالاکی سے یروشلم چھوڑ کر یہودیہ کے بڑے شہر حبرون چلا گیا اور باپ کے خلاف بغاوت کی تیاری کے لئے افراد اکٹھا کرنا شروع کئے ۔کتاب 2 ۔سیموئل بتاتی ہے کہ اس بڑی سازش کی اطلاع حضرت داؤد کو ہوئی تو آپ کو یروشلم چھوڑ کر نکل جانا پڑا ۔ یہ واقعہ واضح کرتا ہے کہ ملک کے بادشاہ ہونے کے باوجود انکو وہ طاقت میسر نہ تھی کہ بغیر خون خرابہ اس سازش کو ختم کر سکتے ۔ یہ صورت صرف اسی وقت ہو سکتی تھی جب اسرائیل کے کئی قبائل ابی سلوم کی عملی تیاریوں میں اس کے ساتھ ہوں ۔ ابی سلوم یروشلم خالی دیکھ کر یہانو اپس آگیا ۔ اب دارالسلطنت اس کے قبضہ میں تھا اور پھر حالات یہ بتائے گئے ہیں کہ حضرت داؤد کو ملک چھوڑ کر دریائے اردن کے پار جانا پڑ گیا ۔ پھر وہاں سے فوج کو ترتیب دے کر اس بغاوت کا سدباب کیا ۔ ابی سلوم اس جنگ میں مارا گیا ۔ اس فتح کے بعد وقت آگیا تھا کہ حضرت داؤد واپس یروشلم آئیں ۔ یہاں ہم 2۔سیموئل سے ایک اقتباس نقل کرتے ہیں جو بنی اسرائیل میں برقرار قبائلی عصبیت کی نشاندہی کرتا ہے ۔

> اور یہوداہ کے سب لوگ اور اسرائیل کے لوگوں میں سے بھی آدھے بادشاہ کو پار لائے ۔تب اسرائیل کے سب لوگ بادشاہ کے پاس آکر اُس سے کہنے لگے کہ ہمارے بھائی یہوداہ تجھے کیوں چوری سے لے آئے

> اور بادشاہ کو اور اُس کے گھرانے کو اور داؤد کے ساتھ جتنے تھے ان کو یردن کے پار سے لائے تب سب بنی یہوداہ نے بنی اسرائیل کو جواب دیا اس لئے کہ بادشاہ کا ہمارے ساتھ نزدیک کا رشتہ ہے سو تم اس بات کے سبب سے ناراض کیوں ہوئے؟ کیا ہم نے بادشاہ کے دام کا کچھ کھا لیا ہے یا ہم کو کچھ انعام دیا ہے؟ پھر بنی اسرائیل نے بنی یہوداہ کو جواب دیا کہ بادشاہ میں ہمارے دس حصے ہیں اور ہمارا حق بھی داؤد پر تم سے زیادہ ہے پس تم نے کیوں ہماری حقارت کی کہ بادشاہ کو لوٹا لانے میں پہلے ہم سے صلاح نہیں لی؟۔اور بنی یہوداہ کی باتیں بنی اسرائیل کی باتوں سے زیادہ سخت تھیں - (2-سیموئل 19:40)

اگرچہ بائیبل کی تمام تاریخ قبائلی عصبیت نمایاں کرنے کے بجائے کسی اور مقصد سے لکھی گئی ہے، لیکن جب یہ مقصد مصنفین کی شناخت کے بعد واضح ہوجائے گا تو اس اقتباس میں قبائلی عصبیت کا عنصر دیکھا جا سکے گا - اوپر واقعات کی تفصیل میں دیکھا جا سکتا ہے کہ تنہا یہوداہ قبیلہ ہی بغاوت کے سد باب میں یوآب کی سپہ سالار ی میں حضرت داؤد کے ساتھ تھا ۔

یہاں بن یمین قبیلہ کے کردار پر بھی اشارات ملتے ہیں ۔ س قبیلے کے طالوت کے بیٹے اشبوست کو شمالی دس قبائل پہلے بھی حضرت داؤد کے بجائے بادشاہ بنا چکے تھے لیکن وہ آنجناب کے خلاف جنگ میں مارا گیا تھا ۔ طالوت بھی اپنی دوسری اولاد نرینہ سمیت اس سے قبل ہلاک ہو چکا تھا ۔ حضرت داؤد نےتمام اسرائیل کا بادشاہ بننے کے بعد کوشش کر کے طالوت کے ایک پوتے مفیبوست کو تلاش کروا لیا جو چھوٹی عمر سے دونوں پاؤں سے معذور تھا ۔ اسکو طالوت کی جائداد واپس کروا کر اسکی نگہداشت کا انتظام کر ؛ایا لیکن خود اُس کو اپنے دربار میں شامل ہونے کا اعزاز عطا کیا ۔ حضرت داؤد کو جب ابی سلوم کی بغاوت کی وجہ سے یروشلم چھوڑنا پڑا تو اسکے بعد واپسی پر انہیں اُس شخص کا سامنا ہوا جسکو انہوں نے مفیبوست کو عطاکی گئی جائداد کا نگران مقرر کیا تھا ۔ اس موقع پر انہوں نے مفیبوست کی بابت دریافت کیا:

> اور بادشاہ نے پوچھا تیرے آقا کا بیٹا کہاں ہے؟ ضیبا نے بادشاہ سے کہا دیکھو وہ یروشلم میں رہ گیا ہے کیونکہ اس نے کہا کہ آج اسرائیل کا گھرانا میرے باپ کی مملکت مجھے پھیر دے گا۔ (2-سیموئل16:3)

یعنی وہ حضرت داؤد کے احسانات کے باوجود ان کے مقابلے پر بادشاہت کا تمنائی تھا ۔پھر ابی سلوم کو شکست دینے کے بعد حضرت داؤد کی یروشلم واپسی کے وقت بن یمین قبیلے سے متعلق یہ تحریر ملتی ہے:

> اور وہاں ایک شریر بنیمینی تھا اور اُس کا نام سبع بن بکری تھا ۔اس نے نرسنگا پھونکا اور کہا کہ داؤد میں ہمارا کوئی حصہ نہیں اور نہ ہماری میراث یسی کے بیٹے کے ساتھ ہے ۔ ائے اسرئیلیو اپنے اپنے ڈیرے کو چلے جاؤ سو سب اسرائیلی داؤد کی پیروی چھوڑ کر سبع بن بکری کے پیچھے ہو لئے لیکن یہوداہ کے لوگ یردن سے یروشلم تک بادشاہ کے ساتھ ہی ساتھ رہے۔ (2۔سیموئل 20:1)

یہ اقتباس ایک مرتبہ پھر اس بات کی تائید میں ہے کہ یہوداہ کے سوا باقی اسرائیلی قبائل حضرت داؤد کے ہاتھ مضبوط کرنے کے لئے ان کے ہمراہ نہیں تھے ۔حضرت داؤد نے یروشلم واپس آنے کے بعد مفیبوست کو معاف کردیا ۔ اس کے دادا طالوت نے بادشاہت کو اپنے خاندان کے لئے مخصوص کر نے کی راہ میں حضرت داؤد کو خطرہ تصوّر کیا۔کئی بار حضرت داؤد پر قاتلانہ حملے کئے اور ان کو بھگائے پھرا۔ حضرت داؤد کو قتل کرنے کی کوشش میں دو مرتبہ طالوت خودان کے نشانہ پر آ گیا ۔ چاہتے تو ختم کر سکتے تھے لیکن نہ کیا ۔ چاہتے تو مفیبوست کو اپنی واپسی پر نبٹا دیتے لیکن معاف کر دیا ۔ دوسرے قبائل کو بھی ان کی باغیانہ حرکات کا مزہ چکھا سکتے تھے لیکن بائیبل میں کوئی ایسی بات تحریر نہیں ہے ۔ کردارکا ایسا مظاہرہ وہ شخص ہی کر سکتا ہے جو خواہشاتِ نفس سے ماورا ہو ۔ خدا کے انبیاء ایسے ہی ہوتے ہیں ۔لیکن انکی شہنشاہیت کے اختتام کے قریبی دنوں میں انہی کے بیٹے امنون نے بغاوت کی۔ بغیر قبائلی تعاون کے وہ یہ بغاوت کیسے کر سکتا تھا ؟ اس بغاوت کا تذکرہ کیا جا چکا ہے جس میں ہم نے بتایا تھا کہ قبائلی فوج حضرت داؤد کی حکومتی فوج سے شکست کھا گئی تھی ۔

یہاں اسرائیل کی تقسیم کے مُحرِّکات کے بارے میں ہماری بحث ختم ہوتی ہے ۔ ہمیں ہالپرن کے دلائل ملکی تقسیم کے معاملہ پر منطبق ہوتے نظر نہیں آئے جبکہ اوپر پیش کیا گیا قبائلی عصبیت کا عنصر جو حضرت سلیمان کے اقتدار سے قبل ہی ان میں موجود تھا ، بائیبل کی تحریروں سے ملکی تقسیم کا اصل مُحرِّک ثابت ہوتا ہے ۔

اسرائیل اور یہودیہ دو ملک

دو بادشاہوں یعنی یہودیہ کے بادشاہ رحبعام(Rehoboam)اور اسرائیل کے بادشاہ یربعام (Jeroboam)کے ناموں میں یکسانیت اتفاقیہ نہیں ہے ۔ عبرانی زبان میں دونوں ناموں سے مراد ہے لوگ تعداد میں بڑھ جائیں یا زیادہ علاقوں میں پھیل جائیں ۔ ہر بادشاہ نے اپنا شاہی نام ایسا منتخب کیا جو اُس کی خواہش یا امید کو ظاہر کرتا ہے کہ ایک مرتبہ کی متحد حکومت جو کہ اب تقسیم ہو چکی ہے اس میں اسکی بادشاہت کا حصّہ مزید وسیع ہو جائے ۔رحبعام نے یروشلم یعنی داؤد کا شہر سے اپنے علاقہ یہودیہ پر حکومت کی اور یربعام نے شمالی مملکت کے بڑے شہر سکم کو اپنی حکومت کا دارالخلافہ بنایا ۔

ملک کی اس سیاسی تقسیم کے بہت زیادہ اثرات اور مسائل لوگوں کے لئے پیدا ہوئے ۔ مذہب اور سیاست ان کے لئے دو الگ شعبے نہیں تھے ۔تقسیم سے قبل یروشلم بیک وقت تمام ملک کا سیاسی دارالخلافہ اور مذہبی مرکز تھا ۔اس لئے یربعام کے لئے تقسیم کے وقت ہی اس کی عوام کے حوالے سے بہت بڑے مذہبی مسائل کھڑے ہو گئے ۔اسرائیل اور یہودیہ دو الگ ملک تو ہو گئے تھے لیکن دونوں کا مذہب بہرحال ایک ہی تھا ۔دونوں ملک ایک ہی خدا پر ایمان رکھتے تھے ۔ پھر ان کی ماضی کی روایات، مصر کی غلامی اور نجات پھر کوہِ سینا پر نازل کئے گئے احکامات بھی یکساں تھے ۔ان کا حضرت سلیمانؑ کا بنایا ہوا ہیکل، عہد کا صندوق اور کاہن سردار یروشلم ہی میں واقع تھے جو اب یربعام کی قوم کا ملک نہ رہا تھا ۔ اسکا مطلب یہ تھا کہ سالانہ بڑی عیدوں اور کئی دوسرے مواقع پر یربعام کی عوام اپنے قربانی کے جانور اور زرعی پیداوار اور مال پر زکوٰۃ کی ادائیگی کے لئے اجناس یا اس کے مساوی رقوم ساتھ لے کر سرحد پار رحبعام کے ملک میں جائیں گے ۔وہ داؤد کے شہر جائیں گے اور سلیمان کے ہیکل میں عبادت کریں گے اور قربانی پیش کریں گے جہاں خصوصاً عید کے موقعوں پر رحبعام ان تقاریب کا مرکزی شخص ہو گا ۔یہ صورتحال کسی بھی طرح یربعام کے لئے قابلِ قبول ہونے کا کوئی امکان نہیں ہو سکتا تھا ۔مزید یہ کہ یربعام کے لئے بڑی تعداد میں مویشی جانور اور زرعی پیداوار کا نمایاں حصہ یروشلم منتقل ہو جانا اسکے ملک

کے لئے سراسر اقتصادی نقصان اور اس کا فائدہ الٹا رحبعام کو پہنچ جانا کس طرح قبول ہو سکتا تھا ۔اس کو تو یہ مذہبی رسومات اُس کی بادشاہت کے استحکام پر سب سے بڑا خطرہ سمجھنا چاہئے ۔ سال میں کم از کم تین مرتبہ ملک کے تمام باشندوں کا قربانی چڑھا نے کیلئے یروشلم جانا جس میں رحبعام براہ راست ان سے خطاب کر سکے اور اُس کی حکومت کے دیگر عہدیدار اُس کے اقتدار کے خلاف سازشی منصوبے برپا کرنے کی کوشش کریں جیسا کہ بادشاہوں کے نام سے ظاہر ہے ، لہٰذا کوئی حل نکلنا لازمی تھا ۔

یربعام اچانک کوئی نیا مذہب پیدا نہیں کر سکتا تھا کہ لوگ یروشلم جانا ہی چھوڑ دیں ۔اِس لئے اُس نے قومی مذہب کو ایک نئے زاویہ سے اس طرح لوگوں کے سامنے پیش کیا کہ لوگ اُس کو قبول کرنے پر آمادہ ہو گئے ۔نئے عقیدے میں اسرائیل کے لوگوں کا یہودیہ کے لوگوں کی طرح ایک ہی خدا (یہواہ)پر ایمان رہا لیکن یربعام نے نیا مذہبی مرکز (یروشلم کے متبادل)، نئی عیدیں، نئے کاہن ، اور نئی مذہبی علامات (symbols) وضع کر دئیے ۔ اس نے یروشلم کے مقابلے پر ایک کے بجائے دو مذہبی مراکز بنائے ایک بیت ایل پر اور ایک دان شہر پر ۔دان نامی شہر ملک اسرائیل کے شمالی سِرے پر واقع تھا جبکہ بیت ایل ملک کے جنوبی سِرے پر ۔بیت ایل یروشلم کے شمال میں یہودیہ اور اسرائیل کی درمیانی سرحد سے بالکل تھوڑے ہی فاصلے پر تھا ۔اس طرح جنوبی اسرائیل کے باشندے جب قربانی ادا کرنے کے لئے جانا چاہیں تو بجائے اضافی فاصلہ اور چڑھائی چڑھ کر یروشلم کو جائیں وہ وہیں بیت ایل میں اپنی عبادت اور قربانی کر سکیں ۔یربعام کی نئی مذہبی تعطیلات یہودیہ کی مرکزی عید کی چھٹیوں سے ایک ماہ بعد خزاں کے موسم میں منائی جانے لگیں ۔یروشلم کے ہیکل میں مذہبی علامت کے طور پر سونے کے دو کروبی (cherubs) رکھے ہوئے تھے جو دو ایسے جانوروں کے مجسمے تھے جن کا سر انسان نما، بازوؤں کی جگہ پرندوں کے پروں کی مانند پر اور ٹانگیں شیر کی ٹانگوں نما تھیں۔یربعام نے دو کروبیوں کے مقابلے پر سونے کے ڈھالے گئے دو بیل بنائے ۔ بائیبل کے اکثر تراجم اور اسی طرح ہمارے مفسرین اس کے لئے "گائے کا بچھڑا" کا لفظ استعمال کر لیتے ہیں جو مناسب نہیں ۔عبرانی لغت میں اس سے مراد جوان بیل ہے جو طاقت کی علامت ہے ۔ بچھڑے کا لفظ کمزوری کا تاثر ذہن میں پیدا کر تا ہے ۔

امریکہ کی اسٹاک مارکیٹ جب زوروں پر ہوتی ہے تو طاقتور جوان بیل انکی خبروں میں اکثر دیکھنے میں آتا ہے۔

جوان بیل کنعان میں پہلے ہی سے ایل کے نام سے بطورِ خدا پرستش کیا جاتا رہا تھا۔ بائیبل کی پہلی کتاب "پیدائش" میں بنی اسرائیل کے جد امجد حضرت یعقوب کے حوالے سے ایک واقعہ درج ہے جس میں وہ کنعان میں ایک مقام پر پتھر نسب کرتے ہیں اور اس مقام کو "بیت ایل" کا نام دیتے ہوئے اس کو خدا کا گھر قرار دیتے ہیں۔(پیدائش 28:19)- یہی وہ شہر ہے جہاں یربعام نے "ایل" نام سے دو میں سے ایک بیل نسب کیا۔

عربی اور عبرانی زبان میں بیت سے مراد گھر ہے اور عبرانی میں ایل سے مراد اللہ ہے جس کو" خدا کا گھر "قرار دے کر حضرت یعقوب نے خود ہی واضح کر دیا ہے۔ اس لئے اگر چہ بنی اسرائیل خدا کے لئے یہواہ کا لفظ رکھتے تھے لیکن لفظ ایل انکی روایتوں میں موجود تھا۔اسی کو یربعام نے دوبارہ رائج کیا اور یہ قابلِ قیاس ہے کہ حضرت یعقوب اور ان کے خاندان کے مصر چلے جانے کے بعد کنعان میں موجود لوگوں نے اس کے لئے جوان بیل کو بطور symbol استعمال شروع کر لیا تھا۔ حضرت یعقوب کا خاندان مصر میں آباد ہوا اور آخر کار مصریوں ہی کی غلامی میں مبتلا ہوا اس کی بھی غلامی سے آزادی کے بعد کی روایت ہے کہ سونے کا بیل/بچھڑا بنانے میں ذرا دیر نہ کی۔ ان کا یہ عمل بتاتا ہے کہ وہ بھی بیل کی تقدیس اپنے دلوں میں چھپا رکھتے تھے۔

یربعام کا سونے کے بیل بنانے کا اضافی فائدہ بظاہر یہ نظر آتا ہے کہ فلسطین کی غیر اسرائیلی آبادی کے دلوں میں بھی اس کے لئے نرم گوشہ پیدا ہو سکے۔غیر اقوام اپنے سب سے بڑے خدا کو ایل کے نام سے جانتے تھے، جیسا کہ ہم نے پہلے تذکرہ کیا۔ یربعام کا ایک بیل دان میں اور ایک بیت ایل میں نصب کرنے کا عمل متاثر کن ہے۔ اس لئے کہ وہ بیل اسرائیلیوں کی نظر میں خدا نہیں تھے بلکہ اُن کا تصوّر تھا کہ خدا کا تختِ سلطنت ہے جس پر ان دیکھے طریقہ سے براجمان ہو کر ان کے معاملات اور تمام کائنات کا نظام چلاتا ہے،بالکل اسی طرح جیسے دو کروبی ہیکل سلیمانی میں موجود تھے۔اس طرح غالباً اسرائیل میں خدا کا تخت ملک کے دونوں سروں پر نسب ہونے سے اس کی مراد یہ تھی کہ خدا پورے ملک کی نگہداشت کرتا ہے،بجائے

یہ کہ یروشلم کے ہیکل میں صرف ایک مقام پر براجمان ہو جیسا کہ یہودیہ میں تھا۔

یربعام بادشاہ کے کاہن

یربعام کا کاہنوں کے انتخاب کا عمل بہت اہم تھا ۔ شمالی علاقہ کے لاوی کاہن حضرت سلیمان کے دور میں اپنی بدحرکات کی وجہ سے کافی تباہی سے دوچار ہو چکے تھے ۔جو کہن سیلا سے تعلق رکھتے تھے وہ سب سے بڑھ کر مشکل سے دوچار ہوئے ۔ قاضیوں کے زمانے سے سیلا ہی وہ شہر تھا جہاں حضرت موسیٰ کی بنائی گئی خیمہ گاہ نسب تھی اور عہد کا صندوق وہاں رکھا گیا تھا اس لئے تمام قبیلوں کی مرکزی عبادت گاہ سیلا میں تھی ۔ سیموئل نبی جو بیک وقت سردار کاہن، قاضی اور نبی تھے انہوں نے سیلا میں ہی طالوت بادشاہ، داؤد بادشاہ اور ابیاتر کو سردار کاہن مقرر کرنے کے لئے مسح کیا تھا ۔

ابیاتر حضرت داؤد کے عہدِ حکومت میں دو میں سے ایک سردار کاہن تھا جس کوحضرت سلیمان نے باغیوں کی حمایت کے جرم میں عہدے سے برطرف کرکے یروشلم سے نکال باہر اور عنتوت میں نظربند کر دیا تھا ۔یہ قدیم کاہنی خاندان دوسرے کسی بھی قبائلی خاندان سے زیادہ اپنے آپ کو مظلوم سمجھتا ہو کہ یروشلم کے شاہی اور عبادتی مرکز سے خارج کردینے سے انکے ساتھ دھوکہ ہوا ۔ یہ بہت دلچسپ بات ہے کہ جس شخص نے یربعام کو بادشاہ نامزد کئے جانے والی تقریب کی صدارت کی وہ سیلا کا اخیاہ نبی تھالیکن سیلا کا مذہبی سربراہ جلد ہی ایک مرتبہ پھر دھوکے کا شکار ہو گیا جب یربعام نے دونوں مذہبی مقامات میں سے کسی پر بھی اُس کو یا اُس کے کسی فرد کو مذہبی سربراہی کے لئے نامزد نہیں کیا ۔ یربعام نے غالباً سوچا ہو کہ جس خاندان یا گروہ نے پچھلے بادشاہ سے غداری کی اس پر بھروسہ کرنا خطرہ سے خالی نہیں ۔دان میں پہلے ہی سے حضرت موسیٰ کے پوتے کے ذریعے قائم شدہ کاہن کا نظام برقرار تھا :

> اور بنی دان نے وہ کھدا ہوا بت اپنے لئے نصب کرلیا اور یونتن بن جیرسوم بن موسیٰ اور اُس کے بیٹے اُس ملک کی اسیری کے دن تک بنی دان کے قبیلے کے کاہن بنے رہے ۔(قضاۃ18:30)

یہ اقتباس صراحت کرتا ہے کہ حضرت موسیٰ کا خاندان شمالی سرحد کے شہر دان پر یربعام کے دور میں بطورِ مذہبی کاہن برقرار رہا ۔ لیکن بیت ایل کے لئے اس نے نئے لوگ منتخب کئے جو لاوی خاندان سے بھی نہ تھے جو سونے کے بیل کی قربان گاہ پر لوگوں کی طرف سے جانوروں کی قربانی پیش کرنے کے فرائض ادا کریں ۔

سیلا کے مذہبی گروہ کا کوئی مقام یربعام کے نافذ کردہ مذہبی نظام میں باقی نہ رہا تھا ۔پس انہوں نے اسرائیل اور یربعام کا سونے کے بیل کا بطورِ مذہبی علامت انعقاد کفر سے تعبیر کیا ۔ اخیاہ نبی نے یربعام کو بادشاہ نافذ کیا تھا لیکن بعد میں یربعام کی اصل سامنے آئی تو اخیاہ نبی کی رائے بدلی۔اُس نے یربعام کے کفر کی وجہ سے سلطنت کی بربادی کی پیش گوئی کی (1-سلاطین 13:1)۔بنی اسرائیل کے عقیدے کے مطابق لاوی قبیلہ دوسرے تمام قبیلوں کے مقابلے میں کوئی وراثتی زمینی جائداد نہیں رکھتا تھا ۔ایک طرف تو یروشلم میں مذہبی مرکز کا اقتدار بنی ہارون کے ہاتھوں میں تھا جبکہ دوسری طرف یربعام نے سیلا اور دوسرے علاقوں میں لاوی قبیلے سے کسی کاہن کا انتخاب نہیں کیا ۔ اب اُن کے پاس تین ہی راستے تھے یا تو وہ یہود یہ ہجرت کر جائیں اور وہاں مذہبی خدمات کے ذریعے کچھ روز گار حاصل کریں یا پھر اسرائیل ہی میں ٹھہرے رہیں اور دونوں مذہبی مراکز سے باہر مذہبی خدمات کے ذریعے گزر بسر کریں یا پھر لوگوں کی سخاوت اور خیرات پر انحصار کریں ۔ اگر سیلا کے کاہن واقعتاً حضرت موسیٰ کی نسل سے تھے ،ان کا دونوں سلطنتوں میں کوئی قابلِ عزت مقام کانہ ہو نا ان کے لئے بہت تکلیف دہ محسوس کیا جاسکتا ہے ۔وہ قوم کی مذہبی سربراہی سے برخواست ہو کر غربت کا شکار ہو چکے تھے ۔ لاوی قبیلہ کی بنیاد پر تو پہلے ہی سے مستقل جائداد کا استحقاق ان کو شرعاً حاصل نہ تھا، اب اپنی بقا کا تمام تر انحصار انکے ہم مذہب اخوان کی سخاوت پر جا ٹھہرا تھا ۔

اسرائیل کی بربادی

بنی اسرائیل تقریباً ایک سو سال بحیثیت ایک قوم رہنے کے بعد اب دو قوموں میں تقسیم ہو چکے تھے ۔ایک مذہب ہونے کی وجہ سے ان میں باہمی تعلق تو تھا لیکن اب وہ تقسیم شدہ تھے ۔ان کی زبان ایک

تھی ۔ان کی مذہبی اور خاندانی روایات و تاریخ ایک تھی ۔ان کی مذہبی علامات ملتی جلتی تھیں دو سونے کے کروبی یروشلم میں اور دو ہی سونے کے بیل اسرائیل میں ۔ تمام جغرافیائی رقبہ جو دو بادشاہت اپنے پاس رکھتی تھیں زیادہ بڑا وہ پہلے ہی نہ تھا اور اب دو میں تقسیم تھا ۔دوسرے علاقے خصوصاً سرحدوں سے متصل علاقے جو اُن کے اختیار میں تھے وہ وقت کے ساتھ کم ہوتے چلے گئے ۔اسیریا اور ارام کی ریاستیں پہلے ہی ٹوٹ کر آزاد ہو گئی تھیں ۔ملک کی تقسیم کے بعد یہودیہ اپنی مشرقی سرحد پر واقع ادوم پر قابض تھا لیکن ایک صدی بعد ادوم نے بغاوت کی اور الگ ہو گیا ۔اسرائیل کا موآب پر تقریباً اتنا ہی عرصہ کنٹرول تھا پھر وہ بھی اسرائیل سے بغاوت کر کے الگ ہو گیا ۔ یہودیہ اور اسرائیل اب چھوٹی بادشاہت رہ گئے تھے اور قریب کی طاقت ور سلطنتوں یعنی مصر اور اسیریاکے رحم و کرم پر تھے ۔

اسرائیل میں شاہی خاندان کی حکومت نے کوئی پائداری نہیں دکھائی ۔وہاں کسی بھی شاہی خاندان کی حکمرانی چند نسلوں سے زیادہ نہیں چلی۔ بادشاہت دو سو سال قائم رہی اس کے بعد سیریا نے اسرائیل کو 720ق م میں فتح کر لیا اور بحیثیتِ قوم ان کے اقتدار کا خاتمہ ہو گیا ۔تمام آبادی کو در بدر کر دیا اور اسیریا کے مختلف شہروں میں بکھرا دیا گیا ۔ یہ معتوب قبائل "گم شدہ دس اسرائیلی قبائل" کے نام سے آج تک یاد کئے جاتے ہیں ۔ ایسا ممکن ہو سکتا ہے کہ دس گم شدہ قبائل کے بہت سے افراد پناہ گزینوں کی شکل میں یہودیہ ہجرت کر گئے ہو ں جہاں انسانی ہمدردی یا نسلی ہمدردی کی بنیاد پر اُن کو قبول کر لیا گیا ہو ۔لیکن جس طرح کی قبائلی عصبیت کا مظاہرہ یہ قوم پہلے ہی بارہا دکھا چکی تھی اُس کا تذکرہ کیا جا چکا ہے ۔

ان دو سو سالوں کے دوران جبکہ اسرائیل اور یہودیہ کی دو سلطنتیں ایک دوسرے کے برابر میں قائم تھیں دو مصنفین وہاں پیدا ہوئے جن کی ہمیں تلاش ہے ۔ہر ایک فرد یا افراد کا مجموعہ دو گروہوں کی شکل میں موجود تھا جس نے اپنے لوگوں کی تاریخ لکھی اور دونوں تحاریر بعد میں بائیبل کا حصہ بن گئیں ۔ بنی اسرائیل کی تاریخ کا وہ پس منظر ،جو اوپر کی تحریر میں پیش کیا ،واضح ہو جانے کے بعد اب ہم تیار ہیں کہ اُن دو لکھنے والوں کی نشاندہی کر سکیں ۔

باب3

J اور E

جو واقعات پچھلے باب میں بتائے گئے ان واقعات کے ڈھائی ہزار سال بعد تین اسکالرز نے جو بائیبل کے مصنفین کی تحقیق میں مصروف تھے کم و بیش ایک ہی نکتہ کی دریافت کی یہ اسکالرز باہم منسلک نہیں تھے لیکن آپس میں ناواقف رہتے ہوئے بھی انہوں نے ایک ہی مشترک عنصر ڈھونڈ نکالا ۔ان میں سے ایک تو مذہبی اسکالر تھا دوسری طبی معالج اور تیسرا درسگاہ کا استاد ۔تینوں نے دو عناصر شناخت کئے ۔ایک یہ کہ ایک ہی واقع کا دو مرتبہ بیان اور دوسرا یہ کہ ان دہرے واقعات میں جو نام خدا کے لئے استعمال کیا گیا تھا وہ الگ الگ تھا ۔

دو اشارات کا ایک نکتہ پر اتفاق

انہوں نے دیکھا کہ بائیبل کی ابتدائی پانچ کتابوں میں بہت سے واقعات دو مرتبہ بیان کئے گئے ہیں ۔کائنات کی پیدائش کا واقعہ دو مرتبہ،حضرت ابراہیم اور حضرت یعقوب کی زندگیوں سے متعلق کئی واقعات دو مرتبہ بیان ہوئے ۔پھر انہوں نے نوٹس کیا کہ اُن دہرائے گئے واقعات میں ایک قسم کے واقعات ایسے ہیں جن میں خدا کے نام کے لئے ایک لفظ استعمال ہوا ہے جبکہ وہی واقعات جب دہرائے گئے ہیں تو مختلف نام استعمال کیا گیا ہے ۔ مثلاً تورات کی پہلی کتاب پیدائش کی ابتدا یعنی پہلے باب میں کائنات کی تخلیق کی تفصیلات بیان کرنے میں واقعات کو ایک طرز پر لکھا گیا ہے پھر وہی واقعات باب دو میں کسی اور طرز پر تحریر ہیں ۔اگرچہ طوالت کی دشواری کا سامنا ہے لیکن

بائیبل کے یہ دونوں ابواب ذیل میں نقل کئے جانے ضروری ہیں تاکہ قارئین کو یہ نکتہ واضح ہو سکے :

خدا نے ابتدا میں زمین و آسمان کو پیدا کیا ۔اور زمین ویران اور سنسان تھی اور گہراؤ کے اوپر اندھیرا تھا اور خدا کی روح پانی پر جنبش کرتی تھی ۔اور خدا نے کہا کہ روشنی ہو جا اور روشنی ہو گئی ۔اور خدا نے دیکھا کہ روشنی اچھی ہے اور خدا نے روشنی کو تاریکی سے جدا کیا ۔اور خدا نے روشنی کو تو دن کہا اور تاریکی کو رات اور شام ہوئی اور صبح ہوئی ۔سو پہلا دن ہوا ۔

اور خدا نے کہا کہ پانیوں کے درمیان فضا تاکہ پانی پانی سے جدا ہو جائے ۔پس خدا نے فضا کو بنایا اور فضا کے نیچے کے پانی کو فضا کے اوپر کے پانی سے جدا کیا اور ایسا ہی ہوا ۔اور خدا نے فضا کو آسمان کہا اور شام ہوئی اور صبح ہوئی ۔سو دوسرا دن ہوا ۔

اور خدا نے کہا کہ آسمان کے نیچے کا پانی ایک جگہ جمع ہو کہ خشکی نظر آئے اور ایسا ہی ہوا ۔اور خدا نے خشکی کو زمین کہا اور جو پانی جمع ہو گیا تھا اس کو سمندر اور خدا نے دیکھا کہ اچھا ہے ۔اور خدا نے کہا کہ زمین گھاس اور بیج دار بوٹیوں کو اور پھل دار درختوں کو جو اپنی اپنی جنس کے موافق پھلیں اور جو زمین پر اپنے آپ ہی میں بیج رکھیں اور پھل دار درختوں کو جن کے بیج ان کی جنس کے موافق ان میں ہیں اگایا اور خدا نے دیکھا کہ اچھا ہے ۔اور شام ہوئی اور صبح ہوئی ۔سو تیسرا دن ہوا ۔

اور خدا نے کہا کہ فلک پر نیّر ہوں کہ دن کو رات سے الگ کریں اور وہ نشانوں اور زمانوں اور دنوں اور برسوں کے امتیاز کے لئے ہوں ۔اور وہ فلک پر انوار کے لئے ہوں کہ زمین پر روشنی ڈالیں اور ایسا ہی ہوا ۔سو خدا نے دو بڑے نیّر بنائے ۔ ایک نیّرِ اکبر کہ دن پر حکم کرے اور ایک نیّرِ اصغر کہ رات پر حکم کرے اور اُس نے ستاروں کو بھی بنایا ۔ اور خدا نے اُن کو فلک پر رکھا کہ زمین پر روشنی ڈالیں ۔اور دن پر اور رات پر حکم کریں اور اجالے کو اندھیرے سے جدا کریں اور خدا نے دیکھا کہ اچھا ہے ۔اور شام ہوئی اور صبح ہوئی ۔سو چوتھا دن ہوا ۔

اور خدا نے کہا پانی جانداروں کو کثرت سے پیدا کرے اور پرندے زمین کے اوپر فضا میں اڑیں ۔اور خدا نے بڑے بڑے دریائی جانوروں کو اور ہر قسم کے جاندار کو جو پانی سے بکثرت پیدا ہوئے تھے اُن کی جنس کے موافق پیدا کیا اور خدا نے دیکھا کہ اچھا ہے ۔اور خدا نے اُن کو یہ کہہ کر برکت دی کہ پھلو اور بڑھو اور اِن سمندروں کے پانی کو دو اور

پرندے زمین پر بہت بڑھ جائیں ۔اور شام ہوئی اور صبح ہوئی ۔سو پانچواں دن ہوا ۔

اور خدا نے کہا کہ زمین جانداروں کو ان کی جنس کے موافق چوپائے اور رینگنے والے جاندار اور جنگلی جانور ان کی جنس کے موافق پیدا کرے اور ایسا ہی ہوا ۔اور خدا نے جنگلی جانوروں اور چوپایوں کو ان کی جنس کے موافق اور زمین کے رینگنے والے جانداروں کو ان کی جنس کے موافق بنایا اور خدا نے دیکھا کہ اچھا ہے ۔

پھر خدا نے کہا کہ ہم انسان کو اپنی صورت پر اپنی شبیہہ کی مانند بنائیں اور وہ سمندر کی مچھلیوں اور آسمان کے پرندوں اور چوپایوں اور تمام زمین اور سب جانداروں پر جو زمین پر رینگتے ہیں اختیار رکھیں ۔اور خدا نے انسان کو اپنی صورت پر پیدا کیا ۔خدا کی صورت پر اُس کو پیدا کیا ۔نر و ناری ان کو پیدا کیا ۔اور خدا نے اُن کو برکت دی اور کہا کہ پھلو اور بڑھو اور زمین کو معمور و محکوم کرو اور سمندر کی مچھلیوں اور ہوا کے پرندوں اور کُل جانوروں پر جو زمین پر چلتے ہیں اختیار رکھو۔اور خدا نے کہا کہ دیکھو میں تمام روی زمین کی کُل بیج دار سبزی اور ہر درخت جس میں اس کا بیج دار پھل ہو تم کو دیتا ہوں ۔یہ تمہارے کھانے کو ہوں ۔اور زمین کے کُل جانوروں اور ہوا کے کُل پرندوں کے لئے اور اُن سب کے لئے جو زمین پر رینگنے والے ہیں جن میں زندگی کا دم ہے کُل ہری بوٹیاں کھانے کو دیتا ہوں اور ایسا ہی ہوا ۔اور خدا نے سب پر جو اس نے بنایا تھا نظر کی اور دیکھا کہ بہت اچھا ہے اور شام ہوئی اور صبح ہوئی ۔سو چھٹا دن ہوا ۔

سو آسمان اور زمین اور اُن کے کُل لشکر کا بنانا ختم ہوا ۔اور خدا نے اپنے کام کو جسے وہ کرتا تھا ساتویں دن ختم کیا اور اپنے سارے کام سے جسے وہ کر رہا تھا ساتویں دن فارغ ہوا ۔اور خدا نے ساتویں دن کو برکت دی اور اسے مقدس ٹھہرایا کیونکہ اُس میں خدا ساری کائنات سے جسے اُس نے پیدا کیا اور بنایا فارغ ہوا ۔(پیدائش 1:1-2:3)

دہرائے گئے واقعات

یہ ہے آسمان اور زمین کی پیدائش جب وہ خلق ہوئے جس دن خداوند خدا نے زمین اور آسمان کو بنایا ۔اور زمین پر اب تک کھیت کا کوئی پودا نہ تھا اور نہ میدان کی کوئی سبزی اب تک اگی تھی کیونکہ خداوند خدا زمین پر پانی نہیں برسایا تھا اور نہ زمین جو تنے کو کوئی انسان تھا ۔بلکہ زمین سے کہر اٹھتی تھی اور تمام رو زمین کو سیراب کرتی تھی ۔ اور خداوند

خدا زمین کی مٹی سے انسان کو بنایا ہوا اُس کے نتھنوں میں زندگی کا دم پھونکا تو انسان جیتی جان ہوا ۔

اور خداوند خدا نے مشرق کی طرف عدن میں ایک باغ لگایا اور انسان کو جسے اُس نے بنایا تھا وہاں رکھا ۔اور خداوند خدا نے ہر درخت کو جو دیکھنے میں خوش نما اور کھانے کے لئے اچھا تھا زمین سے اگایا اور باغ کے بیچ میں حیات کا درخت اور نیک و بد کی پہچان کا درخت بھی لگایا ۔

اور عدن سے ایک دریا باغ کے سیراب کرنے کو نکلا اور وہاں سے چار ندیوں میں تقسیم ہوا ۔پہلی کا نام فیسون ہے جو حویلہ کی ساری زمین کو جہاں سونا ہوتا ہے گھیرے ہوئے ہے ۔اور اِس زمین کا سونا چوکھا ہے اور وہاں موتی اور سنگِ سلیمانی بھی ہیں ۔ اور دوسری ندی کا نام جیحون ہے جو کوش کی ساری زمین کو گھیرے ہوئے ہے ۔اور تیسری کا نام دجلہ ہے جو اسور کے مشرق کو جاتی ہے اور چوتھی ندی کا نام فرات ہے ۔

اور خداوند خدا نے آدم کو لے کر باغ عدن میں رکھا کہ اُس کی باغبانی کرے اور نگہبانی کرے ۔ اور خداوند خدا نے آدم کو حکم دیا اور کہا کہ تو باغ کے ہر درخت کا پھل بے روک ٹوک کھا سکتا ہے ۔لیکن نیک و بد کی. پہچان کے درخت کا کبھی نہ کھانا کیونکہ جس روز تو نے اُس میں سے کھایا تو مرا ۔

اور خداوند خدا نے کہا کہ آدم کا اکیلا رہنا اچھا نہیں ۔میں اُس کے لئے ایک مددگار اُس کی مانند بناؤں گا ۔اور خداوند خدا نے کُل دشتی جانور اور ہوا کے کُل پرندے مٹی سے بنائے اور اُن کو آدم کے پاس لایا کہ دیکھے کہ وہ اُن کے کیا نام رکھتا ہے اور آدم نے جس جانور کو جو کہا وہی اُس کا نام ٹھہرا ۔اور آدم نے کُل چوپایوں اور ہوا کے پرندوں اور کُل دشتی جانوروں کے نام رکھے پر آدم کے لئے کوئی مددگار اُس کی مانند نہ ملا ۔

خداوند خدا نے آدم پر گہری نیند بھیجی اور وہ سو گیا اور اُس نے اُس کی پسلیوں میں سے ایک کو نکال لیا اور اُس کی جگہ گوشت بھر دیا ۔ اورخداوند خدا اُس پسلی سے جو اُس نے آدم میں سے نکالی تھی ایک عورت بنا کر اُسے آدم کے پاس لایا ۔اور آدم نے کہا کہ یہ تو اب میری ہڈیوں میں سے ہڈی اور میرے گوشت میں سے گوشت ہے اِس لئے وہ ناری کہلائے گی کیونکہ وہ نر سے نکالی گئی ۔اِس واسطے مرد اپنے ماں باپ کو چھوڑے گا اور اپنی بیوی سے ملا رہے گا اور وہ ایک تن ہوں گے ۔ اور آدم اور اُس کی بیوی ننگے تھے اور شرماتے نہ تھے (پیدائش (2:25-2:4

قارئین دونوں ابواب سرسری نظر ہی سے پڑھ لینے پر نشاندہی کر سکتے ہیں کہ پہلے باب میں اللہ تعالیٰ کے لئے 34 مرتبہ لفظ "خدا" استعمال ہوا ہے اور اِس میں ایک دفعہ بھی لفظ"خداوند خدا" نہیں لکھا گیا ۔جبکہ دوسرے باب میں 11 مرتبہ لفظ "خداوند خدا" استعمال کیا گیا ہے اور ایک بار بھی اللہ تعالیٰ کے لئے لفظ "خدا" نہیں لکھا ہے ۔ بائیبل کے انگریزی ترجمہ میں بھی بالکل ایسا ہی ہے ۔ وہاں پہلے باب میں 34مرتبہ "خدا" کو "God"سے جبکہ دوسرے باب میں 11 مرتبہ لفظ "خداوند خدا" کو "LORD God"سے ظاہر کیا گیا ہے ۔

عبرانی بائیبل میں اللہ تعالیٰ کے نام کو پہلے باب میں 34 دفعہ لفظ "یہواہ" ((YHWH) سے جبکہ دوسرے باب میں 11 ہی مرتبہ "ایلوھیم"(Elohim سے تحریر کیا ہے ۔ پہلی تحریر ایک مرتبہ بھی ایلوھیم نہیں لکھتی اور دوسری تحریر ایک بار بھی یہواہ نہیں لکھتی ۔ اور یہ صرف اللہ تعالیٰ کے نام ہی کی مخصوصیت نہیں بلکہ قارئین توجہ کریں تو چند الفاظ ایسے ہیں جو ہر تحریر کے لئے خاص ہیں مثلاً پہلے باب میں لفظ "آدم" موجود نہیں اور اوّلین انسانی جوڑے کو "نر و ناری" لکھا ہے۔ اس کو انگریزی بائیبل میں "male and female" سے ظاہر کیا گیا ہے۔ جبکہ دوسرے باب میں لفظ "آدم" موجود ہے اور وہاں "مرد اور عورت" استعمال کیا ہے جس کو انگریزی بائیبل میں "man and women"لکھا گیا ہے ۔

مزید غور کرنے پردو تحریروں میں مطابقت کے ساتھ ساتھ چند مقامات پر بیان میں عدم مطابقت بھی موجود ہے ۔مثلاً کائنات کی تخلیق کے واقعات کی ترتیب میں فرق ہے ۔ پہلے باب میں اللہ تعالیٰ نے پہلے پودے پیدا کئے پھر جانور پھر مرد و عورت ۔جبکہ دوسرے باب میں اللہ تعالیٰ نے پہلے آدم کو پیدا کیا پھر پودے اسکے بعد؛ اِس لئے کہ مرد اکیلا نہ ہو، پہلے جانور بنائے پھر آخر میں جب مرد کو جانوروں میں کوئی مناسب رفیق نہ ملا تب عورت بنائی ۔اس طرح جو ترتیب نظر آئی وہ:

پیدائش -1 پیدائش -2

درخت انسان

جانور درخت

مرد اور عورت جانور

عورت

اس طرح دو تحریریں کائنات کے تخلیقی مراحل کی دو مختلف تصاویر پیش کرتی ہیں ۔ یہ بات قابلِ توجہ ہے کہ بائیبل کا انگریزی ترجمہ سولہویں صدی میں کیا گیا جبکہ اردو زبان میں ترجمہ اٹھارویں صدی میں کہیں پیش آیا ۔اس لئے عیسائی مترجمین اور علما کی نیک نیتی قابلِ تحسین ہے کہ انہوں نے تراجم میں احتیاط برتی ۔اگر کہیں عدم مطابقت یا الفاظ کے چناؤ کے فرق پر متوجہ ہو کر ان کو اپنی دانست میں درست کر دیا جاتا تو نہ معلوم کیسے یہ تحقیق ہو سکتی ۔

دوسری بات یہ ہے کہ اللہ تعالٰی کے نام کا فرق کے معاملے میں ہم بائیبل کے دوسرے کسی بھی اقتباس کو استعمال کر سکتے تھے لیکن ہم نے مذکورہ حصہ چنا ۔ ہمارے عام قارئین حضرت آدم و حوا اور چھ دنوں میں کائنات کی تخلیق کے حوالے سے قرآن کی تعلیم سے واقف ہیں اور تخلیقی مراحل کی ترتیب سے قطع نظر بائیبل کا بیان کسی حد تک قرآن کے مطابق پایا جانا محسوس کر سکتے ہیں ۔ قصّہ آدم و حوا اس کتاب کے تیسرے حصے کے اہم موضوعات میں سے ہے ۔وہاں بائیبل میں درج اس واقعہ کی بیشتر باتیں زیر بحث آئیں گی ۔

بائیبل میں بعد میں عالمگیر طوفان اور کشتیِ نوح کا ذکر آتا ہے اور اِس کو بھی دو حصوں میں دو مکمّل تحریروں کی صورت میں علیحدہ کیا جا سکتا ہے جہاں وہ بعض مقامات پر ایک دوسرے کی تائید کرتی ہیں اور بعض پر یہ مطابقت کھو بیٹھتی بلکہ متضاد ہو جاتی ہیں ۔ایک مرتبہ پھر ایک قسم کی تحریر اللہ تعالٰی کے لئے "خدا" کا لفظ استعمال کرتی ہے جبکہ دوسری "خداوند خدا" لکھتی ہے ۔اِس طوفان سے متعلق دو تحریریں جلد ہی ایک دوسرے سے علیحدہ کر کے بیان کی جائیں گی ۔اسی طرح دو واقعات حضرت ابراہیمؑ اور اللہ تعالٰی کے عہد سے متعلق ہیں ۔ عہد کا یہ واقعہ پیدائش باب 15میں بیان کیا گیا ہے جہاں لفظ خداوند خدا استعمال ہوا ہے ۔جبکہ پیدائش باب 17 میں اِسی واقع کو دوسری طرز پر بیان کیا گیا ہے جہاں خدا کا لفظ استعمال کیا گیا ہے ۔اسی طرح کئی اور واقعات میں یہ عنصر دیکھا جا سکتا ہے ۔ان واقعات کو توجہ سے پڑھنے کے نتیجے میں اُن محققین کو اندازہ ہوا کہ یہ کوئی ایسی کتاب نہیں ہے جہاں واقعات کو بغیر کسی بڑی وجہ دہرا دیا ہے یا بعض ملتے جلتے واقعات کو لاپرواہی سے کسی ترتیب میں لا دیا گیا ہو بلکہ دو علیحدہ تحریری کام ہیں جن کو کسی

طرح ٹکڑوں میں تقسیم کر کے کسی تسلسل میں واپس ایک کتاب کی صورت میں جوڑ دیا گیا ہے ۔

مآخذ کی دریافت

ان تینوں محققین میں سے پہلا شخص جس نے یہ عنصر دریافت کیا وہ برنہارڈ وِٹر نامی ایک جرمن مذہبی شخصیت تھی ۔ اُس نے 1711ء میں اس مشاہدے کو اپنی کتاب میں بیان کیا لیکن اس کتاب نے کچھ زیادہ اثر پیدا نہ کیا اور وہ بُھلادی گئی ۔تاہم دو صدی بعد 1924ء میں عیسائی مذہبی دنیا دوبارہ اس کتاب کی طرف متوجہ ہوئی ۔ دوسری شخصیت کا نام ژان آسٹرک تھا جو طب کے شعبے میں فرانس کے شاہ لوئس xvکے دربار سے منسلک تھا ۔اس نے 70 سال کی عمر میں 1753ء میں ایک گمنام شخص کی حیثیت سے برسلز میں اور خفیہ طریقے سے پیرس میں اپنی تحقیق شائع کیں ۔ اس کی کتاب بھی کوئی قابلِ تذکرہ اثر پیدا نہ کر سکی ۔ بعض نے اُس کے کام کو تخفیف کی نظر سے دیکھا غالباً اس وجہ سے کہ وہ طب کے پیشے سے وابستہ تھا بجائے اس کے کہ وہ کوئی مذہبی دانشور ہوتا ۔لیکن جب تیسرے فرد نے جو کہ خود دانشور تھا ، اس نے بھی یہی بات دریافت کی اور اپنے تجزیات کو 1780ء میں چھپوا دیا تو عیسائی دنیا کو مزید نظر انداز کرنا مشکل ہو گیا ۔یہ تیسری شخصیت یوہان آئکہارن کے نام سے ایک بڑے مذہبی شخص کی اولاد اور خود بھی مذہبی اسکالر کی حیثیت سے جانی جاتی تھی ۔

انہوں نے وہ واقعات جن میں اللہ تعالٰی کے نام کےلئے بائیبل میں " خداوند خدا " کا لفظ استعمال ہوا تھا ،ان واقعات کے گروپ کو حرف Eسے ظاہر کیا اس لئے کہ عبرانی بائیبل میں اس کو Elohimسے لکھا گیا تھا ۔ جبکہ دوسری قسم کے واقعات جہاں " خدا" یا "Yahweh"استعمال ہوا اس کے لئے حرف J استعمال کیا اس کی وجہ یہ کہ جرمن زبان میں حرف Yکا تلفظ Jسے کیا جاتا ہے ۔ بعد کے محققین نے انکے اعزاز میں یا کسی اور وجہ سے حروف Eاور J ہی استعمال کئے اس لئے ہم بھی یہی استعمال کریں گے ۔

یہ تصوّر کہ بائیبل دو مختلف افراد یا گروہوں کی تحریروں کا مجموعہ ہے 18 سال تک ہی قائم رہا ۔ اس سے قبل کہ اس دریافت کا مذہب پر پڑنے والے اثرات کا اندازہ کیا جا سکے محققین کو اسی

سلسلے کی تحقیقات میں بالآخر انکشاف ہوا کہ حضرت موسیٰ سے منسوب پانچ کتابیں دو کے بجائے چار مختلف افراد کی لکھی ہوئی ہیں ۔ ان کو معلوم ہوا کہ Eگروپ کی تحریروں کےایک نہیں بلکہ دو ماخذ ہیں۔ ابتدا میں یہ ایک گروپ اس لئے شمار ہو گیا تھا کہ دونوں لکھنے والوں نے اللہ تعالی کے نام کو Elohimسے ظاہر کیا تھا لیکن خود اسی گروپ میں دہرائے ہوئے واقعات مل رہے تھے ۔ان دہرے واقعات میں طرز تحریر کا فرق، استعمال ہونے والی زبان کے بعض مخصوص الفاظ کا چناؤ اور اسی طرح بعض مخصوص دلچسپی کے موضوعات کا فرق نمایاں تھا ۔مختصراً جو سراغ Jاور Eکو علیحدہ کرنے میں مددگار ثابت ہوا تھا اب اسی نے Eگروپ میں موجود ایک اور مآخذ کی نشاندہی کر دی ۔ اس تیسرے گروپ کے لکھنے والے کی تمام تر دلچسپی کہانت یعنی مذہبی رسومات انجام دینے والے افراد ہی سے متعلق تھیں ۔ ان تحریروں میں کاہنوں کے واقعات، کہانت کے قوانین، مذہبی رسومات اور ان کی ادائیگی کی تفصیلات، قربانی، رسومات کے دوران خوشبوؤں کا جلانا، طہارت کے طریقے اور ناپاکی کی حالتیں، مخصوص دنوں کی اہمیت اور پیمائشی اعدادوشمار وغیرہ شامل تھے ۔اس لئے اس مآخذ کی گروہ بندی کے لئے ان محققین نے Priestly کا حرف P تجویز کیا ۔ یہ تین ماخذ E, J اور Pایک ہموار اور مسلسل تحریر کی طرح حضرت موسیٰ کی پہلی چار کتابوں میں پائے گئے ۔تاہم پانچویں کتاب، استثنا، میں ان تینوں مآخذ طرز کے اشارات نہیں نظر آئے ،سوائے چند سطور کے جو استثنا کے آخری باب میں درج ہیں ۔

استثنا یعنی Deuteronomyپچھلی چار کتابوں کے مقابلے میں بالکل الگ ہی طرز پر لکھی گئی ہے ۔اس کتاب میں الفاظ کا چناؤ مختلف ہے ۔بعض جملے جو اس میں زیادہ دہرائے گئے ہیں وہ دیگر چار کتابوں میں موجود نہیں تھے ۔اِس میں بعض باتوں میں دوسری چار کتابوں سے نمایاں اختلاف بھی موجود پایا گیا حتیٰ کہ حضرت موسیٰ کو دئیے گئے دس مشہور احکامات کے جملوں میں نمایاں تضاد نظر آیا ۔اس طرح کتاب استثنا دوسرے تین مآخذ سے الگ ایک چوتھے مآخذ کی صورت میں سامنے آگئی اور اِس کو ظاہر کرنے کے لئے Deuteronomy کا "D"استعمال کیا گیا ۔لہٰذا زیرِ نظر کتاب میں بھی P اور D استعمال کیا جائے گا ۔

اگر الفاظ کے چناؤ کے لحاظ سے ان تحریروں کا استسقاء کیا جائے تو مثلاً J اور P تحریریں حضرت موسیٰ کو جس پہاڑ پرخدا کے احکامات دیئے گئے اس کا نام بیس مرتبہ کوہ سینا لکھتی ہیں اور ایک مرتبہ بھی حورب کا پہاڑ نہیں لکھا جبکہ E اور D اس کو چودہ مرتبہ حورب کا پہاڑ لکھتی ہیں اور ایک مرتبہ بھی کوہ سینا نہیں لکھا۔ فقرہ "اس نے نہ جانا" مرد و عورت کے جسمانی تعلق کے لئے صرف J نے پانچ مرتبہ استعمال کیا۔ اسی طرح فقرہ "پھلو اور بڑھو" صرف P نے بارہ مرتبہ استعمال کیا۔ رنج و غم کے اثر سے خدا کے آگے " منہ کے بل گرا" صرف P نے آٹھ مرتبہ یا سو سے زیادہ مرتبہ "خیمۂ اجتماع" صرف اسی مصنف نے استعمال کیا، وغیرہ۔

موجودہ دور میں کیا واقعی یہ دریافت کہ حضرت موسیٰ کی تورات حقیقتاً چار تحریری کام تھے جو کبھی علیحدہ تحریروں کی شکل میں تھے کسی بڑی پریشانی کا باعث ہونے چاہیئے تھے؟ آخر کو نیا عہد نامہ بھی تو چار مختلف اناجیل متی، مرقس، لوقا اور یوحنا پر مشتمل ہے جس میں ہر ایک نے واقعات کو اپنے طور پر بیان کیا ہے ۔آخر اتنا شدید ردعمل عیسائی اور یہودی دنیا میں اس بات کے خلاف کیوں پیدا ہوا کہ عہد نامہ قدیم یا عبرانی بائیبل یا تورات بھی چار مختلف لوگوں کی لکھی ہوئی ہوں۔ فرق اصل میں یہ تھا کہ عبرانی بائیبل ایسی ذہانت کے ساتھ الگ الگ ٹکڑوں میں تقسیم کر کے دوبارہ ایسی مسلسل روانی کی صورت میں جوڑی گئی تھی کہ پانچوں کتابیں دو ہزار سال سے زیادہ عرصے تک حضرت موسیٰ ہی کے ہاتھوں لکھی تسلیم کی جاتی رہی تھیں یہ نئی دریافت ایک قدیم تسلیم شدہ عقیدہ کے بر خلاف ایک ایسی ہی بات تھی جس کو قبول کر لینا کسی بھی طرح آسان نہیں ہو سکتا تھا ۔محققین ایک بڑی باریکی سے بنا معمہ کھول رہے تھے اور کوئی نہیں جانتا تھا کہ یہ عمل لوگوں کے مذہبی عقائد کو کہاں لے جائے گا۔

طوفانِ نوح کا دو مرتبہ بیان

بائیبل کی ابتدائی چار کتابوں کی کتابت جدید تحقیق کے نتائج سامنے آنے کے بعد دنیا کی کسی بھی دوسری کتاب سے زیادہ غیر معمولی اور انہونی حیثیت کی دکھائی دیتی ہے تصوّر کریں کہ چار

YAHUDIYAT, ISAIYAT OR ISLAM 99

مختلف افراد کو ایک ہی موضوع پر کتاب لکھنے کی ذمہ داری دے دی جائے پھر ان چاروں کتابوں کو ٹکڑوں میں تقسیم کر کے واپس ایک مسلسل تحریر کی شکل میں جوڑ دیا جائے ۔ پھر یہ کہا جائے کہ یہ جوڑی گئی کتاب ایک ہی شخص کی لکھی ہوئی ہے اور اس کے بعد اس کتاب کو سراغ رسانوں کے حوالے کر کے کہا جائے معلوم کرو کہ: 1)کسی ایک شخص کی لکھی ہوئی نہیں،2)لکھنے والے چار ہیں،3)وہ چاروں کون ہیں؟4،)کس نے ان کو آپس میں ملا دیا ہے؟

اس مسئلہ کی بہتر سمجھ پیدا کرنے کے لئے بطورِ مثال طوفانِ نوح کا واقعہ، جیسا کہ وہ بائیبل میں تحریر ہے، ذیل میں نقل کرتے ہیں ۔یہ واقعہ دو مآخذ تحریروں J اور P کو ملا کر بائیبل میں بیان ہوا ہے ۔ہم دو مآخذ تحریروں کو دو مختلف روشنائی سے نمایاں کرتے ہوے J تحریر کو نارمل پرنٹ میں جبکہ P کو گہرے پرنٹ میں نقل کریں گے ۔ آپ کوئی ایک پرنٹ شروع سے آخر تک پڑھ لیں پھر واپس جا کر دوسرے پرنٹ کو شروع سے آخر تک پڑھ لیں تو واضح نظر آجائے گا کہ یہ دو مختلف مسلسل تحریریں ہیں اور ہر ایک میں بعض مخصوص الفاظ اور خصوصی دلچسپی کے اجزاء ہیں ۔

پیدائش باب 6:

(5) اور خداوند نے دیکھا کہ زمین پر انسان کی بدی بہت بڑھ گئی اور اُس کے دل کے تصور اور خیال سدا برے ہی ہوتے ہیں۔ (6)تب خداوند زمین پر انسان کو پیدا کرنے سے ملول ہوا اور دل میں غم کیا ۔(7) اور خداوند نے کہا کہ میں انسان کو جسے میں نے پیدا کیا روي زمین پر سے مٹا ڈالوں گا ۔انسان سے لے کر حیوان اور رینگنے والے جاندار اور ہوا کے پرندوں تک کیونکہ میں اُن کے بنانے سے ملول ہوں ۔(مگر نوح خداوند کی نظر میں مقبول ہوا ۔(9) **نوح کا نسب نامہ یہ ہے ۔نوح مرد راست باز اور اپنے زمانہ کے لوگوں میں بے عیب تھا اور نوح خدا کے ساتھ ساتھ چلتا رہا ۔(10)اور اُس سے تین بیٹے سم حام اور یافت پیدا ہوئے ۔(11)پر زمین خدا کے آگے ناراست ہو گئی تھی اور وہ ظلم سے بھری تھی ۔(12) اور خدا نے زمین پر نظر کی اور دیکھا کہ وہ ناراست ہو گئی ہے کیونکہ ہر بشر نے زمین پر اپنا طریقہ بگاڑ لیا تھا ۔**

(13) اور خدا نے نوح سے کہا کہ تمام بشر کا خاتمہ میرے سامنے آپہنچا ہے کیونکہ اُن کے سبب سے زمین ظلم سے بھر گئی ۔سو دیکھ میں زمین سمیت اُن کو ہلاک کروں گا (14)تو گوپھر کی لکڑی کی ایک کشتی اپنے لئے بنا ۔اُس کشتی میں کوٹھریاں تیار کرنا اور اُس کے اندر اور باہر

رال لگا نا ۔(15) اور ایسا کرنا کہ کشتی کی لمبائی تین سو ہاتھ ،اُس کی چوڑائی پچاس ہاتھ اور اُس کی اونچائی تیس ہاتھ ہو۔ (16)اور اُس کشتی میں ایک روشن دان بنانا اور اوپر سے ہاتھ بھر چھوڑ کر اُسے ختم کر دینا اور اُس کشتی کا دروازہ اُس کے پہلو میں رکھنا اور اُس میں تین درجے بنانا ، نچلا ، دوسرا اور تیسرا ۔(17)اور دیکھ میں خود زمین پر پانی کا طوفان لانے والا ہوں تاکہ ہر بشر کو جس میں زندگی کا دم ہے دنیا سے ہلاک کر ڈالوں اور سب جو زمین پر ہیں مر جائیں گے ۔(18)پر تیرے ساتھ میں اپنا عہد قائم کروں گا اور تو کشتی میں جانا ۔تو اور تیرے بیٹے اور تیری بیوی اور تیرے بیٹوں کی بیویاں ۔(19)اور جانوروں کی ہر قسم میں سے دو دو اپنے ساتھ کشتی میں لے لینا کہ وہ تیرے ساتھ جیتے بچیں ۔وہ نر و مادہ ہوں ۔(20)اور پرندوں کی ہر قسم میں سے اور چرندوں کی ہر قسم میں سے اور زمین پر رینگنے والوں کی ہر قسم میں سے دو دو تیرے پاس آئیں تاکہ وہ جیتے بچیں ۔(21)اور تو ہر طرح کی کھانے کی چیز لے کر اپنے پاس جمع کر لینا کیونکہ یہی تیرے اور اُن کے کھانے کو ہوگا ۔(22)اور نوح نے یوں ہی کیا ۔جیسا خدا نے اُسے حکم دیا تھا ویسا ہی عمل کیا ۔

پیدائش باب 7:

(1)اور خداوند نے نوح سے کہا کہ تو اپنے پورے خاندان کے ساتھ کشتی میں آ کیونکہ میں نے تجھی کو اپنے سامنے اس زمانہ میں راست باز دیکھا ہے ۔(2) کُل پاک جانوروں میں سے سات سات نر اور اُن کی مادہ اور اُن میں سے جو پاک نہیں ہیں دو نر اور ان کی مادہ اپنے ساتھ لے لینا ۔(3)اور ہوا کے پرندوں میں سے بھی سات سات نر اور مادہ لینا تاکہ زمین پر ان کی نسل باقی رہے ۔(4) کیونکہ سات دن کے بعد میں چالیس دن اور چالیس رات پانی برساؤں گا اور ہر جاندار شئے کو جسے میں نے بنایا زمین پر سے مٹا ڈالوں گا ۔(5) اور نوح نے وہ سب جیسا خداوند نے اسے حکم دیا تھا کیا ۔(6) **اور نوح چھ سو برس کا تھا جب پانی کا طوفان زمین پر آیا** ۔(7) تب نوح اور اُس کے بیٹے اور اُس کی بیوی اور اُس کے بیٹوں کی بیویاں اُس کے ساتھ طوفان کے پانی سے بچنے کے لئے کشتی میں گئے ۔(8) **اور پاک جانوروں میں سے اور ان جانوروں میں سے جو پاک نہیں اور پرندوں میں سے اور زمین پر کے ہر رینگنے والے جان دار میں سے ۔(9)دو نر اور مادہ کشی میں نوح کے پاس گئے جیسا خدا نے نوح کو حکم دیا تھا** ۔(10)اور سات دن کے بعد ایسا ہوا کہ طوفان کا پانی زمین پر آگیا ۔

(11)نوح کی عمر کا چھ سو اں سال تھا کہ اس کے دوسرے مہینے کی ٹھیک سترھویں تاریخ کو بڑے سمندر کے سب سوتے پھوٹ نکلے اور آسمان **کی کھڑکیاں کھل گئیں** ۔(12)اور چالیس دن اور چالیس رات زمین

پر بارش ہوتی رہی -(13)اسی روز نوح اور نوح کے بیٹے سم اور حام اور یافت اور نوح کی بیوی اور اس کے بیٹوں کی تینوں بیویاں -(14) اور ہر قسم کے جانور اور ہر قسم کا چوپایہ اور ہر قسم کا زمین پر کا رینگنے والا جاندار اور ہر قسم کا پرندہ اور ہر قسم کی چڑیا یہ سب کشی میں داخل ہوئے -(15) اور جو زندگی کا دم رکھتے ہیں ان میں سے دو دو کشتی میں نوح کے پاس آئے -(16)اور جو اندر آئے وہ جیسا خدا نے اسے حکم دیا تھا سب جانوروں کے نر و مادہ تھے -تب خداوند نے اس کو باہر سے بند کر دیا -

(17)اور چالیس دن تک زمین پر طوفان رہا اور پانی بڑھا اور اُس نے کشتی کو اوپر اٹھا دیا -سو کشتی زمین پر سے اٹھ گئی -(18)اور پانی زمین پر چڑھتا ہی گیا اور بہت بڑھا اور کشتی پانی پر تیرتی رہی -(19) اور پانی زمین پر بہت ہی زیادہ چڑھا اور سب اونچے پہاڑ جو دنیا میں ہیں چھپ گئے -(20)پانی ان سے پندرہ ہاتھ اور اوپر چڑھا اور پہاڑ ڈوب گئے -(21) اور سب جانور جو زمین پر چلتے تھے پرندے اور چوپائے اور جنگلی جانور اور زمین پر کے سب رینگنے والے جاندار اور سب آدمی مر گئے -(22) اور خشکی کے سب جاندار جن کے نتھنوں میں زندگی کا دم تھا مر گئے -(23)بلکہ ہر جاندار شئے جو روي زمین پر تھی مر مٹی -کیا انسان کیا حیوان -کیا رینگنے والا جاندار کیا ہوا کا پرندہ یہ سب کے سب زمین پر سے مر مٹے-فقط ایک نوح باقی بچا یا وہ جو اس کے ساتھ کشتی میں تھے -(24)اور پانی زمین پر ایک سو پچاس دن تک چڑھتا رہا -

پیدائش باب 8:

(1)پھر خدا نے نوح کو اور کُل جانداروں اور کُل چوپایوں کو جو اس کے ساتھ کشتی میں تھے یاد کیا اور خدا نے زمین پر ایک ہوا چلائی اور پانی رک گیا -(2)اور سمندر کے سوتے اور آسمان کے دریچے بند کئے گئے اور آسمان سے جو بارش ہو رہی تھی تھم گئی -(3) اور پانی زمین پر سے گھٹتے گھٹتے ایک سو پچاس دن کے بعد کم ہوا -(4)اور ساتویں مہینے کی سترھویں تاریخ کو کشتی ارارات کے پہاڑوں پر ٹک گئی -(5)اور پانی دسویں مہینے تک برابر گھٹتا رہا اور دسویں مہینے کی پہلی تاریخ کو پہاڑوں کی چوٹیاں نظر آئیں -

(6)اور چالیس دن کے بعد یوں ہوا کہ نوح نے کشتی کی کھڑکی جو اس نے بنائی تھی کھولی -(7)اور اس نے ایک کوّے کو اڑا دیا -سو وہ نکلا اور جب تک کہ زمین پر سے پانی سوکھ نہ گیا اِدھر اُدھر پھر تا رہا -(8) پھر اس نے ایک کبوتری اپنے پاس سے اڑا دی تاکہ دیکھے کہ زمین پر پانی گھٹا یا نہیں -(9) پر کبوتری نے پنجہ ٹیکنے کی جگہ نہ پائی اور اس

کے پاس کشتی کو لوٹ آئی کیونکہ تمام روي زمین پر پانی تھا ۔تب اس نے ہاتھ بڑھا کر اسے لے لیا اور اپنے پاس کشتی میں رکھا ۔(10)اور سات دن ٹھہر کر اس نے اس کبوتری کو پھر کشتی سے اڑا دیا ۔(11) اور وہ کبوتری شام کے وقت اس کے پاس لوٹ آئی اور دیکھا تو زیتون کی ایک تازہ پتی اس کی چونچ میں تھی تب نوح نے معلوم کیا کہ پانی زمین پر سے کم ہو گیا ۔(12)تب وہ سات دن اور ٹھہرا ۔اس کے بعد پھر اس کبوتری کو اڑایا پر وہ اس کے پاس پھر کبھی نہ لوٹی ۔

(13)اور چھ سو پہلے برس کے پہلے مہینے کی پہلی تاریخ کو یوں ہو ا کہ زمین پر سے پانی سوکھ گیا اور نوح نے کشتی کی چھت کھولی اور دیکھا کہ زمین کی سطح سوکھ گئی ہے۔**(14) اور دوسرے مہینے کی ستائیسویں تاریخ کو زمین بالکل سوکھ گئی ۔(15)تب خدا نے نوح سے کہا کہ (16)کشتی سے باہر نکل آ۔ تو اور تیرے ساتھ تیری بیوی اور تیرے بیٹے اور تیرے بیٹوں کی بیویاں ۔(17)اور اُن جانداروں کو بھی باہر نکال لاجو تیرے ساتھ ہیں کیا پرندے کیا چوپائے کیا زمین کے رینگنے والے جان دار تاکہ وہ زمین پر کثرت سے بچے دیں اور بارود ہوں اور زمین پر بڑھ جائیں ۔(18)تب نوح اپنی بیوی اور اپنے بیٹوں اور اپنے بیٹوں کی بیویوں کے ساتھ باہر نکلا ۔(19)اور سب جانور اور سب رینگنے والے جان دار ۔سب پرندے اور سب جو زمین پر چلتے ہیں اپنی اپنی جنس کے ساتھ کشتی سے نکل گئے ۔**

(20)تب نوح نے خداوند کے لئے ایک مذبح بنایا اور سب پاک چوپایوں اور پاک پرندوں میں سے تھوڑے سے لے کر اُس مذبح پر سوختنی قربانیاں چڑھائیں ۔(21)اور خداوند نے اُن کی راحت انگیز خوشبو لی اور خداوند نے اپنے دل میں کہا کہ انسان کے سبب سے میں پھر کبھی زمین پر لعنت نہیں بھیجوں گا کیونکہ انسان کے دل کا خیال لڑکپن سے برا ہے اور نہ پھر سب جان داروں کو جیسا اب کیا ہے ماروں گا ۔(22)بلکہ جب تک زمین قائم ہے بیج بونا اور فصل کاٹنا ۔سردی اور تپش ۔گرمی اور جاڑا دن اور رات موقوف نہ ہوں گے ۔

ہر تحریر اپنے اپنے الفاظ میں

یہ حقیقت خود اپنی جگہ حیرت انگیز ہے کہ دو مختلف اور مسلسل گتھی ہوئی تحریروں کو علیحدہ کیا جانا ممکن ہو سکتا تھا ، اور اس نے اس مفروضہ کے حق میں ایک مضبوط ثبوت فراہم کردیا کہ اسے دو مختلف افراد نے لکھا ہے ۔ اور بات صرف اتنی نہیں کہ دو مختلف

تحریروں کو علیحدہ کیا جا سکتا تھا بلکہ جو بات اس مفروضے کو مزید قوّت فراہم کر تی ہے وہ یہ کہ ہر ایک تحریر اپنی ایک مخصوص زبان استعمال کرتی ہے - P تحریر (جو گہرے پرنٹ میں ہے)مستقلاً اللہ تعالیٰ کے نام کے لئے "خدا" یعنی یہواہ استعمال کرتی ہے جبکہ J تحریر ہر مرتبہ "خداوند" یعنی ایلوہیم لکھتی ہے -

دو ماخذ تحریروں میں صرف الفاظ کے چناؤ ہی کا فرق نہیں بلکہ ان کے لکھے گئے واقعات کی تفصیل میں بھی فرق ہے - P تحریر میں ہر قسم کے جانوروں کا ایک جوڑا ہے جبکہ J تحریر میں پاک جانوروں کے سات جوڑے اور نا پاک جانوروں کا ایک جوڑا ہے - پاک سے مراد وہ جانور جو قربانی کے لئے جائز قرار دیئے گئے جبکہ ناپاک سے مراد وہ جانور ہیں جو حلال نہیں - P تحریر بتاتی ہے کہ طوفان ایک سال جاری رہا (370 دن) جبکہ J تحریر کہتی ہے کہ یہ چالیس دن اور چالیس رات تک تھا - P بتاتی ہے نوح نے کوّا بھیجا جبکہ J بتاتی ہے کبوتری بھیجی- P مصنف یقینی طور پر عمر، تاریخ اور پیمائش وغیرہ میں دلچسپی رکھتا ہے جبکہ J میں یہ مفقود ہے -تاہم زیادہ نمایاں اور بہت اہم فرق دو مصنفوں میں یہ ہے کہ وہ کس انداز میں اللہ تعالیٰ کی ہستی کا تصوّر پیش کر تی ہیں - ایسا نہیں کہ اللہ تعالیٰ کے صرف نام کے لئے دو مختلف الفاظ استعمال کر لئے گئے ہیں بلکہ J تحریر بتاتی ہے کہ وہ ایسی ہستی ہے جو اپنے کئے پر نادم ہو سکتی ہے (6:6،7)- سوال یہ ہے کہ ایسی ہستی جو لامحدود قوّتوں اور لامحدود علم کی حامل ہستی ہو وہ کس طرح اپنے گزشتہ عمل پر نادم ہو سکتی ہے - J تصوّر کراتی ہے کہ وہ ہستی اپنے دل میں غمزدہ ہو سکتی ہے (6:6)، جو ذاتی طور پر کشتی کو بند کرتی ہے (7:16) اور حضرت نوح کی قربانی کی خوشبو لیتی ہے (8:21)- یہ مخلوقات میں پائی جانے والی خصوصیات کم از کم P تحریر میں قطعی نہیں ملتیں - P میں اللہ تعالیٰ کی ہستی تمام کائنات کی غیر حسی مختار کی حیثیت میں پیش کی گئی محسوس ہوتی ہے -

طوفانِ نوح تو بہت قدیم زمانے میں پیش آنے والا اور رسم الخط اور تحریرکی ایجاد سے بہت پہلے کا واقعہ تھا لہٰذا اِن مصنفوں کو ان تفصیلات کے ساتھ یہ علم کہاں سے ہوا؟ یہ اقتباس ہم نے تورات کہلائی جانے والی پانچ کتابوں میں سے پہلی کتاب پیدائش سے نقل کیا جن کے مصنف حضرت موسیٰ قرار دیئے جاتے رہے تھے - بنی

اسرائیل نےمصر سے آزادی کے بعد جب حضرت موسیٰ کی سربراہی میں فلسطین میں داخل ہونے سے انکار کردیا تو چالیس سال کے لئے حضرت موسیٰ کی ہمنوائی میں صحرا نوردی میں گرفتار کر دیئے گئے اس طرح کہ تمام عمل کے قابل افراد مر گئے جو انکاری تھے اور انہی کی ایک نئی نسل سخت صحرائی زندگی میں حضرت موسیٰ کی زیرِ تربیت جوان ہوئی ۔ قیاس کیا جا سکتا ہے کہ اللہ تعالٰی کے عطا کردہ علم کے ذریعے حضرت موسیٰ نے اس نئی نسل کو تخلیقِ کائنات، قصہ آدم و حوّاو ابلیس اور طوفانِ نوح وغیرہ سے ان کی تعلیم وتربیت کے مراحل کے دوران روشناس کرایا ہوگا ۔ بائیبل بتاتی ہے کہ تمام بنی اسرائیل جو مصر سے آزاد ہوئے ان میں سے صرف دو افراد ، یشوع اور کالب، چالیس سال بعد فلسطین میں داخل ہو سکے تھے باقی تمام لوگ وہ تھے جو ان چالیس سالوں کے دوران پیدا ہوئے تھے ۔ اس تمام عرصہ وہ پروان چڑھنے والی نسل براہ راست حضرت موسیٰ اور حضرت ہارون کی نگرانی میں تھی ۔ قیاس ہے کہ یہ علم زبانی روایات کی صورت میں نئی نسل سے اگلی نسلوں کو حاصل ہوا اور صدیوں بعد اپنے اپنے الفاظ میں تحریر ہوا جیسا کہ ہم نے اوپر ملاحظہ کیا ۔

قصہ طوفانِ نوح کی بحث میں ہم نے دیکھا کہ دو خلط ملط کی ہوئی تحریریں الگ کی جا سکتی ہیں اور دونوں اپنی جگہ مکمّل ہیں ۔ہر ایک کی اپنی زبان ہے، اپنی تفصیلات ہیں اور اللہ تعالٰی کی ہستی کا تصوّر بھی بہت کچھ مختلف ہے اور بات صرف اسی واقعہ پر ختم نہیں ہو جاتی ۔ J واقعہ کی زبان، تفصیلات اور اللہ تعالٰی کی ہستی کا تصوّر دوسرے J واقعات میں بھی اسی طرح نظر آتا ہے ۔ اسی طرح P کی منفرد خصوصیات دوسرے P واقعات میں بھی اسی طرح منفرد نظر آتی ہیں ۔ جلد ہی چند مزید واقعات بائیبل میں سے پیش کئے جائیں گے تاکہ یہ اضافی خصوصیات واضح کی جا سکیں ۔

داخلی دروازہ

ابتدا میں بائیبل کے متعلق جو خیال یا مفروضہ تیرہویں صدی میں تین محققین کے ذریعے شروع ہوا وہ انیسویں صدی آتے آتے قوّت پکڑتا چلا گیا ۔کئی صدیوں پر محیط طویل عرصہ تک کوئی یہ جرات نہیں کر سکتا تھا کہ تورات کی پانچ کتابیں حضرت موسیٰ کی نہیں

لکھی گئی ہیں ۔ یہ عیسائی اور یہودی دنیا میں قدیم سے ایک تسلیم شدہ حقیقت تھی ۔لیکن انیسویں صدی آتے آتے ان گنت نمایاں افراد کھلم کھلا کہہ سکتے اور لکھ سکتے تھے کہ حضرت موسیٰ ان کے مصنف نہیں ہو سکتے ۔نہ صرف یہ کہ تورات کم از کم چار ہاتھوں کی لکھی ہے بلکہ ساتھ میں ایک بہت ہی ہنر مند اور ذہین ایڈیٹر بھی پوشیدہ تھا جو اس قابل تھا کہ ان کو ایک نئی ترتیب سے ملائے اور ایک ایسی واحد کتاب کی صورت میں پیش کر ے جو ایک مسلسل تحریر کی صورت میں پڑھی جا نے کے قابل ہو ۔تاہم ایک اور نقطۂ نظر سے دیکھا جائے تو محققین ابھی داخلی دروازے یا دہلیز ہی پر پہنچ سکے تھے ۔ان کو یہ احساس تھا کہ ایک معمہ درپیش ہے اور یہ بھی احساس تھا کہ معمہ کی پیچیدگی کس نوعیت کی ہے ۔ یہ درست ہے کہ چار لکھنے والے اور ایک ایڈیٹر کے امکانات واضح تھے لیکن لکھنے والے کون تھے؟ کس دور میں تھے؟ ان کا لکھنے کا مقصد کیا تھا؟ کیا وہ ایک دوسرے سے یا ایک دوسرے کی تحریر سے واقف تھے؟ کیا ان میں سے کوئی یا وہ چاروں جانتے تھے کہ وہ بائیبل لکھ رہے ہیں؟ جو بعد میں الہامی، مستند اور مُقدّس کتاب قرار دے دی جائے گی ؟ اور پھر خفیہ ایڈیٹر! کیا وہ ایک شخص تھا یا افراد کا گروہ ؟وہ کون لوگ تھے ؟ انہوں نے آخر کیوں اس پیچیدہ طریقہ سے تحریروں کو ٹکڑے کر کے دوبارہ نئی شکل دی ؟ ان سوالوں کے جوابات حیرت انگیز طور پر بائیبل کی انہی کتابوں اور مشرق وسطیٰ کی مٹی میں چھپے تھے ۔ ان دونوں ہی کی کھدائی سے دورِ حاضر اور دورِ گزشتہ کے چند اسکالرز معلوم کر سکے کہ بائیبل کے واقعات کس طرح اُس علاقے سے جُڑے ہوئے تھے جس علاقے کی وہ بات کرتی ہے ۔

دو ملک دو لکھنے والے

شروع میں دریافت ہوئے دو لکھنے والے J اور E اُس زمانہ میں موجود تھے جس کا تذکرہ اوپر کیا گیا یعنی ملک اسرائیل کی تقسیم کے بعد کا زمانہ ۔وہ دونوں لکھنے والے دماغی طور پر اس دور کی تاریخ یعنی اُس زمانے کے بڑے واقعات، اس کی سیاسیات، اس کی مذہبیت اور بربادی کے واقعات سے بندھے ہوئے تھے ۔ یہاں انہی باتوں کی وضاحت کی جائے گی اور پھر وہ اشخاص جنہوں نے اُن کو لکھا ۔

قارئین ہماری وضاحت سے قبل ہی پہلی بات یہ نوٹ کر لیں کہ J کے مصنف کا تعلق جنوبی ریاست یہودیہ سے جبکہ E کے مصنف کا تعلق شمالی ریاست اسرائیل سے تھا۔ اگر J واقعات اور E واقعات کو علیحدہ کر کے پڑھا جائے تو بار بار وہ سراغ نمایاں ہوتے ہیں کہ J واقعات لکھنے والے کی دلچسپی یہودیہ سے اور E واقعات لکھنے والے کی اسرائیل سے ہے۔ اللہ تعالیٰ کا نام بےشک پہلا سراغ ہے لیکن یہ واحد سراغ نہیں ہے ۔ J مصنف خدا کے پہاڑ کا نام کوہ سینا لکھتا ہے جبکہ E مصنف اس کو حورب لکھتا ہے ۔ J مصنف حضرت موسیٰ کے خسر کا نام رعویل لکھتا ہے جبکہ E مصنف ان کو یتھرو لکھتا ہے ۔ذیل میں تورات سے بہت کچھ پیش کیا جائے گا جو ہمارے قارئین کو یہ اہم نکتہ سمجھا سکے گا ۔ تاہم ان تفصیلات کو شروع کرنے سے قبل، قارئین کی آسانی کے لئے ، ایک مثال پیش کرتے ہیں ۔

1947ء میں پاکستان ایک ملک کی حیثیت سے تخلیق ہو گیا لیکن وہ جغرافیائی اعتبار سے دو حصوں میں تقسیم تھا ، مغربی پاکستان اور مشرقی پاکستان لیکن صرف 24 سال بعد 1971ءمیں دو ملکوں میں ٹوٹ گیا ۔ اب اگر آپ کو دو ایسی گمنام تحریریں ملیں جو ایک ملک کی حیثیت میں پاکستان کے بارے میں لکھی گئیں لیکن ایک کتاب صرف ان واقعات کو بیان کرتی ہے جو مشرقی پاکستان میں یا اکثر مشرقی پاکستان میں پیش ہوئے جبکہ دوسری کتاب ان واقعات کو جو مغربی پاکستان یا اکثر مغربی پاکستان میں وقوع ہوئے تو آپ کا قیاس ہو گا کہ ایک تحریر کا مصنف مشرقی پاکستان سے وابستہ ہے اور دوسرا مغربی پاکستان سے ۔تاہم اگر آپ ان تحریروں میں یہ پائیں کہ ایک تحریر اکثر مشرقی پاکستان کے اچھے واقعات لکھتی ہےلیکن مغربی پاکستان کے لئے برے یا ناپسندیدہ الفاظ استعمال کرتی ہے اور بالکل یہی تاثر دوسری تحریر میں ملتا ہے ، اس صورت میں آپ کے قیاس کو مزید تقویت ملے گی کہ ہو نہ ہو ایک مصنف مشرقی پاکستان کا باشندہ ہے یا صرف مشرقی پاکستان ہی سے دلچسپی رکھتا ہے اسکے باوجود کہ یہ علاقہ ایک ملک کے دو جغرافیائی حصوں میں سے ایک ہے ۔اسی طرح سے آپ دوسرے مصنف کو قیاس کریں گے ۔ اور پھر آپ پر مزید یہ تاثر پیدا ہو سکتا ہے کہ یہ دونوں تحریریں ایک دوسرے کے مقابلے میں لکھی گئی ہیں ۔اور اگر یہ قیاس درست ہو تو علاقائی یا قومی عصبیت کا عنصر ہی تحریروں کا اصل مُحرِّک قرار دیا جا

سکے گا ،خصوصاً ایسی صورت میں جب کوئی اور عنصر تحریروں میں نہ پایا جاتا ہو ۔ ذیل میں تورات کی تحریریں ترتیب کی صورت میں پیش کی جائیں گی اور ان پر تبصرہ کیا جائے گا تو ،اگر چہ یہ الجھا ہوا مسئلہ ہے خصوصاً جبکہ ہمارے عام قارئین بائیبل سے کچھ زیادہ واقفیت نہیں رکھتے، ہم پُر امید ہیں کہ ان کو سمجھنا بہت مشکل ثابت نہ ہو ۔اس کتاب کو لکھنے کے بڑے اسباب میں یہ شامل ہے کہ ہمیں بائیبل میں بعض جلیل القدر انبیاء کے لئے صریح کافرانہ اور انتہائی قبیح الزامات منسوب کئے گئے ملتے ہیں ۔ حضرت سلیمان کا ان آلائشوں سے پاک ہونا ہم نے پہلے واضح کیا ۔ یہاں اس ظلم کی وجہ کو مزید واضح کیا جا سکے گا اور ساتھ میں، معاذاللہ حضرت داؤد پر زنا کی یا حضرت ہارون پر بچھڑے کا بُت بنانے کی تہمت جیسے مظالم کا جواب خود بائیبل سے ہی دے سکیں گے ۔

J یہودیہ سے اور E اسرائیل سے

یہاں تورات میں درج واقعات اور اسرائیلی بادشاہوں کی تاریخ کی کتابوں، سیموئل اور سلاطین، سے کئی واقعات اپنے الفاظ میں بیان کریں گے تاکہ طوالت سے بچا جا سکے لیکن وہیں پر بائیبل کے حوالہ جات بھی درج کر دیں گے، ہمارے زیادہ متجسس قرئین کے لئے جو مزید سمجھ پیدا کرنا چاہتے ہیں ۔ تاہم جہاں مناسب ہو تو اصل تحریر بھی قارئین کی سہولت کی خاطر نقل کی جائے گی ۔

پہلی بات جو اس معاملے کو سمجھنے میں مددگار ہے وہ یہ کہ بائیبل میں تحریروں کے گروپ میں واقعات کس طور پر ترتیب شدہ پائے جاتے ہیں ۔ کتاب پیدائش میں وہ واقعات جہاں خدا کو Yahweh سے تعبیر کیا گیا ہے ،یعنی J تحریریں، وہاں بنی اسرائیل کے جد امجد حضرت ابراہیم کی رہائش حبرون بتائی ہے(پیدائش 13:18)۔ حبرون یہودیہ کا مرکزی شہر تھا ۔ یہی شہر حضرت داؤد کا دارالخلافہ تھا جب وہ ابتدا میں یہودیہ کے بادشاہ تھے اور حضرت داؤد کا سردار کاہن صدوق بھی اسی شہر حبرون کا رہائشی تھا ۔ اسی طرح J کی تحریر میں وہ عہد جو Yahweh نے حضرت ابراہیم سے باندھا تھا

اس میں یہ وعدہ کیا تھا کہ وہ علاقے جو دریائے مصر اور دریائے فرات کے درمیان واقع ہیں انہیں حضرت ابراہیم کی اولاد کو وراثت میں دے گا (پیدائش 15:18)-یہی علاقہ حضرت داؤد کی بادشاہت کے دوران اسرائیل کی سرحد تھی اور حضرت داؤد ہی یہودیہ کے شاہی خاندان اور سلطنت کے بانی تھے ۔لیکن ایک اور واقعہ جو E کی تحریر ہے اُس میں حضرت ابراہیم کے پوتے حضرت یعقوب کا خدا سے دو بدوکُشتی کا مقابلہ بیان ہوا ہے ۔ اس واقعہ میں حضرت یعقوب اُس جگہ کا نام فنی ایل رکھتے ہیں ۔ فنی ایل کا مطلب ہے خدا کو دیکھا ۔اس مقام پر منقسم اسرائیل کے بادشاہ یربعام نے ایک شہر بسا دیا اور اس کا نام فنی ایل رکھا (پیدائش 32:25 اور 1-سلاطین 12:25)-

دونوں مآخذ J (پیدائش 28:19)اور E (پیدائش 35:6)شہر بیت ایل کے متعلق واقعات بیان کر تے ہیں اور دونوں بادشاہتیں اس شہر پر سیاسی ملکیت کا دعوٰی کرتی ہیں جو ان دونوں ملکوں کی سرحد پر واقع تھا ۔دونوں مآخذ ایک اور شہر سکم کے بارے میں بتاتے ہیں جو یربعام نے اسرائیل میں بنایا تھا اور اسے اپنا دارالسلطنت قرار دیا تھا لیکن دونوں واقعات بہت مختلف باتیں بیان کرتے ہیں ۔

J واقعہ میں اس شہر یا ملک کے ولی عہد کو حضرت یعقوب کی بیٹی دینا سے عشق ہو جاتا ہے اور وہ اس سے جسمانی تعلق قائم کر لیتا ہے ۔پھر اس کا ہاتھ شادی کے لئے مانگتا ہے ۔حضرت یعقوب کے بیٹے جواب دیتے ہیں وہ اس کی یا اپنے گھرانے سے کسی اور کی شادی اس قبیلے سے نہیں کر سکتے اس لئے کہ ان کا گھرانہ مختون ہے جبکہ اس شہر کے لوگ نا مختون ہیں ۔ ولی عہد سکم کا باپ حمور شہر کے تمام لوگوں کو ختنہ کی درخواست کر تا ہے جو قبول کر لی جاتی ہے ۔ جب وہ تمام مرد ختنہ کی تکلیف کی وجہ سے قابلِ حرکت نہ تھے تو حضرت یعقوب کے دو بیٹے شہر کے تمام مَردوں کو ہلاک کر دیتے ہیں اور عورتیں، بچے اور تمام املاک پر قبضہ کر لیتے ہیں اور ساتھ ہی اپنی بہن دینا کو بھی چُھڑا لاتے ہیں ۔انکے والد حضرت یعقوب جب اس قتلِ عام پر تنقید کرتے ہیں تو جواب ملتا ہے کیا ہماری بہن سے کسبی کا سلوک کرنا درست تھا؟ اور یہاں یہ واقعہ ختم ہو جاتا ہے (پیدائش 34)یعنی منقسم شمالی اسرائیلی ریاست کے بادشاہ یربعام کے دارالسلطنت سکم سے متعلق جو واقعہ جنوبی ریاست یہودیہ کے مورخ J نے بتایا کہ شہر کس طرح حاصل ہوا ایک بڑا نا پسندیدہ واقعہ

بلکہ ظلم تھا ۔ لیکن شمالی ریاست اسرائیل سکم کی ملکیت اس طرح بیان کر تی ہے:

> اور یعقوب جب فدان ارام سے چلا تو ملک کنعان کے ایک شہر سکم کے نزدیک صحیح و سلامت پہنچا اور اس شہر کے سامنے اپنے ڈیرے لگائے ۔ اور زمین کے جس قطع پر اس نے اپنا خیمہ کھڑا کیا تھا اسے اس نے سکم کے باپ حمور کے لڑکوں سے چاندی کے سو سِگے دے کر خرید لیا (پیدائش 33:18)

اسرائیل نے کس طرح یہ شہر حاصل کیا؟ E تحریر بتاتی ہے وہ خریدا گیا ۔ J تحریر کہتی ہے اس کو قتل و غارت کر کے حاصل کیا ۔ دو واقعات بیک وقت سچ نہیں ہو سکتے ۔اگر J مصنف سچ لکھ رہا ہے تو جب حضرت یعقوب کی اولاد نے شہر کے سب ہلاک کر دیئے اور عورتیں یرغمال کر لیں تو حمور اور اس کی اولاد بچی کہاں کہ شہر سکم حضرت یعقوب کو بیچ سکتی۔ لہٰذا E مصنف نے جھوٹ بیان کیا ۔ اور اگر E مصنف سچ لکھتا ہے تو شہر سکم حمور کی ملکیت رہا کہاں کہ J کے مصنف کے لئے قتل و غارت کی نوبت آتی۔

بالفرض J مصنف نے جھوٹا واقعہ تحریر کیا ہو تو ہم دیکھ سکتے ہیں کہ اس کو اپنے جد حضرت یعقوب کی بیٹی کی عصمت دری اورجواب میں انکی اولاد کا دھوکے سے ظالمانہ قتلِ عام اور املاک سمیت عورتیں لوٹ لینے جیسے واقعات گڑھ لینا معمولی بات ہے ۔ لیکن ہم دیکھیں گے کہ اس مفروضہ کی ضرورت نہیں ۔ J مصنف کا بیان جھوٹا ہونے کا ایک اشارہ بائیبل میں ملتا ہے ۔

J مصنف چار اولادوں 1-روبن، 2-شمعون،3-لاوی اور 4-یہوداہ کی پیدائش اور نام رکھے جانے کا پس منظر (پیدائش 35-29:31) میں تحریر کر تا ہے ۔ ان چار میں سے پہلے دو قبیلے وہ ہیں جو اپنے علاقے گم کر بیٹھے اور دوسرے قبائل میں جا ملے ۔ تیسرے بیٹے لاوی کو بنی اسرائیل کی مصدقہ روایت کے مطابق میراث میں فلسطین کا کوئی علاقہ مل نہیں سکتا تھا ۔ وہ خدا کی طرف سے مذہبی قیادت کے ذمّہ دار طے کر دیئے گئے تھے اور دوسرے اسرائیلی قبائل کی میراث میں سے رہائشی شہر حاصل کرنے کے حقدار تھے ۔اس طرح صرف چوتھے قبیلے یہوداہ کے علاقے اور واقعات ہی J کی تحریروں میں موجود ملتے ہیں ۔ بالفاظ دیگر J مصنف صرف انہی علاقوں کے

بارے میں لکھنا چاہتا ہے جو حضرت سلیمان کے عہد کے بعد منقسم جنوبی سلطنت یہوداہ کی حدود میں شامل تھے۔

Eمصنف حضرت یعقوب کی بقیہ آٹھ میں سے سات اولادوں 5۔دان، 6۔نفتالی، 7۔جد، 8۔آشر، 9۔اشکار، 10۔زبولون اور 11۔یوسف کی پیدائش اور انکے نام رکھے جانے کا پس منظر کتاب (پیدائش 30:1-24) میں بتاتا ہے جو شمالی ریاست کے قبیلے شمار ہوتے ہیں ۔ بارہویں اولاد بن یمین کی پیدائش کتاب (پیدائش 35:16-20) میں بتائی گئی ہے جو E کی لکھی ہوئی مانی جاتی ہے ۔ لیکن J مصنف اس سے زیادہ بلند مقام یہوداہ کو دینا چاہتا ہے ۔ نسب نامہ کے مطابق حضرت یعقوب کا پیدائش کی ترتیب میں پہلوٹھا روبن دوسرا شمعون، تیسرا لاوی اور چوتھا یہوداہ تھا ۔ مشرق وسطیٰ میں پیدائش کی ترتیب بہت اہم شمار ہوتی تھی کیونکہ پہلوٹھا ہی سب سے بڑا حقدار قرار دیا جاتا تھا یعنی باپ کی وراثت کا بڑا حصّہ جو عموماً دوسری اولاد نرینہ کا دو گنا تصوّر ہوتا تھا ۔ اس لئے روبن پہلوٹھا ہونے کی وجہ سے اس کو پیدائش کا حق ملنا متوقع ہونا چاہئے ۔ لیکن J مصنف تحریر کرتا ہے کہ روبن اپنے باپ کی حرم سے جسمانی اختلاط کر بیٹھتا ہے جس کا علم اس کے باپ کو ہو جاتا ہے (پیدائش 35:22)۔اب اگلا بیٹا جو پیدائش کے حق کا امیدوار ہوتا وہ شمعون تھا لیکن وہ J ہی کے بتائے گئے سکم کےباشندوں کے قتل عام میں باپ کی تنقید کا نشانہ بنا جیسا کہ اوپر بتایا گیا تھا ۔ لاوی کو خدا کے قانون کے مطابق باپ کی میراث میں کوئی حصّہ نہیں ہو سکتا تھا ، لہٰذا J کی تحریر میں پیدائش کا حق لائن میں لگے یہوداہ کو پہونچ جاتا ہے ۔ یہ وہ اشارہ ہے جس کا ہم نے اوپر تذکرہ کیا تھا ۔

J مصنف نے کتاب پیدائش باب 49 میں حضرت یعقوب کی بسترِ مرگ پر دی گئی تمام بارہ قبائل کے متعلق پیش گوئیاں تحریر کی ہیں جو ایک نظمیہ شکل میں ہیں ۔یہ پیش گوئیاں ہزار بارہ سو سال بعد حرف بہ حرف پوری ہوئیں ۔ نہ صرف تورات میں دوسرے مقامات پر مزید پیش گوئیاں بلکہ بائیبل کی دوسری کتابوں میں بھی کثرت سے ملتی ہیں ۔ عیسائی عقیدت مندوں میں سے بہت سے لوگ جو بائیبل کو کتابِ مُقدّس مانتے تھے اور اب بھی مانتے ہیں ان حرف بہ حرف صادق بیٹھنے والی پیش گوئیوں سے انتہائی مرعوب اور ان کو بائیبل کے الہامی ہونے کا نا قابلِ تردید ثبوت سمجھتے تھے ۔ ہم بائیبل کے چوتھے یعنی D مصنف کی شناخت کے وقت پیش گوئی پر وضاحتی

بحث کریں گے ۔ یہاں طوالت سے بچنے کی خاطر طویل نظم نقل نہیں کی جا سکتی ۔ اس نظم میں حضرت یعقوب کے، بقول مصنف، پہلے چار بیٹوں کے متعلق ارشادات کا خلاصہ بتاتے ہیں کہ انہوں نے روبن کے ان کے بچھونے پر چڑھنے اور شمعون اور لاوی کو ناحق قتلِ عام کے باعث نا پسندیدہ قرار دیا ۔ جبکہ چوتھے کے لئے کہا "یہوداہ سے سلطنت نہیں چھوٹے گی اور نہ اس کی نسل سے حکومت کا عصا موقف ہو گا جب تک کہ شیلوہ نہ آئے اور قومیں اس کی مطیع ہوں گی "۔اس طرح J مصنف بتاتا ہے کہ پیدائش کا حق یہوداہ کو پہنچا ۔ لیکن E کا مصنف یہ حق کس کو دیتا ہے؟

Eمصنف کی تحریر میں حضرت یعقوب وراثت کا دو گنا حصّہ حضرت یوسف کے دو بیٹوں افرائیم اور منسی کو دیتے ہیں ۔اور ان کی ہدایت ہوتی ہے کہ یوسف کے دونوں بیٹوں میں ہر ایک کو روبن اور شمعون اور دوسروں کے برابر حصّہ ملے گا ۔ E مصنف کی نظر میں آخر کیوں حضرت یعقوب اپنی تمام اولادوں سے پیدا ہوئے پوتوں کو چھوڑ کر حضرت یوسف کے دو بیٹوں کو نواز رہے ہیں؟ اس کا جواب ایک الگ واقعہ سے ملتا ہے جو E کے بتائے گئے دوسرے واقعات میں شامل ہے ۔اس واقعہ کے مطابق حضرت یعقوب بستر مرگ پر حضرت یوسف کے دونوں بیٹوں کے لئے وصیت کر تے ہیں تو حضرت یوسف اپنے بیٹوں کو اس طرح کھڑا کر تے ہیں کہ دادا کا داہنا ہاتھ حضرت یوسف کے پہلوٹھے یعنی منسّی کے سر پہ جائے اور بایاں منجھلے افرائیم پر (داہنا ہاتھ زیادہ فوقیت کا حامل شمار ہوتا ہے)۔ لیکن حضرت یعقوب اپنے ہاتھوں کی قینچی بنا لیتے ہیں اس طرح کہ داہنا ہاتھ بائیں طرف کھڑے افرائیم کے سر پہ گیا اور بایاں منسّی کے سر پر ۔ حضرت یوسف والدِ محترم ٹوکنے کی کوشش کرتے ہیں لیکن حضرت یعقوب تنبیہ کر تے ہیں کہ افرائیم زیادہ کامیاب قرار ہوا ہے (پیدائش 48:8-20) ۔

افرائیم میں کیا بات خاص بات ہے؟ E کا مصنف کیوں بتانا چاہتا ہے کہ وراثت حضرت یعقوب کی اپنی اولاد ہی میں مکمّل نہ ہو بلکہ انکی دوسری تمام اولاد سے پیدا ہونے والے پوتوں کے بجائے صرف حضرت یوسف سے پیدا ہوئے پوتے کو جو حتیٰ کہ پہلوٹھا بھی نہیں ہے ۔کیا کوئی ایسی بات تھی E مصنف کے زمانے میں جو ہم ہو؟ وہ بات یہ ہے کہ شمالی ریاست کا پہلا بادشاہ یربعام افرائیم قبیلے ہی سے

تھا (1-سلاطین 12:25)-اُس کا دار السلطنت بھی سکم میں تھا جو افرئیم قبیلہ کے علاقے میں شامل ایک پہاڑی پر واقع تھا -افرائیم در حقیقت اسرائیلی بادشاہت کے لئے دوسرے نام کی حیثیت سے بھی استعمال کیا جاتا تھا (یسعیاہ7:17 اور یرمیاہ 7:15)-

روایات میں موجود شواہد

J مصنف صرف ان واقعات میں دلچسپی رکھتا ہے جو ریاست یہودیہ کے شہروں اور علاقوں سے متعلق ہیں اور E ان شہروں اور علاقوں سے جو اسرائیل میں پائے جاتے ہیں - J اور E دونوں حضرت یوسف کی زندگی کے واقعات لکھتے ہیں -دونوں قصوں میں حضرت یوسف کے بھائی ان سے حسد رکھتے ہیں اور قتل کرنے کی کوشش کرتے ہیں لیکن ان میں سے ایک بھائی ان کو بچانے کی کوشش کرتا ہے - E میں وہ بھائی روبن ہے، حضرت یعقوب کا پہلوٹھا (پیدائش 37:21) لیکن J میں وہ یہوداہ ہے جو ان کو. بچاتا ہے (پیدائش 37:26)- E لکھتا ہے حضرت یعقوب حضرت یوسف کو اپنے سب بیٹوں سے زیادہ پیار کرتے تھے (پیدائش 37:3)جبکہ J لکھتا ہے کہ یوسف اپنے بھائیوں کے برے کاموں کی خبر باپ تک پہنچا دیتا تھا (پیدائش 37:2)- E مصنف اس روداد میں تین اور مواقع پر روبن کی حضرت یوسف پر آنے والی مصیبت پر رنج اور مدد کرنے کی خواہش کا اظہار کرتا ہے (پیدائش 42:22،37:29، 42:39)- لیکن J مصنف یہی جذبات یہوداہ کے لئے لکھتا ہے (پیدائش 46:28،44:16،43:8)-

E کے مطابق حضرت یعقوب نے اپنی وفات سے قبل جب حضرت یوسف کے بیٹوں کے سر پر ہاتھ رکھ کر دعائیں دیں اس موقع پر حضرت یوسف سے فرمایا میں نے تمھارے سب بھائیوں کے مقابلے میں تمہیں دو حصے دئے - حصہ کے لئے عبرانی میں لفظ سکم ہے - یعنی حضرت یعقوب حضرت یوسف سے کہتے ہیں کہ تمہیں ایک سکم کے بجائے دو سکم دیتا ہوں (پیدائش 48:21)- E مصنف کے ایک اور واقعہ میں حضرت یوسف بستر مرگ پر درخواست کرتے ہیں کہ میری ہڈیاں کسی روز وطن لے جا کر دفنائی جائیں (خروج 13:19)-یہ فکر مندی صرف E میں نظر آتی ہے -حضرت یوسف کا مزار یا مقبرہ کہاں بنایا گیا تھا؟ سکم میں جو اسرائیل کا دار السلطنت تھا (یشوع 21:32)-

E مصنف اور ساتھ ہی شمالی ریاست اسرائیل کی نظر میں سب سے زیادہ قابلِ فخر بات یہ ہو سکتی ہے کہ حضرت موسیٰ کا سب سے زیادہ قابلِ بھروسہ مدد گار یشوع تھا ۔ یشوع ہی نے عمالقہ سے جنگ کی قیادت کی (خروج17:9)۔ حضرت موسیٰ اور ان کی قوم کی صحرا نوردی کے زمانے میں مرکزی عبادت گاہ خیمہ گاہ تھی جو ،بائیبل کے مطابق، خدا کے حکم کی تعمیل میں حضرت موسیٰ نے بنوائی تھی ۔ حضرت موسیٰ کی غیر موجودگی میں اس خیمہ گاہ کی نگرانی کے ذمہ دار یشوع تھے ۔ یشوع واحد اسرائیلی ہیں جو سونے کا بیل بناتے وقت غیر موجود تھے ، اس لئے کہ خدا سے احکامات حاصل کرنے کے لئے حضرت موسیٰ کوہ سینا گئے تو یشوع ان کے ہمراہ تھے (خروج 24:13)۔ لیکن J تحریروں میں یشوع کا کوئی کردار نظر نہیں آتا ۔ یشوع کوئی معمولی شخصیت نہیں ۔ انہی کی قیادت میں بنی اسرائیل مصر سے خروج کے بعد فلسطین میں اپنے قدم جما سکے تھے (تمام کتاب یشوع)۔

ایسا کیوں کہ یشوع کا اہم اور خصوصی تذکرہ تورات میں صرف E تحریر میں ہے اور J میں نہیں؟ یشوع ایک شمالی ہیرو تھے ۔ان کا نسب افرائیم سے ملتا تھا جویربعام کا قبیلہ تھا ۔یشوع کا مقبرہ افرائیم کے علاقے میں بنا اور یشوع کی کتاب کے آخری باب میں یشوع کی بنی اسرائیل سے عہد لینے کی تقریب سکم میں منعقد ہوئی (گنتی 13:8 اور یشوع 24:30)

J مصنف اسرائیل کے افرائیم قبیلہ کے ہیرو یشوع کے مقابلے میں یہوداہ قبیلہ کے فرد کالب کو ہیرو کے روپ میں پیش کر تا ہے ۔ اس مصنف کی تحریر میں حضرت موسیٰ جاسوسوں کی ایک ٹیم معلومات کے حصول کی خاطر بیابان سے وراثت کے ملک فلسطین بھیجتے ہیں ۔واپسی پر تمام جاسوس، صرف ایک کو چھوڑ کر، بتاتے ہیں کہ وہاں کے لوگ بہت طاقتور ہیں اور وہ سرزمین قابلِ حصول نہیں ۔ایک جاسوس جو اُن سے اختلاف کرتا ہے اور لوگوں کو ایمان پر قائم رہنے کی نصیحت کرتا ہے وہ کالب ہے ۔اس مہم میں جاسوس نجف(جنوبی علاقے کا ریگستان)سے گزرتے ہیں اور پہاڑی علاقہ کے شہر حبرون تک جاتے ہیں اور وہاں سے وادئ اسکول تک ۔ یہ تمام مقامات یہودیہ ہی میں ہیں (گنتی 13:17)۔کالب سے ایک قبیلہ کا آغاز ہوا ۔کالب قبیلے

کا وراثتی علاقہ یہودیہ کا پہاڑی علاقہ تھا اور حبرون ، یہودیہ کا دارالحکومت، ان کے علاقے میں شامل تھا (یشوع 14:13)۔

تمام مشاہدات جمع کریں تو نتیجہ نکلتا ہے کہ ابتدائی محققین کا خیال درست تھا کہ (1)لکھنے والے دو مختلف افراد ہو سکتے ہیں؛(2)جس شخص نے J واقعات لکھے اس کی خصوصی دلچسپی یہودیہ کی بادشاہت سے تھی اور جس نے E واقعات لکھے وہ اسرائیل سے دلچسپی رکھتا تھا ۔ تاہم ہماری نظر میں ،جیسا کہ اس باب کی ابتدا میں تحریر کیا، لکھنے والوں کے جغرافیائی علاقوں سے دلچسپی یا وابستگی کے علاوہ بھی معلومات درکار ہیں۔ سوال یہ ہے جو کچھ واقعات انہوں نے لکھے اس کی وجہ کیا تھی ؟ان کی دنیا میں کیا ہو رہا تھا جس نے ان کو یہ کچھ لکھنے پر راغب کیا ؟

جڑواں بھائی

مثال کے طور پر بائیبل کے دو جڑواں بھائی حضرت یعقوب اور عیسو پر متوجہ ہوں ۔ان واقعات میں حضرت ابراہیم کے بیٹے حضرت اسحٰق ربقہ سے شادی کرتے ہیں اور دو جڑواں بیٹوں کی ولادت ہوتی ہے ۔ پہلے پیدا ہونے والا عیسو پھر حضرت یعقوب پیدا ہوتے ہیں ۔دونوں بچّے پیدا ہونے سے قبل ابھی ماں کے پیٹ ہی میں تھے کہ:

خداوند نے اُسے کہا دو قومیں تیرے پیٹ میں ہیں
اور دو قبیلے تیرے بطن سے نکلتے ہی الگ ہو جائیں گے
اور ایک قبیلہ دوسرے سے زور آور ہو گا
اور بڑا چھوٹے کی خدمت کرے گا (پیدائش 25:23)

بچّے بڑے ہوتے ہیں ۔ایک موقع پر عیسو باہر سے ایسے وقت بھوکا واپس آتا ہے جب دوسرا بھائی مسور کی سرخ رنگ کی دال پکانے میں مصروف ہے ۔ عیسو کے کھانا مانگنے پر یعقوب کہتے ہیں کہ اس شرط پر کھانا مل سکتا ہے اگر وہ پہلوٹھے کا حق ان کو دے ۔کھانا ملنے کی خاطر عیسو یہ حق دے دیتا ہے ۔مزید عرصہ گزر جاتا ہے ۔دونوں کے والد اپنی بستر مرگ کی دعا عیسو کو دینے کا ارادہ کرتے ہیں اور دعا دینے سے پہلے عیسو سے شکار کے کھانے کی فرمائش کرتے ہیں ۔دونوں کی ماں ربقہ یعقوب کو ہدایت دیتی ہیں کہ وہ باپ کے سامنے خود کو عیسو ظاہر کریں ۔ باپ کی بینائی کمزور ہے یعقوب یہی کرتے ہیں اور اس سے پہلے، ماں کے سجھا نے پر اپنے

بازوؤں پر بکرے کی کھال لپیٹ لیتے ہیں اس لئے کہ عیسو کے جسم پر بال ہیں اور ان کے جسم پر نہیں ۔ اسحٰق دھوکے میں آ کر یعقوب کو دعا دے دیتے ہیں جس میں اس کے بھائی پر اقتدار بھی شامل ہے :

دیکھو!میرے بیٹے کی مہک اس کھیت کی مانند ہے جسے خداوند نے برکت دی ہو
خدا آسمان کی اوس اور زمین کی فربہی اور بہت سا اناج اور مئے تجھے بخشے!
قومیں تیری خدمت کریں اور قبیلے تیرے سامنے جھکیں!
تو اپنے بھائیوں کا سردار ہو اور تیری ماں کے بیٹے تیرے آگے جھکیں!
جو تجھ پر لعنت کرے وہ خود لعنتی ہو اور جو تجھے دعا دے وہ برکت پائے!
(پیدائش 27:27)

اب عیسو شکار کا کھانا تیار کر کے پہونچتا ہے تو پتہ چلتا ہے دعا دی جا چکی ہے ۔ عیسو زور دیتا ہے کہ اسے بھی دعا دی جائے لیکن اب دعا باقی نہ رہی ۔ جب وہ بہت رویا تو باپ نے کہا:

دیکھ! زرخیز زمین میں تیرا مسکن ہو اور اوپر سے آسمان کی شبنم اس پر پڑے
تیری اوقات بسری تیری تلوار سے ہو اور تو اپنے بھائی کی خدمت کرے
اور جب تو آزاد ہو تو اپنے بھائی کا جوا اپنی گردن پر سے اتار پھینکے (پیدائش 27:39)

کوئی لکھنے والا کیوں یہ عجیب تفصیلات بیان کر رہا ہے؟ جواب اس قصہ کو لکھنے والے کے زمانے اور اس کی دنیا سے جُڑا ہوا ہے ۔کیوں سرخ دال؟ اس لئے کہ قصہ بتاتا ہے عیسو اس واقعہ کے بعد سرخ کے لقب سے جانا گیا ۔سرخ کے لئے عبرانی میں لفظ ادوم ہے ۔ اس کا مطلب یہ ہے کہ اسرائیلی روایات میں عیسو ادومی قوم کا باپ ہے ۔کیوں جڑواں بھائی؟ اس لئے کہ بنی اسرئیل ادومی قوم کو اپنا کزن جانتے تھے برخلاف فلستی اور دیگر اقوام جن کو وہ پردیسی مانتے تھے ۔ربقہ کو کیوں بشارت کہ بڑا چھوٹے کی خدمت کرے گا؟ اس لئے کہ صرف حضرت داؤد، اسرائیل کے اوّلین بادشاہ، کے زیر اقتدار اسرائیل نے ادومیوں کو شکست دی اور دو سو سال اپنے ماتحت رکھا ۔عیسو/ادوم کو کیوں دعا کہ تو اس کا جوا اپنے کندھوں سے اتار پھینکے گا؟ اس لئے کہ ادومی بالآخر شاہ یہورام کے عہد میں یہودیہ سے 848 -842 ق م میں آزاد ہو گئے (2-سلاطین 8:20)۔

یہ واقعات اللہ تعالٰی کے نام کو یہواہ (خداوند) سے ظاہر کرتے ہیں یا دوسری وہ نشانیاں ظاہر کرتے ہیں جو J مصنف کی تحریروں میں ملتی ہیں ۔ یہاں وضاحت کر دیں کہ اوپر بائیبل کے دوسرے اقتباس میں پہلی سطر میں خداوند جبکہ دوسری سطر میں خدا یعنی ایلوہیم تحریر ہے ۔ اس کی وجہ یہ ہے کہ J مصنف جب خود اللہ تعالٰی کا نام لکھتا ہے

تو خداوند (یہواہ) لیکن کوئی دوسرا فرد اس کی تحریر میں اللہ تعالٰی کا نام لیتا ہے تو مصنف خدا یا ایلوہیم لکھتا ہے ۔مذکورہ واقعات جو بنی اسرائیل کا رشتہ عیسو/ادوم سے ظاہر کرتے ہیں صرف J میں کیوں نظر آتے ہیں اور E میں کیوں نہیں؟ اس لئے کہ J کا تعلق یہودیہ سے ہے ۔ یہودیہ کی سرحد ادوم سے ملتی ہے اسرائیل کی سرحد نہیں ملتی۔

بائیبل میں ہر ایک موقع پر واقعات کی تفصیلات علاقے کے تاریخی ریکارڈ سے جا ملتی ہے ۔ J مصنف اپنے لوگوں کے اجداد کی تاریخ بیان کر نا چاہتا ہے لیکن اس طرح کہ اس کے زمانے یا ماضی قریب کے ادوار کی وضاحت کسی مذہبی یا اخلاقی نقطہ نظر سے ہو سکے ۔مثلاً جو واقعات اس نے یہودیہ اور پڑوسی قوم ادوم کی بابت مشاہدہ کئے اس کے لئے کوئی بشارت یا دعا کی طرح کی باتیں اختراع کرنا پڑیں تاکہ جس طرح وہ واقعات پیش آئے ان کی توضیح کی جا سکے ۔جس خطے سے وہ مصنف وابستہ ہے صرف اسی خطہ کی تاریخ کو اس طرح کمپوز کر رہا ہے کہ اس کے زمانے کی سیاسی یا سوشل حقائق کی توجیہ اس کی قوم کے اجداد کے واقعات سے ہو سکے ۔ اِس کے لئے اُس کو اپنے جد کو پر عزم اور چالاک لیکن بے ایمان یا دھوکہ باز بنا دینے میں کوئی قباحت نظر نہیں آتی ۔ یعقوب نے دھوکے ہی سے عیسو کے مقابلے میں اسحٰق سے دعا وصول کر لی ۔عیسو تو بےچارہ بے قصور نکلا اور بے وقوف بھی کہ دال کے بدلے پہلوٹھے کا حق دے دیا ۔ یہ سب لکھنے والے کی ذہنی تخلیق اور ذہنی خلل کے سوا اور کیا ہے ۔

یہ مصنف بتاتا ہے کہ دو اقوام کی تقدیر اس وقت ہی ان اقوام کے بنانے والے نے دائمی طور پر طے کر دی تھی جب ان کے اجداد ابھی ماں کے پیٹ میں تھے ۔یہ اس خدا کا تصوّر وہ اپنے لئے رکھتا ہے اور اِسی تصوّر کو اُس نے اپنی قوم کے لئے لکھ کر پیش کر دیا اور وہ لکھی باتیں تاریخ میں زندہ رہ گئیں اور اپنے اثرات پیدا کرتی رہیں ۔بعد میں آنے والے الجھے ہوئے دماغ ان کتابوں کو کُتبِ مقدّسہ سمجھتے رہے اور اِن تحریروں کی روشنی میں کائنات کی اور تخلیقِ انسانی کی کنہ دریافت کرنے کی کوشش کی نتیجتاً خود اپنی راہ گم کردی اور دوسروں کی راہ کھوٹی کرنے کا سبب بنے ۔ حصہ دوئم میں عیسائی عقیدہ کے تجزیہ کے دوران ان تحریروں کے اثرات واضح ہو سکیں گے۔

J مصنف کے بالکل قریب پڑوس میں بسنے والے دوسرے تمام قبیلے اس کے اپنے بھائی ہیں۔ ان قبیلوں کی بھی وہی تاریخ ہے جو اس کی اپنی تاریخ لیکن وہ ان قبائل کو پیش آنے والے واقعات سے دلچسپی نہیں رکھتا۔ یہی اسپرٹ ہمیں E مصنف کی تحریروں میں نظر آتی ہے جو گزشتہ چند صفحات میں بیان کی۔ بائیبل سے اوپر تحریر کئے گئے اقتباس میں شاہ یہورام کے عہد کا اختتام 842 ق م لکھا تھا جب ادوم ان سے آزاد ہوا تھا لہٰذا قارئین تورات کے J مصنف کو کم از کم 842 ق م کے بعد کے کسی زمانے میں ہونا اخذ کر سکتے ہیں۔ جدید محققین نے اسی پہلو سے تورات کی پانچ کتابیں اور بنی اسرائیل کی بعد کی تاریخ بتانے والی کتابیں اگلی سات کتابوں کی بہت باریکی سے پڑتال کی اور تورات لکھی جانے والے زمانوں کے جتنا قریب پہنچنا ممکن ہو سکتا تھا پہنچ سکے۔ اور انہی کوششوں میں چاروں مصنفین کی بھی نشاندہی کر سکے۔

باب 4

دو مملکت دو مصنف

بائیبل کے واقعات میں ان کے لکھنے والوں کی بابت سراغوں کا سلسلہ نظر آتا ہے لیکن ساتھ ہی اس ڈھائی ہزار سال قدیم دنیا کے متعلق ایک رائے قائم کرنے میں بھی مدد ملتی ہے - J کے لکھے گئے واقعات ان حالات کی نشاندہی کرتے ہیں جس عہد میں اس کا لکھنے والا حیات تھا اور وہ یہ بھی اشارہ کرتے ہیں کہ لکھنے والے کا مقصد کیا تھا ۔ اس کے علاوہ E تحریروں میں J واقعات کے مقابلے میں مصنف کے متعلق زیادہ اشارات ملتے ہیں۔

سونے کا بیل

یہ E تحریروں کے متعلق سب سے زیادہ کھول کر بتانے والا واقعہ ہے جس کی طرف ہماری کتاب کی ابتدا میں اشارہ کیا گیا تھا ۔ تورات کے مطابق جس وقت حضرت موسیٰؑ خدا کے پہاڑ پر دس احکامات وصول کرنے کے لئے اپنے لوگوں سے دور اور نظروں سے اوجھل تھے، ان کے پیچھے لوگوں نے پرستش کے لئے بُت بنایا :

> اور اُس (یعنی حضرت ہارون) نے اُن کو ان کے ہاتھوں سے لے کر ایک ڈھالا ہوا بچھڑا بنایا جس کی صورت چھینی سے ٹھیک کی تب وہ کہنے لگے ائے اسرائیل یہی تیرا وہ دیوتا ہے جو تجھ کو ملک مصر سے نکال لایا ۔یہ دیکھ کر ہارون نے اس کے آگے ایک قربان گاہ بنائی اور اس نے اعلان کر دیا کہ کل خداوند کے لئے عید ہو گی ۔اور دوسرے دن صبح سویرے اٹھ کر انہوں نے قربانیاں چڑھائیں اور سلامتی کی قربانیاں گزرانیں۔پھر ان لوگوں نے بیٹھ کر کھایا پیا اور اٹھ کر کھیل کود میں لگ گئے (خروج32:4)۔

اس سے قبل کہ اس اقتباس پر بحث شروع ہو ایک بات کی وضاحت ضروری ہے۔ یہ اقتباس اپنی ابتدا میں واضح ہے کہ "ایک" جوان بیل یا

بچھڑ ا بنایا گیا اور اسی بچھڑے کے متعلق کہا گیا کہ "یہی تیرا وہ دیوتا ہے"۔ یہ فقرہ انہی الفاظ میں کتاب خروج میں لکھا گیا ہے، یعنی "ایک" بچھڑ ا اور "ایک" دیوتا۔ دونوں واحد کے صیغہ میں ہیں ۔ لیکن بائیبل کے انگریزی ترجمہ میں یہ اس طرح نہیں ہے ۔ ذیل میں نقل کیا جاتا ہے ۔

> These be thy gods, O Israel, which brought thee up out of the land of Egypt

یہاں نہ تو بچھڑ ا صیغہ واحد میں ہے اور نہ ہی خدا ۔یہ تورات کا فقرہ تو ایک ہے لیکن دو ترجموں میں دو بالکل مختلف مفہوم اخذ کرنے کا ذریعہ ہے ۔محض ترجموں کے ذریعے تورات کی تفسیر اور ہدایات و عقیدہ اخذ کرنے میں انسان کہاں سے کہاں پہنچ سکے اسکا اندازہ اس معمولی بات سے لگایا جاسکتا ہے ۔

اگر انگریزی ترجمہ کو درست مان لیں تو اردو ترجمہ میں "یہی تیرا وہ دیوتا ہے "کے بجائے" یہی تیرے وہ دیوتا ہیں" ہونا چاہئے تھا ۔ اردو زبان میں لفظ "دیوتا" کی جمع کے لئے "دیوتے" میسر نہیں جیسے مثلاً "جوتا" کے لئے "جوتے" میسر ہے ۔ ہمارے کئے گئے ترجمہ "دیوتا ہیں" سے تورات کے مذکورہ دونوں ترجموں کے مفہوم میں مطابقت پیدا ہو سکتی تھی ۔

بائیبل کی کتابیں ابتدا میں عبرانی زبان میں مذکورہ ادوار میں لکھی گئیں لیکن بنی اسرائیل جب 300 ق م کے لگ بھگ زمانے میں سکندر اعظم کی عالمگیر یلغار کی لپیٹ میں آئے اور ساتھ میں باقی دنیا کی طرح یونان کے عظیم فلسفیوں سے مرعوب بھی ہوئے تو آخر کار بائیبل کی ان عبرانی کتابوں کا مرعوبیت کی وجہ سے بھی اور جبراً بھی یونانی زبان میں ترجمہ کر دیا گیا ۔ بعد میں وہ اصل عبرانی کتابیں معدوم ہو گئیں ۔قریب کی اقوام یونانیوں کی علمی برتری سے یونانی زوال کے بعد بھی صدیوں مرعوب رہیں، حتیٰ کہ حضرت عیسیٰ کی اناجیل بھی یونانی زبان میں لکھی گئیں جبکہ اس وقت فلسطین میں آرامی زبان رائج تھی اور فلسطین پر عسکری غلبہ رکھنے والی روم کی قوم کی زبان لاطینی تھی ۔ یونانی بائیبل کا ترجمہ بعد میں لاطینی میں ہوا پھر انگریزی میں پھر اردو اور دوسری زبانوں میں ۔اس طرح طراجم میں کئی قباحتیں نظر آتی ہیں جو تفاسیریا ہدایات اخذ کرنے

میں طرح طرح کے مسائل پیدا کرتی ہیں تاہم فی الحال ذیل کی بحث میں واضح ہو گا کہ انگریزی ترجمہ لازماً درست ہے ۔درپیش بحث کے لئے ہمیں اس فقرے کا درست ترجمہ درکار تھا اس لئے یہ ضمنی وضاحت کرنی پڑی۔

بائیبل کے مذکورہ اصل فقرہ "یہی تیرے وہ دیوتا ہیں" کے جواب میں حضرت ہارون فرماتے ہیں "کل خداوند (یہواہ) کے لئے عید ہوگی"۔ یہاں پہلی مرتبہ کسی E واقعہ میں "یہواہ" لفظ نمودار ہوا ہے ۔لوگ دیوانہ دار خوشی مناتے ہیں اور قربانی کرتے ہیں ۔اسی دوران اللہ تعالیٰ حضرت موسیٰ کو بتاتے ہیں نیچے کیا ہو رہا ہے : "یہ لوگ جینے کا حق کھو بیٹھے ہیں اور یہ کہ ایک نئی نسل حضرت موسیٰ کی اولاد سے پیدا کی جائے گی"۔ حضرت موسیٰ اللہ تعالیٰ سے قوم کی معافی اور در گزر کی درخواست کرتے ہیں جو منظور کر لی جاتی ہے ۔حضرت موسیٰ اپنے خادم یشوع کے ساتھ پہاڑ سے نیچے آتے ہیں ۔لوگوں کی حالت اور سونے کا بُت دیکھتے ہی غصہ کی حالت میں اللہ تعالیٰ کی احکامات درج ہوئی پتھر کی سلوں کو پٹخ کر توڑ دیتے ہیں ۔تین ہزار کی تعداد میں گمراہوں کو قتل کرواتے ہیں تب لاوی قبیلہ ان کے گرد جمع ہو کر خدا سے استدعا کرتا ہے کہ لوگوں کو معاف کردیا جائے اور بربادی سے بچا لیا جائے (خروج 32)۔

یہ تمام واقعہ سوال ہی سوال ہے ۔مصنف کیوں حضرت ہارون کو کفر کی اس حرکت کا اصل بانی قرار دے رہا ہے؟ اصل بانی قتل کی سزا سے کیوں بچا رہا جبکہ دوسرے نسبتاً کم جرم کے مرتکب ہلاک کر دیئے گئے؟ لوگوں نے کیوں کہا "یہی تمہارے دیوتا ہیں" جبکہ بچھڑا ایک ہی بنایا گیا تھا؟ کیوں کہا "جو مصر کی سرزمین سے نکال لایا" جبکہ مجسمہ بنایا ہی اس وقت گیا ہے جب وہ مصر سے نکل آئے ہیں؟ حضرت ہارون کیوں کہتے ہیں "یہواہ کے لئے کل عید ہو گی جبکہ وہ سونے کے بیل کو یہواہ کے مقابلے میں پیش کر رہے ہیں؟ حضرت موسیٰ کے لئے کیوں کہا جا رہا ہے کہ انہوں نے پتھر کی سلیں توڑ دیں؟ صرف لاوی قبیلے کو کیوں دکھایا جا رہا ہے کہ اس نے جرم کے ذمہ دار قتل کئے یعنی وہ خود ان میں شامل نہ تھا؟ یشوع کے لئے کیوں بتایا گیا کہ وہ اِس کافرانہ حرکت کے وقت غیر موجود تھا؟

بائیبل پر کئے گئے پچھلے مباحث میں اتنی معلومات ہمارے قارئین کو دستیاب ہو چکی ہیں کہ ان سوالوں کے جواب دئے جا سکتے

ہیں ۔ جس زمانے میں یہ تحریر لکھی گئی اس زمانے کے متعلق ضروری معلومات انہی مقاصد کے لئے تحریر کی گئی تھیں ہم سمجھ چکے ہیں کہ J مصنف یہودیہ سے اور E مصنف اسرائیل سے وابستہ ہے ۔ہمارے پاس اب کافی شواہد موجود ہیں کہ E مصنف کی خصوصی دلچسپی اسرائیل کے بادشاہ یربعام اور اس کی مذہبی پالیسی سے ہے ۔ E مصنف صرف ان شہروں کے متعلق لکھتا ہے جو یربعام نے دوبارہ تعمیر کئے سکم، فنی ایل اور بیت ایل۔ E اپنے قبیلہ افرائیم کی فضیلت بیان کر تا ہے ۔ E مصنف یہودیہ کی missimکی پالیسی ناپسند کرتا ہے یا یہودیہ سے اپنی ناپسندیدگی جتانے کے لئے گھڑتا ہے ۔ E حضرت یوسف کے تدفین کے واقعہ اور مدفن کے مقام کو خصوصی توجہ دیتا ہے جو روایتاً یربعام کے دارالسلطنت میں بنایا گیا تھا ۔ اس کے علاوہ E مصنف حضرت موسیٰ کی شخصیت کو سب سے زیادہ اہم قرار دیتا ہے، J کے مقابلے میں کہیں زیادہ ۔

اس واقعہ میں یہ حضرت موسیٰ ہیں جو اللہ تعالٰی سے معافی کی درخواست کرتے ہیں جس کی بناء پر لوگ بچ گئے ورنہ سب مارے جاتے تھے ۔ اور یہ در گزر بھی ایسی کہ اللہ تعالٰی کی طرف سے حضرت موسیٰ کو یہ پیشکش تھی کہ خود انہی کی اولاد سے ایک نئی قوم کھڑی کر دی جائے ۔ اس بات کی روشنی میں حضرت موسیٰ کی عظمت نادیدہ نہیں رہ جاتی ۔ E مصنف کے لکھے واقعات میں یہ حضرت موسیٰ کا ذاتی کردار ہے جو بنی اسرائیل کو مصر کی غلامی سے نجات دلاتا ہے ۔ یہ تاثر J میں نہیں ملتا ۔ E میں حضرت موسیٰ کے واقعات کے مقابلے میں بہت کم واقعات بنی اسرائیل کے بنیادی آباء حضرت ابراہیم وغیرہ پر تحریر ملتے ہیں۔ J واقعات میں یہ الٹا ہے ۔ وہاں زیادہ مواد پچھلے اجداد پر اور کم حضرت موسیٰ پر ہے ۔

اب آجائیں اس سونے کے بیل کے واقعہ کی تشریح پر ۔فرض کیا کہ E مصنف ایک لاوی کاہن تھا یعنی لاوی قبیلہ کا کوئی مذہبی عالم ۔اور فرض کیا کہ وہ شہرسیلا سے تھا اس لئے امکاناً اس کا حضرت موسیٰ سے نسبی تعلق تھا ۔ایسا شخص اس واقعہ کی تفصیلات کو تخلیق کرنے یا اپنے مطلب میں ڈھالنے کا طبعی رجحان اپنے اندر رکھ سکتا تھا ۔ اس صورت میں تمام سوالوں کے جواب ملنا ممکن ہے ۔

متصوّر ہوں کہ شہر سیلا کا کوئی کاہن ابیاتر کے نام سے ہے جو حضرت سلیمان کے عہد میں سردار کاہن کا عہدہ سے بر طرف کر دیا

گیا ہے ۔اس کو معزول کر کے یروشلم کے قریب ہی کسی عنتوت نامی قصبہ کا پابند کر دیا گیا ہے اور اس کا داخلہ ملک کی مرکزی عبادت گاہ میں ممنوع قرار دے دیا گیا ہے ۔اس کے ساتھ کا دوسرا سردار کاہن صدوق، جو ہارون کے گھرانے سے ہے ،اپنے عہدہ پر برقرار ہے اور وہی سالانہ تین بڑے مذہبی تہواروں کی صدارت پر مامور ہے ۔سیلا ہی کے نبی اخیاہ نے یربعام کا اسرائیل کے نئے بادشاہ کے طور پر انعقاد کر دیا ہے لیکن یربعام نے ملک کے دو جغرافیائی سرحدوں کے قریب دو بڑی عبادت گاہیں تعمیر کر دی ہیں اور طاقتور بیلوں کے دو سونے کے مجسمے بنوا کر ایک ایک مجسمہ ان عبادت گاہوں پر نسب کر وا دیا ہے ۔ اس بادشاہ نے اس کو اور اسکے قبیلے کے کسی فرد کو مذہبی رسومات کی ادائیگی کےاس اعزاز سے محروم کر رکھا ہے جو اس قوم کی تاریخ میں وہ اپنے پاس رکھتے چلے آئے ہیں اور اسکے بجائے اس بادشاہ نے دوسرے قبائل سے افراد منتخب کر لئے ہیں ۔ جو وقت اس قدیم مذہبی خاندان کے لئے چالیس سال قبل کھوئی گئی کامیابیاں واپس حاصل کرنے کا تھا وہ محرومی میں بدل دیا گیا ہے اور اس پر اقتصادی اور معاشی تنگ دستی مَرے پر سَودُرّے کے مصداق ایک الگ بڑی مصیبت ہے ۔

یہودیہ اور یروشلم میں ان کی معزولی اور انخلاء کی علامت بنی ہارون تھے ۔ حضرت موسیٰ کے گھرانے کا کوئی فرد، E مصنف نے ایک واقعہ کو اس طرح تحریر کیا کہ مصر کی غلامی سے نجات کے فوراً بعد قوم نے جو گناہ کیا تھا اس گناہ کا ذمہ دار ہارون کی ہستی تھی ۔واقعہ کی تمام تفصیلات اپنی اپنی جگہ بیٹھ جاتی ہیں ۔ہارون کو سزا کیوں نہ ملی؟ اس لئے کہ خواہ اس خانوادہ سے وہ کتنا ہی متنفر ہو اپنے لوگوں کے تاریخی ریکارڈ کو سارا کا سارا نہیں بدل سکتا تھا ۔ان کی روایات میں یہی تھا کہ حضرت ہارون نے اپنی تمام عمر کاہنی فرائض انجام دیئے ۔وہ سردار کاہن کو اس معاملہ میں خدا کی طرف سے سزاوار دکھا نہیں سکتا تھا ۔وہ یہ نہیں تخلیق کر سکتا تھا کہ سردار کاہن ہارون ابتدا ہی میں یہ فریضہ سر انجام دینے کے اہل نہ رہے ۔

لوگ کیوں کہتے ہیں "یہی تیرے وہ دیوتا ہیں" جبکہ وہاں صرف ایک بچھڑا ہے؟ وہ کیوں کہتے ہیں "جو تجھ کو ملک مصر سے نکال کر لایا "جبکہ بچھڑا بنایا ہی اس وقت گیا جب وہ مصر سے آزاد ہو چکے تھے؟ ان دونوں فقروں کا جواب شاہ یربعام کے ایک جملہ سے

ملتا ہے جو اس نے بیل کے دو مجسمے دو ہیکل میں نسب کروانے کے بعد لوگوں سے کہا تھا:

> اس لئے اس بادشاہ نے مشورت لے کر سونے کے دو بچھڑے بنائے اور لوگوں سے کہا یروشلم کو جانا تمہاری طاقت سے باہر ہے ۔اے اسرائیل اپنے دیوتاؤں کو دیکھ جو تجھے ملک مصر سے نکال لائے اور اس نے ایک کو بیت ایل میں قائم کیا اور دوسرے کو دان میں رکھا (1۔سلاطین 12:28)

قارئین دیکھ سکتے ہیں کہ کتاب خروج میں لوگوں کے کہے الفاظ اور اوپر دوسری سطر میں یربعام کے کہے الفاظ یکساں ہیں ۔موجودہ اردو بائیبل میں "اے اسرائیل یہی تیرا وہ دیوتا ہے جو تجھ کو ملک مصر سے نکال لایا" کا ترجمہ غلط تھا اور انگریزی ترجمہ ہی درست تھا۔ اس مسئلے کی وضاحت ضروری تھی جو ہم نے پچھلے صفحات میں کی ورنہ حضرت ہارون کے واقعہ سے منسوب نکتہ واضح نہیں کیا جاسکتا تھا ۔

اب تک کی بحث کی روشنی میں ہم کہہ سکتے ہیں کہ جو الفاظ روایات میں یربعام کے لب سے ادا ہوئے انہیں E مصنف نے کتاب خروج میں لوگوں سے کہلوا دیا اور ساتھ میں حضرت ہارون کو اصل مجرم ٹھہرادیا ۔وہ لکھنے والا کیوں دکھا تا ہے کہ لاوی ایک خونی مہم برپا کر تے ہیں؟ اس لئے کہ وہ خود لاوی ہے اور حضرت موسیٰ کی نسل سے ہے ۔اس طرح یہ تحریر یروشلم میں موجود کاہنی نظام ،جو بنی ہارون کے ہاتھوں میں ہے، لوگوں کی نظروں سے گرانا اور باقی بنی لاویوں کی عزت و عظمت بڑھانا چاہتی ہے ۔

یشوع اس قصہ میں کیوں موجود ہے اور کیوں تنہا اس کو اس گناہ سے بچا لیا گیا ہے؟ اس لئے کہ یشوع شمالی ہیرو ہے ۔اس کا اور یربعام کا قبیلہ ایک ہی ہے، افرائیم۔ اس کی قبر حضرت یوسف کی قبر کی طرح افرائیم میں ہی ہے ۔ اس کے اہم کاموں میں خدا سے عہد اٹھانے کے لئے تمام قوم کا سکم میں جمع کیا جانا شامل ہے جو بعد میں یربعام کا دارالسلطنت بنا ۔یشوع کو سونے کے بیل کے گناہ سے علیحدہ رکھنے سے یہ بھی واضح ہوتا ہے کہ کیوں یشوع حضرت موسیٰ کے بعد ان کے خلیفہ قرار دیئے گئے ۔

E مصنف کا یربعام کے کہے الفاظ کو بالکل اسی طرح خروج کے گناہ کے واقعہ میں جوڑ دینے سے غالباً اس کی مراد یہ ہے کہ بنی

اسرائیل کا قدیم گناہ یربعام کی بادشاہت میں دہرا یا گیا ہے ۔ اس نے گناہ کے حوالے سے حضرت ہارون کے نام کا اضافہ کیا اور یہ دکھایا کہ باقی بنی لاوی اس گناہ سے پاک تھے ۔ اس کے باوجود وہ غالباً سمجھتا تھا کہ ہیکل سلیمانی میں وہ مقام جو کبھی اس کے یا اسکے گھرانے کے پاس تھا اسکو نہ مل سکے گا ۔ اس کی ایک وجہ تو یہ کہ یہودیہ میں بادشاہت حضرت داؤد کے گھرانے میں محفوظ چل رہی تھی اور اسی گھرانے کی بادشاہت کے خلاف بغاوت کے نتیجے میں یہ گھرانہ معطلی کا شکار تھا ۔دوسری اتنی ہی بڑی وجہ یہ کہ بنی ہارون کے گھرانے کی مذہبی قیادت بھی مضبوطی سے برقرار تھی ۔ حضرت سلیمان نے حضرت داؤد کے نامزد کردہ سردار کاہن صدوق کے گھرانے کو قائم رکھا جو نہ صرف یہ کہ حبرون کے بنی ہارون قبیلہ سے تھا بلکہ بنی ہارون شاہی خاندان سے رشتہ داری کا تعلق بھی رکھتا تھا ۔حضرت داؤد کا نسبی تعلق بنی یہوداہ سے تھا ، یہ تو ایک معروف بات ہے ۔ حضرت موسیٰ کے صحرا نوردی کے زمانے میں نحسون نامی شخص یہوداہ قبیلے کا سردار مقرر کیا گیا تھا (گنتی2:3)۔ اسی نحسون کی بہن حضرت ہارون سے بیاہی گئی تھی (خروج 6:23)۔ انہی سے حضرت ہارون کی وہ اولاد پیدا ہوئیں جنہوں نے مذہبی قیادت کی ذمہ داری سنبھالی ۔اس طرح شاہی خاندان اور بنی ہارون آپس میں شادی کے رشتہ سے بھی جُڑے تھے ۔

غالباً یہی وجہ ہے کہ E مصنف یربعام کے قبیلہ اور منقسم اسرائیل کے علاقوں کی تاریخ اور بہت سی دوسری باتیں اچھے الفاظ میں بیان کرتا ہے ۔ ان میں سے بعض باتیں ہم نے پچھلے صفحے پر بیان کیں۔ ان تحریروں سے ظاہر ہوتا ہے کہ اس کو شمالی ریاست ہی سے زیادہ امیدیں وابستہ تھیں ۔ وہ یہ امید کر سکتا تھا کہ کسی روز غیر لاوی کاہنوں کو معزول کر کے ان ہی کو اسرائیل میں کاہن مقرر کر دیا جائے گا ۔

یہوداہ کی اولادیں

E مصنف نے صرف مذہبی سربراہی کا آغاز کرنے والے حضرت ہارون کو گناہ گار قرار دینے پر ہی اکتفا نہیں کیا بلکہ سیاسی سربراہی کے جد امجد یہوداہ کو بھی نشانہ بنایا ۔حضرت داؤد کا نسبی تعلق

حضرت یعقوب کے چوتھے بیٹے یہوداہ سے تھا ۔ اس مصنف نے یہوداہ سمیت تمام سوتیلے بھائیوں کی حضرت یوسف سے حسد رکھنے پر قتل کی سازش اور ان کا مصر میں بیچے جانے کے واقعات بتانے کے دوران اچانک سلسلہ منقطع کر کے یہوداہ کی اولادوں کی پیدائش کی تفصیلات بیان کرنے کے لئے ایک مکمّل باب استعمال کیا ۔اس واقعہ کا خلاصہ یہاں درج کیا جاتا ہے ۔

یہوداہ کسی نامعلوم وجہ سے حبرون میں اپنے بھائیوں کا گھر چھوڑ کر ایک دن کی مسافت پر شہر عدلّام جا کر وہاں ایک کنعانی عورت سے شادی کرتا ہے اور اس کے ایک ایک کر کے تین بیٹے وہاں پیدا ہوتے ہیں ۔وہ بڑے ہوتے ہیں تو پہلوٹھے کی شادی وہیں کی تمر نامی لڑکی سے کر تا ہے لیکن وہ لڑکا خداوند کی نظر میں شریر تھا اس لئے خدا نے اس کو ہلاک کر دیا ۔ تب یہوداہ نے منجھلے کو اس سے بیاہ دیا لیکن وہ بھی شریر نکلا اس لئے خدا نے اس کو بھی ہلاک کر دیا ۔ تب یہوداہ نے برا شگون سمجھتے ہوئے اپنے تیسرے بیٹے کو بیاہنے کے بجائے تمر کو اس کے میکے بھجوا دیا ۔ اسی دوران یہوداہ کی بیوی کا بھی انتقال ہو گیا ۔ کچھ عرصہ بعد جب وہ بیوی کے مرنے کا غم بھول گیا تو اپنے کام کے سلسلے میں اپنی بہو کے میکے کے قریب سے اسے گزرنا تھا ۔اس بات کا علم اس کی بہو کو بھی ہو گیا ۔ تمر خود کو پوشیدہ رکھ کر اس راہ میں جا بیٹھی جہاں سے یہوداہ کو گزرنا تھا ۔ اس نے اپنی بہو تمر کو کوئی کسبی سمجھتے ہوئے اس سے مباشرت کی اور اپنی راہ چلا گیا ۔تین ماہ بعد اس کو کسی نے بتایا کہ اس کی بہو حاملہ ہے ۔ اس نے کہا کہ اسے نکال لاؤ تاکہ زنا کے جرم میں جلا دی جائے ۔ تب تمر نے اس کو ثبوت کے ساتھ بتایا کہ بچہ کا باپ یہوداہ ہی ہے ۔جس جرم کی سزا اس نے اپنی بہو کے لئے تجویز کی تھی اس سزا کے لئے نہ تو اس نے خود کو پیش کیا اور نہ ہی مصنف نے لکھا کہ وہ مجرم قرار دیا جا نا چاہئے تھا ۔

ولادت کا وقت قریب آیا تو معلوم ہوا کہ جڑواں بچے ہیں ۔ پیدائش کے وقت پہلے کا ہاتھ باہر آیا تو دائ نے اس کی کلائ پر لال دھاگا باندھ دیا اس کے بعد بچے نے اپنا ہاتھ واپس کھینچ لیا ۔ پھر منجھلا پیدا ہوا اور اس کا نام فارص رکھا گیا ۔ اس کے بعد پہلوٹھا ،جس کو لال ڈورا باندھا تھا، دنیا میں آیا اور اس کا نام زارح رکھا گیا ۔یہوداہ کی دسویں پشت میں اسی فارص سے حضرت داؤد پیدا ہوئے تھے ۔ مصنف نے

اتنا جتن اس لئےکیا تاکہ لوگ جان جائیں کہ حضرت داؤد کے جد میں سے ایک نہ صرف ناجائز اولاد تھی بلکہ وہ پہلو ٹھا بھی نہیں تھا اس لئے کہ جس کا ہاتھ پہلے باہر آیا وہ زارح تھا ۔اس عجیب صورتحال کا اطلاق حضرت ہارون کی اولاد پر بھی پڑتا ہے اس لئے کہ اسی فارص کی چوتھی پشت میں نحسون کی بہن سے حضرت ہارون کی کاہنی اولادیں پیدا ہوئی تھیں ۔ مصنف کو یہ علم نہیں تھا کہ بچے کا ہاتھ پہلے باہر آئے تو ماں اور بچہ دونوں کی وفات یقینی تھی ۔ پھر یہ بھی غور طلب ہے کہ یہوداہ نے دن دہاڑے اپنی بہو کو مباشرت کے لئے استعمال کیا لیکن آخر تک پہچانا نہیں کہ یہ وہی بہو ہے جس کے برے شگون سے اس کے بڑے دو بیٹے مارے گئے تھے (پیدائش38:1)۔

P مصنف حضرت موسیٰ کے ذریعے کی گئی مردم شماری میں یہوداہ کی اولادوں کی فہرست میں لکھتا ہے کہ یہوداہ کے دو بیٹے کنعان میں فوت ہو گئے تھے لیکن باقی تین بیٹوں کے لئے کوئی تمر والی بات نہیں لکھتا (گنتی 26:19) ۔اسی طرح J مصنف بھی تمر سے منسوب ایسا کوئ تذکرہ نہیں کر تا ۔ E مصنف کے بیان کردہ دو منفرد واقعات بتاتے ہیں کہ بنی ہارون اور بنی داؤد کے لئے اس کے جذبات انتہائ سخت درجہ پر تھے ۔

عقیدہ کی علامات

مصنف E سونے کے بچھڑے کا واقعہ کوئی تنہا واقعہ نہیں جہاں نے شمالی اور جنوبی ریاستوں کے مذہبی رہنماؤں پر تنقید کی کوشش کی ایک تحریر میں جہاں کوہ سینا پر حضرت موسیٰ کو دس J کی ۔ احکامات عطا ہوئے ان میں بُت یا مجسمہ بنانے کی ممانعت کی گئی تھی ۔اس تحریر کے الفاظ میں "تو اپنے لئے ڈھالے ہوئے دیوتا نہ بنا لینا (خروج34:17)"۔ یہ حکم صرف ڈھالے ہوئے مجسمہ کی ممانعت کر تا ہے ۔شمالی ریاست میں یربعام کے بنائے بُت ڈھالے ہوئے تھے ۔ جنوبی ریاست میں حضرت سلیمان کے دوکروبی ڈھالے نہیں گئے تھے ۔وہ زیتون کی لکڑی سے بنے پھر سونے سے منڈھے گئے تھے مصنف کے مطابق، کروبی ناجائز ہونے کی شرائط پر پورے J ، ۔ لہٰذا نہیں اترتے ۔ بالفاظ دیگر شمالی ریاست کی مذہبی علامت "سونے کے ڈھالے ہوئے بچھڑے" غیر مناسب ہیں چاہے وہ مجسمے خدا کو ظاہر

نہ بھی کرتے ہوں ۔ لیکن یہ الفاظ یہوداہ کے سونے کے کروبی پر حملہ مصنف اس شرط کو کن E کی گنجائش نہیں چھوڑتے ۔ اِس مقابلے میں الفاظ میں بیان کر تا ہے؟: "تم میرے ساتھ کسی کو شریک نہ کر نا یعنی "(چاندی یا سونے کے دیوتا اپنے لئے نہ گھڑ لینا (خروج 20:23

اس فقرے میں لفظ "ڈھالے" کی غیر موجودگی یروشلم کے ہیکل میں موجود کروبی کو بھی بچھڑے کے مجسمے کی طرح نامناسب قرار دیتی ہے ۔اس طرح بظاہر احتیاط سے الفاظ کا چناؤ کر کے اس مصنف نے بچھڑے کے ساتھ کروبی پر حملہ کا راستہ بھی پیدا کر لیا ۔

بنی اسرائیل کی مذہبی علامات کے حوالے سے دو اشیاء بائیبل کی روایات میں نمایاں ترین ہیں ؛(1)عہد کا صندوق اور (2)خیمہ گاہ۔ تورات میں (خروج 37:1) صندوق بنائے جانے کی اور (خروج 36:8)میں خیمہ گاہ بنائے جانے کی تفصیلات درج ہیں ۔ یہ خدا کی طرف سے دی گئی ہدایات (خروج (25:10)کے مطابق حضرت موسیٰ کی نگرانی میں بنائے گئے۔ پھر صندوق میں پتھر کی وہ دو سلیں رکھی گئیں جو کوہ سینا پر حضرت موسیٰ کے حوالے کی گئی تھیں اور صحرا نوردی کے دوران قیام کے وقت اسی خیمہ گاہ میں صندوق رکھا جاتا تھا ۔ یہی خیمہ گاہ صحرا میں قوم کا عبادتی مرکز اور حضرت موسیٰ کے قوم سے خطاب کے وقت اجتماع کا مقام ہوتا تھا ۔ لیکن قابلِ غور بات یہ ہے کہ J اپنی تحریروں میں صرف عہد کے صندوق کا تذکرہ کر تا ہے اور خیمہ گاہ کا نام نہیں لیتا ۔ وہ لکھتا ہے جب لوگ روانہ ہو تے ہیں تو خداوند کے عہد کا صندوق ان کے آگے آگے چلتا ہے (گنتی 10:23)۔وہ بتا تا ہے صندوق موجود نہ ہو تو کوئی فوجی مہم کامیاب ہی نہیں ہو سکتی (گنتی 14:44)۔یہی صندوق حضرت سلیمان کے ہیکل کی تعمیر کے بعد اس کے اندرونی کمرہ "پاک ترین مقام" میں رکھا گیا تھا ۔اس لئے یہ تعجب کی بات نہیں کہ J مصنف صرف صندوق کا ذکر کر تا ہے اور خیمہ گاہ کی بات نہیں کرتا ۔اس کے مقابلے میں E مصنف صرف خیمہ گاہ کا تذکرہ اپنی تحریر میں کرتا ہے اور عہد کے صندوق کا نام نہیں لیتا ۔ وہ خیمہ گاہ کو بڑی اہمیت کے ساتھ خدا کی موجودگی کی علامت کے طور پر ظاہر کرتا ہے (خروج 37:7)۔ خیمہ گاہ حضرت سلیمان کے ہیکل کی تعمیر سے پہلے تک کتاب سیموئل، سلاطین اور تواریخ کے مطابق پوری قوم کا مرکزی عبادتی مقام تھا ۔ اور اہم بات یہ کہ بنی اسرائیل کے فلسطین میں داخلہ کے بعد یہ خیمہ

گاہ سیلا میں مقیم رہی ۔ سیلا ہی سے اس مصنف کی سب سے زیادہ دلچسپی دکھائی دیتی ہے اس لئے یہ تعجب کی بات نہیں کہ یہ مصنف سیلا کے مذہبی گروہ کا فرد ہونے کے باعث صرف خیمہ گاہ نمایاں کرتا ہے اور صندوق کا تذکرہ اپنی تحریر میں نہیں لاتا ۔

صندوق E میں نظر نہیں آتا، خیمہ گاہ J میں نظر نہیں آتی، یہ کوئی اتفاق نہیں ہے ۔ J اور E صرف انہی مذہبی علامتوں کو اپنی تحریروں میں شامل کرتے ہیں جو ان کے علاقوں سے تعلق رکھتی ہیں ۔ J صرف خداوند کے عہد کے صندوق کو ہی اپنی تحریر میں لاتا ہے اس لئے کہ وہ اس کے مخاطبین کے علم میں ہیکل سلیمانی میں مُقدّس ترین مقام پر موجود ہے ۔اگر آپ پہلی کتاب پیدائش پر نظر کریں تو آدم و حوا کے واقعات کے اختتام پر J بتاتا ہے کہ یہواہ نے دوکروبیوں کو زندگی کے درخت کی حفاظت پر مقرر کیا (پیدائش 3:24)۔چونکہ دو کروبی ہیکل سلیمانی کے پاک ترین مقام پر رکھے گئے تھے اس لئے یہ قدرتی امر ہے کہ دوکروبی ہیکل میں اسی طرح قیمتی یا متبرک اشیاء کے محافظ ہیں جس طرح J کی نظر میں زندگی کے درخت کے محافظ تھے ۔

Eمصنف کی سونے کے بچھڑے والی تحریر J اور E کے کسی بھی دوسرے واقعات سے زیادہ اپنے لکھنے والے کے ذہن کے بارے میں بتاتی ہے ۔ یہ واقعہ مصنف کے نسبی تعلق اور اس زمانے میں اسکے معاشرتی مقام کے ساتھ ساتھ اس کی دماغی صلاحیت کی نشاندہی بھی کرتا ہے کہ Eمصنف کسی واقعہ کوجو اس کی قوم کی روایات میں موجود ہے کس ترکیب سے اپنے مطلب میں ڈھال سکتا ہے ۔اس واقعہ کی تحریر بتاتی ہے کہ اس کا غصہ کتنا گہرا ہے اُن لوگوں کے خلاف جنہوں نے اُس کے گروپ کو یہودیہ اور اسرائیل میں دربدر کر دیا ۔وہ حضرت ہارون کو جو یروشلم کے کاہنی نظام کے سربراہ تھے کفر اور گمراہی کا مجرم ٹھہرا سکتا ہے ۔

اب تک کی تحریر میں بائیبل کے دو مصنفوں J اور E کی نشاندہی کے لئے بہت سے دستیاب واقعات میں سے چند واقعات کا تجزیہ پیش کیا ۔ہر واقعہ میں واقعات سے مصنفوں کا اپنا تعلق اور جن حالات میں وہ رہ رہے تھے ان حالات سے تعلق کے اشارات نمایاں نظر آئے ۔اس نوعیت کے کئی اور واقعات لکھے جا سکتے تھے ،تاہم اتنے ہی واقعات سے قارئین J اور E کے ذہنی رجحانات سے مناسب حد تک واقف ہو سکتے ہیں ۔دوسری بات یہ کہ قارئین اس "دعویٰ" کی بھی

مناسب واقفیت حاصل کر لیں جو بائیبل کے متعلق پیش کیا جارہا ہے کہ تورات حضرت موسیٰ کی لکھی نہیں بلکہ دوسرے افراد کا اپنا کام ہے اور اپنے نفسانی اثرات کے تحت تحریر کردہ ہے ۔

Jاور E کب لکھی گئیں؟

بنی اسرائیل ملک فلسطین حاصل کر لینے کے بعد تقریباً تین سو سال قبائل کی صورت میں منتشر رہے اور علاقے میں بسی دوسری اقوام کے ساتھ اچھے اور برے حالات میں الجھے رہے اس لئے اجتماعیت کے پہلو سے کسی نوعیت کے کام کا شعور یا ذرائع دستیاب ہو نا یا ان کو انجام دینے کے اختیارات رکھنا بعید از امکان تسلیم کیا جا سکتا ہے ۔ اس قوم کے درمیان بادشاہت کی ابتدا طالوت سے ہوئی اور طالوت کے بعد آنے والے حضرت داؤد کے عہد میں پورا ملک پہلی مرتبہ ایک مربوط نظام کے ماتحت ہو گیا ۔اگرچہ کہ حضرت داؤد کے تمام دورِ حکومت پر جنگی مہمات غالب نظر آتی ہیں لیکن اس کے باوجود آنجناب کی حکومت میں پہلی مرتبہ سارے قبیلوں کی اولادوں کے نسبی تعلق کی دستاویزات، پورے ملک کی مردم شماری اور تاریخ نویسی جیسے کام سر انجام دیئے گئے جو بائیبل کی کتاب 1-تواریخ میں موجود ہیں ۔اسکی وجہ یہ کہ حکومت کے سربراہ کے پاس وہ دانشمندی تھی، حکومت کے پاس سرمایہ اور ذرائع تھے اور وہ اختیارات تھے جن کے ذریعے ہی ملک گیر سطح پر یہ کام ہو سکتے تھے ۔ یہ حیرانی کی بات نہیں کہ بائیبل کی کتابوں میں پہلی مرتبہ حضرت داؤد کے دربار میں تاریخ نویسی کا ذمہ دار مقرر کیا جا نا ملتا ہے (2-سیموئل20:23)یہ 1000ق م کا زمانہ تھا اور امکانی طور پر اسی زمانہ کے آس پاس بنی اسرائیل میں تحریری کام شروع ہوا ۔ اس زمانے اور اس کے بعد بھی صدیوں تک خواندگی کی اہلیت رکھنا لوگوں کا معاشی ذریعہ کبھی نہیں رہی ۔ روزگار کے ذرائع صرف تجارت، زراعت، مویشی گیری، حربی ادارے وغیرہ میں میسر تصوّر کئے جا سکتے ہیں جبکہ صرف مذہبی ادارہ ہی اسرائیل میں لکھنے کے کام کے لئے موزوں ترین قیاس ہو سکتا ہے ۔غالباً اسی لئے تورات اور بائیبل کی دوسری تمام کتابوں میں ہر بات مذہبی نقطہ نظر سے دیکھی اور لکھی گئی نظر آتی ہے ۔

J مصنف کے زمانے کے تعین کے حوالے سے حضرت اسحاق کی عیسو /ادوم کو دی گئی یہوداہ سے آزاد ہونے کی دعا /پیش گوئ پچھلے صفحات میں لکھی تھی کہ ادوم "اپنے بھائی کا جوا اپنی گردن پر سے اتار پھینکے گا"۔ یہ پیش گوئی تقریباً 1000 سال بعد یہودیہ کے شاہ یہورام کے وقت 842 ق م میں پوری ہوئی ۔ J مصنف کی یہ تحریر بتاتی ہے کہ اس نے اپنی کتاب 842 ق م کے بعد لکھی ۔ J مصنف ایک اور واقعہ بیان کرتا ہے جس میں حضرت موسیٰ بنی اسرائیل کو فلسطین پہنچانے کی مہم کے دوران دریائے اردن کے مشرقی علاقے میں بسی اقوام سے جنگ پر مجبور کئے جاتے ہیں اور ان کو شکست دیتے ہیں تو بنی اسرائیل کے اڑھائی قبیلے میراث کے ملک فلسطین جانے کے بجائے انہی مشرقی علاقوں میں بسنے کی خواہش دکھاتے ہیں جو قبول کی جاتی ہے ۔ مصنف بتاتا ہے "وہ وہاں بس گئے" (گنتی 21:21)۔ یہ اڑھائی قبیلے 740 ق م میں اسیریا کی سلطنت کے ہاتھوں شکست کھا کر ہمیشہ کے لئے جلاوطن کر دیئے گئے اور اسیریا کے مختلف شہروں میں منتشر ہو گئے (1۔تواریخ 5:25)۔

J مصنف کا بتانا "وہ وہاں بس گئے" کا مطلب ہے یہ جلاوطنی اس کے علم میں نہیں تھی ۔ بالفاظ دیگر اس مصنف کا کام 740 ق م سے پہلے مکمّل ہوا ۔اس طرح J کتاب 842 ق م سے 740 ق م کے درمیانی زمانے میں کسی وقت لکھی گئی تھی۔ یہ وہی بات ہے جیسے آپ کوئی تحریر دیکھیں جس میں لکھا ہو ملک پاکستان دو جغرافیائی خطوں پر مشتمل ہے، مشرقی پاکستان اور مغربی پاکستان ۔آپ یہی نتیجہ نکالیں گے کہ یہ تحریر 1947 اور 1971ء کے درمیان کسی وقت لکھی گئی ہے ۔

E مصنف کی تحریر سے واضح ہے کہ وہ منقسم شمالی ریاست کا باشندہ تھا ۔ یہ ریاست 922 ق م سے 722 ق م تک قائم رہی ۔اس مصنف کے زمانے کو مزید چھوٹا کرنے کے کوئی اشارے اس کی تحریروں میں نہیں ملتے ۔تاہم تاریخ لکھنے کا باضابطہ نظام پہلی مرتبہ حضرت داؤد نے شروع کیا تھا اس لئے زیادہ امکان یہ ہے کہ J تحریر یہودیہ کے شاہی دربار کے تحت پہلے لکھی گئی اور اس کی دیکھا دیکھی اسرائیل میں اس کے مقابلے میں E تاریخ لکھی گئی ۔ اس طرح E تحریر

کا زمانہ بھی کافی قوی امکان ہے کہ 842 ق م سے 722 ق م کے دوران ہو سکتا ہے لیکن یہ صرف قیاس ہے -

722 ق م میں سقوط اسرائیل کا سانحہ پیش آیا جب اسیریا کی قوم مشرقی اڑھائی قبیلوں کو جلاوطن کرنے کے اٹھارہ سال بعد شمالی ریاست پر حملہ آور ہوئی اور ملک برباد کر دیا -اہم ترین بات یہ ہے کہ دونوں کتابیں J اور E اسرائیل کی 722 ق م کی تباہی سے پہلے لکھی جاچکی تھیں ، اس لئے کہ اِس تباہی کا کوئی اشارہ دو تحریروں میں موجود نہیں ہے - جو نتائج ہم حاصل کرنا چاہتے تھے ان کے لئے زمانے کا جو تعین دو مصنفوں کے لئے ہو چکا اس سے زیادہ کی ہمیں ضرورت نہیں اس لئے ہم P مصنف کی طرف اپنی توجہ مرکوز کر سکتے ہیں -

باب 5

722-587ق م کا فلسطین

اسیریا نے 722 ق م میں اسرائیل کی بادشاہت ختم کر دی تو وہ زمانہ بھی جس میں J اور E تخلیق ہوئیں اس کے ساتھ ختم ہو گیا ۔اسرائیل کی مملکت تو ختم ہو گئی لیکن یہودیہ کی مملکت جو رقابت میں اسرائیل کی شریک تھی اب تنہا رہ گئی ۔اب تبدیلیاں پیدا ہوئیں ۔سیاسی تبدیلیاں پیدا ہونے کے نتیجے میں اقتصادی اور سماجی تبدیلیاں رونما ہوئیں لہٰذا مذہب میں بھی تبدیلیاں آئیں ۔اس کا نتیجہ یہ ہوا کہ بائیبل جیسی کہ وہ ان حالات میں لکھی گئی وہ بھی سیاسی تبدیلیوں کے اثرات سے باہر نہ رہ سکی ۔

جغرافیائی علاقہ اور لوگ 722 ق م کے بعد بدلے ہوئے تھے ۔ اب ملک آدھا رہ گیا تھا ۔اسرائیل اور یہودیہ کا مجموعی رقبہ جو حضرت داؤد اور حضرت سلیمان کے زمانے میں تھا اس کے نصف پر اسیریا کے باشندے بسا دئے گئے تھے ۔یہ ملک اپنے قدرتی ذرائع، وسائل اور انتہائی اہم اقتصادی فوائد کی وجہ سے دوسری اقوام کی یورپشوں سے بچا نہیں رہ سکتا تھا ۔ قبائلی عصبیت نے ملک تقسیم کیا اور متحدہ ملک کی حربی قوت پہلے جیسی نہ رہی ۔ پھر انہوں نے آپس ہی میں دو صدیوں تک ایک دوسرے پر جنگیں کر کے بڑے پیمانے پر قتل و غارت کیا اور اپنی رہی سہی طاقت کو مزید برباد کر دیا ۔ یہ واقعات 1-سلاطین اور 2-سلاطین میں درج ہیں ۔اسی دوران ملک سے باہر کی سیاسی صورتحال میں نمایاں تبدیلیاں رونما ہوئیں ۔ یہودیہ قریب کی اقوام کے درمیان کمزور حالت کو پہنچ گیا ۔یہ دور میسو پو ٹامیہ میں بڑی طاقتور سلطنتوں کے عروج کا دور تھا ، اولاً ،اسیریا اور اس کے بعد بابل ۔ یہ اقوام نہ صرف جنوب کی طرف غلبہ حاصل کرنے میں دلچسپی رکھتی تھیں بلکہ اسکے لئے طاقت بھی رکھتی تھیں ۔یہودیہ پر غلبہ کا مطلب آمدنی (پہلے مال غنیمت پھر سالانہ ٹیکس) اور صرف یہی نہیں بلکہ تجارتی راستوں، افریقہ اور ایشیا، کے درمیان کنٹرول اور ساتھ ہی ساتھ مصر، جو قریب کی دوسری بڑی طاقت تھی ،کے

داخلی راستوں پر فوجی چوکییوں کا انعقاد یہ عالمی سیاسیات یہودیہ کے مذہبی نظام پر بھی اثر انداز ہوئیں ۔اگر کوئی چھوٹا ملک یا سلطنت قریب کی کسی طاقتور سلطنت کے زیر اثر آجائے یا مغلوب ہو جائے تو بہت ممکن ہے کہ غالب سلطنت ملغوبہ ملک کے مذہبی مقامات پر اپنے پرستش کے مجسموں کو جبراً نصب کر وائے ۔ اسی کے ذریعے وہ علامتی طور پر اظہار کروائے گی کہ مفتوحہ ملک نے غالب ملک کا اقتدار یا کنٹرول تسلیم کر لیا ہے ۔دوسرے اس کو غنڈہ گردی قرار دے دیں لیکن فاتح قوم کے سربراہ، فوج اور عوام کو اس میں فخر محسوس کر نا کوئی انہونی بات نہیں ۔ ہمارے زمانے میں قابض سلطنتیں اپنا قومی جھنڈا نسب کریں گی جیسا کہ تاج برطانیہ کے زمانے میں ہندوستان اور دوسرے مغلوب ممالک پر ہوا یا ان کو کرنا پڑا ۔تاہم پرستش کئے جانے والا بُت نصب کر دینا اپنا جھنڈا گاڑ دینے سے مختلف بات تھی کم از کم ان ادوار میں ۔اس عمل میں ملغوبہ قوم کی مذہبی تذلیل کا عنصر پہلے آموجود ہو گا ۔اسیریا کا یہودیہ پر سیاسی غلبہ یروشلم میں اکثر مذہبی اختلافات کا سبب بنا ۔ یہودیہ کے بادشاہ کو اسیریا کے دیوتا کا مجسمہ ہیکل سلیمانی میں نسب کرنا پڑے اور یہودیہ کا نبی یا مذہبی طبقہ بادشاہ کی مذمت کرے کہ وہ شرک کی تائید کرتا ہے جبکہ جدید مورخ اسی بات کو اس طرح بیان کرے گا کہ یہودیہ کا بادشاہ اسیریا کی طاقت کو تسلیم کرتا ہے ۔لیکن بائیبل کا تاریخ نگار ،جو تاریخ کو مذہب کی عینک سے دیکھتا ہے، کہے گا بادشاہ نے وہ کیا "جو خدا کی نظر میں برا تھا"۔ کتاب سلاطین میں یہ جملہ کثرت سے دیکھنے میں آتا ہے ۔

ایک اور حقیقت جس کا یہودیہ کو سامنا کرنا پڑا وہ یہ کہ اسرائیل کی تباہی ایک حقیقی واقعہ تھا جو ان کو قبول کر نا ہی تھا ۔یہودیہ کے مختلف باشندوں اور اسرائیلی پناہ گزینوں نے مختلف نظروں سے اس کو دیکھا ہو گا لیکن ان میں سے کوئی بھی اس کے مذہبی اور سیاسی اثرات کا انکار نہ کر سکتا ہو گا ۔بعض کو ایسا لگا ہو کہ اسرائیل کا برباد ہو جانا اور یہودیہ کا باقی رہ جانے کا مطلب یہ ہے کہ اسرائیل کے مقابلے میں یہودیہ اخلاقی طور پر زیادہ بہتر یا خدا پر اس کا ایمان زیادہ مضبوط تھا ۔بعض دوسروں کو یہ محسوس ہو کہ یہودیہ بھی گرے گا یا گر سکتا ہے اور اسرائیل کا گرنا اس کے لئے پیشگی وارننگ ہے ۔اندازہ ہو سکتا ہے کہ اب اگر کوئی نبی یہودیہ کے مغلوب

ہونے کی پیش گوئی کرے تو اس کا مذاق اڑانا ان کے لئے آسان نہ ہو
۔

یہودیہ کے بادشاہ کی طاقت اور اس کا مقام اب کمزور پڑ گیا تھا ۔حضرت داؤد کے جانشین زیادہ تر زمانے میں بابل یا اسیریا کے بادشاہوں کے زیر اثر رہے۔ ماضی میں تو وہ خود خطے کی بڑی طاقت شمار کئے جاتے تھے لیکن آنے والے وقتوں میں وہ اب بڑی طاقتوں اسیریا، بابل اور مصر کے درمیان چپقلش کی زد میں تھے ۔ اب اسیریا کا سایہ بحیرہ روم تک پہنچ چکا تھا۔

بعض دوسرے معاملات بھی تبدیل ہوئے -722 ق م کے بعد قبائلی رہنماؤں کا تمام اثر ختم ہو گیا ۔اب قبائل کے لیڈر نہ رہے بلکہ خود قبائل ہی نہ رہے ۔دس گمشدہ قبائل تاریخ میں گم ہو گئے ۔یہوداہ کا ایک ہی قبیلہ باقی تھا جس کے تخت پر حضرت داؤد کے جانشین بادشاہ ایک تسلسل سے براجمان تھے ۔جہاں تک کاہنوں کے عمل دخل یا ان کے معاملات کا سوال ہے ، یہ تقریباً ناممکنات میں سے ہے کہ یہودیہ میں پہلے ہی سے قائم شدہ سردار کاہن خاندان کے مقابل کوئی اور گروہ حسد کی بناء پر کھڑا ہو سکتا تھا جیسا کہ اسرائیل کی بربادی سے پہلے تھے ۔اس سے ہماری مراد حضرت موسیٰ کے جانشین کاہن اور ساتھ میں یربعام کے زمانے میں شروع کئے گئے دوسرے قبائل کے کاہنوں کا جمایا ہوا نظام کی طرف اشارہ ہے ۔تاہم یہ ضرور ہے کہ سقوط اسرائیل کے بعد وہاں سے ہجرت کر کے آنے والے پناہ گزین لاوی کاہن نئے مسائل اور مقابلے کے رجحانات اپنے ساتھ لائے ہوں۔ ایک اور نئی شئے جو یہودیہ میں نمودار ہوئی وہ E تحریر کی آمد جو بذاتِ خود ایک نئی کتاب کی تخلیق میں بڑا کردار ادا کرے گی پھر اس کے علاوہ ایک اور کتاب یہودیہ میں نمودار ہوئی جو بائیبل کے مندرجات پر اپنا اثر پیدا کرے گی۔

Pتحریر

Jاور E مصنفوں کی بحث میں ہم نے دیکھا کہ محققین نے تورات میں دہرائے ہوئے واقعات شناخت کئے اور پھر یہ دیکھا کہ ان واقعات میں خدا کا نام دو مختلف الفاظ" یہواہ" یعنی خداوند خدا اور" ایلوھیم" یعنی خداسے ظاہر کیا گیا تھا ۔اس سراغ کی بنا پر جب دہرے واقعات

کی گروہ بندی کی گئی تو ایلو ہیم کے اندر ہی مزید دہرائے گئے واقعات نظر آئے ۔ان دہرے واقعات میں ایک قسم کے واقعات ایسے تھے جن پر بعض مخصوص افراد کی دلچسپی یا مفادات کے اثرات غالب تھے جو مذہبی یا بنی اسرائیل کے فقہی مسائل سے منسلک افراد ہی کا ہو سکتا تھا ۔اس گروپ کی تحریروں کے لئے priestly کا حرف P علامت کے لئے منتخب کیا گیا پھر اس کے ساتھ ہی تورات کی آخری کتاب، استثنا،کے لئے علامت D منتخب کی گئی ۔اب تک J اور E مصنفوں پر بحث مکمّل کی جا چکی ہے ۔قارئین سمجھ چکے ہیں کہ ان محققین کے لئے خود تورات کے متن سے ان مصنفین کا تورات لکھنے کے زمانہ متعین کرنا ممکن نہیں تھا ۔جب انہوں نے بنی اسرائیل کی تاریخی کتابوں کا بغور مطالعہ کیا تب ہی وہ J اور E مصنفین کی براہ راست دلچسپی کے عناصر کی نشاندہی کر سکے اور وہ دلائل ان تاریخی کتابوں سے ڈھونڈ نکالے جو ان دو اقسام کی تحریریں لکھے جانے کا زمانہ متعین کر سکیں ۔ان دلائل کی سمجھ پیدا کرنے کے لئے ہم نے تاریخ کے متعلقہ حصے اپنی کتاب میں قارئین کی سہولت کے لئے نقل کئے اور J اور Eتحاریر کی بحث مکمّل ہوئی ۔ اب تیسری یعنی P تحریروں کی وضاحت درپیش ہے ۔اس میں بھی وہی طریقہ مدد گار ثابت ہو گا جو طریقہ Jاور Eکے لئے ہوا تھا یعنی بنی اسرائیل کی کتابیں سیموئل، سلاطین اور تواریخ کا تحقیقی جائزہ ۔ P تحاریر کے تجزیہ کے لئے بھی وہی طریقہ کار پیش کیا جائے گا یعنی خود تورات میں اس مصنف نے کیا لکھا اس کے بعد یہ تحاریر لکھے جانے کے زمانے کا تعین تاریخ کی کتابوں سے کیا جا سکے گا ۔

pتحاریر تورات میں

تورات میں ان تحریروں کی ضخامت سب سے زیادہ ہے ۔ E , J اور D تحاریر ملا دیں تو اس مجموعے سے بھی زیادہ ۔ کتاب خروج کے چالیس میں سے پندرہ ابواب، اس کے بعد پوری کی پوری اگلی کتاب احبار پھر اگلی کتاب گنتی کا بھی بآسانی تین چوتھائی حصہ اسی مصنف کا لکھا گیا ہے ،اور صرف اتنا ہی نہیں بلکہ کتاب پیدائش اور کتاب خروج کے ملے جلے واقعات میں بھی اس کی معتدبہ تحاریر موجود ہیں ۔کتاب پیدائش کی ابتدا ہی P تحریر سے ہے جو ہم نے شروع

میں کائنات کی تخلیق کے واقعہ میں نقل کی تھی - وہاں J کی کائنات کی تخلیق کی تحریر سے پہلے اسی P مصنف کی تحریر تھی ۔اسکے بعد طوفانِ نوح کے واقعہ کا جو حصہ گہری روشنائی سے لکھا تھا وہ بھی اسی مصنف کی تحریر تھی جو ایک کائناتی واقعہ کے انداز میں لکھی گئی کہ آسمان کی کھڑکیاں اور زمین کے چشمے دنیا کو بہا دینے کے لئے کھول دئیے گئے وغیرہ - پھر P تحریر میں حضرت ابراہیم، حضرت یعقوب اور بنی اسرائیل کے مصر سے خروج کے واقعات اور بیابان میں چالیس سالہ صحرا نوردی جو E اور J کے دہرائے گئے واقعات ہیں لیکن P تحریر میں غیر معمولی فرق دیکھنے میں آتا ہے جو جلد ہی واضح کیا جائے گا ۔پھر اس میں بہت زیادہ مواد عبادتی قوانین و رسومات، فقہی مسائل اور سماجی قوانین اور ساتھ میں بنی اسرائیل اور دوسری اقوام کے شجرہائے نسب وغیرہ بھی شامل ہیں -

P کے بیانیہ میں دو باتیں اہم ترین ہیں - اولاً ،یہ کہ عبادت گاہ کی کاہنی خدمات کی سربراہی صریحاً صرف بنی ہارون کا خدا کی طرف سے مقرر کردہ حق اور فریضہ ہے- اور ثانیاً ،یہ کہ خیمہ گاہ کو وہ اہم ترین اور عبادات و قربانیوں کے لئے خدا کی طرف سے مقرر کیا گیا مرکزی مقام بتاتا ہے ۔خیمہ گاہ دراصل وہ خیمہ ہے جو حضرت موسیٰ نے صحرا ئی زمانے میں بنوایا تھا - E مصنف اپنی تمام تحاریر میں دو واقعات (خروج:33) اور (گنتی:11،12) میں محض اس کے نام خیمہ یا خیمہ گاہ سے ذکر کرتا ہے اور اس کی کوئی مذہبی اہمیت نہیں بتاتا جبکہ J اور D میں سرے سے اس کا کوئی تذکرہ ہی نہیں ہے - لیکن P میں اس کے بارے میں دو سو سے زائد مرتبہ لکھا گیا ہے ۔اس کی تحریروں میں خیمہ گاہ بنانے کی تفصیلی ہدایات جو خدا کی طرف سے دی گئیں (خروج:26) اور پھر اسے بنائے جانے کی تفصیلات (خروج36:8)انتہائی باریکی سے بیان کی گئی ہیں اور پھر وہ قوانین جو خیمہ گاہ کی قدّوسیت سے اوروہ معجزات جواس کے ساتھ وابستہ ہیں ۔تورات کی پانچ کتابوں میں کسی بھی موضوع سے زیادہ خیمہ گاہ پر لکھا گیا ہے اور یہ سب کا سب صرف P مصنف نے ہی لکھا ہے - اس مصنف کے مطابق کوہ سینا پر خدا سے پہلی ملاقات کے بعد خیمہ گاہ ہی وہ مقام ہے جہاں حضرت موسیٰ کو خدا سے ہدایات و احکامات ملتے ہیں - یہ مقدس شئے ہے : یہ عہد کا صندوق پتھر کی سلیں جن پر خدا کے کھودے گئے دس احکامات اور کروبی اپنے اندر رکھتا ہے

۔خیمہ گاہ جو قیمتی لکڑیوں، سونے ، پیتل، روئی اور سونے کے تار سے چنے گئے لینن سے بنائ گئی اور سرخ چمڑے سے بنائے گئے غلاف سے ڈھانکی گئی ۔صرف کاہن ،جو صرف بنی ہارون سے ہی ہو، اس کے اندر جا سکتا ہے ۔بنی اسرائیل کے کسی اور قبیلے کا فرد داخل ہو تو ہلاک کر دیا جائے ۔ حضرت موسیٰ و ہارون لاوی قبیلہ سے تھے لیکن اس قبیلہ کے تمام گھرانے بھی خیمہ گاہ میں داخلے کے اہل نہیں رکھے گئے ۔لاوی قبیلے کے دوسرے گھرانے ہارون کے بیٹوں کے احکامات کے تحت دوسرے درجے کے جسمانی فرائض یعنی خیمہ گاہ اور اسکے لوازمات میں شامل دیگر وزنی اشیاء کو سفر میں کھولنے، لادنے ، لے جانے اور قیام کی صورت میں واپس ان کی جگہوں پر جمانے جیسی مشقّتی ذمہ داریوں سے خدا نے "نوازا "تھا لیکن اندر کی خدمات صرف حضرت ہارون اور ان کے بعد ان کی اولاد کی ملکیت میں تھیں :

> تم لاویوں میں سے قہاتیوں کے قبیلہ کے خاندانوں کو منقطع ہونے نہ دینا ۔بلکہ اس مقصود سے کہ وہ پاک ترین چیزوں کے پاس آئیں تو جیتے رہیں اور مر نہ جائیں تم ان کے لئے ایسا کرنا کہ ہارون اور اس کے بیٹے اندر آ کر ان میں سے ایک ایک کا کام اور بوجھ مقرر کر دیں ۔لیکن وہ مقدس کو دیکھنے کی خاطر دم بھر کے لئے بھی اندر نہ آنے پائیں تا نہ ہو کہ وہ مر جائیں (گنتی 4:18)۔

بنی قہات وہ قبیلہ ہے جس کے عمرام کی اولاد میں حضرت موسیٰ، حضرت ہارون اور انکی بہن مریم شامل تھے ۔بنی ہارون کےسوا لاوی قبیلہ کے تمام خاندانوں کو عبادت گاہ کے مشقتی کاموں کا ذمہ دار تو ٹھیرایا گیا لیکن اس میں داخلہ تو کیا اس کو ایک جھلک دیکھنے کی گنجائش بھی انکے لئے نہیں چھوڑی گئی ۔ تاہم اس اقتباس میں موت کی سزا پر عملدرآمد کا فعل خدا کا ہے جو یہاں واضح نہیں لیکن اس مصنف نے دوسرے مقام پر اسکو بھی بخوبی واضح کر دیا ہے ۔ موقع یہ ہے کہ حضرت موسیٰ خیمہ گاہ کی پرستش کے لئے حضرت ہارون اور انکی چار اولاد نرینہ کو تفصیلاً دی گئی ہدایات کے مطابق غسل کروا کر، خوشبوئیں لگوا کر اور عبادتی لباس پہنوا کر قربانی چڑھانے کی تفصیلی رسومات ادا کروا چکے ہیں اور اب ہارون کی اولاد کو بخور جلانا ہے ۔ یہاں ہارون کے بیٹوں سے نادانستہ چوک ہو گئی:

> اور ندب اور ابیہو نے جو ہارون کے بیٹے تھے اپنے اپنے بخور دان کو لے کر ان میں آگ بھری اور اس پر اور اوپری آگ پر جس کا حکم خداوند نے ان کو نہیں دیا تھا خداوند کے حضور گذرانی۔اور خداوند کے حضور سے آگ نکلی اور ان دونوں کو کھا گئی اور وہ خداوند کے حضور مر گئے (احبار 10:1)

یقیناً مصنف نے واضح بتا دیا ہے کہ اور کوئی بنی اسرائیلی تو درکنار جس واحد خاندان کو یہ مراعات عطا کی گئی ہیں اگر سہواً بھی ہدایات کی انجام دہی کی تفصیلات میں اس خاندان کے کسی فرد سے غلطی ہوئی تو وہیں کہ وہیں نبٹا دیا جائے گا، معافی مانگنے تک کی نہ تو گنجائش اور نہ ہی مہلت ۔ یہ تو خوش قسمتی تھی کہ حضرت ہارون کے دو بیٹے، العیزر اور اتمر، موقع پر موجود نہ تھے اس لئے بچ گئے ورنہ مارے گئے تھے ۔آج بھی ایتھوپیا میں کوئی قدیمی ہیکل ہے جس میں سردار کاہن پاک ترین مقام میں سال میں ایک مرتبہ صفائی اور بخور وغیرہ کی رسومات کے لئے داخل ہوتا ہے اور تمام عمر ہیکل کی چہار دیواری سے باہر نہیں نکلتا ۔ علاقے کی روایات ہیں کہ عہد کا صندوق وہاں پاک ترین مقام پر موجود ہے ۔ بعض روایات میں یہ ہے کہ سبا کی ملکہ حضرت سلیمان سے ملنے یروشلم آئیں تو ان سے شادی ہو گئی ۔ واپس جانے کے بعد بیٹا پیدا ہوا جو باشعور ہونے کے بعد اپنی ددھیال گیا ۔ وہاں مذہبی اکابرین نے حالات میں محسوس کئے جانے والے خطرات کے پیش نظر عہد کا صندوق خفیہ طریقے سے اسکے ہاتھ روانہ کر دیا اس طرح وہ یروشلم کی تباہی سے محفوظ رہ گیا ، اب بھی محفوظ ہے اور اپنے مناسب وقت پر اس کا ظہور ہوگا ۔ چند سال قبل یہ بنی اسرائیلی ٹی وی رپورٹر اس ہیکل میں پہنچنے کے بعد بھی اس پاک ترین کمرہ میں جانے کی جرات نہ کر سکا کہ اپنی جان پر کھیل کر دیکھ تو لیتا کہ صندوق وہاں ہے بھی کہ نہیں؟ ایک جان قربان کر دینے سے دنیا کا تجسس تو ختم ہو جاتا ۔دیکھنے کی بات یہ ہے کہ آج بھی بائیبل کی روایات پر یقین کتنا پختہ ہے ۔یہ رپورٹر ڈر گیا کہ کہیں اس کا انجام بھی ویسا ہی نہ ہو کہ آسمان سے آگ اتری اور اس کو کھا گئی ۔ اگر بائیبل میں درج ایک فقرہ درست ہو تو صندوق محفوظ رہ جانے کی یہ روایت سراسر بے معنی اور جھوٹ ہے ۔ اس فقرہ کی نشاندہی حصّہ دوئم میں کی جائے گی ۔

بنی اسرائیل کے لئے قربانی کی قبولیت کی علامت کے طور پر آسمان سے معجزاتی آگ کا نزول بر حق ہے ۔ شمالی ریاست اسرائیل کا بادشاہ اخی اب اور اس کی قوم مشرکانہ پرستش میں حد سے گزرنے لگے تو خدا کی طرف سے متنبہ کرنے کے لئے حضرت ایلیّاہ نبی بھیجے گئے ۔انہوں نے اپنی صداقت ثابت کرنے کے لئے بعل کے پجاریوں کو چیلینج کیا کہ وہ قربانی کریں اور ایلیّاہ بھی قربانی کریں گے ۔ جس کی بھی قربانی آسمانی آگ کھا لے اسی کی قربانی بر حق مانی جائے گی ۔ مقابلہ ہوا اور بعل کے آگے بالکل خشک مقام پر پیش کی گئی قربانی پڑی رہ گئی ۔ حضرت ایلیّاہ نے قربانی موسوی شریعت کے مطابق کرنے کے دوران لوگوں سے کئی مرتبہ مٹکوں میں پانی بھروا کر قربانی پر، قربان گاہ پر اور اطراف میں ڈلوا دیا کہ سب طرف پانی پھیل گیا اور پھر:

> تب خداوند کی آگ نازل ہوئی اور اس نے اس سوختنی قربانی کو لکڑیوں اور پتھروں اور مٹّی سمیت بھسم کر دیا اور اس پانی کو جو کھائی میں تھا چاٹ لیا ۔جب سب لوگوں نے یہ دیکھا تو منہ کے بل گرے اور کہنے لگے خداوند ہی خدا ہے!(1-سلاطین 18:38)

قربانی کا یہ معجزاتی واقعہ P تورات کے مصنف سے تقریباً ایک صدی قبل بنی اسرائیل کے مشاہدے میں آچکا تھا اور ان کی روایات میں یہ تنہا واقع نہیں تھا ۔ اگر یہ واقعہ کسی نوعیت کی آسمانی بجلی گرنے کا ہو تو اس کے ساتھ ایک زور دار دھماکہ بھی قرینِ قیاس ہو سکتا ہے ۔ لیکن دھماکہ کے بغیر بھی اس کی دہشت ایسی ہی ہو گی کہ لوگ منہ کے بل گر پڑیں ۔یہ اقتباس واضح ہے کہ پانی سے مکمّل جذب ہونے کے باوجود کوئی شئے بھسم ہونے سے بچ نہ پائی ۔ P مصنف ان تفصیلات سے واقف ہونے کے باوجود حضرت ہارون کے بیٹوں کی سہواً غلطی کے باعث ہلاک کر دیئے جانے کے بعد بیان کر تا ہے کہ حضرت موسیٰ ان کی میت اٹھا کر لشکر گاہ سے باہر لے جانے کی ہدایت کرتے ہیں:

> پس وہ نزدیک گئے اور انہیں ان کے کرتوں سمیت اٹھا کر موسیٰ کے حکم کے مطابق لشکر گاہ کے باہر لے گئے (احبار 10:5)

یعنی حضرت ہارون کے بیٹے آگ سے بھسم ہو کر ہلاک تو ہو گئے لیکن ان کے کرتے جلنے سے رہ گئے ۔ P مصنف نے ،محض تاکید کی خاطر، سوچے بغیر بتکرار بنی ہارون کو سردار کاہن قرار دینے کے لئے تورات کی ضخامت میں اس فقرہ کا غیر ضروری اضافہ کیا ورنہ بیٹوں کی ہلاکت کا واقعہ بیان کر دینا کافی تھا:

> اور خداوند نے موسیٰ سے کہا لاوی کے قبیلہ کو نزدیک لاکر ہارون کاہن کے آگے حاضر کر تاکہ وہ اس کی خدمت کریں ۔اور جو کچھ اس کی طرف سے اور جماعت کی طرف سے ان کو سونپا جائے وہ سب کی خیمۂ اجتماع کے آگے نگہبانی کریں تاکہ مسکن کی خدمت بجا لائیں ۔ اور تو لاویوں کو ہارون اور اس کے بیٹوں کے ہاتھ میں سپرد کر ۔بنی اسرائیل کی طرف سے وہ بالکل اسے دے دیئے گئے ہیں ۔اور ہارون اور اس کے بیٹوں کو مقرر کر اور وہ اپنی کہانت کو محفوظ رکھیں اور اگر کوئی اجنبی نزدیک آئے تو وہ جان سے مار ا جائے (گنتی 3:5)۔

یہاں مصنف نے واضح کیا کہ خدا نے صرف لاوی قبیلہ کو دوسرے درجے کی خدمات کے لئے ہارون کے گھرانے کے سپرد کیا ہے ۔ساتھ میں یہ بھی کہ کوئی غیر قوم کا فرد اس کے قریب آئے تو وہ خود ہی موت کی سزا دیں۔ آسمان سے ہر بار آگ نہیں بھیجی جائے گی !قوم کے کوچ کے وقت ہارون کے بیٹوں کی ذمہ داری یہ تھی کہ خیمہ کے تمام لوازمات اپنے ہاتھوں سے کھولیں اور باندھتے وقت باندھیں تاکہ کوئی دوسرا اسرائیلی انہیں چھونے نہ پائے ۔

> اور جب ہارون اور اس کے بیٹے مقدس کو اور مقدس کے سب اسباب کو ڈھانک چکیں تب خیمۂ گا ہ کے کوچ کے وقت بنی قہات اس کے اٹھانے کے لئے آئیں۔لیکن وہ مقدس کو نہ چھوئیں تا نہ ہو کہ وہ مر جائیں (گنتی 4:15)۔

> اور روشنی کے تیل اور خوشبو دار بخور اور دائمی نذر کی قربانی اور مسح کرنے کا تیل اور سارے مسکن اور اس کے لوازم اور مقدس اور اس کے سامان کی نگہبانی ہارون کاہن کے بیٹے الیعزر کے ذمہ ہو (گنتی 4:16)

> جیر سونیوں کی اولاد کا خدمت کر نے اور بوجھ اٹھانے کا سارا کام ہارون اور اس کے بیٹوں کے حکم کے مطابق ہو ۔اور تم ان میں سے ہر ایک کا بوجھ مقرر کر کے ان کے سپرد کر نا ۔خیمۂ اجتماع میں بنی جیرسون کے خاندانوں کا یہی کام رہے اور وہ ہارون کاہن کے بیٹے اتمر

کے ماتحت ہو کر خدمت کریں (گنتی 4:27)۔ سب آلات اور سارے سامان اور جو چیزیں ان کے اٹھانے کے لئے تم مقرر کر و ان میں سے ایک ایک کا نام لے کر اسے ان کے سپرد کرو۔ بنی مراری کے خاندانوں کو جو خدمت خیمۂ اجتماع میں ہارون کاہن کے بیٹے اتمر کے ماتحت کرنا ہے وہ یہی ہے (گنتی 4:32)

لاوی قبیلہ کے یہ تین ہی خاندان تھے جن کو اپنے ہی قبیلے کے ایک گھرانے کی سربراہی کے ماتحت بار برداری کا مشقّتی کام سونپا گیا جس کے چند اقتباسات اوپر پیش کئے ۔اس خیمۂ اجتماع کے سامنے کی جگہ طرح طرح کی نذرانوں، جرم اور خطا کا فدیہ دینے ،سالانہ عیدوں پر جانوروں کی قربانی اور عام ذبیحہ کے لئے بھی واحد مقام قرار دے دی گئی ۔

پھر خداوند نے موسیٰ سے کہا ہارون اور اس کے بیٹوں سے اور سب بنی اسرائیل سے کہہ کہ خداوند نے یہ حکم دیا ہے کہ اسرائیل کے گھرانے کا جو کوئی شخص بیل یا برہ یا بکرے کو خواہ لشکر گاہ میں یا لشکر گاہ کے باہر ذبح کر کے اسے خیمۂ اجتماع پر خداوند کے مسکن کے آگے خداوند کے حضور چڑھانے کو نہ لے جائے اس شخص پر خون کا الزام ہو گا کہ اس نے خون کیا ہے اور وہ شخص اپنے لوگوں میں سے کاٹ ڈالا جائے ۰۰۰ ان کے لئے نسل در نسل یہ دائمی قانون ہو گا (احبار 17:1)

اوپر درج شدہ اقتباس ہر قسم کے ذبیحہ کے لئے لوگوں کو ہمیشہ کے لئے خیمہ گاہ کی پابندی لازمی قرار دیتا ہے ۔ اس میں عام ذبیحہ کے علاوہ سالانہ فسح کی عید کی قربانیاں، گناہ کے کفارہ کے لئے قربانی، خطا کی قربانی، نادانستہ خطا کی قربانی، پہلی اولاد نرینہ، روزانہ کی قربانی ایک صبح ایک شام ، حتیٰ کہ کسی ناپاک شئے کو چھو لینے یعنی ناپاک جانور کی لاش، انسانی نجاست یا بے سوچے سمجھے قسم کھا لی ان کے بھی ازالہ کے لئے بڑی تفصیل سے کتاب خروج، احبار اور گنتی میں احکام درج ہیں۔ یہ تفصیلات یہاں نقل کرنا دشوار ہے لیکن ان تمام احکامات میں خاص بات یہ ہے کہ کاہن جانوروں کا کچھ خون بعض پیشگی بتائی گئی مخصوص جگہوں پر چھڑکے گا اور اس کی چربی کو وہیں آگ پر جلائے گا تاکہ خدا کی راحت انگیز خوشبو کی آتشیں قربانی ٹھہرے لیکن گوشت کا بڑا حصہ بنی ہارون کو ان خدمات کے اعتراف میں دیا جائے گا۔ ساتھ میں یہ بھی کہ یک سالہ جانور کو بے عیب ہونا چاہئے ۔ان گوشت کے نذرانوں کے

ساتھ متعدد صورتوں میں اناج کے نذرانے جن کے لئے تیل ملا ہوا میدہ ساتھ میں اوپر کچھ لوبان تاکہ کاہن لوبان سمیت مٹھی بھر جلادے، باقی اس کا ہوا۔ اسی طرح تنور پر تیل ملا کر پکائے ہوئے قلچے، تیل میں چپڑی چپاتیاں وغیرہ تاکہ ان اہم مذہبی عہدہ داروں اور اُن کے لواحقین کو بلا وجہ ان کی فراہمی کے لئے بھاگنا یا انتظار نہ کرنا پڑے ۔ اس کے علاوہ کاشتکاروں کو پھلوں اور اناج وغیرہ کی فصل تیار ہونے پر طے شدہ حصّہ خودکاہن کو پہونچانے کا انتظام کرنے کے احکامات بتائے گئے ہیں ۔ ان کے علاوہ بھی نذرانوں کی قسم کے متعدد احکامات ہیں جو یہاں طوالت کے باعث نذر انداز کرتے ہیں ۔ مذکورہ مصنف کا خیمہ گاہ کو عبادت و قربانی کا مرکزی مقام اور صراحتاً بنی ہارون کو سردار کاہن قرار دینا ، یہ دونوں شرائط مندرجہ بالا اقتباسات سے واضح ہوچکیں۔ اس مصنف نے متعدد بار حضرت موسیٰ کے عصا کو حیرت انگیز طور پر حضرت ہارون کا عصا قرار دیا تاہم بائیبل سے جلد ہی یہ اقتباسات نقل کئے جائیں گے ۔ P تحریروں میں بہت سے دوسرے فقہی اور سماجی قوانین بہت باریک تفصیلات کے ساتھ بیان کئے گئے ہیں لیکن ہمیں غرض نہیں ۔ ضروری بات اب یہ ہے کہ اس تحریر کے زمانے کا تعین کیا جائے ۔

P تحریر کب لکھی گئی؟

تحریر کے زمانے کے حوالے سے پہلیاہم بات تو یہ کہ خیمہ گاہ ،عہد کا صندوق سمیت ،ہیکل سلیمانی کی تعمیر کے بعد پاک ترین مقام پر رکھی گئی تھی ۔

> اور اسرائیل کے سب بزرگ آئے اور لاویوں نے صندوق اٹھایا ۔اور وہ صندوق کو اور خیمۂ اجتماع کو اور سب مقدس ظروف کو جو اس خیمہ میں تھے لے آئے اور سلیمان بادشاہ ۰۰۰ (2۔تواریخ 5:4)

یہ اقتباس نقل کرنے سے ہماری مراد یہ ہے کہ تمام اہم مذہبی علامتی اشیا ہیکل سلیمانی میں محفوظ تھیں ۔ اب ہیکل چونکہ 587 ق م میں تمام تبرکات سمیت جل چکا اور خیمہ گاہ قربانی و عبادت کا مرکزی مقام تھی اس لئے ہیکل کی اور خیمہ گاہ کی تباہی کے بعد یا 587ق م کے بعد Pتحریر لکھے جانے کا امکان نہ رہا ۔ دوسری اہم بات

یہ ہے کہ بائیبل کے ابتدائی انبیاء نہ P مذہبی قوانین کا تذکرہ کرتے ہیں نہ ہی حوالہ دیتے ہیں اور نہ ہی کبھی یہ تاثر دیتے نظر آتے ہیں کہ وہ ان قوانین سے کچھ بھی واقف تھے ۔ سیموئل نبی ، طالوت، حضرت داؤد اور حضرت سلیمان ملک کے متعد دوسرے شہروں میں قربانیاں کرتے رہے جبکہ خیمہ گاہ شہر سیلا میں مقیم تھی ۔ اگر خیمہ گاہ ہی قربانی کی واحد جگہ ہوتی اور بنی ہارون کے علاوہ کوئی بھی دوسرا فرد قربانی کرنے کا مجاز ہی نہ تھا تو وہ آخر کیسے خود سے قربانی کر سکتے تھے ؟ اوپر سے آگ آ کر انہیں بھسم نہ کر دیتی؟ کتاب 1سیموئل میں ان حضرات کی خیمہ گاہ کے بجائے دوسرے مقامات پر پیش کی گئی قربانیاں درج ہیں پھر حضرت داؤد کے دو میں سے ایک سردار کاہن ابیاتر بنی ہارون سے نہ تھا ۔ بنی ہارون کے سردار کاہن صدوق کی موجودگی میں حضرت موسیٰ کی معرفت خدا کے حکم کی خلاف ورزی حضرت داؤد کر نہیں سکتے تھے ۔ اگر یہ حکم بالفرض ان کے علم میں نہ ہوتا تو کاہن صدوق فوراً یاد دہانی کرا دیتا ۔اس طرح اسرائیل کی شمالی ریاست کے 722 ق م میں ختم ہونے تک مذکورہ قوانین کے آثار تاریخی کتابوں میں کہیں نظر نہیں آتے جس زمانے میں E/J لکھی گئیں ۔ لہٰذا P تحریر لکھی جانے کا زمانہ 722ق م کے بعد کا زمانہ متوقع ہونا چاہئے ۔

خیمہ گاہ ضرور حضرت موسیٰ کے بعد لوگوں کی عبادت گاہ کی حیثیت سے بعد کے ادوار میں استعمال ہوتی رہی جب تک کہ ہیکل سلیمانی خیمہ گاہ کے متبادل کے طور پر تعمیر نہ ہو گیا تاہم اس کی وہ حیثیت کہیں نہیں پائی جاتی جو P مصنف پیش کرتا ہے ۔ J اور E تحریریں P کی بیان کردہ قربانی کے مرکزی مقام کی حیثیت سے قطعی ناواقف تھیں ۔ اب تک کی معلومات سے یہ کہا جاسکتا ہے کہ J/Eتحریروں کے قریبی زمانے میں یا کچھ عرصہ بعد P لکھی گئی ہو لہٰذا تحریر کے زمانے کے تعین کے لئے اور اسکے لکھنے والوں کے لئے ہمیں تحریر کی ان تفصیلات کی طرف متوجہ ہونا پڑے گا جو پچھلے صفحات پر بیان کئے گئے فقہی مسائل کے بجائے دوسرے واقعات پر مشتمل ہیں ۔

P کس نے لکھی؟

اب تک ہم ان لکھنے والوں کے لئے کیا کہہ سکتے ہیں جو حضرت موسیٰ سے منسوب پانچ کتابوں میں سب سے زیادہ مواد لکھنے کا اعزاز رکھتے ہیں؟ یہ شخص ہارون کے خاندان سے نسلی تعلق رکھنے والا کاہن ہے یا کم از کم بنی ہارون کے کاہنوں کے مفادات کا نمائندہ ہے ۔یہ شخص یہودیہ سے تعلق رکھتا ہے اس لئے کہ یہودیہ ہی میں بنی ہارون کو رہائشی شہر بذریعہ یشوع تقسیم میں ملے تھے ۔امکانی طور پر یروشلم سے، اس لئے کہ اس شخص کو یروشلم کے کاہنی معاملات سے بہت زیادہ واقفیت تھی ۔اس کو مذہبی دستاویزات کا حصول ممکن تھا اس لئے کہ قربانی کے اعمال کی تفصیلات ، خوشبو جلا نا، کاہنوں کے ملبوسات، خیمہ گاہ اور اس کے اندر رکھی جانے والی اشیاء کا بہت باریکی سے بیان ہوا ہے ۔اس کے علاوہ ایک اور انتہائی اہم بات ہے ۔یہ شخص J اور E تحریروں سے بخوبی واقف تھا -1964ء میں ناروے کے ایک اسکالر سگمنڈموینکل نے ثابت کیا کہ P نہ صرف J/E سے واقف ہے اور نہ صرف یہ کہ اس میں بھی واقعات دہرائے گئے ہیں بلکہ وہ J/E کو سامنے رکھ کر لکھی گئی ہے - P نہ صرف یہی واقعات یا انہی جیسے واقعات لکھ رہا تھا بلکہ کم و بیش اُسی ترتیب میں لکھ رہا تھا ۔

P مصنف نے J/E کی طرح اپنی تحریر کی ابتداء کائنات کی تخلیق اور طوفان نوح سے کی اور اس کے بعد حضرت ابراہیم کے عہد کے اہم واقعات ، مصر سے خروج اور کوہ سینا پر حضرت موسیٰ کا عہد اور دوسرے اہم واقعات تحریر کئے، جیسے J/E میں تھے - J/Eحضرت ابراہیم کے بھتیجے حضرت لوط کا بتاتے ہیں، P بھی بتاتا ہے - J/Eحضرت موسیٰ کا چٹان پر عصا مار کر چٹان سے پانی نکالنے کا واقعہ بتاتے ہیں، P بھی بتاتا ہے - J/Eبعل فغور دیوتا پوجنے کا واقعہ بتاتے ہیں، یہ بھی بتاتا ہے - J/Eحضرت موسیٰ کا فلسطین بھیجے جانے والے جاسوسوں کی بغاوت کا واقعہ بتاتے ہیں، یہ بھی بتاتا ہے ۔اس طرح پچیس سے زیادہ متوازی واقعات ہیں ۔لیکن اہم ترین بات یہ ہے کہ ایسا نہیں ہے کہ وہ انہی واقعات کو صرف دہرا دینا چاہتا ہے تاکہ تورات لکھ کر خدا کی کچھ برکت حاصل ہو جائے یا بنی اسرائیل کی رشد و ہدایت اور ان کی فلاح اس کے پیشِ نظر ہو بلکہ اس کے سامنے اپنے قبیلہ بنی ہارون کی معاشی فلاح اور قبائل کے درمیان عزت و احترام حاصل کرنے کا خاص مقصد تھا ۔اس نے انہی واقعات

کے دستیاب شدہ بیانات کو سامنے رکھ کر اور اپنے مقصد کو سامنے رکھ کر خصوصی تفصیلات میں قصداً تبدیلیاں کیں۔

سگمنڈ کی یہ بات درست تھی کہ P مصنف J/E سے واقف ہے۔وہ 1964 میں اپنی بات کہنے میں بہت محتاط تھا ،اس نے صرف یہ کہا کہ P مصنف J/E پر براہ راست یا بالواسطہ انحصار کرتا ہے یہ ایک محتاط طریقہ سے لکھی ہوئی ذمہ دارانہ بات تھی اور ہمیں یہ بتاتی ہے کہ P تحریر 722 ق م کے بعد کسی وقت لکھی گئی جب E تحریر پہلے ہی جنوب میں یعنی یروشلم آچکی تھی ۔ لیکن صرف اتنی بات ہمیں یہ نہیں بتاتی کہ اس زمانے میں یروشلم میں ہو کیا رہا تھا؟۔اس وقت کیوں J/E تحریریں ایک فرد کے ہاتھ لگیں؟ اس نے چند واقعات کو کم و بیش اسی طرح نقل کر لیا لیکن چند دوسرے مقامات پر مخصوص نوعیت کی تبدیلیاں کیوں کیں؟ اگر وہ J/E سے مطمئن تھا تو انہی واقعات کو دوبارہ لکھنے کی زحمت کیوں اٹھائی؟ اور اگر مطمئن نہیں تھا تو بھی J/E کی ہی ترتیب میں مخصوص تبدیلیاں کر کے واقعات لکھے ؟کیوں نہ اپنے طور پر نئے سِرے سے تاریخی کتاب لکھی؟ یہی وہ سوالات ہیں جن کی روشنی میں ہمیں آگے کی تحریر لکھنی ہے کہ اس مصنف کا اصل مقصد کیا تھا؟

اپنی تورات خود لکھ لی

یروشلم کے کسی ایسے مذہبی لیڈر کا تصوّر کریں جس کو ملک اسرائیل کے تباہ ہو جانے کے بعد کے زمانے کا سامنا ہو ۔وہ یااسکے خاندان یا قبیلہ نے اس تباہی سے پہلے کے وقتوں میں اپنی مذہبی دسترس اور خصوصیت سے عزت و آسائشیں کے دن گزارے ہوں، وہ ہیکل کے کنٹرول کے مکمّل اختیارات رکھتے ہوں اور اپنی نسل کو حضرت ہارون سے نسبت دیتے ہوں جو قوم بنی اسرائیل کے پانچ صدی قبل اوّلین سردار کاہن تھے ۔

اب انہیں ایسے وقت کا سامنا ہے کہ شمالی ریاست کے انہدام کے بعد خاصی تعداد میں پناہ گیر اُس کی طرف آرہے ہیں اور اِس کے ساتھ ہی اُس کا مذہبی اقتدار بھی اسی حساب سے بڑھ رہا ہے ۔جو پناہ گیر آ رہے ہیں ان کا مذہب بھی وہی ہے جو اُس کا ہے ۔وہ بھی اسی خدا پر

ایمان رکھتے ہیں، انہی اجداد کو مانتے اور محبت رکھتے ہیں جن سے یہ رکھتا ہے۔وہ بھی مصر سے نجات اور کوہ سینا پر خدا کی ہدایات کو اپنے روشن ماضی کے واقعات میں شمار کرتے ہیں جیسے یہ۔لیکن ان پناہ گیروں کے ساتھ ساتھ کچھ ایسے افراد بھی ہیں جو خود اس علاقہ میں مذہبی اقتدار رکھتے تھے جہاں سے وہ آ رہے ہیں، اور خصوصاً یہ کہ وہ موسیٰ کی نسل میں خود کو شمار کرتے ہیں ۔ وہ اِس طرح آتے ہیں کہ اِن کے ساتھ تحریری دستاویزات ہیں جن میں E تورات شامل ہے جو اس کے لوگوں کی مُقدّس سمجھی جانے والی گذشتہ تاریخ بتاتی ہے ۔وہ J کتاب سے بہت مختلف ہے اس لئے کہ وہ زیادہ تر ان واقعات سے بحث کرتی ہے جو ملک اسرائیل یعنی شمالی ریاست میں پیش آئے ۔

لیکن یہ معروف دستاویز اور کیا کہتی ہے؟ یہ کہتی ہے کہ بنی ہارون یعنی اس کے جد امجد نے سونے کا بچھڑ ا بنایا ۔کچھ اور بھی یہ کتاب کہتی ہے ۔ یہ کہتی ہے اسکے جد اور انکی بہن مریم نے حضرت موسیٰ کی بیوی کی وجہ سے موسیٰ پر تنقید کی ۔ یہ کہتی ہے خدا نے ذاتی طور پر انہیں اس بات کی سزا دی ۔یہ کہتی ہے اس کے جدنے دونوں مواقع پر موسیٰ کو "میرے آقا" سے مخاطب کیا ۔ یہ کتاب بمشکل ہی اسکے جد کے لئے کوئی تعریفی کلمات لکھتی ہے اور اس کے مقابل موسیٰ کو نہ صرف بہت اونچا مقام دیتی اور احترام کرتی ہے بلکہ قوم کا نجات دہندہ قرار دیتی ہے ۔یہ کتاب قربانی، نذر ونیاز اور چڑھاوے کو اہمیت نہیں دیتی جو اسکی آمدنی کا ایک ہی ذریعہ ہے ۔حتیٰ کہ یہ بھی نہیں کہتی کہ قربانی صرف کاہنوں کے توسط سے ہی پیش کی جا سکتی ہے ۔یہ کاہن کے مقابلے میں نبی کو زیادہ اہم گردانتی ہے ۔اس کتاب میں تمام باتیں ایسی ہیں جو اس کو قبول نہیں ہو سکتیں اور ہارون کا سونے کے بچھڑے والا واقعہ تو ناقابلِ برداشت ہے ۔اب یہ ہارونی کاہن کیا کرے؟ سوائے ایک اور تورات لکھنے کے اور کوئی چارہ اسے میسر نہیں ۔

ایک متبادل تورات

ذیل میں P کی متعلقہ تحریروں کا J/E سے موازنہ کیا جائے گا تو آپ سے آپ واضح ہو جائے گا کہ P تحریر J/E کے متبادل کے طور پر لکھی گئی ہے ۔ J/E تحریروں میں حضرت موسیٰ نے اپنے عصا سے

فرعون کو باغیانہ پن چھوڑنے کے لئے جو عظیم معجزات دکھائے ، P مصنف اس کو حضرت ہارون کے عصا میں بدل دیتا ہے :

J/E تحریریں

تب خداوند نے موسیٰ سے کہا کہ فرعون کا دل متعصب ہے وہ ان لوگوں کو جانے نہیں دیتا ۔سو تو لب دریا اس کی ملاقات کے لئے کھڑا رہنا اور جو لاٹھی سانپ بن گئی تھی اسے ہاتھ میں لے لینا ۔اور اس سے کہنا کہ خداوند عبرانیوں کے خدا نے مجھے تیرے پاس یہ کہنے کو بھیجا ہے میرے لوگوں کو جانے دے تاکہ وہ بیابان میں میری عبادت کریں اور اب تک تو نے کچھ سماعت نہیں کی ۔پس خداوند یوں فرماتا ہے کہ تو اسی سے جان لے گا کہ میں خداوند ہوں ۔دیکھ میں اپنے ہاتھ کی لاٹھی کو دریا کے پانی پر ماروں گا اور وہ خون ہو جائے گا (خروج 7:14)

اور موسیٰ نے اپنی لاٹھی آسمان کی طرف اٹھائی اور خداوند نے رعد اور اولے بھیجے (خروج 9:23)

پس موسیٰ نے ملک مصر پر اپنی لاٹھی بڑھائی اور خداوند نے اس سارے دن اور ساری رات پروا آندھی چلائی (خروج 10:13)

P تحریریں

اور خداوند نے موسیٰ اور ہارون سے کہا کہ جب فرعون تم کو کہے کہ اپنا معجزہ دکھاؤ تو ہارون سے کہنا کہ اپنی لاٹھی کو لے کر فرعون کے سامنے ڈال دے تاکہ وہ سانپ بن جائے ۔اور موسیٰ اور ہارون فرعون کے پاس گئے اور انہوں نے خداوند کے حکم کے مطابق کیا ور ہارون نے اپنی لاٹھی فرعون اور اس کے خادموں کے سامنے ڈال دی اور وہ سانپ بن گئی (خروج 7:8)

اور خداوند نے موسیٰ کو فرمایا کہ ہارون سے کہہ اپنی لاٹھی لے کر اپنا ہاتھ دریاؤں اور نہروں اور جھیلوں پر بڑھا اور مینڈکوں کو ملک مصر پر چڑھا لا ۔چنانچہ جتنا پانی مصر میں تھا اس پر ہارون نے اپنا ہاتھ بڑھایا (اور مینڈک چڑھ آئے اور ملک مصر کو ڈھانک لیا (خروج 8:5

تب خداوند نے موسیٰ سے کہا ہارون سے کہہ اپنی لاٹھی بڑھا کر زمین کی گرد کو مار تاکہ وہ تمام مصر میں جوئیں بن جائیں ۔انہوں نے ایسا ہی

کیا اور ہارون نے اپنی لاٹھی لے کر اپنا ہاتھ بڑھایا اور زمین کی گرد کو مارا اور انسان اور حیوان پر جوئیں ہو گئیں (خروج 8:16)۔

مصنف بعد کے تین اقتباسات میں معجزہ کی طاقت رکھنے والا P عصا حضرت ہارون کا اور معجزات دکھانے کے حکم کو خدا کی واقعات متواتر لکھتے ہیں "اور خداوند نے E/J طرف منسوب کرتا ہے۔ مصنف نے P موسیٰ سے کہا" (خروج 8:16، 7:14، 6:1، 10:1) جبکہ اس کو بنا دیا "اور خداوند نے موسیٰ سے اور ہارون سے کہا" (خروج 12:1، 9:8، 7:8)۔

مصنف نے اجداد کے کوئی ایسے واقعات تحریر نہیں کئے جن P میں قربانی کا عمل شامل تھا، یا اگر ان میں شامل تھا تو ان میں ایسی تبدیلی کی کہ قربانی کا فعل شامل نہ ہو سکے۔ اُس نے کوئی قربانی بیان نہیں کی جب تک کہ وہ کتاب خروج کے آخری باب تک نہ پہونچ گیا جہاں حضرت ہارون سردار کاہن نامزد ہونے اور پہلی قربانی پیش کرنے کا عمل سر انجام دینے کے لئے پاک کئے جا رہے تھے (خروج 40:13، 29:1)۔اور اس کے بعد، اس مصنف کی تحریر میں، تمام واقعات میں قربانیاں یا تو حضرت ہارون کے ذریعے ادا ہوئیں یا انکے بیٹوں کے ذریعے یہ بات واضح ہے کہ مصنف اپنے کسی واقعہ میں قربانی کا تذکرہ نہیں کر نا چاہتا جو حضرت ہارون کے ذریعے ادا ہونے سے پہلے پیش آیا ہو۔ اس میں ہابیل اور قابیل کا واقعہ بھی شامل ہے یہ تحریر میں موجود تھا (پیدائش 4:1) لیکن اس مصنف نے پورے J واقعہ میں حضرت ابراہیم، حضرت اسحاق، J/E واقعہ کو ہی شامل نہیں کیا۔ حضرت یعقوب اور اس مصنف کے دوسرے اجداد کے واقعات میں قربانی کا مواقعہ بھی پیش آئے تھے۔ اس نے یا تو قربانی کا ذکر حذف کر دیا یا پھر پورے واقعہ کو، ہابیل و قابیل کے واقعہ کی طرح، حذف کر دیا۔

کسی وجہ سے اس نے طوفانِ نوح کے واقعہ کو اپنی تحریر میں شامل کرنے کا فیصلہ کیا یہ واقعہ ہم نے باب 2 میں نقل کیا تھا۔ اس میں J مصنف نے لکھا حضرت نوح سات جوڑے پاک جانوروں کے اور دو جوڑے ناپاک جانوروں کے، یعنی حرام جانور، کشتی میں لائے لیکن P نے لکھا ہر قسم کے دو جانور "نر اور مادہ"، کیوں؟ اس لئے کہ واقعہ کے اختتام پر، J کے مطابق، حضرت نوح نے قربانی پیش کی ۔اسی لئے دو سے زیادہ پاک جانور کشتی میں لائے گئے تھے لیکن P

نے حضرت نوح سے ایک ہی جوڑا رکھوایا اس لئے کہ وہ قربانی پیش کرنے کا کوئی واقعہ لکھنا نہیں چاہتا جب تک کہ وہ ہارون کے پاک کئے جانے تک نہ پہنچ جائے ۔

اور پھر مسئلہ صرف قربانی کا نہیں ہے ۔اس مصنف کی نظر میں بڑا اصول یہ ہے کہ خدا اور بندوں کے درمیان رابطے کا واحد ذریعہ خدا کی طرف سے نامزد کردہ کاہن ہی کے توسط سے ممکن ہے ۔اس کی تحریروں میں کوئی فرشتہ، کوئی انسانی زبان بولتا جانور ،کوئی خواب جگہ نہ پا سکا ۔ حتیٰ کہ نبی کا لفظ بھی استعمال نہیں ہوا سوائے ایک موقع پر، اور وہ بھی حضرت ہارون کے حوالے سے (خروج 7:1)۔

ایک بات یہ بھی ہے کہ اس مصنف نے خدا کے ساتھ مخلوق والی کوئی ایسی خصوصیات نہیں جوڑی ہیں جو J/E تحریروں میں نظر آتی ہیں ۔وہاں خدا باغ میں چہل قدمی کر تا ہے، بذاتِ خود آدم و حوا کے کپڑے بناتا ہے، بذاتِ خود نوح کی کشتی بناتا ہے، نوح کی قربانی کی خوشبو لیتا ہے، یعقوب سے کشتی لڑتا ہے ۔ان میں سے کوئی بات P تحریر میں نہیں ملتی ۔ J/E میں خدا بآواز بلند کوہ سینا پر دس احکامات سناتا ہے، P میں ایسا نہیں کیا ۔ J/E خدا کو کسی انسان کی طرح پیش کرتے ہیں جبکہ P خدا کی ہستی کو کائناتی ہستی کی حیثیت دیتا ہے ۔یہ تصوّر بڑے طوفان کے واقعہ میں بھی محسوس کیا جا سکتا ہے جو نقل کیا جا چکا ہے۔ P لکھتا ہے " بڑے سمندر کے سب سوتے پھوٹ نکلے اور آسمان کی کھڑکیاں کھل گئیں" جبکہ J لکھتا ہے " اور چالیس دن اور چالیس رات زمین پر بارش ہوتی رہی"۔

P کے تمام واقعات میں ایک کائناتی خدا، ایک عظیم ترتیب دی گئی عظیم کائنات کا عظیم خدا پڑھنے میں آتا ہے ۔اس خدا نے رابطہ کرنے کا واحد ذریعہ خود طے کر دیا ہے اور اس کے سوا کوئی اور راستہ نہیں ہے ۔ وہ طریقہ یہ ہے کہ قرار دی گئیں مخصوص قربانیاں ،مخصوص اوقات میں ،مخصوص کئے گئے کاہنوں کے ذریعے بتائے گئے مخصوص طریقہ پر ہی پیش کی جا سکتی ہیں ۔مصنف نے یہ بھی بتا دیا کہ مخصوص کئے گئے کاہنوں نے ذرا سی بھول کی اور ان کی زندگی واپس لے لی گئی ۔ حضرت ہارون کے مارے جانے والے دو بیٹوں کا واقعہ پہلے لکھا جا چکا ہے ۔

صحرا میں بغاوت

ہمارے شبہ کو تقویت دینے والا ایک اور واقعہ نقل کیا جاتا ہے
۔یہ J مصنف کا بیان کردہ بغاوت کا ایک واقعہ تھا جو صحرا میں چند
افراد نے کیا ۔ملاحظہ کریں کہ P مصنف نے اس میں کس نوعیت کی
تبدیلیاں کیں ۔دونوں تحریریں آپس میں اسی طرح الجھی ہوئی ہیں جیسی
کہ طوفانِ نوح کے واقعہ میں تھیں ۔یہاں بھی طوفان کے واقعہ کی طرح
J نارمل پرنٹ میں اور P تحریر کو گھرے پرنٹ میں نقل کیا جاتا ہے ۔

اور قورح بن اضہار بن قہات بن لاوی نے بنی روبن میں سے الیاب کے بیٹوں داتن اور ابیرام اور پلت کے بیٹے اون کے ساتھ مل کر اور آدمیوں کو ساتھ لیا ۔اور وہ **اور بنی اسرائیل میں سے ڈھائی سو اور اشخاص جو جماعت کے سردار اور چیدہ اور مشہور آدمی تھے** موسیٰ کے مقابلے میں اٹھے۔**اور وہ موسیٰ اور ہارون کے خلاف اکٹھے ہو کر ان سے کہنے لگے تمہارے تو بڑے دعوے ہو چلے ۔کیونکہ جماعت کا ایک ایک آدمی مقدس ہے اور خداوند ان کے بیچ رہتا ہے سو تم اپنے آپ کو خداوند کی جماعت سے بڑا کیونکر ٹھہراتے ہو ۔موسیٰ یہ سن کر منہ کے بل گرا۔پھر اس نے قورح اور اس کے کل فریق سے کہا کہ کل صبح خداوند دکھا دے گا کہ کون اسکا ہے اور کون مقدس ہے اور وہ اسی کو اپنے نزدیک آنے دے گا کیونکہ جسے وہ خود چنے گا اسے وہ اپنی قربت بھی دے گا سو اۓ قورح اور اس کے فریق کے لوگوں!تم یوں کرو کہ اپنا اپنا بخور دان لو۔اور ان میں آگ بھرو اور خداوند کے حضور کل ان میں بخور جلاؤ۔تب جس شخص کو خداوند چن لے وہی مقدس ٹھہرے گا ۔اۓ لاوی کے بیٹوں!بڑے بڑے دعوے تو تمہارے ہیں ۔**

پھر موسیٰ نے قورح کی طرف مخاطب ہو کر کہا اے بنی لاوی سنو ۔کیا یہ تم کو چھوٹی بات دکھائی دیتی ہے کہ اسرائیل کے خدا نے تم کو بنی اسرائیل کی جماعت سے چن کر الگ کیا تاکہ وہ تم کو اپنی قریب بخشے اور تم خداوند کے مسکن کی خدمت کر و اور جماعت کے آگے کھڑے ہو کر اس کی بھی خدمت بجا لاؤ۔اور تجھے اور تیرے سب بھائیوں کو جو بنی لاوی ہیں اپنے نزدیک آنے دیا ۔سو کیا تم کہانت کو بھی چاہتے ہو ۔اسی لئے تو اور تیرے فریق کے لوگ یہ سب کے سب خداوند کے خلاف اکٹھے ہوئے ہیں اور ہارون کون ہے جو تم اس کی شکایت کرتے ہو ۔پھر موسیٰ نے داتن اور ابیرام کو جو الیاب کے بیٹے تھے بلوا بھیجا ۔انہوں نے کہا ہم نہیں آتے ۔کیا یہ چھوٹی بات ہے کہ تو ہم کو ایک ایسے ملک سے جس میں دودھ اور شہد بہتا ہے ہم کو نکال لایا ہے کہ ہم کو بیابان میں ہلاک کرے اور اس پر یہ بھی طرہ ہے کہ اب تو سردار بن کر ہم

پر حکومت جتاتا ہے ۔ماسوا اس کے تو نے ہم کو اس ملک میں بھی نہیں پہونچایا جہاں دودھ اور شہد بہتا ہے اور نہ ہم کو کھیتوں اور تاکستانوں کا وارث بنایا ۔کیا تو ان لوگوں کی آنکھیں نکال ڈالے گا ۔ہم تو نہیں آنے کے ۔

تب موسیٰ نہایت طیش میں آکر خداوند سے کہنے لگا تو ان کے ہدیہ کی طرف توجہ مت کر ۔میں نے ان سے ایک گدھا بھی نہیں لیا نہ ان میں سے کسی کو کوئی نقصان پہنچایا ہے ۔ **پھر موسیٰ نے قورح سے کہا کل تو اپنے سرے فریق کے لوگوں کو لے کر خداوند کے آگے حاضر ہو ۔تو بھی اور وہ بھی ہوں اور ہارون بھی ہو ۔اور تم میں سے ہر شخص اپنا بخور دان لے کر اس میں بخور ڈالے اور تم اپنے اپنے بخور دان جو شمار میں ڈھائی سو ہوں گے اور خداوند کے حضور لاؤ اور تو بھی اپنا بخور دان لانا اور ہارون بھی لائے ۔سو انہوں نے اپنا اپنا بخور دان لے کر اور ان میں آگ رکھ کر اس پر بخور ڈالا اور خیمۂ اجتماع کے دروازہ پر موسیٰ اور ہارون کے ساتھ آکر کھڑے ہوئے ۔اور قورح نے ساری جماعت کو ان کے خلاف خیمۂ اجتماع کے دروازہ پر جمع کر لیا تھا ۔تب خداوند کا جلال ساری جماعت کے سامنے نمایاں ہوا ۔اور خداوند نے موسیٰ اور ہارون سے کہا ۔کہ تم اپنے آپ کو اس جماعت سے بالکل الگ کر لو تاکہ میں ان سب کو ایک پل میں بھسم کر دوں ۔**

تب وہ منہ کے بل گر کر کہنے لگے اے خدا!سب بشر کی روحوں کے خدا!کیا ایک آدمی کے گناہ کے سبب سے تیرا قہر ساری جماعت پر ہو گا؟تب خداوند نے موسیٰ سے کہا کہ تم قورح اور داتن اور ابیرام کے خیموں کے آس پاس سے دور ہٹ جاؤ ۔اور موسیٰ اٹھ کر داتن اور ابیرام کی طرف گیا اور بنی اسرائیل کے بزرگ اس کے پیچھے پیچھے گئے **۔اور اس نے جماعت سے کہا ان شریر آدمیوں کے خیموں سے نکل جاؤ اور ان کی کسی چیز کو ہاتھ نہ لگاؤ تا نہ ہو کہ تم بھی ان کے سب گناہوں کے سبب سے نیست ہو جاؤ ۔سو وہ لوگ قورح** اور داتن اور ابیرام کے خیموں کے آس پاس سے دور ہٹ گئے ۔اور داتن اور ابیرام اپنی بیویوں اور بیٹوں اور بال بچوں سمیت نکل کر اپنے خیموں کے دروازوں پر کھڑے ہوئے ۔تب موسیٰ نے کہا اس سے تم جان لو گے کہ خداوند نے مجھے بھیجا ہے کہ یہ سب کام کروں کیونکہ میں نے اپنی مرضی سے کچھ نہیں کیا ۔اگر یہ آدمی ویسی ہی موت سے مریں جو سب لوگوں کو آتی ہے یا ان پر ویسے ہی حادثے گزریں جو سب پر گزرتے ہیں تو میں خداوند کا بھیجا ہوا نہیں ہوں ۔پر اگر خداوند کوئی نیا کرشمہ دکھائے اور زمین اپنا منہ کھول دے اور ان کو ان کے گھر بار سمیت نگل جائے اور یہ جیتے جی پاتال میں سما جائیں تو تم جاننا کہ ان لوگوں نے خداوند کی تحقیر کی ہے ۔اس نے یہ باتیں ختم ہی کی تھیں کہ زمین ان کے پاؤں تلے پھٹ گئی ۔اور زمین نے اپنا منہ کھول دیا اور ان کو اور ان کے گھر بار

کو اور **قورح کے ہاں کے سب آدمیوں کو اور ان کے سارے مال و اسباب کو** نگل گئی ۔سو وہ اور ان کا سارا گھر بار جیتے جی پاتال میں سما گئے اور زمین ان کے اوپر برابر ہو گئی اور وہ جماعت میں سے نابود ہو گئے ۔اور سب اسرائیلی جو ان کے آس پاس تھے ان کا چلانا سن کر یہ کہتے ہوئے بھاگے کہ کہیں زمین ہم کو بھی نہ نگل لے ۔**اور خداوند کے حضور سے آگ نکلی اور ان ڈھائی سو آدمیوں کو جنہوں نے بخور گزرانا تھا بھسم کر ڈالا** (گنتی 16:1)

دو ہزار سال سے بائیبل پڑھنے والوں نے اس کو ایک واقعہ کی صورت میں پڑھا اگرچہ کہ اس میں الجھنیں موجود ہیں اور یہ واضح نہیں ہے ۔بغور پڑھیں تو محسوس کیا جاسکتا ہے کہ ایک ہی واقعہ دو مختلف مقامات پر بیک وقت وقوع پذیر ہوا ہے ۔ایک مقام پر یہ باغیوں کے خیموں کے پاس جبکہ دوسرے مقام پر یہ خیمہ گاہ پر ہو رہا ہے۔ پہلے مقام پر باغی داتن اور ابیرام ہیں اور دوسرے پر قورح اور اسکا گروہ (قورح کو ہم قارون کے نام سے جانتے ہیں)۔

دونوں واقعات کو علیحدہ کر کے لکھنے اور پڑھنے سے نہ صرف الجھن صاف ہو جاتی ہے بلکہ یہ بہت کچھ اور بھی بتاتا ہے ۔پہلا قصہ، J تحریر، روبن قبیلہ کے داتن اور ابیرام (اور عون)کی بغاوت سے متعلق ہے ۔وہ حضرت موسیٰ کی سربراہی کو چیلینج کرتے ہیں ۔انسانی تاریخ کا سب سے بڑا ناشکرانا پن کی طرح انکی شکایت ہے کہ حضرت موسیٰ انہیں ایسے ملک سے نکال لائے جہاں دودھ و شہد بہتا تھا، یعنی مصر! حضرت موسیٰ جواب دیتے ہیں انہوں نے کسی کے ساتھ غلط نہیں کیا ۔انہوں نے اپنی مرضی سے کچھ نہیں کیا بلکہ صرف وہ کیا ہے جس کا خدا نے حکم دیا ۔حضرت موسیٰ کو اس بکھیڑے سے خلاصی حاصل ہو گئی جب ایک زلزلے نے باغیوں کو نگل لیا ۔

یہی قصہ جب P نے بتایا تو اس میں روبن قبیلہ کے بجائے لاوی قبیلہ کا گروہ جس میں قبیلے کے عزت دار شامل ہیں اور ان کا لیڈر قورح ہے ۔قورح کون ہے؟ P کے نسب نامہ کے مطابق یہ حضرت موسیٰ و ہارون کا چچا زاد بھائی ہے (خروج 6:18)۔اسکا مسئلہ حضرت موسیٰ کی سربراہی نہیں بلکہ حضرت ہارون کا کہانت کے ادارے پر غیر منصفانہ قبضہ ہے ۔اس کی شکایت یہ ہے کہ کوئی اور کیوں نہیں یہ خدمات انجام دے سکتا جبکہ سب لوگ مُقدّس ہیں ۔حضرت موسیٰ ہارون کی مدافعت میں خوشبو جلانے کا امتحان تجویز کرتے ہیں یہ دکھانے کے لئے کہ کون مُقدّس ہے ۔ P مصنف یہ پہلے ہی تنبیہ

کے ساتھ بتا چکا ہے کہ خیمۂ اجتماع پر خوشبو جلانے کی ذمہ داری صرف کاہن کو ہے ۔اب اگر چیلنجر خوشبو جلا نے کی سعی کریں تو حدود سے متجاوز ٹھہریں گے ۔پھر انکا انجام بھی وہی ہو سکتا ہے جو خود ہارون کے دو بیٹوں کا ہو چکا ہے "یہواہ سے آگ نکلی اور انہیں کھا گئی"۔

J کی روداد حضرت موسیٰ کی مدافعت کے لئے تھی جبکہ P کی روداد حضرت ہارون کی کہانت کی مدافعت کے لئے بیٹھتی ہے اور قوم کو پیغام دیتی ہے کہ دوسرے کسی بھی لاوی کو جان پیاری ہو تو کہانت کا خواب نہ دیکھے ۔ وہ قبیلہ کا کتنا ہی معزز شخص کیوں نہ ہو ، زندگی عزیز ہے تو کہانت کا نظام ہارون کے لئے چھوڑ دینے میں ہی عافیت ہے ۔

خدا کا تصوّر

P مصنف بار بار یہ نکتہ پروان چڑھا تا ہے کہ بنی ہارون سے چنا گیا کاہن خدا سے رابطے کا ایک ہی ذریعہ ہے ۔اگر کوئی گناہ کا مرتکب ہوا اور چاہتا ہے کہ اسے معاف کر دیا جائے تو خدا کی طے شدہ قربانی کا جانور کاہن کے پاس لائے ۔وہ خیمہ گاہ پر بنائے گئے قربانی کے مقام پر اس کو ذبح کرے پھر کاہن جانور کے خون اور چربی سے مخصوص رسومات ادا کرے گا تو ہی معافی قبول ہو گی ۔ گناہ میں شمار کئے جانے والے انواع اقسام کے اعمال کی لمبی فہرست ان تحریروں میں موجود ہے جس میں بلا ارادہ اور سہواً ہو جانے والے اعمال بھی شامل ہیں جنکو یہاں درج کرنا طوالت کا باعث ہے ۔ P تحریروں میں کہیں ایک جملہ ایسا موجود نہیں جو خدا کو رحم کرنے والا بتائے ۔رحم، ایمان داری، توبہ اور معافی جیسے الفاظ کہیں نظر نہیں آتے ۔اس کی نظر میں محض معافی مانگنے سے معافی نہیں مل جائے گی ۔کاہن کے پاس آکر قربانی چڑھائے گا تب ہی معافی ملے گی ۔بالفاظ دیگر تمھارا خدا ایک منصف خدا ہے ۔اس نے قوانین وضع کر دیئے ہیں ۔ان احکامات کی مکمّل اطاعت نہ کر نے پر جن گناہوں کے مرتکب پائے گئے ان گناہوں کی اقسام کے مطابق قربانی کی اقسام خدا نے مقرر کر دی ہیں ۔J/E مصنفوں کا خدا کا پیش کیا تصوّر اس سے بالکل مختلف ہے ۔ J مصنف کا اقتباس ذیل میں درج ہے ۔

تب خداوند ابر میں ہو کر اترا اور اس کے ساتھ وہاں کھڑے ہو کر خداوند کے نام کا اعلان کیا ۔اور خداوند اس کے آگے سے یہ پکارتا ہوا گزرا خداوند خداوند خداي رحیم اور مہربان قہر کرنے میں دھیما اور شفقت اور وفا میں غنی۔ ہزاروں پر فضل کرنے والا گناہ اور تقصیر اور خطا کا بخشنے والا لیکن وہ مجرم کو ہرگز بری نہیں کرے گا بلکہ باپ دادا کے گناہ کی سزا ان کے بیٹوں اور پوتوں کو تیسری اور چوتھی پشت تک دیتا ہے۔

تب موسیٰ نے جلدی سے سر جھکا کر سجدہ کیا اور کہا اے خداوند اگر مجھ پر تیرے کرم کی نظر ہے تو اے خداوند میں تیزی منت کر تا ہوں کہ ہمارے بیچ میں ہو کر چل۔گو یہ گردن کش قوم ہے اور تو ہمارے گناہ اور خطا کو معاف کر اور ہم کو اپنی میراث کر لے (خروج 34:5)۔

یہ اقتباس دونوں مصنفوں کے فرق کو واضح کر دیتا ہے اور اس بات کی تائید میں ہے کہ P مصنف نے اپنے لوگوں کے لئے خدا کے تصوّر کو ایک مخصوص ساخت میں ڈھالنا اپنا محور بنا یا اور اسی لحاظ سے اپنی تحریر وضع کی ۔اس کا کام اگرچہ ادبی تھا لیکن اس کا مُحرِّک لوگوں کے مذہبی، سماجی، سیاسی اور اقتصادی معاملات کو ایک مخصوص سمت میں لے جانا تھا ۔اس کو دوسرے مذہبی رہنماؤں اور دوسری عبادت گاہوں سے آنے والے چیلنجوں کا سامنا تھا ۔اس کو کہانت کے نظام پر اپنے گھرانے کی گرفت مضبوط رکھنی تھی اور آنے والے وقتوں میں اپنے خاندان کی آمدنی کا ذریعہ بچائے رکھنا تھا ۔اس کو اپنے جد ہارون کی توہین کا بھی مقابلہ کرنا تھا ۔ یہ تعجب کی بات نہیں کہ اس نے بچھڑے کا یا مریم کو سزا دینے کے لئے کوڑھی بنا دیا جانا والے واقعات اپنی تحریر میں شامل نہیں کئے ۔لیکن اس کی نظر میں بہتر مدافعت کسی حملے کے ذریعے حاصل ہو سکتی ہے ۔انہوں نے اس کے جد ہارون کی وقعت گرانے کی کوشش کی اِس نے اُن کے جد موسیٰ کی وقعت کم کرنے کی سعی کر ڈالی ۔

حضرت موسیٰ کی وقعت

ہمیں دیکھنا چاہئے کہ اس نے حضرت موسیٰ کی ہستی کو کس طور سے پیش کیا؟ یہ اس کے لئے ایک مشکل اور بڑی نازک صورتحال تھی ۔اس کا مخالف مذہبی گروہ، جو ممکنہ طور پر موسیٰ کے گھرانے سے تھا، ایک ایسی تورات اپنے ساتھ لے آیا تھا جس میں ہارون کو گمراہ دکھایا تھا ۔یہ کس طرح، مخالف گروہ کے مقابلے میں، حضرت موسیٰ کی قدر و قیمت کم کر سکتا تھا؟ آخر کو یہ موسیٰ ہی کی ہستی تھی جنہوں نے قوم کو غلامی سے آزاد کرایا اور انہی کے توسط سے قوم کو کوہ سینا پر شریعت عطا ہوئی ۔ وہ قوم کے ہیرو تھے ۔اس کو ایسی نامناسب بات یا باتیں تخلیق کرنا تھیں جو حضرت موسیٰ سے سرزد ہوئی ہوں تاکہ ان کی بنیاد پر وہ ان کی بے توقیری کر سکے ۔پھر ایسا بھی اس کے لئے ممکن نہ تھا کہ وہ حضرت موسیٰ کی بے توقیری کے لئے کوئی نئی کہانی گھڑ لے، جیسی کسی دوسرے کے لئے گھڑ لیں جیسا کہ ہم نے پچھلے صفحات پر دیکھا ۔اس نے یہ راستہ نکالا کہ حضرت موسیٰ کے متعلق معلوم و معروف تحریر شدہ واقعات کو نئی وضع میں ڈھالے اور یہ کام اس کو بڑی ہوشیاری سے کرنا تھا ۔اس کو تاریخ میں موجود واقعات کو اس طرح تبدیل کرنا تھا کہ اس کے سننے والے یا پڑھنے والے قبول بھی کر سکیں ۔اس کا ہنر تاریخی واقعات اور اس کی ڈھلائی کے درمیان ایک مستقل توازن کا متقاضی تھا اس لئے اس نے زیادہ تر حضرت موسیٰ سے منسوب روایات کو ان کی اصل حالت میں رکھا ۔حضرت موسیٰ P میں اہم رہے لیکن اس نے ان کی شخصیت کو J/E کے مقابلے میں کم سطح پر رکھا اور بعض جگہوں پر کچھ تبدیلیاں بھی کریں مثلاً چٹان سے پانی نکالنے کا واقعہ لیں ۔بائیبل میں دو جگہ حضرت موسیٰ کا عصا مار کر چٹان سے پانی نکالنے کا واقعہ درج ہے ۔ایک کتاب خروج میں موجود ہے اور ایک کتاب گنتی میں ۔بائیبل کے واقعات کے زمانی تسلسل میں دو ایک ہی جیسے واقعات وقوع پذیر ہوئے جن میں سالوں اور میلوں کا فاصلہ تھا لیکن دونوں ایک ہی جگہ پر ہوئے جسکا نام مریبہ تھا ۔دونوں واقعات چند سطروں پر مشتمل ہیں اس لئے ذیل میں درج کیا جاتا ہے ۔پہلے وہ واقعہ جو P نے J/E میں پڑھا :

وہاں وہ لوگ موسیٰ سے جھگڑا کر کے کہنے لگے کہ ہم کو پینے کو پانی دے ۔موسیٰ نے ان سے کہا کہ تم مجھ سے کیوں جھگڑتے ہو اور خداوند کو کیوں آزماتے ہو ۔وہاں ان کو بڑی پیاس لگی ۔سو وہ لوگ موسیٰ پر بڑبڑانے لگے اور کہا کہ تو ہم کو اور ہمارے بچوں اور چوپایوں کو پیاسا مارنے کے لئے ہم لوگوں کو کیوں ملک مصر سے نکال لایا ۔موسیٰ نے خداوند سے فریاد کر کے کہا کہ میں ان لوگوں سے کیا کروں؟وہ سب تو ابھی مجھے سنگسار کرنے کو تیار ہیں ۔

خداوند نے موسیٰ سے کہا کہ لوگوں کے آگے ہو کر چل اور بنی اسرائیل کے بزرگوں میں سے چند کو اپنے ساتھ لے لے اور جس لاٹھی سے تو نے دریا پر مارا تھا اسے اپنے ہاتھ میں لیتا جا ۔دیکھ میں تیرے آگے جا کر وہاں حورب کی ایک چٹان پر کھڑا رہوں گا اور تو اس چٹان پر مارنا تو اس میں سے پانی نکلے گا کہ یہ لوگ پیئں۔چنانچہ نے بنی اسرائیل کے بزرگوں کے سامنے یہی کیا ۔اور اس نے اس جگہ کا نام مسّہ اور مریبہ رکھا کیونکہ بنی اسرائیل نے وہاں جھگڑا کیا (خروج 17:2)۔

بیابان میں لوگوں کے لئے پانی نہیں ہے ۔وہ موسیٰ سے جھگڑتے ہیں ۔یہواہ وہاں چٹان پر کھڑے ہوتے ہیں ۔موسیٰ چٹان پر اپنا عصا مارتے ہیں اور پانی نکل آتا ہے ۔یہ واقعہ تھا جو P نے پڑھا ۔اب دیکھئے کہ اس نے اس کو کس طرح لکھا:

اور جماعت کے کے لوگوں کے لئے وہاں پانی نہ ملا سو وہ موسیٰ اور ہارون کے برخلاف اکٹھے ہوئے ۔اور لوگ موسیٰ سے جھگڑنے اور یہ کہنے لگے ہائے کاش ہم بھی اسی وقت مر جاتے جب ہمارے بھائی خداوند کے حضور مرے ۔تم خداوند کی جماعت کو اس دشت میں کیوں لے آئے ہو کہ ہم بھی اور ہمارے جانور بھی یہاں مریں۔اور تم نے کیوں ہم کو مصر سے نکال کر اس بری جگہ پہونچایا ہے ؟یہ تو بونے کی اور انجیروں اور تاکوں اور اناروں کی جگہ نہیں ہے بلکہ یہاں تو پینے کے لئے پانی تک میسر نہیں ۔اور موسیٰ اور ہارون جماعت کے پاس سے جا کر خیمۂ اجتماع کے دروازہ پر اوندھے منہ گرے تب خداوند کا جلال ان پر ظاہر ہوا ۔

اور خداوند نے موسیٰ سے کہا کہ اس لاٹھی کو لے اور تو اور تیرا بھائی ہارون تم دونوں جماعت کو اکٹھا کرو اور ان کی آنکھوں کے سامنے اس چٹان سے کہو کہ وہ اپنا پانی دے اور تو ان کے لئے چٹان ہی سے پانی نکالنا ۔یوں جماعت کو اور ان کے چوپایوں کو پلانا ۔چنانچہ موسیٰ نے خداوند کے حضور سے اسی کے حکم کے مطابق وہ لاٹھی لی۔اور موسیٰ اور ہارون نے جماعت کو اس چٹان کے سامنے اکٹھا کیا اور اس نے ان سے کہا سنو اے باغیو!کیا ہم تمہارے لئے اسی چٹان سے پانی

> نکالیں؟تب موسیٰ نے اپنا ہاتھ اٹھا یا اور اس چٹان پر دو بار لاٹھی ماری اور کثرت سے پانی بہہ نکلا اور جماعت اور ان کے چوپایوں نے پیا۔پر موسیٰ اور ہارون سے خداوند نے کہا چونکہ تم نے میرا یقین نہیں کیا کہ بنی اسرائیل کے سامنے میری تقدیس کرتے اس لئے تم اس جماعت کو اس ملک میں جو میں نے ان کو دیا ہے نہیں پہنچانے پاؤ گے ۔مریبہ کا چشمہ یہی ہے کیونکہ بنی اسرائیل نے خداوند سے جھگڑا کیا (گنتی 20:2)۔

تحریر میں جو زبان استعمال ہوئی ہے وہ وہی ہے جو اس مصنف کی قورح کے لئے استعمال ہوئی تھی ۔وہی جماعت کا لفظ، غمِ و غصہ کی حالت میں خدا کا جلال نمودار ہونا اور انکا اوندھے منہ گرنا، خیمۂ اجتماع وغیرہ ہم دیکھ سکتے ہیں کہ P مصنف کام کر رہا ہے ۔ہم دیکھ سکتے ہیں کہ اس نے اصل واقعہ میں سے کیا کچھ خود لکھنے کے لئے رکھا اور کیسے اپنے الفاظ میں لکھا اور کیا تبدیل کیا ۔

اہم بات یہ ہے کہ کتاب خروج میں چٹان پر عصا مارنا J/E میں ایک اچھی بات تھی لیکن گنتی میں یہ بری بات ہو گئی ۔خروج میں وہ ایک تابع داری کا عمل تھا لیکن یہاں بہت ہی غیر تابع داری کا عمل بن گیا اور موسیٰ کا بد ترین عمل ثابت ہوا جس کی سزا غالباً بد ترین بات جو موسیٰ کے حق میں کہی جا سکے ۔اس واقعہ کے نتیجے میں وہ زندہ نہیں رہیں گے کہ اپنے لوگوں کو ملک موعود میں داخل کر سکیں ۔اور J/E تحریر میں ہارون کا ذکر نہیں تھا ،ان کو بھی اس طرح شامل کیا کہ اس واقعہ میں اگرچہ ان کا ہاتھ نہیں تھا لیکن ان کو بھی موسیٰ کی غیر تابع داری کی وہی سزا مل رہی ہے ۔ آگے اسی باب کی سطر 24 میں ہارون کی سزا کو دہراتا ہے "ہارون اپنے لوگوں میں جا ملے گا کیونکہ وہ اس ملک میں جو میں نے بنی اسرائیل کو دیا ہے جانے نہیں پائے گا اس لئے کہ مریبہ کے چشمے پر تم نے میرے کلام کے خلاف عمل کیا"۔

عیسائی اور یہودی علماء و مفسرین گزشتہ صدیوں میں P کے اس واقعہ کی تفسیر میں بہت الجھن کا شکار رہے ہیں کہ موسیٰ کی غیر تابع داری کی نوعیت کیا ہے؟ کیا یہ کہ انہوں نے چٹان کو مارا بجائے اس کے کہ اسے حکم دیتے؟ کیا یہ وجہ کہ انہوں نے لوگوں کو باغی کہا؟ یا یہ کہا کہ ہم اس چٹان سے پانی نکالیں بجائے یہ کہنے کے کہ خدا پانی نکالے؟ لیکن جو کچھ بھی نوعیت رہی ہو، اہم نکتہ یہ ہے کہ J/E تحریر اس طرح نہیں لکھی گئی تھی - P مصنف نے اپنی دوسری

تحریروں کے مقابلے میں ایک نئی بات اس واقعہ میں داخل کی کہ یہاں ہارون کی لاٹھی کے بجائے موسیٰ کی لاٹھی لکھا ۔اس نے ہارون کو معصوم دکھایا اور یہ دکھایا کہ ہارون کو بھی موسیٰ کے جرم کی سزا اٹھانی پڑی ۔عصا بھی یہاں حضرت موسیٰ کا ہی بتایا ۔

ایک اور واقعہ بطور مثال نقل کرتے ہیں کہ مصنف نے کیسے J/E تحریر کو اپنے مقصد کے لئے استعمال کیا ۔یہ فحاشی اور فساد کا واقعہ ہے جو دونوں تحریروں میں ملتا ہے ۔کوئی غیر قوم کی عورت اسرائیلی مردوں کو پہلے جنسیت اور پھر اپنے دیوتاؤں کی پرستش کی طرف ورغلاتی ہے ۔دونوں قصوں میں اس فساد کے خلاف مضبوط اقدام کئے جاتے ہیں ۔ بائیبل میں اس واقعہ کوالگ الگ لکھنے کے بجائے اسی طرح ملا دیا گیا ہے جیسا کہ طوفانِ نوح یا قورح والے واقعات کو ملا کر لکھا گیا تھا ۔یہ ملا ہوا واقعہ درمیان میں J/E اور P تحریروں میں الگ ہو جاتا ہے ۔ذیل میں P تحریر کو گہرے پرنٹ میں نقل کیا گیا ہے :

> اور اسرائیلی شطّیم میں رہتے تھے اور لوگوں نے موآبی عورتوں کے ساتھ حرام کاری شروع کر دی کیونکہ وہ عورتیں ان لوگوں کو اپنے دیوتاؤں کی قربانیوں میں آنے کی دعوت دیتی تھیں اور یہ لوگ جا کر کھاتے اور ان کے دیوتاؤں کو سجدہ کرتے تھے ۔یوں اسرائیلی بعل فغور کو پوجنے لگے تب خداوند کا قہر بنی اسرائیل پر بھڑکا ۔اور خداوند نے موسیٰ سے کہا قوم کے سب سرداروں کو پکڑ کر خداوند کے حضور دھوپ میں ٹانگ دے تاکہ خداوند کا شدید قہر اسرائیل پر سے ٹل جائے ۔سو موسیٰ نے بنی اسرائیل کے حاکموں سے کہا کہ تمہارے جو جو آدمی بعل فغور کی پوجا کرنے لگے ہیں ان کو قتل کر ڈالو ۔

> **اور جب بنی اسرائیل کی جماعت خیمۂ اجتماع کے دروازہ پر رو رہی تھی تو ایک اسرائیلی موسیٰ اور تمام لوگوں کی آنکھوں کے سامنے ایک مدیانی عورت کو اپنے ساتھ اپنے بھائیوں کے پاس لے آیا ۔جب فنیحاس بن الیعزر بن ہارون کاہن نے یہ دیکھا تو اس نے جماعت میں سے اٹھ ہاتھ میں ایک برچھی لی اور اس مرد کے پیچھے جا کر خیمہ کے اندر گھسا اور اس اسرائیلی مرد اور اس عورت دونوں کا پیٹ چھید ڈالا ۔تب بنی اسرائیل میں سے وبا جاتی رہی ۔اور جتنے اس وبا سے مرے انکا شمار چوبیس ہزار تھا ۔**

> **اور خداوند نے موسیٰ سے کہا کہ فنیحاس بن الیعزر بن ہارون کاہن نے میرے قہر کو بنی اسرائیل پر سے ہٹایا کیونکہ انکے بیچ اسے میرے لئے غیرت آئی ۔اسی لئے میں نے بنی اسرائیل کو اپنی غیرت کے جوش**

میں نابود نہیں کیا ۔سو تو کہہ دے کہ میں نے اس سے اپنا صلح کا عہد باندھا ۔اور وہ اس کے لئے اور اس کے بعد اس کی نسل کے لئے کہانت کا دائمی عہد ہو گا کیونکہ وہ اپنے خدا کے لئے غیرت مند ہوا اور اس نے بنی اسرائیل کے لئے کفارہ دیا ۔

اور خداوند نے موسیٰ سے کہا کہ مدیانیوں کو ستانا اور ان کو مارنا کیونکہ وہ تم کو اپنے مکر کے دام میں پھنسا کر ستاتے ہیں جیسا فغور کے معاملے میں ہوا (گنتی 25:1)۔

یہ تحریر عجیب ہے،اس لئے کہ دونوں نصف نامکمل ہیں ۔پہلا نصف اسرائیلی مردوں کی موآبی عورتوں میں دلچسپی کے بارے میں پھر ان کے دیوتاؤں کے بارے میں ہے ۔موسیٰ حکم دیتے ہیں کہ سزا کے طور پر ان کے سروں کو لٹکا دیا جائے اور یہاں یہ تسلسل ٹوٹ جاتا ہے اور نہیں معلوم ہوتا کہ سزا پر عملدرآمد ہوا یا نہیں ۔اس کے بجائے جانی پہچانی P تحریر داخل ہو جاتی ہے، "قریب لاؤ، اجتماع، خیمۂ اجتماع، ہارون"، اور پھر عورت جو پہلے نصف میں "موآبی" تھی وہ "مدیانی" میں بدل جاتی ہے ۔دوسرے نصف میں کسی وبا کے رک جانے پر واقع ختم ہوتا ہے جبکہ کوئی وبا اس وقت تک بتائی نہیں گئی تھی ۔

P تحریر کے شروع میں جب لوگ خیمہ گاہ کے سامنے رو رہے تھے اس وقت حضرت ہارون کا انتقال ہو گیا تھا اور لوگوں کا سوگ منانا اسی واقعہ کا تسلسل تھا ۔ یہ "موسیٰ کی اسی غلطی کی " کی سزا دیئے جانے کا موقع تھا جو ذرا پہلے ہم نے لکھی تھی، اور لوگ ایک ماہ انکے غم میں ماتم میں تھے (گنتی 20:29)۔لیکن اب ہارون کا پوتا فنیحاس ہیرو ہے ۔موسیٰ کی نظروں کے سامنے ایک اسرائیلی مرد اور مدیانی عورت خیمۂ اجتماع میں داخل ہوتے ہیں لیکن یہ موسیٰ نہیں جنہوں نے کوئی ردعمل ظاہر کیا ہو بلکہ ہارون کا پوتا فنیحاس ہے جو مرد و عورت کے پیچھے خیمہ گاہ میں جاتا ہے ۔وہ کسی ایسے عمل میں الجھے ہیں جس کی ترتیب ممکن بناتی ہے کہ فنیحاس کا نیزے کا وار دونوں کے جسم سے پار ہو جائے اور عورت کے پیٹ میں جا کر رکے۔ سزائے موت بغیر کسی عدالتی مقدمہ کے ممکن ہے اس لئے کہ، خدا کا دیا گیا قانون ، کسی غیر کاہن کا خیمہ گاہ میں داخل ہونا اسے بلا عذر پیش کئے سزائے موت کا مجرم قرار دیتا ہے۔

فنیحاس کے ردعمل کا انعام اس کی نسل کو ابدی کاہن ہونے کی صورت میں ملا۔ اور اس واقعہ سے مصنف نے مکرر تصریح کر دی کہ کہانت صرف بنی ہارون کے لئے ہی جائز ہے۔ یہ کہنا مشکل ہے کہ کس حد تک یہ واقعہ موسیٰ کے کھڑے دیکھتے رہنے پر انکی بے توقیری کر سکتا ہے۔ صرف یہ کہا جا سکتا ہے کہ مصنف نے خصوصی طور پر نمایاں کیا کہ موسیٰ کی آنکھوں دیکھتے بڑا گناہ سرزد ہوا لیکن وہ ہارون کا پوتا ہے جس نے عملی ردعمل دکھلایا یہ بات بھی دلچسپ ہے کہ مصنف نے موآبی عورت کو مدیانی عورت سے بدل دینے کا فیصلہ کیا۔ حضرت موسیٰ کی بیوی ایک مدیانی خاتون تھیں۔

اضافہ اور تخفیف

P مصنف کی شخصیت کے متعلق ہم نے جو کچھ سیکھا وہ نہ صرف یہ کہ اس نے واقعات کو کس انداز میں دوبارہ بیان کیا بلکہ یہ بھی کہ کتنی کچھ اس نے واقعات میں تخفیف کی ہے۔ بعض مخصوص واقعات مکمّل حذف کردیے اور کس نوعیت کا اضافہ کیا۔ اس نے کتاب پیدائش کے واقعات کو مختصر کر کے کم ترین کر دیا۔وہ واقعات جو J/E میں کئی ابواب پر مشتمل ہیں انہیں اس نے چند جملوں ہی میں نبٹا دیا۔حضرت یوسف کے واقعات J/E تحریروں میں دس ابواب پر پھیلے ہیں ،لیکن اس نے نصف باب جتنا بھی تحریر نہیں کیا (پیدائش7 46:6-2)، (پیدائش6-3:48)ہم سمجھ سکتے ہیں کہ اس مصنف کی نظر میں فرشتے، خواب، زبان بولتے جانور اور خدا میں مخلوق جیسی خصوصیات لکھنا غیر اہم یا نامناسب ہیں اس لئے حضرت یوسف کے تقریباً تمام واقعات حذف کر دیئے کہ ان میں چھ خوابوں کا بیان تھا اور یہ بھی کہ وہ واقعات اس نقطۂ نظر کے لئے مفید نہیں تھے جو اس کو پیش کرنا تھا۔اس نے آدم و حوا کا جنت میں بولتا ہوا سانپ کا واقعہ نظر انداز کر دیا۔اس نے ان فرشتوں کا واقعہ نہیں لکھا جو حضرت لوط کے پاس ان کی قوم کی تباہی کے لئے بھیجے گئے تھے۔اس نے یقیناً خدا کی حضرت یعقوب سے کشتی کا واقعہ جو بیت ایل میں پیش آیا اس کو چھوڑ دیا۔اہم ترین بات یہ کہ چونکہ وہ کوئی ایسا واقعہ پیش نہیں کر نا چاہتا جس میں حضرت ہارون سے پہلے قربانی کا ذکر ہو اس لئے اس نے حضرت ابراہیم کا اپنے بیٹے کو خدا کے حکم کی اطاعت میں قربان کر دینے پر تیار ہو جانے کے واقعے کو بھی حذف کر دیا جو بنی اسرائیل کی روایات میں چار سو سال پہلے پیش آنے والا اہم ترین واقعہ تھا۔لیکن اس کی تخفیف اور اضافوں میں کچھ اور بھی بات پوشیدہ ہے۔اگر P کے واقعات دوسرے دو مصنفوں سے الگ کر کے پڑھے جائیں تو معلوم ہوتا ہے کہ اس نے ایسے تمام واقعات حذف کر دیئے جن کو وہ عقیدے یا سیاسی پہلو سے غیر اہم سمجھتا تھا۔وہ جلد از جلد اپنی کام کی بات پر پہونچنے کی کوشش میں تھا اور اس سے مراد حضرت ہارون کا زمانہ ہے۔

اس مصنف کی واقعات میں تبدیلی یا خاموشی کے علاوہ ایک اور عنصر جو اس کی شخصیت پر روشنی ڈالتا ہے وہ ہیں اس کے اضافے: نمایاں ترین بات اس کے اضافوں میں شریعت پر بہت زیادہ زور ہے ۔اس کے بیان کر دہ دوسرے تمام واقعات شریعت، عبادتی لوازمات اور انکی تفصیلات بیان کرنے کے مقابلے میں بہت ہی کم ہیں ۔کتاب خروج اور کتاب گنتی نصف کے قریب اور مکمّل کتاب احبار انہی تفصیلات کو بیان کرنے میں استعمال ہو گئ ہیں ۔لیکن یہ خوبی اس مصنف میں تھی کہ اسکی تحریروں کا خلاصہ ایک مخصوص پیغام اس کے لوگوں کو دے سکے ۔ یہ عنصر پیدا کرنے کی خاطر اس نے ایک آدھ مرتبہ بالکل نیا واقع بنا لینے میں بھی دریغ نہیں کیا جو J/E میں نہیں ملتے ۔ P واقعات میں حضرت ہارون کے بیٹوں ندب اور ابیہو کی ہلاکت کا واقعہ اسی نوعیت کا ہے ۔اس کا پیغام یہ ہے کہ قربانیاں خدا کے نامزد کردہ افراد کے ذریعے انہی تفصیلات کے مطابق ادا کی جائیں جو خدا نے بتا دی ہیں ۔کسی اور شخص کی مداخلت حتیٰ کہ بتائے گئے طریقوں میں تبدیلی بھی کوئی معمولی گناہ نہیں ۔ندب اور ابیہو نے باوجود اوّلین سردار کاہن کے بیٹے ہونے کے اور باوجود خدا کی طرف سے کاہن مقرر کر دینے کے صرف سہواً قربانی کی ادائیگی کے طریقے میں غلطی کر بیٹھے اور کسی معافی کی مہلت نہیں ملی "آسمان سے آگ اتری اور انہیں کھا گئی"۔

ایک اور مثال جس میں اس مصنف نے ایک واقعہ کو نئی صورت دی وہ حضرت موسیٰ کا جاسوسوں کو فلسطین بھیجنے کا واقعہ تھا ۔اس واقعہ کا متن جو J/E تحریر ہے اس کو ہم نے باب دو میں نقل کیا تھا ۔اس پچھلے واقعہ میں حضرت موسیٰ جاسوسوں کے ایک گروپ کو فلسطین بھیجتے ہیں کہ وہ اس سرزمین کے حالات دیکھیں اور آ کر بتائیں ۔تمام کے تمام ،سوائے ایک کے، یہ بتاتے ہیں کہ بنی اسرائیل کے لئے یہ ملک ناقابلِ تسخیر ہے ۔صرف ایک جاسوس ان سے متفق نہیں اور وہ ہے کالب جو لوگوں کو آگے بڑھ کر حملہ آور ہونے کی ترغیب دیتا ہے (گنتی 13:30)۔لیکن تمام لوگ دوسرے گیارہ جاسوسوں کے بتائے پر یقین کرتے ہیں اور بغاوت پر اتر آتے ہیں ۔خدا کی مداخلت ہو تی ہے، تمام قوم کو گنہگار ٹھہرایا جاتا ہے اور ان سب کو چالیس سال صحرا میں بھٹکنے کی سزا سنائی جاتی ہے ماسوا کالب ،اور یہ

طے کر دیا جاتا ہے کہ اس قوم سے ایک نئی نسل جو اس دوران پیدا ہوگی وہی کالب کے ہمراہ فلسطین حاصل کر سکے گی (گنتی 14:24)-

P تحریر میں یہ واقعہ مجموعی طور پر ایسا ہی ہے لیکن اب یہاں خدا پر بھروسہ رکھنے والے ایک کے بجائے دو جاسوس ہیں جو فلسطین پر حملے کی ترغیب دیتے ہیں ، کالب اور یشوع (گنتی 14:6) - یہاں یشوع کیوں شامل کیا گیا؟ اس نام کا اضافہ مصنف کے،اس واقعہ سے قطع نظر، دوسرے نازک اور دشوار مسئلہ کو حل کر سکتا تھا ۔اس کو معلوم تھا کہ یشوع حضرت موسیٰ کے بعد لوگوں کے سربراہ تھے اور انہوں نے فلسطین فتح کیا ۔یہ ایک مستند تاریخی حقیقت تھی اور اس کے پاس اس میں کسی تبدیلی کی گنجائش نہیں تھی ۔لیکن جاسوسی کے واقعہ میں یشوع کی کیا خصوصیت تھی جس کی وجہ سے خدا نے کالب کے ساتھ یشوع کی زندگی بھی قائم رکھی اور فلسطین پہونچا یا؟ J/E کے مطابق یشوع وہ اسرائیلی تھا جو سونے کے بیل کے واقعہ میں حصہ دار نہیں بنا ۔ وہ ،ان سے غیر حاضر، کوہ سینا پر حضرت موسیٰ کی خدا سے ملاقات کے بعد واپسی کا منتظر تھا ۔لیکن یہ مصنف سونے کے بیل کا واقعہ تحریر نہیں کر سکتا تھا اس لئے کہ اس سے حضرت ہارون پر حرف آتا تھا ۔پھر اس کے علاوہ J/E میں یشوع حضرت موسیٰ کا پسندیدہ اور منتخب کردہ معاون تھا جو ان کے لئے خیمہ گاہ کی حفاظت کی خدمات انجام دیتا تھا:

> اور جیسے کوئی شخص اپنے دوست سے بات کرتا ہے ویسے ہی خداوند رو برو ہو کر موسیٰ سے باتیں کرتا تھا اور موسیٰ لشکر گاہ کو لوٹ آتا تھا پر اس کا خادم یشوع جو نون کا بیٹا اور جوان آدمی تھا خیمہ سے باہر نہیں نکلتا تھا (خروج 33:11)-

لیکن P مصنف یہ بات بھی نہیں لکھ سکتا تھا اس لئے کہ اس کے مطابق صرف ہارون کے گھرانے کے علاوہ کوئی دوسرا اسرائیلی خیمہ گاہ میں داخل ہونے کا مجاز نہیں تھا ۔ P کے قانون کے مطابق یشوع، جو افرائیم قبیلہ سے تھا، قتل کی سزا کا مستحق قرار دیا جا نا چاہئے تھا ۔اس لئے مصنف کو کوئی دوسرا راستہ تلاش کرنا تھا تاکہ یشوع کے زندہ رہ جانے اور فلسطین آنے کی توجیح کر سکے ۔ جاسوسی کے واقعہ میں یشوع کا نام بڑھانے سے اُس نے اپنی مشکل حل کر لی ۔

ایک اور واقعہ P میں درج ہے جس کا J/E میں ذکر نہیں ملتا ۔کتاب پیدائش، باب 23 میں مصنف حضرت ابراہیم اور حتّی قوم کے درمیان ایک طویل گفت و شنید کا واقعہ لکھتا ہے جس میں حضرت ابراہیم اس قوم کی ملکیت میں شامل ایک قطعۂ زمین خرید کر حاصل کرتے ہیں ۔ P مصنف کیوں ایک قطعۂ زمین کی معمولی خریداری کا واقعہ درج کرتا ہے جبکہ متعدد دلچسپ یا ضروری واقعات قابلِ تحریر نہیں قرار دیتا؟ اس لئے کہ زمین کا وہ ٹکڑا حبرون میں واقع ہے اور وہ اس زمین کی قانونی ملکیت ثابت کرتا ہے ۔حبرون بنی ہارون کا کاہنی شہر تھا (یشوع 21:13)-

اب تک کی تمام بحث میں ہم نے دیکھا کہ P میں بھی جیسا کہ J اور E میں دیکھا تھا کہ تورات کی تحریریں اور ان کے مصنفوں کے دنوں میں ان کے گردونواح میں جو حالات تھے آپس میں ایک نمایاں تعلق رکھتے ہیں ۔ تورات کی ہر داستان کوئی نہ کوئی بات ظاہر کرتی ہے جو بائیبل کے مصنفوں کے ذاتی، خاندانی یا قبیلے کے لئے اہم تھے ۔جب بھی تورات کے کسی واقعہ کی اور اسکے لکھنے والے کی دلچسپی کے درمیان تعلق کی نشاندہی ہوتی ہے ہم کو اس لکھنے والے کی شناخت سے ایک قدم قریب کر دیتی ہے ۔جب بھی ہم تورات کے اجزاء کے درمیان کوئی ربط تلاش کر سکیں ہم لکھنے والے کے کچھ اور قریب ہو جاتے ہیں ۔

یہاں تک پہونچ کر ہم کو اتنی واقفیت حاصل ہو چکی ہے کہ P تحریروں میں تاریخی واقعات اور کہانت کے قوانین J/E کے متبادل کے طور پر اخذ کئے اور لکھے گئے تھے ۔ J/E کے واقعات کو اس مصنف نے اپنے جد ہارون کے کردار پر حملہ تصوّر کیا ۔ J/E تحریریں مذہبی قوانین کو اہمیت نہیں دیتیں ۔انہوں نے کاہنوں کو فوقیت نہیں دی ۔ان کے واقعات میں ایسے عناصر تھے جو اس کاہنی مصنف کی نظر میں غیر اہم تھے: فرشتے، خدا میں مخلوق جیسی خصوصیات، خواب، انسانی زبان بولتے جانور وغیرہ ۔کمزور الفاظ میں کہا جائے تو P مصنف ان دو مصنفوں سے خوش نہیں تھا ۔ان اہم نکات کی روشنی میں ہمارے لئے ممکن ہے کہ اس مصنف کو بائیبل کے ادوار میں تلاش کرلیں ۔لیکن اسکی ابتدا سے پہلے یہودیہ کی بادشاہت پر کاہنی ادارے کے اثرات کے متعلق قارئین کو کچھ علم ہونا ضروری ہے ۔

بادشاہت پر کاہنی نظام کا کنٹرول

حضرت داؤد کے دور میں متحدہ اسرائیل کے لئے انہوں نے دو کاہن دو مختلف گھرانوں سے منتخب کئے جن میں سے ایک بنی ہارون کا صدوق نامی سردار کاہن تھا اور دوسرا لاوی گھرانے کا ابیاتر کے نام سے تھا۔ کتاب سلاطین اور کتاب تواریخ کے مطابق ان کاہنوں نے حضرت داؤد کے ماتحت مذہبی خدمات انجام دیں۔ حضرت سلیمان نے ابیاتر کو سازش اور حضرت داؤد سے بغاوت کے جرم میں سردار کاہن کے عہدے سے خارج اور دارالخلافہ یروشلم سے جلاوطن کر دیا۔ حضرت سلیمان کی وفات کے بعد سلطنت تقسیم ہوگئی۔ شمالی ریاست میں یربعام نے ابیاتر یا اس کے گھرانے یا کم از کم لاوی نسل کے کسی فرد کے بجائے غیر لاوی کاہن مقرر کئے۔ عصبیت کی بنیاد پر شمالی دس اسرائیلی قبائل حضرت داؤد کے قبیلہ کے برخلاف یربعام کو بادشاہ بنانے پر متفق تو ہوگئے لیکن یربعام ان دس میں سے ایک قبیلہ بنی افرائیم سے تھا۔ ان قبائل کی داخلی عصبیت کا ایک خارجی مسئلہ حل ہو جانے کے بعد اندرونی عصبیت کی طرف متوجہ ہونا ایک قدرتی امر تھا۔ پھر لاوی قبیلہ کو وراثت میں کوئی بڑا علاقہ ملا ہی نہیں تھا جس میں وہ ایک قبیلہ کی صورت میں اکٹھا رہتے بلکہ انہیں ملک کے طول و عرض میں مختلف چھوٹے اور بڑے شہروں میں بسایا گیا تھا۔ حضرت موسیٰ و ہارون اسی لاوی قبیلہ سے تھے اور اسی لاوی قبیلہ کو اسرائیلی قوم کی مذہبی تربیت کا ذمہ دار ٹھہرایا گیا تھا اور یہ خدمات انکی معاش کا ذریعہ بھی تھیں یہ مذہبی قبیلہ شمالی ریاست کے شہروں میں منتشر اور اب کسی آمدنی سے محروم تھا یہ اپنی محرومی کا ذمہ دار صرف بادشاہ کو قرار دے سکتے تھے۔ اس لئے ان افراد کا تمام ریاست میں مایوسی و اختلافات کو ہوا دینا اور قبائلی عصبیت کو غذا فراہم کرنا غیر حقیقی بات نہیں ہے۔ قبائلی عصبیت اور مذہبی عناصر کی موجودگی ریاست کو وہ استحکام اور بادشاہ کو وہ قوّت فراہم کر نہیں سکتی تھیں جو انہی کے درمیان بسنے والی غیر اقوام اور قریبی ممالک کی حربی مہمات سے مدافعت کے

وقت درکار ہوتیں ۔ شمالی ریاست کے زندہ رہ جانے کا کوئی امکان ان صورتحال میں ہو نہیں سکتا تھا ۔ بائیبل کی تاریخی کتابوں کی رو سے کسی بھی قبیلہ کی بادشاہت دو یا تین نسلوں سے زیادہ نہیں چل سکی ۔ یہ تاریخ اندرونی بغاوت، موجود بادشاہ کا قتل اور باغی کا بادشاہ بن جانا اور دوسری اقوام کے چھوٹے بڑے حملوں کی روداد بیان کرنے میں صرف ہو گئی ہے ۔ بائیبل کے مصنف ان معاملات کو صرف مذہب کی عینک سے ہی دیکھنے کے اہل تھے لیکن توجہ سے پڑھنے پر ان عناصر کا سراغ ملتا ہے ۔شمالی ریاست کا انجام بالکل قدرتی تھا جس کا ڈیڑھ صدی بعد بنی اسرائیل نے مشاہدہ کیا ۔

دوسری طرف جنوبی ریاست یہودیہ میں مذہبی قیادت بنی ہارون کے مضبوط ہاتھوں میں سلطنتِ یہودیہ کے 587 ق م میں خاتمہ سے پچاس سال پہلے تک قائم رہی ۔اس ریاست کو مزید 135 سال قائم رہ جانے کی تین وجوہات تھیں شمالی ریاست جن سے محروم تھی ۔ پہلی یہ کہ یہاں ایک ہی قبیلہ تھا اور اس کے بادشاہ بھی تمام ایک حضرت داؤد کے گھرانے سے تھے ۔دوسری بات یہ کہ اِن کا سردار کاہن بھی ایک ہی گھرانے بنی ہارون سے تھا اور تیسری بات یہ کہ سلطنت کا دارالخلافہ ایک ایسا شہر تھا جس کی قدرتی دفاعی خصوصیات کا توڑ نکال لینا کسی بھی بیرونی طاقتوں کے لئے تقریباً ناممکنات میں سے تھا ۔ اس بات کا تذکرہ شاہ حزقیاہ کے دور اقتدار میں سنحیرب کے حملہ آور ہونے کے واقعہ میں کیا گیا ہے ۔یہ تین عناصر ایسے تھے جو بیرونی حربی مداخلت کے وقت اجتماعی طور پر بادشاہ کو وہ قوّت فراہم کر سکتے اور کرتے تھے جو ملک و قوم کی بقا کیلئے درکار ہو ، لہٰذا ان کو 135 سال اور زندہ رہنے کا موقع مل گیا ۔ ریاست یہودیہ میں وقت کے ساتھ ساتھ کہانت کا ادارہ اپنے مقام پر قائم نہ رہا ۔ یہودیہ میں اگرچہ بادشاہ ایک ہی شاہی خاندان سے تھا لیکن مختلف بادشاہ اپنی قائدانہ صلاحیتوں اور اخلاقی کردار میں ایک سے نہ تھے اور نہ ہی ہو سکتے تھے ۔ یہ عناصر اور انکے اثرات بعد از تقسیم کے بادشاہی دور میں نمایاں ہیں ۔ قارئین کو حوالہ جات فراہم کرنا طوالت کا سبب ہے تاہم اس نظر سے کتاب سلاطین پڑھی جائے تو بآسانی اس عنصر کا وہاں پایا جانا محسوس کیا جا سکتا ہے ۔ ایسے ہی حالات تھے جن میں کہانت کے ادارے نے سیاسی معاملات پر اپنی گرفت پھیلانے اور مضبوط کرنے کے مواقع محسوس کئے ۔ قارئین کو باقی کے دو مصنفوں اور

ان کی تحریروں کو سمجھنے کے لئے اس عنصر کا فہم ضروری ہے اس لئے ملکی تقسیم سے تقریباً ایک صدی پہلے کی ایک روداد کا بیان ذیل میں درج کیا جاتا ہے ۔

حضرت داؤد کے گھرانے کی چار صدیوں سے زائد عرصہ جاری بادشاہت کے تسلسل میں ایک جگہ چھ سالہ انقطاع ہے ۔ ان چھ سالوں میں صرف ایک مرتبہ ایک اسرائیلی عورت نے یہودیہ پر حکومت کی ۔چونکہ اس پس منظر میں حضرت داؤد کے گھرانے کا ایک چراغ زندہ تھا اور اس عورت کو قوم نے منتخب یا دل سے قبول نہیں کیا تھا اس لئے مغربی مفسرین کی رائے میں بادشاہی سلسلہ مستقل قائم رہا لیکن ہمیں اس رائے یا نقطۂ نظر پر اعتراض یا دلچسپی نہیں ۔یہ عورت یہودیہ کے بادشاہ اخزیاہ کی ماں اور شمالی اسرائیلی ریاست کے ایک بادشاہ کی بیٹی تھی اور اس کا نام عتلیاہ تھا ۔ ہمیں اسکے چھ سالہ دور اقتدار کی تفصیلات سے بھی غرض نہیں لیکن جس طرح وہ ملکہ بنی اور پھر ہٹائی گئی وہ قابلِ توجّہ ہے ۔یہودیہ کا مذکورہ بادشاہ ایک ہی سالہ بادشاہت کے بعد ریاست اسرائیل کے فوجی سربراہ کے ہاتھوں قتل ہو گیا تو اس کی ماں عتلیاہ نے بادشاہ کے گھرانے کے باقی افراد کو بھی ہلاک کر دیا اور ملکہ بن بیٹھی ۔لیکن مقتول بادشاہ اخزیاہ کی بہن بادشاہ کے ایک سال عمر لڑکے کو چھپا لے گئی اور اس کو یروشلم کے کاہن یہویدع کی اشتراکیت میں چھ سال پوشیدہ رکھا ۔ یہ کاہن اس خاتون کا شوہر بھی تھا۔ قارئین دیکھ سکتے ہیں کہ شاہی خاندان اور کاہن خاندان میں کتنی قریب کی رشتے داری ہے ۔ اس سے قبل بتایا جا چکا ہے کہ بنی ہارون اور بنی یہوداہ کے شاہی خاندان میں شادی کے ذریعے رشتہ داری حضرت ہارون کے زمانے میں موجود تھی ۔کاہن یہویدع نے چھ سال بعد ایک مکمّل کامیاب بغاوت کر کے عتلیاہ کو ہلاک کر دیا اور اخزیاہ کے بچا لے جانے والے بیٹے یہوآس کو (اسے یوآس بھی لکھا گیا ہے) سات سال کی عمر میں اسی کاہن نے بادشاہ مقرر کیا اور پھر یہوآس نے چالیس سال حکومت کی(2۔تواریخ23) ۔سات سال عمر کا بچہ کیسے حکومت شروع کرے گا؟ یقینی طور پر شعور سنبھالنے کے بعد بھی وہ خصوصاً کاہن یہویدع کا احسان مند ہونے کی وجہ سے اس کے زیرِ اثر ہوگا ۔ اس واقعہ میں آگے بیان ہوتا ہے" اور یہویدع نے اسے دو بیویاں بیاہ دیں اور اس سے بیٹے اور بیٹیاں پیدا ہوئے (2۔تواریخ

24:3)۔ کاہن یہویدع کا بادشاہ کی شادیاں طئے کرنا واضح کردیتا ہے کہ سیاسی معاملات بھی بہت کچھ سردارکاہن کے ہاتھوں میں تھے ۔یہویدع کاہن کا یہ معرکہ قابلِ تحسین ہے کہ اس سے قوم کو ظلم پر اٹھائے گئے اقتدار سے نجات ملی ۔ یہو یدع کی مذہبی اصلاحات اور بُتوں کی پرستش کے مقامات ڈھانے اور درست مذہبی رسومات کے اجراء جیسے کام درج ہیں اور کوئی وجہ نہیں کہ کاہن کی نفس پرستی کا کوئی عنصر اس میں شامل کیا جائے ۔لیکن کتاب 2۔تواریخ آگے بتاتی ہے کہ کاہن یہویدع کی 130 سال کی عمر میں وفات کے بعد شاہ یہوآس نے یہویدع کے بیٹے زکریا ہ کاہن کو اختلافات کی بنیاد پر ہیکل میں سنگسار کر دیا۔ اِس کے بدلے میں بادشاہ کے خادموں نے بادشاہ کو ہلاک کر دیا ۔ اسکا بیٹا امصیاہ بادشاہ بنا تو اس نے ان خادموں کو ہلاک کر دیا ۔(2۔تواریخ 24)۔ شاہ امصیاہ کے خلاف بھی سازش ہوتی ہے اور اس کو لکیس فرار ہونا پڑتا ہے لیکن پیچھے جا کر اس کو لکیس میں قتل کر دیا گیا ۔اس کے بیٹے عزّیاہ کو بادشاہ بنا یا گیا جس کا ایک واقعہ کتاب(2۔تواریخ 26:16) سے درج کیا جاتا ہے:

> اور خداوند اپنے خدا کی نافرمانی کر نے لگا چنانچہ وہ خداوند کی ہیکل میں گیا تاکہ بخور کی قربان گاہ پر بخور جلائے ۔تب عزریاہ کاہن اس کے پیچھے پیچھے گیا اور اس کے ساتھ خداوند کے اسّی کاہن اور تھے جو بہادر آدمی تھے ۔اور انہوں نے عزّیاہ بادشاہ کا سامنا کیا اور اس سے کہنے لگے اے عزّیاہ خداوند کے لئے بخور جلانا تیرا کام نہیں بلکہ کاہنوں یعنی ہارون کے بیٹوں کا کام ہے جو بخور جلانے کے لئے مقدس کئے گئے ہیں ۔سو مقدس سے باہر جا کیونکہ تو نے خطا کی ہے (2۔تواریخ 26:16)

یہ یہودیہ کے چار ایک تسلسُل کے بادشاہ اور کاہنی نظام کے مابین واقعات ہیں جو ظاہر کرتے ہیں کہ مذہبی نظام بادشاہ سے کم طاقتور نہیں ۔ یہ کسی اور فرد کے بادشاہ بن جانے کی محلّاتی سازشوں کے بجائے بادشاہ اور کاہنوں کے مفادات کے درمیان تصادم کے امکانات کا شاخصانہ ہیں اس لئے کہ شاہی خانوادہ تو سب کا سب حضرت داؤد کے گھرانے سے ہی تھا ۔ بطور ایک اور مثال ،یہودیہ کی تباہی سے چند سال پہلے ہیکل کے کاہن اور بادشاہ صدقیاہ کے مابین یرمیاہ نبی کی تحریریں اور پیغامات نزاع کا باعث تھے ،اس موقع پر یرمیاہ کو قتل کر دینے کے سلسلے میں کاہنوں کو بادشاہ کا کہا فقرہ درج ہے: "تب

صدقیاہ بادشاہ نے کہا وہ تمہارے قابو میں ہے کیونکہ بادشاہ تمہارے خلاف کچھ نہیں کر سکتا" (یرمیاہ38:5)-

اوپر درج کئے گئے اقتباسات میں دیکھا جاسکتا ہے کہ یہودیہ کے سیاسی نظام میں بادشاہت اور مذہبی نظام طاقت کے حوالے سے اکثر اوقات ہم پلّہ تھے ۔ یہ ایسے نازک معاملات ہیں کہ نفسی خواہشات سے مغلوب دماغ ان اختیارات میں سے نفس پرستی کا راستہ نکال لیتے ہیں ۔ نتیجہ یہ نکلتا ہے کہ اجتماعی زندگی کی گاڑی تباہی کے اُس راستہ پر چل پڑتی ہے جہاں عام خلقِ خدا تباہی کی لپیٹ میں آنے سے بچاؤ کا کوئی راستہ نہیں ڈھونڈ پاتی ۔یہ واقعات تحریر کرنے سے ہمیں نشاندہی مقصود تھی کہ کہانت کے نظام کا بادشاہی یا سیاسی نظام میں اخلاط ہونے سے آئندہ پیش آنے والے واقعات نے جو رخ اختیار کیا ، کاہنی نظام کا بگاڑ ان کے اسباب میں شامل تھا اور یہ عنصر ہمیں P اور D مصنفوں کی تلاش میں مدد کرے گا ۔

P تحریر ، جیسا کہ پہلے بتایا گیا ،سقوطِ اسرائیل یعنی 722 ق م کے بعد اور سقوطِ یہودیہ یعنی 587 ق م سے پہلے لکھی گئی ۔ یہ 135 سال کا دورانیہ بنتا ہے ۔کیا ہم اس کو مزید مختصر کر سکتے ہیں؟ کیا ہم کہہ سکتے ہیں کہ یہ یہودیہ کے کس بادشاہ کے دورِ اقتدار میں لکھی گئی؟ قارئین یاد کریں کہ مذہبی رسومات اور قربانی پیش کرنے کے لئے خیمہ گاہ کو بذریعہ قانون مرکزی مقام قرار دینا اس مصنف کے اہم ترین تقاضوں میں سے ایک تھا -722 ق م کے بعد یہودیہ کے آنے والے تمام بادشاہوں میں صرف اور صرف دو بادشاہ ہیں جنہوں نے یروشلم کے ہیکل کو اپنے لوگوں سے جبراً مرکز منوایا :ایک حزقیاہ اور دوسرا حزقیاہ کے مرنے کے پچپن سال بعد آنے والا بادشاہ یوسیاہ ۔ہیکل کی مرکزیت ان دونوں بادشاہوں نے اپنے اپنے ادوار میں قائم کی لیکن اطلاقی تفصیلات میں دونوں بالکل مختلف ہیں ۔مجموعی شواہد P مصنف کو یوسیاہ کے بجائے حزقیاہ کے دور میں تلاش کرنے پر مرتکز ہوتے ہیں۔ جبکہ لاتعداد دوسرے شواہد D مصنف کی تلاش میں ہمیں شاہ یوسیاہ کے دور میں لاتے ہیں ۔ان شواہد کو زمانی ترتیب میں بیان کرنے سے یہ نکتہ قارئین پر واضح ہو جائے گا ، پہلے P تورات اور پھر D تورات ۔

شاہ حزقیاہ

تاریخ نگار بتاتے ہیں کہ حزقیاہ نے 715 سے 687 ق م تک یہودیہ پر حکومت کی یعنی حزقیاہ سقوطِ اسرائیل کے سات سال بعد بادشاہ بنا ۔تاہم کتاب 2۔سلاطین کے مطابق حزقیاہ کے یہودیہ کا بادشاہ بننے کے چھٹے سال اسیریانے اسرائیل پر حملہ شروع کیا اور دو سے تین سال میں اُس کے ہاتھوں 722ق م میں سقوطِ اسرائیل کے سانحہ کی تکمیل ہوئی ۔لہٰذا بائیبل کے مطابق حزقیاہ کی بادشاہت کے آٹھویں سال اسرائیلی ریاست ختم ہوئی ۔اس طرح مجوزہ تاریخوں میں چودہ سے پندرہ سال کا فرق بیٹھتا ہے ۔ بائیبل کے مقابلے میں تاریخ نگاروں کے تجویز کردہ سال قابلِ بھروسہ ہیں لیکن اس کو ثابت کرنے کی بحث ہمارے لئے ضروری نہیں ۔ بائیبل میں 2۔سلاطین، 2۔تواریخ اور کتاب یسعیاہ کے مطابق شاہ حزقیاہ نے اپنے دور میں سیاسی اور مذہبی تجدید جیسا بڑا کام انجام دیا ۔موجودہ دور میں بعض دریافت شدہ آرکیالوجی کے شواہد نہ صرف ان درج شدہ تحریروں کی تائید کرتے ہیں بلکہ اضافی معلومات بھی فراہم کرتے ہیں ۔

حزقیاہ کی مذہبی تجدید میں بنیادی تبدیلی کا عمل یہ تھا کہ اس نے ہیکل سلیمانی کے علاوہ کسی بھی اور جگہ مذہبی رسومات کی ادائیگی ممنوع قرار دے دی ۔دوسرے الفاظ میں اس نے تمام باشندوں کو قربانی کے جانور ہیکل کی حدود میں لا کر قربانی پیش کر نا لازم قرار دے دیا ۔دوسری طرف سیاسی معاملہ میں اس نے اسیریا کے خلاف بغاوت کا عزم کیا اور اسیریا کے مفتوح کئے گئے اسرائیل کے کچھ حصوں کو بزور حاصل کرنے کی کوشش کی ۔ساتھ ہی میں یہودیہ کا دائرہ اقتدار بڑھانے کے لئے فلستیوں کے کچھ علاقے بھی حاصل کرنا چاہے ۔ یہ مذہبی اور سیاسی عزائم براہ راست اثر انداز ہوئے یہودیہ کی آنے والی تاریخ پر اور ساتھ میں بائیبل پر بھی ۔

مذہبی تجدید کا مطلب بُتوں کو توڑنے اور ہیکل سلیمانی کی صفائی سے کہیں زیادہ تھا ۔اس کا یہ بھی مطلب تھا کہ یہواہ کی پرستش کے وہ مقامات برباد کر دیئے جائیں جو ہیکل سے باہر یروشلم کے دوسرے مقامات پر اور یہودیہ کے دوسرے شہروں میں موجود پائے جاتے تھے ۔ہیکل کے علاوہ ملک میں بہت سے مقامات تھے جہاں لوگ یہواہ کے لئے قربانی پیش کرتے تھے ۔ بائیبل ان مقامات کو "اونچا مقام"

لکھتی ہے جو کہ مٹی کے ڈھیر پر پتھر نصب کرکے جانور کی قربانی کا مقام مقرر کیے جاتے تھے ۔یہ "اونچا مقام" حضرت موسیٰ کی ہدایت کی حیثیت سے ان کی روایات میں محفوظ تھا اور وہ قدیم زمانے سے اس پر عمل پیرا تھے ۔حزقیاہ نے اس کو بحکم ختم کر دیا اور اس کے بجائے ہیکل کی مرکزیت کو بحکم رائج کردیا ۔

اس پابندی کا کتنا اچھا یا برا اثر لوگوں پر پڑ سکتا تھا اس کو سمجھنے کے لئے بائیبل کی قربانی کی رسم کو سمجھنا ضروری ہے ۔بنی اسرائیل کے نزدیک قربانی سے مراد صرف یہ نہیں تھا کہ وہ اپنی ملکیت کی کوئی شئے قربان کر رہے ہیں تاکہ گناہوں کا کفارہ ادا ہو سکے یا خدا کی تائید و رضامندی انہیں حاصل ہو ۔بلکہ سب سے عام قربانی جو وہ کرتے تھے اس سے اپنی خوراک کی ضروریات پوری کرنا بھی مقصود ہوتی تھی ۔ساتھ میں اخلاقی پہلو یہ تھا کہ اگر وہ گوشت کھانے کے خو ہشمند ہیں تو انہیں احساس ہونا چاہئے کہ وہ کسی زندہ وجود کی زندگی اس سے لے رہے ہیں ۔ اس لئے وہ اس عمل کو کسی روز مرہ کام میں شمار نہ کریں بلکہ یہ احترام کے قابل عمل ہے ۔ اس کو ایک مقرر کردہ جگہ پر ایک مقررہ فرد (کاہن)کے ذریعے ایک مخصوص طریقے پر ہی انجام دیا جا سکتا ہے اور کاہن کی خدمات کے معاوضے کے طور پر ذبیحہ کے گوشت کا کچھ حصہ اس کو ادا کیا جائے ۔صرف مچھلی اور پرندے اس حکم میں شامل نہیں تھے ۔

مذہب کے لئے مرکزی جگہ متعین کر دینے کا مطلب یہ تھا کہ اگر کوئی شخص گائے ، بھیڑ، بکری وغیرہ کا گوشت کھانا چاہے تو وہ گھر میں یا اپنے علاقائی اونچے مقام پر قائم قربان گاہ پر ذبح نہیں کر سکتا ۔اس کو وہ جانور یروشلم میں ہیکل میں لانا پڑے گا ۔اسکا یہ بھی مطلب ہوا کہ ملک میں پھیلے لاوی قبیلے کے لوگ بڑی تعداد میں یہ خدمت انجام دینے کے لئے یروشلم منتقل ہو جائیں اور قربانی کا وہ حصّہ جو وہ اپنے علاقوں میں حاصل کر تے تھے اب یروشلم میں حاصل کریں ۔اس کا یہ بھی مطلب تھا کہ سردار کاہن کی انفرادیت ،اس کے رسوخ اور اقتصادیات میں اضافہ اور اس خاندان کے رسوخ میں بھی اضافہ جس خاندان سے سردار کاہن کا نسبی تعلق تھا ۔

بنی اسرائیل کے مذہبی ارتقاء کے سفر میں ایک عبادت گاہ اور ایک قربان گاہ کی مرکزیت قائم ہو جانے کا واقعہ دو ہزار سال بعد

بائیبل کے تیسرے مصنف کی شناخت کے عمل میں ایک اہم کڑی ثابت ہوا ۔یہاں ہم نے "مذہبی ارتقاء" کا لفظ بہت مناسب استعمال کیا ہے ۔ہماری تمام تحریر کا خلاصہ یہی نکلے گا کہ یہ عقیدہ تاریخ کے سفر میں اپنی شکل بدلتا رہا ہے لیکن نہ انبیاء کی تعلیم کے ذریعے جن کا نزول خدا کی طرف سے ہوا ہو، نہ عام باشندوں کی طرف سے حتیٰ کہ نہ ہی بنی اسرائیل کے بادشاہوں کی طرف سے، بلکہ یہ ارتقاء صرف ان لوگوں کے مرہون منت ہے جو اس قوم کے مذہبی علماء سمجھے گئے ۔ یہاں بائیبل کی تاریخ کی کتابوں کے مطابق شاہ حزقیاہ مذہبی تجدید کا ذمہ دار قرار دیا گیا ہے اور فی الوقت یہی نام اپنے تجزیہ میں استعمال کرتے ہیں ۔ آگے مناسب وقت پر اس دعویٰ کی وضاحت کی جائے گی ۔

شاہ حزقیاہ کی مذہبی تجدید کے سلسلے میں ایک اور نکتہ کا تذکرہ ضروری ہے ۔کتاب 2۔سلاطین کے مطابق یہوداہ میں ایک پیتل کا بنایا گیا سانپ تھا جوان کی روایات میں خود حضرت موسیٰ کا بنوایا ہوا تھا ۔ یہ سانپ اس واقعہ سے متعلق تھا جو E مصنف نے (گنتی 21:5)میں تحریر کیا ہے ۔اس واقعہ میں لوگ بیابان میں خدا اور حضرت موسیٰ کے خلاف کافرانہ باتیں کرتے ہیں ۔ خدا سزا کے طور پر بہت سے سانپ ان پر بھیج دیتا ہے جو ان کو ہلاک کئے دیتے ہیں ۔لوگ معافی مانگتے ہیں ۔تب خدا کی موسیٰ کو ہدایت ہوتی ہے کہ پیتل کا ایک سانپ بنوا کر کسی کھمبے پر نسب کر دیا جائے ۔جو بھی سانپ کا ڈسا پیتل کے سانپ پر نظر کرے گا وہ مرے گا نہیں بلکہ صحتیاب ہو جائے گا۔ E تحریر میں حضرت موسیٰ کی پیتل کے سانپ سے وابستگی دہری دلچسپی کی حامل ہے اس لئے کہ حال ہی میں آرکیالوجیکل مطالعہ میں اسرائیل کو مدیان میں ایک پیتل کا سانپ دریافت ہوا ہے ۔حضرت موسیٰ کی بیوی مدیان کی باشندہ تھیں اور وہاں کے مذہبی کاہن کی بیٹی تھیں اس لئے کہ مدیان کے کاہن یتھرو حضرت موسیٰ کے خسر تھے ۔سانپ کے ڈسے شخص کا پیتل سے بنائے گئے سانپ پر نظر کرنے سے صحتیاب ہو جانا عجیب بات ہے لیکن ایک قدیم پیتل کے سانپ کی دریافت بھی عجیب بات ہے ۔یہاں تذکرہ کرنے سے مراد یہ ہے کہ گزشتہ اور موجودہ صدی میں اسرائیل کو آرکیالوجی تحقیقات سے بہت سے ایسے نوادرات دستیاب ہوئے ہیں اور ہو رہے ہیں جو قدیم تاریخ

کو سمجھنے میں انتہائی مددگار ہیں ۔ ذیل میں شاہ حزقیاہ کے متعلق بائیبل کی تحریر نقل کی جاتی ہے:

> اس نے اونچے مقاموں کو دور کر دیا اور ستونوں کو توڑ ا اور یسیرت کو کاٹ ڈالا اور اس نے پیتل کے سانپ کو جو موسیٰ نے بنایا تھا چکنا چور کر دیا کیونکہ بنی اسرائیل ان دنوں تک اس کے آگے بخور جلاتے تھے اور اس نے اس کا نام نحشتان رکھا (2۔سلاطین 18:4)

حزقیاہ نے محض بادشاہ ہوتے ہوئے کسی ایسی پانچ صدی قدیم نادر شئے کو توڑنے کی جرات کیسے کی جو اس کی قومی روایات میں خدا کے دئیے حکم سے خود حضرت موسیٰ نے بنوائی ہو؟ اگر لوگوں کا اس کے آگے بخور جلا نا غیر مناسب تھا تو وہ اس عمل پر پابندی عائد کر سکتا تھا یا وہاں سے ہٹا کر ہیکل میں یا اپنے محل میں کسی جگہ محفوظ کر سکتا تھا ۔ پیتل کا سانپ حضرت موسیٰ سے تعلق رکھنے والے شمالی ریاست کے کاہنوں کی نظر میں بڑی علامات میں سے تھا ۔حزقیاہ کا یہ عمل بذات خود ظاہر کرتا ہے کہ وہ ہارونی کاہنوں کے لئے ان کی تاریخ کا سب سے بڑا حمایتی ثابت ہوا ۔شاہ حزقیاہ سے پہلے حضرت سلیمان ان کے سب سے بڑے حمایتی تھے جنہوں نے حضرت موسیٰ سے وابستہ کاہن ابیاتر کودو صدی قبل معزول کیا تھا اور کہانت کے تمام اختیارات ہارونی کاہن صندوق کے حوالے کئے تھے ۔حزقیاہ نے حضرت سلیمان کی کاہنی ترجیحات کی تقلید کی ۔ملک کی تقسیم کے بعد شمالی علاقوں کے لاوی افراد کی آمد یہودیہ کے منظر نامے پر ایک نیا عنصر تھا یہ وقت تھا جب ہارونی کاہنوں کو حضرت سلیمان کے دنوں کے بعد پہلی مرتبہ اپنے سب سے بڑے چیلنج کا سامنا تھا ۔شاہ حزقیاہ نے ان کو فتح دلا دی ۔اس نے کاہنوں کی ذمہ داریوں کی تقسیم میں بنی ہارون کے ساتھ جانب داری اور رعایت برتی:

> اور حزقیاہ نے کاہنوں کے فریقوں کو اور لاویوں کو ان کے فریقوں کے موافق یعنی کاہنوں اور لاویوں دونوں کے ہر شخص کو اس کی خدمت کے مطابق خداوند کی خیمہ گاہ کے پھاٹکوں کے اندر سوختنی قربانیوں اور سلامتی کی قربانیوں کے لئے اور عبادت اور شکر گزاری اور ستائش کرنے کے لئے مقرر کیا (2۔تواریخ 31:2)

اس نے حضرت موسیٰ کی نشانی، پیتل کا سانپ، جو بنی ہارون کے حلقوں کے لئے ناپسندیدہ یا قابلِ اعتراض تھا تباہ کر دیا اور اس نے یروشلم سے باہر عبادت اور قربانی کے تمام مقامات ڈھا دئے جہاں لاوی کچھ اختیار رکھتے تھے ۔ بنی اسرائیل کی تاریخ میں عبادت اور قربانی کے مقامات ڈھانے کا یہ واقعہ پہلی مرتبہ پیش آیا ۔ ہم نے عتلیاہ کا اقتدار ہارونی کاہن کے ذریعے ختم ہونے اور یہوآس کو سات سال کی عمر میں بادشاہ بنا نے کا واقعہ اوپر تحریر کیا ۔اس کو بادشاہ بنانے کے وقت ہی یہویدع نے اسرائیلیوں کے تعمیر کردہ غیر اقوام کے بُت خانے مسمار کر دیئے (2۔تواریخ 23:17)۔تمام طاقتیں اس وقت ہارونی کاہن کے ہاتھ میں تھیں اور یہوآس کا چالیس سالہ بادشاہت کا دور بھی اس کے زیرِ اثر تھا ۔ اگر خدا کا یہی قانون ہوتا کہ ہیکل سے باہر قربانی نہیں کی جا سکتی تو وہ ان مقامات کو مسمار کرنے سے کیسے پیچھے ہٹا رہا؟ کتاب تواریخ میں یہویدع سے منسوب ایسا کوئی تذکرہ موجود نہیں ۔یہودیہ میں ملک کی تقسیم کے بعد بنی ہارون کی قبائلی عصبیت اسی طرح ان میں عمل پذیر تھی جیسی کہ شمالی ریاست میں ۔کاہن یہویدع نے بھی لاوی کاہنوں کو دوسرے درجہ کی خدمات پر نامزد کیا لیکن تمام ملک سے قربانی کے مقامات مسمار کرنے کے لئے اس کے پاس کوئی مذہبی بنیاد نہیں تھی اس لئے کہ اب تک وہ لکھی نہیں گئی تھی ۔

حزقیاہ کے زمانے میں بہت زیادہ ادبی کام کیا گیا ۔کتاب یسعیاہ کا بڑا حصہ، میکاہ، ہوسیع اور امثال کے علاوہ حضرت سلیمان سے حزقیاہ تک کی تاریخ لکھی گئی جو بعد میں کتاب سلاطین اور کتاب تواریخ کا حصہ بنیں ۔اس عہد کا نمایاں ترین کام یہ ہے کہ اس میں P تورات لکھی گئی ۔بائبل کے مطابق حزقیاہ نے اپنی بادشاہت کے پہلے ہی سال یہودیہ کے قربانی کے تمام اونچے مقام اور ذبیحوں کو ڈھا دیا ۔ P میں تحریر "خدا کا قانون" کے بغیر اس کا اتنا بڑا کام کرنا مشکل ہے ۔اس لئے ہم سمجھتے ہیں کہ 722 ق م کے بعد اور 715 ق م میں اس کی بادشاہت شروع ہونے کے ساتھ یا کچھ پہلے P لکھی جاچکی تھی ۔

P مصنف

اس مصنف کی شناخت کے لئے J اور E مصنفوں کی طرح کسی مخصوص شخص کا نام تو نہیں لیا جا سکتا ،تاہم یہ تحریر بھی بہت سی ایسی معلومات فراہم کرتی ہے جو زیادہ اہم ہیں ۔اس کے طرزِ تحریر اور مضامین کی ترتیب نے ایک مخصوص گروہ، ایک مخصوص مقام اور ایک مخصوص زمانے میں موجود ہونے کا سراغ ہمیں دیا ۔اس کے تحریر کردہ واقعات اس کے زمانے کے شرعی قوانین، سیاسی اور سماجی حالات کی فکر واضح کرتے ہیں ۔کیا وہ تنہا فرد تھا یا کئی افراد تھے؟ P واقعات یقیناً کسی ایک فرد کے لکھے معلوم ہوتے ہیں ۔ان تمام واقعات میں ایک ہی طرزِ تحریر پایا جاتا ہے اور وہ J/E واقعات کے ساتھ ایک ہی مخصوص نقطۂ نظر کے تحت جُڑے ہوئے ہیں اور ایک ہی مرکزی تخیّل ان میں نظر آتا ہے ۔اگر ان کو J/E تحریروں سے الگ کر کے پڑھا جائے تو تسلسل سے ایک رواں تحریر نظر آتی ہے اور اس تسلسل میں بہت معمولی انقطاع ملتا ہے ۔

کیا P تحریریں قدیم واقعات کا ایک ایسا مجموعہ تھا جو منہ زبانی ایک زمانے سے دوسرے زمانے کو تسلسل سے منتقل ہوا جو اس مصنف نے جمع کر کے تحریر کی صورت میں محفوظ کیا؟ بائیبل کے بعض اسکالرز کا خیال یہی ہے کہ تورات کا بیشتر حصّہ زبانی روایات سے ایک زمانے سے دوسرے زمانے کو منتقل ہوا، لیکن جس طرح P تحاریر J/E کے مقابلے میں لکھی گئی ہیں ، ایسا امکان نہیں نظر آتا ۔ P دستاویز J/E کے منظرِ عام پر آنے کے بہت سالوں بعد نہیں تیار کی گئی ۔ان کے درمیان کوئی نسلی فاصلہ نہیں کہ منہ زبانی معلومات ایک نسل سے دوسری میں منتقل ہوئی ہوں ۔اس کے برعکس یہ بہت احتیاط سے تیار کی گئی ہے ۔اس مصنف کے سامنے اپنی دستاویز تیار کرتے وقت J/E تحریروں کا کوئی نسخہ رکھا ہونا چاہئے ۔دونوں میں مشابہت بہت زیادہ ہے اور جو فرق ہے وہ P تحریر میں بہت احتیاط سے ڈیزائن کیا گیا ہے ۔

باب6

D تحریریں

ان تحریروں کی نوعیت میں جوبات نمایاں ہے وہ یہ کہ یہ تحریر کسی ایسے گروہ میں سے نمودار ہوئی جو P کے خلاف اتنا ہی غصہ میں تھا جتنا کہ P مصنف J/E کے خلاف غصہ میں تھا ۔اس مصنف کی تحریریں بھی عبادات کی مرکزیت پر زور دیتی ہیں لیکن اپنی تفصیلات میں P قانون کی یکسر مخالف ہیں ۔ جیسا کہ تذکرہ کیا گیا کہ مذہب کی مرکزیت کا قانون نافذ کرنے والا دوسرا بادشاہ یوسیاہ ہے جو شاہ حزقیاہ کے مرنے کے ستّاون سال بعد بادشاہ بنا ۔یہ گذرے ہوئے وقت کا بہت طویل عرصہ نہیں ہے لیکن اس مصنف کا کام سمجھنے کے لئے مذکورہ عرصہ کی روداد کا فہم درکار ہے ۔ شاہ حزقیاہ کے دور کی متعلقہ اہم باتیں تذکرہ ہو چکی ہیں لیکن اس کے زمانے کے ایک اور اہم واقعہ سے اپنابیان پیش کیا جاتا ہے ۔

حزقیاہ نے مذہبی اصلاحات کے بعد یہودیہ میں بسنے والی غیر قوموں کے خلاف فوجی کارروائیاں اور اسیریا کے تسلط کے خلاف مزاحمت کرنے کی کوشش کی (2-سلاطین 18:7)- اس سیاسی عزم اور اسیریا کے غلبہ کو رد کرنے کی کوشش کا نتیجہ اسیریا کی طرف سے بڑے فوجی اقدام کی صورت میں ظاہر ہو' ۔اسیریا کا بادشاہ سنحیرب(Sennacherib) ایک بڑی فوج کے ساتھ یہودیہ پر حملہ آور ہوا ۔اگرچہ وہ بڑی حد تک کامیاب رہا لیکن یہودیہ کو مکمّل طور پر اپنے قدموں پر نہ گرا سکا۔ اسیریا نے یہودیہ کے شہر لکیس میں ایک مضبوط قلعہ ایک بڑی فوجی مہم کے ذریعے فتح کر لیا ۔لکیس کا قلعہ ایک اونچے پہاڑی خطے پر تعمیر تھا اس طرح گردوپیش کے علاقوں پر اپنا کنٹرول بآسانی قائم رکھتا تھا ۔اسیریا کی فوج نے پہاڑ کے ایک پہلو پر بڑے پتھر اور مٹی کے ڈھیر جمع کر کے فوج اور جنگی سامان کے لئے راستہ بنایا اور لکیس کے دروازہ تک جا پہنچی ۔لکیس کی آرکیالوجیکل کھدائی اسرائیلی حکومت کی سرپرستی میں جاری ہے اور یقیناً ان واقعات پر بہت کچھ روشنی ڈالتی ہو گی جو ہمارے علم میں

نہیں ۔تاہم اس واقعہ کے دوسرے فریق اسیریا کے متعلق معلومات نینوہ کی تاریخی کھدائی سے دریافت ہو چکی ہیں اور عام دستیاب ہیں ۔نینوہ اسیریا کی بادشاہت کا دار الخلافہ تھا ۔جو نئی معلومات دستیاب ہوئیں ان کے مطابق اسیریا کے بادشاہ نے اپنے محل کی ایک دیوار کو لکیس کی لڑائی کی تفصیلات سے مزیّن کروایا تھا ۔دیوار کی تزئین اپنے حجم اور ساتھ ہی ساتھ اپنی ہنرمندی کے لحاظ سے قابلِ تعریف مانی جا رہی ہے اور اس کا شمار ان چند مظاہر میں کیا جا رہا ہے جو نشاندہی کر تی ہیں کہ یہودی بحیثیت قوم تاریخ کے ان ادوار میں کیسے دکھائی پڑتے تھے - یہ دریافت اب برٹش میوزیم میں محفوظ ہے جبکہ اسکی ایک طبعی نقل اسرائیل کے میوزیم میں بھی رکھی گئی ہے -

نینوہ اور لکیس کے دونوں آرکیالوجیکل ذرائع اسیریا کی غیر معمولی طاقت اور عزم کا اظہار کرتے ہیں ۔لیکن اس مہم کی اہم ترین بات یہ قرار پاتی ہے کہ اسیریا کی فوج یہودیہ کی سلطنت کو مکمّل فتح نہ کر سکی جس طرح کہ چند سال قبل انہوں نے اسرائیل کو مکمّل فتح کر لیا تھا ۔اسیریا اور یہودیوں کے درمیان یروشلم میں فوجی مقابلہ کا یہ واقعہ بہت توجہ طلب، دلچسپ اور اہم ہے اس لئے کہ یہ اب تک کا واحد واقعہ ہے جس میں ہمارے پاس بائیبل کی شہادت کے ساتھ ساتھ اسی واقعہ پر بائیبل سے بالکل باہر ذرائع سے دوسرے فریق کی شہادت دستیاب ہے ۔اس ایک واقعہ کی تفصیلات کا دو مختلف معلوماتی ذرائع سے موازنہ کرنے کا جو موقع شومئی قسمت سے مل گیا ہے وہ بائیبل کے متعلق چنداہم ترین سوالوں کے جواب فراہم کرے گا اس لئے طوالت کے خوف سے قطع نظر اس پر تفصیلی بحث کی جائے گی -

بائیبل میں یہ واقعہ تین مختلف کتابوں میں تحریر شدہ ملتا ہے: (2۔سلاطین 18:13-19:37) ، (2۔تواریخ 32:1-23) اور (یسعیاہ36-37)- کتاب سلاطین اور کتاب یسعیاہ میں صرف چند الفاظ کے فرق کے ساتھ ایک ہی تحریر کو دو مرتبہ لکھا گیا ہے جبکہ کتاب تواریخ میں اسی تحریر کا کچھ حصہ کم نقل ہوا ہے ۔ذیل کی بحث میں 2۔سلاطین کی تحریر استعمال کی جائے گی -

مذکورہ حربی مہم کے متعلق اسیریا کا تاریخی بیان ایک دستاویز کی صورت میں نینوہ کی آرکیالوجیکل کھدائی میں برآمد ہوا ۔اس دستاویز کو سنحیرب کا سٹیلا یا prism inscription کا نام دیا گیا ہے اور یہ نام اس وجہ سے دیا ہے کہ یہ مٹی سے آٹھ سطح میں بنایا گیا

تھا یعنی اس کی آٹھ سطحیں یا sidesہیں۔ہر سطح پر سنحیرب کی جنگی مہمات درج کی گئی تھیں ۔ اس کی آٹھویں سطح پر سنحیرب نے یروشلم کی یہی فوجی مہم درج کروائی تھی ۔یہ کندہ کاری اکاڈین زبان میں ہے جو کہ اس زمانے میں میسو پوٹامیہ کی مروجہ زبان تھی ۔ یہ کیونی فارم سکرپٹس میں لکھی گئی تھی۔ اس کی دریافت کے بعد بغداد کے آثارِ قدیمہ کے کسی تاجر سے 1919ء میں ایک امریکی ماہرِ قدیمہ نے شکاگو یونیورسٹی کے اورینٹل انسٹیٹیوٹ کے لئے خریدا ، پھر 1970ء میں نیلام کے ذریعے اسرائیلی عجائب خانہ کے لئے حاصل کیا گیا ، 1990ء میں اس کی اشاعت کی گئی اور اب برٹش میوزیم میں موجود ہے ۔

اس سٹیلا کی صورت میں ہمارے پاس ایک پہلے کبھی نہ پائی جانے والی ایسی مثال موجود ہے جو ایک بڑے واقع کے متعلق دونوں متعلقہ گروہوں کے بیان ہمارے سامنے پیش کرتی ہے ۔اگر آپ خود کو قاضی یا عدالت کا جج تصوّر کریں تو آپ کی کوشش یہ ہونی چاہئے کہ دونوں طرف کے بیانات سن کر بغور تجزیہ کریں تاکہ کسی واقعہ کی اصل حقیقت کے متعلق ایمان داری سے اپنی رائے قائم کر سکیں ۔مذکورہ واقعہ میں بائیبل کا بیان یروشلم کی حفاظتی دیواروں کی اندر کی طرف سے اور اسیریا کا بیان حفاظتی دیواروں کے باہر کی طرف سے آپ کے سامنے آتا ہے ۔

بائیبل کے بیان کے مطابق سنحیرب نے یروشلم کا گھیراؤ کروانے کے بعد بادشاہ کو ہتھیار ڈالنے کے لئے اپنا نمائندہ بھیجنے کے بجائے اپنی فوج کے سالار کے ذریعے لوگوں کو پیغام بھجوایا کہ وہ اپنے بادشاہ کے دھوکے میں آنے کے بجائے قلعہ کے دروازے کھول دیں تو نہ صرف جان و املاک گنوا دینے سے بچیں گے بلکہ انعامات کے مستحق بھی ٹھہریں گے ۔ یہ بیان اس سالار نے ارامی زبان کے بجائے باشندوں کی اپنی عبرانی زبان میں سنایا ۔ اخزیاہ کے مشیر چاہتے تھے کہ دشمن سالار عبرانی کے بجائے ارامی زبان میں بات کرے تاکہ عوام نہ سمجھ پائیں کہ کیا کہا جا رہا ہے لیکن وہ نہیں مانا ۔یروشلم کے گھیراؤ سے پہلے اسیریا کی فوج لکیس اور ملک کے دوسرے کئی قلعہ دار شہر فتح کر چکی تھی ۔سالار نے عبرانی بولی میں لوگوں کو دھمکانے کے لئے ان شہروں کی ناکامی اور قتل و غارت کا حوالہ بھی دیا تاکہ خوف کھا کر لوگ خود ہی شہر حوالے کر دیں اور اسیریا کی

فوج کو جنگ نہ کرنی پڑے ۔بائیبل بتاتی ہے کہ یہ سن کر حزقیاہ اور اسکے امراء میں خوف و ہراس پھیل گیا اور اس دہشت کے عالم میں بادشاہ نے خود بھی دعا کی اور یسعیاہ نبی کو درخواست بھیجی کہ وہ بھی خدا سے دعا کرے کہ اس ناگہانی آفت سے ملک کی جان بچ جائے ۔ یسعیاہ نبی کی دعا کا جو جواب ملا اور نبی نے بادشاہ کو بتلایا وہ بائیبل کے الفاظ میں ذیل میں درج ہے :

> تب یسعیاہ بن آموص نے حزقیاہ کو کہلا بھیجا کہ خداوند اسرائیل کا خدا یوں فرماتا ہے کہ چونکہ تو نے شاہ اسور سنحیرب کے خلاف مجھ سے دعا کی ہے میں نے تیری سن لی ۔ اس لئے خداوند نے اس کے حق میں یوں فرمایا ہے کہ . . . وہ اس شہر میں آنے یا تیر چلانے نہ پائے گا ۔وہ نہ تو سپر لے کر اس کے سامنے آنے اور نہ اس کے مقابل دمدمہ باندھنے پائے گا ۔بلکہ خداوند فرماتا ہے کہ جس راہ سے وہ آیا اسی راہ سے لوٹ جائے گا اور اس شہر میں آنے نہ پائے گا . . . سو اسی رات کو خداوند کے فرشتہ نے نکل کر اسور کی لشکر گاہ میں ایک لاکھ پچاسی ہزار آدمی مار ڈالے اور صبح کو جب لوگ سویرے اٹھے تو دیکھا کہ وہ سب مرے پڑے ہیں ۔تب شاہ سنحیرب وہاں سے چلا گیا اور لوٹ کر نینوہ میں رہنے لگا (2۔سلاطین 19:20)۔

یہ اقتباس مختصر رکھنے کی خاطر ہم نے دو جگہ غیر ضروری تفصیل منہا کر دی ہے۔ یہاں واضح ہے کہ خدا نے کرشماتی طریقہ سے یروشلم اور شاہ حزقیاہ کا اقتدار اسیریا کی ممکنہ تباہی سے بچا لیا ۔دوسری اہم ترین بات یہ ہے کہ، بقول یسعیاہ نبی ،خداوند نے حزقیاہ اور یسعیاہ کی دعائیں قبول کر لیں اور یسعیاہ کو پیشگی بتا دیا کہ وہ اسیریا کی فوج کے ساتھ کیا کرنے والا ہے، اور اس فوراً کر دیئے جانے کے عمل یعنی دشمن کی آسمانی فوج کے ذریعہ بربادی کا ان کو مشاہدہ بھی کروا دیا گیا ۔تاہم بائیبل کے بیان کے برعکس سنحیرب کے prism کا بیان کچھ اور ہے ۔ ترجمہ ذیل میں درج ہے ۔

> اور حزقیاہ اور یہودی قوم نے میرا جوا قبول نہیں کیا تو میں نے اس کے چھیالیس مضبوط دیواروں والے شہر پر حملہ کر کے ان کو فتح کر لیا اور ان کے آس پاس کے لا تعداد چھوٹے شہر بھی قبضہ کر لئے ۔اس کے لئے چڑھائی کے راستے بنائے، توڑ دینے والی مشینیں استعمال کیں، پا پیادہ لڑنے والی فوج سے حملہ کیا اور طوفان انگیز سیڑھیاں استعمال کیں۔

دو لاکھ ایک سو پچاس افراد چھوٹے اور بڑے،مرد و عورت،گھوڑے،گدھے،خچر،اونٹ،بیل اور بھیڑیں جن کی تعداد شمار نہیں ہو سکی میں نے ان سے حاصل کر لیں اور ان کو مال غنیمت میں شمار کیا ۔خود اس کو (حزقیاہ)یروشلم کے بیچ کسی پرندہ کو پنجرے میں بند کر دینے کی طرح پھنسا دیا اس کے شاہی شہر میں میں نے اس کے شہر سے باہر کے تمام راستے بند کر دیئے اس طرح کہ جو شہر سے باہر جانا چاہیں ان کے لئے ڈراؤنا خواب بنا دیا ۔میں نے اس کے دوسرے شہر فتح کر کے اس سے منقطع کر دیئے اور ان شہروں کو شاہ اشدود متنتی،شاہ اکرون پاڈی اور شاہ غزاسلیبل کو تحفے میں دے دئے ۔اسطرح میں نے اس کے ملک کو چھوٹا کر دیا ۔

شاہ حزقیاہ کو میں نے سالانہ ادائیگی کا پابند کر دیا اور سالانہ تحائف کا پابند کر دیا ۔میری طاقت اور عظمت کا خوف حزقیاہ کو لاحق ہو گیا اور عرب اور دوسرے فوجی جو اس نے شاہی شہر کو مضبوط کرنے کے لئے بلائے تھے اس کے باوجود شہر کسی کام کے لائق نہ رہا ۔اور میں بھاری مال غنیمت اور اس کی بیٹیاں اور اس کی حرم اور اس کے گانے والے اور اس کے علاوہ تیس قنطار سونا ,آٹھ سو قنطار چاندی،انتخاب شدہ اینٹیمونی،ہاتھی دانت کی بنی نشست گاہیں اور کرسیاں،ابنوس کی لکڑی اور دیگر بہت سی اشیاء نینوہ،میرے آبائی شہر،کو لے آیا ۔اور اس نے اپنے سفارتکاروں کے ہاتھوں یہ اشیاء بھجوائیں تاکہ وہ میرے غالب ملک کی خدمت کر سکیں ۔

دونوں فریقین نے جنگ کے خاتمے پر جو بیان دیا وہ ایک دوسرے سے سراسر مختلف ہے ۔بائیبل کہتی ہے کہ محاصرہ کے دوران ہی خدا نے مداخلت کی اور تمام فوج کو معجزانہ طریقے سے ہلاک کر دیا،صرف بادشاہ کو چھوڑ دیا ۔دوسری طرف prism inscription کی تحریر بتاتی ہے کہ اسیریا فتح مند رہا اور وہ بہت سا مال غنیمت لے کر اور آئندہ کے لئے ان کو مغلوب کر کے اپنے ملک لوٹے ۔یقیناً دو میں سے ایک کا بیان مکمّل جھوٹ ہے لیکن کس فریق کا بیان صحیح تسلیم کیا جائے؟

قبل اس کے کہ ہم دو بیانات کا تجزیہ کریں، کم از کم یہ تو دیکھا جا سکتا ہے کہ اگر نینوہ کی تحقیق سے یہ نئی دریافت سامنے نہ رہتی تو ڈھائی ہزار سال سے جیسے دوسروں نے بائیبل کے واقعہ کو پڑھا اور سمجھا، ہم بھی یہی جانتے اور قبول کرتے کہ ایک بیرونی قوم حملہ آور ہوئی لیکن یروشلم اور اس کے یہودی باشندوں پر اللہ تعالٰی کی ایسی رحمت کا نزول ہوا کہ اپنے ایک ہی فرشتہ کے ذریعے ایک

لاکھ پچاسی ہزار دشمن کے فوجی ایک ہی رات میں ہلاک کر دیئے اور یروشلم کو کسی بھی پیش آنے والی تباہی سے بچا لیا اور خدا کے گھر کو بھی کسی نوعیت کی توہین پیش نہ آنے دی۔

اسرائیلی قوم میں سنحیرب کے بعد کی نسلوں میں سے کسی بھی فرد کو بائیبل نے یہ بتایا ہو کہ یروشلم پر پیش آئی کسی جنگ کا یہ انجام دیکھا جا چکا ہے تو وہ یہ نتیجہ نکالنے پر مجبور ہے کہ یروشلم، خدا کے گھر اور اسکے رہنے والوں پر خدا کا ہاتھ ہے۔بائیبل اس تاریخی بیان میں یہ کہہ چکی ہے کہ حملہ آور اسیریا دوسرے فلسطینی قلعہ بند شہر پہلے ہی لوٹ چکا تھا۔ اسکا مطلب یہ ہوا کہ وہاں کے باشندوں کو، جو انہی کے نسلی بھائی تھے، خدا نے ان کے حال پر چھوڑ دیا لیکن یروشلم کو نہیں۔ دوسرے الفاظ میں دنیا کی کوئی طاقت یروشلم یا خدا کے گھر کی توہین کر نہیں سکتی۔ یسعیاہ نبی، اور بائیبل، کے بیان کی کسی اور ذریعے سے تصدیق نہ بھی ہو سکے تب بھی ہم جانتے ہیں کہ یہی یروشلم اور یہی خدا کا گھر اس "معجزانہ "واقعہ کے سوا سو سال بعد کسی دوسری قوم نے آگ میں پھونک دیا۔

اگر کہیں بائیبل نے یہ لکھ دیا ہوتا کہ شاہ حزقیاہ اور اس کی فوج نے کمال درجہ بہادری سے اسیریا سے جنگ لڑی اور پوری قوم نے اس کا ساتھ دیا یہاں تک کہ سنحیرب کو اپنی فوج سمیت فرار ہونا پڑا تو اس نئی دریافت کے مقابلے پر بائیبل کے بیان کو رد کرنا مشکل ہوتا۔ لیکن بائیبل جنگ کے انجام کو خدا کا عمل قرار دیتی ہے۔ پہلے تو یہی عجیب بات ہے کہ فرشتہ نے ایک لاکھ پچاسی ہزار سپاہی مار دیئے لیکن بادشاہ کو چھوڑ دیا تاکہ وہ پھر فوج اکٹھی کرے اور دوبارہ ان کا یا کسی اور قوم کا جینا حرام کرے ،بشرطیکہ خود اس نے اس معجزے سے سبق نہ حاصل کیا ہو۔ کیا وجہ ہے کہ اس کو بھی فرعون کی طرح ہلاک نہ کر دیا گیا؟

نہ ہم فرشتہ کی کارروائی کی تصدیق کسی اور ذرائع سے کر سکتے ہیں اور نہ ہی نینوہ سے مال غنیمت کے بقایا جات دریافت ہونے کی اطلاع ہے جن کو پرکھ کر سنحیرب کے بیان کی تصدیق کی جا سکے۔تاہم بائیبل کی اس جنگ سے متعلق دوسری تفصیلات سے اضافی وضاحت حاصل کی جا سکتی ہے۔اگر ہم دونوں بیانات کا مزید تجزیہ کریں تو سنحیرب نے اپنے پہلے دو حملوں کے لئے دعویٰ کیا

YAHUDIYAT, ISAIYAT OR ISLAM 185

کہ اس نے یروشلم کے قریبی بہت سے مضبوط شہر فتح کر لئے ۔بائیبل کا بیان اس کی تصدیق کرتا ہے :

"اور حزقیاہ بادشاہ کے چودھویں برس شاہ اسور سنحیرب نے یہوداہ کے سب فصیل دار شہروں پر چڑھائی کی اور ان کو لے لیا (2۔سلاطین 18:13)"۔

یہاں دونوں بیانات میں ابتدائی فوجی اقدام کے بارے میں کوئی اختلاف نہیں ۔سوال یہ ہے کہ یروشلم کی چڑھائی کے دوران کیا ہوا؟ اس باب میں سنحیرب کا کلیدی جملہ یہ دعویٰ ہے کہ اس نے شاہ حزقیاہ کو کسی پرندے کو پنجرے میں بند کرنے کی طرح بند کردیا ۔ دارالسلطنت یروشلم کے لئے یہ الفاظ مشتبہ ہیں ۔کسی شہر پر چڑھائی کا یہ مقصد نہیں ہوتا کہ اپنے دشمنوں کو مقفل کر دیا جائے ۔شہر پر چڑھائی کا مطلب یہی ہو نا چاہئے کہ جنگ کر کے اس کے اندر داخل ہو جائے اور شہر فتح کر لے ،جیسا کہ اس نے لکیس میں کیا تھا ۔سنحیرب کے لکھے گئے الفاظ محسوس کراتے ہیں کہ وہ یروشلم فتح نہ کر سکا اور جنگ کا جیسا انجام وہ چاہتا تھا حاصل نہ کر سکا ۔ وہ "پرندے کی طرح پنجرے میں بند کردیا" اور مال غنیمت کو نمایاں کر کے جو کچھ حاصل ہوا اسی کو بڑی فتح قرار دینا چاہتا ہے ۔یہ بالکل ممکن ہے کہ اس نے یروشلم کا گھیراؤ کر لیا ہو لیکن پہاڑ پر قائم شہر اور اس کی مضبوط دیواریں اس کی دسترس سے باہر رہیں اور جب فوجی حصار طول دینے لگا تو فوج کو غذا کی فراہمی، موسمی حالات، فوجیوں کی طویل عرصہ گھروں سے دور رہنے کی وجہ سے اکتاہٹ و بددلی وغیرہ نے اس کو محاصرہ اٹھانے اور واپس پلٹنے پر مجبور کر دیا ہو۔ بائیبل کے مطابق اس کے سالار نے عبرانی زبان میں لالچ اور دھمکیوں کے ذریعے شہر کا دروازہ کھول دینے کی رغبت دلائی تھی تاکہ بغیر جنگ لڑے کام ہو جائے ۔تاہم یہ بھی غور طلب ہے کہ یروشلم نے اس کو واپسی پر رضا مند کرنے کے لئے اسکے مطالبات کی ادائیگی قبول کی تھی ۔بائیبل کا بیان ذیل میں درج کیا جاتا ہے :

اور شاہ حزقیاہ نے شاہ اسور کو لکیس میں کہلا بھیجا کہ مجھ سے خطا ہوئی ۔میرے پاس سے لوٹ جا ۔جو کچھ تو میرے سر کرے میں اسے اٹھاؤں گا ۔سو شاہ اسور نے تین سو قنطار چاندی اور تیس قنطار سونا شاہ یہوداہ حزقیاہ کے ذمہ لگایا ۔اور حزقیاہ نے ساری چاندی جو خداوند

> کے گھر اور شاہی محل کے خزانوں میں ملی اسے دے دی ۔اس وقت حزقیاہ نے خداوند کی ہیکل کے دروازوں کا اور ان ستونوں پر کا سونا جن کو شاہ یہوداہ حزقیاہ نے خود منڈھوایا تھا اتروا کر شاہ اسور کو دے دیا (2-سلاطین 14:18:)۔

سونے کی مقدار پر دونوں بیان متفق ہیں جبکہ چاندی کی مقدار میں فرق ہے ۔تاہم بائیبل کے الفاظ سے محسوس ہوتا ہے کہ حزقیاہ اتنا ہی اکٹھا کر سکتا تھا ۔ قارئین کو سونے کی مقدار کا تعین کرنے کے لئے بائیبل میں درج ایک واقعہ میں ایک قوم پر فتح کے بعد وہاں سے حاصل کردہ تاج حضرت داؤد کے سر پر رکھا گیا تھا جووزن میں ایک قنطار سونا بتایا ہے (2-سیموئل12:30)۔

اسیریا کی یہودیہ پر یلغار کی اطلاع حزقیاہ کو ملی ہو گی ۔ سنحیرب کے دوسرے شہروں کی فتح میں مصروف ہونے کے دوران حزقیاہ نے ایک کام یہ کیا کہ شہر کے نیچے ایک سرنگ کھدوالی تاکہ جلد آنے والی ناکہ بندی کے دوران نیچے موجود پانی کے قدرتی جھرنے سے شہر کو پانی ملتا رہے اور شہر کی دیواروں سے باہر حملہ آوروں کے لئے پانی کے ذرائع قابلِ استعمال نہ چھوڑے (2-تواریخ 32:4)۔ حزقیاہ کی بنائی گئی سرنگ جو اُس گزرے زمانے میں ایک اہم تعمیراتی کامیابی شمار ہوتی ہے، داود کے شہر میں دریافت کر لی گئی ہے اور عوام کے مشاہدے کے لئے کھول دی گئی ہے ۔

یہاں ایک اور بات کا تذکرہ ضروری ہے ۔بقول بائیبل خدا نے سنحیرب کے ایک لاکھ پچاسی ہزار فوجی مار دئیے تھے ، بادشاہ فرار ہوگیا تھا اور حزقیاہ کی جان چھوٹ گئی تھی ۔لیکن حزقیاہ کے مرنے کے بعد اس کا بیٹا منسی بادشاہ ہوا تو یہی اسوری پھر پلٹ کر اس پر حملہ آور ہوئے اور اسکو کچھ عرصہ کے لئے" زنجیروں میں جکڑ کر اور بیڑیاں ڈال کر بابل کو لے گئے (2-تواریخ 33:11)"۔ وہ مقام جہاں اسیریا کی اتنی بڑی فوج اچانک ایک فرشتے سے معجزانہ ہلاک ہوجائے ،وہی ملک اسیریا کیسے جرات کر سکتا ہے کہ وہاں دوبارہ حملے کا سوچے اور پھر یہ بھی آسان نہیں کہ ایک لاکھ پچاسی ہزار فوجی مروا دینے کے بعد اتنی جلد ایسی فوج اکٹھا کر سکے کہ اسی ملک کے بادشاہ کو پکڑ لے جائے ۔وہ قدیم زمانہ تو پہلے ہی سے غیر مرئی قوتوں سے خوفزدہ رہنے کا زمانہ تھا ۔ ایک لاکھ پچاسی ہزار

کی فوج راتوں رات معجزانہ مروا دینے کے بعد تو قرب و جوار کی ہر ایک قوم طویل عرصہ دہشت کا شکار رہنی چاہئے نہ کہ اسیریا پلٹ کر دوبارہ حملہ آور ہو ۔ واقعات کی تمام تفصیل پر غور کرنے بعد جنگ کے خاتمے کا بائیبل میں تحریر بیان قابلِ تسلیم نہیں رہتا ۔قابلِ افسوس بات یہ ہے کہ یسعیاہ نبی نے یا اِس کتاب کے مصنف نے فرشتوں کے ذریعے سزا کو خدا کی طرف منسوب کیا ہے ۔ اگر بائیبل یہ بیان کرتی کہ یروشلم کی دفاعی مضبوطی آسانی سے قابلِ تسخیر نہیں تھی اس لئے دشمن فوج طویل محاصرہ کے بعد مایوس ہوکر از خود واپس چلی گئی تو بہتر رہتا ۔ ہم نے پہلے تحریر کیا تھا کہ بائیبل میں انبیاء سے منسوب باتوں پر غور کریں تو ان کو خدا کا نبی تسلیم کرنے میں مشکل ہوتی ہے ۔ یسعیاہ نبی عیسائی عقیدہ میں سب سے زیادہ اہم ہیں جو حصہ دوئم میں زیرِ تجزیہ رہیں گے ۔

حزقیاہ نے ہیکل کی مرکزیت کے لئے جو قانون جاری کیا تھا اسکے مرنے کے بعد جاری نہیں رہا ۔ شاہ منسّی کچھ عرصے بابل میں قید تھا ۔اب یا تو اسیریا کے زور دینے پر یا عوام کے دباؤ یا خود منسّی اور بعد میں اس کے بیٹے ،امون،کے ذہنی رجحان کی وجہ سے یہودیہ میں بُت پرستی دوبارہ شروع ہو گئی اور مشرکانہ بُت دوبارہ سے ہیکل میں نسب کر دیئے گئے ۔ یروشلم سے باہر قربانی کے "اونچے مقام" دوبارہ بن گئے اس طرح حزقیاہ کی مذہبی تجدید کا خاتمہ ہو گیا ۔شاہ امون دو سال بادشاہ رہنے کے بعد اپنے ہی لوگوں سے قتل ہو گیا تو اس کا آٹھ سالہ بیٹا یوسیاہ یہودیہ کا بادشاہ بنا دیا گیا ۔

شاہ یو سیاہ

بائیبل کے آخری مصنف کی شناخت کے لئے ہم اسی بادشاہ کے دور تک پہنچنا چاہتے تھے ۔ یوسیاو کے پر دادا حزقیاہ کا دور انتیس سال طویل تھا ۔اسکی مذہبی تجدید ،سیاسی عزائم ،اسیریا کی فوج کشی اور نتائج کا ذکر کیا جو ہماری بحث سے متعلق تھے ۔ یوسیاہ کے دادا منسّی نے پچپن سال حکومت کی ۔ اسکے دور میں بنی اسرائیل واپس اعتقادی اور اخلاقی پستی کا شکار بتائے گئے ہیں ۔منسّی کے بعد دو سال کے لئے منسّی کا بیٹا امون اورپھر امون کے بیٹے یوسیاہ کوبادشاہت کے اکتیس سال ملے یہ حضرت داؤد کی نسل سے آخری خاندان ہے جس کے گھرانے میں انسانی تاریخ کی طویل ترین بادشاہت کا تسلسل ختم ہونے والا ہے اور ساتھ میں بنی اسرائیل کی اس زمین پر مُقدّس ترین عبادت گاہ، ہیکل سلیمانی، بھی خاک ہو جانے والا ہے ۔ علاوہ ازیں اس کے دور میں بنی اسرائیل کو ایک ایسی شئے سے واسطہ پڑ نے والا ہے جس سے وہ تقریباً سات صدی طویل عرصہ تک واقف نہ تھے ۔ اور یہی زمانہ ہمیں بائیبل کے چوتھے مصنف کی تلاش کے سفر میں درکار تھا ۔

یہ معلوم نہیں کہ جب تک یو سیاہ اتنا بڑا نہ ہو گیا کہ خود حکومت کر سکتا اس دوران کس نے ملک کا نظام سنبھالا اور بادشاہ کو چھوٹی عمر میں کام کرنے میں مدد دی ۔ہو سکتا ہے کہ بادشاہ کے خاندان کے کسی فرد نے مدد کی یا سردار کاہن نے قائم مقام کی حیثیت سے کام کیا ہو ۔تاہم باشعور ہو نے کے بعد وہ اپنے دادا حزقیاہ کے نقشِ قدم پر چلا اور ہیکل سمیت ملک کے تمام عبادتی مقامات آلائشوں سے پاک کئے ۔اس نے اپنی سلطنت کی حدود میں توسیع کر کے ان علاقوں کو شامل کیا جو 722 ق م سے قبل ملک کی حدود میں شامل تھے ۔حزقیاہ کی طرح اس نے بھی ہیکل کی مرکزیت کا قانون نافذ کیا اور ملک کے قربانی کے اونچے مقام توڑ ڈالے ۔تمام علاقوں سے کاہنوں کو یروشلم بلوا لیا گیا تاکہ سردار کاہن کے زیرِ دست رہتے ہوئے خدمات انجام دیں ۔یوسیاہ کے مذہب کے تمام تجدیدی کاموں کا سبب بننے والی شئے تھی ایک کتاب!

بائیبل کے تاریخی بیان کے مطابق یوسیاہ کی بادشاہت کے اٹھارویں سال 622 ق م میں اس کے منشی، سکریٹری، سافن نے اس کو یہ کہہ کر ایک کتاب پیش کی کہ سردار کاہن خلقیاہ کو خدا کے ہیکل میں تورات کا نسخہ ملا ہے (2۔سلاطین 22:8 اور 2۔تواریخ 34:14)۔شامان نے یہ کتاب یوسیاہ کو پڑھ کر سنائی تو بادشاہ نے اپنے کپڑے پھاڑ دیئے جو اس دور میں شدید ذہنی تکلیف کی علامت شمار کئے جاتے تھے ۔اس نے کتاب کے پیغام کو سمجھنے کے لئے ایک خلدہ نامی نبی عورت سے رابطہ کیا اور اس کے بعد یروشلم میں سب کو اکٹھا کیا تاکہ خدا سے قوم کے عہد کو دوبارہ استوار کیا جا سکے ۔بائیبل کے مطابق اس کتاب کو پڑھنے کے بعد ہی یوسیاہ نے مذہبی تجدید کا آغاز کیا ۔اس نے بیت ایل پر یربعام کے نسب کئے سونے کے بیل کی قربان گاہ کو بھی توڑ ڈالا ۔

یہ کون سی تورات تھی؟ اس نے کیوں مذہبی تجدید کا نظریہ پیش کیا؟ یہ کاہن خلقیاہ کون تھا جسکو یہ تورات ملی؟ یہ تورات اب ملنے سے پہلے سات صدی تک کیسے پوشیدہ رہ گئی؟ یہ کتاب اور اس کا مصنف اگلے باب کا موضوع ہے ۔تاہم اس سے قبل شاہ داؤد کے تخت پر بیٹھنے والے شاہ یوسیاہ اور اس کے بعد آنے والے بادشاہوں کی مزید معلومات درکار ہیں ۔

یوسیاہ کے قریبی زمانے میں بین الاقوامی سیاسیات میں اہم تبدیلیاں پیدا ہونے کا سلسلہ جاری تھا ۔اسیریا کی بادشاہت جس نے 722 ق م میں اسرائیل کی حکومت ختم کی اور بعد میں یہودیہ کو بھی سخت وقت دکھایا اب آہستہ آہستہ کمزور ہوتی جا رہی تھی ۔اسیریا کے قریب ہی بابل کا ملک اس کو قابو کر کے ازخود ایک بڑی طاقت کے طور پر ابھر رہا تھا ۔غالباً یہ اسیریا کی کمزوری ہی تھی جس نے یوسیاہ کو اسیریا کے قابض علاقہ بیت ایل پر یوسیاہ کو توسیع کی ہمت دلائی ۔اسی دوران مصر نے اسیریا کے ساتھ دوستانہ تعلقات قائم کر نے شروع کئے تاکہ بابل کی طاقت حد سے زیادہ نہ بڑھنے پائے ۔اسی سلسلے کی فوجی کارروائی جس میں مصر کی افواج کو اسیریا کی فوج سے جا ملنے کے لئے یہودیہ کی سرزمین سے گزرنا تھا لیکن یوسیاہ اپنی فوج کے ساتھ مصر کی فوج کے مقابل آگیا اور ایک تیر کا شکار ہو کر مارا گیا ۔اس کی عمر اس وقت چالیس برس تھی ۔

یہودیہ کے آخری سال

یوسیاہ کی قبل از وقت موت کے نتیجے میں اس کی ملک کی سیاسی آزادی و استحکام اور مذہبی تجدید کی کوششوں کا بھی خاتمہ ہو گیا ۔اونچے مقام دوبارہ تعمیر کر لئے گئے ۔آنے والے چوبیس سال اس کے تین بیٹے اور ایک پوتا اقتدار میں رہے ۔چاروں کی بادشاہی نوجوانی کی عمر میں ہوئی اور زیادہ عرصہ نہ رہی ۔ پہلا بادشاہ یہوآخز صرف تین ماہ بادشاہ رہا پھر مصر کے بادشاہ نے اس پر قابو پا کر معزول کر دیا اور اس کے بھائی یہویقیم کو بادشاہ بنا یا۔مصر کے نامزد کردہ یہویقیم نے گیارہ سال اقتدار سنبھالا تھا کہ اسی دوران بابل کے بادشاہ نبو کد نضر نے اسیریا کی بادشاہت ختم کر دی اور پھر یہودیہ کو بھی اپنے تسلط میں لے آیا ۔یہویقیم بابل کی یہودیہ پر فوجی یلغار میں مارا گیا ۔اس کے بعد اس کا بیٹا یہویاکین تخت شاہی پر تھا کہ تین ماہ بعد ہی اس کو گرفتار کرکے بابل میں نظر بند کردیا اور اس کے ساتھ ہزاروں اسرائیلی باشندے، امیر اور نمایاں طبقہ کے افراد، اہم فوجی عہدیدار، فنی ماہرین وغیرہ ،جو ممکنہ طور پر یہودیہ میں بابل کے اقتدار کے لئے خطرہ بن سکتے تھے یا ان کا بابل میں مفید استعمال کیا جا سکتا تھا ،ان سب کو بابل دھکیل دیا ۔نبو کد نضر نے یوسیاہ کے ایک اور بیٹے صدقیاہ کو بادشاہ بنا دیا لیکن اپنے اقتدار کے نویں سال اس نے بابل سے بغاوت کی کوشش کی ۔نتیجہ یہ ہوا کہ نبو کد نضر اپنی فوج کے ساتھ پلٹا اور یروشلم کا خاتمہ کردیا ۔صدقیاہ نے قابلِ بھروسہ سپاہیوں کے ساتھ فرار کی کوشش کی لیکن بابل کی فوج نے پیچھا کیا اور اسے گرفتار کر لیا ۔آخری نظارہ جو اس بدقسمت نے کیا وہ خود اس کی آنکھوں دیکھتے اس کی اولاد کا قتل ہونا اور پھر نبوکد نضر نے اس کے یہ دیکھ لینے کے بعداُس کی آنکھیں نکلوا ڈالیں ۔ وہ زنجیروں میں جکڑا بابل پہونچا یا گیا جہاں بعد میں قید کی حالت میں موت واقع ہوئی ۔اس عبرتناک طریقہ سے شاہ داؤد کے گھرانے کی بادشاہت کا اختتام ہوا ۔نبو کد نضر نے اس کی اولاد یا حضرت داؤد کی نسل کے کسی دوسرے فرد کو صدقیاہ کی جگہ بادشاہ نہیں بنایا بلکہ کسی اور یہودی کو اپنی حکومت کا گورنر مقرر کیا ۔اس گورنر کا نام تھاجدلیاہ اور اس کے باپ کا نام اخیقام اور اس کے باپ کے باپ کا نام سافن تھا ۔نوٹس

کر یں یہ سافن کون تھا ۔ یہ وہی سافن منشی تھا جس نے سالوں پہلے یوسیاہ کو بتایا تھا کہ ہیکل میں موسیٰ کی تورات ملی ہے ۔ اسی سافن کا پوتا اب یہودیہ کا گورنر بنایا گیا تھا ۔یوسیاہ وہ بادشاہ تھا جس نے اسیریا اور مصر کی مخالفت کی تھی اس لئے بابل کے لوگ اس کو اپنا رفیق سمجھتے تھے یعنی دشمن کا دشمن دوست ہوسکتا ہے ۔سافن خاندان کا ریکارڈ بھی یہی تھا کہ وہ تین نسلوں سے یہودیہ میں بابل قوم کے حمایتی ہیں ۔مشہور نبی یرمیاہ بھی اسی پارٹی میں شمار ہوتے تھے ۔یرمیاہ کی کتاب یوسیاہ کی تعریف و توصیف کرتی ہے لیکن بعد میں اس کی اولادوں کی بادشاہت پر ناپسندیدگی دکھاتی ہے ۔بائیبل کی متعلقہ تحریروں میں سافن، جدلیاہ اور یرمیاہ کی اسیریا اور مصر کی مخالفت اور بابل کی طرف جھکاؤ واضح ہے ۔نبو کد نضر ان کو اپنا حمایتی یا قابلِ بھروسہ افراد سمجھ سکتا تھا ۔نبو کد نضر نے جدلیاہ کا انتخاب کیا ۔یہ حضرت داؤد کے گھرانے کی تاریخ میں پہلا موقع تھا کہ اس خاندان کے بجائے کسی غیر خاندان کے فرد کو یہودیہ کا اقتدار حوالے کر دیا گیا ہو ۔دو ہی ماہ بعد حضرت داؤد کے خاندان کے کسی رشتہ دار نے جدلیاہ کو قتل کر دیا ۔یہ کیا موقع تھا؟ یہودیہ میں باقی رہ جانے والوں کو ناممکن صورتحال کا سامنا تھا جسکا کوئی حل وہ تلاش نہیں کر سکتے تھے ۔نبو کد نضر نے، جو آس پاس کے تمام ممالک کا طاقتور ترین بادشاہ تھا، ذاتی طور پر یہودیہ کا حاکم مقرر کیا، اس کو انہی یہودیوں نے ،بلکہ پچھلے بر سر اقتدار خاندان کے فرد نے قتل کر دیا ۔اور وہ خاندان بھی کیا؟ صرف تین ماہ پہلے بابل کے خلاف بغاوت کے جرم میں بر سر عام یہ سزا دی کہ اس کی آنکھوں کے سامنے اس کی اولاد قتل کی پھر اس کی آنکھیں نکلوا دیں ۔ زندہ رہ جانے والے اسرائیلیوں کا خوف سے حواس باختہ ہونا یقینی بات ہے ۔اسیریا پہلے ہی سے بابل کے قبضے میں تھا اور نبو کد نضر کی گرفت سے باہر صرف مصر ہی تھا ان کے لئے صرف یہی ایک راستہ تھا کہ مصر کو بھاگ جائیں ۔2-سلاطین اور کتاب یرمیاہ بتاتی ہیں کہ تمام بچی ہوئی آبادی پناہ گیر کی حیثیت سے مصر روانہ ہو گئی ۔یہ بڑا غیر معمولی اور افسوس ناک انجام تھا ایک قوم کی تقدیر میں جس کی اپنی روایات بتاتی تھیں کہ بحیثیت ایک قوم کبھی وہ مصر ہی کی غلامی میں تھے ۔

یہ 587 ق م کا سال تھا جس میں نبو کد نضر نے یروشلم فتح کیا اور تمام شہر جلا ڈالا ۔یہ سال اسرائیلی قوم کی تاریخ کا ایک اور نمایاں

ترین موڑ ثابت ہوا ۔ جو شہر چار صدی پہلے ان کے عظیم ترین بادشاہ حضرت داؤد کا تعمیر کیا ہوا اور جس میں انکی مرکزی عبادت گاہ شاہ سلیمان نے ہیکل سلیمانی کے نام سے تعمیر کی ، وہ ہیکل بھی ساتھ میں جل گیا ، تمام آبادی ہلاک ہو گئی یا بابل میں غلام بنا دی گئی یا بچے کھچے لوگ پناہ کی تلاش میں مصر واپس جا پہنچے ۔ ہیکل راکھ ہو گیا ان لکڑیوں سے جن سے تعمیر ہوا تھا ۔ پتھر مسمار ہو گئے ۔ عہد کا صندوق گم ہو گیا اور اس کا تذکرہ بھی گم ہو گیا جو آج تک ایک راز ہے ۔ ان کی چار سو سالہ شاہی خاندان کی بادشاہت ختم ہو گئی اور ان کے مذہب کو اب ایسے سنگین چیلنجز کا سامنا تھا جو اس سے پہلے ان کے مشاہدہ میں نہیں آئے تھے ۔

گزشتہ چند صفحات میں ہم نے اسرائیلی تاریخ کے اس حصے کا احاطہ کیا جو 722 ق م میں اسرائیل کا گرنا اور 587 ق م میں یہودیہ کا گرنا پر منطبق ہے بائیبل کا بہت بڑا حصہ ان کتابوں پر مشتمل ہے جو ان 135 سالوں کے دوران لکھی گئی تھیں یسعیاہ، یرمیاہ اور حزقی ایل کتابیں اسی دورانیہ میں تخلیق ہوئیں یہ زمانہ اختلافات، بغاوت اور کشت و خون کا بھاری بوجھ اٹھائے تھا ۔ اس زمانے میں کوئی شخص تورات کا کوئی حصہ لکھنے بیٹھا ہو وہ شخص اپنے بادشاہوں، اپنے لوگ حتیٰ کہ اپنے خدا (جیسا کچھ تصوّر دستیاب تحریروں سے بنا سکتا ہو)کو بھی جس نظر سے دیکھے گا وہ بہت کچھ مختلف ہو گی ان افراد کے مقابلے میں جنہوں نے حضرت داؤد و سلیمان اور رحبعام کے زمانے میں لکھی ہوں ۔ مذکورہ دورانیہ کے آخری تیس پینتیس سالوں میں جو بہتر دنوں کی امید بھی لئے تھا اور اس کے متصل انتہائی مایوسی بھی، ایک شخص نے اپنے لوگوں کی تاریخ، حضرت موسیٰ سے لے کر اپنے دور تک کی تاریخ لکھنے کا فیصلہ کیا ۔ اس کی تحریروں میں سے ایک حصہ خود تورات کا ایک حصہ بن گیا ۔ اس شخص کے حالات اور گردوپیش کے واقعات اسکی تحریر پر اسی طرح اثر انداز ہوئے جیسے اس سے پچھلے دور میں J,P اور E مصنفوں پر اثر انداز ہوئے تھے ۔

باب 7

یوسیاہ کے دربار میں

ہیکل میں تورات کی دریافت

622 ق م میں جس کتاب کے لئے سردار کاہن خلقیاہ نے کہا اسے تورات ملی ہے وہ حضرت موسیٰ سے منسوب پانچ کتابوں میں سے پانچویں کتاب استثنا تھی ۔اس کتاب کو استثنا ہونا کوئی نئی دریافت نہیں ہے ۔ابتدائی عیسائی چرچ کے پوپ بشمول جیروم یہی سمجھتے تھے کہ شاہ یوسیاہ کو جو کتاب پڑھ کر سنائی گئی وہ استثنا تھی ۔تھامس ہابس کا شمار اوّلین جدید محققین میں ہوتا ہے اور یہ اعتراض پیش کرنے کے باوجود کہ پانچ کتابوں کا بڑا حصہ موسیٰ کا لکھا نہیں، اُس کی بھی رائے تھی کہ کتاب استثنا کا شریعت والا حصہ یوسیاہ کو سنایا گیا تھا ۔تاہم ہابس کا کہنا یہ تھا کہ استثنا موسیٰ کی لکھی ہوئی تھی لیکن وہ کچھ عرصے کے بعد گم ہو گئی اور بعد میں خلقیاہ کاہن کو ملی ،لیکن بعد کے محققین نے اس رائے کو تسلیم نہیں کیا ۔جرمنی میں 1805ء میں ڈی وٹ نامی اسکالر نے استثنا پر تحقیق کے بعد یہ نظریہ پیش کیا کہ یہ کوئی قدیم کتاب نہیں تھی جو گم ہو گئی ہو بلکہ وہ اپنی دریافت سے کچھ ہی عرصہ پہلے لکھی گئی تھی اور اس کا دریافت ہونا ایک طے شدہ واقعہ تھا ۔یہ کتاب اس مقصد سے لکھی گئی تھی کہ یوسیاہ کو وہ بنیاد فراہم کر سکے جس بنیاد پر وہ یہودی مذہب کی تجدید کر سکے ۔

مثلاً استثنا میں درج شریعت کی فہرست میں پہلا حکم یہی ہے کہ خدا کے لئے قربانی کسی واحد مقام پر کی جائے ۔ یوسیاہ نے یہی کیا ۔اس نے ہیکل سے باہر تمام اونچے مقام توڑ دیئے ۔لیکن اس حکم نے تمام اختیارات اور سالانہ قربانی سے پیدا ہونے والی آمدنی سردار کاہن

اور اس کے پسندیدہ لوگوں کو پہنچا دی ۔ خلقیاہ ہیکل ہی کا سردار کاہن تھا جسکو یہ کتاب دریافت ہوئی تھی ۔

کیا واقعی ابتدا میں پرستش اور قربانی پیش کرنے کے لئے کسی مرکزی جگہ کا ہونا بنی اسرائیل کا عقیدہ تھا جو یوسیاہ سے پہلے کی نسلوں سے گم ہو گیا؟ یا پھر یوسیاہ کے زمانے میں کوئی بات سوچی گئی کہ ایسی مذہبی تجدید بروئے کار لائی جا سکے جو کاہنی طبقے کے لئے فائدہ مند ہو؟ اسکالر ڈی وٹ نے نکتہ نکالا کہ سیموئل اور سلاطین کتابیں ظاہر کرتی ہیں کہ ابتدائی دور کی اہم شخصیات شریعت میں مرکزیت کے قانون سے واقف نہیں تھے ۔سیموئل جو بڑے نبی شمار ہوتے تھے اور جنہوں نے طالوت اور داؤد کی بادشاہت کا انعقاد کیا انہوں نے کئی جگہ قربانی کی تھیں ۔ابتدائی بادشاہ طالوت، داؤد و سلیمان نے بھی مختلف مقامات پر نسب اونچے مقام پر قربانی کی تھی ۔ یہی دلیل ہم نے P مصنف کی بحث میں پیش کی تھی اور اسی بنا پر اسکالر ڈی وٹ نے بھی نتیجہ نکالا کہ بنی اسرائیل کی ابتدائی تاریخ میں فلسطین میں کوئی ایسی شہادت موجود نہیں جو کتاب استثنا کے اس قانون کی شہادت دے سکے ۔اس مرکزی مقام کا قانون اور بعض دوسرے معاملات کو بنیاد بنا کر ڈ ی و ٹ نے تجویز کیا کہ کتاب استثنا کوئی گمشدہ دستاویز نہیں بلکہ خلقیاہ کاہن کی دریافت سے کچھ عرصہ قبل لکھی گئی تھی اور یہ کہ اس کو موسیٰ کی لکھی کتاب کی حیثیت سے پیش کر نا درست نہیں ۔ ڈی و ٹ نے اس کو ایمان دارانہ یا مخلصانہ دھوکہ سے تعبیر کیا ۔"مخلصانہ دھوکہ" بائبل کے لئے سخت الفاظ ہیں ۔ "مخلصانہ" کا اضافہ کرنے سے لفظ "دھوکہ" کی سختی میں کچھ کمی تو ہو سکتی ہے لیکن دھوکہ تو دھوکہ ہی رہے گا ۔

کیا خلقیاہ نے یا اس کے کسی مددگار نے یہ کتاب لکھی اور گمشدہ کی دریافت کی حیثیت سے پیش کیا تاکہ یوسیاہ کو دھوکے میں ڈال کر اس کا تعاون یا حمایت حاصل کریں؟ یا پھر یوسیاہ اور خلقیاہ دونوں ہی نے اسے دریافت کرنے کی اسکیم بنائی تاکہ اپنے مشترکہ مقاصد پورے کرسکیں؟ یا پھر یہ یوسیاہ اور خلقیاہ سے پہلے کسی وقت لکھی گئی اس طرح اس کی دریافت اور لوگوں کے آگے پیش کرنے میں یہ دونوں کسی سازش کا حصہ نہیں تھے؟ ان سوالوں کے جواب حاصل کرنے اور لکھنے والے کی شناخت سے پہلے ہمیں یہ جاننا ضروری ہے اس طومار پر لکھا کیا تھا جو یوسیاہ کو پڑھ کر سنایا گیا ۔ہم کو مزید

شہادت درکار ہونی چاہئے کہ یہ طومار واقعی استثنا ہے اور ہمیں یہ بھی دیکھنا پڑے گا کہ کتاب استثنا میں کیا لکھا ہے ۔

نہ صرف کتاب استثنا

کتاب استثنا اپنی مجموعی حیثیت میں حضرت موسیٰ کا اپنے لوگوں سے الوداعی خطاب ہے جو انہوں نے موآب کی سرزمین پر کیا ۔یہ علاقہ میراث کے ملک، فلسطین، کے مقابل دریائے اردن کے دوسرے کنارے پر واقع ہے ۔حضرت موسیٰ اور تمام بنی اسرائیل چالیس سالہ صحرائی زندگی گزارنے کے بعد وہاں پہنچے تھے ۔حضرت موسیٰ چالیس سالہ زمانے کے اہم واقعات دہراتے ہیں جو قوم کے مشاہدے میں آئے ۔اس کے بعد شریعت کے وہ قوانین بتاتے ہیں جن کے تحت بنی اسرائیل کو فلسطین میں زندگی گزارنی ہے یا گزارنی چاہئے ۔وہ یشوع کو اپنا خلیفہ مقرر کر تے ہیں پھر وہ پہاڑ پر چڑھ کر میراث کے ملک کو دور سے دیکھتے ہیں اور اس کے بعد ان کی وفات ہو جاتی ہے ۔

پہلا کلیدی سراغ حضرت موسیٰ کے اس خطاب کے مصنف کا اس طرح حاصل ہوا کہ کتاب استثنا اور بائیبل میں مرتب اگلی چھ کتابوں کے درمیان ایک خاص مشابہت پہچان لی گئی ۔اگلی چھ کتابیں بالترتیب یشوع، قضاۃ، 1 ۔سیموئل، 2 ۔سیموئل، 1۔سلاطین اور 2۔سلاطین ہیں ۔یہ چھ کتابیں عیسائی دنیا میں ابتدائی انبیاء کے نام سے جانی جاتی ہیں ۔1943ءمیں ایک جرمن اسکالر مارٹن ناتھ نے دیکھا کہ کتاب استثنا اور اگلی چھ کتابوں میں بڑی مضبوط مطابقت ہے ۔استثنا کی زبان میں اور اگلی کتابوں کی زبان میں اکثر جگہوں پر ایسی مشابہت کو اتفاقیہ قرار دینا مشکل تھا ۔مارٹن نے دلائل پیش کئے کہ یہ مختلف افراد کے لکھے واقعات نہیں بلکہ کسی ایک شخص کا بہت احتیاط سے ترتیب دیا کام ہے ۔ یہ ساتوں کتابیں مل کر تاریخی واقعات کو ان کی زمانی ترتیب میں مکمّل طور پر بیان کرنے کی خاطر لکھی گئی ہیں اس لئے امکانی طور پر یہ کسی ایک شخص ہی کی کوشش ہو سکتی ہے ۔مزید تحقیق کا خلاصہ یہ پیش ہوا کہ پرانے تاریخی واقعات دوسروں کے لکھے اور ٹکڑوں میں محفوظ رکھی گئی دستاویزات ہیں جن کو سامنے رکھ کر تاریخ کو ایک تسلسل میں کتابی صورت میں جمع کر دیا گیاہے ۔اس

طرح بہت جلد یہ اندازہ بھی لگا لیا گیا کہ یہ شخص تاریخ دان کے ساتھ ساتھ ایڈیٹر بھی تھا ۔اس نے اپنے طور پر طے کیا کہ جو دستاویزات میسر تھیں ان میں سے کس کو اپنی ترتیب دی گئی تاریخ میں شامل کرے۔ اس نے تاریخ کو اپنی سوچ کے مطابق ترتیب دیا ،جہاں اسے مناسب محسوس ہوا کسی واقعہ کو اس نے مختصر کیا ،کہیں اپنے لحاظ سے اضافہ کیا ،بعض مقامات پر اپنے خیالات قلمبند کئے اور ساتوں کتابوں کی ابتدا میں تعارفی کلمات لکھے ۔مجموعی طور پر اس نے حضرت موسیٰ کے آخری خطبہ سے شروع کر کے یہودیہ کی بابل کے ہاتھوں تباہی تک کی تاریخ کو ایک جامع تحریر کی صورت میں لکھ دیا ۔

اس شخص کی نظر میں کتاب استثنا ہی اُس کی تمام تحریر کی بنیاد تھی اور اس نے اپنے کام کو اس طرح تشکیل کیا کہ استثنا تمام تاریخ کی بنیاد بن سکے ۔اس کی نظر میں اسرائیل اور یہودیہ کے بادشاہ "خدا کی نگاہ میں اچھے" یا "خدا کی نگاہ میں برے" ٹھہرنے سے مرادہے انہوں نے استثنا میں تحریر کردہ شریعت کا کتنا اتباع کیا یا کس حد تک اس سے روگردانی کی ۔اس کی نظر میں قوم کی بقا کا تمام تر دارومدار استثنائی شریعت کی اطاعت پر منحصر ہے ۔یہ چھ کی چھ کتابیں اس طرح استثنا کے ساتھ بندھی ہیں کہ مارٹن نے ان سات کتابوں کے لئے استثنائ تاریخ کا نام تجویز کیا جس کو دوسرے محققین نے قابلِ قدر ٹھہرایا اور قبول کیا ۔ یہ تمام دلائل مضبوط تھے ۔ابتدائی انبیاء کی پہلی کتاب یشوع وہاں سے شروع ہوتی ہے جہاں استثنا ختم ہوئی تھی یشوع اسی نقطۂ نظر سے لکھی گئی جو نقطۂ نظر استثنا میں تشکیل ہوا تھا اور وہ ان واقعات کی طرف اشارہ کرتی ہے جو استثنا میں پہلی مرتبہ دکھائے گئے تھے ۔ یشوع، قضاء، سیموئل اور سلاطین میں بعض جملے ان اصطلاحوں کو استعمال کرتے ہیں جو صرف استثنا میں استعمال کی گئی تھیں اور ساتھ میں استثنا کے بعض مخصوص حصوں کی طرف قاری کو متوجہ کرتی یا یاد دہانی کراتی ہیں لہٰذا اگر استثنا کے مصنف کا پتہ چل جائے تو ساتھ میں اگلی چھ کتابوں کے لکھنے والا بھی معلوم ہو جائے گا ۔

عہد نامہ

استثنائی تاریخ حضرت موسیٰ سے لے کر 587ق م میں سلطنت کے اختتام کا زمانہ اپنے اندر شامل کرتی ہے۔ یہ حضرت موسیٰ کے آخری چند دنوں کی بابت بتاتی ہے پھر اس میں میراث کا ملک فتح کرنے کے واقعات ہیں پھر قاضیوں کے ماتحت بارہ قبیلوں میں منقسم دورانیہ، پھر بادشاہوں کے زیر اقتدار ایک ملک بن جانے، پھر دو ملک اسرائیل اور یہودیہ میں تقسیم،پھر اسرائیل کا انجام اور اس کے بعد یہودیہ کا انجام تحریر ہے۔ اس میں جنگ، رومانس، سیاسیات اور معجزات وغیرہ کو جس طرح ترتیب دیا وہ خود قابلِ ستائش ہے۔ اپنے متن کے اعتبار سے تو یہ تاریخ ہے لیکن اس کو مذہبی نظر سے لکھا گیا ہے۔ یہ مذہبی نظر ہے کیا؟ مذہبی نظر سے مراد ہے استثنائی تاریخ کو مستقلاً خدا سے عہد کے تناظر میں دیکھا اور لکھا گیا ہے۔ مصنف کی تمام تر توجہ اس بات پر ہے کہ بنی اسرائیل اور اس کے بادشاہوں کی تقدیر کا انحصار اس پر ہے کہ وہ خدا سے کئے گئے عہد کی کس حد تک پابندی کرتے ہیں بائیبل میں خدا کا عہد مرکزی حیثیت رکھتا ہے۔ عیسائی عقیدہ میں خود بائیبل کا نام بطور "عہد نامہ قدیم" اور "عہد نامہ جدید" ہی سے اس کی اہمیت کا اندازہ ہو جاتا ہے ۔

بائیبل میں عہد سے مراد خدا اور اس کے لوگوں کے درمیان ایک لکھا ہوا معاہدہ ہے۔ اس کو شرق وسطیٰ کے متعلقہ زمانے کی قانونی دستاویز کے انداز میں بائیبل میں لکھا گیا ہے۔ J خدا اور حضرت ابراہیم کے درمیان عہد کو بیان کرتا ہے۔ J اور E دونوں خدا اور بنی اسرائیل کے درمیان کوہ سینا(یا حورب کا پہاڑ) پر حضرت موسیٰ کے دور میں ہونے والا عہد بیان کرتے ہیں۔ کتاب استثنا میں حضرت موسیٰ قوم سے چالیس سال قبل کئے گئے عہد کی یاد دہانی کراتے ہیں۔ پھر ایک اور عہد خدا کی طرف سے موآب کے میدانوں میں دیا جاتا ہے۔ کتاب استثنا اس نئے عہد کے تناظر میں استثنائی تاریخ اگلی چھ کتابوں میں بیان کر تی ہے لیکن اتنی ہی اہم بات یہ ہے کہ اس تاریخی بیان کے تسلسل میں ایک اور عہد نمودار ہوتا ہے جو خدا کی طرف سے خدا اور حضرت داؤد کے درمیان باندھا جاتا ہے ۔ اسی عہد نے مصنف کی شناخت کے لئے اہم سراغ مہیا کیا۔ مصنف کی شناخت کا سوال اس بات کے مقابلے میں کوئی اہمیت نہیں رکھتا کہ یہ عہد آگے چل کر "مسیح موعود" کی اصطلاح میں تبدیل ہوگیا ۔ ضروری ہے کہ دستیاب معلومات میں اس معاملے کی بہت گہرائی سے چھان بین کی جائے ۔مسیح موعود نامی

YAHUDIYAT, ISAIYAT OR ISLAM 199

اصطلاح کا تجزیہ اس کتاب کے لکھے جانے کے بڑے مُحرّکات میں سے ہے۔ کتاب 2۔سیموئل کے مطابق اللہ تعالٰی حضرت داؤد سے عہد کرتے ہیں کہ داؤد کی فرمانبردار کے انعام کے طور پر اب داؤد کی بادشاہت ابد تک قائم رہے گی ۔ یہ وعدہ واضح الفاظ میں بتاتا ہے:

اور تیرا گھر اور تیری سلطنت سدا بنی رہے گی ۔تیرا تخت ہمیشہ کے لئے قائم کیا جائے گا (2۔سیموئل7:16)

اس پیغام کا مفہوم بالکل واضح ہے اور کسی دوسرے معنی نکالنے کی کوئی گنجائش یہاں موجود نہیں ہے ۔داؤد کی حکمرانی ہمیشہ کے لئے ہے ۔داؤد سے جو نسل چلے گی اس کا کوئی نہ کوئی فرد تختِ سلطنت پر بیٹھنے کے لئے ہمیشہ موجود رہے گا ۔کبھی ایسا ہو کہ داؤد کی نسل سے کوئی بادشاہ نا پسندیدہ کام کرے تو اسے سزا دی جا سکتی ہے لیکن داؤد کے خاندان پر سلطنت گنوا دینے کی نوبت نہ آسکے گی ۔یہ خدا کی طرف سے کسی بھی حیثیت میں مشروط عہد نہیں ہے ۔استثنائی تاریخ کا مصنف اس نکتہ کی خود آگے چل کر وضاحت کر دیتا ہے ۔موقع کیاہے ؟ حضرت داؤد کے بعد حضرت سلیمان کی بادشاہت ختم ہونےکو ہے ۔ خدا کا عہد دئیے جانے کے پچپن ساٹھ سال بعد یربعام اور رحبعام کے مابین ملک دو ٹکڑے ہونے والا ہے ۔اس وقت شہر سیلا سے اخیاہ نبی یربعام کو پیغام پہونچاتا ہے:

خداوند اسرائیل کا خدا یوں کہتا ہے کہ دیکھ میں سلیمان کے ہاتھ سے سلطنت چھین لوں گا اور دس قبیلے تجھے دوں گا لیکن میرے بندہ داؤد کی خاطر اور یروشلم یعنی اس شہر کی خاطر جسے میں نے بنی اسرائیل کے سب قبیلوں میں سے چن لیا ہے ایک قبیلہ اس کے پاس رہے گا (1۔سلاطین 11:31)

پھر بھی میں ساری مملکت اس کے ہاتھ سے نہیں لے لوں گا بلکہ اپنے بندہ داؤد کی خاطر جسے میں نے اس لئے چن لیا کہ اس نے میرے احکام اور آئین مانے۔میں اس کی عمر بھر اسے پیشوا بنائے رکھوں گا ۔پر اس کے بیٹے کے ہاتھ سے سلطنت یعنی دس قبیلوں کو لے کر ان کو تجھے دوں گا ۔اور اس کے بیٹے کو ایک قبیلہ دوں گا تاکہ میرے بندہ داؤد کا چراغ یروشلم یعنی اس شہر میں جسے میں نے اپنا نام رکھنے کے لئے چن لیا ہے ہمیشہ میرے آگے رہے (1۔سلاطین 11:34)

یہاں مصنف نے خدا کے عہد کی تفصیلات میں کوئی ایسا عنصر نہیں چھوڑا ہے جو کسی نوعیت کی پیچیدگی پیدا کر سکے ۔وہ حضرت سلیمان ہی کی زندگی کے آخری دنوں

میں ان کے گناہ سلطنت کی تقسیم کا سبب قرار دیتا ہے لیکن چونکہ داؤد سے وعدہ ہو چکا ہے اور اس وعدہ میں یروشلم بھی شامل ہے اس لئے ایک قبیلہ پر بادشاہت ہمیشہ قائم رہے گی ۔حضرت سلیمان کی وفات کے بعد ملک کی تقسیم کی وجہ "سلیمان کا جوا بھاری ہونا" شروع میں زیرِ بحث لایا جا چکا ہے ۔ یہاں کی زیرِ غور وجہ بالکل مختلف اور کہیں زیادہ اہم ہے ۔یہ عہد مصنف کی شناخت میں ہماری مدد کرے گا لیکن مصنف کی شناخت برائے شناخت کی اہمیت بہت کم ہے ۔اس مصنف کی شناخت کے ذریعے ہم یہ بتانا چاہتے ہیں کہ بائیبل کی تحریریں انسان کے لئے، یا اسرائیل کے عام باشندوں کو زندگی گزارنے کی ضمن میں کیا ہدایات فراہم کرتی ہیں یا کر سکتی ہیں ۔پھر یہی عہد آگے چل کر "مسیح موعود" میں بدل گیا جس کی آمدکا بنی اسرائیل آج بھی خواب دیکھتے ہیں اور دعا کرتے ہیں ۔اور اتنی ہی اہم بات یہ بھی کہ خدا کے اسی وعدہ کی بنیاد پر عیسائی عقیدہ کی وضاحت کی جا سکے گی جو اس کتاب کے حصہ دوئم کا موضوع ہے ۔ زیرِ بحث مصنف اپنے تاریخی بیان میں کئی مرتبہ اس عہد یعنی خدا کے اس وعدہ کی نشاندہی کر تا ہے ۔اپنے بیانیہ میں حضرت داؤد کے پوتے رحبعام اور اس کے بعد داؤد کی نسل کے بادشاہ ابیام کی بدکرداری پر اُس کی تنقید کرتا ہے تو لکھتا ہے :

> اس نے اپنے باپ کے سب گناہوں میں جو اس نے اس سے پہلے کئے تھے اس کی روش اختیار کی اور اس کا دل خداوند اپنے خدا کے ساتھ کامل نہ تھا جیسا اس کے باپ داؤد کا دل تھا ۔باوجود اس کے خداوند اس کے خدا نے داؤد کی خاطر یروشلم میں اسے ایک چراغ دیا یعنی اس کے بیٹے کو اس کے بعد ٹھہرایا اور یروشلم کو برقرار رکھا ۔اس لئے کہ داؤد نے وہ کام کیا جو خداوند کی نظر میں ٹھیک تھا (1-سلاطین 15:3)۔

مصنف یہاں بتاتا ہے کہ اگرچہ ابیام نے بدکرداری دکھائی لیکن داؤد سے کئے گئے عہد کی وجہ سے اس کی اولاد کو خدا نے شاہی تخت پر بٹھایا اور ساتھ میں یروشلم پر بھی کوئی آنچ نہ آنے دی ۔حضرت داؤد سے بہت بعد میں آنے والے شاہ یہورام کے لئے لکھتا ہے:

اور وہ بھی اخی اب کے گھرانے کی طرح اسرائیل کے بادشاہوں کی راہ پر چلا کیونکہ اخی اب کی بیٹی اس کی بیوی تھی اور اس نے خداوند کی نظر میں بدی کی۔تو بھی خداوند نے اپنے بندہ داؤد کی خاطر نہ چاہا کہ یہوداہ کو ہلاک کرے کیونکہ اس نے اس سے وعدہ کیا تھا کہ وہ اسے اس کی نسل کے واسطے ہمیشہ کے لئے ایک چراغ دے گا (2-سلاطین 8:18)-

خدا اور داؤد کے درمیان عہد کو مصنف نے اپنے سوچے سمجھے مخصوص الفاظ میں تحریر کیا اور اس کے مطلب کو کئی دوسرے مقامات پر واضح کیا لیکن جو تاریخ وہ لکھ رہا تھا اس میں بابل کے نبو کد نضر کے ہاتھوں داؤد کی سلطنت، ہیکل اور یروشلم کی تباہی شامل تھے، بلکہ اسی سانحہ پر اس کا تاریخی بیان مکمّل ہوتا ہے ۔لہٰذا پیچیدہ سوال یہ ہے کہ جب مصنف نے یروشلم کا زوال دیکھ رکھا ہے، وہ ایسی بات کیوں لکھے گاکہ داؤد کا گھرانا سدا قائم رہے گا چاہے اس کی نسل کے بادشاہ نے کتنا ہی غلط کام کیوں نہ کیا ہو؟ خدا کے ابدی عہد کے لئے استعمال کئے گئے الفاظ ایسے نہیں ہیں کہ کھینچ تان کر کے ان سے کسی اور نوعیت کی تفسیر نکال لی جائے ۔ مسیح کا وہ تصوّر جو مستقبل میں سلطنت داؤد کی نسل میں واپس قائم کر دے، اس بیانیہ سے نکالا نہیں جا سکتا ۔ الفاظ واضح ہیں کہ داؤد کا تخت ،بلا کسی تعطل، ہمیشہ قائم رہے گا ۔مذکورہ مصنف سقوطِ یروشلم کے بعد خود داؤد کو دئیے گئے عہد کو ان الفاظ میں کیسے لکھ سکتا ہے؟

پہلا ایڈیشن

یہ سوال ہارورڈ یونیورسٹی کے فرینک کراس نے 1975ءمیں اٹھایا اور ساتھ میں یہ تجویز کیا کہ استثنائی مصنف کو یروشلم کی تباہی کے بعد تلاش کرنا غیر مناسب ہے ۔اس نے نکتہ اٹھایا کہ اپنے تاریخی بیان میں یہ مصنف بعض مقامات پر کسی شئے کے لئے جملہ استعمال کرتا ہے "آج کے دن تک قائم ہے" جبکہ مذکورہ شئے صرف اس وقت تک قائم تھی جب تک خود سلطنت قائم تھی ۔یعنی لکھنے والا مثلاً 570 ق م میں کیوں لکھے گا کہ "آج تک قائم ہے" جبکہ وہ شئے 587 ق م میں ختم ہو چکی ۔مثال کے طور پر مصنف ہیکل سلیمانی کے افتتاح کے موقع کی تفصیل بتانے کے دوران دو عدد لکڑی سے بنی چوبوں

کا ذکر کر تا ہے جو عہد کا صندوق اٹھانے کے لئے استعمال ہوتی تھیں
۔

> اور وہ چوبیس ایسی لمبی تھیں کہ ان چوبوں کے سرے پاک مکان کے سامنے دکھائی دیتے تھے لیکن باہر سے نہیں دکھائی دیتے تھے اور وہ آج تک وہیں ہیں (1-سلاطین 8:8)

کوئی شخص "آج تک وہیں ہیں" کیوں لکھے گا جبکہ وہ ہیکل کے ساتھ ہی جل چکی ہیں ۔ اگر یہ الفاظ اس مصنف کے نہ ہوں بلکہ کسی پرانی تحریر میں شامل ہیں جو اس کے استعمال میں ہے تو وہ یہ الفاظ اپنی تحریر میں سے حذف کیوں نہیں کر دیتا ؟

پروفیسر کراس نے تجویز کیا کہ بظاہر اختلاف بیانی کی وجہ یہ ہو سکتی ہے کہ استثنائی تاریخ کے دو ایڈیشن لکھے گئے ہوں ۔پہلا ایڈیشن اس وقت لکھا گیا ہو جب یوسیاہ کا دور تھا ۔اس وقت تک یہ بنی اسرائیل کے لئے مثبت اور پر امید دور تھا کہ داؤد کے گھرانے سے پیدا ہوئے شاہ یوسیاہ کے دور میں سلطنت مضبوط ہو گی اور خدا کے دیئے گئے عہد کی وجہ سے مستقبل میں مزید پائدار ہو جائے گی ۔لیکن یوسیاہ کے مرنے کے بعد اس کے بیٹوں کے تباہ کن ادوار اور پھر یروشلم کی بربادی نے اس پہلے ایڈیشن کو "خدا کا عہد کہ داؤد کا تخت سدا قائم رہے گا" غلط کر دیا اور ان افسوس ناک واقعات نے امید افزا مستقبل کو حسرتوں میں بدل دیا ۔لہذا کسی شخص نے 587 ق م کی تباہی کے بعد قومی تاریخ کا نیا ایڈیشن جاری کیا ۔یہ دوسرا ایڈیشن تقریباً 95 فیصد پہلا ایڈیشن ہی تھا جس میں اس لکھنے والے نے دو باب مزید لکھے ۔یہ کتاب سلاطین میں موجود آخری دو باب ہیں جو بہت سرسری طور پر آخری چار بادشاہوں کی تاریخ بیان کر تے ہیں ۔اس طرح اس تازہ تحریر نے قومی تاریخ کو سلطنت کے زوال پر مکمّل کر دیا ۔جس شخص نے یہ دوسرا ایڈیشن لکھا اس نے استثنائی تاریخ کے پچھلے ایڈیشن میں بعض جگہوں پر چند جملے بڑھا دئیے تاکہ پچھلے تاریخی بیان کی تباہی کے بعد کے حالات سے مطابقت ہو جائے ۔

پہلا ایڈیشن بعض اشیاء کے لئے لکھتا تھا "آج کے دن تک قائم ہے "اس لئے کہ وہ یوسیاہ کے دور تک واقعتاً قائم تھی ۔دوسرا ایڈیشن لکھتے وقت ایڈیٹر نے ایسے جملوں کو مٹایا نہیں اس لئے کہ اس کو ان سے کوئی پریشانی لاحق نہیں ہوئی ۔وہ تاریخ نئے سرے سے نہیں

لکھ رہا تھا اور نہ ہی اختلاف بیانی کی اس کو کوئی فکر تھی کہ ان کی صفائی کر دے ۔وہ صرف اختتام لکھ رہا تھا اس لئے بعض مقامات پر چند جملے بڑھا دینا اس کی نظر میں کافی تھا ۔اگر پروفیسر کراس کا قیاس درست تھا تو محققین استثنائی تاریخ دان کو غلط مقام اور غلط زمانے میں ڈھونڈ رہے تھے ۔

شاہ یوسیاہ کا دربار

وہ شواہد کیا ہیں جو پہلا ایڈیشن لکھنے والے کو یوسیاہ کے دور میں تجویز کرتے ہوں؟ کیوں نہ اسے حزقیاہ یا کسی اور بادشاہ کے دور میں تلاش کیا جائے؟ پہلی بات تو یہ کہ کتاب استثنا کو یوسیاہ سے ملانے کے لئے کئی شواہد پہلے ہی شناخت کر لئے گئے تھے جیسا کہ ڈی و ٹ وغیرہ نے عرصہ قبل تذکرہ کیا تھا جن کو ہم نے گزشتہ صفحات میں تحریر کیا ۔"تورات کی کتاب "جو کاہن خلقیاہ کو ہیکل میں ملی قدیم سے کتاب استثنا مانی جاتی رہی ہے یا کم از کم وہ شریعت جو اس کتاب کے باب 12 سے باب 26 میں درج ہے ۔

کراس نے کتاب2۔ سلاطین میں یوسیاہ کے دور کی تاریخ بتانے والے صفحات کو بھی ان شواہد میں شمار کیا ۔استثنائی تاریخ میں دو مکمّل باب یوسیاہ پر لکھے گئے ہیں ۔ تاریخ میں بعض دوسرے بادشاہ گزرے جن کا اقتدار یوسیاہ سے زیادہ طویل تھا یا انہوں نے زیادہ کام انجام دیئے تھے لیکن ان پر تحریری مواد نسبتاً کم ہے ۔کتابیں یرمیاہ، حزقی ایل2،سلاطین اور 2۔تواریخ سب بتاتی ہیں کہ یوسیاہ کی مذہبی اصلاحات اسکے مرنے کے بعد چھوڑ دی گئیں مثلاً اونچے مقام پھر بنا لئے گئے ۔تو پھر اس بادشاہ اوراس کی تجدیدی کوششوں کا اتنا تذکرہ کیوں؟ کراس اس نتیجے پر پہنچا کہ یوسیاہ ہی تھا جس کے عہد میں یہ تاریخ لکھی گئی اور اس طرح لکھی گئی کہ اسی کو نمایاں ترین طریقے سے پیش کیا گیا ۔اس دلیل کی تائید میں ایک اور اشارہ ملتا ہے کہ مورخ کی خصوصی دلچسپی یوسیاہ کے ساتھ تھی ۔یہ بہت دلچسپ واقعہ ہے جس میں استثنائی تاریخ اپنے تاریخی بیان کی شروعات میں یوسیاہ کو اس کے نام سے لکھ کر اس کا تذکرہ کرتی ہے ۔واقعہ کچھ یوں ہے کہ یربعام نے اپنے ملک کی شمالی سرحد کے شہر دان اور جنوبی سرحد کے شہر بیت ایل میں عبادت گاہوں پر سونے کے بیل

لوگوں کی سالانہ زیارت اور عید منانے کے لئے نسب کروا دئیے تھے اور خود بیت ایل کی عبادت گاہ میں بخور جلانے کو بڑھ رہا تھا تب ایک بڑی مصیبت کی زد میں آ گیا:

> اور آٹھویں مہینے کی پندرہویں تاریخ کو یعنی اس مہینے میں جسے اس نے اپنے ہی دل سے ٹھہرایا تھا وہ اس مذبح کے پاس جو اس نے بیت ایل میں بنایا تھا گیا اور بنی اسرائیل کے لئے عید ٹھہرائی اور بخور جلا نے کو مذبح کے پاس گیا ۔اور دیکھو خداوند کے حکم سے ایک مرد خدا یہوداہ سے بیت ایل میں آیا اور یربعام بخور جلانے کو مذبح کے پاس کھڑا تھا ۔اور وہ خداوند کے حکم سے مذبح کے خلاف چلّا کر کہنے لگا اے مذبح! اے مذبح!خداوند یوں فرماتا ہے کہ دیکھ داؤد کے گھرانے سے ایک لڑکا بنام یوسیاہ پیدا ہو گا ۔سو وہ اونچے مقاموں کے کاہنوں کی جو تجھ پر بخور جلا تے ہیں تجھ پر قربانی کرے گا اور وہ آدمیوں کی ہڈیاں تجھ پر جلائیں گے (1۔سلاطین 12:33)۔

یہاں دو پیشگوئیاں بتائی گئی ہیں ؛ مستقبل میں یوسیاہ نامی بادشاہ پیدا ہو گا جو اس مذبح پر قربانی چڑھا نے والوں کو اس پر قربان کرے گا اور قبروں میں سے مَرے ہوؤں کی ہڈیاں بھی نکال کر جلائے گا ۔یہاں یہ تو نہیں بتایا کہ یہ ہو گا کب؟ لیکن اس واقعہ کے آگے دو مزید پیشگوئیاں بتائیں جو اسی وقت پوری ہو گئیں ۔ ایک یہ کہ جس مذبح پر یربعام کھڑا تھا وہ پھٹ جائے گا اور اس پر کی راکھ گر جائے گی ۔ ایسا ہی ہوا ،مذبح اسی وقت پھٹ گیا اور راکھ گر گئی ۔ساتھ میں دو اور معجزے بھی ہوئے ۔ ایک تو یہ کہ جب مردِ خدا نے یوسیاہ والی بات بتائی تو یربعام نے ہاتھ بڑھا کر لوگوں سے کہا اس بدزبان کو پکڑ لو تو اسکا اٹھا ہاتھ سوکھ کر اٹھا ہی رہ گیا تب اس نے گھبرا کر مردِ خدا سے دعا کرنے کا کہا، اس پر مردِ خدا نے خدا سے التجا کی تو اس کا ہاتھ اسی وقت ٹھیک ہو گیا ۔ہم نے اختصار کی خاطر کم الفاظ میں نقل کیا ہے ۔قارئین کتاب (1۔سلاطین 13:4) میں یہ تفصیل دیکھ سکتے ہیں ۔

اس واقعہ کی تحریر میں تشویش کی اصل وجہ یربعام کا پرستش کے بُت بنانا اور نسب کرنا ہے ۔ یقیناً یہ بڑا گناہ ہے جس کی اس کو سزا ملنی چاہئے تھی لیکن یہ کیا بات کہ سزا دینے کے لئے مستقبل میں دوسرے کی راہ دیکھی جائے جو مَرے ہوؤں کی ہڈیاں جلائے ۔ پھر مجرم کا ہاتھ سُکھایابھی تو اسی وقت ٹھیک کر دیا ۔ نتیجہ یہ ہوا کہ وہ

مرتے دم تک اپنے جرائم سے باز نہ آیا ۔ اس مردِ خدا کو خدا سے مجرم کو صحتیاب کرنے کی التجا نہیں کرنی چاہئے تھی ۔

بائیبل کی تاریخی کتابوں میں متعدد پیشگوئیاں ملتی ہیں لیکن یہ کمال پیشگوئی ہے جو یوسیاہ کے نام سے لکھی گئی ہے ۔اس نوعیت کی باقاعدہ نام سے بتائی گئی اپنی قسم کی ایک ہی پیشگوئی ہے جو 325 سال بعد حرف بہ حرف پوری ہوئی ۔استثنائی مورخ اس واقعہ کو خصوصی طور پر بعد کی تاریخ میں دوبارہ بیان کرتا ہے ۔یوسیاہ کی مذہبی تجدید بیان کرتے وقت وہ بتاتا ہے کہ یوسیاہ بیت ایل جا کر اونچے مقام اور قربان گاہ کو،جو یربعام کے وقت سے موجود تھی، توڑ دیتا ہے ۔وہ لکھتا ہے:

> پھر بیت ایل کا وہ مذبح اور وہ اونچا مقام جسے نباط کے بیٹے یربعام نے بنایا تھا جس نے اسرائیل سے گناہ کرایا ۔سو اس مذبح اور اونچے مقام دونوں کو اس نے ڈھا دیا اور اونچے مقام کو جلا دیا اور اسے کوٹ کوٹ کر خاک کر دیا اور یسیرت کو جلا دیا ۔اور جب یوسیاہ مڑا تو اس نے ان قبروں کو دیکھا جو وہاں اس پہاڑ پر تھیں ۔سو اس نے لوگ بھیج کر ان قبروں میں سے ہڈیاں نکلوائیں اور ان کو اس مذبح پر جلا کر اسے ناپاک کیا ۔یہ خداوند کے اس سخن کے مطابق ہوا جسے اس مرد خدا نے جس نے ان باتوں کی خبر دی تھی سنایا تھا ۔پھر اس نے پوچھا یہ کیسی یادگار ہے جسے میں دیکھتا ہوں؟شہر کے لوگوں نے اسے بتایا یہ اس مرد خدا کی قبر ہے جس نے یہوداہ سے آکر ان کاموں کی جو تو نے بیت ایل کے مذبح سے کئے خبر دی ۔تب اس نے کہا اسے رہنے دو ۔کوئی اس کی ہڈیوں کو نہ سرکائے ۔(2-سلاطین 23:15)

قارئین دیکھ سکتے ہیں کہ یوسیاہ کے نام سے بتائی گئی پیشگوئیاں 325 سال بعد اپنی تمام باریک تفصیلات کے مطابق پوری ہوئیں ۔یہاں اس مردِ خدا کے لئے بھی لکھا ہے کہ یوسیاہ نے اس کی قبر سے ہڈیاں ہٹانے سے منع کیا ۔ یہ بات بھی یربعام کو بتانے والی پیشگوئیاں کے واقعہ میں شامل تھی جو حرف بہ حرف پوری ہوئی ۔ یہ وہاں کچھ طویل تھی اس لئے درج نہیں کی ۔ متجسس قارئین کے لئے بائیبل کے مقام کا حوالہ وہاں موجود ہے ۔

اس تحریر کا خلاصہ یہ ہے کہ استثنائی مورخ اپنی بیان کردہ تاریخ کی ابتداء میں پیشگوئیاں وضع کرتا ہے اور تاریخ کے اختتام کے قریب باریک تفصیلات کے ساتھ پوری کر دیتا ہے ۔ مزید یہ کہ یہ تاریخ دان یہودیہ اور اسرائیل کے تمام بادشاہوں کا یوسیاہ سے موازنہ کرتا ہے

اور تمام بادشاہوں کو یوسیاہ سے کم تر درجہ پر رکھتا ہے ۔وہ ہر بادشاہ کے لئے ان کے اعمال کی بنیاد پر اچھا یا برا ہونے کا فیصلہ سناتا ہے ۔زیادہ تر کو برا گردانتا ہے لیکن اچھا بھی بہترین سے کم ہی ٹھہراتا ہے۔ حتیٰ کہ حزقیاہ پر بھی یسعیاہ کے ذریعے تنقید کرتا ہے :

> تب یسعیاہ نے کہا خداوند کا کلام سن لے ۔دیکھ وہ دن آتے ہیں کہ سب کچھ جو تیرے گھر میں ہے اور جو کچھ تیرے باپ دادا نے آج کے دن تک جمع کر کے رکھا ہے بابل کو لے جائیں گے ۔خداوند فرماتا ہے کچھ بھی باقی نہ رہے گا ۔اور وہ تیرے بیٹوں میں سے جو تجھ سے پیدا ہو ں گے اور جن کا باپ تو ہی ہو گا لے جائیں گے اور وہ شاہ بابل کے محل میں خواجہ سرا ہوں گے ۔حزقیاہ نے یسعیاہ سے کہا خداوند کا کلام جو تو نے کہا ہے بھلا ہے اور اس نے یہ بھی کہا بھلا ہی ہو گا اگر میرے ایّام میں امن و امان رہے (2۔سلاطین 20:16)

اس اقتباس کا موقع یہ ہے کہ شاہ بابل نے اپنے سفیر کے ہاتھ حزقیاہ کو بیماری سے صحتیاب ہونے پر خیر سگالی کے اظہار کے لئے تحائف بھیجے جس پر اس نے سفیر کو اپنے محل میں مدعو کیا اور قیمتی اشیاء کا مشاہدہ کرایا ۔یہ عمل یسعیاہ کو ناپسند ہوا لیکن اِس بے ضرر عمل کے جواب میں خدا نے نبی کے توسط سے بابل کے ہاتھوں سقوطِ یروشلم کی اندوہ ناک پیشگوئی کر دی ۔یسعیاہ نبی نے شاہ حزقیاہ کو اس کے بیٹوں کو بابل میں خواجہ سرا بنائے جانے کا بھی بتایا ۔ خواجہ سرا قدیم زمانے سے لے کر اب سے دو تین صدی قبل تک صحت مند لوگوں میں سے بعض افراد کا چناؤ کر کے انکے صنفی اعزاءاس طرح مجروح کردیئے جاتے کہ وہ تمام عمر ازدواجی زندگی کی صلاحیت اور اپنی اولاد پیدا کرنے سے محروم ہو جاتے تھے ۔ان کا مصرف محل سرا کے زنان خانہ کی خدمات انجام دینا رہتا تھا تاکہ وہاں کی "معزز خواتین "محفوظ رہیں ۔شاہ حزقیاہ کو یہ سب بتانے پر اس کا جواب تھا "بھلا ہے" یعنی میری قوم اور میری اولاد اسی لائقِ ہے ۔بادشاہ نے ساتھ میں یہ کہا "بہتر ہے کہ مجھے یہ سب دیکھنا نہیں پڑے گا"۔

حزقیاہ نے شاہ بابل کے سفیر کو محل کا مشاہدہ کرادیا۔ کتابِ مُقدّس کا ایک بڑا نبی بتاتا ہے کہ یہ اتنا بڑا گناہ ہو گیا کہ نہ صرف پوری قوم کا بڑا حصّہ بے دریغ ہلاک کیا جائے گا بلکہ پورے شہر کو خدا کے گھر سمیت راکھ کر دیا جائے گا اور بچے ہوؤں کو عورتوں

سمیت غلام کر کے دوسرے ملک ہنکا دیا جائے گا ۔ کیا شاہ حزقیاہ کا بابل کے سفیر کو اپنا محل اور مال و دولت دکھا دینا کوئی جرم ہے جس کی بھیانک ترین سزا اسے نہیں بلکہ بہت بعد والی نسلوں کو دی جائے ؟ دیکھا جاسکتا ہے کہ مصنف نے انتہائی لاپرواہی سے اور بغیر سوچے ایک بہت بڑی پیشگوئی لکھ دینے کا مظاہرہ کیا ۔ یسعیاہ نبی سے منسوب واضح طور پر گھڑی گئ سنیحرب کے حملے سے متعلق پیشگوئی گزشتہ صفحات میں زیرِ بحث آچکی ہے ۔

یوسیاہ کے متعلق تاریخ دان کے انہی بیانات کو شواہد میں شمار کرنے کے بعد کراس نےتجویز کیا کہ استثنائی تاریخ کا اصلی ایڈیشن کسی ایسے شخص کا کام تھا جو یوسیاہ کے دور میں موجود تھا ، پھر دوسرا ایڈیشن سلطنت گرنے کے بعد لکھا گیا ۔اس نے پہلا ایڈیشن ظاہر کرنے کے لئے Dtr^1 اور دوسرے ایڈیشن کے لئے Dtr^2 کی علامات تجویز کیں جن کو قبول کر لیا گیا ۔

یوسیاہ کا حضرت موسیٰ سے موازنہ

تورات کی پانچویں کتاب استثنا اور اس کے بعد کی چھ کتابوں کے مصنف کا تعلق یوسیاہ کے دور سے تھا ۔اس نے اپنے لوگوں کی تاریخ قصداً ایسے تشکیل دی کہ یوسیاہ پر اپنے عروج پر پہنچے ۔اس کی نظر میں یوسیاہ صرف اچھا ہی بادشاہ نہ تھا اور وہ صرف اہم ہی نہ تھا بلکہ بہت سے معاملات میں اس کا موازنہ حضرت موسیٰ سے کیا جاسکتا تھا ۔اس کی تحریروں کی نوعیت اس بات کو نمایاں کرتی ہیں:

1۔اس نے الفاظ "کوئی موسیٰ کی طرح نہیں اٹھا "صرف دو اشخاص کے لئے استعمال کئے ، ایک موسیٰ اور دوسرا یوسیاہ ۔

> اور اس وقت سے اب تک بنی اسرائیل میں کوئی نبی موسیٰ کی مانند جس نے یہواہ سے رو برو باتیں کیں نہیں اٹھا (استثنا 34:10)

> اور اس سے پہلے کوئی بادشاہ اس کی مانند نہیں ہوا تھا جو اپنے سارے دل اور اپنی ساری جان اور اپنے سارے زور سے موسیٰ کی شریعت کے

> مطابق خداوند کی طرف رجوع لایا ہو اور نہ اس کے بعد کوئی اس کی مانند برپا ہوا (2-سلاطین 23:25)

اوپر درج کتاب استثنا کے آخری باب میں لکھتا ہے "کوئی نبی موسیٰ کی برابری نہ کر سکا، جبکہ کتاب 2-سلاطین میں یوسیاہ کا باب ختم کرتے وقت لکھتا ہے" کوئی بادشاہ یوسیاہ کی طرح نہیں ہوا"۔
2-کتاب استثنا میں موسیٰ لوگوں سے کہتے ہیں:

> تو اپنے سارے دل اور اپنی ساری جان اور اپنی ساری طاقت سے خداوند اپنے خدا سے محبت رکھ (استثنا 6:5)

صرف ایک ہی شخص عبرانی بائیبل میں ملتا ہے جو اس شرط کو پورا کرتا ہے اور وہ ہے یوسیاہ ۔شاہ یوسیاہ کے لئے یہ جملہ اوپر کے اقتباس میں ہم لکھ چکے ہیں ۔ یہ تین سطحی جملہ بائیبل میں صرف اُنہی دو مقامات پر ملتا ہے اور اس کے سوا کہیں اور نہیں پایا جاتا ۔
3-کتاب استثنا میں موسیٰ لوگوں سے کہتے ہیں:

> اور اس کا فیصلہ کرنا تیرے لئے نہایت ہی مشکل ہو تو تو اٹھ کر اس جگہ جسے خداوند تیرا خدا چنے گا جانا ۔اور لاوی کاہنوں اور ان دنوں کے قاضیوں کے پاس پہنچ کر ان سے دریافت کر نا اور وہ تجھ کو فیصلہ کی بات بتائیں گے)استثنا 17:8)

مورخ صرف ایک شخص بتاتا ہے جو اس کو حضرت موسیٰ کے بتائے ہوئے طریقہ پر انجام دیتا ہے،یوسیاہ ۔جب وہ کتاب جو اس کو پڑھ کر سنائی گئی تھی تو خلقیاہ کے ذریعے اس مقام پر جو خدا نے چن رکھا تھا معلوم کرواتا ہے کہ کیا کیا جائے ۔وہ خلقیاہ سے کہتا ہے:

> یہ کتاب جو ملی ہے اس کی باتوں کے بارے میں تم جا کر میری اور سب لوگوں اور سارے یہوداہ کی طرف سے خداوند سے دریافت کرو (2-سلاطین 22:13)

4-حضرت موسیٰ کتاب استثنا میں شریعت سکھانے والوں کے لئے اور بادشاہ کے لئے کہتے ہیں:

شریعت کی جو بات وہ تجھ کو سکھائیں اور جیسا فیصلہ تجھ کو بتائیں اسی کے مطابق کرنا اور جو کچھ فتویٰ وہ دیں اس سے داہنے یا بائیں نہ مڑنا (استثنا 17:11)

اور جب وہ تختِ سلطنت پر جلوس کرے تو اس شریعت کی جو لاوی کاہنوں کے پاس رہے گی ایک نقل اپنے لئے ایک کتاب میں اتار لے۔اور وہ اسے اپنے پاس رکھے اور اپنی ساری عمر اس کو پڑھا کرے تاکہ وہ خداوند اپنے خدا کا خوف ماننا اور اس شریعت اور آئین کی سب باتوں پر عمل کرنا سیکھے۔جس سے اس کے دل میں غرور نہ ہو کہ وہ اپنے بھائیوں کو حقیر جانے اور ان احکام سے نہ تو داہنے نہ بائیں مڑے (استثنا 17:18)

تمام بادشاہوں میں صرف یوسیاہ ان شرائط پر پورا اترتا ہے ۔ دائیں اور بائیں نہ مڑنے کے الفاظ کتاب استثنا میں دو مقامات پر کتاب یشوع میں ملتے ہیں،جو اسی مصنف کی لکھی ہے،اور اس کے بعد اسکی پانچ طویل کتابوں میں کہیں نہیں ملتے سوائے ایک شخص کے لئے،یوسیاہ:

اس نے وہ کام کیا جو خداوند کی نگاہ میں ٹھیک تھا اور اپنے باپ داؤد کی سب راہوں پر چلا اور داہنے یا بائیں ہاتھ کو مطلق نہ مڑا (2-سلاطین 22:2)

5-لفظ تورات بطور کتاب صرف استثنا میں استعمال ہوا ہے یا یشوع میں پھر دوبارہ یہ لفظ کہیں استعمال نہیں ہوتا سوائے ایک واقعہ کے جو یوسیاہ میں ہے ۔حضرت موسیٰ لکھتے ہیں پھر کاہنوں کو دیتے ہیں اور کہتے ہیں:

اس شریعت کی کتاب کو لے کر خداوند اپنے خدا کے عہد کے صندوق کے پاس رکھ دو تاکہ وہ تیرے برخلاف گواہ رہے (31:26)

پھر کتاب یشوع میں (1:8،8:31،8:34،23:6)صندوق کے پاس رہتی ہے پھر کہیں قابلِ تذکرہ نہیں رہتی سوائے 600 سال بعد کاہن خلقیاہ اعلان کرتا ہے کہ مجھے خداوند کے گھر میں تورات کی کتاب ملی ہے (2-سلاطین 22:8)

6۔استثنا میں جب حضرت موسیٰ کتاب کاہنوں کے حوالے کرتے ہیں تو ہدایت کر تے ہیں کہ یہ ہر سات سال میں لوگوں کے سامنے پڑھی جائے:

> جب سب اسرائیلی خداوند تیرے خدا کے حضور اس جگہ آ کر حاضر ہوں جسے وہ خود چنے گا تو تو سب شریعت کو پڑھ کر سب اسرائیلیوں کو سنانا (استثنا 31:11)

یہ کتاب شریعت کو عوام کے سامنے پڑھے جانے کا عمل استثنائی تاریخ میں اور کہیں نہیں ملتا سوائے یوسیاہ کے ۔تاریخ نگار لکھتا ہے:

> اور بادشاہ خداوند کے گھر کو گیا اور اس کے ساتھ یہوداہ کے سب لوگ اور یروشلم کے سب باشندے اور کاہن اور نبی اور سب چھوٹے بڑے آدمی تھے اور اس نے جو عہد کی کتاب خداوند کے گھر میں ملی تھی اس کی سب باتیں ان کو پڑھ کر سنائیں (2۔سلاطین 32:2)

7۔استثنا میں حضرت موسیٰ بتاتے ہیں کہ انہوں نے سونے کے بیل کا کیا کیا جو لوگوں نے بنایا تھا:

> اور میں نے تمہارے گناہ کو یعنی اس بچھڑے کو جو تم نے بنایا تھا لے کر آگ میں جلا یا ۔پھر اسے کوٹ کوٹ کر ایسا پیسا کہ وہ گرد کی مانند باریک ہو گیا اور اس کی راکھ کو اس ندی میں جو پہاڑ سے نکل کر نیچے بہتی تھی ڈال دیا (استثنا 9:21)

یوسیاہ یربعام کی بیت ایل میں بنائی گئی قربان گاہ پر جاتا ہے اور:

> پھر بیت ایل کا وہ مذبح اور وہ اونچا مقام جسے نباط کے بیٹے یربعام نے بنایا تھا جس نے اسرائیل سے گناہ کرایا ۔سو اس مذبح اور اونچے مقام دونوں کو اس نے ڈھا دیا اور اونچے مقام کو جلا دیا اور اسے کوٹ کوٹ کر خاک کر دیا اور یسیرت کو جلا دیا (2۔سلاطین 23:15)

اس طرح، بقول بائیبل، ہارون کا بنایا گیا سونے کا بچھڑا اور یربعام کا بنایا گیا سونے کا بچھڑا اور اونچا مقام ایک ہی انجام کو پہونچے ۔استثنائی تاریخ نگار جو الفاظ حضرت موسیٰ کے اہم کام بتانے کے لئے کتاب استثنا میں استعمال میں کرتا ہے وہی الفاظ وہ یوسیاہ کے کام بتانے کے لئے کتاب 2۔سلاطین میں استعمال کرتا ہے ۔یوسیاہ کے دادا منسّی نے یسیرت کا بُت ہیکل میں نسب کیا تھا، اس کے لئے لکھتا ہے:

> اور وہ یسیرت کو خداوند کے گھر سے یروشلم کے باہر قدرون کے نالے پر لے گیا اور اسے قدرون کے نالے پر جلا دیا اور اسے کوٹ کوٹ کر خاک بنا دیا (2-سلاطین 23:6)

بائیبل کا لفظ "یسیرت" چند مرتبہ اوپر نقل کیا ۔اس سے مراد افزائش یا جنسیت کی دیوی ہےجو قریب کے ملکوں اور فلسطین کی دوسری قوموں کے مابین ایک بڑی دیوی شمار ہوتی تھی. اور "عشتارات" یا "عشیرہ" کے نام سے جانی جاتی تھی ۔اسی کو بائیبل میں یسیرت لکھا ہے ۔

الفاظ" کوٹ کوٹ کر خاک بنا دیا" تمام بائیبل اور تورات کی پہلی چار کتابوں میں کہیں نہیں پائے جاتے سوائے کتاب استثنا اور 2-سلاطین کے اس حصے میں جہاں شاہ یوسیاہ کے واقعات لکھے ہیں جو اوپر اقتباسات میں دکھائے گئے ۔یعنی حضرت موسیٰ کے اہم کام یا احکامات جن الفاظ میں بیان کئے وہی الفاظ یوسیاہ کے لئے بھی استعمال کئے ۔

8-کتاب استثنا میں حضرت موسیٰ بُت بنانے کے خلاف شریعت یا قانون کی بارہا تاکید کرتے ہیں ۔یہ ان دس احکامات میں سے ایک حکم ہے جس کو وہ بار بار دہراتے ہیں ۔تو اپنے لئے کوئی تراشی ہوئی مورت نہ بنانا نہ کسی چیز کی صورت بنانا جو اوپر آسمان میں یا نیچے زمین پر یا زمین کے نیچے پانی میں ہے (استثنا 5:8)-پھر اسی کتاب کے دوسرے مقامات پر کئی مرتبہ تاکید کرتے ہیں (استثنا 4:16،23،25،27:15)-غیر قوموں کے دیوتاؤں کا مجسمہ جلا دیا جائے ۔تم ان کے دیوتاؤں کی تراشی ہوئی مورت کو آگ سے جلا دینا (استثنا 7:25)-یہ لفظ " بُت " یا "مورت" اس کتاب کے بعد تاریخ کی چار طویل سیموئل اور سلاطین کتابوں میں صرف اس وقت نمودار ہوتا ہے جب یوسیاہ کا دادا منسّی عشیرہ کا بُت ہیکل میں نسب کرتا ہے اور یوسیاہ اس کو نکال کر جلا دیتا ہے (2-سلاطین 21:3)-

یہ چند واقعات ہیں جو بطورِ مثال پیش کئے جو کتاب استثنا اور 2-سلاطین میں یوسیاہ کے واقعات میں موجود یکساں الفاظ کے چناؤ کو نمایاں کرتے ہیں ۔یہ فرض کیا جاسکتا ہے کہ ان الفاظ کا چناؤ قصداً نہیں بلکہ اتفاقی ہے یا ان واقعات کے بیان کے لئے یہی قدرتی الفاظ ہیں ۔لیکن زیرِ غور مشاہدہ میں یہ مفروضہ قابلِ توجہ نظر نہیں آتا ۔مثلاً کتاب 2-سلاطین میں یوسیاہ سے چند باب پہلے اس کے پر د دا حزقیاہ

کے ویسے ہی یا ملتے جلتے تجدیدی واقعات درج ہیں ۔لیکن حزقیاہ کے کاموں کو ان چنے ہوئے الفاظ میں نہیں لکھا گیا ہے یعنی حزقیاہ کے کام موسیٰ کے کہے ہوئے الفاظ یا کام کو نہیں دہراتے ۔استثنائی تاریخ دان یوسیاہ کو خاص رنگ میں پیش کر تا ہے، موسیٰ کے رنگوں میں یعنی یوسیاہ اس حقیقت کا مقامِ عروج ہے جو حضرت موسیٰ سے شروع ہوا تھا ۔یوسیاہ کے کئے گئے کام حضرت موسیٰ کے کئے ہوئے کاموں سے بہت زیادہ مماثلت رکھتے ہیں ۔اس طرح وہ عہد جو حضرت موسیٰ سے شروع ہوا اس طرح پورا ہو گا کہ اس سے پہلے کبھی نہ ہوا تھا ۔

شاہ یوسیاہ پر گھڑی رک گئی

اب تک کی بحث سے ہمیں واضح ہوا کہ اس تاریخ دان کی نظر میں یوسیاہ ایک اہم ہستی سے زیادہ ہے ۔مورخ کا داؤد کی سلطنت کو ابد تک قائم رہنے کا وعدہ کو اہمیت دینا، "آج کے دن تک قائم ہے" کے الفاظ، یوسیاہ پر تحریر کی ضخامت، یوسیاہ کے نام سے تین صدی قبل پیشگوئیاں وضع کر نا پھر بذریعہ یوسیاہ پوری کرانا ،یوسیاہ کو تمام بادشاہوں میں بہترین قرار دینا اور یوسیاہ کے کاموں کی حضرت موسیٰ کے کاموں سے مماثلت ، یہ سب مل کر مضبوط دلیل پیش کرتے ہیں کہ اس نے اپنی تاریخ کو ڈیزائن ہی اس طرح کیا کہ وہ یوسیاہ کو بام عروج پر پہنچا دے ۔یہاں قارئین کو یہ بھی نوٹ کر نا ضروری ہے کہ مذکورہ استثنائی تاریخ کی حضرت موسیٰ سے لے کر یوسیاہ تک کی تحریر ایک نوعیت کی ہے ،پھر یوسیاہ کی وفات کے بعد تحریر کی نوعیت بدل جاتی ہے ۔

یوسیاہ کے بعد کے چار بادشاہوں کے لئے تحریر کا انداز مختلف ہے ۔اس تبدیلی کے کئی نشانات ملتے ہیں ۔ایک اشارہ تاریخ نگار کی بادشاہوں کی درجہ بندی سے ملتا ہے ۔اس کی نظر میں مذہبی رسومات کو کسی مخصوص مقام پر مرتکز رہنا بڑی شرط ہے ۔استثنا کی شریعت میں پہلا قانون ہی یہ ہے کہ قربانی صرف ایک مرکزی جگہ پر ہی ادا ہو سکتی ہے، وہ جگہ جو خداوند خدا خود منتخب کر ے(استثنا 12)۔لہٰذا یربعام کا دان اور بیت ایل میں سونے کے بیل کے مجسمے نسب کر نا بڑا گناہ تھا ۔اسی نقطۂ نظر کی بنیاد پر وہ بادشاہوں

کی درجہ بندی کرتا ہے کہ اسرائیل کے بادشاہ نے "خداوند کی نگاہ میں برا کیا" کیونکہ اس نے مجسمے اور اونچے مقام نہ ڈھائے۔ یہودیہ کے بادشاہوں میں سے کئی ایک کو "خدا کی نظر میں برا" قرار دیتا ہے اس لئے کہ وہ مختلف غیر شرعی کاموں کے مرتکب ہوئے بشمول ایک مشترک جرم یہ کہ انہوں نے اونچے مقام بنائے یا پہلے سے بنے ہوئے مقامات کو ڈھایا نہیں بلکہ قائم رکھا۔ حتیٰ کہ یہودیہ کے وہ بادشاہ جن کے لئے لکھتا ہے "اس نے وہ کیا جو خداوند کی نظر میں ٹھیک تھا" لیکن اس کے باوجود وہ لکھتا ہے "اس نے اونچے مقام نہیں ڈھائے"۔ یہاں مثال کے لئے دو حوالے درج ہیں: بادشاہ آسا (1۔سلاطین 15:14)، بادشاہ یہوسفط (1۔سلاطین 22:43)۔

اسرائیل اور یہودیہ کے تمام انتالیس بادشاہوں میں سے صرف دو ہی ایسے ہیں جن پر یہ الزام نہیں آتا ،حزقیاہ اور یوسیاہ۔ ان دونوں نے ملک سے اونچے مقام ڈھا دئے۔ قربانی کا صرف ایک مقام پر ادا ہونا ایک مستقل شرط ہے جو مصنف نے ہر بادشاہ پر لاگو کی لیکن یوسیاہ کے بعد یہ اچانک غائب ہو گئی۔ کتاب 2۔سلاطین کے آخری دو باب اونچے مقام کا نام بھی نہیں لیتے اور قربانی کا تذکرہ سرے سے غائب ہو گیا۔ کتاب یرمیاہ اور کتاب حزقی ایل بتاتی ہیں کہ اس بائیس سالہ مختصر عرصہ میں اونچے مقام اور اصنام پرستی کے مقامات دوبارہ بنا لئے گئے تھے:

> اے میرے پہاڑ جو میدان میں ہے!میں تیرا مال اور تیرے سب خزانے اور اونچے مقام جن کو تو نے اپنی سرحدوں پر گناہ کے لئے بنایا لٹوؤں گا (یرمیاہ 17:3)

> اور تمہارے اونچے مقاموں کو غارت کروں گا اور تمہاری قربان گاہیں اجڑ جائیں گی اور تمہاری سورج کی مورتیں توڑ ڈالی جائیں گی اور میں تمہارے مقتولوں کو تمہارے بتوں کے آگے ڈال دوں گا (حزقی ایل 6:4)

بائیبل کی رو سے یہ دونوں نبی اس زمانے میں موجود تھے۔ سقوط یہودیہ سے چند سال پیشتر حزقی ایل کو غلام بنا کر بابل پہنچا دیا گیا تھا جبکہ یرمیاہ یہودیہ کی تباہی کے بعد مصر چلے گئے تھے۔ دونوں کی کتابوں کے اقتباس سے وہ بات ظاہر ہوتی ہے جو اوپر کہی گئی تھی لیکن استثنائی مورخ اس کا تذکرہ نہیں کرتا۔ نہ بعد کے چار بادشاہوں

میں سے کسی ایک کی تعریف میں کہ اس نے اونچے مقام کو ڈھا دیا کسی کی مذمت میں کہ اس نے اونچے مقام دوبارہ بنا دئیے ۔

صرف یہی ایک بات نہیں جو آخر ی چار بادشاہوں کے لئے بدل دی ہو ۔حضرت داؤد استثنائی تاریخ میں عظیم ترین بادشاہ کی حیثیت میں دکھائے گئے ہیں ۔جتنا تحریری مواد ان کے واقعات بتانے کے لئے استعمال ہوا ہے کسی دوسرے بادشاہ کے واقعات اسکے قریب بھی نہیں آتے سوائے حضرت سلیمان کے ۔کتاب 1۔سیموئل کا نصف حصّہ، تمام کتاب 2۔سیموئل اور 1۔سلاطین کے ابتدائی تین باب حضرت داؤد کی زندگی پر ہیں ۔ان کے بعد آنے والے اکثر بادشاہوں کا موازنہ ان سے کیا گیا ہے ۔یہ تاریخ دان بادشاہوں کے بیان میں متعدد بار لکھتا ہے کہ داؤد کے بلند کردار کی وجہ سے کسی بُری اولاد سے بھی تخت نہ چھینا جائے گا ۔خصوصاً یوسیاہ کے عہد سے پہلے کے چند بادشاہوں کے بیان میں وہ اکثر اس ابدی وعدہ کی یاد دہانی کراتا ہے ۔وہ یوسیاہ کا بھی حضرت داؤد سے موازنہ کرتا ہے: "اور اپنے باپ داؤد کی سب راہوں پر چلا" (2۔سلاطین 22:2)۔وہ یوسیاہ کے دادا منسّی، پردادا حزقیاہ اور حزقیاہ کے دادا آخز کا موازنہ حضرت داؤد سے کرتا ہے (2۔سلاطین 21:7،18:3،16:20)۔حضرت داؤد کا نام مجموعی طور پر تقریباً 500مرتبہ اس نے اپنی تاریخ میں لکھا ہے ۔لیکن آخری چار بادشاہوں کی تاریخ میں یہ نام موجود نہیں ۔وہ ان چاروں کا حضرت داؤد سے موازنہ نہیں کر تی ۔وہ خدا کا حضرت داؤد سے دائمی عہد کا تذکرہ بھی نہیں کر تی ۔اس مورخ نے نمایاں کر کے لکھا تھا کہ سلیمان کے کافرانہ اعمال کے باوجود خدا نے داؤد کے نام کی خاطر سلطنت بچا لی ۔لیکن اب سلطنت کیوں بچائی نہیں جا رہی؟ اس نے رحبعام ،ابیام اور یہورام کی بد چلنی کی حرکات کے باوجود تختِ داؤد کے بچنے کی یہی واحد وجہ بتائی تھی لیکن اب یہ حضرت داؤد کا نام تک نہیں لیتی ۔خلاصہ یہ کہ استثنائی تاریخ کے دو بنیادی عناصر، مرکزیت اور عہدِ داؤدی، آخری دو باب میں غائب ہیں ۔

تاریخ نگار کے بیانیہ کی نوعیت میں یہ تبدیلی بآسانی محسوس کی جا سکتی ہے ۔اچانک نقطۂ نظر میں انقطاع پیدا ہو رہا ہے جس کا یوسیاہ کے دورِ اقتدار سے کوئی تعلق ہے ۔یہ مشاہدات تجویز کر تے ہیں کہ حضرت موسیٰ سے لے کر شاہ یوسیاہ تک کی تاریخ یوسیاہ کے جنگ میں اچانک ہلاک ہونے سے پہلے مکمّل کی گئی اور یہ کہ تاریخ نگار

یوسیاہ کے بڑے حمایتیوں میں سے تھا۔ اسکا مطلب یہ ہوا کہ تورات کی پانچویں کتاب استثنا اور بائیبل میں موجود تاریخ کی چھ کتابیں 622 ق م کے آس پاس لکھی گئیں۔ یہ کتابیں یہودیہ میں لکھی گئیں اور امکانی طور پر یروشلم میں لکھی گئیں۔ لیکن یہ سوال رہتا ہے کہ وہ شخص کون تھا؟

باب8

مصنف D

اب تک کی بحث سے ہمیں یہ پتہ چلا کہ کتاب استثنا اور اگلی چھ کتابیں ایک ہی مسلسل تحریر ہے ۔ اس کو لکھنے والا یوسیاہ کے دور میں حیات تھا اور یہ کہ ابتدائی ایڈیشن حضرت موسیٰ سے یوسیاہ تک کے واقعات بیان کر تا ہے ۔اس کے مصنف کو جاننے کے لئے ہمیں یہ دیکھنا پڑے گا کہ اس تحریر میں کیا باتیں شامل ہیں ۔پہلی اہم ترین بات یہ کہ کتاب استثنا کی بنیادی خاصیت وہ شریعت ہے جو حضرت موسیٰ کے توسط سے بنی اسرائیل کو حاصل ہوئ۔

کتاب استثنا: شرعی قوانین کے مندرجات

شرعی قوانین اس کتاب کے باب 12 سے باب 26 میں درج ہیں اور ضخامت میں کتاب کا تقریباً نصف حصّہ ہیں ۔پہلا قانون عبادت و قربانی کی مرکزیت پر ہے ۔یہ قانون بتاتا ہے کہ شرع کو ماننے والا اگر حلال جانوروں میں سے کسی جانور کا گوشت کھانے کا خواہشمند ہو تو یہ نہیں ہو سکتا کہ جہاں کا رہائشی ہو وہ خود ہی وہاں جانور ذبح کر لے ۔اسکو لازم ہے کہ خدا کی منتخب کردہ قربان گاہ پر اس جانور کو لے کر حاضر ہو ،پھر وہاں خدا کے منتخب کردہ خاندان کا کوئی فرد جانور ذبح کرے ۔اس قانون سے رعایت صرف اس کو مل سکتی ہے جو اس مرکزی مقام سے دور رہتا ہو اور اس کے لئے جانور کو قربان گاہ تک لانا مشکل ہو ۔اس صورت میں وہ اپنے علاقے میں روزمرہ استعمال کے لئے شریعت کے طریقے پر ذبح کر لے ۔لیکن سالانہ عید اور دوسری اہم قربانیوں ،منتوں اور نذرانوں کے لئے مرکزی عبادت گاہ پر حاضری لازم ہے ۔

استثنا کی بتائی گئی شرع میں بادشاہ کے لئے بھی قانون شامل ہے بادشاہ کا انعقاد صرف خدا کے ذریعے ہو سکتا ہے (جس سے مراد یہ کہ وقت کا نبی انتخاب کرے گا)بادشاہ کسی غیر قوم کا فرد نہیں ہو سکتا ۔ وہ بہت زیادہ گھوڑے حاصل نہیں کر سکتا نہ ہی بہت سی خواتین (بیویاں اور کنیزیں) اپنے حرم میں رکھ سکتا ہے ۔وہ بہت زیادہ سونا اور چاندی اپنے لئے جمع نہیں کر سکتا ۔اور یہ کہ وہ شرع کی پابندیاں کسی لاوی کی موجودگی میں لکھے اور باقاعدگی سے پڑھا کرے۔

شرع مشرک اقوام کی مذہبی رسوم کی سخت ممانعت کر تی ہے ۔اس میں نبی کے لئے ہدایات ہیں خصوصاً جھوٹے نبی کی کیسے شناخت کی جا سکے ۔غربا کی مالی اعانت، انصاف، خاندان اور محلے کے افراد سے معاملات، چھٹیاں، کھانے ، ناپاکی اور طہارت کے قوانین ،جنگ کے قوانین، غلاموں سے زرعی معاملات میں برتاؤ اور بہت سی دوسری ہدایات شامل ہیں ۔ساتھ ہی ساتھ وہ باقاعدگی سے لاوی کے گھرانے کی نگہداشت اور ان سے اچھا سلوک کر نے کی ہدایت کر تی ہے شرع ہدایت کر تی ہے کہ لاوی خاندان کی معاشی ضروریات تمام دوسرے گھرانوں یا قبائل کی مشترکہ ذمہ داری ہے یہ لکھنے والا کون ہو سکتا ہے؟

شریعت کے مندر اجات رہنمائی کر تے ہیں کہ انکے لکھنے والے کو کہاں تلاش کیا جائے ۔مثلاً کیا وہ شخص شاہی دربار کا کوئی فرد ہے؟ کیا یوسیاہ بادشاہ یا اس سے پہلے کے کسی بادشاہ نے لکھوایا اور یوسیاہ کے دربار میں اس کو دریافت کر لیا گیا ہے تاکہ بادشاہ کے اپنے مفادات کے لئے معاون ثابت ہو؟ لیکن اس کا امکان کم نظر آتا ہے اس لئے کہ تمام متن میں بادشاہ کے لئے بھی ہدایات موجود ہیں کہ وہ سونا چاندی نہیں بڑھا سکتا ۔کوئی بادشاہ اپنے لئے ایسے قوانین کیوں لکھوائے گا؟ بادشاہ اپنے حرم میں بہت سی عورتیں نہیں رکھ سکتا یا شریعت کو لاوی عالم کی آنکھوں کے سامنے لکھے اور یاد رکھے، وغیرہ ۔یہ شاہی دربار میں لکھی کتاب نہیں لگتی۔

شرع کے اندر اجات میں بنی اسرائیل کے ان معاشرتی یا سماجی معاملات کے متعلق بھی ہدایات موجود ہیں جو ان کے درمیان بادشاہت شروع ہونے سے پہلے پائے جاتے تھے یعنی طالوت سے پہلے کا زمانہ ۔ مثال کے طور پر جنگ سے متعلق بعض قوانین استثنا، سطر 20 اور 21، میں درج ہیں کہ لوگوں کو جنگ کے لئے کیسے بلایا اور

بھیجا جائے۔وقت کا قاضی طے کرے گاکہ کسی شخص نے نیا مکان بنایا ہے اور ابھی اس میں رہنا شروع نہیں کیا یا کسی خاتون سے شادی قریب ہوتو جنگ پر نہ بھیجا جائے ورنہ کہیں جنگ میں ہلاک ہو گیا تو کوئی اور اس کے مکان یا ہونے والی بیوی کو لے جائے گا۔کوئی شخص جو جنگ سے ڈرتا ہو اس کو بھرتی میں شامل نہ کیا جائے یا فتح حاصل ہو تو مفتوح قوم کی کسی عورت کی بے حرمتی نہ کی جائے بلکہ اس کو وقت دیا جائے کہ اپنے ہلاک ہونے والوں کا غم کر لے۔پھر چاہے تو اپنے نکاح میں لے آئے یا آزاد کر دے، وغیرہ۔یہ تمام قوانین عام شہریوں پر لاگو ہوتے ہیں جو فوج میں بھرتی کئے جا رہے ہوں۔اسرائیل در حقیقت فلسطین پر قابض ہونے کے بعد اپنی تاریخ کی ابتدا میں انہی حالات سے گزرا ہے جو قاضیوں کے عہد سے منسوب ہے۔اس زمانے میں دوسری اقوام سے نزاع کی صورت میں بارہ قبائل سے فوج میں بھرتی قبائلی سرداروں کے ذریعے کی جاتی تھی۔لیکن بادشاہی عہد شروع ہونے کے بعد اس قسم کی فوجی بھرتی پیشہ ور افواج میں بدل گئی۔یہ بادشاہ کی اہم ترین ضروریات میں سے تھی کہ اس کو ہمیشہ تیار فوج میسر رہے جو اس کی اطاعت میں کام کرے نہ کہ وقتِ ضرورت بادشاہ قبائلی سرداروں سے درخواست کرتا پھرے کہ اس کو فوج جمع کر کے دی جائے۔لہٰذا جنگ کے یہ قوانین بھی بادشاہ کی اہم ترین ضرورت کے خلاف ہیں۔اسی طرح بعض اور ہدایات ہیں جو اشارہ کرتی ہیں کہ یہ شاہی محل سے باہر کا کام ہے۔مثلاً اس میں لوگوں کے مقدمات اور دوسرے نزاعی مسائل کے حل کا اختیار لاوی قبیلہ کے ہاتھ میں دیا جاتا ہے بجائے اسکے کہ وہ بادشاہ یا اسکے منتخب کردہ افراد کے ہاتھوں میں ہو۔

لاوی قبیلہ بنی اسرائیل میں تسلیم شدہ مذہبی قبیلہ تھا اور اس کو زمینی میراث سے محروم رکھا گیا تھا۔زیرِ غور تمام تفصیلات پر توجہ کریں تو یہ تصنیف کسی لاوی فرد کے ہاتھوں ہونا قابلِ ترجیح ہے۔کتاب استثنا کئی مقامات پر لاوی قبیلے کی حمایت کرتی نظر آتی ہے۔شرع کا پہلا قانون ملک کے دوسرے تمام مقامات پر قربانی ادا کرنے کی قطعی ممانعت کر دیتا ہے۔یہ بار بار لاوی قبیلہ کی ضروریات اور نگہداشت کی ہدایت کرتی ہے۔یہ بادشاہ کو پابند کرتی ہے کہ کسی ذمہ دار لاوی فرد کی نگرانی میں شرع کی نقل اپنے لئے

تیار کرے۔ یہ واضح کرتی ہے کہ لاوی قبیلہ تمام قبیلوں کا مذہبی قبیلہ ہے۔

لاوی قبیلہ کا کیسا مذہبی گروہ؟

یہ سوال اس لئے پیدا ہو تا ہے کہ اسرائیل اور یہودیہ میں کئی مذہبی گروہ موجود رہے تھے ۔اُس وقت سے متصل قبل یہودیہ میں یروشلم کا مذہبی گروہ خود کو حضرت ہارون کی نسل سے جوڑ تا تھا ۔شمالی ریاست کے مرکزی مذہبی شہر بیت ایل میں یربعام کا نامزد کردہ غیر لاوی مذہبی گروہ تھا ۔پھر شمالی ریاست کے لاوی تھے جو اہم تاریخی شہر سیلا میں عمل پذیر تھے ،پھر دیہاتی علاقوں کے مذہبی لیڈر تھے جو علاقائی ضروریات پورا کرنے کے لئے اسرائیل اور یہودیہ کے تقریباً تمام تاریخی ادوار کا احاطہ کئے ہوئے تھے ۔

کتاب استثنا کے شرعی قوانین لکھنے والے کا یروشلم کے ہیکل سلیمانی میں قائم مذہبی گروہ میں پایا جا نا محال ہے ۔یہ بات درست ہے کہ یہ گروہ قربان گاہ کی مذہبی مرکزیت کا پرزور حمایتی تھا لیکن یہ گروہ کہانت کو بنی ہارون تک محدود رکھتا تھا اور لاوی قبیلہ سے نسلی وابستگی کے باوجود ہارونی قبیلہ اور دوسرے لاوی خاندانوں میں فرق کرتا تھا یعنی P تورات ۔لیکن کتاب استثنا کی شریعت ہارونی خاندان کی کسی اضافی فضیلت کو تسلیم نہیں کرتی اور نہ ہی کہیں اپنی تحریر میں حضرت ہارون یا ہارونی خاندان کا تذکرہ کر تی ہے نہ ہی اس میں مُقدَّس مذہبی علامات، عہد کا صندوق، کروبی یا دوسری مُقدَّس اشیاء کا ذکر ہے جو ہیکل سلیمانی میں موجود تھے ۔نہ ہی کتاب استثنا میں مذہبی سربراہ کے عہدے کا کوئی تذکرہ ہے ۔یہ عہدہ شروع دن سے بنی ہارون کے پاس تھا جب حضرت سلیمان نے ابیاتر کاہن کو معطل کر کے سردار کاہن کا عہدہ بنی ہارون کے صدوق کے ہاتھوں میں دے دیا تھا ۔لہٰذا بنی ہارون کے کسی فرد کا یہ قوانین وضع کرنے کا کوئی امکان نظر نہیں آتا ۔

اسی طرح یہ قوانین اس مذہبی گروہ کی حمایت میں بھی نظر نہیں آتے جو گزشتہ دو صدی قبل 722 ق م تک بیت ایل میں سقوطِ اسرائیل سے پہلے عمل پذیر تھے۔ وہ یربعام کے نامزد کردہ غیر لاوی قبائل میں سے تھے ۔استثنا کی شرع صریحاً لاوی قبیلے کو جائز مذہبی طبقہ قبول کر تی ہے ۔اس تحریر کا مصنف دیہاتی علاقوں کے مذہبی لاوی طبقے سے بھی نہیں ہو سکتا ۔سب سے اہم شرعی قانون کی مرکزی

قربان گاہ کے سوا کسی اور مقام پر قربانی کی ممانعت دیہاتی علاقوں کے لاویوں کا ذریعہ آمدنی بند کر دیتی ہے ۔استثنا کی شرع بالضرور دوسرے قبائل کو ان کی نگہداشت اور اعانت کی ہدایت کر تی ہے لیکن سرکاری طور پر علاقائی مذہبی کاہن ہونے کی گنجائش ان سے سلب کر لیتی ہے ۔

شہر سیلا کا کاہن

استثنا کا مصنف تلاش کرنے کا صحیح مقام ایک ایسے گروہ کی نشاندہی ہے جو اولاً، مذہب کی مرکزیت چاہتا ہو لیکن وہ مرکزیت عہد کے صندوق یا ہیکل سلیمانی سے منسلک نہ ہو ۔ثانیاً ،جو تمام لاویوں کی بہبود چاہتا ہو لیکن ساتھ میں یہ کہ مذہبی سربراہی مرکز کے مخصوص لاویوں کے پاس ہو ۔ثلاثاً ،اس کو بادشاہ قابلِ قبول ہو لیکن اس کے اختیارات کو محدود رکھنا چاہتا ہو ۔ اور رابعاً ، جنگ کے مسائل میں اس کا نقطۂ نظر بادشاہت سے پہلے کی سماجی صورتحال سے مطابقت رکھتا ہو ۔یہ تمام خصوصیات سیلا کے کاہن کی طرف ہی اشارہ کر تی ہیں ،وہی گروہ جس نے E تورات تخلیق کی ۔سیلا کے کاہن مذہب کی مرکزیت پر یقین رکھتے تھے اس لئے کہ تاریخ کے بادشاہت سے قبل کے ادوار میں سیلا ہی مذہب کا مرکزی مقام تھا خصوصاً نبی سیموئل کے دنوں میں ۔ان کی نگاہ میں مرکزیت عہد کے صندوق یا سلیمانی ہیکل سے منسلک نہیں اس لئے کہ اِن کا لیڈر ابیاتر کو قریباً چار صدی قبل حضرت سلیمان نے برخاست کر کے یروشلم سے قریبی گاؤں عنتوت میں جلاوطن کر دیا تھا اور تب سے یروشلم کی مذہبی سربراہی بنی ہارون کے پاس چلی گئی تھی ۔ان کی نگاہوں میں صرف لاوی مذہبی سربراہی کے جائز حقدار ہیں اس لئے کہ وہ خود لاوی تھے اور بیت ایل میں غیر لاویوں کو مذہبی اقتدار دے دیا گیا تھا ۔اس کے ساتھ یہ بھی کہ تمام لوگ لاویوں کی امداد اور دیکھ بھال کر یں کیونکہ وہ خود، زمینی ملکیت سے محروم کہ زراعت وغیرہ سے روزگار حاصل کرسکیں ،ضرورت مند تھے ۔ان کو بادشاہ قابلِ قبول تھا اس لئے کہ ان کے لیڈر سیموئل نے دو بادشاہ منتخب کئے اور حضرت سلیمان کے سر پر بھی مُقدّس تیل ڈال کر بادشاہ بنایا گیا ۔ان میں بادشاہ کے اختیارات کو محدود رکھنے کا رجحان تھا اس

لئے کہ سیموئل نے ہچکچاہٹ کے ساتھ طالوت کی بادشاہت قبول کی تھی اور اس کے بعد ،ان کی نظر میں، حضرت سلیمان اور یربعام نے ان کے ساتھ ناجائز برتاؤ کیا ۔ان کی نظر میں بادشاہت سے پہلے زمانے کا جنگی طریقہ بہتر تھا اس لئے زیادہ اختیارات کے ساتھ بادشاہ اتنا طاقتور ہو گیا کہ قبائل پر انحصار کی ضرورت باقی نہ رہی اور تھوڑی بہت طاقت اکٹھا کر کے ضرورت کے وقت بادشاہ کے خلاف جانا آسان نہ رہا ۔ ان سب باتوں سے نشاندہی ہوتی ہے کہ کتاب استثنا کا کم از کم شرع پر مبنی حصّہ لکھنے والے کا تعلق سیلا کے کاہنوں سے تھا ۔

سیلا سے تعلق

کتاب استثنا اور بعد کے واقعات کی تاریخ لکھنے والے نے یہ کیا کہ متفرق شرعی قوانین ،جو غالباً کسی تحریر کی صورت میں اس کو میسر تھے ،کے لئے پہلے ایک ابتدائی تعارف لکھا جو کتاب استثنا کے باب اوّل سے گیارہویں باب تک ہے ۔ ابتدائی تعارف بتاتا ہے کہ یہ حضرت موسیٰ کی آخری تقریر ہے پھر انکی یہ تصویر پیش کر تا ہے کہ جیسے وہ اپنے لوگوں کے آگے گزشتہ چالیس میں پیش آنے والے اہم واقعات دہرا رہے ہیں ۔پھر مصنف بتاتا ہے کہ حضرت موسیٰ تمام شرعی قوانین بیان کرتے ہیں جو باب 12 سے باب 26 پر مشتمل ہے ۔اسکے بعد وہ کچھ دعائیں، خوش بختی اور بھیانک خمیازہ بیان کر تے ہیں جو شریعت کی اطاعت یا انحراف کرنے پر لوگوں کو پیش آئیں گے جو باب 27 اور 28 میں درج ہے ۔تاریخ نگار آخر میں خلاصہ لکھتا ہے جس میں دکھا تا ہے کہ حضرت موسیٰ لوگوں کی ہمت افزائی کرتے ہیں، تورات کو طومار پر تحریر کرتے ہیں اور اس تاکید کے ساتھ لاویوں کے حوالے کر دیتے ہیں کہ اسے عہد کے صندوق کے ساتھ رکھا جائے اور پھر انکی وفات ہو جاتی ہے ۔اس طرح استثنائی تاریخ نگار کتاب استثنا کو اپنی تحریر کردہ تاریخ کے ابتدائی مقام پر رکھتا ہے جہاں سے وہ اپنی تاریخ شروع کر نا چاہتا ہے اور اس کے بعد اس تاریخ کو تسلسل کے ساتھ یشوع،قضاۃ، 1-سیموئل، 2-سیموئل، 1-سلاطین اور 2-سلاطین کی ترتیب میں بیان کر تا چلا گیا ہے ۔پھر وہ تاریخ کا ڈرامائی اختتام بیان کر تا ہے کہ کاہن خلقیاہ کو

طومار دریافت ہوا جس میں یوسیاہ پیشگوئی کا صریح مصداق نظر آتا ہے ۔ان تمام باتوں میں مصنف کا سیلا سے تعلق کہیں نظر نہیں آیا ۔نہیں، ایسا نہیں ہے ۔

استثنا ئ تاریخ نگار دراصل سیلا کے کاہنوں سے براہ راست وابستہ ہے ۔ اولاً ،استثنا کا تاریخ نگار ہارونی کہانت کی طرف ایسی ہی ناپسندیدہ نظر رکھتا ہے جیسی کہ سیلا کے کاہن رکھتے تھے ۔اپنی تمام بیان کردہ تاریخ میں وہ دو مرتبہ حضرت ہارون کا تذکرہ کرتا ہے ۔ایک مرتبہ یہ کہ ان کا انتقال ہو گیا اور دوسری مرتبہ یہ کہ خدا ہارون سے اتنا غصہ ہوا کہ سونے کے بچھڑے والے واقعہ میں اس کو ہلاک کر نا چاہا:

> اور خداوند ہارون سے ایسا غصہ ہوا کہ اسے ہلاک کر نا چاہا پر میں نے اس وقت ہارون کے لئے بھی دعا کی (استثنا 9:20)

یہ تاریخ نگار برص سے سفید مریم کا واقعہ بھی بتاتا ہے جس میں ہارون نے غلط کام کیا اور یہ کہ خدا اس سے ناراض ہوا ۔ ثانیاً ،یہ مصنف اور اس کا ہیرو یوسیاہ سیلا کے کاہنوں کی حضرت سلیمان اور یربعام کی مخالفت کے نقطۂ نظر میں ہم آہنگ ہیں ۔یہ دونوں وہ بادشاہ ہیں جنہوں نے سیلا کے کاہن کی اختیارات سلبی کی اور علاقہ بدر کیا یا غیر لاوی کاہن مقرر کئے ۔حضرت سلیمان کے حوالے سے آخری عمر میں جو گناہ اس مصنف نے منسوب کئے تھے وہ ہم پہلے نقل کر چکے ہیں ۔یہ تمام واقعات لکھنے کے بعد تاریخ کے آخری حصے میں شاہ یوسیاہ کی مذہبی تجدید میں ان بُت کدوں کو مسمار کر نا بھی شامل تھا جو مصنف کے بقول حضرت سلیمان نے تعمیر کئے تھے:

> اور بادشاہ نے ان اونچے مقاموں پر نجاست ڈلوائی جو یروشلم کے مقابل کوہ آلایش کی داہنی طرف تھے جن کو اسرائیل کے بادشاہ سلیمان نے صیدانیوں کی نفرتی عستارات اور موآبیوں کے نفرتی کموس اور بنی عمون کے نفرتی ملکوم کے لئے بنایا تھا ۔اور اس نے ستونوں کو ٹکڑے ٹکڑے کر دیا اور یسیرتوں کو کاٹ ڈالا اور ان کی جگہ میں مردوں کی ہڈیاں بھر دیں (2۔سلاطین 23:13)

یہ سب تو اس نے حضرت سلیمان کے بارے میں لکھا لیکن اس نے تقسیم شدہ ریاست میں اسرائیل کے پہلے بادشاہ یربعام پر بھی سخت

تنقید کی ۔یربعام نے دان اور بیت ایل میں اونچے مقام بنا کر سونے کے بیل نسب کئے تھے ۔ان میں سے کم از کم بیت ایل کے اونچے مقام کو یوسیاہ نے مسمار کر دیا۔ اس واقعہ کو ہم یوسیاہ کے بیان میں اوپر نقل کر چکے ہیں ۔سیلا کا کاہن یوسیاہ سے اس سے زیادہ اور کیا مانگ سکتا تھا یوسیاہ نے تین صدی پہلے جو کچھ بھی زیادتیاں اس کاہنی خاندان کے ساتھ کی گئی تھیں ان کا ازالہ کر دیا تھا ۔اس مصنف نے یوسیاہ کو اس طرح پیش کیا کہ تین سو سال کی تاریخ اپنے بہترین مقام پر آ پہنچی تھی ۔

یرمیاہ نبی

اس تاریخی سلسلہ میں ایک اور شخص بھی ملتا ہے جس کا یوسیاہ اور استثنائی تاریخ نگار سے قریبی تعلق نظر آتا ہے ۔اس شخص کا ان سے تعلق سیلا کے کاہن سے وابستگی کو مزید تقویت پہنچاتا ہے اور ہمیں مزید ایک قدم قریب لاتا ہے اس سوال کے جواب سے کہ یہ تاریخ نگار کون تھا؟ یہ شخص یرمیاہ ہے ۔ کتاب یرمیاہ بتاتی ہے کہ یہ نبی شاہ یوسیاہ کو پسند کرتا ہے اور یہ کہ اس نے اپنی نبوّت کی زندگی یوسیاہ کے دور میں شروع کی:

یرمیاہ بن خلقیاہ کی باتیں جو بنیمین کی مملکت میں عنتوتی کاہنوں میں سے تھا ۔جس پر خداوند کا کلام شاہ یہوداہ یوسیاہ بن امون کے دنوں میں اس کی سلطنت کے تیرھویں سال میں نازل ہوا (یرمیاہ 1:1)

اسی طرح یوسیاہ کے ہلاک ہو جانے پر نوحہ لکھنے والا بھی یرمیاہ تھا (2تواریخ 35:25)یوسیاہ کے معاون ،جنہوں نے تورات کی دریافت کا انکشاف کیا تھا ، یرمیاہ کا ان سے بھی تعلق تھا ۔ یاد کریں کہ سردار کاہن خلقیاہ نے تورات دریافت کی اور یوسیاہ کا سکریٹری سافن اس تورات کو یوسیاہ کے پاس لایا اور اس کو پڑھ کر سنایا ۔اس واقعہ میں دو افراد کے نام سامنے آئے: ایک سردار کاہن خلقیاہ اور دوسرا یوسیاہ کا سکریٹری سافن۔ ذیل میں درج ہونے والی تفصیل اہم ہے اور قارئین کی توجہ کی مقتضی تاکہ بعض نکات کا سمجھنا سہل ہو سکے ۔

اس واقعہ کے پچیس تیس سال بعد جب یروشلم برباد ہو گیا اور بنی اسرائیل جلا وطن ہو گئے تب یرمیاہ نے جلاوطنوں کو خط لکھا ۔ اس خط کو لے جانے والے کون تھے؟ ایک العاسہ بن سافن اور دوسرا جمریاہ بن خلقیاہ (یرمیاہ 29:3)یعنی ایک کاہن خلقیاہ کا بیٹا جمریاہ اور دوسرا سافن سکریٹری کا بیٹا العاسہ۔

یرمیاہ نے یوسیاہ کے بیٹے شاہ یہو یقیم کے خلاف کچھ پیشگوئیاں لکھیں ان کو جمریاہ ،سافن کا بیٹا،کے گھر میں پڑھ کر سنائی گئیں(یرمیاہ 36:10)۔جمریاہ یرمیاہ کی زندگی کے نازک لمحات میں اس کے ساتھ کھڑا ہوا ۔اسی طرح ایک موقع پر یرمیاہ کو مخالفوں نے پتھروں سے ہلاک کرنے کی کوشش کی تو سافن کے ایک اور بیٹے

اخیقام نے اس کو بچایا (یرمیاہ 26:24)۔کئی سال بعد جب بابل کے نبو کد نضر نے یروشلم فتح کر لیا تھا تو سکریٹری سافن کے پوتے جمریاہ(یہ سافن کے بیٹے اخیقام کا بیٹا تھا اور اس کو اپنے چچا کا نام دیا گیا تھا)کو یہودیہ کا گورنر بنایا تھا ۔اسی نے گورنر بننے کے بعد یرمیاہ کو اپنی پناہ میں لیا تھا (یرمیاہ 39:14)۔ان تمام باتوں سے واضح ہوتا ہے کہ یرمیاہ یوسیاہ کا حمایتی اور ان لوگوں سے قریبی تعلق رکھتا تھا جو تورات کی دریافت میں شامل تھے ۔لیکن ان باتوں سے یرمیاہ کا سیلا سے کیا تعلق بنتا ہے؟

اولاً ،یہ کہ یرمیاہ واحدنبی ہے جو چار مرتبہ اپنی کتاب میں سیلا کا ذکر کرتا ہے (یرمیاہ 41:5،26:6،7:12)۔ثانیاً، یرمیاہ سیلا کو وہ مقام دیتا ہے جہاں "خدا نے اپنا نام رکھا" جو استثنائی تاریخ میں عبادت و قربانی کے مرکزی مقام کے لئے استعمال کی گئی علامت ہے (یرمیاہ 7:12)۔ثلاثاً، یہ کہ آخری بات جو سیلا کے کاہن کے متعلق سنی گئی وہ حضرت سلیمان کا سردار کاہن ابیاتر کو جلاوطن کر کے عنتوت منتقل کر دیا گیا تھا ۔لیکن سیلا کے کاہن کا عنتوت کا پابند کیا جانا ایک طرف اور یرمیاہ اور وہ کتاب جو خلقیاہ کاہن نے دریافت کی دوسری طرف، ان کا کیا باہمی تعلق ہو سکتا ہے ؟

قارئین کے لئے غور طلب بات یہ ہے کہ کتاب یرمیاہ پہلا جملہ، جو پیشتر نقل کیا، ہی بتاتا ہے: "یرمیاہ کی باتیں جو خلقیاہ کا بیٹا جو عنتوت میں کاہن تھا"۔ دیکھا جا سکتا ہے کہ یرمیاہ جو خود کاہن اور یوسیاہ کا حمایتی تھا ، خلقیاہ کاہن کا بیٹا تھا اور اس دوسرے، سکریٹری سافن،کا بھی قریبی تھا جنہوں نے یوسیاہ کے لئے تورات دریافت کی تھی - یرمیاہ جس نے سیلا کو ماضی کی عظیم عبادت گاہ قرار دیا وہ عنتوت کا کاہن تھا اور اس کا باپ خلقیاہ بھی کاہن تھا جس کو تورات ملی تھی ۔عنتوت کے رہنے والے بنی ہارون تھے اور یرمیاہ کو جان سے مارنے کے خواہاں تھے :

> اس لئے خداوند فرماتا ہے عنتوت کے لوگوں کی بابت جو یہ کہہ کر تیری جان کے خواہاں ہیں کہ خداوند کا نام لے کر نبوّت نہ کر تاکہ تو ہمارے ہاتھ سے نہ مارا جائے (یرمیاہ 11:21)

یرمیاہ واحد کاہن ہے جو حضرت موسیٰ کے پیتل کے سانپ کا تذکرہ کرتا ہے (یرمیاہ 8:17)۔حضرت موسیٰ کا پیتل کے سانپ کا ذکر

ورنہ صرف E تحریر میں ملتا ہے جو سیلا کے کاہنوں کا کام تھا ۔شاہ حزقیاہ نے اس سانپ کو توڑ دیا تھا ۔یہ عمل سیلا کے کاہنوں کے لئے بہت بڑا دھچکا ثابت ہوا ہو گا ۔اس سانپ کے واقعہ کو بتانے والے یہی سیلا کے کاہن تھے اور انہوں نے حضرت موسیٰ کو اپنی تحریر میں نمایاں حیثیت دے رکھی تھی اور بہت ممکن ہے کہ وہ حضرت موسیٰ کی اولاد میں سے ہوں ۔شاہ یوسیاہ جو سیلا کے کاہنوں کا محبوب بادشاہ تھا اس کا پیتل کے سانپ کے ساتھ مختلف تعلق نظر آتا ہے ۔پیتل کے سانپ کے لئے عبرانی لفظ نہشتان استعمال کیا گیا تھا ۔یوسیاہ نے اپنے بیٹے کی شادی جس خاتون سے کی اس کا کوئی تعلق سیلا کے کاہنوں سے ہو اس لئے کہ اس کا نام نحشتا رکھا گیا تھا (2۔سلاطین 24:8)۔یرمیاہ واحد نبی یا کاہن ہے جو سیلا کی اور حضرت موسیٰ کے پیتل کے سانپ کی بات کرتا ہے۔اس کے علاوہ واحد شخص ہے جو سیموئل نبی کا تذکرہ کرتا ہے جو سیلا کی تاریخ کی عظیم ترین شخصیت تھی ۔کتاب یرمیاہ سیموئل اور حضرت موسیٰ کو تاریخ کی دو عظیم شخصیات کے طور پر پیش کر تی ہے (یرمیاہ 15:1)۔

یہ تمام شواہد تجویز کر تے ہیں کہ تورات کی کتاب استثنا کی شریعت سیلا کے رہائشی کاہنوں کی ترتیب شدہ ہے اور ساتھ میں یہ بھی کہ استثنائی تاریخ جو بائیبل کی سات کتابوں پر مشتمل ہے اور کتاب یرمیاہ کا کم از کم کچھ حصہ ایک ہی گروہ کا تحریر کردہ ہے ۔

Eاور D

دونوں E اور D اس پہاڑ کا نام،جہاں حضرت موسیٰ اور بنی اسرائیل گئے،چودہ مرتبہ اپنی تحریروں میں حورب بتاتی ہیں جبکہ J اور P تحریریں بیس مقامات پر اس کو کوہ سینا لکھتی ہیں ۔

دونوں E اور D تحریریں اہم جملہ استعمال کرتی ہیں "وہ مقام جہاں خدا اپنا نام رکھے" یا پھر "جہاں اس کا نام لیا جائے "جبکہ J اور P میں یہ اصطلاح سرے سے استعمال نہیں ہوئی ۔ دونوں E اور D تحریریں حضرت موسیٰ کو نہ صرف ایک بہت عظیم شخصیت بتاتی ہیں بلکہ وہ تاریخ کے اہم موڑ پر ظاہر ہوئے اور تنہا تاریخ کو بدل دینے کا مقام حاصل کیا ۔ان کی شخصیت بڑی احتیاط اور بڑی گہرائی کے ساتھ مرتب کی گئی ۔ یہ حیثیت J اور P میں نہیں پائی جاتی ۔ دونوں E اور

D تحریریں نبی کے کردار کو اہم گردانتی ہیں اس لئے کہ ان کے ہیرو حضرت موسیٰ، سیموئل، اخیاہ اور یرمیاہ نبی ہیں ۔ لفظ نبی صرف ایک مرتبہ P تحریر میں ملتا ہے اور J میں نہیں پایا جاتا ۔دونوں E اور D تحریریں لاویوں کو نمایاں مقام دیتے ہیں ۔ J میں لاوی منتشر کئے گئے اس لئے کہ لاوی نے سکم کے لوگوں کا قتلِ عام کیا تھا جبکہ P میں بنی لاوی بنی ہارون کاہنوں سے علیحدہ اور کم تر درجہ میں شمار کئے جاتے ہیں۔ دونوں E اور D تحریریں ہارون کو سونے کے بچھڑے اور برص زدہ مریم کے واقعات کے باعث برا قرار دیتے ہیں جبکہ یہ دونوں واقعات J اور P میں تحریر نہیں ہیں ۔

کیا D مصنف P تحریر سے واقف تھا؟

D مصنف P تحریر سے بخوبی واقف تھا ۔ P مصنف کتاب احبار میں قربانی کے قوانین کے متعلق تفصیلاً لکھتا ہے کس قسم کے جانور قربانی کے لئے استعمال ہو سکتے ہیں،کس نوعیت کی قربانیاں پیش کی جا سکتی ہیں اور بتاتا ہے کب اور کیسے قربانی پیش کی جائے ۔ پھر اختتام پر لکھتا ہے:

> سوختنی قربانی اور نظر کی قربانی اور خطا کی قربنی اور جرم کی قربانی اور تخصیص اور سلامتی کے ذبیحہ کے بارے میں شرع یہ ہے ۔ جس کا حکم خداوند نے موسیٰ کو اس دن کوہ سینا پر دیا جس دن اس نے بنی اسرائیل کو فرمایا کہ سینا کے بیابان میں خداوند کے حضور اپنی قربانیاں گزرانیں(احبار 7:37)

یہ کثیر اقسام کی قربانیاں پیش کرنے سے عام فرد تو کسی نوعیت کی بھلائی کی امید یا دل کا اطمینان حاصل کر سکتا ہے لیکن قربانی کے مال کا مستحق صرف بنی ہارون ہیں ۔ P مصنف کی اس معاملے میں تصریح بہت واضح ہے:

> پھر خداوند نے ہارون سے کہا دیکھ میں نے بنی اسرائیل کی سب پاک چیزوں میں سے اٹھانے کی قربانی تجھے دے دیں ۔میں نے ان کو تیرے ممسوح ہونے کا حق ٹھہرا کر تجھے اور تیرے بیٹوں کو ہمیشہ کے لئے

دیا ۔سب سے پاک چیزوں میں سے جو کچھ آگ سے بچایا جائے وہ تیرا ہو گا ۔ان کے سب چڑھاوے یعنی نظر کی قربانی اور خطا کی قربانی اور جرم کی قربانی جن کو وہ میرے حضور گزرانیں وہ تیرے اور تیرے بیٹوں کے لئے نہایت مقدس ٹھہریں ۔اور تو ان کو نہایت مقدس جان کر کھانا ۔مرد ہی مرد ان کو کھائیں

اور اپنے ہدیہ میں سے جو کچھ بنی اسرائیل اٹھانے کی قربانی اور ہلانے کی قربانی کے طور پر گزرانیں وہ بھی تیرا ہی ہو گا ۔ان کو میں تجھ کو اور تیرے بیٹوں بیٹیوں کو ہمیشہ کے حق کے طور پر دیتا ہوں ۔تیرے گھرانے میں جتنے پاک ہیں وہ ان کو کھائیں ۔ اچھے سے اچھا تیل اور اچھی سے اچھی مئے اور اچھے سے اچھا گیہوں یعنی ان چیزوں میں سے جو کچھ وہ پہلے پھل کے طور پر خداوند کے حضور گزرانیں وہ سب میں نے تجھے دیا۔ ان کے ملک کی ساری پیداوار کے پہلے پکے پھل جن کو وہ خداوند کے حضور لائیں تیرے ہوں گے ۔تیرے گھرانے میں جتنے پاک ہیں وہ ان کو کھائیں ۔ بنی اسرائیل کی ہر ایک مخصوص کی ہوئی چیز تیری ہو گی ۔

ان جانداروں میں سے جو وہ خداوند کے حضور گزرانتے ہیں جتنے پہلوٹھی کے بچے ہیں خواہ وہ انسان کے ہوں خواہ حیوان کے وہ سب تیرے ہوں گے پر انسان کے پہلوٹھوں کا فدیہ لے کر ان کو ضرور چھوڑ دینا اور ناپاک جانوروں کے پہلوٹھے بھی فدیہ سے چھوڑ دئے جائیں ۔اور جن کا فدیہ دیا جائے وہ جب ایک مہینہ کے ہوں تو ان کو اپنی ٹھہرائ ہوئی قیمت کے مطابق مقدس کی مثقال کے حساب سے جو بیس جیرے کی ہوتی ہے چاندی کی پانچ مثقال لے کر چھوڑ دینا۔ لیکن گائے اور بھیڑ بکری کے پہلوٹھوں کا فدیہ نہ لیا جائے ۔وہ مقدس ہیں ۔تو ان کا خون مذبح پر چھڑکنا اور ان کی چربی آتشیں قربانی کے طور پر جلا دینا تاکہ وہ خداوند کے حضور راحت انگیز خوشبو ٹھہرے ۔اور ان کا گوشت تیرا ہو گا جس طرح ہلائ ہوئی قربانی کا سینہ اور دہنی ران تیری ہیں۔ جتنی مقدس چیزیں بنی اسرائیل اٹھانے کی قربانی کے طور پر خداوند کے حضور گزرانیں ان سبھوں کو میں نے تجھے اور تیرے بیٹے بیٹیوں کو ہمیشہ کے حق کے طور پر دیا (گنتی 18:8)

P تحریر کا طویل اقتباس تحریر کیا تاکہ قارئین کو واضح ہو جائے کہ کئی طرح کی نذر، منتوں، جرم اور خطا کے ساتھ ساتھ زراعت کے پہلے پھل اور مویشیوں کے پہلوٹھے یہاں تک کہ ناپاک جانور یعنی گدھے، گھوڑے وغیرہ تک کے پہلوٹھے بغیر قربانی دئیے نہیں چھوڑے گئے ۔ انکے اپنے پہلوٹھے بیٹوں کا فدیہ بھی سکہ رائج الوقت

کی صورت میں ادا کرنا ہوگا اور وہ سب بنی ہارون کو دیا جب تک کہ یہ دنیا اور یہ اولاد قائم ہے -

یہ اقتباس محض تحریر نہیں بلکہ وہ شریعت ہے جو خدا نے حضرت موسیٰ کے توسط سے بنی اسرائیل کو دی۔ اس شریعت کے کوئی آثار بنی اسرائیل کی خروج مصر سے چھ صدی بعد تک کہیں نہیں ملتے سوائے شاہ حزقیاہ کے دور میں - یرمیاہ اس قانون پر اپنا تاثر کس طرح ظاہر کرتا ہے؟

> کیونکہ جس وقت میں تمہارے باپ دادا کو ملک مصر سے نکال لایا ان کو سوختنی قربانی اور ذبیحہ کی بابت کچھ نہیں کہا اور حکم نہیں دیا (یرمیاہ 7:22)

بالفاظ دیگر یرمیاہ کہہ رہا ہے کہ P تورات جھوٹی ہے ۔یرمیاہ J/E تحریریں پسند کرتا ہے - اس کی کتاب استثنا میں تمام واقعات J/E تحریروں سے ہی لکھے گئے ہیں ،سوائے ایک واقعہ کے ۔جب وہ بڑی بغاوت کا حوالہ دیتا ہے تو صرف داتن اور ابیرام کا نام لیتا ہےجو J تحریر میں ولن تھے:

> اور داتن اور ابیرام کا جو الیاب بن روبن کے بیٹے تھے کیا حال بنایا کہ سب اسرائیلوں کے سامنے زمین نے اپنا منہ پسار کر ان کو اور ان کے گھرانوں اور خیموں اور ہر ذی نفس کو جو ان کے ساتھ تھے نگل لیا (استثنا 11:6)

لیکن یرمیاہ قورح کا نام شامل نہیں کرتا جو P کا ولن تھا - جب وہ حضرت موسیٰ کے فلسطین جاسوس بھیجنے کا حوالہ دیتا ہے تو پسندیدہ جاسوس کے لئے کالب کا نام لیتا ہے لیکن یشوع کا نام نہیں لکھتا جو P کا اضافی ہیرو ہے (استثنا 1:36)یرمیاہ نے کتاب استثنا میں تمام حوالے صرف J اور E کے دئے سوائے ایک کے - وہ ایک واقعہ P کا جاسوس بھیجنے کا واقعہ ہے - P تحریر کے اس واقعہ میں جاسوس فلسطین کی سرزمین دیکھ کر واپس آئے اور مایوسی کا اظہار کیا ۔لوگوں نے بھی شکایت کی کہ مصر واپس جانا ہی بہتر ہے :

> خداوند کیوں ہم کو اس ملک میں لے جا کر تلوار سے قتل کرانا چاہتا ہے؟پھر تو ہماری بیویاں اور بال بچے لوٹ کا مال ٹھہریں گے ۔کیا ہمارے لئے بہتر نہ ہوگا کہ ہم مصر کو واپس چلے جائیں (گنتی 14:3)

قوم کی اس بزدلی اور نافرمانی اور مصر کی غلامی کی زندگی زیادہ قابلِ قبول ہونے پر خدا کا مناسب ردعمل جو P میں سامنے آیا وہ:

> اور تمہارے بال بچے جن کی بابت تم نے یہ کہا کہ وہ تو لوٹ کا مال ٹھہریں گے ان کو میں وہاں پہنچاؤں گا (گنتی 14:31)

یرمیاہ جب جاسوسوں کا واقعہ تحریر کرتا ہے تو P کا یہ جملہ لفظ بہ لفظ لکھتا ہے:

> اور تمہارے بال بچے جن کے بارے میں تم نے کہا تھا کہ لوٹ میں جائیں گے یہ وہاں جائیں گے اور یہ ملک میں انہیں کو دوں گا اور یہ اس پر قبضہ کر یں گے (استثنا 1:39)

"بال بچے لوٹ کا مال ٹھہریں گے" صرف P کی تحریر میں لکھا گیا تھا ۔ یہ ایک بہت بڑا واقعہ تھا اس لئے کہ قوم کے اس جواب کی بنیاد پر ہی ان کو چالیس سال بیابان میں ہلاک ہونے اور نئی نسل پروان چڑھانے کی سزا ملی تھی ۔ یرمیاہ کا کتاب استثنا میں یہ جملے لفظ بہ لفظ دہرانا بتاتا ہے کہ وہ P تحریر سے بخوبی واقف تھا ۔ وہ P سے کتنا ناراض تھا اس کا اندازہ ایک ایسے غیر معمولی جملہ سے کیا جاسکتا ہے جو وہ اپنی کتاب میں لوگوں سے کہتا ہے:

> تم کیونکر کہتے ہو کہ ہم تو دانش مند ہیں اور خداوند کی شریعت ہمارے پاس ہے؟ لیکن دیکھ لکھنے والوں کے باطل قلم نے بطالت پیدا کی ہے (یرمیاہ 8:8)

یرمیاہ کا شریعت کے متعلق یہ لکھنا حیرت انگیز ہے ۔ اس نے بہت سخت الفاظ استعمال کئے ہیں ۔یرمیاہ کہتا ہے کہ جو تورات لوگوں کے پاس ہے وہ جھوٹی ہے ۔یہ کون سی تورات ہے؟ وہ P تحریر پر حملہ آور ہے ۔ وہ حضرت موسیٰ کے بقول کہہ چکا تھا کہ خدا نے بیابان میں قربانی کا کوئی حکم نہیں دیا ۔ وہ J اور E تحریروں پر حملہ نہیں کرتا ۔ اس نے کتاب استثنا میں تمام واقعات انہی دو مآخذ تحریروں سے لئے اور ان میں کہیں معمولی سی بھی گنجائش J اور E کے خلاف نظر نہیں آتی ۔ یہ قابلِ تعجب بات نہیں کہ یرمیاہ P تورات کے متعلق اتنا زیادہ غصہ میں ہے ۔ P مصنف نے اس کے ہیرو حضرت موسیٰ پر حملہ کیا ۔ P کی شریعت نے اس کو اور اس کے خاندان کو کہانت کے اعزاز

سے خارج کیا اور مذہبی خدمات کی تمام آمدنی اپنے گھرانے کے لئے مخصوص کر لی۔ حضرت ہارون کو حضرت موسیٰ کے برابر لا کھڑا کیا (جگہ جگہ موسیٰ کی لاٹھی کو ہارون کی لاٹھی لکھا یا خدا نے موسیٰ اور ہارون سے فرمایا، وغیرہ)۔

D کے قوانین اور تاریخی واقعات

جن حالات میں D تحریر کے مصنف نے خود کو گھرا پایا انہی حالات کے زیرِ اثر آخر کار D کے شرعی قوانین (تورات) اور تاریخی واقعات بھی تحریر ہوئے ۔ بالکل اسی طرح جیسے J,E اور P اپنے حالات سے متاثر تھے ۔ D کی استثنائی تاریخ ، اپنی مجموعی حیثیت میں، ایک قدیم کاہنی خاندان کے لئے ،جو کئی نسلوں پر پھیلے انتشار کا شکار تھے ،ایک مضبوط نفسیاتی وابستگی اور اچھے مستقبل کی امید دکھاتی ہے ۔یہ اچھے دن یوسیاہ کے دنوں میں آ پہنچے جب یوسیاہ کی بادشاہت میں اس خاندان کے کسی فرد کو عزت اور اختیارات کا مقام مل گیا ۔

اس بات پر کسی کو تعجب نہ ہو کہ سیلا کا کوئی کاہنی خاندان جو تین صدیوں سے مذہبی اقتدار سے محروم ہو اس نے اپنی شناخت اتنے طویل عرصہ قائم رکھی ۔سیاسی یا شاہی خاندان سے براہ راست وابستہ لوگوں نے اپنی شناخت اکثر بہت طویل عرصہ برقرار رکھی ہے اور انسانی تاریخ میں جگہ جگہ ایسے سراغ ملتے ہیں ۔یہودیوں میں آج بھی لاویوں یا دوسرے قبائل کی شناخت قائم ہے ۔مسلمانوں میں اور دوسری اقوام میں بھی یہ عام بات ہے ۔بنی اسرائیل میں بھی کہانت کا ادارہ نسلی بنیادوں پر قائم ہوا تھا ۔پھر سیلا کے کاہن امکانی طور پر حضرت موسیٰ کے عظیم خاندان سے تھے اور ان کا اپنے خاندانی نام کی حفاظت کرنا ایک قدرتی امر تھا ۔علاوہ ازیں یہ کہ سیلا کے کاہنی خاندان کے ساتھ ماضی میں جو معاملات رہے وہ ان کی تحریروں میں نمایاں پیچیدگیوں کا سبب بنے ہیں ۔مثال کے طور پر عہد کے صندوق کا E یا D کے شرعی قوانین کی فہرست میں ذکر نہیں ہے ۔یہ دونوں تحریریں ان وقتوں میں لکھی گئیں جب سیلا کے کاہنوں کو یروشلم میں داخلہ پر پابندی تھی اور عہد کا صندوق وہیں ہیکل میں تھا ۔

باب 9

استثنائی تاریخ کی تخلیق

شاہ یوسیاہ کے عہد میں مصنف کو پچھلے وقتوں کی تاریخ کی مختلف دستاویزات میسر تھیں ۔اس کا اصل مسئلہ اس کے اپنے زمانے کے اور اپنے خاندانی طبقے کے حالات تھے ۔اس کے پاس E تحریر موجود تھی اور کم از کم اس تحریر کی وجہ سے وہ J تحریر سے واقف تھا ۔ وہ E تحریر میں حضرت موسیٰ کے توسط سے دی گئی شریعت سے واقف تھا جو (خروج 20:22) سے اگلے تین ابواب میں بیان ہوئی ۔وہ P تحریر سے یا کم از کم اس تحریر کی نوعیت اور اس کے مجموعی پیغام سے واقف تھا ۔وہ P کی تحریر کردہ شریعت سے واقف تھا اور بعض کاہنی معاملات میں معمولی اتفاق بھی نہیں کر سکتا تھا ۔اس کی نظر میں P تحریر کے مجموعی پیغام کی رد اور ایک متبادل شریعت کا لکھا جا نا سب سے ضروری کام تھا ۔اس نے فیصلہ کیا کہ اپنے بہت قدیم اجداد کو اپنی تحریر میں شامل کر نے کے بجائے اپنی تاریخ کو اپنی قوم کے اس بزرگ سے شروع کرے جس کے توسط سے شریعت حاصل ہوئی اور جس کی بدولت اس کی قوم فلسطین میں دیکھی جاتی ہے ۔

اس نے حضرت موسیٰ کا وفات سے قبل اسرائیلی قوم سے آخری کتاب کے انداز میں ان کی تعلیم اور E میں موجود شریعت کو نئے الفاظ میں اور ایسے احکامات کے اضافہ کے ساتھ بیان کیا جو اس کی نظر میں وہ مسائل حل کر سکتے تھے جن سے اسکے گروہ کا سابقہ تھا ۔اس طرح حضرت موسیٰ کی آخری تقریر میں بنی اسرائیل کی چالیس سالہ صحرائی زندگی اور شریعت کے بیان کو ایک کتاب میں ترتیب دے دیا جو کتاب استثنا کے نام سے تورات کی پانچویں کتاب بن گئی ۔اس کے بعد اس نے وہ تحاریر لیں جو اس کی قوم کی فلسطین آمد پر مشتمل تھیں ۔حضرت موسیٰ کے خلیفہ یشوع کے واقعات، فلسطین کے پہلے شہر یریحو کی فتح اور دوسری حربی مہمات کے بیان کے شروع اور اختتام پر کچھ جملے اس طرح ملائے کہ پڑھنے والا ایک مخصوص

پیغام اخذ کر سکے ۔یہ اس کی بائیبل کی کتاب یشوع بن گئی ۔اس نے اگلے گروپ کی تحریروں کے ساتھ بھی یہی معاملہ کیا جو اسرائیل میں بادشاہت سے پہلے کا قبائلی دور تھا ۔یہ بائیبل کی کتاب قضاۃ بن گئی ۔اس کے بعد سیلا میں سیموئل نبی کے واقعات جو طالوت اور حضرت داؤد کے واقعات پر مبنی تھے، یہ کتاب 1۔سیموئل بن گئی ۔پھر اس نے حضرت داؤد کے دربار کے واقعات ایک کتاب میں جمع کئے جو کتاب 2۔سیموئل بن گئی ۔اس کے بعد کے زمانوں کے لئے اس کو کئی الگ الگ تحریریں میسر تھیں جو ان بادشاہوں کے متعلق تھیں جو حضرت داؤد کے بعد آئے تھے ۔اس نے حضرت داؤد کی وفات سے لے کر یوسیاہ تک کے واقعات کو تاریخ کے زمانی تسلسل میں کتابی شکل میں واپس ترتیب دیا ۔اور یہ دورانیہ بائیبل کی کتاب 1۔سلاطین اور 2۔سلاطین بن گئیں ۔

بائیبل کی استثنائی تاریخ اس طریقے پر مرتب کئے جانے کا یہ تصوّر بالکل ممکنات میں سے ہے ۔واقعات کے بیان کو زمانی تسلسل دینے کے لئے اس نے منتخب مقامات پر چند اضافی جملے داخل کئے ۔ان اضافوں کے ذریعے اپنی قوم کی چھ سو سالہ تاریخ کو ایک زمانی تسلسل دے دینا یقیناً اس کی بڑی ہنرمندی تھی ۔لیکن کہیں زیادہ اہم اور قابلِ ستائش بات یہ کہ کمال ذہانت سے چیدہ مقامات پر چند جملے داخل کر دینے سے اس نے تمام تاریخ کو ایک مخصوص ساخت اور سمت دے دی ۔ذیل میں ایسے چند مقامات کی نشاندہی کی جاتی ہے ، طوالت کے باعث ان کو نقل کرنا ممکن نہیں ہے، اس لئے بائیبل کے صرف حوالہ جات ہی درج ہو سکتے ہیں ۔

مصنف نے جو سطور کتاب یشوع میں اضافہ کیں وہ بلترتیب خدا کا یشوع سے ابتدائی خطاب جب یشوع نے حضرت موسیٰ کے بعد اپنی جدوجہد کا آغاز کیا (یشوع 1:1-9)۔اسکے بعد جب کوہ عیبال پر ایک قومی عہد نامہ کی تقریب جس کی قیادت یشوع کر رہے تھے (یشوع 8:30-35)۔تیسرا موقع جب وہ بنی اسرائیل کے اڑھائی قبیلوں کو انکی میراث پر لوٹ جانے کی اجازت دے رہے تھے (یشوع 22:5)۔چوتھی مرتبہ جبکہ یشوع نے تمام بنی اسرائیل کو جمع کیا اور اپنے انتقال سے قبل آخری خطاب کیا (یشوع 23:1-16)۔

قارئین بائیبل کے ان چاروں مقامات پر توجہ کریں تو بآسانی محسوس کریں گے کہ یہاں تاریخی واقعات کا تسلسل ٹوٹ جاتا ہے

اور یہاں مدخولہ سطور بنی اسرائیل کو حضرت موسیٰ کی شریعت کی طرف متوجہ کر تی ہیں اور نمایاں کرتی ہیں کہ یشوع نے شریعت لفظ بہ لفظ انکو سنائی اور انکو پتھروں پر کھدوادیا۔ ان اضافی جملوں کے ذریعے ان کو تنبیہ ہے کہ قوم کا مستقبل اس شریعت کی اطاعت پر منحصر ہے۔

کتاب قضاۃ کے اضافے بتاتے ہیں کہ لوگوں نے شریعت کی اطاعت چھوڑ دی اور دوسرے دیوتاؤں کا رخ کیا جس پر خدا نے انہیں دوسروں کے قبضے میں کر دیا ۔ان پر لوٹ مار ہوئی اور نقصانات پہنچا کر تنگ کر دیا ۔تب انہوں نے خدا سے معافی کی درخواست کی تو خدا نے ان کو معاف کردیا اور ان کے لئے ایسے قاضی مہیا کئے جنہوں نے ان کو بچایا ۔(قضاۃ2:11-23) سے (قضاۃ3:1-11)۔یعنی لوگوں کا خدا سے باغیانہ پن، شکست و مغلوبیت، شرمساری اور پھر معافی کا یہ ایسا پیٹرن بن گیا جس میں کتاب قضاۃ کے تمام واقعات فٹ بیٹھ گئے ۔مصنف نے کتاب قضاۃ کے واقعات کے دوران ایک جگہ (قضاۃ10:10-16) پر مختصر اشارات کا اضافہ کیا اپنے پڑھنے والوں کو بتانے کے لئے کہ یہی پیٹرن تاریخ میں اپنا وجود قائم رکھے ہوئے ہے ۔یعنی جب بھی لوگوں نے برے دنوں کا سامنا کیا اس کی وجہ خدا سے بغاوت تھی ۔مذکورہ سطور جو مصنف نے کتاب یشوع یا قضاۃ میں بڑھائیں ان کی شناخت کچھ بہت مشکل نہیں اس لئے کہ ان کو مخصوص جگہوں پر بڑھانے سے اس کا تاریخی بیان کا تسلسل ٹوٹتا ہے اور جہاں سے اضافہ کی سطور ختم ہوتی ہیں وہیں سے تاریخی بیان دوبارہ شروع ہو جاتا ہے ۔اس نکتہ کی وضاحت کے لئے نہ صرف اضافہ بلکہ اس سے پہلے اور بعد کا بھی بیان نقل کر نا درکار ہے جس کی یہ کتاب متحمل نہیں،اس لئے حوالہ جات لکھ دئے ہیں ۔

مصنف نے زیرِ بحث تین کتابوں میں چند سطور کے اضافے سے اپنے مخاطبین کو متوجہ کیا کہ اولاً ،خدا نے اپنے رسول کے ذریعے ہدایات دے دیں ۔ثانیاً ،ان کو متنبہ کر دیا کہ ان کی تقدیر کا انحصار ان ہدایات کی پیروی پر ہے ۔اور ثلاثاً ، انکا تاریخی ریکارڈ اس بات کی تصدیق کر تا ہے کہ کس حد تک ان ہدایات کی اطاعت کی ، کتنا ان سے رو گردانی کی اور کن نتائج کا سامنا کیا ۔اگلی کتاب 1۔سیموئل میں جو جملے مصنف نے بڑھائے وہ صرف چند اور مختصر ہیں ،لیکن بہت موثر ۔کتاب یشوع کی طرح یہاں بھی ان سطور کو ایسے اہم مقامات پر

رکھا جہاں تاریخ کے اہم مواقع پر لوگوں سے خطاب کیا گیا تھا ۔سیموئل نبی کا خطاب جب عہد کا صندوق اس کے مقام پر رکھا گیا یا لوگوں کے مطالبے پر ایک بادشاہ کے تقرر سے پہلے یا بادشاہ کے انعقاد کے بعد جب سیموئل نے ان سے خطاب کیا ۔ہر ایک موقع پر یہی تاکید کہ لوگ خدا کی اطاعت قائم رکھیں (1-سیموئل12:24-25، 12:20-21، 8:8، 7:3-4) -

کتاب 2-سیموئل میں مصنف نے صرف ایک مداخلت کی، حضرت داؤد سے خدا کا غیر مشروط دائمی عہد کہ ان کی سلطنت ان کے گھرانے میں ابد تک قائم کر دی گئی:

> اور میں ایسا کروں گا کہ تجھ کو تیرے سب دشمنوں سے آرام ملے ۔ماسوا اس کے خداوند تجھ کو بتاتا ہے کہ خداوند تیرے گھر کو بنائے رکھے گا ۔اور جب تیرے دن پورے ہو جائیں گے اور تو اپنے باپ دادا کے ساتھ سو جائے گا تو میں تیرے بعد تیری نسل کو جو تیرے صلب سے ہو گی کھڑا کر کے اس کی سلطنت کو قائم کروں گا ۔وہی میرے نام کا ایک گھر بنائے گا اور میں اس کی سلطنت کا تخت ہمیشہ کے لئے قائم کروں گا ۔اور میں اس کا باپ ہوں گا اور وہ میرا بیٹا ہو گا ۔اگر وہ خطا کرے تو میں اسے آدمیوں کی لاٹھی اور بنی آدم کے تازیانوں سے تنبیہ کروں گا ۔پر میری رحمت اس سے جدا نہ ہو گی جیسے میں نے اسے ساؤل سے جدا کیا جسے میں نے تیرے آگے سے دفع کیا ۔اور تیرا گھر اور تیری سلطنت سدا بنی رہے گی ۔تیرا تخت ہمیشہ کے لئے قائم کیا جائے گا (2-سیموئل7:11)-

بائیبل کا یہ اقتباس انتہائی اہم ہے نہ صرف مذکورمصنف کی تحریر سمجھنے کے لئے بلکہ اس لئے بھی کہ یہ اقتباس آگے چل کر بنی اسرائیل کے عقیدے میں "مسیح موعود" میں تبدیل ہوگیا - ہماری کتاب کے حصہ دوئم میں عیسائی عقیدہ کی وضاحت کے لئے یہ مرکزی نکتہ ہے اور کتاب کے حصہ سوئم کا بھی اہم موضوع ہے -

یہاں ہم دیکھ سکتے ہیں کہ خدا کا یہ وعدہ مشروط صرف اس حد تک ہے کہ اگر ان کی اولاد میں سے کوئی خدا کی اطاعت سے غفلت برتے تو منصفانہ سزا کا مستحق ٹھہرایا جائے گا لیکن جہاں تک حضرت داؤد کی سلطنت کا سوال ہے تو وہ تاابد قائم رہے گی ۔اس بیان میں کسی دوسری تفسیر یا تعبیر کی گنجائش نہیں ہے- بےشک انہیں ایک ایسی صالح اولاد کی خوشخبری بھی اس موقع پر دی گئی کہ وہ کسی وقت پیدا ہو گا ، وقت آنے پر خدا کا گھر بنائے گا ،اور وہ خدا کے لئے ایسا ہو گا جیسا باپ بیٹے کے لئے اور بیٹا باپ کے لئے ہوتا ہے -

بائیبل کی اگلی دو کتابوں میں مصنف کا کام زیادہ پیچیدہ تھا ۔اس کو بنی اسرائیل کی دو تقسیم شدہ ریاستوں کے بادشاہوں کا دو علیحدہ تاریخی ریکارڈ دو علیحدہ تصنیفی اداروں کا لکھا گیا دستیاب تھا ۔ان الگ الگ تحریروں سے ایک مسلسل تاریخی بیان ترتیب دینے کے لئے اس نے ایک اور ذہانت کا ثبوت دیا ۔اس نے پہلے یہودیہ کے بادشاہ کی تاریخ نقل کی پھر اس کے بعد اسرائیل کے اس بادشاہ کا ریکارڈ نقل کیا جو یہودیہ کے زیرِ تحریر بادشاہ کے وقتوں میں اسرائیل میں بر سرِ اقتدار تھا ۔اس طریقہ پر اس نے زمانی ترتیب میں دونوں سلطنتوں کے آنے والے تمام بادشاہوں کی تاریخ یکجا طور پر بیان کر دی ۔ دونوں ریاستوں کے واقعات جوڑنے کے لئے جو کلّیہ استعمال کیا وہ یہ کہ اس بادشاہ نے "خدا کی نظر میں اچھا کیا" یا پھر "خدا کی نظر میں برا کیا"۔ اپنے تاریخی بیان میں اس نے صرف وہ واقعات شامل کئے جو اس کی نظر میں اس پیغام کی مطابقت میں تھے جس کی طرف اپنے قاری کو متوجہ کرنے کا وہ خواہاں تھا ۔اس سے زیادہ جاننے کے خواہشمند قارئین کوہر بادشاہ کے واقعات رقم کرنے کے خاتمہ پر ان مآخذ تاریخی کتابوں کو پڑھنے کی ترغیب دیتا ہے جن میں سے خود اسنے اپنا بیان لکھا تھا ۔

مصنف کا اپنے قارئین کو مآخذ تحریروں کی طرف متوجہ کرنے کا عمل بذات خود واضح کر دیتا ہے کہ اس کا اصل ہدف تاریخ بطور تاریخ لکھنا نہیں تھا بلکہ اپنے تاریخی بیان کو ان کے لئے ایک مرکزی مقصد اور پیغام کے ساتھ پروان چڑھا نا تھا ۔اس کے پیغام کے دو مرکزی عناصر تھے ،ایک یہ کہ لوگوں کو خدا کی اطاعت اس شریعت کی اطاعت کے راستے سے ہےجو حضرت موسیٰ کے توسط سے کتاب استثنا میں بیان ہوئی، اور دوسرا عنصر خدا کا حضرت داؤد سے دائمی وعدہ ۔خدا کی اطاعت اور عدم اطاعت کے نتائج کی طرف متوجہ کرنے کے عمل کا تذکرہ اوپر کیا گیا ۔حضرت داؤد کے عہد کی طرف مصنف نے آخری دو کتابوں میں بعض مقامات پر اپنے قاری کو توجہ دلائی ۔ اس وعدہ نے اس کو وہ موقع فراہم کر دیا جس کی بنیاد پر وہ کسی بادشاہ کے غلط کاموں پر تنقید کر سکے یا اچھے کاموں پر ستائش کا مستحق ٹھہرا سکے ۔

دائمی عہد

مغربی دنیا کے جدید محقق داؤدی عہد کے متعلق الجھن کا شکار رہے ہیں اس لئے کہ بعض اوقات کتاب سلاطین میں موجود مدخولہ جملے دائمی سلطنت کی تائید میں ہیں چاہے بادشاہ نے نااہلی دکھائی ہو جبکہ بعض جگہ اس کی عدم تائید کہ بادشاہ اس وقت تک اقتدار رکھے گا جب تک گناہ نہ کرے۔مثلاً یہ عہد ذیل کے الفاظ میں کتاب سلاطین میں درج ہے:

> تیرے آدمیوں سے میرے حضور اسرائیل کے تخت پر بیٹھنے والے کی کمی نہ ہو گی بشرطیکہ تیری اولاد جیسے تو میرے حضور چلتا رہا ویسے ہی میرے حضور چلنے کے لئے اپنی راہ کی احتیاط رکھے (8:25)

اس فقرے میں اس وقت تک ہی اقتدار برقرار رہنے کا امکان بتایا گیا ہے جب تک حضرت داؤد کی اولاد ان کی راہوں پر چلتی رہے یقیناً یہ اس عہد کی ضد میں ہے جو اوپر تحریر کیا گیا تھا یہ مصنف کس طرح دو متضاد باتیں بیان کر سکتا ہے؟ خدا کا عہد مشروط تھا یا غیر مشروط؟ اس کا جواب بہت دلچسپ ہے۔اگر ان تمام مقامات پر داؤدی عہد کے الفاظ کا تجزیہ کریں توجو بات سامنے آتی ہے وہ یہ کہ مشروط عہد تمام اسرائیل یعنی متحدہ ملک کے لئے ہے جبکہ غیر مشروط عہد اس اسرائیلی خطے پر ابدی حکمرانی کا ہے جہاں خدا کا گھر قائم ہے یعنی یہودیہ یا یروشلم۔الفاظ کا یہ معمولی فرق اس مصنف کے لئے معمولی نہیں تھا۔اس کو اس حقیقت کا بہرحال سامنا تھا کہ حضرت داؤد کی بادشاہت متحدہ اسرائیل پر حکومت سے شروع ہوئی لیکن جلد ہی آدھا ملک ہاتھ سے نکل گیا اور صرف یہودیہ میں اپنے ہی قبیلے پر اقتدار سلامت رہ گیا۔اس وجہ سے مصنف نے داؤدی عہد کو دو طرح سے لکھا یہودیہ کا تخت غیر مشروط تھا، داؤد کی نسل میں، ہمیشہ کے لئے لیکن تمام اسرائیل کا تخت اس وقت تک ہی ان کے ہاتھ رہ سکتا تھا جب تک وہ اس کے اہل ثابت ہوتے، جوں ہی اہل ثابت نہ رہے ان سے لے لیا گیا یا وہ کھو بیٹھے۔الفاظ میں اس طرح کے معمولی الٹ پھیر کا مظاہرہ ذیل کے اقتباس میں دیکھا جا سکتا ہے جو حضرت سلیمان کے عہد کے آخری وقتوں میں پیش ہوا۔سیلا سے

ایک نبی ، اخیاہ، یربعام کے پاس آکر اس کو بشارت دیتا ہے کہ خدا نے اسرائیل کے دس قبیلے تیری بادشاہت کے حوالے کئے:

> پھر بھی میں ساری مملکت اس کے ہاتھ سے نہیں لے لوں گا بلکہ اپنے بندہ داؤد کی خاطر جسے میں نے اس لئے چن لیا کہ اس نے میرے احکام اور آئین مانے۔ میں اس کی عمر بھر اسے پیشوا بنائے رکھوں گا ۔پر اس کے بیٹے کے ہاتھ سے سلطنت یعنی دس قبیلوں کو لے کر ان کو تجھ کو دوں گا ۔اور اس کے بیٹے کو ایک قبیلہ دوں گا تاکہ میرے بندہ داؤد کا چراغ یروشلم یعنی اس شہر میں جسے میں نے اپنا نام رکھنے کے لئے چن لیا ہمیشہ میرے آگے رہے (1-سلاطین 11:34)

اس مکمّل تاریخ کا مصنف بتاتا ہے کہ خدا نے اخیاہ نبی کے ذریعے یربعام کو مطلع کیا کہ حضرت سلیمان کے بیٹے سے دس قبیلے اسکے اقتدار میں دئے، اس لئے کہ حضرت سلیمان کے انحراف کے باعث داؤد کا گھرانا اہل نہ رہا ۔ لیکن ایک قبیلہ پھر بھی داؤد کے بیٹے کے ہاتھ رہے گا اس لئے کہ داؤد سے وعدہ ہو چکا ہے اور دوسرے یہ کہ وہاں خدا کا گھر قائم ہے ۔ان اقتباسات سے مصنف کی وعدہ کو مشروط یا غیر مشروط ہونے کی غرض واضح ہو جاتی ہے ۔تاہم قاری کی مزید وضاحت کے لئے یہ مصنف یربعام کو بھیجے گئے اسی پیغام میں آگے لکھتا ہے:

اور میں اسی سبب سے داؤد کی نسل کو دکھ دوں گا پر ہمیشہ تک نہیں (1-سلاطین 11:39)

بالفاظ دیگر اخیاہ نبی نے یربعام کو، یا مصنف کے قارئین کو، خدا کا یہ پیغام بھی دے دیا کہ جو سلطنت اسے دی جا رہی ہے ضروری نہیں کہ ہمیشہ کے لئے داؤد کی نسل کے ہاتھ سے نکل گئی ۔ آئندہ کبھی وہ اہل ثابت ہوئے تو ان کو واپس مل سکتی ہے ۔اور واقعتاً مصنف کے دور میں یوسیاہ نے سلطنت کے شمالی علاقے واپس حاصل کرنے کی کوشش کی اور بیت ایل حاصل کر کے وہاں کی غیر مناسب عبادت گاہیں مسمار کیں۔

اب تک کے تمام تجزیہ سے جو اہم ترین بات قارئین کو واضح ہو سکتی ہے، اور در حقیقت مزید وضاحت کی ضرورت باقی نہیں رہتی، وہ یہ کہ ان مصنفوں کی نفسیات، انکی اپنی اخلاقی و نفسانی حالت ،انکے اطراف کے سیاسی و سماجی صورتحال کے تحت ہونے والے واقعات نے ان کے ذہن باندھ رکھے تھے ۔یہ عناصر براہ راست ان

کی تصانیف پر اثر انداز ہوئے اور نتیجتاً بائیبل یہ تورات کی جزوی تفصیلات انہی اثرات کے تحت لکھی گئیں ۔ بائیبل سے اِس سوال کا جواب تلاش کرنے پر کوئی مدد ہمیں نہیں مل سکی کہ کیا خدا کا عہد مصنف کا اپنا تخلیق کردہ تھا تاکہ گزری تاریخ کو کسی مخصوص پیغام کے ساتھ سامنے لائے؟ یا روایات میں کوئی ایسی برحق روایت موجود تھی جس کو حقیقی الفاظ میں نہیں پیش کیا گیا؟ اگرچہ اس وعدہ کی بعض روایات زبور میں ملتی ہیں جو اس مصنف کے زمانے سے کہیں زیادہ قدیم تحریریں ہیں ۔

میں اس کی نسل کو ہمیشہ تک قائم رکھوں گا
اور اس کے تخت کو جب تک آسمان ہے
اگر اس کے فرزند میری شریعت کو ترک کر دیں
اور میرے احکام پر نہ چلیں
تو میں ان کو چھڑی سے خطا کی
اور کوڑوں سے بدکاری کی سزا دوں گا
لیکن میں اپنی شفقت اس پر سے ہٹا نہ لوں گا
اور اپنی وفاداری کو باطل ہونے نہ دوں گا
میں اپنے عہد کو نہ توڑوں گا (زبور 89:29)

زبور کے اس اقتباس کے توسط سے یہ کہا جا سکتا ہے کہ استثنائی تاریخ کا مصنف روایات کی روشنی میں تاریخ و تفسیر بیان کرتا ہے ، لیکن مشکل یہ ہے کہ زبور میں D مصنف سے بعد کے زمانے کے بھی مزامیر اور نظمیں شامل ہیں ۔ زبور کی اس نظم کو حتمی طور پر قدیم تحریر تسلیم کرنے کی کوئی ٹھوس بنیاد ہمیں دستیاب نہیں ہے ۔

قومی تاریخ کو ایک ساخت دیا جانا

اس تاریخ نگار نے داؤدی عہد کے علاوہ بھی کتاب سلاطین میں بعض معاملات کو ایک مخصوص ساخت دی ۔کئی مقامات پر اس نے یروشلم اور ہیکل سلیمانی کو ان الفاظ میں نمایاں کیا "مقام جہاں خدا اپنا نام رکھے"۔دوسرے الفاظ میں اس نے کتاب استثنا کی شریعت کے الفاظ یروشلم یا ہیکل سلیمانی کے لئے استعمال کئے ۔کتاب استثنا کی شریعت میں درج الفاظ "مقام جہاں خدا اپنا نام رکھے" سے مراد ایسا

مرکزی مقام ہے جہاں قربانیاں پیش کرنا لازم قرار دیا گیا تھا اور یہ کہ اس کے بجائے کسی اور مقام پر پیش نہ کی جائے ۔کتاب سلاطین میں مصنف نے دو ٹوک تنبیہ کی کہ یروشلم ہی وہ مقام ہے ۔لہٰذا اس نے اپنے لوگوں کی تاریخ کو جو مخصوص ساخت دی وہ: اولاً ،خدا کی اطاعت، ثانیاً ، داؤدی عہد، ثلاثاً، ہیکل سلیمانی بحیثیت مذہبی مرکزیت اور رابعاً، تورات کی شریعت ۔اس نے قوم کے تاریخی واقعات کی تفسیر ان چار عنوانات کی روشنی میں کی ۔اسرائیل کا ملک کیوں تقسیم ہوا؟ اس لئے کہ سلیمان نے خدا اور شریعت کو چھوڑا ۔حضرت داؤد کی اولاد کیونکر یہودیہ اور یروشلم پر سلطنت قائم رکھ سکی؟ اس لئے کہ خدا نے داؤد سے غیر مشروط عہد باندھا تھا ۔شمالی ریاست بیرونی طاقتوں سے کیوں مغلوب ہو گئی؟ اس لئے کہ وہاں کے لوگ اور بادشاہ شریعت کے پابند نہ رہے آئندہ کے لئے کیسے امید قائم رکھی جائے؟ اس لئے کہ شاہ یوسیاہ کے عہد میں تورات دوبارہ دریافت ہو چکی ہے اور اسرائیل دوبارہ بڑا ملک بننے لگا ہے ۔

تاریخ نگار کے تمام اہم ترین عنوانات: خدا کی اطاعت، تورات یا شریعت، عبادتی مقام کی مرکزیت اور اس کے ساتھ ہی شاہ یوسیاہ کے ہاتھوں داؤدی سلطنت کے بام عروج کے امکانات آ پہنچے، لیکن پھر یوسیاہ ہلاک ہو گیا ،ایک مصری سپاہی کے تیر سے ۔

جلاوطن کاہن

شاہ یوسیاہ ،استثنائی تاریخ نگار کا ہیرو مر چکا ہے ۔استثنائی تاریخ بائیس سال بعد کامیابیوں سے ہمکنار ہونے کے بجائے غم انگیز بلکہ احمقانہ دکھتی ہے ۔بابل نے یہوداہ کو تباہ کر دیا ہے اور یہودیوں کو انکے ملک سے نکال دیا ہے ۔ابدی سلطنت ختم ہو گئی ہے ۔وہ خاندان جو کبھی تختِ سلطنت سے جدا نہ ہو گا تختِ سلطنت سے کاٹا جا چکا ہے ۔وہ مقام جہاں خدا اپنا نام رکھے گا خاکستر ہو چکا ۔ وہ مقدس اشیاء جن کے بارے میں بائیبل میں بکثرت کہا جاتا رہا کہ وہ" آج کے دن تک قائم ہیں " اب ان کا وجود باقی نہ رہا ۔اب اس مثبت نظر آنے والی تاریخ کا کیا کیا جائے جو یوسیاہ کے ہاتھوں اپنے عروج پر پہنچنے والی تھی؟ کسی نے طے کیا کہ اس تاریخ کا نیا ایڈیشن مرتب کرے ۔اس لئے کہ اب تک کی پر امید تاریخ میں یوسیاہ کی ہلاکت کے بعد آنے والے

چند بادشاہوں کی مایوس کن تاریخ قلم کر نا نہ صرف نا مناسب بلکہ بے جوڑ نظر آتی ۔ضرورت اس بات کی ہو سکتی تھی کہ کوئی شخص تمام کام کی پڑتال کرے اور بعض خصوصی مقامات کی نشاندہی کر کے وہاں ایسی تبدیلیاں پیدا کر دے کہ خصوصاً یوسیاہ کا نمایاں پن کم ہو سکے ۔اور یہ کہ مناسب تبدیلیاں بائیبل کے پڑھنے والے کو کسی نئے اختتام کے لئے تیار کر سکے اور ساتھ میں اس کے لئے کوئی ایسا مطمح نظر مہیا کر سکے جس کی روشنی میں نئے واقعات کا سمجھنا ممکن ہو ۔یہ تھا وہ مشکل کام اس شخص کے سامنے جسکو بائیبل کی تاریخ کا نیا ایڈیشن ترتیب دینا تھا ۔اس کو بعد کے چار بادشاہوں کی مختصر روداد ہی نہیں لکھنا تھی بلکہ یہ بھی واضح کرنا تھا کہ وہ خواب کیوں فیل ہو گیا ۔

تاریخ کی نئی ساخت

بائیبل کی تحریروں میں سراغ ملتا ہے کہ دوسرا ایڈیشن لکھنے والے نے یہ کام کیسے کیا ۔یہ اسی قسم کے اشارات تھے یعنی احتیاط سے ترتیب دیئے گئےوہ جملے جو اس نے ابتدا میں حضرت داؤد سے خدا کا عہد کا مشروط یا غیر مشروط ہونا کے لئے استعمال کئے تھے ۔یوسیاہ کی ہلاکت کے بعد کی صورتحال میں پہلے ایڈیشن میں کسی نوعیت کاملک بدری کا امکان یا تصوّر پیدا کرنے کے لئے جو فقرے بعد میں بڑھائے گئے ،ان کے لئے علامت Dtr^2 استعمال کی جائے گی ۔ان جملوں کی شناخت کے لئے بھی اسی نوعیت کے اشارات کی نشاندہی ہو گی جو خدا کا عہد کے لئے استعمال کی گئی تھیں یعنی وہ جملے تحریر کے تاریخی بیان کو توڑ دینے کا سبب ہوں یا گرامر میں تبدیلی ہو جائے مثلاً اچانک واحد کی جگہ جمع کا صیغہ آجائے یا جملے کا مفہوم اس سے پہلے اور بعد کے جملوں سے عدم مطابقت تجویز کرتا ہو ۔ یہاں یہ بات نوٹ کرنے والی ہے کہ چونکہ تباہی کے بعد کی تحریر کا انداز پچھلی تحریر سے بہت زیادہ متماثل تھا اِس لئے ایسے جملوں کی شناخت زیادہ مشکل ثابت ہوئی ۔قرار واقعی احتیاط کے ساتھ جدید محققوں نے جو تصویر پیش کی وہ ذیل میں درج کی جاتی ہے ۔

جلاوطنی

پہلے تو اس مصنف نے جلاوطنی کے تخیل کو مضبوط کیا ۔وہ اس بات کے لئے تیار نہیں تھا کہ یوسیاہ کے بعد کی تاریخ ایسے مکمّل کر دیتا کہ بابل نے یہودیہ فتح کر لیا اور باشندوں کو ملک بدر کر دیا، اس لئے کہ یہ غیر متوقع، غیر متعلق اور سب سے بڑھ کر یہ کہ خدا کے ابدی عہد سے براہ راست متصادم ہوتا ۔اس لئے اس نے گزری تاریخ کے چند مقامات پر جلاوطنی کے امکانات کو حوالے کے طور پر اس طرح داخل کیا کہ اب یہودیہ کا مفتوح ہو جانا یا قوم کا ملک بدر ہو جانا تاریخ کے بنیادی جزو کی صورت اختیار کر گیا جیسے کہ خوفزدہ

کرنے والی تلوار اسرائیل اور یہودیہ پر صدیوں سے لٹکتی رہی ہو ۔ذیل میں وہ مخصوص فقرے درج ہیں ۔

> تم وہاں بہت دن رہنے نہ پاؤ گے بلکہ بالکل نابود کر دیئے جاؤ گے . . . (استثنا 4:26)

> اور تم اس اچھے ملک سے جو اس نے تم کو دیا ہے جلد ہلاک ہو جاؤ گے . . . (یشوع 23:16)

> اور خداوند تم کو قوموں میں تتر بتر کرے گا . . . (استثنا 4:27)

> خداوند تجھ کو اور تیرے بادشاہ کو جسے تو اپنے اوپر مقرر کرے گا ایک ایسی قوم کے بیچ لے جائے گا جسے تو اور تیرے باپ دادا جانتے بھی نہیں . . . (استثنا 28:36)

> اور خداوند تجھ کو زمین کے ایک سرے سے دوسرے سرے تک تمام قوموں میں پراگندہ کرے گا . . . (استثنا 28:64)

> تو میں اسرائیل کو اس ملک سے جو میں نے ان کو دیا ہے کاٹ ڈالوں گا . . . (1-سلاطین 9:7)

تاریخ کے دوسرے ایڈیشن میں ان چند جملوں کے اضافے سے ملک بدری ایک مرتبہ ہونے والا واقعہ نہیں رہا بلکہ قومی اعمال کے منطقی انجام سے منسلک ہو گیا ۔

دوسرے دیوتا

اس کے بعد مصنف نے ملک بدری کے اسباب کو تشکیل دیا ۔قوم کو ملک بدری کا سانحہ کیوں پیش آیا؟ اس لئے کہ لوگ دوسرے دیوتاؤں کو پوجنے لگے ۔اس نکتے کے لئے مصنف کو جو کچھ استثنائی تاریخ میں لکھا جا چکا تھا اسی بات کو نمایاں کر نا تھا ۔خدا کی عبادت سب سے پہلے دئیے گئے دس احکامات میں سے سب سے پہلا حکم تھا ،اور نہ صرف استثنا بلکہ E کے (خروج20:3) اور J کے دس احکامات (خروج 34:14) اور کتاب 2-سلاطین تک بار بار دہرایا گیا تھا ۔ملک بدری کے مصنف نے اس کے لئے دس مختلف مقامات پر شرک کا حوالہ دیا اور ہر مرتبہ اس جرم کے نتیجے کو ملک بدری

سے جوڑ دیا ۔مصنف نے ان فقروں کو تاریخ کے اہم مقامات پر داخل کیا :خدا کے حضرت موسیٰ سے آخری خطاب میں، یشوع کے آخری خطاب کے درمیان جب لوگ فلسطین میں رہنا شروع ہو گئے تھے، خدا کے ان الفاظ میں جو حضرت سلیمان کے ہیکل کی تعمیر کے بعد کہے گئے اور آخر میں اسرائیلی ریاست کے مغلوب ہونے کے واقعات کے دوران ۔مضبوط ترین مقام جہاں اس نے ان جملوں کو رکھا وہ حضرت موسیٰ کی وفات کے موقع پر خدا کا ان سے خطاب تھا ۔یہ آخری پیشگوئی تھی جو حضرت موسیٰ نے سنی ہو:

> تب خداوند نے موسیٰ سے کہا دیکھ تو اپنے باپ دادا کے ساتھ سو جائے گا اور یہ لوگ اٹھ کر اس ملک کے اجنبی دیوتاؤں کی پیروی میں جن کے بیچ وہ جا کر رہیں گے زنا کار ہو جائیں گے اور مجھ کو چھوڑ دیں گے اور اس عہد کو جو میں نے ان کے ساتھ باندھا ہے توڑ ڈالیں گے ۔تب اس وقت میرا قہر ان پر بھڑکے گا اور میں ان کو چھوڑ دوں گا اور ان سے اپنا منہ چھپا لوں گا۔اور وہ نگل لئے جائیں گے اور بہت سی بلائیں اور مصیبتیں ان پر آئیں گی چنانچہ وہ اس دن کہیں گے کیا ہم پر یہ بلائیں اسی سبب سے نہیں آئیں کہ ہمارا خداوند ہمارے درمیان نہیں؟اس وقت ان سب بدیوں کے سبب سے جو اور معبودوں کی طرف مائل ہو کر انہوں نے کی ہوں گی میں ضرور اپنا منہ چھپا لوں گا (استثنا 31:16)

داؤد بادشاہ سے تخت چھن جانے کی توجیح ممکن ہو چکی تھی ۔خدا نے لوگوں کو حکم دیا کہ خدا کو چھوڑ کر دوسرے دیوتاؤں کی پرستش نہ کریں ۔خدا نے تباہی، ملک بدری اور لوگوں کو ان کے حال پر چھوڑ دینا "منہ چھپا لوں گا" کہہ کر خدا کا حکم نہ ماننے کے جرم کا خمیازہ متعین کر دیا ۔

شاہ منسّی

مصنف نے گزشتہ تاریخ پر دوبارہ غور کیا کہ کوئی ممکنہ وجہ تلاش کر سکے، کوئی ایسی بات جو یوسیاہ سے پہلے پیش آچکی ہو ۔کوئی ایسا جرم جو اتنا سخت ہو کہ یوسیاہ کی مذہبی تجدید کی کوششیں بھی اس جرم کی تلافی کے لئے ناکافی ثابت ہوں ۔یہ بات اسے منسّی کے دورِ اقتدار میں مل گئی ۔منسّی شاہ یوسیاہ کا دادا تھا Dtr[1] مصنف کے مطابق منسّی بدی کے تمام کام واپس لے آیا جو اس کے باپ حزقیاہ

نے دور کر دیئے تھے ۔وہ تمام اچھے کام جو حزقیاہ نے کئے تھے وہ سب منسّی نے مٹا دئیے ۔اس نے اونچے مقام پھر بنا دیئے ۔اس نے عشتارات کا بُت نصب کیا اور ہیکل کی حدود میں دوسرے دیوتاؤں کے لئے قربان گاہ نصب کی ۔ Dtr^2 مصنف کے لئے یوسیاہ کے واقعات بہت مناسب بیٹھتے تھے اس لئے کہ اگلے دو ابواب میں یوسیاہ نے ان سب برے کاموں کو پھر درست کر دیا ۔اس نے اونچے مقام ڈھا دئیے، عشتارت کا بُت جلا دیا اور دیوتاؤں کی قربان گاہ مسمار کر دی ۔لیکن جس شخص نے نیا ایڈیشن ترتیب دیا اس نے منسّی کے جرائم کو دوبارہ موضوع بنایا اور لکھا:

> اور میں ایسا نہ کروں گا کہ بنی اسرائیل کے پاؤں اس ملک سے باہر آوارہ پھریں جسے میں نے ان کے باپ دادا کو دیا بشرطیکہ وہ ان سب کام کے مطابق اور اس شریعت کے مطابق جس کا حکم میرے بندہ موسیٰ نے ان کو دیا عمل کرنے کی احتیاط رکھیں ۔پر انہوں نے نہ منا اور منسّی نے ان کو بہکایا کہ وہ ان قوموں کی نسبت جن کو خداوند نے بنی اسرائیل کے آگے سے نابود کیا زیادہ بدی کی ۔
>
> سو خداوند نے اپنے بندوں نبیوں کی معرفت فرمایا ۔چونکہ شاہ یہوداہ منسّی نے نفرتی کام کئے اور اموریوں کی نسبت جو اس سے پیشتر ہوئے زیادہ بدی کی اور یہوداہ سے بھی اپنے بتوں کے ذریعے سے گناہ کرایا ۔اس لئے خداوند اسرائیل کا خدا یوں فرماتا ہے دیکھو میں یروشلم اور یہوداہ پر ایسی بلا لانے کو ہوں کہ جو کوئی اس کا حال سنے اس کے کان جھنّا اٹھیں گے ۔اور میں یروشلم پر سامریہ کی رسّی اور اخی اب کے گھرانے کا ساہول ڈالوں گا اور میں یروشلم کو ایسا پوچھوں گا جیسے آدمی تھالی کو پونچھتا ہے اور اسے پونچھ کر الٹی رکھ دیتا ہے ۔اور میں اپنی میراث کے بقیہ کو ترک کر کے ان کو ان کے دشمنوں کے حوالے کروں گا اور وہ اپنے سب دشمنوں کے لئے شکار اور لوٹ ٹھہریں گے ۔کیونکہ جب سے ان کے باپ دادا مصر سے نکلے اس دن سے آج تک وہ میرے آگے بدی کرتے اور مجھے غصہ دلاتے رہے (2-سلاطین 21:8)

یعنی منسّی اتنا بدکار ثابت ہوا اور لوگوں میں اس نے اتنا بگاڑ پیدا کر دیا کہ وہ اس پیشگوئی کو پورا کرنے کا سبب بن گیا کہ سلطنت تباہ ہو جائے گی ۔جس شخص نے منسّی کے متعلق یہ سطور بڑھائے ، وہ اس اقتباس کی طرف واپس پلٹا جہاں لکھا تھا" کوئی بادشاہ یوسیاہ کی مانند نہیں ہوا" اور یہ الفاظ بڑھائے:

> باوجود اس کے منسّی کی سب بدکاریوں کی وجہ سے جن سے اس نے خداوند کو غصہ دلایا تھا خداوند اپنے سخت و شدید قہر سے جس سے اس کا غضب یہوداہ پر بھڑکا تھا باز نہ آیا۔اور خداوند نے فرمایا میں یہوداہ کو بھی اپنی آنکھوں کے سامنے سے دور کر دوں گا جیسے میں نے اسرائیل کو دور کیا اور میں اس شہر کو جسے میں نے چنا یعنی یروشلم کو اور اس گھر کو جس کی بابت میں نے کہا تھا کہ میرا نام وہاں ہو گا رد کر دوں گا (2-سلاطین 23:26)

اس طرح یوسیاہ کی کوئی خطا نہ ہونے کے باوجود Dtr^2 مصنف نے توجیح نکال لی کہ یہودیہ کا تباہ ہو جانا کیوں ممکن تھا ۔ماضی کے جرائم تھوڑی مدت کی تجدید کے مقابلے میں زیادہ بھاری ثابت ہوئے ۔اس کے بعد یوسیاہ کے بعد آنے والے چار بادشاہوں کے لئے اس مصنف نے دو مختصر باب تحریر کئے لیکن ان واقعات کو Dtr^1 یعنی پہلے ایڈیشن کی طرح سے لکھا کہ ہر ایک نے" خدا کی نگاہ میں بدی کی"۔ تجدید کا خاتمہ ہو چکا تھا اور ملک تباہی کی طرف چل پڑا تھا ۔

دو عہد نامے

ملک کی تباہی کی تاویل تو ہو گئی لیکن شاہ داؤد سے کئے گئے عہد کا معاملہ اب بھی حل طلب تھا ۔ Dtr^1 تحریر میں وہ کم از کم یروشلم کے لئے غیر مشروط اور ابدی تھا ۔منسّی یا داؤد کے گھرانے سے کسی نے بھی کتنا ہی برا کیوں نہ کیا ہو، اس کی تادیب ہو سکتی تھی، لیکن داؤد کا تخت اور وہ مقام جہاں خدا نے اپنا نام رکھا وہ ہمیشہ کے لئے قائم رہنے تھے ۔تاریخ کا نیا ایڈیشن لکھنے والا بظاہر ان جملوں کو حذف کرنے کی خواہش میں نہیں تھا کہ یہ عہد کبھی ہوا ہی نہ ہو ۔ پھر وہ کیسے ہیکل کی بربادی، یروشلم کی تباہی اور شاہی تخت چھن جانے کی توجیہ کر تا؟ اس کے لئے مصنف نے اپنے قاری کو ایک اور عہد کی طرف متوجہ کیا، موسیٰ کا عہد ۔خدا کا عہد جو اس نے بنی اسرائیل سے چالیس سالہ صحرا نوردی میں کیا وہ روایات کے مطابق یقیناً مشروط تھا ۔وہ لوگوں سے اس شرط کا مقتضی تھا کہ وہ صرف ایک خدا کی پرستش کریں ورنہ بھاری خمیازہ کے سزاوار ٹھہریں گے ۔ Dtr^2 مصنف نے کتاب استثنا میں کئی سطور لکھیں کہ

تباہی اور جلاوطنی اس کے خمیازہ میں شامل تھیں لہٰذا اس عہد کو توڑ نے کی صورت میں حضرت داؤد سے کئے گئے عہد کی حیثیت خود بخود ختم ہو جاتی ہے ۔یعنی قوم کی تقدیر پہلے پہل لوگوں کے اپنے اعمال پر منحصر ہے، بادشاہوں کے عمل پر نہیں ۔حضرت داؤد کے گھرانے کی بادشاہت لازماً برقرار رہے گی لیکن لوگوں کا اپنا عمل بربادی کو دعوت دے تو پھر حضرت داؤد کے گھرانے کی بادشاہت ہو گی کس پر؟ اس طرح حضرت موسیٰ سے کیا گیا عہد حضرت داؤد کے عہد پر مقدم ہے ۔پہلا سوال یہ ہے کہ قوم قائم رہے گی یا نہیں، اسکے بعد یہ سوال ہو گا کہ قوم پر بادشاہت کون کرے ۔

ایک ملتا جلتا مسئلہ Dtr[2] مصنف کا منتظر تھا جو حضرت سلیمان کے واقعات میں تحریر شدہ تھا ۔ Dtr[1] تحریر کے مطابق جب حضرت سلیمان نے ہیکل کی تعمیر مکمل کی تب خدا نے ان سے حضرت داؤد سے کئے عہد کو دہرایا ۔خدا کا فرمان تھا:

اور خداوند نے اس سے کہا میں نے تیری دعا اور منجات جو تو نے میرے حضور کی ہے لی اور اس گھر میں جسے تو نے بنایا ہے اپنا نام ہمیشہ تک رکھنے کے لئے میں نے اسے مقدس کیا اور میری آنکھیں اور میرا دل سدا وہاں لگے رہیں گے (1۔سلاطین 9:3)

ملک بدری کا مصنف ایک مرتبہ پھر اس دائمی عہد کو مٹانے پر تیار نہیں تھا چہ کہ یہ عہد یقینی طور پر فیل ہو چکا تھا ہیکل جل کر خاک ہو چکا تھا ۔اس نے اس عہد کو حضرت موسیٰ کے عہد میں خلط ملط کر دیا ۔اس نے چار نئی سطور لکھیں جس میں دکھایا کہ خدا حضرت سلیمان اور پوری قوم سے مخاطب ہے کہ اگر لوگوں نے خدا سے کئے گئے عہد کو پکڑے نہ رکھا تو وہ لوگوں کو در بدر کر دے گا اور ہیکل کو بھی رد کر دے گا:

تو میں اسرائیل کو اس ملک سے جو میں نے ان کو دیا ہے کاٹ ڈالوں گا اور اس گھر کو جسے میں نے اپنے نام کے لئے مقدس کیا ہے اپنی نظر سے دور کر دوں گا (1۔سلاطین 9:7)

قارئین ان فقروں میں موجود الفاظ کے معمولی فرق کی طرف متوجہ ہوں جو اوپر دو اقتباسات میں نقل کئے گئے ہیں ۔دونوں جملے ہیکل کو خدا کے نام سے کہلائے جانے پر مبنی ہیں لیکن دوسرا اقتباس

جو ملک بدری کی دھمکی دیتا ہے، اس میں الفاظ" ہمیشہ کے لئے" غائب ہیں۔

ایک مرتبہ پھر دیکھا جا سکتا ہے کہ جس دور میں تورات لکھی گئی اس دور کے واقعات تورات لکھنے والوں کی شخصیت اور نفسیات پر اثر انداز ہوئے، اور نتیجہ یہ ہوا کہ تورات کے متن کی نوعیت ان اثرات سے پاک نہ رہ سکی۔زیرِ بحث معاملہ میں دو صدی پر محیط نسلِ داؤدی کی بادشاہی کے خاتمے نے حضرت موسیٰ کے ذریعے لوگوں سے کئے گئے عہد کی حیثیت کو اوّلیت دے دی۔اس کا مطلب یہ کہ بنی اسرائیل کی بقا کی امید حضرت داؤد کے عہد پر منحصر نہیں بلکہ اپنے اس عہد کی تابعداری پر ہے جو انہوں نے خدا سے حضرت موسیٰ کے توسط سے کیا تھا۔بالفاظ دیگر مصنف کی مراد یہ ہے کہ اگر چہ وہ تخت ابھی خالی ہے لیکن اگر لوگ خدا کی طرف رجوع ہوں تو امکان موجود ہے کہ حضرت داؤد کے گھرانے سے ایک شخص،" ایک مسیح" آسکتا ہے جو ان پر انصاف کے ساتھ حکومت کرے۔ بعد میں نمودار ہونے والی یہودیت اور عیسائیت پر ان الفاظ کے اثرات اوجھل نہیں ہیں۔

مصر واپسی

Dtr[2] مصنف کے لئے تاریخ کا اختتام لکھنا ابھی باقی تھا۔ اس نے بیان کیا کہ بابل کے بادشا نبو کد نضر نے یہودیہ کے آخری بادشاہ اور کئی ہزار لوگوں کو غلام بنا کر بابل بھیج دیا۔اس نے آخر میں لکھا کہ شاہ بابل نے یہودیہ میں بچ جانے والوں پر ایک اسرائیلی، جدلیاہ، کو حاکم مقرر کیا لیکن وہ کسی اسرائیلی کے ہاتھوں قتل ہو گیا اور بابل کے خوف سے لوگ مصر فرار ہو گئے۔اس نے ان آخری واقعات کی کوئی تعبیر بیان نہیں کی کہ" یہودیہ اپنے علاقوں سے باہر نکال دیا گیا اس لئے کہ اس نے دوسرے دیوتاؤں کی پرستش کی"۔ ایسے عیاں کر دینے والے جملوں کے بغیر تاریخ کا اختتام لکھنا اس لئے ممکن تھا کہ اس نے پہلے ہی تاریخی مواد میں معمولی اضافوں کے ذریعے اس انجام کے لئے راہ ہموار کر دی تھی۔چند بڑے اہم مقامات پر بڑی احتیاط سے داخل کئے گئے چندفقروں نے اسکے پڑھنے والوں کو پہلے ہی تیار کر دیا تھا کہ دیوتاؤں کی پرستش بد ترین جرم ہے جس

YAHUDIYAT, ISAIYAT OR ISLAM 253

کا انجام شکست اور جلاوطنی ہے ۔یہ پیشگوئیاں کی جا چکی تھیں اور منسّی اور اس کے ساتھ کے لوگوں کے توسط سے سے سچ ثابت ہوئیں ۔

Dtr[2] مصنف کی چند سطور میں سے ایک نے اس انجام سے بدتر نتیجہ کا امکان بھی اپنے الفاظ میں محفوظ رکھا ۔اس نے کتاب استثنا میں ایک بددعا کا اضافہ کیا ۔اس کتاب میں پہلے ہی سے بعض بڑی عبرتناک سزائیں /بددعائیں Dtr[1] تحریر میں موجود تھیں ۔عہد کی تابعداری نہ کرنے پر ملنے والی سزاؤں کی فہرست بہت مشکل سے پڑھی جا سکتی ہے: بیماریاں، پاگل پن، اندھا ہو جانا، شکست، قتل و غارت، ذراعت اور مویشیوں کے نقصانات اور اس حد تک قحط سالی کہ لوگ اپنی اولاد کھا بیٹھیں ۔ Dtr[2] نے ایک جملہ کے ذریعے ان سزاؤں کی طرف متوجہ کیا اور ایک سزا یا بد دعا فہرست کے آخر میں رکھی ۔بد ترین دھمکی جو کسی اسرائیلی کو دی جا سکے وہ کیا ہو سکتی ہے؟ کتاب استثنا کی آخری بددعا:

> اور خداوند تم کو کشتیوں پر چڑھا کر اس راستہ سے مصر میں لوٹا لے جائے گا جس کی بابت میں نے تجھ سے کہا تھا کہ تو اسے پھر کبھی نہ دیکھنا اور وہاں تم اپنے دشمنوں کے غلام اور لونڈی ہونے کے لئے اپنے آپ کو بیچو گے پر کوئی خریدار نہ ہو گا (استثنا 28:68)

استثنائ مصنف کے مطابق جن لوگوں کی تاریخ کی ابتدا مصر کی بد ترین غلامی سے ہوئی، اسی ملک کی طرف واپسی ان کے لئے سب سے بری بددعا یہی دی جا سکتی تھی ۔ فلسطین میں قیام کی تاریخ کا آخری جملہ:

> تب سب لوگ کیا چھوٹے کیا بڑے اور جتھوں کے سردار اٹھ کر مصر کو چلے گئے کیونکہ وہ کسدیوں سے ڈرتے تھے(2۔سلاطین 25:26)

Dtr[2] مصنف کے تیار کردہ نئے ایڈیشن نے یہ شکل اختیار کی کہ اس کے لوگوں کی تاریخ مصر سے شروع ہوئی اور وہیں واپسی پر ختم ہوئی ۔ غور کیا جائے تو یہ عجیب ہے کہ اس نے Dtr[1] تاریخ میں سے کچھ بھی حذف کئے بغیر محض چند فقروں کے اضافے سے تاریخ کو ایک نئی ساخت اور نئی سمت دے دی ۔

رحیم خدا

کیا یہ داستان یہیں ختم ہو سکتی تھی؟ کیا یہ گمنام شخص یہ سمجھتا تھا کہ اسرائیل کی بابل اور مصر کی جلا وطنی سے عہد نامہ انجام کو پہنچ گیا اور لوگ ہمیشہ کے لئے ختم ہو گئے؟ یقیناً نہیں! اس کے بیانیہ میں ایک راستہ کھلا رہا ۔اس کے بڑھائے گئے جملوں میں ایک یاد دہانی باقی رہی کہ ان کا خدا رحیم ہے، محبت کرنے والا اور در گزر کرنے والا ہے ۔یہ کوئی نیا تصوّر نہیں تھا ۔ J اور E دونوں ہی نے خدا کو رحیم اور محبت کرنے والے کی حیثیت سے متعارف کیا تھا ۔ اسی طرح Dtr[1] نے بھی یوسیاہ کے دنوں میں یہی تصویر پیش کی تھی ۔یہ مصنف بھی یاد دہانی کراتا ہے کہ اگر لوگ دوسرے دیوتاؤں کو چھوڑ دیں، خدا کی طرف پلٹیں اور معافی طلب کریں تو خدا ان کو معاف کر دے گا:

> لیکن وہاں بھی اگر تم خداوند اپنے خدا کے طالب ہو تو وہ تجھ کو مل جائے گا بشرطیکہ تو اپنے پورے دل سے اور اپنی ساری جان سے اسے ڈھونڈے ۔جب تو مصیبت میں پڑے گا اور یہ سب باتیں تجھ پر گزریں گی تو آخری دنوں میں تو خداوند اپنے خدا کی طرف پھرے گا اور اس کی مانے گا ۔کیونکہ خداوند تیرا خدا رحیم خدا ہے ۔وہ تجھ کو نہ تو چھوڑے گا اور نہ ہلاک کرے گا اور نہ اس عہد کو بھولے گا جس کی قسم اس نے تیرے باپ دادا سے کھائی (استثنا 4:29)

نئے ایڈیشن کے مصنف نے اِس طرح جلاوطنی پر تاریخ مکمّل کی کہ نہ صرف تمام واقعات تحریر ہو جائیں بلکہ مستقبل کے لئے امید بھی باقی رہے ۔

ایک ہی شخص

Dtr[2] مصنف کون ہے؟ اس کو پچھلی تاریخی دستاویزات کس طرح دستیاب ہوئیں؟ اس کو لکھنے کا وہی انداز استعمال کرنا جس میں پچھلا ایڈیشن لکھا گیا تھا کیسے ممکن ہوا؟ اس نے لکھی گئی تاریخ کا

نیا ایڈیشن جاری کر نے کے بجائے خود کیوں نہیں پوری تاریخ لکھ دی؟

ان تمام سوالات کا ایک ہی جواب سب سے زیادہ قابلِ قبول ہو سکتا ہے کہ دونوں ایڈیشن کا مصنف ایک ہی شخص ہے ،یرمیاہ ۔اس کے پاس Dtr[1] کی نقل موجود تھی اس لئےکہ اسی نے لکھی تھی ۔دونوں ایڈیشن کا طرزِ تحریر ایک ہے اس لئے کہ لکھنے والا ایک ہے ۔اس نے تمام تاریخ نئے سرے سے لکھنے کے بجائے پچھلے ایڈیشن کو استعمال کیا اس لئے کہ وہ اس پہلے کام سے مطمئن تھا اور سمجھتا تھا کہ اس میں چند جملے بڑھا نا مناسب ہے اور پھر کون فنکار ایسا ہو سکتا ہے کہ اپنے کسی کام کو رد کر دے ۔

اگر یہ تجزیہ درست ہو کہ تورات کی پانچویں کتاب استثنا اور استثنائی تاریخ کی اگلی چھ کتابوں کا مصنف یرمیاہ ہے تو اس کی شخصیت اور زندگی کے واقعات کی روشنی میں بائیبل کی تحریروں کو پرکھنے کا موقع ملتا ہے ۔ مغربی محققین کی عمومی رائے ہے کہ اس کے نام سے لکھی جانے والی کتاب یرمیاہ کا مطالعہ کیا جائے تو وہ بہت مظلوم شخص نظر آتا ہے ۔ حساس، اپنے مقصد کے لئے مضبوط لیکن لوگوں کا رد کیا ہوا ۔وہ خود یہ تاثر دیتا ہے کہ جو کام خدا کی طرف سے اس کے سپرد کیا گیا اس کے بجائے وہ خود کچھ اور کرنا چاہے گا ۔وہ چاہتا ہے کہ اس کام سے فرار حاصل کر لے چاہے اس کا نتیجہ موت ہی کیوں نہ ہو ۔بعض مغربی محققین اس کی لکھی گئی انہی باتوں سے سمجھتے ہیں کہ ایسا شخص سچ ہی بولے اور لکھے گا چاہے کچھ بھی خمیازہ بھگتنا پڑے اور یہ کہ اس کی تصنیف ایک مخلصانہ کوشش نظر آتی ہے ۔یہ رائے عجلت میں قائم کر لی گئی ہے ۔ ہماری نظر میں کسی کام کو کرنے والے شخص کی کوشش کو مخلصانہ یا غیر مخلصانہ ہونے کا فیصلہ کرتے وقت یہ دیکھنے کے بجائے ،کہ وہ خود اپنے بارے میں کیا لکھ رہا ہے : سب سے پہلے یہ دیکھنا اہم ہے کہ وہ لکھا گیا کام کس حد تک درست ہے ۔

یرمیاہ نے P شریعت کو جھوٹ قرار دیا جو ایک درست بات ہے لیکن اس کے مقابلے میں اس نے حضرت موسیٰ کی شریعت کتاب استثنا میں دوبارہ بیان کی جس میں P مصنف کے برخلاف تمام بنی لاوی کو کہانت کا اہل لیکن P مصنف کی طرح عبادت گاہ کی مرکزیت کو لازمی قرار دیا ۔ یہ احکامات دونوں تحریروں میں خدا کی عطا

کردہ شریعت کا حصّہ قرار پاتے ہیں جن کی بنیاد پر ان کی انفرادی اور اجتماعی زندگی تعمیر ہو یاہونی چاہیے ۔ لہٰذا انفرادی اور سماجی زندگی کی تعمیر کے لئے خدا کی عطا کی گئی ہدایات جیسی اہم ترین شئے عام انسانی ذہن کی مداخلت کا شکار ہے ۔

دوسری اہم بات یہ ہے کہ یرمیاہ نے بظاہر اپنی تمام تاریخی تحریروں میں واقعات کو ان کے اخلاقی پہلو کی روشنی میں پرکھا اور بیان کیا ہے ۔ اس پہلو سے اس کے لئے ایک طریقہ یہ ہو سکتا تھا یا ہونا چاہئے تھا کہ وہ واقعات کو اسی طرح لیتا جس طرح وہ پیش آئے تھے پھر ان کے اخلاقی پہلو پر اپنے دلائل یا آراء پیش کر تا ۔ اس صورت میں بالفرض اس کے دلائل یا اس کی آراء اس کےقارئین کی نظر میں قابلِ قبول نہ بھی ہوں تب بھی اس کے تحریری کام کو ایک ایماندار اور مخلصانہ

کوشش تسلیم کیا جا سکتا ہے ۔ اس کے متبادل غیر ایماندار انا طریقہ یہ ہو سکتا تھا کہ پہلے ہی سے وہ کوئی نقطۂ نظر قائم کر لے پھر تاریخی بیان پر دستیاب تحریروں میں سے صرف وہ اجزاء استعمال کرے جو اس کے نقطۂ نظر کے حق میں ہوں اور ان اجزاء کو چھوڑ دے جو اس کے دلائل کی تائید نہ کرتے ہوں ۔ اس نے نہ صرف دوسرا طریقہ استعمال کیا بلکہ اس سے آگے بڑھ کریہ کیا کہ اپنے نقطۂ نظر کی تائید کی خاطر کوئی بات جو کسی مخصوص بادشاہ کے واقعات میں نہ ملتی ہو وہاں اس نے اپنی طرف سے گڑھ لی۔

یرمیاہ کو Dtr^1 لکھنے کے دوران شاہ یوسیاہ کو تمام بادشاہوں میں بہترین ثابت کرنا تھا اس لئے، حضرت سلیمان کا بیگاری جیسا سخت عمل تخلیق کرنے کے باوجود، حضرت داؤد اور حضرت سلیمان کی کردار کشی تصنیف کی ۔ لیکن چند سال بعد جب یوسیاہ کے اچھے کاموں کے باوجود اس کی توقع اور امید کے بر خلاف یروشلم برباد

ہو گیا تو اس نے Dtr^2 کی تصحیحات کے دوران شاہ یوسیاہ کے دادا شاہ منسّی کے برے کاموں کو اس بربادی کا سبب ٹھہرایا ۔ شاہ منسّی کی سخت بداعمالی سے متعلق یرمیاہ کی تحریر کردہ یہ تفصیل اوپر بیان کی جا چکی ہے لیکن یہاں مزید قریبی جائزہ درپیش ہے ۔ اس بحث میں ہمارے پیش نظر بعض واقعات کا تاریخی بیان ہے جو یرمیاہ نے استثنائی تاریخ میں درج کیے ۔ یہی تاریخی واقعات بائیبل کی استثنائی تاریخ کی چھ کتابوں سے علیحدہ دو تاریخ کی کتابوں 1۔تواریخ اور

2۔تواریخ میں بھی موجود ہیں اس طرح ہمیں یرمیاہ کے بیانات کا ان کتابوں سے موازنہ کرنے کا موقع فراہم ہوتا ہے ۔ انہی دو کتابوں کا موازنہ ہم کافی تفصیل سے حضرت سلیمان کی وفات کے بعد ملکی تقسیم کے مُحرّک کی بحث میں بھی دیکھ چکے ہیں ۔

اس مرحلے پر قارئین کو کتاب تواریخ سے متعلق چند باتوں کی واقفیت ضروری ہے ۔جس طرح استثنائی تاریخ سیلا سے وابستہ کاہن یرمیاہ نے تصنیف کی اسی طرح کتاب تواریخ بھی کاہنوں ہی نے لکھی لیکن ہارونی کاہنوں نے ۔ اہم ترین بات جو قارئین کو کتاب تواریخ کے متعلق ذہن نشین ہونا ضروری ہے وہ یہ کہ کتاب تواریخ یرمیاہ کے سو سال سے زیادہ عرصہ بعد لکھی گئی ہے ۔ اس زمانے میں بنی اسرائیل بابل سے واپس یروشلم اس حالت میں آئے تھے کہ تمام سیاسی طاقت بنی ہارون کاہنوں کے ہاتھوں میں تھی ۔ اگلے باب میں اس حالت کی وضاحت کی جائے گی ۔فی الوقت یہ کہ P تحریر کی طرح یہ تحریر بھی کاہنوں اور باقی لاویوں میں فرق کرتی ہے ۔کتاب تواریخ میں متعدد بار "کاہن اور لاوی" اسی طرح الگ کر کے لکھا گیا ہے جس طرح P مصنف نے تورات کی تحریروں میں لکھا تھا (1۔تواریخ 15:14، 13:2، 23:2، 28:13) اور (2۔تواریخ 8:15، 11:13، 13:9)۔ ہم مثال کے طور پر ایک سطر یہاں نقل کرتے ہیں:

> اور ہمارے ہاں ہارون کے بیٹے کاہن ہیں جو خداوند کی خدمت کرتے ہیں
> اور لاوی اپنے اپنے کام میں لگے رہتے ہیں (2۔تواریخ 13:10)

P کی طرح یہ بھی بنی ہارون کو جائز کاہن سمجھتی ہے ۔ P کی طرح یہ بھی کہانت کی ذمّہ داریوں یعنی مقدس اشیاء، مقدس مقامات، قربانی اور عبادتی رسومات کی فکر کرتی ہے اور دونوں تحریریں قطعی ہم آہنگ ہیں ۔ بنی ہارون کی بنی یہوداہ کے شاہی خاندان کے ساتھ شادی کے ذریعے رشتہ داری کا تعلق قائم تھا جیسا کہ حضرت ہارون نے یہوداہ کے سردار نحسون کی بہن سے شادی (خروج 6:23) اور ہارونی سردار کاہن یہویدع نے بنی یہوداہ کے شاہ اخزیاہ کی بہن سے شادی کی تھی (2۔تواریخ 22:11)۔ اس طرح P مصنف اور تواریخ کا مصنف دونوں بتاتے ہیں کہ دو خاندان آپس میں رشتہ دار تھے ۔ لہٰذا بعض ایسے عناصر شناخت کئے جا سکتے ہیں جن کا اثر یہودیہ کے پانچ بادشاہوں کے تاریخی واقعات کی تفصیلات میں مذکورہ دو

مصنفوں یعنی یرمیاہ اور کتاب تواریخ کے مصنف کی تحریروں میں نمایاں اختلاف کی صورت میں نظر آتا ہے ۔ یہ پانچ بادشاہ بلترتیب حضرت داؤد، حضرت سلیمان، شاہ حزقیاہ، شاہ منسّی اور شاہ یوسیاہ ہیں جن کے ادوار بنی اسرائیل کی تاریخ میں اہم موڑ پیدا کرنے والی شخصیات ثابت ہوئے ۔ بنی اسرائیل کے عظیم ترین بادشاہ کون تھے اس سوال پر دو مصنفوں کے درمیان شدید اختلاف پایا جاتا ہے ۔ کتاب تواریخ کے مطابق اوپر بیان کئے گئے پہلے تین بادشاہوں کو بہترین قرار دیا جا سکتا ہے لیکن یرمیاہ پہلے دو اور منسّی کو بدترین صورت میں پیش کر تا ہے اور عظیم ترین صرف یوسیاہ کو قرار دیتا ہے ۔ اسرائیل کا ملک دو ریاستوں میں ٹوٹنے کا سبب اس نے حضرت سلیمان کا آخری عمر میں گمراہی اور یہودیوں کوبیگاری بنانا ٹھہرایا تھا جس کی تفصیلی وضاحت کی جا چکی ہے ۔ یہاں ہمارے پیش نظر پہلے منسّی اور پھر حضرت داؤد پر اس کی تحریریں ہیں تاہم اس سے قبل یرمیاہ سے متعلق ایک بات کی وضاحت ضروری ہے ۔

حضرت موسیٰ کو اوّلین دس مشہور احکامات عطا کئے گئے تھے ان میں دوسرا حکم مورتیاں بنا کر ان کی عبادت کی قطعی ممانعت کے بارے میں تھا:

> تو ان کے آگے سجدہ نہ کرنا اور نہ ان کی عبادت کرنا کیونکہ میں خداوند تیرا خدا غیور خدا ہوں اور جو مجھ سے عداوت رکھتے ہیں ان کی اولاد کو تیسری اور چوتھی پشت تک باپ دادا کی بدکاری کی سزا دیتا ہوں (خروج 20:5)

کسی شخص کی عداوت کی سزا اس کی آنے والی نسلوں کو دینا انصاف پر مبنی ہے یا نہیں فی الوقت ہمیں بحث نہیں لیکن بظاہر بائیبل کے مصنفین نے یہی حکم لوگوں کے سامنے پیش کیا ۔ اس بات کی تائید میں دو حوالے درج کئے جاتے ہیں:

> ہمارے باپ دادا گناہ کر کے چل بسے
> اور ہم ان کی بد کرداری کی سزا پا رہے ہیں (نوحہ 5:7)

> اور باپ دادا کی بد کرداری کا بدلہ ان کے بعد ان کی اولاد کے دامن میں ڈال دیتا ہے جس کا نام خداي عظیم و قادر ربّالا فواج ہے (یرمیاہ 32:18)

پہلا حوالہ ہم نے سقوطِ یروشلم کے بعد لکھی جانے والی کتاب سے منتخب کیا جو کسی گمنام فرد کا ایک شعر ہے دوسرا حوالہ ہم نے یرمیاہ کی کتاب سے لیا ہے ۔ یعنی اوپر بیان کردہ شریعت ان حوالوں سے دو ڈھائی سو سال قبل لکھی جا چکی تھی ۔یرمیاہ کی تحریروں سے اندازہ ہوتا ہے کہ حضرت موسیٰ کو دی گئی شریعت کا اس نے وہی مفہوم لیا جو اس کو اور دوسرے افراد کو بتائی گئی تھیں کہ خدا برے اعمال کرنے والے کو اس دنیا میں سزا نہیں دیتا بلکہ ان کی بعد میں آنے والی نسلوں کو دیتا ہے ۔رحبعام اور یربعام کے درمیان ملک کی تقسیم کا سبب باپ دادا کے اعمال میں موجود نہیں تھا لیکن غور کرنے اور درست مُحرِّکات اخذ کرنے کے بجائے اس نے حضرت سلیمان میں قصداً پیدا کر لیا ۔ نبوکد نضر کے ہاتھوں یروشلم اور ہیکل سلیمانی کی بربادی بنی اسرائیل کی تاریخ کا ایک اور اہم ترین واقعہ تقسیم کے تقریباً چار صدی بعد پیش آیا اس سانحہ کی ذمہ داری وہ حضرت سلیمان پر تو رکھ نہیں سکتا تھا اس لئے کہ اب تیسری چوتھی پشت نہیں بلکہ بیس پشتیں گزر چکی تھیں اس لئے اس نے یہ الزام شاہ منسّی کے سر رکھا ۔خود یرمیاہ کے الفاظ میں منسّی کے گناہ اتنے شدید تھے کہ اس کے پوتے ،یوسیاہ، کی شریعت کی تجدید کی بلند ترین نیکی بھی ان گناہوں کا ازالہ نہ کر سکی اور خدا نے سزا صرف منسّی کی اولاد ہی کو نہ دی بلکہ پوری قوم کو عذاب میں لپیٹ لیا ۔لیکن کتاب تواریخ اس کے برعکس تصویر پیش کرتی ہے ۔وہ بتاتی ہے کہ منسّی نے گناہ کے وہ کام تو کئے جو یرمیاہ نے کتاب 2۔سلاطین میں لکھے تھے لیکن:

> اس لئے خداوند ان پر شاہ اسور کے سپہ سالاروں کو چڑھا لایا جو منسّی کو زنجیروں سے جکڑ کر اور بیڑیاں ڈال کر بابل کو لے گئے ۔ جب وہ مصیبت میں پڑا تو اس نے خداوند اپنے خدا سے منّت کی اور اپنے باپ دادا کے خدا کے حضور نہایت خاکسار بنا ۔اور اس نے اس سے دعا کی ۔تب اس نے اس کی دعا قبول کر کے اس کی فریاد سنی اور اسے اس کی مملکت میں یروشلم کو واپس لایا تب منسّی نے جان لیا کہ خداوند ہی خدا ہے ۔ ۔ ۔اور اس نے اجنبی معبودوں کو اور خداوند کے گھر سے اس مورت کو اور سب مذبحوں کو جو اس نے خداوند کے گھر کے پہاڑ اور یروشلم میں بنوائے تھے دور کیا اور ان کو شہر کے باہر پھینک دیا ۔اور اس نے خداوند کے مذبح کی مرمت کی اور اس پر سلامتی کے ذبیحوں

کی اور شکر گذار ی کی قربانیاں چڑھائیں اور یہوداہ کو خداوند اپنے خدا کی پرستش کا حکم دیا (2-تواریخ 33:11)

کتاب تواریخ کا یہ حصّہ جس میں منسّی خدا کی طرف ندامت کے ساتھ واپس رجوع ہوا تو اس کو خدا نے معاف کر دیا اور اس کے بعد اس نے گناہ کی تلافی اس طرح کی کہ غیر خدا کی پرستش کے تمام مقامات ڈھا دئے اور نہ صرف خود واحد خدا کی پرستش کی بلکہ لوگوں کو بھی خدائے واحد کی پرستش کا حکم دیا ۔ یرمیاہ نے قوم کی ہولناک تباہی کا اصل ذمّہ دار منّسی کو ٹھہرایا اِس لئے وہ منسّی کے معافی مانگنے اور معافی کی قبولیت کا ذکر اپنی تحریر میں نہیں کر سکتا تھا ۔منسّی کی وہ تفصیلات جو کتاب تواریخ میں بیان ہوئیں اور وہ جو یرمیاہ نے بتائیں یکسر متضاد ہیں لہٰذا دو میں سے ایک مصنف جانتے بوجھتے جھوٹ گھڑ رہا ہے ۔ہمارے پاس تواریخ کے مصنف کو کم از کم اس واقعہ میں جھوٹا قرار دینے کا کوئی اشارہ میسر نہیں لیکن یرمیاہ کا حضرت سلیمان کی بابت جھوٹا ہو نے کے واضح اشارات مل چکے ہیں لہٰذا اس واقعہ میں بھی اسی کو جھوٹا قرار دینا پڑتا ہے ۔

یرمیاہ کے لکھے گئے تاریخی واقعات میں تیسری بد ترین شخصیت حضرت داؤد کی ہے ۔ خدا کا حضرت داؤد کی بادشاہت کا تخت ان کی اولاد میں ابد تک قائم رہنے کا عہد لکھنے کے باوجود اس نے تین واقعات لکھے ہیں جن میں سے کم از کم ایک بات ایسی ہے جس سے خود اسی کا بیان کردہ دائمی عہد اپنی اطلاقی حیثیت مکمّل طور پر ختم کر دیتا ہے ۔ ان تین میں سے دو باتیں تو جھوٹ ہیں جیسا کہ بیان کیا جائے گا جبکہ تیسری بات سچ ہے لیکن مکمّل سچ نہیں ۔صرف قرآن اس واقعہ کی مکمّل سچائ بتاتا ہے اور اس واقعہ کو بتا کر حضرت داؤد کی عظمت کو ایک نئی بلندی پر پہنچا دیتا ہے ،لیکن ہماری بحث بائیبل تک ہی محدود رہے گی ۔ حضرت داؤد جیسی شخصیت بائیبل میں کوئی دوسری نہیں ملتی ۔یہ جملہ شاید بعض پڑھنے والوں کی الجھن کا سبب ہو ۔ ہماری مراد یہ ہے کہ حضرت داؤد کسی نوعیت کی معجزانہ خصوصیات رکھے بغیر اور ایک عام بنی آدم ہونے کے باوجود جس اخلاقی معیار اور ذہانت کی سطح پر بائیبل میں نظر آتے ہیں وہ سطح کسی اور میں نظر نہیں آتی ۔ بائیبل لکھنے والوں کا اپنا کام شہادت دیتا ہے کہ وہ واجبی ذہانت اور کمتر اخلاقی اقدار کے حامل افراد ہیں لیکن

اس کے باوجود ان کی تحریروں کو بائیبل میں توجہ سے پڑھا جائے تو حضرت داؤد کی یہ قدر بآسانی محسوس کی جا سکتی ہے ۔ اگر داؤدی تخت ابد تک قائم رہنے کا عہد تاریخ میں زندہ نہ رہ گیا ہوتا تو مجھے بائیبل کی یہ تین باتیں دہرا کر حضرت داؤد کی توہین کرنے والوں کی کہی بات دہرانے جیسے جرم کا ارتکاب نہ کرنا پڑتا ۔

یرمیاہ حضرت داؤد کا اوریّاہ حتّی کی بیوی سے ناجائز تعلق اور اسی معاملے میں اوریّاہ کے قتل کا واقعہ 2-سیموئیل باب 11 میں تحریر کرتا ہے ۔ طوالت سے بچنے کی خاطر اختصار سے تمام واقعہ کے اہم نکات یہاں درج کئے جاتے ہیں ۔ اس بیان کے مطابق حضرت داؤد اپنے محل کی چھت پر سے اوریّاہ کی بیوی کو غسل کی حالت میں دیکھ لیتے ہیں تب خادموں سے اس کے بارے میں دریافت کرتے ہیں اور خادموں ہی کے ذریعے اس کو محل میں بلوا کر ہم بستر ہوتے ہیں ۔ وہ حاملہ ہو جاتی ہے اور حضرت داؤد کو اس پر مطلع کر دیتی ہے ۔ اس کے شوہر کو انہوں نے پہلے ہی فوج کے ہمراہ جنگ پر بھیج رکھا تھا ۔ وہ حمل کی اطلاع پر اوریّاہ کو جنگ کے میدان سے واپس بلواتے ہیں تاکہ وہ کچھ دن اپنے گھر رہ جائے تاکہ ان سے ہونے والے حمل کا واقعہ چھپا رہ جائے ۔ لیکن وہ بجائے گھر جانے کے محل میں دوسرے خادموں کے ساتھ ہی سو جاتا ہے ۔ دوسرے دن حضرت داؤد کی گھر نہ جانے کی وجہ دریافت کرنے پر وہ کہتا ہے کہ اس کے باقی فوجی ساتھی کھلے میدان میں ہیں اس لئے اس کو زیبا نہیں کہ گھر میں آرام سے سوئے ۔ اس روز وہ اس کو اچھی طرح کھانا کھلا کر اور بہت مئے پلا کر مدہوش کرتے ہیں کہ اب گھر چلا جائے گا لیکن وہ پھر بھی نہیں گیا ۔ تب انہوں نے اسی کے ہاتھ فوج کے سالار کو خفیہ پیغام بھیجا کہ جنگ میں اسے قصداً مروا دے ۔ اوریّاہ بالآخر اس سازش میں ہلاک ہو گیا ۔ اس کی بیوی شوہر کا سوگ منا کر فارغ ہوئی تو حضرت داؤد اس سے شادی کرتے ہیں ۔ اس حمل سے ان کا بیٹا پیدا ہوا لیکن چند دنوں بعد زندہ نہ رہا ۔ بعد میں اسی خاتون کے بطن سے حضرت سلیمان کی پیدائش ہوتی ہے ۔

اس ہمبستری یا اوریّاہ کے قتل کے بعد نہیں بلکہ وہ بچہ پیدا ہو جانے کے بعد ناتن نبی تمثیل میں حضرت داؤد کو ناجائز تعلق اور قتل کا جرم یاد دلا کر خدا کی طرف سے ملنے والی دو سزاؤں کی اطلاع دیتا ہے ۔ پہلی یہ کہ اب تیرے گھر سے تلوار الگ نہیں ہوگی اور

دوسری یہ کہ تیری بیویاں تیرے ہمسایہ کو دی جائیں گی تاکہ وہ دن دہاڑے ان سے صحبت کرے کیونکہ تو نے تو چھپ کر یہ کیا پر میں سارے اسرائیل کے رو برو دن دہاڑے یہ کروں گا ۔ حضرت داؤد ناتن سے خدا سے گناہ کا اقرار کرتے ہیں تو ناتن کہتا ہے خداوند نے تیرا گناہ بخشا اس لئے تو اب نہیں مرے گا بلکہ وہ لڑکا مر جائے گا ۔یرمیاہ کے مطابق زنا اورناحق قتل کے مجرم تو حضرت داؤد لیکن سزا ان کو نہیں بلکہ دوسروں کو یعنی پیدا ہونے والے بچّے اور دوسری تمام بیویوں کو دی جا رہی ہے جن کا ان جرائم میں سرے سے کوئی ہاتھ نہیں تھا ۔

اوریّاہ جس کی بیوی کا واقعہ بتایا جا رہا ہے وہ حتّی قوم کا فرد تھا جو کہ اُس وقت بنی اسرائیل کی غلام قوموں میں سے ایک تھی ۔ اوریّاہ بظاہر اپنی حربی صلاحیتوں کی وجہ سے حضرت داؤد کی فوج میں شامل تھا ۔ حضرت داؤد کا شہر پہاڑی کے 12 ایکڑ رقبے پر بنا تھا جس میں ان کا محل تعمیر تھا ۔ بحیثیتِ شہر یہ کوئی بڑا زمینی خطہ نہیں جس میں ان کی حکومت کے ذمہ دار افراد بھی بمشکل اپنے گھر بنا کر رہ سکتے ہوں گے ۔غور طلب بات یہ ہے کہ غلام قوم سے ہو نے کے باوجود اس کا گھر محل سے اتنا نزدیک کیسے تھا کہ حضرت داؤد ایک غلام قوم کے کسی فرد کی بیوی کو غسل کی حالت میں دیکھ سکتے ؟یرمیاہ اس واقعہ کو چار صدی بعد لکھتا ہے تو بعض تفصیلات میں غفلت کا شکار ہے ۔ پھر یہ کہ اس کے کہنے کے مطابق حضرت داؤد نے لوگ بھیج کر اس خاتون کو دریافت کیا اور لوگوں ہی کے ذریعے اسے اپنے محل بلایا ۔ اس کا مطلب ہے کہ یہ واقعہ عام لوگوں کے علم میں تھا لیکن اوریّاہ کے وہاں واپس آکر چند دن رہنے پر اس کو اس واقعہ کا علم کیوں نہیں ہوا ؟ دوسری اہم بات یہ ہے کہ کتاب تواریخ نے اس جنگ کا واقعہ تو 1-تواریخ باب 20 میں تحریر کیا ہے لیکن وہاں حضرت داؤد کا اوریّاہ والے واقعہ کا کوئی تذکرہ نہیں ملتا ۔ کتاب تواریخ بنی ہارون کی لکھی گئی جس میں حضرت داؤد بڑے ہیرو شمار ہوتے ہیں لہٰذا اس نے مکمّل واقعہ ہی حذف کر دیا یرمیاہ کی تفصیل جزوی طور پر درست ہے لیکن اس نے اپنی خواہش کے مطابق حذف و اضافہ اپنے بیان میں داخل کیا ۔ دنیا میں موجود واحد کتاب صرف قرآن ہے جس نے ہمیں اِس پورے معاملے کی اصل حقیقت سے روشناس کیا ہے ۔

یرمیاہ کا دوسرا شر اسی پہلے واقع میں پوشیدہ ہے اور عام طور پر لوگوں کی توجہ میں نہیں آیا۔ وہ لکھتا ہے کہ حضرت داؤد کے جرم کی سزا میں ان کی تمام بیویاں پڑوسیوں کے ذریعے بے حرمت کی جائیں گی۔ یرمیاہ آگے بتاتا ہے کہ حضرت داؤد کے بیٹے ابی سلوم کی بغاوت کی وجہ سے حضرت داؤد کو یروشلم چھوڑ کر جانا پڑا تو ابی سلوم نے دارالسلطنت خالی دیکھ کر وہاں اپنی گرفت مضبوط کر لی، اس موقع پر:

سو انہوں نے محل کی چھت پر ابی سلوم کے لئے ایک تنبو کھڑا کر دیا اور ابی سلوم سب بنی اسرائیل کے سامنے اپنے باپ کی حرموں کے پاس گیا (2۔سیموئیل 16:22)

ہماری رائے میں اس فقرہ سے یرمیاہ نے بڑے محتاط الفاظ میں پڑوسی کے ذریعے دی جانے والی سزا کو حضرت داؤد کے اپنے بیٹے کے ذریعے دلوایا ہے۔ اپنی ملفوف بات کو مزید واضح کرنے کے لئے ابی سلوم کی شکست اور ہلاک ہونے کے بعد جب حضرت داؤد یروشلم واپس آتے ہیں تو یرمیاہ لکھتا ہے:

اور داؤد یروشلم میں اپنے محل میں آیا اور بادشاہ نے اپنی دس حرموں کو جن کو وہ اپنے گھر کی نگہبانی کے لئے چھوڑ گیا تھا لے کر ان کو نظر بند کر دیا اور ان کی پرورش کرتا رہا پر ان کے پاس نہ گیا۔ سو انہوں نے اپنے مرنے کے دن تک نظر بند رہ کر رنڈاپے کی حالت میں زندگی کاٹی (2۔سیموئیل 20:3)

قارئین دیکھ سکتے ہیں کہ یرمیاہ نے اوپر ڈھکے چھپے الفاظ میں بڑی قبیح بات تحریر کی ہے ورنہ حضرت داؤد کے تمام حرموں سے قطع تعلق کی کوئی اور کیا وجہ ہو سکتی ہے؟ ان فقروں سے قبل یرمیاہ نے کوئی اور بات تحریر نہیں کی جس کی بنا پر حضرت داؤد اپنی دس حرموں سے قطع تعلق کر لیتے۔ یرمیاہ کا تیسرا شر ان دو سے بڑھ کر حیران کن ہے۔ قارئین یاد کریں کہ E مصنف نے تورات میں یہوداہ کا اپنی بہو سے جسمانی اختلاط اور دو جڑواں بیٹوں کی پیدائش کا واقعہ تحریر کیا تھا جس میں فارص منجھلا ہونے کے باوجود ماں کے بطن سے پہلوٹھے کے مقابلے میں پہلے نکل آیا تھا۔ اسی فارص سے یہوداہ کی دسویں نسل میں حضرت داؤد کی پیدائش ہوئی تھی (روت 4:18)۔

یرمیاہ E تحریر سے اچھی طرح واقف تھا ۔ وہ اسی کے سیلانی گروہ کی لکھی گئی تھی ۔یرمیاہ تورات کی پانچویں کتاب استثنا میں خدا کی حضرت موسیٰ کو دی گئی شریعت میں ایک نیا قانون لکھتا ہے جو دوسرے مصنفوں کی لکھی ہوئی شریعت میں موجود نہیں ہے:

> کوئی حرام زادہ خداوند کی جماعت میں داخل نہ ہو ۔دسویں پشت تک اس کی نسل میں سے کوئی خداوند کی جماعت میں آنے نہ پائے ۔ ۔ ۔تو کسی مصری سے بھی نفرت نہ رکھنا کیونکہ تو اس کے ملک میں پردیسی ہو کر رہا تھا ۔ان کی تیسری پشت کے جو لڑکے پیدا ہوں وہ خداوند کی جماعت میں آنے پائیں (استثنا 23:2)

یہ حکم اگر شریعت کا حصّہ ہوتا تو E مصنف اپنی تحریر کردہ شریعت میں کتاب خروج کے باب 21-24 میں لکھ چکا ہوتا ۔ یرمیاہ نے شریعت کے اس حکم کا اضافہ کر کے یہوداہ کی حضرت داؤدتک کی دس پشتوں کو خدا کی جماعت سے خارج کیا ۔ اس نے نہ ایک کم نہ ایک زیادہ بلکہ گنتی کر کے دس پشتیں رکھیں تاکہ اس کا اطلاق حضرت داؤد پر کیا جا سکے اس لئے کہ بائیبل کے مطابق حضرت داؤد یہوداہ کی دسویں پشت میں پیدا ہوئے تھے ۔ساتھ میں اس نے بنی ہارون کو بھی شادی کے رشتے سے خدا کی جماعت سے خارج کر دیا اس لئے کہ حضرت ہارون کی شادی بنی یہوداہ میں ہوئی تھی ۔ یرمیاہ کا ہیرو یوسیاہ بہت بعد کی پشت سے تھا اس لئے اس پر اس حکم کا اطلاق نہ ہو سکتا تھا ۔ مصنف نے مصریوں کے لئے خصوصی رعایت برتی کے وہ تیسری پشت سے خداوند کی جماعت میں آ سکتے ہیں اس کے باوجود کہ وہ گمراہ قوم تھی اور ان کے درمیان محرمات سے شادی کا رواج تھا ۔

جدید اسکالرز کے مطابق حضرت موسیٰ کو تورات عطا کئے جانے کا زمانہ 1400 ق م سے 1300 ق م میں کسی وقت پیش آیا لیکن بعض مشاہدات کی روشنی میں نتیجہ نکالتے ہیں کہ حضرت داؤد کی بادشاہت 1010 ق م میں شروع ہوئی - پھر ہم نے دیکھا کہ J اور E مصنفوں نے اپنی تحریریں 720 ق م میں شمالی اسرائیلی ریاست کے انہدام سے چند ہی سال قبل مکمّل کیں اس طرح حضرت موسیٰ کو تورات ملنے اور اس کو تحریری شکل دینے میں کم از کم چھ صدیاں حائل ہیں ۔یہ وقت کا بہت طویل دورانیہ ہے جس میں تمام روایات صرف منہ زبانی ایک نسل سے دوسری کو منتقل ہوئیں۔ لہٰذا تحریری

کام کی شروعات میں کوئی نئی بات گڑھ کے داخل کر دی جائے تو اس کی تصدیق یا تردید کا کوئی مآخذ دوسروں کو میسر نہیں ہو سکتا تھا - P مصنف نے غالباً اپنی تورات J/E کے تیس سے چالیس سال بعد اور D مصنف نے P کے ایک صدی بعد اپنی تورات لکھی - ان چاروں نے نہ صرف اپنے لوگوں کی تاریخ بلکہ حضرت موسیٰ کو دی گئی شریعت کو بھی اپنے الفاظ میں اپنے مزاج کے مطابق تحریر کیا مثال کے طور پر حضرت موسیٰ کو کوہ سینا پر پتھر کی تختیوں پر لکھے گئے مشہور دس احکامات میں سے ایک حکم ماں باپ سے حسنِ سلوک کے بارے میں ہے جس کو P اور D مصنفوں نے درج کیا:

P مصنف

> تو اپنے باپ اور اپنی ماں کی عزّت کرنا تاکہ تیری عمر اس ملک میں جو خداوند تیرا خدا تجھے دیتا ہے دراز ہو (خروج 20:12)

D مصنف

> اپنے باپ اور اپنی ماں کی عزّت کرنا جیسا خداوند تیرے خدا نے تجھے حکم دیا ہے تاکہ تیری عمر دراز ہو اور جو ملک خداوند تیرا خدا تجھے دیتا ہے اس میں تیرا بھلا ہو (استثنا 5:16)

لیکن اس ایک حکم کو E مصنف ایک مرتبہ نہیں بلکہ دو مرتبہ لکھتا ہے جو ذیل میں نقل ہے:

E مصنف

> اور جو کوئی اپنے باپ یا اپنی ماں کو مارے وہ قطعی جان سے مارا جائے (خروج 21:15)

> اور جو اپنے باپ یا اپنی ماں پر لعنت کرے وہ قطعی مار ڈالا جائے (خروج 21:17)

دیکھا جاسکتا ہے کہ P اور D مصنفوں نے اپنے الفاظ میں اس حکم کو لکھا - اوّل بات تو یہ ہے کہ شریعت اپنی اصل میں قانون ہے ،اور یہودی اور عیسائی اس سے یہی مراد لیتے ہیں ، اس لئے اس کو اپنے الفاظ میں لکھنے کی کوئی گنجائش نہیں ہونی چاہئے - اِس کی اہم ترین وجہ یہ کہ اصل الفاظ میسر نہ ہوں تو بعد میں لوگوں کے لئے اپنی مرضی کے معنی اور تعبیر اخذ کرنے کے امکانات نکل آتے ہیں

E- مصنف نے بھی اپنے الفاظ میں لکھا لیکن اس نے بدل کر کچھ سے کچھ کر دیا ۔یہاں ماں باپ کو مارنے سے مصنف کی مراد جان سے مارنا نہیں بلکہ عام مار پیٹ ہے اس لئے کہ قتل کرنے پر موت کی سزا اس نے انہی احکامات میں الگ شق میں لکھ رکھی ہے ۔ مارنا سے مصنف کی مراد محض مارنا ہی ہے لیکن کتنا مارنا؟ یا کسی کم عمر کا بھول سے مار دینا؟ اس کی کوئی وضاحت موجود نہیں اس لئے آخر کس طرح خدا کا یہ حکم رائج کیا جا سکتا ہے ؟ E مصنف کی نظر میں خدا کا قانون یہ جرم ثابت ہونے پر مجرم کو موت کا مستحق ٹھہراتا ہے اور لفظ "قطعی" اس مجرم کو عذر بیان کر نے یا معافی طلب کرنے کی کوئی گنجائش نہیں دیتا اور یہی سزا محض لعنت کر نے پر بھی طے کر دی گئی ہے ۔

یہاں خاص بات یہ بھی دیکھنے والی ہے کہ J مصنف کے دس احکامات خروج 34:14 میں درج ہیں لیکن ماں باپ کے متعلق کوئی قانون وہاں سرے سے موجود ہی نہیں ۔ بائیبل کے عقیدت مندوں کی نظر میں یہ حضرت موسیٰ کو دی گئی شریعت ہے اور ان کے پاس کوئی دلیل ایسی نہیں جس کی بنیاد پر کتاب خروج کے اس حکم کے بارے میں چار بیانات میں سے کسی ایک کو قبول کر کے باقی بیانات رد کر سکیں ، اس لئے یہ قانون آپ سے آپ قابلِ اطلاق نہیں رہتا ۔ مزید برآں دوسرا اہم مشاہدہ یہ کیا جاسکتا ہے کہ J اور E تحریروں میں جہاں یہ دس احکامات درج ہیں وہاں شرعی قوانین اور قربانی و نیاز کی رسومات کی ادائیگی کے لئے کسی کاہن کی موجودگی کی شرط کا کوئی ایسا تقاضا نہیں پایا جاتا جو P اور D مصنفوں نے لازمی قرار دیا تھا ۔اس طرح کاہن کی موجودگی کا قانون بھی بآسانی ساقط کیا جا سکتا ہے۔

یرمیاہ کے لکھے گئے بہت سے واقعات ہماری بحث میں بیان کئے گئے جن سے قارئین بآسانی اس کی شخصیت یا اس کے ذہنی عمل کا اندازہ لگا سکتے ہیں ۔ایک ہنوز حل طلب سوال E اور D مصنفوں کے قبائلی گھرانے سے تعلق کا ہے جو جدید مغربی اسکالرز کے قیاس کے مطابق حضرت موسیٰ سے ہوسکتا ہے ۔ یہ قیاس کرنا ازخود ظاہر کر دیتا ہے کہ اس سوال کا کوئی واضح جواب بائیبل میں موجود نہیں ہے ۔کیا اس سوال کو موضوع بحث بنایا جائے؟ بائیبل کے متعلق صرف ایک ہی بات ہماری نظر میں اہم تھی اور وہ یہ کہ انسان کو دنیا میں

اپنی زندگی گزارنے کے لئے خدا کی طرف سے جو ہدایات درکار ہیں کیا بائیبل کے عہد نامہ قدیم سے وہ ہدایات حاصل کی جا سکتی ہیں؟ اب تک کی تمام بحث سے بخوبی واضح ہے کہ تورات میں بیان کردہ شریعت میں انسانی دماغ کا ایسا عمل داخل کردیا گیا ہے جس میں خدا کی رہنمائی کا کوئی عنصر موجود نہیں ۔ ان مصنفوں کے متعلق جاننا اس لئے ضروری تھا کہ تحریروں کے متن کی نوعیت سے مصنفین کی براہ راست وابستگی اس طرح واضح ہو سکے کہ ہمارے قارئین عقلی طور پر اس مطابقت سے مطمئن ہوں ۔ تورات کی پانچ کتابوں اور بنی اسرائیل کی تاریخ پر لکھی گئی چھ بڑی کتابوں کی بابت یہ کیفیت ہمیں حاصل ہو چکی ہے اس لئے مذکورہ دو مصنفوں کے آبائی خاندانوں کی شناخت ہمارے لئے ضروری نہیں رہتی ۔ تاہم ہماری کتاب کے دوسرا حصّہ عیسائی عقیدہ کی تشریح پر ہے ۔ اس کے لئے ہمیں بعض وہ معلومات درکار ہوں گی جو ان مصنفوں کے آبائی خاندان کے شناخت کی ضمن میں زیرِ بحث آتی ہیں ۔ ذیل میں D مصنف کے گھرانے کے تعین کے حوالے سے بائیبل میں موجود چند مشاہدات نقل کئے جاتے ہیں اور انہی پر اس مصنف کی تحریروں پر ہماری بحث بھی مکمّل ہو جائے گی ۔

E اور D مصنفوں کا آبائی خاندان

حضرت سلیمان نے شہر سیلا کے کاہن ابیاتر کو کہانت سے خارج کیا تھا ۔ ان کی وفات کے بعد سیلا ہی کے اخیاہ نبی نے یربعام کو بغاوت کرکے ملک توڑنے اور بادشاہ بننے کی "خدا کی طرف سے" بشارت دی تھی ۔یربعام نے بادشاہ بننے کے بعد اپنے ملک کے لئے لاوی قبیلے کے بجائے دوسرے قبیلوں سے کاہن منتخب کئے ۔اس نے یہ کوئی انہونی بات نہیں کر دی تھی اس لئے کہ یہ 930 ق م کا زمانہ تھا جبکہ دو صدی بعد لکھی گئی J اور E تحریریں تصریح کرتی ہیں کہ کہانت کو کسی خاندان سے مخصوص ہونے کی کوئی شرط تورات میں اس وقت موجود نہیں تھی ۔ تاہم یربعام کی اس حرکت کی وجہ سے سیلا کے کاہنی گروہ کی امیدوں پر پانی پھر گیا اور بعد کی دو صدیوں میں بھی

ان کو یہ اعزاز کبھی حاصل نہ ہوا ۔ یہودیہ میں بنی ہارون کی کہانت 587 ق م تک مسلسل قائم رہی اس طرح بنی اسرائیل کی فلسطین میں جاری چار سو سالہ تاریخ میں سیلا کے کاہنی گروہ کو صرف ابیا تر کی صورت میں دس سے بیس سالہ کہانت کی سربراہی کا اعزاز مل سکا ۔ آخر اس گروہ میں کیا خاص بات تھی جس کی وجہ سے انہوں نے اپنی کوششوں یا امیدوں کو اس حد تک زندہ رکھا کہ آخر کار ان کے نمائندہ فرد D مصنف کی تحریریں تورات کی پانچویں کتاب اور بائیبل کا بڑا حصّہ" استثنائی تاریخ " قرار پائیں ۔اس سے قبل کی E مصنف کی تحریروں میں حضرت موسیٰ کو جس انداز میں J مصنف کے مقابلے میں پیش کیا اس بنا پر جدید اسکالرز E مصنف کو حضرت موسیٰ کے گھرانے کا فرد قیاس کرتے ہیں ۔ D مصنف یعنی یرمیاہ کی تحریروں سے واضح ہے کہ وہ بھی سیلا کے کاہنی گروہ سے نسبی تعلق رکھتا ہے لیکن اس کا نسبی تعلق بائیبل میں صراحتاً نہیں پایا جاتا ہمیں ،جیسا کہ اوپر کہا گیا، اس کا نسبی تعلق جان لینے سے بذاتِ خود کوئی دلچسپی نہیں ۔اب تک کی ہماری بحث بخوبی واضح کر دیتی ہے کہ خواہ خدا کی عطا کردہ موسوی شریعت ہو خواہ بنی اسرائیل کے جلیل القدر انبیاء کی سیرتِ مبارکہ کے واقعات ہوں وہ مصنفوں کی نفسانی خواہشات سے آلودہ ہیں اور شریعت اور انبیاء کی سیرت کے بیانات میں سماجی رہنمائی کے لئے بیشتر مقامات پر ایسی تعبیر ممکن نہیں رہتی جس پر سب کا متفق ہونا تو درکنار خود انسانی ذہن ہی مطمئن ہو سکے ۔ اس موقع پر ہم یہودیت پر اپنی بحث مکمّل کر سکتے ہیں لیکن یروشلم کی بربادی اور بنی اسرائیل کی جلاوطنی پر یہودیت کی تاریخ ختم نہیں ہو جاتی ۔ اسی تاریخی تسلسل میں تقریباً چھ صدی بعد حضرت عیسیٰ کے نزول کی صورت میں بنی اسرائیل کی زندگی میں ایک اور اہم ترین واقعہ پیش آیا ۔ اس حوالے سے بنی اسرائیل میں کہانت کے نظام پر ہماری بحث بہت تشنہ ہے اور خصوصاً اس کے بعض پہلو ایسے ہیں جو قارئین کو واضح ہونے چاہئیں ۔ یہ پہلو مصنف کے نسبی تعلق کی بحث میں پیش کئے جا سکتے ہیں ۔

سیلا کا پہلا سردار کاہن

1400 ق م کے قریبی زمانے میں حضرت موسیٰ کی وفات کے بعد ان کے خلیفہ یشوع کی قیادت میں بنی اسرائیل فلسطین میں آباد ہوئے اور قبائلی معاشرت کے طور پر تقریباً تین صدیاں گزار لینے کے بعد ان کے درمیان بادشاہت کے دور کا آغاز ہوا ۔اس بادشاہی زمانے کی تفصیلات کتاب 1۔سیموئیل کے ابتدائی ابواب میں درج ہیں ۔اس زمانے کی شروعات میں بنی اسرائیل کی اہم ترین شخصیت سردار کاہن عیلی کے نام سے ان کے درمیان موجود تھی۔ اسی کاہن کے تذکرہ سے کتاب 1۔سیموئیل اپنا بیان شروع کرتی ہے ۔ فلسطین کی فتوحات کے زمانے میں یشوع نے افرائیم قبیلہ کے شہر سیلا میں خیمۂ اجتماع کھڑا کیا تھا اس لئے حضرت موسیٰ کی تعمیر کی گئی خیمہ گاہ سیلا میں قائم ہونے سے وہ مقام بنی اسرائیل کے لئے خدا کا گھر تسلیم کیا جاتا تھا (یشوع 18:1)۔ خود یشوع کا نسبی تعلق بھی افرائیم قبیلہ سے تھا اور وہ اپنے قبیلے کے سردار تھے (گنتی 13:8)۔ ان کا پیدائشی نام ہوسیع تھا لیکن حضرت موسیٰ نے اس کو بدل کر یشوع رکھا تھا جو حضرت موسیٰ کی یشوع میں خصوصی دلچسپی ظاہر کرتا ہے (گنتی 13:16)۔عبرانی زبان میں یشوع کا مطلب نجات دہندہ یا وہ شخص جس کا مددگار خدا ہو ۔ ہم دیکھتے ہیں کہ حضرت موسیٰ کی وفات کے چند سال بعد ہی یہ بات ثابت ہو گئی ۔ حضرت موسیٰ سے منسوب یشوع کے علاوہ کسی اور شخص کے نام کی تبدیلی کا تذکرہ بائبل میں موجود نہیں ہے ۔

تورات میں بنی اسرائیل کی قومی تاریخ حضرت موسیٰ سے شروع ہوتی ہے ۔ حضرت موسیٰ واحد ہستی ہیں جن کو کوہ سینا پر خدا سے ہم کلامی کا شرف حاصل ہوا ۔ ان کے ساتھ ہی دوسری اہم شخصیت حضرت ہارون کی تھی جو حضرت موسیٰ کے بڑے بھائی تھے اور ان کے لئے مدد گار نبی نامزد کئے گئے تھے لیکن بائبل میں ایک اور اہم شخصیت حضرت یوسف کی بھی ہے ۔ حضرت یوسف کے دو بیٹے منسّی اور افرائیم میں سے منسّی پہلوٹھا تھا لیکن E مصنف نے حضرت یعقوب کی برکت دیتے وقت ان کے ہاتھوں کی قینچی بنا کر سیدھا ہاتھ منجھلے افرائیم کے سر پر رکھا تھا تاکہ اس کو زیادہ بڑا مقام حاصل ہو (پیدائش 48:13)۔ کتاب پیدائش میں حضرت یوسف کے لئے تحریری بیان کی ضخامت حضرت ابراہیم اور حضرت یعقوب سے بھی زیادہ ہے ۔اگر چہ بنی اسرائیل کو مصر کی غلامی سے نجات حضرت موسیٰ کے ذریعے حاصل ہوئی لیکن ان کی قیادت میں بنی

اسرائیل کو فلسطین میں داخل ہونے کا موقع خدا کی طرف سے نہیں دیا گیا۔ اس واقعہ سے دو صدی قبل بنی اسرائیل کا مصر میں عروج بھی حضرت یوسف کے مرہونِ منت تھا پھر انہی کے بیٹے افرائیم قبیلہ کے سردار یشوع کی سربراہی میں فلسطین آسکے۔ جب بنی اسرائیل کے دس قبیلوں نے شمالی ریاست الگ قائم کی تو اسی افرائیم قبیلہ کا یربعام تھا جس کو انہوں نے اپنا بادشاہ بنانا پسند کیا۔ یشوع کے زمانے سے بنی اسرائیل سالانہ قربانیوں کے مواقع پر سیلا میں خیمۂ اجتماع پر اکٹھا ہوتے تھے۔ بنی اسرائیل کا قبائلی دور ختم ہوتے وقت عیلی سیلا کا سردار کاہن تھا اور اسی کی زندگی میں سیموئیل نبی کی معجزانہ پیدائش بیان ہوئی ہے۔ انکی پیدائش کے دو چار سال بعد ہی ان کی والدہ نے ان کو خدا کے کام کے لئے وقف کر کے عیلی کی پرورش کے حوالے کردیا تھا۔ یہ بات قابلِ توجہ ہے کہ سیموئیل نبی بھی افرائیم قبیلہ سے تھے۔

بائیبل بتاتی ہے کہ عیلی کے ساتھ اس کے دو بیٹے بھی کاہن تھے لیکن وہ ایسے بدکردار تھے کہ باپ کی تنبیہ اور نصیحت کے باوجود انہوں نے برے اعمال سے کنارہ کشی اختیار نہیں کی۔ پھر کتاب کا مصنف، یرمیاہ، لکھتا ہے کہ ایک مرد خدا عیلی کے پاس آیا اور اسے کہا خدا کا فرمان ہے چونکہ تو اپنے بیٹوں کی مجھ سے زیادہ عزت کرتا ہے اس لئے:

> جو کچھ تیرے دونوں بیٹوں حفنی اور فنیحاس پر نازل ہو گا وہی تیرے لئے نشان ٹھہرے گا۔ وہ دونوں ایک ہی دن مر جائیں گے۔ اور میں اپنے لئے ایک وفادار کاہن برپا کروں گا جو سب کچھ میری مرضی اور منشا کے مطابق کرے گا اور میں اس کے لئے ایک پائدار گھر بناؤں گا اور وہ ہمیشہ میرے ممسوح کے آگے آگے چلے گا۔ اور ایسا ہوگا کہ ہر ایک شخص جو تیرے گھر میں بچ رہے گا ایک ٹکڑے چاندی اور ایک روٹی کے ایک گردے کے لئے اس کے سامنے آکر سجدہ کرے گا اور کہے گا کہ کہانت کا کوئی کام مجھے دیجئے تاکہ میں روٹی کا نوالہ کھا سکوں
> (1-سیموئیل 2:34)

بعد کی چار صدیوں میں واقعات جس طرح پیش ہوئے انہی کو مصنف نے اس اقتباس میں مرد خدا کی تین پیشگوئیوں کی صورت میں بیان کیا ہے۔ پہلی پیشگوئی اس طرح پوری ہوئی کہ کچھ ہی عرصہ میں عیلی کے دونوں بیٹے فلستیوں کے حملے میں ہلاک ہو گئے اور خدا

کا صندوق بھی بنی اسرائیل سے چھن گیا ۔ اس سانحہ کی اطلاع جب عیلی کو ملی تو وہ صدمہ سے پچھاڑ کھا کر گرا اور اس کی گردن ٹوٹ گئی ۔اس طرح وہ چالیس سال سردار کاہن رہنے کے بعد اٹھانوے سال کی عمر میں فوت ہوگیا ۔دوسری پیشگوئی کے مطابق عیلی کی چار مسلسل نسلیں حضرت سلیمان کی بادشاہت آنے تک کاہن رہیں ۔ اس کی نسل کا آخری کاہن ابیاتر تھا جس کو حضرت داؤد نے جنوبی ریاست کے حضرت ہارون کے گھرانے کا فرد صدوق کے ساتھ سردار کاہن بنایا تھا ۔ عیلی کی چار نسلوں کی کہانت کی نشاندہی مختلف مقامات پر کی گئی ہے(1-سیموئیل 14:3 ،22:9 ،22:20)- پھر عیلی کے تقریباً سو سال بعد جب حضرت سلیمان ابیاتر کو بغاوت کے جرم میں کہانت سے معزولی اور یروشلم سے جلاوطنی کی سزا دیتے ہیں تو مصنف لکھتا ہے :

> سو سلیمان نے ابیاتر کو خداوند کے کاہن کے عہدہ سے برطرف کیا تاکہ وہ خداوند کے اس قول کو پورا کرے جو اس نے سیلا میں عیلی کے گھرانے کے حق میں کہا تھا (1-سلاطین 2:27)

اس طرح مصنف نے مرد خدا کی دوسری پیشگوئی پوری کی کہ عیلی کا گھرانہ کہانت سے خارج ہوا اور تیسری پیشگوئی کا دور شروع ہوا جب یربعام نے بادشاہ بننے کے بعد سیلا سے اس کاہن خاندان کو منتخب کرنے کے بجائے غیر لاوی کاہن چنے نتیجتاً یہ خاندان تقریباً چار صدی اقتصادی مشکلات کا شکار رہا جیسا کہ مرد خدا نے تیسری پیشگوئی میں کہا تھا ۔

عیلی کا قبیلہ؟

عیلی کو بتائی گئی تین صریح پیشگوئیاں جو چار سو سال میں حرف بہ حرف پوری ہوئیں لیکن اسکے باوجود یہ انتہائی عجیب بات ہے کہ عیلی جو سیموئیل نبی کی پیدائش سے قبل بنی اسرائیل کا اہم ترین شخص تھا ، اس کا قبیلہ بائیبل کی استثنائ تاریخ میں کہیں درج نہیں ہے ۔حتیٰ کہ اس کے باپ کا نام تک نہیں بتایا گیا ہے ۔یہ ماننا مشکل ہے کہ بائیبل مرتب کرنے والوں کو عیلی کے والد یا خاندان کا علم نہ ہو ۔بائیبل کا عام طریقہ یہ ہے کہ مصنف جب بھی کسی شخص کا کوئی

قابلِ تعریف واقعہ لکھتا ہے تو اس شخص کا قبیلہ ضرور بیان کرتا ہے اور اگر کوئی ناپسندیدہ کام لکھتا ہے تب بھی اس کے قبیلے کی نشاندہی کی جاتی ہے ۔ قارئین کی وضاحت کے لئے دو اقتباسات ذیل میں درج کئے جاتے ہیں:

> اور موسیٰ نے بنی اسرائیل سے کہا دیکھو خداوند نے بضلی ایل بن حوری کو جو یہوداہ کے قبیلے میں سے ہے نام لے کر بلایا ہے (خروج (35:30

> لیکن بنی اسرائیل نے مخصوص کی ہوئی چیز میں خیانت کی کیونکہ عکن بن کرمی بن زبدی بن زارح نے جو یہوداہ کے قبیلے کا تھا ان مخصوص کی ہوئی چیزوں میں سے کچھ لے لیا ۔ سو خداوند کا قہر بنی اسرائیل پر بھڑکا (یشوع 7:1)

اسی طرح بائیبل میں لاتعداد اہم اور غیر اہم واقعات ہیں جہاں مذکورہ شخص کے قبیلے کا نام بتایا جاتا ہے لیکن عیلی یا اس کی نسل کے چار کاہنوں کے واقعات تحریر کرنے کے باوجود، خصوصاً جبکہ مصنف خدا کا قول اور کہانت جیسے اہم ادارہ کے متعلق خدا کا فیصلہ عیلی پر نافذ کرتا ہے، اس کا نسبی تعلق بیان کرنے پر خاموشی اتفاقیہ نہیں بلکہ قصداً کی گئی ہے ۔ بائیبل میں صرف اور صرف ایک مقام ہے جہاں سے عیلی کا نسبی تعلق نکالا جا سکتا ہے:

> اور داؤد نے الیعزر کے بیٹوں میں سے صدوق اور اتمر کے بیٹوں میں سے اخی ملک کو ان کی خدمت کی ترتیب کے مطابق تقسیم کیا (1-تواریخ (24:3

کتاب تواریخ، جیسا کہ ہم نے پیشتر تحریر کیا، حضرت ہارون کے گھرانے سے وابستہ افراد میں سے عزرا نے یا کسی اور شخص نے بنی اسرائیل کی بابل میں جلاوطنی سے یروشلم واپسی کے بعد مرتب کی اور P مصنف کی طرح اس کی ساری دلچسپی بنی اسرائیل کے تمام گھرانوں میں سے صرف بنی ہارون کو خدا کی طرف سے کہانت کا اہل قرار دینا ہے ۔اوپر کے اقتباس میں الیعزر اور اتمر حضرت ہارون کے وہ دو بیٹے ہیں جن کے لئے P مصنف تورات میں لکھتا ہے:

> اور ندب اور ابیہو تو جب انہوں نے دشتِ سینا میں خداوند کے حضور اوپری آگ گذرانی تب ہی خداوند کے سامنے مر گئے اور وہ بے اولاد

> بھی تھے اور الیعزر اور اتمر اپنے باپ ہارون کے سمنے کہانت کی خدمت کو انجام دیتے تھے (گنتی 3:4)

لہٰذا P مصنف کے مطابق حضرت ہارون کے دو بیٹے ان کی زندگی میں کہانت کے ذمہ دار تھے لیکن حضرت ہارون کی وفات کے وقت خدا نے الیعزر کو سردار کاہن نامزد کیا تھا:

> سو تو ہارون اور اس کے بیٹے الیعزر کو اپنے ساتھ لے کر کوہ ہور کے اوپر آجا اور ہارون کے لباس کو اتار کر اس کے بیٹے الیعزر کو پہنا دینا کیونکہ ہارون وہیں وفات پا کر اپنے لوگوں میں جا ملے گا (گنتی 20:25)

P مصنف نے حضرت ہارون کو کہانت کے فرائض ادا کرنے کے لئے ایک خصوصی لباس بنوانے اور پہننے کی طویل ہدایات کتاب خروج باب 28 میں بیان کی ہیں جو حضرت موسیٰ کی معرفت دی گئی تھیں۔ اس اقتباس میں حضرت ہارون کی وفات کے وقت یہی لباس الیعزر کو پہنانے کا حکم دیا گیا ہے ۔بالفاظ دیگر الیعزر اس موقع پر باضابطہ طور پر سردار کاہن بنایا گیا ۔آئندہ آنے والی نصف صدی میں یہی الیعزر یشوع کی سربراہی میں فلسطین فتح کرنے کے دوران مفتوح علاقوں کی بنی اسرائیل کے درمیان وراثتی تقسیم جیسے اہم کام کاقبیلوں کے سرداروں کے ہمراہ نگران بیان کیا گیا ہے (یشوع 14:1، 17:4، 21:1)۔پھر الیعزر کی زندگی میں اس کا بیٹا فنیحاس کاہن بنایا گیا (یشوع 22:30)۔ یہ وہی فنیحاس ہے جس نے حضرت موسیٰ کی موجودگی میں خیمۂ اجتماع کے اندر اسرائیلی مرد اور مدیانی عورت کا پیٹ برچھی کے ایک ہی وار سے چھید دیا تھا جس کے انعام میں خدا نے اس کے لئے اور اس کے بعد اس کی نسل کے لئے کہانت کا دائمی عہد باندھ لیا تھا (گنتی 25:6)۔یہ عہد دراصل حضرت داؤد کی دائمی بادشاہت کے عہد کا دوسرا جزو ہے ۔ P تحریر لکھنے وقت یہودیہ میں حضرت داؤد کے گھرانے میں بادشاہت اور بنی الیعزر کے گھرانے میں کہانت کی سربراہی تسلسل سے قائم تھی اسی بات سے ابدی عہد کا یہ تصوّر کشید کر لیا گیا کہ ابدی بادشاہت حضرت داؤد کے گھرانے میں اور ابدی کہانت بنی ہارون کے گھرانے میں فنیحاس کے خونی رشتہ کے تسلسل میں خدا کی طرف سے قائم کر دی گئی ہے ۔

بعد کے ڈھائی سو سالوں میں ہر ایک قبیلہ اپنے اپنے علاقوں میں غیر اقوام کی اعتقادی آلائشوں میں ملوث اور اپنی زندگی کی بقا کی

کوششوں میں الجھا نظر آتا ہے یہی تفصیلات کتاب قضاء میں تحریر کی گئی ہیں جہاں کہانت اور مذہبی رسومات کا کوئی اجتماعی نظم اس دور میں کہیں نہیں پایا جاتا ۔اسی قاضیوں کے زمانے کے اختتام پر سیلا میں عیلی بحیثیت سردار کاہن کے مرنے پر بنی اسرائیل میں بادشاہت کی شروعات ہوئیں ۔ کتاب تواریخ کی رو سے عیلی کو اتمر کی نسل کا بتایا گیا ہے جو P مصنف کے الیعزر کے بیٹے کا ابدی کاہن ہونے کا خدا کا عہد کے سراسر خلاف ہے ۔ کتاب تواریخ کا مصنف بھی P مصنف کی طرح بنی ہارون قبیلہ سے نسبی تعلق رکھتا ہے لیکن یہاں P مصنف کے لکھے گئے عہد سے انحراف کرجانا اس کے دماغ سے اوجھل رہ گیا ۔

کتاب تواریخ کے اوپر درج شدہ اقتباس کے مطابق اسی الیعزر کی نسل کا صدوق اور اتمر کی نسل کا اخی ملک ،جو عیلی کا پوتا تھا ، حضرت داؤد کے کاہن تھے ۔ ابیاتر اسی اخی ملک کا بیٹا تھا (1۔سیموئیل 30:7)جس کو متحدہ اسرائیل میں حضرت داؤد نے صدوق کے ساتھ سردار کاہن بنایا تھا جو آخر میں حضرت سلیمان کے ذریعے برخواست کیا گیا ۔اس طرح روایت پسند عیسائیوں کی نظر میں ابیاتر حضرت ہارون کے چوتھے بیٹے اتمر کی نسل سے سردار کاہن بننے والا آخری چراغ تھا ۔اس کے بعد یہ اعزاز الیعزر کے گھرانے کے صدوق کو مکمّل طور پر واپس حاصل ہو گیا ۔

اگر کتاب 1۔تواریخ 24:3 میں "اتمر کے بیٹوں میں سے اخی ملک" لکھا نہ ملتا تو کتاب1۔سیموئیل میں بتائے گئے عیلی کے نسب کا تعین غیر ممکن تھا ۔جدید دور کے محققین کی نظر میں سیلا کا معزول کاہن ابیاتر ، اس کا لکڑ دادا عیلی اور کتاب استثنا اور استثنائی تاریخ کی کتابوں کے مصنف یرمیاہ کا نسبی تعلق حضرت موسیٰ سے ہے ۔ اس بات کی سب سے بڑی وجہ E اور D مصنفوں کی نظر میں صرف بنی ہارون کے بجائے لاوی قبیلہ کاہن ہونے کا اہل ہے اور یہ دونوں مصنف سیلا کے کاہنوں سے براہ راست تعلق رکھتے ہیں ۔دوسرے الفاظ میں وہ کتاب 1۔تواریخ 24:3 میں بیان کردہ" اتمر کے بیٹوں میں سے اخی ملک" کو درست نہیں مانتے اور ہماری رائے میں وہ حق بجانب ہیں ۔بائیبل کی تفصیلات پر غور کریں تو کتاب تواریخ کا اخی ملک کو حضرت داؤد کا کاہن بتانا مشتبہ ہے اس لئے کہ یہ تفصیل تواریخ کے مصنف نے حضرت داؤد کی بادشاہت کے بالکل اختتامی

دور میں باب 24 میں درج کی ہے، لیکن اس وقت اخی ملک کو مرے ہوئے چالیس سال سے زیادہ عرصہ ہو چکا تھا۔

کتاب 1-سیموئیل میں حضرت داؤد بادشاہ بننے سے قبل طالوت کے قاتلانہ حملوں سے بچنے کی خاطر خود کو اس سے پوشیدہ رکھنے پر مجبور تھے ان دنوں کھانے کی تلاش میں نوب(یروشلم کے شمال میں عنتوت سے قریب قصبہ) میں موجود عبادت گاہ پہنچے اور کاہن اخی ملک سے کھانا فراہم کرنے کی درخواست کی تو اس نے عبادت گاہ پر نذر کی گئی" مقدس روٹیاں" ان کے حوالے کر دیں (1-سیموئیل 21:1)-اس مدد کی مخبری ایک شخص نے طالوت کو کر دی ۔ طالوت نے اس "جرم" پر کہ اخی ملک نے حضرت داؤد کی موجودگی کی اطلاع اس کو نہیں دی حسبِ ذیل بدلہ دیا:

بادشاہ نے دوئیگ سے کہا کاہنوں پر حملہ کر سو اس دن اس نے پچاسی آدمی جو کتان کے افود پہنے تھے قتل کئے اور اس نے کاہنوں کے شہر نوب کو تلوار کی دھار سے مارا اور مردوں اور عورتوں اور لڑکوں اور دودھ پیتے بچوں اور بیلوں اور گدھوں اور بھیڑ بکریوں کو تہہ تیغ کیا ۔اور اخیطوب کے بیٹے اخی ملک کے بیٹوں میں سے ایک جس کا نام ابیاتر تھا بچ نکلا اور داؤد کے پاس بھاگ گیا (1-سیموئیل 22:18)

اگر یہ واقعہ اسی طرح پیش ہوا ہو تو قتلِ عام کی یہ تفصیل انسانی نفسیات کی عجیب ہیبت ناک تصویر سامنے رکھتی ہے ۔ بہر کیف ہماری مراد یہ تھی کہ کتاب تواریخ میں حضرت داؤد کے بادشاہی دور کے اختتام پر بیان کردہ کاہن اخی ملک ان کی چالیس سالہ بادشاہت شروع ہونے سے بھی پہلے قتل کردیا گیا تھا اور بعد میں اس کا اکیلا بچ جانے والا بیٹا ابیاتر کاہن بنایا گیا تھا جس کے حضرت داؤد کے ساتھ چالیس سالہ بادشاہت کے دوران کئی واقعات 1-سیموئیل میں تحریر کئے گئے ہیں ۔کتاب تواریخ کے مصنف نے اپنے اس بیان میں لاپرواہی برتی ۔ اس کا اخی ملک کا نسبی رشتہ حضرت ہارون کے چوتھے بیٹے اتمر سے جوڑنا درست نہیں ہے ۔اس کا اخی ملک کے بجائے ابیاتر لکھنا بہتر ہوتا ۔کتاب 1-سیموئیل میں مصنف نے عیلی کا تعارف کرانے کے دوران اسکا نسبی رشتہ بتانے کو تو نظر انداز کیا لیکن اس بیان کے تسلسل میں چند جملوں کے ذریعے اپنی لاعلمی میں اس کا کچھ اشارہ دے دیا ہے :

تب ایک مرد خدا عیلی کے پاس آیا اور اس سے کہنے لگا خداوند یوں فرماتا ہے کیا میں تیرے آبائی خاندان پر جب وہ مصر میں فرعون کے خاندان کی غلامی میں تھا ظاہر نہیں ہوا؟ اور کیا میں نے اسے بنی اسرائیل کے سب قبیلوں میں سے چن نہ لیا تاکہ وہ میرا کاہن ہو اور میرے مذبح کے پاس جا کر بخور جلائے اور میرے حضور افود پہنے؟اور کیا میں نے سب قربانیاں جو بنی اسرائیل آگ سے گزر انتے ہیں تیرے باپ کو نہیں دیں؟پس تم کیوں میرے اس ذبیحہ اور ہدیہ کو جن کا حکم میں نے اپنے مسکن میں دیا لات مارتے ہو اور کیوں تو اپنے بیٹوں کی مجھ سے زیادہ عزت کرتا ہے تاکہ میری قوم اسرائیل کے اچھے سے اچھے ہدیوں کو کھا کر موٹے بنو؟اس لئے خداوند اسرائیل کا خدا فرماتا ہے کہ میں نے تو کہا تھا کہ تیرا گھرانا اور تیرے باپ کا گھرانا ہمیشہ میرے حضور چلے گا پر اب خداوند فرماتا ہے کہ یہ بات مجھ سے دور ہو (1-سیموئیل 2:27)

اس اقتباس میں مصنف نے ایک مرد خدا کی طرف سے پیشگوئیاں بتانے کے دوران عیلی کے خاندان کے بارے میں اشارات دئیے ہیں لیکن ان سے دو میں سے کسی ایک خاندان کا تعین نہیں کیا جاسکتا ہے ۔ ہم نے آسانی کی خاطر درمیان کی سطر کو گہری روشنائی سے نمایاں کیا ہے ۔ اس سے متصل پہلی سطر میں خدا مصر میں عیلی کے آبائی خاندان پر ظاہر ہوا۔ E, J اور D مصنفوں کی تحریروں کے مطابق اس اعزاز کا حضرت موسیٰ کے سوا کسی اور پر اطلاق نہیں کیا جاسکتا ۔ حضرت موسیٰ ہی خدا کی طرف سے براہ راست مخاطب کئے گئے تھے ۔خدا اور بندوں کے درمیان رابطہ کا واحد ذریعہ حضرت موسیٰ تھے اور آنجناب ہی نے خیمہ گاہ بنائ ، پہلی قربانی پیش کی اور حضرت ہارون اور ان کی اولاد کو پاک کیا (خروج 29)۔ لیکن P مصنف کی رو سے گہری روشنائی سے نمایاں کی گئی سطر کا اطلاق حضرت ہارون کے سوا کسی اور پر نہیں کیا جاسکتا اس لئے کہ افود خصوصی طور پر حضرت ہارون کے لئے بنوایا گیا تھا ۔ یہ افود حضرت ہارون کے دونوں کاندھوں پر رکھا جانے والا بیش قیمت کپڑوں کا ٹکڑا تھا جس کو سونے کے تار اور قیمتی نوادرات سے مزیّن کیا گیا تھا (خروج 28:4)لہٰذا عیلی کے آبائی خاندان کے لئے حضرت موسیٰ اور حضرت ہارون کے خاندانوں میں سے ایک کو منتخب کرنا ہو تو اس اقتباس کی بنیاد پر کسی ایک کو دوسرے پر ترجیح نہیں دی جا سکتی ۔

یہاں بات صرف یہی نہیں کہ عیلی کا نسبی تعلق براہ راست نہیں بتایا گیا بلکہ تمام بائیبل حضرت موسیٰ کی اولاد کے بھی کوئی واقعات تحریر نہیں کرتی ۔حضرت ہارون کی اولاد سے منسوب واقعات کثرت سے تورات اور استثنائی تاریخ میں دیکھے جا سکتے ہیں اور بعض واقعات کا ہم نے تذکرہ کیا لیکن حضرت موسیٰ کی اولاد کا کوئی واقعہ بائیبل میں نہیں ملتا ۔ ایسا نہیں کہ خدانخواستہ حضرت موسیٰ لاولد تھے یا ان کی اولاد ایسی غیر اہم تھی کہ کوئی قابلِ تذکرہ بات بائیبل کے مصنفوں کو نہ ملتی:

> رہا مرد خدا موسیٰ سو اس کے بیٹے لاوی کے قبیلہ میں گنے گئے اور موسیٰ کے بیٹے جیرسوم اور الیعزر تھے اور جیرسوم کا بیٹا سبوایل سردار تھا اور الیعزر کا بیٹا رحبیاہ سردار تھا (1-تواریخ 23:14)

> سبوایل بن جیرسوم بن موسیٰ بیت المال پر مختار تھا (1-تواریخ 26:24)

یہ اقتباسات کتاب تواریخ میں اس موقع پر درج ہوئے ہیں جب حضرت داؤد اپنی بادشاہت کے دورِ آخر کے نزدیک اسرائیلی قبائل کی تنظیمی ذمہ داریاں ترتیب دے رہے تھے ۔ سبوایل اور رحبیاہ حضرت موسیٰ کے پوتے نہیں ہیں اس لئے کہ یہاں حضرت موسیٰ کے چار صدی بعد کا ذکر ہے ۔ یہ کسی فرد کا نسبی تعلق کسی قدیم اور نمایاں خاندان سے بتانے کا بہت مناسب طریقہ بائیبل میں استعمال کیا گیا ہے ۔

یہاں دیکھا جا سکتا ہے کہ حضرت موسیٰ کی اولاد سرداروں میں شمار ہوتی تھیں اور وہ نمایاں شخصیات تھے بلکہ سبوایل کو حضرت داؤد کا وزیرِ خزانہ قرار دیا جانا چاہئے ۔ P مصنف اور کتاب تواریخ کے مصنف دونوں حضرت ہارون کے گھرانے سے ہیں ۔ کہانت کا ادارہ اپنے ہاتھ میں رکھنے کے لئے وہ مجبور ہیں کہ حضرت موسیٰ حضرت ہارون پراور حضرت موسیٰ کی اولاد حضرت ہارون کی اولاد پر فوقیت حاصل نہ کر پائیں ۔ اسی بات کو انہوں نے اقتباس کے شروع میں "موسیٰ کے بیٹے لاوی کے قبیلہ میں گنے گئے" لکھ کر حاصل کرنے کی کوشش کی ہے ۔

بائیبل کی کتابوں میں حضرت موسیٰ کی اولاد کے اس مختصر ترین تذکرہ کے علاوہ صرف ایک موقع اور ہے جہاں حضرت موسیٰ کے ایک اور پوتے کا ذکر ملتا ہے لیکن اس کا نام کتاب تواریخ میں اوپر درج کئے گئے اقتباس میں غائب ہے ۔ حضرت موسیٰ کے

گھرانے کے اس فرد کی تفصیل قارئین کے سامنے آجائے گی تو آپ بخوبی سمجھ جائیں گے کہ کتاب تواریخ کے مصنف کو حضرت موسیٰ کے بیٹے جیرسوم کے اس بیٹے کے بارے میں لکھنا مشکل تھا۔

تفصیل کا خلاصہ یہ ہے کہ کتاب قضاء باب 17 میں افرائیم قبیلہ کے ایک فرد میکاہ کا ذکر کیا گیا ہے۔ میکاہ نے اپنے گھر کے لئے چاندی کا ایک گُھدا ہوا اور ایک ڈھالا ہوا بُت بنوایا یعنی دو بُت بنوائے اور اپنے بیٹوں میں سے ایک کو کاہن مقرر کیا۔ کچھ عرصہ بعد ایک لاوی نوجوان بھٹکتا ہوا اس کے گھر آیا۔ میکاہ کے پوچھنے پر جب اس جوان نے خود کو لاوی بتایا تو میکاہ نے اس سے کاہن بننے کی درخواست کی اور اس خدمت کا مناسب معاوضہ دینے کا وعدہ کیا جس پر وہ لاوی اس کے ساتھ رہنے پر تیار ہو گیا۔ تمام روداد میں اس جوان کا نام بتائے بغیر سات مرتبہ اس کو محض لاوی لکھا گیا ہے۔ مصنف اس لاوی کا تذکرہ شروع کرتے وقت لکھتا ہے:

> اور بیت لحم یہوداہ کے گھرانے کا ایک جوان تھا جو لاوی تھا (قضاء 17:7)

یہ فقرہ عجیب ہے۔وہ جوان اگر یہوداہ کے گھرانے کا تھا تو لاوی نہیں کہلا سکتا تھا اور اگر لاوی تھا تو یہوداہ کے گھرانے کا نہیں ہو سکتا تھا۔ یہ دونوں ہی الگ الگ قبیلے ہیں۔ اپنی تحریر لکھنے میں مصنف کی بے دھیانی دیکھی جا سکتی ہے۔جب وہ جوان میکاہ کا کاہن بن گیا تو مصنف لکھتا ہے:

> تب میکاہ نے کہا میں اب جانتا ہوں کہ خداوند میرا بھلا کرے گا کیونکہ ایک لاوی میرا کاہن ہے (قضاء 17:13)

یہ فقرہ بتاتا ہے کہ میکاہ خود اپنے بیٹے کے بجائے ایک لاوی میکاہ کے گھرانے کا کاہن بن جانے سے خوش ہو گیا کہ اس کام سے خدا خوش ہو کر اس کا بھلا کرے گا۔یہاں یہ بھی ظاہر ہوتا ہے کہ اس نے اصنام پرستی کے لئے بُت نہیں بنوائے تھے۔ حضرت یعقوب کے تیسرے بیٹے لاوی کے تین بیٹے بائیبل میں بتائے گئے ہیں؛ جیرسون، قہات اور مراری۔ قہات کے چار بیٹوں میں سے ایک کا نام عمرام تھا جس سے حضرت موسیٰ اور حضرت ہارون کی پیدائش ہوئی تھی۔ لیکن قہات کے باقی تین بیٹوں اور ساتھ میں حضرت موسیٰ و ہارون کے پر دادا جیرسون اور مراری کی تمام اولادوں سے بہت سے خاندان چل پڑے جن میں سے تنہا بنی ہارون کو چھوڑ کر باقی سب کو ،بشمول

بنی موسیٰ، بنی لاوی شمار کیا گیا ۔ میکاہ ایک لاوی کاہن ملنے پر خوش صرف اس وقت ہو سکتا تھا جب وہ لاوی بنی ہارون سے ہوتا یا بنی موسیٰ سے۔ اس لئے کہ سوائے ان دو ہستیوں کے بائیبل میں لاوی قبیلہ سے کوئی اور قابلِ احترام اور معروف ہستی نہیں پائی جاتی ۔ لیکن اگر وہ بنی ہارون ہوتا تو اس کو لاوی لکھنے کی کوئی وجہ نہیں ہو سکتی اس لئے کہ قاضیوں کا زمانہ شروع ہی بنی ہارون کاہنوں کے ماتحت ہوا تھا ۔لہٰذا ہر مرتبہ مصنف اس کو بنی ہارون سے نسبت دیتا ۔ یہ لاوی جوان لازماً بنی موسیٰ ہونا چاہئے اس لئے کہ اسی صورت میں میکاہ خدا سے بھلے کی توقع رکھ سکتا تھا ۔ اگر بات یہ تھی تو مصنف کیوں لاوی کی تکرار کرتا ہے اور اس جوان کو بنی موسیٰ لکھنے میں اس کو کیوں قباحت محسوس ہوتی ہے ؟ اسی واقعہ کی آگے کی تفصیلات میں کچھ عرصہ کے بعد اسرائیل کا دان قبیلہ میکاہ سے اس کے دونوں بُت اور اس لاوی کاہن کو بھی زبردستی چھین کر اسرائیل کے شمال میں اپنے علاقے میں لے گیا تو بیان ہوتا ہے:

> اور بنی دان نے وہ کھدا ہوا بت اپنے لئے نصب کر لیا اور یونتن بن جیرسوم بن موسیٰ اور اس کے بیٹے اس ملک کی اسیری کے دن تک بنی دان کے قبیلہ کے کاہن بنے رہے اور سارے وقت جب تک خدا کا گھر سیلا میں رہا وہ میکاہ کے تراشے ہوئے بت کو جو اس نے بنوایا تھا اپنے لئے نصب کئے رہے (قضاء 18:30)

اس اقتباس میں کاہن کو واحد مرتبہ لاوی کے بجائے "بن موسیٰ" کہا گیا ہے اور صرف اسی فقرہ سے یہ بھی علم ہوتا ہے کہ بنی موسیٰ تین صدی سے زائد عرصہ کم از کم ایک اسرائیلی قبیلہ کے کاہن رہے ہیں ۔قارئین سمجھ سکتے ہیں کہ کتاب تواریخ کا مصنف چونکہ بنی ہارون سے ہے اور " بحکم خدا" صرف بنی ہارون کو کہانت کا حقدار سمجھنے میں P مصنف سے متفق ہے اسی لئے حضرت داؤد کے لئے اوپر درج کئے گئے اقتباس میں حضرت موسیٰ کی اولاد کا ذکر کرتے وقت ان کے کاہن پوتے یونتن کا نام نہیں لکھتا اور کتاب قضاء میں بھی میکاہ کے کاہن کو مصنف لاوی ہی لکھے گیا سوائے ایک مقام کے ۔ لیکن یہ سمجھنا مشکل ہے کہ یہاں مصنف نے کاہن کو لاوی لکھتے لکھتے ایک مرتبہ غفلت سے یونتن بن جیرسوم بن موسیٰ لکھ دیا ہے ۔ کتاب قضاء اور کتاب 1۔سیموئیل کا مصنف یرمیاہ ہے ۔اس کے ہیرو حضرت موسیٰ ہیں اس لیے وہ اس کاہن کو بنی موسیٰ کے بجائے لاوی

کبھی نہیں لکھے گا ۔ جو بات ممکنات میں ہے وہ یہ کہ یرمیاہ نے میکاہ کے تمام واقعہ میں کاہن کو حضرت موسیٰ کے خاندان کا ہی لکھا ہوگا لیکن اس کو بعد میں عزرا کے زمانے میں لفظ لاوی سے بدل دیا گیا ہے سوائے ایک مقام کے جہاں ان سے چوک ہو گئی یہ تنہا مثال نہیں بلکہ کئی اہم واقعات ہیں جن کی داخلی تفصیلات یہی قیاس تجویز کرتی ہیں اور آنے والی بحث میں بعض واقعات کا تذکرہ کیا جائے گا ۔

ایک اور اتنی ہی اہم بات یہ ہے کے سیلا کے کاہنوں کا اتمر کی نسل سے ہونے کا امکان یوں نہیں رہتا کہ سیلا ان شہروں میں شامل نہیں جو بنی ہارون کو وراثت کی تقسیم میں ملے تھے ۔کتاب یشوع ،باب 21 میں حضرت موسیٰ کے خلیفہ یشوع کی سربراہی میں لاوی قبیلہ کو وراثتی تقسیم میں ملنے والے شہر نام سے بتائے گئے ہیں ۔ بنی ہارون کو جنوبی ریاست میں یہوداہ، شمعون اور بنیمین قبیلوں کے علاقوں میں سے شہر دئیے گئے جو کہ سیلا سے بالکل الگ ہیں ۔ انہی تفصیلات میں بنی موسیٰ کے لئے مصنف الگ سے اس خاندان کی تخصیص نہیں کر تا بلکہ ،حسبِ دستور، باقی بنی لاوی میں شامل رکھتا ہے لیکن ان کو دئیے گئے شہر وں میں بنی افرائیم قبیلہ کا شہر سکم اور اس کی نواحی شامل ہیں ۔ سیلا سکم کی نواحی علاقوں میں واقع ہے لہٰذا وراثتی تقسیم ثابت کر تی ہے کہ ان علاقوں کے رہائشی بنی موسیٰ تھے ۔

قارئین یہ تفصیلات ذہن میں رکھیں اور تین صفحات قبل کتاب 1۔سیموئیل میں سے "ایک مرد خدا عیلی کے پاس آیا" کے لئے درج کئے گئے اقتباس کی طرف، جسکا ایک فقرہ گہری روشنائی سے لکھا تھا، دوبارہ متوجہ ہوں ۔اب اگر آپ کو سردار کاہن عیلی کے نسبی تعلق کے لئے بنی ہارون اور بنی موسیٰ میں سے ایک کا انتخاب کرنا ہو تو یقیناً آپ بنی موسیٰ ہی منتخب کر یں گے ۔ قارئین یہ بات بھی نوٹ کر سکتے ہیں کہ اگر گہری روشنائی والی سطر حذف کر دی جائے تب بھی تحریر کا تسلسل ٹوٹتا نہیں ہے ۔اگر یہ سطر واقعتاً وہاں موجود نہ ہوتی تو عیلی کا نسب صراحتاً نہیں بتانے کے باوجود حضرت موسیٰ سے جوڑنا واضح تھا ۔ ہمارا قیاس ہے کہ کتاب تواریخ کے مصنف نے عیلی کی نسل کے اخی ملک کو اتمر کی اولادوں میں شمار کیا، عیلی کا نسب بتانے والے اشارات کتاب 1۔سیموئیل میں سے حذف کئے، ہماری گہری روشنائی سے ظاہر کی گئی سطر کا اضافہ کیا اور کتاب قضاء

میں میکاہ کے کاہن کو تسلسل کے ساتھ لاوی بتایا تاکہ سیلا کے کاہنوں کا بنی موسیٰ سے ہونا ظاہر نہ ہو سکے ۔ بائیبل کی تاریخ میں حضرت موسیٰ کے گھرانے سے بھی کاہن بنایا جانا موجود ہوتا تو صرف بنی ہارون میں سے کاہن ہونے کا خدا کا قانون یہ حضرات تورات میں لکھ نہیں سکتے تھے ۔

اب تک کی بیان کردہ روداد حضرت موسیٰ سے منسوب تورات کی پانچ کتابوں کے چار مصنفوں کے ذاتی دلچسپی کے موضوعات یا مفادات کے زیرِ اثر تحریر کئے گئے کام اور اس کے پس منظر کی بخوبی وضاحت کر چکی ہیں ۔اس مقام پر پہنچ جانے کے بعد ہم بیان کر سکتے ہیں کہ یہ چار مختلف تحریری کام کس طرح ایک مسلسل تحریر کی صورت میں جمع کر دیئے گئے ۔

باب10

587-400 ق م کا فلسطین

سب سے کم واقفیت کا زمانہ

587 ق م میں یروشلم کی تباہی کے بعد آنے والے زمانے کے بارے میں سمجھنا سب سے زیادہ مشکل ہے ۔اگر چہ جن زمانوں میں بائیبل کی تحریریں لکھی گئیں ان کے مقابلے میں یہ زمانہ ہم سے قریب ترین ہے، لیکن اس زمانے پر لکھنا زیادہ مشکل ہونے کی دو وجوہات ہیں ۔پہلی وجہ یہ ہے کہ اس عرصہ کو جاننے کے لئے زیادہ تحریری ذرائع موجود نہیں ہیں، نہ بائیبل اور نہ ہی جدید آرکیالوجی اس پر کچھ بتاتی ہے ۔یہودیہ کے جو باشندے جلاوطن کئے گئے ان کا بہت مختصر تذکرہ بائیبل میں ملتا ہے ۔ کتاب سلاطین کی دو کتابیں اور کتاب تواریخ کی دو کتابیں جلاوطنی تک کے واقعات پر ہی مکمّل کر دی گئی ہیں ۔بائیبل کی اگلی کتابوں میں کتاب عزرا اور کتاب نحمیاہ واقعات کو پچاس سال بعد سے شروع کرتی ہیں ۔کتاب دانیال کا کچھ حصہ ان پچاس سالوں کے دوران کے واقعات کے متعلق ہے لیکن وہ چند ہی واقعات ہیں جو دانیال نبی اور اس کے چند دوستوں کے بارے میں ہیں جبکہ اسرائیلی قوم کے ساتھ کیا معاملہ رہا اس پر کچھ لکھا نہیں گیا ۔ کچھ باتیں کتاب یرمیاہ اور کتاب حزقی ایل سے ملتی ہیں لیکن کوئی واضح روشنی بنی اسرائیل کو مصر یا بابل میں پیش آنے والی ابتلا پر میسر نہیں ۔اس طرح یہ بھی پتہ نہیں چلتا کہ یہودیہ اور یروشلم میں پیچھے رہ گئے لوگوں پر کیا کچھ پیش آتا رہا ۔کچھ معلومات یہودیہ کے قدیم پڑوسی ادوم کے بارے میں ملتی ہیں کہ وہ اچھے پڑوسی نہیں ثابت ہوئے اور بابل کی یلغار کے دوران یہودیہ کی زمینوں کو اپنے قبضے میں لینے کی کوششوں میں شریک تھے ۔اس کے علاوہ یہ کہ سماریہ نے شمالی ریاست پر اپنا قبضہ جاری رکھا جو کبھی اسرائیلی

بادشاہت تھی، لیکن کتنے اسرائیلی باشندے یہودیہ میں باقی رہے اور ان کی زندگی کیسی تھی اس پر واضح تفصیلات نہیں ملتیں۔

دوسری وجہ یہ کہ جلاوطن لوگوں کے اس تمام عرصہ کے دوران حقیقتاً کیا احساسات ہوں گے ان کو محسوس کرنا اُن افراد کے لئے مشکل ہے جو ایسے حالات سے نہ گزرے ہوں۔ اگر کسی شخص یا گروہ کو ایسے حالات پیش نہ آئے ہوں جو کسی قوم کو اس کے ملک سے باہر نکال دینے اور مقید یا پناہ گیر گروہ کی حیثیت سے کسی دوسرے ملک میں رہنا پڑے، اس کے لئے ایسی کیفیات محسوس کرنا آسان نہیں۔ اس کو اپنے تصوّر میں لانا ہوگا کہ جس شہر میں اس نے زندگی بسر کی اس کی حفاظتی تعمیرات زمیں بوس ہو چکیں، تمام عوامی اجتماعی تعمیرات اور خوبصورت رہائشی مکانات جل کر خاک ہو گئے، قوم کے مذہبی رہنما ہلاک کر دیئے گئے، قوم کے سربراہ کی آنکھوں کے سامنے اس کی اولاد ذبح کر دی گئی اور اس کے بعد اس کی آنکھیں نکال کر اور زنجیروں میں باندھ کر دور لے جایا جا چکا، خود اس کے ہزاروں بھائی بہنوں کو یا ہلاک کر دیا یا ملک سے باہر دھکیلا جا چکا اور نہیں معلوم کہ ان کی واپسی کی کوئی سبیل بھی پیدا ہو سکے گی یا ایک بیرونی مغلوبہ قوم کی حیثیت میں ہمیشہ کسی دشمن ملک میں رہنا پڑے گا۔ ایسی خوف و دہشت کی زندگی کا اندازہ کرنا بہت مشکل ہے یہودیہ کے باشندے اب کیا کریں؟ اب وہ کیسے بابل کی بادشاہت میں، جو بالکل دوسرے مذاہب کا مجموعہ قوم ہے، اپنی شناخت قائم رکھ سکیں؟ کیا ان ہی کے مذاہب اور طور طریقے اپنا لیں یا اس نئی عبرتناک صورتحال میں کسی دوسری امید پر بھروسہ رکھیں؟

مذہب

غالباً اہم ترین شئے ان کے لئے ان کا مذہب ہی ہوسکتا تھا ۔جو دوسرے ممالک بابل نے فتح کئے وہ بھی اپنے قومی مذاہب رکھتے تھے لیکن اس قدیم دنیا کی دوسری تمام اقوام مشرکانہ نوعیت کے عقائد رکھتی تھیں۔ ان عقائد کی نمایاں خاصیت یہ ہوتی ہے کہ ایک قوم کا عقیدہ دوسری اقوام کے عقائد سے بہت زیادہ مماثلت رکھتا ہے ۔جو خدا طوفانی ہواؤں کا مالک تصوّر کیا جاتا ہو اس کو بابل میں مردوک یا کنعان میں بعل ہدد اور یونان میں زیوس کے نام سے پکارتے ہوں لیکن وہ حقیقتاً مختلف ناموں کے باوجود ایک ہی خدا تھا جو طوفانی ہوائیں اپنی مرضی سے جہاں چاہتا بھیجتا تھا ۔میسوپوٹامیہ کی دیوی اشتار بنیادی طور پر وہی دیوی کنعان میں عشتارت اور یونان میں افرودیتی پکاری جاتی تھی لیکن وہ افزائش اور جنسیت کی ہی دیوی تھی ۔صرف نام کی تبدیلی ان مشرکانہ عقائد رکھنے والی اقوام کے لئے آسان راستہ مہیا کرتی تھیں جس کے ذریعے وہ فاتح قوم کے ساتھ گھل مل سکیں یا اپنی تمدنی زندگی میں ان کے ڈھنگ اختیار کر لیں ۔لیکن یہوداہ کا مذہب ایسا نہیں تھا ۔اس غیر مذہبی بابل قوم میں کوئی خدا ایسا نہیں تھا جو یہواہ کا مقام رکھتا ہو ۔اگر چہ بنی اسرائیل نے اپنی پچھلی تاریخ میں بالکل خالص طور پر خدائے واحد پر ایمان کا مظاہرہ مجموعی حیثیت میں کبھی نہیں کیا تھا اور تمام عرصہ دوسری اقوام کے دیوی دیوتاؤں کو اپنے عقیدے میں شامل رکھتے رہے تھے تاہم ان کی نظر میں خدا کی حیثیت کائنات کی قدرتی قوّتوں سے مشابہت نہیں رکھتی بلکہ ان قوّتوں سے بالا تر ہستی تھی جو ان قوّتوں کو اپنا پابند رکھتی ہے ۔اسی قومی تصوّر پر کچھ گرفت قائم رکھنے سے یہودیہ کے باشندوں کے لئے ممکن ہو سکتا تھا کہ وہ اپنی قومی شناخت کو شعوری یا لاشعوری طور پر قائم رکھ سکیں ۔

جلاوطنی کی زندگی

جو کچھ بھی پناہ اور قبولیت ان کو بابل میں ملی ہو، کیا کچھ اطمینان ان کو اس جلاوطن زندگی میں حاصل تھا؟ اُنہوں نے بد قسمتی اور شرمندگی کے نتیجے میں سال میں پانچ روزے رکھنا طے کئے (زکریا ہ7:18)-انہوں نے اپنی کیفیات تحریروں میں ظاہر کیں جو بائیبل میں کئی مقامات پر محفوظ ہو گئیں ۔اس جلاوطن عرصہ کی تحریریں زبور، کتاب نوحہ اور اسی طرح نبیوں کی کتابوں میں بیشتر مقامات پر ملتی ہیں ۔کتاب یرمیاہ کا آخری حصّہ مصر جانے والوں کے حالات بتاتا ہے ۔اسی طرح کتاب حزقی ایل اور کتاب یسعیاہ کا کچھ حصّہ بابل میں ان کی زندگی پر روشنی ڈالتا ہے- یہ کہیں بھی خوشی اور اطمینان ظاہر نہیں کر تا بلکہ زیادہ تر احساسِ جرم اور کڑواہٹ نظر آتی ہے (ایسا کیوں ہوا ہمارے ساتھ؟ یقیناً ہم نے جو کیا وہ غلط تھا)-یہ تمام تحریریں غم اور اداسی ہی نمایاں کرتی ہیں ۔زبور میں ایک نظم جو اسی عرصہ میں کسی شاعر نے لکھی اور اسی نوعیت کی دوسری نظموں کے ساتھ زبور میں محفوظ ہو گئی ان کیفیات کو دکھاتی ہے:

ہم بابل کی ندیوں پر بیٹھے اور صیّون کو یاد کر کے روئے
وہاں بید کے درختوں پر ان کے وسط میں ہم نے اپنی ستاروں کو ٹانگ دیا
کیونکہ ہم کو اسیر کر نے والوں نے گیت گانے کا حکم دیا
اور تباہ کرنے والوں نے خوشی کر نے کا اور کہا صیّون کے گیتوں میں سے ہم کو کوئی گیت سناؤ
ہم پردیس میں خدا کا گیت کیسے گائیں؟
اۓ یروشلم!اگر میں تجھے بھولوں تو میرا داہنا ہاتھ اپنا ہنر بھول جائے
اگر میں تجھے یاد نہ رکھوں اگر میں یروشلم کو اپنی بڑی سے بڑی خوشی پر ترجیح نہ دوں
تو میری زبان میرے تالو سے چپک جائے
ائے خداوند ! یروشلم کے دن کو بنی ادوم کے خلاف یاد کر جو کہتے تھے اسے ڈھا دو ۔اسے بنیاد تک ڈھا دو
ائے بابل کی بیٹی!جو ہلاک ہونے والی ہے
وہ مبارک ہو گا جو تجھے اس سلوک کا جو تو نے ہم سے کیا بدلہ دے
وہ مبارک ہو گا جو تیرے بچوں کو لے کر چٹان پر پٹک دے (زبور 137)

یہ نظم بابل کی طرف کوئی اپنائیت کا عنصر نہیں رکھتی ۔یہ ادومی قوم کے لئے تلخ جذبات دکھاتی ہے کہ وہ بنی اسرائیل سے نسبی رشتہ

رکھتے تھے لیکن پھر بھی انہوں نے دشمنوں کا ساتھ دیا ۔جو جذبات خود پر غالب قوم کے لئے رکھتی ہے وہ نظم کے آخری شعر میں واضح ہے کہ اگر موقع ملے تو وہ ان کے شیر خوار بچوں کو دیوار پر دے مارے ۔بیشک یہ کسی ایک فرد کے یا نظم لکھنے والے کے تاثرات ہیں لیکن غور کریں تو ،خدا کی ہدایات سے خود کو محروم رکھ کر، انسانی تاریخ میں کب کسی فاتح قوم نے مفتوحوں کے ساتھ عملی مظاہرہ میں اور مغلوبیت نے فاتحین کے خلاف دلوں میں ایسے احساسات نہیں دکھائے ؟ بنی اسرائیل جب یشوع کی قیادت میں فلسطین میں بسنے والی اصل اقوام کے مقابلے پر آئے اور بعد کی تاریخ میں خود اپنے ہی قبائل کے درمیان جو برتاؤ کیا وہ اس سے کچھ بھی مختلف نہیں تھا اور بائبل میں جگہ جگہ تحریروں میں موجود ہے۔ یہاں قارئین کو یہ بھی توجہ دلانا مقصود ہے کہ بائبل میں زبور، جو تمام تر نظموں، مزامیر اور گیتوں پر مشتمل ہے ،حضرت داؤد سے منسوب ہے لیکن اس میں حضرت داؤد سے چار صدی بعد تک کی شاعری بھی موجود ہے اور اس میں سے حضرت داؤد کے اصل مزامیر کی علیحدگی ممکن نہیں سوائے یہ کہ قیاس کی جا سکے ۔

وہ لوگ جو مصر فرار ہوگئے تھے مصیبتوں نے ان کا پیچھا وہاں نہ چھوڑا کیونکہ انیس سال بعد بابل مصر پر حملہ آور ہوا ۔وہاں ایک یہودی فوجی کالونی کا پتا ملتا ہے جو مصر کی سرحدوں پر فوجی علاقوں کے قریب تھی ۔یہ بڑی مقدار میں کاغذ اور کپڑا ملا کر تیار کئے گئے میٹیریل پر تحریر تاریخی ریکارڈ ہے جو آثارِ قدیمہ کی کھدائی میں گزشتہ سو سال میں دریافت ہوا ۔اس میں ایسی دستاویز ملیں جو کتاب سلاطین اور کتاب یرمیاہ کی تصدیق کرتی ہیں کہ یہ یہودیہ کی فوج تھی جو لوگوں کو مصر کی طرف لے گئی ۔

خدا، بادشاہ، ہیکل اور کاہن

جلاوطن قوم کس طرح خدا سے اپنا تعلق قائم رکھتی ؟مذہب کا مسئلہ کوئی نظریاتی امید کا مسئلہ تو تھا نہیں اس لمحے پر ۔مذہب اور تاریخ ایک متصادم راستے پر چل پڑی تھیں ۔جن حالات میں وہ ملک بدر تھے اس میں کس طرح کا تصوّر اپنے خدا کا قائم کریں؟ کیا ان کا خدا کسی مخصوص علاقے تک ہی محدود ہے؟ اگر ایسا ہے تو اس کو تو وہ پیچھے چھوڑ آئے ہیں اور اس سے کٹ چکے ہیں ۔یہی سوال ہے جو زبور کی نظم میں شاعر نے اٹھایا ہے "ہم خدا کا گیت اجنبی زمین پر کیسے گائیں"۔ یا پھر ان کا خدا تمام کائنات کا خدا ہے؟ اگر ایسا ہے تو یہ تباہی اس نے کیوں آنے دی؟ یعنی وہ اگر ساری دنیا کا خدا ہے تو اس نے بابل کو ہیکل کیوں تباہ کرنے دیا اور اس کے مسح کئے بادشاہ اور کاہنوں اور تمام لوگوں کو خانہ بدر کر دیا؟ ان کا یہ سمجھنا کہ بابل کی قوم ان کے خدا سے زیادہ زور رکھتی تھی، امکانات سے باہر تھا، اس لئے جس جواب کا ان کو بیشتر سامنا کرنا پڑا وہ یہی کہ یہ سب ان کے گناہوں کا ہی خمیازہ ہے ۔وہ خدا سے باندھے گئے عہد پر قائم رہنے میں ناکام ہوگئے ۔انہوں نے دوسرے دیوتاؤں کی پرستش کی اس لئے بابل کی طاقت ایک اوزار ہے جو خدا نے ان کے خلاف استعمال کیا تاکہ وہ سزا پوری ہو جس کی تنبیہ اس عہد نامہ میں کر دی گئی تھی ۔خطا کا احساس پیدا ہونا ایک قدرتی امر تھا ۔ساتھ ہی ساتھ ان کو عملی مسئلہ کا بھی سامنا تھا ۔اب جبکہ ہیکل برباد ہو چکا تو وہ خدا کی عبادت کیسے کریں؟

یہودیہ کے مصری گروہ کا Elephentine نامی ایک مقام پر عبادت گاہ بنانے کا پتہ ملتا ہے جو کتاب استثنا کے مطابق مرکزی عبادت گاہ کے قانون کے خلاف تھی ۔ایک حیرت انگیز بات یہ بھی گزشتہ آرکیالوجی کی دریافت سے سامنے آئی کہ اس عبادت گاہ میں ایک مرد اور ایک عورت کے مجسمے بھی بنا کر رکھے گئے تاکہ یہواہ کے ساتھ دو اور دیوتاؤں کی پوجا ہو سکے ۔یرمیاہ نبی نے ان لوگوں کو یروشلم کی اور ہیکل کی تباہی کی طرف متوجہ کر کے یاد دہانی کی کہ خدا سے معافی طلب کریں اور غیر معبودوں کی پرستش سے باز آجائیں تو لوگوں کا جواب بائیبل میں درج ہے:

> تب سب مردوں نے جو جانتے تھے کہ ان کی بیویوں نے غیر معبودوں کے لئے بخور جلا یا ہے اور سب عورتوں نے جو پاس کھڑی تھیں ایک بڑی جماعت یعنی سب لوگوں نے جو ملک مصر میں فتروس میں جا بسے تھے یرمیاہ کو یوں جواب دیا ۔کہ یہ بات جو تو نے خداوند کا نام لے کر ہم سے کہی ہم کبھی نہ مانیں گے ۔بلکہ ہم تو اسی بات پر عمل کریں گے جو ہم خود کہتے ہیں کہ ہم آسمان کی ملکہ کے لئے بخور جلائیں گے اور تپاون تپائیں گے جس طرح ہم اور ہمارے باپ دادا ہمارے بادشاہ اور ہمارے سردار یہوداہ کے شہروں اور یروشلم کے بازاروں میں کیا کرتے تھے کیونکہ اس وقت ہم خوب کھاتے پیتے اور خوشحال اور مصیبتوں سے محفوظ تھے ۔پر جب سے ہم نے آسمان کی ملکہ کے لئے بخور جلا نا اور تپاون تپانا چھوڑ دیا تب سے ہم ہر چیز کے محتاج ہیں اور تلوار اور کال سے فنا ہو رہے ہیں ۔اور جب ہم آسمان کی ملکہ کے لئے بخور جلاتی اور تپاون تپاتی تھیں تو کیا ہم نے اپنے شوہروں کے بغیر اس کی عبادت کے لئے کلچے پکائے اور تپاون تپائے تھے (یرمیاہ 44:15)

دوسرے علاقوں کے یہودیوں نے اس حرکت پر ناپسندیدگی کا اظہار کیا اس لئے کہ 410 ق م میں جب وہ عبادت گاہ فارس کے ہاتھوں توڑ دی گئی تو انہوں نے اس کو دوبارہ بنانے میں کوئی تعاون نہیں کیا اور وہ رد کر دی گئی ۔جو طبقہ بابل میں رہ رہا تھا اسے حزقی ایل نبی نے پیمائش کی تمام تفصیلات کے ساتھ ہیکل کو دوبارہ تعمیر کرنے کی تجویز پیش کی لیکن وہ کبھی تعمیر نہیں ہوا (حزقی ایل40-42)۔

دوسرا مسئلہ یہ تھا کہ نسلی بادشاہت ختم ہو گئی تو اب لوگوں کی سربراہی کون کرے؟ حضرت داؤد کی نسل سے شاہ یہو آخز مصر میں قید کی حالت میں فوت ہو گیا ۔شاہ یہویقیم اور شاہ صدقیاہ بابل میں قید تھے ۔شاہ صدقیاہ کا انجام بائیبل میں موجود نہیں تاہم 2۔سلاطین کے اختتامی جملوں کے مطابق یہویقیم اپنی قید کے سینتیس سال بعد رہا کر دیا گیا اور وہاں بابل میں رکھا گیا ۔کاہن بھی اپنا مرکز یعنی ہیکل گنوا بیٹھے جسکا مطلب تھا کہ اب لوگوں کا قربانیاں پیش کرنے کا سلسلہ بھی ختم ہو گیا ۔

یہودیہ کی بابل کے ہاتھوں ہونے والی تباہی دہشت اور طرح طرح کے مسائل اور مشکلات اس قوم پر لے آئی تھی ۔اب اس قوم کو خدا سے تعلق کا نیا راستہ تلاش کرنا تھا ۔اب ان کو ہیکل کے بغیر عبادت کے طریقے وضع کرنے تھے ۔اب ان کو بادشاہ کے بغیر نیا لیڈر تلاش کرنا تھا ۔ان کو اس وقت کی دنیا کی بڑی سلطنتوں میں اقلیتی گروہ کی حیثیت سے یہ سیکھنا تھا کہ اب کیسے جیا جائے ۔ان کو اپنی شکست

کے ساتھ جینا تھا ۔اور پھر اچانک صرف پچاس سال بعد وہ ہو گیا جو ناممکنات میں سے تھا ۔ان کی جلاوطنی اچانک ختم ہو گئی اور ان کو اپنے وطن واپس جانے کی اجازت مل گئی ۔

فارس کی سلطنت: مسٹری کا دور

538 ق م میں فارس نے بابل فتح کر لیا ۔اور نہ صرف بابل بلکہ مصر اور وہ تمام علاقے جو بابل اور مصر کے درمیان تھے، یہودیہ سمیت ایک عظیم طاقت فارس کے زیرِ اقتدار آگئے ۔اس سلطنت کا بادشاہ سائرس اعظم،خورس، تھا ۔جس سال اس نے بابل فتح کیا اسی سال یہودیوں کو اپنے وطن جانے کی اجازت دے دی ۔ساتھ میں اس نے لوگوں کو وہاں اپنے گھروں اور ہیکل کی تعمیر کا پروانہ بھی عطا کیا ۔تمام قیمتی اور مُقدّس نوادرات جو بابلی اقتدار یروشلم سے لوٹ میں لے گیا تھا وہ بھی یہود کو واپس کر دیئے گئے سوائے ایک شئے! عہد کا صندوق ۔

بائیبل کیوں نہیں بتاتی کہ اس صندوق کے ساتھ کیا معاملہ رہا؟ اس کی وجہ کوئی نہیں جانتا ۔وہ شئے جو اپنے اندر پتھر کی دو سلیں محفوظ رکھتی تھی جو خدا کی طرف سے حضرت موسیٰ کو قوم کے لئے عطا کی گئی تھیں ۔عہد کے صندوق کا لاپتہ ہو جانا اس عہد کی اور آج تک بائیبل کی عظیم مسٹری کی حیثیت سے زندہ ہے ۔کوئی اشارہ نہیں ملتا کہ یہ صندوق کہیں دور چلا گیا یا تباہ ہو گیا یا کہیں پوشیدہ جگہ پر چھپا لیا گیا، حتیٰ کہ اس کا تذکرہ بھی بائیبل نہیں کر تی کہ مثلاً وہ گم ہو گیا اور کوئی نہیں جانتا کہ اس کا کیا ہوا "آج کے دن تک"۔ بائیبل کے نقطۂ نظر سے بنی اسرائیل کی اہم ترین شئےتاریخ میں اپنا وجود کھو بیٹھی ۔بائیبل بتاتی ہے کہ جس روز حضرت سلیمان نے ہیکل کی افتتاحی تقریب میں تمام قوم کو یروشلم میں جمع کیا اس روز عہد کے صندوق کوہیکل کے پاک ترین اندرونی کمرے میں محفوظ کر دیا گیا تھا ۔اس کے بعد کی تاریخ میں براہ راست طریقے پر اس کا تذکرہ نہیں ملتا اور نہ ہی یہ کہ ہیکل کی بربادی کے وقت اس کے ساتھ کیا معاملہ ہوا اور جب بنی اسرائیل شاہ فارس کی مہربانی سے یروشلم

واپس آرہے ہیں اس رپورٹنگ میں بھی اس کا تذکرہ غائب ہے جبکہ ہیکل کی دوسری کم اہم اشیاء پر بیان موجود ہے ۔

یروشلم و پس آنے والوں نے ہیکل دوبارہ تعمیر کیا لیکن ،بقول بائیبل،عہد کا صندوق رکھے جانے یا نہ رکھ سکنے کا ذکر نہیں ملتا ۔ہیکل ثانی میں دو کروبی (دو بڑے پروں والے sphinx نماسونے سے منڈھے گئے مجسمے جن کا کم از کم مقصد یہ تھا کہ عہد کے صندوق کو اپنے پروں تلے چھپائے رکھیں اور دوسری اہم ترین شئے مقدس خیمہ گاہ کا ذکر بھی نہیں ملتا ۔اس ہیکل ثانی میں پاک ترین مقام بظاہر ایک خالی کمرہ تھا ۔قارئین کی یاددہانی کے لئے کہ ہیکل سلیمانی اور ہیکل ثانی میں پاک ترین مقام میں داخلے کو خوبصورت پردوں سے ڈھانکا گیا تھا تاکہ کوئی شخص باہر سے جھانک کر نہ دیکھ سکے کہ اندر کیا رکھا ہے ۔سردار کاہن سال میں ایک مرتبہ غیر معمولی طریقے سے ،غیر معمولی لباس پہن کر اور غیر معمولی خوشبو اپنے لباس پر لگا کر تھوڑے سے وقت کے لئے اس میں جا سکتا تھا تاکہ اندر خوشبو جلا سکے ۔اس عمل کی اہمیت تاریخ میں قائم رہی حتیٰ کہ حضرت عیسیٰ ،بقول نیا عہدنامہ، وفات پا گئے تو وہاں ایسا بھونچال آیا کہ ہیکل کے ریشمی پردے پھٹ گئے ۔

اس زمانے کی دوسری بڑی مسٹری حضرت داؤد کے گھرانے کا تذکرہ غائب ہو جانا ہے ۔کتاب عزرا اور کتاب نحمیاہ کے مطابق لوگوں کی واپسی کی رہنمائی دو نمایاں افراد کے تحت ہوئی جس میں ایک کا نام شیش بزر اور دوسرے کا نام زربّابل بن سیالتی ایل تھا (عزرا 1-5)،(نحمیاہ 47،12،7)۔یہ دونوں حضرت داؤد کی نسل سے تھے اور یہویقیم کی اولاد تھے جو اس سے بابل میں قید کے زمانے میں پیدا ہوئی تھیں ۔زربّابل کا نبی حجّی اور نبی ذکریا ہ میں بھی تذکرہ ملتا ہے جو مذکورہ زمانے میں نبوّت کر تے تھے (حجّی1-2)،ذکریاہ(4:6)۔حضرت داؤد کی نسل کے ان دونوں افراد کا کتاب عزرا کے پانچویں باب کے بعد اچانک تذکرہ بند ہو گیا اور اس کی کوئی وجہ نہیں بیان کی گئی ۔عہد کے صندوق کی طرح حضرت داؤد کی شاہی نسل کا تذکرہ بھی تجسس آمیز انداز میں ختم ہو گیا ۔ساتھ ہی نبوّت کا دروازہ بھی بند ہو گیا ۔اس زمانے میں حجّی نبی اور ذکریاہ نبی نے زربّابل کے دنوں میں تعلیم دی لیکن جس طرح شاہی نسل غائب ہوگئی اسی طرح نبی بھی ۔پچاس سالہ جلاوطنی کے واقعات نہیں

تحریر ہوئے۔ قوم کی اہم اور مقدس ترین شئے "عہد کا صندوق"، قوم کا شاہی گھرانا لاپتہ اور نبوّت ختم ہو گئی۔

میراث کے ملک میں واپسی

بنی اسرائیل یہودیہ میں واپس آنا شروع ہوئے اور ہیکل کی از سر نو تعمیر شروع ہوئی ۔ عید فسح کے موقع پر 516 ق م میں اس کا باقاعدہ افتتاح کر دیا گیا یہ واقعہ کم از کم بعض اسرائیلیوں کی نظروں میں یرمیاہ نبی کی پیشگوئی ثابت ہوا :

> تاکہ خداوند کا وہ کلام جو یرمیاہ کی زبانی آیا تھا پورا ہو کہ ملک اپنے سبتوں کا آرام پا لے کیونکہ جب تک وہ سنسان پڑا رہا تب تک یعنی ستّر برس تک اسے سبت کا آرام ملا (2-سلاطین 36:21)

یہ معلوم نہیں کہ ہیکل ثانی کی جسامت ہیکل اوّل کے برابر تھی یا نہیں اور آیا وہ پہلے ہیکل کی طرح تھا یا اس سے مختلف ۔تاہم یہ معلوم ہے کہ اس میں عہد کا صندوق نہیں تھا اور نہ ہی کروبی لیکن یہ معلوم ہے کہ وہاں ایک سردار کاہن تھا اور یہ کہ وہ حضرت ہارون کی نسل کا تھا ۔اس طرح جو اہم ترین بات یہ تحریری ذرائع بتاتے ہیں وہ یہ کہ ہیکل ثانی کی تمام مذہبی تنظیم بنی ہارون کے ہاتھ میں تھی ۔بنی لاوی کے باقی تمام خاندان بشمول بنی موسیٰ تسلیم شدہ اور جائز کاہن نہیں قرار دیئے گئے ۔یہ سب ضمنی کاہن شمار ہوئے اور ان کی ذمہ داری بنی ہارون کو دوسرے درجہ کی مذہبی خدمات کے لئے مدد فراہم کرنا تھا ۔اس طرح بنی ہارون اور بنی موسیٰ کے مابین کہانت کا اعزاز حاصل کرنے کا مقابلہ ختم ہوگیا ۔بنی ہارون نے کسی طرح مکمّل جیت حاصل کر لی ۔ان کا قدرتی دعویٰ کہ صرف وہ ہی جائز کاہن ہو سکتے ہیں اب ایک متفقہ اصول قرار پا گیا ۔ اس طرح اس وقت کی بنی ہارون کی کامیابی بائبل کی آخری تدوین پر بھی اثر انداز ہوئ ۔

بنی ہارون کیوں کر کہانت اپنے ہاتھ لینے میں کامیاب رہے ؟نبوکد نضر کی فوج نے جس مراعات یافتہ طبقے کو بابل جلاوطن اور قید کروا دیا تھا ان میں حزقی ایل نبی شامل تھا جو یقینی طور پر بنی ہارون میں سے تھا ۔بنی موسیٰ سے نسبت رکھنے والے، مثلاً یرمیاہ نبی کو نبوکد نضر کے احکامات کی بنیاد پر بابل کی فوج نے یروشلم میں سہولیات فراہم کی تھیں ،لیکن اس کے مقرر کردہ حاکم کو ہلاک کرنے کے بعد جب سب لوگ مصر کی طرف بھاگے تو یرمیاہ کو اپنے ساتھ

یا بزور لے گئے یا وہ خود ان کے ساتھ جانے پر رضا مند ہوا یہ واضح نہیں لیکن اس کا مصر میں لوگوں کو تلقین کرنا ہم نے پچھلے صفحات میں نقل کیا تھا ۔اب چونکہ پچاس سال بعد شاہ فارس خورس کے حکم پر بابل میں موجود مذہبی گروہ کو ملک واپسی کی قیادت سونپی گئی ، ابتدا میں شش بزر اور بعد میں زربّابل کے زیرِ اثر ،اس لئے بنی ہارون سے نسبت رکھنے والے اپنا تسلط قائم کرنے میں کامیاب ہو گئے ۔ایک اور وجہ یہ کہ یرمیاہ نبی اپنی تحریر اور پیغامات کے ذریعے بابل کے خلاف لڑنے کے بجائے اسرائیلی بادشاہوں کو شاہ بابل کی اطاعت قبول کرنے کی مستقل تلقین کرتا رہا تھا لہٰذا یہ ممکن ہے کہ شاہ خورس کے فوجی عہدیداروں نے اس کو بابل کا حمایتی سمجھتے ہوئے اس کے مخالف گروہ بنی ہارون کو ترجیح دی ہو ۔بنی ہارون کی اپنے مخالف مذہبی طبقہ پر فتح کی تکمیل اس طرح ہوئی کہ جس مذہبی شخصیت کی قیادت میں بابل کے باقی ماندہ اسرائیلی یروشلم واپس آئے وہ بنی ہارون کا عزرا کاہن تھا ۔

عزرا

بائیبل کی روایات میں صرف دو شخصیات ہیں جو لوگوں کو خدا کا قانون پیش کرنے والے تسلیم کئے جاتے ہیں: ایک حضرت موسیٰ اور دوسرے عزرا۔ عزرا کی بابل سے 458 ق م میں یروشلم واپسی ہوئی یعنی پہلے گروہ کی واپسی شروع ہونے کے اسّی سال بعد ۔وہ ایک کاہن کے ساتھ ساتھ نمایاں مصنف بھی تھا ۔بائیبل کی تحریریں اس بات کو خصوصی طور پر نمایاں کرتی ہیں کہ وہ بنی ہارون سے تھا ۔وہ یہ بات بھی بتاتی ہیں کہ وہ عام لکھنے والوں میں سے نہیں تھا ۔اس کی لکھنے کی صلاحیت خصوصاً ایک دستاویز سے منسلک تھیں! حضرت موسیٰ کی تورات ۔عزرا جب یروشلم واپس لوٹا تو اپنے ہاتھ میں دو اہم دستاویز پکڑے تھا ۔ایک تو موسیٰ کی تورات اور دوسری شاہ فارس کا عطا کردہ خط جس نے تمام اختیارات کاہن عزرا کے حوالے کر دئے تھے ۔شاہی خط کی صورت میں جو دستاویز عزرا کے پاس تھی اس کا کچھ حصہ ذیل میں نقل کیا جاتا ہے:

ارتخششستا شاہنشاہ کی طرف سے عزرا کاہن یعنی آسمان کے خدا کی شریعت کے فقیہ کامل وغیرہ کو!

میں یہ فرمان جاری کرتا ہوں کہ اسرائیل کے جو لوگ اور ان کے کاہن اور لاوی میری مملکت میں ہیں ان میں سے جتنے اپنی خوشی سے یروشلم کو جانا چاہتے ہیں تیرے ساتھ جائیں ۔چونکہ تو بادشاہ اور اس کے ساتوں مشیروں کی طرف سے بھیجا جاتا ہے تاکہ اپنے خدا کی شریعت کے مطابق جو تیرے ہاتھ میں ہے یہوداہ اور یروشلم کا حال دریافت کرے۔اور جو چاندی اور سونا اور اس کے مشیروں نے اسرائیل کے خدا کو جس کا مسکن یروشلم میں ہے اپنی خوشی سے نظر کیا ہے لے جائے ۔اور جس قدر چاندی سونا بابل کے سارے صوبہ سے تجھے ملے گا اور جو خوشی کے ہدئے لوگ اور کاہن اپنے خدا کے گھر کے لئے جو یروشلم میں ہے اپنی خوشی سے دیں ان کو لے جائے ۔ ۔

اور ائے عزرا تو اپنے خدا کی اس دانش کے مطابق جو تجھ کو عنایت ہوئی حاکموں اور قاضیوں کو مقرر کر تاکہ دریا پار کے سب لوگوں کا جو تیرے خدا کی شریعت کو جانتے ہیں انصاف کریں اور تم اس کو جو نہ جانتا ہو سکھاؤ۔اور جو کوئی تیرے خدا کی شریعت پر اور بادشاہ کے فرمان پر عمل نہ کرے اس کو بلا توقف قانونی سزا دی جائے ۔خواہ موت یا جلاوطنی یا مال کی ضبطی یا قید (عزرا 7:12)

شاہ فارس نے جو طاقتور اختیارات عزرا کاہن کے حوالے کئے وہ تو اس اقتباس سے واضح ہیں لیکن وہ موسیٰ کی تورات کیا تھی" اپنے خدا کی شریعت کے مطابق جو تیرے ہاتھ میں ہے"؟ کتاب عزرا اور کتاب نحمیاہ میں اشارات ملتے ہیں کہ یہ شریعت تورات کے چاروں مصنفوں P, E, J اور D کی بیان کردہ شریعت پر مشتمل تھی، یعنی وہ تورات جو اڑھائی ہزار سال سے موسیٰ کی پانچ کتابیں شمار کی گئیں ۔ کتاب نحمیاہ کے باب 9 میں لوگوں کے بڑے اجتماع میں خدا سے گناہوں کی معافی طلب کرنے اور دعاؤں کے بعد اس شریعت کا پڑھا جانا بیان ہوا جس میں تورات کے چاروں مصنفوں کے اجزاء پائے جاتے ہیں ۔ ہم نحمیاہ کتاب کے چار فقرے ترتیب وار اس طرح نقل کرتے ہیں کہ نحمیاہ کے ہر فقرے کے نیچے چار مصنفوں میں سے متعلقہ فقرہ نقل ہے ۔

تو وہ خداوند خدا (ایلوہیم) ہے جس نے ابرام کو چن لیا اور اسے کسدیوں (کی اور سے نکال لایا اور اس کا نام ابرہام رکھا (نحمیاہ9:7

J : اس نے اس سے کہا میں خداوند خدا (ایلوھیم)ہوں جو تجھے کسدیوں کے اور سے نکال لایا (پیدائش 15:7)

P : اور تیرا نام پھر ابرام نہیں کہلائے گا بلکہ تیرا نام ابرہام ہو گا (پیدائش 17:5)

اور کنعانیوں اور حتّیوں اور اموریوں اور فرزّیوں اور یبوسیوں اور جرجاسیوں کا ملک دینے کا عہد اس سے باندھا (نحمیاہ9:8)

J: اور حتّیوں اور فرزّیوں اور رفائیم اور اموریوں اور کنعانیوں اور جرجاسیوں اور یبوسیوں سمیت میں نے تیری اولاد کو دیا(پیدائش 15:20)

اور تو کوہ سینا پر اتر آیا اور تو نے آسمان پر سے ان کے ساتھ باتیں کیں (نحمیاہ9:13)

J: اور خداوند کوہ سینا کی چوٹی پر اترا (خروج 19:20)

E : (میں نے آسمان پر سے تمہارے ساتھ باتیں کیں (پیدائش 20:22

اور وہ سب طرح کے اچھے مال سے بھرے ہوئے گھروں اور کھودے ہوئے کنوؤں اور بہت سے انگورستانوں اور زیتون کے باغوں اور پھل دار درختوں کے مالک ہوئے پھر وہ کھا کر سیر ہوئے (نحمیاہ9:25)

D:اور اچھی اچھی چیزوں سے بھرے ہوئے گھرجن کو تو نے نہیں بھرا اور کھودے کھدائے حوض جو تو نے نہیں کھودے اور انگور کے باغ اور زیتون کے درخت جو تو نے نہیں لگائے عنایت کرے اور تو کھائے اور سیر ہو (استثنا 6:11)

کتاب نحمیاہ میں عزرا کی لوگوں کے سامنے پڑھی گئی تورات اور متعلقہ چار مصنفوں کے جملوں میں الفاظ تمام یکساں نہیں ۔ بائیبل میں ہر موقع پر جب کسی بات کو دوسری جگہ بتایا جاتا ہے تو الفاظ کی معمولی تبدیلی کے ساتھ وہ مفہوم لکھا جاتا ہے جو ان جملوں سے ظاہر ہو ۔ یہ بات عہد نامہ جدید میں بھی عام ہے ۔

یہ اقتباسات ظاہر کرتے ہیں کہ عزرا کے ہاتھوں میں پائی جانے والی تورات میں چاروں مصنفوں کی تحریر کردہ شریعت کے اجزاء شامل تھے ۔عزرا کاہن کے اختیارات میں نحمیاہ بھی شاہ فارس کی طرف سے حاکم کی حیثیت سے نامزد کیا گیا تھا ۔ دونوں نے مل کر شہر کی پناہ گاہ واپس تعمیر کروائیں ۔انہوں نے سبت کے قانون کا دوبارہ اجراء کیا، یہودیوں نے جو شادیاں غیر قوموں کی عورتوں سے

کر رکھی تھیں ان کو ختم کروایا ۔کسی بادشاہ کی عدم موجودگی میں یہی بنی اسرائیل کے سربراہ تھے ۔اسرائیل ایک آزاد ملک نہ تھا بلکہ سلطنتِ فارس کا ایک صوبہ تھا ۔

ہیکل اور تورات

ہیکل ثانی کے زمانے میں یروشلم کو مذہبی مرکزیت حاصل ہو گئی تھی اور یہودیہ میں دوسری عبادت گاہوں سے مقابلہ بھی نہیں رہا تھا ۔یروشلم کی جو حیثیت شاہ حزقیاہ اور شاہ یوسیاہ نے حاصل کرنے کوشش کی تھیں وہ اب مکمّل طور پر حاصل ہو چکی تھی یعنی ایک خدا اور ایک ہیکل ۔ خزاں کے موسم میں منائی جانے والی عید یعنی عید فسح میں تمام قوم یروشلم میں جمع ہوئی ۔اس موقع پر عزرا نے تورات کا طومار نکالا اور ہیکل میں سب کے سامنے بآواز پڑھا ۔اس کے بعد عہد کرنے کی قسم لوگوں سے کروائی اور خدا سے ان کے تعلق کو دوبارہ زندہ کروایا ،اس عہد کی قسم کھائی جیسا تورات کے احکام میں بتایا گیا تھا ۔

ہیکل کی تعمیر اور اس کے بعد آنے والا زمانہ بائیبل اور بائیبل کے بعد کے ذرائع کے مطابق تورات سے وابستگی کا ایسا دور تھا جس کا مشاہدہ پہلے نہیں ہوا تھا ۔اس کی کیا وجہ ہو سکتی ہے؟ غالباً اس کی وجہ یہ کہ سیاسی طاقت اب مذہبی طبقے کے ہاتھ میں تھی ۔مذہبی طبقے میں تورات کی عقیدت بادشاہوں کے مقابلے میں زیادہ مضبوط تصوّر کی جا سکتی ہے ۔پھر یہ بات بھی ہے کہ تورات کی قدر و قیمت لوگوں کو اب زیادہ محسوس ہوتی ہو اس لئے کہ تورات ہی ان کو ان کے شاندار ماضی سے جوڑتی تھی ۔تورات وہ ذریعہ تھی جس کے تحت لوگ اپنی زندگی کی دوبارہ تعمیر کریں بجائے اس کے کہ کوئی نئی ابتدا ہو ۔ایک تاریخ کی کتاب کی شکل میں وہ ان کے غیر معمولی ماضی کا تحریری اثاثہ اور قانون کی کتاب کی شکل میں ان کو راستہ دکھاتی تھی کہ اپنے حال اور اپنے مستقبل کے لئے کس طرح اپنے عہد کی تجدید کر سکتے ہیں ۔بنی اسرائیل نے اس دن سے دیوتاؤں کو اپنی زندگی میں شامل نہیں کیا، معمولی نوعیت کے واقعات کہیں مل جائیں تو مل جائیں ۔

عزرا کے ہاتھ یہ کتاب کیسے لگی؟ کیسے اس کتاب میں چاروں تورات جمع تھیں؟ کیسے عزرا اس مجموعہ کو واحد تورات کی صورت میں لوگوں سے کامیابی سے قبول کروا سکا جو اس کے بعد

ڈھائی ہزار سال تک موسیٰ کی تورات سمجھی جاتی رہی؟ یا کس نے چار کتابوں کو جوڑ دیا؟

ستم ظریفی و حیرانی

تورات کے چار مصنفوں کے کام کو آپس میں جس طرح جوڑا گیا وہ انفرادی تحریروں کے لکھے جانے سے کہیں زیادہ غیر معمولی ہے اور آپس میں ملا دینے کے اثرات بھی اتنے ہی غیر معمولی ہیں۔ان اثرات کی بحث تو آخر میں آئے گی لیکن کم و بیش یک ہی موضوع پر چار مجموعی طور پر مختلف نوعیت کی تحریروں کو آپس میں جوڑنا ایسا غور طلب کام ہوا کہ اس کی وضاحت یقیناً ضروری ہے۔

قارئین دیکھ چکے ہیں کہ J اور E تحریریں دو منقسم ریاستوں سے وابستہ دلچسپی کے موضوعات کو اہمیت دیتے ہوئے لکھی گئیں اور اس میں بسا اوقات ایک ریاست سے وابستہ مصنف نے دوسری ریاست کے معزز، نمایاں یا اہم شخصیات کی تحقیر کو بھی موضوع بنایا۔ E نے حضرت ہارون کو بچھڑے کی پرستش جیسے گناہ کا بانی ٹھرایا، حضرت موسیٰ و ہارون کی بہن کو تحقیر آمیز سزا کا مستحق کیا اور اسی نوعیت کے چند دوسرے واقعات لکھے۔ J مصنف نے یہی برتاؤ دوسری ریاست کے مشاہیر کے ساتھ کیا مثلاً شمالی ریاست کے اہم ترین شہر سکم وہاں کی مالک قوم کو غارت کر کے حاصل کیا، وغیرہ پھر کاہنوں کے مفادات کو سامنے رکھ کر P تحریر جس میں کہانت دائمی طور پر بنی ہارون کی نسل میں رکھ دی گئی۔ اس کے برعکس J اور E نے کہا لاوی قبیلے کا کوئی بھی فرد کاہن ہو سکتا ہے۔ان دونوں نے کہا فرشتے ہیں، جانور بعض حالات میں انسانی زبان بولتے ہیں، خدا انسانی خصوصیات رکھتا ہے، وہ حضرت یعقوب سے کشتی لڑ لیتا ہے، باغ عدن میں چہل قدمی کرتا ہے، P میں یہ سب موجود نہیں۔ان دونوں نے حضرت ہارون کی تخفیف کی، اس نے حضرت موسیٰ کی تخفیف کی۔ D ایک ایسے گروہ سے نمودار ہوئی جو P کے خلاف اتنا ہی غصہ میں تھا جتنا P پہلے دو کے خلاف۔ P اور D ایسے مذہبی ماہرین نے لکھیں جن کے گروہوں کے درمیان سینکڑوں سال مذہبی اختیارات اور آمدن کے لئے کوششیں چلتی رہیں یہ چاروں

ایک دوسرے کے مقابلے پر لکھی گئی تحریریں تھیں جن کو اب کسی شخص نے طے کیا کہ آپس میں ملا دے۔

وہ JE تحریروں کو ایسی P تحریر میں ملا رہا تھا جو ان کے مقابلے اور متبادل کے طور پر لکھی گئی تھی اور وہ ایسا نہیں کر رہا تھا کہ ان کا ہر ایک جزو تسلسل میں باری باری نقل کر تا چلا جاتا ۔اس نے پہلے تینوں تحریروں کو ٹکڑوں میں تقسیم کیا پھر ہر متعلقہ ٹکڑے کو ایک ایک واقعہ کی صورت میں جوڑنے کا کام کیا اور یہ سب کام بہت ذہانت سے کیا ۔اس طرح اس نے تینوں تحریروں میں درج شرعی قوانین، زندگی کے واقعات، نسبی تفصیلات وغیرہ کو جوڑ لینے کے بعد D تحریر جو حضرت موسیٰ کے آخری خطبہ کی صورت میں تھی ایک خلاصہ کے طور پر آخری کتاب کی حیثیت سے رکھ دی ۔کسی شخص نے چار مختلف زمانوں میں اور ایک دوسرے کی مخالفت میں تخلیق کی گئی تحریروں کو ایسی شکل دے دی کہ اس حقیقت کو دریافت کرنے میں ڈھائی ہزار سال کا عرصہ بیت گیا ۔یہ ہے وہ شخص جس نے تورات کو تخلیق کیا؛ حضرت موسیٰ کی پانچ کتابیں جو دنیا کے بے شمار لوگ ڈھائی ہزار سال سے زیادہ عرصے سے پڑھتے رہے ہیں ۔کون تھا وہ شخص؟ یہی اس کتاب کا پہلا سوال تھا: اگر ان کتابوں کو موسیٰ نے خلقِ نہیں کیا تو پھر کس نے؟

ایک ہارونی کاہن

جس شخص نے چار مآخذ تحریروں کو موسیٰ کی تورات کی صورت دی اس کو ہم ایڈیٹر کہہ سکتے ہیں ۔اس ایڈیٹر کو تلاش کرنا چاروں مصنفوں کو تلاش کرنے سے زیادہ مشکل کام ہے کیونکہ زیادہ تر وہ پہلے سے موجود کتابوں کو صرف نئی ترتیب دے رہا تھا ۔ اس کو نمایاں طور پر خود کچھ لکھنے کی ضرورت پیش نہیں آئی لہٰذا اس کا لکھا ہوا مواد بہت مختصر ہے جو اس کو پہچاننے میں مدد فراہم کر سکے ۔اس کے خود کے لکھے ہوئے مکمّل واقعات یا شرعی قوانین وغیرہ موجود نہیں کہ دیکھا جا سکے کہ کہاں سے لکھے جا رہے ہیں؛ اس کے مقاصد کیا ہیں یا کس کی مخالفت یا حمایت میں لکھے گئے ہیں

YAHUDIYAT, ISAIYAT OR ISLAM 301

اس پر بھی واضح روشنی موجود نہیں ، تاہم کچھ ضروری معلومات ملتی ہیں ۔

یہ ایڈیٹر یقینی طور پر بنی ہارون کاہنوں میں سے تھا ۔ یا تو خود کاہن تھا یا پھر ان کے ساتھ ملا ہوا اور ان کے مفادات کا محافظ تھا ۔اس کی کئی وجوہات ہیں: اولاً ، وہ ہر بڑے واقعہ کی ابتدا ہمیشہ P تحریر سے کرتا ہے ۔ تورات کی تین کتابیں P تحریر سے ہی شروع ہو تی ہیں، جبکہ کتاب احبار پوری P تحریر ہے۔ ثانیاً، اس نے تمام کتابوں کو ایک تسلسل دینے کے لئے P تحریروں کو اپنے فریم ورک کے طور پر استعمال کیا ۔ پہلی دستاویز جو اس کو حاصل تھی وہ اقوام کے شجرے تھے کہ کون کس سے اور کب پیدا ہوا، وغیرہ ۔اس نے اس فہرست میں سے حضرت آدم سے حضرت نوح تک کی تفصیلات الگ کیں اور آدم و حوا کے زمین پر اتارے جانے اور ہابیل و قابیل کے واقعات کے بعد حضرت آدم سے حضرت نوح تک کی دس نسلوں کے شجرے نقل کر دیئے ،اور پھر حضرت نوح تک کے وہ تاریخی واقعات لکھے جو P,E اور J تحریروں میں موجود تھے ۔ اس طرح شجرہ کے بیان کے ساتھ تاریخی واقعات ایک ترتیب میں آ گئے اور ان واقعات کو ایک تاریخی تسلسل بھی مل گیا ۔اس کے بعد اس نے حضرت نوح سے حضرت ابراہیم تک کی دس نسلوں کا شجرہ لیا اور ان کو حضرت نوح کے واقعات اور حضرت ابراہیم کے واقعات کے درمیان رکھ دیا۔ اس طریقے نے نسلوں کے تاریخی واقعات کو ایک مناسب فریم ورک فراہم کر دیا اور تمام تاریخ ایک زمانی تربیت میں آ گئی ۔

شجروں کی تحریر ایک کاہنی دستاویز تھی ۔کتاب پیدائش میں P کے تاریخی واقعات کی طرح شجروں کی کتاب بھی خدا کے نام کے لئے "یہواہ" کے بجائے "ایلوہیم" استعمال کرتی ہے ۔ P کے تخلیقِ کائنات کے واقعہ کی طرح شجرہ کی کتاب بھی کہتی ہے :جس دن خدا نے آدم کو پیدا کیا تو اسے اپنی شبیہ پر بنایا (پیدائش 5:1)۔ ایڈیٹر کو کتاب پیدائش کی ساخت یا ترتیب کے لئے P تحریر کا استعمال زیادہ مفید یا قابلِ عمل نظر آیا ۔اگلی کتاب خروج میں بھی شروع کے پندرہ ابواب کی ساخت کے لئے اس نے P تحریر کو اوّلیت دی ۔اس میں مصر میں اسرائیل کی غلامی اور وہاں سے نجات کے واقعات شامل تھے ۔فرعون کی قوم کو جن معجزانہ وباؤں کا سامنا کرنا پڑا اس کے لئے ایڈیٹر نے P تحریریں استعمال کیں اور E,J کے متعلقہ واقعات کو P کے تسلسل

میں اس طرح سمو لیا کہ ہر معجزانہ وبا کے بعد اس نے P تحریر کا جملہ استعمال کیا:

> اور فرعون کا دل سخت ہو گیا اور جیسا خداوند نے کہہ دیا تھا اس نے ان کی نہ سنی (خروج 7:13،8:15،9:12)

P تحریر کے ذریعے بنایا گیا فریم ورک اتنا مفید تھا کہ وبا کے متعلق E, J واقعات میں بھی وبا کے آخر میں یہی P جملہ لکھتا ہے (خروج 9:35،10:20،10:27) ۔اس طرح جب ایڈیٹر نے تین مختلف مصنفوں کی تحریروں کو آپس میں جوڑا تو ہر وبا کے آخر میں P کا ایک جملہ لکھنے سے وہ تحریریں بخوبی جڑ گئیں ۔ اس طرح ایڈیٹر کا اپنے کام کو یکسانیت دینے کے لئے P تحریر کو فوقیت دینا ایک مرتبہ پھر مشاہدہ میں آیا۔

ثلاثاً، ایڈیٹر نے بعض اوقات اپنی خود کی لکھی تحریر کا بھی اضافہ کیا لیکن یہ نئی نثر P کی طرز میں اور P کے مفاد میں ہی لکھی گئیں ۔یہ اضافی جملے جلد تذکرہ کئے جائیں گے لیکن فی الوقت یہ کہنا مناسب ہے کہ طویل عرصہ تک جدید محقق ایڈیٹر کے جملوں کو بھی P تحریر کا حصہ شمار کرتے رہے ہیں ۔اس کی وجہ یہ کہ ایڈیٹر بھی اسی مذہبی طبقے سے تعلق رکھتا تھا جس طبقہ سے P وابستہ تھا ۔ P کی طرح ایڈیٹر کے اضافے بھی کاہنوں کی دلچسپیوں اور مفادات کے متعلق نظر آتے ہیں اور طرزِ تحریر بھی P طرز سے مماثلت رکھتا ہے ۔اس نے ہر اہم واقعہ کی ابتدا P تحریر سے کی اور P تحریر کی طرز میں اس کام کو انجام دیا ۔یہ قابلِ تعجب بات نہیں کہ ایڈیٹر P مذہبی گروہ سے تعلق رکھتا تھا ۔موسیٰ کی پہلی چار کتابوں کا تقریباً تمام حصّہ یعنی واقعات اور شریعت P,E اور D سب کاہنوں نے تحریر کیں۔ کاہنوں کو مآخذ دستاویزات دستیاب تھیں اور شریعت کے نفاذ کے لئے درکار مذہبی رسوخ بھی وہی لوگ رکھتے تھے ۔لوگوں کو شریعت کے قوانین اور ماضی کی روایات سمجھانا ان کی ذمہ داریوں کا حصّہ تھا ۔علاوہ ازیں یہ بھی قدرتی امر ہے کہ ان کاہنوں نے اپنا تخلیقی کام دوسرے کاہنوں کے حوالے کیا ہو تاکہ وہ اپنے علاقوں میں تعلیم دے سکیں اور ساتھ میں یہ بھی کہ ان کی نقول محفوظ رہ گئی ہوں تب ایک لمحہ ایسا آیا کہ کسی کو بہتر لگا کہ ان کو ملا دیا جائے ۔

ہیکل ثانی کے ایّام

یہ گھڑی ہیکل ثانی کے دنوں میں پیش ہوئی ۔ یہ تینوں تحریریں ہیکل ثانی کی تعمیر سے کچھ ہی عرصہ قبل آپس میں ملائی گئیں ۔اس کے علاوہ یہ بھی واضح کیا جائے گا کہ جو کچھ اس ذہین ایڈیٹر نے از خود اضافہ کیا اس سے ہمیں اور زیادہ اس خصوصی وقت کا اندازہ ہو سکے گا کہ کب یہ کام اپنی آخری شکل میں مکمّل ہوا ۔

اس ایڈیٹر نے کتاب گنتی میں باب 15 خود لکھا یہ ایسے شرعی قوانین پر مشتمل ہے جو دوسرے کاہنوں کے لکھے گئے قوانین سے مختلف ہیں ۔ کسی وجہ سے اس نے یہ تحریر ان ابواب کے درمیان رکھ دی جہاں شریعت بیان کرنے کا موقع نہیں تھا بلکہ وہاں تاریخی واقعات درج تھے ۔ ایڈیٹر کی شریعت پر لکھی تحریر حضرت موسیٰ کا فلسطین میں جاسوس بھیجنے اور لوگوں کے بغاوت کر نے کے واقعات کے درمیان ہے یہ حصہ مخصوص کاہنی طرز میں لکھا گیا اور خصوصاً کاہن سے وابستہ امور کے متعلق ہے یعنی قربانی۔اس کی لکھائی اسی انداز میں ہے جیسے کہ دوسرے مقامات پر کاہنی قوانین لکھے گئے ہیں ۔ اس میں عید کی قربانیاں، منت کی قربانی، گناہ کی قربانی اور سہواً غلطی ہو جانے کی قربانیاں وغیرہ شامل ہیں یہ تمام وہی قوانین ہیں جو پہلے بتائے جا چکے تھے (احبار 1:7)۔اس طرح یہ باب دہرایا ہوا شمار ہوتا ہے لیکن یہاں ایک غیر معمولی فرق ہے ،یہاں" خیمہ گاہ "کا لفظ موجود نہیں ہے ۔

شرعی قوانین کی فہرست جو قربانی کی کاہنی شریعت دہرا رہی ہو وہاں خیمہ گاہ کی غیر موجودگی اتفاقیہ نہیں اور نہ ہی لکھنے والے سے چوک ہوئی ۔ P تحریر میں دوسرے تمام مقامات پر خیمہ گاہ کے دو لفظ اس لئے بار بار لکھے گئے ہیں کہ یہ واحد جگہ ہے جہاں قربانی کرنا لوگوں کے لئے لازم ہے ۔ مذکورہ قوانین میں خیمہ گاہ کی قربان گاہ شامل نہیں اس لئے کہ وہ ہیکل اوّل کے ساتھ ہی جل چکی ۔اس لئے گنتی باب 15 میں قربانی کے قوانین ایسے وقت لکھے گئے جب کاہن خیمہ گاہ کا اصرار نہیں کر سکتے تھے ۔اس کا وجود نہیں رہا تھا لہٰذا یہ قانون ہیکل ثانی کی تعمیر کے فوراً بعد لکھا گیا تاکہ ہیکل کا قانون قرار دیا جا سکے یا جب لوگ جلاوطنی کے عتاب میں تھے اس وقت مستقبل کے ہیکل کے لئے لکھا گیا ۔

ایڈیٹر کی ایک اور تحریر زیادہ نمایاں طور پر تجویز کرتی ہے کہ اس کا کام ہیکل ثانی کے وقت مکمّل ہوا ۔ P تحریر کتاب احبار باب 23 میں سال بھر کے دورانیہ میں مختلف قربانیوں کی تفصیلات طے کرتی ہے، اس میں بنیادی طور پر خداوند کے لئے سال میں تین عیدیں ،فسح کی، فصل کا پہلا پھل ملنے پر اور سات ہفتے بعد فصل کاٹتے وقت، اور گناہ کی یا منتوں کی قربانیاں درج ہیں ۔ یہ بہت سادہ طریقہ سے لکھی گئیں اور سطر 4 سے شروع ہو کر سطر 37 پر ان الفاظ کے ساتھ ختم ہوتی ہیں "یہ خداوند کی مقررہ عیدیں ہیں" ۔ لیکن یہ فہرست مکمّل ہونے کے بعد سطر 39 میں اچانک ایک اور عید "جھونپڑوں کی عید" کے نام سے بتائی گئی ہے ۔یہ اضافی قانون جو کہ دوسرے تمام قوانین سے کٹ کر الگ لکھا گیا، بتاتا ہے کہ جھونپڑوں یا خیام (عبرانی میں سکوت)کی عید میں لوگوں کو چاہئے کہ وہ جھونپڑیاں بنائیں اور ان میں ایک ہفتہ قیام کریں ۔وہاں لکھا ہے کہ ایسا کرنے سے لوگوں کو یاد دہانی ہو گی کہ ان کے اجداد مصر سے نکلنے کے بعد بیابان میں جھونپڑوں میں رہے تھے ۔وہاں سطر 39 سے 44 تک میں دوسری تفصیلات، مثلاً کس قسم کے درخت کی شاخیں جھونپڑی بنانے کے لئے استعمال ہو سکتی ہیں ۔یہ سب کیا ہے؟ کیوں ایک خاص قانون ایک خاص عمل کے لئے ایک خاص عید کے دن منانے کی ہدایات دوسری عیدوں کے قوانین لکھنے کے بعد الگ سے بتائی گئی ہیں؟ اس عید کا بائیبل کی پچھلی تمام تاریخ میں کہیں تذکرہ نہیں کہ لوگوں نے کبھی منائی ہو یا وہ کبھی اس کے بارے میں جانتے ہوں ۔اس سوال کا جواب ہمیں ہیکل ثانی کے دنوں میں ملتا ہے اور وہ بھی کتاب نحمیاہ میں ۔وہاں بیان ہے کہ جب عزرا نے لوگوں کو ہیکل کی حدود میں اکٹھا کیا تاکہ تورات ان کے سامنے پڑھی جا سکے تو انہیں ایک بات تورات میں ملی جو ان کے لئے بالکل نئی تھی ۔ایک قانون یہ بتایا گیا کہ اس "جھونپڑی کی عید" پر وہ حقیقی طور پر جھونپڑوں میں رہیں ۔وہاں تحریر واضح ہے کہ یہ عید اس سے پہلے بنی اسرائیل کے مشاہدے میں نہیں آئی تھی :

> اور ان لوگوں کی ساری جماعت نے جو اسیری سے پھر آئے تھے جھونپڑیاں بنائیں اور ان ہی جھونپڑیوں میں رہے کیونکہ یشوع بن نون کے دنوں سے اس دن تک بنی اسرائیل نے ایسا نہیں کیا تھا چنانچہ بہت خوشی ہوئی ۔اور پہلے دن سے آخری دن تک روز بروز اس نے خدا کی

شریعت کی کتاب پڑھی اور انہوں نے سات دن عید منائی اور آٹھویں دن دستور کے موافق مقدس مجمع فراہم ہوا (نحمیاہ 8:17)

عزرا کے دنوں میں منائی گئی عید کا قانون تورات میں صرف احبار 23:39 میں ملتا ہے۔ کتاب نحمیاہ کے اس حصے میں جو درخت بتائے گئے ہیں وہ بھی کتاب احبار کے مذکورہ قانون میں درج ہیں۔ اس طرح ہمیں تورات کی کتاب احبار میں ایک غیر مناسب مقام پر عید کے قانون کی رپورٹ ملتی ہے جو لوگوں کی زندگی کا کبھی حصّہ نہیں رہا سوائے ہیکل ثانی کے دنوں میں۔ یہ شواہد واضح کر دیتے ہیں کہ حضرت موسیٰ کی پانچ کتابوں پر مبنی تورات کی تدوین ہیکل ثانی کے دنوں میں مکمّل ہوئی۔ یہ بالکل سمجھ میں آنے والی بات ہے کہ ہیکل ثانی کے دنوں میں بنی ہارون کے کاہن مذہبی اختیارات کے مالک تھے۔ اب کوئی بادشاہ نہیں رہا تھا اور مقابلے پر موجود دوسرے کاہنی طبقے بھی دبا دئے گئے تھے۔ اس لئے کچھ تعجب کی بات نہیں کہ کسی ہارونی کاہن نے ہیکل ثانی کے دنوں میں بائیبل کی ایڈیٹنگ کا کام انجام دیا ہو۔ اس سے پہلے کبھی اتنے اختیارات ان کے پاس نہیں تھے کہ اپنے پسند کے شرعی قوانین وضع کر سکیں اور ان کا نفاذ کر سکیں۔

عزرا کاہن

عزرا وہ خصوصی کاہن تھا جس کے پاس شریعت کی قوتِ نفاذ تھی۔ اس کی پشت پر زمانے کے طاقتور ترین بادشاہ کا ہاتھ تھا۔ اس کا اختیار منسلک تھا ایک طومار کے ساتھ جو وہ بابل سے یہودیہ لے کر آیا۔ ایک طومار جو "خدا کی شریعت اس کے ہاتھ میں" کے طور پر جانا گیا (عزرا 7:14) پہلے بتایا گیا تھا کہ بنی اسرائیل کی تاریخ میں صرف دو شخصیات ہیں جو "خدا کا قانون" دینے والوں کی حیثیت سے جانے جاتے ہیں: حضرت موسیٰ اور عزرا۔ عزرا ایک کاہن تھا، قانون دینے والا اور مصنف۔ اس کو دستاویزات دستیاب تھیں اور بائیبل کی سرگزشت میں عزرا اس حوالے سے خصوصی شخص ہے جو اس قسم کی تحریروں میں دلچسپی رکھتا تھا:

> اس لئے کہ عزرا آمادہ ہو گیا تھا کہ خداوند کی شریعت کا طالب ہو اور اس پر عمل کرے اور اسرائیل میں آئین اور احکام کی تعلیم دے (عزرا 7:10)

بائیبل کے مطابق یہ پہلا موقع ہے کہ بائیبل یہودیہ میں نمودار ہوتی ہے اور یہ عزرا کی ملکیت میں ہے، وہ خود بھی مصنف تھا اور ذاتی طور پر تورات یروشلم لے کر آیا۔ اس نے ذاتی طور پر عوامی مقام پر لوگوں کے سامنے پڑھ کر سنائی تو انہوں نے ایسی باتیں سنیں جو اس سے پہلے نہیں سنی تھیں۔ ان باتوں سے سو فیصدی طے نہیں کیا جا سکتا کہ وہ ایڈیٹر عزرا ہی تھا جس نے حضرت موسیٰ کی تورات مدوّن کی، لیکن وہ درست کاہن خاندان سے تھا (درست سے ہماری مراد ہارونی کاہن)، درست مقام پر اور درست وقت پر تورات کی پہلی معلوم جلد لئے ہوئے تھا۔ اگر یہ ایڈیٹر عزرا نہیں تھا تو کوئی اور شخص جو اس کے قریبی دوستوں میں سے ہو، کوئی رشتہ دار، کاہنی لوگوں میں سے کوئی ساتھی یا ہم پیشہ مصنف، اس لئے کہ یہ اس کے یروشلم آنے سے بہت پہلے نہیں لکھی گئی ہو گی ہیکل صرف ایک نسل پہلے ہی تعمیر ہوا تھا جب وہ یروشلم پہنچا۔

ان باتوں کے علاوہ عزرا اور حضرت موسیٰ کی تورات کے حوالے سے ایک اور دلچسپ بات روایات میں پائی جاتی ہے۔ روایت یہ ہے کہ اصلی تورات اور بائیبل کی دوسری کتابیں ہیکل اوّل کی

تباہی کے وقت جل گئی تھیں لیکن عزرا نے الہام کے ذریعے ان کو دوبارہ لکھا ۔یہ روایت ایک اور تحریر میں ملتی ہے جو "عزرا کی چوتھی کتاب" کہلاتی ہے لیکن اب بائیبل کا حصّہ نہیں بلکہ ان کتابوں میں شامل ہے جو غیر مصدقہ کہلاتی ہیں اور 200 ق م سے 200ء کے دوران عیسائی اور یہودی علماء کے ذریعے لکھی گئی تھیں ۔عزرا کی چوتھی کتاب 100ء کے لگ بھگ لکھی گئی سمجھی جاتی ہے ۔اس کتاب میں خدا عزرا سے جھاڑی میں مخاطب ہوتا ہے اور عزرا خدا سے کہتا ہے:

> دنیا تاریکی میں ہے اور اس کے رہنے والے روشنی سے محروم کیونکہ تیری شریعت جلا دی گئی اور اب کوئی نہیں جانتا کہ پچھلے زمانے میں تو نے کیا کیا اور آگے کیا پیش آنے والا ہے ۔اگر مجھ پر تیری عنایت کی نظر ہے تو روح القدس مجھ پر نازل فرما اور میں تمام باتیں لکھوں گا جو شروع سے لوگوں کو پیش ہوئیں،وہ جو تیری شریعت میں لکھی تھیں(The Old Testament Pseudepigrapha, I:554)

عزرا یہ گمشدہ کتاب چالیس دن لوگوں کو پڑھ کر سناتا ہے ۔اگرچہ عزرا کی چوتھی کتاب نسبتاً بعد کی تحریر ہے لیکن غور طلب بات یہ ہے کہ ابتدائی دور کی روایات میں تورات مہیا کرنے والے کے لئے عزرا کا نام لیا گیا ہے ۔جدید محقق ان ہی سب باتوں کی روشنی میں عزرا کو تورات کا ایڈیٹر سمجھتے ہیں ۔جو معلومات یہاں پیش کی گئیں وہ شواہد عزرا کے لئے بہت قوی ہیں جبکہ بائیبل میں سے کسی اور شخص کے لئے اس طرح کا ایک بھی مشاہدہ مطابقت نہیں رکھتا ۔یہ مشاہدات اور ان کا تجزیہ ہماری پہلے بیان کردہ بات کی تائید میں پیش کیا گیا کہ موجودہ تورات کا ایڈیٹر عزرا کے بجائے کوئی اور شخص بائیبل کی روایات میں نظر نہیں آتا ۔

اس ایڈیٹر کے سامنے چار مختلف تحریریں تورات کہی جاتی تھیں لیکن ان میں بیشتر مقامات پر متضاد باتیں موجود تھیں ۔ ان کو علیحدہ حالت میں ہی چھوڑ دینے کا مطلب یہ ہوتا کہ تضادات بآسانی لوگوں کی نظر میں آتے رہیں ، قوم میں نزاع اور نااتفاقی کا سبب بنتے رہیں اور قبائلی عصبیت کے ساتھ ساتھ فرقہ وارانہ عصبیت کی آگ کو بھی ہوا ملتی رہے ۔غالباً دوسری بڑی وجوہات میں یہ مسئلہ بھی شامل ہو جس کی بنیاد پر ایڈیٹر نے ان تحریروں کو ملا دینے کا فیصلہ کیا ۔

طریقہ

اس کام کو کیسے کیا جائے؟ پہلے سے کوئی طریقہ موجود نہیں تھا جو وہ استعمال کر سکے یہ صرف ایک مرتبہ کی جانے والی کوشش تھی، منفرد اور ایک مخصوص ضرورت کا ردعمل جو ایک مخصوص زمانے میں کیا گیا۔یہ کام کسی ایک مخصوص نظم کے تحت نہیں کیا جاسکتا تھا اس لئے کہ مآخذ تحریریں اکثر متضاد نوعیت کی تھیں۔وہ نثر کی صورت میں تھیں لیکن ان میں کثرت سے نظمیں بھی شامل تھیں۔ان میں واقعات بھی تھے، شرعی قوانین بھی تھے۔ان میں لوگوں، قبیلوں اور نسلوں کے نام اور شجرے شامل تھے۔جو شخص بھی ان کو ایک تاریخی تسلسل کے بیان میں تبدیل کرنے کا عزم کرتا، اس شخص میں غیر معمولی ادبی حسّیات، ہنرمندی اور ذہانت کا ہونا ضروری تھا۔اس کو یہ سمجھ ہونا ضروری تھی کہ اختلافات کس حد تک پڑھنے والوں کے لئے قابلِ قبول ہیں اور کس حد تک ناقابلِ قبول۔اس کو ان تحریروں کو،جو کبھی اکٹھا کئے جانے کے نقطۂ نظر سے نہیں لکھی گئی تھیں، اس ترتیب سے جوڑنا تھا کہ وہ ایک مسلسل تحریر نظر آئے۔

ایڈیٹر کی رہنمائی کے لئے بظاہر اس کا نقطۂ نظر یہ تھا کہ اصل تحریروں میں سے جتنا زیادہ ممکن ہو سکے ان کو اپنی تحریر میں شامل رکھے سوائے ایسے اختلافات جن کو شامل رکھنا ممکن نہ ہو۔اس نے بظاہر ایسا ہی کیا اس لئے کہ اگر ان تین تحریروں کو الگ کرکے پڑھا جائے تو ہر ایک مناسب تسلسل میں نظر آتی ہے سوائے چند مقامات جہاں خلاء محسوس ہوتے ہیں۔اور سب سے بڑی شہادت یہ کہ اس نے خدا کا نام جس طرح ان تحریروں میں تھا ان کو اسی طرح لکھا۔وہ خود ہارونی کاہن ہونے کی وجہ سے بآسانی ہر جگہ "ایلوھیم" لکھ سکتا تھا۔وہ اگر ایسا کر دیتا تو جو علم بائیبل کی اصلیت کے متعلق اس کتاب میں پیش کیا وہ ابھی ممکن نہ ہوتا۔

اس کا پہلا فیصلہ تخلیقِ کائنات کے دو واقعات پر تھا۔اس نے طے کیا کہ دونوں کو ایک کے بعد ایک کی صورت میں بیان کرے۔ پہلی تحریر P (پیدائش 1:1)زیادہ وسیع اور کائناتی پس منظر میں تھی جبکہ دوسری تحریر J زمینی اور انسانی طبیعت کے تناظر میں لکھی گئی

YAHUDIYAT, ISAIYAT OR ISLAM 309

تھی ۔ایک کے بعد ایک کی صورت میں لکھنے سے یہ تاثر پیدا ہوا کہ پہلے زیادہ وسیع سطح پر کائناتی تخلیق کا عمل بتایا گیا اس کے بعد انفرادی تخلیق کے مختلف پہلوؤں کو زیادہ قریب سے واضح کیا گیا ہے ۔یہ حقیقت کہ اس طرح تخلیق کے واقعات کی ترتیب بدل جاتی ہے یا تو اس سے اوجھل رہی یا اس کی پریشانی کا باعث نہیں ہوئی ۔

تحریر کے آدم و حوا اور ہابیل و قابیل کے واقعات J اس کے بعد تھے جن میں خدا سے قریبی رابطہ، انسانی زبان بولتا سانپ وغیرہ میں ایسی باتیں نہیں تھیں لہٰذا ایڈیٹر کو P کے تذکرے شامل تھے ۔ ان کو تخلیق کے واقعہ کے بعد رکھنے میں کوئی مسئلہ نہیں ہوا ۔پھر اس نے دس انساب کی فہرست رکھ دی جو حضرت نوح پر ختم ہوئی ۔اس مقام پر ایڈیٹر کو اپنے منفرد کارنامے میں پہلے بڑے مسئلے کا سامنا کرنا پڑا ۔اس کے پاس طوفانِ نوح پر دو تحریریں تھیں، دونوں اپنی جگہ مکمّل، دونوں میں کئی باتیں آپس میں ملتی تھیں اور کہیں واقعہ P ،واقعہ میں چالیس رات دن بارش تھی J کھلے اختلافات تھے ۔ واقعہ میں چودہ پاک اور J میں ایک سال طویل کائناتی طوفان تھا ۔ J واقعہ میں ہر ایک دو دو کی تعداد میں ۔ P ،دو ناپاک جانور تھے واقعہ میں حضرت نوح نے طوفان کے بعد تین کبوتر (یا ایک کبوتر تین واقعہ میں ایک کوّا۔ ایڈیٹر کے پاس ایسی کوئی صورت P ،مرتبہ)بھیجا نہیں تھی کہ وہ ان واقعات کو ایک کے بعد ایک لکھ دیتا جس طرح اس نے تخلیق کے واقعے کو لکھا تھا لیکن وہ کسی ایک داستان کو رد کرنے کے لئے بھی تیار نہیں تھا ۔اس نے ان دونوں کو ٹکڑوں میں تقسیم کیا اور پھر آپس میں ملا کر اس طرح جوڑا کہ وہ ایک ہی واقعہ محسوس ہو ۔ جو شئے برآمد ہوئی اس کا تجزیہ ہم نے باب 2 میں کیا ۔اس نے واقعات کو ٹکڑوں میں کاٹا اور متعلقہ ٹکڑوں کو قابلِ تحسین میں لکھی تھی وہ محض اس J طریقے سے جوڑ دیا ۔اب جو بارش کے مطابق، آسمان و زمین سے پھوٹ پڑ ا تھا P ،ناگہانی طوفان کا جو میں ہر جانور دو کی تعداد میں کا مطلب یہ سمجھا p حوالہ نظر آئی ۔اب کے چودہ پاک جانور جوڑے کی صورت میں آئیں ۔اب جو کوّا J گیا کہ میں بھیجا گیا تھا وہ واپس نہیں آیا تو حضرت نوح کو کبوتر بھیجنا P پڑا تاکہ معلوم ہو کہ طوفان کا پانی تھم گیا ہے ۔بظاہر دو تحریروں میں سے کوئی لفظ چھوڑے بغیر کاٹ کر واپس جوڑنے میں ذہانت از خود عیاں ہے اور اس کی ذہانت نے ڈھائی ہزار سال تک کام کیا ۔

P ایڈیٹر کی نظر میں یہ عمل اتنا درست بیٹھا کہ اس نے اس کو
کے داتن اور ابیرام کے واقعہ پر دہرایا ۔اسی J کے قورح کے واقعہ اور
طرح اس نے جاسوسوں کو فلسطین بھیجنے،مصر میں وبا کے واقعات
اور بحرِ احمر کو پھاڑنے والے واقعہ پر استعمال کیا ۔لیکن وہ دوسرے
واقعات میں اسی طریقہ کے استعمال کا پابند نہیں تھا ۔بعض اوقات اس
کے کئی واقعات کے E اور J واقعہ کو ٹکڑوں میں کاٹ کر P نے
کی حضرت یعقوب اور عیسو P درمیان پھیلا دیا ۔اسی طرح اس نے
کی زیادہ طویل داستان میں پھیلا E اور J کی داستان کے ٹکڑوں کو
میں مختصراً P دیا ۔اس نے مصر کی طرف نقل مکانی کا واقعہ جو
کی چودہ ابواب پر پھیلی طویل تحریر میں ملا دیا E اور J لکھا تھا
۔حضرت یوسف کے واقعات میں اور بعل فغور کا بغاوت والا واقعہ
J کی ابتدائی تفصیل کو کاٹا اور P میں، جیسا کہ ہم نے دیکھا، اس نے
کی اختتامی تفصیل کو حذف کیا تاکہ جو تسلسل اسے درکار تھا E اور
وہ حاصل ہو سکے ۔اس کو بظاہر اس بات سے پریشانی لاحق نہیں ہوئی
کہ اسرائیلی مردوں کو ترغیب دینے والی عورت پہلے نصف واقعہ
میں موآبی تھی اور دوسرے نصف میں مدیانی ۔

بعض مواقع پر اس نے دہرائے گئے واقعات کو اس طرح علیحدہ
کیا جیسے وہ دو الگ واقعات نظر آئے ۔مثلاً اس نے خدا کا حضرت
ابراہیم کے ساتھ عہد جو J اور E میں تھا اس کو باب15 میں رکھا اور P
تحریر کے عہد کو باب 17 میں رکھا اس طرح ان کے درمیان ایک الگ
واقعہ تحریر میں آ گیا ۔اس کا نتیجہ یہ نکلا کہ ایک ہی عہد اب خدا اور
حضرت ابراہیم کی دو الگ ملاقاتوں میں معلوم ہو نے لگا ۔اس سے بھی
زیادہ ڈرامائی صورت وہاں پیدا ہوئی جب ایڈیٹر نے حضرت موسیٰ کا
چٹان سے پانی نکالنے کا واقعہ سے متعلق دو تحریروں کو علیحدہ کیا
- J اور E کی تحریر کتاب خروج باب 17 میں درج ہے جبکہ P تحریر
دو کتابوں بعد کتاب گنتی باب 20 میں موجود ہے ۔ایک ہی واقعہ پر دو
تحریروں کو اس طرح علیحدہ کر دینے سے یہ نتیجہ نکلا کہ جیسے
یہ واقعہ دو مرتبہ پیش آیا ہو جن میں کئی سالوں اور فاصلے کا فرق
ہے حالانکہ یہ ایک ہی واقعہ تھا ۔خلاصہ یہ کہ واقعات کو بعض مرتبہ
دہرانا اور کچھ اختلافات اس کے لئے قابلِ قبول تھے اور کچھ نہیں
۔وہ اس کے لئے تیار نہیں تھا کہ دو طوفان نوح لکھے جس میں سب
لوگ ہلاک ہوئے اور دونوں مرتبہ حضرت نوح اور ان کے گھرانے

کو بچا لیا گیا ۔لیکن وہ اس کے لئے تیار تھا کہ حضرت موسیٰ نے دو مختلف جگہوں پر ایک ہی نام کی دو چٹانوں پر اپنا عصا مار کر دو مرتبہ پانی نکالا۔ اس کے لئے یہ بھی قابلِ قبول تھا کہ حضرت موسیٰ دس احکامات اپنے الوداعی خطاب میں دہرائیں (استثنا: 5)حالانکہ وہ کتاب خروج باب20 میں نسبتاً مختلف الفاظ میں لکھے گئے تھے ۔کتاب خروج میں چوتھا حکم اس طرح تحریر ہوا:

> یاد کر کے تو سبت کا دن پاک ماننا . . .کیونکہ خداوند نے چھ دن میں آسمان اور زمین اور سمندر اور جو کچھ ان میں ہے وہ سب بنایا اور ساتویں دن آرام کیا (خروج 20:8)

جبکہ کتاب استثنا میں جب موسیٰ اس کو دہراتے ہیں تو وہ کہتے ہیں:

> سبت کے دن کو یاد کر کے پاک ماننا . . . اور یاد رکھنا کہ تو ملک مصر میں غلام تھا اور وہاں سے خداوند تیرا خدا اپنے زور آور ہاتھ اور بلند بازو سے تجھ کو نکال لایا ۔اس لئے خداوند تیرے خدا تجھ کو سبت کے دن کو ماننے کا حکم دیا (استثنا 5:12)

پہلی تحریر P کی ہے جو سبت کی اہمیت بتانے کے لئے تخلیق کے واقعہ کا سہارا لیتی ہے کہ خدا نے ساتویں دن آرام کیا ۔دوسری تحریر D کی ہے جو عام وجہ بتاتی ہے کہ اس حکم کو مانا جائے اس لئے کہ خدا نے لوگوں کو غلامی سے نجات دی ۔

اب تک کی بحث واضح کرتی ہے کہ اس ایڈیٹر نے اپنے کام کے لئے کوئی ایک ہی طریقہ استعمال نہیں کیا ۔اس نے مختلف نوعیت کی الجھی ہوئی تحریروں میں ہر موقع پر اپنے تجزیہ کو استعمال کیا اور اپنی سمجھ اور ذہانت کے مطابق کوئی طریقہ چنا جو اُس کی نظر میں اس موقعہ یا واقعہ کے لئے مناسب تھا۔

تسلسل

ایڈیٹر کو تمام دستیاب مواد کو ایک بامعنی ترتیب میں جمع کرنا تھا جس میں تسلسل کا ہونا بھی اتنا ہی ضروری تھا ۔بعض مواقع پر ان تحریروں کی نوعیت نے یہ تسلسل اس کو فراہم کیا ۔جو بات سب

تحریروں کو اکثر قدرتی طور پر مناسب تسلسل میں لے آئی وہ یہ تھی کہ تمام مواد تاریخی تھا یہ واقعات پہلے ہی اس صورت میں تھے جس زمانی ترتیب میں وہ تاریخ میں پیش آئے سمجھے جاتے تھے ۔یہ انسانی تاریخ میں لکھی گئی پہلی تاریخی کتاب تھی ۔کوئی دوسرا کام جو ان زمانوں میں اس کے قریب شمار کیا جا سکتا ہے وہ بادشاہوں کی سالانہ روداد ہو سکتی ہیں مثلاً سنحیرب کا prism inscription جو سلطنت کی فوجی مہمات، مفتوح قوموں اور ملکوں کے نام اور مال غنیمت وغیرہ ظاہر کرتا ہے لیکن وہ زیادہ تر فہرستوں کی نوعیت کی تحریریں ہیں حقیقی تاریخ نہیں ۔

بائیبل کے معاملے میں یہ بنی اسرائیل اور ان سے سابقہ پڑنے والی اقوام کی تحریریں تھیں جنہیں ایڈیٹر اپنے انداز میں مرتب کر رہا تھا ۔اس کے لئے پہلا تاریخی مآخذ دستاویز شجروں کی کتاب تھی ۔اس نے شجر ناموں کے طویل ریکارڈ کو ٹکڑوں میں تقسیم کیا پھر اس نے مناسب مقامات پر حضرت آدم سے حضرت یعقوب تک کی تاریخ میں رکھا جس سے تمام کتاب پیدائش کو تاریخی تسلسل مل گیا ۔

دوسری مآخذ دستاویز کے لئے اس نے P کی وباؤں والی نثر لی اور اس کی زبان "فرعون نے اپنا دل سخت کر لیا" کو فریم ورک کے طور پر استعمال کیا جس نے J, E اور P کے مصر سے خروج کے تمام واقعات کو آپس میں جوڑ دیا ۔ اس طرح کتاب خروج کے پہلے بارہ ابواب میں بنی اسرائیل کے مصر سے خروج تک کے واقعات مکمّل ہو گئے ۔

اس کی تیسری مآخذ دستاویز ان مقامات کی فہرست تھی جہاں بنی اسرائیل نے اپنے چالیس سالہ صحرا نوردی کے دوران قیام کیا ۔یہ فہرست کتاب گنتی کے باب 33 میں درج ہے ۔ایڈیٹر اس فہرست کے تمام مقامات پر ان کے ٹھہرنے کی تفصیلات شہر رعمسیس پر پہلے قیام سے شروع کر کے ان کے آخری قیام تک باری باری تمام مقامات کی تفصیل لکھتا ہے جب تک کہ وہ موعودہ ملک کی سرحد پر دریائے اردن کے کنارے نہ پہنچ گئے ۔بائیبل کے اکثر اسکالرز کی نظر میں کتاب گنتی کے باب 33 میں درج مقامات کی فہرست در حقیقت اس باب سے پہلے تک کے بیان کردہ تمام واقعات کا محض خلاصہ لکھا گیا تھا لیکن فرینک کراس نے مضبوط دلائل کے ساتھ واضح کیا کہ باب 33 کی مذکورہ تحریر بھی شجر ناموں کی طرح ایک الگ دستاویز تھی ۔

ایڈیٹر نے اس کو بھی صحرا نوردی کے واقعات جوڑنے کے لئے فریم
کی شجر ناموں کی دستاویز P ورک کے طور پر استعمال کیا جیسے
کے وباؤں کے جملہ کو مصر کے واقعات کے P کو کتاب پیدائش اور
لئے استعمال کیا تھا ۔اس نے کتاب گنتی باب 33 کی فہرست کے مطابق
لوگوں کے صحرا نوردی کے واقعات کو انکی مناسب ترتیب میں جوڑ
دیا ۔اس طریقے سے اس کو کتاب خروج کے باب 12 سے لے کر کتاب
احبار اور کتاب گنتی تک کے اپنے بیان میں تسلسل حاصل ہو گیا ۔

کتاب استثنا پہلے ہی سے ایک مسلسل تحریر تھی جو حضرت
موسیٰ کا قوم سے آخری خطاب کی حیثیت سے لکھی گئی تھی ۔ایڈیٹر
میں موجود حضرت موسیٰ کی وفات کے P اور E کو اتنا ہی کرنا تھا کہ
واقعہ کو کتاب استثنا کے آخری حصے میں رکھ دینا تھا ۔کتاب استثنا
کا آخری باب (باب 34)اب حضرت موسیٰ کی وفات کا واقع ان تمام
(میں سے ،(استثنا 34:7-9 E (تحریروں کا مجموعہ ہے ۔(استثنا 34:1-6
میں سے لکھا گیا ہے ۔ Dtr[1] (میں سے اور (ستثنا 34:10-12 P

ایڈیٹر نے کچھ مقامات پر اپنے جملوں کا بھی اضافہ کیا تاکہ
مختلف تحریروں کو جوڑنے کے عمل میں پیدا ہونے والے نقائص دور
کر لے اور جو باتیں، اس کی نظر میں، پڑھنے والے کے لئے اہم ہیں ان
کو نمایاں کر دے ۔اس نے ایسے فقرے بھی لکھ کر ماضی کے تاریخی
بیان میں داخل کئے جو خود اس کے دنوں میں اہم تھے: کتاب گنتی باب
15 میں قربانی کا قانون، جھونپڑیوں کی عید کا قانون اور جلاوطنی
سے واپسی (احبار 26:39-45) ایڈیٹر کے اضافہ کئے ہوئے ہیں ۔

P مصنف کی طرح یہ ایڈیٹر بھی بنی ہارون قبیلہ کا کاہن تھا ۔لیکن
یہ عجیب ستم ظریفی ہے کہ اس کا کام P مصنف کی مکمّل ضد میں تھا
۔ P مصنف کی ضرورت J اور E تحریروں کے مقابلے پر ایک متبادل
تحریر خلق کر نا تھی ۔ ایڈیٹر کی ضرورت ایک ایسا کام خلق کرنا تھی
جو ان مقابلے پر لکھی گئی تحریروں کو ہم آہنگ کر دے ۔

پہلی بائیبل

ایڈیٹر نے کتاب استثنا کو تورات کے نام سے پہچانی جانے والی
پانچ کتابوں کی مآخذ تحریروں میں شامل کیا تو اس عمل نے ایک

اضافی اثر اس کے کام میں پیدا کیا ۔ استثنا اب تورات کی آخری کتاب کے ساتھ ساتھ استثنائی تاریخ کی پہلی کتاب بھی بن گئی ۔اب تورات کی پہلی کتاب پیدائش سے لے کر استثنا کے بعد کی چھ کتابوں یعنی قضاۃ، یشوع ، 1۔سیموئل، 2۔سیموئل، 1۔سلاطین اور2۔سلاطین کے درمیان ایک قدرتی تسلسل قائم ہو گیا ۔تورات، یا حضرت موسیٰ کی پانچ کتابیں، کے تاریخ پر مبنی بیان نے وہ بنیاد فراہم کر دی جس پر بعد میں آنے والی تاریخ کی عمارت تعمیر ہوئی، تخلیقِ کائنات و تخلیقِ انسانی، ایک قوم کا پیدا ہونا، وراثت کے ملک میں ان کا بسنا اور مسیحی خاندان کا چناؤ ،اس تمام تاریخی بیان کی بنیاد خدا کے چار وعدوں پر قائم ہوئی عہدِ نوح، عہدِ ابراہیم، عہدِ موسیٰ اور عہدِ داؤد ۔حضرت موسیٰ کے بعد کا تمام زمانہ جس میں ہیکل سلیمانی کی تعمیر سے لے کر اس کے خاتمہ تک کی تاریخ انہی وعدوں یا عہد کے پس منظر میں سمجھی اور لکھی گئی ۔ بعد میں آنے والے انبیاء جن کی کتابیں بائیبل میں شامل ہیں انہوں نے اسی بنیادی تاریخ کے پس منظر میں اپنی تعلیمات پیش کیں اور ان کو لکھا گیا ۔ عیسائیت یا عہد نامہ جدید بھی اسی بنیادی تاریخ کے پس منظر میں ہی خلق ہوا ۔یہ عجیب ستم ظریفی ہے کہ اس تمام معاملے میں ایڈیٹر کے کام کے اثرات تورات کے چار انفرادی مصنفوں کی تحریروں کے اثرات کے مقابلے میں حیرت انگیز طور پر کہیں زیادہ ہیں ۔

اس ایڈیٹر کی، جس کو بائیبل کے داخلی اشاروں کی بنیاد پر ہم نے عزرا قرار دیا ، بائیبل کے لکھنے والوں کے مقابلے میں بہت کم قدر کی گئی ہے ۔عام طور پر مصنفوں کے نامعلوم ہونے کے باوجود بائیبل کے تاریخی بیانات اور شرعی قوانین لکھنے والوں کو زیادہ قابلِ تحسین سمجھا جاتا ہے جو شاید درست نہ ہو ۔ایڈیٹر اپنے کام میں اتنا ہی بڑا آرٹسٹ تھا جتنا کہ P,E,J اور D اپنے کام میں آرٹسٹ تھے ۔ایڈیٹر کا کام اتنا ہی اہم اور قابلِ قدر ہے جتنا کہ ان تاریخ نویسوں کا ۔اس کے کام کی نوعیت صرف مشکل ہی نہیں بلکہ یہ ایسا تخلیقی کام بھی تھا جس کے ہر مرحلے پر سمجھ اور ادبی صلاحیت درکار تھی ۔ایڈیٹر ہی کے کام نے بائیبل کے تاریخی واقعات اور موسوی شریعت کو وہ آخری ہیئت دی جس نے لاتعداد معنوں میں کروڑوں ذہنوں کو متاثر کیا ۔

کیا یہ ایڈیٹر کے کام کا اثر تھا؟ یا ان مصنفوں کا جنہوں نے وہ دستاویزات تحریر کیں؟ یا بجا طور پر یہ کہا جائے کہ یہ ایڈیٹر اور چار

مصنفوں کے درمیان ایک قسم کی ادبی حصہ داری تھی؟ ایسی حصہ داری جس کی نزاکت اور اہمیت کا کچھ بھی اندازہ چار مصنفوں میں سے کسی کے خواب و خیال میں بھی نہیں آ سکتا تھا کہ یہ کام آنے والے دنوں میں کیا رخ اختیار کر سکتا ہے۔چار مصنفوں کے تحریری اجزاء کے ٹکڑوں کو ایک پانچویں فرد کے ذریعے منفرد انداز میں محض جوڑ دینے سے کتنے نئے تخیلات پیدا ہوئے؟ آخری باب کا موضوع یہی سوال ہے :بائیبل انفرادی اجزاء کے مجموعے سے کم ہے، برابر ہے یا زیادہ؟

باب 11

بائیبل نے جو دنیا پیدا کی

بائیبل کی آخری ہئیت

کیا بائیبل اپنے انفرادی اجزاء سے زیادہ ہے؟ یقیناً
مختلف تاریخی واقعات، عبادتی اور سماجی قوانین، نظمیں اور مصنفوں کے ذاتی نقطہ ہائے نظر آپس میں ملا دینے سے وہ شئے برآمد ہوئی جس کا کوئی تصوّر بھی حقیقی مصنفین اپنے ذہنوں میں نہیں لا سکتے تھے۔

E مصنف نے حضرت ابراہیم کا، بقول بائیبل، اپنے " اکلوتے بیٹے" حضرت اسحاق کا تقریباً قربان کر دینے والا واقعہ بیان کیا ہے جو کہ معروف ترین اور تجسس آمیز واقعہ بائیبل میں درج ہے ۔اس موقع پر حضرت ابراہیم خدا کی مرضی کی اطاعت کا ایسا مظاہرہ کرتے ہیں کہ اپنے بیٹے کو قربان کر دینے پر رضامند ہو گئے ۔آسمانی مداخلت نے اس عمل کو پورا نہیں ہونے دیا اور آخری لمحہ پر حضرت اسحاق کی زندگی بچا لی گئی ۔اس عظیم قربانی کے واقعہ کا تجزیہ ہماری کتاب کے تیسرے حصے میں زیرِ بحث آئے گا۔

P مصنف نے تقریباً ڈیڑھ ہزار سال بعد حضرت اسحاق کی والدہ حضرت سارہ کی وفات کا واقعہ تحریر کیا کہ حضرت سارہ کا مذکورہ قربانی کے پچیس سال بعد انتقال ہوا تھا ۔اس موقع پر حضرت ابراہیم جنوبی فلسطین میں، حبرون کے قریب ،غیر قوم سے ایک زمینی خطہ اپنے ذاتی قبرستان کے لئےخریدتے ہیں تاکہ حضرت سارہ کی تدفین ہوسکے ۔ایڈیٹر نے تقریباً تین سو سال بعد E تحریری جزو اور P تحریری جزو جوڑنے کے عمل میں حضرت سارہ کی وفات کو حضرت اسحاق کی قربانی کے بعد رکھ دیا یہ دونوں واقعات بالترتیب کتاب پیدائش کے باب 22 اور باب 23 میں درج ہیں بائیبل کے مفسرین

قدیم سے اس خیال میں رہے ہیں کہ حضرت اسحاق کی قربانی کے واقعہ کے اثرات حضرت سارہ کی وفات کا سبب بنے ۔یہ تصوّر E لکھنے والے کے پلان میں شامل نہیں تھا اور نہ ہی اس کے پلان میں جس نے P لکھی ۔حتیٰ کہ ایڈیٹر نے بھی ایسا نہیں سوچا ہو گا لیکن اس ترتیب نے اپنا کام کیا ۔دو تحریریں ملا دینے سے ایک نیا انسانی عنصر اس واقعہ میں پیدا ہو گیا ۔اس نے ایک نئی نفسیاتی سطح کا اضافہ کر دیا ۔اس نے نئی تفسیر، نئے سوالات اور نئے جوابات کے امکانات پیدا کر دیئے جو اصل تحریروں میں موجود نہیں تھے ۔اس طرح کی سینکڑوں مثالیں پیش کی جا سکتی ہیں جو الگ الگ اور ایک دوسرے کے مقابلے میں لکھی جانے والی تحریروں کو ملا دینے سے پیدا ہو تی رہی ہیں اور ہوتی رہیں گی ۔نئے تخیلات پیدا ہوتے رہے ہیں اور ہوتے رہیں گے جب بھی بائیبل کی تفاسیر کی کوشش کی گئی یا کی جائے گی ۔جس طرح سے چار تحریروں کو حضرت موسیٰ کی تورات کی شکل میں جوڑ دیا گیا اس کے غیر معمولی اثرات بعد کے زمانوں میں پیدا ہوئے ۔یہاں اشارہ کئے گئے تفسیری امکانات سے قطع نظر محض ایڈیٹر کے کام نے خدا کی ہستی اور انسان اور خدا کے درمیان تعلق کے تصوّر پر جو انتہائی حیرت انگیز اثرات پیدا کئے وہ قابلِ توجہ ہیں ۔

خدا کی صورت پر

کتاب پیدائش کے پہلے باب میں تخلیقِ کائنات کے بعد خلقِ آدم و حوا کا بیان ہے:

> خدا نے انسان کو اپنی صورت پر پیدا کیا ۔خدا کی صورت پر اس کو پیدا کیا ۔نر و ناری ان کو پیدا کیا (پیدائش 1:27)

"خدا کی صورت" اس فقرہ میں واضح نہیں ہے ۔کیا اس کے معنی طبعی صورت ہے ؟ کیا خدا کا، معاذ اللہ ایسا ہی جسم و صورت ہے جیسا کہ ہمارا؟ یا کوئی روحانی صورت ہے؟ یا کوئی عقلی صورت ہے؟ ممکنہ امکانات میں موجود کوئی بھی معنی متعین ہو سکیں لیکن کم از کم یہ کہا جا سکتا ہے کہ بائیبل انسان کا یہ تصوّر پیش کر تی ہے کہ انسان الوہیت میں کسی ایسی نوعیت کی شراکت رکھتا ہے جو جانوروں

کو میسر نہیں ۔خدا کی کوئی خصوصیت ایسی ہے جو صرف انسان کو عطا کی گئی ہے ،اور یہ خصوصیت ان واقعات کے حوالے سے اہم ہے جو تمام کائنات کی تخلیق کے بعد آدم کو پیش آئے ۔آدم کو اور آدم کے توسط سے انسان کو پابند کر دیا گیا کہ:

> اور خداوند خدا نے آدم کو حکم دیا اور کہا کہ تو باغ کے ہر درخت کا پھل بے روک ٹوک کھا سکتا ہے ۔لیکن نیک و بد کی پہچان کے درخت کا کبھی نہ کھانا کیونکہ جس روز تو نے اس میں سے کھایا تو مرا (پیدائش 2:16)

بائیبل بتاتی ہے کہ سانپ نے ورغلا کر ان کو س کے کھانے پر راغب کر لیا ۔اس نے کیا کہا جس پر انسان اس پھل کو کھا بیٹھا؟ وہ عورت سے کہتا ہے کہ اگر انہوں نے اس درخت میں سے کھا لیا تو وہ "خدا کی مانند نیک و بد کے جاننے والے ہو جائیں گے" بائیبل کی رو سے یہ دلیل کسی جانور یا ہوا کے پرندے یا زیرِ آب رہنے والے جانوروں پر ایسا عمل نہیں کر سکتی اس لئے کہ وہ الوہیت میں شراکت نہیں رکھتے ۔صرف انسان خدا کی صورت پر بنائے گئے ہیں لہٰذا صرف انسان میں الوہیت کی صفات پیدا ہو سکتی ہیں ۔خدا کی صورت پر پیدا کیا جانا اس حوالے سے اہم ہو جاتا ہے کہ انسان نے باغِ عدن میں کیا کیا:

> اور سانپ کل دشتی جانوروں سے جن کو خداوند خدا نے بنایا تھا چالاک تھا اور اس نے عورت سے کہا کیا واقعی خدا نے کہا ہے کہ باغ کے کسی درخت کا پھل تم نہ کھانا؟ عورت نے سانپ سے کہا کہ باغ کے درختوں کا پھل تو ہم کھاتے ہیں ۔پر جو درخت باغ کے بیچ میں ہے اس کے پھل کی بابت خدا نے کہا ہے کہ تم نہ تو اسے کھانا اور نہ چھونا ورنہ مر جاؤ گے۔
>
> تب سانپ نے عورت سے کہا کہ تم ہرگز نہ مرو گے ۔بلکہ خدا جانتا ہے کہ جس دن تم اسے کھاؤ گے تمہاری آنکھیں کھل جائیں گی اور تم خدا کی مانند نیک و بد کے جاننے والے بن جاؤ گے (پیدائش 3:1)

لیکن کتاب پیدائش میں تخلیق کی یہ تفصیلات دو مختلف افراد نے تحریر کی ہیں ۔ پہلے باب میں انسان کو خدا کی صورت پر پیدا کیا جانا P کی روداد ہے جو کبھی غیر معمولی درخت اور بولنے والا سانپ اپنی تحریر میں شامل نہیں کرتا ۔ باب دو اور تین J کی تحریر ہے جو

کہیں نہیں بتاتی کہ انسان خدا کی صورت پر پیدا کیا گیا ہے ۔ایڈیٹر نے ان دونوں بیانات پر مشتمل مکمّل تحریریں یکے بعد دیگرے لکھ دیں ۔یہ کہنا مشکل ہے کہ ایڈیٹر کو معمولی سا بھی اندازہ ہوسکتا تھا کہ ان تفصیلات کو باہم ملا دینے سے کیا امکانات پیدا ہو سکتے ہیں ۔

J اور P کے ان حصوں کو آپس میں ملانے سے ایک ایسی شئے وجود میں آ گئی جو ان انفرادی اجزاء کو باہم لکھ دینے سے کہیں زیادہ ہے ۔اب یہ داستان کہیں زیادہ معنی خیز ہو گئی اور نئے مفہوم اخذ کرنے کے نئے امکانات پیدا ہو گئے ۔خدا نے آدم و حوا کو خدا کی صورت پر پیدا کیا پھر ان کو ایک ایسا پھل کھانے سے روک دیا جس کے کھانے ہی سے الوہیت میں ان کی شرکت ممکن ہو سکتی تھی ۔وہ تمام جانداروں کو خلق کر کے انسان کو ان سب پر حاکم بناتا ہے لیکن خود ان کو اپنے احکامات کی اطاعت کا حکم دیتا ہے لہٰذا جوں ہی سانپ سے اس کو خبر ملتی ہے کہ ممنوعہ پھل کھانے سے نیک و بد کی پہچان مل جائے گی وہ پھل کھا جاتے ہیں ۔یہ اس مجموعی تحریر کی ایک تعبیر ہو سکتی ہے ۔بہت سے دوسرے مفہوم بھی اخذ کئے جا سکتے ہیں جن میں سے کئی ایک قابلِ توجہ اور کتنے ناقابلِ احترام ہو سکتے ہیں ۔یہی ہماری مراد ہے زیرِ بحث موضوع میں کہ ایڈیٹر کے مآخذ تحریروں کو ملا دینے سے آنے والے وقتوں میں بائیبل کی مختلف تفاسیر اخذ کرنے کے ایسے امکانات پیدا ہو گئے جو انفرادی تحریروں میں ممکن نہیں تھے ۔

خدا کی ہستی

بائیبل کی انفرادی مآخذ تحریریں خدا کا ایک اپنا مخصوص تصوّر لوگوں کے آگے پیش کر تی تھیں لیکن ان تحریروں کو جوڑنے کا اثر بائیبل کے خدا کے تصوّر پر براہ راست اثر انداز ہوا ۔ E,J اور D تحریروں میں خدا کی ہستی انسانوں کی دیکھی جا سکتی، انسانوں سے باتیں کرتی اور زمین پر چلتی پھرتی دکھائی دیتی ہے ۔اس کے مقابلے میں P خدا کو کائناتی لیکن کسی بھی نوعیت کی جسمانی ہیئت سے ماوراء ہستی کی حیثیت سے پیش کر تی ہے ۔

P میں کائنات کی تخلیق کے واقعے کی ابتدا عظیم کائناتی اجسام کی تخلیق اور روشنی اور تاریکیاں ،دن و رات، سمندر اور خشکی

بنانے سے شروع ہوتی ہے - J کی ابتدا ،اس کے بر عکس، روشنی اور تاریکی یا آسمانی اجسام یا سمندروں کا کوئی حوالہ دئے بغیر انسانوں پھر پودوں اور درخت اور اس کے بعد جانوروں کے بنانے سے شروع ہوتی ہے - P میں طوفانِ نوح کا واقعہ ایک آسمانی فساد ہے! آسمانوں کی کھڑکیاں اور گہرائی کے فوّارے پھوٹ پڑے، پانی جو اوپر فضاء میں ہے وہ نیچے بہا جا رہا ہے، جو زمین کی گہرائی میں ہے وہ اوپر کو پھوٹ رہا ہے -زمین کا قابلِ رہائش حصہ ہو ا کا غبارہ ہے جو پانی سے گھر چکا ہے اور مزید تباہی کا پانی اوپر اور نیچے سے چلا آ رہا ہے - جبکہ J واقعہ چالیس دن و رات کی بارش-

P کی تخلیقِ کائنات اور طوفان کے واقعات میں خدا کی ہستی انسانی تصورات سے باہر رہتے ہوئے کائناتی قوتوں اور انسانوں پر اپنے کنٹرول کا مشاہدہ کر اتی ہے- اِس کے بر عکس J میں خدا باغِ عدن میں چہل قدمی کرتا ہے، انسانوں کے لئے کپڑے سیتا ہے، کشتی کو خود بند کرتا ہے اور حضرت نوح کی قربانی کی خوشبو لیتا ہے - E میں خدا چٹان پر کھڑا ہے جب حضرت موسیٰ چٹان پر عصا مار کر پانی جاری کر تے ہیں، P کی تحریر میں خدا ایسا نہیں کر تا -

J اور E کے واقعات میں موسیٰ خدا کو دیکھتے ہیں(خروج18 19:) جبکہ P میں ایسا نہیں ہوتا (خروج 24:16) - J میں حضرت ابراہیم خدا سے سدوم اور عمورہ شہروں کے لئے معافی کی براہ راست اپیل کرتے ہیں(پیدائش18:23) اور حضرت موسیٰ جاسوسوں کے واقعہ میں براہ راست معافی کی اپیل کرتے ہیں - E واقعہ میں بھی موسیٰ بچھڑے کا بُت بنانے میں لوگوں کی معافی طلب کرتے ہیں (گنتی14:13) اور اسی طرح کے کئی واقعات بھی نوٹس کئے جا سکتے ہیں - P میں ایسا نہیں ہے - یہاں خدا کی ہستی جیسا چاہتی ہے وہ عمل میں آتا ہے اور اس کے حکم کی تعمیل ہو تی ہے -

خدا کی ہستی کے تصوّر کے لئے بہت واضح اور نمایاں فرق ان تحریروں میں پایا جاتا ہے -ایڈیٹر نے ان تحریروں کو جوڑ ا تو انجانے میں خدا کی ہستی کے دو مختلف تصوّر آپس میں ملا دئے -اب یہ ایک ایسے خدا کا تصوّر ہو گیا جو غیر محسوس اور کائناتی کے ساتھ ساتھ ایک طبعی ہیئت میں ظاہر ہو جانے والی ہستی بھی ہے -اب وہ یہ تصوّر پیش کر رہی تھی کہ وہ خدا جس کی دسترس میں تمام کائنات ہے، اس خدا سے انسان ذاتی حیثیت میں بات چیت کر سکتا ہے -

خدا کی ہستی کے تصوّر میں اس نوعیت کا توازن یا عدم توازن تورات کے چار مصنفوں کے خیال میں کبھی نہ آیا ہو لیکن بعد میں، قصداً یا بلا ارادہ، آخر کار یہودیت اور عیسائیت کے نظریات اسی بنیاد پر تعمیر ہوئے ۔حضرت یعقوب کی خدا سے کشتی کی طرح دونوں مذاہب خدا کا ایک واضح تصوّر قائم کرنے میں ہمیشہ مشکلات کا شکار رہے ہیں چاہے وہ کوئی بہت سنجیدہ مذہبی عالم ہو یا عام انسانوں میں سے ہو ۔

یہ بات قیاس کرنا مشکل ہے کہ بائیبل کی چاروں تحریروں میں، ایڈیٹر بھی اس میں شامل ہے، کسی نے بھی عمداً ایسا سوچا ہو۔ یہ بات ایڈیٹر کے کام میں مخفی طور پر چھپی ہوئی تھی اور بالفرض اس کو اس بات کا شعور ہوتا تب بھی وہ ان چار تحریروں کے آمیزے میں سے اس شئے کو بڑی غیر دیانتداری برتے بغیر باہر نہیں نکل سکتا تھا ۔

انصاف اور رحم

ایڈیٹر کے ذریعے حاصل ہونے والی بائیبل نے ایک اور کہیں زیادہ الجھا ہوا مسئلہ پیدا کیا ۔اس نے خدا کے انصاف اور رحم کے درمیان ایک نئی صورت جنم دی ۔ P مصنف نے رحم، ندامت اور معافی جیسے الفاظ کبھی استعمال نہیں کئے ۔جس کاہن نے P تحریر لکھی وہ رحم کے بدلے اپنا تمام زور ربّانی انصاف کے پہلو پر دیتا ہے یعنی انسان کو وہی کچھ ملے گا جس کا وہ حقدار ہو ۔تابعداری پر انعام اور بغاوت یا عدم تابعداری پر سزا ملتی ہے ۔ربّانی انصاف کے سامنے معافی طلب کرنے کے لئے گرنے کا کوئی سوال نہیں ہے ۔

J اور E اس معاملے میں P سے سراسر مختلف ہیں ،وہ ربّانی رحم پر تمام زور دیتے ہیں ۔اگر انسان اپنے کئے پر نادم ہو تو غلطیاں معاف ہو سکتی ہیں ۔خدا رحیم ہے اور اپنے عہد کا پابند ہے ۔ J کی تصویر میں الوہی رحم کا حتمی انسانی مشاہدہ اس وقت ظاہر ہوا جب حضرت موسیٰ نے خدا کو کوہ سینا پر حقیقی معنوں میں دیکھا اور یہواہ نے واضح کردیا کہ:

> تب خداوند ابر میں ہو کر اترا اور اس کے ساتھ وہاں کھڑے ہو کر خداوند کے نام کا اعلان کیا ۔اور خداوند اس کے آگے سے یہ پکارتا ہوا گزرا

خداوند خدا خدا ی رحیم اور مہربان قہر کرنے میں دھیما اور شفقت اور وفا میں غنی ہزاروں پر فضل کرنے والا ۔گناہ اور تقصیر اور خطا کا بخشنے والا لیکن وہ مجرم کو ہرگز بری نہیں کرے گا بلکہ باپ دادا کے گناہ کی سزا ان کے بیٹوں اور پوتوں کو تیسری اور چوتھی پشت تک دیتا ہے (خروج 34:5)

اس قسم کے الفاظ P میں کبھی استعمال نہیں ہوئے لیکن E, J اور D میں ستّر سے زائد مرتبہ استعمال کئے گئے ہیں ۔ یہ الفاظ کے صرف چناؤ کا مسئلہ نہیں ہے ۔ E, J اور D خالق کے رحیم ہونے کے تصوّر کو ان واقعات کے ذریعے نمایاں کرتے ہیں جو واقعات P نے نہیں بیان کئے ۔ E کے بیان کردہ سونے کے بچھڑے کے واقعہ میں خدا نے پہلے تو کہا وہ تمام لوگوں کو ہلاک کر دے گا اور حضرت موسیٰ سے ایک نئی قوم پیدا کی جائے گی لیکن حضرت موسیٰ خدا سے معافی کی درخواست کرتے ہیں اور وہ قبول کر لی جاتی ہے (خروج 32:7)۔ جاسوسوں کے واقعہ میں بھی یہی ہوا ۔خدا نے کہا کہ وہ تمام قوم کو ہلاک کر دے گا اور حضرت موسیٰ سے نئی قوم اٹھائی جائے گی حضرت موسیٰ معافی کے خواستگار ہوتے ہیں اور خدا ان کی درخواست قبول کرتا ہے (گنتی 14:13)۔

P کے مصنف کو خدا کا یہ تصوّر قبول نہیں ۔اس نے جاسوسوں کا واقعہ اس طرح لکھا ہے کہ خدا ان کا مقدر طے کردیتا ہے اور حضرت موسیٰ کی معافی کی درخواست کا ذکر نہیں کر تا (گنتی 14:26)۔مجموعی طور پر P تحریروں اور دوسرے تین مصنفوں کی تحریروں میں یہ فرق بالکل نمایاں ہے اور ایڈیٹر ان کو ملا دیتا ہے ۔اب ایک نیا کلیہ پیدا ہوا جس میں انصاف اور رحم کے درمیان ایک نیا توازن پیدا ہوا جو انفرادی تحریروں میں موجود نہیں تھا ۔علیحدہ ہونے کی صورت میں خدا یا تو منصف تھا یا رحیم لیکن تحریروں کو ٹکڑے کر کے اور پھر ملا کر جوڑ دینے سے نئی صورت پیدا ہوئی ۔

تلخیص

اب تک کی بحث میں ہمارا مرکزی موضوع تورات تھی یعنی خدا کا وہ کلام جو حضرت موسیٰ کے وسیلہ سے بنی اسرائیل کو آج سے تین ہزار پانچ سو برس قبل بنی اسرائیل کو پہنچایا گیا ۔ ہمیں خدا کا یہ

صحیفہ ایک نئے پہلو سے خود عہدہ نامہ قدیم میں موجود دیگر کتابوں کے تجزیہ کے ذریعے سمجھنے کا موقع ملا ۔ یہ نیا پہلو اب بھی واضح نہ ہو سکتا تھا اگر یہ جاننے کی کوشش نہ کی گئی ہوتی کہ تورات، جو مغربی دنیا کے تمدّن میں قریباً دو ہزار سال سے اہم ترین کردار ادا کرتی رہی ہے ،لکھی کس نے ہے ۔اس تحقیق کی شروعات میں قرونِ وسطیٰ کے وہ محققین جو سچائی کے متلاشی تھے انہیں تورات کے بعض جملے ذہنی الجھن کا سبب معلوم ہوئے ۔انہوں نے ابتدا میں قیاس کیا کہ غالباً وہ جملے حضرت موسیٰ کی تحریر نہ ہوں لیکن مزید گہرائی سے مطالعہ کرنے کے بعد انہیں تسلیم ہوا کہ تحریروں کا بڑا حصّہ حضرت موسیٰ کا لکھا نہیں بلکہ بعد میں دوسروں کے ذریعے تحریر ہوا تھا ۔ انہیں معلوم ہوا کہ تورات میں مسلسل تحریروں کے مختصر ٹکڑے آپس میں اس طرح ملے ہوئے ہیں جنہیں الفاظ کے چناؤ، دوسرے اشارات اور اپنے اندر پوشیدہ مخصوص پیغام کی بنا پر ممیز کیا جا سکتا ہے ۔ان عناصر کی شناخت کے بعد ہی وہ ان ٹکڑوں کو علیحدہ کر کے ان کے انفرادی تخیّل کا بائیبل میں موجود دوسری کتابوں میں موجود تاریخ کی روشنی میں تجزیہ کر سکے ۔پھر اس عمل کے دوران اسرائیل اور متعلقہ علاقوں کی جدید آرکیالوجیکل تحقیق کی دریافت سے ملنے والے اشارات اور ساتھ میں خطے کی سماجی اور سیاسی زندگی کے حوالے سے کی جانے والی تحقیقات آپس میں ملانے سے تورات کی حقیقت کی وہ تصویر بن سکی جو اس تحریر میں ہم نے پیش کی ۔تورات کی یہ ایک ایسی تصویر ہے جو اس کے مصنفوں کے خود اپنے زمانے کے سماجی اور سیاسی حالات سے اور خود ان کی ذہنی استعداد سے علیحدہ کر کے نہیں دیکھی جا سکتی ۔یہ تصویر حضرت سلیمان کے بعد دو منقسم سلطنتوں کے زمانے میں لکھی جانے والی دو J اور E تحریروں سے بننا شروع ہوئی جن کے مصنفوں کو بنی اسرائیل کے دو بادشاہوں کے زمانے میں محض اپنے اپنے لوگوں کی تاریخ لکھنا اور محفوظ رکھنا مقصود تھا ۔دونوں مصنفوں نے اس قبیلہ کے تناظر میں اپنا کام تخلیق کیا جس قبیلہ سے وہ خود نسبی تعلق رکھتے تھے ۔ ایک تحریر جنوبی ریاست یہودیہ کے کسی ایسے شخص کا کام تھا جو حضرت داؤد کے گھرانے میں دلچسپی رکھتا تھا جبکہ دوسری تحریر شمالی ریاست اسرائیل سے کسی ایسے شخص کے ہاتھوں نمودار ہوئی جو سیلا کے

قدیم مذہبی گروہ سے وابستہ تھا اور امکانی طور پر اس کا نسبی تعلق حضرت موسیٰ کے گھرانے سے تھا ۔پھر تیسری P تحریر یہودیہ کے شاہ حزقیاہ کے دور میں خلق ہوئی ۔ اس وقت تک بنی اسرائیل کی مذہبی رہنمائی کے لئے کہانت کا نظام نسلی بنیاد پر بنی ہارون کے زیرِ نگرانی مضبوطی سے قائم ہو چکا تھا ۔ P مذہبی تحریر اپنے مشاہدہ میں آنے والی J اور E تحریروں کے جواب میں لکھی گئی اس لئے کہ یہ دو تحریریں اس کے قبیلہ کے بانی حضرت ہارون کے متعلق ایسی باتیں منسوب کرتے تھے جن کو وہ قبول نہ کر سکتے تھے ۔اس مذہبی گروہ کا مخالف مذہبی گروہ جو خود کو حضرت موسیٰ سے نسبت دیتا تھا اس کے پاس P تورات کے ایک صدی بعد یہودیہ کے شاہ یوسیاہ کے دور میں وہ موقع پہلی مرتبہ ہاتھ آگیا کہ جس عزت اور مقام کا وہ خود کو مستحق سمجھتے تھے اسے حاصل کر لیں ۔ یہ زمانہ تھا جب ان کی لکھی گئی تورات D تحریر کو پہلی مرتبہ شاہی گھرانے کی قبولیت اور سرپرستی حاصل ہو گئی ۔اس مذہبی گروہ کا حمایتی یا نسلی طور پر حضرت موسیٰ کے گھرانے سے وابستہ شخص یرمیاہ نے اپنے لوگوں کی تاریخ اور شریعت کا قانون بہتر دنوں اور دو منقسم سلطنتوں کو دوبارہ ایک سلطنت کی شکل میں دیکھنے کی امید کے ساتھ Dtr^1 تحریر تخلیق کی ۔ اس کی اور قوم کی بد قسمتی تھی کہ ایسا نہ ہوا ۔ شاہ یوسیاہ کے فوت ہونے اور سلطنت ختم ہو جانے کی وجہ سے اسے اپنی تحریر کا نیا ایڈیشن Dtr^2وضع کرنا پڑا تاکہ اس غیر متوقع اور اندوہناک انجام کو اپنی پہلی تحریر میں جذب کر سکے ۔

یہ چاروں ،بعض واقعات و معاملات میں باہم متصادم، تحریریں ایک مسلسل تاریخی بیان میں جوڑ دینے "پہلی بائیبل" کا عمل بنی اسرائیل کے ایک ایسے شخص کے ہاتھوں ہوا جو بابل کی جلاوطنی سے واپسی پر ملک کی اور عبادتی مرکز کی ازسر نو تعمیر میں اپنی قوم کے ساتھ شریک تھا ۔ یہ زمانہ ایسا تھا جس میں غالباً چاروں تحریریں اس حد تک جانی پہچانی تھیں کہ کسی ایک تحریر کو رد کرنا یا نظر انداز کرنا آسان نہ تھا ۔ انہیں اصل حالت میں چھوڑ دینا خود اپنی جگہ مناسب نہیں ہو سکتا تھا اس لئے کہ اس صورت میں وہ قوم میں مستقل تقسیم کا ذریعہ بنی رہتی ۔لہذا ایڈیٹر، امکانی طور پر عزرا نبی، نے ان سب کو ایسی شکل میں ملانے کا فیصلہ کیا کہ وہ تمام قوم کی نمائندہ کتاب اور ہر ایک کے لئے قابلِ قبول ہو سکے ۔اور پھر ایسا ہی

ہوا کہ یہ بائیبل صدیوں اس کے لوگوں کے درمیان مقبول رہی اور اس کی قوم کے لئے ممکن ہوا کہ ایک مجموعہ کی شکل میں اور اس کی روشنی میں اپنی محفوظ شدہ دیگر تاریخی دستاویزات سمجھ سکیں ۔ پس بائیبل اپنی اصل میں ایک ادبی کام اور ساتھ میں بنی اسرائیل کی تاریخ کی کتاب ہے ۔

"بائیبل کس نے لکھی؟" کی تحقیق کا تمام تر میدان تاریخ کے تناظر یعنی مذہب کی تاریخ، اسرائیلی قوم کی تاریخ یا بائیبل کی تدوین ہونے کی تاریخ کی حد تک تھا ۔ تحریروں کو ٹکڑوں کی شکل میں دیکھنے کے طریقہ سے اس میں پوشیدہ حقیقت کا قابلِ تذکرہ علم حاصل ہوسکا لیکن یہ حقیقت تاریخ کی حد تک ہی محدود ہے ۔تورات اپنے حقیقت میں خدا کا کلام یا خدا کا قانون ہے جو بنی اسرائیل کو زمانے کے تسلسل میں حضرت موسیٰ کے وسیلہ سے دیا گیا تھا جو اپنے اصل الفاظ میں محفوظ نہ رہا ۔ اپنی اگلی کوششوں میں اگر وہ چاہیں تو خدا کا اصل کلام اپنی خالص حالت میں تلاش کر لینے کے لئے قدیم تحریروں کی تحقیق جاری رکھ سکتے ہیں ۔اس ضمن میں اہم بات یہ ہے کہ جس طرح حضرت موسیٰ کو عطا کردہ پتھر کی سلیں جن پر خدا کے کندہ کئے گئے احکامات درج تھے تاریخ کے عمل میں محفوظ نہ رہیں، اسی طرح حضرت موسیٰ کے ذریعے دی گئی دیگر تعلیمات بھی اپنی قطعی اصل حالت میں محفوظ نہیں ۔ زندگی کے لئے خدا کا قانون کوئی ایسی شئے نہیں جو خدا کی دی ہوئی ہدایات کی روشنی میں خدا کے منتخب کردہ شخص کے ہاتھوں دئے جانے کے بجائے کسی عام شخص کی عقل و سمجھ کے تحت میسر ہو ۔انسانی زندگی اپنی انفرادی شکل میں یا جماعت کی صورت میں ایک عالمِ اصغر ہے اور ایسی کسی غیر محفوظ صورتحال کا متحمل نہیں ہو سکتی ۔عین ممکن ہے کہ حضرت موسیٰ کو عطا کردہ ہدایات اپنی اصل شکل میں دریافت نہ ہو سکیں ۔ تاہم جہاں اس کی تلاش کی کوشش ہو سکتی ہے وہیں پر ایک صورت یہ بھی ہو سکتی ہے کہ خدا کا کلام جو ایک مرتبہ پھر خود ان ہی میں سے ایک قبیلہ کے فرد ،حضرت عیسیٰ، کے توسط سے انہیں دیا گیا اس کی طرف توجہ کریں۔ یہ عین ممکن ہے کہ یہ کلام نسبتاً بہتر حالت میں محفوظ رہ گیا ہو ۔ اس کلام کی زیادہ قابلِ تسلیم تصویر دکھانے کی ہماری کوشش ہمارا اگلا موضوع ہے ۔ بات یہیں پر مکمّل نہیں ہوتی بلکہ ایک صورت اور بھی ممکن ہے کہ خدا کا کلام ایک اور

مرتبہ اور یقینی طور پر آخری مرتبہ اسی بنی اسرائیل قوم کے جد اکبر حضرت ابراہیم کے گھرانے کی دوسری شاخ میں، عرب میں، بنی نوع انسان کی رہنمائی کے لئے خدا کی رحمت کی صورت میں نازل ہوا، اس کی طرف متوجہ ہوں جو ہماری تحریر کا تیسرا اور آخری حصّہ ہے۔

حصّہ دوئم

عیسائیت

تعارف

عیسائی عقیدہ کی بنیاد چار معروف صحائف ،اناجیل اربعہ ،پر رکھی گئی ہے جو بالترتیب متی، مرقس، لوقا اور یوحنا کے نام سے عہد نامہ جدید میں موجود ہیں ۔ بائیبل کے اس حصہ میں مزید کتابیں، رسولوں کے اعمال اور ان کے خطوط وغیرہ، بھی شامل ہیں جن کا سرسری تعارف حصّہ اوّل کی ابتدا میں کیا گیا تھا ۔ رسولوں سے مراد حضرت عیسٰیؑ کے منتخب کردہ اصحاب یا حواری ہیں جو آپ کی تعلیمات دوسروں تک پہنچانے کے لئے آپؑ کی طرف سے بھیجے گئے ۔ یہاں حصّہ دوئم میں ہمارا مقصودِ تحریر عیسائی عقیدہ کی تشریح اور اس عقیدہ کے پیدا ہونے کی وہ تفصیلات قارئین کے سامنے پیش کرنا ہے جو عہد نامہ جدید میں موجود اناجیل اور دیگر کتابوں کے داخلی بیانات سے اخذ ہوتی ہیں ۔بالفاظ دیگر ہمارا اصل موضوع عہد نامہ جدید کی دستاویزات کی غیر جانبدارانہ تحقیق ہے لہذا حصّہ اوّل کی طرح یہاں بھی قرآن حکیم میں دستیاب تفصیلات کی مدد حاصل کرنے کے بجائے انہیں کتاب کے تیسرے حصّہ کے لئے موخر رکھا جائے گا ۔

اناجیل اربعہ کے مطابق حضرت عیسٰی کی والدہ، حضرت مریم، کا نسبی تعلق بنی اسرائیل کے بارہ قبیلوں میں سے ایک سے تھا جس کی نسبت حضرت یعقوب کے سلسلے سے حضرت ابراہیم سے تھی ۔ حضرت عیسٰی کے براہ راست مخاطبین بنی اسرائیل ہی تھے جبکہ آنجناب کی قوم اور ان کا ملک رومی بادشاہت کے زیرِ تسلط تھا ۔ ہم نے حصّہ اوّل میں عہد نامہ قدیم کا جو تحقیقی جائزہ پیش کیا وہ بنی اسرائیل کے 587 ق م میں سقوطِ یروشلم ، بابل کی جلاوطنی اور پھر شاہ فارس کے ایما پر وطن واپس آنے تک کے تاریخی واقعات پر مبنی تھا۔ اِس زمانے کے کم و بیش پانچ صدی بعد حضرت عیسٰی بنی اسرائیل میں مبعوث کئے گئے ۔عیسائی عقیدہ کا صحیح فہم حاصل کرنے کے لئے مذکورہ پانچ صدی میں فلسطین اور بنی اسرائیل پر پیش ہوئے بعض واقعات کی تفصیل قارئین کو پیشگی جاننا ضروری ہے ۔

دوسری اہم بات یہ ہے کہ اگر چہ ہم نے حصّہ اوّل میں کتاب استثنا کے D مصنف کی شناخت اور استثنائی تاریخ کی کتابوں کی بحث میں یرمیاہ نبی کی کتاب سے بعض تفصیلات شامل کی تھیں اور یرمیاہ کے نسبی تعلق کی تحقیق کے دوران سیلا کے سردار کاہن عیلی کو موضوع بحث بنایا تھا ، تاہم وہاں یرمیاہ کے حوالے سے ہماری بحث بہت کچھ تشنہ تھی ۔ مثلاً ہم نے میکاہ کو ایک لاوی اپنا کاہن بنانے کے واقعہ میں دیکھا کہ وہ لاوی دراصل حضرت موسیٰ کا حقیقی پوتا تھا جس کا نام کتاب کے مصنف یرمیاہ نے یونتن بن جیرسوم بن موسیٰ تحریر کیا لیکن اس کے ایک صدی بعد عزرا کے زمانے میں کتاب تواریخ کے مصنف نے اس کاہن کا نسب چھپانے کی خاطر متعدد مرتبہ اس کو لاوی سے بدل دیا ۔ اس کی وجہ ہم نے بیان کی کہ کتاب تواریخ اور P تورات کے مصنفین خدا کا حکم بیان کرتے ہیں کہ کہانت بنی لاوی میں صرف حضرت ہارون کے خاندان کے حوالے کر دی گئی ہے اس لئے حضرت موسیٰ کے گھرانے سے کاہن ہونے کی کوئی روایت بائیبل میں موجود ہونا وہ قبول نہیں کر سکتے تھے ۔وہاں اس موقع پر ہم نے کتاب تواریخ کے مصنف کو موردِ الزام ٹھہرانے کے لئے مزید دلائل پیش کرنے سے قصداً احتراز کیا اگرچہ مصنف کے بارے میں اس نوعیت کا نتیجہ نکال لینے کے لئے محض ایک واقعہ صریحاً ناکافی تھا ۔اس احتراز کی ایک وجہ تو یہ کہ ہمارے موضوع کے لئے بیان کردہ دوسری تمام اہم تفصیلات کم از کم اس حد تک مکمّل ہو چکی تھیں کہ ہم اس کے بعد ایڈیٹر کا کارنامہ تحریر کر کے حصّہ اوّل مکمّل کر سکتے تھے ۔دوسری وجہ بیان کرنے سے پہلے قارئین کو مجموعی بائیبل کی ایک الگ خاصیت کی طرف متوجہ کیا جاتا ہے ۔

اگر صفحات کی بنیاد پر بائیبل کے چار مساوی حصے کریں تو قارئین دیکھ سکتے ہیں کہ تین حصے عہد نامہ قدیم یا یہودی تاریخ کے بیانات وغیرہ کے لئے مختص ہیں جبکہ ایک حصہ یعنی تقریباً 25 فیصد عہد نامہ جدید یا عیسائیت کی تفصیلات اور تاریخی واقعات کے لیے استعمال کیا گیا ہے ۔ لہٰذا یہ سوال کیا جا سکتا ہے کہ عیسائیت جو یہودیت سے سراسر مختلف اور براہ راست متصادم عقائد پر مشتمل ہے تو عیسائی رہنماؤں نے یہودیوں کی اتنی ضخیم تحریروں کو کتابِ مقدّس میں شامل کیوں کر رکھا ہے ؟اس کی وجہ یہ ہے کہ عیسائیت

دراصل اس یہودی مواد کو علیحدہ کر نہیں سکتی ۔ چاروں اناجیل اور بائیبل کی دیگر عیسائی کتابوں میں بکثرت عہد نامہ قدیم کی کتابوں ،خصوصاً زبور اور دوسرے انبیاء کی کتابوں سے چنے گئے جملے اوران کی تفاسیر کو عیسائی عقیدہ کی صداقت ثابت کرنے اور اس عقیدہ کی طرف دعوت کے لئے استعمال کیا گیا ہے ۔ بکثرت مقامات پر حضرت عیسیٰ کے اقوال میں بھی تورات اور دیگر یہودی کتابوں کے حوالے دیئے گئے ہیں اور ہمیں بتاتے ہیں کہ عیسائی مذہب کی ابتدائی نمایاں ترین شخصیات ان یہودی کتابوں کو کس نظر سے دیکھتی تھیں ۔وہ تورات (حضرت موسیٰ کی پانچ کتابیں)اور بنی اسرائیل پر نازل کردہ انبیاء کی کتابیں الہامی اور برحق سمجھتے تھے اور الہامی ہونے کی بنیادی دلیل ان کے پاس یہ تھی اور آج تک ہے کہ ان کتابوں میں جا بجا بعد میں پیش آنے والے اہم واقعات کو قبل از وقت بتا دیا گیا تھا اور بعد کے دنوں میں وہ لفظ بہ لفظ اسی طرح پورے ہوئے جس طرح کی پیشگوئیاں ان انبیاء نے کی تھیں ۔ ان پیشگوئیوں کا پورا ہونا از خود ان کتابوں کے الہامی ہونے کا ثبوت ہے ۔

اناجیل کے مصنفوں نے انہی تحریروں کی روشنی میں حضرت عیسیٰ کی بعثت کی تفصیلات اور آنجناب کی تعلیمات کو سمجھا جو ان تک پہنچیں، نئے مذہبی عقائد وضع کئے جو اسرائیلی عقائد سے یکسر مختلف تھے اور پھر لوگوں کو اپنے عقائد کی طرف دعوت کے لئے انہی یہودی کتابوں کا مواد بطور دلیل استعمال کیا ۔ابتدا میں یہ اسرائیلی قوم کے افراد تھے جو حضرت عیسیٰ پر ایمان لائے ورنہ اس سے پہلے انہی یہودی کتابوں پر ان کا ایمان تھا ۔ مزید برآں ہم دیکھتے ہیں کہ بائیبل کی تمام کتابوں میں صفحات کی بنیاد پر ضخیم ترین کتاب زبور ہے جو 95 صفحات پر مشتمل ہے ۔ دوسرے نمبر پر کتاب یرمیاہ ہے جو 65 صفحات پر جبکہ تیسرے نمبر پر کتاب یسعیاہ ہے جو 64 صفحات پر مشتمل ہے یعنی محض ایک صفحہ کم، لہٰذا یہ دونوں مساوی ضخامت کی کتابیں سمجھنی چاہئیں ۔بائیبل میں اتنی مختصر کتابیں بھی موجود ہیں، مثلاً عبدیاہ اور حجّی، جن کے لئے دو صفحات بھی پورے استعمال نہیں ہوئے ۔اگر چہ ضخیم ترین کتاب زبور قرار ہوتی ہے لیکن یہ تمام کتاب نظموں یا مزامیر پر مشتمل ہے جن میں نثر کے مقابلے میں کم الفاظ استعمال ہوتے ہیں ۔ لہٰذا الفاظ کی تعداد کے لحاظ سے زبور کا کتاب یرمیاہ سے موازنہ کیا جائے تو

بائیبل کی ضخیم ترین کتاب کا اعزاز کتاب یرمیاہ کو حاصل ہوتا ہے
۔اس میں لگ بھگ 55 ہزار الفاظ ہیں جبکہ زبور میں تقریباً 54 ہزار
الفاظ ہیں ۔ اگرچہ یہ ہمارا سرسری سا تخمینہ ہے لیکن ہماری مراد یہ
ہے کہ خصوصاً تین ضخیم ترین کتابیں، زبور، یرمیاہ اور یسعیاہ اور
ان کے علاوہ دوسرے انبیاء کی کتابوں کے لاتعداد حوالے اناجیل کے
مصنفوں نے اپنے عقیدہ کی حقانیت ثابت کرنے کے لئے استعمال کئے
ہیں ۔

ہم نے حصّہ اوّل میں تورات اور استثنائی تاریخ کی تمام کتابوں
میں موجود داخلی شہادتیں پیش کر کے واضح کیا کہ یہ تحاریر نفسانی
خواہشات کےاثر سے محفوظ نہ رہ سکیں ۔ پھر انبیاء کی کتابوں میں
ہم نے دیکھا کہ کتاب یسعیاہ میں درج شاہ اسور سنحیرب کا یروشلم
پر حملہ جس میں یسعیاہ نبی کی خدا کی طرف سے کی گئی پیشگوئی
کے مطابق خدا کے فرشتہ نے حملہ آور فوج کے ایک لاکھ پچاسی
ہزار جنگجو رات بھر میں ہلاک کر دیئے (یسعیاہ 37:36) قابلِ تسلیم
نہیں تھا لیکن چونکہ حصّہ اوّل میں مرکزی موضوع تورات کی پانچ
کتابیں تھیں اس لئے وہاں انبیاء کی کتابوں کے تفصیلی تجزیہ کی
ضرورت نہیں پیش آئی ۔ عیسائی عقیدہ میں یسعیاہ اور یرمیاہ دو بڑے
نبی شمار ہوتے ہیں اور انکی کتابوں ،خصوصاً یسعیاہ، کے حوالے
بکثرت اناجیل اور دیگر عیسائی کتابوں میں استعمال ہوئے نظر آتے
ہیں ۔ہم نے حصّہ ثانی میں عیسائیت کی بحث شروع کرنے سے پہلے
بائیبل کی ضخیم ترین کتاب یرمیاہ کا انتخاب کیا ہے تاکہ قارئین کے
لئے مزید نمایاں کر سکیں کہ انبیاء کی کتابیں بھی خود اپنی داخلی
شہادتوں کی بنیاد پر قابلِ بھروسہ نہیں کہ ان کی بنیاد پر کسی عقیدہ کی
تعمیر کی جا سکے یا انبیاء کی کتابوں کے حوالے بطور دلیل استعمال
کئے جا سکیں ۔ بائیبل میں یرمیاہ نبی کی انفرادیت یہ بھی ہے کہ،
جیسا کہ حصّہ اوّل میں دیکھا گیا، کتاب استثنا اور استثنائی تاریخ کی
چھ کتابوں کا مصنف بھی یہی ہستی ہے پھر کتاب یرمیاہ بھی انہی کی
لکھی تسلیم کی جاتی ہے ۔ اس طرح عہد نامہ قدیم کی جملہ 39 کتابوں
میں سے 8 کتابیں یرمیاہ کی لکھی گئی قرار پاتی ہیں اور ان کے لئے
مجموعی طور پر 375 صفحات بائیبل میں استعمال ہوئے ہیں ۔ اگر عہد
نامہ قدیم کے باقی بچے ہوئے 606 صفحات کو بقیہ 31 مصنفوں پر (
یہ فرض کرتے ہوئے کہ ہر کتاب کا ایک مصنف ہے) تقسیم کریں

تو اوسطاً 20 صفحات بھی فی مصنف نہیں ملتے -375 صفحات کے مقابلے میں 20 صفحات کا فرق بہت بڑا فرق ہے۔ یرمیاہ سے منسوب تحریریں عہد نامہ قدیم کی تمام تحریروں کا تقریباً 40 فیصد ہیں اس لئے کتاب یرمیاہ کا قابلِ بھروسہ نہ ہونا بائیبل کے بڑے حصّہ کو ناقابلِ بھروسہ ہونے کا سبب بن سکے گا۔

پیش کردہ باتوں کی روشنی میں قارئین اتفاق کریں گے کہ کتاب یرمیاہ تحقیقی جائزہ کے لئے ہمارا مناسب انتخاب ہے۔ پھر ایک اور خاصیت یہ بھی ہے کہ کتاب یرمیاہ حضرت عیسٰی کے نزول سے قبل چھ صدیوں کے دوران بیش آئے ابتدائی اہم تاریخی یا سیاسی واقعات کے لئے بھی موزوں ترین کتاب ہے۔ذیل کی تحریر میں سقوطِ یروشلم سے متصل زمانے کے تاریخی واقعات پر تفصیلی بحث کے ذریعے قارئین سمجھ سکیں گے کہ مصنف نے اپنے نقطہ نظر کی تائید کے لئے واقعات کو قصداً تبدیل کیا یا اسی طرح اپنی طرف سے کوئی بات گڑھ لی جیسا کہ تورات کی تحریروں میں دیکھا گیا تھا۔

باب 1

یہودی تاریخ ما قبل حضرت عیسیٰ

اس کتاب کے پہلے حصّہ میں یہودی تاریخ سے متعلق بہت سے اہم واقعات ہمارے مطالعہ میں آ چکے ہیں۔ عیسائی مذہب، جیسا کہ ہمارے بہت سے قارئین عمومی واقفیت رکھتے ہیں، اپنی منفرد تفصیلات کے باوجود دراصل یہودی مذہب کا ہی تسلسل ہے۔عیسائی عقیدہ کی حقیقی تفصیلات سمجھنے کے لئے ہمارے قارئین کو حضرت عیسیٰ کی دنیا میں تشریف آوری سے قبل پانچ صدیوں کے دوران یہودی قوم میں رونما ہونے والے اہم واقعات کی اجمالی تفصیلات واضح رہنا ضروری ہیں۔

سقوطِ یروشلم کا پس منظر

استثنائی تاریخ کے مطابق 587 ق م میں ہیکل سلیمانی کا انہدام، یروشلم کی شکست اور قتلِ عام سے بچ جانے والے بنی اسرائیل کی جلاوطنی سے باون سال چھ ماہ قبل یوسیاہ یہودیہ کا بادشاہ مقرر ہوا تھا۔اس کے اکتیس سالہ دور سلطنت کے بعد اس کا ایک پوتا اور تین بیٹے یکے بعد دیگر یہودیہ کے بادشاہ بنائے گئے۔ کتاب یرمیاہ بتاتی ہے کہ یرمیاہ کا دورِ نبوّت شاہ یوسیاہ کی بادشاہت کے تیرھویں سال سے شروع ہوا(یرمیاہ 1:1) اور اس پر خدا کا کلام سقوطِ یروشلم کے بعد مصر کی مہاجرت میں بھی نازل ہوتا رہا۔اس طرح کتاب یرمیاہ شاہ یوسیاہ کی بادشاہت کے بقیہ اٹھارہ سال اور اس کے بعد کے بائیس سال چھ ماہ کا احاطہ کئے ہوئے ہے۔کتاب 2۔سلاطین، جو خود یرمیاہ کی تحریر ہے ، بتاتی ہے :

جب یوسیاہ سلطنت کرنے لگا تو آٹھ برس کا تھا۔اس نے اکتیس برس یروشلم میں سلطنت کی۔اس کی ماں کا نام جدیدہ تھا جو بصقتی عدایاہ کی بیٹی تھی۔اس نے وہ کام کیا جو خداوند کی نگاہ میں ٹھیک تھا اور اپنے

باپ داؤد کی سب راہوں پر چلا اور دہنے یا بائیں ہاتھ کو مطلق نہ مڑا ۔ اور یوسیاہ بادشاہ کے اٹھارویں برس ایسا ہوا کہ بادشاہ نے سافن منشی کو خداوند کے گھر بھیجا ۰۰۰ (2-سلاطین 22:1)

عجیب بات ہے کہ یوسیاہ کے بادشاہ بننے کے تیرھویں سال سے یرمیاہ پر خدا کا کلام نازل ہونا شروع ہو چکا تھا لیکن اپنی طویل استثنائی تاریخ میں وہ یوسیاہ کی بادشاہت کے شروع کے اٹھارہ سال کے بارے میں کچھ نہیں بتاتا بلکہ سیدھا وہاں پہنچ جاتا ہے جب ہیکل میں حضرت موسیٰ کی تورات دریافت ہوئی تھی ۔اس اقتباس کی نقل جہاں ختم ہوئی وہیں سے تورات ملنے کا واقعہ کتاب یرمیاہ میں درج ہے ۔اس دریافت شدہ تورات پر تفصیلی بحث حصّہ اوّل میں کی جا چکی ہے ۔ کیا یوسیاہ کے ابتدائی اٹھارہ سالوں میں کوئی ایسا واقعہ نہیں تھا جس کا تذکرہ کرنا یرمیاہ کی نظر میں ضروری ہوتا؟ ایسا نہیں ہے۔ ان اٹھارہ سالوں کی کچھ روداد کتاب 2-تواریخ میں ملتی ہے:

یوسیاہ آٹھ برس کا تھا جب وہ سلطنت کرنے لگا اور اس نے اکتیس برس یروشلم میں سلطنت کی ۔اس نے وہ کام کیا جو خداوند کی نظر میں ٹھیک تھا اور اپنے باپ داؤد کی راہوں پر چلا اور دہنے یا بائیں ہاتھ کو نہ مڑا ۔**کیونکہ اپنی سلطنت کے آٹھویں برس جب وہ لڑکا ہی تھا وہ اپنے باپ داؤد کے خدا کا طالب ہوا اور بارھویں برس میں یہوداہ اور یروشلم کو اونچے مقاموں اور یسیریتوں اور کھودے ہوئے بتوں اور ڈھالی ہوئی مورتوں سے پاک کرنے لگا ۔اور لوگوں نے اس کے سامنے بعلیم کے مذبحوں کو ڈھا دیا اور سورج کی مورتوں کو جو ان کے اوپر اونچے پر تھیں اس نے کاٹ ڈالا اور یسیریتوں اور کھودی ہوئی مورتوں اور ڈھالی ہوئی مورتوں کو اس نے ٹکڑے ٹکڑے کر کے ان کو دھول بنا دیا اور اس کو ان کی قبروں پر بتھرایا جنھوں نے ان کے لئے قربانیاں چڑھائی تھیں ۔اور اس نے ان کاہنوں کی ہڈیاں ان ہی کے مذبحوں پر جلائیں اور یہوداہ اور یروشلم کو پاک کیا ۔اور منسّی اور افرائیم اور شمعون کے شہروں میں بلکہ نفتالی تک ان کے ارد گرد کھنڈروں میں اس نے ایسا ہی کیا ۔اور مذبحوں کو ڈھا دیا اور یسیریتوں اور کھودی ہوئی مورتوں کو دھول کر دیا اور اسرائیل کے تمام ملک میں سورج کی سب مورتوں کاٹ ڈالا ۔تب یروشلم کو لوٹا۔**
اور اپنی سلطنت کے اٹھارویں برس ۰۰۰ (2-تواریخ 34:1)

اوپر درج کئے گئے دونوں اقتباسات میں ابتدائی دو جملے الفاظ کے معمولی فرق کے ساتھ بالکل یکساں ہیں ۔ فرق صرف اتنا ہے کہ پہلے اقتباس میں یوسیاہ کی ماں کا نام بھی بتایا ہے جبکہ دوسرے میں نہیں ہے ۔ اس کے بعد شاہ یوسیاہ کے تاریخی واقعات کے بیان میں کتاب تواریخ کے مصنف نے اس کی نوعمری میں کئے گئے ایسے انتہائی قابلِ ستائش کاموں کا تذکرہ کیا جو حضرت سلیمان کے بعد بنی اسرائیل کے کسی بادشاہ کے واقعات میں نہیں ملتے ۔ ہم نے دوسرے اقتباس میں گہری روشنائی سے اس حصّہ کو نمایاں کر دیا ہے ۔ اس کے بعد کتاب تواریخ بھی، کتاب سلاطین کی طرح، اس کے اٹھارویں برس میں تورات دریافت ہونے کا واقعہ بیان کرتی ہے ۔عجیب بات ہے کہ یرمیاہ کی کتاب سلاطین میں گہری روشنائی سے نمایاں کردہ پورا پیراگراف غائب ہے جبکہ اسی یوسیاہ کے واقعات کے اختتام پر یہی مصنف اس کے لئے تعریفی کلمات لکھتا ہے:

> اور اس سے پہلے کوئی بادشاہ اس کی مانند نہیں ہوا تھا جو اپنے سارے دل اور اپنی ساری جان اور اپنے سارے زور سے موسیٰ کی شریعت کے مطابق خداوند کی طرف رجوع لایا ہو اور نہ اس کے بعد کوئی اس کی مانند برپا ہوا (2-سلاطین 23:25)

اس ایک جملہ سے یرمیاہ نے کتاب سلاطین میں یوسیاہ کے نوعمری میں کئے گئے تجدیدی کام نہ لکھنے کی کسر نکال دی جب اس کو بنی اسرائیل کی تمام تاریخ کا بہترین بادشاہ قرار دیا ۔ کتاب تواریخ میں یوسیاہ کے تمام واقعات میں ایسے غیر معمولی الفاظ میں اس کو خراج تحسین نہیں پیش کیا گیا جیسا یرمیاہ نے کیا ہے ، تاہم اس کے اکتیس سالہ دور سلطنت کے لئے کتاب تواریخ بتاتی ہے:

> اور یوسیاہ نے بنی اسرائیل کے سب علاقوں میں سے سب مکروہات کو دفع کیا اور جتنے اسرائیل میں ملے ان سبھوں سے عبادت یعنی خداوند ان کے خدا کی عبادت کرائی اور وہ اس کے جیتے جی خداوند اپنے باپ دادا کے خدا کی پیروی سے نہ ہٹے (2-تواریخ 34:33)

بائیبل کی مذکورہ دو کتابوں میں درج واقعات کی مختصر تفصیلات سے قارئین کو کافی وضاحت ہو جاتی ہے کہ یوسیاہ نے اپنی نوعمری کے زمانے ہی سے اپنی قوم کے لئے انتہائی جرات مندانہ

کام کئے اور بنی اسرائیل کے سماجی اور اعتقادی نظام کی خرابیوں کو درست راستہ پر لے آیا جس میں، اوپر درج اقتباس کے مطابق، کم از کم اس کے مرنے تک کوئی بگاڑ نہیں پیدا ہوا ۔ یہ تفصیلات جان لینے کے بعد ہمارے لئے غور طلب بات یہ ہے کہ یرمیاہ یروشلم سے تھوڑے ہی فاصلے پر عنتوت نامی قصبہ کا رہائشی تھا ۔ اس نے یوسیاہ کے تمام واقعات براہ راست مشاہدہ کر رکھے تھے اور انہی کی بنیاد پر اس نے کتاب سلاطین میں شاہ یوسیاہ کے واقعات لکھے اور اس کو بنی اسرائیل کا بہترین بادشاہ قرار دیا ۔یرمیاہ کی نبوّت شروع ہونے سے ایک سال پہلے یوسیاہ اپنی نوعمری میں بنی اسرائیل کی مذہبی اصلاحات مکمل کر چکا تھا ۔ اہم ترین بات جس کے لئے یہ تمہید باندھی گئی وہ یہ کہ کتاب یرمیاہ میں بھی یوسیاہ کے زمانے کے بارے میں لکھا گیا ہے لیکن وہ ایسا بالکل نہیں ہے:

> اور یوسیاہ بادشاہ کے ایّام میں خداوند نے مجھ سے فرمایا کیا تو نے دیکھا برگشتہ اسرائیل نے کیا کیا ہے؟ وہ ہر ایک اونچے پہاڑ پر اور ہر ایک ہرے درخت کے نیچے گئی اور وہاں بدکاری کی ۔اور جب وہ یہ سب کچھ کر چکی تو میں نے کہا وہ میری طرف واپس آئے گی پر وہ نہ آئی اور اس کی بے وفا بہن یہوداہ نے یہ حال دیکھا ۔پھر میں نے دیکھا کہ جب برگشتہ اسرائیل کی زنا کاری کے سبب سے میں نے اس کو طلاق دے دی اور اسے طلاق نامہ لکھ دیا تو بھی اس کی بے وفا بہن یہوداہ نہ ڈری بلکہ اس نے بھی جا کر بدکاری کی ۔اور ایسا ہوا کہ اس نے اپنی بدکاری کی برائی سے زمین کو ناپاک کیا اور پتھر اور لکڑی کے ساتھ زنا کاری کی ۔ اور خداوند فرماتا ہے کہ باوجود اس سب کے اس کی بے وفا بہن یہوداہ سچے دل سے میری طرف نہ پھری بلکہ ریا کاری سے ۔ اور خداوند نے مجھ سے فرمایا برگشتہ اسرائیل نے بے وفا یہوداہ سے زیدہ اپنے آپ کو صادق ثابت کیا ہے (یرمیاہ 3:6)

اس اقتباس میں مصنف یرمیاہ شاہ یوسیاہ کے ایّام میں خدا کا کلام اس پر نازل ہونا بتا رہا ہے کہ، خدا کے قول کے مطابق، شمالی ریاست اسرائیل کے باشندوں نے بُتوں کی پرستش کی جس کی قرار واقعی سزا خدا نے ان کو دی، کہ ان کو ہلاک کر دیا اور جو بچ سکے وہ غلام بنائے گئے اور ملک سے باہر نکال دیئے گئے ، لیکن اپنے بھائیوں کا یہ انجام دیکھنے کے باوجود جنوبی ریاست یہوداہ کے باشندے متنبہ نہیں ہوئے ۔اسی بات کو اس نے "طلاق دی" یا" پتھر اور لکڑی سے زنا کاری کی" سے تشبیہ دی ہے یعنی پتھر اور لکڑی سے بُت بنائے اور

جھوٹے خداؤں کی پرستش کی یرمیاہ صاف لکھتا ہے کہ سزا یافتہ ہونے کے باوجود اسرائیل خدا کی نظر میں یہوداہ سے بہتر تھا ۔ وہ لکھتا ہے کہ یہوداہ کی قوم سچے دل سے خدا کی طرف نہ پھری بلکہ اس نے ریاکاری کی ۔ یوسیاہ اور اس کی قوم کے لئے اس اقتباس میں اور اسی مصنف کے لکھے گئے کتاب 2-سلاطین اور بنی ہارون کے لکھے گئے کتاب 2-تواریخ کے بیان میں، جو ہم نے پچھلے صفحہ پر تحریر کیا تھا، معمولی سی مطابقت بھی نہیں پائی جاتی ۔ اور مطابقت کیا معنی؟ یہ اقتباس اور یوسیاہ کی سلطنت کا اوپر درج کردہ تاریخی بیان مکمّل طور پر ایک دوسرے کی ضد ہیں ۔ دونوں نوعیت کے بیان کتابِ مقدّس میں موجود ہیں اور ایک لازماً جھوٹ ہے ۔آخر کس بنیاد پر انسان ایک بیان کو قبول اور دوسرے کو رد کر سکے گا؟ تمام کتاب یرمیاہ میں، جو کہ بائیبل کی ضخیم ترین کتاب ہے ، ایک جملہ بھی ایسا موجود نہیں جہاں اس نے یوسیاہ اور اپنی قوم کے لئے کوئی معمولی سی بھی بھلی بات لکھی ہو جبکہ کتاب 2-سلاطین میں اس نے یوسیاہ کو اس لئے اسرائیلی تاریخ کا بہترین بادشاہ قرار دیا تھا کہ:

اور اس سے پہلے کوئی بادشاہ اس کی مانند نہیں ہوا جو اپنے سارے دل اور اپنی ساری جان اور اپنے سارے زور سے موسیٰ کی ساری شریعت کے مطابق خداوند کی طرف رجوع لایا ہو اور نہ اس کے بعد کوئی اس کی مانند برپا ہوا (2-سلاطین 23:25)

کتاب یرمیاہ پہلے باب سے اپنی قوم کے امراء، مذہبی طبقہ، جھوٹے انبیاء اور عام باشندوں کو اخلاقی بداعمالیوں، مشرکانہ عقیدوں اور اصنام پرستی پر طعن کرتی نظر آتی ہے ۔وہ مختلف طریقوں سے بتکرار تمام قوم کو مجرم ٹھہراتا ہے کہ وہ اپنے باپ دادا کے وقتوں سے گمراہی کے راستہ پر چلتے چلے آرہے ہیں ۔ مثال کے لئے چند جملے ذیل میں درج کئے جاتے ہیں:

جس طرح چور پکڑا جانے پر رسوا ہوتا ہے اسی طرح اسرائیل کا گھرانا رسوا ہوا ۔وہ اور اس کے بادشاہ اور امرا اور کاہن اور نبی ۔جو لکڑی سے کہتے ہیں کہ تو میرا باپ ہے اور پتھر سے کہ تو نے مجھے جنم دیا کیونکہ انہوں نے میری طرف منہ نہ کیا بلکہ پیٹھ کی پر اپنی مصیبت کے وقت وہ کہیں گے کہ اٹھ کر ہم کو بچا (یرمیاہ 2:26)

اس لئے کہ چھوٹوں سے بڑوں تک سب کے سب لالچی ہیں اور نبی سے کاہن تک ہر ایک دغاباز ہے (یرمیاہ 6:13)

بچے لکڑی جمع کرتے ہیں اور باپ آگ سلگاتے ہیں اور عورتیں آٹا گوندھتی ہیں تاکہ آسمان کی ملکہ کے لئے روٹیاں پکائیں اور غیر معبودوں کے لئے تپاون تپا کر مجھے غضب ناک کریں۔خداوند فرماتا ہے کیا وہ مجھ ہی کو غضب ناک کرتے ہیں؟ کیا وہ اپنی ہی روسیاہی کے لئے نہیں کرتے؟ اسی واسطے خداوند خدا یوں فرماتا ہے کہ دیکھ میرا قہر و غضب اس مکان پر اور انسان اور حیوان اور میدان کے درختوں پر اور زمین کی پیداوار انڈیل دیا جائے گا اور بھڑکے گا اور بجھے گا نہیں (یرمیاہ 7:18)

ساتھ میں یہ بھی لکھتا ہے کہ اگر بداعمالیاں ختم نہ کیں تو لوگ بے سزا نہیں چھوڑ دیئے جائیں گے ۔مثلاً اگر انہوں نے خدا کی طرف رجوع کرنے سے انکار کیا تو تین، یا چار، طرح کی سزاؤں کا بیک وقت سامنا کرنا پڑ جائے گا:

خداوند یوں فرماتا ہے کہ
جو موت کے لئے ہیں وہ موت کی طرف جائیں
اور جو تلوار کے لئے ہیں وہ تلوار کی طرف
اور جو کال کے لئے ہیں وہ کال کو
اور جو اسیری کے لئے ہیں وہ اسیری میں (یرمیاہ 15:2)

یہ وہ تین ہولناک مصیبتیں ہیں جن کا بنی اسرائیل کو 587 ق م میں یروشلم کی تباہی کے وقت سامنا کرنا پڑا ۔ وہ بابل کے شاہ نبوکدنضر کے طویل محاصرہ کے دوران ناکہ بندی کی وجہ سے قحط کا شکار ہوئے، یروشلم کی حفاظتی فصیل ٹوٹنے کے بعد تلوار سے غارت ہوئے اور جو بچ گئے وہ غلام بنا کر بابل ہنکا دئے گئے ۔ بالفاظ دیگر یرمیاہ نے بطورِ تنبیہ یہ پیشگوئی قبل از وقت بتا دی تھی لیکن چونکہ قوم نے نہ سنا اس لئے محض چند سالوں میں یہ حرف بہ حرف پوری ہوئی ۔

کتاب یرمیاہ میں در حقیقت بڑی تعداد میں اس کی" خدا کی طرف سے بتائی گئی " پیشگوئیاں لکھی گئی ہیں اور یہ پیشگوئیاں ہی ہمارا اس حصّہ کا اصل موضوع ہے ۔ تاہم ان کا بیان شروع کرنے سے پہلے قارئین کو شاہ یوسیاہ کی سلطنت کے اختتام سے لے کر اسکے گھرانے کے چار بادشاہ اور سقوطِ یروشلم کے اہم واقعات واضح ہونا ضروری

ہیں ۔ ان واقعات کا تذکرہ حصّہ اوّل میں ہو چکا ہے لیکن سہولت کی خاطر ،چند اضافی تفصیلات کے ساتھ، دوبارہ تحریر کیا جاتا ہے ۔

سقوطِ یروشلم سے بیس سال قبل

یہودیہ کے شاہ یوسیاہ کے اکتیس سالہ دور سلطنت کا خاتمہ اس طرح ہوا کہ مصر کے بادشاہ کو بابل پر حملہ کرنے کے لئے اپنی فوج کے ساتھ یہودیہ سے گزرنا تھا ۔اس نے یوسیاہ کو مطلع کیا کہ اس کا یہودیہ پر مہم جوئی کا ارادہ نہیں بلکہ اس کا ہدف بابل ہے ۔ یوسیاہ اس کا یقین کیسے کر سکتا تھا! اس نے اپنی فوج کے ساتھ شاہ مصر سے مقابلےکی تیاری کی لیکن ابھی میدانِ جنگ میں اپنی فوج کی ترتیب میں مشغول تھا کہ ایک مصری فوجی کے تیر کا نشانہ ہو کر زخمی ہو گیا اور اسی حالت میں یروشلم میں اس کی موت واقع ہوئی ۔ اس کی وفات پر بنی اسرائیل نے اس کے بیٹے یہوآخز کو اپنا بادشاہ بنا یا لیکن یوسیاہ کا مصر سے مشتبہ ہونا درست تھا اس لئے کہ یہوآخز کو تین ماہ بعد ہی شاہ مصر نے گرفتار کرکے قید کر دیا اور مصر میں اس کی وفات ہو گئی ۔ شاہ مصر نے اس کو گرفتار کرنے کے بعد یوسیاہ کے دوسرے بیٹے یہو یقیم کو یہودیہ کا بادشاہ بنایا اور ایک قنطار سونا اور سو قنطار چاندی اس پر خراج مقرر کیا ۔ حضرت داؤد کے عہد میں کسی جنگ سے فتح مند ہونے پر مال غنیمت میں مفتوح بادشاہ کا شاہی تاج ایک قنطار سونے سے بنایا گیا تحریر ہے جو حضرت داؤد کو حاصل ہوا (1۔تواریخ 20:2)۔ قارئین اس واقعہ سے ایک قنطار سونا کا اندازہ لگا سکتے ہیں ۔ یہویقیم اپنے ذرائع سے وہ خراج ادا نہیں کر سکتا تھا اس لئے اس نے ملک کے باشندوں سے لگان وصول کر کے سالانہ ادائیگی کا انتظام کیا ۔

ادھر بابل میں، یہو یقیم کی سلطنت کے چوتھے برس، نبوکدنضر اپنے باپ کے ضعیف عمر میں مرنے کی وجہ سے بادشاہ بنا دیا گیا تھا ۔ نبوکدنضر ایک جرّی اور مہم جو شخص تھا ۔ اس نے بادشاہ بنتے ہی اسیریا پر، جو مصر کے زیرِ اثر تھا، حملہ کر کے اس کو فتح کر لیا ،وجہ یہ کہ چار سال قبل مصر نے اس کے باپ پر اور اس کے ملک

پر حملہ کا ارادہ کیا تھا جس میں یوسیاہ کی وفات ہوئی تھی ۔ نبوکدنضر کو مصر کی چار سال قبل کی جانے والی جارحیت کا جواب دینا ہی تھا ۔اسیریا اور اسرائیل کے شمالی علاقوں پر اپنی گرفت مضبوط کرنے کے چار سال بعد وہ یہودیہ پر حملہ آور ہوا جو اس وقت مصر کی کالونی تھا ۔ یہو یقیم اس کا مقابلہ نہ کر سکا اور آیندہ مصر کے بجائے بابل کو خراج ادا کرنے اور دیگر جنگی معاہدے قبول کرنے پر ہی اس کی گلو خلاصی ہو سکی۔

نبوکدنضر اپنی بادشاہت کے گردو پیش علاقوں پر مکمّل استحکام حاصل کر لینے کے بعد تیسرے سال مصر پر براہ راست حملہ آور ہونے کے لئے نکلا ۔ یہویقیم نے اس امید پر کہ شاید نبوکدنضر کو مصر سے جنگ میں شکست ہو جائے ،اس سال بابل کو جزیہ ادا نہیں کیا ۔نتیجہ یہ ہوا کہ کچھ ہی دنوں میں نبوکدنضر ایک بڑی طاقت کے ساتھ یہودیہ پر حملہ آور ہوا، یہویقیم کو شکست دی اور یروشلم اور گردو پیش کے علاقوں میں بے دریغ قتلِ عام کیا ۔شاہ یہویقیم کو یروشلم کی حفاظتی دیوار سے باہر پھینک دیا کہ اس کی تدفین بھی نہ ہو سکی ۔ نبوکدنضر نے اس کے بیٹے یہویاکین یعنی یوسیاہ کے پوتے کو یہودیہ کا بادشاہ بنایا ۔ یہ نبوکدنضر کا بنی اسرائیل پر پہلا حملہ تھا جس میں کامیابی حاصل کرنے کے بعد اس نے یروشلم کے نمایاں افراد کو گرفتار کرکے بابل پہنچا دیا ۔ حزقی ایل نبی اور دانیال نبی بھی اپنی جوانی یا لڑکپن کی عمر میں گرفتار اور جلاوطن شدہ لوگوں میں شامل تھے ۔یہویقیم کی گیارہ سالہ بادشاہت اپنے افسوس ناک انجام کو پہنچ چکی تھی لیکن اس کا بیٹا ابھی تین ماہ ہی حکومت کر سکا تھا کہ نبوکدنضر نے اپنے فوجی جرنیل اور کچھ فوج کے ذریعے یہودیہ پر دوبارہ حملہ کر وا دیا ۔یہویاکین اپنے باپ کا افسوس ناک انجام دیکھ چکا تھا ۔ اس سے قبل کہ جنگ کا آغاز ہو، یہویاکین نے قتل و خون سے بچنے کی خاطر اس سے صلح کا راستہ اختیار کرنا چاہا لہٰذا قلعہ کے دروازے اس کی فوج کے لئے کھول دیئے اور اپنے گھر کے افراد اور سرداروں و عہدیداروں سمیت خود کو شاہ بابل کے حضور پیش کیا لیکن اس کی رحم کی امید بر نہ آسکی۔ وہ اپنی ماں، بیویوں، ملک کے عہدیداروں ،رئیسوں اور پیشہ ور ہنر مند افراد سمیت اسیر ہو کر بابل پہنچا دیا گیا ۔ ہیکل سونے کے سب برتنوں سمیت، جن کو حضرت سلیمان نے چار صدی قبل بنوایا تھا، اور ساتھ میں شاہی محل بھی لوٹ

لیا گیا اور صرف غریب لوگوں کو ملک میں چھوڑ دیا گیا جن پر شاہ بابل نے یوسیاہ کے ایک اور بیٹے صدقیاہ کو یہودیہ کا بادشاہ نامزد کیا یہ بنی اسرائیل کی نبوکدنضر کے ہاتھوں ملنے والی جلاوطنی کی پہلی قسط تھی۔ اس واقعہ کے گیارہ سال بعد 587 ق م میں سقوطِ یروشلم اور ہیکل سلیمانی کی بربادی کا واقعہ پیش آیا جس میں قتلِ عام سے بچ جانے والے باقی لوگ بھی بابل جلاوطن کر دیئے گئے ۔

صدقیاہ نبوکدنضر کے ایماء پر یہودیہ کا بادشاہ بنا تھا۔ اس نے سات سال تک بابل کی اطاعت کی لیکن آٹھویں سال اس امید پر منحرف ہوا کہ اپنے زور پر یا مصر کے تعاون سے وہ اور اس کی قوم بابل کی غلامی سے آزاد ہو جائے ۔ نبوکدنضر نے اس کو صریح بغاوت تصوّر کیا اور ایک بڑی فوج یروشلم پر یلغار کے لئے روانہ کی۔ صدقیاہ کی سلطنت کے تقریباً نویں برس نبوکدنضر کی فوج نے یروشلم کو حصار میں لے کر شہر کی مکمّل ناکہ بندی کر دی ۔ یہ محاصرہ ڈیڑھ سال جاری رہا یہاں تک کہ شہر میں قحط کی صورت پیدا ہو گئی اور لوگوں کے لئے خورش نہ رہی ۔ اسی دوران شہر کی حفاظتی دیوار میں رخنہ پڑ جانے کی اطلاع پر شاہ صدقیاہ ، شہریوں کو ان کے حال پر چھوڑ کے، اپنے گھرانے اور قریبی دوستوں کے ساتھ رات کے اندھیرے میں قلعہ سے فرار ہو گیا لیکن وہ سب بہت دور نہ جا سکے ۔ بابل کی فوج نے ان کا پیچھا کیا اور اگلے دن ہی ان کو جا لیا ۔ صدقیاہ کے تمام قابلِ بھروسہ ساتھی اس کے خاندان کو تنہا چھوڑ کر بھاگ گئے ۔ وہ خود اپنے گھرانے کے ساتھ گرفتار ہو گیا اور شاہ بابل کے سامنے پیش کیا گیا ۔ سامنا ہونے پر نبوکدنضر نے اس کو بادشاہ بنانے کا احسان جتلایا اور بد عہدی اور بغاوت کر نے پر طعن کیا پھر اس کے جرم کی سزا میں اس کی آنکھوں دیکھتے اس کی اولاد ذبح کر دی اس کے بعد اس کی آنکھیں نکلوا دیں اور زنجیروں میں جکڑ کر بابل میں قید کر دیا جہاں قید میں ہی اس کی وفات ہوئی ۔ اس طرح حضرت داؤد کے گھرانے کی مسلسل 423 برس قائم رہنے والی سلطنت جس میں ایک ہی خاندان کے اکیس بادشاہ تختِ شاہی پر بیٹھے ، اپنے اختتام کو پہونچی ۔ دنیا کی تاریخ میں کسی دوسرے گھرانے میں طویل بادشاہت کی ایسی مثال نہیں پائی جاتی ۔اس سانحہ کے اگلے سال شاہ بابل نے اپنے فوجی کمانڈر کو یروشلم کی غارتگری کی تکمیل کے لئے بھیجا ۔ اس نے ہیکل کی بچی کھچی اشیاء جس میں حضرت سلیمان

کے بنوائے گئے جھلکتے پیتل کے ستون، کرسیاں، پیتل کا حوض اور قربانی کے لئے استعمال ہونے والے بڑے برتن وغیرہ ہتھیا لئے اور ساتھ میں شاہی محل کو بھی لوٹ لینے کے بعد جلا کر راکھ کر دیا۔ یروشلم کی حفاظتی فصیل چہار اطراف سے ڈھا کر زمیں بوس کر دی اور تمام لوگ گرفتار کر کے بابل بھیج دیئے گئے اور جو غریب لوگ پیچھے چھوڑ دئیے گئے ان پر ایک یہودی باشندہ کو نگراں مقرر کیا لیکن کچھ ہی دنوں میں حضرت داؤد کے گھرانے کے کسی فرد نے اس نگراں کو اس کے ساتھیوں سمیت قتل کر دیا۔ بعد ازاں وہ قاتل بھی اپنے ہم قوم کے ہاتھوں انتقاماً ہلاک کر دیا گیا اور باقی رہ جانے والے سب لوگ ،اس خوف سے کہ نبوکدنضر اپنے مقرر کردہ نگران کے قتل پر انتقاماً کوئی لشکر روانہ نہ کر دے ،مصر فرار ہو گئے ۔اسی واقعہ کے بیان پر یرمیاہ کی لکھی گئی استثنائی تاریخ کی آخری کتاب 2-سلاطین اپنے اختتام کو پہنچتی ہے اور کتاب ختم کرتے وقت اس واقعہ کے اڑتیس سال بعد پیش آنے والے ایک واقعہ کو محض چند جملوں میں بیان کیا ہے جو درجِ ذیل ہیں :

> اور یہویاکین شاہ یہوداہ کی اسیری کے سینتیسویں برس کے بارہویں مہینے کے ستائیسویں دن ایسا ہوا کہ شاہ بابل اویل مرودوک نے اپنی سلطنت کے پہلے ہی سال یہویاکین شاہ یہوداہ کو قید خانہ سے نکل کر سرفراز کیا اور اس کے ساتھ مہر سے باتیں کیں اور اس کی کرسی ان سب بادشاہوں کی کرسیوں سے جو اس کے ساتھ بابل میں تھے بلند کی۔ سو وہ اپنے قید خانہ کے کپڑے بدل کر عمر بھر برابر اس کے حضور کھانا کھاتا رہا اور اس کو عمر بھر بادشاہ کی طرف سے وظیفہ کے طور پر ہر روز رسد ملتی رہی (2-سلاطین 25:27)

سقوطِ یروشلم کے بعد کے اڑتیس سالوں کے دوران یرمیاہ کی نظر میں کوئی ایسا قابلِ ذکر واقعہ نہیں تھا جس کو وہ کتاب 2-سلاطین کے اختتام پر ضبطِ تحریر کرتا جو بنی اسرائیل کو بابل میں غلامی کی زندگی یا مصر بھاگ جانے والوں کی زندگی کے دوران پیش ہوئے ۔اس کے بجائے وہ اڑتیس سال بعد یہویاکین کی قید سے رہائی بتاتا ہے اور یہ بھی کہ یہویاکین کی تمام عمر گزار لینے کے بعد اس کی وفات بھی یرمیاہ کے مشاہدہ میں آئی ۔حساب لگایا جائے تو یہویاکین کی قید سے رہائی کا واقعہ یرمیاہ کی نبوت شروع ہونے کے اٹھتر سال بعد کا ہونا چاہئے ۔بائیبل کے مطابق 549 ق م میں یہو یاکین کی رہائی ہوئی

اور اس کو عمر بھر رسد ملنے کا یرمیاہ کو مشاہدہ ہوا جبکہ یرمیاہ اِس رہائی کے واقعہ سے اکیس سال قبل 570 ق م میں مصر میں فوت ہو چکا تھا لہٰذا کم از کم یہ پیراگراف یرمیاہ کا لکھا نہیں ہو سکتا۔یہ بات از خود کتاب یرمیاہ میں درج دوسرے تمام واقعات اور پیشگوئیاں مشتبہ کر دیتی ہے کہ وہ واقعتاً یرمیاہ نے تحریر کئے یا بعد میں کسی اور کے ہاتھوں لکھے گئے ہیں؟

اب سوال یہ ہے کہ سقوطِ یروشلم سے بیس سال قبل کے واقعات کی تمام تفصیلات کو یہاں کیوں زیرِ بحث لایا جارہا ہے؟ تو اس کی وجہ یہ ہے کہ شاہ یوسیاہ اور اس کے بعد آنے والے چار بادشاہوں کے واقعات نہ صرف کتاب 2۔سلاطین اور کتاب 2۔تواریخ کے آخری تین ابواب میں بلکہ کتاب یرمیاہ میں بھی جا بجا تحریر کئے گئے ہیں۔اس طرح ہمیں کتاب یرمیاہ کا مذکورہ دو تاریخ کی کتابوں سے موازنہ کرنے کا موقع فراہم ہوتا ہے اور اسی موازنہ سے ہمیں واضح ہو سکے گا کہ کتاب یرمیاہ میں درج تحاریر بھی قابلِ بھروسہ نہیں۔اسی سلسلے کی بحث میں کتاب یرمیاہ میں بتائی گئی شاہ یوسیاہ کے زمانہ میں قوم کی غیر اخلاقی صورتحال کا تذکرہ اوپر کیا گیا کہ وہ خود اسکی تحریر کردہ استثنائی تاریخ سے کوئی مطابقت نہیں رکھتی۔ ذیل میں یوسیاہ کے بعد کے بادشاہوں کی تحریروں میں سے چند مشاہدات قارئین کے لئے پیش کئے جاتے ہیں۔

شاہ یہویقیم کتاب 2۔سلاطین کے مطابق

اسی کے ایّام میں شاہ بابل نبو کد نضر نے چڑھائی کی اور یہویقیم تین برس تک اس کا خادم رہا۔تب وہ پھر کر اس سے منحرف ہو گیا۔اور خداوند نے کسدیوں کے دَل اور ارام کے دَل اور موآب کے دَل اور بنی عمون کے دَل اس پر بھیجے اور یہوداہ پر بھی بھیجے تاکہ اسے جیسا خداوند نے اپنے بندوں نبیوں کی معرفت فرمایا تھا ہلاک کر دے۔ یقیناً خداوند ہی کے حکم سے یہوداہ پر یہ سب کچھ ہوا تاکہ منسّی کے سب گناہوں کے باعث جو اس نے کئے ان کو اپنی نظر سے دور کر دے۔ اور ان سب بیگناہوں کے خون کے باعث بھی جسے منسّی نے بہایا کیونکہ اس نے یروشلم کو بے گناہوں کے خون سے بھر دیا تھا اور خداوند نے معاف کرنا نہ چاہا۔ اور یہویقیم کے باقی کام اور سب کچھ جو اس نے کیا سو کیا وہ یہوداہ کے بادشاہوں کی تواریخ کی کتاب میں قلمبند نہیں؟ اور یہویقیم اپنے باپ دادا کے ساتھ سو گیا اور اس کا بیٹا یہویاکین اس کی جگہ بادشاہ ہوا (2۔سلاطین 24:1)

شاہ یہویقیم کتاب 2-تواریخ کے مطابق

اس پر شاہ بابل نبوکدنضر نے چڑھائی کی اور اسے بابل لے جانے کے لئے اس کے بیڑیاں ڈالیں ۔اور نبوکدنضر خداوند کے گھر کے کچھ ظروف بھی بابل کو لے گیا اور ان کو بابل میں اپنے مندر میں رکھا ۔اور یہویقیم کے باقی کام اور اس کے نفرت انگیز اعمال اور جو کچھ اس میں پایا گیا وہ اسرائیل اور یہوداہ کے بادشاہوں کی کتاب میں قلمبند ہیں اور اس کا بیٹا یہویاکین اس کی جگہ بادشاہ ہوا (2-تواریخ 36:5)

اوپر درج کئے گئے پہلے اقتباس میں کتاب کا مصنف یرمیاہ شاہ بابل کے یہودیہ پر حملہ آور ہونے کا بنیادی سبب یہویقیم کے بجائے شاہ منسّی کی بداعمالیاں قرار دیتا ہے جو کہ کتاب تواریخ کی رو سے بالکل برعکس بات تھی ۔ اس کا تجزیہ حصّہ اوّل میں کیا جا چکا ہے ۔ یہاں قابلِ غور نکتہ یہ ہے کہ کتاب سلاطین بتاتی ہے یہویقیم طبعی وفات پا گیا ۔ "باپ دادا کے ساتھ سو گیا" کے الفاظ مصنف نے دوسرے ان بادشاہوں کے لئے استعمال کئے جو اپنی طبعی موت مر گئے تھے جبکہ کتاب تواریخ اس کا اسیر ہونا بتاتی ہے لیکن اس کی وفات کا کوئی تذکرہ نہیں کرتی ۔

شاہ یہویقیم کی بے رحمانہ ہلاکت کی تفصیلات مذکورہ دو کتابوں کے بجائے مشہور یہودی مورّخ یوسیفس کی تاریخی کتاب میں ملتی ہیں جو اس کی کتاب 10، باب 6، حصّہ 3 میں درج ہے ۔ تاہم قارئین کی دلچسپی کے لئے مختصراً عرض ہے کہ یوسیفس نے اپنی کتاب 93 ء میں لکھی ۔ وہ یہودی تھا لیکن حضرت عیسٰی پر ایمان نہ لایا ۔اس نے بائیبل کو اپنی تاریخ کی کتاب میں تقریباً لفظ بہ لفظ نقل کیا ہے ۔ تاہم بیشتر مقامات پر اس نے دوسرے تاریخی ذرائع، مثلاً یونانی مورخ ہیروڈوٹس یا زینوفون وغیرہ کے کام، استعمال کرکے مزید معلومات کا اضافہ بھی کیا ہے تاکہ اپنے تئیں کتاب کو پڑھنے والوں کے لئے زیادہ مفید بنا سکے ۔مغرب کے سنجیدہ افراد اس کے کام کی بہت قدر کرتے ہیں۔ یوسیفس تورات اور انبیاء کی کتابوں کی ایسی ہی تصدیق کرتا ہے جیسے کہ دوسرے عقیدت مند کرتے ہیں ۔

وہ یہویقیم کے متعلق لکھتا ہے کہ نبوکدنضر نے اس کو قتل کروا کر اس کی لاش یروشلم کی حفاظتی دیوار سے باہر پھینک دی ۔ اگر یہ بات واقعتاً سچ ہے تو بائیبل میں نظر انداز نہیں ہونی چاہئے تھی ۔ ایسی بے گور و کفن ہلاکت کا واقعہ حضرت داؤد کے گھرانے کے کسی اور

بادشاہ کو پیش نہیں ہوا تھا ، اس لئے 2۔سلاطین کے بقول "وہ باپ دادا کے ساتھ سو گیا" اور 2توا ریخ کا اس کی وفات کا کوئی تذکرہ نہ کرنا قابلِ تعجب ہے ۔

ہیکل سلیمانی کا لوٹا جانا

اوپر درج کئے گئے دونوں اقتباس میں نبوکدنضر نے یہویقیم کے مرنے، یا اس کو قید کر لینے، کے بعد اس کے بیٹے یہویاکین کو بادشاہ بنا دیا تھا ۔ کتاب تواریخ یہ بھی بتاتی ہے کہ اس موقع پر شاہ بابل ہیکل کے کچھ ظروف بھی بابل لے گیا تھا ۔یہویاکین کی محض تین ماہ پر مشتمل بادشاہت بہت مختصر الفاظ میں تواریخ میں ملتی ہے جو ذیل میں مکمّل نقل کی جاتی ہے:

> یہویاکین آٹھ برس کا تھا جب وہ سلطنت کرنے لگا اور اس نے تین مہینے دس دن یروشلم میں سلطنت کی اور اس نے وہی کیا جو خداوند کی نظر میں برا تھا ۔اور نئے سال کے شروع ہوتے ہی نبوکدنضر بادشاہ نے اسے خداوند کے گھر کے نفیس برتنوں کے ساتھ بابل کو بلوا لیا اور اس کے بھائی صدقیاہ کو یہوداہ اور یروشلم کا بادشاہ بنایا (2۔تواریخ 36:9)

یہاں اس کی عمر آٹھ سال اور صدقیاہ کو اس کا بھائی بتانا دونوں غلط ہیں ۔اس کی عمر اٹھارہ سال اور صدقیاہ اس کا چچا تھا ۔بائیبل میں اس نوعیت کی غلطیاں اتنی زیادہ ہیں کہ ان کو شمار کرنا آسان نہیں لیکن ہماری توجہ بائیبل کے متن میں پائی جانے والی تفصیلات کی ان مطابقت یا عدم مطابقت پر ہیں جو نتائج اخذ کرنے میں استعمال ہوتی ہیں یا ہو سکتی ہیں ۔یہاں مصنف بتاتا ہے شاہ بابل نے اسے ہیکل کی قیمتی اشیاء کے ساتھ بابل بلوا لیا ۔ اس "بلوا لینے "سے نبوکدنضر کی کسی جارحیت کا عنصر اخذ کر لینا مشکل ہے۔ استثنائی تاریخ میں یہی تفصیلات بہت مختلف ہیں جن کا خلاصہ اوپر بیان کیا گیا تھا تاہم یروشلم کا لوٹا جانا اس وقت ہمارا موضوع ہے اس لئے بائیبل کا اقتباس ذیل میں درج ہے:

> اس وقت شاہ بابل نبوکدنضر کے خادموں نے یروشلم پر چڑھائی کی اور شہر کا محاصرہ کر لیا ۔اور شاہ بابل نبوکدنضر بھی جب اس کے خادموں نے اس شہر کا محاصرہ کر رکھا تھا وہاں آیا ۔ تب شاہ یہوداہ یہویاکین اپنی ماں اور اپنے ملازموں اور سرداروں اور عہدیداروں سمیت نکل کر شاہ بابل کے پاس گیا اور شاہ بابل نے اپنی سلطنت کے آٹھویں برس اسے گرفتار کر لیا ۔اور وہ خداوند کے گھر کے سب خزانوں اور شاہی محل کے سب خزانوں کو وہاں سے لے گیا اور سونے کے سب برتنوں کو

جن کو شاہ اسرائیل سلیمان نے خداوند کی ہیکل میں بنایا تھا اس نے کاٹ کر خداوند کے کلام کے مطابق ان کے ٹکڑے ٹکڑے کر دیئے ۔اور وہ سارے یروشلم کو اور سب سرداروں اور سب سورماؤں کو جو دس ہزار آدمی تھے اور سب دستکاروں اور لہاروں کو اسیر کر کے لے گیا ۔سو وہاں ملک کے لوگوں میں سے سوا کنگالوں کے اور کوئی باقی نہ رہا (2-سلاطین 24:10)

اس اقتباس کے مطابق یہ یہوداہ کے باشندوں کی جلاوطنی کی پہلی قسط تھی جس میں تقریباً تمام لوگ غلام بنا کر بابل پہنچا دیئے گئے لیکن کتاب تواریخ کے مصنف نے بہت سرسری انداز میں ایک چھوٹا واقعہ کے طور پر اسے بیان کیا ۔ اس اقتباس میں صراحتاً بتایا گیا ہے کہ شاہ بابل ہیکل کے سونے کے تمام نوادرات بھی بزور ساتھ لے گیا جو حضرت سلیمان نے 460 سال قبل بنائے تھے ۔بائیبل میں درج سابقہ تاریخ کی روشنی میں یہ تسلیم کرنا مشکل ہے کہ حضرت سلیمان کے بنائے ہوئے نوادرات 460 سال بعد بھی ہیکل میں نبوکدنضر کی لوٹ کے لئے موجود تھے ۔وجوہات ذیل میں بیان کی جاتی ہیں ۔حضرت سلیمان کی چالیس سالہ سلطنت کا سب سے بڑا واقعہ ہیکل سلیمانی کی تعمیر تھا جس کو کتاب 1-سلاطین کے باب 5،6،7 اور کتاب 2-تواریخ کے باب 2،3،4 میں بڑی تفصیل سے تحریر کیا گیا ہے ، اسکا خلاصہ ذیل میں درج کیا جاتا ہے ۔

تراشے ہوئے پتھروں سے ہیکل کی بنیادیں تعمیر ہوئیں اور انہی تراشے ہوئے پتھروں سے دیواریں اٹھائیں پھر چھت اور فرش کے لئے دیودار اور صنوبر کی لکڑی کے تختے استعمال کئے گئے اور انہیں تختوں سے دیواروں کو بھی پاٹ دیا گیا ۔ پھر ان تختوں پر خالص سونا منڈھا گیا ۔ ہیکل کے اندر ایک اور کمرہ الہام گاہ یا پاک ترین مقام کے نام سے بنایا گیا اس کو بھی خالص سونے سے منڈھا گیا اور آرائش کے لئے سونے کی زنجیریں بنا کر تان دی گئیں ۔ الہام گاہ میں زیتون کی لکڑی کے دو کروبی (cherubim) جو پندرہ فٹ اونچے مجسمے تھے جن کا چار پاؤں کے ساتھ جسم شیر کا، منہ انسان کا اور دو بازو پرندوں کے تھے ان کو بھی خالص سونے سے منڈھا گیا ۔ فرش پر اندر اور باہر سونا منڈھا گیا ۔ الہام گاہ میں داخلے کے لئے زیتون کی لکڑی کے دو دروازے بنوائے ان پر بھی سونا منڈھا گیا ۔ حضرت داؤد کی مخصوص کی گئی سونے اور چاندی کی اشیاء کو ہیکل میں محفوظ کیا

گیا اور مزید سونے کے برتن بنوا کر ہیکل میں رکھے گئے ۔ صحنِ میں مذبح بنوایا اس کو بھی سونے سے منڈھا گیا اس کے علاوہ دو سو ڈھالیں سونے سے بنوائی گئیں ۔ ساتھ میں دو بڑے ستون، پانی کا بڑا حوض، کرسیاں اور بیل کے بارہ مجسمے جن پر حوض کو دھرا گیا وغیرہ ان سب کو جھلکتے پیتل سے بنایا گیا ۔ بائیبل بتاتی ہے حضرت سلیمان کے دور میں چاندی کی کوئی قدر نہ تھی ۔

ہیکل کی اس غیر معمولی تعمیر کی مثال پورے ملک میں تو کیا اطراف کے ممالک میں نہ پہلے کہیں موجود تھی اور نہ ہی بعد میں نظر آ سکی ہے ۔بلندی پر بنی مکمّل طور پر سونے سے منڈھی عمارت کو چمکتے سورج کی روشنی میں دیکھنے والوں کی آنکھیں چندھیا جاتی ہوں گی ۔ سونا واحد عنصر ہے جو ہوا میں موجود آکسیجن سے دوسری تمام دھاتوں کے مقابلے میں سب سے کم کیمیائی عمل کرتا ہے اس لئے اس کی چمک دمک قائم رہتی ہے ۔ زیورات کے لئے قدیم سے ایک منتخب دھات ہے اور پھر ہمیشہ سے کمیاب ہے اس لئے ہمیشہ قیمتی رہی ہے ۔یہ ممکن ہو سکتا ہے کہ بنی اسرائیل ہیکل سلیمانی کو خدا کا گھر تسلیم کرنے کی وجہ سے اس کا مکمّل احترام اپنے دلوں میں رکھتے ہوں لیکن پڑوس میں رہنے والی دوسری اقوام اور قریب کے ممالک تو اصنام پرستی کے عقائد رکھتے تھے ۔ ان کی نظر میں اس کی حیثیت ایک تعمیری شاہکار تو ہو سکتی تھی لیکن ساتھ ہی اس کی قیمتی اشیاء لوٹ کر حاصل کر لینا بعید از قیاس نہیں سمجھا جا سکتا ۔ اس شاہکار کی تعمیر کے ساتھ ہی لازم ہو گیا کہ بنی اسرائیل آنے والے تمام وقتوں میں خود کو ہمیشہ ایک متحد قوم اور طاقتور ملک کی حیثیت سے برقرار رکھیں ورنہ جہاں کچھ کمزوری دیکھی گئی کوئی نہ کوئی مال غنیمت کی لالچ میں حملہ کر بیٹھے گا ۔

بنی اسرائیل کی حضرت سلیمان سے قبل کی تاریخ پر نظر ڈالیں تو ہیکل کی آرائش میں قیمتی اشیاء کا استعمال ایک عجیب بات محسوس ہوتی ہے ۔تورات میں عبادتی رسومات کے حوالے سے پاک مویشی جانوروں کی قربانی پیش کرنا اہم ترین عبادت قرار دی گئی ہے ۔ اس عمل کے لئے قربان گاہ کیسے بنائی جائے؟ اس کی تفصیل حضرت موسیٰ کی شریعت میں ذیل کے الفاظ میں ملتی ہے:

> اور تو مٹی کی ایک قربان گاہ میرے لئے بنایا کرنا اور اس پر اپنی بھیڑ بکریوں اور گائے بیلوں کی سوختنی قربانیاں اور سلامتی کی قربانیاں

> چڑھا نا اور جہاں جہاں میں اپنے نام کی یادگاری کراؤں گا وہاں میں تیرے پاس آکر تجھے برکت دوں گا ۔اور اگر تو میرے لئے پتھر کی قربان گاہ بنائے تو تراشے ہوئے پتھر سے نہ بنانا کیونکہ اگر تو اس پر اپنے اوزار لگائے تو تو اسے ناپاک کر دے گا (خروج 20:24)

خدا کا حکم واضح ہے کہ قربان گاہ کے لئے عام قدرتی اشیاء جس قدرتی حالت میں پائی جاتی ہیں اسی طرح استعمال کی جائیں اور ایسا قطعی نہ کیا جائے کہ ان پر مزید کام کر کے اس کی قدر میں کسی نوعیت کا اضافہ کر دیا جائے ۔عام پتھر جس حالت میں مل جاتے ہیں ان کو کوئی بھی بلا ضرورت نہیں چھیڑتا ۔یہ بائیبل میں ایک ہی موقع نہیں ہے جہاں عام پتھر کا ذکر ہوا ہے بلکہ حضرت یعقوب کے تذکرہ میں پتھر جمع کر کے اس مقام کا نام "مصفاہ" لکھا گیا ہے ۔ اسی طرح چند اور قابلِ ذکر مقامات ہیں یہ ایک الگ نوعیت کا اہم موضوع ہے جس پر اس کتاب کے تیسرے حصّہ میں بحث کی جائے گی ۔ فی الوقت ہماری مراد یہ ہے کہ حضرت داؤد نے اپنی غیر معمولی فراست سے بنی اسرائیل کے منتشر قبائل کو جوڑ کر ایک مضبوط ملک میں بدل دیا ۔ حضرت داؤد کی وفات کے بعد حضرت سلیمان نے چالیس سالہ مکمّل امن کے دور میں اپنے تعمیراتی منصوبوں کے ذریعے ملکی استحکام کو ایک اور بلند سطح پر پہنچا دیا ۔ مذکورہ دو شخصیات سے قبل کی قریباً تین صدی کے دوران حضرت موسیٰ کا بنایا ہوا خیمۂ اجتماع ہی بنی اسرائیل کا مرکزی مقام تھا جب وہ بارہ قبائل کی شکل میں منتشر تھے ۔ ایک مضبوط اجتماعی نظام بن جانے کے بعد ایک مرکزی عبادت گاہ بنایا جانا اور جغرافیائی مناسبت اور مضبوط دفاع کے لئے ملک کے بہترین مقام کا چناؤ ایک بہترین فیصلہ تھا ۔ کتاب تواریخ کے مطابق حضرت داؤد نے اپنی سلطنت کے آخری زمانے میں ہیکل کی تعمیر کے لئے بڑی مقدار میں سونا، چاندی اور ضروری اشیاء اپنے پاس سے فراہم کیں اور قوم کو بھی اپنا حصّہ ڈالنے کی ترغیب دی تو قوم نے بھی بڑے پیمانے پر سخاوت کا مظاہرہ کیا، لیکن ہیکل کی تعمیر کا اعزاز حضرت سلیمان کو حاصل ہوا ۔ اس شاہکار تعمیر کو تمام قوم کے لئے باعثِ افتخار ہونے کے ساتھ ساتھ ان کے لئے باعثِ امتحان ہونا عین ممکن قرار دیا جانا چاہئے کہ اگر کہیں قبائلی عصبیت کی طرف واپس پلٹیں تو اجتماعی نظام میں وہ کمزوری پلٹ آئے گی جس کی بھاری قیمت ادا کرنا ہو سکتی ہے ۔

ہم نے حصّہ اوّل کی بحث میں دیکھا کہ حضرت سلیمان کی وفات کے بعد ہی ملک دو حصوں میں تقسیم ہو گیا اور آنے والی چار صدیوں میں کبھی وہ مضبوطی حاصل نہ کر سکا جو حضرت سلیمان کے دور میں قوم کو میسر تھی یہاں اس موقع پر عہد نامہ قدیم میں سے صرف وہ باتیں تحریر کی جارہی ہیں جو ہیکل سلیمانی کے خزانے سے متعلق ہیں۔حضرت سلیمان کی وفات کے پانچ سال بعد ہی مصر رحبعام کی مملکت یہودیہ پر حملہ آور ہوا :

> اور رحبعام بادشاہ کے پانچویں برس میں شاہ مصر سیسق نے یروشلم پر چڑھائی کی۔اور اس نے خداوند کے گھر کے خزانوں اور شاہی محل کے خزانوں کو لے لیا بلکہ اس نے سب کچھ لے لیا اور سونے کی وہ سب ڈھالیں بھی لے گیا جو سلیمان نے بنائی تھیں ۔ اور رحبعام بادشاہ نے ان کے بدلے پیتل کی ڈھالیں بنائیں اور ان کو محافظ سپاہیوں کے سرداروں کے سپرد کیا جو شاہی محل کے دروازہ پر پہرا دیتے تھے ۔ اور جب بادشاہ خداوند کے گھر میں جاتا تو وہ سپاہی ان کو لے کر چلتے اور پھر ان کو واپس لا کر سپاہیوں کی کوٹھری میں رکھ دیتے تھے (1۔سلاطین 14:25)

جب شاہ مصر حضرت سلیمان کی بنائی گئی سونے کی ڈھالیں بھی لے گیا اور بعد میں ان کے بیٹے کو پیتل کی بنوانی پڑیں اور ان کو بھی سپاہیوں کی نگرانی میں لایا اور لے جایا جاتا تھا تو وہ باقی سونا ہیکل میں کیوں چھوڑ دے گا؟ اب آگے کی تاریخ میں بائیبل کو یہ بتانا چاہئے کہ کسی دور میں یہ اشیاء مصر سے واپس لے لی گئیں لیکن نہ صرف یہ کہ ایسی کوئی بات وہاں نہیں ملتی بلکہ ایسے حالات بھی نظر نہیں آتے جہاں اتنی مقدار میں سونا جمع کیا جا سکتا ہو جو حضرت داؤد اور حضرت سلیمان کے ادوار میں اکٹھا کر لیا گیا تھا ۔ہم یہ بھی سمجھتے ہیں کہ سونے سے منڈھے گئے کرّوبی اور سونے سے منڈھا عہد کا صندوق بھی اس کے ہاتھ سے نہیں بچ سکا ہو گا ۔ اقتباس تصریح کرتا ہے کہ "اس نے سب کچھ لے لیا "پھر بائیبل بتاتی ہے کہ اس سانحہ کے تیس چالیس سال بعد جبکہ رحبعام کا پوتا آسا یہودیہ کا بادشاہ تھا اس نے خود نذر کر کے اور اس کے باپ کی نذر کردہ سونے اور چاندی کی اشیاء اور ظروف ہیکل میں داخل کئے (1۔سلاطین 15:15) لیکن شمالی ریاست اسرائیل کے شاہ بعشا نے یروشلم پر چڑھائی کر دی ۔ اس حملہ سے بچاؤ اس طرح ہوا:

> تب آسا نے سب چاندی اور سونے کو جو خداوند کے گھر کے خزانوں میں باقی رہا تھا اور شاہی محل کے خزانوں کو لے کر ان کو اپنے خادموں کے سپرد کیا اور آسا بادشاہ نے ان کو شاہ ارام بن ہدد کے پاس جو حزیون کے بیٹے طابرمّون کا بیٹا تھا اور دمشق میں رہتا تھا روانہ کیا اور کہلا بھیجا کہ میرے اور تیرے درمیان اور میرے باپ اور تیرے باپ کے درمیان عہدو پیمان ہے ۔دیکھ میں نے تیرے لئے چاندی اور سونے کا ہدیہ بھیجا ہے سو تو آ کر شاہ اسرائیل بعشا سے عہد شکنی کر تاکہ وہ میرے پاس سے چلا جائے (1۔سلاطین 15:18)

دیکھا جا سکتا ہے کہ ہیکل اور شاہی محل کے سب خزانے ایک مرتبہ پھر ہاتھ سے نکل گئے ۔ پھر اس واقعہ کے تقریباً ستر سال بعد ارام کا بادشاہ حزائیل یروشلم پر حملہ آور ہوا ۔ یہ شاہ یہوداہ یہوآس کی بادشاہت کا دور تھا جس میں بائیبل کے مطابق لوگوں کے چندوں سے ہیکل کی مرمت کا کام کیا جاتا تھا لیکن شاہ ارام کی چڑھائی کے نتیجے میں بائیبل بتاتی ہے:

> تب شاہ یہوداہ یہوآس نے سب مقدس چیزیں جن کو اس کے باپ دادا یہوسفط اور یہورام اور اخزیاہ یہوداہ کے بادشاہوں نے نذر کیا تھا اور اپنی سب مقدس چیزوں کو اور سب سونا جو خداوند کی ہیکل کے خزانوں اور بادشاہ کے قصر میں ملا لے کر شاہ ارام حزائل کو بھیج دیا ۔ تب وہ یروشلم سے ٹلا (2۔سلاطین 12:18)

تین پشتوں کے جمع کردہ نوادرات دوبارہ ہاتھ سے نکل گئے ۔اس کے بعد بائیبل اسرائیل اور یہوداہ کے ایک دوسرے پر حملہ آور ہونے کے متعدد واقعات بتاتی ہے انہی میں سے ایک میں شاہ اسرائیل یہوآس نے یروشلم پر چڑھائی کی جبکہ یہوداہ پر شاہ امصیاہ حکمران تھا:

> لیکن شاہ اسرائیل یہوآس نے شاہ یہوداہ امصیاہ بن یہوآس بن اخزیاہ کو بیت شمس میں پکڑ لیا اور یروشلم میں آیا اور یروشلم کی دیوار افرائیم کے پھاٹک سے کونے والے پھاٹک تک چار سو ہاتھ کے برابر ڈھا دی ۔اور اس نے سب سونے اور سب چاندی کو اور سب برتنوں کو جو خداوند کی ہیکل اور شاہی محل کے خزانوں میں ملے اور کفیلوں کو بھی ساتھ لیا اور سامریہ کو لَوٹا(2۔سلاطین 14:13)

تمام قیمتی اشیاء ایک مرتبہ پھر ہاتھ سے نکل گئیں ۔پھر اس پر ستّر یا اسّی سال ہی گزرے ہونگے کہ شمالی ریاست سامریہ نے ارام کی سلطنت کے ساتھ مل کر یہوداہ پر ایک اور حملہ کیا ۔ شاہ یہوداہ آخز کو

مدافعت کی طاقت نہ تھی اس لئے اس نے اسور کے بادشاہ کو مدد کے لئے بلایا:

> سو آخز نے شاہ اسور تگلت پلاسر کے پاس ایلچی روانہ کئے اور کہلا بھیجا کہ میں تیرا خادم اور بیٹا ہوں سو تو آ اور مجھ کو شاہ ارام کے ہاتھ سے اور شاہ اسرائیل کے ہاتھ سے جو مجھ پر چڑھ آئے ہیں رہائی دے ۔اور آخز نے اس چاندی اور سونے کو جو خداوند کے گھر میں اور شاہی محل کے خزانوں میں ملا لے کر شاہ اسور کے لئے نذرانہ بھیجا (2-سلاطین 16:7)

ہیکل کے خزانے اور شاہی مال و متاع دوبارہ ہاتھ میں نہ رہے ۔اس کے چند سال بعد ہی اسور کی مملکت کے ذریعہ سقوطِ اسرائیل و سامریہ کا سانحہ پیش ہوا اور صرف یہوداہ کی سلطنت باقی رہ گئی لیکن جب آخز کے بعد اس کا بیٹا حزقیاہ یہوداہ کا بادشاہ تھا تو اسور یہوداہ پر بھی حملہ آور ہوا ۔ اس مرتبہ اسور کا بادشاہ سنیخرب تھا جس کا ذکر حصّہ اوّل میں ہو چکا ہے تاہم یہاں نوٹ کرنے کی بات یہ ہے کہ:

> اور حزقیاہ نے ساری چاندی جو خداوند کے گھر اور شاہی محل کے خزانوں میں ملی اسے دے دی ۔اس وقت حزقیاہ نے خداوند کی ہیکل کے دروازوں کا اور ان ستونوں پر کا سونا جن کو شاہ یہوداہ حزقیاہ نے خود منڈھوایا تھا اتروا کر شاہ اسور کو دے دیا (2-سلاطین 18:15)

بائیبل کے اپنے بیان کے مطابق ہیکل سلیمانی اور شاہی محل کے خزانوں کے ساتھ مستقل بنیادوں پر جو معاملات پیش ہوتے رہے ان کے بعد یہ باور کرنا بہت مشکل ہے کہ نبوکدنضر کی یروشلم پر حملہ آوری میں 460 سال قبل حضرت سلیمان کے بنوائے گئے نوادرات پائے جاتے ہوں ـلیکن مصنف نام سے لکھتا ہے کہ "سونے کے سب برتنوں کو جن کو شاہ اسرائیل سلیمان نے خداوند کی ہیکل میں بنایا تھا" بابل لے گیا، جیسا کہ ہم نے شروع میں نقل کیا تھا ۔

بائیبل کے مصنفین کی تحریروں میں اکثر اوقات بڑی لاپرواہی برتنے کا احساس ہوتا ہے ۔ مثال کے طور پر یہوداہ اور اسرائیل کے بادشاہوں کے جو واقعات کتاب سلاطین اور کتاب تواریخ میں لکھے گئے ہیں ان میں سب کے واقعات لکھتے وقت بتایا گیا ہے کہ اس نے وہی کیا جو "خداوند کی نظر میں ٹھیک تھا" یا پھر " خداوند کی نگاہ میں

برا تھا"۔ انہی واقعات میں اسرائیل کا ایک بادشاہ زمری کے نام سے ہوا جو اپنے بادشاہ کو قتل کر کے خود بادشاہ بن بیٹھا تھا ۔ لیکن اس کی بادشاہت محض سات دن قائم رہی اس لئے کہ مقتول بادشاہ کے فوجی کمانڈر نے اس کا محاصرہ کر لیا ۔ زمری نے جب کوئی راہ نہ پائی تو ساتویں دن خودکشی کر لی ۔ اس کے محاصرہ کی حالت میں گزرے سات روزہ اقتدار کے لئے بائیبل لکھتی ہے:

> زمری نے ترضہ میں سات دن بادشاہی کی ۰۰۰اور ایسا ہوا کہ جب زمری نے دیکھا کہ شہر سر ہو گیا تو شاہی محل کے محکم حصہ میں جا کر شاہی محل میں آگ لگا دی اور جل مرا۔ اپنے ان گناہوں کے سبب سے جو اس نے کئے کہ خداوند کی نظر میں بدی کی اور یربعام کی راہ اور اس کے گناہ کی روش اختیار کی (1۔سلاطین 16:18)

دیکھا جا سکتا ہے کہ سازش کے ذریعہ بادشاہی حاصل کر نے کے بعد زمری کو سات دنوں میں اس کے استحکام کی جستجو میں ہونا چاہئے یا وہ یربعام کی گناہ کی راہ پر چلتا ہو گا؟ اور پھر محاصرہ کی حالت میں بدی کرنے کے مواقع اسے ملے کہاں سے؟ بالکل اسی طرح مصنف نے توجہ نہیں کی کہ نبوکدنضر کی حضرت سلیمان کے ہیکل کے خزانوں کی لوٹ مار لکھتے وقت وہ پہلے ان خزانوں کے بارے میں کیا کچھ لکھ چکا ہے ۔ تاہم حیرانی یہ ہوتی ہے کہ ہمارے دور میں بھی آپ کو معلوم ہو سکتا ہے کہ اسرائیل میں آج بھی آرکیالوجیکل تحقیقات کے نام پر حضرت سلیمان کے ہیکل کے خزائن کی تلاش جاری ہے ۔ اسی طرح آپ اس بات سے بھی واقف ہونگے کہ گیارہویں صدی عیسوی میں جب صلاح الدین ایّوبی نے یروشلم پر عیسائیوں کا ایک صدی طویل قبضہ ختم کر کے یروشلم فتح کر لیا تو اس فتح سے قبل نائٹ ٹیمپلرز، جنہوں نے عیسائیوں سے چالاکی سے یروشلم کا کنٹرول حاصل کر رکھا تھا ،خفیہ طور پر یروشلم کی زیرِ زمین کھدائی وغیرہ سے حضرت سلیمان کا خزانہ حاصل کر چکے تھے اور صلاح الدین کے ہاتھوں شکست سے کچھ ہی قبل وہ خزانہ خفیہ طور پر پانی کے جہازوں میں لدوا کر یورپ کی طرف روانہ کر دیا تھا ۔ وہ آخر کار کینیڈا کے شہر نوا سکوشیا کے ساحل پر کہیں دفن کر کے کسی مناسب وقت کے لئے محفوظ کر لیا گیا تھا یا وہاں سے بھی کسی وقت امریکہ لے جا کر چھپا دیا گیا تھا ۔نواسکوشیا کے ساتھ امریکہ میں بھی

حضرت سلیمان کے خزانوں کی تلاش گزشتہ ایک صدی سے جاری ہے ۔

حصّہ اوّل میں تورات خمسہ ہمارا مرکزی موضوع ہونے کی وجہ سے بنی اسرائیل کے تاریخی بیانات زیادہ زیرِ غور نہ آسکے تھے لیکن ان مباحث سے اور اوپر تحریر کئے گئے اقتباسات سے مجموعی طور پر اخذ کیا جا سکتا ہے کہ یہ تاریخی بیانات بھی مصنفین کے ذاتی رجحانات اور کوتاہ علمی سے محفوظ نہ رہ سکے ۔ آخری بات جس کا فہم قارئین کو عیسائی عقائد کے معاملے میں ہونا ضروری ہے وہ بائیبل میں درج انبیاء کی پیشگوئیاں ہیں ۔ جیسا کہ پہلے نشاندہی کی کہ عہد نامہ جدید کے مصنفین نے عہد نامہ قدیم کی تحاریر کو مقدّس کلام تصوّر کیا اور ان میں درج انبیاء کی پیشگوئیوں سے اپنے عقیدے کی بنیاد فراہم کیں ۔اس تجزیہ کے لئے یرمیاہ نبی کا انتخاب کرنے کی وجہ پہلے بیان کی گئی تھی تاہم یرمیاہ کے ہم عصر حزقی ایل نبی کی پیشگوئیوں کو بھی اپنی بحث میں شامل کیا جائے گا ۔دانیال نبی اور ساتھ ہی حزقی ایل نبی بھی 597 ق م میں نبوکدنضر کے ہاتھوں پیش آنے والی جلاوطنی کی پہلی قسط میں نوجوان کی حیثیت سے شامل تھے پھر دونوں کی نبوّت کی ابتداء بابل میں اسیر کئے جانے کے دوران ہوئی ۔

باب2

یرمیاہ اور حزقی ایل کی پیشگوئیاں

بائیبل میں کتاب یرمیاہ اور کتاب حزقی ایل طویل ترین کتابوں میں شمار ہیں اور مجموعی طور پر ان میں بنی اسرائیل بحیثیت قوم، انکے امراء، کاہن اور نبیوں کی اعتقادی بد عقیدگی، اخلاقی بد اعمالی اور نفس پرستی نمایاں کر کے ان کو تنبیہ کیا گیا ہے کہ خدا کی اطاعت کی طرف پلٹیں ورنہ بہت برے انجام کا سامنا کرنا پڑے گا۔ اسی مرکزی موضوع کو بکثرت مختلف انداز سے متعدد بار دہرایا ہے اور ہر مرتبہ برے انجام کی تفصیلات خدا کی طرف سے بہت باریکی سے بتائی گئی پیشگوئیوں کی صورت میں بیان کی گئی ہیں۔ اور نہ صرف بنی اسرائیل بلکہ ان کی سرحدوں سے منسلک دوسری اصنام پرست اقوام اور قریبی علاقوں میں بسنے والی گمراہ قوموں کو بھی جو کچھ بربادی نبوکدنضر کے ہاتھوں آنے والی ہے پیشگی بتایا گیا ہے۔ ایسا نہیں ہے کہ خدا نے ان اقوام کی محبت میں یا ہمدردی میں آنے والے تباہ کن خطرات سے ان کو بچانے کے لئے یہ پیشگوئیاں یرمیاہ اور حزقی ایل کو بتا دیں اور ان کو حکم کیا کہ ان قوموں میں جا کر برا وقت آنے سے پہلے ان کو بتا دیں تاکہ وہ یا تو اپنے اعمال درست کر لیں یا کچھ بچاؤ کا انتظام ہی کر لیں۔ بائیبل ایسی کوئی بات نہیں بتاتی لہٰذا اگر بنی اسرائیل کو ان کے اعمال کی سزا دینا ٹھہرایا گیا ہے تو ان اقوام کو کیوں گھسیٹا جا رہا ہے جو صدیوں سے وہی کرتی رہی ہیں جو وہ اب کرتی ہیں؟ یہ بات آپ سے آپ تجویز کرتی ہے کہ محض اپنی قوم کو متاثر کرنے کے لئے پیشگوئیوں کی تعداد اور اقسام میں اضافہ کیا گیا ہے۔

دونوں کتابیں اپنی ابتدائی چند سطور میں تصریح کرتی ہیں کہ دونوں حضرات کا ہن تھے لہٰذا ان سے پہلے لکھی گئی مذہبی اور تاریخ کی کتابوں سے بخوبی واقف تھے اور تحریروں میں موجود اس عنصر سے بھی واقف تھے کہ گزشتہ واقعات کو ان کے پیش رو مصنفوں نے پیشگوئیوں کی صورت میں لکھا تھا جو بعد میں اسی

طرح پوری ہوئیں - یہ عنصر قارئین حصّہ اوّل کی بحث میں جا بجا دیکھ چکے ہیں ۔پھر دونوں کتابیں اِس بات کی بھی تصریح کرتی ہیں کہ دونوں حضرات خدا کی طرف سے نبی مقرر کئے گئے (یرمیاہ 1:5) اور حزقی ایل (2:5)۔یہ مناسب موقع ہے کہ یہاں قارئین کو حضرت موسیٰ کی طرف سے بتائی گئی ایک ایسے خصوصی نبی کے نزول کی پیشگوئی کی طرف متوجہ کریں جو عیسائی عقیدہ کی تشریح میں ہمیں درکار ہو گی -

وہ نبی

عہد نامہ جدید کی تحریروں سے معلوم ہوتا ہے کہ اس زمانے میں بنی اسرائیل خدا کی طرف سے تین شخصیات کے نزول (دو نبی اور ایک ایسا بادشاہ جس کا نسبی تعلق حضرت داؤد سے ہو) کے منتظر تھے جن کے وسیلے سے انہیں ذلت و خواری کی زندگی سے نجات مل سکتی ہے - ان دو نبیوں میں سے ایک خاص شخصیت "وہ نبی" کی تھی جن کی بشارت حضرت موسیٰ کے ذریعے انہیں دی گئی - انہی ہستی کی طرف متوجہ کرنے کے لئے وہ اپنے درمیان "وہ نبی" کی اصطلاح استعمال کرتے تھے یعنی وہ نبی جس کی بشارت حضرت موسیٰ نے دی -

تعجب ہے کہ یہ بشارت تورات کی پانچ کتابوں میں سے صرف پانچویں کتاب استثنا میں درج ملتی ہے - کتاب استثنا D مصنف یعنی یرمیاہ کی تحریر ہے- اپنی اس کتاب کی تصحیحِ کو اس نے سقوطِ یروشلم کے بعد مکمّل کیا - کیا وجہ ہے کہ تورات کے پہلے تین مصنفوں نے اس بشارت کا کوئی تذکرہ نہیں کیا؟ اس سوال کا کوئی حتمی جواب بائیبل سے نکالا نہیں جا سکتا تاہم 722 ق م میں سقوطِ اسرائیل کے قریب کے زمانوں میں موجود تورات کے تینوں مصنف اور ان کے علماء و مفسرین بظاہر یہ سمجھتے تھے کہ ان کے اجداد میں نمایاں بزرگوں کو، خدا کے محبوب بندے ہونے کی وجہ سے ،خدا کی کوئی خصوصی عنایت بنی اسرائیل پر قائم ہے، اسی لئے اپنے وعدہ کے مطابق خدا نے مصر کی غلامی سے انہیں آزاد کیا، حضرت موسیٰ کے وسیلہ سے انہیں شریعت عطا کی ، موعودہ ملک میں حضرت داؤد کے توسط سے انہیں قائم کردیا پھر حضرت داؤد

کے گھرانے میں تختِ داؤد ہمیشہ کے لئے محفوظ کر دیا۔ لہٰذا کسی "خاص نبی " کی اب کیا حاجت ہے ؟ غالباً اپنے اسی تصوّر کی بناء پر انہوں نے حضرت موسیٰ کی بشارت تحریر کرنا غیر ضروری سمجھا اگرچہ یہ بشارت ان کے درمیان معروف تھی اور وہ یقیناً اس سے واقف تھے ۔ نبوکدنضر کے ہاتھوں انہیں وہ پیش ہوا جو ان کے خود ساختہ تصورات سے باہر تھا ۔غالباً اسی بناء پر یرمیاہ نے فیصلہ کیا کہ نئے حالات میں جبکہ" خدا کا ابد تک قائم رہنے والا گھر خاک ہو چکا " کتاب استثنا میں یہ بشارت تحریر کر دے ۔ اب ہم ذیل میں یہ عظیم بشارت نقل کر سکتے ہیں اور اس کے بعد مزید ایک نکتہ سامنے لایا جائے گا جو ہمارے قیاس کی تائید میں ہے کہ سقوطِ یروشلم کے بعد ہی یہ بشارت تورات میں درج ہو سکتی تھی ۔

اس بشارت کا پس منظر یہ ہے کہ بنی اسرائیل مصر سے نجات کے بعد پہلی مرتبہ سینا کے بیابان میں پہنچے تو اس موقع پر حضرت موسیٰ کو کوہ سینا (حورب کا پہاڑ) پر دس احکامات دینے کے لئے بلایا گیا ۔تب خدا نے اپنی مشیت سے خارج میں ایسے حالات پیدا کئے:

> اور کوہ سینا اوپر سے نیچے تک دھوئیں سے بھر گیا کیونکہ خداوند شعلہ میں ہو کر اس پر اترا اور دھواں تنور کے دھوئیں کی طرح اوپر کو اٹھ رہا تھا اور وہ سارا پہاڑ زور سے ہل رہا تھا اور جب قرنا کی آواز نہایت ہی بلند ہوتی گئی (خروج 19:18)

> اور جب لوگوں نے بادل گرجتے اور بجلی چمکتے اور قرنا کی آواز ہوتے اور پہاڑ سے دھواں اٹھتے دیکھا اور جب لوگوں نے یہ دیکھا تو کانپ اٹھے اور دور کھڑے ہو گئے۔ اور موسیٰ سے کہنے لگے تو ہی ہم سے باتیں کیا کر اور ہم سن لیا کریں گے لیکن خدا ہم سے باتیں نہ کرے تا نہ ہو کہ ہم مر جائیں (خروج 20:18)

درج کردہ دو اقتباس J اور E مصنفوں کے ہیں ۔ اس غیر معمولی واقعہ کو تحریر کرنے کے باوجود انہوں نے حضرت موسیٰ کی جوابی بشارت لکھنے سے گریز کیا جس کو یرمیاہ نے نزول بشارت کے آٹھ صدی بعد بالکل یہی کیفیات دہرانے کے ساتھ ضبطِ تحریر میں لانے کا فیصلہ کیا ۔ بنی اسرائیل کی اسی خوف زدگی کی کیفیت میں کی جانے والی درخواست کے جواب میں کتاب استثنا بتاتی ہے ، حضرت موسیٰ نے فرمایا:

خداوند تیرا خدا تیرے لئے تیرے ہی درمیان سے یعنی تیرے ہی بھائیوں میں سے میری مانند ایک نبی برپا کرے گا ۔تم اس کی سننا ۔یہ تیری اس درخواست کے مطابق ہو گا جو تو نے خداوند اپنے خدا سے مجمع کے دن حورب میں کی تھی کہ مجھ کو نہ تو خداوند اپنے خدا کی آواز پھر سننی پڑے اور نہ ایسی بڑی آگ ہی کا نظارہ ہو تاکہ میں مر نہ جاؤں ۔ اور خداوند نے مجھ سے کہا کہ وہ جو کچھ کہتے ہیں سو ٹھیک کہتے ہیں ۔ میں ان کے لئے ان ہی کے بھائیوں میں سے تیری مانند ایک نبی برپا کروں گا اور اپنا کلام اس کے منہ میں ڈالوں گا اور جو کچھ میں اسے حکم دوں گا وہی وہ ان سے کہے گا ۔اور جو کوئی میری ان باتوں کو جن کو وہ میرا نام لے کر کہے گا نہ سنے تو میں ان کا حساب اس سے لوں گا (استثنا 18:15)

یعنی ابتدائی دس احکامات خوف زدہ کر دینے والے حالات میں خدا کی قدرت سے پتھر کی سلوں پر لکھ کر لوگوں کے حوالے کئے گئے لیکن کسی وقت ایک ایسا نبی عنایت ہو گا جس کے منہ سے کلامِ خدا جاری کیا جائے گا ۔ J اور E مصنفوں نے یہی خوف زدہ کرنے والا خارجی ماحول لکھا تھا جس کی بنیاد پر D مصنف "وہ نبی" کی بشارت لکھتا ہے ۔ جب J اور E مصنف ڈراؤنے ماحول سے واقف تھے تو"وہ نبی" کی بشارت سے بھی واقف تھے لیکن انہوں نے یہ بشارت تحریر نہیں کی ۔ D مصنف یرمیاہ تو ان کے تقریباً دو صدی بعد آیا ہے ۔ اس کو کہاں سے اس بشارت کا علم ہوا؟ اب دیکھنے کی بات یہ ہے کہ خود یرمیاہ اور حزقی ایل خدا کی طرف سے نبی مقرر کئے جانے کے بعد خود اپنے بارے میں کیا لکھتے ہیں:

تب خداوند نے اپنا ہاتھ بڑھا کر میرے منہ کو چھوُا اور خداوند نے مجھے فرمایا دیکھ میں نے اپنا کلام تیرے منہ میں ڈال دیا (یرمیاہ 1:9)

اپنا منہ کھول اور جو کچھ میں تجھے دیتا ہوں کھا لے ۔اور میں نے نگاہ کی تو کیا دیکھتا ہوں کہ ایک ہاتھ میری طرف بڑھا یا ہوا ہے اور اس میں کتاب کا طومار ہے ۔اور اس نے اسے کھول کر میرے سامنے رکھ دیا ۔اس میں اندر باہر لکھا ہوا تھا اور اس میں نوحہ اور ماتم اور آہ و نالہ مرقوم تھا ۔ پھر اس نے مجھے کہا اے آدم زاد جو کچھ تو نے پایا سو کھا ۔اس طومار کو نگل جا اور جا کر اسرائیل کے خاندان سے کلام کر ۔ تب میں نے منہ کھولا اور اس نے وہ طومار مجھے کھلایا ۔پھر اس نے مجھے کہا اے آدم زاد اس طومار کو جو میں تجھے دیتا ہوں کھا جا اور اس سے اپنا پیٹ بھر لے ۔تب میں نے کھایا اور وہ میرے منہ میں شہد کی مانند میٹھا تھا (حزقی ایل 2:8)

YAHUDIYAT, ISAIYAT OR ISLAM 363

ان جملوں سے بظاہر یہی معلوم ہوتا ہے کہ دونوں حضرات نے خود کو حضرت موسیٰ کی بشارت کا مصداق ٹھہرایا ہے یا اس کی کوشش کی ہے ۔اس کے بجائے کوئی اور بات اخذ کرنا مشکل ہے ۔ یہ دو حضرات اس میں منفرد نہیں ۔ ان سے 140 سال قبل یسعیاہ نبی کو ایک موقع پر خدا کا مکاشفہ ہوا جس سے وہ خوفزدہ ہو گیا تب اپنے بارے میں لکھتا ہے:

> اور پکارنے والے کی آواز کے زور سے آستانوں کی بنیادیں ہل گئیں اور مکان دھوئیں سے بھر گیا ۔ تب میں بول اٹھا کہ مجھ پر افسوس! میں تو برباد ہوا! کیونکہ میرے ہونٹ ناپاک ہیں اور نجس لب لوگوں میں بستا ہوں کیونکہ میری آنکھوں نے بادشاہ ربّ الافواج کو دیکھا ۔ اس وقت سرافیم میں سے سلگا ہوا کوئلہ جو اس نے دست پناہ سے مذبح پر سے اٹھا لیا اور اپنے ہاتھ میں لے کر اڑتا ہوا میرے پاس آیا ۔ اور اس سے میرے منہ کو چھوا اور کہا دیکھ اس نے تیرے لبوں کو چھوا۔ پس تیری بدکرداری دور ہوئی اور تیرے گناہ کا کفارہ ہو گیا (یسعیاہ 6:4)

اس اقتباس کے لئے کوئی یہ کہہ سکتا ہے کہ یسعیاہ نے "وہ نبی" کی بشارت کا اطلاق خود پر کرنے کی کوشش نہیں کی ہے ،اگر چہ اس نے یہاں زلزلہ اور دھوئیں کی وہی کیفیت بتائی ہے جن کا مشاہدہ بنی اسرائیل کو مذکورہ بشارت کے موقع پر ہوا تھا، ہم اس اقتباس کی حد تک اتفاق کرسکتے ہیں۔ تاہم یسعیاہ کا اپنے لئے خدا کا ایک قول مزمور کے شعر کی صورت میں درج ہے جو ذیل میں نقل کیا جاتا ہے:

اور میں نے اپنا کلام تیرے منہ میں ڈالا
اور تجھے اپنے ہاتھ کے سائے تلے چھپا رکھا (یسعیاہ 51:16)

یہاں یسعیاہ نے اپنے لئے سراسر وہی جملہ لکھا ہے جو کتاب استثنا میں حضرت موسیٰ کے لبوں سے ادا ہوا تھا ۔ پھر اسی بات کو یسعیاہ نبی اپنی کتاب میں سطر 59:21 میں دہراتا ہے اس لئے ہم سمجھتے ہیں کہ اس نے بھی خود کو "وہ نبی" ٹھہرانے کی کوشش کی یرمیاہ نے حضرت موسیٰ کی بتائی گئی بشارت یسعیاہ کے 140 سال بعد پہلی مرتبہ تورات کی کتاب استثنا میں لکھی تھی جبکہ یسعیاہ کے زمانے کے آس پاس کے عرصے میں J اور E تورات لکھی جا رہی تھیں لہٰذا یسعیاہ کا حضرت موسیٰ کا ادا کردہ جملہ اپنے لئے لکھنا ہماری بات کی تائید کرتا ہے کہ تورات کے مصنفین اس بشارت سے واقف تھے لیکن ان کی نظر میں اس کو بیان کرنے کی حاجت نہ تھی ۔

بائیبل میں موجود دوسرے انبیاء کی کتابوں میں "خدا کا کلام منہ میں ڈالا" والی بات کہیں نہیں ملتی جو ان تینوں حضرات نے اپنے لئے لکھی ہے ۔ تاہم یہ طے شدہ بات ہے کہ بنی اسرائیل نے ان حضرات کو"وہ نبی" کا مصداق تسلیم نہیں کیا وگرنہ حضرت عیسٰی کے زمانے میں حضرت یحییٰ سے یہ سوال نہ کیا جاتا کہ آیا حضرت یحییٰ "وہ نبی" ہیں؟ پھر حضرت موسیٰ کی بشارت صرف ایک خاص نبی کے لئے تھی جو خود ان کی مانند ہو ۔ ان تینوں حضرات اور بنی اسرائیل نے غور نہیں کیا کہ "حضرت موسیٰ کی مانند" سے کیا مراد ہو سکتی ہے یا ہونی چاہئے ؟ ہم نے یرمیاہ اور حزقی ایل کی پیشگوئیوں کی بحث دوبارہ شروع کرنے سے پہلے حضرت موسیٰ کی "وہ نبی" کی بشارت بیان کی تاکہ "خدا کا کلام منہ میں ڈالا" کے حوالے سے دو حضرات کا پیشگی تعارف کرا سکیں ۔

یرمیاہ اور حزقی ایل ہم عصر تھے اس لئے یہ عجیب بات ہے کہ خدا کا ایک ہی نوعیت کا کلام ایک ہی زمانہ میں دو مختلف نبیوں پر، یرمیاہ کو یروشلم میں اور حزقی ایل کو بابل کی اسیری میں، نازل کیا جا رہا ہے جو اپنے بیان کے مطابق، کچھ ہی دنوں میں تمام باریکی سے بتائی گئی تفصیلات کے ساتھ، لفظ بہ لفظ پورا بھی ہو جاتا ہے یہی وجہ ہے کہ بعد کے ادوار میں عقیدت مند ان پیشگوئیوں کو لفظ بہ لفظ پورا ہو جانے کی باعث انبیاء کی کتابوں کو بھی کتابِ مقدّس اور الہامی ہونے کی نظر سے دیکھتے ہیں پھر بیشتر ایسی پیشگوئیاں بھی موجود دیکھتے ہیں جو بعد کے زمانوں کے لئے پیشگی بتا دی گئی تھیں لہٰذا ان بیانات کے الفاظ میں سے مختلف نوعیت کی تفاسیر اخذ کرنے پر اپنے ذہن کی توانائیاں استعمال کرتے رہتے ہیں ۔

دوسری پیشگوئیاں

اگر بائیبل کی بیان کردہ تاریخ کی تفصیلات ذہن میں رکھتے ہوئے مذکورہ دو کتابیں توجہ سے پڑھی جائیں تو زیادہ تر پیشگوئیاں واقعتاً بیان کئے جانے کے مطابق پوری ہو جانے کے ساتھ ساتھ چند ایسی بھی ہیں جو غلط ثابت ہوئی ہیں ۔ غلط پیشگوئیوں کی موجودگی کم از کم یہ امکان پیدا کر دیتی ہے کہ درست ثابت ہونے والی پیشگوئیاں بھی گزرے ہوئے واقعات ہیں جو بعد میں پیشگوئیوں کے انداز میں

لکھے گئے ہیں ۔علاوہ ازیں بنی اسرائیل میں کہانت کے نظام پر خدا کا ایک اہم حکم بھی دونوں کتابوں میں درج ہے جو سراسر ایک دوسرے کے متضاد ہے ۔ لہٰذا جب ایک متضاد حکم اور چند غلط ثابت ہونے والی پیشگوئیاں خدا کا کلام نہیں ہو سکتے تو درست ثابت ہونے والی پیشگوئیاں بھی مشتبہ ہو جاتی ہیں ۔اسی نکتہ کی وضاحت ہمارے پیشِ نظر ہے لیکن مذکورہ کتابوں کے مندرجات نقل کرنا غیر ضروری طوالت پیدا کرے گا لہٰذا بیشتر مواقع پر متعلقہ نکات اپنے الفاظ میں بیان کرنے کے ساتھ بائیبل کے حوالہ جات بھی درج کئے جائیں گے ۔اپنی بحث کی ابتدا کثرت سے بیان کردہ پیشگوئیاں جو لفظ بہ لفظ پوری ہوئیں کے بجائے ان پیشگوئیوں سے کرتے ہیں جو تجویز کرتی ہیں کہ یہ مصنفوں کا اپنا یا ان سے منسوب بعد میں کسی اور کا لکھا گیا ذاتی کلام ہے ۔

یرمیاہ اور حزقی ایل نے جہاں شاہ بابل کے ہاتھوں یروشلم کی بربادی کی پیشگوئیاں بیان کیں وہیں یہ بھی بتا دیا کہ قوم کی جلاوطنی دائمی نہیں بلکہ ایک وقت آئے گا کہ خدا کی عنایت ان پر پلٹے گی اور وہ واپس یروشلم میں بسائے جائیں گے ۔ یہ تفصیل کچھ ہی دیر میں زیرِ غور لائی جائے گی ۔ فی الوقت وہ حصّہ نقل کرتے ہیں جہاں بتایا گیا ہے کہ اپنے ملک واپس لائے جانے کے بعد ان کی زندگی کیسی ہو گی ۔

> کیونکہ خداوند یوں فرماتا ہے کہ اسرائیل کے گھرانے کے تخت پر بیٹھنے کے لئے داؤد کو کبھی آدمی کی کمی نہ ہو گی ۔ اور نہ لاوی کاہنوں کو آدمیوں کی کمی ہو گی جو میرے حضور قربانیاں گزرانیں اور ہدیہ چڑھائیں اور ہمیشہ قربانی کریں ۔
>
> پھر خداوند کا کلام یرمیاہ پر نازل ہوا ۔خداوند یوں فرماتا ہے کہ اگر تم میرا وہ عہد جو میں نے دن سے اور رات سے کیا توڑ سکو کہ دن اور رات اپنے اپنے وقت پر نہ ہوں تو میرا وہ عہد بھی جو میں نے اپنے خادم داؤد سے کیا ٹوٹ سکتا ہے کہ اس کے تخت پر بادشاہی کرنے کو بیٹا نہ ہو اور وہ عہد بھی جو اپنے خدمت گزار لاوی کاہنوں سے کیا ۔ جیسے اجرام فلک بے شمار ہیں اور سمندر کی ریت بے اندازہ ہے ویسے ہی میں اپنے بندہ داؤد کی نسل کو اور لاویوں کو جو میری خدمت کرتے ہیں فراوانی بخشوں گا (یرمیاہ 33:17)

یہاں یرمیاہ نے حضرت داؤد کے تخت اور لاوی کاہنوں کے لئے باندھے گئے اسی دائمی عہد کا اعادہ کیا ہے جس کی تفصیلی وضاحت حصّہ اوّل میں کی جاچکی ہے۔ ہمارے دوبارہ نقل کرنے کی ایک وجہ تو یہ کہ بنی اسرائیل کی یروشلم واپسی کے بعد کی تمام تاریخ اپنے پہلے دن سے بتاتی ہے کہ یہ دو وعدے کبھی پورے نہیں ہوئے، لہٰذا یہ "خدا کا فرمایا" ہو نہیں سکتا۔ اور دوسری وجہ یہ کہ بالکل انہی دنوں میں حزقی ایل نبی پر نازل ہونے والا کاہن کے لئے بتایا گیا حکم یرمیاہ کے بتائے ہوئے حکم کے بالکل بر عکس ہے۔ قارئین واقف ہیں کہ یرمیاہ کا نسبی تعلق امکانی طور پر حضرت موسیٰ کے گھرانے سے ہے اس لئے P تورات کا بیان کردہ خدا کا حکم، کہ کہانت صرف بنی ہارون کا حق ہے، اسے قبول نہیں۔ اس کے بجائے تمام لاویوں کے لئے خدا کے عہد کی مضبوطی ظاہر کرنے کی خاطر عجیب تشبیہ اس نے استعمال کی ہے کہ جس طرح کائنات کا فطری نظام لاتبدیل ہے اسی طرح یہ عہد بھی انسانوں سے بدلا نہیں جا سکتا۔

حزقی ایل نبی، P مصنف کی طرح، بنی ہارون سے تعلق رکھتا ہے۔ وہ اپنی کتاب میں P کے حوالے دیتا ہے اور اپنی پیشگوئیوں کے لئے P تحریر کو بنیاد بناتا ہے۔ مثلاً کتاب حزقی ایل کے باب 5 اور 6 کو لیں۔ ان میں وہ لوگوں کو مجرم ٹھہراتا ہے کہ وہ خدا کے عہد کے پابند نہ رہے۔ جس عہد کی طرف اس کا اشارہ ہے وہ P کا تحریر کردہ تورات کی کتاب احبار کا باب 26 ہے۔ اسی طرح کئی دوسرے اشارے مثلاً مصر سے خروج کے واقعات دہراتے وقت اس نے P تحریر استعمال کی، وغیرہ۔ بنی اسرائیل کی یروشلم واپسی کے بعد کی زندگی کے لئے یرمیاہ کے مذکورہ دو عہد کے مقابلے میں جو حزقی ایل نے تحریر کیا وہ:

اور وہ اس ملک میں جو میں نے اپنے بندہ یعقوب کو دیا جس میں تمہارے باپ دادا بستے تھے بسیں گے اور وہ اور ان کی اولاد اور ان کی اولاد کی اولاد ہمیشہ تک اس میں سکونت کریں گے اور میرا بندہ داؤد ہمیشہ کے لئے ان کا فرمانروا ہو گا۔ اور میں ان کے ساتھ سلامتی کا عہد باندھوں گا جو ان کے ساتھ ابدی عہد ہو گا (حزقی ایل 38:25)

اور بنی لاوی جو مجھ سے دور ہو گئے جب اسرائیل گمراہ ہوا کیونکہ وہ اپنے بتوں کی پیروی کر کے مجھ سے گمراہ ہوئے وہ بھی اپنی بدکرداری کی سزا پائیں گے ۔۔۔ اور وہ میرے نزدیک نہ آ سکیں گے کہ میرے

حضور کہانت کریں ... لیکن لاوی کاہن یعنی بنی صدوق جو میرے مقدس کی حفاظت کرتے تھے جب بنی اسرائیل مجھ سے گمراہ ہوئے میری خدمت کے لئے میرے نزدیک آئیں گے اور میرے حضور کھڑے رہیں گے تاکہ میرے حضور چربی اور لہو گذرانیں خداوند فرماتا ہے ... اور وہ نذر کی قربانی اور خطا کی قربانی اور جرم کی قربانی کھائیں گے اور ہر ایک چیز جو اسرائیل میں مخصوص کی جائے ان ہی کی ہو گی۔ اور سب پہلے پھلوں کا پہلا اور تمہاری تمام چیزوں کی ہر ایک قربانی کاہن کے لئے ہوں(حزقی ایل 44:10)

یہاں حزقی ایل حضرت داؤد کے تخت کے لئے دائمی عہد میں یرمیاہ سے سو فیصد متفق ہے لیکن کہانت کے معاملے میں وہ صرف اور صرف بنی صدوق کو کہانت کا اہل ٹھہراتا ہے۔ صدوق حضرت داؤد کا جنوبی ریاست یہوداہ کا کاہن تھا اور بنی ہارون سے تھا۔" خدا کے حکم" کے نتیجے میں آنے والے وقتوں میں صدوقی نام کا ایک فرقہ پیداہو گیا جو حضرت عیسیٰ کے نزول کے دنوں میں بنی اسرائیل کے درمیان موجود تھا اور ان کے الگ مخصوص عقائد تھے۔ کہانت کے لئے دو حکم جو آپس میں سراسر متضاد ہیں وہ ایک ہی وقت میں دو مختلف حضرات پر خدا کی طرف سے نازل ہونا کس طرح تسلیم کیا جاسکتا ہے؟یرمیاہ اور حزقی ایل کے درمیان یا بنی ہارون اور بنی موسیٰ کے درمیان باعثِ نزاع کیا ہے یا کیا ہو سکتا ہے وہ بلامحنت آمدنی ہے جسے اوپر اقتباس کے آخری دو جملوں میں دیکھا جا سکتا ہے۔عجیب بات یہ ہے کہ حزقی ایل نے" خدا کے حکم" کے ذریعے بنی ہارون میں سے بھی بنی صدوق کے سوا اس گھرانے کے دوسرے تمام پدرانہ رشتہ داروں کو کہانت سے خارج کر دیا اور ایک نئی طاقتور پھوٹ خود بنی ہارون کے درمیان پیدا کر دی۔ اس کے اثرات یوسیفس مورخ کی بیان کردہ بعد کی تاریخ میں نمایاں نظر آتے ہیں اور ہماری اگلی بحث میں شامل ہیں۔

بغور دیکھا جائے تو حزقی ایل "خدا کا حکم" لکھنے کے جوش میں خود P مصنف کا بیان کردہ خدا کا حکم رد کر بیٹھا ہے۔ حزقی ایل کے مطابق بنی لاوی ماضی میں کہانت کے اہل تھے لیکن اب اپنی بُت پرستی کی وجہ سے معزول کئے جاتے ہیں۔ P مصنف کے بیان میں ایسا نہیں تھا۔ اس کی نظر میں پہلے دن سے یہ حق بنی ہارون کو دے دیا گیا تھا۔حزقی ایل نے اس حق کو حضرت داؤد کے سردار کاہن صدوق اور اس کی اولاد کے لئے مخصوص کر دیا۔حضرت داؤد

کا معتوب کاہن شمالی ریاست کا ابیاتر تھا جو حضرت داؤد کے خلاف بغاوت میں حصّہ دار تھا لہٰذا حزقی ایل کا لاوی کاہنوں کو معزول کرنے کے نتیجے میں ابیاتر کو بنی لاوی یعنی بنی موسیٰ قرار دیا جاسکتا ہے ۔ یہ وہی بات ہے جس کو ہم نے حصّہ اوّل میں سردار کاہن عیلی کے نسبی تعلق کے معاملے میں موضوع بحث بنایا تھا ۔ابیاتر کا جرم حضرت داؤد کے خلاف بغاوت تھا جس کو چار صدی بعد حزقی ایل نے بدل کر بُت پرستی کر دیا ۔

حضرت سلیمان نے اپنے عہد میں بنی ہارون میں سے صدوق کو کہانت پر قائم رکھا تھا اور بنی موسیٰ سے ابیاتر کو معزول کر دیا تھا ۔ کیا وجہ ہے کہ تقریباً چار صدی بعد حزقی ایل خدا کی طرف سے صدوق کی قبولیت کی تصدیق کر رہا ہے اور بنی لاوی کاہنوں کو رد کر رہا ہے ؟ حزقی ایل کا مسئلہ یہ ہے کہ یروشلم میں موجود یرمیاہ "خدا کا کلام" سنا رہا ہے کہ P مصنف کے برخلاف تمام لاوی قبیلہ میں سے خدا کے کاہن چنے جا سکتے ہیں اس لئے کہ خود یرمیاہ امکانی طور پر بنی موسیٰ میں سے ہے ۔ P مصنف کی بیان کردہ شریعت میں پہلے دن ہی سے کہانت صرف بنی ہارون کے لئے مخصوص ہونے سے حضرت داؤد پر حرف آتا تھا کہ وہ ابیاتر کو چن کر ایک شرعی غلطی کے مرتکب ہوئے ۔ حزقی ایل نے اپنے تئیں P مصنف کے مقابلے میں زیادہ مناسب حل نکالا کہ دونوں گھرانے کہانت کے اہل تھے لیکن ایک اپنے برے کردار کی وجہ سے دائمی طور پر معطل کر دیا گیا ۔ایک قباحت پھر بھی رہتی تھی کہ خدا کے دونوں متضاد کلام ایک ہی وقت میں نازل کئے جا رہے ہیں ۔ اس کا حل ان حضرات کے پاس کیا تھا وہ بھی انہوں نے خدا کے کلام کے ذریعے اپنی تحریروں میں پیش کر دیا:

خداوند فرماتا ہے ۔۔۔ نبی جھوٹی نبوّت کرتے ہیں اور کاہن ان کے وسیلہ سے حکمرانی کرتے ہیں اور میرے لوگ ایسی حالت کو پسند کرتے ہیں (یرمیاہ 5:29)

خداوند فرماتا ہے ۔۔۔ اس لئے کہ چھوٹوں سے بڑوں تک سب کے سب لالچی ہیں اور نبی سے کاہن تک ہر ایک دغا باز ہے (یرمیاہ 6:13)

اور خداوند کا کلام مجھ پر نازل ہوا کہ اے آدم زاد اسرائیل کے نبی جو نبوّت کرتے ہیں ان کے خلاف نبوّت کر اور جو اپنے دل سے بات بنا کر نبوّت کرتے ہیں ان سے کہہ خداوند کا کلام سنو (حزقی ایل 13:1)

> اور اس کے نبی ان کے لئے کچی کہگل کرتے ہیں ۔ باطل رویا دیکھتے اور جھوٹی فال گیری کرتے ہیں اور کہتے ہیں کہ خداوند یوں فرماتا ہے حالانکہ خداوند نے نہیں فرمایا (حزقی ایل 22:28)

اوپر ہر دو کتابوں سے دو فقرے نقل ہیں ۔ چاروں فقرے صیغہ حال میں تحریر ہیں یعنی ان نبیوں کے متعلق جو نزولِ کلام کے وقت حیات ہیں ۔یہ نبی در حقیقت یرمیاہ اور حزقی ایل ہی ہیں اور یہی ان کا ایک دوسرے کے لئے اور اپنی قوم کے لئے جواب ہے کہ اِس کی نظر میں وہ جھوٹا نبی اور اُس کی نظر میں یہ جھوٹا نبی ۔ پہلے فقرہ میں یرمیاہ نے وہ بات لکھی جس کی نہ صرف بنی اسرائیل کی بعد کی تاریخ ،بلکہ پہلے کی بھی تاریخ، تائید کرتی ہے بلکہ ہم خود سو فیصد اتفاق کرتے ہیں کہ اصل مسئلہ دو افراد کے درمیان کہانت جیسے قابلِ احترام فریضہ کا یا بلا مشقت آمدنی کا نہیں بلکہ اقتدار کے تخت کی پشت پر رہتے ہوئے تمام ملک کے اختیارات اور ذرائع اپنے ہاتھ آجانا ۔یرمیاہ بعض بادشاہوں کے سازشی قتل اور دوسرے عمومی مشاہدات سے غالباً یہ بات اخذ کر چکا تھا ۔

بنی اسرائیل کے سماجی نظام میں کہانت کا ادارہ جس حد تک بائیبل میں نظر آتا ہے اس سے کہیں زیادہ طاقتور ہے لیکن اس کی یہ خاصیت نمایاں نہیں بلکہ پوشیدہ ہے ۔یہ کاہن ہی ہیں جنہوں نے بائیبل کی بیشتر کتابیں لکھی ہیں لیکن اس ادارہ کی طاقت کو وہ چھپا گئے ہیں وجہ یہ کہ اس کا ظاہر ہونا ان کے حق میں نہیں ۔ہم نے حصّہ اوّل میں یہودیہ کے اقتدار پر ملکہ عتلیاہ کا غاصبانہ قبضہ کا واقعہ 2۔سلاطین ، باب 11 میں سے تحریر کیا تھا ۔ اس میں ہارونی کاہن یہویدع اور اس کی بنی یہوداہ کی شہزادی بیوی کا حضرت داؤد کے گھرانے کے شیر خوار جانشین کی خفیہ پرورش اور بعد میں بذریعہ خونی انقلاب مجرم ملکہ کو ہلاک کرنے اور جانشین یہوآس کو سات سال کی عمر میں یہودیہ کا بادشاہ بنا دینے کا واقعہ تحریر کیا تھا ۔ یہ خود بھی چالیس سالہ بادشاہت کے بعد سازش کے ذریعے محل میں قتل ہوا اور اس کی جگہ اس کے بیٹے امصیاہ کو بادشاہ بنایا گیا ۔ واقعہ بتاتا ہے کہ یہوآس کے قتل میں کوئی بیرونی طاقت ملوث نہیں تھی بلکہ اس کے خادم ہی اس کے قاتل تھے ،تاہم اس کی سلطنت کے واقعات میں بائیبل بتاتی ہے کہ اس کے اور اس کے محسن یہویدع سردار کاہن کے مابین ہیکل میں آنے والی نقدی پر اختلافِ رائے پیدا ہوا ۔ بادشاہ نے کاہنوں کو

نقدی وصول کرنے کے بجائے ہیکل میں صندوق رکھوا دیا کہ لوگ براہ راست اس میں اپنی نذر و نیاز ڈال سکیں ۔ مقتول یہوآس کے بیٹے امصیاہ نے استحکام حاصل کر لینے کے بعد اپنے باپ کے قاتلوں کو ہلاک تو کیا لیکن اس کی انتیس سالہ بادشاہت کے بعد اس کے خلاف ایسی سازش ہوتی ہے کہ اسکو قریبی قلع بردار شہر لکیس فرار ہونا پڑتا ہے جبکہ جنگی لحاظ سے تمام ملک میں یروشلم سے زیادہ محفوظ اور کوئی شہر نہیں تھا ۔ اس کو اندر کے خطرات کا سامنا تھا جس کا علاج وہ اپنی سرکاری فوج رکھتے ہوئے بھی نہیں کر سکتا تھا ۔ وہ لکیس میں ہلاک کردیا گیا اور اس کی جگہ اس کا بیٹا بادشاہ بنایا گیا ۔ یہ تمام واقعات کتاب 2۔سلاطین اور 2۔تواریخ میں اسی طرح درج ہیں، یہاں طوالت سے بچنے کی خاطر خلاصہ کی صورت میں بیان کیا ہے ۔ملکہ عتلیاہ کی چھ سالہ سلطنت کا سردار کاہن کی سربراہی میں کامیاب خونی انقلاب کے ذریعہ ختم ہونا ظاہر کرتا ہے کہ کہانت کے نظام کو کس نوعیت کی طاقت اور ذرائع میسر تھے ۔ علاوہ ازیں سقوطِ یروشلم سے قبل یہودیہ کے آخری شاہی گھرانے کے سربراہ شاہ یوسیاہ کے سلسلے میں ہم نے بہت کچھ تحریر کیا لیکن اس کے باپ شاہ امون کے متعلق اب تک کچھ نہیں بتایا ۔ ذیل میں اس کی وفات کا واقعہ تحریر کیا جاتا ہے:

> اور امون کے خادموں نے اس کے خلاف سازش کی اور بادشاہ کو اسی کے قصر میں جان سے مار دیا ۔لیکن اس ملک کے لوگوں نے ان سب کو جنہوں نے امون بادشاہ کے خلاف سازش کی تھی قتل کیا اور ملک کے لوگوں نے اس کے بیٹے یوسیاہ کو اس کی جگہ بادشاہ بنایا(2۔سلاطین 21:23)

یوسیاہ کی عمر آٹھ سال تھی جب وہ بادشاہ بنایا گیا لہٰذا اس سے تو کوئی سازش متوقع نہیں ہو سکتی ۔ بادشاہ کے قتل کے واقعہ میں قاتل بھی سب ہلاک کر دیئے گئے لہٰذا سازش کرنے والوں کا پتہ لگانا بھی آسان نہ رہا ۔ پھر یوسیاہ چوبیس سال کی عمر کو پہنچا تب یرمیاہ کے باپ سردار کاہن خلقیاہ کو "اتفاقیہ" تورات کی کتاب استثنا دریافت ہوئی جس کی وضاحت حصّہ اوّل میں کی گئی کہ وہ درحقیقت یرمیاہ ہی کی لکھی گئی تھی ۔ بیان کردہ تفصیلات سے قارئین کہانتی نظام کی طاقت کا اندازہ کر سکتے ہیں ۔ اس نظام کے حمایتی اور مستفید ہونے والے

مصنف یقیناً اسے مستور رکھنا چاہیں گے اس لئے یہ صفت بائیبل میں نمایاں نظر نہیں آتی۔

اوپر بیان کردہ ضمنی تفصیلات عیسائیت کی بحث سے بالواسطہ تعلق رکھتی ہیں اس لئے پیشگوئیوں کی بحث سے غیر متعلق ہونے کے باوجود ان کا تذکرہ کیا گیا تاکہ قارئین کہانت کے نظام کی طاقت کے بارے میں مناسب تصوّر قائم کر سکیں۔ پیشگوئیوں کے ضمن میں کتاب یرمیاہ میں یوسیاہ کے بعد اخزیاہ اور یہویاکین کے انجام کے لئے بتائی گئی پیشگوئیاں لفظ بہ لفظ پوری ہوئیں۔ یہ تفصیل یہاں درج کرنا غیر ضروری ہے یہ پیشگوئیاں کتاب حزقی ایل میں نہیں پائی جاتیں تاہم یہودیہ کے آخری بادشاہ صدقیاہ کا پیشگی بتایا گیا انجام دونوں کتابوں میں ملتا ہے اور بوجوہ باعثِ دلچسپی ہے۔ پچھلے صفحات میں ہم نے بتایا تھا کہ 587 ق م کے غدر میں نبوکدنضر نے یروشلم کا گھیراؤ کیا، شہر میں قحط کی حالت پیدا ہوئی اور فصیل کی دیواروں میں رخنہ پڑ گیا تو صدقیاہ اپنے خاندان کے ساتھ فرار ہوا، لیکن گرفتار ہو کر نبوکدنضر کے سامنے پیش کیا گیا۔ نبوکدنضر نے منہ در منہ طعن کرنے کے بعد اس کی اولاد اس کے آنکھوں دیکھتے ذبح کر دی۔ پھر اس کو بھی اندھا کر دیا اور بابل میں قید کر دیا جہاں بعد میں وہ فوت ہوا۔ دونوں حضرات یروشلم اور صدقیاہ کے انجام کے بارے میں پیشگی بتاتے ہیں:

> تب خداوند کا یہ کلام یرمیاہ نبی پر نازل ہوا کہ خداوند اسرائیل کا خدا یوں فرماتا ہے کہ جا اور شاہ یہوداہ صدقیاہ سے کہہ دے کہ خداوند یوں فرماتا ہے کہ دیکھ میں اس شہر کو شاہ بابل کے حوالہ کر دوں گا اور وہ اسے آگ سے جلائے گا۔ اور تو اس کے ہاتھ سے نہ بچے گا بلکہ ضرور پکڑا جائے گا اور اس کے حوالہ کیا جائے گا **اور تیری آنکھیں شاہ بابل کی آنکھوں کو دیکھیں گی اور وہ رو برو تجھ سے باتیں کرے گا** اور تو بابل کو جائے گا۔ تو بھی اے بادشاہ شاہ یہوداہ صدقیاہ خداوند کا کلام سن۔ تیری بابت خداوند یوں فرماتا ہے کہ تو تلوار سے قتل نہ کیا جائے گا۔ تو امن کی حالت میں مرے گا (یرمیاہ 34:2)

> وہ جلا وطن ہوں گے اور اسیری میں جائیں گے۔ اور جو ان میں حاکم ہے وہ شام کو اندھیرے میں اٹھ کر اپنے کاندھے پر سامان اٹھائے ہوئے نکل جائے گا وہ دیوار میں سوراخ کریں گے کہ اس راہ سے نکال لے جائیں وہ اپنا چہرہ ڈھانپے گا کیونکہ اپنی آنکھوں سے زمین کو نہ دیکھے گا اور میں اپنا جال اس پر بچھاؤں گا اور وہ میرے پھندے میں پھنس جائے گا

اور میں اسے کسدیوں کے ملک میں بابل میں پہنچا وں گا **لیکن وہ اسے نہ دیکھے گا اگرچہ وہیں مرے گا** (حزقی ایل 12:11)

اعتراف کرنا پڑتا ہے کہ دونوں نبیوں کی پیشگوئیاں تمام باریک ترین نزاکتوں کے ساتھ لفظ بہ لفظ پوری ہوئیں ۔ہم نے دونوں اقتباسات میں ایک ایک سطر کو گہری روشنائی سے نمایاں کر دیا ہے ۔ اگر یہ درج نہ ہوتیں تب بھی کام چل جاتا لیکن ان سطور کی موجودگی نے معتقدین کی مرعوبیت کو ایک الگ ہی سطح فراہم کر دی ہے ۔ یرمیاہ لکھتا ہے صدقیاہ کی رو برو آنکھوں سے دیکھتے ہوئے شاہ بابل سے باتیں ہوئیں پھر اسے بابل بھیج دیا گیا ۔ حزقی ایل لکھتا ہے کہ وہ بابل پہنچایا گیا لیکن اس شہر کو جیتے جی دیکھ نہ سکا ۔ یرمیاہ کہتا ہے کہ گرفتاری کے وقت صدقیاہ دیکھ سکتا تھا جبکہ حزقی ایل کے مطابق وہ مرتے دم تک بابل نہ دیکھ سکا۔ یہ بات باعثِ الجھن ہے لیکن کتاب 2-سلاطین بتاتی ہے شاہ بابل اس وقت اپنے فتح کئے گئے دمشق کے شہر حمات میں تھا جب صدقیاہ کو اس کے سامنے پیش کیا گیا ۔ اس نے وہیں بابل بھیجنے سے پہلے ہی اسے اندھا کر دیا تھا لہذا گتھی سلجھ گئی کہ جب صدقیاہ کا نبوکدنضر سے رو برو سامنا ہوا اس وقت وہ بابل میں نہیں تھا لیکن جب بابل پہنچایا گیا تو دائمی اندھا ہو چکا تھا اس لئے جیتے جی بابل دیکھ نہ سکا ۔پیشگوئیوں میں مستور باریک نزاکتوں کی یہ حیرت انگیز مثال ہے ۔قارئین کو بتا دیں کہ یہ نزاکت ہم نے نہیں ڈھونڈ نکالی ہے ! بلکہ اس نکتہ کو ہم نے یوسیفس مورخ کی کتاب میں پایا اور ساتھ ہی خود اس کو بھی اس غیر معمولی پیشگوئی سے انتہائی مرعوب پایا۔

کتاب یرمیاہ اور کتاب یسعیاہ میں پیشگوئیاں اتنی کثیر تعداد میں ہیں کہ انہیں پیشگوئیوں کی کتاب کہنا زیادہ مناسب ہے ۔ انہیں پڑھیں تو احساس ہوتا ہے کہ جو بات پیشگوئیوں کے زمرے میں نہیں آتی وہ محض اس لئے لکھی گئی ہے کہ پیشگوئی لکھی جا سکے ۔یرمیاہ نے یہویقیم کا انجام بتانے کے تسلسل میں خود یروشلم کا انجام بھی اٹھارہ سال پہلے بتا دیا تھا ۔اس پیشگوئی کا پس منظر کچھ طویل ہے اس لئے اس کی تلخیص ذیل میں درج کی جاتی ہے ۔

یہویقیم کی سلطنت کے چوتھے برس یرمیاہ پر خدا کا کلام نازل ہوا کہ وہ گزشتہ بائیس سالوں میں اس پر نازل کردہ تمام کلام کو تحریر کروائے اور کسی کو خداوند کی ہیکل میں بھیج کر تمام لوگوں کو

سنائے کہ لوگ اپنی بری روش سے باز آجائیں ورنہ بڑی مصیبت کا شکار ہو جائیں گے ۔وہ اپنے سیکریٹری باروک کو تمام کلام لکھوا کر اسی کو حکم کرتا ہے کہ ہیکل میں جا کر لوگوں کو سنا دے اس لئے کہ یرمیاہ کو ہیکل میں داخلہ پر پابندی ہے ۔ باروک کی خدا کا کلام سنانے کی اطلاع ہونے پر یہویقیم اس طومار کو منگوا کر خود سنتا ہے اور طیش کی حالت میں انگیٹھی کی آگ میں جلا دیتا ہے ۔ اس پر خدا کا نیا کلام یرمیاہ پر نازل ہوتا ہے:

> اور جب بادشاہ طومار اور ان باتوں کو جو باروک نے یرمیاہ کی زبانی لکھی تھیں جلا چکا تو خداوند کا یہ کلام یرمیاہ پر نازل ہوا ۔کہ تو دوسرا طومار لے اور اس میں وہ سب باتیں لکھ جو پہلے طومار میں تھیں جسے شاہ یہوداہ یہویقیم نے جلا دیا ۔اور شاہ یہوداہ یہویقیم سے کہہ کہ خداوند یوں فرماتا ہے کہ تو نے طومار کو جلا دیا اور کہا ہے کہ تو نے اس میں یہ کیوں لکھا کہ شاہ بابل یقیناً آئے گا اور اس ملک کو غارت کرے گا اور نہ اس میں انسان باقی چھوڑے گا نہ حیوان ۔اس لئے شاہ یہوداہ یہویقید کی بابت خداوند یوں فرماتا ہے کہ اس کی نسل میں سے کوئی نہ رہے گ جو داؤد کے تخت پر بیٹھے اور اس کی لاش پھینکی جائے گی تاکہ دن کو گرمی میں اور رات کو پالے میں پڑی رہے (یرمیاہ 36:27)

اس اقتباس میں یرمیاہ نے خدا کے کلام کے ذریعے تین پیشگوئیاں بیان کی ہیں ۔ سب سے بڑی پیشگوئی کو تو اس کے وقوع ہونے سے اٹھارہ سال پہلے بتا دیا کہ شاہ بابل آ کر ملک غارت کرے گا ۔ پھر اس کے طومار جلانے کے جرم میں یہ کہ اس کی اولاد میں سے حضرت داؤد کے تخت پر بیٹھنے کے لئے کوئی نہ رہے گا اور خود اس کا انجام بھی بتا دیا کہ اس کی لاش پھینک دی جائے گی ۔یہ تحریر یہویقیم کی لاش پھینکے جانے کی یوسیفس کی بتائی گئی روایت کی تصدیق کرتی ہے جبکہ بائیبل کے دوسرے مقامات پر بتائی گئی روایات کی تردید ظاہر کرتی ہے جسے ہم اوپر نمایاں کر چکے ہیں ۔

شاہ صدقیاہ کی سلطنت کے چوتھے سال کتاب یرمیاہ ایک جھوٹے نبی حننیاہ کا تذکرہ کرتی ہے جس میں حننیاہ نبی خدا کے گھر میں یرمیاہ کو مخاطب کر کے خود پر خدا کا نازل کردہ کلام سناتا ہے کہ خدا دو ہی سال میں نہ صرف شاہ یہویاکین کو بابل کی قید سے چھڑا لائے گا بلکہ ہیکل کے لوٹے گئے ظروف بھی واپس لے آئے گا ۔ اس پر یرمیاہ اس کو جھوٹا نبی قرار دیتا ہے اور ساتھ میں بتاتا ہے کہ حننیاہ

اسی سال مر جائے گا ۔ بالکل ایسا ہی ہوا ۔ وہ دو ماہ میں مر گیا (یرمیاہ 28:1)۔یہ خصوصیات ہیں جو کتاب یرمیاہ ہمیں یرمیاہ نبی کے بارے میں بتلاتی ہیں ۔ جو بات حضرت کے لبوں سے برآمد ہوتی ہے وہ من و عن پوری ہو جاتی ہے ۔ سقوطِ یروشلم کو اٹھارہ سال پہلے بتا دیا ۔ جو مصیبتیں قوم پر نبوکدنضر کے ہاتھوں آنے والی تھیں یعنی قحط، وبائی امراض، قتلِ عام اور لوٹ مار، ہیکل سمیت پورا شہر جلا دینا پھر اسیری و جلاوطنی سب کتاب یرمیاہ میں قبل از وقت بتا دئے گئے اور بالکل اسی طرح وقوع ہوئے ۔ جھوٹے نبی کے مرنے کی پیشگوئی کی اور وہ جلد پوری ہوئی ۔ایسا شخص کسی معاشرہ اور کسی زمانے میں ہو لوگ اس کی بزرگی سے خوف کھائیں گے کہ کہیں ایسی ویسی بات یرمیاہ کے منہ سے نہ نکل جائے ، اس کی عزت و احترام میں آنکھیں بچھائیں گے ، ساتھ میں قسمت کا حال پوچھنے والوں کی ہمہ وقت ایسی یلغار کہ پیچھا چھڑانا مشکل ۔ لیکن ہو کیا رہا ہے؟ لوگ جسم پر کبھی گھونسے برسا دے رہے ہیں(یرمیاہ20:1) ، کبھی اندھے کنویں میں بلا خوراک دھکیل کر مرتا چھوڑ رہے ہیں(یرمیاہ38:6)، خدا کے گھر میں داخلہ بند کر رکھا ہے(یرمیاہ36:5)، وغیرہ ۔ یہ سب بھی کتاب یرمیاہ میں پایا جانا یقیناً غیر فطری ہے اور عام انسانی طبیعت کے غیر منافی ہے ۔

کتاب یرمیاہ میں سقوطِ یروشلم کے بعد یرمیاہ سمیت مصر پناہ گزین ہو جانے والوں کا ایک واقعہ درج ہے ۔ قوم وہاں پر بھی بُتوں کی پرستش اور پست اعمالی کا شکار تھی ۔ یرمیاہ سقوطِ یروشلم سے متعلق اپنی تمام پیشگوئیاں لفظ بہ لفظ پوری ہو جانے کے بعد اپنے طویل خطاب میں ،خدا کے کلام کی صورت میں کہی جانے والی، عقیدہ و اعمال کی درستگی کی نصیحت کرتا ہے اور ناشنوائ کی صورت میں بھاری سزا لازم ہو جانے کی طرف متوجہ کرتا ہے ۔ اس پر قوم جواب دیتی ہے:

> کہ یہ بات جو تو نے خداوند کا نام لے کرہم سے کہی ہم کبھی نہیں مانیں گے ۔بلکہ ہم تو اسی بات پر عمل کریں گے جو ہم خود کہتے ہیں کہ ہم آسمان کی ملکہ کے لئے بخور جلائیں گے اور تپاون تپائیں گے جس طرح ہم اور ہمارے باپ دادا ہمارے بادشاہ اور ہمارے سردار یہوداہ کے شہروں اور یروشلم کے بازاروں میں کیا کرتے تھے کیونکہ اس وقت ہم خوب کھاتے پیتے اور خوشحال اور مصیبتوں سے محفوظ تھے ۔پر جب سے ہم نے آسمان کی ملکہ کے لئے بخور جلانا اور تپاون تپانا چھوڑ دیا

تب سے ہم ہر چیز کے محتاج ہیں اور تلوار اور کال سے فنا ہو رہے ہیں
(یرمیاہ 45:16)

ہم یہ اقتباس پہلے بھی نقل کر چکے ہیں لیکن پیشگوئیوں کی بحث میں دوبارہ نقل کیا ہے ۔عام انسانی فطرت کے لحاظ سے لوگوں کا یہ جواب اس صورت میں مل سکتا تھا جب کہنے والے سے کسی پیشگوئی کے پورا ہونے کا مشاہدہ نہ ہوا ہو اور لوگ اس کو جھوٹا سمجھتے ہوں ۔ ایسے غیرمعمولی حالات و واقعات میں خدا کی بنائی گئی انسانی فطرت کے موافق جو ردّ عمل ظاہر ہو سکتا ہے اس کو بائیبل کی مختصر کتاب نوحہ میں بخوبی دیکھا جا سکتا ہے ۔ کتاب نوحہ پانچ نظموں کا مجموعہ ہے جو یروشلم کی تباہی کے بعد اسیری کے دوران بنی اسرائیل کی ذہنی کیفیات کی بہترین عکّاس ہیں ۔پانچوں نظموں میں موجود کیفیات لکھی جا نہیں سکتیں اگر لکھنے والے یا لکھنے والوں کو یروشلم کا انجام اور غلامی سے نجات کا پیشگوئیوں کی صورت میں پہلے ہی سے علم ہو ۔ یہ پڑھی جانے والی نظمیں ہیں لیکن آخری نظم کے آخری چند اشعار نقل کرتے ہیں:

پر تو اے خداوند ابد تک قائم ہے اور تیرا تخت پشت در پشت
پھر تو کیوں ہم کو ہمیشہ کے لئے فراموش کرتا ہے
اور ہم کو مُدّت دراز تک ترک کرتا ہے؟
اے خداوند ہم کو اپنی طرف پھرا تو ہم پھریں گے
ہمارے دن بدل دے جیسے قدیم سے تھے
کیا تو نے ہم کو بالکل ردّ کر دیا ہے؟
کیا تو ہم سے سخت ناراض ہے؟

اسی طرح سے حضرت داؤد سے منسوب زبور میں آنجناب کے چار پانچ صدی بعد لکھی گئی کئی نظمیں شامل ہیں جو یروشلم کی بربادی اور اسیری کے دوران پیدا ہونے والی ان کیفیات کا مظہر ہیں جو صرف اس صورت میں پیدا ہو سکتی ہیں جب وہ شعراء ان پیشگوئیوں سے قطعی نابلد ہوں ۔ چند اشعار ذیل میں درج کئے جاتے ہیں :

(اور ہم میں کوئی نہیں جانتا کہ یہ حال کب تک رہے گا (زبور 74:9
کیا خداوند ہمیشہ کے لئے چھوڑ دے گا؟کیا اس کی شفقت ہمیشہ کے لئے جاتی رہی؟(زبور 77:7
(اے خداوند کب تک؟کیا تو ہمیشہ کے لئے ناراض رہے گا؟(زبور 79:5

زبور میں کئ نظمیں ہمارے مدعا کی تائید کے لئے موجود ہیں لیکن زبور اور نوحہ میں ایک شعر بھی ہم کو نہیں ملتا جو کسی بھی

نوعیت کی پیشگوئیوں کی، جو مذکورہ کتابوں میں پائی جاتی ہیں، تائید کر سکے ۔اوپر درج کئے گئے چند اشعار سے زیادہ تفصیل ہمارے مدعا کی وضاحت کے لئے غیر ضروری ہے یرمیاہ نے شاہ بابل کے ہاتھوں یروشلم کی بربادی اور قوم کی اسیری قبل از وقت بتانے کے ساتھ ساتھ قوم کو 70 سال بعد اسیری سے نجات اور ملک میں واپس بسائے جانے کا مژدہ بھی خدا کے کلام کی صورت میں تباہی سے پہلے ہی سنا دیا تھا ۔ یہ خوشخبری بھی متعدد مقامات پر مختلف الفاظ میں دہرائی گئی ہے جس میں سے دو ذیل میں نقل کی جاتی ہیں:

اور یہ ساری زمین ویرانہ اور حیرانی کا باعث ہو جائے گی ۔ خداوند فرماتا ہے جب ستّر برس پورے ہوں گے تو میں شاہ بابل کو اور اس قوم کو اور کسدیوں کے ملک کو ان کی بدکرداری کے سبب سے سزا دوں گا اور میں اسے ایسا اجاڑوں گا کہ ہمیشہ تک ویران رہے (یرمیاہ 25:11)

کیونکہ خداوند یوں فرماتا ہے کہ جب بابل میں ستّر برس گزر چکیں گے تو میں تم کو یاد فرماؤں گا اور تم کو اس مکان میں واپس لانے سے اپنا نیک قول پورا کروں گا (یرمیاہ 29:10)

ستّر سالہ غلامی کی خدا کی طرف سے متعین کردہ مدت بائیبل میں کتاب یرمیاہ کے ساتھ دوسری کتابوں میں زیادہ نمایاں کی گئی ہے ۔ دانیال نبی کی کتاب میں یرمیاہ نبی کی بیان کردہ یروشلم کی ستّر سالہ بربادی درج ہے (دانیال 9:2)،بالفاظ دیگر وہ یرمیاہ کی متعین مدت کو "خدا کا کلام" کی حیثیت سے تسلیم کرتا ہے ۔ اسی طرح کتاب تواریخ کے اختتام پر ذیل کے الفاظ میں بیان کیا گیا ہے اور اسی بات کو اگلی کتاب عزرا کی ابتدا میں دہرایا گیا ہے :

اور جو تلوار سے بچے وہ ان کو بابل کو لے گیا اور وہ وہاں اس کے اور اس کے بیٹوں کے غلام رہے جب تک فارس کی سلطنت شروع نہ ہوئی تاکہ خداوند کا وہ کلام جو یرمیاہ کی زبانی آیا تھا پورا ہو کہ ملک اپنے سبتوں کا آرام پا لے کیونکہ جب تک وہ سنسان پڑا رہا تب تک یعنی ستّر برس تک اسے سبت کا آرام ملا (2۔سلاطین 36:20)

یہ اقتباس واضح کرتا ہے کہ ستّر سالہ غلامی سے واقعہ میں ایک نفسیاتی اعتقادی عنصر کا اضافہ ہوا اس لئے کہ خدا نے چھ دنوں میں کائنات بنائی اور ساتویں دن آرام کیا (خروج 20:11) ۔ اس طرح ساتواں دن، ساتواں سال، 7x7 یوبلی کے سال کی لئے (احبار 25:48)، 7x10

وغیرہ غالباً نفسیاتی طور پر قوم کو پیشگوئیاں قبول کرنے پر زیادہ مائل کر سکتے ہیں ۔ لیکن اگر کوئی شخص بیان کردہ ستّر سالہ غلامی کی تصدیق کرنا چاہے تو خود بائیبل سے اس کی تصدیق نہیں ہو سکتی ۔جدید محققین شاہ فارس کے ہاتھوں بابل کی فتح اور بنی اسرائیل کی نجات 536 ق م میں پیش آنا تجویز کرتے ہیں اور اسی سال کو ہم نے حصّہ اوّل میں بھی استعمال کیا تھا۔ اس کے حساب سے 587 ق م میں سقوطِ یروشلم کے بعد غلامی کی مدت 51 سال ہوتی ہے ۔ اگر غلامی کو587 ق م کے بجائے جلاوطنی کی پہلی قسط سے شمار کریں جو گیارہ سال قبل 598 ق م میں پیش آئی تھی تب بھی 62 سال بنتے ہیں لہٰذا جدید محققین کا بھی ستّر سال کی تصدیق کرنا یا دوسرے الفاظ میں یرمیاہ کی پیشگوئی کو خدا کا کلام تسلیم کرنا مشکل ہے ۔

یوسیفس نے اپنی تاریخ میں نبیوں کی سب ہی پیشگوئیوں کو بہت قابلِ قدر الفاظ میں تحریر کیا ہے ۔ اتفاقاً اس نے اپنی قوم کی تاریخ لکھنے کے ساتھ ساتھ ان اقوام کے تاریخی واقعات بھی تفصیلاً لکھ دئے جن کا بنی اسرائیل سے واسطہ پڑتا تھا ۔ان تفصیلات سے اس غلامی کی مدت کا تخمینہ لگایا جا سکتا ہے ۔یوسیفس کے مطابق نبوکدنضر نے 43 سال بادشاہت کی ۔ اس کی وفات کے بعد اس کا بیٹا اویل مرودک (جس کے یہویاکین کو رہا کرنے کا تذکرہ پہلے کیا گیا تھا) 18 سال بادشاہ رہا ۔ اس کا بیٹا نیگلیسر آئندہ 40 سال کے لئے بادشاہ بنا پھر اس کا بیٹا 9 ماہ بادشاہ رہ کر مر گیا تو بیلشضر بادشاہ بنا (دانیال اس کو نبوکدنضر کا بیٹا بتاتا ہے (دانیال 5:1) تاہم یہ بائیبل میں عام طریقہ ہے کہ کسی گھرانے کے فرد کو اس کے قدیم نمایاں جد کا بیٹا لکھ دیں ۔بادشاہ نیگلیسر کے 17ویں سال شاہ فارس اور میڈیا کے بادشاہ داریوس نے بابل فتح کر لیا اور شاہ فارس سائرس کے حکم سے بنی اسرائیل یروشلم واپس ہوئے ۔ان تمام سالوں کا مجموعہ 119 سال بنتا ہے ۔ ان میں سے نبوکدنضر کے اٹھارویں سال یروشلم فتح کرنے کے 18 سال منہا کر لیں تو غلامی کی مدت 101 سال تخمین ہوتی ہے ۔اس طرح بائیبل کے عقیدت مندوں کے لئے "خدا کا کلام" کی مدتِ غلامی کی تصدیق ممکن نہیں رہتی ۔

گذشتہ صفحات میں ہم نے شاہ یہویقیم کے لئے یرمیاہ پر خدا کا نازل کردہ کلام بتایا تھا کہ اس کی نسل سے کوئی شاہ داؤد کے تخت پر نہ بیٹھ سکے گا لیکن اس کے برعکس نبوکدنضر نے اس کے بیٹے

یہویاکین کو تین ماہ کے لئے بادشاہ بنایا پھر گرفتار کر کے جلاوطنی کی پہلی قسط میں بابل میں قید کردیا ۔ اسی کی اڑتیس سال قید کے بعد رہائی کا واقعہ اچانک 2۔سلاطین کے اختتام پر درج ہوا تھا ۔اس واقعہ سے "خدا کا کلام" محض چند ماہ میں غلط پڑ گیا ۔عیسائی عقیدہ کے تجزیہ میں ہمیں یہویاکین کا تذکرہ کرنے کی ضرورت پیش آئے گی ۔ یہویقیم کے خاندان کو بادشاہت کے لئے نااہل قرار دینے کے باوجود ،اگر چہ ضرورت باقی نہ رہی تھی، یرمیاہ نے اس کے بیٹے یہویاکین کے لئے بھی خدا کا کلام سنایا:

> خداوند یوں فرماتا ہے کہ اس آدمی ،یعنی یہویاکین، کو بے اولاد لکھو جو اپنے دنوں میں اقبال مندی کا منہ نہ دیکھے گا کیونکہ اس کی اولاد میں سے کبھی کوئی ایسا اقبال مند نہ ہو گا کہ داؤد کے تخت پر بیٹھے اور یہوداہ پر سلطنت کرے(یرمیاہ 22:30)

بعد میں یہویاکین کا پوتا زرّبابل شاہ فارس کی عطا کردہ آزادی کے بعد یہوداہ کا حاکم بنا لہٰذا خدا کا یہ کلام بھی غلط پڑ گیا ۔کمال ہے کہ اسی پیشگوئی کے تسلسل میں خود بابل کا کیا انجام ہونے والا ہے اس کو بھی اس نے بہت تفصیل سے بتا دیا تھا ۔ بابل کو کیا پیش آنے والا ہے اس کے لئے کتاب یرمیاہ میں کافی زیادہ صفحات استعمال ہوئے ہیں ۔ یہاں اس کا لکھا گیا بابل کے انجام کا ایک مختصر ٹکڑا نقل کیا جاتا ہے:

> خداوند فرماتا ہے کہ تلوار کسدیوں پر اور بابل کے باشندوں پر اور اس کے امرا اور حکما پر ہے . . . اس لئے دشتی درندے گیدڑوں کے ساتھ وہاں بسیں گے اور شتر مرغ اس میں بسیرا کریں گے اور وہ پھر ابد تک آباد نہ ہوگی ۔ پشت در پشت کوئی اس میں سکونت نہ کرے گا ۔ جس طرح خدا نے سدوم اور عمورہ اور ان کے آس پاس کے شہروں کو الٹ دیا خداوند فرماتا ہے اسی طرح کوئی آدمی وہاں نہ بسے گا نہ آدم زاد اس میں رہے گا (یرمیاہ 50:35)

بعد کی تاریخ اس کے برعکس بتاتی ہے ۔ نہ ہی بابل کبھی غیر آباد رہا اور نہ ہی قومِ لوط جیسی مصیبت اس پر ٹوٹی ۔نویں دسویں صدی عیسوی میں اسلامی مملکتوں کے سنہری دور میں عراق عالمی علمی مرکزیت کا حامل تھا ۔ شاہراہ ریشم کے عالمی تجارتی نیٹ ورک کا مرکز شمار ہوتا تھا ۔دنیا کا ترقی یافتہ ترین شہر اس دور میں عراق

کی ملکیت میں تھا ۔خدا کا یہ کلام کس طرح درست تسلیم کیا جا سکتا ہے؟ یرمیاہ 570 ق م میں سقوطِ یروشلم کے سترہ سال بعد مصر میں مر چکا تھا ۔ سقوطِ بابل سقوطِ یروشلم کے ایک سو سال بعد کا واقعہ ہے ۔ نہ صرف یہ اقتباس بلکہ کتاب یرمیاہ اور کتاب حزقی ایل یا کم از کم ان کتابوں کا بڑا حصّہ ان حضرات کا لکھا نہیں ہو سکتا ۔اس قیاس کی صداقت کے لئے ان کتابوں میں مستور ایک اور نکتہ کی طرف متوجہ کیا جاتا ہے ۔ اسی نکتہ کی وضاحت پر کتاب یرمیاہ میں درج پیشگوئیوں پر بحث کا موضوع مکمّل ہو جائے گا ۔

کتاب یرمیاہ اور سلاطین یا تواریخ کی کتابوں سے اب تک جو کچھ سقوطِ یروشلم کے بارے میں شاہ بابل کے حوالے سے تحریر کیا اس میں ہر مرتبہ ہم نے شاہ بابل کا نام نبوکدنضر لکھا تھا۔ لیکن بائیبل میں بعض مقامات پر یہ نام معمولی فرق سے لکھا گیا ملتا ہے ۔ یہ فرق ہماری دلچسپی کا موجب بنا اور ہمارے موضوع سے متعلق ہونے کے باعث اس کا تجزیہ پیش کیا جاتا ہے ۔

مصنف یرمیاہ کی کتاب 2۔سلاطین کے آخری دو ابواب میں یروشلم کو ڈھانے والے شاہ بابل کا ذکر ملتا ہے ۔وہاں اس کا نام لکھا جانا گنا جائے تو چھ مرتبہ اس کو نبوکدنضر لکھا گیا ہے ۔کتاب 2۔تواریخ کے آخری باب میں بھی اس کا ذکر ملتا ہے ، وہاں اس کا چار مرتبہ یہی نام بتایا ہے ۔کتاب 1۔تواریخ میں ایک مرتبہ اسی نام سے لکھا گیا ۔ کتاب دانیال میں اکتیس مرتبہ اس کا نام نبوکدنضر لکھا گیا ہے ۔ اس کے بعد شاہ بابل کا نام یا تو کتاب یرمیاہ میں ملتا ہے یا پھر کتاب حزقی ایل میں لیکن وہاں اس نام میں فرق ہے ۔

کتاب حزقی ایل میں اس کو چار مرتبہ نبوکدرضر لکھا گیا ہے جبکہ ایک مرتبہ بھی نبوکدنضر نہیں لکھا ۔ کتاب یرمیاہ میں اس کو چھبیس مرتبہ نبوکدرضر جبکہ سات مرتبہ نبوکدنضر اور دو مرتبہ نبوکدنصر لکھا گیا ہے ۔نضر اور نصر میں صرف نکتہ کا فرق ہے جو بآسانی کسی بھی لکھنے والے سے سہواً ہو سکتا ہے اس لئے کتاب یرمیاہ کے معاملے میں سات اور دو کی جگہ نو مرتبہ نبوکدنضر شمار کرنا چاہئے ۔بائیبل کا اردو ترجمہ پہلی مرتبہ اٹھارویں صدی کے وسط میں انگریزی بائیبل سے کیا گیا ۔ اگر انگریزی بائیبل میں دیکھیں تو نضر اور رضر کا حجّے کا یہی فرق وہاں بھی موجود ہے ۔اب قابلِ توجّہ بات یہ ہے کہ نبوکدرضر یا تو کتاب حزقی ایل میں ملتا ہے یا

پھر کتاب یرمیاہ میں ۔ کتاب یرمیاہ کی حد تک مسئلہ یہ ہے کہ کتاب 2-سلاطین بھی اسی نے لکھی اور وہاں اس نے نضر لکھا تھا لہٰذا کتاب یرمیاہ میں بھی نضر ہی لکھتا لیکن اپنی کتاب یرمیاہ میں اس کو نو مرتبہ نضر لکھا اور چھبیس مرتبہ رضر۔ یہ نام "رضر" دوسری صورت میں سوائے کتاب حزقی ایل کے اور کسی کتاب میں موجود نہیں ۔ کتاب یرمیاہ اور کتاب حزقی ایل دو ایسے مصنفوں کی کتابیں ہیں جو صرف یہی نہیں کہ ایک دوسرے کو خاندانی رقابت کی بنا پر ناپسند کرتے ہیں بلکہ ہر ایک کی نظر میں دوسرا جھوٹا نبی ہے ۔ ان دو کتابوں میں اشتراک کی ایک ہی صورت پائ جاتی ہے اور وہ ہے دشمن بادشاہ کا نام نبوکدرضر۔ یہ اشتراکیت اس امکان کو جنم دیتی ہے کہ دونوں کتابیں لکھنے والا کوئی تیسرا شخص ہے جس نے سقوطِ یروشلم کےکم از کم ایک صدی بعد پوری کتاب حزقی ایل اور کتاب یرمیاہ کا بڑا حصّہ تحریر کیا ۔ ایک صدی بعد لکھنے سے ہماری مراد ہے کہ اس وقت شاہ فارس کے ہاتھوں بابل کو شکست ہوچکی تھی اور اس کے بعد کسی وقت اس شخص نے نہ معلوم وجوہ سے قیاس کیا کہ بابل دوبارہ آباد نہ ہو سکے گا اور اپنے ذاتی خیال کو پیشگوئی کے نام پر یرمیاہ کے سر منڈھ دیا ۔اس شخص کا کتاب یرمیاہ کا بڑا حصّہ لکھنا ہم نے محض اس وجہ سے نہیں کہا کہ کتاب یرمیاہ میں نو مرتبہ نضر اور چھبیس مرتبہ رضر لکھا گیا ہے ۔ اس کی وضاحت ذیل میں کی جاتی ہے ۔

کتاب یرمیاہ کو توجّہ سے پڑھا جائے تو بآسانی محسوس کیا جا سکتا ہے کہ اس میں پہلے باب سے باب انیس تک لکھنے کا انداز ایک نوعیت کا ہے ۔ اس کے بعد باب بیس سے باب اکیاون تک انداز مجموعی طور پر کچھ دوسری ہی نوعیت اختیار کر لیتا ہے جو نمایاں طور پر مختلف ہے ۔ ایک اور خاص بات باب اکیاون کی آخری سطر ہے جو کہ "یرمیاہ کی باتیں یہاں تک ہیں" لکھی گئی ہے ۔ یعنی یہ کوئی اور شخص ہے جو یرمیاہ کی باتیں لکھ رہا ہے ۔اسکے بعد آخری باب یعنی باب باون میں کتاب 2-تواریخ کے آخری باب کو تقریباً لفظ بہ لفظ نقل کر دیا گیا ہے ۔

کتاب یرمیاہ باب ایک سے انیس تک اپنی مجموعی تحریر میں بنی اسرائیل کی اجتماعی حیثیت میں خدا کے احکام سے بغاوت ، بدعہدی، غیر اقوام کی اصنام پرستی کی تقلید، بد کرداری اور اخلاقی جرائم یاد

دلاتی ہے اور تلقین کرتی ہے کہ قوم اپنے عقائد و اعمال اور کردار کو درست کرے اور خدا کی طرف رجوع ہو تو خدا سکے جرائم سے صرفِ نظر کر لے گا لیکن اگر اپنی روش سے باز نہ آئے تو بربادی ان کا مقدر ہو گی ۔یرمیاہ بعض مواقع پر یہ بھی بتاتا ہے کہ شمال سے کوئی قوم حملہ آور ہو کر ملک برباد کر دے گی اور جو قتل سے بچیں گے وہ غلام بنا لئے جائیں گے ۔اپنی تحریر میں یرمیاہ یہوداہ کے بادشاہوں، امراء، جھوٹے نبی ، کاہنوں اور عوام کے لئے کہتا ہے کہ سب کے سب بگڑے ہوئے ہیں ۔ اس نوعیت کی تعلیم میں یرمیاہ منفرد نہیں ۔ اس سے تقریباً دو صدی قبل ہوسیع نبی کی کتاب میں بھی یہودیہ اور سامریہ دونوں ریاستوں کو ملتے جلتے مفہوم میں نصیحت و تنبیہ نظر آتی ہے ۔کتاب یرمیاہ میں جو خاصیت پہلے حصّہ یعنی باب ایک سے باب انیس کو دوسرے حصّہ سے ممتاز کرتی ہے وہ یہ کہ تمام تنبیہات عمومی نوعیت کی تنبیہات ہیں جن میں بابل کا لفظ یا نبوکدنضر نام کا کوئی بادشاہ ایک مرتبہ بھی نظر نہیں آتا ۔ اس کے بجائے "شمال سے ایک قوم حملہ آور ہو گی" اور سچ ہے کہ 140 سال پیشتر شمال سے اسیریا کی مملکت نے حملہ آور ہو کر سامریہ کی سلطنت کا خاتمہ کیا اور بچے ہوؤں کو غلام بنا کر ملک سے باہر تتر بتر کر دیا تھا ۔لیکن باب بیس سے آخر تک مستقبل میں پیش آنے والے واقعات پیشگوئیوں کی صورت میں انتہائی باریک تفصیلات کے ساتھ بکثرت ملنا شروع ہو جاتے ہیں ۔اب ملک بابل، شاہ بابل اور نبوکدرضر کی تکرار باب بیس سے اکیاون تک ملتی چلی جاتی ہے ۔ بیچ میں نبوکدنضر بھی لکھا نظر آتا ہے ۔ تمام قابلِ تذکرہ اشخاص خصوصاً آخر کے اپنے چاروں بادشاہوں کو نام بہ نام اطلاع کہ کہاں مریں گے ، کیسے قتل ہونگے ، دفن ہونگے یا یونہی پھینک دئے جائیں گے ، قید ہوئے تو واپس آسکیں گے یا نہیں، دوسری قوموں کا نبوکدرضر کے ہاتھوں کیا حشر ہوگا اور خود نبوکدرضر کا کیا حشر ہوگا،وغیرہ ۔

کتاب یرمیاہ کے تجزیہ کو مزید گہرائی سے دیکھا جا سکتا ہے لیکن اس سے زیادہ بحث کی ضرورت باقی نہیں رہتی ۔تاہم پیشگوئیوں کے ضمن میں ایک پیشگوئی کا ذکر نہ ہو سکا جس کے بغیر یہ موضوع تشنہ رہا جاتا ہے ۔ یہ یروشلم پر تباہی آنے سے اٹھارہ سال قبل تباہی لانے والے کے نام کے ساتھ اور ستّر سالہ غلامی سے نجات کی پیشگی اطلاع سے بھی زیادہ اہم قرار دینی پڑتی ہے۔ تاہم عجیب

بات ہے کہ بائیبل میں یرمیاہ کی پیشگوئی کے مقابلے میں یہ پیشگوئی نمایاں ہونے سے محروم رہ گئی ۔ یہ یرمیاہ یا حزقی ایل کی کتابوں میں نہیں بلکہ یسعیاہ کی کتاب میں درج ملتی ہے ۔اس کا مطلب یہ ہے کہ سقوطِ یروشلم کا واقعہ یرمیاہ سے تقریباً ڈیڑھ صدی قبل ہی بتا دیا گیا تھا ۔یسعیاہ نے یہ پیشگوئی یہوداہ کے شاہ حزقیاہ کو بیان کی تھی جس کا تذکرہ ہم حصّہ اوّل میں کر چکے ہیں ۔کتاب یسعیاہ بھی مکمّل طور سے پیشگوئیوں پر مشتمل ہے، لیکن اندازِ تحریر کتاب یرمیاہ سے بہت مختلف ہے ۔ تمام کتاب اس انداز میں لکھی گئی ہے کہ مختلف نوعیت کی تفاسیر اخذ کی جا سکتی ہیں ۔ بظاہر یہی وجہ ہے کہ عہد نامہ جدید کی کتابوں میں سب سے زیادہ اسی کتاب کو استعمال کیا گیا ہے ۔یسعیاہ نے نبوکدنضر کو نام سے تو نہیں بتایا اور نہ ہی غلامی کی مدت متعین کی تاہم قید و غلامی سے آزادی دلانے والے کی اس کے نام سے نشاندہی کی:

جو خورس کے حق میں کہتا ہوں کہ وہ میرا چرواہا ہے اور میری مرضی بالکل
پوری کرے گا
اور یروشلم کی بابت کہتا ہوں کہ وہ تعمیر کیا جائے گا
اور ہیکل کی بابت کہ اس کی بنیاد ڈالی جائے گی
خداوند اپنے ممسوح خورس کے حق میں یوں فرماتا ہے کہ ۔ ۔ ۔ (یسعیاہ 44:28)

یسعیاہ کے کہنے کے مطابق وہ انسانوں کے بجائے خدا کا مسح کیا ہو گا ۔ غیر اقوام میں یہ واحد شخص ہے جس کو بائیبل میں یہ اعزاز دیا گیا ہے ۔بابل سے رہائی کا تذکرہ یسعیاہ نے دوسرے مقامات، مثلاً یسعیاہ 43:13،پر کر دیا ہے ۔درج شدہ اقتباس میں اس نے بابل سے رہائی کے ساتھ ساتھ یروشلم اور ہیکل کی تعمیر کا بھی پیشگی بتا دیا ۔

یسعیاہ کے پیشگی مطلع کرنے کے مطابق اسیریا کے بادشاہ سنیحرب کے یہودیہ اور شاہ حزقیاہ پر حملہ کے واقعہ میں فرشتہ نے شاہ اسور کے راتوں رات ایک لاکھ پچاسی ہزار فوجی مار دئے تھے (یسعیاہ 37:36)۔ ہم نے حصّہ اوّل کی بحث میں دیکھا کہ جدید دور کی آرکیالوجیکل دریافت کے شواہد ، اور خود بائیبل کی دیگر تفصیلات ، کی روشنی میں یہ بات قابلِ قبول نہیں تھی ۔پھر خورس سے منسلک پیشگوئیوں میں یسعیاہ بابل کے انجام سے بھی باخبر کرتا ہے جو خورس کے ہاتھوں تقریباً اڑھائی صدی بعد برپا ہوا:

اور بابل جو مملکتوں کی حشمت اور کسدیوں کی بزرگی کی رونق ہے
سدوم اور عمورہ کی مانند ہو جائے گا جن کو خدا نے الٹ دیا ۔وہ ابد تک

آباد نہ ہو گا اور پشت در پشت اس میں کوئی نہ بسے گا ۔وہاں ہرگز عرب خیمے نہ لگائیں گے اور وہاں گڈریے گلّوں کو نہ بٹھائیں گے ۔ پر بن کے جنگلی درندے وہاں بیٹھیں گے اور ان کے گھروں میں الّو بھرے ہوں گے ۔وہاں شتر مرغ بسیں گے اور چھگمانس وہاں ناچیں گے (یسعیاہ 13:19)

یسعیاہ بتاتا ہے بابل ابد تک کبھی آباد نہ ہو گا اور اس کا وہی حال ہو گا جو قوم لوط کا ہوا تھا ۔ یہ وہی پیشگوئی ہے جو یرمیاہ نے بتائی تھی جس کو ہم نے تین صفحات قبل نقل کیا تھا ۔قارئین دونوں اقتباسات کی طرف متوجہ ہوں تو دیکھ سکتے ہیں کہ بابل کے انجام سے متعلق نمایاں باتوں میں غیر معمولی مماثلت ہے ۔اگر ان کو خدا کا کلام مانا جائے تو الفاظ کی مماثلت ہر طرح قابلِ قبول ہے لیکن اس صورت میں خدا کا کلام، خدانخواستہ ، باطل ہونے کے سوا اور کیا توجیح پیش کی جا سکتی ہے؟ بائیبل کے بیان کردہ واقعات سے ان کو قطع کر کے یہ اخذ کرلینا ممکن نہیں ہے کہ یہ پیشگوئیاں کسی ایسے وقت کے لئے ہیں جو اب تک پیش نہیں ہوا بلکہ مستقبل میں کبھی پیش آئے گا۔معقول اور قابلِ تسلیم بات یہی ہو سکتی ہےکہ جس شخص نے کتاب یرمیاہ میں یہ پیشگوئی لکھی، اسی نے کتاب یسعیاہ میں بھی یہ پیشگوئی داخل کردی ۔خورس کے ہاتھوں بابل سے رہائی کا واقعہ سامنے آچکا تھا اس لئے اس نے خورس کے نام سے پیشگوئی کتاب یسعیاہ میں لکھ دی ۔

عیسائیت کے تجزیہ کے معاملہ میں نبیوں کی کتابوں کے بارے میں جو رائے قائم کرنا چاہتے تھے وہ بڑی حد تک مکمّل ہو چکی ہیں ۔تاہم قارئین کو بنی اسرائیل کی یروشلم واپسی اور حضرت عیسٰی کے نزول سے قبل کے دورانیہ میں تاریخ کے پہلو سے بعض اہم امور کی واقفیت ہونا ضروری ہے ۔ یروشلم واپسی کے ابتدائی صدی میں حصّہ اوّل کے موضوع سے متعلقہ بعض امور عزرا کاہن اور یہودیہ کے حاکم نحمیاہ کے حوالے سے زیرِ بحث لائے گئے تھے ۔اس زمانے کے چند معاملات جو عیسائیت کے موضوع سے تعلق رکھتے ہیں ان کو اور بعد میں پیش آنے والے متعلقہ واقعات کا سرسری بیان فی الوقت ہمارے پیش نظر ہے ۔

بابل سے واپس یروشلم

سائرس خورس کے حکمنامہ کے ذریعہ بابل سے یروشلم واپس آنے والوں کی اکثریت بنی یہوداہ اور بنی بنیامین قبائل پر مشتمل تھی اس لئے کہ یہی اکثریت بابل جلاوطن ہوئی تھی ۔ ان میں نمایاں سر کردہ شخصیات میں کاہنی طبقہ سے یشوع بن یہوصدق بنی ہارون گھرانے سے اور زربّابل بن سیالتی ایل حضرت داؤد کے گھرانے سے تھا ۔ عیسائیت کی بحث میں ہم دیکھیں گے کہ حضرت عیسیٰ کو حضرت داؤد کی نسل سے ثابت کرنے کے لئے اناجیل متی اور لوقا میں حضرت عیسیٰ کا نسب نامہ بیان ہوا ہے اس میں یہی زربّابل نسب کی ایک کڑی شمار ہوتا ہے ۔ زربّابل شاہ یہویاکین کا پوتا تھا جو بابل کی اسیری کے دوران پیدا ہوا اور یہویاکین خود یہویقیم کا بیٹا تھا ۔ لیکن یہویاکین اور یہویقیم دونوں کے لئے یرمیاہ کی پیشگوئیاں ہم نے پہلے بیان کیں کہ ان کی نسل سے کوئی بادشاہ نہ آسکے گا، لہٰذا اناجیل میں حضرت عیسیٰ کا نسب نامہ یرمیاہ کی پیشگوئی سے براہ راست متصادم ہے ۔بابل سے واپسی پر سائرس خورس کا حکمنامہ بنی یہوداہ اور بنی بنیامین کے ہاتھوں میں تھا۔ انہوں نے ہیکل کی از سر نو تعمیر کا کام اپنے ہاتھ رکھا اور دوسرے قبائل کے افراد کی اس کارِ خیر میں شریک ہونے کی درخواست رد کر دی۔ کتاب عزرا بتاتی ہے:

> جب یہوداہ اور بنیامین کے دشمنوں نے سنا کہ وہ جو اسیر ہوئے تھے خداوند اسرائیل کے خدا کے لئے ہیکل کو بنا رہے ہیں تو وہ زربّابل اور آبائی خاندانوں کے سرداروں کے پاس آکر ان سے کہنے لگے کہ ہم کو بھی اپنے ساتھ بنانے دو کیونکہ ہم بھی تمہارے خدا کے طالب ہیں جیسے تم ہو اور ہم شاہ اسورا سرحدّون کے دنوں سے جو ہم کو یہاں لایا اس کے لئے قربانی چڑھاتے ہیں ۔لیکن زربّابل اور یشوع اور اسرائیل کے آبائی خاندانوں کے باقی سرداروں نے ان سے کہا کہ تمہارا کام نہیں کہ ہمارے ساتھ ہمارے خدا کے لئے گھر بناؤ بلکہ ہم آپ ہی مل کر خداوند اسرائیل کے خدا کے لئے اسے بنائیں گے جیسا شاہ فارس خورس نے ہم کو حکم کیا ہے (عزرا 4:1)

اس اقتباس میں جن کو دشمن کہا جا رہا ہے وہ سامریہ اور قریبی علاقوں میں رہنے والے ان کے اپنے قبائلی اخوان تھے ، تین صدی سے اسیریا کے ہاتھوں جلاوطنی کا شکار تھے اور اب شاہ فارس کی فتوحات کے نتیجے میں ان کو انتشار سے اجتماعیت کی طرف واپس پلٹنے کا موقع فراہم ہوا تھا ۔ تاہم بنی اسرائیل 722 ق م میں سقوطِ سامریہ

سے قبل کی تاریخ میں ان قبائل کی دشمنی کا بخوبی تجربہ رکھتے تھے ۔ کتاب عزرا اور کتاب نحمیاہ میں تفصیلی بیان ہے کہ یہ قبائل ہر طرح سے ہیکل کے تعمیری کاموں میں رخنہ ڈالنے کی کوشش کرتے رہے حتیٰ کہ حاکم نحمیاہ کو تعمیری کام کرنے والوں کے ساتھ دن بھر مُسلح رہنا پڑا تب ہی وہ تعمیراتی کام جاری رکھ سکے ۔ یہ اس فریق کا بیان ہے جو شاہ فارس کا حکمنامہ اپنے ساتھ رکھتا تھا ۔ دوسرے فریق یعنی دشمن قبائل کا نقطۂ نظر اس بائیبل میں موجود نہیں تاہم "دشمن قبائل" کی طرف سے شاہ فارس کو تحریر کردہ خط موجود ہے جو پڑھنے کے لائق ہے:

> آپ کے غلام یعنی وہ لوگ جو دریا پار رہتے ہیں وغیرہ ۔ بادشاہ پر روشن ہو کہ یہودی لوگ جو حضور کے پاس سے ہمارے درمیان یروشلم میں آئے ہیں وہ اس باغی اور فسادی شہر کو بنا رہے ہیں ۔چنانچہ دیواروں کو ختم اور بنیادوں کی مرمت کر چکے ہیں ۔سو بادشاہ پر روشن ہو جائے کہ اگر یہ شہر بن جائے اور فصیل تیار ہو جائے تو وہ خراج چنگی یا محصول نہیں دیں گے اور آخر بادشاہوں کو نقصان ہو گا ۔سو چونکہ ہم حضور کے دولت خانہ کا نمک کھاتے ہیں اور مناسب نہیں کہ ہمارے سامنے بادشاہ کی تحقیر ہو اس لئے ہم نے لکھکر بادشاہ کو اطلاع دی ہے ۔ تاکہ حضور کے باپ دادا کے دفتر کی کتاب میں تفتیش کی جائے تو اس دفتر کی کتاب سے حضور کو معلوم ہوگا اور یقین ہو جائے گا کہ یہ شہر فتنہ انگیز شہر ہے جو بادشاہوں اور صوبوں کو نقصان پہنچاتا رہا ہے اور قدیم زمانے سے اس میں فساد برپا کرتے رہے ہیں ۔اسی سبب سے یہ شہر اجاڑ دیا گیا تھا ۔اور ہم بادشاہ کو یقین دلاتے ہیں کہ اگر یہ شہر تعمیر ہو اور اس کی فصیل بن جائے تو اس صورت میں حضور کا حصّہ دریا پار کچھ نہ رہے گا (عزرا 4:11)

اس خط کا متن قبائل کے مابین جذبات کا بخوبی عکاس ہے ۔ کتاب سلاطین کے تاریخی بیان میں بہتیرے انتہائی مایوس کن واقعات ہیں جو ہم تحریر نہ کر سکے لیکن بوجوہ یہ اقتباس نقل کیا گیا ۔ اس کی طرف متوجہ کرنے کی جلد ہی ضرورت پیش آئے گی ۔ فی الوقت زربّابل اور کاہن یشوع کے حوالے سے بائیبل کی کتاب حجّی اور کتاب زکریا میں موجود چند باتوں کی توضیح درکار ہے ۔ ان دو حضرات کی نبوّت ہیکل کی تعمیر نو کی ابتدا ہونے سے کچھ ہی قبل شروع ہوئی ۔ خاص بات ان کی نبوّت کے بارے میں خود ان کے الفاظ میں:

دارا بادشاہ کی سلطنت کے دوسرے برس کے چھٹے مہینے کی پہلی تاریخ کو یہوداہ کے ناظم زربّابل بن سیالتی ایل اور سردار کاہن یشوع بن یہوصدق کو حجّی نبی کی معرفت خداوند کا کلام پہونچا (حجّی(1:1

دارا کے دوسرے برس کے آٹھویں مہینے میں خداوند کا کلام زکریاہ نبی (پر نازل ہوا (زکریاہ 1:1

یعنی دونوں حضرات کی نبوّت کی شروعات میں دو ماہ کا فرق ہے جبکہ ان کی تحریروں کے مطابق دونوں ان دنوں یروشلم کے رہائشی ہیں ۔کتاب حجّی دو صفحات اور دو ابواب پر مشتمل دوسری مختصر ترین کتاب ہے لیکن اس میں سات مرتبہ زربّابل اور سردار کاہن یشوع کا نام سے ان کے لئے خدا کے پیغام کا تذکرہ کیا ہے کہ ہیکل کی تعمیر شروع کریں ۔ کتاب کا آخری حصّہ ذیل میں نقل ہے:

کیونکہ ربّ الافواج یوں فرماتا ہے کہ میں تھوڑی دیر میں پھر ایک بار آسمان و زمین اور بحر و بر کو ہلا دوں گا ۔میں سب قوموں کو ہلا دوں گا اور ان کی مرغوب چیزیں آئیں گی اور میں اس گھر کو جلال سے معمور کروں گا ربّ الافواج فرماتا ہے ۔ چاندی میری ہے اور سونا میرا ہے ربّ الافواج فرماتا ہے ۔اس پچھلے گھر کی رونق پہلے گھر کی رونق سے زیادہ ہو گی ربّ الافواج فرماتا ہے اور میں اس مکان میں سلامتی بخشوں (گا (حجّی2:6

خدا کا کلام حجّی نبی پر نازل ہوا کہ یہوداہ کے ناظم زربّابل سے کہہ دے کہ میں آسمان اور زمین کو ہلاؤں گا ۔اور سلطنتوں کے تخت الٹ دوں گا اور قوموں کی سلامتی نیست کر دوں گا اور رتھوں کو سواروں سمیت الٹ دوں گا اور گھوڑے اور ان کے سوار گر جائیں گے اور ہر شخص اپنے بھائی کی تلوار سے قتل ہو گا ۔ربّ الافواج فرماتا ہے اے میرے خادم زربّابل بن سیالتی ایل اسی روز میں تجھے لوں گا خداوند فرماتا ہے اور نگین ٹھہراؤ ں گا کیونکہ میں نے تجھے برگزیدہ کیا ہے ربّ الافواج فرماتا ہے (حجّی2:20)

دو اقتباسات واضح ہیں کہ پہلے میں ہیکل کے لئے اور دوسرے میں حضرت داؤد کے گھرانے کے چراغ کے لئے انتہائی غیر معمولی الفاظ استعمال کئے گئے ہیں ۔زربّابل کو "اے میرے خادم" سے خدا نے مخاطب کیا ،اپنا برگزیدہ کر لیا اور نگین ٹھہرایا ۔"اے میرے خادم" خصوصاً زبور میں حضرت داؤد کے لئے استعمال کیا گیا نظر آتا ہے اور نگین سے مراد ہے انگوٹھی کا وہ نگینہ جس سے قدیم زمانے میں

YAHUDIYAT, ISAIYAT OR ISLAM 387

اہم دستاویزات کی اصلیت کی خاطر نم چکنی مٹی یا موم کو دستاویز پر انگوٹھی سے مہر کیا جاتا تھا یہ الفاظ حضرت داؤد سمیت بنی اسرائیل کے کسی بھی بادشاہ کے لئے استعمال نہیں کئے گئے ہیں ۔بظاہر قوی محسوس ہوتا ہے کہ مصنف زربّابل کی ہستی کو حضرت داؤد سے کئے گئے دائمی عہد کا مصداق سمجھ رہا ہے ۔

> تب اس نے مجھے جواب دیا کہ یہ زربّابل کے لئے خداوند کا کلام ہے کہ نہ تو زور سے اور نہ توانائی سے بلکہ میری روح سے ربّ الافواج فرماتا ہے ۔اے پہاڑ تو کیا ہے؟تو زربّابل کے سامنے میدان ہو جائے گا اور وہ جب چوٹی کا پتھر نکال لائے گا تو لوگ پکاریں گے کہ اس پر فضل ہو۔ فضل ہو ۔پھر خداوند کا کلام مجھ پر نازل ہوا کہ زربّابل کے ہاتھوں نے اس گھر کی نیو ڈالی اور اسی کے ہاتھ اسے تمام بھی کریں گے ۔تب تو جانے گا کہ ربّ الافواج نے مجھے تمہارے پاس بھیجا ہے (زکریا ہ4:7)

اس اقتباس میں زکریا ہ نبی بھی زربّابل کے لئے خدا کے خصوصی الفاظ بتاتا ہے کہ وہ خدا کی روح سے ہے۔ اس کا جو کچھ بھی مطلب کوئی نکالنا چاہے نکال لے لیکن یہ کہ صیّون کا پہاڑ اس کے لئے میدان ہو جائے گا ایک منفرد بات اس کے لئے لکھی گئی خصوصاً اُس دور میں جو قطعی غیر مشینی دور تھا ۔ یہ بالکل ممکن ہے کہ مصنف کی نظر میں پہلا ہیکل حضرت داؤد کے ایک بیٹے نے بنایا تھا ،اب حضرت داؤد سے باندھے گئے دائمی عہد کے بموجب دوسرا بیٹا زربّابل اسے شروع کر کے مکمّل بھی کرے گا ۔لیکن دونوں نبیوں کی کوئی بات بائیبل سے صادق نہیں ثابت ہوتی۔ نہ ہیکل کے لئے وہ غیر معمولی واقعات مشاہدہ میں آسکے اور نہ ہی زربّابل کے حق میں کوئی قابلِ تذکرہ بات پیش ہوئی ۔ ہیکل ان مشکلات سے مقابلہ کرتے ہوئے ،جن کا ذکر پہلے ہوا، بمشکل بن سکا ۔ ایک صدی تک فارس کی مملکت ہی ملک کی حاکم رہی جس کے تحت شروع میں زربّابل نے ناظم کی حیثیت سے کام کیا اور وہ بھی کچھ عرصہ بعد نحمیاہ سے بدل دیا گیا ۔ اس بیان کے ساتھ بائیبل سے اخذ کی جانے والی متعلقہ تفصیل ختم ہوتی ہے کہ ان میں لکھی گئی کس بات اور لکھے جانے والے کس واقعہ پر انسان یقین کر سکے کہ سچ لکھا ہے ؟

گزشتہ تمام بحث میں جو اہم ترین سوال ہمیں درپیش تھا وہ یہ کہ کتابِ مقدّس میں موجود نبیوں کی کتابیں آیا اتنی قابلِ اعتماد ہیں

کہ ان کی بنیاد پر کوئی عقیدہ استوار کیا جا سکے اور اس پر انسانی دل و دماغ مطمئن ہو ؟اس بحث کے تسلسل میں ہم نے تاریخی واقعات پر مشتمل کتاب سلاطین اور کتاب تواریخ میں موجود بعض اختلافی نوعیت کے بیانات نشان زد کئے ساتھ ہی نبیوں کی کتابوں میں سے کتاب یرمیاہ کا زیادہ تفصیلی جائزہ لیا ۔اسی ضمن میں کتاب حزقی ایل ، کتاب یسعیاہ اور دیگر نبیوں کے بعض مندرجات کو موضوع بحث بنایا اور ان کتابوں کے داخلی بیانات سے اس نتیجہ پر پہونچے کہ ان کتابوں میں انسانی کلام اس حد تک رچ بس گیا ہے کہ اس میں موجود الہامی کلام الگ کر لینا ممکن نہیں یا کم از کم انتہائی دشوار ہے ۔عیسائیت کے تجزیہ میں ہم دیکھیں گے کہ عقیدہ وضع کرنے والی مرکزی شخصیات کتابِ مقدّس میں شامل تمام کتابوں پر الہامی کتابوں کی حیثیت سے اعتماد رکھتے تھے ۔ اس بات میں ان کو قصور وار نہیں سمجھنا چاہئے ۔ اس کی غیر الہامی ہونے کی شناخت جس قدر پیچیدہ مسئلہ تھی وہ قارئین بآسانی محسوس کر سکتے ہیں ۔ علاوہ ازیں ان کے زمانے میں بائیبل ایک کتاب کی شکل میں ہونے کے بجائے طومار کے لپیٹے ہوئے ورقوں میں الگ الگ مجموعہ کی صورت میں محفوظ رکھی جاتی تھیں اور عام انسان کی رسائی ان ورقوں تک نہیں تھی۔ پندرہویں صدی میں مطبع کی ایجاد سے پہلے تک عام انسان وہی کچھ جانتا تھا جو اجتماعی عبادتی محفلوں میں اپنے کاہن و فقہاء سے سنتا تھا جو خطبات اور دعاؤں کی مناسبت سے ان کتابوں کے انتہائی مختصر حصوں پر مشتمل شئے تھی ۔ کتابِ مقدّس کی جو خصوصیات یہاں پیش کی جا رہی ہیں ان کی شناخت کے لئے تو بار بار یہ کتابیں پڑھنا پڑتی ہیں اور کاپی پنسل لے کر نوٹس لکھنے پڑتے ہیں تب ہی نکات واضح ہونا شروع ہوتے ہیں ۔ دو ہزار سال قبل کے انسانوں سے ایسی کسی توقع کی امید رکھنا زیادتی ہے ۔

باب3

چار سو سال ما قبل حضرت عیسیٰ

587 ق م کے سانحہ کے تقریباً سو سال بعد بنی اسرائیل کی یروشلم واپسی اور اس کے بعد نصف صدی سے کچھ زیادہ عرصہ کی تفصیلات بائیبل کی کتابوں اور اس زمانے میں موجود نبیوں کی کتابوں میں ملتی ہیں جن میں سے ہمارے موضوع سے متعلق تفصیلات بیان کی گئیں ۔ اس کے بعد کے زمانے کے واقعات اب بائیبل میں موجود نہیں ۔ عیسائی مذہب کی ابتدائی چند صدیوں کے دوران بائیبل میں شامل رکھنے والی کتابوں کے لئے مذہبی امراء اپنے فیصلوں میں تبدیلی کرتے رہے اس طرح بعض کتابیں جو بعد کی تاریخ بیان کرتی تھیں وہ نکال دی گئیں ۔لہٰذا بعد کی چار صدیوں کی تفصیلات یوسیفس کی تحریر کردہ یہودی تاریخ سے مرتب کی جائیں گی ۔

فارس کا زوال

اسرائیل کا حکومتی نظام فارس کے نامزد کردہ ناظم کی نگرانی میں ایک صدی قائم رہا جس میں ناظم کا بنیادی فریضہ صوبہ میں امن قائم رکھنا اور علاقے کی آمدنی سے حکومت کے لئے محصولات حاصل کرنا تھا ۔ہیکل کا کنٹرول اور مذہبی امور کی انجام دہی بنی ہارون کے مضبوط ہاتھوں میں تھی ۔ ماضی کی شمالی ریاست کے باشندے دشمن خیال کئے جاتے تھے ۔اسی سو سالہ دور کے آخری زمانے کی ایک تفصیل یوسیفس نے بیان کی جس میں سردار کاہن کے مرنے پر اس کے دو بیٹے ،یدوعا اور منسّی، اس عہدہ کے امیدوار تھے لیکن یدوعا سردار کاہن چنا گیا ۔منسّی اس فیصلہ کو قبول نہ کر سکا اور ردعمل میں اس نے سامریہ کے بنی اسرائیلی عوام اور دولت مند افراد کے تعاون سے کوہ گرزیم پر ایک عبادت گاہ بنا لی ۔ اسی کوہ گرزیم کے دامن میں سیلا شہر تھا جہاں حضرت موسیٰ کے خلیفہ

یشوع کے دور میں پہلی عبادت گاہ بنائی گئی تھی ۔ یشوع کے بعد یہ پہلا موقع ہے جہاں بنی اسرائیل کے کسی طبقہ نے عبادت گاہ بنائی ہو ورنہ حضرت سلیمان کے بعد ملکی تقسیم میں شمالی ریاست کے یربعام نے ایک عبادت گاہ ریاست کی شمالی سرحدوں پر واقع شہر دان اور دوسری جنوبی سرحد پر شہر بیت ایل میں بنائی تھیں ۔کوہ گرزیم پر عبادت گاہ بنانے سے سامریہ کا تعلق شمالی منقسم ریاست کے ساتھ ایک مرتبہ پھر قائم ہو جاتا ہے ۔شمالی ریاست کی اکثریت ان غریب اسرائیلیوں پر مشتمل تھی جو یہودیہ کی جلاوطنی کی طرح 722 ق میں ملک کی تباہی کے بعد ملک سے نکالے نہیں گئے تھے بلکہ جن کو فاتح اقوام مشقتی کاموں کے لئے ملک میں چھوڑ دیتی تھیں ۔ ان میں وہ لوگ بھی تھے جن کو تین سو سالہ جلاوطنی کے بعد واپس آنے کا موقع ملا ۔ یہ خود کو اصل اسرائیلی مانتے تھے اور ان کی نظر میں یروشلم یا یہودیہ کے باشندے اصل مذہب سے بھٹک گئے تھے ۔ ان کی عبادت گاہ یروشلم میں کوہ صیّون کے بجائے کوہ گرزیم پر تھی اور وہ کتاب استثنا میں درج حضرت موسیٰ کے ایک حکم کی بنا پر اسی مقام کو مُقدّس مقام سمجھتے تھے :

> اور جب خداوند تیرا خدا تجھ کو اس ملک میں جس پر قبضہ کرنے کو تو جارہا ہے پہنچا دے تو کوہ گرزیم پر سے برکت اور کوہ عیبال پر سے لعنت سنانا (استثنا 11:29)

یشوع نے ملک حاصل کرنے کے بعد پہلا کام یہی کیا تھا (یشوع 8:33)- یہ دونوں پہاڑ آمنے سامنے ہیں لیکن کوہ گرزیم سر سبز جبکہ کوہ عیبال اجاڑ اور پتھریلا ہے ۔ شاید بنی اسرائیل کے ان قبیلوں نے حضرت موسیٰ کے حکم کا مطلب لیا کہ جس طرح کوہ گرزیم پر خدا کی برکتوں کی بارش ہے اسی طرح وہاں عبادت گاہ بننے پر ان پر بھی اسی طرح کی برکتوں کا نزول ہو گا ۔سامریوں کی نظر میں یہودیوں کی ان سے علیحدگی سردار کاہن عیلی کے دور میں شروع ہوئی جب اس نے ایک عبادت گاہ سیلا میں تعمیر کی جو کوہ گرزیم کے پہلو میں واقع ہے ۔ یہودی ان سامریوں کو بنی اسرائیلی ماننے سے ہی انکاری ہیں ۔وہ آج بھی اصلی جلاوطن باشندوں کو "دس گمشدہ قبیلے "گردانتے ہیں اور حالیہ دور میں کبھی انڈیا، کبھی افغانستان، کبھی کشمیر اور کبھی شمالی یورپ میں ڈھونڈ نکالتے ہیں ۔ ان کے خیال میں سامریہ

غیر اقوام کے وہ باشندے ہیں جن کو شاہ اسور نے اصل بنی اسرائیل کو جلاوطن کرنے کے بعد وہاں لا بسایا تھا اس لئے ان کا کوئی نسبی تعلق اسرائیلیوں سے نہیں ہے ۔یہودیوں کے درمیان یہ فرقہ حضرت عیسیٰ کے زمانے تک اکثریت کے ساتھ قائم تھا لیکن بعد میں ان کی بہت بڑی تعداد بازنطینی حکومت کے خلاف بغاوت میں غارت ہو گئی ۔

کوہ گرزیم پر عبادت گاہ بنانے کا واقعہ 332 ق م سے کچھ عرصہ قبل پیش آیا ۔ انہی دنوں یونان کے دارالسلطنت مقدونیہ میں شاہ فلپ سازش کے ذریعے قتل ہو جانے پر اس کا بیٹا، سکندرِ اعظم، انیس سال کی عمر میں بادشاہ بن گیا تھا ۔ شاہ فلپ نے تین سال قبل اس کو ارسطو کی شاگردی میں دے دیا تھا تاکہ ایسا بادشاہ تیار ہو جو ملک میں انصاف سے حکومت کر سکے ۔ ارسطو نے اسے محض تین سال قیادت، فلسفہ اور ریاضی کی تعلیم دی اور وہ انیس سالہ عمر میں بادشاہ بن جانے کے بعد صرف دس سالوں میں دنیا کا طاقتور ترین بادشاہ اور اس کا ملک طاقتور ترین ملک بن گیا ۔اس نے بڑی بہادری، بڑی بے دردی اور بڑی سرعت سے وسط ایشیا سے انڈیا تک کی حکومتیں گرا دیں ۔ اس کی غیر معمولی جنگی کامیابیوں اور نتیجتاً حاصل ہونے والی دولت نے اس کو اعتدال پسند بادشاہ سے انا پرست اور خود پسند ڈکٹیٹر بنا دیا ۔آخر کار اس کے فوجی جرنیل ارسطو سے رجوع ہوئے کہ اس عفریت سے پیچھا چھڑایا جا سکے ۔تینتیس سال کی عمر میں، اس کے مفتوحہ بابل میں، اس کے اعزاز میں ترتیب دیئے گئے عصرانہ کے فوراً ہی بعد کسی انجانی بیماری کے باعث بولنے اور کھڑا ہونے سے معذور ہو گیا اور اسی حالت میں فوت ہو گیا ۔ اس کی موت کا اصل سبب کیا تھا؟ اس کے بارے میں تجزیہ نگاروں کے درمیان اتفاق نہیں ہے ۔ بعض کی رائے میں کسی غیر مانوس بیماری سے طبعی موت ہوئی اور بعض سمجھتے ہیں عصرانہ کے دوران شراب میں زہر دے دیا گیا تاہم عصرانہ کے بعد اسی شب اچانک بولنے اور کھڑا نہ ہو سکنے پر متفق ہیں ۔

جواں عمر سکندرِ اعظم کے اچانک مر جانے کے بعد دنیا کی جغرافیائی سب سے بڑی سلطنت کے اگلے بادشاہ کے لئے بظاہر یونان کو کوئی ہدایات میسر نہیں تھیں ۔ فوری طور پر وسیع علاقوں پر اپنا کنٹرول بدستور قائم رکھنے کے لئے انتظامی امور اس کی فوج کے چار جرنیلوں کے درمیان تقسیم ہوئے، لیکن وقت کے ساتھ ان جرنیلوں

نے اپنے اپنے علاقوں پر اپنے اقتدار کی گرفت مضبوط کر لی ۔ٹکڑوں میں تقسیم ہونے کے نتیجہ میں دنیا پر یونان کی گرفت زیادہ عرصہ مستحکم نہیں رہ سکتی تھی ۔

اپنی سلطنت کے اواخر میں سکندرِ اعظم نے فارس فتح کر لیا تھا جس کے ساتھ ہی فلسطین بھی اس کے زیرِ اثر آچکا تھا ۔ فلسطین، جیسا کہ شروع میں بتایا، تمدن کے ارتقا کے ساتھ ساتھ ہمیشہ ہی سے قریبی سلطنتوں کے لئے اقتصادی نقطۂ نظر سے اہم رہا ہے ۔ بائیبل میں تحریر تاریخ کی کتابوں کے مصنفین نے ملک میں پیش آئے واقعات مذہب اور عقیدہ کی نظر سے دیکھے کہ فلاحی زمانہ اس لئے آیا چونکہ بادشاہ نے وہ کیا جو" خدا کی نظر میں اچھا تھا" یا وہ کیا جو "خدا کی نظر میں برا تھا" اس لئے قوم عذاب کا شکار ہو گئی ۔ ان کی سمجھ سے بالاتر بات تھی کہ آپس کی نااتفاقی ان کے درمیان بدنظمی پیدا کر دے گی اور وہ کمزوری ان میں پیدا ہو جائے گی جس کو دیکھتے ہی پڑوس کی اقوام ان پر چڑھ دوڑیں گی ۔وجہ یہ کہ جنوبی سیریا اور فلسطین سے اجناس، خوردنی تیل، محفوظ کی گئی مچھلیاں، پنیر، خشک میوہ، شہد، کھجور اور مصالحہ جات مصر کو درآمد کئے جاتے تھے اور پھر مصر سے تجارتی سامان بابل اور ایران وغیرہ کو پہنچتا تھا اور اسی تجارتی آمد و رفت میں فلسطین کو بھی اپنی تجارتی اشیاء اور مویشیوں کی فروخت سے آمدنی ہوتی تھی ۔

سکندرِ اعظم کے مرنے کے بعد اس کے چار جرنیلوں کے درمیان جغرافیائی علاقوں کی تقسیم میں مصر اور فلسطین اس کے جرنیل بطلیموس (Ptolemy) کے ہاتھ لگا وہ سکندر کے مقابلے میں یہودیوں کے ساتھ سختی سے پیش آیا ۔ اس نے پہاڑوں پر رہنے والوں اور یروشلم کے قریبی علاقوں اور کوہ گرزیم کے قریب کے علاقوں میں رہنے والے بہت سے لوگوں کو گرفتار کر کے مصر پہنچا دیا جہاں اس نے اپنی سلطنت کا مرکز قائم کر رکھا تھا ۔مصر و فلسطین کے علاوہ سیریا (موجودہ شام) کا بڑا حصّہ اور فنیشیا (موجودہ لبنان) بھی بطلیموس کے زیرِ اقتدار تھے ۔اس نے اپنے تمام علاقوں میں اپنی قوم یونان سے چنے گئے حکام کا نفاذ کیا تاکہ علاقوں میں نظم وضبط اور ٹیکس کی وصولی جیسے معاملات بلا رکاوٹ چلتے رہیں ۔ان سب علاقوں کی اپنی اندرونی طاقت اتنی مجتمع نہیں تھی کہ بطلیموس کی راہ میں رکاوٹ بن سکیں لیکن، جیسا کہ نفسِ انسانی کے مطالبات

ہمیشہ اپنا زور دکھاتے ہیں، آنے والے چالیس سالوں میں چاروں یونانی جرنیل اپنے علاقوں کو وسعت دینے کی خاطر باہمی جنگوں ہی میں الجھتے رہے ۔

چالیس سالہ سلطنت کے بعد بطلیموس مر گیا اور اس کی جگہ یونانی قوم کا فلاڈیلفس(Ptolemy II) مصر کا بادشاہ ہوا اور بطلیموس کے برعکس یہودیوں کا ہمدرد ثابت ہوا ۔ یونان کے مشہور فلسفیوں کے اثرات کے نتیجہ میں یہ خود نہ صرف کتابوں کا شوقین تھا بلکہ نادر کتابوں کو اپنے کتب خانہ میں جمع کرنے کا بھی شوقین تھا ۔یونانی قوم دوسری تمام اقوام کو ان کی پست تمدنی زندگی کی وجہ سے وحشی اقوام سمجھتے تھے لیکن یہودیوں کو ان کی ظاہری جسمانی طہارت اور روز مرہ زندگی کے اصولوں کی وجہ سے، جو موسوی شریعت نے ان کے لئے مقرر کر رکھے تھے، زیادہ متمدن اور مہذب قوم تسلیم کرتے تھے ۔فلاڈیلفس کے تجسس نے اس کو روشناس کیا کہ یہودیوں کے پاس ایک کتاب ہے جو، ان کے کہنے کے مطابق، خدا کی طرف سے ان کو دی گئی ہے۔ کسی وقت وہ اسی مصر میں صدیوں سے غلام تھے لیکن اسی کتاب اور خدا کی مدد سے غلامی سے آزاد کئے گئے تھے اور یہ کہ اپنی سماجی زندگی کے اصولوں کے معاملے میں اس کتاب کی اطاعت کرتے ہیں ۔تمام دنیا میں اصنام پرست قوموں کے درمیان ایسی نوعیت کی کسی کتاب کا پایا جانا اس کی حیرانی کا سبب بنا ۔فلاڈیلفس نے حکم جاری کیا کہ اسرائیلی قوم کے ہر قبیلہ سے چھ چنے ہوئے پختہ عمر کے افراد ،جو بتائی گئی کتاب کے اصول و قوانین اچھی طرح سے جانتے ہوں ،فلسطین سے مصر فراہم کئے جائیں اور وہ ان یونانیوں کے ساتھ مل کر جو یہودی زبان جانتے ہوں، اس کتاب کا ترجمہ یونانی زبان میں کریں اور کام مکمّل ہونے پر وہ یونانی ترجمہ کتابی شکل میں اس کے کتب خانہ میں داخل کیا جائے ۔ یہی کتب خانہ آگے چل کر اسکندریہ کی مشہور لائبریری بن گیا ۔فلاڈیلفس نے ترجمہ کئے جانے کے تمام کام کی نگرانی اپنے ایک فوجی عہدیدار کے سپرد کی ،اس طریقہ پر یہودیوں کی کتابوں کا عبرانی زبان سے یونانی زبان میں ترجمہ مکمّل ہو گیا ۔

یونانی زبان سکندرِ اعظم کی فتوحات کے ساتھ ہی مصر، سیریا، فلسطین اور ان سے ملحقہ ریاستوں کی بزور سرکاری زبان قرار دے دی گئی تھی ۔ اسی یونانی تسلط کے دور کو جدید محققین Hellenistic

Period کہتے ہیں جس سے مراد یونانی زبان بولنا یا یونان سے وابستہ رہنا ہے ۔یہ دور سکندر کی موت یعنی 323 ق م سے 31 ق م تک رہا ہے جب روم نے وہ تمام علاقے جو مقدونیہ کے بادشاہوں کی حکمرانی میں تھے اپنے قبضہ میں کرلئے۔ اس یونانی تسلط کے دور میں انہوں نے اپنے ماتحت علاقوں میں یونانی زبان اور یونانی طرزِ زندگی بزور نافذ کی اور وہ اس میں کامیاب رہے ۔وہ سمجھتے تھے کہ اسی کے ذریعے وہ اپنے مفتوحہ علاقوں پر اپنی گرفت مضبوط رکھ سکیں گے ۔

فلاڈیلفس کے حکمنامہ کے مطابق بنی اسرائیل کے بارہ قبائل کے بہتّر بزرگوں نے حضرت موسیٰ کی پانچ کتابیں یعنی تورات کا ترجمہ یونانی زبان میں کیا اور بادشاہ کے حوالے کر دیا ۔یوسیفس کے لکھنے کے مطابق بائیبل کی بقیہ مقدّس کتابیں بعد کی دو صدیوں میں ترجمہ کی گئیں ۔ یہ یونانی ترجمہ قدیم زمانے سے Septuagint کے لفظ سے جانا جاتا ہے جو ایک لاطینی زبان کا لفظ ہے جس کے معنی"70" کے ہیں یعنی 70 اشخاص کا ترجمہ ۔ یہ اس روایت سے منسوب ہے کہ 72 یہودی علماء یونانی دور میں مصر کے یونانی بادشاہ کے کہنے پر تورات کا ترجمہ پر مقرر کئے گئے تھے اور یہ کہ یہ کام 72 دنوں میں مکمّل ہوا ۔موجودہ عہد میں ایک اور روایت کا اضافہ کیا جاتا ہے کہ ان 72 افراد کو الگ الگ کمروں میں رکھا گیا تھا تاکہ ان کے درمیان کوئی رابطہ نہ رہے، لیکن جو ترجمہ انہوں نے انفرادی طور پر بادشاہ کو پیش کیا وہ لفظ بہ لفظ ایک جیسا تھا اور ثبوت ہے کہ ترجمہ انسانوں سے نہیں بلکہ خدا کا کیا ہوا تھا ، انسان محض استعمال کئے گئے تھے ۔اب کیا کہا جائے اس بات پر؟ہم تو یوسیفس کی اس بات پر ہی پریشان ہیں کہ یروشلم کے سردار کاہن الیعزر کو بارہ قبیلوں کے بہتّر علماء ملے کہاں سے؟ اس تمام عرصہ میں کوہ گرزیم پر قائم شدہ عبادت گاہ کے دس قبائل اور یروشلم کے دو قبائل یہوداہ اور بن یامین ایک دوسرے کی جان کے دشمن بنے ہوئے تھے ۔بنی اسرائیل کی بہت سی باہمی ناتفاقیاں یوسیفس کی کتاب میں درج ہیں جن کو طوالت کے خوف سے بیان نہیں کر سکتے ۔تاہم منافرت کی شدت کا کچھ اندازہ کے لئے چند صفحات قبل عزرا کتاب میں بعض اسرائیلیوں کا شاہ فارس کو لکھا گیا خط نقل کیا تھا، وہ اسی موقع کے لئے تھا۔ تنہائی میں 72 علماء کے 72 ہوبہو ایک جیسے ترجمے والی بات کم از کم یوسیفس نے کہیں

نہیں لکھی ۔لیکن اس کے باوجود یوسیفس کا بارہ قبیلوں سے فی قبیلہ چھ علماء لینا تاکہ کل تعداد 72 ہو جائے ہمیں مشتبہ کرتا ہے ۔ یہ وہی صورتحال ہے جو کتاب خروج میں حضرت موسیٰ کو پیش آئی تھی ۔وہاں حضرت موسیٰ کو خدا کی طرف سے حکم ملا تھا کہ 70 بزرگوں اور خود کو اور حضرت ہارون بمع دو بیٹوں کو لے کر کوہ سینا پر حاضر ہوں (خروج 24:1)۔اس موقع پر 70 بزرگ اور لاوی قبیلہ کے حضرت موسیٰ و ہارون ملا کر 72 افراد ہوئے تھے ۔ یونانی ترجمہ کے لئے 72 بزرگ اسی طرح کی بات ہے جیسی یرمیاہ نے جلاوطنی کی مدت کو 70 سالہ بنا کر پیش کیا تھا تاکہ سبت کاآرام بن جائے ۔جیسا کہ ہم نے پہلے دیکھا، سماریہ کے لوگ عزرا کے دور میں ہیکل ثانی کی تعمیر میں شریک نہ کئے جانے کی بنا پر بعد میں الگ ہو گئے تھے اور ان سے الگ کوہ گرزیم پر اپنا ہیکل بنایا ۔ ان کی اپنی الگ حضرت موسیٰ کی پانچ کتابیں تورات کے نام سے تھیں جن میں موجودہ تورات کے مقابلے میں 6000 سے زیادہ اختلافات موجود تھے ۔ سامریوں کا کہنا تھا کہ ہم یہودیوں سے زیادہ حضرت موسیٰ کی شریعت پر عمل پیرا ہیں ۔ تورات کا یونانی زبان میں ترجمہ کئے جاتے وقت کا سردار کاہن الیعزر کسی بھی طرح بارہ قبائل کے 72 علماء کو ایک تورات پر متفق نہیں کر ا سکتا تھا ۔ سامری فرقہ حضرت عیسیٰؑ کے زمانے تک الگ فرقہ کی حیثیت سے قائم تھا ۔

یونان کے "مہذب" تمدن اور علمیت سے مرعوب اسرائیلی بتدریج اپنی تہذیب سے بیگانہ ہوتے چلے گئے اور عبرانی زبان میں کتابِ مقدّس کو محفوظ رکھنے کی اہمیت بھی آپ سے آپ کمزور ہوتی چلی گئی ۔ قدیم زمانہ میں کتاب لکھنے کے لئے جو میٹیریل اور روشنائی استعمال ہوتی تھیں وہ بہت زیادہ عرصہ کے لئے کارآمد نہیں رہتی تھیں۔ کتابوں کی پائداری کا انحصار خصوصاً اس بات پر تھا کہ ان کے گرد ہوا کی نمی اور بیکٹیریا کا ماحول کس نوعیت کا ہے ۔ ان کتابوں کی حفاظت کے لئے باقاعدہ کسی نظام کی غیر موجودگی میں وہ تحریریں عام احتیاطی تدابیر کے باوجود کسی طرح بچی نہیں رہ سکتی تھیں ۔ یہ کہنا غلط ہو گا کہ کتابوں کی حفاظت نہیں کی گئی ۔مناسب حفاظت کا علم اس وقت دستیاب ہی نہ تھا سوائے اس بات کے کہ تحریروں کو نئی روشنائی سے مناسب عرصہ کے بعد دوبارہ لکھ کر محفوظ کیا جاتا رہے ،دوسری اقوام کے ساتھ جنگیں ،لوٹ مار

اور جلاوطنی کی نوبت نہ آئے اور ساتھ میں یہ بھی کہ قدرتی آفات ایسی شدت کی نہ ہوں کہ وہ محفوظ ذخیرہ سنبھالا نہ جا سکے ۔ان اصل عبرانی زبان میں کتابیں تو دور کی بات ،یونانی ترجموں کی بھی قدیم ترین کاپیاں چوتھی سے پانچویں صدی عیسوی تک ہی پہنچ پاتی ہیں جو رومی کلیسا کی دستاویزات میں شامل ہیں ۔ یونانی تہذیب سے مغلوبیت کا ہی کرشمہ تھا کہ حضرت عیسٰی کے بعد لکھی جانے والی اناجیل بھی یونانی زبان میں لکھی گئیں اگرچہ یونان اس وقت عسکری طور پر زوال پذیر ہو چکا تھا ۔چاروں اناجیل کا یونانی سے لاطینی زبان میں ترجمہ پہلی مرتبہ سینٹ جیروم کے ہاتھوں ہوا ہے جو 383ء سے 404ء کے دوران کیا گیا ۔ اسی لاطینی ترجمہ کو Vulgate کہا جاتا ہے اور یہی ترجمہ مغربی یورپ کی اقوام کو عہدِ وسطٰی میں دستیاب رہا ۔ موجودہ انگریزی بائیبل کنگ جیمس ورژن کہلاتی ہے ۔ اس کو شاہ برطانیہ کی ایماء پر 1611ء میں لندن میں تیار کیا گیا تھا ۔ ہمارے عہد میں تمام زبانوں میں دستیاب بائیبل اسی Vulgate سے اخذ کی گئی ہیں ۔ اناجیل کا عبرانی زبان میں قدیم ترین نسخہ دسویں صدی عیسوی کا ہے ۔ اس کا موازنہ چوتھی صدی عیسوی کی Vulgate سے کیا جائے تو اختلافات ملتے ہیں لیکن یہ ہمارا موضوع نہیں ۔یونانی ترجمہ کے لئے 72 علماء تسلیم کر بھی لئے جائیں تب بھی بادشاہ نے ان کے ساتھ وہ یونانی بٹھائے تھے جن کی اہلیت کا معیار محض یہ تھا کہ وہ دونوں زبان جانتے ہوں ۔ اس کا مطلب ہے انہوں نے تمام تفصیل عبرانی زبان میں سنی اور اپنے الفاظ میں یونانی زبان میں منتقل کیا ۔عبرانی زبان سمجھنے والے افراد، جن کی تعداد بھی معلوم نہیں ہے، یونانی باشندے ہی ہو سکتے ہیں جنہوں نے کسی وجہ سے عبرانی زبان سمجھ لی لیکن آیا وہ اس حد تک سمجھتے تھے جو ایسی نازک اور پیچیدہ تحریروں کے لئے درکار ہونی چاہئے تھی؟ یونانی ترجمہ کاروں کی علمی قابلیت کے حوالے سے کوئی بات معلوم نہیں کی جا سکتی ۔افسوس کا مقام ہے کہ یہودی اور عیسائی عقیدت مند ایسی صورتحال پر غور نہیں کرتے ۔

ہم نے شروع میں تحریر کیا تھا کہ کہانت کے معاملے میں یرمیاہ کے جواب میں حزقی ایل نبی نے "خدا کا حکم" تصنیف کیا کہ بنی ہارون میں صرف بنی صدوق کہانت کے اہل ہیں اور اس سے خود بنی ہارون کے مابین نزاع کی ایک نئی بنیاد رکھ دی تھی ۔ اس بات نے اثر

دکھایا ۔تورات کا یونانی زبان میں ترجمہ کے بعد آنے والے پچاس ساٹھ سالوں میں جبکہ یہودی یونانیت زدگی کا شکار تھے، سکندرِ اعظم کا ایک جرنیل سلوکیّس جو شام کے علاقوں کا مالک تھا اس کا پوتا انٹیوکس(یونانی اس کو خدا یا خدا کا مظہر مانتے تھے)بطلیموس کے خاندان سے مصر اور فلسطین اپنے لئے حاصل کرنے کا خواہش مند تھا ۔ اس نے ایسے وقت میں جبکہ یروشلم میں کاہنوں کے درمیان سردار کاہن بننے کے لئے جھگڑے برپا تھے یروشلم کا گھیراؤ کر لیا ۔ قارئین جان چکے ہیں کہ یروشلم کی جغرافیائی حیثیت ایسی نہیں کہ کوئی حملہ آور بآسانی اسے حاصل کر سکے ۔ سال دو سال کے لئے کسی فوج کو لے جا کر شہر کا محاصرہ کر لینا انتہائی دقت طلب اور صبر آزما کام ہے اور بہت کچھ مانگتا ہے لیکن انٹیوکس کو بنا تلوار چلائے یہ شہر فتح ہو گیا ۔اس کے یونانیت زدہ حمایتیوں نے اپنی قوم سے غداری کی اور شہر کا داخلی دروازہ اس کے لئے کھول دیا ۔ انٹیوکس کی پہلی نظر ان نوادرات پر تھی جو یہودیوں نے خدا کی عبادت کے نام پر ہیکل میں جمع کر رکھے تھے ۔ اس نے اپنے مخالفوں کی گردن مارنے کے ساتھ ان حمایتیوں کا بھی بھاری تعداد میں خاتمہ کیا جو اس کے مدد گار تھے ۔ ہیکل کے تمام نوادرات لوٹ کر اس کو خالی کر دیا یہاں تک کہ دروازوں کے پردے، جو ریشم و کمخواب سے تیار کئے گئے تھے ، اتروا لئے ۔ اس نے یہودیوں کی روزانہ کی قربانی بحکم بند کروا دی، شہر کی دوسری خوبصورت عمارتیں لوٹنے کے بعد نذرِ آتش کر دیں اور شہر پناہ کی دیواریں ڈھا دیں۔ اس نے ہیکل کے سامنے قلعہ تعمیر کروایا اور اونچی دیواروں سے اسے مضبوط کیا پھر شہر کو قابو میں رکھنے کے لئے یونانی فوج کا ایک حصّہ اس قلعہ میں لا بسایا ۔ اس کی وحشت کا یہ عالم تھا کہ اس نے ہیکل کی قربان گاہ کی جگہ پر ایک اور قربان گاہ بنوائی پھر اس پر سوّر قربان کیا یہ جان کر کہ یہودی سوّر سے دور بھاگتے ہیں ۔یہودیوں کی عبادتی رسومات زبردستی بند کروا دیں اور ان کو مجبور کیا کہ یروشلم اور دوسرے شہروں میں یونانی دیوتاؤں کے لئے عبادت گاہیں بنائیں اور وہاں روز سوّر قربان کریں ۔ ختنہ پر پابندی لگا دی اور تمام لوگوں پر اپنی مذہبی کتابیں تلف کرنے کا حکم جاری کیا ۔جس نے بھی ان قوانین کی اطاعت سے انکار کیا اس کو ڈنڈوں سے پیٹنا، جسم کے ٹکڑے کر دینا یا زندہ پھانسی گھاٹ پر لٹکا دینا معمول کر دیا ۔ قوم

میں موجود باہمی نااتفاقی نہ ہوتی تو یروشلم میں رہتے ہوئے کم از کم اس حملہ آور فوج سے مقابلہ ممکن تھا لیکن محض چند اشخاص کی بد ترین معاملہ فہمی نے تمام قوم کو کیا دن دکھائے؟ "ہمارا فوج سے مقابلہ ممکن تھا" لکھنا جلد واضح ہوگا یوسیفس کے مطابق سامریہ کے لوگوں نے یہ حالات سنے تو خود کو یہودی کہلانے سے انکار کیا اور اور شاہ انٹیوکس کو خط لکھ کر مطلع کیا کہ ان کی کوہ گرزیم پر بنائی گئی عبادت گاہ کا نام جیوپیٹر کا ہیکل ہے ۔ جیوپیٹر یونانی خداؤں میں سے ایک بڑا خدا تھا جو زندگی کے سانس چلانے کا اختیار رکھتا تھا ۔

باب4

میکابی تحریک

یروشلم کے اطراف کے علاقوں میں میتاتھیس نامی کاہن تھا ۔ اس کے پانچ بیٹے تھے جن میں سے ایک کا نام یہودہ میکابی تھا ۔ اس گھرانے نے ذلت کی زندگی پر اپنے عقیدہ اور موت کو فوقیت دی اور انٹیوکس کا حکم ماننے سے انکار کر دیا ۔ جابرانہ مزاحمت پر اپنے علاقے پر نامزد کردہ یونانی کمانڈر کو ہلاک کر دیا، زبردستی پرستش کے لئے رکھے گئے بُت توڑ دیئے، اپنی املاک وہیں چھوڑ دیں اور ریگستانوں میں بھاگ جانے سے پہلے اعلان کر دیا کہ جو یہ راستہ اختیار کرنا چاہے اس کے پیچھے چلا آئے ۔ آہستہ آہستہ بہت سے یہودی اپنے بیوی بچوں کو لے کر اس کے ساتھ ریگستانی غاروں میں جا چھپے۔ ان کے پیچھے یونانی فوج کی ٹکڑیاں بھیجی گئیں جنہوں نے جسے تلاش کر لیا اسے خاندان سمیت غار میں زندہ جلا دیا لیکن مکمّل خاتمہ کرنے میں ناکام رہے اور بہادر یہودی اس کے ساتھ ملتے چلے گئے ۔ میتاتھیس نے اپنی مزاحمت کو مزید ضابطہ میں لا کر اپنی جدوجہد جاری رکھی لیکن ایک ہی سال میں اس کی وفات ہو گئی تو اس کا بیٹا میکابی لوگوں کا رہ نما بن گیا ۔ میکابی ایک بڑا فوجی لیڈر ثابت ہوا ۔ اس نے انٹیوکس کی فوج پر پے در پے حملے کئے اور شکست سے دوچار کیا یہاں تک کہ انٹیوکس کی فوج کے بڑے جنرل ان جنگوں کی بھڑکائی آگ کا ایندھن بن گئے ۔ ان دنوں انٹیوکس یروشلم میں موجود نہیں تھا ۔ وہ خود اپنی بڑی فوج کے ساتھ فارس پر حملہ آور تھا ۔فارس کا ایک شہر اپنی دولت مندی کی وجہ سے مشہور تھا ۔ اس کے بارے میں مشہور تھا کہ وہاں چاند کی دیوی ڈائنا کا مندر ہے جس میں بڑی مقدار میں قیمتی نوادرات ہیں اور یہ بھی کہ وہاں سکندرِ اعظم کے چھوڑے ہوئے اسلحے اور دوسری قیمتی اشیاء محفوظ ہیں ۔ یہ دولت حاصل کر لینے کی لالچ اسے وہاں لے گئی لیکن توقع کے برعکس اسے بڑی شکست سے دوچار ہونا پڑا، اس حد تک کہ پلٹ کر جب بھاگا تو بابل جا پہنچا اور اس شکست سے اپنی فوج کا بڑا حصّہ گنوا بیٹھا ۔

ابھی اس صدمہ کے ماتم سے فارغ نہ ہوا تھا کہ اس کو معلوم ہوا جو فوج میکابی کو قابو کرنے کے لئے بھیجی تھی وہ بھی بری طرح ناکام ہو رہی ہے ۔ ان صدموں نے اسے بیمار ڈال دیا لیکن اس بیماری میں مرنے سے پہلے اس نے اپنے بیٹے انٹیوکس جیوپیٹر کو بادشاہ بنا دیا وہ اپنے باپ کی شکست اور موت کا انتقام لینے کے لئے یہودیہ پر پہلے کے مقابلے میں زیادہ بڑی فوج لے کر پہنچا لیکن میکابی کے مقابلے میں وہ بھی ناکام رہا ۔ تاہم اس کی سلطنت کے تیسرے سال شام کے اسی جنرل سیلوکیّس کے ایک اور بیٹے ڈیمیٹریّس نے اپنے خونی رشتہ دار انٹیوکس جیوپیٹر کو مصر کا بھی اقتدار حاصل کرنے کی لالچ میں ہلاک کر دیا۔ اس وقت یہودیوں کا داخلی انتشار، جس کی سب سے بڑی وجہ کہانت کے حصول کی لالچ تھی، اس نہج پر تھا کہ کاہنوں کا ایک گروہ ڈیمیٹریّس سے جا ملا ۔ اس سے قبل کہانت کے دعویدار ایک اور گروہ کو یروشلم کی کہانت حاصل کرنے میں کامیابی نہ ہوئی تو انٹیوکس کی اعانت سے مصر میں اپنا الگ ہیکل بنا لیا تھا ۔ اسی طرح جب ڈیمیٹریّس نے یروشلم فتح کرنے کے لئے فوج روانہ کی تو یروشلم کے سردار کاہن نے میکابی کے مقابلے میں یونانیوں کا ساتھ دیا۔ میکابی نے یونانی فوج کا بہادری سے مقابلہ کیا اور اس کو فرار پر مجبور کر دیا لیکن کاہن گروہ کی غداری سے اسے بھاری جانی نقصان اٹھانا پڑا ۔ یہ باغی سردار کاہن مارا گیا تو لوگوں نے میکابی کو اپنا سردار کاہن بنا لیا ۔میکابی کاہنوں کے اختلافات کے باعث اپنی افرادی قوت بہت کچھ کھو بیٹھا تھا ۔ اس کا نتیجہ یہودیوں کو یہ اٹھانا پڑا کہ جب ڈیمیٹریّس ایک اور فوج کے ساتھ یروشلم پر حملہ آور ہوا تو میکابی نے یروشلم کے نزدیک شہر میں اس کی پیش قدمی روکنے کے لئے مزاحمت کی ۔ میکابی اور اسکی مختصر فوج نے انتہائی جرات مندی سے بڑی فوج کا مقابلہ کیا لیکن عددی قوت کا فرق بہت زیادہ تھا ۔ میکابی اس موقع پر جان بچانے کے لئے فرار ہو سکتا تھا لیکن اس نے میدانِ جنگ سے نہ ہٹنے کا فیصلہ کیا اور شہادت قبول کی ۔اس شہادت سے یہودی ایک ایسے عظیم رہنما سے محروم ہوگئے جس کی مثال اپنی قومی تاریخ میں دکھا نہیں سکتے سوائے حضرت داؤد کے ۔ اب باہمی انتشار کی وجہ سے یہودیوں کے لئے وہ عسکری قوت فراہم کرنا ممکن نہ رہا جو بیرونی جارحیت کا مقابلہ کر سکے ۔بعد میں آنے والا تمام وقت بد اعمالیوں پر قائم رہنے کے نتیجے

میں ان کو سزا پر سزا ملتے رہنے کی داستان ہے ہم نے اوپر تحریر کیا کہ مضبوط دیواروں میں محفوظ یروشلم کا یونانی حملہ آوروں سے بآسانی مقابلہ کر لینا بنی اسرائیل کے لئے ممکن ہونا چاہئے تھا ، اگر کاہنی نظام لوگوں کے ایک مقصد پر مجتمع ہونے کے راستہ میں رکاوٹ نہ بنتا، اس سے ہماری مراد چند افراد سے شروع کی گئی یہی کامیاب مزاحمت تھی جو یروشلم کے باہر سے ان خدا کے بندوں نے ان کو دکھا دی لیکن انہی کاہنوں کی دنیا پرستی نے آخر کار قوم کی مزاحمت کی اس طاقت کو بھی ٹھکانے لگا دیا ۔

یہودیوں کی سماجی زندگی میں تین ادارے عوام پر اثر رکھتے تھے ، بادشاہ پھر سردار کاہن اور اس کے بعد نبی ۔ ان کی پچھلی تاریخ میں یہ الگ الگ شعبے تھے ۔ لوگوں پر اثر رکھنے کی خاطر انہی میں سے بہت سے جھوٹی نبوّت کے دعویدار ہوئے لیکن یونانی دور میں ایسا بھی ہوا کہ ایک ہی شخص بیک وقت بادشاہ ہے، سردار کاہن اور ساتھ میں نبی بھی ۔کہانت کے نظام پر جو بحث پچھلے صفحات پر کی اس کی روشنی میں سردار کاہن کو بادشاہی کا تاج سر پر رکھنا ہی تھا ۔ یوسیفس نے ہرکانس کاتذکرہ کیا ہے جو اکتیس سال بادشاہ رہا لیکن وہ سردار کاہن بھی تھا اور نبی بھی ۔

نئے فرقے

یونانی تسلط کے دور نے ایک اور اثر یہودیوں پر پیدا کیا اور وہ یہ کہ یونانی قوم میں ماضی قریب کی چند صدیوں میں جو نامور فلسفی پیدا ہوئے انہوں نے ایک علمی مزاج یونانیوں میں پیدا کر دیا لہٰذا زیرِ تسلط اقوام قدرتی طور پر مرعوبیت کا شکار ہو گئیں ۔ اس فلسفیانہ مرعوبیت نے یہودی علماء و فقہاء کو اپنے مذہب کی عقلی تفسیر کرنے کی راہ پر لگا دیا ۔ انکی انتہائی بدقسمتی یہ تھی خدا کی طرف سے عطا کی گئی تعلیمات اور حقیقی انبیاء کی سیرت اپنے اصل الفاظ میں ان کے پاس تھی نہیں ۔ جو کتابیں ان کو میسر تھیں ان کی تفسیر کرنے کا نتیجہ یہ نکلا کہ اس دور میں یہودیوں میں نئی فرقہ بندیوں کا سراغ ملتا ہے ۔ یہ نئے فرقے صدوقی، فریسی اور حشیشین (Essenes)کے نام سے حضرت عیسٰی کے دور میں موجود تھے ۔ان فرقوں کی جڑ میں مذہب کی فلسفیانہ عقلی توجیح کی روح کارفرما نظر

آتی ہے ۔ صدوقی خود کو حزقی ایل کا بیان کردہ "خدا کا حکم" کی وجہ سے سردار کاہن صدوق کی نسل میں شمار کرتے تھے ۔ وہ آخرت کی زندگی پر یقین نہیں رکھتے تھے ۔ ان کی نظر میں روح جسم کے ساتھ ہی فنا ہو جاتی ہے ۔ حضرت عیسیٰ کے زمانے تک حکومتی انتظام کے بڑے عہدے داروں میں یہ نظریہ زیادہ مقبول تھا لیکن وہ اس نظریہ کو پوشیدہ رکھنے کی خاطر خود کو فریسی متعارف کراتے تھے ۔آخرت ، قیامت یا ان کے معنوں کے مترادف الفاظ تورات تو درکنار عہد نامہ قدیم کی دوسری بھی کسی کتاب میں موجود نہیں ۔یہودی اس کا کوئی تصوّر پیدا کرنا چاہیں بھی تو کہاں سے کریں؟ کہیں کہیں نظر آنے والا لفظ "پاتال" یا نبیوں کی کتابوں میں غیر مبہم بیانات کے علاوہ کچھ نہیں ہے لہٰذا صدوقیوں کا یہ تصوّر باعثِ حیرانی نہیں ۔فریسی لفظ سے عبرانی میں وہ لوگ مراد ہیں جو خود کو دوسروں سے الگ کرتے ہیں اور عام طور پر یہ لوگ خدا کے متلاشی یا خدا جُو سمجھے جاتے تھے ۔ فریسی لفظ بھی یونانی دور میں اصنام پرستوں نے ان کا مذاق اڑانے کے لئے استعمال کیا کہ کیسا پاگل ہے کہ خدا تلاش کر رہا ہے جبکہ بُتوں کی صورت میں یہ ہر جگہ موجود ہیں ۔ان کے عقیدہ میں روح قائم رہتی ہے اور غیر ایماندار یا ایماندار زندگی گزارنے پر مرنے کے بعد زیرِ زمین "پاتال" میں یا تو سزا ملے گی یا انعام ۔عقائد میں عقلی دلائل کو اہمیت دیتے تھے اس لئے عام طور پر اکثریت ان کا اتباع کرتی تھی ۔عیسائی دنیا کا اہم ترین شخص سینٹ پال فریسی فرقہ میں سے تھا اس لئے "عقلی دلائل کو اہمیت دینا "جیسی بات کی آنے والی بحث میں ضرورت پیش آئے گی ۔تیسرا فرقہ حشیشین بنیادی طور پر نیکی کی زندگی گزار نا پسند کرتے تھے ۔ انکی نظر میں روح باقی رہتی ہے اور یہ کہ تمام اشیاء خدا کی ہیں ۔ وہ شہری زندگی سے دور اپنی املاک آپس میں بانٹ کر استعمال کرتے تھے کہ کوئی غریب رہے نہ امیر۔ ان کی خصوصیات میں خانہ بدوشی اور مویشی پالنا، نوکر نہ رکھنا اور آپس میں ایک دوسرے کی مدد کرنا وغیرہ شامل ہیں ۔ قارئین دیکھ سکتے ہیں کہ انیسویں صدی عیسوی میں کم از کم نظریہ کی حد تک یہی تصوّر مشہور یہودی مفکر کارل مارکس نے کمیونزم کی صورت میں وضع کیا تھا ۔

یونان کا زوال

یونان کے زوال کی راہ پر پہلا قدم ان کے جرنیلوں نے اُس دن رکھ دیا تھا جب سکندرِ اعظم کے بعد مفتوحہ علاقے آپس میں تقسیم کئے تھے ۔ بعد کے اعمال نے ان کے مقلدین کے لئے اس راہ کو مزید ہموار کیا ۔ اس بات کا کچھ اندازہ اوپر کئے گئے بیانات سے لگایا جا سکتا ہے کہ ہر یونانی سربراہ نے اپنی سرحدیں بڑھانے کی خاطر دوسرے کے حصے ہڑپ کرنے کی کوشش کی اور نتیجتاً خود اپنی عسکری قوت مجروح کرنے کے مرتکب ہوئے ۔ یہ کمزوری بھانپ لینے پر روم نے کمال ہوشیاری سے یونان کے زیرِ اثر علاقے ایک کے بعد ایک ان سے چھین لئے ۔دوسری طرف یہودیوں کی داخلی قوت اور داخلی اختلافات اس نہج پر تھے کہ یونان کی کمزوری اور کسی موقع سے فائدہ اٹھا کر خود اپنے زورِ بازو یونان سے خود مختاری حاصل کرنے کی ایک کوشش نہ کی ۔ اس کے بجائے ان کے ایک گروہ نے رومی فوجی جنرل پومپی کو یروشلم پر قابض ہونے کی دعوت دی اور اپنے تعاون پیش کیا تاکہ ایک کی محکومیت سے نکل کر دوسرے کی محکومیت میں جا سکیں ۔یہ بات ہماری سمجھ سے باہر ہے کہ ایک اصنام پرست قوم پر دوسری اصنام پرست قوم کو ترجیح دینے کے پیچھے ان کی سوچ کیا تھی؟ اس نے بغیر کوئی جنگ کئے یروشلم فتح کر کے اپنے زیرِ نگیں کر لیا ۔ اب فلسطین کا شاہی اقتدار روم کے پاس تھا ۔ روم نے وہاں اپنی پسند کے سردار کاہن نامزد کرنا شروع کیے ۔دور دراز کے علاقوں کو قابو میں رکھنے کے لئے مناسب حد تک اپنی فوج وہاں مستقل بٹھائے رکھنا کسی قوم کے لئے کسی بھی زمانے میں ممکن نہیں ۔ وہاں ہمیشہ ایسے بااثر اور چالاک افراد تلاش کرنے پڑتے ہیں جن کے لئے ذاتی مفاد ہر دوسری شئے پر مقدم ہو۔ ایسے مفاد پرست لوگ ہمیشہ ہر قوم میں اور ہر زمانے میں ملتے ہیں۔

روم کی نظروں میں بھی وہ شخص مفید تھا جو رومی اقتدار کے خلاف بغاوت نہ ہونے دے ،سالانہ خراج وصول کر کے روم روانہ کرے اور وقتِ ضرورت جنگی مہمات کے لئے درکار فوج فراہم کر سکے ۔ایسے ہی حالات میں ایک یہودی بنام اینٹی پیٹر نے روم کے لئے اپنی خدمات پیش کیں اور روم کی طرف سے لڑتے ہوئے اچھی کارکردگی دکھائی ۔ روم کے بادشاہ سیزر نے خوش ہو کر اسے روم

کا شہری ہونے کا اعزاز بخش دیا اور بعد میں جب مزید اعتماد ہوا تو یہودیہ کی حاکمیت بھی اس کے حوالے کر دی۔ اسی کی اولاد میں آگے چل کر ہیروڈ نے نام کمایا اور طویل عرصہ روم کے نمائندے کی حیثیت سے یہودیہ پر حکمران رہا یہ شخص ہیروڈ دی گریٹ کے نام سے مشہور ہے۔ اسی کے تعاون سے روم نے آخر کار 126 سالہ یونانی تسلط کا مکمّل خاتمہ کیا۔

ہیروڈ نے 37 سال یہودیہ پر سلطنت کی اور اپنے اقتدار کے دوران متعدد جنگی کامیابیاں حاصل کرنے کے ساتھ کئی بڑے تعمیراتی پراجیکٹ مکمّل کئے۔ ہیکل سلیمانی جسے یہاں ہیکل ثانی لکھنا چاہئے، جو شاہ فارس کے ایماء پر بنا تھا، اب تقریباً پانچ صدی پرانا اور اس تمام عرصہ یہودیوں کے پست اقتصادی حالات کی وجہ سے خستہ حال تھا۔ ہیروڈ نے اس کی قدیم اصلی بنیادیں اکھڑ وا کر پوری عمارت نئے سرے سے تعمیر کی۔ اس کو تیسرا ہیکل قرار دینا چاہئے۔ روم کو اور اپنے لوگوں کو خوش رکھنے کے لئے رومی طرز کا کھیلوں کا اسٹیڈیم بنا کر ملک میں رومی کھیلوں کا رواج دیا۔ ہیروڈ کے دور میں فریسیوں کے ایک گروہ نے اس کے ایک بیٹے کو ساتھ ملا کر اسے قتل کرنے کی سازش کی جو ناکام ثابت ہوئی۔ ہیروڈ ایک مضبوط بادشاہ ہونے اور اپنی پشت پر روم کی حمایت رکھنے کے باوجود فریسی ایسا سمجھتے تھے کہ اس کے خلاف سازش کر سکیں۔ ہیروڈ نے ان کو موت کی سزا دی۔ آخری دنوں میں بڑی تکلیف دہ بیماریوں کا شکار ہو کر 4 ق م میں اقتدار اپنے ایک بیٹے ارخلاؤس کے حوالے کر کے مر گیا۔ رومی اقتدار کی نظر میں یہودیہ کا تمام علاقہ کسی ایک یہودی کے زیرِ اثر رکھنا دانشمندی نہیں تھی اس لئے روم نے سلطنت ہیروڈ کے تین بیٹوں میں تقسیم کر دی۔ شروع میں نصف علاقہ ارخلاؤس کے حوالے اور باقی نصف کو فلپ اور اینٹی پاس میں برابر سے تقسیم کیا لیکن کچھ ہی عرصہ بعد ارخلاؤس کا علاقہ مختصر کر کے ایک رومی گورنر کو تمام اختیارات کے ساتھ وہاں بیٹھا دیا۔ پھر کچھ عرصہ بعد ہیروڈ اینٹی پاس کو بھی معزول کر کے رومی جنرل پیلاطس کو یہودیہ کا گورنر بنا کر بھیجا۔ اسی کے دور میں اسی کے ہاتھوں حضرت عیسیٰ کی صلیب کا واقعہ پیش آیا۔ فلپ نے بھائیوں کے انجام کا مشاہدہ کیا تو روم کو خوش رکھنے میں زیادہ سرگرمی دکھانے کی کوشش کی تاکہ عطا کی گئی مراعات اس کے بھی ہاتھ

سے نہ نکل جائیں ۔ بہتر کارکردگی دکھانے کے لئے اس نے اپنے علاقوں میں رومی بادشاہوں کے نام سے نئے شہر تعمیر کئے ۔غیر قوموں کی سرپرستی میں سیاسی اور مذہبی اقتدار پر قابض یہودیوں کی دنیا پرستی اور مجرمانہ ذہنیت جس درجہ پر تھی وہ عام لوگوں سے پوشیدہ نہیں رہ سکتی تھی ۔اس میں مذہبی طبقہ، صدوقی، فریسی، سردار کاہن اور بادشاہ سب ہی ملوث تھے ۔ سب سے بڑی مصیبت روم کی ٹیکس وصولی تھی جس کا بوجھ متوسط اور غریب طبقہ پر پہنچتا تھا ۔ ایسے ہی حالات میں ایک وقت ایسا بلوہ ہوا کہ لوگوں نے یروشلم میں اپنی ہی قوم کے امیر طبقہ کا گھیراؤ کر لیا اور فریسیوں، کاہنوں اور بادشاہ کے قیمتی مکانات اور محل جلا دیئے ۔ مجرم طبقہ یروشلم میں موجود زیرِ زمین سرنگوں میں پناہ لے کر ہی اپنی جان بچا سکا۔ لوگوں نے اس سرکاری عمارت کو بھی جہاں لوگوں کے قرضے اور زرعی زمین گروی رکھنے کی دستاویزات وغیرہ محفوظ رکھی جاتی تھیں تمام ریکارڈ سمیت جلا دیا ۔ نتیجہ یہ ہوا کہ اب ذمہ دار حضرات رومی ٹیکس جمع نہیں کر سکتے تھے ۔ٹیکس کی عدم ادائیگی کو روم نے بغاوت تصوّر کیا اور فوجی جرنیل ٹائٹس کو یروشلم کو سزا دینے کیلئے روانہ کیا اس طرح نبوکدنضر کا 587 ق م والا واقعہ 70 بعد از مسیح ایک مرتبہ پھر دہرایا گیا ۔یوسیفس روم کو ٹیکس کی ادائیگی نہ کرنا یروشلم پر حملہ کی وجہ بتاتا ہے ۔ ہمیں یہ بات تسلیم کرنا مشکل ہے ۔ روم کا حاکمیت کا نظام اس غیر معقول بات سے زیادہ ذہین تھا ۔ ہیروڈ اعظم کے مرنے کے بعد پورا ملک ایک یہودی حاکم کے بجائے تین حاکموں میں تقسیم کرنا اس ذہانت کو واضح کرنے کے لئے کافی تھا ۔ پھر اس منقسم اقتدار کو بھی بتدریج رومی گورنروں کے حوالے کر دیا لیکن کسی مزاحمت کا سامنا ان کو نہ ہوا ۔ یہودیہ اگر سالانہ ٹیکس کی صورت میں بلا قیمت سونے کا انڈا دینے والی مرغی تھی تو سخت سرزنش اور علامتی سزائیں وغیرہ دے کر نظام کو واپس درستگی پر بآسانی لایا جا سکتا تھا ۔ یہودی امراء کا قوم پر ضرورت سے زیادہ بوجھ ہونا بھی رومی گورنروں کے دائرہ اختیار کی حدود کے اندر تک کا معاملہ تھا ۔ملک لوٹ لینے کا بھی مسئلہ نہیں تھا اس لئے کہ وہ روم ہی کی ملکیت تھی ۔اصل مُحرّک یہودیہ کا عالمی تجارتی نیٹ ورک کے اہم مقام پر واقع ہونا قرار دینا چاہئے ۔اقتصادیات کے حوالے سے اس علاقہ کی اہمیت کی وضاحت پہلے کی جا چکی

ہے ۔ ہماری رائے میں روم کو اقتصادی فائدہ میں حصّہ داری قبول نہیں تھی ۔ انہوں نے وقت کا انتظار کیا جو ان کو یونان سے طویل عرصہ جنگ کے بعد اپنے ملک کو عسکری طور پر واپس مستحکم ہونے کے لئے درکار تھا ۔ یہ وقت ہیروڈ دی گریٹ یہودی نے انہیں فراہم کیا ۔ بعد ازاں اسٹریٹیجک ذہانت سے یہودیہ کی بادشاہت تین یہودیوں میں تقسیم کی اور پھر تھوڑے ہی دنوں میں ایک ایک کر کے ہوا میں تحلیل کردی اور کسی مزاحمت کا سامنا نہیں کرنا پڑا ۔ اگلے مناسب موقع پر ایک پوری قوم ہی کو بطورِ قوم کم وبیش نابود کر دیا ۔ٹیکس نہ دینے پر پوری کی پوری قوم ہلاک کردی جائے یا غلام بنا لی جائے تاکہ وہ کبھی ٹیکس نہ دے سکیں؟ ایسی غیر معقول حرکت رومی حکام سے سرزد ہونا غیر ممکن سمجھنا چاہئے ۔

تمدنی ارتقاء کے مراحل کے دوران نوعِ انسانی نے صحت مند سماجی تعمیر کے معاملات میں شہوانی تقاضے کس ضابطہ کے تحت ہونے چاہئیں ان پر یا تو سرے سے توجہ نہیں کی یا اپنی عقل سے سمجھنے کی کوشش کی تو ہمیشہ ٹھوکر کھائی ہے۔ حضرت موسیٰ کے وسیلہ سے سماجی تعمیر کے لئے جس ضابطۂ حیات کی نعمت بنی اسرائیل کو میسر آئی اس کی اصل روح وہ وقت کے ساتھ کھو بیٹھے لہٰذا جو کام ان ہدایات کی روشنی میں ان کو خود اپنے لئے اور قریبی اقوام کے مشاہدے کے لئے کرنا تھا وہ نہ کر سکے ۔ یونانی تہذیب کے عروج کے دوران ان کے مشہور مفکرین نے انسانی سماجی معاملات سے وابستہ ازدواجی زندگی کے اصول و ضوابط ،خود انسانی زندگی کی قدرو قیمت اور اس کا احترام اور ذاتی ملکیت کے اصول جیسے اہم ترین عناصر کو انتہائی محدود تناظر میں دیکھا اور سمجھا ۔ اصل تورات کی شکل میں خدا کی عطا کردہ نعمت تو خود بنی اسرائیل محفوظ نہ رکھ سکے لیکن جو کچھ بھی ہدایات اپنے پاس رکھتے تھے یونان اپنے عروج کی ابتدا میں ان سے واقف نہ تھا جیسا کہ بائیبل کے ترجمہ کے وقت پہلی مرتبہ مصر میں انہوں نے دیکھا ۔یونانی فتوحات کے دوران انسانی معاشرے کو اپنی تاریخ میں پہلی مرتبہ اتنی وسیع جغرافیائی سطح پر ان معاملات میں فساد کا مشاہدہ و تجربہ ہوا اور یہی فساد اپنی جسامت میں وقت کے ساتھ ساتھ بڑھتا چلا گیا ۔ رومی سلطنت کا عروج پہنچتے پہنچتے اجتماعی انسانی نفسیات اس حال پر تھی کہ لوگ اپنی ہی نوع کے حقیقی انسانوں کو جسمانی اذیت کی انتہا پر

پہنچا کر اس کو دیکھنے سے محظوظ ہوتے تھے۔ روم میں بادشاہوں نے اپنے اور عوام کی تفریح کے لئے وقت کا عظیم وشان کھیلوں کا اکھاڑہ یا اسٹیڈیم یا کلوسیم تعمیر کیا۔ کلوسیم میں تفریح کے لئے جو شئے ایجاد کی وہ حقیقی زندگی میں کبھی کبھار پیش آنے والے حادثات یعنی جنگلی درندوں کا شکار ہو جانا، قتل ہو جانا، گروہوں کے درمیان خونی دنگا و فساد ڈراموں کی صورت میں تخلیق کیا۔ لیکن ایسا نہیں کہ ان واقعات کو اداکاری کے ذریعے دکھایا جائے بلکہ ان کو حقیقی واقعات کی صورت میں دکھائے جانے کا اجتماعیت نے تقاضا کیا اور اسی طرح ان کے سامنے پیش کیا گیا۔ اس سے مراد یہ کہ ڈرامہ میں اگر کوئی قتل شامل ہے تو کوئی حقیقی شخص قتل کیا گیا۔ درندے مہیا کئے گئے، ان کی نگہداشت اور دیکھ بھال کا انتظام رکھا پھر تفریح کے وقت بھوک کی حالت میں اکھاڑے میں انسانوں پر چھوڑ کر ان کے حملہ آور ہونے، چیرنے پھاڑنے کا منظر دکھا کر لوگوں کو خوش کیا جاتا تھا۔ انسانی نفسیات بیمار ہو سکتی ہے اور ہوتی ہے لیکن اس حد کو پہنچ جائے ؟ بظاہر یہ داستان کسی نوعیت کی مشابہت اور انسانی تخیل میں افراط کا کرشمہ ہو لیکن جو بتایا گیا وہ سچ ہے یہ سمجھنا کہ صرف قدیم یونان یا روم اس حد تک پہنچے درست نہ ہو گا۔ عہدِ وسط میں عیسائی فرقہ وارانہ اختلافات میں کسی مذہبی سربراہ کی طرف سے کسی پر کفر کا فتویٰ جاری کیا جاتا تو ایسی مثالیں ملتی ہیں کہ بد قسمت شخص کو لکڑیوں کا الاؤ دہکا کر رسیوں سے اس کے اوپر لٹکا دیا لیکن جل کر مر جانے کو چھوڑ نہیں دیا بلکہ کچھ دیر پکا کر رسّی واپس کھینچ لیتے تھے پھر کچھ ہوش سنبھلنے پر مزید پکانے کے لئے رسّی ڈھیلی کر دی جاتی تھی اور لوگ یہ تماشا دیکھ سکتے تھے۔حضرت عیسٰی کی جو تعلیم وہ اپنے پاس رکھتے تھے حکم کرتی تھی دوسروں کے ساتھ وہی سلوک کرو جو اپنے لئے پسند کرتے ہو۔

مجھے کسی وقت رومی کلوسیم کی ان راہداریوں اور پنجروں کے درمیان سے گزرنے کا موقع ملا جن راستوں سے ڈراموں کے لئے وہ افراد اور درندے اکھاڑے میں پہنچاتے وقت گزرتے تھے۔ مناسب گرمی کا وقت تھا لیکن وہ بد قسمت میری آنکھوں میں آ گئے اور میرے جسم نے سردی محسوس کی۔ ایسی خدمات کے لئے کسی بھی معاوضہ پرکون خود کو پیش کر سکتا تھا؟روم کو اتنی ہی تعداد میں غلاموں کی ضرورت تھی۔

یروشلم کے باشندوں کو ٹائٹس کے ہاتھوں وہی پیش ہوا جس کا پہلا مشاہدہ چھ صدی قبل نبوکدنضر کے ہاتھوں کر چکے تھے ۔ اس مرتبہ ان کی اضافی بد قسمتی یہ تھی کہ اس واقعہ سے متصل ایک کے بعد ایک، یا بعض اوقات بیک وقت ،شدید قحط، وبائی امراض اور مستقل لوٹ مار کا شکار تھے ۔ ایسے ہی ناقابلِ برداشت حالات کی ذد میں مبتلا لوگوں نے بالآخر بڑا بلواہ کیا تھا جس کا اوپر بیان ہوا ۔ٹائٹس کی فوج نے اس کو بغاوت کا نام دے کر بلا تفریق قتلِ عام کیا ۔ ایسی فوج کے لئے کمانے کا بھی یہی وقت ہوتا ہے ۔ اسی قتل و غارت اور لوٹ مار میں کہیں سے آگ بھی بھڑک اٹھی یا قصداً لگا دی گئی ۔ آگ قصداً لگائی جانے کا تعین ممکن نہیں لیکن ایسی پہاڑی پر خشک اور تیز ہوا میں آگ ایک مرتبہ لگی اور وہیں فوراً نہ بجھا دی گئی پھر اس کو قابو کر نا بس میں نہیں رہ سکتا ۔ پورا شہر ہیکل سمیت مکمّل جل گیا ۔جو کچھ لوٹنے کے لائق ملا لوٹ لیا گیا ۔روم کے حکومتی اور سماجی نظام کے لئے صحت مند مرد، جوان اور خوش شکل لڑکیاں اور صحت مند لڑکپن کی عمر کے لڑکے اور لڑکیاں مال غنیمت کی اشیا میں شمار تھے ۔ رومی شہروں اور صوبوں میں گھریلو خدمات کے لئے سترہ سال سے کم عمر بچوں کی عام خرید و فروخت کی جاتی تھی ۔ خوبصورت دراز قامت لڑکیاں شہوانی ضروریات کے لئے بیش قیمت تھیں پھر بڑی تعداد میں طاقتور غلام نہ صرف اوپر بیان کردہ کھیل تماشوں میں ہلاک کرنے کے لئے بلکہ مشقّتی کاموں کے لئے بھی درکار تھے ۔ رومی صوبوں میں معدنیات کی کانیں اس وقت تک دریافت ہو چکی تھیں جن میں کام کرنے کے لئے غلاموں سے بہتر شئے نہیں تھی ۔یوسیفس کے مطابق جنگ اور دوسرے آلام کی وجہ سے ملک کے تقریباً گیارہ لاکھ افراد ہلاک ہوئے اور تقریباً ایک لاکھ غلام بنا کر ملک سے باہر نکال دئے گئے پھر دو ہزار سال تک یہودی واپس وہاں نہ آسکے ۔اس مقام پر عیسائیت کی تعریف و تشریح کے لئے ہمارا متعلقہ تاریخی بیان مکمّل ہوتا ہے ۔

باب 5

عیسائی عقیدہ

نظریاتی تناظر میں دیکھا جائے تو یہودی عقیدہ اپنی ہیئت کے اعتبار سے ایک محدود نظریہ ہے ۔ اس عقیدہ میں خدا کائنات میں موجود وہ تنہا ہستی ہے جس نے تمام کائنات ، زمین اور زمین پر بسنے والے تمام جانداروں اور انسانوں کو خلق کیا۔ اگر چہ تمام انسانوں کا وہ تنہا خالق ہے اور اس نے تمام انسانوں کی پیدائش کا سلسلہ ایک ہی باپ اور ایک ہی ماں سے شروع کیا لیکن وقت کے ساتھ جب وہ انسان لا تعداد گروہوں کی حالت کو پہونچ گئے تو انہی گروہوں میں سے ایک گروہ کو دوسرے تمام گروہوں کے مقابلے میں پسندیدہ قرار دیا ۔ اس گروہ کے پسندیدہ ہونے کی کوئی نمایاں وجہ تو نہ بتائی لیکن فلسطین کے نام سے ایک ایسا خطہ زمین ان کی مستقل ملکیت قرار دیا جو در حقیقت دوسرے گروہوں کی ملکیت میں تھا ۔ پھر اپنی ہی معجزانہ قوتوں کے ذریعے اس گروہ کی مدد کی اور انہیں وہاں لا بسایا۔ اس منتخب گروہ کی انفراد ی اور اجتماعی زندگی کے لئے قانون مہیا کیا اور اس گروہ کے اجداد کے ساتھ اس قوم کی فلاح اور ان کے درمیان نعمتوں کے نزول کے عہد باندھے کہ اس قانون سے باغی نہ ہوئے تو دنیا کی زندگی میں نعمتوں سے محروم نہ ہو گے لیکن اگر باغی ہوئے تو اس دنیا میں ذلّت کی زندگی کا سامنا کرنا پڑے گا ۔ دنیا کی اس زندگی کے بعد بھی کوئی زندگی ہے؟ اگر ہے تو اس زندگی کے بعد اس منتخب کروہ اور دوسرے تمام غیر پسندیدہ گروہوں کے ساتھ کیا پیش آنے والا ہے ؟ اس کا کوئی واضح جواب اس عقیدہ میں موجود نہیں ہے۔ تورات اور دیگر کتابوں میں قیامت، آخرت یا روزِ حساب جیسے مفاہیم کے الفاظ ناپید ہیں ۔اس زمین پر نوعِ انسانی کی ہدایت کے لئے آخرت اور اعمال کی جزا و سزا کا واضح تصوّر کسی عقیدہ کی مضبوط ترین بنیادوں میں سے ایک بنیاد ہے لیکن اس کو تورات کی پانچ کتابوں میں کہیں جگہ نہ ملی ۔ تورات یہ تو بتاتی ہے کہ پہلے انسان حضرت آدم و حوّا کو باغِ عدن میں پیدا کیا لیکن اس کے مصنفین

باغِ عدن بھی اسی زمین پر اتار لائے ۔جب حضرت آدم و حوّا سانپ کے بہکانے پر خدا کی حکم عدولی کر بیٹھے تو بطورِ سزا انہیں دنیا کے اس باغ سے خارج کردیا گیا لیکن باغِ عدن میں واپسی کی کوئی صورت ہے؟ تورات یہ نہیں بتاتی(پیدائش 3:14)۔ سقوطِ یروشلم اور ہیکل سلیمانی کے انہدام کے بعد آنے والے نبی حزقی ایل کی کتاب میں اس کا ضروری تفصیلات کے بغیر کچھ غیر واضح تصوّر نظر آتا ہے:

> لیکن اگر شریر اپنے تمام گناہوں سے جو اس نے کئے ہیں باز آئے اور میرے سب آئین پر چل کر جو جائز اور روا ہے کرے تو وہ یقیناً زندہ رہے گا ۔ وہ نہ مرے گا ۔وہ سب گناہ جو اس نے کئے ہیں اس کے خلاف محسوب نہ ہوں گے۔وہ اپنی راست بازی میں جو اس نے کی زندہ رہے گا (حزقی ایل (18:21)

اگر چہ عیسائی عقیدہ کی مرکزی ہستی کا نزول اسی منتخب گروہ یا خاندان یا قبیلہ کے درمیان ہوا ،یہ شخصیت ماں کے توسط سے اسی قبیلہ سے خون کا رشتہ رکھتی تھی اور اناجیل کے مطابق آنجناب کے نزول کا اوّلین مقصد اسی قبیلہ کی ہدایت کے لئے تھا لیکن آپ کے اس کرۂ ارض سے رخصت ہونے کے بعد آپ کی تعلیمات کو مرتب کیا گیا تو اس کے بطن سے عیسائیت کے نام سے ایک نیا عقیدہ استوار ہوا ۔ اپنی پیدائش کے ابتدائی زمانے میں یہ عقیدہ اپنے ارتقائی مراحل سے گزرا اور تین سے چار صدیوں میں اپنی اس ترقی یافتہ شکل کو پہنچا جس کی خصوصاً مغربی دنیا میں تقلید کی جاتی ہے ۔اس مجمل ابتدائی تعارف سے معتقدین اور مخالفین دونوں اتفاق کریں گے ۔

عیسائی عقیدہ مذکورہ یہودی عقیدہ کے مقابلے میں زیادہ وسعت اپنے اندر رکھتا ہے ۔اس عقیدہ نے بنی اسرائیل بحیثیتِ منتخب قوم کی حدود سے باہر نکل کر دوسری تمام "خدا کی نا پسندیدہ "اقوام کو اپنی تعلیمات کی طرف متوجہ کیا اور انہیں یہ عقیدہ قبول کرنے کی دعوت دی ۔ وقت کے ساتھ ساتھ اس دعوت کو عقیدت مندوں کی عددی تعداد کے لحاظ سے نمایاں کامیابی حاصل ہوئی اور یہ اب دنیا کا سب سے مقبول مذہب ہے ۔ اس عقیدہ کی بنیادی باتیں مولانا رحمت اللہ کیرانوی کی کتاب "اظہار الحق" کے اردو ترجمہ "بائیبل سے قرآن تک" جلد اوّل میں بہترین طریقہ پر انسائیکلوپیڈیا بریٹانیکا برائے مذہبیت سے نقل کی گئی ہیں ۔ذیل میں ان کی تلخیص بیان کی جاتی ہے ۔

عقیدہ کے پانچ اجزاء

اہلِ مذہب کے اپنے الفاظ کے مطابق "عیسائیت کی تعریف اس طرح کی جا سکتی ہے کہ یہ وہ اخلاقی، تاریخی، کائناتی، موحّدانہ اور کفارہ پر ایمان رکھنے والا عقیدہ ہے جس میں خدا اور انسان کے تعلق کو خداوند یسوع مسیح کی شخصیت اور کردار کے ذریعہ پختہ کر دیا گیا ہے "۔

یہ تعریف بیان کرنے کے بعد اس کے اجزاء کی توضیح کی جاتی ہے کہ ؛"اخلاقی مذہب" سے مراد وہ مذہب ہے، جس میں عبادتوں اور قربانیوں کے ذریعے کوئی دنیوی مقصد حاصل کرنے کی تعلیم نہیں، بلکہ اس کا تمام تر مقصد روحانی کمال کا حصول اور خدا کی رضا جوئی ہو، "تاریخی مذہب" سے مراد اس کا محور فکر و عمل ایک تاریخی شخصیت ہے، یعنی حضرت عیسیٰ ، جن کے قول و عمل کو اس مذہب میں آخری اتھارٹی حاصل ہے، "کائناتی " ہونے کا یہ مطلب ہے کہ یہ مذہب کسی خاص رنگ و نسل کے لئے نہیں بلکہ اس کی دعوت عالمگیر ہے، اس مذہب کو موحّد (monotheistic) اس لئے کہا جاتا ہے کہ اس مذہب میں خدا کی ہستی کے لئے تین اقانیم تسلیم کئے جانے کے باوجود خدا کو واحد ہستی قرار دیا گیا ہے ، اور آخری جزو "کفارہ" کا مطلب یہ ہے کہ "خدا اور بندے کے درمیان جو تعلق ہونا چاہئے وہ ابتدائی گناہ کے ذریعے خلل پذیر ہو گیا ہے، اس لئے ضروری ہے کہ اسے پھر قائم کیا جائے، اور یہ کام صرف یسوع مسیح کو بیچ میں ڈالنے سے ہوتا ہے"۔

عقیدۂ تثلیث

جہاں تک خدا کی ہستی کا تعلق ہے، عیسائی مذہب خدا کو انہی صفات کے ساتھ تسلیم کرتا ہے جو تورات کی کتاب پیدائش سے اخذ کی جا سکتی ہیں ، لیکن اس تصوّر کی تفصیلات میں خدا کے وجود کا مرکب قرار دیتا ہے، یعنی: باپ، بیٹا اور (Persons) کو تین اقانیم روح القدس، اسی اضافی تفصیل کی وجہ سے اس کو عقیدۂ تثلیث (Trinitarian Doctrine) کہا جاتا ہے اور یہیں سے عیسائیت اپنا رشتہ یہودیت سے منقطع کر دیتی ہے -

خدا کی ہستی کو تین اقانیم میں تقسیم کرنے کے ساتھ اس کی وحدانیت برقرار رکھنے کی کوئی ایسی وضاحت اس عقیدہ کو میسر نہیں جس کو انسانی عقل سمجھ سکے ۔ اس تصوّر کی پیچیدگی کی وجہ سے عیسائیت آخر کار کئی فرقوں میں تقسیم ہو گئی اور یہی وجہ ہے کہ مختلف فرقوں میں مختلف انداز میں عقیدۂ تثلیث کی تشریح بیان کی جاتی ہے ۔ مختلف فرقوں میں اس تصوّر کی تشریح کی تفصیلات بیان کرنا ہماری کتاب کا موضوع نہیں تاہم زیادہ مقبول تشریح کو ان الفاظ سے تعبیر کیا جا سکتا ہے کہ باپ خدا ہے، بیٹا خدا ہے اور روح القدس خدا ہے، لیکن یہ مل کر تین خدا نہیں ہیں، بلکہ ایک ہی خدا ہیں ۔تین اقانیم کی تشریح عیسائی عقیدہ میں ذیل کے الفاظ میں بیان کی جاتی ہے:

باپ

عیسائیوں کے نزدیک "باپ" سے مراد خدا کی تنہا ذات ہے، جس میں اس کی دو صفات یعنی صفت "کلام" اور صفت" حیات و محبت "سے قطع نظر کر لی گئی ہے ۔ "باپ" کی ذات بیٹے کے وجود کے لئے اصل (Principle) کا درجہ رکھتی ہے ۔باپ کا مطلب یہ نہیں ہے کہ اس نے کسی کو جنا ہے اور کوئی ایسا وقت گزرا ہے جس میں باپ تھا، اور بیٹا نہیں تھا ، بلکہ یہ ایک خدائی اصطلاح ہے، جس کا مقصد صرف یہ ہے کہ باپ بیٹے کے لئے اصل ہے، جس طرح ذات صفت کے لئے اصل ہوتی ہے، ورنہ جب سے باپ موجود ہے اسی وقت سے بیٹا بھی موجود ہے، اور ان میں سے کسی کو کسی پر زمانی اوّلیت حاصل نہیں ہے ۔ خدا کی ذات کو باپ کیوں کہا جاتا ہے؟ اس سے کئی حقائق کی طرف توجہ دلانا مقصود ہے، ایک تو یہ کہ تمام مخلوقات اپنے وجود میں خدا کی محتاج ہیں جس طرح بیٹا باپ کا محتاج ہوتا ہے، دوسری طرف یہ بھی ظاہر کرنا ہے کہ خدا اپنے بندوں پر اس طرح شفیق اور مہربان ہے جس طرح باپ بیٹے پر مہربان ہوتا ہے ۔

بیٹا

"بیٹے" سے مراد عیسائیوں کے نزدیک خدا کی صفتِ کلام (Word of God) ہے، لیکن یہ انسانوں کی صفتِ کلام کی طرح نہیں ہے ۔انسانی فطرت میں صفتِ کلام کوئی جوہری وجود نہیں رکھتی، اسی وجہ سے انسانی صفتِ کلام کو انسان کا بیٹا یا مولود نہیں کہہ سکتے، لیکن خدا کی صفتِ کلام ایک جوہر ہے، جو خدا کی مثبت میں اپنا ایک

وجود رکھتا ہے، اسی لئے اس کو حقیقتاً، نہ کہ مجازاً، بیٹا کہا جاتا ہے، اور اس کی اصل کا نام باپ ہے۔

عیسائی عقیدہ کے مطابق خدا کو جس قدر معلومات حاصل ہوتی ہیں، وہ اسی صفت کے ذریعہ ہوتی ہیں، اور اسی صفت کے ذریعہ تمام اشیاء پیدا ہوئی ہیں۔ یہ صفت باپ کی طرح قدیم اور جاودانی ہے، خدا کی یہی صفت "یسوع مسیح ابن مریم" کی انسانی شخصیت میں حلول کر گئی تھی، جس کی وجہ سے "یسوع مسیح" کو خدا کا بیٹا کہا جاتا ہے۔

روح القدس

"روح القدس" (Holy Spirit) سے مراد باپ اور بیٹے کی صفتِ حیات اور صفتِ محبت ہے، یعنی اس صفت کے ذریعہ خدا کی ذات (باپ) اپنی صفتِ علم (بیٹے) سے محبت کرتی ہے، اور بیٹا باپ سے محبت کرتا ہے یہ صفت بھی صفتِ کلام کی طرح ایک جوہری وجود رکھتی ہے، اور باپ بیٹے کی طرح قدیم اور جاودانی ہے، اسی وجہ سے اسے ایک مستقل اقنوم (Person) کی حیثیت حاصل ہے۔

لہٰذا عقیدۂ توحید فی التثلیث کا خلاصہ یہ ہے کہ خدا تین اقانیم یا شخصیتوں پر مشتمل ہے، خدا کی ذات، جسے باپ کہتے ہیں، خدا کی صفتِ کلام، جسے بیٹا کہتے ہیں، اور خدا کی صفتِ حیات و محبت جسے روح القدس کہا جاتا ہے، ان تینوں میں سے ہر ایک خدا ہے لیکن یہ تینوں مل کر تین خدا نہیں ہیں، بلکہ ایک ہی خدا ہیں۔

خدا کے دوسرے اقنوم "بیٹا" کے ساتھ انسانی حیات کے دوران جو واقعات پیش ہوئے، اور لوگوں کے علم کے مطابق بعض افراد کے مشاہدے میں آئے، ان کی بنیاد پر عقیدہ کے پانچ مزید اجزاء وضع ہوئے:

عقیدۂ حلول و تجسم (Incarnation)

یہ عقیدہ سب سے پہلے انجیل یوحنا میں ملتا ہے جہاں مصنف حضرت مسیح کی سوانح کی ابتداء ان الفاظ میں کرتا ہے؛

ابتدا میں کلام تھا، اور کلام خدا کے ساتھ تھا، اور کلام خدا تھا، یہی ابتداء میں خدا کے ساتھ تھا(یوحنا 1:1)

اور کلام مجسم ہوا اور فضل اور سچائی سے معمور ہو کر ہمارے درمیان رہا اور ہم نے اس کا ایسا جلال دیکھا جیسے باپ کے اکلوتے کا جلال(یوحنا 1:14)

جیسا کہ اوپر بیان کیا، عیسائی مذہب میں "کلام" خدا کے اقنوم ابن سے عبارت ہے، جو خود مستقل خدا ہے، اس لئے یوحنا کی عبارت کا مطلب یہ ہوا کہ خدا کی صفتِ کلام یعنی بیٹے کا اقنوم مجسم ہو کر حضرت مسیح کے روپ میں آگیا تھا یعنی وہ ذات جو خدا تھی، خدائی کی صفات کو چھوڑے بغیر، انسان بن گئی یا حضرت مسیح بیک وقت خدا بھی تھے اور انسان بھی۔

عقیدۂ مصلوبیت (Crucifixion)

حضرت مسیح کے بارے میں دوسرا عقیدہ یہ ہے کہ رومی حاکم پیلاطس کے حکم سے ان کو صلیب پر چڑھا دیا گیا جس سے ان کی وفات ہو گئی۔ اس معاملے میں اکثریت کا عقیدہ یہ ہے کہ صلیب اقنوم ابن کو نہیں دی گئی، جو ان کے نزدیک خدا ہے، بلکہ اس اقنوم ابن کے انسانی مظہر یعنی حضرت مسیح کو دی گئی جو اپنی انسانی حیثیت میں خدا نہیں ہیں، بلکہ ایک مخلوق ہیں۔

عقیدۂ حیاتِ ثانیہ اور رفع آسمانی (Resurrection and Ascension)

عیسائی مذہب کا تیسرا اور چوتھا عقیدہ یہ ہے کہ وہ صلیب پر وفات پانے، اور قبر میں دفن ہونے کے بعد تیسرے دن دوبارہ زندہ ہو گئے تھے (عقیدۂ حیاتِ ثانیہ)اور حواریوں کے درمیان کچھ وقت رہنے اور انہیں کچھ ہدایات دینے کے بعد آسمان پر تشریف لے گئے تھے (عقیدۂ رفع آسمانی)۔

عقیدۂ کفارہ (Redemption)

یہ پانچواں اور آخری عقیدہ ہے۔ "کفارہ" سے مراد یسوع مسیح کی وہ قربانی ہے جس کے ذریعہ ایک گناہگار انسان یک لخت خدا کی رحمت کے قریب ہو سکتا ہے۔ اس عقیدہ کی پشت پر دو حقیقتیں کار فرما ہیں، پہلی یہ کہ حضرت آدم نے شجرِ ممنوعہ کا پھل کھا لیا اور خدا کی رحمت سے دور ہوگئے، دوسری یہ کہ وہ گناہ ان کی اولاد میں سرایت کر گیا اس لئے سب گناہ گار ہو گئے اور سزا کے مستحق

ٹھہرے ۔ لیکن خدا اپنے بنائے ہوئے قانونِ عدل کے ساتھ ساتھ اپنی مخلوق کے لئے رحیم بھی ہے ، اس لئے خدا نے اپنے بیٹے کو انسانی جسم میں اس دنیا میں دائمی گناہ کا کفارہ ادا کرنے کے لئے بھیجا ۔ بیٹے نے یہ قربانی پیش کی کہ خود صلیب پر چڑھ گیا جس کی بناء پر اس کی موت تمام انسانوں کی طرف سے کفارہ ہو گئی ۔ اس قربانی کی وجہ سے تمام انسانوں کا نہ صرف اصلی گناہ معاف ہو گیا، بلکہ انہوں نے اصلی گناہ کے سبب جتنے گناہ کئے تھے وہ سب بھی معاف ہو گئے ۔اور پھر یہی بیٹا تین دن کے بعد دوبارہ زندہ ہو گیا اور اس سے تمام انسانوں کو نئی زندگی مل گئی ۔ اس نئی زندگی میں وہ آزاد قوتِ ارادی کے مالک ہیں، اگر اس کو نیکیوں میں استعمال کریں گے تو اجر پائیں گے ، اور اگر بدی میں استعمال کریں گے تو بدی کی کیفیت کے لحاظ سے عذاب کے مستحق ہوں گے ۔لیکن یسوع مسیح کی یہ قربانی صرف اس شخص کے لئے ہے جو یسوع مسیح پر ایمان رکھے اور ان کی تعلیمات پر عمل کرے ۔انہی عقائد اور اناجیل میں موجود تعلیمات کی روشنی میں عبادات و رسمیں، مثلاً بپتسمہ، حمد خوانی، عشاء ربّانی اور ان کی ادائیگی کے طریقے وضع ہوئے جن کی تفصیلات یہاں ضروری نہیں ۔

عیسائی عقیدہ کے اہم اجزاء کی نشاندہی اور مجمل تشریح کے بعد ہمیں یہ دیکھنا ہے کہ خود حضرت عیسیٰ نے اپنے لوگوں کو کس طرح تمام اجزاء کی تعلیم دی ۔ حیات ثانیہ یا رفع آسمانی تو مشاہدہ کرنے کے واقعات تھے اور لوگوں کے مشاہدے میں آئے لیکن عقیدۂ توحید فی التثلیث جیسا پیچیدہ نظریہ یا گناہ آدم کا تمام اولاد میں سرایت کر جانا اور کفارہ دیا جانے کے سوا نوع انسانی کی نجات کے لئے کوئی اور راستہ نہ ہونا ایسی باتیں تھیں جن کا معمولی سا بھی اشارہ حضرت عیسیٰ کی قوم اپنی سابقہ آسمانی کتابوں میں نہیں جانتی تھی یا نہیں جان سکتی تھی ۔حضرت عیسیٰ کی سیرت و تعلیمات انہی چار اناجیل میں محفوظ ہیں لہٰذا انہی سے ہمیں اپنے تجزیہ کی ابتدا کرنی چاہئے اور ان انتہائی پیچیدہ سوالات کی واضح تشریح تلاش کرنی چاہئے ۔

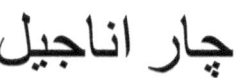

چار اناجیل

YAHUDIYAT, ISAIYAT OR ISLAM 419

اس نوعیت کے سوالات اور ان کے جواب اناجیل میں سے تلاش کرنے سے پہلے خود اناجیل کے بارے میں چند باتیں جان لینا ضروری ہیں ۔ چاروں اناجیل متی، مرقس، لوقا اور یوحنا میں حضرت عیسیٰ کی پیدائش، ان کی پیغمبرانہ زندگی کے واقعات، ان کی تعلیم، معجزات اور آخر میں ان کو صلیب دیا جانا، حیاتِ ثانیہ اور عروجِ آسمانی کی تفصیلات درج ہیں ۔عام عیسائی معتقدین یقین رکھتے ہیں کہ یہ تمام واقعات اور حضرت مسیح کی تعلیمات ان عینی شاہدین نے تحریر کئے ہیں جنہوں نے ان کی زندگی کا براہ راست مشاہدہ کیا تھا اور تعلیم پائی تھی ۔ جو بائیبل اب ہمارے ہاتھوں میں ہے وہ مجموعی طور پر اس انداز میں مرتب ہے جس کا بنیادی پہلو یہی ہے کہ کسی عام فرد کو ان تعلیمات سے کیسے روشناس کیا جائے ۔

اناجیل کے مصنفوں کا عینی شاہد ہونا ہمیشہ ایسے ہی بتایا گیا ہے کہ یہ حقیقت از خود ثابت ہے، مثلاً مشہور فلسفی جسٹن جو نسبی طور پر اصنام پرست اقوام میں سے تھا لیکن سوچ بچار کرنے والا دماغ رکھتا تھا، اپنی جستجو میں حضرت عیسیٰ کی تعلیمات سے روشناس ہوا اور ان پر ایمان لے آیا لیکن دوسروں کو اس عقیدہ سے متعارف کرنے کی کوششوں میں روم میں 165ء میں شہید کر دیا گیا ۔ بعد میں کلیسا کی طرف سے اسے saint کا رتبہ دیا گیا ۔اس نے دوسری صدی کے وسط میں لکھی جانے والی تحریروں میں اپنی رائے لکھی کہ "اناجیل کے مصنفوں نے اپنی یادداشتیں تحریر کی ہیں"۔ اسی طرح سے متعدد دوسرے اشارت یا مقالہ جات مصنفوں کے عینی شاہدین کے دلائل کے طور پر لکھے جاتے ہیں کہ کسی شبہ یا اعتراض کی گنجائش نہیں رہتی ۔ آخر کو متی کفر نحوم نامی قصبہ میں روم کے لئے معروف کسٹم آفیسر یا ٹیکس کلکٹر تھا، مرقس بھی بآسانی پطرس کا ساتھی کی حیثیت سے جانا پہچانا ہے، لوقا پَولُس کا عزیز طبیب اور اس کے متعلق بھی بڑی واضح معلومات ہیں ، پھر یوحنا وہ حواری ہیں جو حضرت عیسیٰ کے سب سے زیادہ قریب ہیں ۔ وہ گلیل کے مچھیرے ہیں جہاں کے خود حضرت عیسیٰ تھے ۔

اردو ترجمہ میں جو بائیبل دستیاب ہے اس میں چاروں انجیلوں کے سرنامہ کے لئے آپ کو ملتا ہے "متی کی انجیل" یا " مرقس کی انجیل" اور اسی طرح باقی دو کتابوں میں لیکن انگریزی بائیبل میں یہ اس طرح نہیں ہے ۔ وہاں سرنامہ اس طرح لکھا گیا ہے " The Gospel

According to Saint Matthew " ،اور اسی طرح دوسری اناجیل کے لئے ہے ۔ ان کو چاہئے تھا کہ اردو ترجمہ میں" انجیل متی کی رو سے" یا مثلاً "انجیل متی کی نظر میں" لکھتے ۔"متی کی انجیل "سے از خود مطلب نکلتا ہے کہ یہ متی کی لکھی ہوئی ہے، یہ درست ترجمہ تو نہ ہوا البتہ معمولی سا فرق چھپی نیت ظاہر کر سکتا ہے ۔جہاں تک عینی شاہد ہونے کا سوال ہے، اس کے لئے لوقا کے ابتدائی چند جملے غور طلب ہیں ۔لوقا اپنی انجیل کا آغاز ذیل کے جملوں سے کرتا ہے:

> چونکہ بہتوں نے اس پر کمر باندھی ہے کہ جو باتیں ہمارے درمیان واقع ہوئیں ان کو ترتیب وار بیان کریں ۔جیسا کہ انہوں نے جو شروع سے خود دیکھنے والے اور کلام کے خادم تھے ان کو ہم تک پہنچایا ۔اس لئے اے معزز تھیپفلس میں نے بھی مناسب جانا کہ سب باتوں کا سلسلہ شروع سے ٹھیک ٹھیک دریافت کر کے ان کو تیرے لئے ترتیب سے لکھوں (لوقا (1:1

اس اقتباس میں لوقا نے بتایا ہے کہ وہ بھی یہ کتاب ان دیکھنے والوں سے واقعات دریافت کر کے لکھ رہا ہے جس طرح بعض دوسرے لکھنے والے ان شاہدین سے پوچھ کر لکھ چکے ہیں ۔بالفاظ دیگر وہ خود عینی شاہدین میں سے نہیں ہے اور ممکنہ طور پر بہتیرے دوسرے بھی عینی شاہدین نہ ہوں ۔مصنفوں کے عینی شاہد نہ ہونے کی کیا معقول وجہ ہو سکتی ہے؟ اس معاملے میں قابلِ غور بات یہ ہے کہ پہلی تین اناجیل متی، مرقس اور لوقا کے مطابق حضرت عیسٰی نے تیس سال کی عمر میں اپنا دعوتی کام شروع کیا ، یروشلم کے بجائے باقی فلسطین میں تبلیغی دورے کرتے رہے اور اپنی تعلیمات سے اپنے لوگوں کو روشناس کیا ۔جب سالانہ بڑی عید کا موقع آیا تب ہی دوسرے یہودیوں کی طرح یروشلم گئے اور وہاں اپنی دعوت پیش کرنے کے چند ہی دنوں میں صلیب کا واقعہ پیش آ گیا ۔ چونکہ تین اناجیل میں صرف ایک سالانہ عید پر حضرت مسیح کا یروشلم جانے کا تذکرہ ہوا اس لئے پہلی تین انجیلوں کے مطابق آنجناب کی تبلیغی مدت ایک سال سے کم قرار پاتی ہے ۔ صرف چوتھی انجیل یوحنا بتاتی ہے کہ وہ ایسی تین عیدوں کے موقع پر یروشلم گئے اور تیسری عید میں واقعۂ صلیب پیش آیا ۔ اس بنیاد پر ان کی رسالت کی مدت تین سال یا اس سے کچھ کم کہی جا سکتی ہے ۔یہ فرق بھی بڑے اختلافات کے زمرے میں آتا ہے تاہم چاروں اناجیل سے واضح ہے کہ آنجناب کے عمومی مخاطب

اور ان پر ایمان لانے والے عام محنت کش اور غریب لوگ تھے جو پڑھنا لکھنا نہیں جانتے ۔ اس زمانے میں ذریعۂ معاش کے طور پر عام لوگوں کا پڑھنا لکھنا جاننا یا جاننے کی کوشش کرنا اور اس کے ذرائع میسر ہونے کے امکانات کیا کچھ ہو سکتے ہیں ایسی پیچیدہ بات نہیں کہ اس کی وضاحت کی جائے ۔اناجیل بتاتی ہیں کہ حضرت عیسٰی نے تمام وقت اپنے منتخب صحابہ کے ساتھ پیدل اور کشتیوں میں سفر کرتے ہوئے لوگوں کو تعلیم دی لیکن بہت ہی کم عرصہ میں خدا کی طرف سے واپس بلا لئے گئے ۔ حضرت عیسٰی کے قتل کی کوشش اور رفع آسمانی کے بعد بھی یہودی حکومت اور یروشلم کا مذہبی طبقہ ان پر ایمان لانے والوں کی جان کا دشمن بنا رہا، ساتھ میں روم کی حکومت بھی اس نوعیت کی اجتماعیت کو اپنے لئے خطرہ کی نظر سے دیکھتی تھی ۔ آئندہ آنے والی چند دہائیوں کی جو تفصیلات عہد نامہ جدید کی کتابوں میں موجود ہیں، ان کے مطابق حضرت عیسٰی کے ماننے والوں کے لئے خوف و ہراس کے ماحول میں زندہ رہ جانا ہی سب سے بڑا مسئلہ قرار دینا چاہئے، جیسا کہ آگے بتایا جائے گا، اس لئے کسی مرکزی نظام کے تحت ایسا تحریری کام اور تعلیمی درسگاہ کا انتظام کرنے کی توقع رکھنا ، تاکہ آئندہ نسلوں تک یہ تعلیمات اپنی خالص حالت میں پہونچ سکیں، قطعی غیر معقول توقع سمجھنی چاہیے ۔گنتی کے ان چند افراد کے لئے بہترین عملی طریقہ یہی تھا کہ لوگوں کے درمیان جا کر ان کو کلامی حیثیت میں حضرت عیسٰی کی تعلیمات سے روشناس کرایا جاتا اور یہی طریقہ ان ابتدائی صحابہ نے اپنایا ۔ اس طرح چند دہائیوں کے بعد، بعض وہ افراد جو لکھنا پڑھنا جانتے تھے ،انہوں نے یہودیوں کی گذشتہ کتابوں کے انداز میں حضرت عیسٰی کی سیرت و تعلیمات کو ضبطِ تحریر کیا جن میں سے چار اب ہمارے پاس موجود ہیں ۔

رومی تاریخ نگار بھی اس زمانے کے دوران اپنی تاریخ لکھنے کا کام کرتے رہے تھے، ان تحریروں میں اناجیل کا تذکرہ نہیں پایا جاتا ۔دوسری صدی کے وسط میں یعنی 140ء کے قریب کے عرصہ کی کتابوں میں پہلی مرتبہ اناجیل کا تذکرہ ملنا شروع ہوتا ہے، لیکن اس سے تیس چالیس سال قبل یعنی دوسری صدی کی شروعات کے کئی غیر عیسائی مورخین بیان کرتے ہیں کہ وہ پَولُس کے خطوط سے واقف تھے ۔ پَولُس حضرت عیسٰی کے واقعہ صلیب کے چھ سال بعد عیسائیت

پر ایمان لایا تھا ۔ اگر چہ پَولُس کو اپنی زندگی میں براہ راست حضرت عیسٰی سے ملنے کا موقع نہیں ملا لیکن اس نے عیسائی ہو جانے کے بعد اپنی تمام زندگی اپنے عقیدہ کی تبلیغ میں گزار دی ۔ اس کے خطوط عہد نامہ جدید کی کتابوں میں شامل ہیں ۔ پَولُس کے خطوط درحقیقت اناجیل سے پہلے لکھے گئے ہیں اور عیسائی عقیدہ کی تشریح کے مسئلے پر خود اناجیل سے بھی زیادہ اہم اگر کوئی تحریر ہے تو وہ یہی خطوط ہیں ۔

عیسائیت کے ابتدائی تیس چالیس تک حضرت عیسٰی کی تعلیمات اور ان کی سیرت تمام تر زبانی روایات پر مشتمل تھیں پھر اس کے بعد کے چالیس پچاس برسوں میں زبانی روایات کو تحریر کی صورت میں محفوظ کیا گیا ۔بنی اسرائیل کے درمیان حضرت عیسٰی کی تعلیمی زندگی کا جُملہ ڈھائی تین سال کا عرصہ اچانک آیا اوراس تیزی سے گزر گیا کہ چار پانچ سو میل دور رہنے والے یہودیوں کو اس پورے واقعہ کی اطلاع تک کئی سال نہ ملی ۔خود سوچ بچار کرنے والے ایمان لانے والوں کو تورات اور دوسری کتابوں کی روشنی میں اپنے ایمان کا تجزیہ کرنے کے لئے وقت درکار تھا ۔ جس طور سے عہد نامہ قدیم کی کتابیں لکھی اور ترتیب دی گئی ہیں ان کتابوں کے ذریعہ کسی نوعیت کی واضح تصویر ذہن میں بنا لینا کوئی معمولی بات نہیں لیکن اناجیل کی تحریروں کا متن واضح ہے کہ مصنفوں نے پرانی کتابوں میں انتہائی قابلِ ستائش کھوج لگائی ۔ ہم نے عیسائیت کی بحث شروع کرنے سے پہلے بنی اسرائیل کی تمدنی و سیاسی زندگی اور اخلاقیات کے حوالے سے گزشتہ چند صدیوں پر محیط تفصیل اسی مقصد کے لئے گوش گذار کیں تاکہ عیسائی عقیدہ پر گفتگو سے پہلے اہم باتوں کا پس منظر بخوبی واضح رہے ۔

اناجیل کے مصنفوں کی نظر میں واقعات کو زمانی ترتیب میں بیان کرنے کے بجائے اہم تر سوال یہ تھا کہ اپنی تحریر اس طرح مرتب کریں کہ وہ لوگوں کو اس مذہب کی صداقت پر ایمان لانے اور زندگی کو اس کے مطابق ڈھالنے کے لئے مفید ثابت ہو سکے ۔اناجیل کے مابین واقعات کی زمانی تربیت اور تفصیلات میں کافی تضاد ملتا ہے لیکن ہماری نظر میں بعض تضادات بہت زیادہ تشویش کا باعث نہیں۔ مصنفین کو جو زبانی روایات دستیاب تھیں ان میں تمام تر انحصار شاہدین کی یاد داشت ، ذہانت اور احتیاط پسندی پر تھا اس لئے اناجیل

کے بیانات میں اختلاف پایا جانا کوئی غیر معمولی بات نہیں، وجہ یہ کہ انسانی کمزوری کا یہ عنصر بہر حال موجود رہتا ہے ۔ مشکل اس وقت پیش آتی ہے جب اناجیل کو الہامی کلام قرار دیا جائے اور اس سے بڑھ کر مشکل یہ کہ ایسی تحریروں کی مدد سے کسی عقیدہ کی عمارت کی بنیادیں استوار کی جائیں ۔اس بات سے قطع نظر اناجیل کے مصنفوں کی نیک نیتی شکوک و شبہات سے بالاتر ہے ۔ سب سے بڑی وجہ یہ کہ جس دور اور جن حالات میں یہ تحریری کام کیا گیا ان حالات میں تحریروں کے ذریعے دنیاوی آسائشوں میں سے کچھ حاصل ہو جانے کا کوئی امکان نہیں ہو سکتا تھا ۔ اس زمانے میں اور اس کے بعد کی تین صدیوں تک عیسائیت چہار اطراف سے بھاری عتاب کا شکار تھی ۔ان حالات میں کسی کا اس نوعیت کی کتاب لکھنا خود کو زیرِ عتاب عقیدہ کے ایک بڑے حمایتی کی صورت میں پیش کرنا تھا اور یہ بات از خود مصنفوں کی نیک نیتی اور خلوص کی شاہد ہے ۔ خلوص اور نیک نیتی انتہائی قابلِ ستائش ہونا ایک طرف لیکن دوسری طرف اہم تر سوال یہ ہے کہ خود انکی اپنی ذہانت اور ان کا علم و فہم کس حد تک ایسی اہمیت رکھنے والے کام سے مناسبت رکھتا تھا ؟پھر ان سب کی عظیم ترین بد قسمتی یہ تھی کہ وہ تورات کے ساتھ ساتھ اپنی دوسری تمام کتابوں کو بر حق اور الہامی سمجھتے تھے ۔ وہ جو کچھ بھی نتائج یا ہدایات اخذ کرنے والی باتیں ان کتابوں میں دیکھتے تھے ان سب کو "خدا کا کلام" کی حیثیت سے جانتے تھے ۔ لہٰذا جو کچھ بھی تفسیری علم و فہم یہ کتابیں ان کو مہیا کر سکتی تھیں اس کا اثر ان کی تحریروں میں جھلکتا ہے ۔ ہم نے اس کتاب کے حصّہ اوّل میں بخوبی دیکھ لیا کہ گزشتہ دو ہزار سال میں یہ ناممکن تھا کہ قدیم کتابوں کی صداقت پر کوئی انگلی بھی اٹھا سکے ،اس لئے اناجیل کے مصنف کم از کم اس بات کے قصور وار نہیں ٹھہرتے کہ انہوں نے قدیم کتابوں کو بر حق جانا ۔

متی کی انجیل

متی کے نام سے انجیل موجودہ عہد نامہ جدید میں چار میں سے پہلی ہے ۔ اس کتاب کو پہلے درج کیا جا نا اس لحاظ سے بالکل مناسب ہے کہ یہ عہد نامہ قدیم کی کتابوں کے تسلسل میں اپنے صحیح مقام پر بیٹھتی ہے ۔ اس کا مقام اس نکتہ کے لئے بہت واضح ہے کہ حضرت مسیح کی آمد نے اسرائیل کی تاریخ کو مکمّل کردیا ہے ۔ اسی لئے متی نامی کتاب مستقلاً یہ بتانے کے لئے عہد نامہ قدیم کے حوالہ جات دہراتی اور مختصر اقتباسات نقل کرتی چلی گئی ہے کہ حضرت یسوع ہی وہ مسیح ہیں جن کا یہودی بے صبری سے انتظار کرتے چلے آر ہے تھے ۔ یہ انجیل شروع ہی حضرت عیسیٰ کے نسب اور اجداد سے ہوتی ہے اور اجداد کے تسلسل کو حضرت داؤد کے سلسلے سے حضرت ابراہیم تک لے جاتی ہے ۔ اس طرح شروع ہی میں یہ تخیّل مستحکم کر دیتی ہے کہ حضرت عیسیٰ نسبی رشتہ سے براہ راست یہودی قوم سے وابستہ ہیں ۔ مصنف بتکرار یہودی شرع کے متعلق حضرت عیسیٰ کا نقطۂ نظر نمایاں کرتا ہے یعنی خدا کی عبادت، دعا اور صدقات وغیرہ کی تلقین ۔ متی کے مطابق حضرت عیسیٰ اپنی تعلیمات کو خصوصاً اپنے لوگوں کو پیش کرتے ہیں اور اپنے منتخب حواریوں کو حکم کرتے ہیں کہ:

> ان بارہ کو یسوع نے بھیجا اور ان کو حکم دے کر کہا ۔غیر قوموں کی طرف نہ جانا اور سامریوں کے کسی شہر میں داخل نہ ہونا ۔ بلکہ اسرائیل کے گھرانے کی کھوئی ہوئی بھیڑوں کے پاس جانا ۔اور چلتے چلتے یہ منادی کرنا کہ آسمان کی بادشاہی نزدیک آگئی ہے (متی10:5)

> اس نے جواب میں کہا کہ میں اسرائیل کے گھرانے کی کھوئی ہوئی بھیڑوں کے سوا اور کسی کے پاس نہیں بھیجا گیا (متی15:24)

سامری بنی اسرائیل کے دس قبائل میں سے تھے جنہوں نے اپنا ہیکل کوہ گرزیم پر بنایا تھا ۔ یہ اپنے ہیکل میں بنی یہوداہ اور بنی بنیامین کو نہیں آنے دیتے تھے اور وہ اپنے یروشلم کے ہیکل میں ان کو نہیں آنے دیتے تھے یہ تفصیلات بیان کی جا چکی ہیں ۔انجیل متی نے اس نوعیت کی تحریروں سے اپنی قوم کو حضرت مسیح کی طرف

براہ راست متوجہ کیا ۔ عجیب بات ہے کہ پسماندہ قومیں آج تک بات کے مفہوم میں موجود اجتماعی فلاح کے امکانات سے اتنا اثر نہیں لیتیں جتنا کرشمات و معجزات اور طبعی قوانین سے بالا مشاہدات سے متاثر ہوتی ہیں ۔ اس حوالے سے کتاب متی میں بھی کئی مقامات پر لا پرواہی نظر آتی ہے ۔ سب سے زیادہ نمایاں مثال حضرت عیسٰی کے صلیب پر، بقول مصنف، وفات ہو جانے کے وقت پیش آئی ۔ یہاں مصنف لکھتا ہے:

> یسوع نے پھر بڑی آواز سے چلّا کر جان دی اور مقدس کا پردہ اوپر سے نیچے تک پھٹ کر دو ٹکڑے ہو گیا اور زمین لرزی اور چٹانیں تڑک گئیں ۔اور قبریں کھل گئیں اور بہت سے جسم ان مقدسوں کے جو سو گئے تھے جی اٹھے ۔اور اس کے جی اٹھنے کے بعد قبروں سے نکل کر مقدس شہر میں گئے اور بہتوں کو دکھائی دیئے (متی27:50)

مصنف کے مطابق حضرت مسیح کے جان دیتے ہی وہاں کسی شدید زلزلے کی کیفیت پیدا ہوئی ۔زلزلہ سے چٹانیں پھٹ سکتی ہیں اور قبریں بھی کھل سکتی ہیں لیکن ہیکل میں اندرونی پاک ترین کمرہ کو چھپانے والا کپڑے کا پردہ دو ٹکڑے ہونا ذرا مشکل ہے ۔ وجہ یہ کہ لٹکتا پردہ خود کو لہرا کر بآسانی زلزلہ سے پیدا ہونے والے میکانکی دباؤ کو سہار سکتا تھا ۔اب اگر پردہ پھٹ گیا تو ہیکل اس قسم کے زلزلہ سے بچ نہ پائے گا ساتھ میں دوسری تعمیرات بھی بیٹھ جائیں گی اور بعد از زلزلہ لوگ ایک دوسرے کی جان و مال کے بچاؤ میں مصروف نظر آئیں گے لیکن اناجیل میں اس کیفیت کے کوئی اشارات موجود نہیں ہیں ۔مصنف بتاتا ہے کہ زلزلے سے مُردے جی اٹھے ۔مُردوں کا زلزلے کے وقت ہی اٹھ جانا بالکل اتفاقیہ ہے ۔ ان کے اٹھ بیٹھنے کی وجہ کچھ اور ہی ہونی چاہئے جس کو اس نے قارئین کی صوابدید پر چھوڑ دیا ۔ حضرت مسیح کا حیاتِ ثانیہ کا واقعہ صلیب کے تیسرے روز پیش آیا لہٰذا مصنف کے مطابق مُردے حضرت مسیح کے جان دیتے وقت زندہ تو ہو گئے تھے لیکن وہ اپنی قبروں میں تین دن رات لیٹے رہے پھر جب حضرت مسیح جی اٹھے تب ہی وہ بھی خود کو دکھانے کے لئے شہر میں آئے ۔ بعد میں دوبارہ زندہ ہونے والے لوگوں کا کیا بنا ؟ غالباً مصنف شاہدین سے پوچھنا بھول گیا ۔ حضرت مسیح کے واقعۂ صلیب میں یہ تفصیل انجیل کے دوسرے مصنفوں نے بیان نہیں کی ۔بنی اسرائیل کی گزشتہ تمام تاریخ میں زلزلہ سے مُردے زندہ ہو جانے کا واقعہ چھ سو سال پہلے صرف ایک مرتبہ رویا میں حزقی

ایل نبی کو پیش آ یا تھا اور وہاں اس کو بتایا گیا تھا کہ اس واقعہ کو ایک مرتبہ حقیقی طور پر دکھایا جائے گا (حزقی ایل 37:7)- یہاں نقل کرنا طوالت پیدا کرتا اس لئے صرف متعلقہ باتیں مختصراً لکھ دی ہیں ۔ہم کتاب حزقی ایل کی تحریریں مشتبہ ہونا بیان کر چکے ہیں ۔افسوس کہ انجیل کا مصنف معجزات لکھنے کے جوش میں زیادہ دور نکل گیا اور نتیجہ یہ کہ کثیر تعداد میں بیان کردہ چاروں ہی مصنفوں کے معجزات مشتبہ ہوئے جاتے ہیں ۔ مصنف بتاتا ہے کہ زلزلہ کے بعد حضرت مسیح کا ایک عقیدت مند ارمتیاہ آنجناب کی میت صلیب پر سے اتارنے کی اجازت مانگنے کے لئے پیلاطس کے پاس جاتا ہے اور اجازت مل جانے پر تدفین کی جاتی ہے ۔ یہ بات ایسے حالات میں فطرتِ انسانی سے قریب نظر آسکتی ہے جب زلزلہ سے مُردے زندہ نہ ہوئے ہوں ۔تمام اضافی تفصیلات یعنی زلزلہ آنا، زلزلے سے چٹانوں کا پھٹنا، ہیکل کا پردہ پھٹ جانا ، مُردوں کا زندہ ہونا اور لوگوں کو نظر آنا وغیرہ کا کوئی تذکرہ انجیل یوحنا میں موجود نہیں ۔ اگر یہ سب کچھ واقعتاً وقوع پذیر ہوا تو انجیل یوحنا کا مصنف کیونکر ایسے غیر معمولی، انہونے اور اہم واقعات نظر انداز کر سکتا تھا؟

اناجیل کی زمانی ترتیب

وقت کے لحاظ سے کون سی انجیل سب سے پہلے معرکۂ وجود میں آئی اور اسی طرح باقی تین اور پھر کتنے سالوں کے فرق سے؟ اس بات کا کچھ اندازہ خصوصاً یوحنا کی انجیل کے لئے انتہائی اہم ہے ۔انجیل یوحنا سے ایک داخلی اشارہ ذیل میں نقل ہے:

> یسوع نے اس سے (یعنی پطرس سے) کہا تو میری بھیڑیں چرا ۔ میں تجھ سے سچ کہتا ہوں کہ جب تو جوان تھا تو آپ ہی اپنی کمر باندھتا تھا اور جہاں چاہتا تھا پھرتا تھا مگر جب تو بوڑھا ہو گا تو اپنے ہاتھ لمبے کرے گا اور دوسرا شخص تیری کمر باندھے گا اور جہاں تو نہ چاہے گا وہاں تجھے لے جائے گا ۔ اس نے ان باتوں سے اشارہ کر دیا کہ وہ کس طرح کی موت سے خدا کا جلال ظاہر کرے گا (یوحنا 21:18)

دوسرے ذرائع تاریخ کے مطابق روم کے بادشاہ نیرو کے عہد میں 64-68ء میں پطرس شہید کر دئیے گئے تھے ۔ پطرس کی وفات کا کوئی

اشارہ دیگر تین اناجیل میں موجود نہیں، لہٰذا یوحنا کا یہ فقرہ بتتا ہے کہ پطرس کی وفات ہونے کے بعد لکھا گیا اور محققین کے ان دلائل میں شمار کیا جاتا ہے کہ انجیل یوحنا وقت کے لحاظ سے آخری انجیل لکھی گئی تھی۔ بعض دوسرے داخلی اور بیرونی ذرائع میں موجود اشارات کی بنیاد پر بائیبل کے جدید محققین تجویز کرتے ہیں کہ انجیل مرقس 70ء کے لگ بھگ زمانے میں رومیوں کے لئے لکھی گئی، دوسری انجیل متی جو تقریباً پندرہ سال بعد85ء میں یہودیوں کے لئے لکھی گئی، تیسری لوقا جومزید تقریباً پندرہ سال بعد 100ء میں یونانیوں کے لئے اور آخری انجیل یوحنا 110ء کے آس پاس لکھی گئی۔ بعض افراد ان کو 33ء میں حضرت مسیح کے واقعۂ صلیب سے مزید چند سال قریب تحریر کیا جانا تجویز کرتے ہیں۔ چاروں اناجیل یونانی زبان میں لکھی گئیں اس لئے کہ اس زمانے میں یہی مروجہ زبان تھی۔ مغربی مفسرین انجیل متی عبرانی میں لکھی جانے کو زیادہ قابلِ تسلیم قرار دیتے ہیں لیکن ہمیں اس بات سے غرض نہیں۔ ایک اہم مسئلہ یہ بھی ہے کہ چاروں اناجیل میں بیان کردہ واقعات کی تفصیل میں بسا اوقات واضح تضاد ملتا ہے۔ ایسے تضادات اور ان کی تفصیلات کی نشاندہی مخالفین نے کر رکھی ہیں اور ان کے جوابات کے ضمن میں معتقدین نے بھی طرح طرح سے ان کی تاویلیں بیان کر رکھی ہیں۔ ہم نے اس نقطۂ نظر کو اپنی کتاب کا موضوع اس لئے نہیں بنایا کہ یہ کام پہلے ہی بہت زیادہ توجّہ کے ساتھ ہو چکا ہے یہاں وہ نقطۂ نظر یا تجزیہ پیش کیا جائے گا جس سے عام طور پر لوگ زیادہ واقفیت نہیں رکھتے۔

ابتداء میں عیسائیت کو انتہائی ڈرامائی دور سے گزرنا پڑا۔ جس روز حضرت مسیح کا واقعۂ صلیب پیش آیا اس دن سے لے کر 250ء تک عیسائیت کئی فرقوں میں تقسیم تھی اور ہر فرقہ اور اس کے ماننے والے زندہ رہ جانے کی کوششوں میں گرفتار تھے۔ ابتداء میں دو فرقے زیادہ نمایاں تھے، ایک وہ فرقہ جو خود کو یہودی مذہب کا تسلسل شمار کرتا تھا، اس کا تصوّر یہ تھا کہ حضرت مسیح کے برپا کئے جانے سے یہودیت کی تکمیل ہو گئی۔ اس کے برعکس ایک بالکل الگ فرقہ جو اپنے عقائد میں مختلف تھا وہ پَولُس (Saint Paul) کی تعلیمات سے اپنی وابستگی قائم کرتا تھا۔ بتدریج یہ ہوا کہ پَولُس کی عیسائیت جو ابتدا میں زیادہ مقبول یہودی فرقہ کے مقابلے میں کم اکثریت کی حامل تھی لیکن یہ فرقہ اڑھائی تین صدیوں بعد یہودی فرقہ پر غالب آتا چلا گیا۔

یہی حقیقت چار اناجیل سے باہر اگلی کتاب "رسولوں کے اعمال" اور اس کے بعد سینٹ پال، جس کو ہم اب تک ان کتابوں میں درج پَولُس کے نام سے لکھتے رہے ہیں، کے خطوط کا بغور مطالعہ سے عیاں ہوتی ہے اور بعد کی صدیاں تصدیق کرتی ہیں ۔

حضرت مسیح کے چند دہائیوں بعد ان واقعات و تعلیمات کو تحریری شکل دینے کا رجحان پیدا ہوا اور زبانی روایات کی روشنی میں بتدریج ایک سو کے قریب کتابیں منظرِ عام پر آئیں لیکن تیسری سے پانچویں صدی کے دوران پَولُس کے فرقہ کے غالب ہونے پر چرچ یا کلیسا کا جو نظام قائم ہوا اس نے بائیبل میں موجود چار کتابوں کو مستند یا معتبر و مُسلَّم اناجیل "Canonical Gospels" کی حیثیت سے قبول کیا اور ایسی تمام کتابیں غیر مناسب سمجھی گئیں جو معتبر اناجیل کی مخالف تعلیمات پیش کرتی یا ابہام پیدا کرنے کا سبب بنتی تھیں ۔ ان سب کتابوں کو غیر قانونی اور مشکوک الصحّت (Apocryphal) کتابیں قرار دے کر ان کو اپنے پاس رکھنا قانوناً جرم قرار دے دیا گیا اس طرح وقت کے ساتھ وہ تمام کتابیں ضائع ہو گئیں ۔

باب 6

عہدِ قدیم میں تصوّر

اب تک کی تحریر میں قارئین کا عیسائی عقیدہ کے بنیادی اجزاء اور چار اناجیل سے مختصر تعارف کرایا گیا ہے یہ عہد نامہ قدیم کی کتابیں ہی ہیں جو وہ بنیاد فراہم کرتی ہیں جن پر اناجیل کی تحاریر اور عیسائی عقیدہ کی تعمیر کی گئی ہے، لہٰذا آگے بڑھنے سے پہلے ضروری ہے کہ عیسائی عقیدہ کے بعض بنیادی اجزاء کو تفصیلاً خود اناجیل سے اور ساتھ ہی ساتھ عہد نامہ قدیم میں موجود تفصیلات کی روشنی میں سمجھ لیا جائے۔

عہد نامہ قدیم میں خدا کا تصوّر

تورات اور عہدِ قدیم کی دیگر کتب میں ایلوھیم اللہ تعالیٰ کا معروف ترین نام ہے جو ڈھائی ہزار سے زائد مرتبہ بائیبل میں لکھا گیا ہے۔ یہ نام صیغہ واحد کے بجائے صیغہ جمع میں دیکھا جاتا ہے لیکن تحاریر کے مجموعی مفاہیم اور یہودی عقیدہ کی ابتدا سے صیغہ جمع اللہ تعالیٰ کی ہستی کے احترام کے لئے کہا اور لکھا جاتا رہا ہے۔اصل عبرانی زبان میں ایلوھیم کا مطلب ہے " خداؤں کا خدا" جس سے مراد ہے تمام قوّوتوں پر اقتدار رکھنے والی ہستی جو اپنی ذات میں واحد ہے۔ عہدِ قدیم کے چند اقتباسات اللہ تعالیٰ کی ہستی کے اس مفہوم کی تصدیق کے لئے کافی ہیں۔

1۔خداوند اسرائیل کا بادشاہ اور اس کا فدیہ دینے والا ربّ الافواج یوں فرماتا ہے کہ میں ہی اوّل اور میں ہی آخر ہوں اور میرے سوا کوئی خدا نہیں (یسعیاہ 6 44)

2۔یوں فرماتا ہے کہ میں خداوند سب کا خالق ہوں ۔میں ہی اکیلا آسمان کو تاننے اور زمین کو بچھانے والا ہوں کون میرا شریک ہے؟(یسعیاہ 44:24)

3۔میں ہی خداوند ہوں اور کوئی نہیں ۔ میرے سوا کوئی خدا نہیں (یسعیاہ 45:5)

4۔اے اسرائیل کے خدا!اے نجات دینے والے!یقیناً تو پوشیدہ خدا ہے (یسعیاہ 45:15)

5 ۔پہلی باتوں کو جو قدیم سے ہیں یاد کرو کہ میں خدا ہوں اور مجھ سا کوئی نہیں (یسعیاہ 46:9)

تورات کی پانچ کتابوں میں خدائے واحد ہی وہ تنہا ہستی ہے جس نے زمین و آسان اور تمام کائنات کو خلق کیا، حضرت ابراہیم سے عہد کیا پھر کوہ سینا پر حضرت موسیٰ سے کلام کیا ۔ اس طرح خدا کے بیک وقت واحد ہونے کے ساتھ ساتھ تین اقنوم میں منقسم ہونے کا کوئی معمولی سا بھی تصوّر عہد نامہ قدیم سے اخذ کر لینا حضرت عیسیٰ کے نزول سے پہلے تک ممکن نہیں تھا جیسا کہ درج شدہ چند اقتباسات سے ظاہر ہے ۔

عہد نامہ قدیم میں باپ اور بیٹا کا تصوّر

عیسائیت بیک وقت خدا کو واحد تسلیم کرنے کے ساتھ ہی تین اقنوم کا مرکب" باپ، بیٹا اور روح القدس" بھی تصوّر کرتی ہے ۔باپ اور ماں، جیسا کہ سب جانتے ہیں، زمانہ قدیم سے انسان کے والدین کے لئے مستعمل رہے ہیں اور اس سے مراد یہی ہوتی ہے کہ اولاد والدین کے جسم کا حقیقی حصّہ ہو تی ہے اس لئے کہ ہر انسان اپنے باپ اور ماں سے پیدا ہوتا ہے ۔ اگر چہ یہ صد فیصد درست ہے لیکن والدین کا ارادی عمل صرف اتنا ہی ہوتا ہے جو زوجین کے جسمانی اختلاط کے دوران بہم پہنچتا ہے ۔پیدا ہونے کا اس کے بعد کا تمام عمل خدا کی بنائی گئی قدرت کے نظام کے تحت ہے جس میں باپ یا ماں کے اختیار اور ارادے کا کوئی حصّہ نہیں ۔ جب یہ تمام عمل خدا کی قدرت سے ہے تو والدین اپنی حقیقت میں جزوی ہستی اور پیدا کرنے والی ہستی اپنی اصلیت میں خدا کی ہستی قرار دینا چاہئے ۔ در حقیقت والدین کا ارادی عمل جو پیدائش اولاد کے لئے زوجین کے جسمانی اختلاط کے دوران

بہم پہنچتا ہے وہ بھی اسی خالق کا بنایا ہوا ہے ۔لہٰذا اصلیت یہ سمجھنی چاہئے کہ کائنات میں جتنی بھی محسوس یا غیر محسوس اشیاء ہیں وہ سب پیدا کی گئی ہیں اور ان تمام اشیاء کا ایک باپ ہے اور وہ خدا کی ہستی ہے ۔ لفظ "باپ" کا خالص ترین تصوّر خدا کی ہستی ہی کو ہونا چاہئے اور یہ کہ انسان کے اپنے ماں اور باپ محض جزوی خالق ہیں ۔ معاشروں میں وہ اولاد جو ماں باپ کی نافرمان ہو اسے عاق کر دینے کا حق والدین اپنے پاس رکھتے ہیں ، اسی طرح یہ بات بھی قابلِ تسلیم ہے یا ہونی چاہئے کہ خدا صرف ان اولادِ آدم کا "باپ" ہونا قبول کرے جو خود کو اس کے فرامین کے اطاعت گزار ثابت کر سکیں اور ان کو عاق کر دے جو اس کے فرامین کے قصداً باغی ہوں ۔ خدا کے "پیدا" کرنے اور ماں باپ سے "پیدا" ہونے کے فرق کی نشاندہی کے لئے دو الگ الگ الفاظ انسانی لسانیات میں میسر نہیں لہٰذا لفظ "مجازی" سے کام چلایا جاتا ہے جو بوجوہ غیر مناسب بات نہیں ۔

یہ بہت دلچسپ بات ہے کہ خدا کے لئے "باپ" ہونے کی اصطلاح عہد نامہ قدیم میں پہلے ہی سے مستعمل تھی اور اسی طرح سے "بیٹا" کی اصلاح بھی پہلے ہی سے مستعمل نظر آتی ہے ۔ اوپر بیان کردہ باتوں کے حوالے سے بائیبل کے نقطۂ نظر کی وضاحت کتاب 2۔سیموئیل سے ذیل میں نقل کی جاتی ہے ۔موقعہ یہ ہے کہ حضرت داؤد تمام بنی اسرائیل کے بادشاہ بن چکے ہیں اور یروشلم میں اپنا محل تعمیر کر کے اس میں رہائش پذیر ہیں ۔بنی اسرائیل کی متبرک ترین شئے یعنی حضرت موسیٰ کی تیار کردہ خیمہ گاہ ،بشمول عہد کا صندوق اور دیگر متبرک اشیاء ،کو کوئی مناسب ٹھکانہ میسر نہیں ۔حضرت داؤد ناتن نبی سے عرض کرتے ہیں کہ میں تو ایک تعمیر شدہ محل میں رہتا ہوں لیکن عہد کا صندوق پردوں میں رہتا ہے ، اس بات پر خدا کا کلام ناتن نبی کے ذریعہ حضرت داؤد کو دیا جاتا ہے :

> اور میں (یعنی خدا) اپنی قوم اسرائیل کے لئے ایک جگہ مقرر کروں گا اور وہاں ان کو جماؤں گا تاکہ وہ اپنی ہی جگہ بسیں اور شرارت کے فرزند ان کو پھر دکھ نہیں دینے پائیں گے جیسا پہلے ہوتا تھا . . . ماسوا اس کے خداوند تجھ کو بتاتا ہے کہ کہ خداوند تیرے گھر کو بنائے رکھے گا ۔اور جب تیرے دن پورے ہو جائیں گے اور تو اپنے باپ دادا کے ساتھ سو جائے گا تو میں تیرے بعد تیری نسل کو جو تیرے صلب سے ہو گی کھڑا کر کے اس کی سلطنت کو قائم کروں گا ۔وہی میرے نام کا ایک گھر بنائے گا اور میں اس کی سلطنت کا تخت ہمیشہ کے لئے قائم کروں گا ۔

اور میں اس کا باپ ہو ں گا اور وہ میرا بیٹا ہو گا ۔ اگر وہ خطا کرے تو میں اسے آدمیوں کی لاٹھی اور بنی آدم کے تازیانوں سے تنبیہ کروں گا پر میری رحمت اس سے جدا نہ ہو گی جیسے میں نے اسے ساؤل سے جدا کیا جسے میں نے تیرے آگے سے دفع کیا ۔اور تیرا گھر اور تیری سلطنت سدا بنی رہے گی ۔تیرا تخت ہمیشہ کے لئے قائم کیا جائے گا (2۔سیموئیل 7:10)

یہ پیشگوئیاں کئی طرح سے بہت اہم ہیں ۔ پہلی بات تو یہ کہ حضرت داؤد کے خود اپنے وقت کے لئے خاص کر دی ہے کہ ان کو وہ معاملہ پیش نہ آ سکے گا جس کا ساؤل (یعنی طالوت) کو سامنا کرنا پڑا کہ غیر قوموں نے اسے ہلاک کردیا بلکہ حضرت داؤد کا تخت سدا کے لئے قائم کردیا گیا ۔ یہ وعدہ خدا نے اسی موقع پر ہمیشہ کے لئے منجمد کر دیا ہے ۔ دوسری بات یہ کہ حضرت داؤد کے صلب سے ان کو وہ فرزند دیا جائے گا جو اس گھر کو بنائے گا جس کے بنانے کا خیال آنجناب کے دل میں آیا ۔ یہ اوریاہ حتّی کی سابقہ بیوی بت سبع کے بطن سے پیدا ہونے والے حضرت سلیمان ہی ہیں جن کے لئے حضرت داؤد کے صلب سے وہ نطفہ ابھی منتقل بھی نہیں ہوا کہ یہ پیشگوئی ان کو سنا دی گئی ۔

مزید براں گہری روشنائی سے نمایاں کئے گئے الفاظ کے مطابق حضرت داؤد کو حضرت سلیمان کا باپ ہونے کے باوجود خدا نے اپنی ہستی کو ان کا "باپ" قرار دیا اور حضرت سلیمان کو حضرت داؤد کا بیٹا ہونے کے باوجود ان کو خدا کا "بیٹا" قرار دیا ۔ یہ اقتباس اسی نکتہ کی وضاحت کرتا ہے جو ہم نے اوپر تحریر کیا ۔اس نکتہ کی تائید میں ایک اور اقتباس ذیل میں نقل کیا جاتا ہے:

کیا ہم سب کا ایک ہی باپ نہیں؟ کیا ایک ہی خدا نے ہم سب کو پیدا نہیں کیا؟(ملاکی2:10)

کتاب ملاکی سے نقل اقتباس خدا کا باپ ہونے کے تصوّر میں اس قدر واضح ہے کہ مزید کچھ لکھنے کی حاجت نہیں ۔

عہد نامہ قدیم میں روح القدس کا تصوّر

"روح" بحیثیتِ لفظ سے انسان بہت سے بہت یہی تصوّر اپنے ذہن میں قائم کر سکتا ہے کہ یہ کوئی ایسا غیر مرئی وجود ہے جو جب تک کسی حیاتیاتی جسم میں موجود رہتا ہے اس جسم کی حیات قائم رہتی ہے اور جب اس کا تعلق اس جسم سے باقی نہیں رہتا اس پر موت واقع ہو جاتی ہے ۔ یہ مشاہدہ حیوانی اور نباتاتی حیات دونوں کے لئے یکساں ہے ۔یہ وجود محسوس ہو جانے والی اشیاء میں شمار نہیں اس لئے اس پر کسی فلسفیانہ نظر کے تحت انسان کسی نتیجہ پر کبھی پہنچ نہیں سکتا ۔لفظ "روح القدس" سے بہت سے بہت پاک روح یا پھر پاکیزہ روح مراد لی جا سکتی ہے ۔ لفظِ روح عہد نامہ قدیم میں ان گنت مواقع پر مختلف مفاہیم کے لئے استعمال کیا گیا ہے ۔مختصراً لفظ "روح" پر مشتمل چند فقرے تورات اور انبیاء کی کتابوں سے ذیل میں نقل کئے جاتے ہیں ۔

خداوند جو آسمان کو تانتا اور زمین کی بنیاد ڈالتا اور انسن کے اندر اس کی روح پیدا کرتا ہے (زکریاہ 12:1)

تب خداوند نے کہا کہ میری روح انسان کے ساتھ ہمیشہ مزاحمت نہ کرتی رہے گی (پیدائش 6:3)

پھر خداوند نے موسیٰ سے کہا دیکھ میں نے بضلی ایل بن اوری بن حور کو یہوداہ کے قبیلہ میں سے نام لے کر بلایا ہے اور میں نے اس کو حکمت اور فہم اور علم اور ہر طرح کی صنعت میں روح اللہ سے معمور کیا ہے (خروج 31:1)

تب خداوند ابر میں ہو کر اترا اور اس نے موسیٰ سے باتیں کیں اور اس روح میں سے جو اس میں تھی کچھ لے کر اسے ان ستّر بزرگوں میں ڈالا ۔ چنانچہ جب روح ان میں آئی تو وہ نبوّت کرنے لگے لیکن بعد میں پھر کبھی نہ کی (گنتی 11:25)

اور اب خداوند خدا نے اور اس کی روح نے مجھ کو بھیجا ہے (یسعیاہ 48:16)

تو اپنی روح بھیجتا ہے اور یہ پیدا ہوتے ہیں اور تو روئ زمین کو نیا بنا دیتا ہے (زبور 104:30)

اور روح مجھ کو اٹھا کر خداوند کے گھر کے مشرقی پھاٹک پر جس کا رخ مشرق کی طرف ہے لے گئی (حزقی ایل 11:1)

> **تب داؤد نے اپنے بیٹے سلیمان کو ہیکل کے . . . اور خدا کے مسکن کے خزانوں کا نمونہ بھی دیا جو اس کو روح سے ملا تھا (1۔تواریخ 28:11)**

> خداوند خدا کی روح مجھ پر ہے کیونکہ اس نے مجھے مسح کیا تاکہ حلیموں کو خوشخبری سناؤں (یسعیاہ 61:1)

> ان کے اعمال ان کو خدا کی طرف رجوع نہیں ہونے دیتے کیونکہ بدکاری کی روح ان میں موجود ہے (ہوسیع 5:4)

یہاں نقل کردہ چند اقتباسات میں ایک ہی لفظ" روح " مختلف مفاہیم کے لئے مستعمل دیکھا جا سکتا ہے ۔ لفظ روح یا اوپر درج کسی بھی فقرے کی فلسفیانہ توجیہ ہماری بحث کے لئے غیر ضروری ہے ۔گہری روشنائی سے نمایاں پہلا فقرہ خدا کی قدرتِ خلق کے زمین پر لامحدود مظاہر کی ستائش اور حمد وثنا پر مبنی طویل نظم کا ایک شعر ہے جس میں خالق روح بھیجنے سے زمین پر زندگی کو ازسر نو معموری عطا کر دیتا ہے ۔ دوسرے نمایاں فقرہ میں خدا کا فرشتہ نبی کو مختلف مشاہدات کے لئے جگہ بہ جگہ لے جاتا ہے ۔ اسی طرح تیسرے نمایاں فقرہ میں حضرت داؤد روح کے توسل سے ہیکل کی تعمیر کی دی گئی تفصیلات حضرت سلیمان کو منتقل کرتے ہیں ۔تاہم خدا کا فرشتہ کے حوالے سے ایک خاص فرشتہ حضرت جبرائیل کا تذکرہ صرف کتاب دانیال 8:16 اور 9:21 میں ملتا ہے ۔ اسی طرح اوپر تیسرے اقتباس میں "روح اللہ " بھی صرف ایک مرتبہ تمام بائیبل میں تحریر نظر آتا ہے۔ انہی متعدد تصورات کے ساتھ ساتھ آخری اقتباس میں "بدکاری کی روح" جیسے الفاظ بھی بائیبل میں دیکھے جا سکتے ہیں ۔

لفظ "روح القدس" ،جسے متعدد بار اناجیل اور اگلی کتب میں لکھا گیا ہے، عہد نامہ قدیم میں کہیں نظر نہیں آتا ۔ حضرت مسیح کے معتقدین کے مطابق لفظ روح القدس سے مراد، خدا کے تیسرے اقنوم کی حیثیت میں ،خدا کی صفتِ حیات اور صفتِ محبت ہے۔ ہمیں تسلیم کر لینا چاہئے کہ یہ تصوّر عہد نامہ جدید کی تمام تعلیمات میں ایک منفرد اور نیا تصوّر ہے اور یہ کہ روح کے لئے پہلے سے موجود تعلیمات کی روشنی میں بنی اسرائیل خود اپنے طور پر یہ تصوّر اخذ نہیں کر سکتے تھے ۔

باب 7

عہد جدید میں تصوّر

کسی انسانی وجود کو خدا کا حقیقی بیٹا ہونا، اس حقیقی بیٹے کو خدا کی صفتِ کلام کا مظہر ہونا اور پھر تین مختلف اقنوم ہوتے ہوئے بھی ایک ہی ہستی ہونا کی وضاحت حضرت مسیح نے کس طور پر کی کہ یہ تصوّر ان کے مخاطبین کے دل و دماغ پر ایک عقیدہ کی حیثیت سے مستحکم ہو سکا؟ اس سوال کا جواب خود اناجیل میں، جو آپ کی تعلیمات جاننے کا واحد ذریعہ ہے، تلاش کرنا غیر متوقع اور نامناسب نہیں ہونا چاہئے۔

اناجیل میں باپ اور بیٹا کا تصوّر

اناجیل میں متعدد مقامات پر مختلف انداز میں یہ تصوّر پیش کیا گیا ہے جو کافی حد تک بکھرا ہوا ہونے کی وجہ سے بآسانی کسی واضح شکل میں پڑھنے والے کے سامنے نہیں آتا۔ باپ اور بیٹا کے تصوّر کو گروپس کی شکل میں ترتیب دینے اور دیکھنے سے ہم نسبتاً زیادہ آسانی کے ساتھ اناجیل کے مفاہیم سمجھ سکتے ہیں۔

پہلا گروپ

انجیل لوقا کے مطابق حضرت یوحنا ، یعنی حضرت یحییٰ، کی اور حضرت عیسٰی کی والدہ آپس میں رشتہ دار تھیں۔ حضرت یوحنا عمر میں حضرت عیسٰی سے چھ ماہ بڑے تھے ۔ حضرت یوحنا نے بنی اسرائیل کو خدا کی طرف واپس رجوع کرنے اور نیک روی اختیار کرنے کی تعلیم کے ساتھ اپنی نبوّت کا آغاز کیا ۔ ان کی قوم کے جو افراد ان کی نصیحت قبول کرتے ان کو وہ دریائے اردن کے کنارے پانی میں غوطہ دے کر پاک کرتے جس کے لئے علامت کے طور پر بپتسمہ دینے کی اصطلاح انجیل میں استعمال کی گئی ۔تین اناجیل میں حضرت مسیح کا اپنی نبوّت کی ابتدا سے قبل دریائے اردن پر حضرت یوحنا سے بپتسمہ لینے کا واقعہ بیان ہوا ہے جو ذیل میں نقل ہیں:

> اور یسوع بپتسمہ لے کر فالفور پانی کے پاس سے اوپر گیا اور دیکھو اس کے لئے آسمان کھل گیا اور اس نے خدا کے روح کو کبوتر کی مانند اترتے اور اپنے اوپر آتے دیکھا ۔اور دیکھو آسمان سے یہ آواز آئی کہ یہ میرا پیارا بیٹا ہے جس سے میں خوش ہوں (متی 3:16)

> اور جب وہ پانی سے نکل کر اوپر آیا تو فالفور اس نے آسمان کو پھٹتے اور روح کو کبوتر کی مانند اپنے اوپر اترتے دیکھا ۔اور آسمان سے آواز آئی کہ تو میرا پیارا بیٹا ہے ۔تجھ سے میں خوش ہوں (مرقس 1:10)

> جب سب لوگوں نے بپتسمہ لیا اور یسوع بھی بپتسمہ پا کر دعا کر رہا تھا تو ایسا ہوا کہ آسمان کھل گیا اور روح القدس جسمانی صورت میں کبوتر کی مانند اس پر نازل ہوا اور آسمان سے آواز آئی کہ تو میرا پیارا بیٹا ہے ۔تجھ سے میں خوش ہوں (لوقا 3:21)

مرقس اور لوقا میں آسمانی آواز نے حضرت مسیح کو بتایا کہ “تو میرا پیارا بیٹا ہے ۔تجھ سے میں خوش ہوں" یعنی حضرت مسیح اس بات سے واقف نہ تھے لہٰذا غیبی آواز کے ذریعے اس حقیقت سے ان کو مطلع کیا گیا ۔متی میں موقع پر صرف حضرت مسیح اور حضرت یوحنا موجود ہیں اس لئے کہ اس سے پہلے فقرہ میں، جو ہم نے نقل نہیں کیا، دوسرے لوگوں کی موجودگی کا تذکرہ نہیں ہوا ،اس لئے کہا جا سکتا ہے کہ آسمانی آواز کے ذریعہ دونوں شخصیات کو یا دونوں میں سے کسی ایک شخصیت کو یہ حقیقت بتائی گئی کہ حضرت مسیح آسمانی آواز ادا کرنے والی ہستی کا پیارا بیٹا ہیں ۔ان دو ہستیوں کے علاوہ روح

یا روح القدس کا کبوتر کی مانند نزول سے تیسری ہستی کی نشاندہی بھی ہو جاتی ہے ۔ یہی تین ہستیاں عیسائی عقیدہ کے مطابق ایک ہی ہستی کے تین اقنوم قرار دیئے گئے ہیں ۔جس طرح روح القدس اپنی جسمانی حیثیت میں کبوتر نہیں اسی طرح حضرت مسیح اپنی جسمانی حیثیت میں انسان ہیں جن کو صلیب پر چڑھایا گیا تاکہ دائمی گناہ کا کفارہ ادا ہو سکے ۔

بائیبل کی پچھلی کتابوں سے نقل کئے گئے چند اقتباسات میں روح کا مختلف اشخاص پر زور سے نازل ہونا کے مفہوم میں روح کو کسی طریقہ سے خدا کا تیسرا اقنوم قرار دیا جا سکے تو صرف دوسرا اقنوم یعنی خدا کا حقیقی بیٹا اور بیٹے کی صلیبی وفات سے دائمی گناہ کے کفارہ کی ادائیگی وہ دو منفرد اور غیر معمولی تصورات ہیں جن کے واضح اشارات عہد نامہ قدیم میں موجود نہیں ہیں ۔ دوسرا اقنوم کے حوالے سے اناجیل میں تحریر کردہ مزید اقوال زیرِ بحث لائے جائیں گے ،تاہم چوتھی انجیل یوحنا کو کچھ دیر تک بحث میں شامل نہیں کیا جانا چاہئے ۔ انجیل یوحنا زیرِ غور لانے پر اس التواء کی وضاحت کی جائے گی ۔

دوسرا گروپ

اس وقت روح یسوع کو جنگل میں لے گیا تاکہ ابلیس سے آزمایا جائے ۔ اور چالیس دن اور چالیس رات فاقہ کر کے آخر کو اسے بھوک لگی۔ اور آزمانے والے نے پاس آ کر اس سے کہا اگر تو خدا کا بیٹا ہے تو فرما کہ یہ پتھر روٹیاں بن جائیں (متی4:1)

تو دو آدمی جن میں بدروحیں تھیں قبروں سے نکل کر اس سے ملے ۔وہ ایسے تند مزاج تھے کہ کوئی اس راستہ سے گزر نہیں سکتا تھا ۔ اور دیکھو انہوں نے چلّا کر کہا اے خدا کے بیٹے ہمیں تجھ سے کیا کام؟ کیا تو اس لئے یہاں آیا ہے کہ وقت سے پہلے ہمیں عذاب میں ڈالے (متی 8:28)

تیسرا گروپ

(شمعون پطرس نے جواب میں کہا تو زندہ خدا کا بیٹا مسیح ہے (متی 16:16

اور جب وہ کشتی پر چڑھ آئے تو ہوا تھم گئی اور جو کشتی پر تھے انہوں نے (اسے سجدہ کر کے کہا یقیناً تو خدا کا بیٹا مسیح ہے (متی 14:32

پس جو کوئی آدمیوں کے سامنے میرا اقرار کرے گا میں بھی اپنے باپ کے سامنے جو آسمان پر ہے اس کا اقرار کروں گا (متی 10:32)

میرے باپ کی طرف سے سب کچھ مجھے سونپا گیا اور کوئی بیٹے کو نہیں جانتا سوا باپ کے اور کوئی باپ کو نہیں جانتا سوا بیٹے کے اور اس کے جس پر بیٹا اسے ظاہر کرنا چاہے (متی 11:27)

چوتھا گروپ

اوپر بیان کردہ تفصیلات کے ساتھ ہی حضرت مسیح کی طرف سے بتائی گئی حسبِ ذیل تعلیم بھی اناجیل میں درج ہے:

مبارک ہیں وہ جو صلح کراتے ہیں کیونکہ وہ خدا کے بیٹے کہلائیں گے (متی 5:9)

اسی طرح تمہاری روشنی آدمیوں کے سامنے چمکے تاکہ وہ تمہارے نیک کاموں کو دیکھ کر تمہارے باپ کی جو آسمان پر ہے تمجید کریں (متی 5:16)

لیکن میں تم سے یہ کہتا ہوں کہ اپنے دشمنوں سے محبت رکھو اور اپنے ستانے والوں کے لئے دعا کرو تاکہ تم اپنے باپ کے جو آسمان پر ہے بیٹے ٹھہرو (متی 5:44)

خبردار اپنے راست بازی کے کام آدمیوں کے سامنے دکھانے کے لئے نہ کرو نہیں تو تمہارے باپ کے پاس جو آسمان پر ہے تمہرے لئے کچھ اجر نہیں ہے (متی 6:1)

تاکہ تیری خیرات پوشیدہ رہے۔ اس صورت میں تیرا باپ جو پوشیدگی میں دیکھتا ہے تجھے بدلہ دے گا (متی 6:4)

اسی طرح تمہارا آسمانی باپ یہ نہیں چاہتا کہ ان چھوٹوں میں سے ایک بھی ہلاک ہو (متی 18:14)

اور زمین پر کسی کو اپنا باپ نہ کہو کیونکہ تمہارا باپ ایک ہی ہے جو آسمانی ہے۔ اور نہ تم ہادی کہلاؤ کیونکہ تمہارا ہادی ایک ہی ہے یعنی مسیح (متی 23:9)

اوپر تین گروپس میں درج اقتباسات میں موجود ممکنہ مفاہیم دیکھ لینے کے بعد ہمیں تسلیم کر لینا چاہئے کہ چوتھے گروپ میں حضرت مسیح کی خود اپنی تعلیمات باپ اور بیٹا کا وہ تصوّر اخذ کرنے کے

راستہ میں صریح رکاوٹ کا سبب ہیں جس کی اناجیل کی تحریروں میں ہمیں تلاش ہے ۔جس طریقہ پر حضرت عیسیٰ خدا کو اپنا باپ کہتے ہیں بعینہ اسی طرح خدا کو اپنے صحابہ کا بھی باپ قرار دیتے ہیں ۔مزید برآں ایک اور معاملہ جو اناجیل میں انتہائی نمایاں اور واضح نظر آتا ہے وہ حضرت مسیح کا حضرت داؤد سے نسبی تعلق متعین کرتا ہے ۔ اس بات کی صریح وجہ عہد نامہ قدیم میں بتائی گئی معروف بشارت ہے کہ حضرت داؤد کا شاہی تخت ابد تک قائم رہے گا ۔جیسا کہ ہم نے بتایا کہ عیسائی عقیدہ میں حضرت مسیح کی آمد سے اسرائیلی عقیدہ و تاریخ کی تکمیل ہو گئی ،انجیل متی کی ابتداء ہی "یسوع مسیح ابن داؤد ابن ابراہیم کا نسب نامہ" فقرہ سے ہوتی ہے ۔

پانچواں گروپ

1۔فرشتہ نے اس سے کہا! اے مریم خوف نہ کر کیونکہ خدا کی طرف سے تجھ پر فضل ہوا ہے ۔اور دیکھ تو حاملہ ہو گی اور تیرے بیٹا ہو گا ۔اس کا نام یسوع رکھنا ۔ وہ بزرگ ہو گا اور خدا تعالیٰ کا بیٹا کہلائے گا اور خداوند خدا اس کے باپ داؤد کا تخت اسے دے گا (لوقا 1:30)

2۔اس وقت لوگ اس کے پاس ایک اندھے گونگے کو لائے جس میں بدروح تھی ۔اس نے اسے اچھا کر دیا ۔چنانچہ وہ گونگا بولنے اور دیکھنے لگا ۔اور ساری بھیڑ حیران ہو کر کہنے لگی کیا یہ ابن داؤد ہے؟(متی12:22)

3۔اور دیکھو ایک کنعانی عورت ان سرحدوں سے نکلی اور پکار کر کہنے لگی اے خداوند ابن داؤد مجھ پر رحم کر (متی15:22)

4۔جب یسوع وہاں سے آگے بڑھا تو دو اندھے اس کے پیچھے یہ پکارتے ہوئے چلے کہ اے ابن داؤد ہم پر رحم کر (متی 9:27)

اس گروپ کے پہلے اقتباس میں خدا کے ارسال کردہ فرشتہ کا قول ہے کہ حضرت عیسیٰ خدا کا بیٹا اور ساتھ میں حضرت داؤد کا بیٹا تصوّر کئے جائیں ۔ دیگر تین اقتباسات میں لوگوں کا حضرت عیسیٰ کو اِبن داؤد سمجھنا واضح ہے ۔غور طلب بات یہ ہے کہ اناجیل میں حضرت مسیح جا بجا اپنے خطبات یا دوسرے افراد سے گفتگو کے دوران سامعین کو خود اپنی ہستی کی طرف بھی متوجہ کرتے نظر آتے ہیں ۔آنجناب کا نام آپ کی پیدائش سے قبل ہی خدا کے فرشتہ کی طرف

سے یسوع رکھ دیا گیا تھا، جیسا کہ اوپر پہلے اقتباس میں نقل ہے، اور آپ کا یہی نام پیدائش کے بعد رکھا گیا ۔ آپ اپنے مخاطبین کو اس نام سے متوجہ کر سکتے تھے لیکن چاروں اناجیل میں ایک مرتبہ بھی ایسا نظر نہیں آتا ۔ حضرت مسیح عیسائی عقیدہ کی تصدیق اور اپنے لوگوں کو "ایک میں تین" یا "تین میں ایک" میں موجود پیچیدگی کی وضاحت کے لئے اپنی طرف" ابنِ خدا " کے الفاظ سے متوجہ کرتے اور وضاحت پیش کرتے لیکن ایک مرتبہ بھی ایسا نہیں کیا ۔ کسی نہ معلوم وجہ سے " ابنِ خدا " کہنا مناسب نہ تھا تو کم از کم یہ فرماتے کہ اس تصوّر کی حقیقت سمجھنا لوگوں کی اس زندگی میں ممکن نہیں لہٰذا اسے جوں کا توں تسلیم کر لیا جائے لیکن نہ تو" ابن خدا "براہ راست آپ کے لبوں سے ایک مرتبہ بھی کبھی ادا ہوا اور نہ ہی عقیدہ توحید فی التثلیث کی وضاحت بھی آپ کے خطبات و تعلیمات میں کہیں نظر آتی ہے اور نہ ہی آپ کا کوئی حکم نظر آتا ہے کہ اس معنی میں خدا کی اور آنجناب کی ہستی پر ایمان ہونا درکار ہے ۔انجیل متی اور انجیل لوقا آنجناب کی معجزانہ پیدائش کے بیان میں قطعی واضح ہے کہ آپ خدا کی قدرت سے بغیر باپ اپنی والدہ حضرت مریم کے بطن سے پیدا ہوئے اس لئے وہ خود کو ابن مریم کہہ سکتے تھے لیکن یہ بھی نظر نہیں آتا ۔اوپر درج کردہ اقتباس میں فرشتہ اپنی بشارت میں آنجناب کو حضرت داؤد کے گھرانے کا وہ فرزند قرار دیتا ہے جو تختِ داؤد کے ابدی عہد کی تکمیل کے لئے پیدا کیا جا رہا ہے لہٰذا آپ خود کو ابن داؤد کہہ سکتے تھے لیکن ایک مرتبہ بھی نہیں کہا ۔ آپ نے یہ تمام ممکنہ الفاظ قطعی طور پر اور بظاہر قصداً نظر انداز کرتے ہوئے ایسے تمام مواقع پر "ابن آدم" کے الفاظ سے سامعین کو اپنی طرف متوجہ کیا ۔ یہ بات باعثِ حیرت ہے کہ حضرت مسیح کے لبوں سے ادا کردہ "ابن آدم" پچیس مرتبہ متی میں، گیارہ مرتبہ مرقس میں، چھبیس مرتبہ لوقا میں اور بارہ مرتبہ انجیل یوحنا میں دیکھنے کو ملتا ہے جس کا مجموعہ، اگر ہم سے کہیں غلطی سے چھوٹ نہ گیا ہو ، پچھتر شمار ہوتا ہے ۔

> اب یسوع مسیح کی پیدائش اس طرح ہوئی کہ جب اس کی ماں مریم کی منگنی یوسف کے ساتھ ہو گئی تو ان کے اکٹھے ہونے سے پہلے وہ روح القدس کی قدرت سے حاملہ پائی گئی (متی1:18)

> مریم نے فرشتہ سے کہا یہ کیوں کر ہو گا(یعنی میرے اولاد ہو گی) جبکہ میں مرد کو نہیں جانتی؟ اور فرشتہ نے جواب میں اس سے کہا کہ روح

القدس تجھ پر نازل ہو گا اور خدا تعالیٰ کی قدرت تجھ پر سایہ ڈالے گی اور اس سبب سے وہ مولود مقدس خدا کا بیٹا کہلائے گا (لوقا 1:34)

انجیل متی اور انجیل لوقا کا اس اندازِ تحریر سے ایک بنیادی حقیقت کا بیان، کہ خدا حضرت مریم کے بطن میں حلول کر گیا یا حضرت مسیح میں متجسم ہو گیا، قطعی ناموزوں ہے ۔ یہ تصوّر بالکل سیدھے سادھے الفاظ میں بیان کر دیا جانا ان کے لئے بآسانی ممکن تھا لیکن اس کے بجائے روح القدس کی قدرت یا خدا کی قدرت کے الفاظ استعمال کئے گئے ۔ لوقا نے حضرت مسیح کی پیدائش کی بشارت سے متصل حضرت یحییٰ کی معجزانہ پیدائش کی بشارت بھی ایسے ہی الفاظ میں بیان کی ہے ۔فرق محض یہ ہے کہ حضرت یحییٰ کے والدین تھے جبکہ حضرت مسیح کی صرف والدہ تھیں ۔ ایماندار ی سے دیکھا جائے تو حضرت مسیح کی پیدائش کا ظہور خدا کی قدرت کے تحت ہونے سے آپ کی مماثلت نوعِ انسانی میں صرف ایک ہی ہستی سے ہو سکتی ہے اور وہ عہد نامہ قدیم کے مطابق حضرت آدم ہیں ۔جس طرح حضرت آدم طبعی قانون کے برخلاف پیدا کئے گئے تھے اسی طرح حضرت عیسٰی بھی پیدا ہوئے ۔ حضرت مسیح کو عیسائی عقیدہ کے مطابق خدا کا حقیقی بیٹا ہونے کی صورت میں ایک مرتبہ بھی خود کو ابن آدم نہ کہنا چاہئے تھا تاکہ ان کے سننے والے اور بعد میں آنے والوں میں سے کسی کے لئے بھی الجھن پیدا ہونے کی گنجائش باقی نہ رہے ۔ آپ نے اس کے بالکل بر عکس کیا ۔ ہمارے عیسائی بھائی خلوصِ دل سے اس نکتہ کی طرف متوجہ ہوں تو ان کا دل گواہی دے گا کہ تنہا اس نکتہ کی وجہ سے پورے عیسائی عقیدہ کی پڑتال ضروری ہے ۔

بائیبل کی تحریروں میں عمومی قاعدہ یہ نظر آتا ہے کہ سب ہی مصنفین پہلے سے کسی کہی یا لکھی بات کو الفاظ کی معمولی تبدیلی کے ساتھ اس طرح نقل کرتے ہیں کہ بات کا مفہوم تبدیل نہ ہونے پائے ۔ الفاظ کی معمولی تبدیلی اکثر اوقات مسائل پیدا کرنے کا سبب بنتی ہے لیکن اس معاملہ میں یہ واضح ہے چاروں اناجیل میں مصنفین نے خصوصی توجہ رکھی کہ حضرت مسیح نے ہر موقع پر خود کو "ابن آدم "کہا اور مصنفین نے ہو بہو نقل کیا ۔یہ بات یقیناً واضح ہے کہ اناجیل کے مصنفوں نے اس منفرد لفظ کی تکرار اور اس کی اہمیت کو محسوس کیا اور اپنی کتابیں لکھتے وقت متوجہ رہے کہ غلطی نہ

ہونے پائے ورنہ بآسانی ان کے قلم نے ابن مریم یا کوئی اور لفظ جو ہم نے تجویز کیا لکھ دیا ہوتا۔

ابنِ داؤد

نہ صرف اناجیل میں بلکہ کتاب رسولوں کے اعمال اور سینٹ پال کے خطوط میں حضرت عیسٰی کا نسبی تعلق حضرت داؤد سے صراحتاً بتایا گیا ہے۔ اس کی بنیادی وجہ خدا کا حضرت داؤد کا تختِ شاہی ابد تک قائم رہنے کا وعدہ ہی ہے جس کی تفصیلی بحث ہم عہد نامہ قدیم کے حوالے سے کئی مقامات پر کر چکے ہیں ہمارے قارئین سمجھ چکے ہیں کہ ابتدا میں بنی اسرائیل کے فقہاء نے کسی نہ کسی قدیم قول سے یا اپنے طور پر اخذ کیا کہ حضرت داؤد کے گھرانے کی بادشاہت ابدی ہے اور بعد میں غیر متوقع حالات کا سابقہ ہوا تو اس کے مفہوم میں حسبِ ضرورت تصحیح کرتے رہے بنی اسرائیل سقوطِ یروشلم کے نتیجہ میں جلاوطنی اور ایک صدی بعد واپس لائے گئے تو ہیکل کی از سر نو تعمیر کے موقع پر حضرت داؤد کے خاندان سے زربّابل کے ذریعہ دوبارہ اسی بادشاہی سلسلے کی امید اس دور کے انبیاء کے ذریعے ان میں پیدا ہوئی ، لیکن انہیں مایوس ہونا پڑا یہ سب باتیں" خدا کا کلام" کی حیثیت سے قوم کو بتائی گئیں تھیں۔ حضرت عیسٰی کے نزول سے قبل کی چند صدیاں مجموعی طور پر قوم کے لئے بہت تکلیف دہ تھیں اس لئے کسی نجات دہندہ کی امید رکھنا غیر فطری نہیں تھا خصوصاً اس صورت میں جبکہ "خدا کا ابدی عہد" کا کسی نوعیت کا تصوّر بھی وہ اپنے ذہن میں برقرار رکھتے رہے ہوں، لیکن اناجیل میں موجود تحاریر اس دائمی عہد کا ایک بالکل منفرد تصوّر پیدا کرتی ہیں جو عہد نامہ قدیم کی تحاریر سے اخذ نہیں ہوتا ۔ مزید برآں اناجیل میں مذکورہ عہد کی اصلیت کی طرف بھی کچھ اشارات ملتے ہیں ۔

انجیل متی کی ابتدا ہی "یسوع مسیح ابن داؤد ابن ابراہیم کا نسب نامہ "سے کی گئی ہے ۔ آنجناب کا شجرۂ نسب متی کے علاوہ انجیل لوقا میں بھی بیان کیا گیا ہے لیکن دونوں نسب نامے ایک دوسرے سے بہت زیادہ مختلف ہیں ۔ اس کی وجہ یہ کہ متی نے حضرت مسیح کا شجرہ حضرت داؤد کے بیٹے حضرت سلیمان سے چلایا ہے جبکہ لوقا نے

حضرت داؤد کے ایک اور بیٹے ناتن سے چلایا ہے اسی لئے اجداد کے تقریباً سب نام مختلف ہو گئے سوائے دو افراد سیالتی ایل اور اس کے بیٹے زربّابل جو دونوں اناجیل میں مشترک ہیں ۔ان دو حضرات سے پہلے اور بعد کے سب اجداد دونوں شجروں میں بالکل مختلف ہیں ۔ یہاں دونوں فہرستیں نقل کرنا ضروری نہیں اس لئے نسب نامہ کی دیگر متضاد تفصیلات نظر انداز کی جاتی ہیں ۔

حضرت داؤد تک کی دس صدیوں کے لئے لوقا نے اکتالیس پشتیں درج کی ہیں جو چار پشتیں فی صدی کے عمومی حساب سے قابلِ تسلیم ہیں لیکن متی انہی دس صدیوں کے لئے صرف ستائیس پشتیں بتاتا ہے اس طرح تقریباً تین صدی کا ریکارڈ متی سے اوجھل رہا ۔غور طلب بات دونوں شجرناموں میں یہ ہے کہ یوسیاہ کے بیٹے یہویقیم کا نام دونوں مصنفوں نے شامل نہیں کیا ۔ اس کی کیا وجہ ہو سکتی ہے؟ انجیل متی بتاتی ہے:

> گرفتار ہو کر بابل جانے کے زمانے میں یوسیاہ سے یکونیاہ اور اس کے بھائی پیدا ہوئے ۔ اور گرفتار ہوکر بابل جانے کے بعد یکونیاہ سے سیالتی ایل پیدا ہوا اور سیالتی ایل سے زربّابل پیدا ہوا (متی1:11)

یہ تفصیل بظاہر لا پرواہی سے لکھی گئی نظر آتی ہے ۔اس میں بتایا گیا ہے شاہ یوسیاہ سے بابل جلاوطنی کے دوران یکونیاہ پیدا ہوا ۔ یہ تاریخ اس طرح عہد نامہ قدیم میں نہیں بیان ہوئی ہے ۔ جیسا کہ پہلے بتایا گیا، بابل کے ہاتھوں بنی اسرائیل کی گرفتاری سے کئی سال قبل شاہ یوسیاہ مصر کے خلاف جنگ کی تیاریوں میں ہلاک ہو چکا تھا اور اس کی ہلاکت کے بعد ہی اس کا بیٹا یہویقیم گیارہ برس بادشاہ رہا تھا ۔جب شاہ یہویقیم شاہ بابل کے ہاتھوں ہلاک ہو گیا تو اس کا بیٹا یہویاکین (اسی کو انجیل متی میں یکونیاہ لکھا گیا ہے) بادشاہ بنایا گیا لیکن وہ بھی تین ماہ بعد گرفتار ہو کر بابل پہنچا دیا گیا تھا ۔ اس واقعہ کو ہم نے حصّہ اوّل میں بابل جلاوطنی کی پہلی قسط تحریر کیا تھا ۔ دونوں شجر ناموں میں یوسیاہ کا بیٹا یہویقیم فہرست میں شامل کیا جانا چاہئے تھا ۔اس نام کی غیر موجودگی کا بظاہر قوی سبب یرمیاہ نبی کی پیشگوئی ہے ۔ اس پیشگوئی کا پس منظر کافی طویل ہے۔ اس پیشگوئی پر تفصیلی بحث پہلے کی جا چکی ہے، اس لئے ذیل میں تلخیص درج ہے ۔

یہویقیم کے لئے پیشگوئی

یہویقیم کی سلطنت کے چوتھے برس یرمیاہ پر خدا کا کلام نازل ہوا کہ وہ گزشتہ بائیس سالوں میں اس پر نازل کردہ تمام کلام تحریر کروائے اور کسی کو خداوند کی ہیکل میں بھیج کر یہ کلام تمام لوگوں کو سنائے تاکہ لوگ اپنی بری روش سے باز آجائیں ورنہ بڑی مصیبت کا شکار ہو جائیں گے۔وہ اپنے سیکریٹری باروک کو تمام کلام لکھوا کر اسے حکم کرتا ہے کہ ہیکل میں جا کر لوگوں کو سنا دے ،وجہ یہ کہ یرمیاہ کو ہیکل میں داخلہ پر پابندی ہے۔باروک کے خدا کا کلام سنانے کی اطلاع ہونے پر یہویقیم اس طومار کو منگوا کر خود سنتا ہے اور طیش کی حالت میں انگیٹھی کی آگ میں جلا دیتا ہے۔ اس پر خدا کا نیا کلام یرمیاہ پر نازل ہوتا ہے:

> اور جب بادشاہ طومار اور ان باتوں کو جو باروک نے یرمیاہ کی زبانی لکھی تھیں جلا چکا تو خداوند کا یہ کلام یرمیاہ پر نازل ہوا۔کہ تو دوسرا طومار لے اور اس میں وہ سب باتیں لکھ جو پہلے طومار میں تھیں جسے شاہ یہوداہ یہویقیم نے جلا دیا۔اور شاہ یہوداہ یہویقیم سے کہہ کہ خداوند یوں فرماتا ہے کہ تو نے طومار کو جلا دیا اور کہا ہے کہ تو نے اس میں یہ کیوں لکھا کہ شاہ بابل یقیناً آئے گا اور اس ملک کو غارت کرے گا اور نہ اس میں انسان باقی چھوڑے گا نہ حیوان۔اس لئے **شاہ یہوداہ یہویقیم کی بابت خداوند یوں فرماتا ہے کہ اس کی نسل میں سے کوئی نہ رہے گا جو داؤد کے تخت پر بیٹھے** اور اس کی لاش پھینکی جائے گی تاکہ دن کو گرمی میں اور رات کو پالے میں پڑی رہے (یرمیاہ 27 36)

اس اقتباس کے مطابق چونکہ یہویقیم نے خدا کا کلام جلا دیا لہٰذا اس جرم کی سزا یہ کہ اس کی اولاد میں سے حضرت داؤد کے تخت پر بیٹھنے کے لئے کوئی نہ رہے گا۔اضافی پیشگوئیاں یعنی یروشلم کی بربادی اور خود اس کا انجام وغیرہ کا تجزیہ حصّہ اوّل میں بیان کیا جا چکا ہے۔اناجیل کے مصنفین نے اپنی تحاریر لکھنے سے قبل اپنی قدیم کتابوں کا بغور مطالعہ کر رکھا تھا لہٰذا وہ امکانی طور پر یہویقیم کے معاملے میں یرمیاہ پر نازل کردہ خدا کا کلام سے واقف تھے کہ اس کی اولاد تختِ داؤدی پر بیٹھنے کی اہلیت کھو بیٹھی ہے لہٰذا اس کا نام حذف کرنا ضروری تھا۔متی نے مسئلہ اس طرح حل کیا کہ یکونیاہ کو یوسیاہ کا بیٹا لکھا جبکہ وہ یوسیاہ کا پوتا اور یہویقیم کا بیٹا تھا۔متی کے اس عمل سے تاریخ کے بیان میں جو غلطی پیدا ہوئی کہ یوسیاہ شاہ مصر کے ہاتھوں ہلاک ہونے کے بجائے شاہ بابل کے ہاتھوں گرفتار

ہو گیا اس کی پریشانی کا سبب نہیں بنا ۔لیکن یہاں ایک اور پیچیدگی موجود ہے ۔ متی اور لوقا نے یہویقیم کا نام تو حذف کر دیا لیکن یکونیاہ کو نسبی سلسلہ میں شامل رکھا ۔مشکل یہ ہے کہ یرمیاہ پر یکونیاہ کے معاملے میں بھی خدا کا کلام نازل ہوا تھا:

یہویاکین کے لئے پیشگوئی

> خداوند فرماتا ہے مجھے اپنی حیات کی قسم اگرچہ تو اے شاہ یہوداہ کونیاہ بن یہویقیم میرے داہنے ہاتھ کی انگوٹھی ہوتا تو بھی میں تجھے نکال پھینکتا ۔اور میں تجھ کو تیرے جانی دشمنوں کے جن سے تو ڈرتا ہے یعنی شاہ بابل نبوکدرضر اور کسدیوں کے حوالے کروں گا ۔ہاں میں تجھے اور تیری ماں کو جس سے تو پیدا ہوا غیر ملک میں جو تمہاری زاد بوم نہیں ہے ہانک دوں گا اور تم وہیں مرو گے . . . **خداوند یوں فرماتا ہے کہ اس آدمی کو بے اولاد لکھو جو اپنے دنوں میں اقبال مندی کا منہ نہ دیکھے گا کیونکہ اس کی اولاد میں سے کبھی کوئی ایسا اقبال مند نہ ہو گا کہ داؤد کے تخت پر بیٹھے اور یہوداہ پر سلطنت کرے** (یرمیاہ 22:24)

یہویاکین کی تین ماہ طویل سلطنت اور نبوکدرضر نام کا ہجّے مختلف ہونا حصّہ دوئم کی ابتدا میں زیرِ بحث لائے گئے تھے ۔یہاں اقتباس نقل کرنے سے ہم کہنا یہ چاہتے ہیں کہ یرمیاہ کو یہویقیم کی اولاد کو تختِ داؤدی کا نااہل قرار دینے کے بعد اس کے بیٹے کو محض تین ماہ سلطنت کرنے کے بعد الگ سے نااہل قرار دینے کی کوئی وجہ سمجھ میں نہیں آتی خصوصاً اس صورت میں کہ مذکورہ تین ماہ سلطنت کے دوران یرمیاہ اس کا کوئی ایسا جرم بھی بیان نہیں کرتا جو اسے نااہل قرار دینے کی وجہ بن سکے ۔ وہ تو پہلے ہی سے یہویقیم کی اولاد ہونے کی وجہ سے نااہل تھا ۔اس سوال کو کچھ دیر ملتوی رکھتے ہوئے حضرت مسیح کے شجر نامہ کی طرف پلٹیں تو ان کے نسب میں یکونیاہ کو شامل رکھا گیا ہے جو خدا کے کلام کے مطابق تختِ داؤدی کا اہل نہیں تھا ۔ جس بناء پر متی اور لوقا نے یہویقیم کا نام فہرست میں سے حذف کیا تھا اسی بناء پر ان کو یکونیاہ کا نام بھی کسی طرح حذف کر دینا چاہئے تھا لیکن نہیں کیا ۔ یرمیاہ کی یہ پیشگوئی یا تو دونوں کی نظر سے اوجھل رہی یا کیا ایسا ممکن ہو سکتا ہے کہ یرمیاہ کی یہ پیشگوئی اناجیل لکھتے وقت تک تحریر ہی نہ کی گئی بلکہ بعد میں کسی وقت لکھی گئی ہے؟ یہویقیم اور یہویاکین دونوں

باپ بیٹا کے ہلاک ہونے کی تفصیلات یرمیاہ کتاب باب 22 میں چند فقروں کے فاصلے پر لکھی ہیں، لہٰذا اناجیل کے مصنفوں کی نظروں سے یہویاکین کی نااہلی اوجھل رہ جانے کا امکان نہیں ہونا چاہئے ۔اسی بناء پر ہم نے خدشہ ظاہر کیا کہ اناجیل لکھتے وقت یہویاکین کی نااہلی وہاں درج ہی نہ ہو بلکہ اناجیل لکھنے کے بعد بڑھائی گئی ہو ۔یقیناً ہماری اس بات کو ہمارا دور از کار قیاس سمجھا جا سکتا ہے لیکن یہ تنہا ہمارا خیال نہیں ۔ بعض عیسائی معتقدین اس مسئلہ کی وجہ سے تو نہیں بلکہ عہد نامہ قدیم کے چند دوسرے مندرجات کی بناء پر خدشات ظاہر کرتے ہیں کہ اناجیل کی صداقت مشتبہ کرنے کے لئے یہودی بائیبل کے الفاظ میں ردّ و بدل کے مرتکب رہے ہیں ۔ یرمیاہ، جیسا کہ ہم نے شروع کے ابواب میں بتایا تھا، عہد نامہ قدیم کا بڑا مصنف ہے ۔ بائیبل کی ایک تہائی ضخامت خود اس کی اپنی تحریر پر مبنی ہے ۔ وہ دستیاب تاریخ میں سے اپنے مطلب کا مفہوم پیدا کرنے اور ردّ و بدل کرنے کا ماہر اور ذہین شخص نظر آتا ہے ۔ وہ خود کتاب یرمیاہ میں یہویقیم کے لئے ایسی پیشگوئی کرنے والا نہیں نظر آتا جس کو اپنی ہی لکھی گئی کتاب 2۔سلاطین میں غلط ثابت کر دے ۔حضرت داؤد کے گھرانے کے بیس بادشاہوں میں سے آخری تین میں سے صرف یہویقیم اور یہویاکین ہی دو بادشاہ ہیں جو خدا کے کلام کے ذریعہ بادشاہت کے نااہل قرار دیئے گئے ہیں جبکہ بعض دوسرے بادشاہ زیادہ بڑے جرائم میں ملوث بتائے گئے لیکن انہیں نااہل نہیں کیا گیا ۔یہویقیم کی اولاد کو نااہل قرار دینے کے بعد اس کے بیٹے یہویاکین کی بھی نااہلی بتانا بہت بے جوڑ ہے ۔ ہم بوجوہ اس نوعیت کی یہودی مداخلت کے شبہات پر بعض عیسائی مفسرین سے اتفاق کرتے ہیں تاہم ان کے تجویز کردہ نکات کی تفصیلات ہمارے اصل موضوع کے لئے غیر ضروری ہیں۔ یہاں بھی حضرت مسیح کے نسب نامہ کی بحث محض یہ بتانے کے لئے کی گئی کہ عیسائیت میں حضرت مسیح کا حضرت داؤد کے گھرانے سے ہونے کا تصوّر نمایاں کیا جا سکے ۔

حضرت داؤد کے خاندان سے مستقلاً بادشاہ فراہم ہونا از خود بہت غیر معقول بات ہے ۔ کتاب 1۔تواریخ باب 3 میں حضرت داؤد کے 19 بیٹے نام کے ساتھ بتانے کے بعد لکھا ہے کے ان کے علاوہ اور بھی بیٹے تھے ۔ وہ سب کے سب وارث سمجھنے چاہئیں پھر نسل در نسل حضرت داؤد کو اپنا جد اور بادشاہت کا حقدار سمجھنے والے وقت

کے ساتھ بڑھتے ہی چلے جاتے تھے۔ ان اولادوں میں یہ منفرد اعزاز حاصل کرنے کی رسّہ کشی بھی اکثر مواقع پر اسرائیلی تاریخ میں نظر آنی چاہئے تھی۔ اس ابدی عہد میں آخر کیا حکمت ہو سکتی ہے ؟

اگر چہ حضرت مسیح کی پیدائش کے معاملہ میں فرشتہ کی بشارت اور بعض دوسروں کی طرف سے حضرت مسیح کو ابن داؤد قرار دیا گیا، جیسا کہ ہم نے چند صفحات قبل اناجیل سے نقل کیا، تاہم حضرت مسیح نے خود بھی ایک موقع پر لفظ یا نام داؤد منجملہ دو مرتبہ اپنے خطاب میں استعمال کیا جو انتہائی غور طلب ہے۔ اقتباس ذیل میں نقل کیا جاتا ہے:

> اور جب فریسی جمع ہوئے تو یسوع نے ان سے یہ پوچھا کہ تم مسیح کے حق میں کیا سمجھتے ہو؟ وہ کس کا بیٹا ہے؟ انہوں نے اس سے کہا داؤد کا۔ اس نے ان سے کہا پس داؤد روح کی ہدایت سے کیونکر اسے خداوند کہتا ہے کہ
>
> خداوند نے میرے خداوند سے کہا
> میری داہنی طرف بیٹھ
> جب تک میں تیرے دشمنوں کو تیرے پاؤں کے نیچے نہ کردوں
>
> پس جب داؤد اس کو خداوند کہتا ہے تو وہ اس کا بیٹا کیوں کر ٹھہرا؟ اور کوئی اس کے جواب میں ایک حرف نہ کہہ سکا (متی22:41)

بائیبل میں خداوند سے مراد آقا ہے لہٰذا آقا کہنے والا شخص دراصل خود کو اس ہستی کا غلام قرار دیتا ہے۔یہ لفظ قدیم سے نہ صرف انسانی آقاؤں کے لئے اسی مفہوم میں استعمال ہوتا رہا ہے بلکہ خدا کے لئے بھی کہ انسان خدا کے احکام کی اطاعت کا پابند ہے۔ حضرت مسیح کا کہنا یہ ہے کہ جیسے باپ اپنے بیٹے کو آقا نہیں کہتا اسی طرح حضرت داؤد کا مسیح کو آقا کہنے کا مطلب ہوا مسیح ان کا بیٹا نہیں ہو سکتا۔ انجیل کا مصنف نمایاں کرتا ہے کہ فریسی جو شرع کے ماہر خیال کئے جاتے ہیں اس کے جواب میں کچھ نہ بول سکے۔جملہ "خداوند نے میرے خداوند سے کہا" حرف بہ حرف مرقس12:35 اور لوقا 20:41 میں بھی دہرایا گیا ہے۔اس جملہ "آقا نے میرے آقا سے کہا" سے واضح نہیں ہوتا کہ پہلے آقا سے کس ہستی کی طرف اشارہ ہے اور وہ کیا مقام ہے جہاں ان کے آقا کو آقا کے داہنی طرف بٹھایا جا رہا ہے۔یہ قول زبور سے لیا گیا ہے جو ذیل میں نقل ہے :

یہواہ نے میرے خداوند سے کہا
تو میرے دہنے ہاتھ بیٹھ
جب تک کہ میں تیرے دشمنوں کو تیرے پاؤں کی چوکی نہ کردوں (زبور 110:1)

یہ اقتباس زیادہ واضح ہے ۔ حضرت داؤد فرماتے ہیں خدا نے میرے آقا سے کہا تو میرے دہنی طرف بیٹھ اور یہ کہ کسی آسمانی مقام پر دہنی طرف بیٹھنے کے لئے کہا گیا ہے ۔حضرت مسیح کی پیش کردہ دلیل واضح ہے کہ اگر آپ ہی مسیح ہیں تو آپ کو ابن داؤد نہیں کہا جا سکتا ۔ بالفاظ دیگر انہوں نے خود کو ابن داؤد کہلائے جانے کو رد کیا ہے ۔ اناجیل کے مصنف اور دوسرے حواری یہ بات سمجھ نہیں سکے ۔ انہوں نے حضرت مسیح کا " یسوع ابن داؤد " کا رد نقل کیا لیکن ساتھ ہی ساتھ آپ کو ابن داؤد کی حیثیت سے بھی متعارف کراتے رہے ہیں ۔ زبور کی دوسری اہم ترین بات یہ ہے کہ خدا نے " اپنے "نہیں بلکہ" ان کے " دشمنوں کو ان کے زیرِ نگوں کرنے کا کام اپنے ہاتھ میں رکھا ہے ۔ یہ صورت حال حضرت مسیح کو پیش نہیں آئی ۔ اناجیل عیسائی عقیدت مندوں کو جس حقیقت سے روشناس کراتی ہیں وہ یہ کہ آنجناب کے دشمنوں نے آپ کو صلیب پر چڑھا کر شہید کردیا لہٰذا آخری فقرہ کا اطلاق حضرت داؤد کے بعد اور حضرت مسیح سے پہلے کسی فرد پر یا حضرت مسیح پر نہیں کیا جا سکتا بلکہ کوئی ایسی ہستی ہونی چاہئے جو حضرت مسیح کے بعد نسلِ آدم کو عطا کی جائے ۔اسی ہستی کو حضرت داؤد نے اپنا آقا بتایا ہے ۔

عقیدۂ توحید فی التثلیث کی عمومی تشریح اب تک کی بیان کردہ بحث کے ذریعے قارئین کو متعارف کی گئی ۔ جو بات ہماری سمجھ میں آسکی ہے وہ یہ کہ حضرت مسیح نے کسی واضح تعلیم کے ذریعہ "ایک میں تین اور تین میں ایک" میں موجود پیچیدگی واضح کر نا تو درکنار اپنی مجموعی تعلیم کے ذریعہ اگر کچھ کیا بھی تو مزید ابہام پیدا کر دیئے ۔اور یہی نہیں بلکہ حضرت آدم کے دائمی گناہ سے نسلِ آدم کا ہر فرد گناہگار ہونا اور حضرت مسیح کا صلیب پر کفارہ ادا کرنے کے ذریعہ ان پر ایمان لانے والوں کے لئے نجات کا راستہ نکال لینا وغیرہ اپنی جملہ تفصیلات کے ساتھ اس طرح واضح نہیں کیا کہ خود حضرت مسیح کی عطا کردہ اناجیل سے روزِ روشن کی طرح متعین کیا جا سکے ۔عیسائی عقیدہ کی تمام تر روح در اصل رسولوں کے اعمال اور پَولُس کے خطوط میں موجود تفصیلات ہی سے اخذ کی جا

سکتی ہیں،اور بہت غنیمت ہے کہ یہ کتابیں عہد نامہ جدید میں موجود ہیں ۔ یہ اگر وہاں نہ ہوتیں تو کچھ معلوم ہونا ممکن نہ رہتا ۔

حضرت مسیح کی براہ راست تعلیمات کے ذریعے عقیدۂ توحید فی التثلیث اور عقیدۂ کفارہ کی نشاندہی اور واضح تشریح کے بجائے تینوں اناجیل میں حضرت عیسٰی سے صادر ہونے والے مردہ کو زندہ کرنا اور عروجِ آسمانی جیسے معجزات بیان کئے ہیں جبکہ مردہ کو زندہ کر دینا نہ صرف پطرس نے (اعمال 9:40) اور پولس نے (اعمال20:9) بلکہ ماضی میں ایلیّاہ نبی کے ذریعے (1-سلاطین 17:19) اور اس کے ہم عصر الیشع نبی کے ذریعے(2-سلاطین 4:32) بھی دکھائے جا چکے تھے ۔ اور یہی نہیں بلکہ عروجِ آسمانی کا واقعہ بھی بنی اسرائیل کی گذشتہ تاریخ میں دو مرتبہ دکھایا جا چکا تھا ۔ ایک تو ایلیّاہ نبی کا آسمانوں میں جانا جو اوپر نقل کیا اور دوسرا واقعہ حضرت آدم کی چھٹی پشت میں حنوک کو پیش آیا جب خدا نے اسے اٹھا لیا (پیدائش 5:23)لہٰذا محض معجزات کی بنیاد پر حضرت مسیح کو مطلوبہ خاص الخاص نوعیت کی انفرادیت کا مستحق نہیں قرار دیا جاسکتا جبکہ اسی نوعیت کے معجزات حضرت مسیح کے عروجِ آسمانی کے بعد دوسرے افراد نے دکھائے یا حضرت مسیح سے قبل اسرائیلی روایات میں تحریر قدیم زمانے میں دکھائے جا چکے تھے ۔کم از کم بائیبل کی رو سے اگر حضرت مسیح سے منسوب مذکورہ غیر معمولی معجزات کی بنیاد پر انہیں خدا یا خدا کا بیٹا تسلیم کیا جائے تو بعض دوسرے افراد کے ہاتھوں ظاہرہونے والے اسی جیسے معجزات دکھانے والی ہستیاں کیونکر نظر انداز کی جا سکتی ہیں ۔

باب 8

کتاب اعمال

مغربی عیسائیت اپنے عقیدہ کی بنیاد چار اناجیل کی تعلیم پر رکھی گئی قرار دیتے ہیں اس لئے ان صحیفوں میں موجود عقیدہ کے بنیادی تصورات سے متعلق تعلیم اب تک کی بحث میں پیش کی گئی ۔تاہم عہد نامہ جدید میں چار اناجیل کے بعد رسولوں کے اعمال اور پَولُس کے چودہ خطوط پر مبنی کتابیں عیسائی عقیدہ کا ابتدائی چند دہائیوں میں پیدا ہونے والا ارتقاء سمجھنے میں جو معاونت فراہم کرتی ہیں وہ اناجیل کی تحریر میں میسر نہیں ہیں ۔ اناجیل اور مذکورہ کتابیں چند مرتبہ توجّہ سے پڑھی جائیں تو بالآخر انسان کے ذہن میں ایک واضح تصویر بننا شروع ہو جاتی ہے ۔ عیسائی عقیدہ کے ابتدائی ارتقاء کی اسی تصویر کی وضاحت ہمارے پیشِ نظر ہے لہٰذا اب ہماری بحث کا محور انہی اوّلین تحاریر یعنی رسولوں کے اعمال اور پَولُس کے خطوط پر مبنی کتابیں ہے اور اسی بحث کی تکمیل پر ہماری کتاب کا موضوع بھی تکمیل کو پہنچ سکے گا ۔مذکورہ کتب پر در پیش بحث کے لئے قارئین کو ان کتابوں میں موجود پانچ باتوں کی ابتدا میں نشاندہی کر دی جائے تو عیسائی عقیدہ کی تدوین کو سمجھنا آسان ہو سکتا ہے ۔

1۔کتابوں کی زمانی ترتیب

ہماری رائے یہ ہے کہ وقت کی ترتیب میں پہلی تحریر بوجوہ لوقا کے ہاتھوں لکھی گئی کتاب اعمال ہے اور اس کے لکھے جانے کے بعد یا اس سے متصل پَولُس کے خطوط لکھے گئے ۔ اس کے بعد ہی چار اناجیل بالترتیب مرقس، متی، لوقا اور یوحنا لکھی گئیں ۔رسولوں کے اعمال اور پَولُس کے خطوط پر ہماری بحث از خود مذکورہ صحائف کو اس ترتیب میں دیکھا جانا واضح کر سکے گی ۔

2۔مسیح ابن داؤد

حضرت عیسٰی کے نزول کے زمانے میں بنی اسرائیل خدا کی طرف سے بالعموم تین شخصیات (وہ نبی، ایلیّاہ اور مسیح اِبن داؤد) کے نزول کے منتظر تھے۔وہ سمجھتے تھے کہ ان کے وسیلہ سے ان

کو باعزت اور آزاد قوم کی زندگی واپس مل سکے گی ۔ حضرت داؤد کا بادشاہی تخت ابد تک قائم رہنے کی بشارت کی حقیقت سے قارئین بخوبی واقف ہو چکے ہیں ۔تیسری شخصیت "ایلیّاہ' کی بشارت عہد نامہ قدیم کی تمام کتابوں میں صرف کتاب ملاکی میں پائی جاتی ہے ۔ یہ عہد نامہ قدیم کی کتابوں میں آخری اور تین سے کم صفحات پر مشتمل مختصر کتاب ہے ۔ حضرت عیسٰی کے زمانے میں بنی اسرائیل اس کتاب سے بخوبی واقف تھے اس لئے کہ ایلیّاہ کی دوبارہ آمد کی پیشگوئی کو اناجیل میں حضرت مسیح کی آمد کے حوالے سے نمایاں کیا گیا ہے:

دیکھو خداوند کے بزرگ اور ہولناک دن کے آنے سے پیشتر میں ایلیّاہ نبی کو تمہارے پاس بھیجوں گا (ملاکی4:5)

ملاکی یا ملاخیہ نبی نے ہیکل ثانی کی تعمیر کے بعد پانچ صدی ق م میں کسی وقت اپنی تعلیم بنی اسرائیل کو پیش کی اور اسی دوران ایلیّاہ کی دوبارہ آمد بھی بتائی ۔ ایلیّاہ نبی کے متعلق قارئین اتنا جان لیں کہ ان کا نزول ہیکل اوّل کی تعمیر کے تقریباً ایک صدی بعد 850 ق م کے لگ بھگ ہوا جب شمالی ریاست اسرائیل میں اخی اب بادشاہ کی اور قوم کی بداعمالیاں حد سے تجاوز کرنے لگیں تھیں ۔ بائیبل کے مطابق جب بادشاہ اور اس کی مشرک بیوی ایلیّاہ نبی کو قتل کرنے کے درپے ہوئے تو ان کو آتشی رتھ پر سوار آسمانوں میں اٹھا لیا گیا (2۔سلاطین 2:11)۔ ایلیّاہ نبی کی آمد ثانی کا اطلاق اناجیل میں یوحنا نبی (یعنی حضرت یحییٰ) پر کیا گیا ہے لیکن فی الوقت کتاب اعمال زیرِ غور ہے لہٰذا اناجیل کی وضاحت ملتوی کی جاتی ہے ۔ کتاب اعمال میں پطرس اپنے خطبات میں حضرت عیسٰی کو بیک وقت وہ نبی اور مسیح ابن داؤد سے موسوم بشارت کا مصداق ٹھہرا تا ہے ۔وہ حضرت عیسٰی کے عروجِ آسمانی کے بعد اسرائیلیوں سے اپنے پہلے خطٰاب میں حضرت داؤدکی بابت تصریح کرتا ہے:

پس نبی ہو کر اور یہ جان کر کہ خدا نے مجھ سے قسم کھائی ہے کہ تیری نسل سے ایک شخص کو تیرے تخت پر بٹھا ؤں گا۔ اس نے پیشگوئی کے طور پر مسیح کے جی اٹھنے کا ذکر کیا کہ

نہ وہ عالمِ ارواح میں چھوڑا گیا
نہ اس کے جسم کے سڑنے کی نوبت پہنچی
اسی یسوع کو خدا نے جِلایا جس کے ہم سب گواہ ہیں(اعمال 2:30)

اس کے بعد پطرس اپنے دوسرے خطاب میں حضرت موسیٰ کی بشارت کا اطلاق حضرت عیسٰی پر کرتا ہے:

> چنانچہ موسیٰ نے کہا کہ خداوند خدا تمھارے بھائیوں میں سے تمہارے لئے مجھ سا ایک نبی پیدا کرے گا ۔جو کچھ وہ تم سے کہے اس کی سننا (اعمال 3:22)

اسی طرح پَولُس اسرائیلیوں سے اپنے خطاب میں بتاتا ہے:

> اسی کی نسل (یعنی حضرت داؤد) میں سے خدا نے اپنے وعدہ کے موافق اسرائیل کے پاس ایک منجّی یعنی یسوع کو بھیج دیا ۔ جس کے آنے سے پہلے یوحنّا نے اسرائیل کی تمام امت کے سامنے توبہ کے بپتسمہ کی منادی کی (اعمال 13:23)

پَولُس نے اس اقتباس میں حضرت عیسٰی کو حضرت داؤد کی نسل سے پیدا ہونے والا نجات دہندہ قرار دیا ہے جس کا وعدہ ،بقول عہد نامہ قدیم،ایک ہزار سال قبل خدا نے حضرت داؤد سے کیا تھا ۔ یہاں پَولُس نے یوحنّا (حضرت یحییٰ) کی بھی تصریح کی جن کو اناجیل میں ایلیّاہ نبی کی آمدِ ثانیہ بتایا گیا ہے ۔

3۔حضرت مسیح کی معجزانہ پیدائش

قارئین متوجہ رہیں کہ عیسائی مذہب کی تاریخ میں کتاب اعمال پہلی تحریر لکھی گئی ہے ۔اس کتاب میں شروع سے آخر تک حضرت مسیح کی معجزانہ ولادت کی طرف معمولی سا بھی اشارہ نہیں پایا جاتا جو انتہائی عجیب بات ہے ۔حضرت مسیح کی معجزانہ ولادت میں کسی مرد کا نطفہ استعمال نہیں کیا گیا تھا ۔ اس حقیقت کو جانتے ہوئے پطرس اور پَولُس کے لئے ممکن نہیں ہونا چاہئے تھا کہ وہ آنجناب کو "وہ نبی "یا ابن داؤد سمجھتے اور اپنے لوگوں کو بتاتے ۔قدیم اسرائیلی کتابوں میں داؤدی عہد سے منسوب بادشاہ کی یا "وہ نبی" کی بشارات میں کسی مافوق الفطرت پیدائش کا کوئی پیشگی اشارہ نہیں بتایا گیا تھا ۔ لہٰذا کتاب اعمال میں اس کی طرف اشارہ غیر موجود ہونے کی یہی تاویل ممکن ہو سکتی ہے کہ حضرت مسیح کے عروجِ آسمانی کے بعد کے ابتدائی چند سال تک وہ حضرت مسیح کی پیدائش ایک فطری عمل سمجھتے رہے تھے ۔ اور صرف پطرس اور پَولُس ہی نہیں بلکہ کتاب اعمال کا مصنف لوقا بھی اپنی تحریر کی ابتداء میں حضرت مسیح کی

حیاتِ ثانیہ ، عروج آسمانی اور مستقبل میں پیش آنے والی نزولِ ثانیہ تو بتاتا ہے لیکن آنجناب کی معجزانہ پیدائش کا تذکرہ نہیں کرتا ۔اسی لوقا نے اپنی انجیل میں معجزانہ پیدائش کی حقیقت کو جس تفصیل سے بتایا ہے دوسری اناجیل اس کے آس پاس بھی نظر نہیں آتیں ۔اس کا مطلب یہی ہونا چاہئے کہ کتاب اعمال لکھتے وقت خود لوقا بھی اس حقیقت سے لاعلم تھا ۔

4۔قربِ قیامت

حضرت سلیمان کی وفات کے بعد بنی اسرائیل دو ریاستوں میں تقسیم ہوئے تو ان کی بداعمالیوں پر سرزنش اور تنبیہات کی خاطر کئی نبیوں کا نزول اور ان کی تعلیمات بائیبل میں موجود ہیں ۔ انہی تعلیمات میں کسی وقت اس دنیا کا ختم ہونا اور اس خاتمہ کے ظہور کی ابتدائی نشانیاں وغیرہ کتاب دانیال، حزقی ایل اور دیگر کتب میں درج ہیں ۔قیامت کی نشانیوں کے متعدد اقوال میں سے اختصار کی خاطر صرف ایک یہاں نقل کیا جاتا ہے :

> اس کے بعد بنی اسرائیل رجوع لائیں گے اور خداوند اپنے خدا کو اور اپنے بادشاہ داؤد کو ڈھونڈیں گے اور آخری دنوں میں ڈرتے ہوئے خداوند اور اس کی مہربانی کے طالب ہوں گے (ہوسیع3:5)

اس نوعیت کی پیشگوئیوں سے اناجیل کے مصنفین اور پطرس و پولُس واقف تھے اس لئے حضرت مسیح کو حضرت داؤد کا موعود بیٹا سمجھنے کے ساتھ ہی انہیں یہ تصوّر بھی اخذ کرنا پڑا کہ قیامت قریب آگئی ہے ۔پطرس اپنے خطاب میں اسرائیلیوں کو یروشلم میں سناتا ہے:

> بلکہ یہ وہ بات ہے جو یوایل نبی کی معرفت کہی گئی ہے کہ
> خدا فرماتا ہے کہ آخری دنوں میں ایسا ہو گا
> کہ میں اپنے روحِ میں سے ہر بشر پر ڈالوں گا
> اور تمہارے بیٹے اور تمہاری بیٹیاں نبوّت کریں گی (اعمال 2:16)

پطرس کا یہ حوالہ یوایل نبی کی کتاب 2:28 میں درج ہے ۔یوایل نبی ان آخری نبیوں میں سے ہے جن کا چوتھی پانچویں صدی ق م میں نزول ہوا ۔ یہ کتاب بھی چار صفحات پر مشتمل مختصر کتاب ہے ۔ پطرس خود ان پڑھ تھا (اعمال 4:13)لہٰذا اپنے دوسرے ساتھیوں سے بائیبل کا علم حاصل کیا جانا قرینِ قیاس ہے ،تاہم قارئین دیکھ سکتے ہیں کہ ان حضرات نے بہت عرق ریزی سے اپنی قدیم کتابوں کو پڑھا اور سمجھنے کی کوشش کی ۔ پطرس نے اپنے بیان کردہ اقتباس سے اپنے

مخاطبین کو متوجہ کیا کہ قیامت قریب ہے ۔ پَولُس نے بھی یہی نتیجہ متعدد بار اپنے خطوط میں ،جو اناجیل سے پہلے تحریر ہوئے ، پیش کیا جو جلد زیرِ بحث لایا جائے گا تاہم ایک اہم بات نوٹس میں لائی جانی ضروری ہے اور وہ یہ کہ روزِ قیامت کب متوقع ہو اس کا کوئی واضح تعین پطرس کے کہے گئے جملوں سے نہیں کیا جا سکتا ۔یہ نکتہ ہماری بحث کے اہم ترین نکات میں سے ایک ہے اس لئے اس پر خصوصی توجہ دی جائے گی۔

5۔حضرت مسیح کی آمدِ ثانی

کتاب اعمال کی ابتداء میں حضرت عیسٰی کی دنیا میں دوبارہ آمد کی تصریح ملتی ہے ۔ حضرت مسیح کی فرشتوں کے ذریعہ رفع آسمانی کے موقع پر جب آنجناب کے منتخب اصحاب یہ واقعہ دیکھ ہی رہے تھے :

> اور اس کے جاتے وقت جب وہ آسمان کی طرف غور سے دیکھ رہے تھے تو دیکھو دو مرد سفید پوشاک پہنے ان کے پاس آ کھڑے ہوئے ۔اور کہنے لگے اے گلیلی مردو! تم کیوں کھڑے آسمان کی طرف دیکھتے ہو؟ یہی یسوع جو تمہارے پاس سے آسمان پر اٹھایا گیا ہے اسی طرح پھر آئے گا جس طرح تم نے اسے آسمان پر جاتے دیکھا ہے (اعمال 1:10)

اسی طرح اس واقعہ کے چند دن بعد پطرس یروشلم میں یہودیوں سے اپنے دوسرے خطاب کے موقع پر کہتا ہے:

> اور وہ اس مسیح کو جو تمہارے واسطے مقرر ہوا ہے یعنی یسوع کو بھیجے ۔ضرور ہے کہ وہ آسمان میں اس وقت تک رہے جب تک وہ سب چیزیں بحال نہ کی جائیں جن کا ذکر خدا نے اپنے پاک نبیوں کی زبانی کیا ہے جو دنیا کے شروع سے ہوتے آئے ہیں (اعمال 3:20)

ان مختصر اقتباسات سے نہ صرف حضرت عیسٰی کی دوبارہ آمد واضح ہے بلکہ یہ بھی کہ آپ کی ہستی ایسی ہے کہ وہ کسی اور مخلوق ہستی کے ذریعے سے آسمان پر اٹھائے گئے اور کوئی اور ہی یعنی خدا کی ہستی ہے جو آپ کو دوبارہ بھیجے گی ۔ اگر حضرت مسیح خدا ہوں یا تین میں ایک اور ایک میں تین ہوں تو پطرس کا یہ اندازِ تقریر قطعی غیر مناسب بلکہ الٹا اپنے لوگوں کو قصداً بھٹکانے کی کوشش گردانںا چاہئے ۔

اب تک کی بحث میں اگرچہ بائیبل کی دیگر کتب سے چند اقتباسات بعض ضروری پس منظر کی وضاحت کے لئے نقل کئے گئے لیکن ہماری تمام تر توجّہ کتاب اعمال کی طرف مرکوز رہی ہے ۔حضرت مسیح کے رفع آسمانی کے بعد کی تقریباً دو دہائیوں کے دوران عیسائی معتقدین کو جن حالات کا سامنا ہوا اور جس طریقہ پر انہوں نے یہودیوں اور دوسری اقوام تک اپنی دعوت پہنچائی ، کتاب اعمال میں موجود روداد سے ہمارے موضوع کے حوالے سے بہت اہم مشاہدات حاصل کئے جا سکیں گے ۔

پہلا اہم مشاہدہ جو کتاب اعمال سے ملتا ہے وہ یہ کہ تحریر کے موضوع کے لحاظ سے کتاب کو بآسانی دو تقریباً مساوی حصوں میں تقسیم کیا جا سکتا ہے ۔ کتاب کے پہلے باب سے باب پندرہ تک کتاب کی مرکزی شخصیت حضرت عیسیٰ کے بارہ منتخب اصحاب میں سے نمایاں ترین حواری پطرس ہیں جبکہ باب سولہ سے باب اٹھائیس تک صرف سینٹ پال کی تبلیغی مہم کی تفصیلات درج ہیں ۔کتاب رسولوں کے اعمال کا لکھنے والا سینٹ پال کا محبوب طبیب اور شاگرد لوقا ہے۔ یہی لوقا موجودہ ترتیب میں تیسری انجیل لوقا کا بھی مصنف ہے ۔کتاب اعمال میں لوقا نے وہ روداد بیان کی ہے جس کا حضرت مسیح کے رفع آسمانی کے بعد آپ کے حواریوں اور ابتدائی عقیدت مندوں کو سامنا ہوا، کس طرح حواریوں نے حضرت مسیح کی تعلیمات سے خود اپنے اور دور دراز علاقوں میں رہنے والوں کو روشناس کیا اور پَولُس کی ایک معلم کی حیثیت سے حواریوں میں شمولیت وغیرہ شامل ہیں ۔

حضرت مسیح کی مصلوبیت کا واقعہ یہودیوں کی سب سے بڑی عید یعنی عید خیام نامی تہوار کے موقع پر پیش آیا ۔ اپنے دستور اور قدیم سے جاری روایات کی بناء پر پورے ملک سے تمام چھوٹے بڑے اس موقع پر یروشلم کے ہیکل اور شہر میں جمع ہوتے تھے ۔ یہ قوم کا خوشیاں منانے کا وہ بڑا موقع ہوتا تھا جس میں سب گھرانے خدا کی عبادت اور سالانہ قربانی ادا کرتے اور قربانی کے گوشت سے تیار ہوئے پکوان سے لطف اندوز ہوتے تھے ۔آمد و رفت کے ذرائع ایسے نہیں تھے کہ لوگ بآسانی یہ تہوار منا سکیں ۔یروشلم سے دور علاقوں کے باشندے قربانی کے جانوروں ،گھروں کی خواتین اور بچوں کے ساتھ پیدل یا سواری کے جانوروں کے ساتھ کم و بیش پیدل کی رفتار سے سفر طے کرتے تھے ۔ بہت سے لوگوں کے لئے یک

طرفہ مہم بآسانی دو سے تین ہفتے کی مہم تھی یعنی ڈیڑھ ماہ کھلے آسمان تلے بسر کرنا۔ پھر اس موقع پر ملک کے امراء وغیرہ بھی وہاں موجود رہتے تھے جن کو دیکھنے، ان سے ملنے اور باتیں کرنے کا موقع لوگوں کو میسر ہو تا تھا لہٰذا تمام یروشلم ان دنوں میں لوگوں کے لئے رونق سے بھرپور مقام ہوتا تھا۔ ایسے موقع پر حضرت مسیح کے ہمراہ مٹھی بھر اصحاب کے سامنے یہ ناقابلِ یقین واقعہ پیش آتا ہے کہ ان کی محبوب ترین ہستی کو ان کی آنکھوں دیکھتے صلیب پر قربان کر دیا گیا۔ وہ مٹھی بھر نہتے افراد اپنے ہی ہم مذہب مقتدر لوگوں کی اور اصنام پرست حاکم قوم کی مجموعی طاقت کے خلاف اس انتہائی بےسرو سامانی کے عالم میں اپنے محبوب قائد کی جان اور خود اپنی جان کی مدافعت کے لئے کوئی قوّت اپنے گھروں سے ایک ہفتہ کی مسافت کے فاصلے پر فراہم نہ کر سکتے تھے۔ انہوں نے مکمّل بےبسی سے اس سانحہ کو دیکھا، اسے محسوس کیا اور پھر اس کے بعد خود اپنی ہی زندگیوں کے لئے فکر مند کہ کہانت کا نظام اور اُس کے حمایتی کہیں ان کی طرف متوجہ نہ ہو جائیں، پرائے گھروں میں روپوش تھے کہ ایک اور بعید از تصوّر واقعہ ان کی آنکھوں نے دیکھا۔ ان کی شہادت پانے والی محبوب ہستی واقعہ صلیب کے تیسرے روز اچانک زندہ حالت میں ان کے درمیان آ موجود ہو ئی۔ دلوں کی جو کیفیات ان چنی ہوئی اولادِ آدم کی ہو سکتی تھیں انہیں کوئی دوسرا محسوس نہیں کر سکتا۔ حضرت مسیح نے انہیں ایمان پر قائم رہنے کا حوصلہ دیا، آنے والے دنوں کے لئے ہدایات دیں اور اس کے بعد جلد ہی آسمان پر اٹھا لئے گئے۔ اپنے مسیح کو زندہ دیکھنے سے پہلے وہ مکمّل خوف و ہراس کا شکار اور زندگی سے قطعی مایوس چھپے بیٹھے تھے، لیکن حضرت مسیح کو زندہ اپنے درمیان دیکھ لینے سے بالیقین ایک نئی زندگی اور نیا عزم ان کے دلوں میں پیدا ہو گیا ہو گا۔

رسولوں کے اعمال نامی کتاب اسی صورتحال کے بیان سے شروع ہوتی ہے کہ حضرت مسیح کے گیارہ حواریوں میں سے خصوصاً پطرس اپنے ساتھیوں کے دلوں کو مضبوط کرتے ہیں اور یہیں سے ان سب کی اس مہم کا آغاز ہوتا ہے جس کی خاطر وہ اپنے قائد حضرت مسیح کے پیچھے ہو لئے تھے۔ حضرت مسیح کی حیاتِ ثانیہ اور عروجِ آسمانی کے تقریباً پچاس روز بعد عید پنتکست کا دن آیا جو یہودیوں کے سالانہ تین بڑے تہواروں میں سے ایک تہوار ہے:

اور سال کے آخر میں جب تو اپنی محنت کا پھل کھیت سے جمع کرے تو جمع کر نے کی عید منانا (خروج 23:16)

بنی اسرائیل اس موقع پر یروشلم میں جمع تھے جہاں پطرس اپنے لوگوں سے خطاب کرتا ہے:

> اے اسرائیلیو! یہ باتیں سنو کہ یسوع ناصری ایک شخص تھا جس کا خدا کی طرف سے ہونا تم پر ان معجزوں اور عجیب کاموں اور نشانوں سے ثابت ہوا جو خدا نے اس کی معرفت تم میں دکھائے ۔ چنانچہ تم آپ ہی جانتے ہو ۔ جب وہ خدا کے مقررہ انتظام اور علمِ سابق کے موافق پکڑوا یا گیا تو تم نے بے شرع لوگوں کے ہاتھ سے اسے مصلوب کروا کر مار ڈالا ۔لیکن خدا نے موت کے بند کھول کر اسے جِلایا (اعمال 2:22)

عیسائی عقیدہ توحید فی التثلیث کی جملہ تعریف سے پطرس کے ادا کردہ چند فقروں کا موازنہ کیا جائے تو قارئین ہم سے یقیناً اتفاق کریں گے کہ مغربی عیسائیت کے عقیدت مند کم از کم اتنا اعتراف تو کریں کہ پطرس نے اس موقع پر اپنے لوگوں کو انتہائی غلط تعلیم دی اور حضرت مسیح کی اصل شخصیت میں خدا ہونا یا خدا کا بیٹا ہونا کے بجائے خدا کی طرف سے ایک شخص ہونا بتا کر غیر ضروری ابہام پیدا کرنے کی کوشش کی ہے ۔ اس کے برعکس پطرس (Saint Peter) عیسائی مذہب میں حضرت مسیح کے بعد سب سے بڑی شخصیت شمار ہوتی ہے ۔ اٹلی میں موجود مرکزی چرچ ویٹیکن سٹی میں واقع ہے ۔ اس مختصر سے علاقے کو اپنے وجود میں ایک ملک قرار دینے کے لئے اس کو باقی روم سے علیحدہ کر لیا گیا ہے ۔ یہیں پر وہ مرکزی عبادت گاہ تعمیر ہے جس کو Saint Peter's Basilica کہتے ہیں ۔ عیسائی روایات کے مطابق اسی مقام پر روم کے بادشاہ نیرو کے عہد میں پطرس کو صلیب پر چڑھا کر ہلاک کیا گیا تھااور یہیں زیرِ زمین وہ مدفون ہیں ۔عیسائی روایات کے مطابق وقتِ صلیب پطرس نے درخواست کی کہ ان کا مقام ایسا نہیں کہ انہیں حضرت مسیح کی طرح صلیب دی جائے بلکہ اس کے بجائے انہیں پیروں کے بل صلیب پر لٹکایا جائے ۔ ان کی یہ درخواست قبول کر لی گئی ۔

قارئین اوپر درج کردہ اقتباس پھر پڑھ لیں ۔ اس میں ایک لفظ بھی ایسا نہیں جس سے حضرت عیسیٰ کو خدا کا حقیقی بیٹا یا تین میں سے ایک ہونے کا تصوّر اخذ کیا جانا ممکن ہو۔ تاہم یہ بھی توجہ طلب ہے کہ پطرس نے حضرت مسیح کو خدا کی طرف سے ہونے کے لئے ان

کے ہاتھوں دکھائے گئے معجزات کو تو دلیل بنایا لیکن خود حضرت مسیح کی معجزانہ پیدائش کا واقعہ بطورِ دلیل استعمال نہیں کیا ۔ پطرس اپنے خطاب میں مزید بیان کرتا ہے:

اے بھائیوں! میں قوم کے بزرگ داؤد کے حق میں تم سے دلیری کے ساتھ کہہ سکتا ہوں کہ وہ مرا اور دفن بھی ہوا اور اس کی قبر آج تک ہم میں موجود ہے ۔پس نبی ہو کر اور یہ جان کر کہ خدا نے مجھ سے قسم کھائی ہے کہ تیری نسل سے ایک شخص کو تیرے تخت پر بٹھاؤں گا۔ اس نے پیشگوئی کے طور پر مسیح کے جی اٹھنے کا ذکر کیا کہ

نہ وہ عالمِ ارواح میں چھوڑا گیا
نہ اس کے جسم کے سڑنے کی نوبت پہنچی

اسی یسوع کو خدا نے جِلایا جس کے ہم سب گواہ ہیں۔پس خدا کے دہنے ہاتھ سے سربلند ہو کر اور باپ سے وہ روح القدس حاصل کر کے جس کا وعدہ کیا گیا تھا اس نے یہ نازل کیا جو تم دیکھتے اور سنتے ہو ۔کیونکہ داؤد تو آسمان پر نہیں چڑھا لیکن وہ خود کہتا ہے کہ

خداوند نے میرے خداوند سے کہا
میری دہنی طرف بیٹھ
جب تک میں تیرے دشمنوں کو تیرے پاؤں تلے کی چوکی نہ کر دوں (اعمال 2:29)

پطرس نے اپنے دوسرے فقرہ میں حضرت داؤد کو نبی بتایا ہے ۔ تمام بائیبل میں یہ واحد فقرہ ہے جس میں حضرت داؤد کو نبی قرار دیا گیا ہے ۔ حضرت داؤد کی اس حیثیت کے مقابلے میں عہد نامہ قدیم کی استثنائی تاریخ میں آنجناب کی جو کچھ کردار کشی بیان کی گئی اسے اور اس کی اصل حقیقت تفصیلاً حصّہ اوّل میں بتائی جا چکی ہے ۔پطرس حضرت مسیح کو حضرت داؤد کی نسل سے ہونا بتاتا ہے اور حضرت داؤد سے کیا گیا وعدہ دہراتا ہے "تیری نسل سے ایک شخص کو تیرے تخت پر بٹھاؤں گا" لیکن فقرہ کا مفہوم وہ نہیں جو عہد نامہ قدیم میں چلتا رہا ہے ۔ وہاں بادشاہی مستقلاً قائم رہنے کے لئے تھی لیکن گذشتہ چھ صدیوں سے بادشاہت بنی اسرائیل اور حضرت داؤد کے گھرانے میں باقی نہ رہی تھی لہٰذا کسی نئے مفہوم کی ضرورت درپیش تھی ۔اس وقت تک حضرت مسیح کی وفات، حیاتِ ثانیہ اور رفع آسمانی کے واقعات بھی پیش آچکے تھے ۔ جو نیا مفہوم تخلیق ہوا وہ

پطرس کی کہی بات سے واضح نہیں ہے ،تاہم اس نئے مفہوم کی تشریح جلد بیان کی جائے گی ۔

پطرس اوپر درج دونوں اقتباسات میں حضرت مسیح کی حیاتِ ثانیہ کے لئے واضح لکھتا ہے کہ خدا نے نئی زندگی دی ۔ اگر حضرت مسیح تین میں سے ایک تھے اور خود ہی خدا بھی تھے تو پطرس کا یہ لکھنا حقیقت کے قطعی بر عکس قرار دینا چاہئے ۔پطرس مزید کہتا ہے "باپ سے وہ روح القدس حاصل کر کے "سے جو کچھ بھی مراد ہو لیکن بیک وقت خدا کا تیسرا اقنوم اور خدا ہونا مراد نہیں قرار دیا جا سکتا ۔ دوسرا نکتہ جو اس فقرہ سے واضح ہے وہ یہ کہ یہاں خدا کو باپ حضرت عیسیٰ نے نہیں بلکہ پطرس نے کہا ہے ۔اس کے بعد ہی حضرت داؤد کو بتائی گئی پیشگوئی کی طرف مخاطبین کو متوجہ کرتا ہے کہ حضرت داؤد کی مذکورہ منفرد اولاد حضرت مسیح کی حیاتِ ثانیہ ان کو دس صدی قبل بتا دی گئی تھی ۔یہ زبور کی نظم کا ایک شعر ہے جو حضرت داؤد سے منسوب ہے ۔ طوالت کے خوف سے ہم زیادہ تفصیل کے متحمل نہیں ہو سکتے لہٰذا صرف ایک مرتبہ پطرس کا اپنے بیان کردہ مفہوم کی تائید کے لئے مذکورہ شعر سے وابستہ پوری دعا یا مزمور ذیل میں بطور مثال نقل کیا جاتا ہے ۔

اے خدا ! میری حفاظت کر کیونکہ میں تجھ ہی میں پناہ لیتا ہوں
میں نے خداوند سے کہا ہے تو ہی رب ہے ۔ تیرے سوا میری بھلائی نہیں
زمین کے مقدس لوگ وہ برگزیدہ ہیں جن میں میری پوری خوشنودی ہے
غیر معبودوں کے پیچھے دوڑنے والوں کا غم بڑھ جائے گا
میں ان کے سے خون والے تپاون نہیں تپاؤں گا
اور اپنے ہونٹوں سے ان کے نام نہیں لوں گا
خداوند ہی میری میراث اور میرے پیالے کا حصہ ہے
تو میرے بخرے کا محافظ ہے
جریب میرے لئے دلپسند جگہوں میں پڑی بلکہ میری میراث خوب ہے
میں خداوند کی حمد کروں گا جس نے مجھے نصیحت دی ہے
بلکہ میرا دل رات کو میری تربیت کرتا ہے
میں نے خداوند کو ہمیشہ اپنے سامنے رکھا ہے
چونکہ وہ میرے دہنے ہاتھ ہے اس لئے مجھے جنبش نہ ہو گی
اسی سبب سے میرا دل خوش اور میری روح شادمان ہے
میرا جسم بھی امن و امان میں رہے گا
کیونکہ تو نہ میری جان کو پاتال میں رہنے دے گا
نہ اپنے مقدس کو سڑنے دے گا
تو مجھے زندگی کی راہ دکھائے گا

تیرے حضور میں کامل شادمانی ہے
تیرے دہنے ہاتھ میں دائمی خوشی ہے (زبور16:1)

یہ پوری نظم بہترین ہے اور شروع سے آخر تک حضرت داؤد کی خدا سے دعا ، خدا کی ستائش، اپنے لئے خدا کی رحمت کی طرف اعتماد اور اپنی تمام زندگی کے لئے خدا اور خدا کے برگزیدہ بندوں کو محور ہونا بتایا ہے ۔گہری روشنائی سے نمایاں شعر میں بھی ان کا اشارہ اپنی طرف ہے یعنی ان کا خدا پر بھروسہ اور امید ہے کہ خدا ان کی روح کو پاتال میں نہیں ڈالے گا اور نہ ان کے مردہ جسم کو سڑنے کی نوبت پہنچے گی ۔ پاتال سے مراد زمین کی گہرائی میں وہ مقامات ہیں جہاں یہودی عقیدہ کے مطابق مجرم ارواح سزا کے لئے پہنچائی جاتی ہیں ۔ میت نہ سڑنے سے یہاں یہ مراد ہونی چاہئے کہ ان کا انجام جنگوں یا فسادات میں ہلاک ہونے والوں میں سے ان لوگوں کی طرح نہ ہو جو زمین پر ہی سڑنے کے لئے چھوڑ دیئے جاتے ہیں ۔اگر یہ بعد میں کسی اور کے لئے پیشگوئی ہوتی تو "میری جان" کے بجائے "اس کی جان" لکھا ہوتا ۔بطورِ خلاصہ یہ قابلِ تسلیم ہونا چاہئے کہ مزمور کا محض ایک شعر اس کے سیاق سے علیحدہ کر کے کسی اور واقعہ پر اس کی تطبیق کرنا ایمانداری نہیں اور مطلوبہ معاملے پر بھی اس کا اطلاق بالکل نہیں ہوتا ۔ پطرس نے اپنے خطاب میں شعر اس طرح پڑھا کہ وہ کسی دوسرے فرد کے بارے میں کہا گیا ہے جبکہ اصل شعر میں حضرت داؤد کا اشارہ خود ان کی اپنی طرف تھا ۔اس موقع پر قارئین کو متوجہ کیا جاتا ہے کہ یہ لوقا نے لکھا ہے کہ پطرس نے اپنے خطاب میں یہ کہا ۔جلد ہی چند باتوں کی وضاحت کے بعد ہمیں خود لوقا کے بیان کردہ واقعات کی تفصیل مشتبہ قرار دینی پڑے گی ۔

پطرس کے خطاب میں آخری بات وہی "آقا نے میرے آقا سے کہا"حضرت مسیح کی تائید میں حضرت داؤد کا قول استعمال کیا جس کو بعد میں اناجیل کے تین مصنفوں نے بھی من و عن تحریر کیا ۔ محض تھوڑے سے غور سے انہیں جان لینا چاہئے تھا کہ حضرت مسیح نے اس قول سے مسیح کا داؤد کے گھرانے سے ہونا کے تصوّر کو ہی رد کردیاہے ۔

" باپ اور بیٹا " کتاب اعمال میں

کتاب اعمال میں حضرت عیسیٰ کے لئے بیٹا یا خدا کا بیٹا کے الفاظ ایک مرتبہ بھی اس طرح استعمال نہیں کئے گئے ہیں جس سے حقیقی بیٹا کا مفہوم نکالا جا سکے ۔مخاطبین کو خدا کی طرف متوجہ کرنے

کے لئے لفظ "باپ " مجموعی طور پر تین مرتبہ لکھا گیا ہے جس میں سے ایک مرتبہ تو پطرس کی طرف سے کہا گیا جو ہم نے دو صفحات قبل نقل کیا ۔ باقی کے دو مرتبہ کتاب اعمال کے مصنف لوقا نے اپنی تحریر کے ابتدائی تعارف میں رفع آسمانی سے قبل حضرت مسیح کی طرف منسوب کیا:

> چنانچہ وہ چالیس دن تک انہیں نظر آتا اور خدا کی بادشاہی کی باتیں کہتا رہا ۔اور ان سے مل کر ان کو حکم دیا کہ یروشلم سے باہر نہ جاؤ بلکہ **باپ** کے اس وعدہ کے پورا ہونے کے منتظر رہو . . . پس انہوں نے جمع ہو کر اس سے پوچھا کہ اے خداوند کیا تو اسی وقت اسرائیل کو بادشاہی پھر عطا کرے گا؟ اس نے ان سے کہا ان وقتوں اور میعادوں کا جاننا جنہیں **باپ** نے اپنے ہی اختیار میں رکھا ہے تمہارا کام نہیں (اعمال 1:3)

یہاں حضرت مسیح نے دو مرتبہ باپ کا لفظ بالکل اسی طرح استعمال کیا جس طرح ان کی قدیم کتابوں میں مستعمل تھا ۔ لیکن کتاب اعمال میں چار مواقع پر حضرت مسیح کے لئے خدا کی طرف سے "اپنے خادم یسوع" لکھا گیا ہے (اعمال 3:13، 3:26؛ 4:27، 4:30)۔ساتھ ہی ساتھ حضرت داؤد کے لئے بھی خدا کی طرف سے "اپنے خادم داؤد" لکھا گیا ملتا ہے (اعمال 4:25)۔اسی طرح حضرت عیسیٰ کی حیاتِ ثانیہ بتانے کے لئے کتاب اعمال میں "خدا نے مُردوں میں سے جِلایا" جیسے الفاظ متعدد بار استعمال کئے گئے ہیں ؛ مثلاً (اعمال 1:24، 2:32، 4:10، 5:30، 10:40، 13:30، 13:37)۔ پطرس ایک مرتبہ فلسطین سے باہر شمال کی طرف ایک شہر میں غیر یہودی قوم کے چند افراد سے خطاب کے موقع پر حضرت عیسیٰ سے متعارف کرنے کے لئے کہتا ہے:

> وہ بھلائی کرتا اور ان سب کو جو ابلیس کے ہاتھ سے ظلم اٹھاتے تھے شفا دیتا پھرا کیونکہ خدا اس کے ساتھ تھا . . . اس کو خدا نے تیسرے دن جِلایا اور ظاہر بھی کر دیا (اعمال 10:38)

عیسائی مذہب میں باپ اور بیٹا اور عقیدہ توحید فی التثلیث کا تصوّر ذہن میں رکھتے ہوئے کتاب اعمال میں اس کی تائید کے لئے اشارات تلاش کریں تو یہی کچھ ملتا ہے جو یہاں پیش کیا گیا ۔اس کتاب میں ایک موقع پر حضرت مسیح کے لئے "خدا کا بیٹا " لکھا گیا ہے ۔ اس واقعہ میں حبشیوں کے کسی ملک کا حبشی وزیر جو عقیدہ کے اعتبار سے

یہودی تھا اور یروشلم میں عبادت کے بعد واپسی کے سفر میں تھا کہ فرشتہ کے حکم پر حضرت مسیح کا ایک حواری اس کے پاس بھیجا گیا ۔ حواری نے اس شخص کو حضرت مسیح سے روشناس کیا تو وہ آنجناب پر ایمان لانے پر کہتا ہے:

اس نے جواب میں کہا میں ایمان لاتا ہوں کہ یسوع مسیح خدا کا بیٹا ہے (اعمال 8:37)

کسی اور ملک کے نامعلوم باشندہ کے قول کی کیا اہمیت ہو سکتی ہے جبکہ اس قول سے یہ بھی واضح نہیں کہ اس کی مراد مجازی ہے یا حقیقی ۔ علاوہ ازیں حقیقی بیٹے کو حضرت آدم کے دائمی گناہ کا کفارہ ادا کرنے سے جوڑے بغیر باپ اور بیٹا کا تصوّر خود اپنی جگہ لایعنی ہے ۔دائمی گناہ اور کفارہ کی ادائیگی کی کسی صورت کے لئے کوئی معمولی سا اشارہ تو درکنار یہ الفاظ ہی کتاب اعمال میں ناپید ہیں ۔

"روح القدس " کتاب اعمال میں

لفظ روح یا روح القدس محسوسات میں شامل اشیاء نہیں کہ اس پر کوئی شخص کچھ بھی روشنی ڈال سکے اور نہ ہی عیسائی عقیدہ کے ارتقائی مراحل کی تشریح کے لئے اس کی سمجھ ہمیں درکار ہے ۔ محض تکمیلِ بحث کی خاطر مختصراً نقل کرتے ہیں کہ کتاب اعمال میں یا ابتدائی معتقدین نے ان الفاظ کے ذریعے اپنے مخاطبین یا قارئین کو کیا بتایا یا وہ کیا بتانا چاہتے تھے ۔

روح القدس کتاب اعمال میں چند مواقع پر اس طرح بتایا گیا ہے کہ لوگوں پر رسولوں کے ہاتھ رکھنے یا دعا کرنے سے یہ کوئی غیر محسوس شئے ہے جو لوگوں پر نازل ہو جاتی ہے اور جب ایسا ہوتا ہے تو لوگ روح القدس سے بھر جاتے ہیں ۔ اس شئے سے بھر جانے کا علم دیکھنے والوں کو اس طرح ہوتا ہے کہ روح القدس سے بھر جانے والے افراد اچانک کوئی دوسری زبان بولنے لگتے ہیں جس سے وہ ناواقف تھے (اعمال 8:15،2:4)۔ اکثر مقامات پر لکھا گیا ہے کہ کوئی شخص روح القدس سے معمور ہو گیا لیکن اس کا مفہوم کسی طرح متعین نہیں کیا جاسکتا ۔

کتاب اعمال میں ایک مقام ہے جہاں مصنف لوقا روح القدس کا جو کچھ بھی مفہوم اپنے ذہن میں رکھتا ہو اس کا کچھ اندازہ کیا جا سکتا ہے ۔موقع یہ ہے کہ ابتدائی عیسائی معتقدین یروشلم میں یہودیوں کے زیرِ عتاب تھے لیکن تمام مشکلات کے باوجود ابتدائی اہم حواری اور ان کے ساتھی اپنے دعوتی مشن کے لئے پر عزم تھے ۔اسی سلسلے میں

ضرورت پیش ہوئی کہ گھرانوں کی خواتین کی روز مرہ خورد و نوش کے باقاعدہ انتظام کے لئے چند افراد کو مخصوص کر دیں۔ کتب اعمال لکھتی ہے: "پس اے بھائیوں! اپنے میں سے سات **نیک نام** شخصوں کو چن لوجو **روح اور دانائی** سے بھرے ہوں۔۔۔ پس انہوں نے ستفنس نام ایک شخص کو جو **ایمان اور روح القدس** سے بھرا ہوا تھا ۔۔۔چن لیا (اعمال 6:3)"۔ان سات اشخاص میں سے لوقا ستفنس کو نمایاں کرتا ہے کہ وہ روح القدس سے پہلے ہی بھرا ہوا تھا ۔ لوقا کو اس شخص کے متعلق یہ کیسے علم ہوا؟ جو الفاظ ہم نے گہری روشنائی سے نمایاں کئے بظاہر انہی کی بنیاد پر لوقا کی نظر میں دوسرے چھ کے مقابلے میں زیادہ نیک ، دانا اور ایماندار تھا ۔روح القدس خدا کے تیسرے اقنوم کی حیثیت میں خدا سے الگ کوئی ہستی نہیں ہے لیکن اناجیل اور کتاب اعمال میں درج تعلیم کے مطابق اس کا لوگوں پر نزول ہوتا ہے اور وہ اس شئے سے معمور ہو سکتے ہیں ۔ روح القدس واقعتاً کوئی الگ ہستی ہو تو اس کی وضاحت براہ راست حضرت مسیح سے متوقع ہونی چاہئے ۔

حضرت عیسٰی کے عروجِ آسمانی کے بعد عیسائی مذہب کی اہم شخصیات نے بالکل ابتدائی زمانے میں اپنی قوم اور غیر اقوام کو عیسائی عقیدہ کے بنیادی عناصر کی بابت جو تعلیم پیش کی اس کا کچھ حصّہ ہم نے کتاب اعمال سے قارئین کے سامنے پیش کیا ۔اب ہمارے لئے مناسب ہے کہ کتاب کا دوسرا پہلو واضح کر دیا جائے ۔ اس سے مراد کتاب اعمال کی وہ خاصیت ہے جس کی بنا پر اس کو دو حصوں میں تقسیم کیا جا سکتا ہے اور اسی بحث سے قارئین کی نظر میں وہ تصویر بھی بننا شروع ہو سکے گی جو شروع سے ہماری کتاب کے حصّہ دوئم کا ہدف ہے ۔

کتاب اعمال کا پہلا نصف حصّہ

حضرت عیسٰی کے عروجِ آسمانی کے وقت عیسائی معتقدین کا کل اثاثہ پطرس اور دیگر دس حواریوں کے ہمراہ 120 بھائیوں اور چند صالح خواتین کی مختصر جماعت تھی جس سے ان حضرات

نے حضرت عیسٰی کا پیغام دوسروں تک پہنچانے کی مہم کا آغاز کیا (اعمال 1:15)۔ چند ہی دنوں میں پطرس کو ایسی استقامت مہیا ہو گئی جس کی بنا پر اس نے یروشلم میں مخالف کاہنی ادارہ کی طاقت کی پرواہ نہ کرتے ہوئے کھلے بندوں عام اسرائیلی باشندوں سے خطاب کیا اور قدیم کتابوں کی روشنی میں حضرت مسیح کے نزول کی وضاحت کی ۔ تین ہزار اسرائیلیوں نے اس تعلیم کو قبول کیا (اعمال 2:40) اور چند دنوں میں یہ تعداد بڑھ کر پانچ ہزار ہوگئی (اعمال 4:4)۔ یروشلم میں حواریوں کی تبلیغی مہم کی کامیابیوں کے ساتھ ان کے خلاف کاہنی ادارہ کی مزاحمت بھی بڑھنا شروع ہوئی ۔ ان حالات میں کتاب اعمال ایک عقیدت مند سے ذیل کے الفاظ میں متعارف کراتی ہے:

> اور یوسف نامی ایک لاوی تھا جس کا لقب رسولوں نے برنباس یعنی نصیحت کا بیٹا رکھا تھا اور جس کی پیدائش کپرس کی تھی ۔ اس کا ایک کھیت تھا جسے اس نے بیچا اور قیمت لا کر رسولوں کے پاؤں میں رکھ دی (اعمال 4:36)

اس شخص کی طبعیت میں جو نمایاں خاصیت کلیسا کے ابتدائی سربراہوں نے محسوس کی اس کے مطابق انہوں نے اس کو نیا نام دیا ۔ آگے آنے والے واقعات میں اس کو برنباس ہی لکھا گیا ہے ۔ اپنے عقیدہ اور اس کے لئے اخلاص کا ثبوت اس نے اپنا کھیت بیچنے اور تمام مال عقیدہ کی اشاعت کے نام پر ہدیہ کر کے دے دیا ۔

یہودیوں کا کہانت کا نظام براہ راست حضرت عیسٰی کی پیش کردہ تعلیمات کی زد میں تھا ۔ بنی ہارون کا صدوقی گھرانہ اس ادارے کی صدارت پر صدیوں سے قابض چلا آرہا تھا اور P مصنف کی وضع کردہ حضرت موسیٰ کی شریعت کے مطابق یہودیوں کی تمام قربانیوں ، زراعت کی آمدنی اور ہر قسم کی نذر و نیاز کے بلاشرکت غیر حقدار تھے ۔ اس پر مزید یہ کہ سالانہ قربانیوں کے لئے جانوروں کی خریداری میں اپنی شریعت کی تفسیر کے ذریعہ لوگوں پر یہ شرط عائد کر رکھی تھی کہ رومی سکّہ سے خدا کے حضور قربانی چڑھانا قابلِ قبول نہیں بلکہ عبرانی سکّہ استعمال کرنا لازمی ہے ۔ اس کے تبادلہ کے لئے انکے ایجنٹ ہیکل کی دیواروں کے ساتھ اپنا کاروبار جمائے رہتے تھے ۔ لوگ اضافی قیمت ادا کر کے کرنسی تبدیل کرتے تب ہی قربانی کے جانور خرید کرتے تھے ۔قربانی کے جانوروں کا بے عیب

ہونا P شریعت کی لازمی شرائط میں شامل تھا جس نے کاہنوں کی مداخلت اور منظور کرنے یا رد کر دینے کا ایک اور موقع انہیں فراہم کیا ۔ قیاس کیا جا سکتا ہے کہ مویشی جانوروں کی خرید و فروخت کا کاروبار بھی سردار کاہن کے پسندیدہ افراد کے ہاتھوں میں تھا ۔ اناجیل میں واقعہ درج ہے کہ حضرت عیسیٰ سالانہ عید کے لئے یروشلم آئے تو ہیکل میں کرنسی کا تبادلہ کرنے والوں کی میزیں الٹ دیں یہ کہانتی نظام پر براہ راست حملہ تھا جس کا مزید طاقت پکڑنے سے پہلے ہی سردار کاہن نے آنجناب کو مصلوب کروا کے اپنے تئیں سد باب کردیا لیکن حضرت مسیح کی تعلیمات نیک طینت یہودیوں کے دلوں میں اپنی جگہ بنا چکی تھیں ۔ شروع میں عام بغاوت کے خطرہ کے ڈر سے کاہنوں نے حواریوں کو زور زبردستی کے ذریعہ تبلیغ سے باز رکھنے کی کوشش کی لیکن دینِ مسیح کی مقبولیت میں بتدریج اضافہ نے کاہنوں کو جارحانہ تشدد کی راہ پر لگا دیا ۔ اوپر ہم نے ایک نیک طبیعت شخص ستفنس کا روح القدس کے حوالے سے تذکرہ کیا تھا ۔وہ مسیحی دعوتِ دین پھیلانے کے جرم میں گرفتار ہوا اور کاہنی نظام کے ماتحت چلنے والی عدالت کے سامنے پیش کیا گیا ۔ اس موقع پر اپنی مدافعت کے بجائے اس نے سردار کاہن کی موجودگی میں بےحد سبق آموز تقریر میں بنی اسرائیل کی تاریخ کے تمام اہم واقعات اور قوم کی بے راہ روی دہرائیں ۔اس کے جواب میں اس کو شہر سے باہر پتھروں سے ہلاک کر دینے کا فیصلہ کیا گیا ۔ اس کو یہ موقع بہرحال دستیاب تھا کہ جان بچانے کے لئے اپنے موقف سے دستبردار ہو جائے لیکن اس نے حضرت مسیح پر ایمان بر حق جانا اور شہادت قبول کی ۔کسی کا سر قلم کر دینا ایک بات ہے لیکن اس پر پتھر برسا کے بتدریج ہلاک کرنا کچھ اور ہی منظر سامنے لاتا ہے ۔اس موقع پر ساؤل نامی جوان شخص کا پہلی مرتبہ تذکرہ کتاب اعمال میں نظر آتا ہے جو ستفنس پر پتھر مارنے والوں کا رفیق بتایا گیا ہے ۔ وہ پتھر مارنے والوں کے کپڑوں کی نگرانی پر مامور تھا تاکہ پاک کپڑے مجرم کے خون سے ناپاک نہ ہو جائیں(اعمال6:8) ۔ اسی ساؤل کو بعد میں پَولُس کا نام دیا گیا ہے جو عیسائیت میں Saint Paul کے نام سے مشہور ترین شخصیات میں سے ایک ہے ۔

یہودیوں کی طرف سے بڑھتے ہوئے ظالمانہ تشدد کے اثرات یہ پیدا ہوئے کہ بیشتر مسیحی یروشلم چھوڑ کر یہودیہ اور سامریہ کے

اطراف میں اور شمال میں دمشق تک منتشر ہو گئے لیکن اپنی دعوتی مہم سے پیچھے نہیں ہٹے۔ خود پَولُس نے یروشلم میں "یہودی بے دین "گرفتار کرنے اور ان کو سزا دلانے کا بیڑا اٹھا رکھا تھا ۔اس نے سردار کاہن سے اختیار حاصل کیا کہ دمشق میں بے دینوں کو ڈھونڈ نکالے اور خواہ مرد خواہ عورت انہیں باندھ کر یروشلم واپس لائے اور سردار کاہن کے سامنے پیش کرے ۔اجازت نامہ حاصل کرنے کے بعد چند سپاہیوں کے ہمراہ دمشق کے راستہ پر تھا کہ اس کو اور ساتھ کے سپاہیوں کو آسمان سے ایک تیز روشنی اور آواز سنائی دی "اے ساؤل اے ساؤل ! تو مجھے کیوں ستاتا ہے"(اعمال 9:3)۔ دریافت کرنے پر اس کو معلوم ہوا کہ حضرت مسیح اس سے مخاطب تھے ۔ وہ روشنی دیکھنے کے باعث بینائی کھو بیٹھا لیکن دمشق میں معجزہ کے ذریعہ اس کی بینائی بحال کی گئی ۔ پس وہ حضرت مسیح پر ایمان لے آیا اور دمشق میں دوسرے یہودیوں کو بھی اسی ایمان کی تلقین پر مصروف ہو گیا ۔لیکن وہ یہودی جنہوں نے اس کا یقین نہیں کیا اس کو قتل کرنے کے درپے ہوئے لہٰذا پَولُس اپنے شاگردوں کے تعاون سے جان بچا کر یروشلم واپس آیا اور دوسرے مسیحیوں میں شامل ہونے کی کوشش کی ۔ کتاب اعمال کے مطابق تمام لوگ خوفزدہ تھے کہ جو شخص یروشلم میں مسیحیوں کو ڈھونڈ ڈھونڈ کر پکڑوا رہا تھا وہ کوئی اور دھوکہ نہ کرتا ہو ۔ اس موقع پر برنباس نے رسولوں کو یقین دلایا کہ پَولُس نیک نیتی سے حضرت مسیح پر ایمان لایا اور دمشق میں یہ دعوت دوسروں تک پہنچا تا رہا ہے ۔اس گواہی پر پَولُس مسیحی رفقاء میں قبول کر لیا گیا اور وہ خود بھی بھائیوں کی تبلیغی مہم میں شریک ہو گیا ۔

اب تک تو مسیحی صرف یہودیوں میں ہی حضرت مسیح پر ایمان لانے کی دعوت کا کام انجام دے رہے تھے لیکن اسی تسلسل میں پطرس کے حق میں ایک واقعہ بیان ہوا جو بتاتا ہے کہ ایک معجزاتی مشاہدہ سے اس کو حکم ملا کہ یہودیہ میں رہنے والی غیر یہودی اقوام کو اور خصوصاً ایک رومی صوبہ دار کو اس کلام کی دعوت دے ۔پطرس ، دیگر حواری اور دوسرے مسیحی حضرت عیسٰی پر ایمان رکھنے کے باوجود خود کو موسوی شریعت کا پابند سمجھتے تھے اور ان کے علم میں حضرت عیسٰی کے اقوال اور اعمال میں سے کوئی بات ایسی نہیں تھی جو اس شریعت کے برخلاف کوئی اور نظریہ بتاتی ہو ۔ موسوی شریعت کو اہمیت دینے والے یہودی اپنی قدیم روایات کے

مطابق غیر اقوام سے سماجی میل جول اور ان کے کھانوں میں سے کچھ کھانا حلت و حرمت کے احکامات کی رو سے حرام سمجھتے تھے اور طبعاً کراہیت رکھتے تھے۔ پطرس کو یہی مشکل در پیش ہوئی لیکن وہ حکم کی اطاعت میں رومی صوبیدار کے گھر گیا اور انہیں مسیحی تعلیمات سے روشناس کرایا۔ پطرس کی دعوت پر رومی صوبیدار اپنے رشتہ داروں اور دوستوں کے ہمراہ ایمان لے آیا اور ان کی درخواست پر پطرس کچھ دن وہاں مہمان رہا۔

پطرس کی یروشلم واپسی پر بھائیوں کے علم میں آیا کہ وہ غیر قوم کا مہمان رہا اور ساتھ کھایا پیا تو ان کو وہی پریشانی لاحق ہوئی جو پطرس کو ہوئی تھی لیکن پطرس نے ان کو معجزاتی حکم کی تفصیل بتائی اور اس کے حق میں دلائل پیش کئے تو سب نے اس بات کو قبول کیا (اعمال 11:1)۔کتاب اعمال میں یہ پہلا موقع ہے جہاں غیر اقوام میں مسیحی کلام پیش کرنے اور ملنے جلنے کا معاملہ ان کے درمیان باعثِ بحث بنا۔ یہ مسئلہ کچھ اضافی تفصیلات کے ساتھ جلد ہی ان کے درمیان بڑی نزاع کا سبب بننے والا تھا۔

برنباس ان دنوں پَولُس کے ہمراہ انطاکیہ میں، جو رومی اقتدار کے زیرِ اثر یروشلم کے شمال میں تقریباً 400 میل دور ایک شہر تھا، کلیسا قائم کر کے کلام کی دعوت میں مصروف تھا۔کتاب اعمال اس موقع پر ایک حکم دیا جانا بیان کرتی ہے:

> جب وہ خداوند کی عبادت کر رہے اور روزے رکھ رہے تھے تو روح القدس نے کہا میرے لئے برنباس اور ساؤل کو اُس کام کے واسطے مخصوص کر دو جس کے واسطے میں نے ان کو بلایا ہے۔تب انہوں نے روزہ رکھ کر اور دعا کر کے اور ان پر ہاتھ رکھ کر انہیں رخصت کیا (اعمال 13:2)

قارئین نوٹ کریں کہ یہ ان ہمراہیوں کی یا برنباس یا پَولُس کی اپنی رائے یا خواہش نہیں تھی بلکہ ایک آسمانی حکم تھا جو براہ راست روح القدس کے ذریعہ دو مخصوص افراد کے لئے دیا گیا تھا۔کم و بیش اسی موقع سے ہمیں وہ تفصیلات بھی ملنا شروع ہوتی ہیں جو عیسائی عقیدہ کے ارتقاء کی سمجھ پیدا کرنے کے لئے درکار ہیں۔ اس موقع پر اپنے ہمراہیوں سے رخصت ہونے کے بعد برنباس اور پَولُس کا کلام کی منادی کا تقریباً 1200 میل طویل سمندری اور زمینی سفر روم کے صوبہ انطاکیہ سے یونان کی طرف شروع ہوتا ہے۔ یہ

سفر 46ء میں شروع ہوا اور تقریباً دو سال میں مکمّل ہوا ۔ پَولُس کے چار تبلیغی سفروں میں سے یہ پہلا سفر ہے ۔ ان سفروں کا دورانیہ اور تاریخ یا سال وغیرہ عیسائی محققین اُس زمانے کے دوسرے مورخین کی کتابوں سے متعین کر سکے ہیں ۔

اس پہلے سفر کے شروع میں برنباس کا رشتہ کا بھائی مرقس بھی برنباس اور پَولُس کے ہمراہ تھا اور تینوں حضرات روم کے زیرِ اثر شہروں میں جو بھی یہودی مقیم تھے ان کو حضرت مسیح سے متعارف کرنے اور اُن پر ایمان لانے کی دعوت کا کام سر انجام دیتے تھے ۔ ابھی انہوں نے قریباً 500 میل فاصلہ طے کیا تھا اور تین چار شہروں میں ہی دعوتی قیام کیا تھا کہ مرقس کسی وجہ سے ان سے جدا ہو کر واپس یروشلم چلا گیا (اعمال 13:13)۔ کتاب اعمال میں اس کا نام یوحنا لکھا ہے لیکن یہی یوحنا مرقس بھی کہلاتا تھا (اعمال 12:12)۔مرقس کی یہ واپسی توجہ طلب ہے اس لئے کہ جلد ہی یہ واپسی ایک بڑے نزاع کا سبب بن جائے گی ۔برنباس اور پَولُس یونان کے ایک ساحلی شہر کے یہودی عبادت خانہ پہنچے جہاں پَولُس یہودیوں سے حضرت عیسیٰ پر ایمان لانے کے لئے اپنے خطاب میں کہتا ہے: "اسی (یعنی حضرت داؤد) کی نسل میں سے خدا نے اپنے وعدہ کے موافق اسرائیل کے پاس ایک منجّی یعنی یسوع کو بھیج دیا "(اعمال 13:23)۔اسی طرح آگے مزید کہتا ہے "کہ خدا نے یسوع کو جِلاکر ہماری اولاد کے لئے اسی وعدہ کو پورا کیا "(اعمال 13:33) اور ان کو بتاتا ہے کہ یروشلم کے سرداروں نے یسوع کا یقین نہ کیا اور مصلوب کروا دیا لیکن خدا نے تیسرے روز یسوع کو دوبارہ زندگی عطا کی ۔" پس اے بھائیو! تمہیں معلوم ہو کہ اسی کے وسیلہ سے تم کو گناہوں کی معافی کی خبر دی جاتی ہے ۔ اور موسیٰ کی شریعت کے باعث جن باتوں سے تم بری نہیں ہو سکتے تھے اُن سب سے ہر ایک ایمان لانے والا اُس کے باعث بری ہوتا ہے "(اعمال 13:38)۔

پَولُس کا یہ خطاب ہر لحاظ سے پطرس کی اوپر درج کردہ تعلیمات سے مطابقت رکھتا ہے ماسوا آخری فقرہ کے جو خود اسی کے ذریعے تشریح طلب ہے ۔ نوٹ کرنے والی خاص بات حضرت مسیح کی ہستی کے متعلق ہے ۔ یہاں کوئی ایسی بات موجود نہیں جو انہیں خدا یا خدا کا حقیقی بیٹا یا تین میں سے ایک قرار دینے کا معمولی سا بھی امکان پیدا کر سکتی ہو ۔وہ صراحتاً حضرت مسیح کو حضرت داؤد کی نسل سے

ہونا قرار دیتا ہے اور انہی کو حضرت داؤد سے خدا کے ابدی وعدہ کا مصداق بھی قرار دیتا ہے ۔ ساتھ ہی یہ بھی دیکھا جاسکتا ہے کہ پَولُس حضرت عیسیٰ کی معجزانہ پیدائش کا تذکرہ نہیں کرتا ۔

برنباس اور پَولُس شہر بہ شہر جا کر یہودیوں اور غیر قوموں کو حضرت عیسیٰ پر ایمان لانے کی دعوت دیتے ہیں ۔ بہت سے لوگ ان کو اور ان کی دعوتِ ایمانی قبول کرتے ہیں ۔ بعض جگہوں پر یہودی ان سے دشمنی ظاہر کرتے ہیں اور اپنے علاقوں سے نکال دیتے ہیں اس طرح اپنا دو سالہ سفر مکمّل کر کے دونوں حضرات واپس انطاکیہ پہنچ کر کچھ عرصہ قیام کرتے ہیں ۔ یہ تفصیلات باب 14 میں درج ہیں ۔

انطاکیہ میں ان کے قیام کے دوران یروشلم سے چند مسیحی بھائی ان کے پاس آ کر مسئلہ اٹھاتے ہیں کہ غیر قوموں کے وہ افراد جو عیسائی مذہب قبول کر چکے ہیں ان کا ختنہ ضروری ہے اور یہ کہ وہ بغیر ختنہ کئے نجات نہ پا سکیں گے ۔حلال و حرام خوردنی اشیاء کے ساتھ اسی اضافی مسئلہ کی طرف ہم نے پچھلے صفحے پر اشارہ کیا کہ مسیحی حضرات کو جلد ہی سابقہ پڑنے والا تھا ۔یہ مسئلہ جب تکرار کی صورت اختیار کرنے لگا تو انطاکیہ کی کلیسا نے طے کیا کہ برنباس، پَولُس اور مزید چند افراد مسیحی بزرگوں اور بڑے رسولوں کے پاس یروشلم جائیں اور مسئلہ کا حل دریافت کریں (اعمال 15:1)۔

غیر اقوام کے حوالے سے مسئلہ تنہا ختنہ کا ہی نہیں بلکہ ان اقوام کا مردار کھا لینا، ذبیحہ و غیر ذبیحہ، خون، مویشی اور غیر مویشی یعنی حرام جانور، بُتوں کے چڑھاوے، زنا، قتلِ ناحق وغیرہ بہت کچھ شامل تھا ۔برنباس اور پَولُس کی یروشلم واپسی پر سب نے خوشی سے ان کا استقبال کیا اور یونان کے تبلیغی سفر کی روداد سنی تاہم ختنہ کے مسئلے میں فریسی فرقہ میں سے جو ایمان لے آئے تھے ان میں سے بعض نے کہا کہ ان کا ختنہ کرانا اور موسیٰ کی شریعت پر عمل کرنا ضروری ہے (اعمال 15:5)۔ فریسی شریعت کے عالم کہلاتے اور سمجھے جاتے تھے ۔ ان کی نظر میں شریعت کی تمام باتوں پر عمل ضروری تھا ۔ نہ صرف فریسی بلکہ ان میں سے کوئی بھی یہ نہیں جان سکتا تھا کہ ختنہ کے عہد کی تفصیلات اور بیشتر موسوی شریعت صدیوں بعد P مصنف کے ہاتھوں لکھی گئی اور قابلِ اعتماد نہیں ہے

۔لیکن اس کے باوجود بڑے رسولوں کی فراست ہمیں حیران کر دیتی ہے ۔

پطرس نے سب بزرگوں کے سامنے کھڑے ہو کر تقریر کی کہ خدا نے غیر قوموں میں سے نیک لوگوں کے دل پاک کر کے ان کو ایمان کی توفیق دی اس لئے ان کی گردن پر ایسا جوا کیوں رکھتے ہو جس کو نہ ہم نہ ہمارے باپ دادا اٹھا سکتے تھے (اعمال 15:9)۔پطرس نے ایک مختصر جملہ سے اعتراض کرنے والوں اور انکے اور اپنے باپ دادا کے وہ کردار سامنے رکھ دئے جن سے ان کی مُقدّس کتابیں بھری پڑی تھیں ۔ نہ وہ انکار کر سکتے تھے نہ منہ چھپا سکتے تھے ۔ حضرت مسیح کو مصلوب کروانا اور حضرت یحییٰ کا سر قلم کر دینا انکے ہی لوگوں کے ہاتھوں محض چند ماہ و سال قبل ہوا تھا ۔ آخر میں یروشلم کی کلیسا کے سربراہ یعقوب نے حاضرین کی آراء سننے کے بعد فیصلہ سنایا:

> پس میرا فیصلہ یہ ہے کہ جو غیر قوموں میں سے خدا کی طرف رجوع ہو تے ہیں ہم ان کو تکلیف نہ دیں ۔مگر ان کو لکھ بھیجیں کہ بُتوں کی مکروہات اور حرام کاری اور گلا گھونٹے ہوئے جانوروں اور لہو سے پرہیز کریں (اعمال 15:19)

کلیسا کے سربراہان نے مسئلہ کا جو حل پیش کیا وہ ہر لحاظ سے انتہائی مناسب حل تھا ۔اگر غیر یہودی اقوام محض اس وجہ سے ایمان نہ لائیں کہ ختنہ ان کو ناگوار ہے تو بُتوں کی مکروہات، حرام کاری اور مردار خوری جیسے گھناؤنے اعمال میں ملوث رہیں گے لیکن اگر انہیں ختنہ سے مستثنٰی کر دیا جائے تو ایک طرف تو وہ ایمان لے آئیں گے اور دوسری طرف بہت سے دوسرے گناہِ کبیرہ میں آلودہ رہنے سے بچ سکیں گے ۔اگر چہ آگے یہ نہیں بیان کیا گیا ہے لیکن ان کی فراست سے ہم یقینی سمجھتے ہیں کہ وہ سمجھتے تھے کہ آج ان کو ختنہ سے بری کردیا جائے تو جلد یا بدیر خدا ان کے دلوں میں ڈال دے گا کہ وہ شریعت کا یہ تقاضہ بھی قبول کرلیں یا ان میں سے کوئی ایک بھی کسی وقت آمادہ ہوا تو اس کی دیکھا دیکھی دوسروں کو بھی ختنہ کی ترغیب ہو جائے گی ۔کلیسا نے اس فیصلہ کے بعد طے کیا کہ برنباس اور پَولُس کے ہاتھوں اس فیصلہ کی تحریری نقل اور ساتھ میں

دو مزید صالح اشخاص ان کے ہمراہ روانہ کئے جائیں تاکہ نو مسیحی افراد کے دلوں کو تسلّی ہو ۔ یہ خط پڑھنے کے لائق ہے:

> انطاکیہ اور سوریہ اور کلکیہ کے رہنے والے بھائیوں کو جو غیر قوموں میں سے ہیں رسولوں اور بزرگ بھائیوں کا سلام پہنچے ۔چونکہ ہم نے سنا ہے کہ بعض نے ہم میں سے جن کو ہم نے حکم نہ دیا تھا وہاں جا کر تمہیں اپنی باتوں سے گھبرا دیا اور تمہارے دلوں کو الٹ دیا ۔ اس لئے ہم نے ایک دل ہو کر مناسب جانا کہ بعض چنے ہوئے آدمیوں کو اپنے عزیزوں برنباس اور پَولُس کے ساتھ تمہارے پاس بھیجیں ۔ یہ دونوں ایسے آدمی ہیں جنہوں نے اپنی جانیں ہمارے خداوند یسوع مسیح کے نام پر نثار کر رکھی ہیں ۔ چنانچہ ہم نے یہوداہ اور سیلاس کو بھیجا ہے ۔وہ یہی باتیں زبانی بھی بیان کریں گے ۔ کیونکہ روح القدس نے اور ہم نے مناسب جانا کہ ان ضروری باتوں کے سوا تم پر اور بوجھ نہ ڈالیں ۔ کہ تم بُتوں کی قربانیوں کے گوشت سے اور لہو اور گلا گھونٹے ہوئے جانوروں اور حرام کاری سے پرہیز کرو ۔ اگر تم ان چیزوں سے اپنے آپ کو بچائے رکھو گے تو سلامت رہو گے ۔والسلام (اعمال 15:23)

ان حضرات کے انطاکیہ واپس جانے پر یہ مسئلہ بہترین طریقہ پر حل ہو گیا ۔

پَولُس اور برنباس کی جدائی

برنباس اور پَولُس نے دوسرے تبلیغی سفر کی تیاری سے پہلے کچھ عرصہ انطاکیہ میں قیام کیا ۔ ان دونوں کے ہمراہ یروشلم سے بھیجے گئے سیلاس کو پَولُس کی رفاقت پسند آئی لہٰذا یروشلم واپس جانے کے بجائے سیلاس نے بھی ان کے ہمراہ انطاکیہ میں ٹھہرنا پسند کیا ۔کچھ عرصہ آرام کے بعد پَولُس نے برنباس سے خواہش ظاہر کی کہ دونوں حضرات پچھلے تبلیغی سفر میں جانے والے یونانی شہروں میں دوبارہ جائیں اور اپنی کوششوں کے اثرات کا جائزہ لیں :

> برنباس کی صلاح تھی کہ یوحنا کو جو مرقس کہلاتا ہے اپنے ساتھ لے چلیں ۔مگر پَولُس نے یہ مناسب نہ جانا کہ جو شخص پمفیلیہ میں کنارہ کر کے اُس کام کے لئے اُن کے ساتھ نہ گیا تھا اس کو ہمراہ لے چلیں ۔پس ان میں ایسی سخت تکرار ہوئی کہ ایک دوسرے سے جدا ہو گئے اور برنباس مرقس کو لے کر جہاز پر کپرس کو روانہ ہوا ۔مگر پَولُس

نے سیلاس کو پسند کیا اور بھائیوں کی طرف سے خداوند کے فضل کے سپرد ہو کر روانہ ہوا (اعمال 15:37)

برنباس نے ان شہروں کا دوبارہ دورہ کرنے کے لئے پَولُس کی خواہش قبول کی لیکن مرقس کو ساتھ لے جانے پر دونوں کے درمیان ایسی بحث بتائی گئی ہے جس نے دونوں کے راستے ہی الگ کر دیئے ۔ جس تبلیغی کام کے لئے دو نوں نے اپنی زندگی وقف کر رکھی تھی اور اپنی نیت کے اخلاص ،قربانیاں اور مشکلات جھیلنے کا جو کچھ مظاہرہ دکھا چکے تھے وہ ایک دوسرے سے پوشیدہ نہیں تھا ۔ یہ بہت غیر متوقع بات ہے کہ مرقس کو ساتھ رکھنے یا نہ رکھنے کا مسئلہ اس حد کو پہنچ جائے کہ وہ اپنے راستے الگ کر لیں ،خصوصاً جب وہ جانتے تھے کہ ایک دوسرے کی رفاقت میں پہلا سفر انہوں نے روح القدس کے حکم کی اطاعت میں ہی کیا تھا ۔ کیا ہم یہاں دونوں حضرات کو روح القدس کی حکم عدولی کا مرتکب قرار دے دیں یا قیاس کریں کہ وجہِ تنازعہ وہ نہیں جو یہاں بتائی گئی ہے بلکہ اصل وجہ کہیں اور تلاش کریں ؟تنازعہ کا اصل مُحرّک ہمیں جلد ہی ملے گا ۔

کتاب اعمال کا آخری نصف حصّہ

کتاب اعمال میں یہ تنازعہ باب 15 میں لکھا گیا ہے اور اس کے بعد باب 16 سے آخری باب یعنی باب 28 تک کے واقعات صرف پَولُس کی روداد بتانے کے لئے لکھے گئے ہیں جس میں اس کے مزید تین تبلیغی سفر کی تفصیلات بیان کی گئی ہیں ۔ یہ کتاب اعمال کا دوسرا نصف قرار دیا جا سکتا ہے جس کی نشاندہی پہلے کی جا چکی ہے ۔ اس حصّہ میں برنباس کا نام دوبارہ نہیں ملتا ۔ اس حصّہ میں پطرس کا نام بھی دوبارہ نہیں ملتا ۔باب اوّل سے باب 15 تک مصنف کا تمام فوکس پطرس پر ہی تھا ۔ مصنف نے پطرس کے واقعات ، لوگوں سے پطرس کے خطبات یہاں تک کہ غیر اقوام میں کلام کی دعوت کی ابتداء بھی ایک معجزاتی واقعہ بتا کر پطرس کے ذریعہ کی۔ پطرس کے ہاتھوں کرامات دکھانے کے سلسلے میں مصنف نے ایک کرامت ایسی بھی دکھائی جو تمام بائیبل میں بڑے سے بڑے اجداد میں کسی کے ہاتھوں نہیں دکھائی گئی تھی ۔

مصنف برنباس کا اپنا کھیت بیچ کر تمام رقم ہدیہ کرنے والے واقعہ کے بعد ایک اور نیک نفس میاں بیوی کا اپنی جائیداد بیچنے کا واقعہ لکھتا ہے جس میں شوہر کچھ رقم کسی وجہ سے علیحدہ کر کے باقی رقم رسولوں کے پاؤں پر رکھ دیتا ہے ۔ پطرس کو اس کا کچھ رقم علیحدہ کرنا مناسب نہیں لگا اس لئے اس کی سرزنش کی ۔ شوہر سرزنش سنتے ہی گر پڑا اور اس کا دم نکل گیا جس پر تمام ہی لوگ خوفزدہ ہوئے تاہم انہوں نے میت باہر لے جا کر دفن کردی ۔ تقریباً تین گھنٹے بعد اس کی بیوی اپنے شوہر کو تلاش کرتی وہاں پہنچی تو پطرس اس سے کہتا ہے:

> دیکھ تیرے شوہر کے دفن کرنے والے دروازہ پر کھڑے ہیں اور تجھے بھی باہر لے جائیں گے ۔وہ اسی دم اس کے قدموں پر گر پڑی اور اس کا دم نکل گیا اور جوانوں نے اندر آکر اسے مردہ پایا اور باہر لے جا کر اس کے شوہر کے پاس دفن کر دیا ۔ اور ساری کلیسا بلکہ ان باتوں کے سب سننے والوں پر بڑا خوف چھا گیا (اعمال 5:5)

مذکورہ شوہر کی وفات پر یہ واضح نہیں تھا کہ پطرس کی سرزنش پر اتفاقاً اسی لمحہ شوہر کا دم نکل گیا یا وہ پطرس کی کرامت تھی لیکن بیوی کا دم نکلنے سے لمحہ پہلے پطرس نے خاتون کو بتا دیا کہ اس کے ساتھ کیا ہونے والا ہے اس لئے شوہر کی وفات بھی پطرس کا کرشمہ شمار کرنا پڑتا ہے ۔کرشموں کی اقسام میں بعض مواقع پر کسی مرے ہوئے کو زندہ کردینے کے معجزات بائیبل میں ملتے ہیں ۔ گزری تاریخ کے کے علاوہ خود پطرس اور پَولُس سے بھی یہ معجزات اور کئی دوسرے معجزات صادر ہوئے لیکن چلتے پھرتے انسانوں کا اچانک دم نکال دینا کرامتوں کی اقسام میں منفرد ہے ۔ اس لحاظ سے پطرس بائیبل کی تمام اہم شخصیات میں منفرد شخصیت ہے ۔یہ الگ غور طلب مسئلہ ہے کہ فوت کر دیئے جانے والے میاں بیوی صرف اس بات پر کہ جائیداد بیچ کر کچھ رقم اپنی گزر بسر کے لئے الگ کر لیں کیونکر مستحق ہیں کہ انہیں مزید زندہ نہ رہنے دیا جائے ۔ ان کرامات کا تذکرہ خود پطرس نے نہیں کیا بلکہ یہ لوقا کا بیان ہے ۔ آگے چل کر پَولُس کا عقیدہ یا اس کی تعلیمات زیرِ غور لائ جائیں گی تب یہ بھی واضح ہو سکے گا کہ لوقا کے بیان کردہ بعض واقعات قابلِ بھروسہ نہیں ۔

یہ کیسے تسلیم کر لیا جائے کہ کتاب اعمال کا مصنف لوقا ابتدائی پندرہ ابواب میں پطرس کو مرکزی موضوع بنائے رکھتا ہے اور ایسی منفرد کرامات بتاتا ہے لیکن کتاب کے اگلے حصّہ میں پطرس کا نام نہیں لیتا جبکہ پطرس کا مذکورہ تنازعہ میں کوئی حصّہ بھی نہیں تھا ۔کوئی شخص کہہ سکتا ہے کہ لوقا چونکہ اس علیحدگی کے بعد پَولُس کے ساتھ رہا اس لئے اس نے صرف پَولُس کے واقعات لکھے ۔ یہ دلیل فی الوقت قابلِ تسلیم ہے تاہم اسی کتاب میں سے جلد ایک اشارہ بتایا جائے گا کہ برنباس اور پَولُس کے درمیان علیحدگی کی وجہ مرقس نہیں بلکہ اصل مسئلہ کچھ اور تھا ۔ اس مسئلہ کی تفصیلات پَولُس کے خطوط سے مل سکے گی جو ہمارا اگلا موضوع ہے ۔

کتاب اعمال کے باب 16 سے آخر تک تحریر کا انداز بھی پہلے حصّہ سے مختلف ہے ۔ باب 15 تک واقعات اس طرح بیان کئے گئے ہیں کہ مذکورہ افراد نے یہ کیا یا وہاں کے لئے روانہ ہوئے لیکن باب 16 سے تحریر ہے، ہم وہاں گئے پھر وہاں سے ہم دوسرے شہر کو روانہ ہوئے، وغیرہ ۔ پَولُس نے یونان کا دوسرا 1200 میل طویل

سفر سیلاس کے ہمراہ 49ء میں کیا جو تین سال میں مکمّل ہوا ۔ بہت سے یہودی اور غیر قوموں کے افراد نے پَولُس کی تعلیم قبول کی اور حضرت عیسیٰ پر ایمان لائے لیکن بعض جگہ اس کو مشکلات کا سامنا بھی کرنا پڑا ۔بہت سی کرامات بھی لوگوں کو اس کے ذریعہ دیکھنے کو ملیں ۔ تمام تفصیلات 15:40 سے 18:22 میں درج ہیں ۔

پَولُس نے روم کی طرف جانے کے لئے ایک اور بڑے سفر کا ارادہ کیا ۔ یہ اس کا تیسرا سفر تھا جو 53ء میں شروع ہوا اور چار سال جاری رہا ۔اس سفر میں وہ کم و بیش تمام تر سمندری راستہ سے مالٹا اور سسلی سے ہوتا ہوا روم تک پہنچا ۔ اس سفر کی تفصیلات 18:23 سے 21:16 میں موجود ہیں ۔ یہ سفر مکمّل کر کے بحری راستہ سے قیصریہ نامی ساحلی شہر واپس پہنچا جو یروشلم کے شمال مغرب میں ساٹھ ستر میل دور ہے ۔ پَولُس قیصریہ سے یروشلم جانے کا خواہشمند تھا لیکن کسی ہمدرد سے اس کو اطلاع ملی کہ وہاں اہم حضرات اس کے بارے میں اچھی اطلاعات نہیں رکھتے ۔ پَولُس کے علم میں یہ بات آ جانے کے باوجود اس نے اپنا ارادہ نہیں بدلا اور چند ساتھیوں کے ہمراہ یروشلم پہنچ کر یعقوب حواری اور دیگر بزرگوں سے ملاقات کی جو اس سے خوش دلی سے ملے یعقوب کلیسا کا وہی سربراہ ہے جس نے ختنہ کے مسئلے پر اپنا فیصلہ دیا تھا ۔اس موقع پر کلیسا کے بزرگ پَولُس سے کہتے ہیں:

> اے بھائی تو دیکھتا ہے کہ یہودیوں میں ہزارہا آدمی ایمان لے آئے ہیں اور وہ سب شریعت کے بارے میں سرگرم ہیں ۔اور ان کو تیرے بارے میں سکھا دیا گیا ہے کہ تو غیر قوموں میں رہنے والے سب یہودیوں کو یہ کہہ کر موسیٰ سے پھر جانے کی تعلیم دیتا ہے کہ نہ اپنے لڑکوں کا ختنہ کرو نہ موسوی رسموں پر چلو۔ پس کیا کیا جائے؟ لوگ ضرور سنیں گے کہ تو آیا ہے . . . مگر غیر قوموں میں سے جو ایمان لائے ان کی بابت ہم نے یہ فیصلہ کر کے لکھا تھا کہ وہ صرف بُتوں کی قربانی کے گوشت سے اور لہو اور گلا گھونٹے ہوئے جانوروں اور حرام کاری سے اپنے آپ کو بچائے رکھیں (اعمال 21:20)

تمام کتاب اعمال میں یہ واحد موقع ہے جہاں پَولُس کی نسبت انتہائی سخت بات لکھی گئی ہے ۔ الزام یہ ہے کہ غیر قوموں میں سے نو مسیحیوں کو نہیں بلکہ یہودیوں میں سے ایمان لانے والوں کو پَولُس ابراہیمی سنت ختنہ اور موسوی شریعت ترک کرنے کی تعلیم دے رہا

ہے ۔اسی گفتگو میں وہ فیصلہ بھی اس کے سامنے دہرایا جاتا ہے کہ ختنہ کی چھوٹ صرف غیر قوموں میں سے ایمان لانے والوں کے لئے تھی ۔بیچ کی تفصیل ہم نے نقل نہیں کی جس کا خلاصہ یہ ہے کہ بزرگوں کے مشورہ کے مطابق پَولُس ہیکل میں جا کر موسوی شریعت کے مطابق عبادات انجام دے تاکہ سب جان لیں کہ اس پر جھوٹا الزام لگایا گیا ہے ۔ پَولُس کی طرف سے الزام کا جواب یا کسی نوعیت کی وضاحت یہاں نہیں لکھی گئی ہے ۔ اگر پطرس لوقا کی نظر میں اتنا کراماتی اور مُقدّس تھا تو موقع تھا کہ وہ یہاں کچھ ذکر کرتا لیکن اس واقعہ میں یروشلم میں پطرس کی یا برنباس کی موجودگی یا غیر موجودگی کا بھی کوئی تذکرہ نہیں ہے ۔

پَولُس بزرگوں کے کہنے پرموسوی شریعت کے مطابق ہیکل میں تقدیس یا اپنی نذر کے سات دن مکمّل کرتا ہے لیکن ساتویں روز یہودی اس کے خلاف ہنگامہ مچاتے ہیں کہ وہ موسوی شریعت کا منکر ہے اور یونانیوں کو ہیکل میں لا کر اس نے ہیکل ناپاک کردیا ہے ۔شہر کو ہنگامہ آرائی سے اور خود اسے بلوائیوں کے ہاتھوں قتل ہونے سے بچانے کیلئے رومی گورنر اس کو گرفتار کرتا ہے ۔ یہودی اس کے خلاف مقدمہ کرتے ہیں لیکن پَولُس کے کہنے پر کہ وہ روم کا شہری ہے ،لہٰذا اس کا مقدمہ رومی عدالت میں پیش ہونا چاہئے ،اس کو وہاں سے نکال لیا جاتا ہے ۔ اس طرح پَولُس کا چوتھا سفر روم کی طرف ایک قیدی کی حیثیت سے 59ء میں شروع ہوتا ہے ۔ روم پہنچنے پر کوئی جرم ثابت نہ ہونے کی بنا پر اس کو رہا کر دیا گیا اور اس نے 62ء تک وہیں قیام کیا یہ سب تفصیل باب27 اور 28 میں لکھنے کے بعد کتاب اعمال بھی ختم ہوتی ہے ۔

غور طلب بات یہ ہے کہ پَولُس کی ہیکل میں گرفتاری کا بیان باب 21 کے درمیان سے شروع ہوتا ہے اور آخری چھ ابواب اسی مقدمہ بازی کی تفصیلات کے لئے استعمال ہوئے ہیں ۔ اس تمام قضیہ میں اس کا مخالف فریق صرف یہودی ہیں اور کسی بھی سطح پر کسی مسیحی نے اس کا ساتھ نہیں دیا ۔ اوپر اقتباس میں مسیحی کلیسا کے سربراہ یعقوب نے ہزارہا یہودیوں کا عیسائی عقیدہ قبول کرنا بتایا تھا ۔ کلیسا کا پَولُس کو اس کے حال پر چھوڑ دینا اچنبھے کی بات ہے ۔ دوسری اہم ترین بات یہ ہے کہ چار ابواب پر پھیلی تفصیلات میں پَولُس نے اس پر لگائے گئے ختنہ سے انکار یا موسوی شریعت رد کرنے کے

YAHUDIYAT, ISAIYAT OR ISLAM 479

الزامات کے جواب میں کہیں نہیں کہا کہ یہی اس کا عقیدہ ہے اور یہی حق ہے ۔اوپر اقتباس میں بزرگوں کی طرف سے پَولُس سے منسوب یہی افواہ پَولُس اور برنباس کے مابین علیحدگی کا اصل سبب ہونے کا اشارہ کرتی ہے، نہ کہ لوقا کے مطابق مرقس کی رفاقت پر اختلاف، جو پَولُس کے خطوط کی بحث میں واضح ہو سکے گی ۔

عیسائی مذہب کی تشریح کے حوالے سے جن بنیادی نکات کی ہمیں تلاش ہے وہ حضرت عیسٰی کا خدا کا حقیقی بیٹا ہونا اور روح القدس کی شمولیت کے ساتھ تین میں سے ایک اور ایک میں سے تین ہونا اور ساتھ ہی حضرت آدم کا پہلا گناہ کا نسلِ آدم میں سرائیت ہونا اور حضرت عیسٰی کی مصلوبیت سے کفارہ ادا ہو جانا وغیرہ جیسے نظریات سے متعلق مآخذ تحاریر اب تک کی بحث میں ہمارے سامنے نہیں آ سکی ہیں ۔ اس ضمن میں ہم چاروں اناجیل کا کسی حد تک جائزہ لے چکے ہیں ۔عہد نامہ جدید کی ترتیب میں چار اناجیل کے بعد درج کتاب اعمال کا ،ذہن میں یہ رکھتے ہوئے کہ زمانی ترتیب میں یہ سب سے پہلے لکھی جانے والی تحریر ہے، زیادہ تفصیلی جائزہ لیا۔ انہی بنیادی اور اہم ترین سوالوں کے ساتھ پَولُس کے خطوط کی طرف متوجہ ہونا ہمارا اگلا موضوع ہے ۔

باب 9

پَولُس کا عقیدہ اور تعلیمات

عہد نامہ جدید میں رسولوں کے اعمال کے بعد حواریوں کے 21 خطوط ملتے ہیں ۔ ان میں تنہا پَولُس کے لکھے گئے 14 خطوط ہیں اور ان کے بعد چار حواریوں کے نام سے منسوب 7 خطوط ہیں ۔جن جوابات کی ہمیں تلاش ہے وہ سب کے سب پَولُس کے خطوط سے مل جائیں گے اس لئے باقی خطوط کی طرف متوجہ ہونے کی ضرورت باقی نہیں رہے گی اور نہ ہی وہاں ایسے اشارات موجود ہیں جو ہمارے موضوع کے لئے مفید ہو سکیں ۔

بائیبل میں درج ترتیب کے مطابق پَولُس کا پہلا خط روم کے مسیحیوں کے لئے جبکہ آخری یعنی چودھواں خط یہودیوں کو مسیحی دعوت کے لئے لکھا گیا۔ ان کے درمیان تمام بارہ خطوط پَولُس کے دوسرے یونانی سفر کے بعد وہاں کے مختلف شہروں میں موجود مسیحیوں کے لئے لکھے گئے ۔یونان بھی اس زمانے میں روم کے قبضہ میں تھا ۔

کتاب اعمال سے یہ تفصیل ہمیں ملی تھی کہ حضرت عیسٰی کے عروجِ آسمانی کے بعد آنجناب کے منتخب حواریوں نے پطرس کی سربراہی میں یروشلم میں اپنی دعوتی تحریک شروع کی لیکن اس کی مقبولیت بتدریج بڑھنے کے ساتھ یہودی کہانت کا نظام اور روم کی نمائندہ یہودی بادشاہت انکی راہ کی رکاوٹ بننے لگا ۔ مسیحیوں کی بڑی اکثریت بالآخر نواحی اور دور دراز علاقوں میں ہجرت کر گئی لیکن اس طرح انہیں اپنی دعوت کی طرف یہودیوں کے ساتھ غیر اقوام کو بھی متوجہ کرنے کا موقع ملا ۔ غیر اقوام میں سے جو لوگ مسیحیت پر ایمان لے آئے ان کے لئے مسئلہ پیدا ہوا کہ ایک سچا مسیحی ہونے کے لئے ان کو موسوی شریعت کا مکمّل پابند ہونا ضروری ہے یا نہیں؟ اس معاملہ میں پَولُس نے گلتیہ کے مسیحی باشندوں کو ،جو اس کی دعوت پر ایمان لے آئے تھے اور الجھن کا شکار تھے ، خط لکھ کر اپنا نقطۂ نظر واضح کیا ۔گلتیہ اشیائے کوچک (موجودہ ترکی)کے علاقوں

میں رومی صوبہ کا شہر تھا ۔ وہاں کی کلیسا میں کچھ ایسے مسیحی حضرات پہنچے جو پَولُس کی تعلیمات کے مخالف تھے ۔ اپنے خط کے آغاز میں پَولُس لکھتا ہے:

> میں تعجب کرتا ہوں کہ جس نے تمہیں مسیح کے فضل سے بلایا اس سے تم اس قدر جلد پھر کر کسی اور طرح کی خوش خبری کی طرف مائل ہونے لگے ۔مگر وہ دوسری نہیں البتہ بعض ایسے ہیں جو تمہیں گھبرا دیتے اور مسیح کی خوش خبری کو بگاڑنا چاہتے ہیں ۔ لیکن ہم یا آسمان کا کوئی فرشتہ بھی اُس خوش خبری کے سوا جو ہم نے تمہیں سنائی کوئی اور خوش خبری تمہیں سنائے تو ملعون ہو ۔ جیسا ہم پیشتر کہہ چکے ہیں ویسا ہی اب میں پھر کہتا ہوں کہ اُس خوش خبری کے سوا جو تم نے قبول کی تھی اگر کوئی تمہیں اور خوش خبری سناتا ہے تو ملعون ہو (گلتیوں1:6)

یہاں پَولُس ان مبلّغ حضرات کو دو مرتبہ ملعون قرار دیتا ہے جو اسی مسیح کی تعلیمات لوگوں کو پہنچانے کے لئے اپنے گھر چھوڑ کر نکل پڑے ہیں جس ہستی سے روشناس کرنے کے لئے وہ خود قربانیاں پیش کرتا رہا ہے ۔ ان ملعون قرار دئے جانے والوں کا تعین کرنا ضروری ہے ۔ پَولُس اپنے قول میں اتنا متشدد ہے کہ اگر کوئی فرشتہ بھی آ کر اس کی تعلیم کے برخلاف کہے تو ملعون ہو ۔ ہمیں یقین ہے پَولُس نے یہ بلا سوچے لکھ دیا ۔ اگر کسی اور طرح کی خوش خبری سنانے کے لئے آسمان سے کوئی فرشتہ آیا بھی تو وہ خدا کا بھیجا گیا ہو گا یا بہت سے بہت اس کے عقیدہ میں حضرت مسیح کے کہنے پر آ سکتا ہے ۔ پَولُس کے قول کا صرف ایک مطلب ہوسکتا ہے اور وہ یہ کہ خوش خبری وضع کرنے کا اختیار اب نہ خدا کے پاس رہا نہ ہی خدا کے بیٹے مسیح کے پاس ۔ پَولُس آگے لکھتا ہے کہ وہ شروع میں اس فرقہ کے ماننے والوں کو طرح طرح سے ستاتا تھا لیکن جب مکاشفہ میں خدا کی مرضی معلوم ہوئی:

> کہ اپنے بیٹے کو مجھ میں ظاہر کرے تاکہ میں غیر قوموں میں اس کی خوش خبری دوں تو نہ میں نے گوشت اور خون سے صلاح لی اور نہ یروشلم میں ان کے پاس گیا جو مجھ سے پہلے رسول تھے بلکہ فوراً عرب کو چلا گیا ۔پھر وہاں سے دمشق کو واپس آیا ۔ پھر تین برس کے بعد میں کیفا سے ملاقات کرنے کو یروشلم گیا اور پندرہ دن اس کے پاس رہا ۔ مگر اور رسولوں میں سے خداوند کے بھائی یعقوب کے سوا کسی سے

> نہ ملا۔ جو باتیں میں تم کو لکھتا ہوں خدا کو حاضر جان کر کہتا ہوں کہ جھوٹی نہیں (گلتیوں1:16)

پَولُس کہتا ہے کہ حضرت مسیح کا مکاشفہ ہونے کے بعد وہ ان کی طرف نہیں گیا جو براہ راست حضرت مسیح کے تعلیم یافتہ تھے بلکہ وہ دمشق سے فوراً عرب چلا گیا۔ عرب سے پولس کی مراد دمشق کے جنوبی علاقے تھے جن کو اس کے زمانے میں عرب سے نسبت دی جاتی تھی۔پھر تین برس بعد کیفا سے ملاقات کے لئے یروشلم گیا ۔اقتباس میں جس کیفا کے پاس پَولُس پندرہ دن رہا اس کو بائیبل میں ہر جگہ پطرس ہی لکھا گیا ہے۔ کیفا یا پطرس کا پیدائشی نام شمعون تھا لیکن خود حضرت مسیح نے اس کو کیفا نام دیا تھا (یوحنا 1:42)۔ پَولُس یروشلم میں حضرت عیسیٰ کے بارہ منتخب حواریوں میں، اپنے حلفیہ بیان کے مطابق، پطرس کے علاوہ کسی اور سے نہ ملا۔ دوسری شخصیت خداوند کا بھائی یعقوب تھی۔ یہ وہی یعقوب ہیں جنہوں نے یروشلم کونسل کے صدر کی حیثیت سے ختنہ کی عبوری اجازت کا فیصلہ سنایا تھا جس کا تذکرہ ہو چکا ہے۔

اگلے باب میں پَولُس لکھتا ہے کہ 14 برس بعد اپنے یونانی نامختون شاگرد طیطس کے ساتھ یروشلم گیا لیکن وہاں طیطس ختنہ پر مجبور نہیں کیا گیا (گلتیوں2:1)۔کتاب اعمال میں اس مسئلہ کے حل کے لئے شریعت میں تجدید باہمی اتفاق سے طے ہو چکی تھی اس لئے یہ ایسی متنازع بات نہیں ہو سکتی جس کی بنیاد پر کسی کو ملعون کہا جائے۔ ان ملعون افراد کی نشاندہی پَولُس نے اسی خط میں آگے کردی ہے۔وہ کلیسا کے ارکان کو غیر اقوام میں مسیحی تعلیم کی توفیق یا خوشخبری بتاتا ہے:

> اور جب انہوں نے اس توفیق کو معلوم کیا جو مجھے ملی تھی تو یعقوب اور کیفا اور یوحنا نے جو کلیسا کے رکن سمجھے جاتے تھے مجھے اور برنباس کو دہنا ہاتھ دے کر شریک کر لیا تاکہ ہم غیر قوموں کے پاس جائیں اور وہ مختونوں کے پاس (گلتیوں 2:9)

اس طرح پَولُس اور برنباس اپنے پہلے دو سالہ تبلیغی سفر کے لئے یونان روانہ ہوئے جس کی تفصیل کتاب اعمال سے بیان کی گئی۔اس سفر کی تکمیل پر پَولُس اور برنباس واپس انطاکیہ پہنچے تو پطرس ان

سے ملاقات کی خاطر وہاں آیا ۔یہ ملاقات نزاع کا باعث بنی جو پَولُس نے اس خط میں بتائی ہے:

> لیکن جب کیفا انطاکیہ میں آیا تو میں نے رو برو ہو کر اس کی مخالفت کی کیونکہ وہ ملامت کے لائق تھا ۔ اس لئے کہ یعقوب کی طرف سے چند شخصوں کے آنے سے پہلے تو وہ غیر قوم والوں کے ساتھ کھایا کرتا تھا مگر جب وہ آگئے تو مختونوں سے ڈر کر باز رہا اور کنارہ کیا ۔ اور باقی یہودیوں نے بھی اس کے ساتھ ہو کر ریا کاری کی ۔یہاں تک کہ برنباس بھی ان کے ساتھ ریاکاری میں پڑ گیا ۔ جب میں نے دیکھا کہ وہ خوش خبری کی سچائی کے موافق سیدھی چال نہیں چلتے تو میں نے سب کے سامنے کیفا سے کہا کہ جب تو باوجود یہودی ہونے کے غیر قوموں کی طرح زندگی گزارتا ہے نہ کہ یہودیوں کی طرح تو غیر قوموں کو یہودیوں کی طرح چلنے پر کیوں مجبور کرتا ہے؟(گلتیوں2:11)

یہ عجیب بات پَولُس نے لکھی ۔ شریعت میں جو تجدید متفقہ طور پر منظور کی گئی تھی اس میں غیر اقوام میں سے ایمان لانے والوں کو صرف ختنہ سے مستثنٰی کیا گیا تھا ۔ یہ ممکن ہوسکتا ہے کہ ختنہ کی شرط میں نرمی کے ساتھ غیر یہودی نومسیحی اپنے پچھلے طور طریقے یا کھانے پینے کی قیود یکدم نافذ نہ کر سکے ہوں اور پطرس اور برنباس اپنی طبعی کراہیت کی بنا پر واقعتاً جھجک محسوس کرتے ہوں لیکن یہ قطعاً ایسی بات نہیں کہ ان پر لعنت کی جا سکے۔ ملعون کرنا کیا معنی؟ اپنی شریعت کا احترام قائم رکھنا اور حدود سے انحراف نہ کرنا انسان کو ستائش کے انتہائی بلند مقام کا مستحق بناتا ہے ۔اصل حقیقت ہمارے اگلے بیان سے واضح ہو گی کہ پَولُس جو عقائد پیش کرنا چاہتا تھا وہ مذکورہ افراد کے لئے قابلِ قبول نہیں ہو سکتے تھے اور وہ کسی طرح پَولُس کے ہمنوا نہ ہو سکتے تھے ۔ قارئین دیکھ سکتے ہیں کہ کتاب اعمال میں لوقا کا پَولُس اور برنباس کی جدائی کے لئے مرقس کی رفاقت وجہِ نزاع بتانا درست نہیں تھا ۔لوقا کا بیان کردہ تنازعہ میں پطرس کا کوئی حصّہ نہیں تھا لیکن اس واقعہ کے بعد لوقا کا پطرس کا ذکر نہ کرنے کی ممکنہ وجہ بھی پَولُس کی پطرس سے ناراضگی ہی ہو سکتی ہے جو اس خط میں بتائی گئی ہے ۔ پَولُس اگرچہ دونوں کو ریا کار قرار دیتا ہے لیکن اس کی اصل ناراضگی کی وجہ پطرس کا دوغلا عمل ہے جو پَولُس کے کہے گئے قول سے بالکل واضح ہے ۔ اناجیل میں پطرس کے کردار پر قصداً دھندلا ہٹ پیدا کیا جانا محسوس ہوتا ہے

YAHUDIYAT, ISAIYAT OR ISLAM 485

جس کا تذکرہ ابھی نہیں ہو سکا ہے ۔پطرس درحقیقت بہت بلند شخصیت ہیں لیکن ہم پطرس کی بزرگی کی وضاحت کتاب کے تیسرے حصّہ میں ہی کر سکیں گے ۔ کتاب اعمال میں لوقا نے پَولُس اور برنباس کو کلام کی تعلیم کے لئے مخصوص کر دینا روح القدس کا حکم بتایا تھا ۔ان دونوں کا سخت تکرار کے بعد اپنے راستے الگ کرنا اس حکم سے صریح انحراف ماننا پڑے گا ۔ پَولُس نے برنباس کے جس عمل کی وجہ سے اس کو ریاکاری کا مرتکب اور ملعون قرار دیا وہ اپنی اصل میں قابلِ تحسین بات تھی ۔ پَولُس نے اس خط کے شروع میں بتایا کہ اس کی تعلیمات قبول کرنے والے بہت جلد اُس سے پھر گئے ۔آگے چل کر بتایا جائے گا کہ خود پَولُس معترف ہوا کہ اس کی دی گئی تعلیم کو ناکامی کا سامنا کرنا پڑا اور یہ کہ بعد کے دنوں میں وہ عقیدہ جس کی تعلیم پطرس اور اس کے رفقاء نے دی وہی زیادہ مقبولیت حاصل کر سکا لیکن اس سے پہلے پَولُس کی پیش کردہ تعلیمات کا جائزہ لینا ضروری ہے ۔

پَولُس اپنے کہنے کے مطابق نسلی طور پر بنیمینی لیکن یہودی فرقہ کا ایک فریسی اور شریعت کی راستبازی کے اعتبار سے بے عیب تھا (فلپیوں 3:5) لہٰذا صدوقیوں کے عقیدہ کے برعکس قیامت اور آخرت پر یقین رکھتا تھا ۔یروشلم میں اپنے خلاف مقدمہ کے دوران پَولُس اپنی صفائی میں کہتا ہے:

> میں یہودی ہوں اور کلکیہ کے شہر ترسس میں پیدا ہوا مگر میری تربیت اِس شہر میں گملی ایل کے قدموں میں ہوئی اور میں نے باپ دادا کی شریعت کی خاص پابندی کی تعلیم پائی اور خدا کی راہ میں ایسا سرگرم تھا جیسے تم سب آج کے دن ہو ۔ چنانچہ میں نے مردوں اور عورتوں کو باندھ باندھ کر اور قید خانہ میں ڈال ڈال کر مسیحی طریق والوں کو یہاں تک ستایا کہ مروا بھی ڈالا ۔ چنانچہ سردار کاہن اور سب بزرگ میرے گواہ ہیں کہ ان سے میں بھائیوں کے نام خط لے کر دمشق روانہ ہوا تاکہ جتنے وہاں ہوں انہیں بھی باندھ کر یروشلم میں سزا دلانے کو لاؤں (اعمال 22:3)

ترسس رومن حاکمیت کے تحت شام (سیریا) کے صوبہ کلکیہ کا ایک بڑا شہر شمار ہوتا تھا جو یروشلم کے شمال میں چار ساڑھے چار سو میل دور واقع تھا یعنی اس زمانہ میں یک طرفہ سفر کے لئے ایک ماہ کا عرصہ درکار ہو سکتا تھا ۔ پَولُس اس وقت ایک جوان شخص

تھا اور یروشلم میں شریعت کی تعلیم گملی ایل نامی استاد سے حاصل کرنے کی خاطر یروشلم میں ہی رہائش رکھتا ہو گا ۔ پَولُس کے استاد گملی ایل نے یروشلم میں ایک موقع پر مسیحی ایمان لانے والوں کے مسئلہ پر اپنی رائے کا اظہار کیا جو دلچسپ ہے ۔ یروشلم میں مسیحی ایمان کی روز افزوں ترقی کے جواب میں سردار کاہن کے نظام نے زیادہ نمایاں تبلیغی افراد کو قید خانہ میں بند کر رکھا تھا اور چاہتے تھے کہ پطرس اور دیگر اہم رسولوں کو ہلاک کر دیں ۔ اس موقع پر" گملی ایل نام ایک فریسی نے جو شرع کا معلم اور سب لوگوں میں عزت دار تھا" سردار کاہن اور اس کے رفقاء کو یہودیہ میں ماضی قریب کی دو تحریکوں کی جانب متوجہ کیا جن کی شروعات بعض لوگوں نے کی لیکن آ خرکار سب نمایاں افراد مارے گئے اور باقی کے حمایتی پراگندہ ہو گئے ۔ اس کے بعد مزید کہتا ہے:

پس اب میں تم سے کہتا ہوں کہ ان آدمیوں سے کنارہ کرو اور ان سے کچھ کام نہ رکھو ۔ کہیں ایسا نہ ہو کہ خدا سے بھی لڑنے والے ٹھہرو کیونکہ یہ تدبیر یا کام اگر آدمیوں کی طرف سے ہے تو آپ برباد ہو جائے گا ۔ لیکن اگر خدا کی طرف سے ہے تو تم ان کو مغلوب نہ کر سکو گے (اعمال 5:38)

گملی ایل نے بالکل حق بات ان سے کہی اور بہترین نصیحت کی کہ اگر خدا کی تائید مسیحیوں کے ساتھ ہے تو ان کی راہ کی رکاوٹ نہ بنو ۔ گملی ایل شرع یعنی تورات کا استاد اور یروشلم کا ایک معزز فرد تھا اور پَولُس بھی اس کا شاگرد ہونے کی صورت میں موسوی شریعت سے بخوبی واقف تھا ۔کہانت کا ادارہ آخرت کے منکر صدوقیوں کے ہاتھوں میں تھا اس لئے انہوں نے خدا سے بے خوفی اور بغاوت کا وہی مظاہرہ کیا جو ان کے اجداد کرتے چلے آئے تھے لیکن وہ عام بنی اسرائیل کے ڈر سے کھلے بندوں پطرس اور ان کے ساتھیوں پر ہاتھ نہ ڈال سکے ۔ بعد کی اضطراری کیفیت میں انہوں نے ستفنس کو سنگسار کر دینے کا فیصلہ کیا ۔ ستفنس نے شہید ہونے سے پہلے اپنے وعظ میں بنی اسرائیل پر خدا کی ہمیشہ سے قائم عنایات اور ان کے جواب میں قومی جرائم کی طویل روداد کے نمایاں پہلو گنائے اور متنبہ کیا کہ یہودی امراء اس کو سزا دے کر انہی جرائم کے مرتکب ہیں لیکن وہ باز نہ رہے ۔ پَولُس نے بھی سب کچھ سنا لیکن وہ بھی اس کے قتل پر راضی رہا پھر بعد میں مسیحی ایمان رکھنے والوں کو بے دریغ گرفتار

اور ہلاک کرنے کا درپئے ہوا ۔ تعجب ہے کہ پَولُس نے بھی ،صدوقیوں کی طرح ،اپنے استاد کی رائے سے اتفاق نہیں کیا اور ایک فریسی ہونے کے باوجود اپنی عملی کوششوں سے صدوقیوں کے کہانت کے نظام کو مزید مستحکم کرنے میں اپنا حصّہ ڈالا ۔ایسا کیوں ہوا؟

پَولُس ترسس کے یا یروشلم کے امیر گھرانوں میں سے نہیں بلکہ ایک مزدور پیشہ کاریگر تھا اور خیمہ بنانے کا ہنر جانتا تھا (اعمال 18:3)- ایمان لانے کے بعد تقریباً پچیس سال اس نے صرف اپنے عقیدہ کی طرف دعوت دینے کے علاوہ کچھ اور نہیں کیا ۔ اس کے چار طویل تبلیغی سفر میں تمام عرصہ اس نے ہر طرح کی جسمانی اور ذہنی مشکلات کا ہمہ وقت مقابلہ کیا حتیٰ کہ بعض مرتبہ اسے جان سے ہاتھ دھو لینے تک کا سامنا کرنا پڑا ۔ وہ قیدی کی حیثیت سے روم پہنچنے پر اپنے اوپر عائد الزامات سے بری ہو نے کے بعد وہاں دو سال کرائے کے مکان پر رہتا رہا ۔ یہ آخری بات بتا کر کتاب اعمال ختم ہوتی ہے تاہم جدید مغربی تجزیہ نگاروں کی نظر میں روم کے بادشاہ نیرو نے 65ء کے لگ بھگ زمانہ میں عیسائیوں پر ظلم کے تسلسل میں پَولُس کا بھی سر قلم کرنے کی سزا دی تھی-

یہ سب تفصیلات واضح ہیں کہ وہ ایک مستقل مزاج اور اونچے درجہ کا عملی شخص تھا ۔ وہ مسیحی ایمان والوں کو گمراہ سمجھتا تھا اس لئے یروشلم میں ان کے پیچھے پڑنے کے بعد دمشق کے سفر پر اسی کام کے لئے نکلا ۔ اگر اس کو، اس کے کہنے کے مطابق، دمشق میں داخلہ سے پہلے یسوع کی آواز نہ سنائی دیتی اور تیز روشنی سے اس کی بینائی زائل نہ ہو جاتی اور تین روز بعد یسوع کے وسیلہ سے ہونے والے معجزہ سے بینائی واپس نہ مل جاتی تو وہ یقینی طور پر وہی کچھ کرتا چلا جاتا جس کی خاطر دمشق کے سفر پر نکلا تھا ۔اس مکاشفہ کے نتیجے میں ایمان لانے کے بعد کی عملی زندگی کے لئے اس کا نقطۂ نظر تو غیر تبدیل رہا، صرف اس کی سمت بدل گئی ۔وہ پہلے سمجھتا تھا اس عقیدہ کے ماننے والوں کو صفحہ ہستی سے مٹا دے لیکن اب چاہتا تھا تمام دنیا اس کا عقیدہ قبول کر لے ۔حضرت عیسیٰ کے عروجِ آسمانی کے تقریباً چھ سال بعد اس کو تقریباً چالیس سال عمر میں مذکورہ مکاشفہ ہوا ۔ اپنی زندگی کے لئے جس راستہ پر چلنے کا فیصلہ اس نے کیا اس کی خاطر اپنی تمام عمر تجرد کی زندگی بسر کی ۔ اس بات سے انکار نہیں کیا جا سکتا کہ زندگی کا جو مقصد اس

نے منتخب کیا اس کے حصول کی خاطر بڑی سے بڑی قربانیاں پیش کرنے سے پیچھے نہ ہٹا جو کسی انسان کے اختیار میں ہو سکتی ہیں ۔

پَولُس کے عصری حالات

جس زمانہ میں بنی اسرائیل کے درمیان حضرت عیسیٰ کا نزول ہوا اس وقت یہودیہ اور گرد و پیش کے ممالک کے سیاسی اور سماجی حالات کی تصویر کشی ابتدا میں کی جا چکی ہے یہاں یاد دہانی کی خاطر بعض اضافی تفصیلات کے ساتھ چند باتوں کا اعادہ کیا جاتا ہے یونان کے زوال کے بعد روم دنیا کی واحد طاقتور قوم کی حیثیت سے مستحکم تھا لیکن اس سے قبل یونانی عروج کے زمانے میں وہاں کے نامور فلسفی عمومی طور پر دنیا کو "منطق یا حکمت" کے طریقہ پر کائناتی مظاہر اور انسانی معاملات کو سمجھنے کے مزاج سے متعارف کر چکے تھے ۔تاہم وہ یونان ہو، روم یا کوئی اور قوم ،خدائی ہدایات سے محروم رہتے ہوئے انسانوں کی انفرادی و اجتماعی اور بین الاقوامی اخلاقیات کے لئے یہ اقوام کوئی ایسے اصول و ضوابط نہیں رکھتی تھیں جو رنگ و نسل اور عقیدہ کے امتیازات پر مشتمل انسانی معاشرت کے پیچیدہ معاملات کے ساتھ مکمّل انصاف کر سکیں ۔ وہ اپنے اطمینان قلب اور نفسیاتی تسکین کی خاطر جملہ کائناتی قوتوں اور فطرت کے مظاہر اپنی پرستش کا محور بنا سکتے تھے اور بنائے رکھا ۔ فرق صرف یہ تھا کہ وہی یکساں عناصر وہاں کسی اور نام سے جانے جاتے تھے اور یہاں کسی اور نام سے لیکن انسان کی انفرادی و اجتماعی زندگی کن اصولوں پر چلنی چاہئے؟ اس کے لئے کوئی ہدایت وہ عظیم مگر بے جان یا حیاتیاتی مگر بے شعور قوتیں فراہم نہیں کر سکتی تھیں ۔کم از کم اس وقت تک کی تاریخ میں غالب قوموں کا مغلوب قوموں کے ساتھ برتاؤ ہر دور میں انتہائی مماثلت دکھاتا رہا تھا ۔ تذلیلِ انسانیت اور اس سے لطف اندوز ہونے کے جو طریقے روم کی قوم نے دکھائے ان کا کچھ تذکرہ کیا گیا تھا ۔ موجودہ بحث میں فریسی ،صدوقی ، کاہن اور سب ہی بنی اسرائیل واقعۂ صلیب اپنی آنکھوں سے سے دیکھ چکے تھے یا بخوبی جانتے تھے کہ یہ مصیبت ہے کیا ؟ انسانوں کو مصلوب کر دینے جیسا طریقہ روم کو وضع کرنا ہی تھا ۔ رومی حکومت دور دراز علاقوں میں واقع مقبوضہ زمینوں پر اپنی ہی

فوج مستقلاً نہیں بٹھا سکتی تھی ۔ بہترین حل اس کے پاس یہی تھا کہ مقامی لوگوں میں سے اپنا مفیدِ مطلب ایسا لالچی لیڈر ڈھونڈ لے جو تمام قوم کو بلا احتجاج اور بلا رکاوٹ رومی غلامی قبول کروائے رکھے ۔ پھر اپنی کم سے کم فوج کے ساتھ اپنی ہی قوم کا کوئی گورنر اس لیڈر پہ بٹھا دے جو اس پر نظر رکھ سکے ۔ تب اگر کہیں مزاحمت کی صورت پیدا ہوتی نظر آئے تو اس سے اس طرح نپٹا جائے کہ آئندہ کسی مزاحمت کی آبیاری کا امکان باقی نہ رہے لہٰذا مجرم یا باغی کا سر قلم کرنے یا پھانسی دے دینے کے بجائے انہوں نے زندہ حالت میں صلیب پر لٹکانے کا طریقہ دریافت کیا ۔ اس کام کے لئے درختوں کے تنے کاٹ کر ان کو صلیب کی صورت میں جوڑ لیا جاتا تھا پھر اس کو زمین پر نصب کر کے مجرم کو اس پر ہاتھوں اور پیروں میں کیلیں ٹھونک کر چسپاں کیا جاتا تھا ۔ جو اہم ترین بات انہوں نے دریافت کی وہ یہ کہ پیروں میں کیلیں ٹھونکنے سے پہلے ٹانگیں گھٹنوں کے پاس سے اس طرح موڑ دیں کہ پیر سیدھے لٹکے ہوئے ہونے کے مقام سے تقریباً بارہ انچ اوپر چلے جائیں تب ہی پیروں میں کیلیں ٹھونکی جائیں ۔ ہاتھوں اور پیروں میں ٹھکی کیلوں سے پیدا ہونے والی اذیّت کم کرنے کے لئے مجرم ان مڑے ہوئے گھٹنوں پر اپنا کچھ وزن منتقل کرے تو کچھ ہی دیر میں رانوں اور پنڈلیوں کے پٹھے اس دباؤ سے اکڑ کر مجبور کردیں کہ وہ بوجھ واپس ہاتھوں اور پیروں پر منتقل کرے جہاں کیلیں ٹھکی ہیں ۔ اب اپنے وزن کی منتقلی کا یہ عمل وقفہ وقفہ سے اس کو بار بار دہرانا ہے ۔ پس مجرم مستقل اور ناقابلِ برداشت حالت میں خود کو ایسا گھرا پاتا ہے کہ رحم کے لئے چلّانے کے سوا کچھ کر نہیں سکتا ۔ اب نہ تو خود کو ہلاک کر سکتا ہے نہ ہی جلد مر سکتا ہے اس لئے کہ تھوڑا بہت خون ضائع ہونے کے بعد اب وہ جم چکا ہے ۔اس کرب ناک حالتِ حواس، غشی اور بے ہوشی کی کیفیات کا اس کو اور دیکھنے والوں کو مشاہدہ ہوتا رہے گا جب تک کہ بھوک و پیاس سے اس کا دم نکل نہ جائے ۔لواحقین وہیں پاس ہی موجود ہیں اور بالکل برابر کی اذیّت کا شکار ہیں لیکن کچھ کر نہیں سکتے کہ سزا پر عمل درآمد کرنے والا عملہ اپنی ڈیوٹی پر موجود ہے ۔

دوسری بڑی سماجی قباحت پَولُس کے مستقل مشاہدہ میں یہ تھی کہ تاریخی طور پر یونان اور پھر روم کے سیاسی عروج کے ساتھ ساتھ یہ اقوام شہوانیت کے غلبہ کا شکار ہوتی چلی گئیں ۔ یہ عنصر محض انہی

اقوام تک محدود نہیں رہا بلکہ اس کے اثرات مغلوبہ قوموں میں بھی طبعاً پھیلتے رہے تھے۔ پَولُس کا تمام عمر بے نکاح اور عائلی زندگی کے حوالہ سے تنہا رہنا (1۔کرنتھیوں9:5)سے اندازہ کیا جا سکتا ہے کہ اس کے گردو پیش پھیلی شہوانیت سے کس حد تک اس کا ذہن متاثر ہوتا ہو گا۔

حضرت داؤد اور حضرت سلیمان کی سربراہی میں بنی اسرائیل اپنی تاریخ میں پہلی مرتبہ خطہ کی طاقتور ترین ریاست بن گئے تو بعد میں کسی دماغ نے تصوّر خلق کیا " خدا نے عہد باندھا کہ حضرت داؤد کا تختِ شاہی ابد تک قائم رہے گا "۔یرمیاہ نبی نے تاریخ میں جگہ بہ جگہ اس کو لکھ دیا پھر سیاسی حالات میں تبدیلی کی مناسبت سے اس تصوّر کی تفصیلات میں ہوشیاری کے ساتھ الفاظ کا ایسا ردّ و بدل کیاکہ ممکنہ تفاسیر کہیں عدم مطابقت کا موقع نہ ڈھونڈ سکے ۔ ریاست تقسیم ہوئی تو مفہوم بھی تبدیل کیا کہ یروشلم جہاں خدا کا گھر ہے اس کی بادشاہت تو داؤد کے گھرانے میں تا ابد رہے گی لیکن شمالی ریاست کی بد اعمالیوں کی بنا پر ان سے واپس لے کر داؤد کے گھرانے کو دی جائے گی ۔ یوسیاہ کے دور میں اس عہد کے ظہور کی امید باندھی گئی کہ دونوں ریاستیں واپس ایک ملک بن جائیں ۔یرمیاہ کے آنکھوں دیکھتے ہیکل سلیمانی اور یہودیہ کی بادشاہت دونوں ہی زمین بوس ہو گئے اور "خدا کا عہد "دونوں پہلوؤں سے جھوٹا پڑ گیا تو اب نیا مفہوم خلق کیا گیا کہ حضرت داؤد کے گھرانے کا کوئی فرد ایک مرتبہ پھر یہ تخت حاصل کر لے گا ۔یرمیاہ کے بعد زرُبّابل کی شخصیت میں یہ امید باندھ لی گئی لیکن وہ پوری نہ ہو سکی ۔ پَولُس کی قوم چار صدیوں سے طاقتور بیرونی اقوام کے ذریعہ مسلّط کردہ غلامی کا شکار چلی آ رہی تھی ۔ ہر ممکن طریقے سے خود کو چھوٹے چھوٹے گروہوں میں تقسیم رکھنے کے بعد وہ صرف آسمانی غیبی امداد کی ہی منتظر رہ سکتی تھی ۔ تقریباً چار صدی بعد پہلی مرتبہ یسوع ابن داؤد کی ہستی میں آپ پر ایمان لانے والوں کو محسوس ہوا کہ خدا کا وعدہ پورا ہوگیا ۔ لیکن آنجناب کے ساتھ چند ایسے منفرد واقعات مسیحیوں کے مشاہدہ میں آئے جس کی مثال ان کو اپنی تاریخ میں پہلے کبھی دیکھنے میں نہ آئی تھی ۔

پَولُس کی الجھن

پَولُس اور حضرت عیسٰی کے دوسرے اہم حواریوں کے "کلام کی تعلیم" کے ابتدائی دنوں کے اقوال پر غور کریں تو ان کی تعلیمات میں پانچ باتیں نمایاں نظر آتی ہیں:

1 ۔ حضرت عیسٰی نسبی طور پر حضرت داؤد کے گھرانے سے تھے اور یہ کہ ان کی بنی اسرائیل کے درمیان آمد سے خدا کا حضرت داؤد سے کیا گیا عہد اپنی تکمیل کو پہنچا ۔

2- یروشلم کے امراء خصوصاً ہیکل کے مذہبی نظام نے یہ حقیقت قبول نہیں کی اور رومی گورنر کے ذریعہ آپ کو مصلوب کروا دیا ۔

3- خدا نے آپ کی وفات کے تیسرے روز آپ کو دوبارہ زندہ کر دیا ۔

4- حیاتِ ثانیہ کے کچھ ہی روز بعد حواریوں کی نظروں کے سامنے آپ کو زندہ آسمانوں میں اٹھا لیا گیا۔

5- حضرت عیسٰی جلد قیامت برپا ہونے کی علامت کے طور پر ان کے درمیان دوبارہ بھیجے جائیں گے ۔

پَولُس حضرت مسیح پر ایمان لانے سے پہلے ستفنس کی سنگساری کے واقعہ کا شریک تھا ۔ وہ دوسرے حواریوں اور ان کی تعلیم سے واقف تھا لیکن ان کے نظریات باطل سمجھتا تھا ۔ حضرت مسیح کے منتخب حواری یروشلم سے باہر یہودیہ کے عام محنتی اور مزدور پیشہ افراد میں سے تھے لہٰذا اکثریت ناخواندہ تھی ۔ ایسے لوگ عام طور پر شریعت کی تفصیلات سے ناواقف تھے ماسوا ان باتوں کے جو وہ اپنے مذہبی رہنماؤں سے بڑی عبادات کے مواقع پر سنا کرتے تھے ۔ پَولُس نے مسیحی ایمان قبول کرنے کے بعد غالباً حواریوں کو ناخواندہ سمجھنے کی وجہ سے ان کی طرف واپس یروشلم جانے کے بجائے تین سال تک عرب (دمشق کا جنوبی علاقہ)جانے کا فیصلہ کیا تاکہ حضرت مسیح سے منسوب واقعات پر از خود غور کر سکے ۔

حضرت مسیح کو اِبن داؤد تسلیم کرنے کے بعد پَولُس کے دماغ میں غالباً یہ سوال الجھن کا باعث ہوا ہو گا کہ آپ کو تخت داؤدی پر بٹھائے جانے کے بجائے مصلوب کیوں ہو جانے دیا گیا ؟ اگر آپ کا واقعۂ وفات پیش آنا ہی تھا تو حیاتِ ثانیہ کے بعد آپ یہودیوں کے بادشاہ بن سکتے تھے لیکن اس کے بجائے ،چند دنوں کی حیاتِ ثانیہ میں

کچھ دیر کو بھی بادشاہ بنائے بغیر، آسمان پر کیوں اٹھا لیا گیا؟ علاوہ ازیں تخت داؤدی کے ساتھ شومئی قسمت "ابدی" ہونے کا لفظ بھی جڑا تھا - پَولُس کو غالباً تخت داؤدی کے "ابدی" ہونے کو قیامت اور روزِ جزا کے پس منظر میں دیکھنے سے تمام واقعات منطقی طور پر زیادہ واضح اور اپنی جگہوں پر بیٹھتے نظر آئے -ان باتوں پر غور و فکر کے دوران، بہت سے دوسرے رفیقوں کی طرح ،اس کا یہ سمجھنا کہ قیامت اس کی زندگی میں، یا چند ہی سالوں میں، پیش ہونے والی ہے اہم ترین تخیّل تھا جو اس کے اخذ کردہ عقیدہ کی تفصیلات پر ہر پہلو سے اثر انداز ہوا -اس کے پاس یہ نتیجہ نکالنے کے سوا اور کوئی چارہ نہ تھا کہ "ابدی بادشاہت" کی بشارت زمین پر قائم کرنے کے لئے کبھی دی ہی نہیں گئی تھی - وہ بادشاہت آسمانوں میں دی جانی تھی اور چونکہ وہ خود یہودیوں میں سے تھا اس لئے اس کو طبعاً یہ بھی شامل کرنا پڑا کہ یہ بادشاہت پہلے ان یہودیوں کو مل سکے گی جو حضرت مسیح پر پَولُس کی بتائی ہوئی حیثیت میں ایمان لائیں بعد میں ان غیر اقوام کو جو اس کی تعلیمات قبول کرلیں -

جو کچھ بھی نتائج پَولُس نے اپنے ابتدائی غور و فکر کے دوران یا بعد کے مراحل میں اخذ کئے اس میں اس کا بنیادی مفروضہ عہد نامہ قدیم میں شامل تمام کتابوں کو "کتابِ مقدّس " کی نظر سے دیکھنا تھا - اس کے اپنے قول کے مطابق "اور جو کچھ تورات اور نبیوں کے صحیفوں میں لکھا ہے اس سب پر میرا ایمان ہے" (اعمال 24:14)-اس کے ان کتابوں کے انتہائی دقیق مطالعہ کے شواہد اس کے خطوط میں بکثرت نظر آتے ہیں- ہم پَولُس کی دینِ مسیح کی تعلیمات کے تجزیہ کی ابتدا سنّت ابراہیمی یعنی ختنہ اور موسوی شریعت سے کرنے والے ہیں جس میں پَولُس کے خطوط کے بعض مندرجات قریب سے دیکھنے کا موقع ملے گا تاہم اس موقع پر پَولُس کے کتابِ مقدّس پر ایمان رکھنے کے حوالہ سے اس کے ایک اقتباس کا جائزہ پیش کیا جاتا ہے - تورات کے مطابق خدا نے حضرت ابراہیم کو عراق سے فلسطین ہجرت کرنے کا حکم دیا اور ان کی نسل کو فلسطین میراث میں دینے کا عہد کیا - آپ کے گھرانے میں تواتر سے جلیل القدر انبیا پیدا کئے جن میں سے ایک حضرت موسیٰ بھی تھے جن کو تفصیلی شریعت عطا کی گئی - انہی دو مقتدر شخصیات کی طرف پَولُس اپنے مخاطبین کو متوجہ کرتا ہے:

> جس عہد کی خدا نے پہلے سے تصدیق کی تھی اس کو شریعت چار سو تیس برس کے بعد آ کر باطل نہیں کر سکتی کہ وہ وعدہ لا حاصل ہو ۔ کیونکہ اگر میراث شریعت کے سبب سے ملی ہے تو وعدہ کے سبب سے نہ ہوئی مگر ابرہام کو خدا نے وعدہ ہی کی راہ سے بخشی (گلتیوں 3:17)

تنہا پَولُس نہیں بلکہ ستفنس بھی سنگسار کئے جانے سے قبل اپنے وعظ میں لوگوں کے سامنے یہ بات دہراتا ہے:

> اور خدا نے فرمایا کہ تیری نسل غیر ملک میں پردیسی ہو گی ۔ وہ ان کو غلامی میں رکھیں گے اور چار سو برس تک ان سے بدسلوکی کریں گے ۔ پھر خدا نے کہا کہ جس قوم کی وہ غلامی میں رہیں گے اس کو میں سزا دوں گا اور اس کے بعد وہ نکل کر اسی جگہ میری عبادت کریں گے ۔ اور اس نے اس سے ختنہ کا عہد باندھا اور اسی حالت میں ابرہام سے اضحاق پیدا ہوا اور آٹھویں دن اس کا ختنہ کیا گیا (اعمال 7:6)

یہاں دونوں حضرات کا اشارہ تورات کی طرف ہے جہاں حضرت ابراہیم سے خدا کا ایک خطاب درج کیا گیا ہے:

> اور اس (یعنی خدا) نے ابرام سے کہا یقین جان کہ تیری نسل کے لوگ ایسے ملک میں جو ان کا نہیں پردیسی ہونگے اور وہاں کے لوگوں کی غلامی کریں گے اور وہ چار سو برس تک ان کو دکھ دیں گے ۔ لیکن میں اس قوم کی عدالت کروں گا جس کی وہ غلامی کریں گے اور بعد میں وہ بڑی دولت لے کر وہاں سے نکل آئیں گے ۔ ۔ ۔ اور وہ چوتھی پشت میں یہاں لوٹ آئیں گے (پیدائش 15:13)

یعنی خدا نے حضرت ابراہیم کو پیشگی بتا دیا تھا کہ ان کی اولاد چار سو سال غیر قوم کی غلامی کرے گی لیکن چوتھی پشت میں وہ بہت مال لے کر حضرت ابراہیم کے علاقہ (یعنی فلسطین) واپس آ سکیں گے ہماری رائے میں یہ ان آسان تفصیلات میں سے ایک تفصیل ہے جس میں تھوڑا سا تجسس بھی پَولُس کے کان کھڑے کر سکتا تھا کہ تورات یا دوسری کتابوں پر مکمّل ایمان رکھنا ایک بڑی غلطی ہے ۔بنی اسرائیل نے اپنے مذہب کے بیشتر معاملات نسب کی روشنی میں وضع کئے لہٰذا نسبی رشتوں پر نظر رکھنا ان کتابوں میں ہر موقع پر دیکھنے کو ملتا ہے ۔ خود پَولُس تصریح کرتا ہے کہ وہ بنیمین قبیلہ سے ہے ۔ اوپر حضرت ابراہیم سے منسوب اقتباس درست ثابت ہوا اس لئے کہ بعد میں واقعی چار پشتوں نے غلامی کی لیکن چار سو برس غلامی

صرف چار پشتیں کیسے کر سکتی ہیں؟ اوسطاً پچیس سال فی پشت کے حساب سے چار پشتوں کے لئے لگ بھگ ایک صدی کا عرصہ صرف ہونا چاہئے ۔ پَولُس کو اسی بات سے متجسس ہو جانا چاہئے تھا کہ وہ کچھ وقت تورات کی جانچ پڑتال پر لگائے بجائے یہ کہ بائیبل پر ایمان رکھتے ہوئے محض تفسیر کرتا چلا جائے ۔معمولی سی کوشش سے وہ جو کچھ نکال سکتا تھا اسے ذیل میں تحریر کیا جاتا ہے ۔

کتاب خروج 6:18 کے مطابق حضرت موسیٰ کا نسب موسیٰ بن عمرام بن قہات بن لاوی ہے ۔ لاوی حضرت یعقوب کی چوتھی اولاد ہے جو حضرت یوسف سے بآسانی کم سے کم دس سال عمر میں بڑا تھا (پیدائش 29:31)۔خود حضرت یوسف جب بھائیوں کے ذریعہ کنویں میں دھکیلے اور بالآخر مصر میں بیچے گئے اس وقت حضرت یوسف کی عمر سترہ برس تھی(پیدائش 37:2) ۔ آپ کے وسیلہ سے حضرت یعقوب تقریباً پندرہ سال بعد اپنے گھرانے کو مصر لاتے ہیں تو لاوی چالیس سال کی عمر میں اپنے تین لڑکوں کو لے کر ان سب کے ساتھ مصر آیا جس میں حضرت موسیٰ کا دادا قہات شامل تھا (پیدائش 46:11)۔ غور کیا جائے تو باپ تقریباً چالیس سال عمر ہونے کی وجہ سے قہات کی عمر اس وقت بآسانی دس سے پندرہ برس سمجھی جا سکتی ہے ۔ قہات حضرت یعقوب کے ساتھ بچپنے کی عمر میں مصر آیا، اس کی شادی ہوئی تو حضرت موسیٰ کے والد اور بعد میں حضرت موسیٰ پیدا ہوئے اور آپ ہی نے بنی اسرائیل کو غلامی سے نجات دلائی ۔لاوی بلا شبہ مصر آیا اس طرح لاوی، قہات، عمرام اور حضرت موسیٰ چار پشتیں اوپر اقتباس میں درست بیٹھتی ہیں لیکن ان میں صرف دو نسل مصر میں پیدا ہوئیں جن کو پیدا ہونے میں بہت سے بہت پچھتر سال کا عرصہ گزر سکتا تھا ۔ بائبل بتاتی ہے کہ حضرت یوسف کے ایک سو دس برس جینے کے بعد وفات سے قبل آپ نے تین پشتیں مصر میں دیکھیں اور انہیں اپنے گھٹنوں پر کھلایا (پیدائش 50:22)۔حضرت یوسف لڑکپن میں مصر پہنچائے گئے اور وہیں ان کی شادی ہوئی تھی ۔ حضرت یوسف کو شامل کرنے سے چار پشتیں ایک سو دس برس میں پیدا ہوئیں لہٰذا اوسطاً پچیس سال فی پشت شمار ہونے کا ہمارا تخمینہ حضرت یوسف کے معاملے میں درست بیٹھتا ہے ۔حضرت یوسف مصر میں اسّی برس بادشاہ رہے تھے ۔اس عرصہ کو غلامی میں شمار نہیں کیا جا سکتا لہٰذا مصر میں بنی اسرائیل کی، خود بائیبل کے مطابق، قیام کی

مدت چار سو اسّی سال بنتی ہے، یعنی حضرت ابراہیم کی پیشگوئی کے مطابق چار سو سال غلامی اور اسّی سال حضرت یوسف کی بادشاہت ۔اس طویل قیامِ مصر میں محض دو پشتیں یعنی حضرت موسیٰ کے والد عمرام اور اس کے بعد حضرت موسیٰ کا وہاں پیدا ہونا کس طرح درست قرار دیا جا سکتا ہے؟ حضرت ابراہیم کو پیشگی بتائی گئی غلامی کی مدت بائیبل ہی کی رو سے لازماً غلط ہے ۔ خود تورات کے مصنف جتنی بے توجہی سے بائیبل لکھتے ہیں، اس کا بھی یہاں اندازہ کیا جا سکتا ہے ۔

تورات کی بیان کردہ چار سو برس غلامی غلط لکھی گئی لیکن بات محض کسی دورانیہ کا غلط ہونا نہیں ہے ۔ اصل خرابی یہ ہے کہ تورات میں وہ خدا کی طرف سے حضرت ابراہیم کو غلامی کے دورانیہ کے تعین کے ساتھ بتائی جا رہی ہے جو بعد میں کتاب خروج میں اسی طرح مصری قوم کے مال ہتھیانے کے ساتھ پوری ہوئی :

> اور بنی اسرائیل نے موسیٰ کے کہنے کے موافق یہ بھی کیا کہ مصریوں سے سونے چاندی کے زیور اور کپڑے مانگ لئے ۔ اور خداوند نے ان لوگوں کو مصریوں کی نگاہ میں ایسی عزت بخشی کہ جو کچھ انہوں نے مانگا انہوں نے دے دیا سو انہوں نے مصریوں کو لوٹ لیا ۔ ۔ ۔ اور بنی اسرائیل کو مصر میں بود و باش کرتے ہوئے چار سو تیس برس ہوئے تھے ۔ اور ان چار سو تیس برسوں کے گزر جانے پر ٹھیک اسی روز خداوند کا سارا لشکر مصر سے نکل گیا (خروج 12:35)

یہاں مصریوں کو لوٹنے کا حکم حضرت موسیٰ کی طرف منسوب کیا گیا ہے جبکہ ان کا بآسانی لوٹا جانے میں مصریوں کا بنی اسرائیل سے تعاون کو خدا کی غیبی مدد بتائی گئی ہے ۔ قارئین نوٹ کریں کہ اقتباس تصریح کرتا ہے کہ "چار سو تیس برس بعد ٹھیک اسی روز" یعنی نہ ایک دن کم نہ ایک دن زیادہ ۔ بائیبل میں اسی طرح کے متعدد "خدا کا قول" بیان کئے گئے ہیں جن کو دلیل بنا کر صدوقی آخرت کے منکر ہوئے کہ جب ایک بات خدا کی طرف سے طے ہوگئی تو اس کو ہونا ہی تھا پھر فرعون کو کیوں مزید موردِ الزام ٹھہرایا جائے ۔ اگر اس نے کچھ غلط کیا بھی تو اسی زندگی میں اس کو سزا مل گئی ۔

مصر میں غلامی کی مدت میں تیس سال کا فرق کی وجہ یہ ہے کہ پوُلس نے کتاب خروج کا اقتباس نقل کیا جو P کی تحریر تھی جبکہ ستفنس نے کتاب پیدائش کی طرف اشارہ کیا جو J مصنف نے لکھا تھا

۔ بعد کے لوگ انہی نوعیت کی پیشگوئیوں سے متاثر ہونے کے بعد ہر زمانے کی نشانیاں ان کتابوں میں ڈھونڈتے رہے ہیں اور اب بھی ڈھونڈتے ہیں ۔ پَولُس اور دوسرے ابتدائی معتقدین نے بھی تمام کتابوں کو اسی نظر سے دیکھا ۔ پَولُس کا مذکورہ پیشگوئی پر معمولی سا تجسس اگر اس کو بائیبل کی تحریروں کے بارے میں مشتبہ کردیتا تو اپنی زندگی کے لئے وہ راستہ اختیار نہ کرتا جو اس نے کیا ۔

شریعت پَولُس کی نظر میں

پَولُس نے شریعت کے احکامات کی طرف اپنا تصوّر اپنے خطوط میں بکثرت واضح کیا ہے ۔ اس نے احکامات کو دو شقوں میں تقسیم کیا ۔ پہلی نوعیت میں وہ احکامات ہیں جو انسان کا دوسرے انسانوں کے ساتھ نیکی یا بدی کے رویہ کا احاطہ کرتے ہیں ۔ہم بطورِ مثال اس کا ایک اقتباس نقل کرتے ہیں ۔

> پس اگر تو یہودی کہلاتا اور شریعت پر تکیہ اور خدا پر فخر کرتا ہے ۔ ۔ ۔ پس تو جو اوروں کو سکھاتا ہے اپنے آپ کو کیوں نہیں سکھاتا؟ تو جو وعظ کرتا ہے کہ چوری نہ کرنا آپ خود کیوں چوری کرتا ہے؟ تو جو کہتا ہے زنا نہ کرنا آپ خود کیوں زنا کرتا ہے؟ (رومیوں 2:17)

> محبت بے ریاہو۔ بدی سے نفرت رکھو۔ نیکی سے لپٹے رہو۔ برادرانہ محبت سے آپس میں ایک دوسرے کو پیار کرو ۔ ۔ ۔ جو تمہیں ستاتے ہیں ان کے واسطے برکت چاہو ۔ ۔ ۔بدی کے عوض کسی سے بدی نہ کرو ۔ جو باتیں سب لوگوں کے نزدیک اچھی ہیں ان کی تدبیر کرو(رومیوں 12:9)

تورات کے اس نوعیت کے احکامات میں اسے مسئلہ نہیں تھا بلکہ وہ سارا وقت انہی کی وکالت کرتا رہا ۔ دوسری قسم کے احکامات میں ختنہ، کھانے پینے کی اشیا کی حلت و حرمت، یومِ سبت کی عبادات اور قربانیاں وغیرہ شامل تھیں ۔ غیر اقوام کو مسیحی تعلیم پیش کرنے کے دوران ختنہ پر عمل کرنے کی الجھن سے پَولُس اور باقی حواریوں کو جو واسطہ پڑا وہ ہم زیرِ بحث لا چکے ہیں ۔ پَولُس نے آگے چل کرجو تعلیم پیش کی وہ یہاں بیان کی جاتی ہے ۔

ختنہ، سنّتِ ابراہیمی

تورات کی کتاب پیدائش میں نسلِ آدم کی ابتدا اور شروع کی کئی نسلیں پیدا ہونے کے بعد خدا کی طرف سے ختنہ کا حکم پہلی مرتبہ حضرت ابراہیم کو دیا گیا تھا:

> تمہارے ہاں پشت در پشت ہر لڑکے کا ختنہ جب وہ آٹھ روز کا ہو کیا جائے خواہ وہ گھر میں پیدا ہو خواہ اسے کسی پردیسی سے خریدا ہو جو تیری نسل سے نہیں ۔ لازم ہے کہ تیرے خانہ زاد اور تیرے زر خرید کا ختنہ کیا جائے اور میرا عہد تمہارے جسم میں ابدی عہد ہو گا ۔اور وہ فرزندِ نرینہ جس کا ختنہ نہ ہوا ہو اپنے لوگوں میں سے کاٹ ڈالا جائے کیونکہ اس نے میرا عہد توڑا (پیدائش 17:12)

تورات کے مطابق یہ قطعی اور ابدی حکم تھا جس کا غیر اسرائیلی غلاموں تک پر اطلاق کیا گیا ۔ ان کی تاریخ کے مطابق حضرت ابراہیم کا 99 سال کی عمر میں ان کے صاحبزادے حضرت اسماعیل کا 13 برس کی عمر میں اور ان کے غلاموں کا بھی ختنہ اس حکم کی تعمیل میں اسی روز کیا گیا (پیدائش 17:23)۔اسی حکم کی تعمیل میں حضرت عیسیٰ کا بھی پیدائش کے آٹھویں روز ختنہ ہوا (لوقا 2:21) اور خود اس کا ختنہ بھی پیدائش کے آٹھویں روز ہوا (فلپیوں 3:5)۔لیکن پَولُس ختنہ کے لئے کہتا ہے:

> دیکھو میں پَولُس تم سے کہتا ہوں کہ اگر تم ختنہ کراؤ گے تو مسیح سے تم کو کچھ فائدہ نہ ہو گا (گلتیوں 5:2)

پَولُس نے حضرت مسیح پر ایمان لانے کے لوازمات میں ختنہ کا حکم اس حیثیت سے پیش کیا کہ اگر ختنہ کروا دیا تو مسیح سے کوئی فائدہ نہیں ہوگا ۔حضرت مسیح تو اس وقت تک زندہ آسمان پر اٹھائے جا چکے تھے لہٰذا فائدہ ہونے یا نہ ہونے سے اس کی مراد یہ تھی کہ اگر کہیں ختنہ کروا دیا تو خدا کی طرف سے جو ابدی بادشاہت آپ کو آسمان پر ملے گی اس بادشاہی میں ان کے ساتھ شرکت کا موقع ہاتھ سے جاتا رہے گا ۔

اپنے شاگرد کو نصیحت کرتے وقت لکھتا ہے "خدا اور یسوع مسیح کو جو زندوں اور مردوں کی عدالت کرے گا گواہ کر کے اور اس کے ظہور اور بادشاہی کو یاد دلا کر میں تجھے تاکید کرتا ہوں"

(2تیمیتھیس4:1)۔یہ اقتباس واضح ہے کہ خدا کی طرف سے حضرت داؤد کی ابدی بادشاہی کا عہد سے اس نے یہی مطلب لیا کہ آخرت کی عدالت کا اختیار حضرت مسیح کے پاس ہے ورنہ بادشاہی کے اور کیا معنی ہو سکتے ہیں ؟ نوٹ کرنے والی بات یہ ہے کہ پَولُس کے اب تک کے مفہوم میں خدا ایک ہستی اور مسیح ابن داؤد ایک الگ خلق شدہ ہستی ہیں جن کو یہ اختیار خدا نے اپنے وعدہ کے مطابق دے دیا ہے ۔

ختنہ کا حکم جو تورات میں سے اوپر نقل کیا وہ براہ راست خدا کا حکم تھا جو حضرت ابراہیم کو ایک ابدی حکم کی صورت میں دیا گیا تھا ۔ پَولُس سے قبل بنی اسرائیل کی تمام تاریخ میں یہ کسی بھی موقع پر وجہِ تنازعہ یا تفسیر طلب حکم کی حیثیت میں کہیں نظر نہیں آتا اور نہ ہی تذکرہ ملتا ہے کہ کسی نے کسی بھی وجہ سے موضوعِ سخن بنایا ہو سوائے حضرت یعقوب کی اولاد کا ایک واقعہ جس میں انہوں نے بہن کی بے حرمتی کے انتقام کی خاطر غیر قوم کے مردوں کا دھوکہ سے ختنہ کر دیا تھا اور وہ بھی یہ کہ ختنہ کر دیا تھا ۔ ہم نے حصہ اوّل میں یہ واقعہ بیان کیا تھا ۔ بنی اسرائیل کم از کم ختنہ کے حکم سے کبھی باغی نہ ہوئے ۔ یونانی دورِ تسلط میں ان کو ختنہ نہ کرنے اور بُتوں کی پرستش پر بزور مجبور کیا گیا لیکن اس کے ردِ عمل میں وہ ایک کامیاب میکابی تحریک اٹھا سکے تھے ۔

اب اگر دو ہزار برس بعد اس حکم کی ممانعت آنی ہی تھی تو اس تبدیلی یا اسے ترک کرنے کی مجاز صرف وہ ہی ہستی ہو سکتی ہے یا ہونی چاہئے جس نے پہلی مرتبہ یہ حکم دیا تھا ۔ پَولُس کے خطوط لکھے جانے کے بعد لکھی گئی چاروں اناجیل میں حضرت مسیح کے لبوں سے ادا ہوا کوئی فقرہ ختنہ کے بارے میں موجود نہیں ہے ۔ خود پَولُس بھی اپنے خطوط میں یہ نہیں کہتا کہ خدا نے یا حضرت مسیح نے مکاشفہ یا الہام کی صورت میں حکم دیا ہے کہ وہ جا کر لوگوں کو بتا دے ۔ اگر یہ ہوا ہوتا تو اس کے اوّلین مخاطب یہودی یا وہ عیسائی ہونے چاہئے تھے جو ایمان لانے سے پہلے یہودی تھے ۔ اس نے کبھی اس صورت میں خود کو یہودیوں کے سامنے ظاہر نہیں کیا بلکہ پطرس اور برنباس سے تنازعہ کے بعد غیر قوموں میں تبلیغ کا ان سے الگ راستہ اختیار کیا ۔ لیکن عجیب بات یہ ہے کہ وہ یہودیوں اور عیسائیوں کو منطق کے ذریعہ اس بات پر قائل کرنے کی کوشش کرتا ہے ۔

روم میں موجود یہودیوں کے لئے اپنے خط میں وہ اسی چار سو سالہ غلامی اور رہائی کی پیشگوئی کے واقعہ میں ایک اور بات کی طرف متوجہ کرتا ہے ۔ اس موقع پر حضرت ابراہیم کی کوئی اولاد ابھی پیدا نہیں ہوئی تھی ۔ خدا نے حضرت ابراہیم کو بتایا کہ یہ ملک ان کی میراث میں دیا جاتا ہے اور یہ کہ ان کی اولاد آسمان پرکے ستاروں سے زیادہ ہو گی ۔ تورات لکھتی ہے، یہ سننے پر :"اور وہ خداوند پر ایمان لایا اور اِسے اُس نے اُس کے حق میں راست بازی شمار کیا"(پیدائش 15:6)۔ اس وقت تک ختنہ کا حکم آپ کو نہیں دیا گیا تھا ۔ خدا کے اسی قول کی طرف متوجہ کرنے کے بعد پَولُس لکھتا ہے:

> ہمارا دعویٰ یہ ہے کہ ابرہام کے لئے اس کا ایمان راستبازی گنا گیا ۔پس کس حالت میں گنا گیا؟ مختونی میں یا نا مختونی میں؟ مختونی میں نہیں بلکہ نامختونی میں ۔ اور اس نے ختنہ کا نشان پایا کہ اس ایمان کی راست بازی پر مہر ہو جائے جو اسے نامختونی کی حالت میں حاصل تھا تاکہ وہ ان سب کا باپ ٹھہرے جو باوجود نامختون ہونے کے ایمان لاتے ہیں اور ان کے لئے بھی راست بازی محسوب کی جائے ۔اور ان مختونوں کا باپ ہو جو نہ صرف مختون ہیں بلکہ ہمارے باپ ابرہام کے اس ایمان کی بھی پیروی کرتے ہیں جو اسے نامختونی کی حالت میں حاصل تھا (رومیوں (4:9

پَولُس کے کہنے کے مطابق حضرت ابراہیم ختنہ کے حکم سے پہلے ہی راست باز قرار دئے جا چکے تھے اس لئے کہ وہ خدا پر کامل ایمان رکھتے تھے ۔وہ محض ایمان سے راست باز قرار دیئے جانے کی مزید وضاحت کرتا ہے :

> وہ ایمان میں ضعیف نہ ہوا اور نہ بے ایمان ہو کر خدا کے وعدہ میں شک کیا بلکہ ایمان میں مضبوط ہو کر خدا کی تمجید کی ۔ اور اس کو کامل اعتقاد ہوا کہ جو کچھ وعدہ اس نے کیا ہے وہ اسے پورا کرنے پر بھی قادر ہے ۔ اسی سبب سے یہ اس کے لئے راست بازی گنا گیا ۔اور یہ بات کہ ایمان اس کے لئے راست باز گنا گیا نہ صرف اس کے لئے لکھی گئی بلکہ ہمارے لئے بھی جن کے لئے ایمان راست بازی گنا جائے گا ۔ اس واسطے کہ ہم اس پر ایمان لائے ہیں جس نے ہمارے خداوند یسوع کو مُردوں میں سے جِلایا۔وہ ہمارے گناہوں کے لئے حوالہ کیا گیا اور ہم کو راست باز ٹھہرانے کے لئے جِلایا گیا (رومیوں 4:20)

پَولُس نے وضاحت کی کہ چونکہ حضرت ابراہیم نے صدقِ دل سے خدا کے وعدہ کا یقین کیا اور خدا کے قادر ہونے پر شک نہیں کیا اس لئے وہ راست باز ٹھہرائے گئے اور اگر ہم بھی اسی طرح حضرت مسیح پر ایمان لائیں کہ وہ ہمارے گناہوں کے لئے حوالہ کیا گیا تو ہم بھی راست باز ٹھہریں گے ۔یہاں پَولُس نے حضرت مسیح کی مصلوبیت کی وجہ بھی بیان کر دی جو جلد زیر بحث لائی جائے گی ۔ حضرت مسیح کے لئے وہ اب تک لفظ "خداوند " ہی استعمال کرتا ہے جس کو "آقا" کے طور پر خدا کے ساتھ ساتھ انسانی آقاؤں کے لئے بھی بیشتر لوگ استعمال کرتے ہیں ۔

عہد نامہ قدیم کے مصنفین ہر وہ بات جو وہ چاہتے تھے کہ قارئین ان کو قبول کرلیں، ان کو لکھنا پڑتا تھا "مجھ پر خدا کا کلام نازل ہوا"۔ یہ ان کی مجبوری تھی اس لئے کہ اگر وہ لکھتے کہ "میں ایسا سمجھتا ہوں" یا "میری رائے یہ ہے" تو کون ان کی بات مان سکتا تھا ؟ پَولُس نے یہ طریقہ اختیار نہیں کیا بلکہ اپنا ہر نقطۂ نظر منطقی تاویل کے ذریعے پیش کیا ۔انہی منطقی وضاحتوں سے ہمیں اس کی شخصیت اور فکر کی گہرائی سمجھنے میں مدد ملتی ہے ۔ پَولُس کی زیرِ بحث منطق کی وضاحت فی الوقت نظر انداز کی جاتی ہے ۔ مسیحی بھائیوں سے ہماری گزارش یہی ہے کہ خدا کے دئے گئے کسی حکم کی تبدیلی یا متروک ہونا یا کوئی نیا حکم دیا جانا یا کوئی نیا عہد باندھنے کا استحقاق صرف اور صرف خدا کے پاس ہی ہونا چاہئے ۔ دیکھنے اور پرکھنے کی بات صرف اور صرف یہ ہے کہ جس شخص کے توسط سے ان ہدایات کے اجراء کا حکم دیا گیا ہے خود اس شخص کی صداقت کسی مناسب کسوٹی پر مکمّل طور سے پرکھ لی جائے ۔اس کے بعد اگر کچھ دیکھا جا سکتا ہے تو وہ یہ کہ نئی ہدایت گزشتہ ہدایات کی مجموعی حکمت سے کس حد تک مطابقت رکھتی ہے ۔ اوراس حکمت کا تعین بھی صرف وہ افراد کرنے کے مجاز ہو سکتے ہیں جو مناسب فکری استعداد کے حامل قرار دیئے جا سکیں ۔

اشیائے خورد و نوش کی حُرمت و حِلّت

یروشلم کی کونسل میں ہیکل کے سربراہان کے درمیان مسئلہ پیش ہونے پر طے ہوا تھا کہ غیر اقوام کو صرف ختنہ کے حکم سے مستثنٰی کیا جائے لیکن کھانے پینے کی اشیاء پر موسوی شریعت کا اطلاق کرنے کی نصیحت اور مطالبہ کیا جائے ۔ پَولُس کا نقطۂ نظر ایسا نہیں تھا:

مجھے معلوم ہے بلکہ خداوند مسیح میں مجھے یقین ہے کہ کوئی چیز بذاتہ حرام نہیں لیکن جو اس کو حرام سمجھتا ہے اس کے لئے حرام ہے (رومیوں 14:14)

پاک لوگوں کے لئے سب چیزیں پاک ہیں مگر گناہ آلودہ اور بے ایمان لوگوں کے لئے کچھ بھی پاک نہیں بلکہ ان کی عقل اور دل دونوں گناہ آلودہ ہیں (ططس1:15)

شریعت میں موجود حلال و حرام کے احکام حضرت موسیٰ کے توسط سے بنی اسرائیل کو ملے ۔ عہد قدیم کی تمام کتابوں میں یہ کبھی وجہِ بحث و تنازعہ نظر نہیں آتا ۔ اناجیل میں حضرت مسیح کے حوالہ سے بھی حلال و حرام کا کوئی ذکر نہیں ملتا ۔ پَولُس اچانک ایک چونکا دینے والا فیصلہ متعارف کراتا ہے لیکن اس کے متعلق بھی یہ نہیں کہتا کہ اس کو بذریعہ الہام یا مکاشفہ یہ حکم لوگوں کے لئے پہنچایا گیا ہے ۔ وہ کہتا ہے" مجھے معلوم ہے یا یقین ہے "۔اگر چہ اس بات کی کوئی منطقی وجہ اس نے نہیں بتائی لیکن اس نے عہد نامہ عتیق کی کتابیں بہت توجّہ سے پڑھ رکھی تھیں اس لئے ہماری رائے میں اس کا حلال و حرام کے بارے میں یہ مفہوم بھی بذریعہ تورات اخذ ہوا تھا:

اور تمام کیڑے جن سے زمین بھری پڑی ہے اور سمندر کی کل مچھلیاں تمھارے ہاتھ میں کی گئیں ۔ ہر چلتا پھرتا جان دار تمہارے کھانے کو ہو گا ۔ ہری سبزی کی طرح میں نے سب کا سب تم کو دے دیا ۔مگر تم گوشت کے ساتھ خون کو جو اس کی جان ہے نہ کھانا (پیدائش 9:2)

خدا کا یہ حکم تورات میں طوفانِ عظیم کے خاتمے پر حضرت نوح کے ہمراہ بچنے والوں کو دیا گیا ۔ اگر ہم اسے سچ مان لیں تو یہاں واضح ہے کہ کھانے کی کسی شئے کی بندش اس وقت متعین نہیں کی گئی سوائے خون کے ۔حلال و حرام کی شریعت حضرت موسیٰ کے توسط سے بعد میں دی گئی ۔ اسی موسوی شریعت کا کچھ مخصوص

حصّہ متروک کرنے کا وہ خواہشمند ہے لہٰذا اس معاملہ میں اس کو حضرت نوح کی مطابقت مناسب لگی اس کے اپنے بتائے گئے اس اضافی پہلو کے ساتھ کہ جس کو کراہیت محسوس ہو وہ نہ کھائے ۔

عقیدہ کے بنیادی تصورات متعین کر لینے کے بعد شریعت کی تفصیلات یا انسان کی عملی زندگی کیسی ہونی چاہئے؟ اس کے حوالہ سے پَولُس کی تعلیمات کے بعض اجزاء کی وضاحت ضروری ہے تاہم اس بیان سے پہلے پَولُس نے عہد نامہ عتیق کی تحاریر، گزشتہ مختصر عرصہ میں پیش ہوئے واقعات اور اپنے دماغ کی منطقی صلاحیتوں سے حضرت مسیح کا کیا تصوّر اخذ کیا اور لوگوں کے سامنے پیش کیا، اس کا پہلے جان لینا زیادہ ضروری ہے ۔ اس معاملے میں عہد نامہ جدید کی مجموعی تحاریر مد نظر رکھنے پر پَولُس کی وضع کردہ تعلیمات کی جڑ میں جو تصوّر کار فرما تھا وہ یہ کہ جس دور میں وہ اور دنیا کے تمام لوگ موجود تھے وہ دنیا کا آخری دور تھا اور یہ کہ قیامت ان کی زندگی میں آ جانے والی تھی ۔

قربِ قیامت

ہم نے پچھلے مباحث کے دوران تذکرہ کیا کہ بعض نبیوں کی تحاریر کے مطابق حضرت مسیح کی آمد قیامت کے زمانے سے منسلک تھی ۔ حضرت عیسٰی کو موعود مسیح یقین کر لینے کے ساتھ نہ صرف پَولُس بلکہ پطرس نے بھی اسی قربِ قیامت کے تصوّر کی نشاندہی کی جو پہلے بتائی جا چکی ہے ۔ پَولُس کے معاملے میں خاص بات یہ ہے کے اس نے اس بات کو حقیقت سمجھتے ہوئے، قدیم کتابوں کی روشنی میں، منطقی دلائل کے ذریعے اسرائیلی عقیدہ کی نئی شرح یا نئی تفسیر وضع کی تاکہ خصوصاً غیر یہودی اقوام کو یہ تعلیم پیش کر سکے ۔ ذیل میں عمومی طور پر پَولُس کے خطوط سے متعلقہ اقتباسات نقل ہیں:

> اور وقت کو پہچان کر ایسا ہی کرو۔ اس لئے کہ اب وہ گھڑی آ پہنچی کہ تم نیند سے جاگو کیونکہ جس وقت ہم ایمان لائے تھے اس وقت کی نسبت اب ہماری نجات نزدیک ہے (رومیوں 13:11)

> یہ باتیں ان پر عبرت کے لئے واقع ہوئیں اور ہم آخری زمانہ والوں کی نصیحت کے واسطے لکھی گئیں (1-کرنتھیوں10:11)

> چنانچہ ہم تم سے **خداوند** کے کلام کے مطابق کہتے ہیں کہ ہم جو زندہ ہیں اور **خداوند** کے آنے تک باقی رہیں گے سوئے ہوؤں سے ہرگز آگے نہ بڑھیں گے ۔ کیونکہ **خداوند** خود آسمان سے للکار اور مقرّب فرشتہ کی آواز اور **خدا** کے نرسنگے کے ساتھ اترے گا اور پہلے تو وہ جو مسیح میں مرے جی اٹھیں گے ۔پھر ہم جو باقی زندہ ہوں گے ان کے ساتھ بادلوں پر اٹھائے جائیں گے تاکہ ہوا میں **خداوند** کا استقبال کریں اور اس طرح ہمیشہ **خداوند** کے ساتھ رہیں گے (1-تھسلنیکیوں4:15)

> مگر اب زمانوں کے آخر میں ایک بار ظاہر ہوا تاکہ اپنے آپ کو قربان کرنے سے گناہ کو مٹا دے ۔ اور جس طرح آدمیوں کے لئے ایک بار مرنا اور اس کے بعد عدالت کا ہونا مقرر ہے اسی طرح مسیح بھی ایک بار بہت لوگوں کے گناہ اٹھانے کے لئے قربان ہو کر دوسری بر بغیر گناہ کے نجات کے لئے ان کو دکھائی دے گا جو اس کی راہ دیکھتے ہیں (عبرانیوں 9:26)

تمام اقتباسات بغیر کسی ابہام کے واضح ہیں کہ پَولُس کے خیال میں بھی بنی نوع انسان کا آخری وقت آ پہنچا اور اب لوگ قیامت کا ہی مشاہدہ کرنے والے ہیں ۔ تعجب ہے کہ تین اناجیل میں بھی حضرت عیسٰی سے منسوب یہی بات مزید واضح طور پر لکھی گئی ہے :

> کیونکہ ابن آدم اپنے باپ کے جلال میں اپنے فرشتوں کے ساتھ آئے گا ۔ اس وقت ہر ایک کو اس کے کاموں کے مطابق بدلہ دے گا ۔میں تم سے سچ کہتا ہوں کہ جو یہاں کھڑے ہیں ان میں سے بعض ایسے ہیں کہ ابن آدم کو اس کی بادشاہی میں آتے ہوئے نہ دیکھ لیں گے موت کا مزہ ہرگز نہ چکھیں گے (متی 16:27)

اوپر درج کئے گئے پطرس اور پَولُس کے اقوال بظاہر قدیم تحریروں سے اخذ شدہ تھے لیکن یہاں حضرت مسیح نے بعض حواریوں کا آپ کے نزولِ ثانی کا عینی شاہد ہونے کا پیشگی بتایا۔ یہ پیشگوئی درست نہیں ثابت ہوئی ۔ اناجیل کے حوالے سے ذکر ہوا تھا کہ چاروں مصنفین نے حضرت مسیح کو ابن آدم لکھتے وقت خصوصی احتیاط برتی کہ ہر ایک موقع پر حضرت مسیح نے اپنی طرف مخاطبین کو متوجہ کیا تو ہمیشہ ابن آدم کے الفاظ استعمال کئے جیسا کہ اس اقتباس میں نظر آتا ہے ۔ عینی شاہد نہ ہوتے ہوئے بھی چاروں مصنفوں نے لفظ "اِبن آدم" پر خصوصی توجہ نہ رکھی ہوتی تو بآسانی اناجیل کی یہ خاصیت زائل ہو سکتی تھی ۔ اس لئے یہ باعثِ تعجب ہے کہ مصنفین نے حضرت مسیح کے نزولِ ثانی کے متعلق خود اپنے تصوّر یا خیال کو آپ کی طرف منسوب کر دیا ۔ فی الوقت ہم یہ کہتے ہیں کہ حضرت عیسٰی نے بالضرور اپنی آمدِ ثانی کا اپنے حواریوں کو بتایا لیکن اس کا درست مفہوم مصنفوں تک نہیں پہنچ سکا ۔اس ضمنی تذکرہ کے بعد قارئین کو متوجہ کرتے ہیں کہ مندرج اقتباسات سے ہمارا اصل مقصد یہ نمایاں کرنا تھا کہ پَولُس کے خیال میں دنیا کا خاتمہ بہت جلد ہونے والا ہے ۔

ایک اضافی قابلِ توجّہ بات یہ ہے کہ تیسرے اقتباس میں ہم نے چند الفاظ گہری روشنائی سے نمایاں کئے ہیں ۔ اس اقتباس میں پَولُس نے ایک مرتبہ لفظ "خدا" استعمال کیا ہے لیکن حضرت عیسٰی کے لئے پانچ مرتبہ "خداوند" اور ایک مرتبہ مسیح لکھا ہے۔ یہ اس نے وہ موضوع بتانے کے لئے کیا ہے جو اس زندگی سے نہیں بلکہ دوسری زندگی سے متعلق ہے ۔عیسائی عقیدہ میں اس زمین پر حضرت عیسٰی

اپنی جسمانی حیثیت میں ایک فانی انسان تھے جن میں خدا اپنے "بیٹا" کے اقنوم کی صورت میں حلول تھا لیکن پَولُس کا اشارہ آسمانی زندگی کی طرف ہے اس لئے اسے حضرت عیسٰی کے لئے "خداوند" نہیں استعمال کرنا چاہئے تھا۔ اس کے اس اقتباس سے حضرت عیسٰی کو خدا کا حقیقی بیٹا ہونا یا تین میں سے ایک وغیرہ اخذ کرنا غیر ممکن ہے۔ دوسرے الفاظ میں کم از کم اب تک کی بحث میں پَولُس اس تصوّر کا ذمہ دار نہیں ٹھہرتا۔

باب 10

مسیح پر ایمان پَولُس کی نظر میں

حضرت عیسٰی کو خدا کا بیٹا سمجھنا اور آپ کا حضرت آدم کے دائمی گناہ کا کفارہ ادا کرنا عیسائی عقیدہ کے دو اہم ترین اجزا ہیں ۔ تحریر کے اس مقام پر ہمارے پیشِ نظر پَولُس نے جو کچھ اس تصوّر کے متعلق پیش کیا اسے بیان کرنا ہے ۔ ان اجزا کے پس منظر کے حوالے سے پہلی بات تو یہ کہ ابتدائی عیسائی کتابیں یعنی زمانی ترتیب میں رسولوں کے اعمال، پَولُس کے خطوط اور انجیل مرقس میں حضرت عیسٰی کی معجزانہ پیدائش کا تذکرہ نہیں کیا گیا ۔آنجناب کی معجزانہ پیدائش کی تفصیلات مرقس کے بعد لکھی جانے والی انجیل متی اور انجیل لوقا میں ہی بتائی گئی ہیں ۔ لوقا کتاب اعمال کا بھی مصنف ہے لیکن عجیب بات ہے کہ اس نے وہاں اس عظیم واقعہ کا تذکرہ نہیں کیا ۔ حد یہ ہے کہ تینوں اناجیل مرقس، متی اور لوقا گلیل کے علاقہ ناصرہ کے باشندوں کا ایک قول بتاتی ہیں جو متی میں سے ذیل میں نقل کیا جاتا ہے ۔ ناصرہ وہ شہر ہے جہاں حضرت عیسٰی کی پرورش ہوئی تھی ۔ موقع یہ ہے کہ حضرت عیسٰی ناصرہ سے باہر اپنا دعوتی دورہ مکمل کرکے اپنے شہر واپس آئے اور وہاں کی یہودی عبادت گاہ میں لوگوں کو خدا کے دین کی طرف رجوع ہونے کی دعوت دی :

> اور اپنے وطن میں آکر ان کے عبادت خانہ میں ان کو ایسی تعلیم دینے لگا کہ وہ حیران ہو کر کہنے لگے کہ اس میں یہ حکمت اور معجزے کہاں سے آئے؟کیا یہ بڑھئی کا بیٹا نہیں؟ اور اس کی ماں مریم اور اس کے بھائی یعقوب اور یوسف اور شمعون اور یہوداہ نہیں؟ اور کیا اس کی سب بہنیں ہمارے یہاں نہیں؟ پھر اس میں یہ سب کہاں سے آیا؟ اور انہوں نے اُس کے سبب سے ٹھوکر کھائی ۔ مگر یسوع نے ان سے کہا کہ نبی اپنے وطن اور اپنے گھر کے سوا اور کہیں بے عزت نہیں ہوتا (متی13:54)

حضرت عیسٰی کی معجزانہ پیدائش بنی نوع انسان کے اس زمین پر جاری تولیدی عمل کی تمام تاریخ میں ایک تنہا مثال ہے ۔ آپ کے

علاقے کے وہ لوگ جو بچپن سے آپ کو اور حضرت مریم کے پورے گھرانے کو جانتے تھے اگر آنجناب کی اس تنہا مثال سے واقف ہوتے تو وہ ایسا نہیں کہہ سکتے تھے جو انہوں نے اس اقتباس میں کہا یہاں آپ کے واقف کار آپ کو بڑھئی یوسف اور حضرت مریم کا بیٹا کی حیثیت سے شناخت کر تے ہیں۔ مذکورہ عیسائی کتابوں کے مصنف انہی یوسف کو حضرت داؤد کی نسل سے متعین کرنے کی وجہ سے حضرت عیسیٰ کو جگہ بہ جگہ "خدا کا داؤد سے عہد" کا مصداق قرار دیتے ہیں یہاں، بقول متی، حضرت عیسیٰ کا اپنے مخاطبین کو اپنی طرف متوجہ کر نے کے لئے لفظ "نبی" استعمال کرنا بھی توجّہ طلب ہے۔

متی ہو یا لوقا دونوں نے حضرت عیسیٰ کو ابن داؤد کی حیثیت سے متعارف کیا، آنجناب کے رشتہ داروں اور علاقہ کے لوگوں کا یہ قول بھی تحریر کیا لیکن ساتھ ہی آپ کی معجزانہ پیدائش بھی تفصیل سے بیان کی۔ یہ متضاد باتیں از خود ظاہر کرتی ہیں کہ وہ حضرات واقعات صحیح طرح سمجھ نہ سکے۔ پَولُس بھی ابتدائی چند سال آپ کو ابن داؤد سے منسوب پیشگوئی کا مصداق کی حیثیت سے "کلام کی دعوت" کی تبلیغ کرتا تھا۔ وہ آنجناب کی معجزانہ پیدائش کے ساتھ ساتھ آپ کے عروجِ آسمانی کے واقعہ کی تفصیل سے بھی مکمّل واقف نہ تھا۔ ایک موقع پر کہتا ہے:

> پس جو رویا اور مکاشفے خداوند کی طرف سے عنیت ہوئے ان کا میں ذکر کر تا ہوں۔ میں مسیح میں ایک شخص کو جانتا ہوں چودہ برس ہوئے کہ وہ یکایک تیسرے آسمان تک اٹھا لیا گیا۔ نہ مجھے یہ معلوم کہ بدن سمیت نہ یہ معلوم کہ بغیر بدن کے۔ یہ خدا کو معلوم ہے (2-کرنتھیوں12:1)

حضرت عیسیٰ کے ان واقعات کی تفصیل حواریوں کے توسط سے اناجیل میں درج ہیں کہ صلیب کے تیسرے روز حیاتِ ثانیہ اور آپ کی حواریوں کے ساتھ کھانے میں شرکت یہاں تک کہ ایک حواری کو اپنے ہاتھ کے سوراخ میں انگلی ڈلوا کر میخوں سے ہونے والے زخم کا مشاہدہ کروانا پھر ان کی نظروں کے سامنے فرشتوں کے ہمراہ عروجِ آسمانی بیان کئے گئے ہیں۔ پھر یہ بھی قوی امکان ہے کہ پَولُس خود اس وقت یروشلم میں موجود تھا۔ کم از کم ستفنس کی یروشلم میں شہادت کے واقعہ میں تو ملوث تھا۔ عجیب بات ہے کہ واقعہ کے چودہ

سال بعد وہ ایسی بات لکھتا ہے جبکہ اس سے پہلے کافی وقت پطرس کے ساتھ اور برنباس کے ساتھ بھی گزار چکا تھا۔ پھر وہ یہاں حضرت عیسٰی کی طرف سے مکاشفہ نہیں بلکہ مکاشفے عنایت ہونا بتاتا ہے لیکن وہ ابھی تک حضرت عیسٰی کی معجزانہ پیدائش سے واقف نہیں اور نہ ہی آپ کے عروجِ آسمانی کی تفصیل سے واقف ہے۔ پَولُس کے خطوط کا بغور مطالعہ کیا جائے تو محسوس کیا جا سکتا ہے کہ اس نے حضرت عیسٰی کو دو الگ خصوصیات کے ساتھ لوگوں میں متعارف کیا۔پہلی خاصیت کی مثال ذیل کے اقتباس میں دیکھی جا سکتی ہے:

> پَولُس کی طرف سے جو یسوع مسیح کا بندہ ہے اور رسول ہونے کے لئے بلایا گیا اور **خدا** کی اس خوشخبری کے لئے مخصوص کیا گیا ہے ۔ جس کا اس نے پیشتر سے اپنے نبیوں کی معرفت کتاب مقدس میں **اپنے بیٹے** ہمارے **خداوند یسوع مسیح** کی نسبت وعدہ کیا تھا جو جسم کے اعتبار سے تو داؤد کی نسل سے پیدا ہوا لیکن پاکیزگی کی روح کے اعتبار سے مردوں میں سے جی اٹھنے کے سبب سے قدرت کے ساتھ **خدا** کا بیٹا ٹھہرا۔۔۔ ہمارے **باپ خدا** اور **خداوند یسوع مسیح** کی طرف سے تمہیں فضل اور اطمینان حاصل ہوتا رہے (رومیوں 1:1)

یہاں پَولُس حضرت عیسٰی کو "مسیح موعود" یعنی حضرت داؤد سے خدا کا عہد کا مصداق ہونے کی حیثیت سے پیش کرتا ہے کہ وہ جسم کے اعتبار سے حضرت داؤد کی نسل سے تھے تاہم وہ اپنے طور پر آنجناب کو "خدا کا بیٹا" ٹھہراتا ہے اور اس بات کے لئے دو شہادتیں بیان کرتا ہے۔ پہلی یہ کہ آپ کی ہستی پاکیزگی کی روح کی حامل تھی اور دوسری یہ کہ آپ وفات کے بعد دوبارہ جی اٹھے ۔عہد نامہ عتیق کی بیشتر کتابوں میں مجازی معنوں میں خدا کا بیٹا اسی پاکیزگی کی روح کا حامل ہونا یا نیک سیرت ہونا کی بنیاد پر تصوّر کیا گیا ہے ۔جہاں تک دوبارہ جی اٹھنے کا سوال ہے تو اس فقرہ میں واضح نہیں کہ اس سے اس کی کیا مراد ہے تاہم غور طلب بات یہ ہے کہ وہ حضرت مسیح کی معجزانہ پیدائش کی طرف لوگوں کو متوجہ نہیں کر تا اور نہ ہی عروجِ آسمانی کی طرف اشارہ کرتا ہے۔ علاوہ ازیں وہ حضرت عیسٰی کو اپنا خداوند سمجھتا ہے جبکہ خدا کو مجازی معنی میں "ہمارے باپ خدا" لکھتا ہے۔ لیکن اس نوعیت کی پہلی خصوصیت کے ساتھ وہ دیگر

مواقع پر حضرت عیسیٰ کو اس سے بالکل مختلف خصوصیات میں اپنے مخاطبین کے سامنے پیش کر تا ہے:

> اور وہ ان دیکھے خدا کی صورت اور تمام مخلوقات سے پہلے مولود ہے کیونکہ اسی میں سب چیزیں پیدا کی گئیں،آسمان کی ہوں یا زمین کی دیکھی ہوں یا ان دیکھی تخت ہوں یا ریاستیں یا حکومتیں یا اختیارات ۔ سب چیزیں اسی کے وسیلہ سے اور اسی کے واسطے پیدا ہوئیں ہیں ۔ اور وہ سب چیزوں سے پہلے ہے اور اسی میں سب چیزیں قائم رہتی ہیں ۔ وہی ابتدا ہے اور مردوں میں سے جی اٹھنے والوں میں پہلوٹھا تاکہ سب باتوں میں اس کا اوّل درجہ ہو کیونکہ باپ کو یہ پسند آیا کہ ساری معموریت اسی میں سکونت کرے (کلسّیوں1:15)

> کیونکہ الوہیّت کی ساری معموری اسی میں مجسم ہو کر سکونت کرتی ہے (کلسّیوں2:9)

> لیکن جب وقت پورا ہوگیا تو خدا نے اپنے بیٹے کو بھیجا جو عورت سے پیدا ہوا (گلتیوں4:4)

یہاں پَولُس کا حضرت عیسیٰ کو بالکل دوسری حیثیت سے بتانا واضح ہے ۔ لفظ "الوہیّت" لکھ کر اس نے حضرت عیسیٰ کو خدا میں شریک کرنا واضح کر دیا ہے ۔ اس کا" خدا کے بیٹے کو عورت سے پیدا ہونا" لکھنا سے شبہ ہوتا ہے کہ وہ حضرت عیسیٰ کی معجزانہ پیدائش سے بعد میں کسی نہ کسی وقت واقف ہوا اور تب ہی اس کو حضرت عیسیٰ "الوہیّت" میں شریک نظر آئے ورنہ اس کا "عورت سے پیدا ہونا" لکھنا بے معنی بات ہے ۔ پَولُس نے حضرت عیسیٰ کو خدا کا حقیقی بیٹا ہونے کا تصوّر کُتبِ مقدّسہ سے نقلی طور پر ثابت کیا کہ اگر چہ یہ تصوّر بنی اسرائیل کی نظروں سے اوجھل رہا لیکن ایک ہزار سال قبل ان کو بتا دیا گیا تھا۔ پَولُس کا مندرجہ ترتیب میں آخری خط یہودیوں کے لئے لکھا گیا جس کی ابتدا میں وہ کہتا ہے:

> اگلے زمانہ میں خدا نے باپ دادا سے حصّہ بہ حصّہ اور طرح بہ طرح نبیوں کی معرفت کلام کر کے اس زمانہ کے آخر میں ہم سے بیٹے کی معرفت کلام کیا جسے اس نے سب چیزوں کا وارث ٹھہرایا اور جس کے وسیلہ سے اس نے عالم بھی پیدا کئے ۔ اور وہ اس کے جلال کا پرتو اور اس کی ذات کا نقش ہو کر سب چیزوں کو اپنی قدرت کے کلام سے سنبھالتا ہے ۔ وہ گناہوں کو دھو کر عالمِ کبریا کی دہنی طرف جا بیٹھا ۔ اور

فرشتوں سے اسی قدر بزرگ ہو گیا جس قدر اس نے میراث میں ان سے افضل نام پایا ۔ کیونکہ فرشتوں میں سے اس نے کب کسی سے کہا کہ

تو میرا بیٹا ہے
آج تو مجھ سے پیدا ہوا؟
اور پھر یہ کہ
میں اس کا باپ ہوں گا اور وہ میرا بیٹا ہو گا؟(عبرانیوں 1:1)

اس اقتباس کے شروع میں پَولُس نے وہی باتیں ملتے جلتے الفاظ میں دہرائیں جو ہم نے اوپر نقل کیں لیکن گھری روشنائی سے نمایاں فقروں میں اس کا اشارہ بائیبل کی طرف ہے ۔ حضرت عیسیٰ کی جو حیثیت وہ یہودیوں کو تسلیم کرانا چاہتا ہے اس کے حق میں دلائل بائیبل میں ڈھونڈتا ہے اور ان کے آگے پیش کرتا ہے کہ دیکھو یہ ہماری کُتبِ مقدّسہ میں پہلے سے چلی آر ہی ہیں ۔ پَولُس کے خطوط میں اور تمام اناجیل میں عام طریقہ ہے کہ کُتبِ مقدّسہ میں سے ایک فقرہ یا چند فقرے نقل کئے جاتے ہیں جو ان کے بیان کردہ مدعا کی مطابقت میں ہوں ۔بائیبل کی تحاریر اتنی وسیع نوعیت کی ہیں کہ کسی نقطۂ نظر کی موافقت کے لئے کوئی فقرہ انسان ان کتابوں میں تلاش کرنا چاہے تو وہ اس کو بآسانی مل جاتا ہے ۔ یہ الگ بات ہے کہ اس فقرہ کا سیاق اس نقطۂ نظر سے مطابقت نہ رکھتا ہو ۔پھر ایک اور دلچسپ بات یہ ہے کہ نظریہ اگر حقیقت سے بعید ہو تو اس سے عدم مطابقت پر مبنی جملے بھی انہی تحاریر میں ملتے ہیں ۔ لیکن زیرِ بحث موضوع خصوصاً پَولُس کی تحریروں سے اندازہ ہوتا ہے کہ پیش کردہ نقطۂ نظر سے عدم مطابقت رکھنے والی بائیبل کی وہ تحریریں اس نے نظر انداز کر دیں ۔ اس نکتہ کی درستگی کے لئے چند مثالیں جلد نقل کی جائیں گی ۔ یہاں جو اشعار پَولُس نے تحریر کئے اس کی تفصیلی وضاحت ضروری ہے اس لئے ذیل میں مکمّل نظم نقل کی جاتی ہے:

قومیں کس لئے طیش میں ہیں
اور لوگ کیوں باطل خیال باندھتے ہیں
خداوند اور اس کے مسیح کے خلاف
زمین کے بادشاہ صف آرائی کر کے
اور حاکم آپس میں مشورہ کر کے کہتے ہیں
آؤ ہم ان کے بندھن توڑ ڈالیں
اور ان کی رسیاں اپنے اوپر سے اتار پھینکیں
وہ جو آسمان پر تخت نشین ہنسے گا
خداوند ان کا مضحکہ اڑائے گا

تب وہ اپنے غضب میں ان سے کلام کرے گا
اور اپنے قہرِ شدید میں ان کو پریشان کر دے گا
میں تو اپنے بادشاہ کو
اپنے کوہ مقدس صیّون پر بٹھا چکا ہوں
میں اس فرمان کو بیان کروں گا
خداوند نے مجھ سے کہا تو میرا بیٹا ہے
آج تو مجھ سے پیدا ہوا
مجھ سے مانگ اور میں قوموں کو تیری میراث کے لئے
اور زمین کے انتہائی حصے تیری ملکیت کے لئے تجھے بخشوں گا
تو ان کو لوہے کے عصا سے توڑے گا
کمہار کے برتن کی طرح تو ان کو چکنا چور کر ڈالے گا
1پس اب اے بادشاہو!دانش مند بنو
اے زمین کے عدالت کرنے والو تربیت پاؤ(زبور 2:1)

زبور کی اس مکمّل نظم یا مزمور کا مجموعی مفہوم ایک ہی ہے ۔ اس میں شاعر نے حضرت داؤد سے تصادم کی خواہش رکھنے والے بادشاہوں کو متنبہ ہے کہ چونکہ خدا کی حمایت اور تائید آپ کے ساتھ ہے اس لئے وہ ناکام رہیں گے ۔ان کے حق میں بہتر ہے کہ وہ راست بازی اختیار کریں ۔حضرت داؤد مجازاً بتاتے ہیں کہ خدا نے ان کو اپنا بیٹا قرار دیا ہے اس لئے وہ آپ کے خلاف جارحانہ عزائم اختیار نہ کریں ۔ اس مزمور میں سے پَولُس کی مذکورہ پیشگوئی کس طرح نکالی جا سکتی ہے؟ پَولُس نے جس طریقہ پر اسے بیان کیا اس کے لحاظ سے مزمور میں "خداوند نے مجھ سے کہا" کے بجائے "خداوند نے اس سے کہا" لکھا ہونا چاہئے تھا ۔چونکہ وہاں ایسا نہیں لکھا گیا تھا ،لہٰذا پَولُس کو یہ الفاظ اپنے قول میں تبدیل کرنا پڑے۔ اس نے بعینہ یہی حذف شدہ الفاظ تین مزید مقامات پر یعنی اعمال 13:33، عبرانیوں 1:5 اور عبرانیوں 5:5 میں بھی اسی دلیل کے لئے استعمال کئے ۔ بائیبل کی قدیم کتابوں کو کُتبِ مقدّسہ سمجھنے والے شخص سے دوسروں کو اس کتاب کی تعلیم دیتے وقت الفاظ میں اہمیت کی حامل معنوی تبدیلی یا الفاظ حذف کرنے کی توقع نہیں کی جا سکتی ۔

پَولُس اوپر اقتباس میں آخری فقرہ "میں اس کا باپ ہوں گا اور وہ میرا بیٹا ہو گا" استفہامیہ لکھتا ہے کہ خدا نے کب کسی فرشتہ سے ایسا کہا ۔ وہ اس فقرہ کو حضرت عیسیٰ کے لئے مخصوص کرتا ہے جو کہ انتہائی عجیب بات ہے ۔ ہم یہ سمجھنے سے قاصر ہیں کہ اس نے کس ذہن سے یہودیوں کو یہ بتانے کی غلطی کی کہ یہ حضرت مسیح

کے لئے کہا گیا تھا ۔ عہد نامہ عتیق کی تمام کتابوں میں یہ فقرہ صرف ایک جگہ ملتا ہے اور وہ خدا کی طرف سے بہ وسیلہ نبی ناتن حضرت داؤد کے لئے کہا گیا تھا کہ ان کا بیٹا سلیمان خدا کا گھر بنائے گا اور خدا ان کو اپنا بیٹا ہونے کا اعزاز عطا کرے گا (2-سیموئیل 7:13)۔ اس اقتباس پر تفصیلی بحث صفحہ پہلے کی جا چکی ہے ۔خدا کے اسی بیان کے تسلسل میں یرمیاہ نے حضرت داؤد کے حق میں ابدی بادشاہت کا خدا کا عہد تصنیف کیا تھا ۔خود پَولُس کے کہنے کے مطابق یہودی صدیوں سے یہ "خوشخبری" سچ ہونے کے منتظر چلے آ رہے تھے لہٰذا یہودیوں کا اس خوشخبری کی تفصیلات سے گہری واقفیت رکھنا کہیں زیادہ متوقع ہو نا چاہئے تھا ۔ جو بات حضرت سلیمان کے لئے کہی گئی تھی اسے حضرت عیسٰی کے لئے مخصوص کرنا پَولُس کے لئے بہت خطرہ کی بات ہونی چاہیئے تھی کہ ایسا لکھنے پر کہیں وہ پکڑ نہ لیا جائے لیکن بظاہر اسے کوئی خوف محسوس نہ ہوا ۔ پَولُس نے اسی طرح موقع بہ موقع قدیم کتب کے چند فقرے یا چند اشعار سیاق سے الگ کر کے اپنی تعلیم کی صداقت کے لئے بطورِ دلیل استعمال کئے ہیں ۔ہماری تحریر کے حصّہ اوّل میں واضح کردہ کُتبِ مقدّسہ کی حقیقت جان لینے کے بعد ہمیں پَولُس کے لکھے گئے مزید حوالہ جات کے تجزیہ کی ضرورت باقی نہیں رہتی ۔یہاں ہم قارئین کو دکھانا چاہتے تھے کہ پَولُس کُتبِ مقدّسہ کی تحاریر جس طرح استعمال کرتا ہے وہ اسے مناسب نہیں تھا ۔

گناہِ آدم اور اس کے نتائج

پَولُس کے زمانے میں جس حد تک غیر اقوام اور خود اس کی قوم بالعموم جن اخلاقی پستیوں کا شکار تھے ان کی اس حالت کی تاویل اس نے بائیبل میں تلاش کرنے کی کوشش کی اور اپنی ذہنی استعداد کے مطابق ایک نظریہ قائم کیا جو اس کی پیش کردہ تعلیمات کی بنیاد ہے ۔ پَولُس لکھتا ہے:

> پس جس طرح ایک آدمی کے سبب سے گناہ دنیا میں آیا اور گناہ کے سبب سے موت آئی اور یوں موت سب آدمیوں میں پھیل گئی اس لئے کہ سب نے گناہ کیا (رومیوں 5:12)

کیونکہ ہم یہودیوں اور یونانیوں دونوں پر پیشتر ہی سے الزام لگا چکے ہیں کہ وہ سب کے سب گناہ کے ماتحت ہیں (رومیوں 3:9)

اس لئے کہ سب نے گناہ کیا اور خدا کے جلال سے محروم ہیں (رومیوں 3:23)

جس پہلے گناہ کی طرف پَولُس کا اشارہ ہے وہ بائیبل کی پہلی کتاب پیدائش میں حضرت آدم و حوا کی باغِ عدن میں تخلیق کے واقعات میں درج ہے۔ متعلقہ تفصیل ذیل میں نقل کی جاتی ہے:

اور خداوند خدا نے آدم کو لے کر باغِ عدن میں رکھا کہ اس کی باغبانی اور نگہبانی کرے۔ اور خداوند خدا نے آدم کو حکم دیا اور کہا کہ تو باغ کے ہر درخت کا پھل بے روک ٹوک کھا سکتا ہے۔ لیکن نیک و بد کی پہچان کے درخت کا کبھی نہ کھانا کیونکہ جس روز تو نے اس میں سے کھایا تو مرا . . . تب سانپ نے عورت سے کہا کہ تم ہرگز نہ مرو گے۔ بلکہ خدا جانتا ہے کہ جس دن تم اسے کھاؤ گے تمہاری آنکھیں کھل جائیں گی اور تم خدا کی مانند نیک و بد کے جاننے والے بن جاؤ گے (پیدائش 2:15)

بائیبل میں آگے بیان ہے کہ حضرت آدم و حوا سانپ کے بہکانے سے خدا کی حکم عدولی کر بیٹھے، لہٰذا ان کو باغِ عدن سے خارج کر دیا گیا۔ یہ تفصیلات پہلے زیرِ بحث آچکی ہیں۔غور طلب بات یہ ہے کہ پَولُس کی نظر میں ہر انسان زمین پر پیدا ہونے کے بعد مرتا ہے اس کی وجہ یہ ہے کہ حضرت آدم کے گناہ کے نتیجے میں آپ کی تمام اولاد میں وہ گناہ سرایت کر گیا اس لئے ہر ایک پر موت کا حکم بھی نافذ کر دیا گیا تھا۔ پَولُس انسانی موت کو حضرت آدم کے پہلے گناہ کا لازمی نتیجہ قرار دیتا ہے۔ وہ آگے چل کر بتاتا ہے کہ خدا نے اس گناہ کا ازالہ زمین پر انسانی حیات کے خاتمہ کے زمانے میں حضرت عیسٰی کے مصلوب ہونے کے ذریعے کر دیا ہے۔

گناہ کا کفارہ

اس لئے کہ جو کام شریعت جسم کے سبب سے کمزور ہو کر نہ کر سکی وہ خدا نے کیا یعنی اس نے اپنے بیٹے کو گناہ آلودہ جسم کی صورت میں اور گناہ کی قربانی کے لئے بھیج کر جسم میں گناہ کی سزا کا حکم دیا (رومیوں 8:3)

> اسے خدا نے اس کے خون کے باعث ایک ایسا کفّارہ ٹھہرایا جو ایمان لانے سے فائدہ مند ہو تاکہ جو گناہ پیشتر ہو چکے تھے اور جن سے خدا نے تحمل کر کے طرح دی تھی ان کے بارے میں وہ اپنی راست بازی ظاہر کرے (رومیوں 3:25)

وہ ہمارے گناہوں کے لئے حوالہ کردیا گیا اور ہم کو راست باز ٹھہرانے کے لئے جلایا گیا (رومیوں 4:25)

مسیح کتاب مقدس کے مطابق ہمارے گناہوں کے لئے مرا (1-کرنتھیوں15:3)

پَولُس نے مندرجہ الفاظ میں واضح کیا کہ انسانیت دائمی گناہ میں قید تھی ، لہٰذا اس قید سے نجات کے لئے خدا نے اپنے بیٹے کو بھیجا تاکہ وہ خود کو موت کے حوالے کر دے اور اس طرح تمام انسانیت کی طرف سے اس اوّلین گناہ کا کفارہ ادا ہوجائے ۔ پَولُس نے حضرت عیسیٰ کے عقیدۂ کفارہ سے منسلک واقعات یعنی مصلوب ہونا، تین روز بعد دوبارہ زندہ کیا جانا اور اس کے بعد عروجِ آسمانی جیسے واقعات کی روشنی میں اپنے پیش کردہ عقیدہ کی دیگر جزئیات وضع کیں جن میں اہم ترین جزو یہ تھا کہ یسوع کی قربانی کے سبب سے ایسی نعمت پیدا ہوئی جس سے انسان خدا کی نظر میں راست باز ٹھہر کر ہمیشہ کی زندگی حاصل کر سکتا ہے اور یہ نعمت حضرت مسیح پر ایمان لا کر ہی مل سکتی ہے :

> اگر تو اپنی زبان سے یسوع کے خداوند ہونے کا اقرار کرے اور اپنے دل سے ایمان لائے کہ خدا نے اسے مُردوں میں سے جِلایا تو نجات پائے گا (رومیوں 10:9)

> آدمی شریعت کے اعمال سے نہیں بلکہ صرف یسوع مسیح پر ایمان لانے سے راست باز ٹھہرتا ہے خود بھی مسیح یسوع پر ایمان لائے تاکہ ہم مسیح پر ایمان لانے سے راست باز ٹھہریں نہ کہ شریعت کے اعمال سے ۔ کیونکہ شریعت کے اعمال سے کوئی بشر راست باز نہ ٹھہرے گا (گلتیوں2:16)

> ہم جتنوں نے مسیح یسوع میں شامل ہونے کا بپتسمہ لیا تو اس کی موت میں شامل ہونے کا بپتسمہ لیا ۔ پس موت میں شامل ہونے کے بپتسمہ کے وسیلہ سے ہم اس کے ساتھ دفن ہوئے تاکہ جس طرح مسیح باپ کے جلال کے وسیلہ سے مُردوں میں سے جِلایا گیا اسی طرح ہم بھی نئی زندگی میں چلیں (رومیوں 6:3)

پَولُس نے انسانی نجات کے لئے شریعت کے اعمال کے بجائے حضرت مسیح پر پَولُس کی بتائی گئی حیثیت میں ایمان لانا اسی دلیل کی روشنی میں وضع کیا جس کے تحت اس نے حضرت ابراہیم کو ختنہ کے حکم سے قبل خدا پر اپنے دل سے ایمان رکھنے کی بنا پر راست باز قرار دیا تھا ۔ شریعت رد کرنے کے حق میں اس کی دلیل تھی کہ یہ حضرت ابراہیم کے صدیوں بعد دی گئی تھی، جیسا کہ ہم نے چند صفحات قبل واضح کیا تھا ۔

وہ تیسرے اقتباس میں بتاتا ہے کہ مسیح پر ایمان لانے کے بعد بپتسمہ کی رسم (پانی سے غسل) ادا کرنے سے وہ موت تم پر واقع ہو جاتی ہے جو آدم کے گناہ کا لازمی نتیجہ تھا اور اس مرنے سے تم اس پیدائشی گناہ اور اس کے زیرِ اثر جتنے دیگر گناہ تمھارے حساب میں تھے، وہ سب دُھل جاتے ہیں یہ چونکہ ایک خیالی یا تصور تی موت ہے، حقیقت میں تو انسان مر نہیں جاتے، اس لئے وہ اپنے خطوط کی باقی تفصیلات میں بتاتا ہے کہ مسیح پر ایمان لانے کے بعد گناہ میں واپس ملوث نہ ہو جاؤ ۔

ہمارا اوپر بیان کر دہ حضرت آدم کا باغ عدن میں شجرِ ممنوعہ کھا لینے کے گناہ سے تمام انسانیت کا طبعاً گناہ گار ہو جانا ایک ایسا تصوّر ہے جو چاروں اناجیل میں حضرت عیسٰی سے منسوب کسی قول سے اخذ کر لینا غیر ممکن ہے ۔ یہ تصوّر پہلی مرتبہ صرف پَولُس کے خطوط میں ہی نظر آتا ہے، اس لئے اسی کو یہ تصوّر وضع کرنے والا پہلا شخص قرار دینا پڑتا ہے ۔ پھر پَولُس کے خطوط اناجیل سے قبل لکھے گئے اس لئے دائمی گناہ کا کفارہ ادا ہونے کا اس نظریہ کا خالق بھی پَولُس ہی قرار دیا جائے گا ۔اپنی تحریر کے اس مقام پر پہنچ کر ہمیں اس سوال کا جواب مل جاتا ہے کہ عیسائی عقیدہ کے بنیادی تصورات جو اس تحریر کی ابتدا میں ہم نے بتئے وہ در حقیقت حضرت عیسٰی سے نہیں ،آپ کے حواریوں سے بھی نہیں جنہوں نے براہ راست آنجناب سے تعلیمات حاصل کیں ،بلکہ پَولُس کے وضع کردہ ہیں ۔اس نے اپنی زندگی میں حضرت عیسٰی سے نہ کبھی رو برو تعلیم حاصل کی اور نہ ہی کسی لمحہ اس کو آنجناب کی صحبت میسر ہوئی بلکہ اس کے کہنے کے مطابق اس نے رویا میں حضرت عیسٰی کا مشاہدہ کیا اور جو کچھ تعلیمات اس نے لوگوں کے آگے پیش کیں وہ اسے مکاشفات کے ذریعے پہنچیں یہ کیسے ممکن ہے کہ حضرت

عیسیٰ اسے مکاشفہ کے ذریعے ایسے منفرد اور گنجلک عقائد کا علم دیں جو خود آپ کی اپنی پیش کردہ تعلیمات و تصورات سے بالکل مخالف نوعیت کے ہوں اور ساتھ میں پطرس، برنباس اور دوسرے حواریوں کو بھی پَولُس کی تبلیغ کے دوران ہی یہ توفیق دئے رہیں کہ وہ پَولُس کی تعلیم کے برخلاف تعلیم پھیلا کر لوگوں میں مستقل ابہام پیدا کرتے رہیں؟۔ پَولُس اور پطرس و برنباس کا اپنی راہیں جدا کر لینے کی اصل وجہ بیان کی جا چکی ہے۔

ان سب سے بھی بڑھ کر جو بات پَولُس کے خلاف جاتی ہے وہ یہ کہ اس نے ایک مرتبہ بھی اپنے عقائد کو ان الفاظ میں پیش نہیں کیا کہ حضرت عیسیٰ کی طرف سے الہام یا مکاشفہ کی صورت میں حکم ہوا ہے کہ انہیں لفظ بہ لفظ لوگوں کے آگے پیش کر دے۔ اس کے برعکس وہ ہر عقیدہ، ہر نظریہ اور ہر نکتہ کی عقلی توجیہ کتبِ مقدّسہ کے مندرجات سے اخذ کرتا ہے اور اپنے مخاطبین کو قائل کرتا ہے پھر کتبِ مقدّسہ کے مندرجات بھی ان کے سیاق سے منقطع کر کے بیان کرتا ہے اور اس پر بھی جہاں ضروری ہو وہاں ان الفاظ میں اپنی ضرورت کے مطابق ردّ و بدل کرتا ہے۔ اس کے برعکس کتبِ مقدّسہ میں خدا کی طرف سے جو احکامات بھی دئے گئے، خواہ ختنہ کا حکم ہو یا موسوی شریعت، ان کے لئے کبھی عقلی دلیل یا حکمت یا مصلحت وغیرہ بیان نہیں کی گئیں تھیں۔ اس نے حضرت عیسیٰ کے حوالے سے جو واقعات اس کے علم میں آئے ان کے پس منظر میں بائیبل کی تحریروں پر غور کیا اور زندگی کا ایک ایسا جامع مفہوم اخذ کیا جو اب تک لوگوں کی نظروں سے اوجھل تھا:

> مجھ پر جو سب مقدسوں میں چھوٹے سے چھوٹا ہوں یہ فضل ہوا کہ میں غیر قوموں کو مسیح کی بے قیاس دولت کی خوشخبری دوں اور سب پر یہ بات روشن کروں کہ جو بھید ازل سے سب چیزوں کے پیدا کرنے والے خدا میں پوشیدہ رہا اس کا کیا انتظام ہے (افسیوں3:8)

> یعنی اس بھید کی جو تمام زمانوں اور پشتوں سے پوشیدہ رہا لیکن اب اس کے مقدسوں پر ظاہر ہوا جن پر خدا نے ظاہر کرنا چاہا کہ غیر قوموں میں اس بھید کے جلال کی دولت کیسی کچھ ہے اور وہ یہ ہے کہ مسیح جو جلال کی امید ہے تم میں رہتا ہے (کلسیّوں1:26)

پَولُس کی نظر میں حضرت آدم کے گناہ سے نوعِ انسانی کو اجتماعی طور پر گناہگار سمجھنا ،حضرت عیسٰی کا گناہوں سے پاک ہونے کے باوجود صلیبی وفات سے کفارہ ادا کرنا ، آپ کی حیاتِ ثانیہ اور پھر عروجِ آسمانی سے آخرت میں ابدی بادشاہی میں آپ پر ایمان لانے والوں کی شرکت وہ جامع تصوّر ہے جو نہ پہلے کے لوگ سمجھ سکے اور نہ ہی اس کے دور میں موجود فقہا کی اس پر دسترس ہو سکی ہے - پَولُس عبرانیوں یعنی یہودیوں کے لئے لکھے گئے خط میں محنت کش ناخواندہ یہودیوں سے نہیں بلکہ مذہب سے واقف حضرات کے لئے چند گہری باتیں بیان کرنے کے بعد لکھتا ہے:

> اس کے بارے میں ہمیں بہت سی باتیں کہنا ہے جن کا سمجھانا مشکل ہے اس لئے کہ تم اونچا سننے لگے ہو - وقت کے خیال سے تو تمہیں استاد ہونا چاہیئے تھا مگر اب اس بات کی حاجت ہے کہ کوئی شخص خدا کے کلام کے ابتدائی اصول تمہیں پھر سکھائے اور سخت غذا کی جگہ تمہیں دودھ پینے کی حاجت پڑ گئی - کیونکہ دودھ پیتے ہوئے کو راست بازی کے کلام کا تجربہ نہیں ہوتا اس لئے کہ وہ بچّہ ہے - اور سخت غذا پوری عمر والوں کے لئے ہوتی ہے جن کے حواس کام کرتے کرتے نیک و بد میں امتیاز کرنے کے لئے تیز ہو گئے ہیں (عبرانیوں 5:11)

پَولُس سمجھتا ہے کہ خدا کے نظام کا جو بھید اس کے غور و فکر سے اس پر آشکارہ ہوا اس کے لوگ اسے سمجھنے کی استعداد نہیں رکھتے - غالباً اسی وجہ سے دمشق کے راستے میں پہلی مرتبہ حضرت مسیح کا مکاشفہ ہوا تو واپس حضرت مسیح کے ناخواندہ منتخب حواریوں کے پاس جانے کے بجائے تین سال کے لئے غورو فکر کی خاطر عرب چلا گیا تب دمشق آکر اپنے عقیدہ کی تبلیغ شروع کی - قدیم یہودی کتابوں کی تحاریر پہلے ہی ایسی نہ تھیں کہ ان سے کوئی بھی شخص خدا اور انسان کے درمیان تعلق کا صاف، واضح اور پُر معنی تصوّر اخذ کر سکے، اس پر مزید یہ کہ اس کے منطقی دماغ نے اسے غلط راہ پر چلا دیا -اس نوعیت کے کام کے لئے انسانی دماغ کو جو فراست درکار ہے وہ اسے حاصل نہ تھی اور خود اس کا ذہن بھی اپنے وضع کردہ تصوّر پر مکمّل واضح نہیں تھا - مثال کے طور پر اس کے پیش کردہ اہم ترین نکات میں سے ایک نکتہ حضرت عیسٰی پر ایمان کے لوازمات میں موسوی شریعت کا رد کرنا تھا -اس کو بکثرت دہرانے میں وہ خود اپنی کہی بات ہی رد کرتا رہا :

شریعت کے اعمال سے کوئی بشر اس کے حضور راست باز نہیں ٹھہرے گا اس لئے کہ شریعت کے وسیلہ سے تو گناہ کی پہچان ہی ہوتی ہے (رومیوں 3:20)

انسان شریعت کے اعمال کے بغیر ایمان کے سبب سے راست باز ٹھہرتا ہے (رومیوں 3:28)

جتنے شریعت کے اعمال پر تکیہ کرتے ہیں وہ سب لعنت کے ماتحت ہیں (گلتیوں3:10)

شریعت پاک ہے اور حکم بھی پاک اور راست اور اچھا ہے (رومیوں 7:12)

باطنی انسانیت کی رو سے تو میں خدا کی شریعت کو بہت پسند کرتا ہوں (رومیوں 7:22)

موسیٰ نے لکھا ہے کہ جو شخص اس راست بازی پر عمل کرتا ہے جو شریعت سے ہے وہ اسی کی وجہ سے زندہ رہے گا (رومیوں 10:5)

اگر چہ ہم نے پَولُس کے تحریری متن کے مختلف مباحث میں سے ایک ایک فقرہ نقل کیا لیکن ان کے سیاق میں وہی مفہوم ملتا ہے جو یہاں محسوس کیا جا سکتا ہے ۔ اس مثال سے ہماری مراد یہ ہے کہ کسی مسئلہ پر انسانی ذہن واضح ہو تو اس کا پیش کردہ مجموعی مقدمہ ایسے عدم توازن کا شکار نہیں نظر آتا جیسا کہ پَولُس کے کام میں دیکھنے کو ملتا ہے ۔

خدا کا عہد

عیسائی عقیدہ کی مآخذ کتابیں چار اناجیل سمجھی جاتی ہیں ۔ ان کو عہد نامہ جدید یا عہدِ جدید کے عنوان سے اسی طرح جانا جاتا ہے جس طرح بنی اسرائیل کی قدیم کتابوں کو عہد نامہ قدیم یا عہدِ قدیم یا عہدِ عتیق کے نام سے جانتے ہیں ۔یہودیوں کے عقائد وتصورات میں جو مرکزی نکتہ کار فرما ہے وہ خدا کے عہد ہیں جو خدا اور بنی اسرائیل کے درمیان اور اس کے جواب میں بنی اسرائیل اور خدا کے درمیان باندھے گئے ہیں ۔ حضرت ابراہیم کی اولاد کو مخصوص زمینی علاقہ وراثت میں دینے کا عہد، ختنہ کا عہد ، پھر موسوی شریعت کے مطابق سبت کی پابندی کا عہد وغیرہ کے بعد خدا کا آخری عہد حضرت داؤد سے ابدی بادشاہی کے لئے باندھا گیا تھا ۔ پَولُس اور رفقاء نے چونکہ کُتبِ مقدّسہ کی تحریروں سے اپنے زمانہ کو دنیا کا آخری زمانہ قیاس

کیا لہٰذا اس نے اپنی دانست میں اپنی تفسیر کے ذریعے غلطی درست کی کہ حضرت داؤد کا عہد در اصل آخرت کے لئے مخصوص تھا ۔ اس عہد کی آخری عہد ہونے کی حیثیت اپنی جگہ برقرار رہی صرف مفہوم بدل گیا اس لئے یہ واضح نہیں ہوتا کہ اناجیل کو عہدِ جدید کیوں قرار دیا جاتا ہے ۔ پَولُس نے کتاب یرمیاہ کے ایک اقتباس کی طرف متوجہ کر کے اس نکتہ کی وضاحت کی:

> خداوند فرماتا ہے دیکھ! وہ دن آتے ہیں کہ میں اسرائیل کے گھرانے اور یہوداہ کے گھرانے سے ایک نیا عہد باندھوں گا . . . میں اپنے قانون ان کے ذہن میں ڈالوں گا اور ان کے دلوں پر لکھوں گا . . . اس لئے کہ میں ان کی نار استیوں پر رحم کروں گا اور ان کے گناہوں کو پھر کبھی یاد نہ کروں گا (عبرانیوں 8:8)

پَولُس اس کے بعد لکھتا ہے "جب اس نے نیا عہد کیا تو پہلے کو پرانا ٹھہرایا اور جو چیز پرانی اور مدت کی ہو جاتی ہے وہ مٹنے کے قریب ہوتی ہے ۔ پَولُس نے یہ اقتباس کتاب یرمیاہ 31:31 سے اپنے الفاظ میں نقل کیا ہے جو در اصل یرمیاہ کی بہت طویل تحریر کا ایک حصّہ ہے جہاں یرمیاہ نے نبوکدنضر کے ہاتھوں جلاوطنی سے واپسی کے امکانات نظم اور نثر کی صورت میں طرح طرح سے بیان کیے ہیں ۔ یرمیاہ کی یہ تحریر یا پَولُس کا اسے نقل کرنے کا تجزیہ کرنے کی ہمیں ضرورت نہیں ۔ پَولُس نے یرمیاہ کی تحریر کو خدا کی طرف سے سمجھتے ہوئے حضرت عیسٰی کے ذریعے بنی اسرائیل سے باندھا گیا نیا عہد قرار دیا اس طرح اناجیل کی یا پَولُس کی بتائی گئی شرائط کے مطابق حضرت عیسٰی پر ایمان عہدِ جدید کہا جاتا ہے ۔

پَولُس ایسے خدا پر کیوں ایمان رکھتا ہے اور دوسروں کو ایمان لانے کی تلقین کرتا ہے جو موقع بہ موقع اپنے عہد کی نوعیت بدلتا رہا ہے ۔ قدیم کتابوں نے ہر ممکنہ پہلو سے خدا کو ایک خدا کی حیثیت سے پیش کیا اور ہر پہلو سے ایک خدا پر مکمّل ایمان کا تقضہ کیا ، لیکن اب نیا عہد باپ اور بیٹا ، ایک میں تین اور تین میں ایک کی حیثیت سے خدا پر ایمان کا مقتضی ہے ۔ پَولُس کے پاس اس بات کی کیا ضمانت ہے کہ خدا کا یہ نیا عہد خود اس کی زندگی میں آنے والی قیامت کے بعد پرانا ہو کر کسی اور نئے عہد کے لئے متروک نہ ہوجائے؟پَولُس نے اس نئے عہد کا مدار یرمیاہ کے لکھے گئے قول پر رکھا ۔ ہمیں پَولُس کا تجویز کردہ خدا کا نیا عہد بیان کرنا تھا جو صرف کتاب یرمیاہ میں

موجود ہے ۔ ہم نے اسی لئے کتاب کے حصّہ اوّل میں اور اس حصّہ کے شروع میں بہت زیادہ صفحات کتاب یرمیاہ کے تجزیہ پر استعمال کئے ہماری نظر میں ضروری تھا کہ کتاب یرمیاہ کی حقیقت ممکنہ وضاحت کے ساتھ اپنے قارئین کے سامنے رکھ دیں تاکہ عیسائی عقیدہ کے مآخذ ذرائع اور پَولُس کے نظریہ کی حقیقت واضح رہیں ۔

عملی زندگی پَولُس کی نظر میں

حضرت عیسیٰ پر پَولُس کے پیش کردہ لوازمات کے ساتھ ایمان لانے کے بعد معتقدین عملی زندگی میں کیا رویہ اختیار کریں؟ اس معاملہ میں اس نے بعض خطوط میں اپنے نقطۂ نظر پر روشنی ڈالی ۔اس کا تفصیلی جائزہ لیا جائے تو بہت مایوس کن صورت نمودار ہوتی ہے اور معلوم ہو جاتا ہے کہ خود انسان کی طبیعت، اس کے رجحانات اور دماغ و نفس کی قوتیں اور تقاضے جو ہمہ وقت ہر انسان پر حاوی رہتے ہیں ان کے متعلق اس کا غور و فکر خاصی بگڑی شکل میں تھا اور انفرادی و اجتماعی زندگی کی اصلاح کا امکان تو ایک طرف اس کی تعلیم مزید بگاڑ کا سبب بننے کے اثرات اپنے اندر پوشیدہ رکھتی تھی ۔

شریعت کے احکامات

پَولُس کی نظر میں ایک عیسائی کو ہم مذہب دوسرے افراد کے ساتھ تمام معاملات میں نیکی سے پیش آنا چاہئے ۔ اس حصّہ میں وہ تمام وہی باتیں لکھتا ہے جو عام طور پر ہر انسان ہمیشہ سے طبعاً اپنے اندر موجود دیکھتا ہے یعنی ہمدردی، بدی سے نفرت، احتیاجیں رفع کرنا اور مسافر پروری وغیرہ اور ساتھ میں قبیح حرکات سے کنارہ کشی یعنی زنا، قتل، لالچ، چوری وغیرہ سے اجتناب (رومیوں 12:9)- دوسرے حصّہ میں اس کے شمار میں وہ احکامات تھے جن کو اس نے شریعت قرار دے کر بہ دلائل رد کیا یعنی حلال و حرام کے قیود، قربانی، یومِ سبت کی پابندی وغیرہ جس کی وضاحت اوپر کی گئی تھی

۔ تاہم اس ضمن میں اس نے اپنے تمام خطوط میں صرف ایک جگہ عجیب حیران کن بات لکھی:

> جب تم مسیح کے ساتھ دنیوی ابتدائی باتوں کی طرف سے مر گئے تو پھر ان کی مانند جو دنیا میں زندگی گزار تے ہیں **انسانی احکام اور تعلیم** کے موافق ایسے قاعدوں کے کیوں پابند ہوتے ہو کہ اِسے نہ چھونا ۔اُسے نہ چکھنا ۔ اُسے ہاتھ نہ لگانا ۔ ان باتوں میں **اپنی ایجاد کی ہوئی** عبادت اور خاکساری اور جسمانی ریاضت کے اعتبار سے حکمت کی صورت تو ہے مگر جسمانی خواہشوں کے روکنے میں ان سے کچھ فائدہ نہیں ہوتا (کلسّیوں2:20)

پَولُس کُتبِ مقدّسہ پر ایمان رکھتے ہوئے انہی تحریروں سے اپنے نظریات کی صداقت کے حق میں منطقی تفسیر اور دلائل پیش کرتا رہا ہے لیکن اس اقتباس میں وہ صراحتاً شریعت کے احکامات اور عبادات کو انسانی ایجاد بتاتا ہے ۔ اس کا یہ قول کہ وہ کتابِ مقدّس پر ایمان رکھتا ہے پہلے بیان کیا جا چکا ہے ، لیکن یہاں اسی کُتبِ مقدّسہ کی تعلیم کو انسانی احکام بتاتا ہے ۔ عمومی حیثیت میں ایسا شخص جھوٹا شمار ہونا چاہئے ۔اس نے یہ تو کہیں نہیں بتایا کہ وہ کیا اشارات ہیں جو انسانی ہاتھ شناخت کرنے میں اس کے مدد گار ثابت ہوئے، لیکن وہ اس نتیجہ تک پہنچ چکا تھا ۔ غالباً P مصنف کا تمام بنی اسرائیل کے عبادتی احکامات کے فوائد بنی ہارون یا بنی صدوق بن ہارون میں مخصوص رکھنے کے حکم نے اس کی معاونت کی ہو ۔

حکومت کی اطاعت

پَولُس کے دنوں میں اس کا ملک روم کے قبضہ میں تھا جو اس وقت دنیا کی طاقتور ترین قوم تھی۔ وہ لکھتا ہے:

> ہر شخص اعلیٰ حکومتوں کا طابع دار رہے کیونکہ کوئی حکومت ایسی نہیں جو خدا کی طرف سے نہ ہو اور جو حکومتیں موجود ہیں وہ خدا کی طرف سے مقرر ہیں ۔ پس جو کوئی حکومت کا سامنا کرتا ہے وہ خدا کے انتظام کا مخالف ہے اور جو مخالف ہیں وہ سزا پائیں گے کیونکہ نیکو کار کو حاکموں سے خوف نہیں بلکہ بدکار کو ہے ۔پس اگر تو حاکم سے نڈر رہنا چاہتا ہے تو نیکی کر ۔ اس کی طرف سے تیری تعریف ہو گی کیونکہ وہ تیری بہتری کے لئے خدا کا خادم ہے لیکن اگر تو بدی کرے تو

ڈر کیونکہ وہ تلوار بے فائدہ لئے ہوئے نہیں اور خدا کا خادم ہے کہ اس کے غضب کے موافق بدکار کو سزا دیتا ہے ۔

تم اسی لئے خراج بھی دیتے ہو کہ وہ خدا کے خادم ہیں اور اس خاص کام میں ہمیشہ مشغول رہتے ہیں ۔ سب کا حق ادا کر و۔ جس کو خراج چاہئے خراج دو ۔ جس کو محصول چاہئے محصول ۔ جس سے ڈرنا چاہئے اس سے ڈرو۔ جس کی عزت کرنا چاہئے اس کی عزت کرو (رومیوں 13:1)

اگر پَولُس یہ سمجھتا تھا کہ قیامت چند سالوں میں برپا ہونے والی ہے اور روم کی حکومت سے تنازعہ کا وقت نہیں رہا تو اپنی بات کہنے کے اور بیشتر طریقے ہو سکتے تھے اور حکومت کی نظروں سے بچا جا سکتا تھا ۔ اس نے عمومی نکتہ کے طور پر لکھا کہ ہر حکومت خدا کی خادم اور خدا کی مقرر کردہ ہے ۔یہ لکھتے وقت خود اس کی قوم کی تاریخ اس کی نظر سے اوجھل تھی ۔ میکابی تحریک تو زمانے کے لحاظ سے اس کی تاریخ کا قریب ترین واقعہ تھا جس میں اُس کے اجداد نے حکومت سے صریح بغاوت کی کامیاب مہم برپا کی تھی ۔

ازدواجی زندگی پَولُس کی نظر میں

پَولُس خود شادی شدہ نہیں تھا ۔ اس نے ازدواجی زندگی کے حوالے سے اپنے معتقدین کے لئے بہت سخت اور انسانی فطرت سے بعید معیارِ زندگی تجویز کیا:

کیا تم نہیں جانتے کہ تمہارا بدن روح القدس کا مقدس ہے جو تم میں بسا ہوا ہے اور تم کو خدا کی طرف سے ملا ہے؟اور تم اپنے نہیں پس اپنے بدن سے خدا کا جلال ظاہر کرو۔مرد کے لئے اچھا ہے کہ عورت کو نہ چھوئے لیکن حرام کاری کے اندیشہ سے ہر مرد اپنی بیوی اور ہر عورت اپنا شوہر رکھے ۔۔۔ اور میں تو یہ چاہتا ہوں کہ جیسا میں ہوں ویسے ہی سب آدمی ہوں ۔۔۔ پس میں بے بیاہوں اور بیواؤں کے حق میں یہ کہتا ہوں کہ ان کے لئے ایسا ہی رہنا اچھا ہے جیسا میں ہوں لیکن اگر ضبط نہ کر سکیں تو بیاہ کر لیں کیونکہ بیاہ کرنا مست ہونے سے بہتر ہے (1-کرنتھیوں6:19)

> آدمی کے لئے یہی بہتر ہے کہ جیسا ہے ویسا ہی رہے ۔ اگر تیری بیوی ہے تو اس سے جدا ہونے کی کوشش نہ کر اور اگر تیری بیوی نہیں تو بیوی کی تلاش نہ کر ۔ لیکن تو بیاہ کرے تو بھی گناہ نہیں اور اگر کنواری بیاہی جائے تو گناہ نہیں مگر ایسے لوگ جسمانی تکلیف پائیں گے اور میں تمہیں بچانا چاہتا ہوں ۔ مگر اے بھائیوں! میں یہ کہتا ہوں کہ وقت تنگ ہے ۔ پس آگے کو چاہئے کہ بیوی والے ایسے ہوں کہ گویا ان کی بیویاں نہیں ۰۰۰ جس نے دل میں قصد کر لیا ہو کہ میں اپنی لڑکی کو بے نکاح رکھوں گا وہ اچھا کرتا ہے ۔پس جو اپنی کنواری لڑکی کو بیاہ دیتا ہے وہ اچھا کرتا ہے اور جو نہیں بیاہتا وہ اور بھی اچھا کرتا ہے (1-کرنتھیوں 7:26)

پَولُس نے روحانی ہونے کے لئے انسانی ازدواجی زندگی پر، جو مرد و عورت کی فطرت میں ایک تقاضہ کی شکل میں جبلت کے راستے سے محفوظ کردی گئی ہے ،کھلے الفاظ میں تیشہ چلایا ۔وہ مرد و عورت کو بن بیاہا رہنے اور باہمی اختلاط سے بار رہنے کو ترجیح دیتا ہے ۔ خدا نے مرد و عورت کو باہمی رضامندی سے اکٹھا رہنے اور فطری محبت کی استعداد مخفی جبلت کے راستے سے زوجین کے دلوں میں رکھی تاکہ باہمی اختلاط کے نتیجے میں نئی نسل پیدا ہو سکے ۔ پھر والدین کے دلوں میں پدرانہ محبت اور مامتا جیسے جذبات خلق کئے تاکہ وہ اپنی اولاد کے لئے ممکنہ بہترین وسائل مہیّا کریں اور باہم مل کر ان کی پرورش کریں تب کہیں نسلِ انسانی کا تمدنی ارتقا اور معاشرتی و علمی ترقی کا تسلسل جاری رہ سکتا ہے ۔ پَولُس کی تجویز کردہ زندگی کا تصوّر ان بدترین باتوں میں سے ہے جو کائنات میں کسی بھی انسان کے لبوں سے یا قلم سے برآمد ہو سکیں یا کبھی ہو سکتی ہیں ۔ پَولُس کے دفاع میں صرف یہ کہا جا سکتا ہے کہ وہ سمجھتا تھا قیامت چند سالوں میں برپا ہونے والی ہے لہذا کسی غیر شادی شدہ کا شادی کی جستجو کرنے کا وقت نہیں رہا ۔ لیکن یہ حقیقت ثابت شدہ ہے کہ عیسائیت نے اسے مستقل نصیحت تصوّر کیا اور اپنے درمیان رہبانیت کا نظام خلق کر کے پستی کی وہ گہرائیاں عبور کیں جن کی تفصیلات معلوم ہونے پر شدید عبرت ہوتی ہے ۔

افسوس کی بات یہ ہے کہ انجیل متی نے اس معاملہ میں پَولُس کی تائید کی ۔ لوگوں کے دماغوں میں الجھنیں پیدا کرنے کے لئے فریسی حضرت مسیح کی خطبات کے دوران اکثر اوقات مداخلت کرتے اور طرح طرح کے سوالات پوچھتے تھے ۔ انہی قسم کے سوالوں میں سے

ایک سوال انہوں نے میاں بیوی کے درمیان طلاق کے متعلق اٹھایا حضرت مسیح کا جواب سن کر آپ کے شاگردوں میں سے ایک نے مزید وضاحت چاہی۔ متی جواباً لکھتا ہے:

اس نے ان سے کہا کہ سب اس بات کو قبول نہیں کر سکتے مگر وہی جن کو قدرت دی گئی ہے۔ کیونکہ بعض خو جے ایسے ہیں جو ماں کے پیٹ ہی سے ایسے پیدا ہوئے اور بعض خو جے ایسے ہیں جن کو آدمیوں نے خوجہ بنایا اور بعض خو جے ایسے ہیں جنہوں نے آسمانی بادشاہی کے لئے اپنے کو خوجہ بنایا۔ جو قبول کر سکتا ہے وہ قبول کرے (متی 19:11)

متی نے حضرت مسیح کے ذریعے رہبانیت قابلِ ترجیح عمل بتایا کہ پَولُس اس معاملے میں تنہا نہ تھا بلکہ آپ کی تعلیم بھی یہی تھی۔ ہمیں اس سوال کا جواب دینے کی اور اپنے موضوع سے بھٹکنے کی ضرورت نہیں تاہم ضروری بات یہ ہے کہ زندگی کے اصول و ضوابط طے کرتے وقت دیکھنا پڑے گا کہ حضرت مسیح سے منسوب کوئی بات قابلِ تصدیق ہے بھی یا نہیں؟ متی کا یہ واقعہ مرقس نے 10:13 میں اور لوقا نے 18:15 میں بھی لکھا ہے لیکن وہاں شاگرد کا سوال اور آپ کا جواب نہیں تحریر کیا، یعنی رہبانیت کا تذکرہ موجود نہیں، اور انجیل یوحنا نے تو پورا واقعہ ہی نہیں لکھا۔ صرف ایک انجیل کی بنیاد پر سوالوں کی وضاحت طے کرنا شروع ہو تو بے شمار باتیں ہیں جن میں ہر ایک انجیل دوسرے کی بات رد کرتی ہے سوچنے کی بات یہ ہے کہ رہبانیت اگر خدا کی نظر میں پسندیدہ بات ہوتی تو بنی اسرائیل کے بزرگ حضرت ابراہیم، حضرت اسحٰق اور حضرت یعقوب وغیرہ رہبانیت اختیار کرنے والے پہلے افراد میں سے ہوتے۔ ایسی صورت میں انہی کی نسلوں سے بعد میں آنے والے متی، پَولُس، حضرت مسیح کی والدہ اور تمام بنی اسرائیل دنیا میں پیدا ہی کہاں ہوتے جو یہ سوالات کرتے اور جوابات بیان کرتے پھر انہی اناجیل نے حضرت مسیح کا یہ قول بھی بتایا کہ قیامت چند سالوں ہی میں آجائے گی لہٰذا اناجیل کی ہر بات درست تو نہیں ہے۔

عبرانی عیسائیوں کا رد عمل

یہودیوں میں سے وہ افراد جو حضرت عیسٰی کی تعلیمات پر ایمان لے آئے تھے یا آنجناب کے رفع آسمانی کے بعد آپ کے اصحاب کی دعوت سے متاثر ہو کر اپنے ایمان کی تصحیح کرنے پر رضا مند ہوئے ان کے لئے پَولُس کے پیش کردہ بالکل متضاد عقیدہ کی دعوت قبول کر لینا تقریباً ناممکن سمجھنا تعجب کی بات نہیں ۔ پَولُس کے مطابق ختنہ، حلال و حرام کی پابندیاں، قربانی اور یومِ سبت کی حرمت وغیرہ جن پر وہ صدیوں سے عمل پیرا تھے ان کو یکسر مسترد کرنے کے لئے پَولُس کے دلائل ایک طرف اور دوسری طرف حضرت عیسٰی کے منتخب حواریوں کی تعلیمات تھیں جن میں بنی اسرائیل بآسانی وہ دلائل دیکھتے تھے جو طبعی طور پر ان کے لئے ہر طرح قابلِ قبول ہو سکتے تھے ۔ علاوہ ازیں پَولُس کا پیش کردہ ازدواجی معاملات سے متعلق نظریہ فطرتاً قابلِ قبول نہیں ہو سکتا تھا ۔اس لئے یہ قطعی غیر متوقع نہیں کہ پَولُس کی دعوت عام مقبولیت حاصل نہ کر سکی ہو ۔ اگر چہ لوقا کی کتاب اعمال میں پطرس، برنباس اور کلیسا کے دیگر اہم شخصیات کا تذکرہ اچانک بند ہو گیا لیکن پَولُس کے خطوط سے اس بات کی تصدیق ہوجاتی ہے ۔

> اب اے بھائیوں! یسوع مسیح جو ہمارا خداوند ہے اس کے نام کے وسیلہ سے میں تم سے التماس کرتا ہوں کہ سب ایک ہی بات کہو اور تم میں تفرقے نہ ہوں بلکہ باہم یک دل اور یک رائے ہو کر کامل بنے رہو۔ کیونکہ اے بھائیوں! تمہاری نسبت مجھے خلوے کے گھر والوں سے معلوم ہوا کہ تم میں جھگڑے ہو رہے ہیں ۔ میرا یہ مطلب ہے کہ تم میں سے کوئی تو اپنے آپ کو پَولُس کا کہتا ہے کوئی اپلوس کا کوئی کیفا کا کوئی مسیح کا (1-کرنتھیوں 1:10)

> میں تعجب کرتا ہوں کہ جس نے تمہیں مسیح کے فضل سے بلایا اس سے تم اس قدر جلد پھر کر کسی اور طرح کی خوشخبری کی طرف مائل ہونے لگے (گلتیوں 1:6)

> تو یہ جانتا ہے کہ آسیہ کے لوگ مجھ سے پھر گئے (2-تیمیتھیس 1:15)

> دیماس نے اس موجودہ جہان کو پسند کر کے مجھے چھوڑ دیا اور تھسلنیکے کو چلا گیا اور کریسکنیس گلتیہ کو اور ططس دلمتیہ کو ۔ صرف لوقا میرے پاس ہے ۔ مرقس کو ساتھ لے کر آجا کیونکہ خدمت کے لئے وہ میرے کام کا ہے۔ سکندر ٹھٹھیرے نے مجھ سے بہت برائیاں کیں (2-تیمیتھیس 3:10)

پَولُس کی تمام محنت اور قربانیوں کا یہ نتیجہ نکلنا کہ اس کی تعلیمات سے متاثر ہونے والے جلد ہی دوسری تعلیمات سے متاثر ہونے لگے ،حتیٰ کہ اس کے قریبی شاگرد اسے تنہا چھوڑ کر چلے گئے یقیناً اس کے لئے باعثِ تکلیف ہوا ہو گا ۔ ططس کے لئے تو اس کا خط بھی بائیبل میں شامل ہے جس میں وہ اس کو سچّا فرزند لکھ کر مخاطب کرتا ہے ۔ پَولُس یونان کے پہلے سفر کے بعدططس ہی کے ہمراہ یروشلم آیا تھا جس کا تذکرہ کیا گیا ۔یہ قریبی شاگرد بھی آخری وقتوں میں اس سے کنارہ کش ہو گیا ۔اندازہ کیا جا سکتا ہے کہ یہودیوں میں پَولُس کی تبلیغ کامیابی حاصل نہ کر سکی ۔ وہ تمام غیر اقوام تھیں جن میں اس نے تبلیغ کے لئے اپنی محنت اور توانائیاں استعمال کیں۔ ان اقوام میں بُت پرستی بہت سے بہت اس زندگی میں کسی نوعیت کا نفسیاتی اطمینان فراہم کر سکتی تھیں ۔ پَولُس نے ایمان لانے والوں کی مرنے کے بعد کی ہمیشہ کے لئے کامیاب زندگی کا جو آسان راستہ ان کے سامنے رکھا وہ اسے بآسانی قبول کر سکتے تھے لیکن مجرد زندگی گزارنے کی جو شرائط اس نے تجویز کیں انہیں قبول کرنا ان لوگوں کے لئے آسان نہیں سمجھا جا سکتا ۔

پَولُس کی تعلیمات کا اناجیل سے موازنہ

ہماری اب تک کی بحث میں پَولُس کے تجویز کردہ عیسائی عقیدہ کی تفصیلات واضح کی گئیں ۔ اب ہمیں یہ دیکھنا ہے کہ چار اناجیل میں اس مذہب کا کیا تصوّر پیش کیا گیا ہے ۔ زیرِ بحث عقیدہ کے بنیادی اجزا کے حوالے سے کچھ اشارات خصوصاً پہلی تین اناجیل میں سے لکھے جا چکے ہیں ۔ ہم نے قصداً چوتھی انجیل کو اپنی بحث میں اب تک شامل نہیں کیا ۔اس کی وجہ یہ تھی کہ پہلی تین اناجیل مرقس ،متی اور لوقا Synoptic Gospels شمار کی جاتی ہیں ۔یہ اصطلاح عیسائی مفسرین نے تین صدی قبل متعارف کی۔ اس سے ان کی مراد ہے کہ یہ تین انجیلیں نظریہ کے اعتبار سے یکساں نقطۂ نظرپر مشتمل ہیں یعنی یہ اپنی اکثریت میں حضرت عیسیٰ کے ایک ہی نوعیت کے واقعات تقریباً ایک ہی ترتیب میں بیان کرتی ہیں ۔ لفظ "Synoptic" کا مطلب ہے

اشیاء کا ایک طرح نظر آنا جو کہ پہلی تین اناجیل کے لئے درست تسلیم کیا جا سکتا ہے ۔ چوتھی انجیل یوحنا نہ صرف واقعات کی ترتیب اور داخلی تفصیلات میں ان سے بہت کچھ مختلف ہے بلکہ اس کا نقطۂ نظر بھی منفرد ہے ۔ یہی وجہ ہے کہ ہم نے اس انجیل کا علیحدہ سے تجزیہ کیا جانا طے کیا ۔

ایک مشاہدہ ہم نے یہ کیا کہ حضرت عیسیٰ کی زندگی میں پیش آنے والے اہم ترین واقعات سے اناجیل کے مصنف بتدریج واقف ہوئے اور انہی واقعات کی روشنی میں انہوں نے آپ کی سیرت اور تعلیمات قلمبند کیں جس کا عکس ان تحریروں میں نظر آتا ہے ۔ سب سے پہلے لکھی جانے والی انجیل مرقس نے آپ کی معجزانہ پیدائش اور عروجِ آسمانی کا واقعہ بیان نہیں کیا ۔ مرقس کی انجیل میں آخری چند جملے عروجِ آسمانی پر ضرور درج ہیں لیکن وہ اس کے لکھے ہوئے نہیں بلکہ بعد میں کسی اور کی تحریر ہے ۔ اس بات کی صداقت جدید عیسائی محققین کے درمیان متفق علیہ ہے ، اس لئے طوالت سے اجتناب کی خاطر ہم اس نکتہ کی وضاحت نظر انداز کرسکتے ہیں ۔اس انجیل کے آغاز کا پہلا فقرہ ہی" یسوع مسیح ابن خدا کی خوشخبری کا شروع" لکھا گیا ہے لیکن وہ کس بناء پر آپ کو"ابن خدا" قرار دیتا ہے؟ اس کی کوئی وجہ بیان نہیں کرتا ۔ یہ فقرہ بھی اس کا لکھا گیا نہیں بلکہ بعد میں کسی نے اضافہ کیا ہے ۔ اس کی تحریر کا معیار بھی دوسری اناجیل کے مقابلے میں کم تر درجہ کا ہے ۔ تینوں اناجیل میں تحریر کا زیادہ حصّہ حضرت عیسیٰ کے دوسرے افراد کے ساتھ پیش آنے والے واقعات کے لئے استعمال ہوا ہے جن سے آپ کے مقصدِ بعثت پر کوئی روشنی نہیں پڑتی ۔ اس کے بعد جس بات پر توجہ رکھی گئی ہے وہ آپ سے صادر ہونے والے معجزات ہیں ۔ کرامات ہر زمانے میں ہی عام انسانی ذہن کو متاثرہ کرتی ہیں ۔اگرچہ حضرت مسیح کے معجزات پر کسی نوعیت کا اشتباہ غیر مناسب ہے تاہم جو بات پریشانی کا باعث بنتی ہے وہ مثلاً لوقا کے کتاب اعمال میں بیان کردہ پطرس اور پَولُس کے ہاتھوں دکھائے گئے معجزات ہیں ۔ ہم نے پطرس کا حضرت عیسیٰ پر ایمان لانے والے میاں بیوی کو اپنے الفاظ کے ذریعے فوت کر دینے کا ایک منفرد معجزہ بیان کیا تھا ۔ لوقا اسی طرح پَولُس کے بھی معجزہ کے واقعات لکھتا ہے جس میں مردہ کو زندہ کر دینا وغیرہ شامل ہیں ۔ وہ لکھتا ہے:

> اور خدا پَولُس کے ہاتھوں سے خاص خاص معجزے دکھاتا تھا یہاں تک کہ رومال اور پٹکے اس کے بدن سے چھوُا کر بیماروں پر ڈالے جاتے تھے اور ان کی بیماریاں جاتی رہتی تھیں اور بری روحیں ان میں سے نکل جاتی تھیں (اعمال 19:11)

عجیب بات یہ ہے کہ پَولُس نے اپنے کسی خط میں بھی اپنی اس خاصیت یا صلاحیت کا تذکرہ نہیں کیا اگر چہ یہ خاصیت اس کی دعوت کو الہامی قرار دینے میں بڑی معاون ہو سکتی تھی ۔مشکل یہ تھی کہ اگر وہ ایسا دعویٰ کرتا تو لوگ اس کے براہ راست مظاہرہ کا مطالبہ کر سکتے تھے ۔ پَولُس اپنے خط میں اپنے ایک شاگرد کے متعلق لکھتا ہے "بے شک وہ بیماری سے مرنے کو تھا مگر خدا نے اس پر رحم کیا اور فقط اس ہی پر نہیں بلکہ مجھ پر بھی تاکہ مجھے غم پر غم نہ ہو (فلپّیوں 2:27)"۔

اگر کہیں پَولُس اپنا رومال چھوُا دیتا تو شاگرد کے مرنے کی نوبت کہاں آنی تھی ۔ لہٰذا لوقا کا پَولُس کے معجزات کسی بالکل مختلف نوعیت کی کتاب " رسولوں کے اعمال" میں درج کر دینا الگ بات ہے اس لئے کہ وہ براہ راست پَولُس کا اپنا بیان نہ رہا ۔ اسی وجہ سے اناجیل میں حضرت مسیح کے معجزات کی کثرت غیر ضروری محسوس ہو سکتی ہے ۔

علاوہ ازیں اناجیل میں بعض مواقع پر کچھ لاپرواہی برتنے کا بھی احساس ہوتا ہے ۔ مثلاً لوقا اپنی انجیل کے شروع میں حضرت مسیح کی والدہ حضرت مریم کو خدا کے حکم کے تحت معجزانہ حمل اور ساتھ ہی میں چھ ماہ قبل حضرت یحییٰ کا بھی ان کی والدہ کے ضعیف العمری میں حمل قرار پانے کا معجزہ سے حضرت جبرئیل کے ذریعے مطلع کرتا ہے ۔تب حضرت مریم ان سے ملاقات کے لئے ان کے گھر جاتی ہیں تو وہ لکھتا ہے:

> اور جونہی الیشبع نے مریم کا سلام سنا تو ایسا ہوا کہ بچّہ اس کے رحم میں اچھل پڑا اور الیشبع روح القدس سے بھر گئی اور بلند آواز سے پکار کر کہنے لگی کہ تو عورتوں میں مبارک اور تیرے رحم کا پھل مبارک ہے ۔اور مجھ پر یہ فضل کہاں سے ہوا کہ میرے خداوند کی ماں میرے پاس آئی؟ کیونکہ دیکھ جونہی تیرے سلام کی آواز میرے کان میں پہنچی بچّہ مارے خوشی کے میرے رحم میں اچھل پڑا (لوقا 1:41)

YAHUDIYAT, ISAIYAT OR ISLAM 529

حضرت یحییٰ کے والد زکریا ہ اور ان کی بیوی دونوں ضعیف تھے اور الیشبع تمام عمر بانجھ تھیں،جیسا کہ لوقا نے بتایا، اس طرح حضرت یحییٰ کی پیدائش اور پھر حضرت یحییٰ ابھی ماں کے بطن میں ہی تھے کہ انہوں نے حضرت عیسٰی کا خفیف سا حمل قرار پانا محسوس کرلیا اور وہ حضرت عیسٰی کی آمد پہچان گئے ۔ یہ خدا کے کام ہیں جن کی کنہ انسانی عقل کے دائرہ استعداد میں نہیں آسکتی سوائے اس کے کہ خدا کی رہنمائی کسی کو میسر ہو ۔ یہاں سوچنے کی بات یہ ہے کہ لوقا آگے کی تحریر میں لکھتا ہے کہ جب یوحنا (یعنی حضرت یحییٰ) کو حضرت عیسٰی کی پیدائش کے تیس سال بعد لوگوں کو تعلیم پہنچانے اور معجزات دکھانے کی اطلاع ملی تو" اس پر یوحنا نے اپنے شاگردوں میں سے دو کو بلا کر خداوند کے پاس یہ پوچھنے کو بھیجا کہ آنے والا تو ہی ہے یا ہم دوسرے کی راہ دیکھیں؟(لوقا 7:19)۔دوسرے الفاظ میں حضرت یحییٰ ماں کے پیٹ میں ہوتے ہوئے تو حضرت عیسٰی کی آمد سے بخوبی واقف تھے لیکن جب عین مشاہدہ کا وقت ہوا تو آپ کو بھول بیٹھے ۔ اور صرف یہی نہیں بلکہ جب حضرت یحییٰ نے اپنی رسالت کی شروعات میں لوگوں کو دریائے اردن کے کنارے بپتسمہ دے کر جسمانی اور روحانی حیثیت سے پاک ہونے کی تعلیم دینا شروع کی تو حضرت عیسٰی ان کے پاس آئے اور انہوں نے آپ کو بھی بپتسمہ دیا تب" آسمان سے کبوتر کے جسم میں روح القدس نازل ہوا اور آسمان سے آواز آئی کہ تو میرا پیارا بیٹا ہے ۔ تجھ سے میں خوش ہوں "(لوقا 3:21)۔حضرت یحییٰ ماں کے پیٹ میں رہتے ہوئے آپ سے واقف تھے لہٰذا آسمانی آواز تو ان کے علم میں کسی اضافہ کا باعث نہیں ہو سکتی لیکن لوقا کیسے لکھ سکتا ہے کہ حضرت یحییٰ تھوڑے عرصہ بعد حضرت عیسٰی سے واقف نہ رہیں ۔اس نے حضرت یحییٰ کی ناواقفیت لکھتے وقت توجہ نہیں کی کہ وہ پہلے کیا لکھ چکا ہے ۔انجیل متی کا حال بھی بعض پہلوؤں سے باعثِ تشویش ہے ۔ ایک تو یہی کہ وہ حضرت یحییٰ کا حضرت عیسٰی کو بپتسمہ دینے والے واقعہ میں لکھتا ہے:

> اس وقت یسوع گلیل سے یردن کے کنارے یوحنا کے پاس س سے بپتسمہ لینے آیا ۔ مگر یوحنا یہ کہہ کر اسے منع کرنے لگا کہ میں آپ تجھ سے بپتسمہ لینے کا محتاج ہوں اور تو میرے پاس آیا ہے؟(متی3:13)

پھر اسی تسلسل میں وہ روح القدس کا کبوتر کے جسم میں اترنا اور آسمانی آواز سنائی دینا لکھتا ہے جس کو دوبارہ نقل کرنا ضروری نہیں لیکن آگے چل کر حضرت یحییٰ کی حضرت عیسیٰ سے ناواقفیت کا وہی واقعہ تحریر کرتا ہے جو لوقا نے دہرایا (متی11:2)۔وہ حضرت یحییٰ کے لئے حضرت عیسیٰ سے کہا گیا خدا کا قول بیان کرتا ہے جو در اصل نبی ملاکی نے پانچ صدی ق م میں ہیکل ثانی کی تعمیر کے بعد کسی وقت پیش کی تھی۔ دونوں اقتباس ذیل میں درج ہیں ۔

یہ وہی ہے جس کی بابت لکھا ہے کہ دیکھ میں اپنا پیغمبر تیرے آگے بھیجتا ہوں **جو تیری راہ تیرے آگے تیار کرے گا** (متی11:10)

دیکھو میں اپنے رسول کو بھیجوں گا اور وہ میرے آگے راہ درست کرے گا (ملاکی3:1)

یہ وہی ہے جس کی بابت لکھا ہے کہ دیکھ میں اپنا پیغمبر تیرے آگے بھیجتا ہوں جو تیری راہ تیرے آگے تیار کرے گا (لوقا 7:27)

"یہ وہی ہے" سے متی کی مراد حضرت یحییٰ ہیں یہاں واضح ہے کہ متی نے ملاکی کے اصل فقرہ میں حسبِ ضرورت ردّ و بدل کردیا تاکہ خدا کے اس قول کا حضرت یحییٰ پر اطلاق کر سکے کہ انہوں نے حضرت عیسیٰ کی راہ آپ کے آگے تیار کی ورنہ اس کے لئے ممکن نہیں تھا کہ اصل فقرہ سے وہ مفہوم اخذ کر سکتا ۔ ہم نے کتاب ملاکی میں درج اصل الفاظ اور متی کے تبدیل شدہ الفاظ گہری روشنائی نمایاں کر دیئے ہیں ۔متی کے لئے زیادہ آسان تھا کہ اس قول میں ردّ و بدل کرنے کے بجائے حضرت عیسیٰ کی پیدائش سے منسلک حضرت یحییٰ کی معجزانہ پیدائش کا واقعہ لکھتا لیکن اس نے اسے نہیں لکھا ۔متی نے حضرت عیسیٰ کی معجزانہ پیدائش تو لکھی لیکن حضرت یحییٰ کی معجزانہ پیدائش بیان نہ کرنے کی ایک وجہ یہ ہو سکتی ہے کہ اس نے اس معجزہ کا بیان غیر ضروری قرار دیا جس کو باور کرنے کی کوئی وجہ بظاہر نظر نہیں آتی یا اس کو اس واقعہ کا علم ہی نہ تھا ۔ لوقا نے اپنی انجیل متی کے کئی سال بعد لکھی اور اس کو اپنی تحقیق میں اس واقعہ کا علم ہو گیا تھا ۔ حضرت یحییٰ کی معجزانہ پیدائش حضرت عیسیٰ کی معجزانہ پیدائش سے الگ کوئی غیر متعلق واقعہ نہیں تھا لوقا کے مطابق حضرت یحییٰ کے والد

حضرت زکریاہ کو یروشلم میں اسی ہیکل میں حضرت جبرئیل کے ذریعے بشارت ہوئی پھر چھ ماہ بعد گلیل کے شہر ناصرہ میں حضرت مریم کو حضرت عیسٰی کی معجزانہ پیدائش کے ساتھ ہی حضرت یحییٰ کی بشارت بتائی گئی اور وہ ان کی والدہ اور اپنی رشتہ دار سے ملاقات کو جاتی ہیں تب اس موقع پر وہ بچہ کو رحم میں خوشی سے اچھلنا بتاتی ہیں۔ لیکن یہ واقعات سب سے پہلے لکھی جانے والی تحریر یعنی کتاب اعمال میں نہیں ملتے۔ پَولُس اپنے خطوط میں ذکر نہیں کرتا۔ ان تحریروں کے بعد مرقس کی انجیل لکھی گئی لیکن وہ بھی کوئی تذکرہ نہیں کرتا۔ متی صرف حضرت عیسٰی کی معجزانہ پیدائش بتاتا ہے لیکن حضرت یحییٰ کی پیدائش نہیں بتاتا جبکہ مرقس اور متی دونوں ہی کو حضرت یحییٰ کا حضرت عیسٰی کو بپتسمہ دینا اور کبوتر کا نزول بتانا تھا۔ بظاہر یہی بات قرینِ قیاس نظر آتی ہے کہ بتدریج یہ تفصیلات ان حضرات کے علم میں آئیں۔لہٰذا یہ امکان بہت کم ہے کہ حضرت عیسٰی کا مقصدِ بعثت، آپ کی تعلیمات اور ان میں موجود حکمت کی گہرائی ان حضرات پر واضح ہوسکتی تھیں۔

اوپر کے تین اقتباسات میں ایک اور قابلِ توجّہ بات یہ ہے کہ لوقا نے متی کا لکھا گیا فقرہ لفظ بہ لفظ اپنی انجیل میں نقل کیا جسے ہم نے قارئین کی سہولت کے لئے تیسرے اقتباس کی صورت میں اوپر درج کردیا ہے۔ لوقا نے اگر ملاکی نبی کا قول خود پڑھا ہوتا تو وہ شاید اسے نہ لکھتا اس لئے کہ اصل الفاظ میں وہ فقرہ حضرت یحییٰ پر چسپاں نہیں کیا جاسکتا۔ لیکن اگر اس کو بھی ان الفاظ میں کچھ ردّ و بدل کرنا ہی تھا تو متی کے الفاظ جانے بنا اس کے الفاظ کا چناؤ یا اس کے لکھنے کے انداز میں کچھ نہ کچھ فرق ضرور ملتا۔اس کا لفظ بہ لفظ متی کا قول نقل کرنا اس امکان کو جنم دیتا ہے کہ لوقا نے عہدِ قدیم کی ضخیم کتابیں ازخود پڑھنے کے دوران اتفاقاً کتاب ملاکی میں سے وہی پیشگوئی دریافت نہیں کی جو متی دریافت کر کے اور الفاظ میں مخصوص تبدیلیوں کے ساتھ اپنی انجیل میں بیان کر چکا تھا بلکہ وہ متی کی انجیل سامنے رکھ کر اپنی انجیل کو شکل دے رہا ہے۔ ان تحریروں کی یہ خاصیت ہمارا موضوع نہیں ورنہ اس بات کے لئے بہت سے شواہد دکھائے جا سکتے ہیں۔

متی حضرت عیسٰی کے صلیب کے واقعہ میں آپ کے یروشلم میں داخل ہونے پر زکریاہ نبی کی بتائی گئی پیشگوئی کی سچائی آپ کے

توسط سے ثابت کرنے کے لئے لکھتا ہے۔ دونوں اقتباسات ذیل میں درج ہیں ۔

> یہ اس لئے ہوا کہ جو نبی کی معرفت کہا گیا تھا وہ پورا ہو کہ صیّون کی بیٹی سے کہو کہ دیکھ تیرا بادشاہ تیرے پاس آتا ہے ۔ وہ حلیم ہے اور گدھے پر سوار ہے بلکہ لادو کے بچے پر ۔ پس شاگردوں نے جا کر جیسا یسوع نے ان کو حکم دیا تھا ویسا ہی کیا ۔ **اور گدھی اور بچّے کو لا کر اپنے کپڑے ان پر ڈالے اور وہ ان پر بیٹھ گیا** (متی21:4)

> اے دخترِ یروشلم خوب للکار کیونکہ دیکھ تیرا بادشاہ تیرے پاس آتا ہے ۔ وہ صادق ہے اور نجات اس کے ہاتھ میں ہے ۔ وہ حلیم ہے اور گدھے پر بلکہ جوان گدھے پر سوار ہے (زکریاہ 9:9)

اصل اقتباس میں زکریا ہ نبی نے "گدھے پر بلکہ جوان گدھے پر" لکھ کر اپنے پڑھنے والوں کو گدھے کی عمر کا کوئی عمومی اندازہ بتانے کی کوشش کی تھی جسے متی نے گدھے کا لفظ دو مرتبہ لکھنے کو کسی نامعلوم وجہ سے دو الگ گدھے قیاس کر لیا پھر ان کو گدھی اور اس کا بچہ بتا کر یروشلم داخلہ کے وقت حضرت عیسیٰ کو بیک وقت دونوں پر سوار کرا دیا تاکہ پیشگوئی سچ ہو جائے ۔قارئین تصوّر کریں کہ کوئی شخص بیک وقت دو گدھوں پر سوار ہو تو دوسروں کو کیسا نظر آئے گا ، اور دونوں کی چال کے مطابق مستقلاً توازن قائم کرتا اور گھڑی گھڑی گرتا پڑتا رہے گا ۔گدھے پر سواری کا یہ واقعہ دیگر تینوں اناجیل مرقس11:7،لوقا 19:35 اور یوحنا 12:14 میں بھی بتایا گیا ہے لیکن ان تینوں تحاریر میں گدھا صرف ایک ہے ۔

ہمارا یہ سب لکھنے کا مقصد اناجیل کے مصنفوں کے عزت و احترام میں تخفیف یا کسی عقیدت مند کی دل آزاری کرنا نہیں بلکہ یہ نشاندہی کرنا ہے کہ بنی نوع انسان کی ہدایات کے لئے خدا کی طرف سے ارسال کردہ حضرت عیسیٰ جیسے عظیم کائناتی واقعات جن ذہنی کیفیات کے تحت لکھے گئے ان کی وجہ سے خدا کے اصل پیغامات تک پہنچنا کوئی آسان بات نہیں رہ جاتا ۔مثلاً تینوں اناجیل کے مصنفوں نے دنیا کے خاتمہ سے پہلے حضرت مسیح کی دوبارہ آمد کے حوالہ سے حضرت مسیح کا خود اپنا قول بیان کیا:

> کیونکہ میں تم سے سچ کہتا ہوں کہ تم اسرائیل کے سب شہروں میں نہ پھر چکو گے کہ اِبن آدم آجائے گا (متی10:23)

میں تم سے سچ کہتا ہوں کہ جب تک یہ سب باتیں نہ ہولیں یہ نسل ہرگز تمام نہ ہوگی ۔ آسمان اور زمین ٹل جائیں گے لیکن میری باتیں نہ ٹلیں گی (مرقس13:30)،(لوقا 21:32)

لوقا نے لفظ بہ لفظ مرقس کا بیان نقل کیا اس لئے اسے الگ سے لکھنا غیر ضروری ہے ۔ ہم نے یہ بیان اس لئے نہیں لکھا کہ اناجیل کے مصنفوں کی یہ پیشگوئی پوری نہ ہونے کی نشاندہی کر سکیں ۔ اپنے زمانہ کے حالات دیکھتے ہوئے ہر زمانے میں بہتیرے لوگ قیامت قریب ہونا قیاس کرتے رہے ہیں اور ہر مرتبہ یہی نتیجہ نکلتا رہا ہے کہ ان کا قیاس غلط تھا اس لئے یہ کوئی پریشانی کی بات نہ تھی اگر اناجیل کے مصنف لکھ دیتے کہ وہ ایسا سمجھتے ہیں کہ قیامت قریب ہے ۔ مسئلہ یہ ہے کہ وہ اس قول کو حضرت مسیح سے منسوب کرتے ہیں اور وہ بھی ایسے سخت الفاظ کے ساتھ کہ آسمان و زمین ٹل جائیں لیکن میری باتیں نہ ٹلیں گی ۔اب اگر کوئی شخص ان حضرات کی بیان کردہ حضرت مسیح سے منسوب دوسری باتوں پر غور کرے تو آخر کس کسوٹی پر وہ ان مصنفوں کی لکھی گئی باتوں کی صداقت پر کھ سکے گا؟۔ ہمیں اس مشکل کا سامنا ہوتا ہے جب ہم حضرت مسیح کی پیش کردہ تعلیمات کے لئے ان کتابوں کی طرف رجوع کرتے ہیں ۔

باب 11

حضرت عیسیٰ کی تعلیمات

حضرت مسیح کے ہاتھوں دکھائے گئے معجزات کے بعد سب سے کم حصّہ میں آپ کی تعلیمات درج ہیں اور وہ بھی منتشر طریقہ سے تحریر کی گئی ہیں۔غور کیا جائے تو اہم بات یہ ملتی ہے کہ آپ نے اپنی دعوت کی ابتدا میں خود کو گلیل کے نسبتاً بڑے جغرافیائی علاقے اور قریبی دوسرے علاقوں کے عام محنت کش لوگوں پر اپنی توجّہ مرکوز رکھی ۔ اسرائیلی عوام کو دو طرح سے نفسیاتی اور اقتصادی مشکلات کا سامنا تھا ۔ ایک تو یہ کہ روم کے غلام تھے لہٰذا اپنی محنت سے پیدا کردہ آمدنی کا ایک حصّہ سالانہ جزیہ کے نام پر ان سے چھین لیا جاتا تھا پھر شریعت کے تقاضہ کے طور پر زکوٰۃ کے نام سے بنی لاوی کے لئے ایک اور بڑا حصّہ لے لیا جاتا تھا جو قطعی بے ایمانی سے وضع کیا گیا تھا ۔ رومی حکومت نے آمد و رفت کرنے والوں پر چنگی ادا کرنے کا نظام الگ نافذ کر رکھا تھا (متی17:24)۔ایسے حالات میں اسرائیلی عوام کی اکثریت طبعاً اور نفسیاتی طور پر آنجناب کی تعلیمات کی طرف متوجہ ہونے کے لئے تیار تھی ۔ پھر آپ نے ان کی اپنی روز مرہ زندگی کے مشاہدات کی روشنی میں تمثیلات کی شکل میں نیک زندگی کی تلقین اور گناہوں سے اجتناب پر مبنی تعلیمات ایسے دلوں کو چھو لینے والے انداز میں ان کے سامنے پیش کیں کہ وہ آپ کے عقیدت مند ہوتے چلے گئے ۔اناجیل میں موجود آپ کی تمثیلات پڑھنے کے لائق ہیں اور بالکل واضح ہیں کہ اناجیل کے مصنف اپنی ذہنی استعداد سے یہ تعلیماتی باتیں از خود تخلیق نہیں کر سکتے تھے ۔

جب دن ہوا تو وہ نکل کر ایک ویران جگہ گیا اور بھیڑ کی بھیڑ اس کو ڈھونڈتی ہوئی اس کے پاس آئی اور اس کو روکنے لگی کہ ہمارے پاس سے نہ جا ۔ اس نے ان سے کہا مجھے اور شہروں میں بھی خدا کی بادشاہی کی خوشخبری سنانا ضرور ہے کیونکہ میں اسی لئے بھیجا گیا ہوں اور وہ گلیل کے عبادت خانوں میں منادی کرتا رہا (لوقا 4:42)

اگر غور کیا جائے تو آپ کی عملی جدوجہد کے لئے تین اہداف آپ کے سامنے ہو سکتے تھے ۔ ایک تو آپ کی قوم کی رومی غلامی سے آزادی دوسری یہ کہ رومی حکومت کا قائم کردہ آپ کا ہم قوم فلسطین کاجابر بادشاہ جس نے آپ کے ساتھی نبی حضرت یحییٰ کو چند دنوں قبل انتہائی ظالمانہ طریقہ سے سراسر بے قصور قتل کر دیا تھا اور تیسرا یروشلم میں فقیہوں اور فریسیوں کا قائم کردہ کہانت کا نظام ۔ در حقیقت تمام مسائل کی جڑ کہانت کا نظام ہی تھا جو آپ کے وقت میں نہیں بلکہ صدیوں سے سب سے بڑا مسئلہ چلا آ رہا تھا ۔ آپ نے دوسرے دو اہداف نظر انداز کر کے اسی کاہنی نظام کی درستگی کو اپنی عملی جدوجہد کا واحد ہدف بنایا ۔ اولاً آپ نے غیر فعال اور متحمل رہنے کے اصول پر اپنے گرد صالح اور نظریہ پر جان قربان کرنے والے افراد اکٹھا کرنا شروع کئے اور ان کی تربیت کی پھر دوسرے مرحلے میں ایک مختصر جمیعت کے ساتھ سالانہ عید کے موقع پر یروشلم جا کر کھلے بندوں کہانتی نظام کی مذمت بیان کی جس کا نتیجہ عملی تصادم میں ہی نکلنا تھا اور آپ اس سے پیشگی واقف تھے ۔اناجیل کے مجموعی جائزہ سے جو فہم حاصل ہوتا ہے اس کے مطابق آپ کی تعلیمات کو چار الگ اجزاء میں تقسیم کیا جاسکتا ہے ۔

پہلا جزو :آخرت

عجیب حیرت کا مقام ہے کہ تورات کی پانچوں کتابوں اور اس کے بعد کی دس بارہ کتابوں میں جہنّم، قیامت اور روزِ عدالت جیسے الفاظ یا کسی بھی الفاظ میں اس عظیم ترین حقیقت کا کوئی معمولی سا تصوّر بھی ڈھونڈے نہیں ملتا ۔ بعض ،تعلیمات کے لحاظ سے مشتبہ، انبیاء کی کتابوں میں غیر واضح اشارات ملتے ہیں جن کی کوئی افادیت نہیں ہے۔ درست الفاظ میں بائیبل میں پہلی مرتبہ حضرت مسیح کے لبوں سے اس حقیقت کا بڑی حد تک درست تصوّر اسرائیلی عوام کے سننے میں آیا ۔ ہمیں "بڑی حد تک" کے الفاظ اس لئے استعمال کرنا پڑے کیونکہ ہمارا انحصار اناجیل کے مصنفوں کی نقل کردہ تحریروں پر ہے ۔ ذیل میں متعلقہ اقتباسات نقل کئے جاتے ہیں ۔

مبارک ہیں وہ جو راست بازی کے سبب سے ستائے گئے ہیں کیونکہ آسمان کی بادشاہی ان ہی کی ہے (متی5:10)

جو نکمّی بات لوگ کہیں گے عدالت کے دن اس کا حساب دیں گے کیونکہ تو اپنی باتوں کے سبب سے راست باز ٹھہرایا جائے گا اور اپنی باتوں کے سبب سے قصوروار ٹھہرایا جائے گا (متی12:36)

اگر تیرا دہنا ہاتھ تجھے ٹھوکر کھلائے تو اس کو کاٹ کر اپنے پاس سے پھینک دے کیونکہ تیرے لئے یہی بہتر ہے کہ تیرے اعضا میں سے ایک جاتا رہے اور تیرا سارا بدن جہنّم میں نہ جائے (متی5:30)

اس سے ڈرو جس کو اختیار ہے کہ قتل کرنے کے بعد جہنّم میں ڈالے (لوقا 12:5)

یہودیوں کی دسترس میں باغِ عدن یا جنت کا مختصر ذکر محض حضرت آدم کی تخلیق کے واقعہ میں کتاب پیدائش کے ابتدائی صفحات میں ملتا ہے لیکن آخرت سے لاعلم رہنے کی وجہ سے ان کو باغِ عدن کی تفصیل جاننے کی ضرورت بھی نہیں رہتی ۔ جہنم کا لفظ صرف اناجیل میں نظر آتا ہے ۔ یہ انسان کی دوسری زندگی سے وابستہ اصل حقیقت کے متعلق وہ سرسری معلومات ہیں جو عیسائیوں کو دستیاب ہیں ۔ دونوں مذاہب کی بڑی بد قسمتی ہے کہ وہ جنت و جہنّم کی معلومات سے مکمّل محروم رہ گئے ۔ ہماری نظر میں بنی اسرائیل کی مصر کی غلامی سے نجات کے بعد چالیس سالہ صحرا نوردی کے دوران حضرت موسیٰ نے تخلیقِ کائنات، تخلیقِ آدم و حوا اور ان سے جاری ہونے والی نسلوں کے واقعات پر خدا کا دیا ہوا علم فلسطین پہنچنے والی نئی نسل کو منتقل کیا ہو گا، ورنہ تخلیق کائنات اور باغِ عدن کے واقعات نسل بعد نسل زبانی روایات سے تو بنی اسرائیل کو مل نہ سکتے تھے ۔ یہ غیر یقینی ہے کہ آپ نے قیامت اور اس کے بعد تمام انسانوں کی عدالت اور اعمال کی جزا کا تفصیلی علم انہیں نہ دیا ہو ۔ یہ دراصل حضرت موسیٰ کے چھ سات صدی بعد تورات کے مصنفوں کا کام تھا کہ اصل تعلیمات بعد میں آنے والوں کے لئے تحریری شکل میں محفوظ کرتے لیکن انہوں نے جو ضروری سمجھا اسے بیان کیا ۔ اسی طرح اناجیل کے مصنفوں نے حضرت مسیح سے براہ راست تعلیم پانے والوں سے یا تو قیامت کے بعد کی زندگی کے بارے میں مزید جاننے کی ضرورت ہی محسوس نہ کی یا مزید تحریر کرنا غیر ضروری سمجھا کہ قیامت تو اب قریب ہی ہے ۔

دوسرا جزو: موسوی شریعت

حضرت عیسیٰ کی تعلیمات کا ابتدائی محور بآسانی یہ قرار دیا جاسکتا ہے کہ آنجناب نے خدا کی نازل کردہ شریعت کو فقیہوں کی نفسانی خواہشات سے مغلوب آلائشوں سے پاک کرنے پر توجہ دی۔ حضرت موسیٰ کو مشہور دس احکامات کوہ سینا پر خدا کی قدرت سے پتھر کی ایسی دو سلوں پر کندہ کر کے آپ کے حوالہ کئے گئے جن کو ہاتھوں میں رکھ کر آپ اونچے پہاڑ سے اتر سکتے اور اپنے لوگوں تک لے جا سکتے تھے۔ اندازہ کیا جا سکتا ہے کہ وہ اہم ترین اور بنیادی احکامات ہی کندہ تھے جن کو مختصر ترین الفاظ میں بغیر کسی ابہام کے بیان کیا جاسکتا ہو۔ ایک خدا کی عبادت، بُت پرستی کی ممانعت، ماں باپ کی عزت، خون نہ کرنا، زنا حرام ہونا وغیرہ جیسے مختصر الفاظ پتھر کی سلوں پر کندہ متوقع ہو سکتے ہیں لیکن تورات کے P مصنف نے خروج20:2 میں اور D مصنف نے استثنا 5:6 میں اپنی تفاسیری تفصیلات بڑھا کر ایسے پیراگراف ان میں شامل کر دیئے جو داخلی تفصیلات میں اختلاف کا سبب بنتے ہیں۔ ہم طوالت کی وجہ سے نہ یہاں درج کرتے ہیں اور نہ ہی اس پر بحث کی یہاں ضرورت ہے۔ حضرت موسیٰ نے ان بنیادی مختصر ترین ہدایات کے بعد اپنے وقت میں رائج سادہ تمدنی زندگی اور آئندہ آنے والی کئی صدیوں تک کے لئے جاری رہنے والی سادہ تمدنی زندگی، جس کے دورانیہ کا علم صرف خدا کو ہی ہو سکتا تھا، کے لئے ہر شعبۂ زندگی کے متعلق انصاف کی بلند ترین سطح پر قائم شریعت عطا کی جو طویل عرصہ انسانی تمدن کے لئے کافی تھی۔ یہ بہت منتشر حالت میں غیر صالح مصنفوں کی تحریروں میں تورات کی پانچ کتابوں میں جگہ بہ جگہ پھیلی ہوئی ہیں۔ بنی اسرائیل کے فقہاء بالفاظ دیگر سردار کاہن اور اس ادارہ کے ماتحت علماء و مفسرین کی سب سے بڑی ذمہ داری تھی کہ اس شریعت کی حفاظت کو اپنی جان پر ترجیح دیتے ، اپنے لوگوں کو واضح ترین صورت میں اس کی تعلیم دیتے اور اپنی قوم کو اس دین پر قائم رکھتے لیکن اس کے برعکس جو کچھ یہ ادارہ اپنی تمام تاریخ میں کرتا رہا اسے خود انہی کی کتابوں سے واضح کیا جا چکا ہے۔حضرت

مسیح نے اپنی تعلیم سے موسوی شریعت کو از سر نو کس طرح پاک کیا اسے اناجیل میں ذیل میں درج اقتباسات میں دیکھا جا سکتا ہے ۔

اور یسوع نے خدا کی ہیکل میں داخل ہو کر ان سب کو نکال دیا جو ہیکل میں خرید و فروخت کر رہے تھے اور صرّافوں کے تختے اور کبوتر فروشوں کی چوکیاں الٹ دیں ۔اور ان سے کہا لکھا ہے کہ میرا گھر دعاؤں کا گھر کہلائے گا مگر تم اسے ڈاکوؤں کی کھو بناتے ہو (متی21:12)

اس وقت یسوع نے بھیڑ سے اور اپنے شاگردوں سے یہ باتیں کہیں کہ فقیہ اور فریسی موسیٰ کی گدّی پر بیٹھے ہیں ۔پس جو کچھ وہ تمہیں بتائیں وہ سب کرو اور مانو لیکن ان کے سے کام نہ کرو کیونکہ وہ کہتے ہیں اور کرتے نہیں ۔ وہ ایسے بھاری بوجھ جن کو اٹھانا مشکل ہے باندھ کر لوگوں کے کندھوں پر رکھتے ہیں مگر آپ ان کو اپنی انگلی سے بھی ہلانا نہیں چاہتے ۔

اے ریا کار فقیہو اور فریسیو تم پر افسوس!کہ آسمان کی بادشاہی لوگوں پر بند کر تے ہو کیونکہ نہ تو آپ داخل ہوتے ہو اور نہ داخل ہونے والوں کو داخل ہونے دیتے ہو ۔ اے ریاکار فقیہو اور فریسیو تم پر افسوس!کہ تم بیواؤں کے گھروں کو دبا بیٹھتے ہو اور دکھاوے کے لئے نمازوں کو طول دیتے ہو ۔تمہیں زیادہ سزا ہو گی۔

اے اندھے راہ بتانے والو تم پر افسوس!جو کہتے ہو کہ اگر کوئی مَقدِس کی قسم کھائے تو کچھ بات نہیں لیکن اگر مَقدِس کے سونے کی قسم کھائے تو اس کا پابند ہو گا ۔اے احمقو اور اندھو سونا بڑا ہے یا مَقدِس جس نے سونے کو مقدّس کیا ۔ اور پھر کہتے ہو کہ اگر کوئی قربان گاہ کی قسم کھائے تو کچھ بات نہیں لیکن جو نذر اس پر چڑھی ہو اگر اس کی قسم کھاتے تو اس کا پابند ہو گا ۔اے اندھو نذر بڑی ہے یا قربان گاہ جو نذر کو مقدّس کرتی ہے ۔

اے ریاکار فقیہو اور فریسیو تم پر افسوس! کہ پودینہ اور سونف اور زیرہ پر تو دہ یکی دیتے ہو پر تم نے شریعت کی زیادہ بھاری باتوں یعنی انصاف اور رحم اور ایمان کو چھوڑ دیا ہے ۔ لازم تھا کہ یہ بھی کرتے اور وہ بھی نہ چھوڑتے ۔اے اندھے راہ بتانے والو جو مچھر کو تو چھانتے ہو اور اونٹ کو نگل جاتے ہو

اے ریاکار فقیہو اور فریسیو تم پر افسوس!کہ تم سفیدی پھری ہوئی قبروں کی مانند ہو جو اوپر سے تو خوبصورت دکھائی دیتی ہیں مگر اندر مُردوں کی ہڈّیوں اور ہر طرح کی نجاست سے بھری ہیں ۔اسی طرح تم بھی ظاہر میں تو لوگوں کو راست باز دکھائی دیتے ہو مگر باطن میں ریاکاری اور بے دینی سے بھرے ہو ۔

> اے سانپو! اے افعی کے بچّو!تم جہنّم کی سزا سے کیوں کر بچو گے (متی 23:1-33)

حضرت مسیح نے صلیب کے واقعہ میں یروشلم پہنچنے اور ہیکل میں داخلہ پر پہلا کام یہ کیا کہ کہانت کے نظام کے زیرِ سر پرستی جاری قربانی اور نذر سے وابستہ کاروبار بکھرا دیا پھر لوگوں سے آپ کا وہ خطاب ہے جس میں آپ نے کاہنوں کو براہ راست ہدف بنایا اور ان کی بنیادیں ہلا دیں ۔شریعت کے راستے سے بغیر ہاتھ ہلائے مال و زر حاصل کرنا ان کے پست اخلاق کی اصل وجہ تھی جس کو سخت ترین الفاظ میں آپ نے نشانہ بنایا ۔آپ کے خطاب میں دہ یکی دینے کی نشاندہی کی گئی ہے ۔ بنی اسرائیل کی شریعت میں لوگوں کو سالانہ آمدنی کا دس فیصد زکوٰۃ ادا کرنا بتایا جاتا تھا ۔ لفظ"دہ" سے دس اور"یکی" سے سال میں ایک مرتبہ ادا کرنا مراد ہے ۔ قدیم روایات میں حضرت ابراہیم سے منسوب ایک واقعہ تحریر ہے جس میں عراق کی سرزمین سے چند حملہ آور گروہ فلسطین میں لوٹ مار کرنے پہنچے اور دوسروں کے ساتھ حضرت لوط کو بھی خاندان اور مال سمیت لوٹ کر واپس پلٹے ۔ حضرت ابراہیم کو اطلاع ملی تو آپ نے اپنے 318 ساتھیوں کے ہمراہ پیچھا کیا اور فلسطین کی شمالی سرحد کے قریب حملہ آوروں کو جا پکڑا ۔ جنگ میں فتح حاصل کی اور تمام قیدیوں کو مال سمیت چھڑا لائے ۔تب واپسی پر بیان ہے:

> ملک صدق سالم کا بادشاہ روٹی اور مے لایا اور وہ خدا تعالیٰ کا کاہن تھا ۔اور اس نے اس کو برکت دے کر کہا کہ خدا تعالیٰ کی طرف سے جو آسمان اور زمین کا مالک ہے ابرام مبارک ہو ۔ اور مبارک ہے خدا تعالیٰ جس نے تیرے دشمنوں کو تیرے ہاتھ میں کر دیا ۔ تب ابرام نے سب کا دسواں حصّہ اس کو دیا (پیدائش 14:18)

اسی دہ یکی کو P مصنف نے تورات کی کتابوں احبار27:30 اور گنتی 18:26 میں صرف بنی ہارون کو ادا کرنا لازمی قرار دیا جبکہ D مصنف،یرمیاہ نے ، اسے بنی لاوی کا حق قرار دیا ۔ P مصنف کی بیان کردہ شریعت کی تفصیلات جمع کریں تو در حقیقت سالانہ ادائیگی 10 فی صد نہیں بلکہ کم از کم 23 فی صد بنتی ہے ۔یہی وجہ تھی کہ اناجیل کے مطابق اس موقع پر سردار کاہن نے لوگوں کے بلوہ کے خوف سے آپ پر ہاتھ ڈالنے میں ہچکچاہٹ محسوس کی ۔اس واقعہ سے

قبل آپ اپنے عمومی تبلیغی اجتماعات میں شریعت کی اصل تعلیمات اپنے مخاطبین کے سامنے نمایاں کرتے رہے تھے۔

اگر تو زندگی میں داخل ہونا چاہتا ہے تو حکموں پر عمل کر ۔۔۔ یسوع نے کہا یہ کہ تو خون نہ کر۔ زنا نہ کر۔چوری نہ کر۔ جھوٹی گواہی نہ دے۔اپنے باپ کی اور اپنی ماں کی عزت کر اور اپنے پڑوسی سے اپنی مانند محبت رکھ (متی19:17)

ایک نقطہ یا ایک شوشہ تورات سے ہرگز نہ ٹلے گا جب تک سب کچھ پورا نہ ہو جائے ۔ پس جو کوئی ان چھوٹے سے چھوٹے حکموں میں سے بھی کسی کو توڑے گا اور یہی آدمیوں کو سکھائے گا وہ آسمان کی بادشاہی میں سب سے چھوٹا کہلائے گا لیکن جو ان پر عمل کرے گا اور ان کی تعلیم دے گا وہ آسمان کی بادشاہی میں بڑا کہلائے گا ۔ کیونکہ میں تم سے کہتا ہوں کہ اگر تمہاری راستبازی فقیہوں اور فریسیوں کی راستبازی سے زیادہ نہ ہو گی تو تم آسمان کی بادشاہی میں ہرگز داخل نہ ہو گے (متی5:18)

پس جو کچھ تم چاہتے ہو کہ لوگ تمہارے ساتھ کریں وہی تم بھی ان کے ساتھ کرو کیونکہ تورات اور نبیوں کی تعلیم یہی ہے (متی7:12)

جو مجھ سے اے خداوند اے خداوند! کہتے ہیں ان میں سے ہر ایک آسمان کی بادشاہی میں داخل نہ ہو گا مگر وہی جو میرے آسمانی باپ کی مرضی پر چلتا ہے (متی7:21)

میں قربانی نہیں بلکہ رحم پسند کرتا ہوں (متی9:13)،(12:7)

اس نے ہاتھ بڑھا کر اسے (یعنی کوڑھی) کو چھوا اور کہا میں چاہتا ہوں تو پاک صاف ہو جا اور فوراً اس کا کوڑھ جاتا رہا ۔اور اس نے اسے تاکید کی کسی سے نہ کہنا بلکہ جا کر اپنے تئیں کاہن کو دکھا اور جیسا موسیٰ نے مقرر کیا ہے اپنے پاک صاف ہو جانے کی بابت نذر گزران تاکہ ان کے لئے گواہی ہو (لوقا 5:13)

آنجناب نے تورات کی اصل تعلیمات کی اہمیت ، اس کی اطاعت اور معصیت سے اجتناب کی تلقین کی جس واحد ذریعہ سے آپ کی قوم دونوں جہان میں فلاح حاصل کر سکتی تھی ۔ قارئین سمجھ چکے ہیں کہ P مصنف نے سالانہ قربانی کے علاوہ بھی زندگی میں پیش آنے والے بکثرت واقعات میں قربانی پیش کرنا لوگوں کو موسوی شریعت کے راستہ سے پابند کیا تھا ۔ یہاں اناجیل کے مصنف حضرت مسیح کا

قول" میں قربانی نہیں بلکہ رحم پسند کرتا ہوں" لکھتے ہیں جس سے عام باشندوں کو یقیناً بہت بڑی راحت ملی ہو گی ۔ آپ نے قربانی کے مقابلے میں رحم کی تلقین کی جو اپنی جگہ بہترین نصیحت ہے ۔

ہم نے آخری اقتباس لوقا کی انجیل سے نقل کیا ۔ حضرت مسیح کے اس قول میں آپ بیمار کو شفا دینے کے بعد تورات کی ہدایت پر عمل کرنے کا حکم دیتے ہیں ۔ یہ لوقا کی انجیل ہے جو اس نے آخری وقت تک پَولُس کا شاگرد رہنے کے بعد لکھی ۔اس کو علم تھا کہ پَولُس حضرت مسیح کی صلیب کو موسوی شریعت کی لعنت سے آزاد ہونا قرار دیتا ہے ۔لوقا انجیل کا واحد غیر عبرانی مصنف ہے لیکن اس نے بھی آخر کار پَولُس کا شریعت لعنت ہونا جیسا تصوّر رد کر دیا ۔

تیسرا جزو: زمین پر خدا کی بادشاہت

ہم نے حضرت مسیح کے قول کو آپ کے مشن کے تیسرے جزو کا عنوان رکھا ہے۔ ذیل میں آپ کی تعلیم کے اجزاء عددی ترتیب میں نقل کئے ہیں اور اسی ترتیب میں مختصر تشریح بیان جائے گی۔

> 1۔اے محنت اٹھانے والو اور بوجھ سے دبے ہوئے لوگو سب میرے پاس آؤ۔میں تم کو آرام دوں گا ۔میرا جؤا اپنے اوپر اٹھا لو اور مجھ سے سیکھو۔کیونکہ میں حلیم ہوں اور دل کا فروتن۔تو تمہاری جانیں آرام پائیں گی ۔کیونکہ میرا جؤا ملائم ہے اور میرا بوجھ ہلکا (متی11:28)

> 2۔تم سن چکے ہو کہ کہا گیا تھا کہ آنکھ کے بدلے آنکھ اور دانت کے بدلے دانت۔لیکن میں تم سے یہ کہتا ہوں کہ شریر کا مقابلہ نہ کرنا بلکہ جو کوئی تیرے دہنے گال پر طمانچہ مارے دوسرا بھی اس کی طرف پھیر دے ۔اور اگر کوئی تجھ پر نالش کر کے تیرا کرتا لینا چاہیے تو چوغہ بھی اسے لے لینے دے ۔اور جو کوئی تجھے ایک کوس بیگار میں لے جائے اس کے ساتھ دو کوس چلا جا۔

> 3۔تم سن چکے ہو کہ کہا گیا تھا کہ اپنے پڑوسی سے محبت رکھ اور اپنے دشمن سے عداوت ۔لیکن میں تم سے یہ کہتا ہوں کہ اپنے دشمنوں سے محبت رکھو اور اپنے ستانے والوں کے لئے دعا کرو (متی5:38)

آنجناب نے ابتدائی تعلیمات میں استحصال کا شکار لوگوں کو آپ کا ہاتھ مضبوط کرنے کی ہدایت کی تاکہ آپ ان کی زندگی آسان کرنے کے لئے اس واحد راستہ کی رہنمائی کر سکیں جس پر چل کر لوگ خود اپنی اجتماعی طاقت سے وہ تبدیلی لا سکیں جو در حقیقت انہیں درکار تھی۔ اس کام کے شروع میں مخالفانہ قوتوں سے،جو جلد ہی مقابلہ پر اتر آئی تھیں، جلد متصادم ہونے کے بجائے اپنے رفقاء کو تحمل برتنے، برداشت اور صبر کرنے کی نصیحت کی جو ان اقتباسات میں واضح ہے۔

> 4۔تم دنیا کے نور ہو ۔جو شہر پہاڑ پر بسا ہے وہ چھپ نہیں سکتا ۔اور چراغ جلا کر پیمانہ کے نیچے نہیں بلکہ چراغ دان پر رکھتے ہیں تو اس گھر کے سب لوگوں کو روشنی پہنچتی ہے ۔ اسی طرح تمہاری روشنی آدمیوں کے سامنے چمکے تاکہ وہ تمہارے نیک کاموں کو دیکھ کر تمہارے باپ کی جو آسمان پر ہے تمجید کریں (متی5:14

5پس جو کوئی میری یہ باتیں سنتا اور ان پر عمل کرتا ہے وہ اس عقل مند آدمی کی مانند ٹھہرے گا جس نے چٹان پر اپنا گھر بنایا ۔اور مینہ برسا اور پانی چڑھا اور آندھیاں چلیں اور اس گھر پر ٹکریں لگیں لیکن وہ نہ گرا کیونکہ اس کی بنیاد چٹان پر ڈالی گئی تھی ۔اور جو کوئی میری یہ باتیں سنتا ہے اور ان پر عمل نہیں کرتا وہ اس بیوقوف آدمی کی مانند ٹھہرے گا جس نے اپنا گھر ریت پر بنایا ۔ اور مینہ برسا اور پانی چڑھا اور آندھیاں چلیں اور اس گھر کو صدمہ پہنچا یا اور وہ گر گیا اور بالکل برباد ہو گیا ((متی7:24

اقتباس 4 میں آپ نے واضح بتا دیا کہ بنی اسرائیل کے سپرد وہ کام کیا گیا تھا جس کی خاطر انہیں حضرت موسیٰ کے وسیلہ سے خدا کا مرتب کردہ زندگی کا قانون دیا گیا اور فلسطین میں بسایا گیا تاکہ وہ شریعت کی روشنی میں وہ صالح معاشرہ قائم کریں اور پھر برقرار رکھیں جس کا مشاہدہ دوسری اقوام کریں تب وہ آئیں اور خود سمجھیں کہ ہم کس طرح زندگی کا یہ طریقہ اپنا سکتے ہیں ۔حضرت مسیح جتاتے ہیں کہ اے میری قوم تمہارا مقصدِ حیات دنیا کے لئے روشنی بننا تھا ۔ اندھیرے میں روشنی انسان کو درکار ہی اس وقت ہوتی ہے جب وہ راستہ طے کرنے سے قاصر رہتا ہے کہ اندھیرے میں وہ دیکھ نہیں سکتا ۔

اقتباس 5 میں آپ نے بتایا کہ اگر شریعت کا اطلاق اپنے اجتماعی زندگی پر کیا ہوتا تو اس کا انعام کس صورت میں انہیں حاصل ہوتا ۔ بنی اسرائیل فلسطین آنے کے بعد تین سو سال قبائلی عصبیت پالتے اور اس کا خمیازہ بھگتتے رہے تب حضرت داؤد کے وسیلہ سے خدا نے ان کا گھر مضبوط چٹان، یعنی موسوی شریعت کی بنیادوں، پر قائم کردیا پھر حضرت سلیمان کے ہاتھوں 40 سالہ سلطنت میں مکمّل عسکری استحکام کی سطح فراہم کر دی ۔ لیکن یہ کاہنی نظام ہی تھا، پہلے بھی اور بعد میں بھی، جس کے نفس کی مغلوبیت کا خمیازہ تمام قوم اٹھاتی رہی ۔حضرت سلیمان کی وفات کے بعد قوم یک بیک گمراہ نہیں ہو گئی تھی ۔ جس بات کا قوم نے اجتماعی طور پر ساتھ دیا وہ شریعت کی بنیاد کو قبائلی عصبیت کی بنیاد سے تبدیل کر لیا اور کاہنوں نے اس کام میں رہنمائی کی۔ جس طرح حضرت مسیح نے فرمایا، تعلیم تو ان کے پاس تھی لیکن وہ اطلاق سے پیچھے ہٹے لہٰذا جوں ہی ملک ٹکڑے ہونے کی صورت میں بنیاد کمزور ہوئی زوال شروع ہو گیا ۔ اس گھر کو صدمہ پہنچا ، وہ گر گیا اور برباد ہو گیا ۔میکابی کے دور میں انہوں نے

کاہنوں کی رہنمائی میں یہی داستان ایک مرتبہ پھر یونان کے ہاتھوں دہرائی تھی۔

حضرت مسیح کے پاس کوئی نئی تعلیم نہ تھی۔ وہ موسوی شریعت کے پابند قرار دیئے گئے تھے اور اسی اصل شریعت کی تعلیم دینا ان کا ذمّہ تھی۔ آپ کی باتوں میں ایک خاندان کا گھر چٹان پر بننا کو ایک ملک یا قوم کا گھر چٹان پر بننے سے الگ نہیں کیا جاسکتا۔ اگر ان کی مراد ایک خاندان کا گھر ہوتا تو آگے چل کر وہ کام آپ نہ کرتے جو آپ نے کیا۔

6-پس تم اس طرح دعا کیا کرو کہ اے ہمارے باپ تو جو آسمان پر ہے تیرا نام پاک مانا جائے۔ تیری بادشاہی آئے۔ تیری مرضی جیسی آسمان پر پوری ہوتی ہے زمین پر بھی ہو (متی6:9)

7-اور اس نے سب سے کہا اگر کوئی میرے پیچھے آنا چاہیے تو اپنی خودی سے انکار کرے اور ہر روز اپنی صلیب اٹھائے اور میرے پیچھے ہو لے۔ کیونکہ جو کوئی اپنی جان بچانا چاہے وہ اسے کھوئے گا اور جو کوئی میری خاطر اپنی جان کھوئے وہی اسے بچائے گا (لوقا 9:23)

8-یہ نہ سمجھو کہ میں زمین پر صلح کرانے آیا ہوں۔ صلاح کرانے نہیں بلکہ تلوار چلوانے آیا ہوں (متی10:34)

9-جو کوئی باپ یا ماں کو مجھ سے زیادہ عزیز رکھتا ہے وہ میرے لائق نہیں اور جو کوئی بیٹے یا بیٹی کو مجھ سے زیادہ عزیز رکھتا ہے وہ میرے لائق نہیں (متی10:37)

10-جب بہت سے لوگ اس کے ساتھ جا رہے تھے تو اس نے پھر کر ان سے کہا۔ اگر کوئی میرے پاس آئے اور اپنے باپ اور ماں اور بیوی اور بچوں اور بھائیوں اور بہنوں بلکہ اپنی جان سے بھی دشمنی نہ کرے تو میرا شاگرد نہیں ہو سکتا۔ جو کوئی اپنی صلیب اٹھا کر میرے پیچھے نہ آئے وہ میرا شاگرد نہیں ہو سکتا . . . پس اسی طرح تم میں سے جو کوئی اپنا سب کچھ ترک نہ کرے وہ میرا شاگرد نہیں ہو سکتا(لوقا 14:25)

11-پھر کسی سردار نے اس سے یہ سوال کیا کہ اے نیک استاد! میں کیا کروں تاکہ ہمیشہ کی زندگی کا وارث بنوں؟ یسوع نے اس سے کہا تو مجھے نیک کیوں کہتا ہے؟ کوئی نیک نہیں مگر ایک یعنی خدا۔ تو حکموں کو تو جانتا ہے۔ زنا نہ کر۔ خون نہ کر۔ چوری نہ کر۔ جھوٹی گواہی نہ دے۔ اپنے باپ کی اور ماں کی عزت۔

اس نے کہا کہ میں نے لڑکپن سے ان سب پر عمل کیا ہے ۔ یسوع نے یہ سن کر اس سے کہا ابھی تجھ میں ایک بات کی کمی ہے ۔اپنا سب کچھ بیچ کر غریبوں کو بانٹ دے ۔تجھے آسمان پر خزانہ ملے گا اور آ کر میرے پیچھے ہو لے ۔ یہ سن کر وہ بہت غمگین ہوا کیونکہ بڑا دولت مند تھا (لوقا18:18)

12۔اس نے ان سے کہا مگر اب جس کے پاس بٹوا ہو وہ اسے لے اور اسی طرح جھولی بھی اور جس کے پاس نہ ہو وہ اپنی پوشاک بیچ کر تلوار خریدے . . . اس لئے کہ جو کچھ مجھ سے نسبت رکھتا ہے وہ پورا ہونا ہے ۔انہوں نے کہا اے خداوند! دیکھ یہاں دو تلواریں ہیں ۔ اس نے. ان سے کہا ۔بہت ہیں (لوقا 22:36)

اوپر درج شدہ چند اقتباسات کو آپ کی عملی کوشش کی معراج سمجھ سکتے ہیں ۔ آپ کا ارشاد ہے کہ چونکہ خدا نے انسانی زندگی کا قانون شریعت کے نام سے اپنے پاس سے لوگوں تک پہنچایا ہے لہٰذا انسان کا مقصدِ حیات یہ ہونا چاہئے کہ اس قانون کا اجرا اپنی زندگیوں پر کرے اور اگر وہ جاری نہیں تو اس کی کوشش کا آخری مقصد یہی ہونا چاہئے اور اس کام میں آسانی کے لئے خدا سے دعا کا طلبگار ہو ۔ بعد میں جس طرح کے حالات آپ کی زندگی میں پیش ہوئے ان سے یہ سمجھ میں آتا ہے کہ اس کام کو مکمّل کر دینا نہیں بلکہ اس کے حصول کی انتہائی اور بہترین کوشش کا عملی مظاہرہ آپ کی ذمہ داری تھی ۔ تمام اقتباسات کے مفہوم بہت واضح ہیں ۔ آپ کا اقتباس 8 میں یہ کہنا کہ میں تلوار چلوا نے آیا ہوں واضح ہے کہ آپ کی اس سے کیا مراد ہے ورنہ آپ کی ہدایت نقل کی تھی کہ اگر کوئی ایک گال پر تھپڑ مارے تو دوسرا گال اسے پیش کرو۔ اگر ہم آپ کی تعلیم اس نظر سے نہ دیکھیں تو دوسری صورت میں دونوں اقوال لازماً آپس میں متصادم سمجھنا پڑتا ہے ۔اناجیل کے مصنفوں کو زمانی ترتیب میں آپ کے خطبات اور عملی تفصیلات میسر ہوتیں اور آپ کی سیرت و تعلیمات محفوظ طریقے سے بعد میں آنے والوں کو میسر ہوتیں تو ہدایات کا بہترین ذریعہ تھیں ۔

آخری تین اقتباسات لوقا کی انجیل سے نقل کئے گئے ہیں ۔ ان میں موجود مفہوم کا موازنہ پَولُس کی پیش کردہ تعلیم سے کیا جاسکتا ہے ۔ پَولُس کے مطابق گناہ آدم اور اس کے نتیجہ میں سب لوگوں میں گناہ آلود زندگی گزارنے کی استعداد پیدا ہوگئی۔ گناہ کے اس ازالہ کے لئے

خدا نے اپنے حقیقی بیٹے کو حضرت مسیح کے جسم میں حلول کر کے دنیا میں بھیجا تاکہ آپ پر اس حیثیت سے ایمان لانے والوں کا کفارہ ادا ہو جائے اور وہ آپ کی ابدی آسمانی بادشاہت میں شریک ہونے کا استحقاق حاصل کریں ۔نہ حضرت مسیح نے خود کو ایسا بتایا اور نہ ہی وہ تصوّر آپ کا ہدف تھا ۔ آپ نے اقتباس 11 میں آسان ترین الفاظ میں بتایا کہ انسان کامل ہونے کا مقام کیسے حاصل کر سکتا ہے ۔ آپ فرماتے ہیں اپنا سب کچھ غریبوں میں بانٹ دے اور میرے پیچھے چل دے، یعنی خدا کی راہ میں جان کی قربانی پیش کرنے کا عزم باندھ لے ۔آخری اقتباس میں آپ نے ارشاد کیا کہ تحمل کا وقت پورا ہوا ۔ اب جارحیت سے مقابلہ کا وقت ہے اس لئے عسکری قوت فراہم کرو چاہے پوشاک ہی بیچنا پڑے ۔ یہیں سے آنجناب کی واقعۂ صلیب کے لئے گرفتاری شروع ہوتی ہے ۔

چوتھا جزو: خوشخبری

انجیل کے لغوی معنی اچھا واقعہ بھی ہے اور اچھی خبر بھی ۔انجیل میں بیشتر مواقع پر آسمانی بادشاہی کی خوشخبری کی منادی کا ذکر ہے جس کا ابدی ہونا ظاہر ہے ۔ اس لئے انجیل سے مراد یہی خوشخبری ہے ۔ جیسا کہ ہم نے بتایا اس "خوشخبری" کا اصل ماخذ حضرت داؤد سے خدا کا ابدی بادشاہت کا عہد تھا ۔ ان کی نظر میں اس کو غلط ہونے کا سوال نہیں اس لئے کہ یہ " کتابِ مقدّس " میں بکثرت درج ہے ۔ چونکہ وہ ابدی بادشاہی آسمان پر ملے گی اس لئے خدا نے یسوع ابن داؤد کو بھیجا ، کفارہ ادا کروایا پھر تیسرے روز زندہ کر کے آسان پر اٹھا لیا وغیرہ ۔ حضرت عیسٰی پر اس تصوّر کے تحت ایمان لائے جانے سے بات اپنی جگہ مکمّل ہے لہذا مزید کسی پیشگی خبر کی ضرورت باقی نہیں رہتی ۔پہلی تین اناجیل کے مصنفین پَولُس کی تعلیم کے غالب حصّہ سے متفق تو نہ ہو سکے جس سے ہماری مراد انسان کا پیدائشی گناہ گار ہونا اور شریعت کا لعنت ہونا وغیرہ ہے لیکن وہ یسوع ابن داؤد اور قیامت کا اپنی زندگی میں مشاہدہ کرنے کے نظریات سے باہر نہ دیکھ سکے اس لئے ان باتوں کی نشاندہی تین اناجیل میں نمایاں طور پر ملتی ہیں ۔ لیکن اگر ہم چوتھی انجیل یعنی یوحنا کی انجیل پر توجہ کریں تو ایک نئی بات وہاں یہ ملتی

ہے کہ تین اناجیل کے مصنف مرقس، متی اور لوقا حضرت مسیح کی بتائی گئی ایک منفرد خبر سے واقف تھے لیکن وہ غالباً یہ نہ سمجھ سکے کہ اپنی انجیل میں اس خبر کا کیا مفہوم پیش کریں لہٰذا انہوں نے زیادہ آسان یہ محسوس کیا کہ اس کا تذکرہ نہ کیا جائے ۔آسمانی بادشاہت کی خوشخبری پر بات مکمّل ہو جانے پر اور قیامت چند سالوں میں متوقع ہونے پر کسی اضافی خبر کے تذکرہ کی وجہِ جواز ڈھونڈ نکالنا انہیں مشکل تھا لیکن اس کے باوجود ایک اور بالکل ہی الگ خبر کے معاملے میں چوک ہو جانے سے وہ خود کو نہ بچا سکے ۔متی کا حوالہ ذیل میں درج کیا جاتا ہے ۔مرقس نے12:12 میں اس موقع پر حضرت مسیح کے قول کا وہ حصّہ نہیں لکھا جو متی نے لکھا ہے تاہم لوقا بات کی نزاکت تک پہنچ گیا اس لئے اس نے 20:18 میں متی کے قول کا صرف نصف حصّہ تحریر کیا ۔موقع یہ ہے کہ حضرت مسیح یروشلم پہنچنے پر پہلے دن ہیکل میں داخل ہو کر ناجائز اور غیر شرعی کاروبار کرنے والوں کی چوکیاں الٹ چکے ہیں، پھر دوسرے روز ہیکل میں تعلیم دینے کے دوران سردار کاہن اور بزرگوں سے بحث کے دوران حضرت مسیح ان سے مخاطب ہیں ۔

> اس لئے میں تم سے کہتا ہوں کہ خدا کی بادشاہی تم سے لے لی جائے گی اور اس قوم کو جو اس کا پھل لائے دے دی جائے گی ۔اور جو اس پتھر پر گرے گا ٹکڑے ٹکڑے ہو جائے گا لیکن جس پر وہ گرے گا اسے پیس ڈالے گا (متی21:43)

یہ اپنی جگہ ایک واضح اور مکمّل خبر ہے بلکہ اپنی اصل میں پیشگوئی ہے ۔بالکل سادہ بات بالکل سادہ الفاظ میں بیان کی گئی ہے اور یہ کہ دو فریق خبر میں بتائے گئے ہیں ۔ کوئی شئے یا اختیار یا اعزاز ایک فریق کو دیا گیا تھا لیکن وہ اس کے تقاضہ کے مطابق پھل نہ لا سکے اس لئے وہ ان سے لے لیا جائے گا اور کسی دوسری قوم کو دیا جائے گا جو اس کا پھل لائے ۔"تم سے لے لی جائے گی" سے مراد براہ راست مخاطبین یعنی سردار کاہن اور اس کے حمایتی ہو سکتے تھے لیکن اس صورت میں" خدا کی بادشاہی" کی کوئی معقول تفسیر ممکن نہیں۔ دوسرے فریق کو قوم کہنے سے نہ صرف پہلا فریق بحیثیت قوم مشخص ہو جاتا ہے بلکہ "خدا کی بادشاہی" کہنے سے ازخود خدا کی شریعت بھی مشخص ہو جاتی ہے ۔"خدا کی بادشاہی" کو دنیوی بادشاہت

مشخص کیا جائے تو وہ چھ صدیوں سے ان کے پاس تھی کہاں جو ان سے اب واپس لے لی جائے ؟ وہ تو حاضر وقت میں بھی کسی اور قوم کے غلام تھے ۔ پھر خبر کے مطابق ایسا بھی نہیں تھا کہ کوئی اعزاز ایک ہی وقت یا زمانے میں دو الگ اقوام کو دیا جاتا بلکہ اعزاز ایک ہی ہے جو ایک قوم سے دوسری کو منتقل کیا جائے گا ۔اوپر تیسرے جزو میں اقتباس 6 میں حضرت مسیح کی بتائی گئی دعا نقل کی تھی "خدا کی بادشاہی آئے اور خدا کی مرضی زمین پر پوری ہو"۔ اس سے وہاں مراد تھی کہ خدا کی شریعت زمین پر نافذ ہو ۔ اس دعا کی روشنی میں زیرِ بحث خبر پر غور کریں تو حضرت عیسٰی کی ہستی اور آپ کے معتقدین براہ راست غیر متعلق ہو جاتے ہیں محض اس بنیاد پر کہ آپ نے اپنی قوم کو کسی شریعت سے متعارف کرنے کے بجائے موسوی شریعت کی اطاعت کا حکم کیا تھا ۔خبر کے اگلے فقرہ میں بڑے پتھر کی اثر پذیری جیسے الفاظ میں مذکورہ قوم کی عسکری استعداد کی نشاندہی کی گئی ہے جو یہودی اور عیسائی معتقدین کے لئے بذات خود توجّہ طلب ہے ۔ آئندہ چند سالوں میں حضرت عیسٰی کی آمدِ ثانی اور قیامت کی خبر کے پس منظر میں آنجناب کا قول جو اوپر نقل ہے اس کی کوئی توجیح ممکن نہیں اور نہ ہی یہ وعدہ عیسائیت کے ابتدائی چند سالوں میں پورا ہو سکا ۔یہ اپنی جگہ ایک مکمّل خبر اور مکمّل خوشخبری تھی جو آئندہ کسی موقع پر بیان کردہ تفصیلات کے ساتھ بالکل اسی طرح مکمّل ہونے والی تھی جیسی کہ وہ بتائی گئی اور ہماری کتاب کے تیسرے حصّہ میں زیرِ بحث ہو گی ۔

اناجیل میں تحاریر زمانی ترتیب میں نہیں بیان کی گئیں اس لئے کسی بھی پڑھنے والے کو حضرت عیسٰی کی تعلیمات کا درست مفہوم بآسانی اخذ نہیں ہوتا ہم نے حضرت مسیح کی تعلیمات کو چار اجزا کی صورت میں دیکھنا تجویز کیا جس کے ذریعے درست مفہوم واضح ہوتا ہے ۔ چوتھے جزو کو خوشخبری یعنی انجیل کہنا درست ہے ۔ اناجیل یہ نہیں بتاتی ہیں کہ لفظ انجیل خود حضرت مسیح کا تجویز کردہ ہے لیکن بظاہر محسوس ہوتا ہے کہ یہ آپ ہی کا تجویز کردہ ہو خصوصاً اس خبر کی روشنی میں جو یہاں بیان کی پھر آپ کی ایک اور منفرد خبر جس کا چوتھی انجیل میں ذکر ہوا ہے ۔ اب وقت مناسب ہے کہ یہ انجیل زیرِ غور لائی جائے ۔

باب12

پَولُس کی تعلیمات اور چوتھی انجیل

انجیل یوحنا حضرت عیسیٰ کے اوّلین چار حواری پطرس اور ان کا بھائی اندریاس پھر یعقوب اور ان کا بھائی یوحنا میں سے چوتھے حواری یوحنا سے منسوب ہے ۔ یہ حضرت مسیح کے بارہ منتخب حواریوں میں سب سے کم عمر تھے اور طویل ترین عرصہ زندہ رہ کر 94 برس کی عمر میں طبعی وفات ہوئی ۔ ان کی بھی وفات کا تذکرہ اناجیل میں نہیں بلکہ دوسرے تحریری ذرائع سے عیسائی ناقدین و محققین اخذ کرتے ہیں جہاں انہیں کچھ اضافی معلومات میسر ہیں ۔ اناجیل کے مطابق یہ بارہ حواریوں میں بھی حضرت مسیح کے قریب ترین حواریوں میں پطرس کے ہمراہ شمار تھے ہم نے انجیل یوحنا کو پہلی تین اناجیل کے بعد بالکل آخر میں لکھنا بتایا تھا ۔ اس کی وجہ انجیل کے خاتمہ پر پطرس کی وفات کی طرف اشارہ تھا جو پچھلی تین میں موجود نہیں اس لئے محققین اس نتیجہ پر پہنچے کہ یہ آخری انجیل لکھی گئی ۔ علاوہ ازیں انجیل کے اختتام پر خود یوحنا کی وفات کی طرف بھی اشارہ موجود ہے ۔ یوحنا کی وفات محققین کے بعض بیرونی تحریری شواہد کی بنا پر 99ء بتائی جاتی ہے ۔ اسی بنیاد پر ان کا خیال ہے کہ انجیل یوحنا 115ء کے قریب کے زمانے میں لکھی گئی ہے ۔

ایک اور بات یوحنا حواری کے متعلق جاننا ضروری ہے اور وہ یہ کہ یوحنا کے زندگی کے آخری دس پندرہ سال موجودہ ترکی کے قدیم شہر افسس میں بسر ہوئے ۔ پَولُس نے یونان کے دوسرے تبلیغی سفر سے قبل برنباس سے اپنی راہ جدا کی تو اسی دوسرے سفر کے دوران افسس میں کلیسا قائم کی تھی (اعمال 19:1)۔ اسی شہر افسس میں یوحنا کی وفات بتائی جاتی ہے اور وہاں یوحنا کا مقبرہ بھی روایات میں بتایا جاتا ہے ۔جہاں تک یہ سوال ہے کہ انجیل یوحنا کا اصل مصنف کس کو قرار دیا جائے؟ تو اس کا کوئی واضح جواب سامنے نہیں آتا ۔ ہمیں اس بحث میں دلچسپی کے بجائے اس کے متن یا تعلیمات جاننے میں زیادہ

دلچسپی ہے ۔ متن کے حوالے سے اس انجیل کا آخری جملہ ذیل میں نقل ہے ۔

اور بھی بہت سے کام ہیں جو یسوع نے کئے ۔ اگر وہ جدا جدا لکھے جاتے تو میں سمجھتا ہوں کہ جو کتابیں لکھی جاتیں ان کے لئے دنیا میں گنجائش نہ ہوتی (یوحنا 21:25)

بعض عیسائی معتقدین شرمندگی کے ساتھ کہتے ہیں کہ یہ جملہ کسی نے بعد میں بڑھا یا ہے ۔ پہلی بات جو اس انجیل کے متعلق جاننا ضروری ہے وہ یہ کہ اس کے مخاطبین و قارئین غیر یہودی ہیں ۔ اناجیل کے ناقد مجموعی تحریر اور ساتھ ہی اس میں پائے جانے والے بعض جملوں کی بناوٹ سے اندازہ لگاتے ہیں کہ انجیل کن کو مخاطب کرتی ہے مثلاً "پس اس وقت سے یسوع افرائیم نام شہر کو چلا گیا اور یہودیوں کی عید فسح نزدیک تھی (یوحنا 11:54)"۔ افرائیم نام کا شہر سے کوئی یہودی ناواقف ہونے کا کوئی سوال نہیں اس لئے کہ یہ عرصہ دراز تک منقسم شمالی ریاست کا دارالحکومت رہا تھا ۔ اسی طرح عید فسح کو "یہودیوں کی عید فسح" لکھنے سے صرف غیر یہودیوں کو ہی بتایا جا سکتا تھا کہ کیا مراد ہے ۔ اسی نوعیت کے بعض اور جملے اس انجیل میں موجود ہیں جن کو مزید نقل کرنا ضروری نہیں ۔

دوسری بات یہ کہ دیگر تین اناجیل بڑی کوشش سے قارئین کو متوجہ رکھتی ہیں کہ حضرت عیسیٰ ابن داؤد ہیں ۔ متی اور لوقا نے آپ کا پورا شجرہ لکھ کر یہ بات ثابت کرنے کی کوشش کی ۔ متی نے 9 مرتبہ آپ کو ابن داؤد لکھا۔ اگر چہ انجیل یوحنا میں مصنف نے کسی موقع پر بھی قارئین کے سامنے یہ بات نہیں پیش کی کہ حضرت عیسیٰ ابن داؤد ہیں لیکن اس کے باوجود اپنی تحریر کے لئے اس کا ذہن واضح نہیں تھا کہ وہ کیا لکھنے کا خواہشمند ہے وہ دو الگ مواقع پر حضرت عیسیٰ کو خرِستُس لکھتا ہے ۔ دونوں فقرے ذیل میں نقل ہیں ۔

اس نے پہلے اپنے سگے بھائی شمعون سے مل کر اس سے کہا کہ ہم کو **خرِستُس** یعنی **مسیح** مل گیا (یوحنا 1:41)

عورت نے اس سے کہا میں جانتی ہوں کہ **مسیح جو خرِستُس** کہلاتا ہے آنے والا ہے ۔ جب وہ آئے گا تو ہمیں سب باتیں بتا دے گا ۔ یسوع نے اس سے کہا میں جو تجھ سے بول رہا ہوں وہی ہوں (یوحنا 4:25)

پہلے موقع پر مصنف نے حضرت عیسیٰ کا شمعون یعنی پطرس اور اس کے بھائی اندریاس کو اپنا حواری منتخب کرنے کا واقعہ لکھا ہے جس میں پطرس کا بھائی اندریاس حضرت عیسیٰ کو بالمشافہ دیکھنے اور باتیں سن لینے کے بعد اپنے بھائی کے پاس دوڑا جاتا ہے کہ ہمیں خرِستُس (Christ) یعنی مسیح مل گیا ۔ دوسرے واقعہ میں حضرت عیسیٰ سامریہ کے ایک شہر میں پیاسے ہو کر پانی کی تلاش میں ایک کنویں تک پہنچتے ہیں ۔ اس وقت کسی سامری عورت کا سامنا اور ان باتوں کا تبادلہ ہوتا ہے ۔

پہلے فقرہ میں اندریاس کا قول تھا کہ آپ خرِستُس ہیں لیکن دوسرے فقرہ میں یوحنا صراحتاً لکھتا ہے کہ حضرت عیسیٰ نے اپنے قول سے اس عورت کی کہی بات کی تصدیق کی کہ آپ ہی خرِستُس ہیں ۔یہ یونانی لفظ خرِستُس عبرانی لفظ مسیح کا مترادف لفظ تھا جو قدیم کتابوں کو یونانی میں ترجمہ کرتے وقت استعمال کیا گیا تھا ۔اس سے مراد ہے کسی شئے یا شخص کو مُقدّس تیل لگا کر مُقدّس کیا جائے ۔ کتاب خروج میں P مصنف نے حضرت موسیٰ کے توسط سے یہ خوشبو دار تیل تیار کرنے کا نسخہ تفصیلاً بتایا اور تاکید کی کہ مُقدّس خیمہ گاہ اور اس کے نوادرات، قربان گاہ اور حوض اور کرسی وغیرہ کو اس تیل سے مسح کیا جائے ۔ پھر اسی تیل سے حضرت ہارون اور ان کے بیٹے مسح کئے جائیں تاکہ خدا کے آگے کاہن کی خدمات انجام دے سکیں ۔ پشت در پشت تمام اشیاء اسی مُقدّس تیل سے پاک کی جائیں گی ۔ مزید اضافہ یہ کہ اس تیل کو اس ترکیب سے بنا کر کوئی اسرائیلی اپنے یا کسی اجنبی کے لئے استعمال نہیں کر سکتا ۔ اگر کوئی یہ جرم کر بیٹھے تو قوم میں سے کاٹ ڈالا جائے (خروج 30:22)- یہی تیل اسرائیلی بادشاہوں کو مسح کرنے کے لئے بھی استعمال ہونے لگا تاکہ قوم کو بتایا جائے کہ بادشاہ خدا کا مُقدّس کیا ہوا ہے ۔ یہی لفظ مسیح بعد میں تیل لگائے بغیر بھی کسی شخص کو خدا کا منتخب کردہ بتانے کے لئے استعمال ہوا ۔ اسرائیلی روایات میں یہ لفظ مسیح صرف حضرت داؤد کی نسل سے آنے والے موعود مسیح کی طرف اشارہ کرنے کے لئے ہی استعمال ہوتا رہا ہے ۔اس تفصیل سے واضح ہو گیا کہ انجیل یوحنا کا مصنف خود حضرت عیسیٰ کے قول سے آپ کو مسیح موعود یعنی مسیح ابنِ داؤد تسلیم کراتا ہے ۔لیکن یہ بتانے کے بعد وہ آپ کو

ایک الگ ہی خوشخبری کا بھی دو مرتبہ مصداق قرار دیتا ہے ۔دونوں اقتباس ذیل میں نقل ہیں ۔

> فلپّس نے نتن ایل سے مل کر اس سے کہا کہ جس کا ذکر موسیٰ نے تورات میں اور نبیوں نے کیا ہے وہ ہم کو مل گیا ۔ وہ یوسف کا بیٹا یسوع ناصری ہے (یوحنا 1:45)

> کیونکہ اگر تم موسیٰ کا یقین کرتے تو میرا بھی یقین کرتے ۔ اس لئے کہ اس نے میرے حق میں لکھا ہے (یوحنا 5:46)

پہلے اقتباس میں حضرت عیسیٰ اوپر بتائے گئے پطرس اور اندریاس کو اپنے حواری منتخب کرنے کے اگلے روز گلیل میں ایک اور حواری فلپّس کا انتخاب کرتے ہیں تو وہ جا کر اپنے ساتھی کو بتاتا ہے کہ حضرت عیسیٰ "وہ نبی" کے مصداق ہیں ۔وہ حضرت عیسیٰ کو یوسف بڑھئی کا بیٹا بتاتا ہے ۔ دوسرے اقتباس میں حضرت عیسیٰ یروشلم میں کاہنوں کو سرزنش کرتے ہوئے کہتے ہیں "موسیٰ نے میرے حق میں لکھا ہے"۔ مصنف اسے حضرت عیسیٰ کا قول بتا کر تصریح کرتا ہے کہ آپ نے خود کو "وہ نبی" قرار دیا ۔ حضرت موسیٰ سے منسوب "وہ نبی" کے علاوہ کسی خاص شخص کے متعلق کوئی اور پیشگوئی تورات میں موجود نہیں ۔ "وہ نبی" کی بہت کچھ وضاحت پہلے کی جا چکی ہے ۔اس فقرہ کا اختتام مصنف "میرے حق میں **لکھا** ہے" سے کرتا ہے ۔ وہ سمجھتا تھا کہ جو تورات اس کے پاس ہے وہ حضرت موسیٰ نے لکھی تھی ۔

مصنف کی تیسری قابلِ توجہ بات یہ ہے کہ وہ حضرت عیسیٰ کی معجزانہ پیدائش کا کوئی ذکر نہیں کرتا بلکہ وہ کسی دوسرے کے ذریعے آپ کو حضرت داؤد کے گھرانے سے یوسف بڑھئی کا بیٹا بتاتا ہے ۔ وہ حضرت عیسیٰ کی حیاتِ ثانیہ تو بتاتا ہے لیکن اس کے بعد آپ کا عروجِ آسمانی پر بھی خاموش ہے لہٰذا اسی کے ساتھ آپ کی آمد ثانی جیسی روایات، جو بہت معروف روایات تھیں ،مصنف کے تذکرہ سے محروم رہ گئیں ۔

اب ہم اس انجیل کا موازنہ پَولُس کی تعلیمات سے کر سکتے ہیں ۔مصنف یوحنا نے پَولُس کے موسوی شریعت رد کرنے کی تعلیم سے اتفاق نہیں کیا اس لئے اس نے پَولُس کے اس نظریہ کی تائید میں ایک لفظ نہیں لکھا ۔ وہ پَولُس کا بیان کردہ دائمی گناہ اور کفارہ وغیرہ جیسی

باتوں سے بھی مرعوب نہیں ہوا اس لئے اپنی تحریر میں کوئی ایسا موضوع نہیں چھیڑا ۔ لیکن حضرت عیسٰی کو خدا کا بیٹا سمجھنا کے معاملہ میں وہ اس کے شانہ بشانہ ہے ۔ ذیل میں یوحنا کے اس نظریہ کے حق میں بیانات نقل کئے جاتے ہیں ۔

کیونکہ خدا نے دنیا سے ایسی محبت رکھی کہ اس نے اپنا اکلوتا بیٹا بخش دیا تاکہ جو کوئی اس پر ایمان لائے ہلاک نہ ہو بلکہ ہمیشہ کی زندگی پائے (یوحنا 3:16)

کیونکہ جس طرح باپ اپنے آپ میں زندگی رکھتا ہے اسی طرح اس نے بیٹے کو بھی یہ بخشا کہ اپنے آپ میں زندگی رکھے (یوحنا 5:26)

میں اور باپ ایک ہیں (یوحنا 10:30)

باپ مجھ میں ہے اور میں باپ میں (یوحنا 10:38)
میں باپ میں سے نکلا اور دنیا میں آیا ہوں (16:28)

اس نوعیت کے یوحنا کے ان گنت جملوں میں سے چند یہاں پیش کئے گئے ۔ یہ اپنی جگہ واضح ہیں کہ یوحنا اپنے قارئین کو کیا بتانا چاہتا ہے ۔ یہ سب اسکے اپنے یا کسی اور کے اقوال نہیں بلکہ خود حضرت عیسٰی کے لبوں سے ادا ہوئے جملے ہیں ۔پہلے اقتباس میں خدا کا اکلوتا کہہ کر یوحنا نے اپنا نظریہ واضح کردیا کہ جو اس پر ایمان لائے وہ ہلاک نہ ہو گا ۔ یوحنا بتاتا ہے کہ خدا نے دنیا سے محبت رکھنے کی وجہ سے اپنا اکلوتا بخش دیا ۔ بخشنے سے اس کی مراد واقعۂ صلیب ہی ہو سکتا ہے لیکن وہ یہ نہیں بتاتا کہ خدا کی دنیا سے محبت اب اتنے زمانے بعد جاگنے کی وجہ کیا ہوئی ۔عیسائی علماء اور چرچ کے مذہبی اہلکاروں کے پیش کردہ عیسائی عقیدہ یعنی خدا کے دو اقنوم "باپ اور بیٹا" کی صداقت کے لئے انجیل یوحنا میں حضرت عیسٰی کے اپنے اقوال کے بعد مزید کسی دلیل کی ضرورت باقی نہیں رہتی ۔بے شک یہ حضرت مسیح کے اقوال ہی بتائے گئے ہیں ۔ہم نے گزشتہ مباحث میں انجیل یوحنا کے ابتدائی چند فقرے نقل کئے تھے ۔ یہاں قارئین کو ان کی طرف دوبارہ متوجہ کرنے کے لئے ایک مرتبہ پھر سے نقل کئے جاتے ہیں ۔

ابتدا میں کلام تھا اور کلام خدا کے ساتھ تھا اور کلام خدا تھا ۔ یہی ابتدا میں خدا کے ساتھ تھا ۔سب چیزیں اس کے وسیلہ سے پیدا ہوئیں اور جو

> کچھ پیدا ہوا ہے اس میں سے کوئی چیز بھی اس کے بغیر پیدا نہیں ہوئی . . . اور کلام مجسم ہوا اور فضل اور سچائی سے معمور ہو کر ہمارے درمیان رہا اور ہم نے اس کا ایسا جلال دیکھا جیسا باپ کے اکلوتے کا جلال (یوحنا 1:1)

انجیل یوحنا پر اب تک کی بحث میں عیسائیت کے خدا کے تین اقنوم میں سے دو ہی ہمارے سامنے آ سکے ہیں اور پیش نظر اقتباس میں بھی یہی دو اقنوم دکھائی دیتے ہیں ۔ یہاں خاص بات یہ ہے کہ یوحنا نے جو کچھ لکھا ہے وہ سب کا سب اپنی طرف سے لکھا ہے ۔ اس پورے پیراگراف میں کہیں موجود نہیں کہ خدا نے یہ فرمایا یا یسوع نے یہ کہا ۔ دوسری تجسس آمیز بات یہ ہے کہ اس نے لفظ "کلام" استعمال کیا ہے ۔یہ لفظ اس نوعیت کے استعمال میں بائیبل میں صرف پہلے صفحہ پر ملتا ہے ۔ بائیبل کے یہ ابتدائی چند فقرے غور طلب ہیں ۔

> خدا نے ابتدا میں زمین و آسمان کو پیدا کیا ۔اور زمین ویران اور سنسان تھی اور گہراؤ کے اوپر اندھیرا تھا اور **خدا کی روح** پانی کی سطح پر جنبش کرتی تھی ۔اور **خدا نے کہا کہ روشنی ہو جا اور روشنی ہو گئی** (پیدائش 1:1)

قارئین تھوڑی دیر کے لئے گذشتہ مباحث ذہن سے نکال دیں تب نقل کردہ تین فقروں پر متوجہ ہوں تو یہاں دو عناصر واضح ہیں؛ ایک تو خدا اور دوسری "خدا کی روح" جو پانی کی سطح پر جنبش کرتی تھی ۔تیسرا ایک اور عنصر کسی منطق پسند کی نظر میں یہاں مخفی ہے اور وہ ہے خدا نے **کہا** روشنی ہو تو وہ ہو گئی ۔ یہ لفظ "کہا" ہی دراصل انجیل یوحنا کے مصنف کی نظر میں "کلام" ہے جس کے تحت اشیاء وجود پاتی ہیں ۔کسی وقت زمین و آسان نہیں تھے ۔ خدا نے کہا ہو جاؤ تو وہ ہو گئے ۔ روشنی نہیں تھی ۔ خدا نے کہا روشنی ہو تو وہ ہو گئی ۔

خدا کا عدم سے کائنات کی ہر شئے تخلیق کرنا کچھ اسی طرح بتایا گیا ہو گا جیسا کہ وہ کتاب پیدائش کے اس اقتباس میں نظر آتا ہے ۔ خدا کا حکم ہوتا ہے اور کوئی شئے جو ازل سے غیر موجود تھی وجود میں آ جاتی ہے لیکن ایسا نہیں کہ پہلے آسمان نہیں تھا یا زمین نہیں تھی اور جب خدا نے کہا ہو جا تو یک بیک آسمان بن گیا یا یک بیک زمین بن گئی ۔تمام مادّی اشیاء جو کائنات کی لامتناہی وسعتوں میں اب

YAHUDIYAT, ISAIYAT OR ISLAM 557

تک انسان دریافت کر سکا یا سائنسی علوم کے ذریعے ادراک کر سکا ہے وہ درحقیقت کائنات میں عمل پذیر چند قوتیں (اب تک کے علم کے مطابق چار قوتیں) ہیں جو کائنات میں پائی جانے والی تمام مادّی اشیاء کی صورت میں اپنے آپ کو ظاہر کرتی ہیں ۔ ان چار قوتوں کے باہمی تعلق کا ہی نتیجہ ہے کہ اشیاء کا وجود وقت کے تسلسل میں ماضی سے مستقبل کی سمت میں مستقل جاری ہے اور یہ کہ مادّہ کی ہئیت اپنے مستقل تغیر کے سفر میں کسی حالت میں بائیبل لکھنے والوں کو نظر آئی یا ہمیں نظر آتی ہے ۔ خدا کی مخلوق میں صرف انسان کو وہ عقلی استعداد دی گئی کہ اپنی عقل سے خدا کے تخلیقی عمل کی کچھ گہرائیوں کا ادراک کر سکے جیسا کہ جدید دور میں اب تک ہو چکا ہے یہاں موقع مناسب نہیں کہ اس بات کی مزید وضاحت کی جائے یہ موقع ہمیں اپنے کام کے تیسرے حصے میں مل سکے گا ۔

فی الوقت ہمارے سامنے انجیل یوحنا اور کتاب پیدائش کا ابتدائیہ میں مماثلت زیرِ بحث ہے ۔ ان کا موازنہ کیا جائے تو اندازہ ہو جاتا ہے کہ یوحنا کی منطق نے کہاں سے اپنا تصوّر حاصل کیا ہے ۔ کتاب پیدائش میں وہ P مصنف کا کلام تھا، خدا کا کلام نہیں تھا ۔ P مصنف نے روایات میں موجود بات اپنے الفاظ میں بیان کی جو اپنی داخلی تفصیل میں درست نہیں تھی ۔ وہ کہتا ہے زمین بننے کے بعد روشنی خلق ہوئی جو درست نہیں ہے اس لئے کہ روشنی موجودہ سائنسی علم کے مطابق پہلے خلق ہوئی تھی ۔ ہمیں اس معاملہ میں اسے ذمہ دار ٹھہرانے کی ضرورت نہیں اس لئے کہ اس حقیقت کا کچھ شعور تو اب کہیں جا کر انسان کو حاصل ہو سکا ہے ۔ قابلِ ستائش بات یہ ہے کہ کتاب پیدائش کے اس فقرہ کا خدا کی تخلیق کے حوالے سے صحیح مفہوم بنی اسرائیل کی بعد کی تاریخ میں نظر آتا ہے ۔ مثلاً زبور میں موجود ایک بہت اچھی نظم جس میں خدا کی ستائش اور خدا پر اعتماد بیان کی گئی ہیں اس کے چند اشعار ذیل میں نقل ہیں:

آسمان خداوند کے کلام سے
اور اس کا سارا لشکر اس کے منہ کے دَم سے بنا
کیونکہ اس نے فرمایا اور ہو گیا
اس نے حکم دیا اور واقع ہوا (زبور 33:6)

ان اشعار میں شاعر کا تصوّر بالکل قابلِ تسلیم ہے ۔ اس کے بیان کا وہی مطلب ہے جو کتاب پیدائش کے ابتدائیہ میں سے اخذ کیا جاسکتا تھا سوائے اس کے کہ" سارا لشکر اس کے منہ کے دَم سے بنا" میں غیر

ضروری کرید نہ کی جائے ۔یوحنا نے خدا کی "کلام" کی صفت کو بھی خدا تصوّر کیا اور اسی صفت کو حضرت مسیح کی ہستی میں مجسم ہونا قرار دیا ۔یوحنا کا یہ قول اپنی اصل میں خالص فلسفہ ہے ۔ مادّی اشیاء کی اصلیت یا اس کے وجود میں کام کرنے والی قوتیں، جو براہ راست یا بالواسطہ محسوس کی جا سکتی ہیں ، دریافت کرنے کے لئے انسان کو منطق یا فلسفہ کی مدد یقیناً لینی پڑتی ہے ۔ فلسفے کی بنیاد پر مفروضات قائم کئے جاتے ہیں پھر ان مفروضات کو مشاہدات کی کسوٹی پر پرکھنے کے بعد ایک نظریہ قائم ہوتا ہے پھر نئے مشاہدات کی روشنی میں اس نظریہ میں تصحیح کی جاتی ہے۔ یہ نظریہ اس وقت تک قابلِ قبول رہتا ہے جب تک کہ کوئی نیا مشاہدہ نہ ہو جائے جو اس نظریہ سے کُلّی مطابقت نہ رکھتا ہو ۔یہ ایک مستقل جاری رہنے والا عمل ہے جس کی بنیاد پر اب تک کی سائنسی ترقی ہو سکی ہے جس کی کرامات سے سب واقف ہیں ۔ لیکن انسان کے حق میں قطعی غلط اور سراسر نقصان دہ ہے کہ غیر مرئی ہستیوں یا کوئی بھی ایسی حقیقت جو اپنی اصل میں غیر مرئی ہے اس پر کلام کرنے کے لئے فلسفیانہ ذہن استعمال کرے۔ غیر مرئی شئے کی پیمائش ممکن نہیں ۔ وہ سائنس کے زمرہ میں نہیں آتی اس اس لئے کسی فلسفیانہ منطق کی تصدیق کہاں سے ہو سکے گی ؟

یوحنا نے خدا کی "کلام" کی صفت کا جو مفہوم لیا وہ تمام کائنات کی تخلیق کی ابتداء میں پیش آیا تھا ۔ اگر اس کا مفہوم وہی تھا جو یوحنا نے بتایا تو یہودیوں اور عیسائیوں کو اس مفہوم کی تعلیم سب سے پہلے اپنے جدّ اکبر حضرت ابراہیم سے مل جانی چاہئے تھی یا کم از کم حضرت یعقوب یا حضرت موسیٰ یا حضرت داؤد سے متوقع ہونی چاہئے تھی۔ مغربی عیسائیت کو صرف یوحنا سے یہ مفہوم ملا " ابتدا میں کلام تھا اور کلام خدا کے ساتھ تھا اور کلام خدا تھا "لیکن انہوں نے اسے قبول کر لیا یہ پرکھے بغیر کہ یوحنا کی اپنی علمیت کس سطح پر ہے ۔ یوحنا اپنی انجیل میں لکھتا ہے کہ حضرت عیسیٰ کی تمام باتیں لکھی جاتیں تو دنیا میں اتنی کتابیں رکھنے کی گنجائش نہ رہتی ۔

یوحنا کا "کلام" کے متعلق پیش کردہ تصوّر بالکل غلط ہے۔ اس نے ایک اور غلطی یہ کی کہ آگے چل کر باپ اور بیٹا کے تمام اقوال براہ راست حضرت عیسیٰ سے منسوب کئے ۔ دیگر تین اناجیل میں ایسے کوئی فقرے براہ راست حضرت عیسیٰ کے لبوں سے ادا نہیں کئے

گئے تھے ۔ وہاں جو کچھ بھی اس ممکنہ تصوّر کے بارے میں تھا وہ سب بالواسطہ تھا ۔ یہاں انجیل یوحنا کے تصوّر کے مطابق حضرت عیسٰی بیک وقت خدا کا اکلوتا بیٹا بھی ہیں، حضرت موسیٰ کے بتائے ہوئے "وہ نبی" بھی ہیں اور حضرت داؤد کے بیٹے "مسیح موعود" بھی ہیں ۔یوحنا کا خود اپنا ذہن اپنی لکھی بات پر واضح نہیں تھا ۔ اس نکتہ پر چند مثالیں پیش کی جاتی ہیں ۔

1۔لیکن جتنوں نے اسے قبول کیا اس نے انہیں خدا کے فرزند بننے کا حق بخشا یعنی انہیں جو اس کے نام پر ایمان لاتے ہیں ۔ وہ نہ خون سے نہ جسم کی خواہش سے نہ انسان کے ارادہ سے بلکہ خدا سے پیدا ہوئے (یوحنا 1:12)

2۔میں خدا سے نکلا اور آیا ہوں ۔ ۔ ۔ تم اپنے باپ ابلیس سے ہو (یوحنا 8:42)
3۔میں اپنے باپ میں ہوں اور تم مجھ میں اور میں تم میں (یوحنا 14:20)

پہلا اقتباس ہی کافی ہے یوحنا کا دماغی عمل سمجھنے کے لئے ۔ اس کے کہنے کے مطابق کوئی شخص یسوع کے نام پر ایمان لایا تو وہ در حقیقت ماضی میں جب پیدا ہوا تھا تو دوسرے دو افراد کے خون، جسم کی خواہش اور ارادہ سے نہیں بلکہ خدا سے پیدا ہوا تھا ۔یقیناً اس کے لکھنے کا یہ مطلب نہ تھا لیکن بات یہی ہے کہ وہ اپنا مدعا درست الفاظ میں نہیں بیان کر سکتا۔ دوسرے فقرہ کے نصف آخر میں وہ مخاطب انسان ہی سے ہے لیکن وہ اس کو ابلیس کا بیٹا کہتا ہے ۔ اس فقرہ اور اِس اقتباس میں مصنف کا جو بھی مطلب آخری حصّہ سے نکل سکتا ہے وہی مطلب فقرہ کے پہلے حصّہ کے لئے بھی لازماً رکھنا پڑے گا لہٰذا اس فقرہ سے حضرت مسیح خدا کا مجازی بیٹا ہونے کے سوا کوئی اور بات اخذ نہیں کی جا سکتی ورنہ دوسری صورت میں حضرت مسیح کا اپنے مخاطبین کو ابلیس کے حقیقی بیٹے ماننے کے سوا اور کوئی صورت ممکن نہیں ہے ۔تیسرے فقرہ میں حضرت مسیح اپنے عقیدت مندوں سے مخاطب ہیں ۔یہاں جس اصول کے تحت بھی پورے فقرہ کا مطلب اخذ کیا جائے گا اسی اصول کا اطلاق اس کی پوری انجیل پر کرنا پڑے گا یا تو انجیل یوحنا میں ہر موقع پر مجازی باپ اور بیٹا مراد لیا جائے یا پھر تیسرے اقتباس کے مطابق حضرت مسیح کا ہر عقیدت مند خدا کا ایک اقنوم ہے ۔

انجیل یوحنا 115ء کے آس پاس لکھی گئی اس لئے کہ یوحنا کی وفات ہو جانے کا اشارہ آخری باب میں موجود ہے ۔ اس وقت تک ایک

اہم ترین بات لوگوں پر واضح ہو چکی تھی کہ قیامت کا وقوع جس انداز میں، عینی شاہدین یا تین اناجیل کے مصنفوں کی سمجھ کے مطابق، حضرت عیسیٰ بتا گئے تھے وہ واقعہ پیش نہ ہوا۔ حضرت عیسیٰ کا قول لکھا گیا تھا کہ آپ کے بارہ حواری سب کے سب فوت نہ ہونگے کہ قیامت آجائے گی۔ 98ء میں آخری حواری یوحنا بھی فوت ہو گئے لیکن قیامت نہ آئی۔ انجیل یوحنا حضرت عیسیٰ کی بتائی گئی ایک اور خبر یا پیشگوئی بتاتی ہے جس کا اشارہ دیگر تین اناجیل میں نہیں ملتا۔ یہاں سوال یہ ہے کہ یہ خبر سب سے آخری اور بہت سال گزرنے کے بعد لکھی جانے والی انجیل یوحنا میں ہی کیوں نظر آتی ہے ؟ یہ خبر بتاتی ہے ایک خاص مدد گار ایمان لانے والوں کے لئے بھیجا جائے گا۔ اس خبر کی نوعیت بتاتی ہے کہ اگر پہلی تین اناجیل کے مصنف اس سے واقف تھے تب بھی وہ اس کو بیان کرنے کی کوئی وجہ نہیں تلاش کر سکتے تھے لہٰذا ان کو اسے نظر انداز کرنا ہی تھا۔ جو تصوّر انہیں پیش کرنا تھا وہ یہ کہ حضرت مسیح صلیب پر قربان ہونے کے بعد زندہ آسمان پر اٹھا لئے گئے ہیں۔ جلد ہی قیامت ہونے سے پہلے آپ کی آمد پر آپ پر ایمان رکھنے والے بچا لئے جائیں گے اور اس کے بعد آپ کے ہمراہ ایمان والوں کے لئے ابدی آسمانی بادشاہت تیار ہے۔ اپنی بقیہ زندگی میں انہیں اس خوشخبری کی صرف منادی کرنی اور حضرت مسیح کی آمد کا انتظار ہی کرنا ہے۔ قیامت خلافِ توقع برپا نہ ہوئی اور تمام حواری وفات پا گئے لہٰذا چوتھے مصنف نے اس کو بیان کرنے کا فیصلہ کیا یہ بالکل اسی طرح ہوا جیسا کہ یرمیاہ نے تورات کی کتاب استثنا میں حضرت موسیٰ کے توسط سے "وہ نبی" کی پیشگوئی بیان کی تھی۔ جو تصور E,J اور P مصنفین رکھتے تھے اس میں تختِ داؤدی ابدی تھا اور موسوی شریعت مکمّل تھی لہٰذا کسی الگ خاص ہستی کی ضرورت کیسے بیان ہوسکتی ہے۔ یرمیاہ کی زندگی میں ملک ختم ہوا تب ہی اس نے "وہ نبی" کا وعدہ بیان کرنے کا فیصلہ کیا بالکل یہی صورتحال ایک مرتبہ پھر بنی اسرائیل کے سامنے آ گئی تھی۔

باب 13

روح القدس کا وعدہ

اس خبر کے تذکرہ سے پہلے جو بات اب تک ہمارے سامنے آ چکی ہے وہ یہ کہ اس مصنف نے منتظر تین شخصیات یعنی ایلیاہ، وہ نبی اور مسیح میں سے حضرت عیسیٰ کی ہستی میں وہ نبی اور مسیح کی پیشگوئیاں جذب کر دیں ۔ اس کے سامنے صرف تیسری شخصیت یعنی ایلیاہ کا معاملہ حل طلب تھا ۔اس نے ایلیاہ کا معاملہ حل طلب ہی چھوڑ ا۔ حضرت یحییٰ جن کو تین اناجیل نے یوحنا نبی بتایا، لوقا نے آپ کی معجزانہ پیدائش تفصیل سے بیان کی اور تینوں اناجیل نے حضرت مسیح کے قول کے تحت آپ کو ایلیاہ نبی کی دوبارہ آمد کی پیشگوئی کا مصداق قرار دیا ۔ لوقا کے مطابق یوحنا نبی ماں کے بطن میں رہتے ہوئے حضرت عیسیٰ کو پہچان گئے لیکن انجیل یوحنا کا مصنف حضرت یحییٰ کو نبی ہی نہیں گردانتا ۔ وہ آپ کو محض ایک آدمی کہتا ہے جس کو صرف حضرت عیسیٰ کی گواہی کے لئے خدا کی طرف سے بھیجا گیا تھا (یوحنا 1:6)۔مصنف لکھتا ہے کہ یروشلم سے کاہن آ کر یوحنا یعنی یوحنا نبی سے پوچھتے ہیں کہ وہ کون ہے تو وہ خود کو متوقع تینوں شخصیات ایلیاہ، وہ نبی یا مسیح ہونے سے انکار کر تا ہے ۔یہ تفصیلات انجیل یوحنا کے پہلے باب میں موجود ہیں ۔ حد یہ ہے کہ انجیل کا مصنف یوحنا نبی 'کا مظلوم قتل ہونا تک تحریر نہیں کرتا ۔حضرت عیسیٰ کو وہ نبی اور مسیح بتانے اور یوحنا نبی کو ایلیاہ نہ بتانے کی وجہ سے ہمیں توقع تھی کہ وہ حضرت عیسیٰ کی بتائی ہوئی آنے والی ہستی کو ایلیاہ کی خبر میں جذب کرے گا لیکن اس نے حضرت عیسیٰ کی بتائی ہوئی خبر کے لئے عجیب گنجلک طریقہ سے انجیل کے تین ابواب استعمال کئے ہیں ۔ ذیل میں وہ خبر درج کی جاتی ہے ۔

1۔اگر تم میرے حکموں پر عمل کرو گے تو میری محبت میں قائم رہو گے جیسے میں نے اپنے باپ کے حکموں پر عمل کیا ہے اور اس کی محبت

میں قائم ہوں۔ میرا حکم یہ ہے کہ جیسے میں نے تم سے محبت رکھی تم بھی ایک دوسرے سے محبت رکھو (یوحنا 15:10)

2۔اگر تم مجھ سے محبت رکھتے ہو تو میرے حکموں پر عمل کرو گے ۔اور میں باپ سے درخواست کروں گا تو وہ تمہیں دوسرا مدد گار بخشے گا کہ ابد تک تمہارے ساتھ رہے ۔یعنی روحِ حق جسے دنیا حاصل نہیں کر سکتی کیونکہ نہ اسے دیکھتی اور نہ جانتی ہے ۔تم اسے جانتے ہو کیونکہ وہ تمہارے ساتھ رہتا ہے اور تمہارے اندر ہو گا۔ میں تمہیں یتیم نہ چھوڑوں گا ۔ میں تمہارے پاس آؤں گا (یوحنا 14:15)

3۔لیکن جب وہ مدد گار آئے گا جس کو میں تمہارے پاس باپ کی طرف سے بھیجوں گا یعنی روحِ حق جو باپ سے صادر ہوتا ہے تو وہ میری گواہی دے گا (یوحنا 15:26)

4۔لیکن میں تم سے سچ کہتا ہوں کہ میرا جانا تمہارے لئے فائدہ مند ہے کیونکہ اگر میں نہ جاؤں تو وہ مدد گار تمہارے پاس نہ آئے گا لیکن اگر جاؤں گا تو اسے تمہارے پاس بھیج دوں گا اور وہ آ کر دنیا کو گناہ اور راست بازی اور عدالت کے بارے میں قصوروار ٹھہرائے گا (یوحنا 16:7)

5۔لیکن جب وہ یعنی روحِ حق آئے گا تو تم کو تمام سچائی کی راہ دکھائے گا ۔اس لئے کہ وہ اپنی طرف سے نہ کہے گا لیکن جو کچھ سنے گا وہی کہے گا اور تمہیں آئندہ کی خبریں دے گا (یوحنا 16:13)

6۔اس کے بعد میں تم سے بہت سی باتیں نہ کروں گا کیونکہ دنیا کا سردار آتا ہے اور مجھ میں اس کا کچھ نہیں (یوحنا 14:30)

7۔لیکن مدد گار یعنی روح القدس جسے باپ میرے نام سے بھیجے گا وہی تمہیں سب باتیں سکھائے گا اور جو کچھ میں نے تم سے کہا ہے وہ سب تمہیں یاد دلائے گا (یوحنا 14:26)

8۔اور یہ کہہ کر ان پر پھونکا اور ان سے کہا روح القدس لو۔ جن کی گناہ تم بخشو ان کے بخشے گئے ہیں ۔جن کے گناہ تم قائم رکھو ان کے قائم رکھے گئے ہیں (یوحنا 20:22)

یہ ہے وہ خبر جس کے بیان کو الجھا کر بتانے میں مصنف نے پورے تین ابواب استعمال کر دیئے ہیں ۔ نقل کردہ سطور کے مابین طویل فقرے مزید الجھاؤ کا سبب ہیں اس لئے ہم نے حذف کردیئے ہیں ۔ عہدِ قدیم اور عہدِ جدید کی تمام کتابوں میں بکثرت طویل تحریریں ہیں

لیکن آئندہ پیش آنے والے واقعہ یا خبر اس گنجلک طریقہ سے بتانے کی کوئی مثال کہیں نہیں ملتی ۔

اقتباس 1 کی رو سے مصنف کی نظر میں کسی اور شخص یا روحِ حق یا روح القدس وغیرہ کے آنے کی ضرورت نہیں ہے بلکہ لوگوں کے قائم رہنے کا راز آپس میں محبت رکھنے میں ہی پوشیدہ ہے ۔ لیکن پھر اقتباس 2 میں اس کے برعکس لکھتا ہے کہ اقتباس 1 میں بتائے گئے حکم پر عمل کرو گے تب ایک مددگار ان کے لئے بھیجنے کی درخواست کی جائے گی ۔ لیکن وہ مددگار ہے کیا؟ اس کا جواب وہیں موجود ہے کہ وہ روحِ حق ہے جو پہلے ہی سے ان کے ساتھ رہتا ہے ۔ پھر حضرت مسیح بتاتے ہیں کہ مددگار بھیجنے کے علاوہ وہ خود بھی ان کے پاس آئیں گے ۔

اقتباس 3 اور 4 میں ایک ہی بات کو دہرا دیا لیکن اقتباس 5 میں روحِ حق کے لئے اضافی بات لکھتا ہے کہ "وہ اپنی طرف سے نہ کہے گا بلکہ جو کچھ سنے گا وہی کہے گا "۔مصنف کا ذہن واضح ہے کہ وہ ایسے مدد گار ،جو اپنی طرف سے کچھ نہ کہے بلکہ جو کچھ سنے وہی کہے ، کے لئے روحِ حق کے الفاظ استعمال کرنے پر مُصِر ہے ۔ پھر اقتباس 6 میں اس نے بہت بڑی بات لکھی ۔"دنیا کا سردار" آتا ہے ۔ اس ہستی کے لئے حضرت مسیح فرماتے ہیں میں اپنے پاس وہ کچھ نہیں رکھتا جو اس ہستی کے پاس ہے ۔بالفاظ دیگر وہ مددگار آپ سے بھی بلند تر ہستی ہے ۔ اقتباس 7 میں مدد گار کے لئے ایک مرتبہ روح القدس استعمال کرتا ہے جس کے لئے مجموعی طور پر مصنف کا کہنا ہے کہ جب حضرت مسیح دنیا سے تشریف لے جائیں گے تب اس مدد گار یا روحِ حق یا روح القدس کو ان کے لئے بھیجیں گے ۔ اسی بات کی وضاحت کے لئے ہم نے مصنف کا اقتباس 8 نقل کیا جو اس موضوع کی بحث سے باہر کسی دوسری بحث میں بتایا گیا ہے ۔ اس اقتباس میں حضرت مسیح جانے سے قبل ہی ان پر پھونک کر یہ مدد گار ان میں منتقل کر چکے تھے ۔مصنف کے لکھنے کے مطابق اس اقتباس میں حضرت مسیح نے اپنے حواریوں کو "روح القدس" دینے کے ساتھ یہ استحقاق بھی عنایت کر دیا کہ جس کے چاہیں گناہ بخش دیں اور جس کے چاہیں اس کے گناہ قائم رکھیں ۔ یہ وہ کلیدی فقرہ ہے جس کی بنیاد پر کلیسا آنے والے وقتوں میں اعترافِ گناہ اور گناہ کی نوعیت کے لحاظ سے رائج کرنسی میں قیمت ادا کرنے پر لوگوں کے گناہ معاف

کرتا رہا ہے ۔ یہ خدا کی مخلوق کی ایک اور بڑی بد قسمتی تھی جس کا وہ محض انجیل یوحنا کی وجہ سے شکار رہی ۔ دوسروں کے گناہ معاف کرنے والا فقرہ ایک ایسا انتہائی منفرد فقرہ ہے جو صرف اسی انجیل میں پایا جاتا ہے ۔

انجیل یوحنا میں حضرت مسیح نے آئندہ زمانے میں کسی روحِ حق یا روح القدس بالفاظ دیگر کسی غیر محسوس ہستی کے آنے کی خبر دی ۔ جو اضافی خصوصیات ان اقتباسات میں بتائی گئیں ان پر روحِ حق یا روح القدس کا ان معنوں میں اطلاق نہیں کیا جا سکتا جن معنوں میں یہ مصنف کرنا چاہتا ہے ۔ یہ روح القدس تو نہ صرف حضرت مسیح بلکہ پطرس اور پَولُس بھی منتقل کرتے رہے ہیں بلکہ اناجیل میں اسے بکثرت دیکھا گیا ہے ۔ہمیں روح القدس کی ماہیت پر بحث یہاں اس لئے تشنہ چھوڑنی پڑے گی کہ اس پر کسی بھی فلسفیانہ توجیح سے انسان کو کبھی کچھ حاصل نہیں ہو سکتا ۔

حضرت عیسٰی کی دعوت کے مختلف مراحل ، آپ کے خطبات میں لوگوں کو دی جانے والی تعلیمات، اصل موسوی شریعت کے اصول اور تمثیلوں کی صورت میں لوگوں کو نصیحت اور پھر عملی جدوجہد کے اشارات وغیرہ جیسا بڑا خزانہ انجیل یوحنا میں کوئی جگہ حاصل نہ کر سکا جسے متی اور لوقا نے بہت نمایاں حیثیت سے پیش کر رکھا تھا ۔ انجیل یوحنا کا تمام زور باپ اور بیٹا کے تذکرہ پر ہی لگا دیا گیا ہے ۔ مختلف جملے اس انداز میں لکھے گئے ہیں کہ پلٹ کر باپ اور بیٹا لکھا جا سکے ۔ اگر ان قسم کے جملے اور تمام وہ جملے جس میں کسی نہ کسی پہلو سے باپ اور بیٹا موجود ہیں نکال دیں تو بمشکل ہی کتاب میں سے کچھ بچ سکے گا جس کی تعلیمی پہلو سے کوئی افادیت دکھائی جا سکے اور پھر جو کچھ بچے گا وہ پہلے ہی تین اناجیل میں موجود ہے ۔

یوحنا حواری دیگر اناجیل کے مطابق حضرت مسیح کے اوّلین چار حواریوں میں سے ہیں جو آپ کی دعوتِ دین کے بالکل شروع میں آپ کے ہمراہ ہو گئے تھے ۔ تینوں اناجیل ابتدائی ابواب میں پطرس اور ان کا بھائی اندریاس اور یعقوب. اور ان کا بھائی یوحنا کے ایمان لانے اور تمام وقت آپ کا ساتھ دینا وضاحت سے بتاتی ہیں ۔ کمال یہ ہے کہ انجیل یوحنا یہ تک نہیں بتاتی کہ حواری یوحنا کب ایمان لائے اور کب آپ کے ہمراہ ہوئے ۔قارئین جان چکے ہیں کہ انجیل لوقا کا

مصنف لوقا غیر عبرانی تھا، پَولُس کے دوسرے سفر میں اس کا ہمسفر بنا پھر تمام وقت پَولُس کے ساتھ رہا۔ اس کو حضرت مسیح کی صحبت کا موقع نہیں ملا۔ مرقس اگر چہ برنباس کا کزن تھا (کلسّیوں 4:10) لیکن وہ بھی حضرت مسیح کا صحابی نہ تھا۔ وہ کتاب اعمال کے مطابق پَولُس اور برنباس کے مابین وجہِ نزاع بتایا گیا تھا لیکن بعد میں اس نے پَولُس کی ہمراہی اختیار کی تھی جس کا حوالہ ہم نے گزشتہ صفحات میں ایک موقع پر پَولُس کے ساتھیوں کا اسے چھوڑ دینا بیان کرتے وقت درج کیا تھا۔ یوحنا نے اپنے بھائی یعقوب کے ساتھ شروع سے حضرت مسیح کا ساتھ دیا۔ یوحنا کے بھائی یعقوب کو حضرت مسیح کے عروجِ آسمانی کے کچھ عرصہ بعد تبلیغ کے "جرم" میں یہودی بادشاہ ہیرودیس نے شہید کر دیا تھا (اعمال 12:2)۔اگر انجیل یوحنا کا مصنف یہی حواری یوحنا ہوتے تو ان کی لکھی ہوئی انجیل میں حضرت مسیح کی سیرت و تعلیمات تمام انجیلوں میں سب سے بہتر انداز میں ملتیں۔وہ تمام وقت آپ کے ساتھ رہے تھے۔اس کے برعکس انجیل یوحنا اپنی داخلی تفصیلات میں دیگر تین اناجیل کے مقابلے میں کم ترین سطح پر قرار دینی پڑتی ہے۔ انجیل مرقس اس سے بہت بہتر پھر انجیل متی چند سنجیدہ مسائل کے باوجود مرقس سے بہتر جبکہ انجیل لوقا چاروں میں بہترین ہے۔انجیل یوحنا کو یوحنا حواری کی انجیل تسلیم کرنا مشکل ہے۔ مصنف کے نام کا علم نہ ہونا نظر انداز کیا جا سکتا ہے اس لئے کہ ہماری رائے میں اصل اہمیت یہ ہے کہ انجیل میں لکھا کیا گیا ہے۔اس نظر سے دیکھیں تو انجیل یوحنا کی ایک ہی افادیت کی بنا پر عیسائی مذہبی علماء اِس کی طرف متوجہ رہتے ہیں کہ وہ "باپ اور بیٹا" کا ایسا تصوّر اپنے اندر رکھتی ہے جسے یہ حضرات پَولُس کی تحریروں سے باہر انجیل کے نام سے مذہبی کتاب میں موجود ہونے کے خواہشمند ہیں۔ ہم نے مختصر بحث کے ذریعہ متعددسوالات سامنے رکھ دئے کہ یہ تصوّر اخذ کرنے میں خود اسی کتاب کی دیگر تحاریر مسائل پیدا کرنے کا سبب ہیں اور یہ کہ عیسائی عقیدہ میں "باپ اور بیٹا" کا غیر مشتبہ تصوّر انجیل یوحنا میں سے اخذ کرنا ممکن نہیں ہے۔پھر برابر اہمیت کی حامل بات یہ کہ عیسائی عقیدہ کے باقی بنیادی تصورات اس انجیل یا دیگر اناجیل سے حاصل نہیں کئے جا سکتے۔ صرف پَولُس کے خطوط کے ذریعے تمام تفصیلات کی تصدیق ہو سکتی ہے۔

پَولُس کی تبلیغ کامیاب رہی

حضرت عیسٰی کی سیرت، آپ کی تعلیمات اور دعوتِ دین انتہائی مختصر عرصہ پر مشتمل تھی لیکن یہ سب کچھ اتنا اثر انگیز تھا کہ بنی اسرائیل کے عام افراد کے دلوں میں بہت گہرا اثر قائم کر چکا تھا۔ یروشلم کے کہانت کے نظام نے طاقت کے ذریعہ اس کا سد باب کرنے کی کوشش کی اور اپنے نزدیک خود کو کامیاب تصوّر کیا۔ وہ حقیقت سمجھنے سے قاصر تھے کہ ان کے فاسد نظریات پر قائم مذہبی اقتدار کے خلاف عملی جارحیت کا بیج خود ان کے درمیان بویا جا چکا ہے۔ 70ء میں روم کے ہاتھوں ہلاک اور ایک مرتبہ پھر جلا وطن ہونے سے پہلے سردار کاہن، برسر اقتدار یہودی اور ان سے منسلک دولت مند طبقہ کے خلاف ان کی اپنی قوم کھڑی ہوئی تب ہی بغاوت کا الزام لگا کر روم حملہ آور ہوا۔ اس واقعہ سے پہلے کاہنی نظام نے حضرت عیسٰی کے حواریوں کو بزور خاموش کرنا چاہا جس کے نتیجہ میں آپ کی تعلیمات زیادہ وسیع جغرافیائی علاقوں میں پھیلنے لگیں اور 70ء تک ایک یہودی فرقہ کی حیثیت سے اپنا مقام بناتی رہیں۔ لیکن 70ء میں یروشلم کی بربادی کے بعد یہودی رومی قوم کے زیرِ عتاب تھے لہٰذا عیسائیت کو یہودی گروہ سے الگ اپنی شناخت قائم کرنے کی ضرورت کا سامنا کرنا پڑ گیا۔ اس سے پہلے ایک اور آزمائش سے انہیں سابقہ پڑ چکا تھا۔ 64 ء تک بہت سے عیسائی یہودی جبر کی وجہ سے روم میں پناہ گزین تھے۔ 64ء میں ،جبکہ نیرو ملک کا بادشاہ تھا ،کسی وجہ سے روم میں آگ بھڑک اٹھی جو چھ دن و رات تمام شہر جلاتی رہی یہاں تک کہ دو تہائی شہر، عمارتیں اور لوگوں کے مکانات راکھ ہو گئے۔ اس کی قوم میں اضطراب پھیل گیا کہ نیرو کی حکومت نے شہر بچانے کی عملی کوششوں کا ایسا مظاہرہ نہیں کیا جو اسے کرنا چاہئے تھا۔اپنے خلاف اس انتشار سے بچنے کے لئے اس نے عیسائیوں کو موردِ الزام ٹھہرایا کہ یہی مسائل کی اصل جڑ ہیں تاکہ لوگوں کی توجّہ ان کی طرف منتقل کر دے۔ اس کے حکم پر جو شخص بھی عیسائی شناخت ہوا اسے گرفتار کر لیا گیا اس طرح بڑی تعداد میں بے قصور عیسائی پکڑ لئے گئے۔ اسی گرفتاری کی لہر میں پطرس کو

پیروں کے بل الٹا لٹکا کر صلیبی موت دی گئی تھی جس کا تذکرہ پہلے کیا گیا ۔

حضرت عیسیٰ کے بعد کی تین صدیوں کے دوران عیسائیت کئی طرح کی فرقہ بندیوں کا شکار اور ایک غیر موثر مذہبی عقیدہ کی حیثیت سے زندہ تھی لیکن 306ء میں یہ عجیب و غریب واقعہ ہوا کہ روم کی بازنطینی سلطنت کے بادشاہ قسطنطین نے عیسائی مذہب قبول کر لیا ۔ چونکہ وہ پہلے ہی سے اصنام پرست شخص تھا اس لئے دوسرے عیسائی فرقوں کے عقائد کے مقابلے میں اس نے پَولُس کے عقیدہ کو ترجیح دی، لہٰذا روم کے بادشاہ کی سرپرستی حاصل ہو جانے کے بعد پَولُس کے نظریات طاقت پکڑتے چلے گئے ۔ اس کی سلطنت میں رہتے ہوئے عیسائی فرقے حضرت عیسیٰ کی شخصیت اور آپ کی تعلیمات کے حوالے سے شدید اختلاف اور اس کے نتیجہ میں پر تشدد تصادم کا شکار تھے ۔ بازنطینی شاہ قسطنطین کو لوگوں کا باہمی تصادم قبول نہیں ہو سکتا تھا ۔ اس کے حکم پر 325ء میں ترکی کے شہر نیقیہ (Nicaea) کے مقام پر عیسائی مذہبی عمائدین کے مابین نیقاوی کونسل کا انعقاد ہوا تاکہ عیسائیت کو مختلف فرقوں میں تقسیم رہنے کے رجحانات باقی نہ رہیں ۔ اس کونسل میں پہلی بار عقیدۂ تثلیث عیسائی مذہب کا بنیادی عقیدہ تسلیم کر لیا گیا اور اس سے مخالف تمام فرقوں کو مذہب سے خارج کردیا گیا ۔وہ تمام تحریریں جو پَولُس نظریہ سے مطابقت نہ رکھتی تھیں انہیں بزور تلف کر دیا گیا ۔ تمام تحریریں جلا دی گئیں اور ان کو اپنی دسترس میں رکھنا جرم قرار دے دیا ۔ انہی رد کردہ اناجیل کو رومی کلیسا غناسطی انجیل (Gnostic Gospel) قرار دیتا ہے جس میں برنباس کی انجیل بھی شامل ہے ۔بعد میر عیسائی علماء کی بتدریج کئ کونسلیں منعقد ہوئیں جن کے ذریعے چار انجیلوں متی، مرقس، لوقا اور یوحنا کو مستند اناجیل (Canonical Gospels) تسلیم کر لیا گیا اور بالآخر عیسائی عقیدہ اس واضح شکل میں مدون ہو سکا جو ہم نے اس موضوع کے ابتدا میں تحریر کیا تھا ۔

تلخیص

حصّہ ثانی میں ہم نے مغربی دنیا میں معروف عیسائی عقیدہ اور اس کے ماخذ ذرائع کا تجزیاتی جائزہ پیش کیا ۔جس اہم تر با ت کو

جاننے کے ہم خواہشمند تھے وہ یہ کہ خدا کی وحدانیت کا جیسا کچھ تصوّر قدیم کتبِ مقدّسہ بتاتی ہیں اس کے مقابلہ پر عقیدۂ توحید فی التثلیث ، گناہ آدم کا نوعِ انسانی میں سرایت ہونا اور خدا کا حقیقی بیٹا ہوتے ہوئے حضرت عیسٰی کا اس ازلی گناہ کا کفارہ ادا کرنا جیسی پیچیدہ تعلیمات کس شکل میں آنجناب نے اپنے مخاطبین کو پیش کیں ، کیا طریقہ اختیار کیا اور کس نوعیت کے دلائل اس منفرد عقیدہ کی وضاحت کے حق میں استعمال کئے ۔

عیسائی کتابیں زمانی ترتیب میں دیکھنے کے نتیجہ میں ہمیں معلوم ہوا کہ ایسے تمام تصورات حضرت مسیح یا آپ کے تربیت یافتہ اور آپ کی دعوتی مہم میں شریک حواریوں کے پیش کردہ نہیں بلکہ بنی اسرائیل قوم کے پَولُس نامی ایک فرد نے وضع کیے اور لوگوں کے سامنے انہیں پیش کیا ۔ پَولُس حضرت مسیح کا براہ راست تعلیم یافتہ نہ تھا اور نہ ہی اس نے آپ کو کبھی دیکھا بلکہ ، اپنے کہنے کے مطابق، وہ آنجناب کے عروجِ آسمانی کے بعد آپ سے صادر ہونے والے مکاشفہ کے نتیجہ میں آپ پر ایمان لایا ۔ ایک فریسی یعنی شریعت کا عالم ہونے کی وجہ سے پَولُس اپنی قدیم کتبِ مقدّسہ سے بخوبی واقف تھا ۔ اس کی بد قسمتی تھی کہ اس نے اپنی قدیم کتابوں کو الہامی کلام جانا اور اسی تصوّر کے تحت ان میں موجود تعلیمات سمجھنے کی کوشش کی ۔ ان کتابوں میں مذہبی عقائد وضع کرنے والے عناصر اس حد تک انسانی رجحانات و مفادات سے آلودہ تھے کہ ان میں سے عقیدہ کا واضح اور ہموار نقطۂ نظر حاصل کر لینا انسانی عقل کے دائرہ اختیار میں نہ تھا ۔ پَولُس حضرت عیسٰی کے اس دنیا سے چلے جانے کے بعد آپ پر ایمان لایا لیکن وہ دوسری غلطی یہ کر بیٹھا کہ خود کو قصداً آنجناب کے سکھائے گئے اصحاب سے تعلیمات حاصل کرنے سے محروم رکھا ۔اس کے برعکس اس نے اپنے منطقی دماغ اور فلسفیانہ رجحانات کے زیرِ اثر آپ کی زندگی کے آخری چند دنوں میں پیش ہوئے منفرد اور حیرت انگیز واقعات یعنی صلیب پر وفات، تین روز بعد زندہ کیا جانا اور کچھ ہی دنوں میں آسمانوں میں اٹھا لیا جانا جیسے واقعات کا اپنی قدیم کتابوں کی روشنی میں تجزیہ کیا اور ایسے نظریات اخذ کئے جو حضرت مسیح کی تعلیمات کے بالکل مخالف اور اصل حقیقت سے بعید تھے ۔ پَولُس نے انہی غیر حقیقی نظریات پر یقین رکھتے ہوئے ایک مجموعی عقیدہ وضع کیا ۔اپنے ابتدائی تین چار سال

ایک صالح مسیحی برنباس کے ہمراہ فلسطین سے باہر شہر بہ شہر جاتا اور مسیحی کلام کی منادی کرتا رہا لیکن جلد ہی اس کے اور حضرت مسیح کے اصحاب کے مابین نقطۂ نظر کا واضح فرق محسوس ہونے لگا اور آخرکار دونوں فریقین نے اپنی راہیں جدا کر لیں ۔ پَولُس نے خصوصاً غیر یہودی اصنام پرست اقوام کو اس عقیدہ سے روشناس کرنے اور اس پر ایمان لانے کا بیڑا اٹھایا اور انتہائی خلوص کے ساتھ اپنی دعوت کے راستے میں آنے والی تمام مشکلات کا آئندہ بیس سال سامنا کیا اور اسی کام میں فوت ہوا ۔حضرت مسیح کے اپنے تربیت یافتہ افراد اتنے ہی اخلاص کے ساتھ پَولُس سے الگ اپنی تعلیمات یہودیوں اور غیر یہودیوں تک پہنچاتے رہے ۔ حواریوں نے آنجناب کی آمد، آپ کا عام بنی اسرائیل کو موسوی شریعت کی تقلید کرنے اور خدا کی طرف رجوع کرنے کی تاکید کو دینِ ابراہیمی کے تسلسل کی نظر سے دیکھا اور وہی صالح احکامات کی تعلیم یہودیوں اور غیر یہودیوں کے سامنے رکھی۔ مسیحی تعلیمات پَولُس کی طرف سے پیش کردہ تعلیمات کے مقابلے میں زیادہ قبولیت حاصل کرتی رہیں ۔ خود پَولُس کو اپنے آخری دنوں میں مایوسی کا سامنا کرنا پڑا جب اس کے قریبی شاگرد ایک ایک کر کے اسے تنہا چھوڑ گئے ۔

بنی اسرائیل کی غلامی کی زندگی کو 70ء میں ایک مرتبہ پھر عظیم سانحہ کا سامنا ہوا جب رومی سلطنت نے یہودیوں کو بغاوت کا مرتکب قرار دیا، ان کا قتلِ عام کیا اور زندہ بچ جانے والوں کو ملک بدر کر دیا ۔ عیسائی بھی خود کو یہودیوں سے الگ رکھنے کے باوجود جبر سے نہ بچ سکے۔ عیسائیت آئندہ اڑھائی صدیوں تک جبر کا شکار اور ایک اقلیتی عقیدہ کے طور پر زندہ رہ جانے کی کوششوں میں تھی کہ روم کا بادشاہ قسطنطین اصنام پرستی چھوڑ کر حضرت مسیح پر ایمان لے آیا ۔ مسیحی ایمان کے لئے اس نے حضرت عیسٰی کے حواریوں کے پیش کردہ عقیدہ کے مقابلے پر پَولُس کے وضع کردہ عقیدہ کا انتخاب کیا اور اسی کو ملک کا سرکاری عقیدہ قرار دیا ۔ اس وقت اس کے ملک میں حضرت عیسٰی سے منسوب ایسی تحریریں عیسائی کہلانے والوں کے دسترس میں تھیں جن میں وہ یکسانیت موجود نہیں تھی جو قبول کی جا سکتی ہو ۔ شاہ روم کے حکم پر عیسائی مذہب کے ماہرین کی کونسلیں یکے بعد دیگر منعقد ہوئیں جن کے انعقاد کا اوّلین اور بنیادی کام یہ تھا کہ عیسائی عقیدہ کی ایسی یکساں اور ممکنہ

واضح شکل متعین کر لی جائے جو شاہ روم اور عام باشندوں کی نظر میں مقبولیت حاصل کر سکے ۔مذہب کی یہ سطح حاصل کرنے کے عمل میں چار اناجیل جن میں، مذہبی ماہرین کی نظر میں ، پَولُس کے عقائد سے ہم آہنگی موجود تھی انہیں مستند اناجیل تسلیم کر لیا گیا اور باقی تمام تحاریر تلف کر دی گئیں یہی چار اناجیل متی، مرقس، لوقا اور یوحنا اب عہدِ جدید میں موجود ہیں ۔

موجودہ مغربی عیسائی عقیدہ کی جو تشریح اس کتاب کے پانچویں باب میں بیان کی گئی اس کا کُلّی انحصار صرف پَولُس کی وضع کردہ تعلیمات پر ہے اور یہ کہ ان تعلیمات کی تصدیق چار مستند اناجیل میں موجود تحریروں سے نہیں ہو سکی ۔ یہ چاروں اناجیل پَولُس کی تعلیمات کے بعد لکھی گئیں یہ کہا جا سکتا ہے کہ چار اناجیل میں پَولُس کی پیش کردہ تعلیمات سے واضح انحراف کے باوجود پَولُس کی طرح حضرت مسیح کو خدا کا بیٹا سمجھنا یا اپنی زندگی کے ذریعے لوگوں کے گناہوں کا کفارہ ادا کرنا موجود ہے ، اگر کوئی شخص واقعتاً یہی نتیجہ نکالنے پر بضد ہو ۔ پہلی بات تو یہ کہ یہ محض جزوی مطابقت ہے اور یہ کہ عیسائی عقیدہ کے تمام اجزا کی اکٹھا تصدیق صرف پَولُس کے خطوط سے ہی حاصل ہو سکتی ہے ۔اناجیل میں مذکورہ جزوی مطابقت کے باوجود انہی اناجیل میں خود حضرت مسیح کے ایسے اقوال ملتے ہیں جو اس جزوی مطابقت سے مکمّل انحراف رکھتے ہیں ۔ لہٰذا انسان کو کوئی نہ کوئی اصول طے کرنا ہی پڑتا ہے جس کی بنیاد پر اناجیل کی ایک نوعیت کی تحریر قبول اور دوسری نوعیت کی تحریر رد کر سکے۔ ہم نے اسی نظر سے تمام عیسائی کتابوں پر توجّہ کی اور وہ کسوٹی تلاش کرنے کی کوشش کی جو حضرت مسیح کی اصل تعلیمات پر روشنی ڈال سکے ۔

اناجیل کی تحریروں میں ، عہد نامہ قدیم کے مصنفوں کے بر خلاف ، کسی بد نیتی ، ذاتی یا کسی مخصوص گروہ کے مفادات کے زیرِ اثر لکھنے کا کوئی اشارہ نظر نہیں آتا ۔ پہلی تین اناجیل میں اضطراب کی وجہ مصنفوں کا پَولُس کے عقیدہ سے جزوی مطابقت رکھنا مقصد نہیں تھا بلکہ اس کی وجہ یہ تھی کہ انہوں نے قدیم تحریروں سے محسوس کیا کہ قیامت ان کی اپنی زندگیوں سے کچھ دور نہیں ہے اور یہ کہ دنیا کا خاتمہ میں محض چند سال باقی ہیں ۔ اس تصوّر نے پَولُس کی سوچ کو تو بڑے پیمانے پر متاثر کیا ہی تھا

لیکن یہ عنصر چار اناجیل کی تدوین پر بھی اثر انداز ہوا ۔اس کا اثر یہ ہوا کہ وہ مصنفین حضرت مسیح کی تعلیمات درست حیثیت میں نہ سمجھ سکے تاہم انسان خالی الذہن رہتے ہوئے اخلاص کے ساتھ پہلی تین انجیلوں کا مطالعہ کرے تو آپ کی تعلیمات کا عکس ان کتابوں میں تلاش کرنے پر اسے مل سکتا ہے ۔ حضرت مسیح کی تعلیمات چوتھی انجیل یوحنا میں کتاب کا معتدبہ حصّہ حاصل نہ کر سکیں اس لئے جو کچھ ہماری تحریر میں انجیل یوحنا کی بابت اوپر بیان ہوا اس کے علاوہ کچھ لکھنے کی حاجت نہیں ۔

مروجہ عیسائی عقیدہ کی تدوین عوام الناس کی رہنمائی سامنے رکھ کر نہیں بلکہ سیاسی اور مذہبی اقتدار کی دلچسپیوں کو مرکز بنا کر کی گئی لہٰذا حضرت مسیح کی اصل تعلیمات مسیحی عوام الناس نمایاں اور واضح شکل میں دیکھنے سے ہمیشہ محروم رکھے گئے ہیں ۔مذہبی اقتدار کے مفادات کی محافظت انجیل یوحنا کے فقط ایک ہی فقرہ سے اظہر من الشمس ہے "جن کے گناہ تم بخشو ان کے بخشے گئے ہیں ۔جن کے گناہ تم قائم رکھو ان کے قائم رکھے گئے ہیں"(یوحنا 20:23)۔اس بات کا قطعی غیر منصفانہ اور غیر معقول ہونا کسی انسان کی سمجھ سے باہر نہیں ہے ۔

حضرت مسیح اور حضرت ابراہیم کے معتقدین کے جس الرَّحمٰنِ الرَّحِیم خدا نے بنی نوع انسان کی ہدایت کی خاطر حضرت مسیح دنیا کو عنایت کیا اسی الرَّحمٰنِ الرَّحِیم خدا نے حضرت عیسیٰ و حضرت داؤد ، حضرت موسیٰ و حضرت ابراہیم کی گم ہو جانے والی اصل تعلیمات سے ایک مرتبہ پھر تمام انسانوں کو آگاہ کیا ۔ اس مرتبہ بھی الرَّحمٰنِ الرَّحِیم خدا نے انبیا کے اسی گھرانے کا ایک فرد اپنا آخری نمائندہ کے طور پر چنا اور اس فردِ فرید کے ذریعے زندگی کے پختہ اصول روئے زمین کے تمام انسانوں کی فلاح کے لئے اس ہستی کے قول و عمل کی صورت میں مکمّل کر دیئے جو نہ صرف رہتی دنیا تک بلکہ آخرت کے بعد کی دائمی زندگی میں انسانی فلاح کے لئے کافی ہیں ۔ ان اصولوں کی آگاہی اور اطاعت کے نتیجہ میں انسان خدا کی عظیم ترین نعمت کا مستحق ہونے کا مقام حاصل کر تا ہے جبکہ دوسری طرف اس تعلیم سے محروم رہنا ہر حال میں بنی نوع انسان کی سب سے بڑی بدقسمتی ہے ۔اسی بات کی وضاحت ہماری کتاب کے تیسرے حصّہ کا بنیادی عنصر ہے ۔

حصّہ سوئم
اسلام

تعارف

دنیا کی آٹھ ارب انسانی آبادی میں 2.4 ارب کی کثیر تعداد خود کو عیسائی عقیدہ رکھنے والوں میں شمار کرتی ہے ۔ بالفاظ دیگر دنیا کا تقریباً ہر تیسرا انسان خود کو عیسائی کہتا ہے لہٰذا عیسائیت کو دنیا کا سب سے بڑا یا سب سے مقبول مذہب ہونے کا اعزاز حاصل ہے ۔ دوسرے نمبر پر مذہبِ اسلام ہے جس پر ایمان رکھنے والوں کی تعداد 2 ارب کے قریب ہے۔ مسلمان کہلائے جانے والے بھی عیسائیوں کی طرح دنیا کے تقریباً ہر ملک میں پائے جاتے ہیں ۔ تیسرے نمبر پر 1.2 ارب افراد ہندو مذہب پر ایمان رکھتے ہیں جبکہ چوتھے نمبر پر 0.5 ارب کے قریب بدھ مذہب کے ماننے والے ہیں ۔ اس کے بعد ، بشمول یہودیت، کئی دوسرے مذاہب ہیں جن کے ماننے والوں کی تعداد کم ہے جبکہ ان کے مقابلے میں نمایاں تعداد ان لوگوں کی ہونے لگی ہے جو کسی مذہب کو نہیں مانتے اس لئے خود کو لا مذہب یا ملحد کہلانا پسند کرتے ہیں ۔ یہ آٹھ ارب انسان کم از کم ایک بات میں ہر دوسرے شخص سے سو فیصد متفق ہیں کہ صرف ان کا مذہب یا عقیدہ سچا ہے جبکہ دوسرے تمام عقائد باطل ہیں ۔ ان میں سے کوئی ایک شخص یہ کہنے پر تیار نہیں کہ وہ جھوٹے مذہب پر ایمان رکھتا ہے ۔ پھر ہر مذہب کے معتقدین قدیم زمانے سے فرقہ واریت کا بھی شکار نظر آتے ہیں ۔ عیسائیوں کی طرح مسلمان بھی مختلف فرقوں میں تقسیم دیکھے جاتے ہیں اور یہاں بھی ہر فرقہ سمجھتا ہے کہ صرف وہی حق پر ہے ۔

عیسائی مذہب کی جو تفصیلات حصّہ دوئم میں ہمارے سامنے آئیں اُن پر غور کرنے کے بعد باعثِ حیرت ہے کہ انسانوں کی بڑی اکثریت تقریباً سترہ سو سال(شاہ قسطنطنیہ کا زمانہ) سے اس عقیدہ کو اپنے ایمان کا درجہ دیتی رہی ہے جبکہ حالت یہ ہے کہ اس عقیدہ کا کوئی ایک جزو بھی براہ راست حضرت عیسیٰؑ کی دی گئی تعلیمات سے ثابت نہیں ہوتا ۔ اناجیل میں درج حضرت عیسیٰؑ کی تعلیمات اور آپ کی پیغمبرانہ زندگی میں پیش آنے والے واقعات کی تفصیلات میں

کثیر اختلافات اور تضادات موجود ہیں جن کو موضوعِ تحریر نہ بنایا جا سکا اس لئے کہ ان کا بیان ہمارے لئے بہت طوالت کا سبب بنتا۔ تاہم چار اناجیل کا محض معمولی توجہ سے بھی مطالعہ کیا جائےتو ان اختلافات و تضادات کی نشاندہی کسی بھی شخص کے لئے بآسانی ممکن ہے ۔ پھر نسبتاً زیادہ گہرائی کی جو کچھ بھی خصوصیات ہم نے اپنے تجزیہ میں پیش کیں ان کی روشنی میں یہ حقیقت باعثِ تعجب ہے کہ یہ عقیدہ کیوں اتنا مقبول رہا ہے؟ اکثریت کا اس عقیدہ پر ایمان کی اور کیا وجہ ہو سکتی ہے؟ سوائے اس کے کہ ان کا دل قبول کرتا ہے کہ موجودہ زندگی اور اس کے بعد کی نئی زندگی میں ان کے ساتھ وہی کچھ پیش ہو جو یہ عقیدہ انہیں بتاتا ہے۔ لہٰذا ان مفاہیم کی تصدیق کرنے کی ضرورت انہیں محسوس نہیں ہوتی اور نہ ہی وہ ان مفاہیم کے برعکس کوئی اور مفہوم سننا اور جاننا چاہتے ہیں ۔ جس عیسائی گھرانے میں پیدا ہوئے اس میں شعور حاصل ہونے کے بعد والدین کے عقیدہ کی تقلید اور ساتھ میں ان کے مذہبی علماء و مفکرین ان کے عقیدہ کی جو کچھ بھی مفاہیم و تفاسیر ان کو بتائیں انہیں کفایت کرتی ہے ۔ موسوی شریعت سے مکمّل آزاد ہونے کے بعد اناجیل میں حضرت عیسیٰؑ سے منسوب جو کچھ بھی تعلیمات انہیں درج ملتی ہیں وہ تعلیمات انسان کی انفرادی اور معاشرتی زندگی کے لئے انہیں کوئی ایسی ہدایات فراہم نہیں کرتیں جو اخلاق و کردار پر دیرپا اثر پیدا کر سکیں ۔ محض عقیدہ کی نوعیت کی چند باتیں اور عبادت کی نوعیت کی چند ایسی رسموں کے پابند ہیں انسانی طبیعت جن کا تقاضا کرتی ہے ۔اناجیل انسانی ساختہ ہونے کی وجہ سے ان تحریروں میں اختلاف بیانی کا پایا جانا قابلِ تعجب بات نہیں لیکن ان اختلافات و تضاد ات کا نتیجہ یہ ہے کہ اناجیل کے اپنے متن ہی میں مختلف و متضاد تفاسیر کے امکانات موجود ہیں، لہٰذا تاریخ کے دورانیہ میں عیسائی عقیدت مندوں کا مختلف فرقوں میں تقسیم ہوجانا ایک قدرتی عمل تھا ۔

مذہبِ اسلام اپنے ماننے والوں کے لئے ہدایات ورہنمائ کا تمام تر انحصار جن دو ذرائع پر رکھتا ہے وہ ہیں کتاب اللہ یعنی قرآن اور اسے دنیا کے سامنے پیش کرنے والی ہستی ،رسول اللہ ؐ،کی سنّت یعنی آپ کے اقوال و افعال ۔ نوعِ انساں کی ہدایت و رہنمائی کے لئے جو صحائف گذشتہ امتوں کو ارسال ہوئے ان میں موجود اللہ تعالیٰ کی عطا کردہ اصل تعلیمات وہ امتیں اپنی غفلتوں اور کوتاہ نظری کی بنا پر گم

کر بیٹھیں، جیسا کہ اس کتاب سے واضح ہوا ۔ تب حضرت عیسیٰ علیہ السلام کے تقریباً چھ صدی بعد 571ء میں مشیت ایزدی کے تحت اللہ تعالیٰ نے ابو الانبیاء حضرت ابراہیم علیہ السلام کی نسل کی دوسری شاخ حضرت اسماعیل علیہ السلام کی نسل سے اپنے آخری رسول حضرت محمد مصطفیٰ ﷺ کو مکہ مکرمہ کی سرزمین پر پیدا کیا اور جب آپؐ کی عمرِ مبارک چالیس برس کی ہوگئ تو وہ عظیم کام آپ کے سپرد کردیا جس کی خاطر آپ پیدا کئے گئے تھے ۔ اللہ تعالیٰ نے آپؐ کی بعثت کے پہلے لمحہ سے لے کر آنے والے تئیس سال کے دوران بتوسّط حضرت جبرئیل علیہ السلام موقع بہ موقع ہدایات و تعلیمات فراہم کرنے کا سلسلہ جاری کیا اور قلبِ رسول اللہ پر القا و الہم کی صورت میں وہ علم آپؐ کو پہنچا دیا جو اس کارِ عظیم کی ابتدا سے لے کر اس کی تکمیل تک کے لئے آپؐ کو درکار تھا ۔

گذشتہ تمام تاریخ میں اُمت مسلمہ کا گروہ بندیوں میں تقسیم ہونے کی وجوہات ، مسلمانوں کا طرزِ عمل اور فرقہ بندیوں کے اثرات وغیرہ کا جائزہ ہماری تحریر کا موضوع نہیں تاہم اس کا واحد مآخذ جو تنہا مسلمانوں میں نہیں بلکہ یہودیوں، عیسائیوں حتیٰ کہ کسی بھی متفقہ عقیدہ کے حامل افراد کے درمیان عمل پذیر ہے اور آخر کار ایک علیحدہ گروہ کی شکل اختیار کر لیتا ہے وہ اس عقیدہ پر ایمان رکھنے والوں میں سے کسی ایک فرد ،یا مشترک دلچسپی یا مقاصد کے حامل گنتی کے چند افراد، سے شروع ہوتا ہے جو خود کو اس عقیدہ کا عالم سمجھتا ہے، یا سمجھتے ہیں ۔وہ فرد یا کوئی مجموعہ اپنی نیت میں نیک بھی ہو سکتا ہے اور خواہشات نفس کا شکار بھی ۔ اس فرد یا مجموعہ کی نیک نیتی یا نفسانی خواہشات کا کھوج لگا نا چاہیں تو وہاں پیش کردہ کام کے بین السطور غور کر کے کچھ سراغ لگایا جانا ممکن ہوتا ہے لیکن ان میں سے اصل عنصر چاہے کچھ ہو، نتیجہ بہرحال ایک ہی ہے یعنی تفرقہ جو گروہ کی اجتماعی قوّت اور عملی اثر پذیری کو زوال کا راستہ دکھاتا ہے۔ لہٰذا پہلا کام جو اہمیت کے لحاظ سے اہم ترین ہے وہ یہ کہ اُن اشارات کی سمجھ بوجھ ہمیں پیدا ہو جو کسی نظریہ کی بنیاد پر مجتمع گروہ میں تقسیم کی بنا رکھتے ہیں ۔

عقیدہ کے ماننے والوں کی اکثریت واجبی ذہانت کی حامل ہونے کی وجہ سے خود میں محض تقلید کی استعداد رکھتی ہے، اس اکثریت کو عقیدہ کے کسی برتر مفہوم کی سمجھ پیدا کرنے سے نہ تو مناسب

دلچسپی ہوتی ہے اور نہ ہی مناسب صلاحیت ۔ واجبی ذہانت رکھنے والی اکثریت واجبی ذہانت رکھنے کی ذمّہ دار نہیں اس لئے کہ کسے کتنی ذہانت دی جائے؟ یہ کام اللہ تعالیٰ کی حکمت کے تحت اللہ ہی کے اختیار میں ہے ۔لیکن جو عنصر مشترک خصوصیت کے ساتھ ہمیشہ سے عمل پذیر ہے وہ یہ کہ علماء مذہبیت کے نام پر یا بعض دوسرے ذہین اور چالاک افراد سیاست کے نام پر انہی واجبی ذہانت رکھنے والے افراد کو ہمنوا بنا کر سواد اعظم سے الگ توڑ لے جاتے ہیں اور نئے گروہ کی بناء رکھ دیتے ہیں ۔ اگر اس نئے گروہ کے مرکزی خیال یا تصوّر میں نمو پذیر ہونے کی خصوصیات ہوں (مرکزی خیال کی درستگی یا نا درستگی ایک الگ بحث ہے) تو وہ وقت کے ساتھ بڑھ سکتا ہے ، باقی رہ سکتا ہے یا نہ ہوں تو اپنے آپ مر جاتا ہے ۔ تاریخِ انسانی سے بکثرت مثالیں اس کی تلاش کی جا سکتی ہیں ۔ یہودیت کے معاملے میں بنیادی عنصر ان میں موجود مذہبی اکابرین تھے جن کا اصل مقصد سیاسیات کے میدان میں پائے جانے والے فوائد تھے جنہیں وہ نظر انداز نہ کر سکے ۔ قارئین حصّہ اوّل میں موجود تفصیلات سے بآسانی یہ عنصر اخذ کر چکے ہیں ۔ عیسائیت کے حوالے سے ان کی بعد کی تاریخ، جو ہم نے موضوعِ بحث نہیں بنائی، اس میں مذہبی سرپرستوں کی دنیا پرستی سب سے بڑا عنصر ہونا اتنا نمایاں ہے کہ کم و بیش سب ہی کسی نہ کسی حد تک واقف ہیں ۔ مسلمانوں کے معاملے میں بھی مذہبی عنصر ہی گروہ بندیوں کا سب سے بڑا مآخذ رہا ہے ۔ یہاں فرق صرف اتنا ہے کہ بد نیتی کا عنصر عموماً کم ملتا ہے بلکہ اس کے مقابلہ میں کم علم ہونا اور سمجھداری کی قلّت نسبتاً زیادہ عمل پیرا نظر آتی ہے ۔

اللہ تعالیٰ نے بذریعہ قرانِ کریم جو ہدایات نوعِ انساں کے حوالے کر دیں ان میں مآخذ ذریعۂ ہدایت قرانِ کریم اور اس کی تشریح و توضیح کا ذریعہ سنّت رسول اللہ کو قرار دیا ۔ اُمت مسلمہ کے سواد اعظم نے تاریخ کے دورانیہ میں مجموعی طور پر انہی کو ذریعۂ ہدایت ماننے سے تو کبھی انحراف نہیں کیا ،تاہم جب بھی کسی گروہ نے خود کو سواد اعظم سے الگ کرنے کا راستہ چنا، اس نے خود کو برحق قرار دینے کے لئے دلائل ہمیشہ قرانِ کریم اور سنّت رسول اللہ سے ہی اخذ کئے ہیں ۔جو طریقہ ہر گروہ کے سر گروہ یا لیڈر نے اختیار کیا وہ یہ کہ اپنے نقطۂ نظر کے حق میں رسول اللہ کا وہ قول

یا عمل پیش کیا اور قرآنی آیات کا وہ مفہوم پیش کیا یا بوقت ضرورت مفہوم کی مفیدِ مطلب ساخت دے دی گئی تاکہ ان کے نظریہ یا نقطۂ نظر کی صداقت قرآن و سنّت رسول اللہ سے ثابت ہو سکے۔ یہ سطح جب حاصل ہو گئی تو اس کے بعد عام طور پر اس نظریہ کے خلاف کوئی بات انہیں تسلیم نہ ہوئی ۔ بنی اسرائیل کے صحائف کے مقابلے میں قرانِ کریم اپنے اصل الفاظ میں محفوظ رہنا ایک نعمتِ عظمیٰ تھی جو مشیت الٰہی کے تحت اُمت مسلمہ کو عنایت ہوئی ۔ جن فقروں کو انسانوں کے لئے قانون کی حیثیت حاصل کرنا ہو اس معاملہ کی نزاکت کا یہ حال ہے کہ کوئی فقرہ تو درکنار اس فقرہ کے کسی جزو میں بھی معمولی سا فرق پیدا ہو جائے یا کر دیا جائے تو مکمّل فقرہ کے معنی میں زمین و آسمان کا فرق نمودار ہو سکتا ہے ۔ مسلمانوں کی گروہ بندیوں کی بنیاد میں جو واحد عنصر کارفرما ہے وہ قرانِ کریم کی آیات کے مفاہیم میں اور سنّت رسول اللہ میں عدم اتفاق یا مثلاً مقصدیت سے صرفِ نظر کر کے شریعت کی جزوی تفصیلات کو وجہِ امتیاز بنا لینا وغیرہ جیسے عناصر پر تعمیر ہوا ہے ۔ اس پہلو کی سرسری وضاحت سے ہم اپنی جملہ بحث کی شروعات کرنا چاہتے ہیں ۔

باب 1

دورِ حاضر کے مفکرین

کتاب کے اس حصّہ میں اسلام بحیثیت ایک عقیدہ، طرزِ زندگی یا دین ہونا کی از سر نو وضاحت سے اس موضوع پر گذشتہ چودہ، پندرہ صدی کے دوران لکھی گئی بےشمار کتابوں میں کسی نئی کتاب کا اضافہ ہمارے پیشِ نظر نہیں ۔جو نتائج ہم حاصل کرنا چاہتے ہیں وہ یہ کہ قرانِ کریم کے بعض ایسے گوشے قارئین کے سامنے پیش کریں جو زیادہ نمایاں نہیں کئے جا سکے ہیں یا ہمارے مشاہدہ کی حد تک زیرِ غور نہیں لائے گئے ہیں ۔ساتھ میں یہ بات بھی ضروری ہے کہ اس بحث میں رواں صدی کے چند نمایاں علمائے دین و مفکرین کی طرف سے پیش کئے گئے ایسے مفاہیم زیرِ تجزیہ لائے جائیں جنہیں آپس میں ہم آہنگ قرار نہیں دیا جا سکتا ۔ اسی تجزیہ سے ہمیں ماضی میں پیدا ہونے والی فرقہ بندیوں کی وجوہات واضح ہو سکیں گی بلکہ یہ بھی واضح ہو سکے گا کہ اُمت وسط جیسا مقامِ کبریٰ برقرار رکھنا تو ایک طرف اُمت مسلمہ کا مسلسل انحطاط کے مراحل طے کرتے چلے جانا کیونکر ہو کر رہنا تھا ۔ذیل میں چھ اہم مفکرین کا تعارف اور اس کے بعد ان کے پیش کردہ نظریات یا نقطہ ہائے نظر کے اہم پہلو اور ان کا تجزیہ مختصراً پیش کیا جاتا ہے ۔

مولانا ابوالاعلیٰ مودودیؒ

انسانوں کا انبوہِ کثیر ہڈی اور گوشت سے بنے چلتے پھرتے اور بولتے ڈھانچوں پر مبنی ایسی سواریاں ہیں جن پر چند اندرونی خواہشات سواری کرتی ہیں ۔اس انبوہِ کثیر میں کوئی تفریق اگر ممکن ہو تو وہ یہ کہ ان میں کوئی کم ہوشیار و چالاک ہے اور کوئی زیادہ ۔ خواہشات جس سمت میں چلائیں وہ اطاعتِ حکم کے لئے خود کو پیش کرتے ہیں اور کم و بیش تمام عمر اس سمت میں چلتے چلے جاتے ہیں ۔اس انبوہِ کثیر کے تجزیہ کا ایک تناظر یہ بھی ہوسکتا ہے کہ زمین پر حیات کی دوسری انواع کی طرح زندہ رہنے اور اپنی نوع کے تسلسل کو برقرار رکھنے کے لئے پیدائشِ اولاد ، اپنی اور ان کی نگہداشت اور پرورش ہی ان کا مقصدِ حیات ہے ۔اس حوالے سے جو تفریق ہے وہ یہ کہ انبوہِ کثیر میں بڑی اکثریت میں وہ ہیں جو اپنی بقائے حیات اور پر ورشِ اولاد کی خاطر حصولِ روز گار کے جائز طریقے اختیار کرنے کی کوشش کرتے ہیں، لہٰذا اپنے اعمال سے معاشرے کے لئے مفید ثابت ہوتے ہیں جبکہ کم تعداد میں وہ ہیں جو ناجائز راستے اختیار کرتے ہیں لہٰذا زمین پر جو کچھ بھی صالحیت موجود ہو اسے برباد کرتے اور فساد پیدا کرنے کا سبب بنتے ہیں ۔

مذکورہ مقابلہ پر اگر نوعِ انسانی کو عقل و شعور رکھنے والی ہستی تصوّر کریں تو حیوان کے بجائے انسان یا اشرف المخلوقات ہونے کا مطلب یہ ہونا چاہئے کہ حصولِ علم اور اس کی اشاعت محض اس لئے ہو کہ حاصل کردہ علم انسانی تمدّن کو ایک قدم آگے بڑھانے کا سبب بن سکے ۔ اس پہلو سے کوئی شخص جو زندگی کا کوئی بلند تر مقصد رکھتا ہو، اس مقصد کے حصول کو نفس کی لذّت انگیزیوں پر ترجیح دیتا ہو ، زندگی کے جن اصولوں کو وہ تسلیم کرتا ہو انہیں دنیوی منفعت پر قربان نہ کر دے، سیرت و اخلاق و کردار میں ایسا ہو کہ اس سے وابستہ افراد اس کی رفاقت کی خواہش رکھیں اور اس کی ہمراہی پسند کریں ۔ پھر وہ شخص یہ سمجھ لینے کی دور اندیشی اور استعداد رکھتا ہو کہ زندگی گزارنے کے مختلف اور متعدد راستے انسانوں کے لئے بالآخر کیا انجام اپنے اندر مخفی رکھے ہوئے ہیں ۔ ان

متعدد راستوں میں سے کسی ایک راستہ کا وہ انتخاب کرے جو اس کی نظر میں انسانیت کی فلاح کا ایک ہی راستہ ہے جبکہ باقی تمام راستے اپنی کن مخفی خصوصیات کی بنا پر اکثریت کی زندگی کا سکون و اطمینان چھین کر اسے خوف و بے چینی میں بدل دینے کی استعداد چھپا رکھتے ہیں ۔ پھر نوعِ انسانی یہ راہِ فلاح اختیار کر لے اس کام کو اپنا نصب العین بنا کر اپنی تمام عمر اس کام میں لگا دے ۔ کیا ایسا شخص بھی انبوہِ کثیر کا ایک نمائندہ فرد قرار دیا جا سکتا ہے؟ ایسا شخص انبوہِ کثیر میں اتنا ہی اشرف ہے جتنا اشرف ہر ایک انسان تمام حیوانات کے مقابلے میں اشرف ہے ۔اب ذرا تاریخ پر نظر ڈالو اور تلاش کرو کہ، ماسوا انبیاء و رسل، عام انسانوں میں کتنے افراد ہیں جو ایسے معیار پر پرکھے جا سکتے ہیں ۔رسول اللہ اور آپ کے صحابہ کرام کے بعد اسلام کی تاریخ میں پیدا ہونے والی قابلِ ذکر اور بااثر شخصیات کی زندگیوں میں ایسی صفات کا ثبوت دیکھا جاسکتا ہے ۔ مولانا مودودیؒ ایسے ہی چند افراد میں سے ایک ہیں ۔

مولانا مودودیؒ (25 ستمبر 1903-22 ستمبر 1979ء) نے بیک وقت ایک داعیِ حق، ایک مفکر حیات، ایک فلسفی، ایک متکلّم دینِ اسلام، ایک قانون دان، ایک ادیب، ایک خطیب، ایک تاریخ نگار ،ایک تنظیم کار اور ایک سیاسی قائد ہونے کا عملی مظاہرہ اپنی زندگی میں کر دیا اور بہت بلند معیار کے ساتھ کیا ۔اپنی تحریروں کے ذریعے تفسیرِ قرآن، حدیث، اسلامی قانون زندگی، تاریخ، مذاہبِ عالم جیسے متعدد بڑے موضوعات کا احاطہ کیا جو سب کے سب اردو زبان میں ہی لکھے گئے لیکن وقت کے ساتھ ساتھ ان کے تراجم انگریزی، عربی، ہندی، بنگالی، تیلگو، تامل، برمی، ملیالم، اور کئی دوسری زبانوں میں شائع ہوئے ۔ انسان متعصب نہ ہو تو مولانا مودودیؒ کی تحاریر کے مطالعہ سے جو بات بہت جلد اور بآسانی سامنے آجاتی ہے وہ یہ کہ وہ انتہائی صالح اور انتہائے نیک نفس انسان ہونے کے ساتھ ساتھ ایک انتہائی ذہین انسان تھے ۔ ذہانت سے ہماری مراد اُس اعلیٰ معیار کی ذہانت ہے جو انسانی تمدّن کے کسی شعبہ میں ایسا معیاری کام پیش کرنے کا سبب بنتی ہے جو تمدّن کے ارتقاء کو ایک قدم آگے چلا دیتا ہے ۔صالحیت اور نیک نفسی بلاشبہ ایسی صفات ہیں جو اکثر نوعِ انسانی میں دیکھنے کو ملتی ہیں لیکن معیاری ذہانت نہیں ۔معیاری ذہانت نہ صرف یہ کہ بہت کم ملتی ہے لیکن ایسا کوئی شخص جو

صالحیت اور نیک نفسی کے ساتھ معیاری ذہانت کا بھی بیک وقت مالک ہو وہ اور بھی کمیاب ہے ۔مولانا مودودیؒ کو ان کی تحریروں اور ان کی عملی زندگی کی تفصیلات کے ذریعے اس کتاب میں بیان کرنا ہمارا موضوع نہیں ۔ یہ موضوع اس گذرے وقت کے ہندوستان، مشرق وسطیٰ اور یورپ و امریکہ کے سیاسی حالات کی وضاحت کے بغیر بیان نہیں ہو سکتا جس کے لئے طوالت درکار ہے، تاہم ذیل میں بوجوہ مولانا کی تحریر کردہ پہلی کتاب کا مختصر بیان غیر مناسب نہیں ۔

تقسیمِ ہند سے قبل 1926ء میں سوامی شردہانند نامی ہندو انتہا پسند مذہبی لیڈر کسی مسلمان کے ہاتھوں قتل ہو گیا ۔ شردہانند نے ہندوستان میں شدّھی تحریک چلا رکھی تھی جس کے ذریعے مسلمانوں کو جبراً ہندو بنایا جارہا تھا ۔ اس قتل کی وجہ سے ہندو قوم میں ہیجان پیدا ہوا اور مغربی اقوام کی تقلید میں ہندوستان میں اسلام دشمن عناصر اعلانیہ اُمت مسلمہ، اسلام اور قرآن پر الزامات عائد کرنا شروع ہوگئے کہ اسلام ایک خونخوار مذہب ہے ،اس کی تعلیمات امن و امان اور سلامتی کے خلاف ہیں ، اور اس کی تعلیم نے مسلمانوں کو ایسا متعصب بنا دیا ہے کہ وہ ہر کافر کو گردنِ زدنی سمجھتے ہیں اور اسے قتل کر کے جنت میں جانے کی امید رکھتے ہیں ۔بعض دریدہ دہن الزام تراشی میں یہاں تک پکار اٹھے کہ دنیا میں جب تک قرآن کی تعلیم موجود ہے ، امن قائم نہیں ہوسکتا، اس لئے تمام عالمِ انسانی کو اس تعلیم کو مٹانے کی کوشش کرنی چاہئے ۔ مولانا مودودیؒ کتاب کے دیباچہ میں لکھتے ہیں : ان غلط خیالات کی نشر و اشاعت اس کثرت کے ساتھ کی گئی کہ صحیح الخیال لوگوں کی عقلیں بھی چکرا گئیں اور گاندھی جی جیسے شخص نے جو ہندو قوم میں سب سے بڑے صائب الرائے آدمی ہیں، اس سے متاثر ہو کر بتکرار اس خیال کا اظہار کیا کہ: "اسلام ایسے ماحول میں پیدا ہوا ہے جس کی فیصلہ کن طاقت پہلے بھی تلوار تھی اور آج بھی تلوار ہے"۔

اس وقت حالات یہ تھے کہ مسلمانوں میں جیسا کچھ بھی نظامِ خلافت ترکیہ میں قائم تھا وہ مغرب کے ہاتھوں مغلوب ہو چکا تھا ۔ عرب دنیا مغرب کی عسکری اعانت کے ذریعے ترکوں سے علیحدہ ہو کر چھوٹے ٹکڑوں میں اپنی بادشاہی ریاستیں قائم کرنے کی دھن میں لگی تھی ۔ادھر ہندوستان میں ،مہاتما گاندھی کے زیرِ سربراہی ،علمائے امتِ مسلمہ کی مسلمانوں کو تلقین ہورہی تھی کہ انگریزوں

سے آزادی کے لئے ہندو مسلم متحدہ قومیت کا تصوّر غیر اسلامی نہیں ہے ۔ اس وقت کوئی عالمِ دین سامنے نہ آیا جو " اسلام ایک خونخوار عقیدہ ہے " جیسے گمبھیر اور انتہائی غیر حقیقی الزام کا کوئی مدلل جواب پیش کر سکنے کا اہل ہو اور وہ جواب علمی اور نظریاتی سطح پر کچھ وزن رکھتا ہو ۔ اس وقت مولانا نے الجہاد فی الاسلام کے عنوان سے تین سال کی مختصر مدت میں چھ سو صفحات کی ضخیم کتاب لکھ کر دنیا کے سامنے پیش کی جس کی تحریر شروع کرتے وقت آپ کی عمر محض تئیس سال تھی ۔ آپ نے مکمّل تفصیل کے ساتھ واضح کیا کہ اسلام میں جنگ سے متعلق قوانین کے موجود ہونے کی وجہ کیا ہے؟ مختلف نوعیت کی جنگوں کے معاملہ میں اسلام کیا تصوّر رکھتا ہے، اسلام سے قبل، دورِ جاہلیہ میں ،عربوں اور باقی دنیا کا جنگوں میں کیا وحشیانہ طرز عمل تھا ۔ اسلام نے اس بدترین وحشیانہ پن کی ، تمام دنیا جس کی خوگر تھی، درستگی کے لئے کیا اصلاحات پیش کیں اور رسول اللہ اور آپ کے رفقاء نے عملی طور پر ان کا مظاہرہ کیا ۔ خود یہودیت، عیسائیت، بدھ مت اور ہندو مذہب میں نظریاتی طور پر جنگوں کے بارے میں کیا تعلیمات تھیں اور ماضی کی تمام تاریخ میں کس نوعیت کے مظاہرے یہ اقوام دکھاتی رہی ہیں ۔ آپ نے انتہائی غیر معمولی اندازِ بحث کے ذریعے اسلام میں جنگ کے تصوّر کی برتری نہ صرف ثابت کردی بلکہ یہ بھی واضح کر دیا کہ خالقِ کائنات ایسی ہدایات وضع کرنے والا اور بنی نوع انسان کے حوالے کرنے والا نہ ہو تو انسان کے بس میں نہیں کہ ایسے مصلح قوانین وضع کر سکے ۔ کہا جاتا ہے کہ علامہ اقبال مرحوم نے کتاب الجہاد فی الاسلام منظرِ عام پر آئ تو فرمایا کہ جہاد کے موضوع پر ایسی محققانہ اور غیر معذرت خواہانہ کتاب اردو تو کیا، دوسری کسی زبان میں بھی نہیں لکھی گئی ۔حضرت علامہ اقبال مرحوم نے یہ بات کہی ہو یا نہ کہی ہو لیکن یہ جملہ اپنی جگہ سو فیصدی درست ہے، نہیں تو مولانا کے لکھنے کے سو سال بعد بھی کسی نے لکھ رکھی ہو تو اسے ڈھونڈ لاؤ اور پیش کرو ۔

حقیقت یہ نہ تھی کہ ایسی کوئی کتاب مرتب کرنے سے پانچ دس سال پہلے سے مولانا ایسے کسی موضوع پر اقوامِ عالم کے عقائد اور گزرے زمانوں میں قوموں کا جنگوں میں طرزِ عمل کی تحقیق میں مشغول تھے ۔ یہ تو ایک اچانک پیدا ہونے والی صورتحال تھی جس کو

ہندو مذہبی جنونی کے قتل نے اس سطح پر پہنچا دیا کہ اس نوعیت کی کتاب جلد لکھی جانے کی ضرورت پیدا ہوئی ۔ مولانا محمد علی جوہر نے اپنی کسی تقریر میں کہا تھا کہ کاش کوئی بندہ خدا اِس وقت اسلامی جہاد پر ایسی کوئی کتاب لکھے جو مخالفین کے سارے اعتراضات و الزامات رفع کر کے جہاد کی اصل حقیقت دنیا پر واضح کردے۔ مولانا مودودیؒ نے محض ایک نوجوان ہونے کے باوجود یہ ذمہ داری اٹھائی جب دیکھا کہ کوئی آگے نہیں بڑھتا ۔

اپنے اطراف پر نظر اٹھاؤ، خود پر بھی توجّہ کرو کہ تئیس سال کی عمر میں کوئ عام انسان ایسی ذہنی استعداد کا حامل نظر آتا ہے؟ اور بات یہیں ختم نہیں ہو جاتی ہے ،مولانا کی تئیس سالہ عمر میں یہ تحریر دیکھنے کے بعد آپ کی عمرِ آخر کی کوئی تحریر اٹھا دیکھو تمہیں مولانا کی مقدارِ علم میں کوئی فرق محسوس نہیں ہو سکتا ۔ یہ انتہائی عجیب بات ہے ۔ انسان وقت کے ساتھ علم سیکھتا ہے پھر اس کی باتوں میں ،اس کے کام میں یا اس کی تحریروں میں گزرتے وقت کے ساتھ تجریدی ارتقاء کی موجودگی بآسانی پکڑی جاتی ہے ۔ دو جلدوں پر مبنی مولانا کی مرتب کردہ سیرتِ سرورِ عالم جیسی کتاب ڈھونڈنا آسان نہیں جو آپ کے آخری تحریری کاموں میں سے ایک ہے ۔ اس کتاب کی مجموعی اسپرٹ اور الجہاد فی الاسلام کی اسپرٹ اور ادبی معیار میں کوئی فرق نہیں ملتا ۔ انسانی دماغ گھٹیا پن کا شکار نہ ہو تو یہ تسلیم کر لینا چنداں مشکل نہیں کہ ایسی شخصیت روز روز پیدا نہیں ہوتی ۔"ایسی شخصیت روز روز پیدا نہیں ہوتی" لکھنے سے ہم نے کوئی ذاتی خیال، ذاتی رائے یا کسی نوعیت کی عصبیت کی بنا نہیں رکھ دی ہے بلکہ اسے ثابت کیا جائے گا، جسے رد کرنا آسان نہیں، لیکن اس میں ابھی دیر ہے ۔

مولانا مودودیؒ نے اپنے لئے اپنی زندگی کا واحد مقصد یہ قرار دیا کہ اسلامی نظامِ حیات مسلمانانِ عالم میں از سر نو زندہ کیا جائے اور اُس اسلام سے دنیا کو روشناس کیا جائے جو مولانا کی نظر میں حقیقی اسلام تھا ۔آپ نے قرآنی دلائل سے ثابت کیا کہ اسلام ایک دین ہونے کی حیثیت سے سیاسیات میں بنیادی مقام رکھتا ہے لہٰذا خدا کی دی ہوئی شریعت کا حکومتی اختیارات کے ذریعے ملکی معاشرہ میں مکمّل نفاذ کیا جانا ضروری ہے تاکہ اسلامی تہذیب بالکل اسی طرح محفوظ کر لی جائے جس طرح کہ رسول اللہ نے عرب میں اسے قائم

کیا اور وہ خلافت راشدہ کے دوران قائم رہی۔ آپ نے عالمانہ تنقیدی دلائل سے واضح کیا اور باہمت لوگوں کو راغب کیا کہ دنیا بھر میں سمجھ بوجھ رکھنے والے افراد قدم بڑھائیں اور اپنے اپنے معاشروں میں فسطائیت صفحۂ ہستی سے مٹا دیں جو مغربی اقوام کے غلبہ کے نتیجہ میں سیکولر ازم، نیشنلزم ، کمیونزم اور سوشلزم کی شکل میں عام انسانی زندگیوں میں زہر گھول رہی تھی ۔پس ہم سمجھ سکتے ہیں کیوں آپ کی تحاریر دنیا کی متعدد زبانوں میں پائی جاتی ہیں ۔

مولانا نے پاکستان بننے سے چند سال قبل ہندوستان کے مسلم اکثریتی صوبوں میں مسلمانوں کی دینی پستہ حالی کا تجزیہ کرنے کے بعد فیصلہ کیا کہ خود انہیں تحریری کام سے صرفِ نظر کر کے عملی مجاہدہ کی ذمہ داری اٹھانی پڑے گی -1938ء میں ہندوستان کے طول و عرض میں صحافتی ذرائع سے لوگوں کو دعوت دی کہ استقامتِ دینِ الٰہی کی راہ میں قربانی پیش کرنے کے لئے اٹھیں اور ان کے ہاتھ مضبوط کریں تو صرف پانچ آدمی اثبات ظاہر کر سکے - 1933ء سے 1941ء کے دوران ترجمان القرآن نامی رسالہ میں مستقلاً سیاسی اور مذہبی موضوعات پر مضامین اور فکر انگیز کتبیں تحریر کرتے رہے تھے جو ایک خلقتِ عظیم کے ذہنوں کو متاثر کرتی چلی آرہی تھیں لیکن جب 1941ء میں جماعتِ اسلامی کے نام سے ایک تحریک کی تاسیس کی تو تقریباً دس کروڑ کی مسلمان آبادیوں میں سے محض پچھتر افراد پر مبنی مختصر گروہ انہیں میسر ہوسکا جس کے ساتھ مولانا نے اپنے عملی مجاہدہ کا آغاز کر دیا ۔پاکستان بننے سے چھ سال قبل محض اپنے عزم کی خاطر اپنا آبائی شہر چھوڑ کر مسلم اکثریتی صوبہ پنجاب ہجرت کر گئے تاکہ وہاں جماعتِ اسلامی کا مرکزی دفتر قائم کر کے اپنی جدوجہد کا آغاز کریں جب یہ کوئی نہ جانتا تھا کہ پاکستان واقعتاً بن بھی سکے گا یا نہیں ۔ اس حوالے سے قارئین کو یہ یاد دہانی ضروری ہے کہ برطانیہ نے جب مارچ 1946ء میں ہندوستان میں کیبنٹ مشن کا انعقاد کیا تو اس میٹنگ میں نڈین کانگریس جواہر لال نہرو کی سربراہی میں اور مسلم لیگ قائداعظم محمد علی جناح کی قیادت میں متحدہ ہندوستان پر متفق تھے ۔ پس یہ تاریخی حقیقت ہے کہ پاکستان بننے سے محض ایک سال قبل دونوں لیڈر ہندوستان تقسیم نہ ہونے پر اتفاق رائے رکھتے تھے ۔یہ تو بعد میں پنڈت جواہر لال نہرو کے بعض بیانات سے مسلم حقِ خود اختیاری کے معاملہ میں شبہات

پیدا ہوئے جس کے نتائج بالآخر 14 اگست 1947ء کے دن پاکستان ایک الگ مملکت کی صورت میں ظاہر ہوئے ۔

مولانا مودودیؒ محض پینتالیس سال کی عمر میں ہی دنیائے علم میں ایک بڑے اسلامی مفکر کا مقام بنا چکے تھے لیکن پاکستان بننے کے صرف ایک سال بعد 1948ء میں حکومت کی طرف سے اس لئے گرفتار کر لئے گئے کہ وہ آزادی کشمیر کے معاملہ میں حکومتی پالیسی سے متفق نہیں تھے ۔ اس کے بعد 1953ء میں قادیانی مسئلہ میں ملک میں ہونے والے فسادات کے ذمّہ داروں کا سرغنہ ہونے کے الزام میں بیشتر دوسرے افراد کے ساتھ گرفتار کر لئے گئے اور مارشل لاء عدالت کے ذریعے انہیں "بڑا مجرم "ثابت کر کے پھانسی کا فیصلہ ان کے حق میں کر دیا گیا ۔ اس وقت اسلامی جمہوریہ پاکستان میں اگرچہ بیشتر آوازیں حکومتی فیصلوں کے خلاف تھیں جن میں سے ایک جماعتِ اسلامی یا مولانا مودودیؒ بھی تھے لیکن حکومت کا اصل مسئلہ مولانا کے خطبات یا تحاریر تھیں ،جو اُمت کے صالح افراد بالخصوص نوجوانوں کو حکومتی عناصر کے خلاف اٹھا دینے کی استعداد پروان چڑھا رہی تھیں، انہی خطبات و تحاریر سے انہیں خطرات لاحق تھے۔ لہٰذا قادیانی مسئلہ میں ہونے والے فسادات نے وہ زرّیں موقع انہیں فراہم کر دیا جس کے وہ منتظر تھے ۔جیل میں پھانسی کے مجرموں کی مخصوص" سی کلاس " میں انہیں ڈال دیا گیا جہاں قیدِ تنہائی کے ساتھ ساتھ یہ خصوصی توجہ بھی رہتی ہے کہ مجرم کے پاس کوئی ایسی شئے نہ رہے جس کی مدد سے وہ پھانسی سے قبل خود کشی کر سکے ۔اندرون ملک اور بیرونی مسلم دنیا کا شدید رد عمل ظاہر ہونے کی بناء پر حکومتی نمائندوں کے ذریعے مولانا کو ترغیب دی گئ کہ حکومت سے معافی کی درخواست کریں تو حکومت پھانسی کی سزا میں رعائت دے سکے گی ۔ مولانا کو اس فیصلہ کے خلاف اندرون ملک اور بیرونی دنیا کے احتجاج اور رد عمل سے واقف نہ رکھا گیا تھا لیکن اس کے باوجود وہ حکومت کی خواہشات قبول کرنے پر رضا مند نہ ہوئے ،مولانا کا جواب تھا : اگر اللہ نے ایسی ہی موت ان کے لئے انتخاب کی ہے تو دنیا کی کوئی تدبیر انہیں بچا نہ سکے گی لیکن اگر ایسا نہیں تو دنیا میں کوئی طاقت ایسی نہیں ہے جو ان کا بال بیکا کر سکے ۔اللہ تعالیٰ کی طرف سے ایسی بھاری آزمائش کا سامنا ہوا اور آپ سرخرو ثابت ہوئے ۔حکومت کو بالآخر مولانا کی

پھانسی کی سزا عمر قید یعنی چودہ سال قیدِ بامشقت میں تبدیل کرنی پڑی ۔بامشقت قید کے ضمن میں مولانا کے لئے چرخہ چلا کر سوت کاتنے کی مشقت طے کی گئی تاکہ قیدیوں کے لئے کپڑے بنائے جا سکیں ۔ایک عظیم مفکر ، تفہیم القرآن جیسی عظیم تفسیر اور درجنوں دیگر عظیم کتابوں کے مصنف، معمار فکر و معمار سیرت و کردار اور اقامت دین کے لئے امت کے مجاہدہ کی امامت کرنے والی ہستی کی اس درجہ تذلیل کر دینے سے مسلمان حکمران طبقہ نے ثابت کردیا کہ کیا ظرف ہے جس کے وہ مالک ہیں ۔دو سال قید رکھنے کے بعد بالآخر حکومت کو انہیں آزاد کرنا پڑا ۔ یہ کوئی آخری قید نہ تھی ۔ ایوب خان کا غاصبانہ مارشل لاء کے دوران 1964ء میں اور اس کے بعد 1967ء میں دوبارہ مولانا کو گرفتاری و قید کا سامنا ہوا ۔

مولانا پر اس سے زیادہ کچھ لکھنے کے خواہشمند نہیں لیکن آپ کی تفہیم القرآن کی بابت ایک بات لکھے بنا ہم رہ نہیں سکتے ۔ قرانِ کریم میں سورہ 22-الحج:52-54کی تین آیات ہیں جن کی شانِ نزول کو ہمارے ابتدائی مفسرین نے قدیم روایات کی بنا پر سورہ 17-بنی اسرائیل:73-75 کی تین آیات اور سورہ 53-النجم:19-20 کی دو آیات کے ساتھ اپنی تفاسیر میں وابستہ کر رکھا تھا ۔روایات یہ بتاتی تھیں کہ رسول اللہ مکہ مکرمہ میں کفّار مکہ کے سامنے سورہ النجم کی تلاوت فرما رہے تھے تو شیطانی اغواء کے زیرِ اثر اسی سورہ النجم کی چند وہ آیات رسول اللہ کے لبوں سے ادا ہوئیں یا کفّار مکہ کے کانوں تک پہنچیں جو، معاذاللہ ، شرک کی تائید کرتی تھیں ۔اس قول یا روایت کی رد میں جو دلائل قدیم مفسرین نے دیئے وہ کسی درجہ میں معقولیت میں نہیں شمار کئے جا سکتے ۔ سورہ الحج کی مذکورہ آیات کی تفسیر میں اسی مسئلہ کو مولانا مودودیؒ نے اپنی تفسیر تفہیم القرآن، جلد تین صفحہ 238 پر باکمال درجہ میں واضح کیا ۔ صد شکر کہ ہمیں ان آیات پر مولانا کی چھ صفحات پر مبنی تفسیر پڑھنے کا موقع ملا جسے یہاں نقل کرنے سے ہم قاصر ہیں لیکن قارئین کو نصیحت ہے کہ موقع ملے تو ضرور پڑھیں، اگر پہلے سے نہ پڑھ رکھی ہو ۔ درحقیقت مولانا نے محض چھ صفحات کے ذریعے جو احسان اُمت مسلمہ پر کیا اس کا بدلہ وہ دے نہیں سکتی ۔مولانا کی تفہیم القرآن کی جلد تین 1982ء میں شائع ہوئی ۔سورہ النجم کی مذکورہ دو آیات سے متعلق یہی روایات تھیں جنہیں استعمال کرتے ہوئے 1988 ء میں ہندوستانی ملعون سلمان

رشدی کی "شیطانی آیات" کے عنوان سے فساد انگیز کتاب منظرِ عام پر آئی جو تمام دنیا میں مسلمانوں کے انتہائی رنج کا باعث تو بننا ہی تھی لیکن ایران کے امام خمینی کا اس بدبخت کو ہلاک کر دینے والے کو انعام دینے کے اعلان نے مغربی دنیا کو اس شیطانی کتاب کی مزید اشاعت اور مسلمانوں کے "وحشیانہ" ردّ عمل کی بڑے پیمانے پر تشہیر کا موقع فراہم کیا ۔

مولانا وحید الدین خاں

مولانا وحید الدین خاں مرحوم (1925-2021ء) انڈیا کے ایک اسلامی مفکر اور داعیِ امن ہونے کی حیثیت سے اپنی حیات کے دوران مخصوص علمی حلقوں میں خاصی شہرت حاصل کر چکے تھے ۔ دنیا کے پانچ سو موثر ترین اسلامی شخصیات کی فہرست میں ان کا بھی نام شامل رہا ہے ۔انہوں نے مرکزِ امن و روحانیت کے نام سے ایک ادارہ دہلی میں قائم کیا ۔ انڈیا میں تشدّد پسند ہندوؤں کے رجحانات کے باعث 1993ء میں مسلمانوں کو بابری مسجد کی ملکیت سے دست بردار ہونے کا مشورہ دیا اور مسجد کے انہدام کے بعد چند امن پسند ہندو مذہبی رہنماؤں کے شانہ بشانہ انڈیا میں امن مارچ مظاہرہ میں شرکت کی ۔ اسلام کے مختلف پہلوؤں پر دو سو سے زائد کتابچوں کے مصنف ہیں اور اپنے قائم کردہ ادارے کے ذریعے بین المذاہب پُر امن مباحثہ کی ترغیبات پر ان کی خصوصی توجّہ رہی ہے ۔آپ کی انہی خدمات کے اعتراف میں انہیں انڈیا میں کئی بڑے ایوارڈ سے نوازا جاتا رہا جس میں 2000ء میں انڈیا کا تیسرا بڑا سِوِل ایوارڈ شامل ہے ۔2021ء میں بین المذاہب امن کی ترغیبات کی کوششوں کے اعتراف میں انڈیا کا دوسرا بڑا سِوِل ایوارڈ بھی انہیں حاصل ہوا ۔

طبیعت میں روحانیت اور معرفت ربّانی کی طرف لگاؤ غالب ہونے کی بنا پر اپنی ابتدائی عمر سے مذہبی علوم حاصل کرنے کی طرف توجہ دی ۔ ہندوستان کی انگریزوں سے آزادی اور وہاں کے مسلمانوں کا اپنا علیحدہ ملک حاصل کرنے کا مطالبہ اپنے عروج پر پہنچنے کے بعد جب واقعتاً 14 اگست، 1947ء میں پاکستان کے نام سے وجود میں آ گیا اس وقت جناب کی عمر بائیس سال تھی ۔ ہندوستان اور پاکستان برطانوی سامراج سے آزاد ہوئے تو اس کے نتیجے میں ڈیڑھ کروڑ سے زیادہ افراد کو جان بچانے کی خاطر ہنگامی طور پر اپنی تمام املاک پیچھے چھوڑ کر ایک ملک سے دوسرے ملک نقل مکانی کرنے پر مجبور ہونا پڑا ۔ بیس لاکھ سے زائد افراد وطنی اور مذہبی عصبیت کی بنیادوں پر اٹھائے گئے فسادات کے نتیجے میں اپنی زندگیوں سے ہاتھ دھو بیٹھے یہ دورِ جدید کا عظیم سانحہ اور تاریخِ

دنیا کی سب سے بڑی مہاجرت تھی اور تاریخِ دنیا میں مہاجرت اور مذہبی افتراق کے نام پر خدا کی دی ہوئی زندگی سے جبراً محروم کر دیئے جانے والوں کی سب سے بڑی تعداد تھی۔ انسانوں کے بنیادی حق کے خلاف بنی نوع انسان نے مذہب کے نام پر جس وحشت کا مظاہرہ کیا اس کی مثال ماضی میں نہیں ملتی۔

تقسیمِ ہند سے قبل قیامِ پاکستان کی جدوجہد کے دنوں میں مروجہ بنیادوں پر قائم دیگر اقوام کی طرح کی کوئی قوم ہونے کے بجائے مسلمانوں کو عقیدۂ اسلام اور قرآن و سنت میں موجود تعلیمات کی روشنی میں ایک اُمت ہونے کا حقیقی تصور ذہن نشین کرنے کی ذمہ داری علامہ اقبالؒ اور مولانا مودودیؒ نے اپنے کاندھوں پر اٹھا رکھی تھی۔ مولانا مودودیؒ بڑے پیمانے پر تن تنہا اعلیٰ ترین معیار کی تحریری تصانیف کے ذریعے دینِ اسلام بحیثیت ایک نظامِ زندگی کا ہر ممکنہ نظریاتی پہلو واضح کر دینے کے بعد 1941ء میں عملی جدوجہد کی خاطر جماعتِ اسلامی کے نام سے ایک تنظیم قائم کر چکے تھے۔

مولانا وحید الدین خاں نے 1947 ء میں تقسیمِ ہندوستان کے بعد انڈیا میں قائم جماعتِ اسلامی میں شمولیت اختیار کی اور ترقی کے زینے طے کرتے ہوئے مرکزی مجلسِ شوریٰ کا رکن ہونے کا اعزاز حاصل کیا۔ پندرہ سال جماعتِ اسلامی میں خدمات انجام دینے کے بعد 1963ء میں جماعت سے علیحدگی اختیار کی۔ جماعت سے علیحدگی کا بنیادی سبب جماعتِ اسلامی کے بانی مولانا مودودیؒ سے نظریاتی اختلاف تھا۔ مولانا وحید الدین خاں کی نظر میں جماعت کا عقیدۂ اسلام کا سیاسیات سے متعلق نقطۂ نظر انڈیا کے مسلمانوں کے لئے مناسب نہیں تھا۔ آپ 96 سالہ زندگی گزار لینے کے بعد اپریل 2021ء میں کووڈ وائرس کی دنیا بھر میں پھیلی وبا کا شکار ہو کر وفات پا گئے۔

مولانا حمید الدین فراہیؒ

مولانافراہی (نومبر، 1863-نومبر،1930ء) ہندوستان کے ایک قابلِ احترام اور معزز اسلامی اسکالر تھے۔ آپ مشہور مذہبی مفکر اور تاریخ نگار شبلی نعمانی کے رشتہ کے بھائی تھے اور انہی سے آپ نے عربی زبان کی ابتدائی تعلیم حاصل کی۔ بعد میں سر سید احمد

مرحوم کی قائم کردہ علیگڑھ یونیورسٹی میں دورِ جدید کے تناظر میں دینی تعلیم حاصل کرنے کے لئے داخل ہوئے ۔سر سید مرحوم نے ان کے بارے میں یونیورسٹی کو لکھا تھا کہ وہ ایک ایسے نوجوان کو داخلہ کے لئے بھیج رہے ہیں جو یونیورسٹی کے اساتذہ سے زیادہ عربی و فارسی جانتا ہے ۔علیگڑھ یونیورسٹی میں تعلیم حاصل کرنے کے دوران انہوں نے اِبن شہاب الزہری (784-845ء) کی طبقات الکبریٰ کا کچھ حصّہ فارسی میں ترجمہ کیا جو بعد میں یونیورسٹی کے نصاب کا حصّہ بنا لیا گیا ۔یونیورسٹی سے تعلیم حاصل کرنے کے بعد عملی زندگی میں آپ بعض ان شہروں میں عربی اور فارسی کے استاد کی حیثیت سے تعلیم دیتے رہے جو اب پاکستان میں شامل ہیں ۔ بعد ازاں حیدر آباد دکن میں اپنے قیام کے دوران ان کی رائے تھی کہ ایسی جامعہ قائم کی جائے جہاں بڑے مذاہب اور جدید سائنس کی اردو زبان میں تعلیم دی جا سکے تاکہ نوجوان نسل مذہبی علوم کے ساتھ ساتھ جدید سائنسی علوم سے بھی ہم آہنگ ہو سکے ۔آپ کی تجویز بالآخر حیدر آباد دکن میں جامعہ عثمانیہ کے نام سے مشہور درسگاہ قائم ہونے کی شکل اختیار کر گئی ۔ اپنی شعوری زندگی کے پچاس سال سے زائد عرصہ عقیدۂ اسلام سمجھنے اور اس کی تعلیم دینے میں گزارا لیکن آپ کا تمام غور و فکر کا حاصل قرانِ پاک کا ایک ایسا عنصر اہلِ علم کے سامنے پیش کرنے کی صورت میں ظاہر ہوا جو اُس وقت تک نظروں سے اوجھل تھا ۔

آپ نے قرآنی نظم پر پہلی مرتبہ واضح تحقیقی کام پُر زور عقلی دلائل کے ساتھ ترتیب دیا جو اس سے پہلے سامنے نہیں آسکا تھا ۔ قرانِ کریم 114 طویل اور مختصر سورتوں پر مشتمل ہے ۔مولانا فراہی کا تجویز کردہ یا دریافت کردہ نکتہ یہ تھا کہ قرانِ کریم کی ہر سورہ دوسری سورتوں سے اس طرح جُڑی ہوئی ہے کہ وہ سب آپس میں مل کر ایک نظم قائم کرتی ہیں ۔اس تصوّر کے تحت قرانِ کریم کی جملہ 114 سورتوں کو سات گروپس میں تقسیم کیا جاسکتا ہے ۔ ہر انفرادی گروپ یا نظم کا ایک مجموعی مرکزی مضمون ہے جس کو انہوں نے ،بطورِ اصطلاح، اس نظم کا عمود تجویز کیا ۔ انہوں نے بتایا کہ نظم کا جزو بننے والی ہر سورہ اس نظم کے مرکزی مضمون کا کوئی مخصوص پہلو واضح کرتی ہے ۔ اسی مرکزی نقطۂ نظر کے تحت انہوں نے قرانِ کریم کی تفسیر لکھنے کا کام شروع کیا لیکن کچھ

ہی حصّہ مکمّل کر سکے تھے کہ ان کی اجل آ گئی ۔ اس تفسیر کے مقدمہ یا تعارف میں انہوں نے قرآنی نظم کی وضاحت کی ہے ۔مولانا امین احسن اصلاحی آپ کے خاص شاگردوں میں شامل تھے ۔مولانا اصلاحی نے آپ کی انہی تعلیمات کی روشنی میں نو جلدوں پر مشتمل ضخیم تفسیر تدبّر قرآن کے عنوان سے تحریر کی جو ایک طرح سے مولانا فراہی مرحوم کے آغاز کردہ کام کی تکمیل کہی جا سکتی ہے ۔

مولانا امین احسن اصلاحی

مولانا اصلاحی(1904-1997ء) اپنی نوجوانی کی عمر سے ہی ایک سنجیدہ طالبِ علم ہونے کا ثبوت دیتے رہے ہیں - 1925ء میں مولانا حمید الدین فراہی کی خواہش پر مولانا اصلاحی دینی تعلیمات کے حصول کی خاطر ان کے پاس پہنچ گئے۔ بعدازاں انہوں نے مولانا فراہی کی عربی تحریروں کا ترجمہ کیا اور ان کی اشاعت کی یہ زمانہ ہندوستان پر تسلط برطانیہ کے اختتام اور ملک میں ہندو مسلم فسادات اور جدوجہد آزادی کا پر آشوب زمانہ تھا اور کوئی نہ جانتا تھا کہ ہندوستان میں حالات کیا کروٹ بیٹھیں گے ۔ آپ مولانا مودودیؒ کی سربراہی میں جماعتِ اسلامی کے نام سے 1941ء میں قائم کی جانے والی جماعت کے 75 بانی ممبران میں شامل تھے۔ جماعتِ اسلامی کے ساتھ سترہ سال مجلسِ شوریٰ کے رکن کی حیثیت سے عملی طور پر منسلک رہنے کے بعد جماعت کے امیر مولانا مودودیؒ سے سنجیدہ اختلافات پیدا ہو جانے کے بعد 1958ء میں جماعت سے علیحدگی اختیار کر لی۔

جماعتِ اسلامی کی کوششوں کا ہدف باشندگان پاکستان کی فلاح کے لئے ملک کا مجموعی انتظام صرف ان قوانین کی بنیاد پر ہو جو قرآن و سنت کے وضع کردہ ہیں یہ مقصد عام انتخابات میں ایک سیاسی مذہبی جماعت کے تحت عوام کے ووٹوں کے ذریعے حاصل کرنا دورِ حاضر میں ایک جائز حکمتِ عملی ہے ۔ مولانا اصلاحی سمجھتے تھے کہ سیاست کے ذریعے ملک میں اسلام کا نفاذ نہیں کیا جا سکتا لہٰذا جماعتِ اسلامی کا انتخابات میں حصّہ لینا درست نہیں ہے ۔ ان کی رائے میں جماعتِ اسلامی اگر دینِ اسلام کے لئے کام کرنا چاہتی ہے تو وہ سیاسی طاقت حاصل کرنے کی کوشش کے بجائے لوگوں کے درمیان کام کرے، انہیں مذہبی تعلیم دے، لوگوں میں ان کی زندگیوں کا تزکیہ کرنے کا شعور پیدا کرے اور مشکلات و مصائب کا شکار لوگوں کی خدمت کرنے پر توجہ رکھے۔

جاوید احمد غامدی

غامدی صاحب (اپریل 1952ء)ایک اسلامی اسکالر اور فلسفی ہونے کی حیثیت سے پاکستان میں خصوصاً تعلیم یافتہ افراد میں بہت جانی پہچانی شخصیت ہیں یہ جدید دور کے موثّر ترین اور پسندیدہ اسلامی علوم کے ماہرین میں شمار کئے جاتے ہیں ۔ حکومتِ پاکستان کو اسلامی مسائل میں قانونی سفارشات مہیّا کرنے کے لئے حکومت کے زیرِ اثر قائم کی جانے والی اسلامی نظریاتی کونسل کے ارکان میں شامل رہے ۔اسلامی علوم کے استاد کی حیثیت سے بھی دس بارہ سال اپنی خدمات پیش کر چکے ہیں ۔پاکستان کے الیکٹرانک میڈیا پر بھی دانشورانہ مصروفیات کا حصّہ رہے ہیں ۔حالیہ وقتوں میں امریکہ میں اسلامی تعلیمات کے لئے غامدی سینٹر کے نام سے ایک مرکز قائم کیا جس میں بحیثیت سربراہ اور محقق مصروف ہیں ۔2019ء سے متواتر تین سال مسلمانانِ عالم میں 500 موثر ترین افراد کی فہرست میں ان کا نام شامل رہا ہے ۔

جاوید غامدی نے 1972ء میں انگریزی ادب اور فلسفہ میں بی اے آنرز کیا لیکن جلد ہی لاہور ہی کے رہائشی مولانا امین احسن اصلاحی سے تعارف ہوا۔ مولانا اصلاحی کی رفاقت ان کے لئے بہت موثر ثابت ہوئی اور وہ بالآخر فلسفہ کے بجائے اسلام کی تعلیمات کی طرف متوجہ ہو کر بحیثیت شاگرد مولانا اصلاحی مرحوم سے منسلک ہوگئے ۔چند سال مولانا مودودیؒ سے بھی باقاعدہ وابستہ رہے لیکن وقت کے ساتھ ساتھ مولانا مودودیؒ کے بعض تصورات کے معاملے میں انہیں مشکلات کا سامنا ہوا تو انہوں نے جماعتِ اسلامی یا مولانا مودودیؒ سے علیحدگی اختیار کر لی ۔

غامدی صاحب نے اپنے تمام علم کا نچوڑ " میزان" کے عنوان سے ایک کتاب لکھ کر اس میں پیش کیا ہے ۔ بظاہر کتاب میزان کے حوالے سے ان کی تمام تر توجّہ کا مرکز یہ بات تھی کہ دینِ اسلام کو تصوف، فلسفہ، فقہ،کلام اور کسی بھی دوسرے اجزاء سے پاک کر کے خالص حالت میں دنیا کے سامنے رکھ دیا جائے ۔ غامدی صاحب کے مطابق مذہب نے اسلامی اسٹیٹ قائم کرنے کی ذمہ داری مسلمانوں پر نہیں

ڈالی ہے ۔تاہم اگر مسلمانوں کو اسٹیٹ بنانے کا موقع ملے تو اس کے حکمرانوں پر اسلام ذمّہ داری ڈالتا ہے کہ وہ نماز و زکواۃ کا نظام و ادارے قائم کریں ، امر بالمعروف اور نہی عن المنکر جو کہ عدالت اور پولیس وغیرہ کے ذریعے نفاذ ہو سکتا ہے ۔

ڈاکٹر اسرار احمد

ڈاکٹر اسرار احمد مرحوم(1932-2010ء) عالمِ دین اور خطیب ہونے کی حیثیت سے پاکستان کے خاص و عام میں آج بھی جو مقام رکھتے ہیں وہ کسی تعارف کا محتاج نہیں ۔آپ کے عقیدت مندوں کا حلقہ جنوبی ایشیا اور مشرق وسطیٰ سے لے کر یورپ و امریکہ تک میں پھیلا ہوا ہے ۔ اردو زبان میں اسلام پر ساٹھ سے زائد کتابوں کے مصنف ہیں جن میں سے بیشتر کتابوں کا دیگر زبانوں میں ترجمہ ہو چکا ہے ۔

1954ء میں MBBS کی سند حاصل کی اور کچھ عرصہ بطورِ طبی معالج کام کیا ۔نوجوانی کی عمر میں مولانا مودودیؒ کی تحریروں سے متاثر ہونے کے بعد 1950ء میں جماعتِ اسلامی میں شمولیت حاصل کر لی تھی لیکن سات سال بعد 1957ء میں جماعت سے علیحدگی اختیار کی ۔ ان کی نظر میں علیحدگی کا بنیادی سبب یہ تھا کہ جماعتِ اسلامی کا پاکستانی سیاست میں شامل ہو کر دوسری جماعتوں کی طرح پاور پولیٹکس کا حصّہ بننا درست نہیں ۔ جماعتِ اسلامی کے مقصدِ واحد کی طرح ان کی نظر میں بھی پاکستان کے معاشرتی نظام میں قرآن و سنت کے قوانین کا ہر شعبۂ زندگی میں نفاذ اور ملک کو خلافت راشدہ کی طرز پر ایک اسلامی ریاست بننا وقت کی سب سے اہم ضرورت ہے۔ حصولِ مقصد کا جو طریقہ ان کی نظر میں درست تھا، اس پر عمل پیرا ہونے کے لئے 1975ء میں انہوں نے تنظیمِ اسلامی کے نام سے ایک الگ جماعت قائم کی اور اپنی زندگی کے باقی تمام سال دعوتِ الی اللہ اور دعوتِ دین سے متعلق تعلیمات باشندگان پاکستان تک پہنچانے میں صرف کر دیئے ۔

جدید مفکرین اور اسلام

رسول اللہ نے فرد واحد کی حیثیت سے اپنے مشن کا آغاز کیا اور تیئس سالہ پیغمبرانہ زندگی میں سر زمینِ عرب پر بسنے والی قبائلی عصبیت اور مذہبی جاہلیت پر مُصِر قوم کو ملتِ اسلامیہ میں بدل دیا اور اسلامی اجتماعیت کی مکمّل صورت گری یا شیرازہ بندی کی ہر ایک پہلو سے تکمیل کردی ۔ دنیا سے رخصت ہو جانے سے قبل قرآن اور سنّت رسول اللہ کے دو ماخذ کی طرف اُمت کو متنبہ کیا اس صریح قرآنی حکم کے ساتھ کہ:

سب مل کر اللہ کی رسّی کو مضبوط پکڑ لو اور تفرقہ میں نہ پڑو (آلِ عمران:103)

اس آیت سے مراد یہی تھی کہ دین کی اساسی تعلیمات کی بنیاد پر جو ملتِ اسلامیہ قائم ہو چکی ہے اس کے استحکام میں تفرقہ کے راستے وہ کمزوریاں پیدا نہ ہو جائیں جو سابقہ انبیاء علیہم السلام کی امتوں کو بربادی کے راستے پر چلاتی رہی تھیں ۔مجموعی طور سے صالحیت پر قائم اسلامی اجتماعیت رسول اللہ کے بعد چار خلفائے راشدین کے ذریعے مطلوبہ معیار پر بہت تھوڑا عرصہ قائم رہی جبکہ در حقیقت تاریخ کے تمام ہی دورانیہ میں اس اسلامی اجتماعیت کا عملی مظاہرہ سر زمینِ عرب پر یا کم از کم کسی ایک زمینی خطہ پر قائم رہنا لازمی تھا ۔ لیکن اسی عصبیت پر پلنے والی تفرقہ کی شیطانیت نے اسلامی اجتماعیت میں جلد اپنی جگہ ڈھونڈ نکالی ۔خلافت راشدہ، رسول اللہ کے پیشگی بتا دینے کے مطابق، تیس سال قائم رہنے کے بعد ملوکیت سے بدل گئی ۔تب سے اُمت مسلمہ کے باہمی اختلافات ، کتاب و سنّت کی واضح تعلیمات سے دوری اور صراط مستقیم سے انحراف کے نتیجے میں جاہل، دنیا پرست اور فتنہ پرور افراد کی پوری کوشش رہی ہے کہ تفرقہ کے عفریت کو غذا ملتی رہے اور غذائی قلّت سے یہ عفریت مرنے نہ پائے ۔تفرقہ کا عفریت لوگوں کے سروں پر زندہ رہتا ہے لیکن عام افراد اسے زندہ رہنے کے لئے غذا پہنچانے کی مزدوری سے زیادہ کچھ کر نہیں سکتے ۔ عفریت کے مخصوص تفرقہ کو کس نوعیت کی غذا پہنچانی ہے اور کس قدر پہنچانی ہے، اسے طے کرنا عوام کے بس میں نہیں ۔ یہ کام علما اور مفکرین سابقہ امتوں کے لئے

کرتے رہے ہیں اور ملتِ اسلامیہ میں بھی یہ کام اُمت کے کم عقل علماء و مفکرین کی تنگ نظری اور سطحی افکار کے ہاتھوں ہوتا رہا ہے پھر جو طریقہ سابقہ امتوں کے علما و مفکرین نے اختیار کیا تھا بعینہ وہی طریقہ اُمت مسلمہ کے اس طبقے نے بھی اپنا رکھا ہے۔غور کیا جائے تو ہماری تاریخ کے آئینے میں اس عنصر کی نشاندہی بآسانی ممکن ہے، اور اسی بات کی کچھ جھلک دکھانے کے لئے ہم نے دورِ حاضر کے چھ مفکرین کا انتخاب کیا اور سرسری تعارف قارئین کے سامنے پیش کیا۔ ذیل میں ان شخصیات کے تصورِ دین کے متعلق کچھ باتیں پیشِ خدمت ہیں۔

ڈاکٹر اسرار احمد اور "منتخب نصاب"

ڈاکٹر اسرار احمد مرحوم نے منتخب نصاب کے عنوان سے قرآن کی تعلیمات سے دروس کا سلسلہ وضع کیا جسے وہ تقریباً پچاس ساٹھ سال اپنے خطبات میں حاضرین کے سامنے پیش کرتے رہے اور اب کتابی شکل میں دو جلدوں کی صورت میں دستیاب ہے۔ یہ نصاب انہوں نے سورہ العصر کو بنیاد رکھتے ہوئے تشکیل دیا جو قرآنِ کریم کی مختصر ترین سورتوں میں سے ایک ہے۔ اپنی کتاب کی ابتدا میں اس سورہ کی تفسیر بیان کرنے کے بعد کتاب کے بقیہ حصہ میں قرآنِ کریم کی تمام سورتوں میں موجود وہ اجزاء انہوں نے منتخب کئے اور ان کی تفاسیر بیان کیں جو سورہ العصر سے مطابقت رکھتے ہیں ہماری بحث کا موضوع آپ کی بیان کردہ سورہ العصر کی تفسیر ہے جس کا متعلقہ حصہ خود انکے الفاظ میں ذیل میں نقل کیا جاتا ہے:

بِسۡمِ اللّٰہِ الرَّحۡمٰنِ الرَّحِیۡمِ

زمانہ کی قسم ہے یقیناً تمام انسان گھاٹے اور خسارے میں ہیں، سوائے اُن کے جو ایمان لائے اور انہوں نے نیک عمل کیے، اور انہوں نے ایک دوسرے کو حق کی نصیحت کی، اور انہوں نے باہم ایک دوسرے کو صبر کی تلقین کی۔(حصہ اوّل: صفحہ 22)

یہ سورہ نقل کرنے کے بعد ڈاکٹر صاحب نے مناسب گہرائی کے ساتھ سورہ کی روایات اور تعلیم کے نمایاں عناصر کی بہ تفصیل وضاحت کی اور اس کے بعد فرماتے ہیں:

نجات کی کم از کم شرائط کا بیان

> تیسری بات جو اس سورۂ مبارکہ پر معمولی غور و فکر سے واضح ہو جاتی ہے، یہ ہے کہ اس سورہ میں انسان کی کامیابی کے اعلیٰ مراتب کا ذکر نہیں ہے، بلکہ یہاں محض ادنیٰ درجہ میں کامیابی کا بیان ہے ۔ اس میں محض خسارے اور گھاٹے سے بچ جانے کی شرائط کو بیان کیا گیا ہے ۔ معلوم ہوا کہ یہ کم از کم لوازم نجات ہیں یا یوں کہہ لیجیے کہ یہ انسان کی کامیابی کی کم سے کم شرائط ہیں جن سے کم تر پر نجات کا کوئی تصور نہیں! اس لئے کہ اگر یوں کہا گیا ہوتا کہ ان لوگوں کو بڑے اعلیٰ مراتب نصیب ہوں گے جن میں مذکورہ بالا چاروں صفات موجود ہوں گی تو پھر امکانی طور پر یہ خیال ذہن میں آسکتا ہے کہ کامیابئ محض کے حصول اور ناکامی سے بچنے کے لئے اس سے کم تر پر قناعت کی جا سکتی ہے ۔یعنی چار کے بجائے دو شرائط پورا کرنے پر بھی ہلکے درجہ کی کامیابی کی امید کی جا سکتی ہے ۔ لیکن یہاں جو اسلوب اختیار کیا گیا اس سے یہ بات بالکل واضح ہے کہ یہ انسان کی کامیابی کا کم سے کم تقاضا اور اس کی فوز و فلاح کے کم سے کم لوازم ہیں جو اس سورۂ مبارکہ میں بیان ہوئے ہیں ۔(حصہ اوّل:صفحہ 24)

اس اقتباس میں لفظ "نجات" کے ذریعے ڈاکٹر صاحب نے وضاحت کردی کہ آخرت میں مذکورہ چار لوازمات سے کم پر کسی شخص کی نجات کا کوئی امکان باقی نہیں رہتا ۔اللہ تعالیٰ کی خلق میں ہمیشہ سے بہت سے افراد رہے ہیں، اب بھی ہیں اور انشاءاللہ آئندہ بھی رہیں گے جنہوں نے مجموعی طور پر نیکی اور ایمانداری کے ساتھ زندگی گزارنے کی کوشش کی، قصداً لوگوں کے ساتھ قبیح جرائم کے ارتکاب میں خود کو ملوث نہیں کیا، والدین کے ساتھ شفقت یا اولاد کی نیک پرورش جیسے امور کو فوقیت دی اور اللہ تعالیٰ کی توفیق رہی تو عبادتی احکامات سے ارادتاً مجتنب نہیں ہوئے ، لیکن اِس تشریح کے مطابق وہ نجات کے مستحق نہیں بلکہ عذابِ جہنّم کے سزا وار ہونگے، اس لئے کہ وہ اپنے اعمال نامے میں چار میں سے بعد کی دو شرائط دکھانے سے قاصر ہیں ۔ڈاکٹر صاحب کے بیان کے مطابق چاروں شرطیں اپنی جگہ لازم ہیں اور یہ نجات کی کم سے کم شرائط ہیں۔ اگر

پوچھا جائے کہ مسلمانوں میں کتنے ہیں جو یہ شرائط پوری کرسکیں ؟ تو یہ سوال آپ نے آگے واضح کر دیا:

ایک مغالطے کا ازالہ

قرآن مجید کی اس سورۂ مبارکہ میں اللہ تعالٰی نے انسان کی نجات کو چار شرائط سے مشروط کیا ہے ۔ ظاہر ہے کہ یہ چاروں شرائط ناگزیر اور ضروری ہیں، ان میں سے کسی ایک شرط کو بھی ساقط کرنے کا کسی کو اختیار نہیں ۔ یہ بات اس پہلو سے بہت اہم ہے کہ اس وقت امت مسلمہ عملی اعتبار سے جس تنزل اور انحطاط کا شکار ہے اس کا ایک بڑا سبب بھی یہی ہے کہ ذہنوں میں یہ بات بٹھا دی گئی ہے کہ صرف ایمان ہی نجات کے لئے کافی ہے، بلکہ ایمان کا بھی صرف قانونی پہلو جو اقرارِ باللّسان سے متعلق ہے، انسان کو جنت کا حق دار بنانے کے لئے کافی ہے ۔ یہ مغالطہ آج اُمت مسلمہ کی ایک عظیم اکثریت کے ذہنوں میں بیٹھ گیا ہے کہ کلمہ گوہ بہرحال نجات پا جائے گا، خواہ اس کلمے کے لئے جو اسے وراثتاً مل گیا ہے،اس نے نہ تو کوئی محنت کی ہو، نہ ترک و اختیار کے کسی مرحلہ سے اسے گزرنا پڑا ہو اور نہ ہی کلمے کے عملی تقاضوں کو پورا کرنے کی جانب اس نے کبھی توجہ دی ہو ۔ جب انسان کے ذہن میں یہ بات بیٹھ جائے کہ وہ تو بخشا بخشایا ہے اور نجات و کامیابی اس کا موروثی حق ہے اور اسے از خود حاصل ہے تو ظاہر ہے کہ پھر عملی کھکھیڑ مول لینے اور مشکلات اور دینی ذمہ داریوں کا بوجھ سنبھالنے کی کوئی ضرورت اسے محسوس نہیں ہوتی ۔ اسی مغالطے نے اُمت مسلمہ کو عمل سے یکسر فارغ کر دیا ۔

جہاں تک تواصی بالحق اور تواصی بالصبر کے حوالے سے عائد ہونے والی ذمہ داریوں کا تعلق ہے، اُمت مسلمہ بحیثیت مجموعی انہیں یکسر فراموش کر چکی ہے ۔ دعوت الی اللہ، تبلیغِ دین، امر بالمعروف و نہی عن المنکر، جِہاد فی سبیل اللہ، شہادتِ علی النّاس، یہ تمام فرائض تو گویا مسلمانوں کے تصور دین سے بالکل خارج ہو چکے ہیں ۔ ان کے بارے میں تو یہ سمجھ لیا گیا ہے کہ شاید یہ صرف ایک مخصوص طبقہ کی ذمہ داری ہے، عام مسلمان پر اس کا کوئی بوجھ ہے نہ وہ اس کے لئے مکلف ہے ۔ ان تمام تصورات کی ایک بھرپور نفی اس سورۂ مبارکہ کے چند الفاظ کے ذریعے کی گئی ہے ۔ فرمایا:

زمانہ اس پر گواہ ہے کہ تمام انسان خسارے اور گھاٹے سے دوچار ہوں گے، ماسوائے ان کے جو چار شرطیں پوری کریں: ایمان، عملِ صالح، تواصی بالحق اور تواصی بالصبر۔(حصہ اوّل:صفحہ 26)

قارئین کی سہولت کے لئے ڈاکٹر صاحب کا نسبتاً طویل اقتباس اوپر نقل کر دیا جو اپنی جگہ بالکل واضح ہے کہ امت مسلمہ مغالطہ آمیز غفلت کی وجہ سے صرف پہلی شرط یعنی "ایمان" پر ہی قانع ہے جو اس کا کسبی بھی نہیں بلکہ موروثی ہے اس لئے کہ وہ کسی مسلمان گھرانے میں پیدا کر دیا گیا ہے جس انتخاب میں خود اس کا کوئی حصّہ نہیں تھا۔ لہٰذا خود ڈاکٹر صاحب کی شناخت کردہ صورتحال میں موصوف نے ہر مسلمان کو وتوا صو بالحق اور وتواصو با لصبر کی ضمن میں دعوت الی اللہ، تبلیغِ دین، امر بالمعروف و نہی عن المنکر، جِہاد فی سبیل اللہ، شہادتِ علی الناس جیسی وزنی ذمّہ داریاں عائد کرنے کے بعد انہیں صریح انحراف کا مجرم ٹھہرایا ہے۔ پس پوری اُمت مسلمہ ہی اس سورہ کی رو سے صرف دوزخ کی حقدار ہے۔اگر پوچھا جائے کہ گزری صدیوں کے مسلمانوں کا کیا حال رہا؟ تو اس کا جواب بھی قطعی غیر متوقع نہیں ہو سکتا۔

اقتباس کے آخر میں ڈاکٹر صاحب نے سورہ العصر کا ترجمہ دوبارہ نقل کیا تھا اس لئے ہم نے بھی یہاں بوجوہ نقل کر دیا ہے۔ وجہ یہ کہ یہاں سورہ کی دوسری آیت کا ترجمہ بدلا ہوا ہے۔ بحث کے شروع میں اس آیت کا ترجمہ صیغہ حال کے تحت کیا گیا تھا، یعنی " تمام انسان گھاٹے اور خسارے میں ہیں " جبکہ آگے چل کر اسے صیغہ مستقبل سے بدل دیا، یعنی "تمام انسان خسارے اور گھاٹے سے دوچار ہوں گے"۔ کہنے کو معمولی فرق ہے لیکن یہ معمولی فرق دونوں فقروں کے مفہوم میں بہت بڑے فرق کا سبب ہے۔واضح ہے کہ قرآنی آیات کے معاملے میں ایسی تخفیف برتی جا رہی ہے جسے قابلِ قبول قرار نہیں دیا جاسکتا۔

مولانا وحید الدین خاں اور "تعبیر کی غلطی"

اوپر درج مولانا کے تعارف میں ہم نے دیکھا کہ آپ نے پندرہ سال جماعتِ اسلامی سے عملی طور پر منسلک رہنے کے بعد جماعت کے بانی اور امیر، مولانا مودودیؒ، سے نظریاتی اختلاف کی بنا علیحدگی اختیار کی۔ یہ تفصیلات بغور دیکھے جانے کی محتاج ہیں۔ نظریاتی

اختلاف سے مولانا وحید الدین خاں کی مراد تھی کہ مولانا مودودیؒ نے اپنی تحاریر میں دینِ اسلام کی جو تشریح بیان کی ہے وہ درست نہیں ۔اپنے اسی نظریاتی اختلاف سے لوگوں کو مطلع کرنے اور دین کی درست تعلیم دینے کے لئے موصوف نے "تعبیر کی غلطی" کے عنوان سے ایک کتاب تحریر کر کے 1963ء میں اسے شائع کیا ۔اپنی کتاب کے باب "گفتگو اور خط و کتابت" صفحہ 23 میں فرماتے ہیں: "جماعتِ اسلامی ہند سے پندرہ سال متعلق رہنے کے بعد اکتوبر 1962ء میں جماعت سے استعفیٰ دے دیا جو چھ ماہ بعد منظور کر لیا گیا"۔ آگے لکھتے ہیں :

> میں تقسیمِ ہند کے بعد نومبر 1947ء میں جماعتِ اسلامی کی تحریک سے متاثر ہوا اور تقریباً دس سال تک یکسوئی کے ساتھ اس سے مل کر کام کرتا رہا ۔ یہ وقت تھا جب کہ اس کے بہت سے دیگر افراد کی طرح میں یہ سمجھتا تھا کہ مجھ کو آخری صداقت کا علم ہو گیا ہے ۔ اس زمانہ میں میں زیادہ تر جماعت کے عملی کاموں میں مشغول رہا، اور جماعت کے مخصوص لٹریچر کے علاوہ دیگر چیزوں کے مطالعہ کی طرف بہت کم توجّہ دے سکا ۔ اس کے بعد ایک ایسا وقت آیا جب بعض اسباب نے مجھے یکسوئی کے کے ساتھ مطالعہ کے مواقع فراہم کر دیئے، خاص طور پر دو سال کا بیشتر وقت میں نے قرآن کو پڑھنے اور اس کے مطالب پر غور و فکر کرنے پر صرف کیا، اس وقت پہلی بار میں نے محسوس کیا کہ اس فکر پر میرا یقین متزلزل ہو رہا ہے ۔(صفحہ 23)

اقتباس میں مذکورہ دو سال قرآن پڑھنے سے مولانا کی مراد ہے کہ اپنی تحریری صلاحیتوں کی بنا پر، جماعت کے شعبۂ تصنیف و تالیف سے وابستہ ہو گئے تھے، لہٰذا آپ کو مزید مطالعہ کے لئے مناسب وقت دستیاب ہو گیا ۔اگر وقت کے تناظر میں دیکھیں تو آپ بائیس سال عمر میں 1947ء میں جماعتِ اسلامی میں شامل ہوئے اور، اپنے کہنے کے مطابق، 1957ء تک دس سال جماعت کے عملی کاموں میں مشغول رہے اور تنظیم کی تحاریر کے علاوہ دوسری کتابیں زیادہ نہ پڑھ پائے ۔ اگلے دو سال میں خصوصاً قرآن کا زیادہ گہرائی سے مطالعہ کیا تو 1959ء میں دینِ اسلامی کے جس فہم کو وہ "آخری صداقت" سمجھتے رہے تھے ، اس فہم پر انکے قدم ڈگمگا گئے ۔ اسی سال ،یعنی 1959ء میں، انہوں نے اپنی الجھن رفع کرنے کے لئے جماعت کے زیادہ سمجھ دار لوگوں سے "گفتگو اور خط و کتابت" شروع کی جو آئندہ تین سال جاری رہی ۔موصوف جو نتائج ان سہ سالہ

گفتگو اور خط و کتابت سے حاصل کرنا چاہتے تھے حاصل نہ ہو سکے تو 1962ء میں جماعتِ اسلامی سے تعلق ختم کیا اور تن تنہا ، کتاب "تعبیر کی غلطی" لکھنے اور شائع کرنے سے، اپنا تعلیمی کام شروع کیا تاکہ ایسا نہ ہو کہ بگڑے ہوئے مسلمانوں میں مولانا مودودیؒ کی غلط تشریح کی وجہ سے مزید بگاڑ پیدا ہو جائے۔بعدازاں اپنی عمر کے تقریباً ساٹھ سال" دین کا درست مفہوم" کی تعلیم دینے میں لگا دیئے اور اپنی کوششوں سے جو مقام آپ کو حاصل ہوا وہ ہم نے موصوف کے تعارف میں اوپر بیان کر دیا ہے۔

آپ نے اپنی کتاب کا عنوان "تعبیر کی غلطی" مولانا مودودیؒ کی دینِ اسلام کی غلط تشریح کی وضاحت کے لئے ہی چنا تھا۔اس کتاب کا پہلا ایڈیشن 1963ء میں شائع ہوا۔کتاب کے دوسرے ایڈیشن کے دیباچہ میں لکھتے ہیں کہ پہلا ایڈیشن بہت جلد فروخت ہو گیا اور بعد میں اس کی مانگ مسلسل جاری رہی لیکن دوسرے ایڈیشن کی طباعت مختلف اسباب کے تحت ملتوی ہوتی رہی، یہاں تک کہ بیس سال سے زائد عرصہ گزر گیا، تب بالآخر 1986ء میں دوسرا ایڈیشن طبع ہوا۔دیباچہ میں آپ نے تصریح فرما دی ہے کہ سوائے چند لفظی ترامیم کے کتاب اسی طرح طبع ہو رہی ہے جیسی کہ پہلی مرتبہ شائع ہوئی تھی۔ہمیں اسی دوسرے ایڈیشن کی ایک جلد دستیاب ہے جو کہ 344 صفحات پر مشتمل ہے۔کتاب کا تجزیہ کی غرض سے ہم اس کے موضوعات کو تین حصوں میں تقسیم کر سکتے ہیں۔پہلے حصّہ میں آپ نے اپنا تعارف اور کتاب کا پس منظر بتانے کے بعد تمام بات چیت اور خطوط کی نقول یا تخصیص شائع کیں جو جماعتِ اسلامی ہند کے سرکردہ افراد کے ساتھ آپ کے پیش کردہ علمی دلائل کے جواب میں دئیے گئے تھے۔اس حصّہ میں آپ نے بتایا کہ محض گفتگو میں دو سال ضائع ہو گئے لیکن وہ پیش کردہ علمی دلائل کا تشفی بخش جواب حاصل نہ کر سکے تو مزید ایک سال انہوں نے براہ راست امیرِ جماعتِ اسلامی ہند اور امیرِ جماعتِ اسلامی پاکستان مولانا مودودیؒ سے خط و کتابت میں لگا دیئے لیکن وہاں سے بھی ان کے علمی دلائل کا جواب علمی دلائل سے نہ دیا جا سکا۔خط و کتابت کے سلسلے کا پہلا خط انہوں نے پہلی اپریل 1962ء میں لکھا جبکہ آخری جوابی خط 21 مارچ 1963ء کا لکھا انہیں موصول ہوا۔ان دو خطوط کے درمیان جو خطوط اور جوابی خطوط اس کتاب میں بیان ہوئے ان سب کا مجموعہ جب ہم نے گنا تو

83 خطوط بنتا ہے ۔ اس کا مطلب یہ ہوا کہ 355 دنوں میں 83 خطوط کا تبادلہ ہوا جو اوسطاً چار دن فی خط بنتا ہے ۔ یعنی آج آپ نے خط لکھا جو دوسرے دن مکتوب الیہ کو موصول ہو گیا، پھر تیسرے روز اس خط کا جواب روانہ کردیا گیا جو چوتھے روز خود ان تک پہنچ گیا ،اور اسی دن آپ نے اس کا جواب روانہ کر دیا ۔ان خطوط کے لئے انڈیا کے شہروں، رام پور، اعظم گڑھ اور دہلی وغیرہ کے درمیان، اور چونکہ مولانا مودودیؒ پاکستان میں مقیم تھے اس لئے انڈیا اور پاکستان کے درمیان، مراسلات روانہ اور موصول کئے گئے ۔عام حالات میں ممکن نہیں کہ سال بھر میں اوسطاً ہر چوتھے روز خط اور اس کے جواب کی وصولی تسلسل سے ہوتی چلی جائے، خاص طور پر ساٹھ سال قبل ۔ خطوط کی تعداد تجویز کرتی ہے کہ ہر فریق نے مسلسل طور پر خط کی وصولی کے اگلے روز جوابی خط روانہ کر دیا، لہٰذا جناب کی یہ بات محتاجِ تحقیق و تصدیق ہے ۔

تعارف ، مذکورہ بات چیت اور خطوط کے بیان میں مولانا نے 137 صفحات استعمال کردیئے جو مکمّل کتاب کا 39 فیصد بنتا ہے ۔ یہ خطوط پڑھنا ہمارے لئے کافی دشواری کا سبب رہا ۔ اس تمام حصّہ میں کوئی مفید بات نہیں سوائے اس کے کہ کسی صورت سے مولانا کے اس دعوٰی کی تصدیق ہو جائے کہ: "حقیقت یہ ہے کہ تعبیر کی غلطی میں جس فکر کو زیرِ بحث لایا گیا ہے وہ علمی میدان میں سراسر شکست کھا چکا ہے"(صفحہ 11) ۔

اس کے بعد اگلے حصّہ میں مولانا مودودیؒ کے دینی تصوّر کی غلطی کی وضاحت کی گئی ہے ، اس کے لئے آپ نے 158 صفحات استعمال کر دیئے جو کتاب کا 45 فیصد حصّہ ہے ۔ اس کے بعد آخری حصّہ میں "دین کی درست تشریح" بیان کی ۔ اس کے لئے آپ نے 22 صفحات استعمال کئے جو کہ کتاب کا محض 6 فیصد حصّہ ہے لیکن ان 22 صفحات میں "درست تشریح" کی لفظی مقدار انتہائی مختصر ہے جبکہ زیادہ تر صفحات اپنی بات کی وضاحت، قدیم مفسرین سے اپنی بات کی مطابقت اور تقابل وغیرہ میں استعمال کئے گئے ہیں ۔ قارئین کو اگر چہ جلد ہی مختصر لفظی مقدار کی بخوبی وضاحت کر دی جائے گی ، لیکن جو باتیں ہماری توجّہ کی اصل مستحق ہیں، وہ یہ کہ مولانا مودودیؒ کا وہ کیا دینی تصوّر ہے، اور کہاں سے کن دلائل کے تحت اخذ کیا گیا ہے، جسے مولانا وحید الدین خاں نے غلط قرار دیا ہے ،

غلط قرار دینے کے لئے کیا دلائل آپ نے استعمال کئے ، پھر صحیح دین کیا ہے اور کہاں سے کن دلائل کے تحت اخذ کیا گیا ہے ۔

مولانا مودودیؒ 1962ء سے پہلے تک تفہیم القرآن کی چھ میں سے تین جلدیں شائع کر چکے تھے ۔ یہ مولانا کا بہت بڑا کام تھا جس کا آغاز آپ نے 1942ء میں کر دیا تھا ۔ تفسیرِ قرآن کی تین جلدوں کے علاوہ بھی دوسری تحریروں میں آپ دینِ اسلام کا حقیقی مفہوم کی وضاحت کرتے رہے تھے لیکن اہم تفصیلات طویل تحاریر میں بکھری ہونے کی وجہ سے آپ نے ایک کتاب "قرآن کی چار بنیادی اصطلاحیں" کے عنوان سے تحریر کی جس میں دینِ اسلام کے چار مرکزی پہلوؤں کو یکجا کر دیا تاکہ پڑھنے والے دین کا قرآنی تصوّر زیادہ آسانی سے سمجھ سکیں ۔ یہ اصطلاحیں بلترتیب الٰہ،رَبُ،عبادَت اور دین تھیں جن کی تفصیلی تشریح آپ نے مذکورہ کتاب میں پیش کی ۔بر صغیر کے اردو زبان بولنے اور سمجھنے والے مسلمانوں کے لئے یہ بڑی جانی پہچانی اصطلاحیں تھیں ۔ پہلی اصطلاح الٰہ تو کلمۂ طیبہ کے پہلے حصّہ میں ہی موجود ہے، یعنی کوئی الٰہ نہیں سوائے اللہ کے ، جبکہ بعد کی تین اصطلاحیں سورۃ فاتحہ میں بھی دیکھی جاتی ہیں ۔ ان اصطلاحوں کی وضاحت کے لئے جو طریقہ آپ نے اختیار کیا وہ یہ تھا کہ یہ اصطلاحیں پہلے تو نزولِ قرآن کے قریب کے زمانوں میں عربی شاعری یا ادبی تحریروں میں کن معنوں میں عربی لٹریچر میں استعمال ہوتی رہی تھیں، مثالوں کے ذریعے انہیں واضح کیا کہ قرآن کی مخاطب عرب قوم ان اصطلاحوں کے کیا مفاہیم سمجھتے تھے لہٰذا جب قرآن نے یہ اصطلاحیں استعمال کیں تو ان آیات کا کیا مفہوم ان کے دماغوں میں پیدا ہو سکتا تھا ۔ اس کے بعد قرانِ کریم کی متعدد وہ آیات اپنی کتاب میں نقل کیں جن میں یہ اصطلاحیں ان آیات کا حصّہ تھیں اور پھر اُن آیات کی تشریح کر کے بتایا کہ قرانِ کریم نے کتنے معنوں میں یہ اصطلاحیں استعمال کیں۔ تجزیہ کی تکمیل کے بعد اللہ تعالیٰ کی وحدانیت کا جو خلاصہ مولانا مودودیؒ نے قرانِ کریم سے ثابت کیا وہ یہ کہ اللہ ہی لوگوں کا تنہا الٰہ اور رب ہے ۔ کائنات کی کوئی فطری قوتیں، سورج، چاند ،ستارے، فرشتے اور گزرے ہوئے زمانوں کی بزرگ ہستیاں اللہ تعالیٰ کے شریک نہیں بلکہ وہ سب اللہ ہی کے پیدا کردہ ہیں، نہ وہ کسی کی التجائیں سنتی ہیں اور نہ ہی کوئی مدد کر سکتی ہیں ۔تم کو لازم ہے کہ ہر ایک کے الٰہ اور رب ہونے کا

انکار کردو اور اللہ تعالیٰ کو ہی تنہا الٰہ اور رب تسلیم کرلو۔ صرف اللہ تعالیٰ کی عبادت اختیار کرو اور اس کے سوا کسی کی عبادت نہ کرو ۔ دین کا جو طریقہ اللہ تعالیٰ نے قرآن اور سنّت رسول اللہ کے ذریعے تم تک پہنچایا اسے ، اجزاء کی صورت میں نہیں بلکہ، مکمّل اپناؤ اور دوسرے تمام دین مکمّل رد کردو۔

برصغیر کے مسلمان عربی سے نابلد اور اکثر قرآنی تعلیمات سے ناواقف ہونے کی وجہ سے اپنی روز مرہ زندگی میں خود کو شرک سے آلودہ رکھتے چلے آ رہے تھے، وجہ صرف یہ کہ وہ نہیں جانتے تھے شرک ہے کیا اور اللہ تعالیٰ نے شرک کتنا بڑا گناہ قرار دیا ہے ۔ اگرچہ ہندوستان ،پاکستان اور قریب کے ممالک میں کتنے ہی مزارات و زیارت گاہ ہیں جہاں قدم بوسی، زیارت و دستگیری کے لئے آنے والوں میں کمی نہیں تاہم، جو مقصدِ تحریر مولانا مودودیؒ نے مقدّمہِ کتاب میں بیان کیا، قوی امکان ہے آپ کی یہ کتاب بہت سے مسلمانوں کے عقائد درست کرنے کا موجب بنی ہو گی ۔مولانا وحید الدین خاں نے مولانا مودودیؒ کا تصوّرِ دین غلط ثابت کرنے کے لئے اسی کتاب "قرآن کی چار بنیادی اصطلاحیں" کو اپنا موضوع بنایا اور "تعبیر کی غلطی" کے عنوان سے کتاب لکھی جو یہاں زیرِ تجزیہ ہے ۔

وحید الدین خاں نے چاروں اصطلاحوں کا یکے بعد دیگرے تجزیہ کیا اور، اپنی نظر میں، عقلی دلائل کے ساتھ ثابت کیا کہ دین کا جو مجموعی تصوّر مولانا مودودیؒ نے ان اصطلاحات سے اخذ کیا اور لوگوں کو تعلیم دی، وہ غلط ہے ۔ وحید الدین خاں کا جوابی تجزیہ میں کہنا یہ تھا کہ الفاظ کا کوئی حقیقی یا اصل معنی یا مفہوم ہوتا ہے پھر اُسی مفہوم کے تقاضوں کے تحت دوسرے ضمنی مفاہیم بھی اُس مفہوم میں شامل ہوجاتے ہیں ۔ اصل مفہوم کی اطاعت ہر حال میں مسلمانوں پر واجب ہے جبکہ تقاضوں کے تحت شامل ہونے والے مفاہیم صرف اس وقت تک مسلمانوں کو لازم ہیں جس وقت تک وہ خود کو اُن تقاضوں کے زمرے میں شمار کر سکتے ہوں ۔

مولانا وحید الدین خاں کے مذکورہ چار اصطلاحوں پر بیان کردہ دلائل اور بحث پر غور کرنے سے پہلے آپ کی اس کتاب کی بعض دوسری خصوصیات قارئین کے سامنے پیش کرنا ضروری ہے پہلی بات تو یہ کہ بیشتر مواقع پر وہ خود اپنی ہی لکھی بات رد کر دیتے ہیں ۔ مثلاً کتاب کے متعلق اپنے احساسات سے متعلق فرماتے ہیں :

> اس کتاب کی اشاعت میرے اوپر کتنی سخت ہے اس کا اندازہ آپ اس سے کر سکتے ہیں کہ میرا جی چاہتا ہے کہ اس کے شائع ہونے کے بعد میں کسی ایسی جگہ جا کر چھپ جاؤں جہاں کوئی شخص مجھے نہ دیکھے،اور پھر اسی حال میں مر جاؤں ۔وحید الدین، اگست 1963ء (صفحہ 8)

> میرے لئے یہ احساس ساری دنیا کی نعمتوں سے بڑھ کر لذیذ ہے کہ میری یہ کتاب اسلاف کے اوپر وارد ہونے والے اعتراض کی مدافعت ہے"(صفحہ 14)

> میرا یہ احساس ہے کہ"دین مجروح ہوا ہے"، میرے لئے اس بات کی کافی وجہ ہے کہ میں اس کو واضح کرنے کی کوشش کروں (صفحہ 21)

> جب میں سوچتا ہوں کہ یہ تحریر ایک روز چھپ کر لوگوں کے سامنے جائے گی تو مجھے شرم آنے لگتی ہے ۔مجھے ایسا محسوس ہوتا ہے گویا میں خود اپنے آپ کو ننگا کر رہا ہوں (صفحہ 343)

اپنے لکھے گئے ان فقروں سے موصوف خود بتاتے ہیں کہ وہ بیک وقت متضاد کیفیات کا شکار ہیں ۔دماغی خصوصیات میں عدم توازن کے اشارات نظر آئیں تو ایسے کسی شخص کے ہاتھوں کوئی بھی قابلِ توجّہ کام نکل آنا بہت مشکل ہے ۔ قارئین کو اپنا مدعا سمجھانے کے لئے موصوف نے موقع بہ موقع ان گنت ایسی مثالوں کا استعمال کیا جو لا یعنی، لغو اور باعثِ حیرانی ہیں ۔مثلاً مولانا مودودیؒ کی زیرِ بحث کتاب پر تنقید کے لئے ایک مثال بیان کی جو غالباً آپ کی نظر میں تیر بہدف تھی اس لئے کہ ایک سے زائد مواقع پر اسے تحریر کیا:

> مگر اس کتاب میں قرآن کے مطلوب کی جو تصویر بنائی گئی ہے، اس میں یہ سب سے بڑی چیز جیسے گم ہو گئی ۔ وہ اپنی اصل شکل میں اس کے اندر باقی نہیں رہی ۔ اس کی مثال ایسی ہے جیسے کسی آدمی کا فوٹو سامنے کے بجائے پیچھے سے لیا جائے ۔ ظاہر ہے کہ ایسا فوٹو بظاہر آدمی کا پورا فوٹو ہو گا ۔ مگر اس میں اس کا چہرہ دکھائی نہیں دے گا جو کہ انسان کا اصل نمائندہ ہے (صفحہ 154)

کسی شخص کا پیچھے سے لیا گیا فوٹو سے صرف یہ اخذ کیا جا سکتا ہے کہ یہ کسی ہاتھی، گھوڑے یا کسی اور شئے کا نہیں بلکہ کسی انسان کا فوٹو ہے۔ لیکن یہ کوئی چینی، جاپانی یا یورپی شخص ہے یا

مثلاً کسی نوجوان یا بوڑھے کا فوٹو ہے؟ اس کا تعین نہیں ہو سکتا ۔ بالفاظ دیگر اس مثال سے موصوف کی یہی مراد لی جا سکتی ہے کہ مولانا مودودیؒ کی مذکورہ کتاب یا دوسری تحاریر ظاہر کرتی ہیں کہ یہ کسی نہ کسی نوعیت کے مذہب کے بارے میں لکھی گئی ہیں،لیکن انہیں پڑھنے سے یہ تعین مشکل ہے کہ یہ بدھ مت، ہندو مت، عیسائیت، یہودیت، اسلام یا دیگر اصنام پرست لا تعداد مذاہب میں سے کس مذہب کے بارے میں لکھی گئی ہیں ۔

مولانا مودودیؒ کے تصوّر دین کے متعلق بکثرت فرماتے ہیں کہ ان کی غلطی بعض دوسرے افراد کی طرح کی کوئی جزوی غلطی نہیں بلکہ اس غلطی نے دین کے مجموعی تصوّر کو مجروح کر دیا ہے ۔ اس حوالے سے ایک تو یہ کہ رسول اللہ کی ایک حدیث کو درمیان میں لاتے ہیں جس سے آپ کی مراد یہ کہ اس حدیث کا اطلاق ایک فاجر انسان کی حیثیت سے مولانا مودودیؒ کے کام پر ہو سکتا ہے اور اس کے بعد اپنی رائے ظاہر کرتے ہیں جو ایک مرتبہ پھر ان کی دوسری باتوں سے متصادم ہے:

> اللہ یقیناً فاجر آدمی کے ذریعہ بھی اس دین کی تائید (مدد) کرتا ہے ۔(بخاری کتاب الجہاد)

> مجھے یہ کہنے میں ذرا تامل نہیں کہ میں زیرِ بحث فکر کے حاملین کے کام کی قدر کرتا ہوں، ان لوگوں نے اسلام کے دفاعی محاذ پر مفید خدمات انجام دی ہیں، میں یہ بھی کہنے کے لئے تیار ہوں کہ موجودہ زمانے کے بہت سے " اسلامی نمائندوں" کے مقابلے میں وہ کہیں زیادہ اسلام کے مفاد کا احساس رکھتے ہیں ۔ مگر اسی کے ساتھ میرا شدید احساس یہ ہے کہ انہوں نے اسلام کا جو تصوّر دینے کی کوشش کی ہے وہ صحیح نہیں ہے ۔ (صفحہ 281)

جناب نے مذہبی موضوع سے باہر بھی بعض معاملات پر لب کشائی کی جن میں سے اٹلی کے فلکیات کے مشہور سائنس دان گلیلیو کے حوالے سے لکھتے ہیں:

> مزید تجربے اور مطالعے کے بعد گلیلیو نے زمین پر گرنے والے اجسام کے بارے میں تین ایسے خاص قوانین دریافت کئے جو اب اسکولوں اور یونیورسٹیوں میں پڑھائے جاتے ہیں ۔ اس نے مکمّل طور پر ثابت کر دیا کہ وہ حق پر ہے اور ارسطو ناحق پر ۔ مگر علماء نے اس واضح حقیقت کو ماننے سے انکار کر دیا جو ان کے اپنے مشاہدہ میں آچکی تھی ۔ وہ اب

> بھی یہی سمجھتے رہے کہ ان کا مانوس نظریہ صحیح ہے اور نوجوان گلیلیو نے ان کو محض "دلیل کے چکر" میں ڈال دیا ہے ۔(صفحہ 340)

کشش ثقل کے حوالے سے تین قوانین گلیلیو کے نہیں بلکہ برطانیہ کے سائنس دان نیوٹن کے تھے ۔ مولانا نے گلیلیو اور علماء سے متعلق جو کچھ یہاں لکھا وہ انتہائی فضول ہے بلکہ واقعتاً جو کچھ ہوا وہ سراسر کچھ اور ہے ۔ گلیلیو کے کام نے مغربی عیسائی دنیا میں درحقیقت بڑی ہلچل مچا دی تھی ۔ یہ موضوع ہمارے اہم موضوعات میں سے ہے ، لہٰذا اس کی کماحقہ وضاحت مُناسب موقع پر کی جائے گی ۔یہاں مولانا کی تحریر درج کرنے سے ہماری مراد یہ ہے کہ بعض قرآنی علوم بھی وہی شخص بہتر سمجھ سکتا ہے جو گزری تاریخ سے بھی اس حد تک واقف ہو کہ اپنے طور پر تجزیہ کر سکے اور معقول نتائج اخذ کر سکے ۔مولانا کا جملہ علم، کم از کم اس کتاب کی حد تک، ہمیں ابتدائی سطح پر بھی پہنچا محسوس نہیں ہوتا ۔

مولانا نے "تعبیر کی غلطی" کے لئے ہدف کردہ کتاب "قرآن کی چار بنیادی اصطلاحیں" میں سے ہر اصطلاح کا تجزیہ کرتے وقت مولانا مودودیؒ کی تحریر کے حق میں جو الفاظ استعمال کئے وہ ہم الفاظ کا پس منظر بتائے بغیر ہی یہاں درج کرتے ہیں تاکہ کچھ اختصار سے یہ نکتہ سمٹ سکے:

> اصل اور تقاضے کی یکساں فہرست بندی سے جب ذہن کو تسکین نہیں ہوئی تو اس نے پورے معاملے کو الٹ دیا (صفحہ 151)

> مگر اس کی تسکین کے لئے صرف اتنی بات بھی کافی نہیں تھی کہ الہ کی فہرستِ معانی میں اقتدار و اختیار کا تصوّر کسی نہ کسی طرح آجائے ۔ اس کی تسکین تو اسی وقت ہو سکتی ہے جب کہ یہی مفہوم اصل اور بنیاد کی حیثیت سے ثابت ہو جائے ۔ چنانچہ آگے چل کر اس نے اس نے پورے مفہوم کو الٹ دیا (صفحہ 159)

> اب ذہن نے ایک اور کام کیا ۔ اس نے " اقتدار "کے لفظی اشتراک سے فائدہ اٹھا کر فوق الفطر ی اقتدار کے ساتھ سیاسی اور تمدنی اقتدار کا قافیہ بھی اس میں شامل کر دیا (صفحہ 162)

> مگر اس کے آگے جب قرآن کا تصورِ رب متعین کرتے ہیں تو ایسا معلوم ہوتا ہے کہ گاڑی چلتے چلتے پٹری سے اتر گئی ۔ اس کو پڑھتے ہوئے صاف معلوم ہوتا ہے کہ ذہن اس کو اپنے مخصوص سانچہ میں ڈھالنا

چاہتا ہے ۔ اب چونکہ اصل قرآنی مفہوم میں اس کی گنجائش نہیں تھی
(صفحہ 171)

یہ مولانا وحید الدین خاں کے اس نوعیت کے متعدد فقروں میں سے چند مثالیں پیش کی گئیں جو موصوف نے مولانا مودودیؒ کی مذکورہ کتاب کی تصویر کشی کے لئے تحریر کرنا ضروری سمجھے ۔جناب نے اپنی حد تک اپنے پڑھنے والوں کو واضح پیغام دے دیا کہ زیرِ بحث اصطلاحیں جس مفہوم سے خالی تھیں وہ مفہوم مولانا مودودیؒ نے جانتے بوجھتے محض ذہنی تسکین کے حصول کے لئے ان میں داخل کیا ۔ لہٰذا یہ مطلب آپ سے آپ شامل ہے کہ مولانا مودودیؒ نے کتاب الٰہی کی وہ تعلیم لوگوں کے سامنے پیش کی جو دراصل وہاں موجود نہ تھی اور لوگوں کی گمراہی کا سبب بنتی تھی ۔ یہی وہ بات ہے جس کو بنیاد بنا کر موصوف گھڑی گھڑی فرماتے ہیں "دین مجروح ہوا ہے" ۔اگر بات یہی ہے تو اپنی کتاب لکھنے کے بعد جناب کا خود کو لوگوں کے آگے ننگا محسوس کرنا چہ معنی دارد؟ انتہائی تعجب کا مقام یہ ہے کہ اپنی 1963ء میں لکھی گئی کتاب کا جدید ایڈیشن 1986ء میں من و عن طبع کیا جبکہ وہ 1963ء میں جانتے تھے مولانا مودودیؒ 1953ء میں اپنی دینی خدمات کے "جرم" میں سزائے موت کے مستحق قرار دیئے گئے اور یہ کہ انہوں نے سزا میں تخفیف کے لئے حکومتِ وقت سے معافی مانگنے سے انکار کر دیا تھا ۔اور صرف یہی قربانی نہیں بلکہ محض اعلاء کلمۃ اللہ کی خاطر 1941ء میں نقل مکانی اور مہاجرت کے ذریعے ایک اور بڑی قربانی اللہ تعالیٰ کے آگے پیش کر چکے تھے ۔اس پر موصوف فرماتے ہیں مولانا مودودیؒ نے قصداً قرآن کے مفاہیم میں دروغ گوئی کا ارتکاب کیا اور اُمت کو غلط راہ پر لگانے کی کوشش کی ۔

اب تک کی بحث میں مولانا وحید الدین خاں کی کتاب کی اور اس کتاب سے اخذ کردہ خود ان کی شخصیت سے متعلق چند ضمنی خصوصیات سامنے لائی گئیں لیکن اصل خاصیت کا ذکر ابھی تک نہیں کیا گیا ۔وحید الدین خاں کی کتاب کا، اور خود ان کی شخصیت کا ، تمام کچّا چٹّھا آپ کی اس خاصیت کی تشریح بیان کر دے گی ۔وحید الدین خاں اپنی کتاب کے 45 فیصد طویل حصّہ پر مشتمل تحریر میں مولانا مودودیؒ کی منتخب کردہ چار اصطلاحات میں ان کا غلط مفہوم بہ دلائل ثابت کرتے رہے تھے ۔اپنی بحث میں وحید الدین نے طریقہ

یہ اختیار کیا کہ مولانا مودودیؒ کی اصل کتاب "قرآن کی چار بنیادی اصطلاحیں" میں سے باری باری ہر اصطلاح سے متعلق درج آیات میں سے کچھ آیات نقل کر کے ان کا تجزیہ اور تنقید کے علاوہ قدیم مفسرین کی تشریحات استعمال کر کے ثابت کیا کہ مولانا مودودیؒ کا اخذ کردہ مفہوم غلط ہے ۔ یہ سب تحریری مواد جس ہوشیاری سے ترتیب دیا گیا ہے اسے پڑھنے سے، میرے جیسا ہر شخص جو کلام اللہ سے مناسب واقفیت نہ رکھتا ہو، بآسانی وحید الدین خاں کے تجزیہ اور تنقید سے اتفاق محسوس کرے گا ۔اگرچہ 39 فیصد طویل خط و کتابت کی فضول تفصیلات، غیر معقول مثالیں، مولانا مودودیؒ پر ذہنی تسکین جیسے واہیات الزامات اور غیر دلچسپ طرز تحریر وغیرہ بہ تکرار سامنے آنے سے مجھے کتاب پڑھتے وقت کافی تکلیف کا سامنا رہا لیکن اس مشکل کے باوجود ان تمام باتوں میں میرے لئے عجوبیت اس حد تک تھی کہ بہ دقت تمام اپنی دلچسپی مجھے قائم رکھنا پڑی ۔ در اصل چار اصطلاحوں پر تنقید کا کام حد درجہ چالاکی سے ترتیب دیا گیا تھا لیکن ،جیسا کہ اکثر ہر چالاک شخص کے ساتھ ہوتا ہے کہ کہیں نہ کہیں اس سے کوئی نہ کوئی غلطی ضرور سرزد ہو جاتی ہے ۔ وحید الدین خاں بھی ایک غلطی کا ارتکاب کر بیٹھے جو ذیل میں پیش خدمت ہے ۔مولانا مودودیؒ کے بیانیہ میں ترتیب کے مطابق دوسری اصطلاح 'رب' کا تجزیہ اور تنقید کے سلسلے میں وحید الدین خاں فرماتے ہیں:

> حیرت انگیز بات یہ ہے کہ بیشتر ایسی آیتوں سے استدلال کیا گیا ہے جن میں لفظ 'رب' سرے سے موجود ہی نہیں ۔ مثلاً قومِ نوح کے سلسلے میں یہ آیت نقل کی گئی : میں تمہارے لئے رسول امین ہوں پس خدا سے ڈرو اور میری اطاعت کرو (26-الشعراء :108)- کتاب کی تشریح کے مطابق اس آیت میں اخلاق، معاشرت، تمدّن، سیاست اور تمام معاملاتِ زندگی میں خدا کو رب یعنی حاکم اور مقتدر اعلیٰ قرار دینے کا ذکر ہے ۔ مگر قطع نظر اس کے کہ یہاں یہ بات نہیں کہی گئی ہے، جس فقرے میں سرے سے رب کا لفظ ہی موجود نہ ہو اس سے ربوبیت کے کسی مفہوم پر کیسے استدلال کیا جا سکتا ہے (صفحہ 176)

یہ بہت واضح ہے کہ مولانا مودودیؒ کی نقل کردہ سورہ الشعراء کی اس مختصر آیت سے حضرت نوح ؑ کا منشا تھا کہ چونکہ وہ اللہ تعالیٰ کے مبعوث کردہ ہیں لہٰذا اللہ تعالیٰ کے جو احکامات وہ بتائیں، قوم اس میں ان کی اطاعت کرے ۔ اس مختصر آیت کے مختصر مفہوم

کی بابت وحید الدین خاں فرما رہے ہیں کہ اس میں مولانا مودودیؒ کے بیان کردہ معاشرت، تمدّن و اخلاقیات وغیرہ کے بھی تمام مفہیم شامل ہیں جو وحید الدین نے نقل کئے ۔ وحید الدین کی یہ بات بھی سچ ہے کہ اس آیت میں لفظ 'رب' شامل نہیں ۔ کوئی شخص بھی جب تک عقل سے بالکل کورا نہ ہو اس آیت سے وہ مفہوم بتا کر دنیا میں کسی ایک شخص کو بھی قائل نہیں کر سکتا جس مفہوم کو وحید الدین نے مولانا مودودیؒ سے منسوب کیا ہے ۔مولانا مودودیؒ جن عظیم تصنیفات کے مصنف اپنی نوجوانی کی عمر سے رہے ہیں ان کو نظر میں رکھتے ہوئے ان سے یہ توقع قطعی بعید از قیاس ہے کہ وہ اس مختصر آیت سے متعدد غیر متعلق مفاہیم اخذ کریں ۔ صحیح صورتحال جاننے کے لئے ہمیں آپ کی "قرآن کی چار بنیادی اصطلاحیں" نامی کتاب فراہم کرنا پڑی ۔جب یہ کتاب اور وحید الدین کی زیرِ بحث "تعبیر کی غلطی" بیک وقت پڑھیں تو حقیقت ہمیں واضح ہو گئی ۔

قرانِ کریم میں اللہ تعالیٰ نے لفظ 'رب' تقریباً آٹھ سو مرتبہ مختلف انداز میں اور مختلف مفاہیم میں استعمال کیا ہے ۔مولانا مودودیؒ نے صرف اس اصطلاح کی تشریح کے لئے اپنی ایک سو پینتیس صفحات پر مشتمل کتاب کے ساٹھ صفحات کے لئے ایک سو پانچ آیات مختلف سورتوں میں سے منتخب کیں جو حضرت نوح اور ان کے بعد آنے والی تمام اقوام یعنی عاد، ثمود، قومِ ابراہیم ، فرعون، یہودی، عیسائی وغیرہ جن کا قرآن میں تفصیلی ذکر موجود ہے۔ ان کی تشریحات کے ذریعے مولانا مودودیؒ نے مختلف مفاہیم کے حق میں دلائل پیش کردیئے جو خالقِ کائنات اور مدبر کائنات سے لے کر حاکم اور مقتدر اعلیٰ پر محیط تھے ۔مولانا وحید الدین خاں نے ہاتھ کا یہ کمال دکھایا کہ ان ایک سو پانچ آیات میں سے وہ پانچ آیات چھانٹ کر اپنی کتاب میں شامل کیں جن میں اللہ تعالیٰ کا مثلاً کائنات کا خالق یا کائنات کا مدبر ہونا بیان ہوا تھا ۔ پھر ان آیات سے ثابت کیا کہ اللہ تعالیٰ کا مقتدر اعلیٰ ہونا قرآن سے ثابت نہیں بلکہ مولانا مودودیؒ کی ذہنی تسکین کے لئے ان کا اپنا گھڑا ہوا مفہوم ہے ۔ انہی پانچ آیات میں سے ایک حضرت نوحؑ کے حوالے سے وہ آیت تھی جو اوپر نقل کی گئی ۔وحید الدین نے حضرت نوحؑ کے حوالے سے جس آیت کو مولانا مودودیؒ کے خلاف بطورِ دلیل استعمال کیا ہے وہ دراصل کانٹ چھانٹ پر مبنی جھوٹ ہے ۔ وہاں مولانا مودودیؒ کا وہ مطلب تھا ہی نہیں جس کی موصوف نے

کانٹ چھانٹ کے ذریعے ڈھلائ کی کوشش کی ۔ہم قارئین پر چھوڑتے ہیں کہ وہ خود اصل کتاب سے موازنہ کر لیں ۔ ہم اس کے بجائے مولانا مودودیؒ کی کتاب میں سے وہ آیات یہاں نقل کر دیتے ہیں جنہیں وحید الدین خاں نے صداقت کی پردہ پوشی کی خاطر قصداً لکھنے سے خود کو باز رکھا ۔

> یوسف (علیہ السلام) نے کہا کہ تم میں سے ایک تو اپنے رب کو شراب پلائے گا(12-یوسف:42)

> انہوں نے اللہ کے بجائے اپنے علما اور درویشوں کو اپنا رب بنا لیا (9-التوبہ:31)

> اور لوگوں کو جمع کر کے اس (فرعون) نے پکار کر کہا" میں تمہارا سب سے بڑا رب ہوں (79-النّٰذعٰت:24)

ان تین آیات میں اللہ تعالیٰ نے دنیا کے ان لوگوں کو رب کہا ہے جن کے احکامات کی لوگ اطاعت کرتے ہیں ۔ پہلی آیت میں حضرت یوسفؑ مصر کے بادشاہ کے لئے لفظ 'رب' استعمال کرتے ہیں ۔ دوسری آیت میں یہودی اور عیسائی اقوام کا اپنے علما اور درویشوں کی اطاعت کے لئے یہی لفظ استعمال ہوا ، جبکہ تیسری میں فرعون خود کو سب سے بڑا 'رب' یعنی حاکم قرار دیتا ہے ۔ یہاں اس کی مراد خود کو کائنات کا خالق یا مالک سمجھنا نہیں اس لئے کہ وہ خود اپنی قوم کے ہمراہ سورج دیوتا کا پجاری تھا ۔ لہٰذا یہاں اس کی مراد خود کو سب سے بڑا حاکم قرار دینا ہے ۔

مولانا مودودیؒ کے دلائل میں اللہ تعالیٰ کو رب ہونے کے مفاہیم میں دنیا کا حاکمِ اعلیٰ بھی ہونا اوپر درج کردہ صریح آیات کی بنیاد پر ہی تھا ۔وحید الدین نے یہ ثابت کرنے کے لئے کہ 'رب' اللہ کو دنیا کا حاکم ہونا کے براہ راست مفہوم میں شامل نہیں، یہ آیات اپنی کتاب میں شامل نہیں کیں ،وجہ یہ کہ جو جھوٹ مولانا مودودیؒ کے متعلق لکھنا چاہتے تھے، ان آیات کی موجودگی میں ایسا جھوٹ وہ نہیں لکھ سکتے تھے ۔لیکن یہ جھوٹ مولانا مودودیؒ پر نہیں باندھا گیا ۔قارئین دیکھ سکتے ہیں کہ اس جھوٹ کا اطلاق کس پر ہے ۔ مختصر بحث سے محض اسی انتہائی افسوسناک بات کی نشاندہی مقصود تھی کہ وحید الدین نے کس راستہ کا اپنے لئے انتخاب کیا اور دوسروں کو اس پر

چلنے کی ترغیب دی ۔ قارئین دونوں کتابیں توجّہ سے پڑھیں تو بآسانی چاروں بنیادی اصطلاحوں کی تنقید میں اس بڑی چالاکی کا عنصر تلاش کر سکتے ہیں ۔ یہ غنیمت رہا کہ موصوف کی ایک غلطی نے کام آسان کر دیا ۔اس بحث کو مختصر رکھنے کی خواہش کے باوجود یہ طوالت حاصل کر چکی ہے جبکہ اپنے موضوع کی مناسبت سے ہم موصوف کا پیش کردہ تصورِ دین کے زیادہ متلاشی ہیں ۔ غنیمت ہے کہ اس تصوّر میں زیادہ گہرائی نہیں لہٰذا مختصر الفاظ کے ذریعے ہم اپنا کام چلا سکیں گے ۔

مولانا وحید الدین خاں اور "دین کا صحیح تصوّر"

مولانا نے اگرچہ کتاب کا 22 صفحات پر مشتمل 6 فیصد حصّہ اصل دینِ اسلام کی درست تشریح کے لئے مختص کیا لیکن جو بات حقیقت سے قریبِ تر ہے وہ یہ کہ تمام تصوّر قرآن کی چھ الفاظ پر مبنی مختصر آیت ہے جس کی تشریح کے لئے انہوں نے اس حصّہ کے 22 صفحات استعمال کئے ہیں جبکہ اسی تشریح یا مفہوم کو کتاب کی ابتداء سے بھی بکثرت لکھتے رہے تھے ۔ آپ فرماتے ہیں: "قرآن سے معلوم ہوتا ہے کہ اصل چیز جو اللہ تعالیٰ کو اپنے بندوں سے مطلوب ہے، وہ عبادت ہے" (صفحہ 296)۔ اس کے بعد آپ قرآن کی متعلقہ آیات لکھتے ہیں:

میں نے جنّوں اور انسان کو صرف اس لئے پیدا کیا ہے کہ وہ میری عبادت کریں -(51-الذّٰرِیٰت:56)

چھ عربی الفاظ پر مشتمل اس آیت میں صرف ایک لفظ "عبادت" ہی وضاحت طلب ہے ۔ اس کا جو کچھ بھی مفہوم متعین ہو گا، آیت کے مطابق جنّ اور انسان اس مقصد کے بجائے کچھ اور کریں تو ان کا مقصدِ تخلیق فوت ہو جائے گا ۔ اوپر آیت میں "صرف اس لئے" سے یہی تصریح اخذ کی جا سکتی ہے ۔

اس آیت کا ترجمہ "میں نے جنّوں اور انسان کو صرف اس لئے پیدا کیا ہے کہ وہ میری عبدت کریں" کے بجائے "میں نے جنّوں اور انسان کو اس لئے پیدا کیا ہے کہ وہ صرف میری عبادت کریں" کر دیا جائے تو آیت کا مفہوم بالکل بدل کر اب یہ ہوجائے گا کہ وہ دوسروں

کی عبادت کے بجائے صرف میری عبادت کریں ۔قارئین دیکھ سکتے ہیں کہ آیت میں لفظ "صرف" کا محض مقام بدل دینے سے آیت کا مفہوم کچھ کا کچھ ہو جاتا ہے ۔

وحید الدین نے اپنے لکھے گئے ترجمہ کا مفہوم اپنی تشریح کے لئے اختیار کیا ہے ۔فرماتے ہیں: "عبادت کا لغوی مفہوم اپنے آپ کو کسی کے آگے جھکانا اور پست کرنا ہے" (صفحہ 296)۔ اسی لئے قرآن میں عبادت کا ضد اور اس کے مقابل مفہوم کے لئے "استکبار" کا لفظ استعمال کیا گیا ہے:

جو لوگ میری عبادت سے تکبر کرتے ہیں وہ سب جہنم میں داخل ہوں گے (40-المومن:60)

لفظ "عبادت" کے حق میں قرآن کی تین مزید اتنی ہی مختصر آیات، قدیم مفسرین کی تحریروں میں مذکورہ لفظ سے متعلق بیان کردہ تشریح اور رسول اللہ کی ایک حدیث بیان کرنے کے بعد مجموعی خلاصہ حسبِ ذیل الفاظ میں بیان فرماتے ہیں:

> خدا کی عبادت کرنا، خدا کے لئے اپنے آپ کو انتہائی حد تک بچھا دینا ہے ۔ ۔ ۔، وہ انتہائی اشتیاق کے ساتھ خدا کی طرف لپک رہا ہوتا ہے، وہ ایک درد انگیز محبت کی اعلیٰ ترین کیفیت میں اپنے آپ کو لپٹا ہوا پاتا ہے ۔ ۔ ۔،یہ انتہائی امید اور انتہائی اندیشہ کی ایک ایسی ملی جلی کیفیت ہے جس میں بندہ کبھی طے نہیں کر پاتا کہ دونوں میں سے کس کو فوقیت دے ۔ یہ محبت اور خوف کا ایک ایسا مقام ہے جس میں آدمی جس سے ڈرتا ہے، اسی کی طرف بھاگتا ہے ۔ جس سے چھننے کا خطرہ محسوس کرتا ہے اسی سے پانے کی امید رکھتا ہے ۔ یہ ایک ایسا اضطراب ہے جو سراپا اطمینان ہے اور ایسا اطمینان ہے جو سراپا اضطراب ہے ۔ ۔ ۔اعلیٰ ترین عبادت یہ ہے کہ بندہ خدا کی یاد اور اس کے تصور میں اتنا گم ہو جائے کہ وہ اپنے آپ کو اس کے قریب محسوس کرنے لگے، اس پر استحضار کی ایسی کیفیت طاری ہو گویا کہ وہ خدا کو دیکھ رہا ہے ۔ ۔ ۔ اگر کوئی شخص ان مظاہر کے بغیر یا ان کے باہر باہر خدا کی عبادت کا دعویدار ہو تو وہ اپنے دعوے میں جھوٹا ہے ۔ کیونکہ ان کے بغیر حقیقتاً کسی کے اندر عبادت پائی ہی نہیں جا سکتی۔ (صفحہ 299)
>
> بندگی کا رویہ اپنی ظاہری شکل میں حکم کی تعمیل ہے ۔ مگر حقیقت کے اعتبار سے یہ دراصل اپنے آپ کو اس مقام پر لے جانا ہے ،جہاں بندہ خدا سے ملاقات کر سکے ۔ جہاں اپنے رب سے اس کی سرگوشیاں ہوں جہاں وہ اس کے آگے روئے اور گڑگڑائے۔ جہاں وہ بے تابانہ اس سے چمٹ جائے ۔ جہاں وہ اس احساس سے دوچار ہو کہ اس نے اپنے آپ کو اپنے رب کے قدموں میں ڈال دیا ہے ۔اس طرح دنیا کی زندگی میں خدا کو پانا

یہی دین کی اعلیٰ ترین حقیقت ہے اور اس سارے احکام و آداب کا مقصود بندے کو اس مقام تک پہنچانا ہے۔ جس نے اس طرح دنیا میں اپنے رب کو پا لیا وہی آخرت میں اپنے رب کو پائے گا اور جو دنیا میں اس یافت سے محروم رہا وہ آخرت میں بھی لقاء رب کی نعمت سے محروم رہے گا۔ (صفحہ 301)

ان اقتباسات کے پڑھ لینے کے بعد موصوف کا بیان کردہ "دین کا صحیح تصوّر" کی مزید کسی تشریح کی ضرورت باقی نہیں رہتی۔ آپ نے یہاں واضح کر دیا ہے کہ بیان کردہ کیفیات کے درجہ تک کوئی نہ پہنچ پایا، وہ اپنے دعویٰ عبادت میں جھوٹا ہے اور جو دنیا میں خدا کا قرب حاصل نہ کر سکا وہ آخرت میں بھی اس سے محروم رہے گا۔ لقاء رب رسول اللہ کی ایک حدیث کے مطابق تمام جنتیوں کو اتنی محبوب ہو گی کہ اس دید کے دوران جنت کی تمام نعمتیں ان کی نظروں سے اوجھل رہیں گی۔ وحید الدین خاں ایمان کے ان دعویداروں کو جنت کا مستحق ٹھہرانے سے گریزاں ہیں جو اپنی دنیوی زندگی میں عبادات کے ذریعے وحید الدین کی بتائی گئی کیفیات تک نہ پہنچ سکے۔ موصوف سے اگر پوچھا جائے کہ کتنے ہیں جو آپ کی نظر میں خدا سے اُلفت کا یہ مقام رکھتے ہیں تو غالباً وہ کہتے فی الحال تو میں اکیلا ہی ہوں فرماتے ہیں: "آپ ایسے بے شمار مسلمان دیکھیں گے جو اپنے کو مکمّل طور پر مذہبی سمجھتے ہیں۔ آپ کبھی انہیں قائل نہیں کر سکتے کہ ان کا اسلام ناقص اسلام ہے"(صفحہ 290)۔

دینِ اسلام کے متعلق وحیدالدین خاں کی تجویز کردہ تعلیمات مسلمانوں کو دنیا کے مسائل سے نبرد آزما ہونے کے بجائے محض مراقبہ پسندی اور عبادت و ریاضت کی رغبت دلا سکتی ہیں۔ کوئی بھی انسانی تمدّن اپنے اندر گنتی کے چند افراد سے زیادہ ایسی نفسیات رکھنے والے مجذوب، مراقبہ پسند اور دنیا گریز خانقاہ نشینوں کا متحمل نہیں ہو سکتا جو کسی اور مفید کام کے لائق نہ ہوں۔ اگر بیشتر لوگ اس حالت کو پہنچ جائیں تو تمدّن دو قدم آگے چلنے کے لائق نہ رہے۔ تاہم ہندوستان کے بیشتر مسلمان ایسی کیفیات کے حصول کے پیچھے چل پڑیں تو ہندو معاشرہ کے لئے یقیناً یہ پسندیدہ بات ہے۔ قارئین اب بخوبی جان سکتے ہیں کہ موصوف کے تعارف میں درج آپ کی خدمات کے اعتراف میں حکومتِ انڈیا سے جو اعزازات انہیں دئے گئے وہ کیوں دئے گئے۔ حکومتِ انڈیا کی تخصیص نہیں بلکہ

مسلمانوں کی بھی تمام نفس پرست حکومتوں میں ایسے مفسرین بہت پسندیدہ قرار دیئے جاتے ہیں ۔

مولانا وحید کی استعمال کردہ قرآنی آیت جنّوں اور انسان کا مقصدِ تخلیق اللہ کی عبادت بتاتی ہے جس میں سے "عبادت" کی تشریح ہم نے ملاحظہ کی ۔ ہماری تحریر کا ابتدائ ہدف دین کی متضاد تشریحات ایک ترتیب کے تحت قارئین کے سامنے پیش کرنا ہے، لہٰذا "عبادت" کی قابلِ قبول تشریح ہمارے پیش نظر نہیں ۔لیکن تحریر کو اس حوالے سے بالکل تشنہ چھوڑ نہ دیا جائے، قارئین کو متوجہ کرتے ہیں کہ لفظ "عبادت" کا سہ حرفی مادّہ "عبد" ہے اور یہ کہ رسول اللہ کے والدِ ماجد کا نام عبداللہ تھا، یعنی اللہ کا عبد۔ رسول اللہ کے دادا کا نام عبدالمطّلب تھا ، یعنی مطّلب کا عبد ۔ یہ آپ کا اصل نام نہیں تھا ۔ آپ کا اصل نام شَیُبہ تھا ۔ شَیُبہ کے والد ہاشم نے تجارتی سفر کے دوران مدینہ میں ایک خاتون سے نکاح کیا جن کے بطن سے رسول اللہ کے دادا شَیُبہ کی ولادت ہوئی لیکن شَیُبہ کے والد جلد ہی فوت ہوگئے تو جوانی کی عمر تک شَیُبہ کی پرورش ان کے ننھیال میں مدینہ میں ہی جاری رہی ۔ دوسری طرف مکہ میں ہاشم کے بھائی مطّلب خاندانِ ہاشم کے کفیل تھے ۔ ان کو علم ہوا کہ ہاشم کا ایک حقیقی بیٹا شَیُبہ مدینہ میں رہائش پذیر ہے تو انہوں نے اپنے بھتیجے شَیُبہ کو اصل آبائی گھر مکہ لانے کا فیصلہ کیا ۔ جب بھتیجے شَیُبہ کو اونٹ پر اپنے پیچھے بٹھائے مکہ میں داخل ہوئے تو لوگوں نے ازخود قیاس کر کے کہا کہ جو اونٹ پر پیچھے بیٹھا ہے وہ عبدالمطّلب ہے، یعنی مطّلب کا غلام ہے یہ نام اتنا معروف ہوا کہ آپ تاریخ میں شَیُبہ کے بجائے اپنے چچا مطّلب کے غلام عبدالمطّلب کے نام سے جانے گئے ۔ عرب میں لفظ عبد سے مراد سراپا اضطراب اور سراپا اطمینان اور انتہائی امید اور انتہائی اندیشہ سے کسی کی طرف لپکنا وغیرہ نہیں بلکہ سیدھا سادہ مطلب غلام تھا ۔ تاریخ میں انسانوں نے غلام کو دیگر اشیاء کی طرح اپنی ملکیت سمجھتے ہوئے معاشرہ کے متفقہ فیصلہ کے تحت آقا کے احکام پورا کرتے رہنے کا ذمہ دار تصوّر کیا ہے ۔لفظ " ملکیت " کی تمام تشریحات جمع کر لی جائیں تو بھی یہ مان لینے سے فرار کسی طرح ممکن نہیں کہ ملکیت کی اصل تعریف پر ہر لحاظ سے پورا اترنے والی صرف ایک ہی ہستی ہے اور وہ اللہ تبارک و تعالیٰ کی ہستی ہے، اس لئے کہ وہ ہی تنہا خالق ہے ، لہٰذا وہی مالک ہے ۔ قرآن میں عبادت سے مراد یہی ہے کہ اللہ تعالیٰ نے

جن کاموں کو کرنے کا حکم دیا انسان انہیں اس حیثیت سے کر دے کہ یہ اللہ کا حکم ہے اور جن کاموں سے منع کردیا ان سے اجتناب برتے محض اس لئے کہ یہ اللہ کا حکم ہے ۔ اس حیثیت سے انسان کی حقیقت غلام سے نہ کچھ کم ہے اور نہ ہی کچھ زیادہ ۔ لہٰذا مذکورہ آیت کا مطلب یہی ہے کہ جنّوں اور انسان کا مقصدِ تخلیق یہ ہے کہ وہ اللہ کی عبادت کریں، یعنی اللہ تعالیٰ کے احکامات کی تعمیل کریں ۔

مولانا حمید الدین فراہیؒ اور "سورہ فیل"

مولانا فراہی مرحوم ، جیسا کہ آپ کے تعارف سے عیاں ہے، اپنے ہم عصر اور بعد کے قابلِ قدر مفسرین کی نظر میں انتہائی قابلِ احترام شخصیت رہی ہیں ۔ آپ وہ شخصیت ہیں جنہوں نے گزشتہ چودہ صدیوں میں پہلی مرتبہ قرآن میں سورتوں کے درمیان ایک نظم دریافت کیا ۔ قرآن حقیقتاً اللہ ہی کا کلام ہے لہٰذا اس میں چھپے عجائبات مکمّل طور پر انسان کی دسترس میں کبھی نہیں آسکتے۔ رسول اللہ کی ایک حدیث کا یہی مفہوم ہے اس لئے ہم نے پیدائشی مسلمان ہونے کی حیثیت سے عقیدہ کے طور پر نہیں لکھا بلکہ عصرِ حاضر کی متعدد تحقیقات اور غوروفکر اس بات کی تائید کرتی ہیں پھر عقلی طور پر بھی یہ بات کیوں قابلِ تسلیم ہے؟ اس کی نشاندہی مناسب موقع پر کی جائے گی ۔ مولانا کا ان عجائبات میں سے ایک یعنی قرآنی نظم کی طرف لوگوں کو متوجہ کرنا آپ کی برتر ذہنی استعداد کا ثبوت ہے ۔میری بدقسمتی ہے کہ مجھے آپ کے تحریری کام سے براہ راست واقفیت اب تک نہیں ہو سکی ، لہٰذا آپ کے حق میں اپنی ذاتی رائے قائم کرنے اور بیان کرنے کا حق مجھے حاصل نہیں ۔ لیکن قرانِ کریم کی سورہ الفِیل کی مولانا فراہی مرحوم کی بیان کردہ تفسیر کا کچھ حصّہ مولانا مودودیؒ کی تفسیر میں تحریر ہے جس کی طرف قارئین کو بوجوہ متوجہ کیا جائے گا ۔ دو قابلِ احترام اساتذہ کا دورانِ حیات آپس میں رابطہ ہوجاتا تو یقینی ہے کہ وہ حضرات اس سورہ کی تفسیر میں کسی متفقہ نقطۂ نظر تک پہنچ جاتے ۔یہاں بعض تفصیلات بیان کرنے سے قرآنی علوم کے درست مفاہیم اخذ کرنے کے معاملہ میں ایک عمومی نکتہ کی نشاندہی کرنا ہمارے پیش نظر ہے ۔اس سورہ کا ترجمہ مولانا مودودیؒ کی تفسیر سے ذیل میں نقل ہے:

> تم نے دیکھا نہیں کہ تمھارے رب نے ہاتھی والوں کے ساتھ کیا کیا؟ کیا اُس نے اُن کی تدبیروں کو اکارت نہیں کر دیا؟ اور اُن پر پرندوں کے جھنڈ کے جھنڈ بھیج دیئے جو اُن پر پکّی ہوئی مٹّی کے پتھر پھینک رہے تھے، پھر اُن کا یہ حال کر دیا جیسے جانوروں کا کھایا ہوا بھوسا (105-الفِیل)

پانچ آیات پر مشتمل تیسویں پارہ کی یہ مختصر سورہ ہے جس میں اللہ تعالیٰ نے باشندگان مکہ کو اپنی قدرت کی یاددہانی کے لئے متوجہ کیا۔ سورہ میں صرف یہ بیان ہوا کہ ہاتھی والوں نے کچھ حاصل کرنے کے لئے تدابیر اختیار کیں لیکن اللہ تعالیٰ نے اُن کی تدبیریں باطل کر دیں اور انہیں اپنی قدرت سے، اپنی مخلوقات میں سے پرندوں اور مٹّی کے پتھروں کے ذریعے، برباد کر دیا۔ قرانِ کریم میں اس سورہ کے علاوہ کسی اور سورہ میں اس واقعہ کی طرف کوئی اشارہ موجود نہیں جہاں سے کوئی اضافی تفصیل حاصل کی جا سکے۔لامحالہ سورہ کی تفصیلات جاننے کے لئے رسول اللہ یا صحابہ کے بیانات کی طرف رجوع کرنا پڑے گا۔ابتدائی تاریخ نگار اور مفسرین نے اس واقعہ کی مناسب تفصیلات تحریر کردی ہیں جن سے بعد کے سب ہی مفسرین استفادہ کرتے رہے ہیں۔ مولانا مودودیؒ نے بھی اپنی تفسیر میں اس سورہ کا تاریخی پس منظر قدیم تحریروں سے جمع کر کے ایک ہی جگہ بیان کر دیا ہے۔

ہمیں تمام تفصیلات دہرانے کی یہاں ضرورت نہیں سوائے چند وہ تفصیلات جو ہماری بحث کے لئے درکار ہیں۔ تاریخی تفصیلات کے مطابق یہ انتہائی دہشت ناک واقعہ سورہ فیل کے نزول سے کم و بیش 45 سال قبل مکہ کے باشندوں کے آنکھوں دیکھتے پیش ہوا تھا اور اپنی نوعیت کی وجہ سے مکہ اور گردونواح میں انتہائی شہرت رکھتا تھا۔پینتالیس سال بعد اس واقعہ کے بعض عینی شاہدین مکہ میں موجود تھے لہٰذا سورہ میں اس واقعہ کی یاد دہانی کے علاوہ مزید تفصیلات بیان کرنے کی حاجت نہیں تھی۔ مختصراً تفصیل یہ کہ اس واقعہ سے کچھ عرصہ قبل ابرہہ کی قیادت میں حبش کی عیسائی قوم مکہ کے جنوب میں ملک یمن پر قابض تھی۔ یہی ابرہہ ساٹھ ہزار فوجیوں اور کچھ ہاتھیوں کے ساتھ مکہ میں قائم عرب قوم کی مرکزی عبادت گاہ خانہ کعبہ کو ڈھا دینے کے قصد سے وہاں آ پہنچا۔مکہ کے باشندے اس بڑی فوج کا،جس کی آمد کا پہلے سے کوئی خدشہ انہیں لاحق نہیں تھا، کوئی مقابلہ یا مدافعت کرنے کی استعداد جمع نہیں کر

سکتے تھے ۔اہلِ مکہ تو رسول اللہ اور آپ کے اصحاب پر دو مرتبہ غزوہ بدر اور غزوہ احد میں حملہ آور ہونے اور اپنے مقصد میں ناکام ہونے کے بعد دو سال کی کوششوں کے نتیجہ میں تیسری مرتبہ مدینہ منورہ پر حملہ کے لئے غزوہ احزاب کے موقع پر جمع ہوئے تو عرب کے جملہ قبائل سے دس بارہ ہزار افراد کی فوج اکٹھا کر سکے تھے ۔لہٰذا ساٹھ ہزار کی فوج کا اچانک سامنا ہوا تو جانوں کی حفاظت کے لئے انہیں اطراف کے پہاڑوں میں پناہ لینی پڑی۔ اس وقت مکہ کی سرداری رسول اللہ کے دادا حضرت عبدالمطّلب کے ہاتھوں میں تھی ۔ اس صورتحال میں، جبکہ شہر سے مدافعت کا کوئی خطرہ نہیں تھا، ابرہہ نے فوج کے ہمراہ خانہ کعبہ کی طرف اپنے شیطانی ارادہ کی تکمیل کے لئے پیش قدمی شروع کی تو معتبر تاریخ اور سیرت نگار بتاتے ہیں کہ بحرِ احمر کی طرف سے ان دیکھے اور ان جانے پرندے غول کی صورت میں نمودار ہوئے جو اپنے دونوں پنجوں میں اور چونچ میں مٹر کے دانے برابر کنکر لئے ہوئے تھے جو اُن پرندوں نے حملہ آور فوج پر برسا دیں ۔جس پر بھی وہ کنکر گرے اسے مرگِ ناگہانی کی صورت ایسی بیماری لاحق ہوئی کہ جسم میں دفعتاً خارش پیدا ہوئی اور گوشت جھڑنے لگا۔ ابرہہ سمیت کوئی فوجی راہِ فرار حاصل کرنے میں کامیاب نہ سکا اور تمام فوج مویشیوں کا کھایا بھوسہ کی مانند ہو گئی ۔مکہ کے بعض لوگوں نے واقعہ کی یادگاری کے طور پر کچھ کنکر اپنے پاس محفوظ کر لئے تھے جو بعد کے لوگوں کے مشاہدہ میں آئے ۔

اس حد تک بیان کردہ تفصیلات کی روشنی میں سورہ فیل کا ترجمہ پڑھیں تو واقعات کی ترتیب اور قدرتِ خداوندی سے منسوب روایات میں کسی اچنبھے کا سوال نہیں پیدا ہوتا ۔ مولانا مودودیؒ نے تاریخ میں موجود روایات کی روشنی میں سورہ کے ترجمہ میں یہی مفہوم اختیار کیا جو قدیم مفسرین پیش کرتے رہے تھے ۔ لیکن اس سورہ کی تشریح میں مولانا فراہی مرحوم نے مروجہ مفہوم سے الگ ایک مختلف مفہوم تجویز کیا ۔ آپ کی رائے میں حضرت عبدالمطّلب اور آپ کے ہمراہیوں نے ابتدا میں پہاڑوں پر سے ابرہہ کی فوج پر پتھروں سے حملہ کیا ۔ بعدازاں اللہ تعالیٰ نے طوفانی ہوا بھیج کر ان پتھروں کو اس قابل بنا دیا کہ ابرہہ کی تمام فوج پتھروں کی بارش سے ماری گئی ۔ اس ہلاکت کے بعد اللہ تعالیٰ نے ایسے پرندے بھیج دیئے جنہوں نے مردہ فوجیوں

کو کھا کر علاقہ کو پاک صاف کر دیا یہ نیا مفہوم اس لئے تجویز کیا کہ رسول اللہ کے دادا حضرت عبدالمطّلب اور عربوں کی شجاعت کی وجہ سے مولانا فراہی کو یہ ماننا دشوار ہوا کہ وہ خانہ کعبہ کی حفاظت کے بجائے جان بچا کر پہاڑوں میں روپوش ہونے جیسی بزدلی کے مرتکب ہوئے ہونگے ۔

دو افراد ، طبقات یا دو گروہوں میں کسی قرآنی واقعہ کے مفہوم میں عدم اتفاق ہی وہ اصل مقصد تھا جس کی نشاندہی کے لئے ہم نے اس سورہ کی تفسیر کا سہارا لیا ہے ۔ قرآنِ کریم کے متعلق اللہ تعالیٰ کا ارشاد ہے کہ نوعِ انساں پر اپنی نعمتوں کی تکمیل اس کتاب کے ذریعے کی گئی ہے اور اس نعمت کی قدر و قیمت ایسی ہے کہ الفاظِ قرآنی کی حفاظت اللہ تعالیٰ نے خود اپنے ذمّہ رکھی ہے ۔ اس حفاظت کا یہ طریقہ نہیں اختیار کیا گیا کہ مثلاً گرینائٹ پتھر یعنی ماربل کی سلوں پر اپنی قدرتِ کاملہ سے کھدائی کر کے ایک سے زیادہ نقول مختلف گروہوں کے حوالے کر دی ہوں کہ جب ضرورت ہو تقابل کیا جا سکے اور تصدیق کر لی جائے ۔اللہ تعالیٰ نے پورا قرآن ایمان لانے والوں کے ذہنوں میں اور قلم کے ذریعے قرطاس پر محفوظ کیا اور ساتھ ہی قرآن میں دعویٰ بھی پیش کیا کہ اس میں غلط بیانی ثابت نہیں کی جا سکتی جو اس بات کا ثبوت ہے کہ اس کے الفاظ خدا کی کسی بھی مخلوق کی مداخلت سے پاک ہیں ۔قرآن اصل الفاظ میں محفوظ ہونے کا مطلب یہ ہے کہ اس کی تحریروں سے جو مفاہیم اخذ کئے جائیں ان معاملات میں کسی نوعیت کی معمولی سی بھی سہل انگیزی نہ برتی جائے ۔کوئی شخص قرآنی آیات کے متعلق لاپرواہی برتے اور ایسا مفہوم اخذ کر لے جو حقیقی مفہوم سے مکمّل مطابقت نہ رکھتا ہو تو جب تک وہ غیر حقیقی مفہوم اپنی ذات کی حد تک رکھتا ہے اور اس غیر حقیقی مفہوم کے زیرِ اثر کوئی عملی غلطی کر بیٹھتا ہے تو خدا کے آگے اپنی ذات کی حد تک جوابدہ ہوگا ۔ لیکن اگر خطبات و تحاریر کی صورت میں تعلیمات کے ذریعے دوسروں کو پہنچا دیتا ہے تو یہ عمل کتنا بڑا وبال بن سکتا ہے اور روزِ آخرت ہر اس شخص کو کس مصیبت کا سامنا کرنا پڑے، اس کا اندازہ کرنا ممکن نہیں۔ پس قرآنی آیات پر تبصرہ کے معاملہ میں انتہائی احتیاط برتنا ہمیں انتہائی ضروری امر سمجھ لینا چاہئے ۔

زیرِ غور سورہ کی تفسیر کے معاملہ میں، جیسا کہ مولانا مودودیؒ نے تذکرہ کیا، مولانا فراہی مرحوم بظاہر حضرت عبدالمطّلب اور مکہ کے مشرک باشندوں کے حق میں حسنِ ظن رکھنے کی بنا پر ان سے کسی بزدلانہ عمل کا ظہور قبول نہ کر سکے لہٰذا اس سورہ سے متعلق دیگر تاریخی تفصیلات تو قابلِ تسلیم قرار دیں لیکن ، محض حضرت عبدالمطّلب کی شجاعت پر حرف نہ آئے ، سورہ کے مجموعی مفہوم کو ایک نئی شکل دینے پر رضامند ہوگئے۔پہلا عنصر جو یہاں توجّہ طلب ہے وہ یہ کہ اس بات کا سمجھ لینا کوئی مشکل بات نہیں کہ اللہ تعالیٰ نے تخلیقِ انسان کے لئے کوئی ایسا اصول نہیں رکھا جہاں نیک اور صالح انسان کے گھرانے میں نیک اور صلح اولاد ہی پیدا ہوں یا اعلیٰ اور برتر ذہنی استعداد کے حامل شخص کی اولادیں بھی اتنی ہی برتر ذہنی استعداد کی حامل ہوں۔ اس کے برعکس بات بھی درست ہے کہ ضروری نہیں کہ بد طینت شخص کے نصیب میں بد طینت اولاد رکھ دی گئی ہوں ۔ حضرت ابراہیم کا باپ، حضرت نوح کا بیٹا، اور پھر رسول اللہ کا چچا ابولہب کی مثال سامنے ہے کہ وہ انبیاء و رسل سے خونی رشتہ رکھنے کے باوجود کس طبع کے انسان ثابت ہوئے۔یہ ضروری نہیں کہ حضرت عبدالمطّلب محض اس وجہ سے بہادر سمجھے جائیں کہ وہ رسول اللہ کے دادا تھے ۔ عرب کے مشرکین نے بیت اللہ کو رسول اللہ کی پیدائش سے بہت عرصہ پہلے سے انسانی ہاتھوں کے بنائے ہوئے تین سو ساٹھ بُتوں کا بھی گھر بنا رکھا تھا ۔ رسول اللہ کے دادا مکہ کے سردار تھے لیکن ان کی زندگی میں خانہ کعبہ ان بُتوں کی آماجگاہ تھا ۔

ہمارے لئے کسی بھی شخص کے کسی بھی عمل کو زیرِ غور لانا ضروری ہو تو اس کا مقصد صرف یہ ہو سکتا ہے کہ اس عمل میں کیا معروف یا منکر مخفی ہے جس سے ہم اپنے لئے کوئی نصیحت اخذ کر سکیں ، اس حد تک ہم کسی شخص کے عمل کو درست یا نا درست قرار دے سکتے ہیں ۔ مثلاً اسی ابرہہ کا معاملہ دیکھا جائے تو اگر چہ مولانا فراہی مرحوم حضرت عبدالمطّلب کا مکہ ابرہہ کے لئے خالی چھوڑ دینا ایک بزدلانہ فعل قیاس کرنے پر متردد ہوئے لیکن ایک مختلف پہلو سے دیکھنے پر ہمیں حضرت عبدالمطّلب کا سب لوگوں کے ساتھ پہاڑوں پر روپوش ہونا کسی نوعیت کی بزدلی کے بجائے ایک انتہائی دانشمندانہ اور دور اندیشی پر مبنی فیصلہ قرار دینا پڑے

گا ۔ خانہ کعبہ اس وقت دستیاب پتھروں اور لکڑیوں سے پتھر پر پتھر رکھ کر دیواروں کی صورت میں بنائی گئی ایک چھوٹی سی عمارت تھی ۔ اس کی قدر و قیمت جو کچھ بھی تھی وہ یہ کہ عربوں کی قدیم روایات کے مطابق ان کے بزرگانِ اعلیٰ حضرت ابراہیمؑ اور حضرت اسماعیلؑ نے بیت اللہ کی حیثیت سے اس کی تعمیر کی تھی ۔ عرب اس تعمیر کو بیت اللہ قرار دینے کی وجہ سے ہی اس کا احترام دلوں میں رکھتے اور سالانہ حج کی ادائیگی کے لئے پورے عرب سے یہاں جمع ہوتے تھے ۔ ابرہہ اگر اس گھر کو ڈھانے کے ارادے سے نکلا اور راستہ میں قتل و غارت کرتا چلا آرہا تھا تو شہر فتح کر لینے کے بعد اس سے کیا متوقع ہو سکتا تھا؟ اس کی فوج کو وہی قتل و غارت، لوٹ مار، املاک کی بربادی اور عصمت دری کا مظاہرہ کرنا تھا جیسا کہ انسانی تاریخ میں گمراہ اقوام اس حملہ آوری سے پہلے بھی اور اس کے بعد بھی ہمیشہ کرتی رہی ہیں ۔ پھر اپنے حملے کا اصل مقصد حاصل کرنے کے لئے یہ کرتا کہ بہت سے بہت ان پتھر کی دیواروں کو زمیں بوس کردیتا ۔ مکہ کے بنجر پہاڑی علاقوں میں اور کیا اس کے ہاتھ لگ سکتا تھا ؟، لہٰذا جو کچھ لوٹ کھسوٹ کرتا اس کے بعد جلد ہی اس کو واپس چلا جانا تھا ۔ ساٹھ ہزار کی فوج کو ایسے علاقے میں جہاں خوراک تو ایک طرف پانی کا حصول بھی آسان نہ ہو، زیادہ عرصہ ٹھہرانا ممکن نہیں ہو سکتا تھا ۔ پھر ان پہاڑی علاقوں میں پتھر وں کی کیا قدر و قیمت تھی ؟ شہر جس وقت بھی اصل باشندوں کو واپس ملتا وہ بآسانی انہی پتھروں کو دوبارہ جما کر، یا اطراف میں موجود پتھروں سے، دیواریں دوبارہ کھڑی کر سکتے تھے ۔ انسانی جان اور ماؤں، بہنوں ،بیٹیوں کی عصمت علاقے میں دستیاب پتھروں سے کم قیمت رکھتی تھیں؟ ہماری نظر میں حضرت عبدالمطّلب کا طے کردہ فیصلہ سے بہتر کوئی فیصلہ درپیش حالات میں نہیں کیا جاسکتا تھا کہ اپنی قوم کی زندگیاں اور عصمتیں محفوظ کر لی جائیں ۔ بعداز اں قدرتِ الٰہی کا جو کچھ مشاہدہ قوم نے کیا اس مشاہدہ نے بیت اللہ کی عظمت کو ان کے دلوں میں ایک نئی سطح پر پہنچا دیا جو روایات میں دیکھی جا سکتی ہے ۔

مولانا مودودیؒ نے سورہ کی تفہیم کے ضمن میں مولانا فراہی مرحوم کا نقطۂ نظر اور ان کی بیان کردہ تفہیم کے لئے جو دلائل پیش کیے وہ ہم نے اپنی بحث میں شامل کئے ۔ اس معاملہ میں مولانا مودودیؒ

سے فراہی صاحب کے خلاف کسی نوعیت کی قصداً یا سہواً غلطی کا امکان ہونا مشکل ہے، تاہم مولانا فراہی مرحوم کے تعارف میں بیان ہو چکا ہے کہ مولانا امین احسن اصلاحی مولانا فراہی کے عزیز شاگردوں میں سے ایک تھے اور یہ کہ مولانا اصلاحی مرحوم قرآنِ کریم کی ایک ضخیم تفسیر، تدبّرِ قرآن، کے صاحبِ تفسیر ہیں۔ مولانا اصلاحی کی بیان کردہ زیرِ بحث سورہ کی تفسیر مولانا فراہی مرحوم کے نقطۂ نظر کی تصدیق میں معاون ثابت ہو سکتی ہے۔ذیل میں مولانا اصلاحی مرحوم کی تفسیر کے بارے میں بعض نکات بیان کرنا ہمارے پیشِ نظر ہے۔

مولانا امین احسن اصلاحی اور " تدبّرِ قرآن"

مولانا اصلاحی مرحوم نے "تدبّرِ قرآن" کے عنوان سے قرآنِ کریم کی 9 جلدوں پر مشتمل ضخیم تفسیر شائع کی۔ تفسیر کے دیباچہ میں فرماتے ہیں:

> تفسیر "تدبّرِ قرآن" پر میں نے اپنی زندگی کے پورے 55 سال صرف کئے ہیں جن میں سے 23 سال صرف کتاب کی تحریر و تسوید کے نذر ہوئے ہیں۔ اگر اس کے ساتھ وہ مدّت بھی ملا دی جائے جو استاذِ امام (مولانا حمید الدین رفاہی) رحمۃ اللہ علیہ نے قرآن کے غور و تدبر پر صرف کی ہے اور جس کو میں نے اس کتاب میں سمونے کی کوشش کی ہے تو یہ کم و بیش ایک صدی کا قرآنی فکر ہے جو آپ کے سامنے تفسیر "تدبّرِ قرآن" کی صورت میں آیا ہے۔
>
> قرآن مجید کی کل 6236 آیات ہیں اور ان کی تفسیر تدبّرِ قرآن کے کم و بیش اتنے ہی صفحات میں آئی ہے۔ گویا ہر آیت کی تفسیر کے لئے اس کتاب کا تقریباً ایک صفحہ مختص ہوا۔ دوسرے یہ کہ قرآن مجید کا زمانۂ نزول 23 سال ہے اور تدبّرِ قرآن کا زمانۂ تحریر و تسوید بھی 23 سال ہے (تدبّرِ قرآن :صفحہ 9)

دوسری اہم بات جس کی طرف توجّہ ضروری ہے وہ مولانا فراہی مرحوم کا دریافت کردہ نظمِ قرآنی ہے۔ قرآنِ کریم میں ہر زمانے کے انسان کو حیران کر دینے والی خصوصیات پوشیدہ ہیں لہٰذا دنیوی علوم

میں اضافہ کے ساتھ قرآنِ کریم میں مخفی جواہرات بھی منکشف ہوتے رہیں گے۔ مولانا فراہی مرحوم سے منسوب قرآنِ کریم کی مذکورہ منفرد خصوصیت کی دریافت سے یقینی ہے کہ آپ نے خود کو اللہ تعالیٰ کی طرف سے اجر عظیم کا مستحق بنا لیا اور بعد کے لوگوں کے لئے تحقیقات کی نئی راہ کھول دی ۔آپ کے شاگردِ رشید، مولانا اصلاحی ، نے اپنی تفسیر میں اسی قرآنی نظم کی وضاحت کی ہے ۔قرآنی نظم کے متعلق اپنی تفسیر " تدبّرِ قرآن" کے مقدمہ میں فرماتے ہیں:

> اس راہ میں سب سے پہلی کامیاب کوشش کی سعادت میرے استاذ مولانا حمید الدین فراہی رحمۃ اللہ علیہ کو حاصل ہوئی ۔ قرآن کے معارف و حِکم کا اصل خزانہ درحقیقت اس کے نظم ہی کے اندر پوشیدہ ہے ۔ اگر مولانا رحمۃ اللہ علیہ کو اللہ تعالیٰ نے اتنی مہلت دی ہوتی کہ وہ اپنے اصولوں کے مطابق اپنی تفسیر مکمّل کر پاتے تو یہ چیز ہر مخالف کے اوپر حجت قائم کر دیتی ۔
>
> ہمارے نزدیک تو اس کی قدر و قیمت یہی ہے کہ قرآن کے علوم اور اور اس کی حکمت تک رسائی اگر ہو سکتی ہے تو اسی کے واسطے سے ہو سکتی ہے ۔ جو شخص نظم کی رہنمائی کے بغیر قرآن کو پڑھے گا وہ زیادہ سے زیادہ جو حاصل کر سکے گا وہ کچھ منفرد احکام اور منفرد قسم کی ہدایات ہیں (تدبّرِ قرآن :صفحہ 20)

ان اقتباسات سے واضح ہے کہ مولانا اصلاحی نے مولانا فراہی مرحوم کے فکرِ قرآنی کے تسلسل کو قائم رکھنے کیلئے جو علم اپنے محترم استاد سے حاصل کیا اسی علم کو مزید ترقّی دی اور آگے بڑھایا ہے ۔ مولانا کی تخمین کردہ دو افراد کی ایک صدی پر پھیلی محنتیں تفسیرِ قرآن کی شکل میں ظاہر ہونا انتہائی قابلِ قدر ہے ۔ایسے کسی کام کو کرنے کے لئے نیک نیتی اور اخلاص کی موجودگی سے کسی کو انکار کی مجال نہیں ہو سکتی لیکن ایسے کسی تحریری کاموں میں حقیقی علم کی مقدار کا انحصار خلوصِ نیت کے ساتھ ساتھ سمجھ اور ذہانت کا مقتضی ہے ۔یہ کمیاب صفت ہے جو اللہ تعالیٰ کی عنایت کے تحت گنتی کے چنیدہ لوگوں کو میسر ہوتی ہے ۔یہ اللہ ہی کے علم میں ہے کہ کس زمانے میں کسی منتخب شخص کو کس قدر ذہانت کے ساتھ پیدا کرے ۔ہم آگے پیش کرنے والی بحث میں مولانا فراہی یا مولانا

اصلاحی کی کسی ناقدری کے مرتکب نہیں ہونا چاہتے بلکہ قرآنِ کریم کی سورہ فیل پر اپنی بحث ہی ذیل میں مکمّل کرنا مقصود ہے :

کیا تم نے دیکھا نہیں کہ تمھارے خداوند نے ہاتھی والوں کے ساتھ کیا معاملہ کیا! کیا ان کی چال برباد نہ کر دی! اور اُن پر جھنڈ کی جھنڈ چڑیاں نہ بھیجیں! **تم اُن کو مارتے تھے سنگِ گِل کے قسم کے پتھروں سے**، بالآخر ان کو اللہ نے کھائے ہوئے بُھس کی طرح کر دیا(تدبّرِ قرآن،105-الفِیل)

تم نے دیکھا نہیں کہ تمھارے رب نے ہاتھی والوں کے ستھ کیا کیا؟ کیا اُس نے اُن کی تدبیروں کو اکارت نہیں کر دیا؟ اور اُن پر پرندوں کے جھنڈ کے جھنڈ بھیج دیئے **جو اُن پر پکّی ہوئی مٹّی کے پتھر پھینک رہے تھے**، پھر اُن کا یہ حال کر دیا جیسے جانوروں کا کھایا ہوا بھوسا(تفہیم القرآن،105-الفِیل)

مولانا اصلاحی مرحوم کا تدبّرِ قرآن میں بیان کردہ ترجمہ کے ساتھ ہی مولانا مودودیؒ کا تفہیم القرآن میں تحریر ترجمہ بھی یہاں دوبارہ نقل کر دیا ہے تاکہ موازنہ میں آسانی ہو سکے۔دو تراجم جہاں قرآنی مفہوم میں عدم مطابقت کا شکار ہیں انہیں گہری روشنائی سے نمایاں کر دیا ہے۔

اوپر پہلے ترجمہ میں سنگِ گِل سے مولانا اصلاحی کی پتھر کے چھوٹے کنکر ہی مراد ہے جنہیں ابرہہ کی فوج پر پھینکنے کا فعل انہوں نے قریش مکہ کی طرف منسوب کیا ہے جبکہ مولانا مودودیؒ اور اُن سے پہلے کے مفسرین پرندوں کو اس کا فاعل قرار دیتے رہے تھے۔قارئین کی توجہ کے لئے یہ بات نوٹ کرنا ضروری ہے کہ جو کچھ اوپر نقل کیا گیا وہ تفسیری وضاحت نہیں بلکہ قرآنی آیات کا رواں ترجمہ ہے۔ محض یہ ایک مختصر سورہ ہی کافی ہے یہ سمجھ لینے کے لئے کہ اللہ تعالیٰ کی طرف سے اصل نازل کردہ عربی الفاظ کے ساتھ قرآن کی حفاظت کتنی ضروری تھی۔ اگر دوسری زبانوں میں محض ترجمہ لے اڑنے کو قرآنِ کریم کا مترادف سمجھنے کی چھوٹ دے دی گئی ہوتی تو کیا کچھ نہ ہو سکتا تھا۔

مولانا اصلاحی نے پانچ آیات پر مشتمل مختصر سورہ کے تعارف اور تفسیر میں دس سے زیادہ صفحات تحریر کئے جن میں در اصل متن کا بیشتر حصّہ ترجمہ میں عدم مطابقت کے حق میں دلائل کے لئے ہی استعمال ہوا ہے۔ مولانا نے ان صفحات میں تین سے زائد مرتبہ

صراحتاً بتا دیا کہ تفسیر کا تقریباً تمام حصہ "استاذ امام حمید الدین فراہی علیہ الرحمۃ کی تفسیر سے لیا گیا ہے اور پڑھنے والوں کو نصیحت بھی کی کہ مزید تفصیلات کے لئے مولانا فراہی مرحوم کی تحریر کردہ سورہ فیل کی زیادہ تفصیلی تفسیر کا مطالعہ کریں۔

مولانا اصلاحی نے اپنی تفسیر میں مولانا فراہی مرحوم کی اسی دلیل کی تصدیق کی کہ حضرت عبدالمطّلب اور قریش مکہ کی غیرت وحمیت سے بعید ہے کہ انہوں نے خانہ کعبہ کی مدافعت سے ہاتھ اٹھا لئے ہوں۔ **جن لوگوں نے یہ دعوٰی کیا ہے** کہ قریش نے کوئی مزاحمت نہیں کی وہ اپنے دعوٰی میں برحق نہیں۔ "دعوٰی کیا ہے" صیغہ حاصل میں لکھے جانے سے مولانا مودودیؒ کے علاوہ کوئی اور اس کا مترادف نہیں ہو سکتا جبکہ کئی دوسرے اشارات سے بھی واضح ہوتا ہے کہ اشارہ مولانا مودودیؒ کی طرف ہی ہے۔ مولانا اصلاحی نے پرندوں کے متعلق فرمایا کہ اللہ تعالیٰ نے چیلوں، کوؤں اور گِدھوں کو وہاں بھیجا کہ زمین پر بکھری لاشیں کھا جائیں۔معتبر صحابہ کی روایات میں واقعہ کی تفصیلات میں بتایا گیا تھا کہ ایسے پرندے پہلے کبھی دیکھنے میں نہیں آئے، ان کی چونچیں پرندوں جیسی جبکہ پنجے کُتّے کے پنجوں جیسے تھے۔ کنکریاں فوجیوں میں خطرناک بیماری کا باعث بنیں کہ بدن سے گوشت جھڑنے لگا اور دیکھتے ہی دیکھتے ساری فوج ہلاک ہو گئی۔مولانا اصلاحی اور مولانا فراہی کی رائے تھی کہ قریش نے مدافعت میں کنکریاں ماریں جو ایک کمزور کوشش تھی لیکن چونکہ وہ بیت اللہ کی مدافعت میں مخلص تھے لہٰذا اللہ تعالیٰ نے آندھی و طوفان کے ذریعے ان کنکریوں میں بندوق کی گولی کا اثر پیدا کر دیا اور تمام فوج ہلاک کردی۔ قطع نظریہ کہ قبل از طوفان کنکریاں مارنے سے ساٹھ ہزار کی فوج کا مقابلہ کیوں کر ہوسکتا تھا؟ اور پھر یہ کہ پہاڑ پر موجود حضرت عبدالمطلب اور ان کے ساتھیوں کو طوفانی ہوا پہلے ہی فضا میں اڑا کر اور پہاڑوں پر پٹخ کر ہلاک کر چکی ہوتی اس سے قبل کہ سطح زمین پر کنکریوں کو بندوق کی گولی بنا دیتی۔ جہاں تک قریش کی غیرت و حمیت کا سوال ہے تو رسول اللہ فتح مکہ کے موقع پر دس ہزار فوج کے ساتھ مکہ کی سرحدوں تک پہنچے تو اسی قریشی قبیلہ نے بغیر کسی مزاحمت و مدافعت ہتھیار ڈال دیئے تھے۔

تمام بحث سے جو اہم بات ہمارے سامنے لانا چاہتے تھے وہ یہ کہ قرآنِ کریم کی متعدد دوسری سورتوں کی طرح سورہ فیل کا مفہوم مکہ کی وہ تاریخ جانے بغیر ممکن نہیں جو قرآن میں بہرحال بیان نہیں ہوئی ہے ۔مفسرین قرآن کو متعلقہ تاریخی تفصیلات کے لئے روایات کی طرف ہی رجوع کرنا پڑتا ہے جو بذریعہ صحابہ کرام بیان ہوئیں ۔ سورہ فیل کی ترجمہ و تفسیر کے معاملہ میں یہ بات سامنے آئی کہ دورِ حاضر کے مفسرین میں سے بعض قابلِ احترام شخصیات روایات میں موجود تمام تفصیلات میں سے کچھ روایات قبول کرتے ہیں اور کچھ روایات قبول نہیں کرتے ۔ کسی واقعہ کی مجموعی تفصیل میں سے بعض اجزا کو اپنے فہم یا طبعی ذوق کے مطابق اور منطق کے اصولوں پر پرکھنے کے بعد یا تو قبول کرتے ہیں یا رد کر دیتے ہیں ۔ کسی کتاب یا تحریر یا تاریخی بیانات کو ہدف بنا کر منطق کی خراد پر چڑھانا اور پرکھنا جو چاہے کرے ، لیکن معاملہ جب قرآنِ کریم کے متعلق ہو تو اتنی سہل انگیزی کیسے قابلِ قبول ہو سکتی ہے کہ قرآنی سورہ اور آیات کا مفہوم ہی بدل کر کچھ اور ہو جائے ذیل میں چودھویں صدی عیسوی کے مفسر ابن کثیر کی عربی تفسیر کا اردو ترجمہ نقل کرتے ہیں:

> کیا تو نے نہ دیکھا کہ تیرے رب نے ہاتھی والوں کے ساتھ کیا کیا؟ کیا ان کے مکر کو بیکار نہیں کر دیا اور ان پر پرندوں کے جھرمٹ بھیج دیئے **جو انہیں مٹی اور پتھر کی کنکریاں مار رہے تھے** ۔ پس انہیں کھائی ہوئی بھوسی کی طرح کر دیا (تفسیر ابن کثیر ،105-الفِیل)

ابن کثیر کی اس سورہ کی تفسیر میں کنکریاں مارنے کا عمل پرندوں کی طرف منسوب کیا گیا اور بعینہ وہی تفصیلات تحریر کی گئیں جنہیں بعد میں مولانا مودودیؒ نے بیان کیا ۔اس تمام بحث میں اہم نکتہ یہی ہے کہ قرونِ اولیٰ کے ثقہ محدثین اور سیرت نگار سورہ فیل کے ضمن میں ان دیکھے پرندوں کا کسی مخصوص نوعیت کے چھوٹے پتھر پھینکنا اور جن پر وہ پتھر لگے ان کے جسم میں خارش پیدا ہونا اور یکایک بدن کا گوشت جھڑنا اور بہہ جانا جیسا قہرِ الٰہی کا عظیم نمونہ تھا جس کا بنی قریش نے مشاہدہ کیا ۔ انہی تفصیلات میں صرف یہ بھی موجود تھا کہ حضرت عبدالمطّلب تمام بنی قریش کو لے کر پہاڑوں میں پناہ گزیں ہو گئے تھے ۔اگر ہماری قابلِ احترام

شخصیات اللہ تعالیٰ کے معجزہ کی تفصیلات اسی حد تک رکھتیں اور بہت آسانی کے ساتھ کہہ دیتیں کہ ہم حضرت عبدالمطّلب اور بنی قریش کی غیرت و حمیت سے متصادم کسی قول سے اتفاق کرنے سے قاصر ہیں تو انہیں واقعہ کی تفصیل اور قرآنی آیات میں تبدیلی کی ضرورت نہ رہتی ۔ اگر قرآنی آیات کے مفہوم میں تبدیلی کر دینے جیسے بڑے عمل کو اتنا سہل نہ جانتے تو محض معمولی سا تدبر بھی انہیں بآسانی محسوس کرا سکتا تھا کہ خدا کی پیدا کی ہوئی انسانی زندگیاں اور عصمتیں پتھروں سے زیادہ قیمتی ہیں، لہٰذا ان کی حفاظت کے لئے پہاڑوں میں پناہ ڈھونڈنا بزدلی نہیں بلکہ بالکل درست فیصلہ تھا ۔

ہماری آگے کی تحریر میں پتھر ایک اہم موضوع ہے تاہم فی الوقت متوجہ کیا جاتا ہے کہ اللہ تعالیٰ نے سورہ فیل میں پتھر کی کنکریوں کے لئے عربی الفاظ" بِحِجَارَةٍ مِّن سِجِّيل" استعمال کیے ۔ ان الفاظ کی وضاحت کے لئے مولانا اصلاحی نے فرمایا کہ یہ فارسی الفاظ "سنگ" یعنی پتھر اور "گِل" یعنی مٹّی کا مرکب ہے ۔ پتھر کے لئے عربی میں لفظ حجر ہے، مثلاً حجر اسود ۔ لہٰذا مٹّی سے بنے ہوئے پتھر کے لئے فارسی الفاظ سے عربی مرکب لفظ "سگّیل" اخذ ہوتا لیکن عربی حروف میں "گ" موجود نہیں اس لئے اس کا متبادل حرف "ج" مستعمل ہے، لہٰذا عربی میں اس کے لئے مرکب لفظ "سجّیل" پایا جاتا ہے یعنی وہ مٹّی جو آگ کی تپش سے پکنے کے بعد کنکریوں کی شکل اختیار کر لے ۔ہم عربی زبان جاننے سے قطعی محروم ہیں لہٰذا ہماری درستگی کا امکان بہت کم ہے ، تاہم قابلِ توجّہ بات یہ ہے کہ اللہ تعالیٰ نے قومِ لوط کی گمراہیوں پر انہیں پکڑ لیا تو انہیں ہلاک کرنے کے لئے جو پتھر برسائے ان پتھروں کے لئے یہی لفظ "سجّیل" تین مختلف سورتوں میں استعمال کیا ۔ وہ سورتیں اور آیات بلترتیب 11- ھود:82، 15- الحجر:74 اور 51-الزاریات:33 میں دیکھی جا سکتی ہیں ۔یہ پتھر آتش فشانی پتھر سمجھے جاتے ہیں جس میں مثلاً مٹّی آگ سے پک کر پتھروں کی شکل حاصل کر گئی ہو ۔ قرآنِ کریم میں بیان کردہ تمام اقوام جو اللہ تعالیٰ کے عذاب کا نشانہ بنیں ان کے لئے ایسا کبھی نہیں ہوا کہ اللہ تعالیٰ کے فرشتے تمام قوم کے دلوں کی دھڑکن اچانک ساکن کر دیتے یا کوئی دورہ پڑ جانے پر سب تڑپ کر جان دے دیتے بلکہ ہر مرتبہ اللہ تعالیٰ نے کوئی ایسی منفرد صورت منتخب کی جس کے آثار بہر صورت کسی نہ کسی شکل میں زمین پر باقی رہ گئے بجائے اس کے

کہ ہمیشہ کے لئے معدوم ہو جاتے ۔ کشتی نوح کی تلاش یا فرعون کی لاش کی حفاظت وغیرہ ایسی ہی مثالیں قرار دی جا سکتی ہیں ۔ سورہ فیل میں پرندے غالباً اللہ تعالیٰ کے مقرر کردہ فرشتے تھے جو پرندوں کی صورت میں کنکریاں اپنے ساتھ لائے ۔ امکانی طور پر قیاس کیا جاسکتا ہے کہ وہ اس علاقے کی کنکریاں نہیں تھیں بلکہ کسی اور علاقے کی تھیں اور خاص کنکریاں تھیں ۔ گزشتہ چند صدیوں میں عرب میں موجود حکمراں طبقات میں علم دوستی کی کچھ لگن ہوتی اور قرآنِ کریم کی محبت میں آثارِ قدیمہ سے دلچسپی ہوتی تو ہم سمجھتے ہیں کہ مکہ کی زمین پر موجود اصحابِ فیل پر برسنے والی کنکریاں آج بھی ڈھونڈی جا سکتی ہیں اور کیمیائی اور اجزائ تجزیہ سے بہت کچھ علم حاصل کیا جا سکتا ہے ۔

آخری بات جو اس سلسلۂ بحث میں ہم بیان کرنا چاہتے ہیں وہ مولانا اصلاحی مرحوم کا دیگر صحائف آسانی کے بارے میں نکتۂ نظر ہے ۔آپ تدبّرِ قرآن کے مقدمہ میں فرماتے ہیں:

> جس طرح قرآن مجید اللہ کی کتاب ہے اسی طرح تورات، زبور اور انجیل بھی اللہ ہی کے اتارے ہوئے صحیفے ہیں ۔ اگر ان کے بدقسمت حاملوں نے ان صحیفوں میں تحریف نہ کر دی ہوتیں تو یہ بھی اسی طرح ہمارے لئے باعثِ رحمت و برکت تھے جس طرح قرآن ہے ۔ لیکن ان تحریفات کے باوجود آج بھی ان کے اندر حکمت کے خزانے ہیں ۔ اگر آدمی ان کو پڑھے تو یہ حقیقت آفتاب کی طرح سامنے آتی ہے کہ ان صحیفوں کا سر چشمہ بھی بلا شبہ وہی ہے جو قرآن کا ہے ۔
>
> میں ان کو بار بار پڑھنے کے بعد اس رائے کا اظہار کرتا ہوں کہ قرآن کی حکمت کے سمجھنے میں جو مدد ان صحیفوں سے ملتی ہے وہ مدد مشکل ہی سے کسی دوسری چیز سے ملتی ہے، خاص طور پر زبور، امثال اور انجیلوں کو پڑھیں تو ان کے اندر ایمان کو وہ غذا ملتی ہے جو قرآن و حدیث کے سوا اور کہیں بھی نہیں ملتی ۔ حیرت ہوتی ہے کہ جن قوموں کے پاس یہ صحیفے موجود تھے وہ قرآن اور پیغمبرِ آخرالزماں صلی اللہ علیہ السلام کی تعلیمات سے کیوں محروم رہیں (تدبّرِ قرآن :صفحہ 33)

ہمیں امید ہے کہ قارئین ہماری کتاب کے ابتدائی دو حصّے توجّہ سے پڑھ لینے پر بائیبل کی خصوصیات سمجھ چکے ہوں تو ہماری طرح اس اقتباس کی باتوں سے متفق ہونے میں مشکلات محسوس کریں گے ۔حقیقت یہ ہے کہ قرآن کی حکمت سمجھنے کے لئے قرآنی کلام

اور رسول اللہ کی تعلیمات پر تحقیق کے علاوہ اور کسی شئے کی ضرورت نہیں سوائے ایک بات کے اور وہ خود انسانی تاریخ ہے ۔ قرآنِ کریم بار بار اپنے پڑھنے والوں کو تاریخِ انسانی کی طرف متوجہ کرتا ہے اور خصوصاً یہودی اور عیسائی عقائد اور ان کے ماننے والے قرآن کے خصوصی موضوعات میں سے ہیں ۔ ہم نے قرآنِ کریم کی اسی قدر و قیمت کا احساس کر کے اہلِ کتاب اقوام کی تاریخ کی تلخیص اور عروج و زوال کے عوامل واضح کرنے اور دستیاب بائیبل کی درست تصویر پیش کرنے کی کوشش کی تاکہ بعد کے اسلامی مفکرین زیادہ واضح دماغی کیفیت کے ساتھ قدیم صحائف کی طرف رجوع ہوں اگر واقعتاً کچھ جاننا ضروری سمجھتے ہوں ۔

جاوید احمد غامدی اور "المیزان"

جاوید غامدی صاحب طویل عرصہ ٹیلیویژن کے سنجیدہ مذہبی پروگرام اور علمی نوعیت کے مذہبی اجتماعات میں بطورِ مہمان اسپیکر پاکستان اور بیرون ملک زیادہ سرگرم شخصیات میں سے ایک ہیں ۔ یقیناً آپ کے لیکچروں سے بہت سے تعلیم یافتہ مسلمان مستفید ہوتے ہیں لیکن یہاں جو چند نکات ہمارے قارئین کے لئے ، اور ہماری رائے میں خود ان کے لئے بھی، توجّہ طلب ہیں ان کا مختصر تذکرہ کیا جائے گا تاکہ ہم تحریر کے اگلے مباحث مکمّل کر سکیں ۔ یہاں پر ہماری بحث غامدی صاحب کی کتاب المیزان کے چند اہم اقتباسات تک محدود رہے گی جو ہماری بحث سے متعلق ہیں ۔قارئین کی یاددہانی کے لئے بتا دیں کہ مذکورہ معزز مفکرین کے حوالے سے چلی آرہی بحث میں زیرِ غور مسئلہ کے دو پہلو ہیں پہلا یہ کہ اگرچہ اللہ تعالیٰ نے قرآنِ کریم قیامت تک کے لئے انہی اصل الفاظ میں محفوظ کر دیا جن الفاظ میں رسول اللہ پر نازل ہوا تھا لیکن بعض آیات کے جو مفاہیم بعض مفسرین اور علماء عام مسلمانوں کو بتاتے ہیں ان مفاہیم میں یکسانیت کا معاملہ پریشان کن نظر آتا ہے ۔ دوسرا پہلو یہ ہے ، جو اپنی اصلیت

میں پہلے پہلو کا ہی پیدا کردہ پھل ہے، کہ دینِ اسلام کا مجموعی تصوّر جیسے اہم ترین مسئلہ پر یہ کس حد تک آپس میں اتفاق رکھتے ہیں ؟ اسی سلسلۂ بحث کے تسلسل میں غامدی صاحب کی کتاب "المیزان" کا دیباچہ ذیل میں نقل ہے :

> اللہ کے نزدیک دین صرف اسلام ہے ۔ کم و بیش ربع صدی کے مطالعہ و تحقیق سے میں نے اس دین کو جو کچھ سمجھا ہے، وہ اپنی اِس کتاب میں بیان کر دیا ہے ۔ اس کی ہر محکم بات کو پروردگار کی عنایت اور میرے جلیل القدر استاذ امام امین احسن اصلاحی کے رشحات فکر سے اخذ و استفادہ کا نتیجہ سمجھئے ۔ اس میں کوئی بات کمزور نظر آئے تو اسے میری کوتاہی علم پر محمول کیجئے (المیزان: دیباچہ، 10 اپریل 1990ء)

> امام فراہی اور استاذ امام امین احسن اصلاحی کے رشحات فکر اس کتاب کی بنیاد ہیں، لیکن ان میں سے بھی کوئی چیز اس لئے قبول نہیں کی گئی کہ وہ ان جلیل القدر علما نے کہی ہے ۔میں نے بارہا مہینوں غور کیا ہے اور یہ صرف دلائل کی صحت اور عدم صحت ہے جس کے پیشِ نظر اس کے ردّ و قبول کا فیصلہ کیا ہے ۔چنانچہ کئی مقامات ہیں، جہاں میرا نقطۂ نظر جس طرح دوسرے علما اور محققین کی آرا کے مطابق نہیں رہا، اسی طرح اپنے ان بزرگوں سے بھی بڑی حد تک مختلف ہو گیا ہے (المیزان:صفحہ 650)

غامدی صاحب نے ،جیسا کہ کتاب کے دیباچہ(پہلا اقتباس) میں فرمایا، اپنی پچیس سالہ مطالعہ و تحقیق کا حاصل دینِ اسلام کا اپنی سمجھ کی حد تک درست تصوّر اپنی ضخیم کتاب میں مرتب کر دیا ہے ۔ پھر اس کتاب کے اختتامیہ (دوسرا اقتباس) میں جو بات بیان کی در حقیقت یہی بات اس بحث میں ہمارا اصل موضوع ہے ۔آپ فرماتے ہیں کہ دیگر محققین کی آرا کو اپنے علم اور اپنی عقل کی کسوٹی پر پرکھنے کے بعد صرف وہ آرا قبول کیں جو دلائل کی صحت کے معیار پر پوری اتریں ورنہ وہ نقطۂ نظر اختیار کیا جو ان کے لئے زیادہ قابلِ قبول تھا ۔غامدی صاحب نے بھی تمام کتاب میں اپنی طرف سے کچھ نہیں لکھا بلکہ دینِ اسلام کے تمام اجزا کی تشریحات کے لئے قرآنِ کریم کی آیات اور رسول اللہ کی مستند احادیث کو بنیاد بنا کر اپنی عقل و سمجھ کے ذریعے جو کچھ نتائج و تصورات اخذ کئے انہی کی تشریح بیان کی ہے ۔غامدی صاحب اس طریقہ کار میں منفرد نہیں کہ یہ صرف آپ کا ہی خاصہ ہو ۔ دوسرے وہ مفکرین جو ہماری

فہرست میں شامل ہیں ان سب کی تحریروں میں بھی قرآن و سنّت کو ہی ماخذ بنایا گیا ہے۔یہاں مذکور مفکرین کے بجائے ہماری تاریخ کے دوسرے محققین کا پیش کردہ کام بھی دیکھ لیا جائے تو ، کافی بڑی تعداد میں ہونے کے باوجود ، جملہ مفکرین صرف اسی بات پر عظیم اتفاق ظاہر کرتے ہیں کہ کبھی قرآن و حدیث سے باہر کی کسی بات کو بطورِ دلیل نہیں پیش کرتے ۔ اس حیرت انگیز اتفاق کے بعد فرق جو کچھ بھی نظر آتا ہے اس میں تین خصوصیات نمایاں ہیں : پہلی یہ کہ قرآنی آیات کے جو مفاہیم یہ مقتدر شخصیات اخذ کرتی ہیں ان مفاہیم میں یکسانیت باقی نہیں رہتی، یعنی یہ کہ جو بات کہی گئی ہے اس کا مطلب کیا ہے اس معاملہ میں "مفکرین" انفرادیت کا مظاہرہ کرتے ہیں ۔ دوسری خاصیت یہ کہ اگرچہ قرآنِ کریم ایک ایسی منفرد کتاب ہے جس میں انسانی ہدایات سے متعلق باتیں بکثرت مختلف الفاظ و انداز میں دہرائی گئی ہیں، تاہم متعدد مفکرین قرآنِ کریم کی کسی ایک آیت کو مرکزی مقام دے کر دین کے مجموعی تصوّر کی عمارت اس کے گرد قائم کرنے کی کوشش کرتے ہیں جو باہمی نااتفاقی کا سبب بنتی ہے ۔ تیسری خاصیت یہ کہ غیر عربی زبان کے مفکرین کو قرآنی آیات کے ترجمہ پر انحصار کرنا پڑتا ہے لیکن اس ضمن میں، اگر نرم الفاظ میں کہا جائے، تو تساہل کا عنصر ان کے شاملِ حال نظر آتا ہے ، یعنی آیات کے ترجمہ میں بقدرِ ضرورت تبدیلیاں داخل کر دیتے ہیں ۔اب تک کی بحث میں ہمارے قارئین تینوں خصوصیات سے متعارف ہو چکے ہیں ۔جاوید غامدی صاحب کی تحریر سے چند ضروری باتیں اور مذکورہ یہی تین خصوصیات ذیل میں پیش کی جائیں گی:

قرآنِ کریم میں اللہ تعالیٰ نے گذشتہ اقوام کی صفات یا کردار و اخلاق اور ان کے نتائج اپنی تعلیمات کے دلائل کے طور پر بکثرت پیش کیے ہیں ۔ ان میں وہ اقوام بھی شامل ہیں جن کا ذکر بائیبل کی تحریروں میں موجود ہے۔ لیکن اس حوالے سے خاص بات یہ ہے کہ قرآنِ کریم میں واقعات اس طرح بیان ہوئے ہیں جس طرح وہ حقیقتاً پیش ہوئے تھے اس لئے قرآنِ کریم کے بیانات میں تضادات اور غلطیاں نہیں ملتیں جو بائیبل میں موقع بہ موقع دیکھنے میں آتی ہیں ۔

قرآنِ کریم کی گیارہویں سورہ یعنی سورہ ہود میں حضرت نوحؑ کی اپنی قوم کو دعوتِ اسلام کی تفصیلات بیان ہوئیں جس میں طوفانِ عظیم کے دوران حضرت نوحؑ اپنے بیٹے کو ڈوبتا دیکھنے پر اللہ تعالیٰ

سے اس کی جان بچانے کی درخواست کرتے ہیں لیکن وہ منظور نہیں کی جاتی، لہٰذا ان کا بیٹا بھی منکرین کے ساتھ طوفان کا شکار ہو جاتا ہے ۔ قرآن مجید میں اس بیٹے کا نام نہیں بتایا گیا ہے ۔ جاوید غامدی صاحب المیزان کے صفحہ 166 پر طوفانِ نوح کا ذکر کرتے ہوئے اس بیٹے کا نام کنعان لکھتے ہیں ۔ابن کثیر نے اپنی تفسیر میں اس بیٹے کا نام حام درج کیا تھا لیکن غامدی صاحب کے استذ مولانا اصلاحی نے کسی نامعلوم وجہ سے کنعان کو ڈوبنے والا بیٹا منتخب کیا ۔چونکہ مولانا اصلاحی اپنی تفسیر میں بیان کر چکے تھے کہ وہ بائیبل بار بار پڑھتے رہے ہیں اور یہ کہ قرآن کی تعلیمات سمجھنے میں انہیں اس سے بڑی مدد حاصل ہوئی، غالباً اسی وجہ سے غامدی صاحب نے ابن کثیر کا بتایا گیا نام "حام" کے مقابلے میں اصلاحی صاحب کا بتایا گیا "کنعان" کو فوقیت دی ۔ مولانا مودودیؒ نے اس سورہ کی تفسیر میں حضرت نوحؑ کے ڈوبنے والے بیٹے کا نام سے تذکرہ نہیں کیا کہ، قرآن کی طرح، بگڑے ہوئے بیٹے کے نام کی تصریح ضروری نہ تھی ۔ تفاسیر میں اس بیٹے کا نام لکھنے والوں نے رسول اللہ کے کسی قول کا حوالہ نہیں دیا، لہٰذا اس کو جاننے کا واحد ذریعہ بائیبل ہی قرار دینا پڑے گا ۔ بائیبل کی پہلی کتاب پیدائش کے باب 7 اور باب 8 میں طوفانِ نوح کے واقعات بیان ہوئے لیکن وہاں کسی ڈوبنے والے بیٹے کا ذکر نہیں ۔باب 9 میں طوفان سے بچنے والوں کے واقعات درج ہیں جن میں حام حضرت نوحؑ کے بچائے جانے والے تین بیٹوں میں سے ایک ہے، لہذا ابن کثیر کا بیان کردہ بیٹا "حام" غلط قرار دینا پڑتا ہے ۔ بائیبل کی تفصیلات کے مطابق کنعان دراصل فلسطین کا ہی پرانا نام تھا ۔حضرت داؤدؑ کے بعد فلسطین میں اسرائیلیوں کو کنعانی قوم سے مشکلات کا سامنا ہوا لہٰذا دل کی کڑھن مٹانے یا کم کرنے کے لئے J مصنف نے کنعانی قوم سے منسوب حضرت نوحؑ کا ایک واقعہ تخلیق کیا تاکہ کنعانی قوم میں کوئی نسلی عیب پیدا ہو سکے ۔واقعہ کے مطابق حضرت نوحؑ ،معاذاللہ ، اپنے ڈیرے میں شراب پی کر برہنہ ہو گئے تو تین میں سے ایک بیٹا "حام" باپ کو برہنہ دیکھ لینے پر جا کر دونوں بھائیوں، سِم اور یافث، کو بتا دیتا ہے ۔ یہ دو بیٹے ایک کپڑا لے کر الٹے قدموں گئے تاکہ باپ کی برہنگی نہ دیکھ پائیں اور باپ کو ڈھانپ دیا ۔تب نشہ اترنے پر حضرت نوحؑ باپ کی برہنگی کی شکایت کرنے والے بیٹے حام کو نہیں بلکہ حام کے بیٹے کنعان کو بددعا دیتے ہیں

کہ وہ ملعون ہو اور اپنے چچاؤں کی نسل کا غلام ہو ۔اگر ابن کثیر نے حضرت نوحؑ کے ڈوبنے والے بیٹے کا نام حام یا غامدی صاحب نے یا ان کے استاذ اصلاحی صاحب نے بلا ضرورت کنعان لکھتے وقت بائیبل پر بھی ایک نظر ڈال لی ہوتی تو بہتر تھا ۔ کنعان سے نہ صرف یہ کہ کنعانی نسل چلی بلکہ وہ حضرت نوحؑ کا بیٹا نہیں پوتا تھا ۔غامدی صاحب نے بھی بائیبل کا تدبر سے مطالعہ کر رکھا تھا ۔ ہم غامدی صاحب سے 25 سالہ مطالعہ اور اصلاحی صاحب کے 55 سالہ مطالعہ سے کچھ بہتر کی توقع رکھتے ہیں، تاہم اس غلطی کو سہواً بھول چوک سمجھتے ہوئے بے شک بڑی آسانی سے نظر انداز کیا جا سکتا ہے ۔زیادہ تشویش کی بات یہ ہے کہ جیسا کہ اسلامی عقائد کے ضمن میں تمام آسمانی صحائف پر ایمان لازم ہے ، اس حوالے سے غامدی صاحب فرماتے ہیں:

> تورات یعنی بائیبل کی ابتدائی پانچ کتابوں، پیدائش، خروج، احبار، گنتی اور تثنیہ کا تدبر کے ساتھ مطالعہ کیا جائے تو صاف واضح ہو جاتا ہے کہ پہلے چار صحیفوں میں یہ تاریخی بیانات کے ساتھ اپنے نزول کی ترتیب سے نقل ہوئی ہے اور تثنیہ میں اسے بالکل اُسی طرح ایک کتاب کی صورت میں مرتب کر دیا گیا ہے جس طرح قرآن کو مرتب کیا گیا ہے ۔اپنی موجودہ صورت میں غالباً یہ پانچویں صدی قبل مسیح میں کسی وقت مرتب کی گئی ۔ تاہم سیدنا مسیح علیہ السلام نے جس طرح اس کا ذکر کیا ہے، اس کی بنا پر کہا جاسکتا ہے کہ اُن کی تصویب بھی اس کو کسی حد تک حاصل ہے . . . اس میں شبہ نہیں کہ قرآن اس میں یہود کی تحریفات کا ذکر کرتا ہے، لیکن اس کے ساتھ یہ بھی حقیقت ہے کہ اس کا جو version زمانۂ رسالت کے یہود و نصاریٰ کے پاس تھا، قرآن فی الجملہ اُس کی تصدیق کرتا ہے (المیزان: صفحہ 153)

غامدی صاحب نے یہاں لفظ "تدبر" یقیناً استعمال کیا لیکن آپ کی بیان کردہ کسی بات کا حقیقت سے کوئی واسطہ نہیں ۔ کوئی انسان قرآنِ کریم سے کسی بات کو منسوب کرنا چاہے، تو کم از کم یہ جانتے ہوئے کہ روزِ آخرت اعمال کا جواب دہ ہے، حد درجہ احتیاط لازم ہے ۔ نہ تو کتاب تثنیہ بالکل قرآن کی طرح مرتب ہوئی اور نہ ہی قرآن بائیبل کے کسی version کی تصدیق کرتا ہے ، پھر عبرانی بائیبل کا عربی ترجمہ تو بہت زمانہ بعد کی بات ہے ، وہ نزولِ قرآن کے وقت عربی زبان میں سرے سے موجود ہی نہیں تھا ۔یہی حال آپ کے اس سلسلۂ بیان میں زبور اور انجیل کے بارے میں بھی ہے، جسے یہاں نقل

کرنے کی ضرورت نہیں۔ دنیا میں دستیاب گزشتہ مصاحف سے متعلق مولانا امین احسن اصلاحی اور غامدی صاحب کے تاثرات جاننے کے بعد قارئین ہم سے اتفاق کریں گے کہ اس کتاب کے حصّہ اوّل و دوئم میں صحیفوں کی داخلی تصویر پیش کردینا کتنا ضروری تھا۔ غامدی صاحب دینِ حق کی تشریح کا آغاز ذیل میں درج آیت سے کرتے ہیں:

> دین کی حقیقت اگر ایک لفظ میں بیان کی جائے تو قرآن کی اصطلاح میں وہ اللہ کی "عبادت" ہے۔ عالم کا پروردگار اس دنیا میں اپنے بندوں سے اصلاً جو کچھ چاہتا ہے، وہ یہی ہے۔ ارشاد فرمایا ہے:
>
> اور جنّوں اور انسانوں کو میں نے صرف اس لئے پیدا کیا ہے کہ وہ میری عبادت کریں (الزاریات:51)
>
> قرآن مجید نے جگہ جگہ بڑی وضاحت کے ساتھ بیان کیا ہے کہ خداوند عالم نے اپنے پیغمبر انسان کو اسی حقیقت سے آگاہ کرنے کے لئے بھیجے تھے:
>
> اور ہم نے ہر اُمت میں ایک رسول اس دعوت کے ساتھ اٹھایا کہ اللہ کی عبادت کرو اور طاغوت سے بچو (النحل:36)
>
> اس "عبادت" کے معنی کیا ہیں؟ یہ اگر غور کیجئے تو سورۃ النحل کی اسی آیت سے واضح ہیں۔ اللہ کی عبادت کے بالمقابل یہاں طاغوت سے بچنے کی ہدایت کی گئی ہے۔ 'الطاغوت اور الشیطان' قرآن میں بالکل ہم معنی استعمال ہوئے ہیں، یعنی جو خدا کے سامنے سرکشی، تمرد اور استکبار کرے۔ اس کا ضد ظاہر ہے کہ عاجزی اور پستی ہی ہے۔۔۔ یہ دراصل ایک داخلی کیفیت ہے جو انسان کے اندر پیدا ہوتی ہے اور اس کے نہاں خانہ وجود کا احاطہ کر لیتی ہے (المیزان:صفحہ 66)

آیات کا ترجمہ اور لفظ "عبادت" کی تشریح بعینہ وہی ہے جو مولانا وحید الدین خان نے بیان کی تھی۔ فرق صرف اتنا ہے کہ غامدی صاحب اپنی کتاب میں وحید الدین کی بیان کردہ تعریف کی حدوں تک نہیں گئے کہ" انسان عبادت کا وہ مقام حاصل کرے کہ خدا سے سرگوشیاں ہوں اور خود کو خدا کے قدموں میں ڈال دے، وغیرہ"۔ لفظ "عبادت" اور "عبد" سے قرآنِ کریم جس اصل مفہوم کی طرف توجّہ

دلاتا ہے وہ یہ نہیں جو یہاں بتایا جا رہا ہے ۔ مولانا وحید الدین نے بھی بعینہ یہی مفہوم پیش کیا تھا غامدی صاحب جس مفہوم پر مُصِر ہیں ۔ ہم عبدالمطلب بطورِ مثال استعمال کر کے عبد کا قرآنی مفہوم واضح کر چکے ہیں ۔ دینِ حق کی تشریح کے تسلسل میں ایمانیات اور حکمت کی وضاحت کے ضمن میں درجِ ذیل سورہ نقل فرماتے ہیں:

> زمانہ گواہی دیتا ہے کہ انسان خسارے میں پڑ کر رہیں گے ۔ ہاں، مگر وہ نہیں جو ایمان لائے اور انہوں نے نیک عمل کئے، اور ایک دوسرے کو حق کی نصیحت کی اور حق پر ثابت قدمی کی نصیحت کی (103-العصر: صفحہ 73)

ہم یہاں قارئین کو متوجہ کرتے ہیں کہ سورہ العصر کے ترجمہ میں غامدی صاحب نے "انسان خسارے میں پڑ کر رہیں گے" صیغہ مستقبل اسی طرح استعمال کیا جس طرح ڈاکٹر اسرار احمد کی بحث میں آپ کا دوسری مرتبہ بیان کردہ ترجمہ نقل ہوا تھا ۔سورہ کے ترجمہ میں "انسان خسارے میں ہے" اور "انسان خسارے میں پڑ کر رہیں گے" دو بالکل الگ باتیں ہیں۔ مجموعی سورہ کی مجموعی تعلیم کا تمام تر انحصار اس بات پر ہے کہ اللہ تعالیٰ کی مراد صیغہ حال و ماضی ہے یا صیغہ مستقبل ۔ اسی ترجمہ کرنے کے ضمن میں ہم نے اوپر کہا تھا کہ، اگر نرم الفاظ میں کہا جائے، تو بظاہر تساہلی کا عنصر مفسرین کے شاملِ حال نظر آتا ہے۔

غامدی صاحب کی اس کتاب میں بہت سی قرآنی آیات کے مفاہیم موجود ہیں جن سے اتفاق کرنے میں ہم مشکلات کا شکار ہیں لیکن بعض مواقع ایسے ہیں جو ہمارے لئے بہت رنج کا باعث ہیں ۔ان میں سے ایک موقع کا بیان ذیل میں زیرِ غور لایا جاتا ہے جو ہمارے مدعا کی تشریح کے لئے تھوڑا تفصیل طلب ہے لیکن اس کے بعد کتاب "المیزان" کا مزید تجزیہ کی ضرورت باقی نہیں رہے گی ۔

اللہ تعالیٰ نے دینِ اسلام کے عبادتی مراسم کے ضمن میں ذبیحہ جانوروں کی قربانی کو سالانہ فریضہ حج اور اُمت کے سالانہ واجبات میں سنّت ابراہیمی کی اصطلاح کی حیثیت سے قیامت تک کے لئے قائم کیا ہے ۔ اگرچہ حضرت آدم علیہ السلام کی اوّلین اولاد ہابیل اور قابیل کے درمیان اللہ تعالیٰ کے حضور قربانی وجہِ نزاع بیان کر کے قرآن نے واضح کردیا کہ قربانی بطورِ عبادت اللہ تعالیٰ کے نظام میں

YAHUDIYAT, ISAIYAT OR ISLAM 637

نسلِ انسانی کی ابتدا سے جاری ہے ، لیکن اس کا ایک انتہائی عظیم پس منظر یعنی قربانی کی معراج تاریخِ انسانی میں خلیل اللہ حضرت ابراہیمؑ کی نسبت سے ظاہر ہوئی - یہ واقعۂ عظیم اللہ تعالیٰ نے سیرتِ ابراہیمؑ و اسماعیلؑ کے حوالے سے قرآنِ کریم میں بیان کیا ہے -

> پروردگار، مجھے صالح اولاد عطا فرما - تو ہم نے اسے ایک بردبار فرزند کی بشارت دی - جب وہ اس کے ساتھ چلنے پھرنے کی عمر کو پہنچ گیا تو اُس نے کہا، بیٹا میں خواب دیکھتا ہوں کہ تجھے ذبح کر رہا ہوں - اب بتاؤ تمہاری کیا رائے ہے؟ اس نے جواب دیا: ابا جان، آپ کو جو حکم دیا جا رہا ہے، اس کی تعمیل کیجئے - آپ انشاءاللہ مجھے ثابت قدم پائیں گے - آخر کو جب دونوں نے اپنے آپ کو حوالے کر دیا اور باپ نے بیٹے کو پیشانی کے بل لٹا دیا اور ہم نے ندا دی کہ اے براہیم، تو نے خواب کو سچ کر دکھایا - بے شک، ہم نیکی کرنے والوں کو ایسی ہی جزا دیتے ہیں - یقیناً یہ ایک کھلی ہوئی آزمائش تھی - اسماعیل کو ہم نے ایک بڑی قربانی کے عوض چھڑا لیا (37-الصّٰفّٰت:97)

غامدی صاحب نے قرآنِ کریم کی یہ آیات نقل کرنے کے بعد آیات کی تشریح کو قربانی کے باب اور اسلام میں قربانی کی تاریخ کے ضمن میں بڑی تفصیل سے بیان کیا ہے - یہی تشریح ہمارے رنج کا سبب ہے اور اس تشریح کا اصل مُحرّک دریافت کرنے میں ہمیں دماغی طور پر مکمّل ناکامی کا سامنا ہے - مسئلہ کی اہمیت کی خاطر درخواست ہے کہ قارئین اگر چاہیں تو ترجمہ کی صورت میں یہ چند آیات ایک مرتبہ پھر پڑھ لیں - مفہوم میں کوئی پیچیدگی بظاہر کہیں موجود نہیں ہے: لیکن ان آیات کی تشریح میں غامدی صاحب فرماتے ہیں:

> یہ ہدایت اگرچہ خواب میں ہوئی تھی اور **خواب کی باتیں تاویل و تعبیر کی محتاج ہوتی ہیں**، چنانچہ اس خواب کی تعبیر بھی یہی تھی کہ وہ **بیٹے کو معبد کی خدمت کے لئے اللہ تعالیٰ کی نذر کر دیں - اس سے ہرگز مقصود نہ تھا کہ وہ فی الواقع اُسے ذبح کر دیں** - لیکن خدا کے اس صداقت شعار بندے نے کوئی تعبیر نکالنے کے بجائے من و عن اس کی تعمیل کا فیصلہ کر لیا اور اس راہ میں پہلا قدم یہ اٹھایا کہ فرزند کے حوصلے کا اندازہ کرنے کے لئے اپنا خواب اسے بتا دیا - **سیدنا اسماعیل نے 'س خواب کو خدا کا حکم سمجھا اور فوراً جواب دیا کہ ابا جان، آپ بے دریغ اس کی تعمیل کریں** (المیزان: صفحہ 401)

غامدی صاحب کی بیان کردہ تشریح کا مفہوم بھی اپنی جگہ مکمّل طور پر واضح ہے اور کسی نوعیت کی پیچیدگی کی مزید تشریح کا مقتضی نہیں ہے ۔جناب نے مودبانہ طریقے (یعنی خدا کے اس صداقت شعار بندے نے کوئی تعبیر نکالنے کے بجائے من و عن اس کی تعمیل کا فیصلہ کر لیا) سے وضاحت کی کہ حضرت ابراہیم ؑ سے سمجھنے میں غلطی ہوئی، لیکن مودبانہ طریقہ اختیار کرنے سے کوئی فرق نہیں پڑتا ۔ آپ فرماتے ہیں کہ حضرت ابراہیم ؑ بجائے یہ کہ تعبیر کے ذریعے اللہ تعالیٰ کا اصل حکم سمجھنے کی کوشش کرتے کہ درحقیقت انہیں حضرت اسماعیل ؑ کو خانہ کعبہ کی خدمت کے لئے وقف کر دینے کا حکم دیا جا رہا ہے ، اپنے خواب کو حقیقی سمجھا پھر جا کر بیٹے سے دریافت کیا تو حضرت اسماعیل ؑ نے بھی وہی غلطی کی اور محترم باپ ، اللہ کے رسول اور خلیل اللہ سے کہا، آپ حکم کی تعمیل کریں اور اللہ نے چاہا تو میں مقامِ صبر پر قائم رہوں گا ۔حضرت اسماعیل ؑ کو بھی اللہ تعالیٰ نے قرآن میں اللہ کا رسول بتایا ہے ۔ حضرت اسماعیل ؑ کو کہنا چاہئے تھا کہ ابا جان آپ خدا کا حکم سمجھنے میں غلطی کا شکار ہیں، اصل میں تو مجھے معبد کی خدمت کی نذر کرنے کا حکم دیا جا رہا ہے ۔ جو آیات اوپر نقل ہیں ان میں اللہ تعالیٰ کا ردعمل بھی واضح ہے کہ قربانی کی تکمیل سے پہلے ہی آخری وقت پر اللہ تعالیٰ نے مداخلت کر کے وہ عمل پورا نہ ہونے دیا اور جواب میں دونوں حضرات کو بڑی آزمائش سے سرخرو ہو جانے اور قبولیت کی بشارت دی ۔ نزولِ قرآن کا ایک بڑا مقصد ان لوگوں کی ہدایت کے لئے ہے جو اس کتاب کو اللہ تعالیٰ کی کتاب تسلیم کر لیں ۔پس ان آیات میں حضرت ابراہیم ؑ اور حضرت اسماعیل ؑ سے غلطی ہو گئی تھی تو انہی آیات میں اللہ تعالیٰ غلطی کی تصحیح بیان کر دیتے ۔اللہ تعالیٰ نے اسی موقع پر یا قرآن مجید کی دوسری متعلقہ آیات میں دونوں انتہائی جلیل القدر رسولوں سے سرزد اس غلطی کی نشاندہی اور تصحیح نہیں کی۔ پھر رسول اللہ نے بھی اپنی تعلیمات میں اور قرآن مجید کی تشریحات میں مذکورہ خواب کی غامدی صاحب کی تجویز کردہ تعبیر نہ کئے جانے کی کوئی نشاندہی اور وضاحت نہیں کی ۔ اگر کوئی حوالہ دستیاب ہوتا تو غامدی صاحب یقیناً اپنی تشریح میں شامل رکھتے ۔یہ بات ناممکن ہے کہ رسول اللہ اس غلطی سے واقف نہ رہتے، لہٰذا اُمت کو اس کی نشاندہی نہ کرنا کسی بھول چوک کے تحت ہونے کا امکان ہو نہیں ہو

سکتا۔ دوسری صورت میں غامدی صاحب کے غور و فکر کے نتیجے میں کوئی بھی فتنہ پرور شخص یہ نتیجہ نکال سکتا ہے کہ رسول اللہ نے بھی اس غلطی کو قصداً ایک راز کی صورت میں مخفی رکھا (معاذاللہ)۔ تقریباً پندرہ صدی اس راز کا پردہ اُمت کا ایک بھی فرد اٹھا نہ سکا ماسوائے غامدی صاحب جو اپنے تدبر اور غور و فکر کے نتیجہ میں اس کی تہہ تک پہنچ گئے۔

غامدی صاحب کے اٹھائے گئے نکتہ کے مطابق حضرت ابراہیم کے خواب کو لازماً تعبیر کا مقتضی ہونے کی وجہ سے انہیں خواب کا مطلب لینا چاہئے تھا کہ بیٹا ذبح کرنے کا مطلب ہے اسے کعبۃ اللہ کی خدمت کے لئے وقف کر دیں ، جس کو سمجھنے میں ان سے بھول ہو گئی۔ اس گتھی پر غور کیا جائے تو غامدی صاحب کی جو منطق قرآنی آیات کا یہ مفہوم اخذ میں مدد گار ہوئی وہ یہ کہ ذبح کرنے کا مطلب کسی کو ہلاک کرنا نہیں بلکہ اس کی طبعی زندگی تک کے لئے اسے کسی کام کے لئے وقف کر دینا ہے ، بالفاظ دیگر کسی خواب کی تعبیر کم از کم خواب کے ظاہری مفہوم کی ضد ہونی چاہئے ۔غامدی صاحب کی اس منطق کی سند اور تصدیق کے لئے ہمیں، اور خود غامدی صاحب کو بھی، قرآنِ کریم کی طرف ہی رجوع کرنا پڑے گا۔ یہ کوئی تنہا خواب نہیں جو قرآنِ کریم میں پایا جاتا ہو، بلکہ خوابوں کو جمع کریں تو اُن کی جملہ تعداد سات ہے جو قرآنِ کریم کی چار سورتوں میں بیان ہوئے ہیں۔ ہمیں بقیہ چھ خوابوں کا جائزہ لینا پڑے گا تاکہ اس منطق کی موافقت و مطابقت یا پھر مخالفت کے حوالے سے کوئی رائے قائم کر سکیں ۔قرآنی خوابوں کی تعداد میں سورہ بنی اسرائیل میں بیان کردہ واقعۂ معراج کو شامل نہیں کیا جاسکتا۔ غامدی صاحب کے بعض وڈیو لیکچر کے مطابق اور چند دوسرے عقلیت پسندوں کی نظر میں یہ واقعہ خواب کی شکل میں دکھایا گیا تھا، لیکن بیانِ قرآنی اور روایات کی روشنی میں چونکہ یہ حقیقی واقعہ تھا اس لئے ہم اسے خواب شمار کرنے سے قاصر ہیں۔

ذیل کے تجزیہ میں پہلا خواب ہم نے سورہ الفتح سے لیا ہے۔ اس سورہ کا نزول 6 ہجری میں مکہ مکرمہ کی سرحد پر واقع حدیبیہ کے مقام پر مشرکین مکہ اور رسول اللہ کے درمیان معاہدۂ صلح ہونے کے بعد واپسی کے سفر کے دوران ہوا تھا۔ رسول اللہ اپنے چودہ سو صحابہ کے ہمراہ بیت اللہ کی زیارت و عمرہ کی غرض سے مکہ کی حدود تک

پہنچے لیکن مشرکین مکہ نے عمرہ کی اجازت نہیں دی ۔ بالآخر کافی مباحثہ کے بعد مشرکین اپنی شرائط پر رسول اللہ کو صلح قبول کرنے پر کامیاب ہوئے اور تمام مومنین کو بغیر عمرہ ادا کئے مدینہ منورہ واپس جانا پڑا ۔ یہ رسول اللہ کی تحریکِ اسلامی کی تاریخ میں کمال درجہ اثر انگیز واقعہ کی صورت میں پیش آیا جس کو اللہ تعالیٰ نے قرآنِ کریم میں اپنی طرف سے دی گئی فتح مبین قرار دیا ۔ مکہ مکرمہ میں عمرہ ادا کرنے کے لئے سفر کی شروعات اس طرح ہوئیں کہ اللہ تعالیٰ نے خواب کی شکل میں رسول اللہ کو اپنے اصحاب کے ہمراہ عمرہ ادا کرتے دکھایا تھا ۔اس خواب کا تذکرہ سیرتِ رسول اللہ میں اور اس سورہ کے حوالے سے محفوظ ہے لیکن اس خواب کی توثیق اللہ تعالیٰ نے سورہ کی ستائیسویں آیت میں کی جو ذیل میں نقل ہے:

فی الواقع اللہ نے اپنے رسول کو سچا خواب دکھایا تھا جو ٹھیک ٹھیک حق کے مطابق تھا ۔ انشاء اللہ تم ضرور مسجدِ حرام میں پورے امن سے داخل ہو گے (48-الفتح:27)

جس خواب کی طرف اللہ تعالیٰ نے اس آیت میں مومنین کو متوجہ کیا اس کی تفصیلات کے مطابق رسول اللہ نے خواب دیکھا کہ آپ اپنے اصحاب کے ہمراہ کعبۃ اللہ کا طواف اور عمرہ ادا کر رہے ہیں ۔ اس حکم کی تعمیل میں رسول اللہ اور صحابہ احرام باندھے اور قربانی کے جانور لے کر، بغیر کسی جنگی ساز و سامان ، بیت اللہ کی طرف روانہ ہوگئے ۔غامدی صاحب کی منطق کی رو سے رسول اللہ کا خواب محتاجِ تعبیر ہونا چاہئے تھا اور ضد کے اصول کے مطابق رسول اللہ کو احرام اور قربانی کے جانوروں کے بجائے جنگی سامان سے لیس حملہ کے لئے جانا چاہئے تھا ۔ یہ تعبیر نہ رسول اللہ سمجھ سکے اور نہ ہی کسی صحابی نے ضرورتِ تعبیر کی طرف رسول اللہ کو متوجہ کیا ۔ غامدی صاحب کے اصول کے مطابق رسول اللہ کو طوافِ کعبہ کے برعکس کوئی تعبیر اخذ کرنے کی ضرورت تھی ۔اس آیت میں اللہ تعالیٰ نے بتایا ہے کہ رسول اللہ کا خواب محض خواب نہیں بلکہ وحی کی صورت میں اللہ کا حکم تھا جس کی توثیق اس آیت کریمہ میں کر دی گئی اور اس کی من و عن تعمیل میں رسول اللہ اور صحابہ عازم مکہ ہوئے تھے ۔اللہ تعالیٰ نے بھی خواب کی تعبیر میں (غامدی صاحب کے تجویز کردہ ضد کے اصول کے اطلاق کے لئے)یہ نہیں فرمایا کہ اللہ نے چاہا تو تم ضرور جنگ کے ارادے سے مسجدِ حرام میں داخل ہو گے تاکہ خواب

کی یہ تعبیر کی جا سکے کہ عبادت کا حکم دیا جا رہا ہے یا پیش گوئی کی جا رہی ہے ۔

رسول اللہ کو ایک اور خواب دکھایا گیا جو غزوۂ بدر کے موقع پر پیش ہوا ۔ یہ کفار مکہ کی طرف سے مدینہ منورہ میں قلیل التعداد مسلمانوں پر پہلا باضابطہ حملہ تھا ۔مسلمان اس وقت نہایت مفلسی کے عالم میں مظالم کا شکار چلے آر ہے تھے اور اس مختصر تعداد میں بھی کتنے ہی تھے جو جنگ کا سامنا کرنے کی ہمت دلوں میں پیدا نہیں کر پاتے تھے ۔رسول اللہ اور صالح ترین قریبی ساتھیوں کے عزم کی بدولت مومنین کا گروہ بدر کے مقام پر شہر کی مدافعت میں کفار کے سامنے کھڑا ہوگیا اور اذنِ الٰہی کی بدولت کامران ہوا ۔ اس غزوہ کے شروع ہونے سے قبل اللہ تعالیٰ نے رسول اللہ کو خواب میں مشرکین کی تعداد کم کر کے دکھائی تاکہ رسول اللہ کا یہ خواب بتانے پر آپ کے اصحاب کی ہمت بندھی رہے ۔

> اور یاد کرو وہ وقت جبکہ اے نبی، خدا ان کو تمہارے خواب میں تھوڑا دکھا رہا تھا ۔ اگر کہیں وہ تمہیں ان کی تعداد زیادہ دکھا دیتا تو ضرور تم لوگ ہمت ہار جاتے اور لڑائی کے معاملے میں جھگڑا شروع کر دیتے، لیکن اللہ ہی نے اس سے تمہیں بچایا ۔(8-آلانفال:43)

غامدی صاحب کے مطابق رسول اللہ کے خواب کی تعبیر کے تحت کفار مکہ کی تعداد اور بھی دو چند سمجھی جانی چاہئے تھی تاکہ جو کچھ بھی ہمت ان سخت حالات میں مومنین میدانِ جنگ تک لائے تھے وہ ہمتیں بھی مزید پست ہو جائیں ۔غامدی صاحب کی منطق کے مطابق رسول اللہ کے خواب کی تعبیر کے تحت سب لوگوں کو جنگ سے احتراز کا راستہ پکڑنا چاہئے تھا ۔ اس کے برعکس یہ آیت بتاتی ہے کہ خواب میں کفار کو کم تعداد میں دکھایا لہٰذا تعبیر میں کم ہی تعداد سمجھی گئی ۔

باقی کے چار خواب سورہ یوسف میں مختلف لوگوں کے تجربے میں آئے ۔ ایک خواب نبوّت سے پہلے خود حضرت یوسفؑ کو لڑکپن کی عمر میں دکھائی دیا اور دوسرے خواب بھی سچ نکلے لیکن غیر نبی کو دکھائی دیئے ۔ حضرت یوسفؑ کی زندگی کے اہم واقعات کے لحاظ سے یہ طویل ترین تفصیلات ہیں جو کسی نبی یا رسول کے متعلق قرآنِ کریم اور بائیبل میں ایک ہی جگہ بیان ہوئی ہیں ۔ سورہ یوسف کی

داخلی شہادتوں کے مطابق بھی یہ تمام واقعات کفار مکہ کے پوچھنے پر اللہ تعالیٰ نے رسول اللہ کی زبان پر جاری کئے ۔ عرب قوم بنی اسرائیل کی تاریخ کے ان واقعات سے واقف نہ تھی لہذا، جیسا کہ مولانا مودودیؒ نے اس سورہ کی تفسیر میں بیان کیا، قطعی قرینِ قیاس ہے کہ کفار مکہ نے یہودیوں کی ایماء پر ہی رسول اللہ سے اس کے بارے میں سوال کیا تاکہ اگر آپؐ برحق نبی نہیں ہیں تو بعد میں کسی یہودی سے پوچھنے کی کوشش کریں گے، اس طرح آپ کا بھرم کھل جائے گا ۔

یہ سورہ مبارکہ رسول اللہ کے قیامِ مکہ کے آخری زمانے میں کسی وقت نازل ہوئی ۔ سورہ میں اللہ تعالیٰ کے ارشاد کے مطابق، کہ اس قصّہ میں پوچھنے والوں کے لئے بڑی نشانیاں ہیں، بعد کے دس بارہ سال میں اصحابِ رسول اللہ اور کفار مکہ نے جن صورتحال کا مشاہدہ کیا ان میں اور اس سورہ کی تفصیلات میں انتہائی درجہ کی مطابقت دیکھی گئی ۔ تمام واقعات کی اجمالی تفصیل یہ ہے کہ حضرت یعقوبؑ اپنی چار ازواج سے پیدا بارہ اولادِ نرینہ کے ساتھ فلسطین کے رہائشی تھے ۔ حضرت یوسفؑ کے دس سوتیلے بھائی محض اس وجہ سے کہ ان کے والد حضرت یوسفؑ کو ان سے زیادہ چاہتے ہیں اس درجہ حسد کا شکار ہوئے کہ حضرت یوسفؑ کو قتل کرنے پر رضا مند ہوگئے اور حضرت یوسفؑ کو پندرہ سترہ سال عمر میں کسی متروک کنویں میں مرنے کے لئے دھکیل دیا ۔ حضرت یوسفؑ کسی تجارتی قافلے کے ذریعے اتفاقاً دریافت ہو گئے اور مصر میں بطورِ غلام شاہ مصر کے کسی اعلیٰ عہدیدار کے ہاتھوں خرید لئے گئے ۔ حضرت یوسفؑ بلوغت کی عمر میں ہی اپنی سیرت اور شکل و صورت میں اتنے متاثر کن تھے کہ آپ کی مالکن نے شہوت سے مغلوب ہوکر حضرت یوسفؑ کو ورغلانے کی کوشش کی لیکن وہ ناکام رہی اور اس کے بعد مراعات یافتہ طبقہ کی اس کی واقف کار عورتیں بھی اپنے مقصد میں ناکام ہوئیں ۔ مصر کے امرا بجائے اپنی عورتوں کی اصلاح کی تدابیر اختیار کرتے، انہوں نے حضرت یوسفؑ کو کسی مدت کا تعین کئے بغیر کئی سالوں کے لئے قید خانہ میں بے قصور بند کردیا ۔ اس قید کے دوران حضرت یوسفؑ کی سیرت اور چند خوابوں کی درست تعبیر بتانے پر آپ نہ صرف رہا کر دئے گئے بلکہ بالآخر مصر کے اقتدار کے مالک ہو گئے ۔ قرآنِ کریم میں حضرت یوسفؑ کی مصر پر بادشاہت کا عرصہ بیان نہیں ہوا لیکن بائیبل کی روایات

کے مطابق آپ 80 سال بادشاہ رہے تھے ۔قرآنِ کریم میں ان واقعات کی ابتدا حضرت یوسفؑ کے اس خواب سے ہوتی ہے جو آپ نے لڑکپن میں دیکھا اور اپنے والد سے تذکرہ کیا:

> یہ اس وقت کا ذکر ہے جب یوسفؑ نے اپنے باپ سے کہا "ابا جان میں نے خواب میں دیکھا ہے کہ گیارہ ستارے اور سورج اور چاند ہیں اور وہ مجھے سجدہ کر رہے ہیں"۔ جواب میں اس کے باپ نے کہا" بیٹا اپنا یہ خواب اپنے بھائیوں کو نہ سنانا ورنہ وہ تیرے درپے آزار ہو جائیں گے ۔ حقیقت یہ ہے کہ شیطان آدمی کا کھلا دشمن ہے ۔ ایسا ہی ہو گا (جیسا تو نے خواب میں دیکھا کہ) تیرا رب تجھے (اپنے کام کے لئے) منتخب کرے گا اور تجھے باتوں کی تہہ تک پہنچنا سکھائے گا اور تیرے اوپر اور آل یعقوبؑ پر اپنی نعمت اُسی طرح پوری کرے گا جس طرح اس سے پہلے وہ تیرے بزرگوں ابراہیمؑ اور اسحاقؑ پر کر چکا ہے۔ یقیناً تیرا رب علیم اور حکیم ہے (12- یُوسُف:3)

قارئین دیکھ چکے ہیں کہ اوپر تذکرہ کئے گئے رسول اللہ کے دونوں خوابوں کی تعبیر کی حاجت نہیں سمجھی گئی تھی بلکہ انہیں من و عن قبول کیا گیا تھا لیکن حضرت یوسفؑ کے واقعات میں حضرت یوسفؑ اور حضرت یعقوبؑ نے تعبیرات کا راستہ اختیار کیا ۔اس خواب میں یہ سمجھنا مشکل ہے کہ حضرت یوسفؑ نے گیارہ ستاروں اور سورج اور چاند کو طبعی طور پر کیا کرتے دیکھا جس کے نتیجے میں آپ نے اخذ کیا کہ وہ آپ کو سجدہ کرتے ہیں، تاہم یہ خواب سننے کے بعد حضرت یعقوبؑ نے حضرت یوسفؑ پر اپنی آراء ظاہر کیں وہ قابلِ توجہ ہیں ۔پہلی تو یہ کہ حضرت یعقوبؑ نے حضرت یوسفؑ کو متنبہ کیا کہ وہ اپنا خواب سوتیلے بھائیوں کو نہ سنائیں ورنہ آپ کی زندگی کو ان کے ہاتھوں خطرات لاحق ہو سکتے ہیں ۔ آپ کی یہ بات بالکل درست ثابت ہوئی کہ سوتیلے بھائیوں نے خواب جانے بغیر بھی حضرت یوسفؑ کو ہلاک کرنے کی کوشش کی ۔ اپنی آراء میں حضرت یعقوبؑ دو مزید باتیں بتاتے ہیں جو محض چند طبعی اجسام کے سجدہ کرنے کے ظاہری عمل سے بہرحال اخذ نہیں کی جا سکتیں ۔ آپ فرماتے ہیں کہ اللہ تعالیٰ حضرت یوسفؑ کو ایک تو یہ کہ اپنے کام کے لئے منتخب کر لے گا اور دوسری یہ کہ آپ کو باتوں کی تہہ تک پہنچنا سکھائے گا ۔ "باتوں کی تہہ تک پہنچنا" کم از کم اردو ترجمہ کی حد تک پانچ اہم ترین الفاظ ہیں جن کے لئے ہم نے بعض مواقع پر

"ذہانت" کا لفظ استعمال کیا ۔ یہ دو اہم ترین خصوصیات میں سے ایک ہے (دوسری کا صالحیت یا تقویٰ ہونا ایک ناقابلِ انکار حقیقت ہے) جن کی بنیاد پر انبیاء و رسل کو دوسرے تمام انسانوں پر انتہائی بلند درجہ پر صریح فضیلت حاصل ہے ۔ عام انسانوں میں ذہانت یا باتوں کی تہہ تک پہنچنے کی صلاحیت کم تر درجہ میں مختلف سطح پر لوگوں کے درمیان دیکھنے میں آتی ہے، اسی ذہانت کے تجزیہ کی خاطر ہم نے اس تحریر میں دورِ جدید کے چھ نمایاں مفکرین کو اپنی بحث میں شامل کر رکھا ہے ۔

ہم بآسانی سمجھ سکتے ہیں کہ حضرت یعقوبؑ نے حضرت یوسفؑ کے خواب کی تعبیر میں کیوں کر سمجھ لیا کہ اللہ تعالیٰ نے حضرت یوسفؑ کو اپنے کام کے لئے منتخب کر لیا ہے اور یہ کہ حضرت یوسفؑ کو باتوں کی تہہ تک پہنچنے کی صلاحیت عطا ہو گی ۔ حضرت یعقوبؑ اپنے لئے تو جانتے تھے کہ وہ اللہ کے نبی ہیں اور یہ بھی جانتے تھے کہ ان کے والد حضرت اسحاقؑ اور دادا حضرت ابراہیمؑ یکے بعد دیگرے انبیاء چلے آر ہے تھے اس لئے غالباً اپنی دس اولادوں میں نبوی سلسلہ قائم رکھنے والی صفات نہ دیکھنے پر قدرتی طور پر فکر مند ہو سکتے تھے کہ یہ سلسلہ کہیں ختم نہ ہو جائے ۔ حضرت یوسفؑ کا خواب سننے پر آپ نے یہ قیاس نہیں کیا کہ لڑکپن کی عمر میں آپ کے محبوب بیٹے نے کوئی عمومی خواب دیکھ لیا ہے بلکہ آپ کی نظر سیدھی مشیت الٰہی تک پہنچی اور خواب سنتے ہی آپ وہ اضافی باتیں سمجھ گئے جو اِس میں غیر موجود تھیں ۔ آپ خود چونکہ نبی تھے لہٰذا باتوں کی تہہ تک پہنچنا جانتے تھے کہ اللہ تعالیٰ نے کسی پہلو سے حضرت یوسفؑ کو خود ان پر بھی کسی نوعیت کی فضیلت دینے کا فیصلہ کر رکھا ہے ۔ وجہ یہ کہ خواب میں خود حضرت یعقوبؑ سمیت تمام گھرانے کو علامتی طور پر حضرت یوسفؑ کے سامنے سرنگوں دکھایا گیا تھا۔ اس خواب کے حوالے سے آخری بات حضرت یعقوبؑ نے حضرت یوسفؑ سے ارشاد کی کہ اللہ تعالیٰ حضرت یوسفؑ پر اپنی نعمتوں کی اسی طرح تکمیل کر دے گا جس طرح آپ کے اجداد پر ہوئی تھی ۔ یہاں اپنی اصلیت میں وہی دو خصوصیات ہیں جو "صالحیت" اور "ذہانت" کے زمرے میں آتی ہیں جن کے وسیلہ سے انبیاء کرام نوع انسانی کی رہنمائی کی اہلیت حاصل کرتے ہیں اور اسی کام کو سرانجام دینے کے بدولت ان نعمتوں کے کمال درجہ پر مستحق سمجھے جا

YAHUDIYAT, ISAIYAT OR ISLAM 645

سکتے ہیں جو اللہ تعالیٰ نے اگلے جہان میں بنی آدم کے اہل افراد کے لئے محفوظ کر رکھی ہیں ۔اللہ تعالیٰ نے نوعِ انسانی کی رہنمائی کے اس استحقاق یا ذمّہ داری کو بعض قرآنی آیات میں نعمتِ خداوندی ہی قرار دیا ہے جس کی طرف حضرت یعقوبؑ نے حضرت یوسفؑ کو متوجہ کیا ۔ ہمارے قارئین کو قرآنی خوابوں پر بحث غیر ضروری طوالت کا شکار محسوس ہو لیکن بعض مواقع پر قصداً کچھ طوالت اختیار کی گئی ہے تاکہ بعض وہ نکات بھی برسر موقع واضح ہوتے رہیں جو ہمارے اصل موضوع سے متعلق ہیں ۔

حضرت یوسفؑ تقریباً تیس سال عمر کو پہنچنے سے پہلے ہی قید کے دوران اپنی صالحیت کا ایسا اثر ہمراہی قیدیوں پر ڈال چکے تھے کہ ان میں سے دو قیدی کوئی خواب دیکھنے پر تعبیر کے لئے آپ کی طرف رجوع ہوئے:

> قید خانے میں دو غلام اور بھی اُس کے ساتھ داخل ہوئے ۔ ایک روز ان میں سے ایک نے اُس سے کہا" میں نے خواب میں دیکھا ہے کہ میں شراب کشید کر رہا ہوں "۔ دوسرے نے کہا" میں نے دیکھا کہ میرے سر پر روٹیاں رکھی ہیں اور پرندے ان کو کھا رہے ہیں"۔ دونوں نے کہا" ہمیں اس کی تعبیر بتائیے، ہم دیکھتے ہیں کہ آپ ایک نیک آدمی ہیں" ۰۰۰ یوسفؑ نے کہا" اے زنداں کے ساتھیو، تمہارے خواب کی تعبیر یہ ہے کہ تم میں سے ایک تو اپنے رب (شاہ مصر) کو شراب پلائے گا، رہا دوسرا تو اسے سولی پر چڑھایا جائے گا اور پرندے اس کا سر نوچ کر کھائیں گے"۔(12- یُوسُف:36)

اس اقتباس میں دو خواب اور دونوں تعبیریں موجود ہیں ۔حضرت یوسفؑ نے ہر خواب کی تعبیر میں تو وہی مفہوم پوچھنے والوں پر واضح کر دیا جو مفہوم الفاظ سے ازخود عیاں تھا ، لیکن چند اضافی الفاظ کے ذریعے توثیق کر دی کہ یہی کچھ ان کے ساتھ ہونے والا ہے ۔ وقت نے جلد ثابت کیا کہ وہ سچے خواب تھے جو اللہ تعالیٰ نے حضرت یوسفؑ کے مقصدِ نبوت کی راہ ہموار کرنے کے لئے دو گمنام اشخاص کو دکھائے ۔کچھ ہی مدت بعد شاہ مصر کو بھی ایک خواب کا مشاہدہ ہوا جس کی علامات نے اسے بے چین کر دیا :

ایک روز بادشاہ نے کہا، میں نے خواب میں دیکھا ہے کہ سات موٹی گائیں ہیں جن کو سات دبلی گائیں کھا رہی ہیں، اور اناج کی سات بالیں ہری ہیں اور دوسری سات سوکھی (12- یُوسُف:43)

خواب کی تعبیر کے لئے درباریوں کو طلب کیا گیا لیکن وہ کسی معقول تشریح سے قاصر پائے گئے تب بادشاہ کا درباری، جس کو حضرت یوسفؑ نے بچ جانے اور بادشاہ کا درباری بحال ہونے کی تعبیر بتائی تھی ، بول پڑا کہ جیل میں ایک ہستی ہے جو اس بات کی اہل ہے لہٰذا مجھے تعبیر پوچھنے کا موقع دیا جائے ۔قید خانہ جا کر اس نے حضرت یوسفؑ سے جو تعبیر حاصل کی اور بادشاہ کو بتائی وہ یہ کہ ملک میں سات سال بابرکت ہوں گے اور فصلیں خزانہ اگلیں گی، اس کے بعد مسلسل سات سال شدید قحط آنے والا ہے ۔ ضروری ہے کہ پہلے سات سالوں میں کم کھایا جائے اور زیادہ مقدار محفوظ کر لی جائے تاکہ خشک سالی کے سات مسلسل سالوں میں جانیں محفوظ رہ سکیں ۔خواب کی علامات میں یہ تفصیلات شامل نہیں تھیں بلکہ اس کا بھی کوئی اشارہ نہ تھا کہ پہلےسات سال فراوانی کے ہیں یا خشک سالی کے ۔ حضرت یوسفؑ نے پوچھنے والے کو اچھی اور بری خبر پیش گوئی کی صورت میں بتائی اور ساتھ میں ضروری تدابیر بتا کر ان پر عمل پیرا ہونے کی نصیحت بھی کر دی ۔ تعبیر اور تدابیر کا مشورہ سن کر شاہ مصر کی طرف سے حضرت یوسفؑ کو دربارِ شاہی میں حاضر ہونے کا حکم نامہ بھیجا گیا لیکن آپ نے اپنے اوپر عائد الزامات کی درست تفتیش سے پہلے آزادی قبول کرنے سے انکار کر دیا ۔ بالآخر شاہ مصر اور دوسروں پر آپ کا کردار کسی بھی داغ دھبے سے پاک ہونا اور نیک نفسی ثابت ہو گئی ۔صالحیت کے ساتھ ساتھ مسائل اور مشکلات کے مناسب حل تجویز کرنا خصوصیات کا ایسا مجموعہ تھا جسے شاہ مصر کی مردم شناس آنکھوں نے بروقت پہچان لیا، لہٰذا آنے والی مصیبت سے بچاؤ کے لئے مملکت کے اختیارات حضرت یوسفؑ کے مطالبے پر شاہ مصر نے آپ کے حوالے کر دیئے ۔

فراوانی کے سالوں میں حضرت یوسفؑ کے زیرِ انتظام اجناس مناسب طور پر ذخیرہ کر لی گئیں ۔ بعدازاں خشک سالی کا زمانہ شروع ہوا اور اطراف کے ممالک میں قحط کی صورتحال پیدا ہوگئی جس میں حضرت یعقوبؑ کا گھرانہ بھی شامل تھا ۔حصولِ اجناس کی خاطر

حضرت یوسفؑ کے بھائیوں کو دو مرتبہ فلسطین سے مصر کا دورہ کرنا پڑا جس میں بالآخر یہ راز بھی عیاں ہوا کہ سالوں پہلے جس بھائی کو اندھے کنویں میں مرنے کے لئے دھکیل دیا تھا وہ بھائی قدرتِ الٰہی اور عظمتِ کردار کی وجہ سے ملک کے تمام اختیارات کا مالک ہے۔ حضرت یوسفؑ نے حضرت یعقوبؑ کو خاندان سمیت مصر بلوا لیا۔ بنی اسرائیل مصر پہنچے تو قرآن مجید کا ارشاد ہے:

> (شہر میں داخل ہونے کے بعد) اس نے اپنے والدین کو اٹھا کر اپنے پاس تخت پر بٹھایا اور سب اس کے آگے بے اختیار سجدے میں جھک گئے۔ یوسفؑ نے کہا" ابا جان، یہ تعبیر ہے میرے اس خواب کی جو میں نے پہلے دیکھا تھا، میرے رب نے اسے حقیقت بنا دیا۔۔۔اے رب تو نے مجھے حکومت بخشی اور مجھ کو باتوں کی تہہ تک پہنچنا سکھایا۔ (12-یُوسُف:99)

ان آیات میں حضرت یوسفؑ کا وہ خواب جو آپ نے نبوّت سے قبل لڑکپن کی عمر میں دیکھا تھا، اسی خواب کی تعبیر خود آپ کے لبوں سے اللہ کے نبی کی حیثیت سے بیان ہوئی ، کہ اللہ تعالیٰ نے خواب کو حقیقت بنا دیا، جب سارے بھائی حاکمِ ملک ہونے کے احترام میں آپ کے سامنے سرنگوں تھے ۔حضرت یوسفؑ نے آخر میں اپنے قول سے اپنے والد حضرت یعقوبؑ کے قدیم ارشاد کی تصدیق کی اور اللہ تعالیٰ کی شکر گزاری کا اظہار کیا کہ "آپ کو باتوں کی تہہ تک پہنچنا سکھایا"۔

ایک اضافی اور بحث سے غیر متعلق نکتہ یہ کہ واقعۂ حضرت یوسفؑ کی تفصیلات کے ضمن میں مصر کے بادشاہ کو بائیبل میں فرعون لکھا گیا ہے ۔ بیسویں صدی سے پہلے تک یہودی و عیسائی دنیا ان بادشاہوں کو فرعون ہی سمجھتی رہی جو کہ درست نہیں تھا ۔ سورہ یوسف میں مصر کے بادشاہ کو ایک مرتبہ بھی فرعون نہیں لکھا گیا ۔مغربی دنیا جدید تحقیقات کے ذریعے اب واقف ہوئی ہے کہ فرعون دراصل حضرت یوسفؑ کے بعد مصر کے اصل باشندوں میں سے بننے والے حاکموں کا سورج دیوتا کے اوتار کی علامت یا لقب تھا ۔ حضرت یوسفؑ کے زمانے میں مصر کے بڑے اور شاداب علاقے عربی النسل فلسطین و شام کے باشندوں کی ملکیت میں تھے جن کا ہم پہلے تذکرہ کر چکے ہیں ۔مصر کے بادشاہ کے لئے حضرت یوسفؑ کو ہم زبان ہونے اور صالح و ذہین ہونے کی وجہ سے بہت سے بہت زیادہ

ذمہ داری کا عہدہ دیا جانا کی حد تک تو بات سمجھ میں آتی ہے لیکن پوری مملکت ہی حضرت یوسفؑ کے حوالے کر دینا ایسی حقیقت ہے جس کی کوئی اور مثال تاریخ میں موجود نہیں ۔ مسلمان بادشاہوں سمیت تمام انسانی تاریخ میں محلاتی سازشوں کے ذریعے بادشاہت کا حصول یا اس کی خاطر ایک مملکت کی دوسری کسی مملکت پر چڑھائی کی مثالوں میں کمی نہیں ۔ قرآنِ کریم کی سورہ یوسف سے اور بائیبل کے متعلقہ بیان سے مصر میں حضرت یوسفؑ کے ہم عصر بادشاہ کی شخصیت پر مزید کوئی روشنی نہیں ڈالی جا سکتی لیکن یقیناً یہ کوئی غیر معمولی قابلِ قدر شخصیت ہی ہونی چاہیئے جس نے محض قوم کی بہبود کے نام پر اپنا اقتدار کسی ایسی شخصیت کے حوالے کر دیا جو قوم کی فلاح و اصلاح کے لئے اعلیٰ ترین صلاحیتوں کی حامل شخصیت تھی ۔

اس مختصر سی اضافی بحث کے بعد ہم اصل سوال کی طرف پلٹتے ہیں ۔قرآنی خوابوں کے ضمن میں جو نکتہ ہمیں واضح ہوا وہ یہ کہ اوپر بیان کردہ تمام خوابوں کی تعبیرات ہر مرتبہ من و عن ظاہر ہوئی ہیں نہ کہ کوئی ایسا مفہوم برآمد ہوتا جو خواب میں دکھائی گئی علامات کی ضد ہونے کا کوئی معمولی سا بھی اشارہ دے سکے ۔لہٰذا ہم غامدی صاحب کے حضرت ابراہیمؑ سے بیٹے کو قربان کر دینے والے خواب کی ایسی تعبیر کرنے کی تجویز کو ،جو خواب میں دکھائے ہوئے اشارہ کے بالکل برعکس ہو ، کوئی وزن دینے سے بالکل قاصر ہیں ۔ خالص ایمانداری سے انبیاء و رسل کی تعلیمی جدوجہد کی تاریخ کا تجزیہ کیا جائے تو غامدی صاحب جیسی منطقی خصوصیات کے حامل افراد ہمیشہ انبیاء کی کوششوں میں اڑنگے ڈالنے یا کوششوں میں کمزوری پیدا کرنے میں حصہّ ڈالتے رہے ہیں۔ ایسے ہی لایعنی منطق کے خوگر اور نامعقول دماغ ان غیر انبیاء کے کاموں میں رکاوٹیں پیدا کرنے کا بھی سبب ہوئے ہیں جنہوں نے انبیاء کی راہ پر چلنے کی کوشش کی یا صالح اور ذہین افراد آنے والے زمانوں میں کریں گے ۔

غامدی صاحب کا قرآنِ کریم پر 25 سالہ تدبّرانہ غور کے بعد تجویز کردہ تخیل ہمارے رنج کا سبب اس لئے بنا کہ حضرت ابراہیمؑ کو اللہ تعالیٰ نے خلیل اللہ ، یعنی اللہ کا دوست، قرار دینے کے ساتھ ساتھ، آپ طوفانِ نوح کے بعد ایسی بلند صفات کی حامل شخصیت ہیں کہ ،اللہ تعالیٰ نے آپ کی اپنی کسی خواہش کے بغیر آپ کو تمام انسانیت کا امام

یا رہ نما قرار دیا ۔ علاوہ ازیں "باتوں کی تہہ تک پہنچنا سکھایا" دراصل بہت بڑی بات ہے جس میں حضرت ابراہیمؑ اور حضرت اسماعیلؑ کو عجیب حیرت انگیز مقام حاصل ہے ۔ اس بڑی بات کی وضاحت کچھ پس منظر کی مقتضی ہے جو یہاں سے زیادہ دور نہیں ، اس لئے ہماری رنجیدگی کی وضاحت ہنوز تشنہ ہے ۔

قارئین کی یاد دہانی کے لئے بطورِ خلاصہ عرض ہے کہ قرآنی آیات کے ترجمہ میں بعض مفکرین تساہلی برت کر اپنے مطلب کے مفاہیم پیدا کرتے ہیں ۔ تاہم موجودہ بحث کے حوالے سے حضرت ابراہیمؑ کے خواب کی تشریح میں آیات کے ترجمہ کا سرے سے کوئی سوال موجود نہیں تھا ۔ یہاں تو خواب اور اس کی تعبیر کا مسئلہ اٹھایا گیا ہے جو عربی قرآن کو عربی زبان بطورِ مادری زبان بولنے اور سمجھنے والا بھی اگر چاہے تو غامدی صاحب کی طرح بالکل اسی طرح اٹھا سکتا ہے ۔ قرآنِ کریم کی آیات کی تشریح کی ضمن میں یہی دو پہلو ہیں(یعنی قرآنی آیات کے تراجم میں من پسند تبدیلیاں اور آیات کا اُمت کے سواد اعظم سے الگ کوئی مفہوم) جن کی بنیاد پر سابقہ ادوار کے مفکرین متفرق مفاہیم کی عمارات تعمیر کرتے رہے ہیں اور جماعتوں پر جماعتیں پیدا کرتے چلے گئے ہیں ۔

اب تک کی تمام بحث میں انسانی ذہن کے جو رجحانات سامنے آئے ، ممکن نہیں کہ ایسا انسانی دماغ دینِ اسلام کے حقیقی مفہوم تک پہنچ سکے اس لئے کتاب "المیزان" کے مزید تجزیے کی حاجت نہیں۔ لیکن کتاب میں درج تمام قرآنی آیات اور احادیث درمیان میں لائے بغیر تمدّن میں اجتماعیت کے حوالے سے اہم ترین جزو پر غامدی صاحب کا قرآن و حدیث سے ثابت کردہ نقطۂ نظر بہت مختصر الفاظ میں بیان کرنا ضروری ہے ۔غامدی صاحب "قانونِ سیاست " کے باب میں سورہ النساء کی متعلقہ چند آیات نقل کرنے ، ان کی تفسیر اور تجزیہ بیان کرنے کے بعد رسول اللہ کی احادیث اپنے دلائل کے حق میں شامل کرتے ہیں جن میں سے چند ذیل میں نقل ہیں:

> جس نے اپنے حکمران کی طرف سے کوئی ناپسندیدہ بات دیکھی، اسے چاہیے کہ صبر کرے، کیونکہ جو ایک بالشت کے برابر بھی مسلمانوں کے نظمِ اجتماعی سے الگ ہوا اور اسی حالت میں مر گیا، اس کی موت جاہلیت پر ہوئی۔(المیزان: صفحہ 482)

تم پر ایسے لوگ حکومت کریں گے جن کی بعض باتیں تمہیں اچھی لگیں گی اور بعض بری ۔ پھر جس نے بری باتوں کو ناپسند کیا، وہ بری الزمہ ہوا اور جس نے انکار کیا، وہ بھی محفوظ رہا ۔ مگر جو ان پر راضی ہوا اور پیچھے چل پڑا تو اس سے پوچھا جائے گا ۔ صحابہ نے پوچھا:یہ صورت ہو تو یا رسول اللہ، کیا ہم ان سے جنگ نہ کریں؟ آپ نے فرمایا: نہیں، جب تک وہ نماز پڑھتے ہوں۔(المیزان: صفحہ 484)

تم کسی شخص کی امارت پر جمع ہو اور کوئی تمہاری جمعیت کو پارہ پارہ کرنے یا تمہارے نظمِ اجتماعی میں تفرقہ پیدا کرنے کے لئے اٹھے تو اسے قتل کر دو۔(المیزان: صفحہ 485)

ان احادیث میں موجود پیغام ہر طرح سے تمام نفس پرست بادشاہ اور حکمران آگے بڑھ کر پکڑیں گے جو اُمت محمدیہ کی تاریخ میں گزرے ہیں، اب موجود ہیں یا آئندہ آئیں گے ۔ انہیں محض اتنا محتاط رہنا چاہئے کہ وہ کھلم کھلا ارتداد کے مرتکب نہ دیکھے جا ئیں ۔ اگر وہ ایسا کر لیں تو ان کا اقتدار ہر طرح محفوظ ہے ۔ احادیث کی تشریح میں آپ فرماتے ہیں:

تاہم اس حد کو پہنچ جانے کے بعد بھی حکمرانوں کے خلاف بغاوت کا حق کسی شخص کو اس وقت تک حاصل نہیں ہوتا، جب تک مسلمانوں کی واضح اکثریت اس کی تائید میں نہ ہو ۔ اس کی وجہ یہ ہے کہ یہ پھر حکومت کے خلاف نہیں، بلکہ مسلمانوں کے خلاف بغاوت قرار پائے گی جو اسلامی شریعت کی رو سے فساد فی الارض ہے اور جس کی سزا قرآن میں قتل مقرر ہوئی ہے۔(المیزان: صفحہ 485)

یعنی کوئی شخص حکمرانوں کی علانیہ خوفِ خدا سے لا تعلقی کے خلاف مجبور ہو کر مجاہدہ کا آغاز کرے تو اگر مسلمانوں کی واضح اکثریت اپنے حق میں ثابت نہ کر سکتا ہو تو حکمران اسے قتل کر دینے کے مجاز ہیں ۔واضح اکثریت وہ شخص کس طرح ثابت کرے؟ اس کی وضاحت غامدی صاحب نہیں کرتے ۔ اس شخص کے لئے حکمران وقت کی مخالفت میں، جو ملک کے تمام ذرائع پر مکمّل قابض ہے ، اور خود اس کو کوئی ذرائع دستیاب نہیں، اپنے حق میں واضح اکثریت ثابت کر دینا مذاق بات نہیں ۔ سو فیصدی امکان ہے کہ وہ ناکام رہے گا ۔ غامدی صاحب نے حدیث کے ذریعے وہ سہولت حکمران کو میسر کردی جس کی بنیاد پر وہ حکمران اس مجاہد کو باغی اور غدار قرار دے کر ہلاک کردے اور لواحقین کے لئے کوئی

موقع نہیں چھوڑا کہ اپنا استغاثہ کہیں پیش کر سکیں ۔وجہ یہ کہ حکمران کا عمل قرآن و سنّت کے عین مطابق ہے ۔

قارئین کے لئے ایک اہم بات کی وضاحت یہیں ہو جانا ضروری ہے ۔ جیسا کہ یہ معروف حقیقت ہے کہ رسول اللہ سے منسوب احادیث کی تدوین رسول اللہ کی رحلت کے تقریباً دو صدی بعد شروع ہوئی ۔ اس کام میں ممکنہ احتیاط اور عرق ریزی کی وجہ بعض دور اندیش محققین کی نظر میں یہی بات تھی کہ چند مفاد پرست اور دنیا پرست لوگ کسی نقطۂ نظر کی حمایت میں وہ اقوال رسول اللہ کی طرف منسوب کرتے چلے آر ہے تھے جو رسول اللہ کے اقوال نہیں تھے ۔اس میں سے ایک نقطۂ نظر تو عقائد کی تفصیلات سے متعلق تھا جس کی بنیاد پر کسی فرقہ کی بناء رکھی جا سکتی تھی جبکہ دوسرا نقطۂ نظر جس میں مال کمانے کی امید ہو سکتی تھی وہ یہ کہ کسی حکومتی اقتدار کو رسول اللہ کے قول کی بنیاد پر جائز حکومت قرار دیا جا سکے ۔ قرآنِ کریم میں کوئی ایک آیت بھی ایسی نہیں جو اتنی صراحت کے ساتھ سیاسی اقتدار کے حق ہونے یا ناحق ہونے کی وضاحت کرتی ہو جتنی صراحت کے ساتھ اوپر نقل کردہ احادیث میں بیان ہوئی ہیں ۔ کسی بھی مسلمان کو محض ہماری نشاندہی کردہ اس دلیل کی بنیاد پر رسول اللہ کی کسی حدیث کو تخفیف کی نظر سے دیکھنے کی کوئی گنجائش نہیں ہے لیکن چونکہ غامدی صاحب کی نقل کردہ احادیث کے مستفیض وہ حکمران بھی ہیں جو اپنی طبیعت و کردار میں نیک طینت و مخلص نہ ہوں ، اس لئے رسول اللہ کی احادیث کا علم محض اس وجہ سے ہی نہیں بلکہ متعدد دوسری وجوہات کی بنا پر شروع سے بہت توجّہ کے ساتھ تحقیق طلب رہنا چاہیے تھا ۔ لیکن تحقیق ایک ایسا لفظ ہے جو اُمت مسلمہ کو عام طور پر پسند نہیں آتا ۔

قارئین کتاب المیزان پڑھنے سے بآسانی سمجھ سکتے ہیں کہ غامدی صاحب کے بیانات میں دورِ خلافت اور دورِ ملوکیت کے مابین امارت کی سطح پر کوئی شئے قابلِ ترجیح نہیں کہ ایک نظامِ اقتدار کو ہٹا کر دوسرے نظام کو قائم کرنے کے لئے اگر اللہ کا کوئی نیک اور عزم پرور بندہ اٹھے تو اُمت اجتماعی طور پر اس کے ہاتھ مضبوط کرے ۔پچھلی تمام تاریخ دیکھو تو حکمران اللہ کے اس نیک بندے کو راہ سے دور کرتے نظر آتے ہیں، جیسا کہ مولانا مودودیؒ کو پھانسی دینے کی کوشش کی، یا وہ نظر آتے ہیں جو احادیث کے ذریعے ایسے

حکمرانوں کو لوگوں کی طرف سے خدشات لاحق نہیں ہونے دیتے لہٰذا عزت اور اعزازات سے نوازے جاتے ہیں ۔ غامدی صاحب کے تعارف میں بتایا جا چکا ہے کہ آپ حکومت کی قائم کردہ سلامی نظریاتی کونسل کے ارکان میں شامل رہے ہیں ۔ کتاب کے اختتامیہ میں فرماتے ہیں:

> یہ کتاب سترہ سال میں پایہ تکمیل کو پہنچی ۔اس موقع پر میں برادرم شیخ افضال احمد کا خصوصی شکریہ ادا کرنا چاہتا ہوں جنہوں نے اس سارے عرصے مجھے معاشی جدوجہد سے بے نیاز رکھا اور میری تمام ضروریات انتہائی محبت اور نہایت فراخ دلی کے ساتھ پوری کی ہیں ۔ یہی معاملہ میری اہلیہ کا ہے ۔ ان کا ایثار و تعاون نہ ہو تا تو گھر در کی الجھنوں کے ساتھ اس کام کو جمعیت کے ساتھ پورا کرنا آسان نہ تھا ۔(المیزان:صفحہ 651)

برادرم شیخ افضال احمد کا طویل عرصہ غامدی صاحب کی متاہلانہ زندگی کے لئے اقتصادی تعاون اور دریا دلی قابلِ ستائش ہے ، لیکن اب تو موصوف امریکہ میں اپنی نگرانی میں اسلامی تحقیقاتی ادارہ کے مالک ہیں جو آپ کی کامیابیوں کا منہ بولتا ثبوت ہے ۔

باب 2

قرآنی تعلیمات

انسان کا اس زمین پر دوسری تمام حیات سے موازنہ کریں تو انسان اپنے اندر دو ایسی خصوصیات رکھتا ہے جو دیگر انواع کو میسر نہیں ۔ظاہری حیثیت سے دیکھا جائے تو جسمانی اجزا کی طبعی ساخت میں جیسا کچھ بھی فرق ہم دیکھ سکیں لیکن وہ اجزاء جو عمل دیگر انواع میں انجام دیتے ہیں بعینہ وہی عمل انسانی جسم میں بھی انجام دیتے ہیں ۔ سننے، دیکھنے اور سونگھنے کے اعضاء جیسے ہمارے لئے کام کرتے ہیں اسی طرح اُن کے لئے بھی ۔ اندرونی اعضاء جس طرح ہمارے جسم میں کام کرتے ہیں اسی طرح اُن کے اجسام میں بھی ۔

دو منفرد خصوصیات جن کی بنا پر نوع انسان دیگر انواع سے الگ ہو جاتا ہے اس میں ایک تو نفس یعنی جسمانی اور نفسیاتی لذتوں کا حصول جو اس کو کسی بھی ضابطۂ اخلاق سے انحراف کی طرف مائل کر تا ہے اور دوسرا اس کے دماغ کو دی گئی علم حاصل کرنے کی استعداد اور طلب جس کے وسیلہ سے حاصل ہونے والا علم اس میں منصفانہ خصوصیات پیدا کرتا اور پروان چڑھا تا ہے ۔ یہ دونوں خصوصیات ایک دوسرے کی ضد ہیں ۔ نفس سے مغلوبیت انسان سے وہ اعمال سر زد کرا تی ہے جو اپنی اصل میں انصاف پر مبنی نہیں ہوتے ۔اسی نفس کو اطاعت کا خوگر بنانے کے لئے اللہ تعالیٰ نے ہدایات انسان کو پہنچانا اپنی سنت قرار دیا تاکہ وہ خود اپنے اور دوسروں کے ساتھ معاملات میں انصاف سے منحرف نہ ہو اور اگر بشری کمزوری کی بنا پر اس سے کوئی کام ایسا سر زد ہو جائے، جسے پہچاننے کا شعور خدا نے اسے دے رکھا ہے کہ وہ غیر منصفانہ عمل تھا، تو وہ ندامت کے ساتھ خدا کی طرف رجوع ہو، غلطی کی تلافی کرے اور واپس اس ضابطۂ اخلاق پر عمل پیرا ہو سکے جس سے وہ بخوبی واقف ہے ۔ یہی نفسِ انسانی شیطان کا بڑا ہتھیار ہے اور انسان کا اپنا نفس اس کے ازلی دشمن شیطان کی زد میں رہنا ہی وہ بڑی مصیبت ہے جس کا انسان کو ہمہ وقت سامنا کرنا پڑتا ہے چاہے اس کے پاس ہدایات

ہوں یا نہ ہوں اور وہ ان پر عمل پیرا ہو یا نہ ہو ۔اس حقیقت کی نشاندہی اور اس کی مغلوبیت سے بچاؤ کے لئے ہدایات دینے کے ساتھ ہی جو دوسری عظیم ترین حقیقت اللہ تعالیٰ نے انسان کو ابتدا سے بتا دی ، ورنہ انسان کو اسے جاننے کا کوئی دوسرا ذریعہ میسر نہیں تھا، وہ یہ کہ اس زندگی میں ہر انسان اپنی موت دیکھ لینے کے بعد معدوم نہیں ہو جاتا بلکہ دائمی حیات کے دوسرے مرحلے میں داخل کر دیا جاتا ہے ۔ زمین پر پیدا ہونے والے تمام افراد ایک روز ایک ہی مقام پر جمع کئے جائیں گے، ہر شخص کی دنیاوی زندگی کے تمام اعمال اور ذہن میں اٹھنے والے خیالات تک کا ریکارڈ سب کی موجودگی میں اس کے سامنے پیش کیا جائے گا اور مکمّل انصاف کے ساتھ اس کا حساب لیا جائے گا ۔ اگر اس کے نیک اعمال اپنے وزن میں برے اعمال سے زیادہ نکلے تو اللہ تعالیٰ کے انعام کا مستحق ہو گا اور جنت الفردوس میں ہمیشہ کے لئے داخل کر دیا جائے گا لیکن برعکس صورت میں سزا کا مستحق ہو گا اور اگر مرتے دم تک خدا سے بغاوت و سرکشی ثابت ہو سکی تو دائمی سزا کے لئے دوزخ اس کے ہمیشہ رہنے کا مقام ہو گا ۔یہ وہ اجمالی مفہوم ہے جو اللہ تعالیٰ کی طرف سے دی گئی ہدایات سے اخذ ہوتا ہے جس سے ابتدائے آفرینش سے انسان کو لاعلم نہیں رکھا گیا ۔ اسی کی یاددہانی اور اس ضابطۂ اخلاق کا اجتماعی زندگی میں انعقاد کرنے میں مدد کے لئے اللہ تعالیٰ نے انبیاء و رسل مبعوث کرنے کا سلسلہ قائم کیا اور اسی سلسلہ کی آخری کڑی اخلاقِ اعلیٰ کے کامل ترین معیار کی حامل ہستی رسولِ اکرمؐ ہیں جن کو حضرت عیسٰی کے تقریباً چھ صدی بعد مکہ میں مبعوث کیا ۔ اللہ تعالیٰ نے رسولِ اکرمؐ کی تیئس سالہ پیغمبرانہ زندگی کے دوران قرانِ پاک کے نام سے وہی ضابطۂ اخلاق اپنی مکمّل تفصیلات کے ساتھ بتدریج آپ پر نازل کیا اور یہ اصل کلام اپنی قدرت سے ایک کتابی شکل میں قیامت تک کے لئے محفوظ کر دیا ۔ رسولِ اکرمؐ خدا کی عطا کردہ بصیرت اور ہمہ وقت رہنمائی کا اثاثہ ہاتھوں میں لے کر خدا کے حکم کی اطاعت میں تنِ تنہا اٹھ کھڑے ہوئے اور صدیوں سے جہالت ، بُت پرستی اور وحشت کا شکار اپنی قوم کی شدید مخالفت اور معاندانہ کارروائیوں کے باوجود اسی قوم میں موجود ان گڑھ مگر صالح افراد ایک ایک کر کے اکٹھا کئے، ان کی تربیت کی اور اپنی رہنمائی میں اسی مختصر گروہ کے ہاتھوں دعوتِ اسلامی کا انسانی تاریخ میں پہلی مرتبہ غیر معمولی

مختصر عرصہ میں عرب کی وسیع سرزمین پر مکمّل عملی انعقاد کر وا دیا اور اللہ تعالیٰ کی طرف سے دی گئی ذمہ داری پوری کر دکھائی ۔پھر جب اللہ تعالیٰ کی مشیت کے مطابق اس دنیا سے رخصت ہوگئے تو آپ کے بعد آپ کے تربیت یافتہ عام افراد میں سے چار صالح ترین عام افراد کے ہاتھوں اللہ تعالٰی کی مشیت کے تحت اس نظام کو آئندہ تیس سال اصل حالت میں برقرار رکھنے کا عملی مظاہرہ کر کے دکھا دیا ۔ وہی قومِ عرب جو گزشتہ دو ہزار سال سے اقوامِ عالم میں کوئی قدر نہ رکھتی تھی اور خاندانی و نسلی بنیادوں پر چھوٹے چھوٹے قبیلوں میں منقسم مفادات کے علاوہ کچھ دیکھ لینے سے یکسر قاصر تھی اب وہ اتنی مردم خیز ہو چکی تھی کہ مروجہ عالمی طاقتیں اس کے سامنے نہ ٹھہر سکیں ۔ انہی مختصر تیس سالوں میں اُمت رسول اللہ نے دنیا کا طول و عرض اس نظامِ صالحہ سے متعارف کیا اور بنا کسی جبر نوعِ انسانی خالقِ کائنات کا وضع کردہ ضابطۂ حیات قبول کرنے پر آمادہ ہوئ ۔ یہ دور اور اس کے بعد آنے والا ہزار سالہ دور بھی، اگرچہ صالحیت کے بلند معیار کا حامل نہ تھا، تاریخِ انسانی کا روشن باب ہے ۔اس طویل تاریخی باب کا سہرا اللہ تعالیٰ کی تائید کے بعد ایک فردِ واحد کے سر ہے اور وہ رسول اللہ کی ہستی ہے ۔رسول اللہ بنی نوع انسان کا بیش قیمت ترین اثاثہ اور نوعِ انسانی کی مشترکہ ملکیت ہیں ۔ بڑا بد قسمت ہے وہ شخص جو آپ کی سیرت سے ناواقف رہا جاتا ہے اور بڑی بد قسمت رہی اُمت مسلمہ کہ اپنا نظمِ اجتماعی بتائے گئے اصولوں پر برقرار نہ رکھ سکی کہ صراطِ مستقیم سے بھٹکی دوسری اقوام متوجہ ہوتیں ، زندگی ایسے بھی گزاری جا سکتی ہے ۔

گذشتہ چند صدیوں کے دوران اُمت مسلمہ میں مذہبی عقیدہ اور نظمِ اجتماعی میں انحطاط کی رفتار بتدریج مزید تیز ہوئی تو وہ زبان، تمدّن اور جغرافیائی علاقوں کی بنیاد پر تقسیم ہوتی چلی گئی ۔ اسی دوران مغرب کی عیسائی اقوام مسلمانوں سے سیکھے ہوئے سائنسی علوم کو مزید پروان چڑھانے میں مصروف تھیں ۔ پچھلے ادوار کی طرح سائنسی علوم کی واقفیت حاصل کرنے سے مغربی اقوام کو مخالف اقوام کے مقابلے میں عسکری برتری حاصل ہونا ہی تھی لہٰذا مسلمان ممالک ایک ایک کر کے ان کی غلامی کا شکار ہوتے چلے گئے ۔بیسویں صدی میں مغربی اقوام آپس ہی میں دو عظیم جنگوں کا شکار ہو کر مکمّل معدوم ہو جانے کی حدود چھونے لگیں تو غلام اقوام کو

مزید غلام رکھنا ان کے لئے ممکن نہ رہا تھا ۔ انہیں یہ علاقے بالآخر چھوڑنے تھے لہٰذا جاتے جاتے تمام مغلوب اقوام کو جتنے چھوٹے ٹکڑوں میں وہ تقسیم کر سکتی تھیں انہیں بر اعظم ایشیا اور افریقہ میں ایسے ٹکڑوں میں تقسیم کر گئیں ۔ مسلمان اقوام کے لئے غالب اقوام کے نفسیات الگ نوعیت کے تھے ۔ ان کی تاریخ انہیں یہ بتاتی تھی کہ کبھی وہ روم اور بازنطینی حکومتوں کی شکل میں بامِ عروج پر تھے لیکن اپنے ہی مذہبی امراء کے ہاتھوں انحطاط کا شکار ہوئے تو پہلے فارس اور اس کے بعد مسلمانوں کا سامنا ہوا اور ہزیمت اٹھانا پڑی ۔ پانچ صدی دورِ تاریکی میں گرفتار رہنے کے بعد سائنسی علوم کی بدولت واپس عروج ملا تو وہ متاعِ دنیا مسلمان حکومتوں ہی سے چھین کر حاصل کر سکے تھے ۔وہ سمجھتے تھے کہ یہی وہ قوم ہے جو ان کے مظالم کی جواب طلبی کر سکتی ہے لہٰذا مسلمانوں کے معاملے میں انہوں نے جس ہوشیاری سے کام لیا غور کیا جائے تو اس کا سمجھ لینا چنداں مشکل نہیں ۔ جغرافیائی علاقوں کو چھوٹے ممالک میں تقسیم کر کے وہاں اپنے مفیدِ مطلب حکمرانوں کے نظام مضبوط جما دئے اور اس کے بعد قریبی نگاہ رکھتے ہیں کہ ان اقتداروں میں کمزوری نہ آنے پائے، پھر وہ دنیا کو دکھاتے ہیں کہ مسلمان وحشی اور دہشتگرد قوم ہے جو چودہ سو سال قبل اپنے پہلے دن سے تلوار ہاتھ میں رکھ کر اقوامِ عالم میں جہاد کو نکل کھڑی ہوئی اور اب بھی مغربی دنیا ،جو ایک مہذب دنیا ہے، اسے بزور اسی مذہبی جہالت کی طرف دھکیلنا چاہتی ہے جس سے آزاد ہو کر ہی وہ دنیا کی امیر ترین اور طاقتور ترین قوم کا مقام حاصل کر سکی ہے ۔

ہماری تحریر آگے بڑھانے سے پہلے چند امور کی وضاحت کر دینا مناسب ہے ۔ اولاً یہ کہ اوپر بتائے گئے اجمالی جائزہ میں قرانِ کریم کی آیات کا حوالہ نہیں دیا ہے ۔ قرآن کا علم انسان کو حاصل ہو نہیں سکتا جب تک کہ اللہ تعالیٰ کی تائید اس شخص کے حق میں نہ ہو پھر اگر توفیق ہو تو انسان اپنی تمام عمر علوم قرآنی کے حصول میں صرف کر سکتا ہے ۔ انسان قرآن کا مطالعہ کرتا ہے اور چند مفاہیم اخذ کرتا ہے پھر مزید غور کرتا اور دوبارہ کتاب اللہ کو پڑھتا ہے تو معلوم ہوتا ہے کہ جو مفاہیم اخذ کئے تھے وہ درست نہیں تھے یا چند گوشے تھے جو چھپے رہ گئے اور اب اس مطالعہ پر واضح ہو رہے ہیں ۔ اگر جو علم اس کے سیکھنے میں آ رہا ہے اسے اپنی حد تک رکھے

تو بدستور جاری مطالعہ سے یا دوسرے مفکرین کا کام دیکھنے سے اس کے اخذ کردہ مفاہیم کی اصلاح ہوتی رہے گی ۔ لیکن جب وہ اپنا اخذ کردہ مفاہیم، تحصیلِ علم کے مراحل کے دوران ہی، دوسروں تک بھی پہنچا دیتا ہے تو یہ معاملہ اس کے حق میں بہت نازک سمجھنا پڑے گا ۔ اگر اس کا علم درست تھا اور اس کے واسطہ سے دوسرے افراد کی زندگی میں بہتری کا سبب بنا تو اس کا بہت کچھ انعام اللہ تبارک و تعالیٰ سے ملنے کی امید رکھ سکتا ہے ۔ لیکن اگر وہ درست نہ تھا تو باوجود خلوصِ نیت اس کے حق میں تباہ کن ثابت ہو سکتا ہے ۔اس کی وجہ یہ کہ، نیک نیتی کے باوجود، اس کے بیان کردہ ناقص مفاہیم دوسروں کی زندگیوں کو صراطِ مستقیم سے دور کرنے کا سبب بنے تو اس ذمہ داری کا بہت بڑا بوجھ اس کے کاندھوں پر آ سکتا ہے یا آنا چاہئے ۔اللہ تعالیٰ کی نسبت سے کوئی بات کہنا معمولی بات نہیں ۔ آنے والے مباحث میں قرانِ کریم کی آیات انشاءاللہ حسبِ ضرورت نقل کی جائیں گی لیکن قارئین سے ہمارے حق میں دعا کی درخواست ہے کہ اللہ کی نظر میں ہم بڑی غلطیوں کے مرتکب قرار نہ دیئے جائیں ۔ثانیاً یہ کہ یہاں دینِ اسلام ہمارا موضوع ہے جس پر بکثرت کام ہمارے مفکرین کرتے رہے ہیں لہٰذا وہی باتیں کسی دوسرے الفاظ میں دوبارہ بیان کر دینا نہ تو ہمارے وقت کا کوئی بہتر استعمال ہو سکتا ہے اور نہ ہی قارئین کے وقت کا ۔ پس ہمارے پیش نظر چند وہ نکات ہیں جو ہماری نظر میں عمومی طور پر قارئین کی نگاہوں سے اوجھل ہیں ۔

دینِ اسلام کی تعلیمات کو دو پہلوؤں کی صورت میں دیکھا جاسکتا ہے ۔ ایک اس کا قانونی اور فقہی پہلو جس میں عبادات اور ان کی ادائیگی کے ضوابط اور معاشرتی تشکیل اور اس کے قواعد وغیرہ شامل ہیں ۔ اس پہلو کو ہم معلومات کے ضمن میں شمار کر سکتے ہیں لیکن اس پہلو پر جو کام ہو چکا وہ کافی ہے ماسوا تمدنی ارتقاء کے ساتھ مذہبی تجدید کا عمل جو متعلقہ ماہرین کا کام ہے ۔ دوسرا پہلو اس سوال سے ظاہر کیا جا سکتا ہے کہ نوعِ انسانی کو دینِ الٰہی دئیے جانے کا اصل مقصد کیا تھا؟ اس پہلو کو ہم علم کے ضمن میں شمار کر سکتے ہیں ۔ یہ بڑا سوال ہے اور اسی سوال کے یا اس کے ممکنہ جوابات کے بعض گوشے قارئین کے سامنے لانا ہمارا موضوع ہے ۔ثالثاً، یہ کہ جو قرانِ کریم رسولِ اکرمؐ کے وسیلہ سے ہم تک پہنچا اس میں بہت سے ان انبیاء و رسل کی اصل تعلیمات واضح کی گئی ہیں

جنہیں بنی اسرائیل اپنی گمراہیوں کی بنا پر مسخ کر بیٹھے تھے اور بہت سے ایسے واقعات اور تعلیمات از سر نو بیان کیں جنہیں وہ قصداً یا غفلت اور تخفیف کی نگاہ رکھنے کی بنا پر گم کر چکے تھے اور وہ اب ان کی کتبِ مقدّسہ میں نہیں پائی جاتیں ۔ قرانِ کریم میں چند ایسے انبیاء کے واقعات بھی بیان ہوئے ہیں جن کا تذکرہ بائیبل میں اپنی جگہ نہ بنا سکا ۔ قرانِ کریم کے مطابق اللہ تعالیٰ کی نظرِ عنایت بنی اسرائیل پر رہنے کے باوجود وہ اپنی اڑھائی ہزار سالہ تاریخ میں گمراہیوں پر قائم رہنے پر مُصِر رہے تو اقوامِ عالم کی رہنمائی بالآخر ان کے ہاتھوں سے سلب کر کے حضرت ابراہیم کے گھرانے کی دوسری شاخ بنی اسماعیل کے واسطہ سے رسولِ اکرمؐ اور آپ کی اُمت کے حوالے سونپ دی گئی ۔اس باب میں بنی اسرائیل کی نااہلی کا اصل سبب ان کے عام باشندے نہیں بلکہ ان کے مذہبی امراء کی نفس پرستی تھی، جیسا کہ ہم نے اس کتاب کے پچھلے دونوں حصوں میں واضح کیا ۔ غالباً یہی وجہ ہے کہ قرانِ کریم یہودی اور عیسائی مذاہب کی پیروی کرنے والے عام افراد کو بکثرت خدا کی اصل تعلیم اور اس نعمت کی طرف متوجہ کرتا ہے جو انہیں حقیقتاً دی گئی تھیں لیکن ان تک نہ پہنچ سکی اور بہترین طریقہ پر مائل کرتا ہے کہ دعوتِ اسلامی قبول کر لیں ۔ اگر چہ یہودیت اور عیسائیت کے متعلق ہمارے مباحث پچھلے دو حصوں میں مکمّل ہو چکے ہیں لیکن قرانِ کریم کی اس مکرّر دعوت کے حوالے سے ہم اپنی بحث بائیبل کے بعض ان مندرجات سے شروع کریں گے جو اس حصّہ کے لئے موخر رکھے گئے تھے ۔

رسولِ اکرمؐ کی بشارت بائیبل میں

گزشتہ مباحث میں حضرت عیسیٰ کے حوالے سے بائیبل میں موجود تین شخصیات کی آمد کے متعلق پیشگوئیاں ، وہ نبی، ایلیاہ نبی اور حضرت داؤد کے گھرانے سے یہودیوں کے لئے ایک بادشاہ پر تفصیلی بحث کی گئی تھی ۔اس موضوع کو اسلام کے حوالے سے سمجھا جائے تو بائیبل کا ایک اور اہم پہلو واضح ہو سکے گا جس کی واقفیت ہمارے لئے بہت ضروری ہے ۔ عام طور پر ہمارے مفکرین خصوصاً بائیبل میں بعض مقامات پر موجود رسولِ اکرمؐ کی بعثت کے متعلق صریح بشارتوں پر مناسب روشنی اپنی تحریروں میں ڈالتے رہے ہیں یہودی اور عیسائی مذہبی امراء و مفکرین کو رسولِ اکرمؐ پر ایمان لانا اور اسلامی عقیدہ قبول کر لینا گوارا نہیں لہٰذا اس نوعیت کی پیشگوئیوں کی یہ تفاسیر وہ تسلیم نہیں کرتے اور یہی بات اپنے یہودی اور عیسائی عام معتقدین کو باور کراتے ہیں لہٰذا حق بات عام معتقدین تک نہیں پہنچ پاتی ۔ اس پہلو سے بائیبل کا ایک اقتباس ذیل میں نقل کیا جاتا ہے یہ حضرت موسیٰ کا بنی اسرائیل سے اپنی وفات سے کچھ ہی عرصہ قبل آخری خطاب ہے جو ایک نظم کی صورت میں تحریر کیا گیا ہے ۔

خداوند سینا سے آیا
اور شعیر سے ان پر آشکارا ہوا
وہ کوہ فاران سے جلوہ گر ہوا
اور لاکھوں قدسیوں میں سے آیا
اس کے دہنے ہاتھ پر ان کے لئے آتشی شریعت تھی (استثنا 33:2)

یہ بڑی غور طلب تحریر ہے ۔ اس میں تین مقامات کا تذکرہ کیا گیا ہے: کوہ سینا، شعیر اور کوہ فاران جس میں خداوند یعنی آقا کو سورج سے تشبیہ دی ہے کہ وہ سینا سے نمودار ہوا، وہ شعیر سے طلوع ہوا اور اپنی رعنائیوں کے ساتھ کوہ فاران سے روشن ہوا ۔ اس پر مزید یہ کہ آقا لاکھوں قدسیوں یعنی لاکھوں پاک لوگوں میں سے آیا بالفاظ دیگر وہ لاکھوں قدسیوں میں سے ایک تھا اور آخری خاص بات یہ کہ

لوگوں کے لئے اس کے پاس آتشی شریعت تھی حضرت موسیٰ کے اس سو سے زائد اشعار پر مبنی نظمی خطاب میں نقل شدہ پانچ فقروں کی مزید وضاحت کے لئے کوئی اور اشارات نہیں ملتے بلکہ اسرائیلی قبیلوں کے لئے آئندہ زمانہ میں پیش آنے والی خوش کن باتوں کا ذکر ہے جسے یہاں نقل کرنے کی ضرورت نہیں ۔

اوپر نقل کردہ اشعار میں کوہ سینا اور کوہ فاران کے ساتھ بتایا گیا تیسرا مقام شعیر بھی درحقیقت ایک پہاڑی سلسلہ ہے جو فلسطین میں یروشلم اور اس کے جنوب میں واقع ہے ۔ اسی علاقہ میں حضرت موسیٰ کی بعثت کے چودہ سو سال بعد حضرت عیسیٰ کی ولادت ہوئی تھی سب جانتے ہیں کہ کوہ سینا پر حضرت موسیٰ کو شریعت عطا ہوئی ۔ رہا سوال کوہ فاران کا تو بیشتر یہودی، عیسائی اور مسلمان بخوبی جانتے ہیں کہ مکہ کوہ فاران نامی اسی پہاڑی سلسلہ میں واقع وادی ہے جہاں اللہ کے آخری رسول مبعوث ہوئے ۔

یہ کہنا مشکل ہے کہ حضرت عیسیٰ کی بعثت سے پہلے کے چودہ سو سال تک بنی اسرائیل حضرت موسیٰ کے بتائے ہوئے ان فقروں کا کیا مفہوم لیتے رہے ہیں ۔ یقیناً ان کی تمام تاریخ میں خدا کی شریعت فراہم کرنے والی واحد ہستی حضرت موسیٰ ہی تھے۔ آپ ہی کو کوہ سینا پر جھاڑیوں میں بھڑکتی آگ کا مشاہدہ ہوا تھا اور وہیں آپ کو اللہ تعالیٰ سے ہم کلامی کا شرف حاصل ہوا اور بعد میں اسی پہاڑ پر شریعت دی گئی ۔اگر وہ قیس کرتے کہ یہ تمام فقرے حضرت موسیٰ کے لئے بیان ہوئے ہیں تو قباحت یہ ہے کہ وہ یہ بھی بخوبی جانتے تھے حضرت موسیٰ کو ان کی زندگی میں فلسطین میں قدم رکھنے کی اجازت نہیں ملی لہٰذا کوہ شعیر سے آپ کا کوئی تعلق نہیں ۔ علاوہ ازیں تورات اپنی تمام تحریروں میں حضرت موسیٰ کا کوہ فاران سے بھی کوئی تعلق نہیں بتاتی لہٰذا کوہ فاران سے شریعت ملنا کیوں بیان کیا جاتا ہے؟ بائیبل سے حضرت موسیٰ سمیت بعد کے، بشمول حضرت عیسیٰ ، بنی اسرائیل کے کسی نبی کا کوہ فاران سے کوئی تعلق نہیں نکالا جاسکتا ۔ بائیبل میں اور کون سی شخصیت ایسی ہے جس کا کوئی تعلق کوہ فاران سے بنتا ہو؟

اور خدا اس لڑکے کے ساتھ تھا اور وہ بڑا ہوا اور بیابان میں رہنے لگا اور تیر انداز بنا ۔ اور وہ فاران کے بیابان میں رہتا تھا (پیدائش 21:20)

یہ فقرہ حضرت ہاجرہ اور حضرت اسماعیلؑ کے اس واقعہ کے بیان میں سے ہے جس میں انتہائی خوش نصیب ماں اور بیٹا بائیبل کے مطابق کوہ فاران کی اس وادی میں بسائے گئے تھے جہاں حضرت اسماعیل کے بیٹے قیدار سے تقریباً ساڑھے تین ہزار سال بعد سرورِ عالم رسول اللہ ؐکی پیدائش ہونا تھی۔ انسانی تاریخ میں رسول اللہ ؐوہ واحد ہستی ہیں جنہیں کوہ فاران کے پہاڑوں میں شریعت دی گئی۔

ان تفصیلات پر غور کرنے سے واضح ہو جاتا ہے کہ حضرت موسیٰ نے دراصل مختصر ترین اشعار میں تاریخِ انسانی کے تین عظیم واقعات کی طرف اشارہ کیا۔ ایک خود حضرت موسیٰ جنہیں اللہ تعالیٰ کا انسانی ہدایات کے لئے وضع کردہ پہلا ضابطۂ اخلاق کوہ سینا پر عطا ہوا یا سورج نمودار ہوا۔ دوسرے حضرت عیسیٰ جنہیں کوہ شعیر کے ماحول میں انجیل کے نام سے اللہ کا کلام عطا ہوا یا سورج طلوع ہو گیا۔ تیسرے رسولِ اکرمؐ جنہیں کوہ فاران کی وادیوں میں آتشی شریعت قرآن کی صورت میں عطا ہوئی یا سورج اپنی تمام رعنائیوں کے ساتھ چمک اٹھا۔ یہاں لفظ "آتشی" معنی خیز ہے۔ تورات کے مذہبی شعائر میں اہم ترین فریضہ قربانی ہے جس میں پاک مویشی جانوروں میں سے اللہ کا نام لے کر ذبح کرنے سے فریضہ کی ادائیگی کی جاتی تھی لیکن روایات بتاتی ہیں کہ بعض خاص مواقع پر قربان گاہ پر ذبیحہ کرنے کے بعد چھوڑ دیا جاتا تھا تب اگر آسمان سے آگ اتر کے اسے جلا دے تو اس کا مطلب ہے کہ وہ قربانی بارگاہِ خداوندی میں مقبول قرار پائی۔ اسی سے بائیبل میں آتشی قربانی یا سوختنی قربانی جیسے الفاظ وضع ہوئے۔ کتاب 1-سلاطین 18:1 میں ایلیاہ نبی (حضرت عیسیٰ کے وقت بنی اسرائیل انہی کی دوبارہ آمد کے منتظر تھے) اور شمالی ریاست کے بعل کو پوجنے والے یہودیوں کے درمیان 750 ق م کے قریب کسی وقت قربانی پیش کرنے کا مقابلہ ہوا جس میں ایلیاہ نبی کی قربانی کو آسمانی آگ نے جلا کر ثابت کیا کہ ایلیاہ کی قربانی برحق اور بعل کے پجاریوں کی قربانی باطل تھی۔لہٰذا "آتشی شریعت" سے حضرت موسیٰ کی مراد غالباً خدا کی مقبول شریعت یا کوئی اور خصوصی بات ہو علاوہ ازیں آپ کے استعمال کردہ الفاظ میں کسی نوعیت کی تدریج کا مفہوم بہرحال دیکھا جا سکتا ہے۔ آپ کے الفاظ کے مطابق "آیا" پھر "آشکارا" ہوا پھر "جلوہ گر" ہوا میں تدریج نمایاں

ہے اور پھر خصوصاً یہ کہ "جلوہ گر" ہونے کے ساتھ آتشی شریعت بھی منسلک ہے۔

یہ معلوم نہیں کہ یہودی اپنی تورات میں حضرت موسیٰ سے منسوب اس قول سے کیا مراد لیتے ہیں لیکن رسولِ اکرمؐ کی بعثت کے بعد سے یہ بالکل واضح ہے کہ کوہ سینا سے حضرت موسیٰ کا خود اپنی طرف اشارہ تھا، کوہ شعیر سے حضرت عیسیٰ کی طرف اور کوہ فاران سے یہ حقیقت چمکتے سورج کی طرح روشن ہے کہ اس بشارت سے رسولِ اکرمؐ کے علاوہ کسی اور کو قیاس کرنا ممکن نہیں۔آخر کس بنیاد پر انہوں نے پہلے حضرت عیسیٰ کا انکار کیا اور بعد میں یہودی اور عیسائی پیہم رسولِ اکرمؐ کا انکار کرتے ہیں؟ قرانِ کریم میں ارشاد ہے:

> پس آج یہ رحمت ان لوگوں کا حصہ ہے جو اس پیغمبر نبی امّی کی پیروی اختیار کریں جس کا ذکر انہیں اپنے ہاں تورات اور انجیل میں لکھا ہوا ملتا ہے (الاعراف :156)

اس طویل بحث اور قرانِ کریم کا یہ اقتباس نقل کرنے کے بعد ہم اس مقام پر پہنچ چکے ہیں جہاں اہم ترین بات کا ذکر کر دیا جائے۔ یہودی اور عیسائی مذہبی عمائدین یا کم از کم ان کے وہ مذہبی امراء جو بائیبل کی ایڈیٹنگ کا اختیار اپنے پاس رکھتے ہیں یعنی ان کے اپنے عام افراد کے لئے بائیبل میں کیا جاری کیا جائے اور کیا پوشیدہ رکھا جائے ، بہت اچھی طرح جانتے ہیں کہ تورات کے زیرِ بحث اقتباس میں کوہ فاران سے طلوع ہونے والی ہستی سے مراد رسولِ اکرمؐ ہیں جن کی آمد کی بشارت حضرت موسیٰ اپنے قول کے ذریعے کر چکے تھے۔ حضرت موسیٰ کے نظمی ارشاد میں لکھا ہے "اور لاکھوں قدسیوں میں سے آیا" جو ہم نے اردو بائیبل سے ، پچھلے تمام اقتباسات کی طرح، لفظ بہ لفظ نقل کیا لیکن یہ انگریزی بائیبل میں اس طرح نہیں ہے۔ مختصر سے اس فقرہ نے بائیبل کے بہت سے راز ہمارے لیے کھول دیئے ہیں۔ دونوں ترجمے ایک ساتھ ذیل میں نقل ہیں:

The LORD came from sainai خداوند سینا سے آیا

and rose up from Seir unto them اور شعیر سے ان پر آشکارہ ہوا

he shined forth from Mount Paran وہ کوہ فاران سے جلوہ گر ہوا

he came with ten thousands of saints اور لاکھوں قدسیوں میں سے آیا

from his right hand went a fiery law for them اُس کے داہنے پر ان کے لئے آتشی شریعت تھی

اگر قارئین اردو بائیبل اور انگریزی بائیبل میں کوئی بھی مقام بغیر ارادہ چنیں اور ایک ہی مضمون سطر بہ سطر بیک وقت پڑھیں تو ایمانداری کے ساتھ ہماری طرح بآسانی معترف ہو جائیں گے کہ انگریزی بائیبل سے اردو میں ترجمہ بہت اعلیٰ معیار کا ہے اور کہیں پر بھی یہ بالکل محسوس نہیں ہوتا کہ واجبی محنت سے کام چلا لیا گیا ہو یا تساہلی برتی ہو ۔ اس کی مثال موجودہ اقتباس میں بھی دیکھی جا سکتی ہے کہ پہلے تین اشعار میں ترجمہ کی درستگی واضح ہے ۔لیکن چوتھے شعر میں اچانک کیا ہو گیا ؟ اسے تو اردو میں بآسانی " وہ دس ہزار قدسیوں کے ساتھ آیا" لکھ دینا چاہئے تھا ۔ دس ہزار کے بجائے لاکھوں کوئی کیوں لکھے گا؟ اور محض یہی نہیں بلکہ "قدسیوں کے ساتھ" کے بجائے "قدسیوں میں سے" لکھا گیا ہے ۔ یہ بات بھی برابر اہمیت کی حامل ہے یہ بات طے ہے کہ چوتھے شعر میں اتنا نمایاں فرق سہواً نہیں ہو گیا ہے ۔دس ہزار کو لاکھوں کوئی اگر سہواً لکھ بیٹھا ہو تو اس کی لاپرواہی اتنے ضخیم کام میں ، جیسی ضخیم یہ بائیبل ہے ، جگہ بہ جگہ دیکھنے میں آئے گی لیکن ، جیسا کہ ہم نے کہا، ترجمہ کا مجموعی معیار اپنی جگہ بہترین ہے ۔ یہاں بائیبل کے ذمہ داران کو مسئلہ کیا درپیش ہے؟ رسولِ اکرمؐ کی تئیس سالہ پیغمبرانہ زندگی کے اکیسویں سال میں پیش ہونے والا مکہ کی فتح کا واقعہ اتنا عظیم تھا کہ اس کے بعد جلد ہی تمام عرب کو سرنگوں ہونا پڑا ۔مسئلہ یہ ہے کہ رسولِ اکرمؐ بلا تصادم فتح مکہ کے موقع پر داخلِ مکہ ہوئے تو آپ کے ہمراہ جو جاں نثار اصحاب تھے ان کی تعداد دس ہزار تھی یہ ہے اس مختصر شعر کے انگریزی ترجمہ میں موجود تفصیل یعنی حضرت موسیٰ کی بیان کردہ پیشگوئی ،کوہ فاران سے آقا دہنے ہاتھ میں آتشی شریعت کے ساتھ جلوہ گر ہوا ، جس کا مکمّل اطلاق حضرت ابراہیم سے جاری نسل میں صرف رسولِ اکرمؐ کی ہستی پر ہی ہو سکتا ہے ۔ رسول اللہ ؐ کے ہمراہ جو دس ہزار صحابہ تھے وہ پیشہ ور سپاہی نہ تھے اور نہ ہی جنگ میں جانا ان کا ذریعہ معاش تھا ،وہ عام اشخاص

تھے اور ان کا پورا معاشرہ ان کے رہنما کے ساتھ اقتصادی تنگ دستی کا شکار تھا ۔ جو حقیقت ان کے طرزِ عمل سے عیاں تھی وہ یہ کہ اپنی زندگیوں میں وہ کس مقصد کو متاعِ دنیا پر ترجیح دیتے ہیں ۔ مکہ بغیر جنگ کئے فتح ہوا، اس کے تمام باشندوں کو عام معافی دے دی گئی اور کسی کی املاک بھی فاتحین کے ہاتھوں میں منتقل ہونے کی نوبت نہیں پہنچی ۔ یہ مکمّل معافی پانے والے وہ لوگ تھے جو محض چند سال قبل رسولِ اکرمؐ کو ہلاک کر دینے سے باز نہ رہے تھے اور آپ سمیت آپ کے تمام ساتھیوں کو خالی ہاتھ شہر سے نکل جانے پر مجبور کر دیا تھا ۔ فاتحین غربت کی جس حالت میں مکہ گئے اسی حالت میں واپس مدینہ چلے آئے ۔ حضرت موسیٰ نے حق بات کہی جب تین ہزار سال قبل دس ہزار قدسیوں کی حیثیت سے ان کا ذکرِ خیر کیا ۔

بائیبل کے ایڈیٹر حضرات کو تورات کے اردو ترجمہ میں تبدیلی کس کے لئے کرنی پڑ ی ؟ کون سا مسلمان ہے جو بائیبل کی تحاریر میں اپنا وقت صرف کرنے کی ضرورت محسوس کرتا ہو؟ مسئلہ انہیں مسلمانوں سے نہیں بلکہ ان کے اپنے لوگوں کا درپیش تھا ۔ مسئلہ یہ کہ اگر مسلمانوں میں سے کسی کے علم میں یہ باتیں آ جائیں اور ان میں سے کبھی کوئی اٹھ کھڑا ہو اور بائیبل میں موجود ایسے حقائق کی اشاعت شروع کر دے تو ان کے اپنے لوگوں کے ایمان قائم نہ رہ سکیں یا لوگ شبہات کا شکار ہوں ۔انہوں نے "دس ہزار قدسیوں کے ساتھ" کو "لاکھوں قدسیوں میں سے" بنا کر اپنی مشکل آسان کی ۔ دیکھنے کی بات یہ بھی ہے کہ بائیبل میں کہاں تبدیلی لائی جا رہی ہے ۔ وہ حضرت موسیٰ کی تورات میں براہ راست حضرت موسیٰ سے منسوب قول ہے جس کا کوئی مخصوص مفہوم ہے اور اسے بتانے کا کوئی مخصوص مقصد ہے ۔ اس جملہ کو بدل کر کچھ سے کچھ کیا جا رہا ہے ۔

ہمارے قارئین کو یہ جاننا ضروری ہے کہ انگریزی بائیبل جس کا اقتباس ہم نے نقل کیا اسے کنگ جیمز ورژن (KJV) کہا جاتا ہے ۔ انگلینڈ کے بادشاہ جیمز اوّل نے 1611ء میں اسے شائع کیا ۔ اس کے زمانے تک بائیبل کے یونانی اور قدیم یونانی ترجمہ سے واپس عبرانی زبان میں منتقل ترجمہ اور اس کے علاوہ لاطینی ترجمہ اس کی سلطنت میں مختلف اقوام کے درمیان رائج تھا ۔ اس نے بائیبل اپنی انگریزی زبان میں بھی منتقل کرنے کے لئے شاہی سرپرستی میں ایک اور ترجمہ کروایا جو بعد میں زیادہ مقبول ہو گیا ۔جو انگریزی بائیبل

ہم نے یہاں استعمال کی ہے اسے ہم نے 2019ء میں حاصل کیا لیکن اس میں یہ نہیں لکھا ہے کہ وہ طبع کب ہوئی تھی ۔ یہاں استعمال کی جانے والی اردو بائیبل پاکستان بائیبل سوسائٹی کی طرف سے 2015ء میں طبع ہوئی ۔ اس کتاب کے مطابق بائیبل کا اردو زبان میں پہلا ترجمہ 1745ء میں شائع ہوا تھا ۔انگریزی ترجمہ KJV اسٹینڈرڈ ورژن بھی کہلاتا ہے۔ اسی میں وہ اقتباس جس طرح لکھا ہے ہم نے اوپر نقل کیا ۔ یہ ورژن یقیناً بائیبل کے ذمہ داران کی پریشانی کا باعث ہے ۔ لہٰذا اب انگریزی بائیبل کے اشاعتی ادارہ نے 1952ء سے ایک نیا ورژن متعارف کر دیا ہے جسے Revised King James Version یا (RKJV) کہا جا رہا ہے ۔ اس کی جو کاپی ہمارے پاس ہے وہ 2007ء میں طبع ہوئی ۔ ضروری ہے کہ اس اصلاح شدہ بائیبل میں موجود حضرت موسیٰ کا زیرِ بحث اقتباس کا موازنہ اصل انگریزی ترجمہ سے بھی کیا جائے لہٰذا دونوں تراجم اکٹھا ذیل میں نقل ہیں:

RKJV KJV

,The LORD came from Sinai, The LORD came from Sinai

.and dawned from Seir upon us; and rose up from Seir unto them

e shone forth from Mount Paran, h he shined forth from Mount .Paran

with him were myriads of holy ones; he came with ten thousands .of saints

at his right, a host of his own from his right hand went a fiery law for them

دائیں طرف درج جدید انگریزی ترجمہ اصلاح یافتہ ترجمہ ہے ۔ دیکھا جا سکتا ہے کہ پہلا شعر دونوں میں یکساں ہے ۔ دوسرے اور تیسرے شعر میں مفہوم غیر متاثر رہا اگر چہ الفاظ میں کچھ فرق ہے لیکن چوتھے میں کمال اور پانچویں شعر میں اس سے بھی بڑا کمال دکھایا گیا ہے ۔ چوتھے شعر میں موجود " دس ہزار " کو اب ان گنت یا لاتعداد سے بدل دیا ہے۔ اب اصلاح شدہ انگریزی ترجمہ کی اردو ترجمہ "لاکھوں قدسیوں" سے دور کی بھی کوئی مطابقت باقی نہ رہی

۔ اصلی پانچویں شعر میں لفظ "شریعت" موجود تھا اور شعر کا کوئی خاص مفہوم تھا ۔ اصلاح کے عمل نے وہ لفظ غائب کر دیا اور ساتھ میں شعر کا مفہوم ہی سرے سے پلٹ دیا ۔قارئین سرسری نظر دوبارہ اردو ترجمہ پر ڈال لیں ۔ وہاں پانچویں شعر کا ترجمہ کرتے وقت کوئی بیرونی مداخلت نہیں کی گئی تھی ۔ اب جو انگریزی سے انگریزی میں ترجمہ اصلاح کے نام پر کیا گیا ہے اس میں چوتھے شعر کے بعد پانچویں شعر کا بھی مکمّل علاج کر دیا ہے ۔ حضرت موسیٰ کی انفرادیت ہی یہ تھی کہ آپ کے وسیلہ سے بنی اسرائیل کو شریعت دی گئی تھی اور مذکورہ شعر میں آپ نے شریعت کو آتشی شریعت کے الفاظ میں دہرایا تھا ۔ پَولُس کی پیش کردہ تعلیمات کی تقلید میں مغربی عیسائیت کے مذہبی امراء موسوی شریعت سے آزاد ہیں ۔ وہ کسی صورت حضرت موسیٰ کی پیشگوئی جس کا اطلاق رسول اللهؐ اور آپ کے وسیلہ سے دی گئی آتشی شریعت پر ہوتا ہو اپنے لوگوں سے متعارف ہونے کے متحمل نہیں ہو سکتے ۔

ہم دیکھ سکتے ہیں کہ بائیبل کے چند الفاظ میں تبدیلی کسی غفلت، بے دھیانی، غیر ارادی غلطی یا لاپرواہی کا نتیجہ نہیں بلکہ خصوصی طور پر چنے ہوئے الفاظ ہیں اور اس کاروائی کے پیچھے ہوشیار دماغی اور سوچ سمجھ کر کی جانے والی کوششیں عمل پیرا ہیں ۔قارئین اب قیاس کر سکتے ہیں کہ اردو بائیبل میں پانچواں شعر اب تک بدل دیا ہو گا یا جلد ہی RKJV سے مطابقت کے لئے تبدیل کر دیا جائے گا ۔اس طویل بحث سے جو حقیقت سامنے لانا مراد تھی وہ یہ کہ ایسا سمجھنا غلط ہے کہ کتابِ مقدّس میں تبدیلیاں گزشتہ زمانوں میں جو ہو گئیں سو ہو گئیں ۔ ایسا نہیں بلکہ یہ عمل حالیہ دور میں جاری ہے اور آئندہ جاری رہنے والے اعمال میں سے ہے ۔

ہمارے قارئین اندازہ کر سکیں کہ کس سنجیدگی سے بائیبل میں یہ کام کیا جا رہا ہے ایک اور مثال ذیل میں پیش کی جاتی ہے ۔تورات کی پہلی کتاب پیدائش کے باب 49 میں حضرت یعقوب کا اپنی عمر کے آخری دنوں میں اپنی بارہ اولاد کو مستقبل کی باتیں بتانا تحریر ہے۔ یہ خطاب نظم کی صورت میں ہے جس میں سے یہوداہ قبیلہ کے متعلق چند اشعار ذیل میں نقل ہیں:

The scepter shall not depart from Judah	یہوداہ سے سلطنت نہیں چھوٹے گی

اور نہ اس کی نسل سے حکومت کا عصا موقوف ہو گا nor a law giver from between his feet

جب تک شیلوہ نہ آئے until Shiloh come

اور قومیں اس کی مطیع ہوں گی and unto him shall the gathering of the people be

ان چار اشعار میں صرف تیسرے شعر کا اردو ترجمہ ہی درست مانا جاسکتا ہے ۔ دوسرے شعر میں قانون یعنی شریعت دینے والا بھی موجود تھا جو اردو ترجمہ میں صاف اڑا دیا گیا ہے ۔ ان اشعار میں کلیدی لفظ "شیلوہ" ہے جو عبرانی لفظ ہے ۔ تمام بائیبل میں یہ لفظ یہاں صرف ایک مرتبہ لکھے جانے کے بعد دوبارہ کہیں نظر نہیں آتا ۔انگریزی سے اردو ترجمہ میں خصوصاً "شریعت دینے والا" ہی بائیبل کے ذمہ داران کی نظر میں پریشانی کا سبب ہے اس لئے ان کی مداخلت نمایاں ہے ۔ ضروری ہے کہ "اصلاح شدہ" انگریزی ترجمہ بھی ہمارے سامنے رہے لہٰذا ذیل میں نقل ہے:

KJV RKJV

The scepter shall not depart from Judah The scepter shall not depart from Judah

nor a law giver from between his feet nor the ruler's staff from between his feet

Until Shiloh comes until tribute comes to him

and unto him and the obedience

shall the gathering of the people be of the people is his

یہاں ہم دیکھتے ہیں کہ صرف پہلا شعر ہی کسی نوعیت کی اصلاح سے بچا رہ سکا ۔ جس طرح پہلا شعر اصلاح شدہ بائیبل میں بعینہ نقل کیا گیا ہے وہ بہت واضح نشاندہی کرتا ہے کہ بقیہ اشعار میں تبدیلی بہت سوچ سمجھ کر کی گئی ہے ۔جو اجزاء بنیادی طور پر پریشانی کا سبب تھے وہ دوسرے شعر میں "law giver" اور تیسرے شعر میں "Shiloh"

ہی تھے جن کے لئے جو کچھ بھی مترادف الفاظ ڈھونڈے گئے ان سے تبدیلی کا مقصد حاصل کر لیا گیا ۔

ہم کافی حد تک یقینی سمجھتے ہیں کہ رسولِ اکرمؐ کی بعثت کے تقریباً پندرہ صدی بعد اچانک عیسائ مذہبی مدبرین کی تحقیق بائیبل میں مستور نئے " جواہر" ڈھونڈ نکالنے کی استعداد حاصل نہیں کر گئی ۔ انیسویں صدی کے ایران میں داؤد بن یامین کلدانی کے نام سے ایک رومن کیتھولک بشپ مغربی عیسٰی دنیا میں ایک بڑے اور معروف مذہبی اسکالر کی حیثیت حاصل کر گئے تھے اور ایک نامور خطیب کے طور پر جگہ بہ جگہ مدعو کئے جاتے تھے ۔ بائیبل کی گہرائیوں میں اترنے کا قدرتی نتیجہ یہ ہوا کہ طرح طرح کی الجھنوں کا شکار ہوگئے اور کہیں سے وہ ایسے جوابات حاصل نہ کر سکے جو ان کے دل کو تسلّی دے سکیں ۔ صداقت کی تلاش نے انہیں بالآخر اسلام تک پہنچا دیا ۔ گذشتہ سالوں میں بائیبل کا تحقیقی مطالعہ دماغی طور پر انہیں اس حد تک تیار کر چکا تھا کہ قرانِ کریم کی تعلیمات اور رسول اللہ ؐ کی سیرت میں موجود وہ صداقتیں پہچان لیں جن کی انہیں تلاش تھی پس انہوں نے نہ صرف اللہ کا دین اپنی زندگی کے لئے قبول کر لیا بلکہ بائیبل کے ماننے والوں سے محبت اور اپنی نیک سیرتی کی وجہ سے سلسلہ وار مقالوں کے ذریعے انہیں بھی اسلام کی دعوت پیش کی ۔ ان مضامین میں ان کی توجہ بائیبل میں موجود چند وہ پیشگوئیاں تھیں جن کا صریحاً صرف رسولِ اکرمؐ پر ہی اطلاق ہوسکتا تھا ۔ انہوں نے بیسویں صدی کے اوائل میں یہ مقالات لکھے جو عام مسلمانوں میں تو کم معروف ہیں لیکن ہمارا قوی احساس ہے کہ یہی مقالات بائیبل کے ایڈیٹر حضرات کے علم میں آئے اور وہ ان میں پیش کردہ دلائل کی وجہ سے بائیبل کی اصلاح کے نام پر ضروری تبدیلیاں کرنے پر مجبور ہوئے ۔ یہ مقالہ جات مطبوعہ شکل میں دستیاب ہیں ۔ اوپر نقل کردہ اقتباس میں انہوں نے عبرانی لفظ "شیلوہ" کا بہت گہرائی سے تجزیہ کیا اور دلائل کے ساتھ ثابت کیا کہ نقل کردہ پورا اقتباس مکمّل طور پر رسولِ اکرمؐ پر ہی لاگو ہوتا ہے ۔

بائیبل میں کی جانے والی نئی تبدیلیاں تشویش کا باعث ہیں ۔ ہم تکمیلِ مدعا کے لئے بائیبل کا ایک اور اقتباس نقل کرتے ہیں ۔ اس سے ہمارا بنیادی مقصد اولاً تو یہ واضح کرنا ہے کہ بائیبل کے ایڈیٹر حضرات کے سامنے بعض زیرِ بحث جیسے مسائل نہ ہوتے تو

انگریزی سے اردو ترجمہ کا معیار اپنی جگہ بہترین تھا ۔ ثانیاً یہ کہ یہ اقتباس بھی اپنی تفصیلات میں ایک پیشگوئی ہے جس میں کچھ تبدیلی کرنا پڑی تب ہی انجیل متی اور مرقس کے مصنف حضرت عیسیٰ پر اس کے ایک جزو کا اطلاق کر سکے تھے ورنہ رسولِ اکرمؐ ہی اس کے مصداق ہیں ۔انجیل متی کے حوالے سے کتاب ملاکی 3:1میں درج اقتباس کا تذکرہ پہلے کیا جا چکا ہے ۔

Behold, I will send my messenger دیکھو میں اپنے رسول کو بھیجوں گا
and he shall prepare the way before me اور وہ میرے آگے راہ درست کرے گا
and the LORD, whom ye seek اور خداوند جس کے تم طالب ہو
shall suddenly come to his temple ناگہاں اپنی ہیکل میں آ موجود ہو گا
even the messenger of the covenant, whom ye delight in ہاں عہد کا رسول جس کے تم آرزو مند ہو
behold he shall come, saith the LORD of hosts آئے گا ربّ الافواج فرماتا ہے

اس اقتباس کا اردو ترجمہ مجموعی طور پر بہت تسلّی بخش ہے ۔ تمام بائیبل میں ترجمہ کا اس نوعیت کا عمومی معیار ذہن میں رکھنے کے بعد اوپر نقل کئے گئے دیگر تراجم پر نظر ڈالیں تو جو کارروائیاں اب کی جارہی ہیں وہ بآسانی سمجھ آ جا تی ہیں ۔ کتاب ملاکی میں درج اقتباس اللہ تعالیٰ کی طرف سے ایک ایسے رسول کی آمد بتاتا ہے جس کا عہد خدا نے کیا تھا ۔ یہ عہد بائیبل میں وہی تنہا عہد ہے جس کا وعدہ حضرت موسیٰ سے "وہ نبی" کی حیثیت سے کیا گیا تھا ۔ رسول اللہ ؐ مکہ میں مبعوث ہونے کے بارہویں سال اسراء ومعراج کے موقع پر "ناگہاں" اس مقام پر آ موجود ہوئے جہاں کبھی ہیکل سلیمانی تعمیر تھا ۔سقوطِ یروشلم کے بعد کتاب ملاکی میں یہ قول تحریر ہوا اور اس کے بعد حضرت عیسیٰ کے زمانے اور اس کے بعد تک یہ واقعہ رسولِ اکرمؐ کے سوا کسی فرد کو پیش نہیں ہوا ۔

رسولِ اکرمؐ کی بشارت انجیل میں

قرانِ کریم میں اللہ تعالیٰ نے یہودیوں اور عیسائیوں کو حضرت مسیح ؑ کی طرف سے دی گئی ایک اہم بشارت کی نشاندہی کی جو آنجناب اپنی تعلیمات کے دوران انہیں بتا چکے تھے اور وہ کتاب استثنا اور انجیل یوحنا میں درج ہیں ۔

> یاد کرو عیسیٰ اِبن مریم کی وہ بات جو اس نے کہی تھی: اے بنی اسرائیل! میں تمہاری طرف اللہ کا بھیجا ہوا رسول ہوں، تصدیق کرنے والا ہوں اس تورات کی جو مجھ سے پہلے آئی ہوئی موجود ہے، اور بشارت دینے والا ہوں ایک رسول کی جو میرے بعد آئے گا جس کا نام احمدؐ ہو گا (61-الصّف:6)

اس سورہ میں حضرت مسیحؑ کا تورات میں بیان کردہ حضرت موسیٰ ؑ کی اسی "وہ نبی" کی بشارت کی طرف اشارہ ہے جس سے ہمارے قارئین بخوبی واقف ہیں ۔وہاں حضرت موسیٰ ؑ کا فرمان تھا "تمہارے بھائیوں میں سے میری طرح کا ایک نبی" جس سے آپ کی مراد یہ نہ تھی کہ شکل و صورت میں ان کے مشابہ ہو اور نہ ہی بہت سے ان انبیاء کی طرف جو حضرت موسیٰ ؑ کے بعد حضرت عیسیٰ ؑ کی بعثت تک ان کے درمیان مبعوث کئے گئے ، اس لئے کہ وہ تمام انبیاء موسوی شریعت کے پابند تھے ۔جو خصوصیت آنے والے نبی کو حضرت موسیٰ ؑ کے مماثل کر سکتی تھی وہ ایک ہی خاصیت تھی اور وہ یہ کہ اس نبی کے ذریعے اللہ تعالیٰ کی شریعت بنی نوع انسان کو عطا کی جائے گی ۔یہ بشارت مکمّل طور پر رسول اللہ ؐ پر صادق ہوتی تھی ۔ اسی بشارت کو بعد کے انبیاء بھی مختلف الفاظ میں دہراتے رہے تھے جس کو چھپانے کی جو کوششیں کی گئیں انہیں ہم نے اوپر واضح کیا ۔ حضرت عیسیٰ ؑ نے اس بشارت کی تصدیق کرتے وقت اپنے طور پر بھی اس کی صراحت کی حتیٰ کہ براہ راست رسول اللہ ؐ کا نام "احمدؐ " بھی اپنے لوگوں کو پیشگی بتا دیا ۔اس بشارت کے سلسلہ میں مخالفین اسلام بہت بددیانتی اور ظلم کا مظاہرہ کرتے رہے ہیں اور حلیہ ادوار

میں ہمارے بعض دانش مند مفکرین بہت شاندار طریقہ سے اس کی وضاحت کر چکے ہیں ۔ اسلام قبول کرنے والے بیسویں صدی کے عیسائی عالم داؤد بن یامین کلدانی ، جن کا تذکرہ اوپر کیا گیا، جنہوں نے مسلمان ہونے کے بعد عبدالاحد داؤد اپنا نیا نام چنا، انہوں نے بھی عیسائی عقیدت مندوں کے لئے بہت گہرائی میں اتر کر حضرت عیسیٰ ؑ کی اس پیشگوئی کی وضاحت اپنے مسلسل تین مقالات کے ذریعے کی ۔ مولانا مودودیؒ نے بھی جس بہترین طریقہ پر تفہیم القرآن میں اس سورہ کی تفصیلات واضح کیں انہیں پڑھنے کے بعد بمشکل ہی اس میں کسی بات کا اضافہ کرنے کی گنجائش نکالی جا سکتی ہے تاہم بعض مواقع پر تشنگی دور کرنے کے لئے انجیل میں موجود اس بشارت کے چند پہلو ذیل میں قارئین کے لئے پیش کئے جاتے ہیں ۔

ابتدائی تین اناجیل، متی، مرقس اور لوقا کی مجموعی تفصیلات کی روشنی میں عیسائی عقیدہ کے جو تصورات یہ حضرات وضع کر سکتے تھے ان میں نوعِ انسانی کے لئے مستقبل میں کسی اور ہادی کے بھیجے جانے کی کوئی وجہ نہیں ہونی چاہئے تھی ۔ از روئے بائیبل حضرت مسیحؑ کے صلیب کے واقعہ سے جملہ ایمان لانے والوں کے گناہوں کا کفارہ ادا ہو چکا تھا ۔ علاوہ ازیں تمام منتخب حواریوں کے مرنے سے پہلے ہی حضرت مسیحؑ کی دوبارہ آمد اور قیامت کا واقعہ پیش آ جانا تھا اور اس کے بعد آسمانی بادشاہت کی ابتدا بھی ہو جانی تھی ۔ یہی وجہ ہے کہ مذکورہ تین اناجیل میں اس بشارت کا کوئی اشارہ موجود نہیں ۔ لیکن چوتھی انجیل لکھتے وقت توقع کے برخلاف نہ حضرت مسیح ؑ کی آمد ثانی اور نہ ہی روزِ قیامت جیسے واقعات پیش ہوئے جبکہ تمام حواری اب تک فوت ہو چکے تھے، لہٰذا اس انجیل کے مصنف نے اپنی تحریر میں یہ بشارت تحریر کرنے کا فیصلہ کیا جس کی طرف قرانِ کریم کی اس سورہ میں متوجہ کیا گیا ہے ۔ انجیل یوحنا میں یہ وہی "خوشخبری" ہے جسے مصنف نے بہت گنجلک طریقہ سے بیان کیا اور جسے اس کتاب کے حصّہ دوئم کے اختتام پر زیرِ بحث لایا گیا تھا ۔ ذیل میں انجیل یوحنا کا متعلقہ ایک فقرہ دوبارہ نقل ہے:

میں باپ سے درخواست کروں گا تو وہ تمہیں دوسرا مدد گار بخشے گا کہ ابد تک تمہارے ساتھ رہے ۔ (یوحنا 14:15)

لفظ "مددگار" کے لئے اصل یونانی زبان میں لفظ "Paraclete" استعمال کیا گیا ہے ۔ یونانی زبان میں اس لفظ کے "مدد گار" سے ملتے جلتے کئی معنی ہیں۔ قدیم زمانے سے عیسائی مفکرین اس کے کسی

ایک معنی پر اتفاق نہیں رکھتے تاہم اس پر متفق ہیں کہ انجیل میں یہی یونانی لفظ لکھا گیا تھا ۔ اب دیکھنے کی بات یہ ہے کہ یونانی زبان کا ایک اور لفظ "Periqlyte" ہے جس کے معنی "نامور" ، "قابلِ تعریف" یا "تعریف کیا ہوا" ہیں ۔ یہ لفظ "احمد" کا بالکل ہم معنی ہے ۔ حضرت عیسیٰ کا خطاب یونانی زبان میں نہیں بلکہ فلسطین کی سریانی زبان میں تھا ۔ لفظ "Periqlyte" کا مترادف لفظ عبرانی یا سریانی زبان میں "منا حم" سے نکلا ہوا لفظ "منحمنّا" ہے۔

اندازہ کیا جاسکتا ہے کہ حضرت عیسیٰ نے رسولِ اکرمؐ کا عربی نام احمدؐ اپنے خطاب میں منحمنّا کہہ کر بتایا جس کو رسولِ اکرمؐ کی بعثت سے قبل یونانی زبان میں "Periqlytos" لکھا گیا ہوگا لیکن چونکہ یہ لفظ اناجیل کی اشاعت کے ذمہ داران کو قبول نہیں ہو سکتا تھا اس لئے اس کو "Paraclete" سے تبدیل کر لیا گیا ۔انتہائی افسوس کی بات یہ ہے کہ لفظ "مددگار" یعنی روح القدس عیسائی ایمان والوں کی جس مدد اور تسلّی کے لئے یہ حضرات استعمال کرنے کے خواہشمند ہیں اس کے لئے یہ قطعی بے معنی ہے ۔ کیا وہ یہ کہنا چاہتے ہیں کہ خدا کے تین اقانیم میں سے باپ کے اقنوم نے اپنے دوسرے یعنی بیٹے کا اقنوم کے ذریعہ بتایا کہ وہ اپنا تیسرا اقنوم "روح القدس" ان کے لئے مدد گار کی حیثیت سے دے گا؟معاذاللہ من ذالک ۔ یہاں ضروری ہے کہ اہم ترین عیسائی عبادتی رسم کا تعارف کر دیا جائے ۔

عشاء ربّانی

عیسائی عبادات میں یہ اہم ترین رسم ہے جو حضرت عیسیٰ کی مبینہ قربانی کی یاد میں منائی جاتی ہے ۔ آنجناب نے واقعہ صلیب سے ایک دن قبل حواریوں کے ساتھ عیسائی روایات کے مطابق عید کے روز رات کا کھانا کھایا تھا ۔ انجیل متی میں اس کا احوال حسبِ ذیل الفاظ میں تحریر ہے:

> جب وہ کھانا کھا رہے تھے تو یسوع نے روٹی لی اور برکت دے کر توڑی اور شاگردوں کو دے کر کہا لو کھاؤ۔ یہ میرا بدن ہے ۔ پھر پیالہ لے کر شکر کیا اور ان کو دے کر کہا تم سب اس میں سے پیو۔ کیونکہ یہ میرا وہ عہد کا خون ہے جو بہتیروں کے لئے گناہوں کی معافی کے واسطے بہایا جاتا ہے (متی 26:26)

انجیل لوقا اس خطاب میں مزید ایک فقرہ کا اضافہ کرتی ہے "میری یادگاری کے لئے یہی کیا کرو" لوقا 22:19)۔ یہ اضافی فقرہ انجیل متی کی طرح انجیل مرقس میں بھی موجود نہیں۔ انجیل یوحنا باب 13 میں اس کھانے کا تذکرہ تو کرتی ہے لیکن وہاں ان تفاصیل کا کوئی ذکر موجود نہیں ہے ۔لوقا، جیسا کہ بتایا گیا، پَولُس کا خاص شاگرد تھا ، اس نے اپنے استاد کی کہی بات قبول کی اس لئے کہ پَولُس اپنے خط میں لکھتا ہے:

> کیونکہ یہ بات مجھے خداوند سے پہنچی اور میں نے تم کو بھی پہنچا دی کہ خداوند یسوع نے جس رات وہ پکڑوا یا گیا تھا روٹی لی اور شکر کر کے توڑی اور کہا یہ میرا بدن ہے جو تمہارے لئے ہے ۔ **میری یادگاری کے واسطے یہی کیا کرو** ۔ اسی طرح اس نے کھانے کے بعد پیالہ بھی لیا اور کہا یہ پیالہ میرے خون میں نیا عہد ہے ۔ **جب کبھی پیو میری یادگاری کے لئے یہی کیا کرو** (1-کرنتھیوں 11:23)

اگر حضرت عیسیٰؑ نے "میری یادگاری کے واسطے یہی کیا کرو" جیسے اہم الفاظ حواریوں سے اس موقع پر کہے ہوتے جس کے بعد پیش آنے والے واقعات پر ہی تمام عیسائی عقیدہ کا دارومدار ہے تو متی اور مرقس کیونکر یہ الفاظ نظر انداز کر سکتے تھے؟ اور آخر کس طرح انجیل یوحنا کا مصنف اس پورے واقعہ کو لکھنے سے باز رہتا ۔ بنظر انصاف دیکھیں تو وہ تینوں غالباً حضرت مسیح کے یہ اقوال جانتے نہ تھے۔ صرف پَولُس اپنے خط میں یہ اضافی بات کہتا ہے کہ اسے مکاشفہ سے بتایا گیا "میری یادگاری کے واسطے یہی کیا کرو" ۔یادگاری کا یہ واقعہ آگے چل کر عیسائی عبادات میں اہم ترین رسم اختیار کر گیا ۔

ہر اتوار کی شام عیسائی معتقدین علاقے کی کلیسا میں جمع ہوتے ہیں ۔رسم کی ابتدا میں زبور کے مزامیر میں سے کچھ پڑھا جاتا اور دعا کی جاتی ہیں اس کے بعد روٹی اور شراب سب کے لئے فراہم ہوتی ہے ۔ صدر مجلس ان کو لے کر باپ، بیٹا اور روح القدس سے برکت کی دعا مانگتا ہے جس پر شریکِ مجلس آمین کہتے ہیں، اس کے بعد کلیسا کے خدّام روٹی اور شراب حاضرین تک پہنچا تے ہیں ۔ عیسائی عقیدہ کے مطابق خدا کے تیسرے اقنوم روح القدس کے وسیلہ سے فوراً روٹی مسیح کا بدن اور شراب مسیح کا خون میں بدل جاتے ہیں اور اس طرح حضرت مسیح روحانی طور پر ان کے درمیان موجود ہو

جاتے ہیں ،اگرچہ ظاہری طور پر وہ روٹی اور شراب ہی نظر آتی ہوں
۔

سوال یہ ہے کہ جب حضرت عیسیٰؑ روحانی طور پر ہر اتوار کو ان کے ساتھ ہوتے ہیں تو جس مدد گار کا وعدہ کیا جا رہا ہے اسے آخر کون سا مصرف پورا کرنے کی ضرورت رہے گی جسے معتقدین محسوس کر سکیں کہ وہ واقعتاً پورا ہو رہا ہے ۔ یادگاری کی اس رسم کے لئے پَولُس کا قول عیسائی مذہبی رہنما شروع سے تسلیم کرتے چلے آتے ہیں۔ وہ متحمل نہیں ہو سکتے کہ عیسائی عوام حضرت عیسیٰؑ کی رسولِ اکرمؐ کے لئے "احمد" کے نام سے بتائی گئی بشارت ،جسے یونانی زبان میں "Periqlytos" لکھا گیا تھا، کے اصل مفہوم سے واقف ہو ں ۔ اسی لئے اس لفظ کو "Paraclete" سے بدل کر اپنی مشکل آسان کی ۔

رسول اللہ ؐکی سیرتِ مبارکہ میں عیسائی دنیا کے جو واقعات ملتے ہیں ان سے اندازہ ہوتا ہے کہ وہ اپنے عقیدہ کے حوالے سے بعض ایسے نکات جانتے تھے جن کا سراغ اناجیل میں نظر نہیں آتا ۔مثال کے طور پر رسولِ اکرمؐ نے 7 ہجری میں صلح حدیبیہ سے فراغت کے بعد پڑوسی ممالک کے بادشاہوں کو دعوتِ اسلام کے لئے جو خطوط روانہ کئے ان میں سے ایک خط شاہ قسطنطنیہ کے ماتحت بیت المقدس کے عیسائی فرماں روا ہرقل کے نام تھا ۔ اس وقت اتفاق سے ابو سفیان بھی تجارت کی غرض سے اس شہر میں موجود تھا ۔ ہرقل نے آنحضور ؐ کے متعلق ضروری معلومات حاصل کرنے کی خاطر ابو سفیان کو اپنے دربار میں طلب کیا اور سرکارِ رسالت مآب ؐ کے متعلق سوالات کئے ۔ جوابات حاصل کرنے کے بعد ابو سفیان کو مخاطب کرتے ہوئے کہتا ہے:

> "نبیِ موعود کی یہی علامتیں ہم کو بتائی گئی ہیں ۔ میں سمجھتا تھا کہ نبی کا ظہور ہونے والا ہے لیکن یہ نہ سمجھتا تھا کہ وہ عرب میں سے ہو گا ۔ ابو سفیان! اگر تم نے سچ سچ جواب دئیے ہیں تو وہ ایک روز اِس جگہ کا جہاں میں بیٹھا ہوا ہوں (شام و بیت المقدس) ضرور مالک ہو جائے گا ۔ کاش میں ان کی خدمت میں پہنچ سکتا اور نبی کے پاؤں دھویا کرتا "۔(تاریخِ طبری، جلد اوّل:صفحہ 266)

عیسائی مذہبی علماء مروجہ مغربی عیسائیت کی جو کچھ بھی تفہیم پیش کرتے ہیں ان میں کسی نبیِ موعود کی گنجائش موجود نہیں لیکن

جو کچھ ہرقل نے کہا اس میں اور مروجہ تصورات میں زمین و آسمان کا فرق ہے ۔بنی اسرائیل کی جو کچھ بھی تاریخ ہرقل کے پاس موجود ہو سکتی تھی اس تمام تاریخ میں کسی نبی کے متعلق وہ نہیں جان سکتا تھا کہ وہ جس ملک یا جس قوم میں پیدا ہوئے اس ملک سے باہر کسی اور ملک کے بھی مالک ہو گئے ہوں ۔ اس فہرست میں حضرت ابراہیم سمیت ان سے پہلے یا بعد کے تمام انبیاء شامل ہیں ۔ عیسائی مذہبی تعلیمات میں "نبیِ موعود" کے متعلق کچھ ایسی انہونی روایات بالضرور اس کے وقت میں موجود تھیں جو آنے والے نبی کی عالمگیر کامرانی کا مفہوم انہیں دیتی تھیں جو مروجہ اناجیل میں موجود نہیں ۔ آنے والے نبی کے متعلق پیشگی معلومات کے معاملہ میں ہرقل کی مثال کوئی تنہا مثال نہیں ۔ ہجرت اولیٰ کے موقع پر مکہ کے مسلمان حبشہ میں پناہ گزیں ہوئے تو ان کے تعاقب میں آنے والے مشرکین مکہ کے سفیر نے حبشہ کے شاہ نجاشی کے دربار میں رسولِ اکرمؐ کی نبوّت اور دعوتِ اسلامی پر اعتراضات اٹھائے اور مہاجرین کی گرفتاری اور واپسی کا مطالبہ کیا ۔اس موقع پر شاہ نجاشی کو حضرت جعفرؓ نے قرانِ کریم میں سے سورہ مریم کا وہ ابتدائی حصہ سنایا جس میں حضرت یحییٰ اور حضرت عیسیٰ کی معجزانہ پیدائش کے واقعات بیان تھے ۔ شاہ نجاشی وہ کلام سنتا رہا اور روتا رہا ۔ اسی سلسلہ میں شاہ نجاشی کے سامنے سورہ مریم کا وہ حصہ بھی پڑھا گیا جہاں خدا کے تین اقوانیم کی رد میں بیان ہوا:

> مریم نے بچّے کی طرف اشارہ کر دیا ۔لوگوں نے کہا "ہم اس سے کیا بات کریں جو گہوارے میں پڑا ایک بچّہ ہے"؟ بچّہ بول اٹھا "میں اللہ کا بندہ ہوں ۔اُس نے مجھے کتاب دی، اور نبی بنایا، اور با برکت کیا، جہاں بھی میں رہوں، اور نماز اور زکوٰۃ کی پابندی کا حکم دیا جب تک میں زندہ رہوں، اور اپنی والدہ کا حق ادا کرنے والا بنایا، اور مجھ کو جبّار اور شقی نہیں بنایا ۔(19-مریم:30)

اس کے جواب میں نجاشی نے زمین سے تنکا اٹھایا اور کہا: "خدا کی قسم جو کچھ تم نے کہا ہے، عیسیٰ اُس سے اِس تنکے کے برابر بھی زیادہ نہیں تھے"۔ یہ کیفیات کسی شخص پر پیدا نہیں ہو سکتیں جب تک کہ اسے کوئی ایسی اضافی معلومات میسر نہ ہوں جو موجودہ اناجیل میں نہیں نظر آتیں ۔اسی طرح سے کچھ اور مثالیں موجود ہیں جو صراحت کرتی ہیں کہ کچھ منفرد، اور موجودہ چار اناجیل سے

مختلف ، روایات عیسائی دنیا میں اس وقت لوگوں کے پاس موجود تھیں ۔ اس ضمن میں ہرقل کا جملہ "نبیِ موعود کی یہی علامتیں ہم کو بتائی گئی ہیں" خصوصی توجہ کا مستحق ہے۔ ہمارے پسندیدہ سابقہ عیسائی مفکر پروفیسر عبدالاحد کلدانی کا ایک تحقیقی مقالہ حضرت عیسیٰ کے حواری پطرس کے متعلق ہے جس کی روشنی میں حضرت عیسیٰ کے بارہ منتخب حواریوں میں پطرس کے خصوصی مقام کی وضاحت ذیل میں پیش کی جا تی ہے ۔یہ بحث ہرقل کا قول "نبیِ موعود کی یہی علامتیں ہم کو بتائی گئی ہیں" کی وضاحت کر سکے گی ۔

پطرس حواری بطورِ مصفاہ

چاروں اناجیل میں پطرس کو حضرت مسیح کے بارہ حواریوں میں اہم ترین حواری کی حیثیت کا حامل ہونا بہت واضح ہے ۔پطرس کے نام سے رومن کیتھولک چرچ Saint Peter's Basilica روم کے درمیان ویٹیکن سٹی میں قائم ہے لیکن بائیبل کی تحاریر پر غور کریں تو پطرس کی لفظ "مصفاہ" سے ایک ایسے اہم تعلق کی نشاندہی ہوتی ہے جس سے نہ تو عیسائی دنیا کچھ واقفیت رکھتی ہے اور نہ ہی عام مسلمان اِس کے بارے میں کچھ جانتے ہیں، جبکہ مسلمانوں کا لفظ "مصفاہ" سے بہت اہم تعلق ہے ۔ جو شعائر عیسائی عقیدہ میں وضع ہونے چاہئے تھے، وہ واقعتاً وضع ہو جاتے تو یقینی ہے کہ ان کی علامات میں مصفاہ کی حیثیت نمایاں رہتی اور پطرس حواری سے اس کا ایک اہم تعلق قائم رہتا ،لہٰذا جو نکات ہم آگے پیش کرنا چاہتے ہیں اس میں پطرس کی خصوصی حیثیت جان لینا ضروری ہے ۔ اس لفظ کا پس منظر اور پطرس سے اس لفظ کی وابستگی کے تفصیلی بیان سے موضوع کا ذیل میں آغاز کیا جارہا ہے ۔

مسلکِ ابراہیمی میں اللہ تعالٰی کی عبادت کے لئے کسی مناسب پتھر کو کسی مخصوص مقام پر نصب کر کے اسے خدا کا گھر قرار دینا حضرت ابراہیمؑ اور آپ کے صاحبزادے حضرت اسماعیلؑ کے ذریعے پہلی مرتبہ مکہ مکرمہ میں اور حضرت ابراہیمؑ کے پوتے حضرت یعقوبؑ کے ذریعے پہلی مرتبہ فلسطین میں کیا گیا ۔ بائیبل میں حضرت ابراہیمؑ و حضرت اسماعیلؑ کی مکہ مکرمہ میں خدا کے گھر کی تعمیر بتانے سے قصداً احتراز کیا گیا ہے تاہم حضرت یعقوبؑ کا مقدّس پتھر

کے لئے ایک واقعہ درج ہے ۔موقع یہ تھا کہ حضرت یعقوبؑ نے ایک سفر کے دوران یروشلم سے پندرہ بیس کلومیٹر شمال میں ایک بالکل غیر آباد مقام پر خواب دیکھا جس میں ان کی اولاد کو فلسطین میراث میں دینا بتایا گیا تھا۔ خواب دیکھ لینے کے بعد :

> اور یعقوب صبح سویرے اٹھا اور اس پتھر کو جسے اس نے اپنے سرہانے دھرا تھا لے کر ستون کی طرح کھڑا کیا اور اس کے سرے پر تیل ڈالا ۔اور اس جگہ کا نام بیت ایل رکھا ۔(پیدائش 28:18)

اس اقتباس میں بیت سے مراد گھر جبکہ ایل دراصل ایلوھیم کا مخفف ہے جس سے اللہ تعالٰی کی ہستی مراد ہے لہٰذا یہاں پتھر نصب کرنے سے اس مقام کو بیت اللہ یا خدا کا گھر کہا گیا ہے ۔قدیم زمانہ میں حضرت ابراہیم کے نسب سے جو دو گھرانے مکہ اور فلسطین میں مقیم تھے ان کا رہن سہن خانہ بدوشی کی زندگی اور مویشیوں کی نگہداشت کے ذریعے حاصل ہونے والی خوراک اور آمدنی پر منحصر تھا ۔خصوصاً فلسطین میں وہ زندگی ایسی نہیں تھی کہ مستقل بنیاد پر کوئی مقام منتخب کر کے وہاں خدا کی عبادت کے لئے کوئی عمارت تعمیر کر لیں ۔جو طریقہ اس کے لئے اختیار کیا گیا وہ یہ کہ دین ابراہیمی پر چلنے والے زمین پر کوئی پتھر نصب کر کے حج ادا کرنے کے لئے سات مرتبہ اس کے گرد دائرہ کی صورت میں ایک خاص ردھم میں چکر لگاتے اور دعائیہ کلمات ادا کرتے ۔مسیحی حضرات لفظ "حج "سن کر بے چینی محسوس کریں گے اس لئے کہ معروف تاریخ کے مطابق حج صرف مکہ میں قدیم زمانے سے جاری رہا اور گزشتہ چودہ صدیوں سے صرف مسلمان ہی مکہ میں ہر سال حج ادا کرتے ہیں ۔لفظ "حج" اسی معنی میں ہمیشہ سے عبرانی اور دوسری سامی زبانوں میں استعمال ہوتا رہا ہے ۔عربی لفظ حج یا حجاج عبرانی یا سامی زبان میں hag یا hagag لکھا اور بولا جاتا رہا ہے صرف اس کی صوتی ادائیگی مختلف ہے ، اسی طرح جیسے سامی لفظ گمال کو عربی میں جمال کہتے ہیں ۔ عربی حرف ج کو عبرانی میں سخت آواز میں گ اور نرم آواز میں غ سے ادا کیا جاتا ہے ۔عبرانی لفظ hagag حضرت موسیٰ کی طرف سے طے کردہ سالانہ تین عیدوں کے لئے استعمال کیا جاتا ہے جو کتاب خروج 23:14 میں درج ہیں جس میں قربانی پیش کرنا بھی شامل ہیں ۔اسی قربانی کی عید کے لئے کہا گیا

کہ" یہ تیرے ہاتھ پر ایک نشان اور تیری پیشانی پر ٹیکوں کی مانند ہوں کیونکہ خداوند اپنے زور بازو سے ہم کو مصر سے نکال لایا" (خروج 13:16)-آج بھی اس کا مشاہدہ یہودیوں کا یروشلم میں دیوارِ گریہ پر اجتماع کے موقع پر ہوتا ہے جب وہ اپنے دہنے بازو پر سیاہ پٹی سات مرتبہ لپیٹے اور پیشانی پر چمڑے سے بنا چھوٹا سا ڈبہ باندھتے ہیں جس میں تورات کی آیات درج رہتی ہیں ۔ قارئین دیکھ سکتے ہیں کہ سیاہ پٹی سات مرتبہ لپیٹنا طوافِ کعبہ اور چھوٹے ڈبہ کی ساخت خانہ کعبہ سے مماثلت رکھتی ہیں ۔ مشرق میں رہنے والے عیسائی بھی اس hagag کو higga کے نام سے جانتے ہیں اور اسے ایک رسم کے طور پر ادا کرتے ہیں ۔ اس رسم میں شادی کے موقع پر قریبی اعزہ عیسائی دلہا اور دلہن کے گرد سات چکر لگاتے ہیں، گاتے اور خوشی مناتے ہیں ۔

سامی زبان کے لفظ hagag کے یہ معنی نہیں کہ کسی مذہبی رسم کو کسی مُقدّس مقام پر انجام دینے کے لئے طویل سفر کیا جائے ۔بائیبل کے مطابق حضرت ابراہیمؑ حار ان سے ایک ہزار میل لمبا سفر طے کرنے کے بعد فلسطین پہنچے تو چند مقامات پر قربان گاہ بنائی اور اللہ کی عبادت کی ۔ حضرت یعقوبؑ نے اپنے سفر کے دوران بیت ایل بنایا جس کا اوپر تذکرہ کیا گیا ۔ وہ سفر آپ نے اپنے والد حضرت اسحٰقؑ کے حکم پر کیا تاکہ ارام، حار ان سے متصل علاقہ، میں جائیں اور اپنے ننھیال میں سے کسی خاتون سے نکاح کریں ۔ وہاں بیس سال گزارنے کے بعد جبکہ ان کی چار بیویوں سے گیارہ اولادیں پیدا ہو گئیں تو انہوں نے بیوی بچوں کے ساتھ واپس فلسطین آنے کا قصد کیا ۔آپ کے خسر اس بات سے واقف نہ تھے لہذا ناراضگی کے ساتھ ان کا پیچھا کرتے ہوئے فلسطین کے شمالی پہاڑی علاقوں میں انہیں تلاش کر لیا ۔ اس مقام پر حضرت یعقوبؑ نے اپنے خسر کے ساتھ، جو رشتہ میں ان کے ماموں تھے، بہتر تعلقات کی قسم کھائی، یا باہمی عہد کیا۔ جس مقام پر یہ واقعہ پیش آیا وہاں حضرت یعقوبؑ نے پتھروں کے ڈھیر پر ایک اور پتھر ستون کی طرح کھڑا کیا تب وہاں باہمی عہد کرنے پر حضرت یعقوبؑ نے اس جگہ کا نام جلعاد یا مصفاہ جبکہ ان کے خسر نے "یجر شاہدوتھا" نام رکھا(پیدائش 31:47) - "یجر شاہدوتھا "ارامی لفظ ہے جس کا مطلب ہے "شہادت کا ڈھیر" لیکن اس مقام کا اصل عبرانی نام حضرت یعقوبؑ نے مصفاہ رکھا تھا ۔ بعد میں اس غیر آباد جگہ پر

ایک اسرائیلی قبیلہ نے اپنے لئے جلعاد نام کا ایک شہر بسا لیا تھا اس لئے حضرت یعقوبؑ کے واقعہ میں لفظ "جلعاد" بھی موجود ہے ۔قارئین حضرت یعقوبؑ کے خسر کے الفاظ "یجر شاہدوتھا" یعنی شہادت کا ڈھیر یا شہادت کا پتھر اور عربی یا اردو میں ہجر اور شہادت میں لفظی مماثلت دیکھ سکتے ہیں ۔

تورات میں یہ پہلا موقع ہے (پیدائش 31:47) جہاں عبرانی لفظ مصفاہ دیکھنے میں آتا ہے ۔بنی اسرائیل کی تاریخ میں آنے والے زمانوں میں " مصفاہ " عبادت کے ساتھ ساتھ سیاسی معاملات کے لئے قومی اجتماع کا اہم مقام کی حیثیت اختیار کر گیا ۔ حضرت موسیٰ کے خلیفہ یشوع کی امارت میں بنی اسرائیل نے فلسطین حاصل کیا اور ملک کو قبیلوں میں تقسیم کر کے رہنے لگے تو جلد ہی ساتھ میں اور قریب میں بسنے والی غیر اقوام کے تسلط کا شکار ہوگئے ۔ ایسے ہی کسی موقع پر ان میں کے ایک بہادر افتاح نامی شخص کے ذریعے انہیں حربی فتح حاصل ہوئی ۔ افتتاح نے اپنی کامیابی کے لئے قربانی کی نذر مان رکھی تھی ۔ بائیبل بتاتی ہے اپنی قسم پوری کرنے کے لئے اسے اپنی اکلوتی جوان بیٹی قربان کرنا پڑی۔ جس مقام پر یہ واقعۂ قربانی پیش آیا اسے بائیبل مصفاہ بتاتی ہے (قضاہ11:34)۔ اسی قبائلی دور میں ایک مرتبہ گیارہ قبیلوں کے چار لاکھ شمشیر زن اپنے بارہویں قبیلہ بنی بن یمین کو سزا دینے اور صفحۂ ہستی سے تقریباً مٹا دینے کے لئے "مصفاہ" میں اکٹھا ہوئے اس لئے کہ اس قبیلہ کے چند افراد لاوی قبیلہ کے ایک فرد کی بے گناہ بیوی کی بے حرمتی کرنے اور اس ظلم کی وجہ سے اس کے فوت ہو جانے کے گناہِ کبیرہ کے مرتکب ہوئے تھے (قضاہ20:1)۔بنی اسرائیل میں قبائلی دور سیموئیل نبی کی امارت میں ختم ہوا تو اس زمانے میں مصفاہ زیادہ اہم حیثیت حاصل کر گیا ۔ سیموئیل نبی نے پہلی مرتبہ تمام قوم کو "مصفاہ" میں جمع کیا اور خدا سے عہد کروایا کہ تمام لوگ انسانی ہاتھوں سے بنے دیوتاؤں کو اپنے درمیان سے دور کریں اور خدا کی طرف رجوع ہوں ۔ قوم نے ایسا کیا تب وہ فلستیوں کے غلبہ سے بچا لئے گئے (1۔سیموئیل 7:5)۔کچھ عرصہ بعد "مصفاہ" میں قوم کا اجتماع ہوا اور طالوت ان کا بادشاہ مقرر ہوا (1۔سیموئیل 10:17)۔مختصراً یہ کہ عبادت کے علاوہ قوم کے مشکل وقتوں میں یا بڑے سیاسی معاملات کے لئے مصفاہ وہ مقام تھا جہاں قوم کا اجتماع ہوا کرتا تھا ۔

یہ مصفاہ علاقہ کے کسی اونچے مقام پر بنائے جاتے تھے یا ہموار علاقہ ہونے پر کسی مقام کو مٹی اور پتھروں سے اونچا کر لیا جاتا تھا ۔حضرت سلیمان کے عہد میں ہیکل بنا لینے کے بعد بھی مصفاہ احترام کی نگاہ سے دیکھے جاتے تھے ۔ بعد میں قوم ایک مرتبہ پھر گمراہی کا شکار ہوئی تو کعبہ کی طرح ان کو بھی بتوں اور دیوی، دیوتاؤں کی تصویریں سے بھرا جانے لگا تاہم سقوطِ یروشلم کے بعد بھی میکابی کے زمانے تک مصفاہ کی مذہبی قدر و قیمت باقی رہی ۔

لفظ "مصفاہ" سے کیا مراد لی جاتی ہے؟ عام طور پر اس کا مفہوم ہے کوئی اونچا ٹاور ، یعنی مصفاہ کسی مقام کا یا کسی مقام پر تعمیر کردہ عمارت کا نام ہے جو اپنا نام صفاہ سے اخذ کرتا ہے جبکہ لفظ" صفاہ" قدیم زمانے سے پتھر کے لئے استعمال کیا جاتا تھا ۔پتھر کے لئے عبرانی میں "iben" اور عربی میں لفظ "حجر" مستعمل ہے ۔ قدیم سریانی زبان میں پتھر کے لئے لفظ "کیفا" استعمال میں تھا لیکن تینوں زبانوں میں کسی شخص یا کسی شئے کا لقب پتھر رکھنا ہو تو اس کے لئے لفظ صفا یا صفاہ مقرر ہوتا تھا ۔ لہٰذا صفاہ کا اصل مطلب یہ ہے کہ کسی مقام پر پتھر ڈھیر کئے جائیں اور اس ڈھیر پر ایک اور مناسب پتھر جما دیا جائے ۔ جب ایسا کر لیا جائے تو اس کا مطلب ہے وہاں صفاہ بن گیا یا صفاہ قائم ہو گیا ۔ اب وہ مقام جہاں صفاہ قائم ہوا اس مقام کو مصفاہ کہا جائے گا ۔لہٰذا کسی بستی میں کوئی مسافر پہنچے تو اسے وہاں لوگوں سے پوچھنے کی ضرورت نہیں کہ مصفاہ کہاں ہے؟ وہ اونچے مقام پر ہونے کی وجہ سے از خود دیکھ لیا جا سکتا ہے ۔مسافر کو علم ہے کہ اس کی ضروریات کا کہاں سے بآسانی مداوا ہو سکتا ہے

۔

قدیم ابراہیمی دور پر غور کریں تو کسی عبادت گزار مسافر کا حالتِ سفر میں کسی نمایاں پتھر کو عبادات کے لئے کسی مقام پر نصب کرنا ایک بہترین انتخاب تھا لیکن اس میں مزید گہرائی پنہاں تھی ۔یہ طریقہ اللہ تعالیٰ کے انبیاء نے اختیار کیا تاکہ اگر کسی مقام پر اللہ کا کوئی پیغام یا ہدایت موصول ہوئی یا کوئی عہد باندھا گیا تو وہ مقام اور وہ پتھر ایک مُقدّس علامت بن سکے ، عقیدہ کی تدوین کے معاملہ میں پیش آنے والے ایسے بڑے واقعات کی یادیں محفوظ رہ سکیں اور آئندہ نسلیں مذہبی رسومات کے تعلق سے ان واقعات کی یاد دہانی کرتی رہیں ۔اس نوعیت کے استعمال کے لئے بے قیمت پتھر سے بہتر کوئی شئے

نہیں ہو سکتی تھی ۔پتھر کا کھلے آسمان تلے قدرتی عناصر سے مقابلہ کے باوجود اپنی اصل حالت برقرار رکھنا ، بے قیمت اور بے قدر ہونا اور اس کا آسان حصول اس بات کی کافی ضمانت تھی کہ کوئی اور شخص بلا وجہ اس کی حالت میں تبدیلی کرنے، اسے تباہ کرنے یا چُرانے کی کوشش نہیں کرے گا ۔حضرت موسیٰؑ کے توسط سے دو صدی بعد دی جانے والی شریعت میں پتھروں کے ڈھیر سے بنائی جانے والی قربان گاہ پر اوزار استعمال کرنے کی اجازت نہیں دی گئی(خروج 20:25) تاکہ کوئی نقش، کوئی تصویر یا کوئی اور الفاظ ان پر کندہ نہ کئے جائیں اور بعد میں قوم جب بگڑے راستوں پر چلنا چاہے تو کسی اور نوعیت کی پرستش کے راستے نہ نکال سکے ۔لوہا، سونا، چاندی یا کوئی اور دھات ان خصوصیات کی حامل نہیں ہو سکتی تھیں ۔ مذہبی اور مُقدّس علامتوں کے لئے آسان ترین اور باقی رہ جانے والی کوئی شئے اگر تھی تو قدرتی حالت میں پایا جانے والا پتھر ہی ہو سکتا تھا ۔

یہاں ایک یہ بات بھی سمجھنے والی ہے کہ جب کسی خاص پتھر کی مُقدّس تیل کے ذریعے تقدیس کر دی گئی تو جس مقام پر اسے نصب کیا گیا وہ بھی اتنا ہی مُقدّس قرار دیا گیا ۔ یہی وجہ ہے کہ مسلمانوں کا حج، عبرانی higga کی طرح ، اس عمارت کے گرد ہوا جس میں ایک مُقدّس پتھر نصب کیا گیا تھا ۔یہ معلوم ہے کہ 930ء میں اسماعیلی شیعہ فرقہ قرامطہ نے حجرِ اسود زبردستی خانہ کعبہ سے نکال لے جاکر اپنے ملک میں رکھا لیکن حج کرنے والوں کو اپنے ہاں نہ لا سکے اور بالآخر اکیس سال بعد حجرِ اسود واپس مکہ لانا پڑا ۔ اگر وہ سونا، چاندی یا دوسری قیمتی اشیاء پر مشتمل کوئی شئے ہوتی تو چار ہزار سال محفوظ نہ رہ سکتی تھی یا کہیں اس پر قدرتی اشیاء میں سے کسی شئے کا عکس کندہ کیا ہوتا تو رسولِ اکرمؐ اسے خود تباہ کر دیتے ۔

عہد نامہ قدیم کی تحریروں سے لفظ "مصفاہ" کا ایک اور عمومی مفہوم اخذ ہوتا ہے کہ کسی بستی یا شہر میں اونچا ٹاور تعمیر کر لیا گیا تاکہ شہر کی طرف آنے والوں کی جلد نشاندہی ہو جائے کہ اگر کہیں خطرہ یا کسی غیر متوقع حملہ کا امکان ہو تو داخلی دروازے محفوظ کر لئے جائیں یا مدافعت کی بر وقت تیاری کی جا سکے ۔ اس صورت میں مصفاہ محض ایک ملٹری واچ ٹاور محسوس ہوسکتا ہے لیکن اگر ان تحریروں میں کرید کی جائے تو اس لفظ سے یہ مراد لینا مناسب نہیں ۔صفاہ کے اصل معنی میں کسی شئے کو پاک کرنا، فاصلے سے

کسی شئے پر نظر جمانا، کسی شئے کو منتخب کرنا وغیرہ شامل ہیں ۔ پھر ایک اور مطلب یہ ہے کہ کسی شئے میں استحکام آجائے یا کسی شئے کو منتخب کرنے کی وجہ جان لینا شامل ہے ۔حضرت یعقوبؑ کا اپنے خسر کے ساتھ پہلا مصفاہ بنانے کے بعد پہلی مرتبہ حضرت موسیٰؑ سے درخواست کر کے بنی منسّی نے جلعاد نامی شہر حاصل کر لیا تھا جو ارض فلسطین سے باہر کا علاقہ تھا (گنتی 32:39)۔ اس طرح جلعاد میں بنایا گیا قدیم مصفاہ ایک سادہ عبادتی مقام کی حیثیت سے شروع ہوا جس کے قریب میں مصفاہ کے انتظامات اور دیکھ بھال کرنے والے افراد نے اپنے خاندان اور اضافی خدام کے ساتھ رہائش اختیار کی ۔ فلسطین کی فتح کے بعد مصفاہ کی تعداد میں اضافہ ہوا اور جلد ہی دوسرے علاقوں میں ایسے مراکز بننے لگے جہاں انہوں نے "اونچا مقام" کے نام سے قربانی کا مقام اور عبادتی مرکز کی حیثیت حاصل کر لی ۔ پھر آگے چل کر ان مقامات کے نزدیک نئی نسلوں کو شریعت، قانون اور مذہبی علوم کی تعلیم کے لئے مدرسے قائم ہوئے ۔ بنی اسرائیل کی بد اعمالیوں پر تنبیہ کے لئے اللہ تعالٰی کے ارسال کردہ متعدد انبیاء نے ایسے مقامات ہی کو اپنی عملی جدوجہد کا مرکز بھی بنایا ۔

اللہ تعالٰی کے تخلیقی نظام میں فنونِ لطیفہ اور منفرد جسمانی و دماغی صلاحیتوں کے حامل گنتی کے چند افراد ہر معاشرے میں اور ہر زمانے میں مستقل بنیاد پر پیدا ہوتے ہیں ۔ بہت مختصر تعداد میں بہترین گلوکار، بہترین شاعر، بہترین کھلاڑی، بہترین سائنس دان وغیرہ ہر زمانے میں دیکھے جا سکتے ہیں ۔ اسی طرح بہت تھوڑی تعداد میں ایسے بھی لوگ ملتے ہیں جو کسی نہ کسی نوعیت کے مراقبہ کی طرف زیادہ مائل رہتے ہیں اور باطنیت، روحانیت اور خالق سے محبت میں اپنے آپ کو گرفتار محسوس کرتے ہیں ۔ ایسے افراد زندگی اور حیات کے برتر مفہوم کے متلاشی ہونے کی وجہ سے زندگی کی رونقوں سے خود کو دور رکھتے ہیں لہٰذا عوام الناس کو ان کے نقطہ ہائے نظر تو سمجھ نہیں آتے لیکن اکثریت انہیں قدر کی نگاہ سے دیکھتی ہے ۔عرف عام میں یہ صوفیا حضرات ہیں تاہم عہد نامہ عتیق میں ایسے افراد انبیا زادے اور غیب بین بتائے گئے ہیں ۔ کتاب 1۔سلاطین اور 2۔سلاطین میں ایلیاہ نبی اور الیشع نبی کے طویل واقعات میں ایسے کافی اشارے تلاش کئے جا سکتے ہیں ۔

مصفاہ کے مینارہ سے کسی دور سے آتے شخص یا لوگوں کی شناخت کرنا نہیں بلکہ مصفاہ کے قریب بنائی گئی درسگاہوں کے معلمین کی ذمہ دار یوں میں سے ایک ذمہ داری یہ تھی کہ گزری تاریخ کے بڑے رسولوں کی طرف سے بتائی گئی پیشگوئی کے مطابق مستقبل میں آنے والے اللہ تعالٰی کے چنیدہ اور خاص الخاص رسول کی آمد پر رسول اللہ کی درست نشاندہی کریں، آپ پر ایمان لائیں اور آنجناب کی عملی شہادت میں عملی طور پر شریک ہوں ۔مصفاہ کی یہ خصوصیت خصوصاً سقوطِ یروشلم کے بعد آہستہ آہستہ بنی اسرائیل کے ہاتھوں سے نکلتی چلی گئی ۔ حضرت عیسٰی کی آمد کے موقع پر اس قوم میں ایک بھی فرد ایسا نہیں تھا جو مصفاہ کی یہ استعداد رکھنے کا ثبوت دے سکتا ہو ۔

اس حد تک پس منظر بتا دینے کے بعد، ہماری رائے میں ، حضرت عیسٰی کے منتخب حواری پطرس کی ایک منفرد خاصیت کی وضاحت کی جا سکتی ہے ۔چار اناجیل میں پطرس اس لحاظ سے منفرد نظر آتے ہیں کہ مثلاً انجیل متی میں باقاعدہ نام سے ان کا چوبیس مرتبہ تذکرہ ملتا ہے ۔ اس کے بعد جس حواری کا سب سے زیادہ نام آیا ہے وہ یہوداہ اسکریوتی ہے جو صرف چار مرتبہ لکھا گیا ہے ۔ اسی حواری نے اناجیل کے مطابق چند سکوں کے عوض حضرت مسیح کی مخبری کی اور آپ کو گرفتار کروانے کا سبب بنا ۔باقی حواریوں کا تذکرہ اور بھی کم ہے جبکہ بارہ حواریوں میں سے اکثر کے تو صرف نام ہی بتائے گئے ہیں ۔ پطرس حواری کی اس نمایاں خاصیت کے بعد جو دوسری قابلِ توجہ بات نظر آتی ہے وہ یہ کہ اناجیل میں مصنفوں نے ان کی بیک وقت مثبت اور منفی حیثیت قارئین کے سامنے نمایاں کی ہے ۔ مثلاً اختصار کی خاطر ہم واقعہ کا پس منظر لکھے بغیر حضرت مسیح کا پطرس کے متعلق محض قول ذیل میں درج کرتے ہیں:

> یسوع نے فوراً ہاتھ بڑھا کر اسے، یعنی پطرس کو، پکڑ لیا اور اس سے کہا اے کم اعتقاد تو نے کیوں شک کیا؟ (متی14:31)

> اس نے، یعنی حضرت مسیح نے، پھر کر پطرس سے کہا اے شیطان (میرے سامنے سے دور ہو (متی16:23

> اور میں بھی تجھ سے کہتا ہوں کہ تو پطرس ہے اور میں اس پتھر پر اپنی (کلیسا بناؤں گا (متی16:18

ان اقتباسات سے مصنف کی پطرس کی مثبت اور منفی حیثیت بتانا واضح ہے ۔ اناجیل یہ بھی بتاتی ہیں کہ حضرت مسیح کی گرفتاری اور سردار کاہن کائفا کی عدالت میں پیشی کے وقت حضرت مسیح کے پیشگی بتا دینے کے مطابق پطرس نے اپنی جان بچانے کے لئے تین مرتبہ حضرت مسیح سے واقف ہونے کا انکار کیا ۔ اناجیل بتاتی ہیں کہ حضرت عیسیٰ کی گرفتاری کے وقت تمام حواری خوفزدہ ہو کر بھاگ گئے لیکن پطرس کا نام لے کر یہ انکار تحریر کرنے پر ضرور توجّہ دی ۔ پہلی تین اناجیل بتاتی ہیں کہ حضرت مسیح کے حواریوں میں سے ایک نے آپ کی گرفتاری کے لئے بھیجے گئے سپاہیوں میں سے ایک کا تلوار سے کان اڑا دیا لیکن تعجب ہے کہ اس حواری کا نام نہیں بتایا ۔ اس حواری کا نام معلوم نہ رہتا اگر سب سے آخر میں لکھی جانے والی انجیل یوحنا میں نہ بتا دیا ہوتا ۔ وہ حواری پطرس ہی تھا:

> پس شمعون پطرس نے تلوار جو اس کے پاس تھی کھینچی اور سردار کاہن کے نوکر پر چلا کر اس کا دہنا کان اڑا دیا (یوحنا 18:10)

دوسرے الفاظ میں یا تو پہلی تین اناجیل کے مصنف حملہ آور حواری کے نام سے ناواقف تھے یا نام بتانا غیر اہم سمجھا یا پھر جانتے بوجھتے اسے بتانا نہ چاہا اس لئے کہ ایک پسندیدہ اور بہادری کا فعل پطرس کے حق میں جاتا تھا ۔ اناجیل بغور پڑھی جائیں تو ایسے تضادات کے باوجود بھی بآسانی دیکھا جا سکتا ہے کہ مصنفوں کی حضرت مسیح کے بعد اگر کسی پر توجہ نظر آتی ہے تو وہ پطرس حواری کی ہستی ہے ۔ بیشتر مقامات پر حضرت مسیح کے شاگرد جیسے الفاظ ہی حسبِ ضرورت لکھے ملتے ہیں لیکن اگر کہیں شاگرد کا نام نظر آتا ہے تو وہ پطرس ہے جیسا کہ تعداد کے حوالے سے اوپر تذکرہ کیا ۔اوپر نقل کردہ اقتباسات میں دیکھا جا سکتا ہے کہ پطرس کا اصل نام شمعون تھا لیکن حضرت مسیح نے ایک متبادل نام پطرس تجویز کیا اور ساتھ میں یہ بھی کہا "میں اس پتھر پر اپنی کلیسا بناؤں گا"۔ تین صدی سے زائد عرصہ بعد Saint Peter's. Basilica کے نام سے ایک کلیسا تو بے شک قائم کر دی گئی لیکن حضرت مسیح کا یہی قول ہمارے زیرِ غور ہے جس کا متعلقہ پس منظر ہم نے اوپر مناسب تفصیل کے ساتھ تحریر کیا ۔

حضرت مسیح نے اپنی زبان میں پطرس کے نام کے لئے جو لفظ استعمال کیا اس کا مطلب پتھر تھا جیسا کہ" میں اس پتھر پر اپنی کلیسا بناؤں گا" سے ظاہر ہے ۔اسی لئے چاروں مصنفوں نے یونانی زبان میں انجیل لکھتے وقت پتھر کا مترادف یونانی لفظ Petros لکھا جو انگریزی اناجیل میں Peter اور اردو میں پطرس لکھا گیا ہے ۔جدید عیسائی اسکالرز کی نظر میں حضرت مسیح نے شمعون کا نام پطرس یعنی پتھر یا چٹان اس کی سخت جانی یا زیادہ برداشت رکھنے والا ہونے کی وجہ سے منتخب کیا یا پھر اس سے مراد یہ کہ جواہرات کی قسم کا کوئی قیمتی پتھر کی تمثیل آپ کے پیش نظر تھی ۔وہ اس بات کی گہرائی نہیں جان سکتے تھے ۔

انجیل متی کا فقرہ " میں اس پتھر پر اپنی کلیسا بناؤں گا" کو حضرت مسیح کی پیشگوئی کہ " قیامت حواریوں کی زندگی میں ہی آنے والی ہے " کے تناظر میں دیکھا جائے تو عیسائی مذہبی رہنماؤں کو تسلیم کر لینا چاہئے کہ اگر یہ فقرہ واقعتاً حضرت مسیح کا بیان کردہ تھا تو وہ غلط ہی رہا ۔ اس کی وجہ یہ کہ پطرس 65ء کے آس پاس ناحق صلیب پر شہید کر دیئے گئے تھے اور ان کی زندگی میں کلیسا بن نہ سکا اور نہ ہی قیامت آئی ۔ہم جو کچھ سمجھتے ہیں اس کے مطابق اصل بات یہ ہے کہ حضرت مسیحؑ کے زمانہ میں مصفاہ بطور انسٹیٹیوٹ باقی نہ رہا تھا۔ ہم اپنی بات کی تائید میں حضرت مسیحؑ کا ایک قول نقل کرتے ہیں ۔

> پھر فریسیوں اور صدوقیوں نے پاس آ کر آزمانے کے لئے اُس سے درخواست کی کہ ہمیں کوئی آسمانی نشانی دکھا ۔ اُس نے جواب میں اُن سے کہا شام کو تم کہتے ہو کہ کھلا رہے گا کیونکہ آسمان لال ہے ۔ اور صبح یہ کہ آج آندھی چلے گی کیونکہ آسمان لال اور دھندلا ہے ۔تم آسمان کی صورت میں تو تمیز کرنا جانتے ہو مگر زمانوں کی علامتوں میں تمیز نہیں کر سکتے ۔(متی-16:1)

بنی اسرائیل کے یہی طبقات تھے جن کے زیر اہتمام مصفاہ کا نظام اُمت میں قائم رہنا چاہئے تھا ۔ انہوں نے حضرت مسیحؑ سے معجزہ دکھانے کا مطالبہ کیا (آسمانی نشانی سے یہی بات مراد ہے) تو اِس کے جواب میں آنجنابؑ نے ان کی اصل نااہلی انہیں جتا دی کہ وہ زمانے کی علامات سمجھنے کی اہلیت نہیں رکھتے ۔اگر اس طبقہ میں یہ استعداد رہتی تو مصفاہ کا نظام نہ صرف حضرت مسیح کی نبوّت کی تصدیق

کرتا اور آپ کا ساتھ دیتا بلکہ آپ کی حضرت موسیٰ کی بتائی گئی "وہ نبی" کی پیشگوئی کی تصدیق میں بھی آپ کا ساتھ دیتا ۔ اس کے برعکس یہودی کہانت کے نظام نے آنجناب کو صلیب پر قتل کر دینے جیسے گناہ عظیم کا ارتکاب کیا ۔حضرت مسیح جانتے تھے کہ بنی اسرائیل مصفاہ کی اصل استعداد گم کر بیٹھے ہیں لہٰذا آپ نے شمعون حواری کی صالحیت پہچان لی اور اپنے صحابی کا پیدائشی نام بدل کر "کیفا" نام رکھا ۔ اناجیل میں شمعون یا پطرس واحد حواری ہیں جن کا پیدائشی نام حضرت مسیح نے کسی مخصوص صفت کی نشاندہی کی خاطر تبدیل کیا ۔ چاروں اناجیل نے تو نیا نام پطرس ہی لکھا ہے جو یونانی لفظ ہے اور پتھر کے لئے بولا جاتا ہے لیکن پَولُس نے اپنے خطوط میں اسے پطرس لکھا اور ساتھ میں کیفا بھی لکھا ۔ پَولُس کے ایسے اقتباسات ہم پہلے نقل کر چکے ہیں ۔

ہم نے پہلے بتایا کہ قدیم سریانی زبان میں پتھر کے لئے لفظ کیفا استعمال کیا جاتا تھا لیکن سریانی، عبرانی یا عربی زبان میں کسی شخص یا شئے کا لقب پتھر رکھنا ہو تو اس کے لئے لفظ " صفاہ " مستعمل تھا ۔انجیل کے عربی ترجمہ میں پطرس کا نام "شمعون الصفاہ" لکھا گیا ہے ۔اب اگر بقول حضرت مسیح شمعون ہی صفاہ ہیں تو جو کلیسا ان پر تعمیر ہو وہ قدرتی طور پر مصفاہ کہلائے گا ۔بالفاظ دیگر حضرت مسیح نے شمعون الصفاہ کے ذمّہ یہ کام لگایا کہ وہ اپنی نگرانی میں گمشدہ مصفاہ یا وہ تعلیم گاہ ازسر نو قائم کریں جو آنے والے آخری رسول کی آمد پر نظر رکھے، رسول اللہ کا تصدیق کرنے والا ہو اور آپ کی عملی شہادت میں شرکت کی عظیم سعادت حاصل کر سکے اور بعد میں آنے والوں کی لئے ضروری ہدایات منتقل ہونے کا سلسلہ جاری رہے ۔ پھر محض اللہ کے آخری رسول کی راہ دیکھنا ہی اس ادارہ کی واحد ذمّہ داری نہیں تھی ۔ ایک اور مساوی اہمیت کا کام اس تعلیم گاہ کو زمانہ کی وہ چال سمجھتے رہنا تھا جس کا تعلق براہ راست قربِ قیامت کے زمانہ سے ہے اور جس کی نشانیاں حضرت مسیح ہی نہیں بلکہ بنی اسرائیل کے دیگر انبیاء بھی دیتے رہے تھے ۔حضرت مسیح اگر پچھلی پیش گوئی "وہ نبی" کا مصداق ہوتے تو آپ کو شمعون کا نام بدلنے اور مصفاہ ازسر نو قائم کرنے کی حاجت نہ تھی ۔رسول اللہ کا ایک نام محمد المصطفی بھی ہے جس کی جڑ لفظ صفاہ ہے جس کا اصل مطلب اگر چہ منتخب کردہ، پسندیدہ یا چنا گیا

ہے لیکن آپ کے اس نام کی مصفاہ سے مشابہت واضح ہے ۔ رسول اللہ نے بھی اپنی رسالت کے دوران قربِ قیامت کی نشانیوں سے اُمت کو بہت توجّہ سے آگاہ کیا ۔قربِ قیامت کا مسئلہ، حضرت مسیح کی آمد ثانی اور ظہورِ دجال تعلیماتِ اسلامی کا ایک اہم حصّہ ہے جس کو ایک الگ موضوع رکھنا ضروری ہے اس لئے یہاں کچھ لکھنا غیر مناسب ہے ۔رسول اللہ نے مدینہ ہجرت کرنے کے بعد مسجدِ نبوی سے متصل چبوترہ "اونچا مقام" بنایا اور اس کا نام اصحاب الصفہ رکھا ۔ اس لفظ کی بھی مصفاہ سے مشابہت دیکھی جا سکتی ہے ۔ یہاں آپ کی نگرانی میں ان غریب اصحاب کی اعانت کا انتظام تھا جو ہجرت کے بعد بے آسرا تھے لیکن اس سے کہیں بڑھ کر اعزاز کی بات یہ تھی کہ آپ سے براہ راست تعلیم حاصل کرنے کی سعادت انہیں حاصل تھی ۔ ان اصحابِ رسول اللہ کی رہائش کے لئے کسی گھر کو مختص کیا جانا بظاہر زیادہ مناسب ہوتا ۔ ایک چبوترہ بنانے سے ذہن بنی اسرائیل کے تمدّن میں اونچا مقام یا مصفاہ کی طرف از خود متوجہ ہوتا ہے ۔ ہم سمجھتے ہیں مصفاہ مسلمانوں کے لئے بہت گہرا اور بہت صبر کے ساتھ تحقیق اور گہرے غور و فکر کا مقتضی موضوع ہے ۔ہم سمجھتے ہیں شاہ یروشلم ہرقل کا قول "نبیِ موعود کی یہی علامتیں ہم کو بتائی گئی ہیں" کے مآخذ پر تحقیق کی جائے تو ایسی علامتیں بتانے کے مُحرّکات کے پیچھے شمعون الصفاہ کی شخصیت نمودار ہو سکتی ہے ۔ قرآنِ کریم کا ارشاد ہے :

یقیناً صفا اور مَرْوہ اللہ کی نشانیوں میں سے ہیں (2-البقہ:158)

جس ضرورت کے تحت حضرت عیسیٰؑ نے اپنے حواری کا نام شمعون الصفاہ رکھا تاکہ رسول اللہ کی آمد پہچان لی جائے، آپؐ پر ایمان لے آئیں اور اقامتِ دین کی تحریک میں آپؐ کا ساتھ دیں بالکل وہی ضرورت رسول اللہ کی طرف سے بتائی جانے والی قربِ قیامت اور حضرت عیسیٰؑ کی آمدِ ثانی کی علامات کی صورت میں باقی رہنی تھی تاکہ ایسی درسگاہ زمانے کی چال پر نظر رکھے جب تک کہ یہ واقعات ظہور پذیر نہ ہو جائیں ۔ لہٰذا یہ بالکل قرینِ قیاس ہے کہ "اصحابِ صفہ" کے نام سے "اونچا مقام" بنایا جانا ایک با مقصد تعمیر تھی جو بنی اسرائیل کی طرح مسلمانوں کی غفلت کا شکار ہوگئی ۔

اللہ کے وہ بندے جو خود کو یہودی یا عیسائی قرار دیتے ہیں ،نہیں جانتے کہ ان کے مذہبی رہنما اصل حقیقت ان سے پوشیدہ رکھتے رہے

ہیں کہ اللہ تعالیٰ کے ارسال کردہ تمام انبیاء و رسل ہمیشہ سے خدا کے ایک ہی دین پر ایمان رکھتے تھے اور اسی دینِ حق پر عمل پیرا ہونے کی تعلیم دیتے تھے ۔اگر اپنی مُقدّس کتابوں پر غور کریں تو آج بھی ایسے نمایاں اشارات ڈھونڈ سکتے ہیں جو اس حقیقت کی پر زور تائید کرتے ہیں ۔ اسی نوعیت کا ایک اشارہ ذیل میں پیش خدمت ہے ۔

اللہ تعالیٰ کے دو اسماء

حصّہ اوّل میں ہم نے دیکھا کہ تورات کے مصنفوں نے اپنے قارئین کو اللہ تعالیٰ کی طرف متوجہ کرنے کے لئے دو اسماء یہواہ اور ایلوہیم اپنی تحریروں میں بکثرت استعمال کئے اور تحریروں کی اسی خاصیت کی بناء پر P, E اور J مصنفوں کی شناخت بھی ممکن ہو سکی تھی ۔ ایک الجھن کی نشاندہی پچھلے مباحث میں نہیں کی جا سکی وہ یہ کہ ایلوہیم کو تو اردو بائیبل میں خدا اور انگریزی بائیبل میں God لکھا گیا لیکن یہواہ کو ہر مرتبہ خداوندِ خدا اور انگریزی میں LORD God لکھا گیا یعنی ایک عبرانی لفظ یہواہ کے لئے دو الفاظ لکھے گئے ہیں ۔ LORD سے بائیبل میں آقا مراد ہونا واضح ہے جبکہ اللہ تعالیٰ کو God یعنی خدا لکھا گیا ہے ۔ یہ واضح نہیں ہوتا کہ ایک لفظ یہواہ کا ترجمہ کرنے کے لئے دو الفاظ کیوں استعمال کئے گئے ہیں ۔

E اور P مصنف کتاب پیدائش میں اپنی تحریروں کی ابتداء سے اللہ تعالیٰ کے لئے "خدا" یا عبرانی میں" ایلوہیم" لکھتے چلے آئے تھے لیکن E مصنف آگے چل کر کتاب خروج میں حضرت موسیٰ کا کوہ سینا پر اللہ تعالیٰ سے ہمکلام ہونے کا واقعہ بیان کرتا ہے ۔وہ لکھتا ہے کہ حضرت موسیٰ اس وقت تک اللہ تعالیٰ کے نام سے واقف نہیں تھے ۔ بائیبل سے یہ واضح نہیں تاہم حضرت موسیٰ فرعون کے گھر میں پرورش پانے کے باوجود دینِ ابراہیمی پر قائم تھے ۔ بائیبل سے اخذ ہوتا ہے کہ حضرت یوسف کے اسّی سالہ حاکمیت کے بعد جلد ہی مصر کا اقتدار مصریوں کے ہاتھوں میں چلا گیا اور نتیجتاً بنی اسرائیل غلام بنا لئے گئے تھے ۔بنی اسرائیل کے اس تمام عرصہ مصر میں قیام کے دوران صرف حضرت موسیٰ اور آپ کے والد کی ولادت ہی ہوئی تھی جیسا کہ ہم نے پہلے وضاحت کی ۔ حضرت موسیٰ کی ولادت حضرت یوسف کے اسّی سال تک مصر کے حاکم رہ کر فوت ہونے

کے کچھ ہی عرصہ بعد ہوئی ہو گی جب بنی اسرائیل غلامی کی زد میں آچکے تھے ۔عام انسانی فطرت کے مطابق بہتر حالات کے مقابلے میں مشکل حالات کے دوران انسان کہیں زیادہ اپنے مذہب کی طرف راغب ہوتا ہے ۔ حضرت موسیٰ تو پیدائش سے پہلے ہی اللہ کے رسول چُنے جا چکے تھے اور جانتے تھے کہ وہ نسلاً مصری نہیں بلکہ عبرانی تھے ۔ بائیبل کے مطابق حضرت موسیٰ اپنے نسلی عبرانی بھائی کو بچانے کی خاطر ایک مصری کو حادثاتی طور پر ہلاک کر بیٹھے اس لئے فرعون سے اپنی جان بچانے کی خاطر انہیں مدین جانا پڑا تھا لہٰذا حضرت موسیٰ کے خدا کے نام سے واقف نہ ہونے کے لئے وہ حالات بائیبل میں نظر نہیں آتے جو مصنف کی اس بات کی تائید کر سکیں ۔ بہر کیف اس وقت حضرت موسیٰ کے دریافت کرنے پر اللہ تعالٰی آپ کو اپنے اصل نام "خداوند خدا" یا عبرانی میں " یہواہ "سے متعارف کرتے ہیں (خروج 3:14)۔اسی موقع پر اللہ تعالٰی کی طرف سے حضرت موسیٰ کو فرعون کی تنبیہ کے لئے عصا اور یدِ بیضا کا معجزہ عطا کیا جاتا ہے اور بنی اسرائیل کی مصر کی غلامی سے نجات کے بعد اسی کوہ سینا کی بلندیوں پر حضرت موسیٰ کو بنیادی دس احکامات عطا ہوتے ہیں ۔ ان بنیادی احکامات میں اوّلین حکم اللہ تعالٰی کی وحدانیت کی پر زور تلقین پر مبنی تھا ۔ آگے چل کر بنی اسرائیل کے لئے ایک دعائیہ فقرہ یا دعائیہ کلمہ وضع ہوا جس میں اللہ تعالٰی کے دونوں اسماء بیک وقت درج ملتے ہیں ۔ اس دعائیہ کلمہ سے زیادہ واضح ہو سکے گا کہ "یہواہ" کا ترجمہ دو الفاظ سے کیوں ظاہر کیا جاتا ہے ۔ذیل میں اللہ تعالٰی کے دو اسماء کی تشریح اور اس کے بعد دعائیہ کلمہ کاجو تصوّر بنی اسرائیل میں آج بھی معروف ہے اسے پیش کیا جاتا ہے ۔

یہواہ (خداوندِ خدا)

اللہ تعالٰی کا یہ نام انگریزی میں Yahowahیا Yahweh لکھا جاتا ہے جبکہ اصل عبرانی میں یہ چار حرفی لفظ YHWH ہے ۔ اس چار حرفی لفظ میں حروفِ علّت کا اضافہ بہت بعد میں اس لئے تجویز کیا گیا کہ وہ یہودی جو یونانیت زدہ ہوتے چلے گئے تھے ، ان کی اولادیں یا ان کا دوسری زبانیں بولنے والی غیر اقوام سے اختلاط اس اہم لفظ کے معنی خصوصاً اس کا تلفظ اپنی اصلیت کھو بیٹھنے کا سبب نہ بن سکے ۔ انگریزی لفظ YaHoWaH یا YaHWeH میں حروفِ علّت اسی ضرورت کی بناء پر بڑھا دیئے گئے ورنہ اصل عبرانی میں یہ لفظ YHWH تھا ۔

یہاں توجہ طلب بات یہ ہے کہ لفظ Yahowah میں Ya سے کیا مراد ہے؟ Ya دراصل بعض زبانوں میں کسی کو اپنی طرف متوجہ کرنے، مخاطب کرنے یا کسی کو آواز دے کر اپنی طرف بلانے کے لئے مستعمل ہے؛ مثلاً انگریزی میں Hear O Israel یا عربی میں یٰبَنِی اِسرائیل یعنی اے بنی اسرائیل، مخاطب کرنے کے لئے لکھا جاتا ہے اسی طرح عبرانی میں "Ya" کسی ہستی کو متوجہ کرنے کے لئے ہے لہٰذا یہ نام کا حصہ نہیں ہے ۔ جب یہ نام کا حصہ نہیں تو اگر یہ دو حروف منقطع کر دیئے جائیں تو ہم لکھ سکتے ہیں:

انگریزی میں howah

عربی میں ھوا

اردو میں وہی

اس حد تک یہ کہا جا سکتا ہے کہ "یہواہ" یعنی "ھو" اللہ تعالٰی کا نام نہیں بلکہ اللہ تعالٰی کی طرف اشارہ ہے ۔ اگر لفظ "ایلوھیم" کی طرف توجہ کریں تو با ایں الفاظ اس کی شرح کی جا سکتی ہے ۔

ایلوھیم

بائیبل میں خدا یعنی God کے لئے عبرانی لفظ Elohim استعمال ہوا ہے ۔ عبرانی الفاظ میں آخری دو حروف "im" کسی مفرد لفظ میں اضافہ کرنے سے اس لفظ کو جمع کا صیغہ کے طور پر استعمال کرنا مقصود ہوتا ہے جو عموماً احترام کے لئے لگایا جاتا ہے ۔ یہاں اس خاص معاملہ میں اضافی دو حروف احترام کی خاطر لگائے گئے ہیں ۔ عربی میں بھی احترام کے لئے مفرد کی جگہ جمع کا صیغہ مستعمل ہے ، مثلاً "دیکھو اس طرح ہم تمہیں اپنی نشانیاں دکھاتے ہیں"۔ لہٰذا اگر Elohim میں سے im نکال دیں تو یہ لفظ مفرد حیثیت میں Eloh بنتا ہے ۔

یہواہ کے لئے انگریزی میں LORD God لکھا گیا ہے لہذا اب تک کی بحث کے بعد ہم اسے Yahowah Elohim لکھ سکتے ہیں ۔ اس میں سے مخاطبی حروف "Ya" اور احترامی حروف "im" نکال دئے جائیں تو howah eloh لکھا جائے گا ۔ قارئین نوٹ کریں کہ عبرانی زبان انگریزی کی طرح بائیں سے دائیں نہیں بلکہ عربی یا اردو کی طرح دائیں سے بائیں لکھی جاتی ہے ۔ لہٰذا یہ الفاظ ذیل کے طریقہ پر لکھے جا سکتے ہیں ۔

انگریزی میں howah eloh

عربی میں ھوا اللہ

اردو میں وہی ہے اللہ

اب ہم یہودیوں کا دعائیہ کلمہ یہاں تحریر کر سکتے ہیں ۔ یہ کلمہ ان کی عبادت گاہوں میں داخلی دیوار پر کندہ رہتا ہے اور عقیدۂ وحدانیت کا بنیادی ستون سمجھا جاتا ہے یہی کلمہ ان کا صبح اور شام کے وقت خدا سے دعا کرنے کا طریقہ ہے جب وہ اپنا دہنا ہاتھ دونوں آنکھوں پر رکھ کر ذیل میں درج کلمہ پڑھتے ہیں:

Hear, O Israel, the LORD is our God, the LORD is one

((Deuteronomy 6:4

بالفاظ دیگر

Hear, O Israel, the Yahweh is our Elohim, the Yahweh is one

یہودی اس دعائیہ کلمہ کو Shema prayer کہتے ہیں جس میں عربی یا اردو لفظ "سمع" کو "شیماع" تلفظ کرتے ہیں جیسے وہ سلام کو شلوم کہتے ہیں۔ یہ کلمہ مفرد الفاظ میں لکھا جائے تو ہم لکھ سکتے ہیں:
انگریزی میں بائیں سے دائیں Shema, O Israel. Howah eloh howah ehad

عبرانی میں دائیں سے بائیں سماع ھوا ایلو ھوا احد

قرآن کی آیت قل ھُوَ اللہ اَحَد (الاخلاص:1)

عبرانی میں عدد "ایک" کو ehad یا ekhud تلفظ کیا جاتا ہے، ہم نے اسی لئے احد لکھا ہے یہاں بہت واضح دیکھا جا سکتا ہے کہ یہودی کلمہ اور قرآن کی آیت اپنی حقیقت میں ایک ہی ہے۔ فرق صرف اتنا ہے کہ وہاں "سماع" یعنی سنو کہا گیا تھا جبکہ یہاں "قل" یعنی کہو بتایا گیا ہے۔ یہ بات بالکل سمجھ میں آتی ہے کہ بنی اسرائیل کو جو ہدایات اللہ تعالٰی کی طرف سے دی گئیں انہیں سننے بالفاظ دیگر مان لینے کا ہی کہا گیا تھا۔ سن کر مان لینے کا مظاہرہ انہوں نے بائبل یعنی خود اپنی بیان کردہ تمام تاریخ میں کبھی نہیں کیا۔ حضرت موسیٰ سے زچ کر دینے کی حد تک مطالبات، مستقل خود سری اور صریح حکم عدولی اس حد تک کہ اس نسل کے لئے موعود ملک میں داخلہ خدا کی طرف سے حرام کر دیا گیا۔ پھر بنی اسرائیل کی بعد کی تاریخ بہت کچھ ہم نے حصہ اوّل و حصہ ثانی میں بیان کی جس کے مطابق یہودی مذہبی اقابرین نے اللہ تعالٰی کی طرف سے عائد کردہ ذمہ داریاں پس پشت رکھ کر ہمیشہ اطاعتِ نفس کو ترجیح دی اور قوم نے ان کی اطاعت کی۔

باب 3

تخلیقِ آدمؑ

بائیبل میں حضرت آدم سے حضرت ابراہیم کی پیدائش تک انیس نسلیں بتائی گئیں اور ساتھ ہی ہر نسل کے پیدا ہوتے وقت متعلقہ باپ کی عمر بھی بتا دی گئی ہے اس لئے حضرت آدم کی پیدائش سے لے کر حضرت ابراہیم تک کے تمام عرصہ کا تخمینہ لگایا جاسکتا ہے ۔ اس تخمینہ کے مطابق حضرت آدم کی تخلیق کے 1946 سال بعد حضرت ابراہیم پیدا ہوئے ۔عصری تحقیق کے مطابق حضرت ابراہیم کا زمانہ تقریباً 2000 ق م تصوّر کیا جاتا ہے اس طرح بائیبل کی نظر میں حضرت آدم کی یا اس کرہ عرض پر اِنسان اوّل کی تخلیق 4000 ق م یا اب سے تقریباً چھ ہزار سال قبل کی گئی تھی ۔ کتابِ مقدّس الہامی تسلیم کی جاتی تھی اس لئے حضرت آدم کا چھ ہزار سال قبل پیدا ہونا عیسائی دنیا میں تسلیم شدہ حقیقت تھی لیکن چارلس ڈارون کی 1859ء میں مطبوعہ کتاب On the origin of Species عیسائیوں کے درمیان ہلچل پیدا کرنے کا سبب بنی ۔ڈارون کی تھیوری کے مطابق حضرت آدم کی پیدائش کوئی خصوصی تخلیقی واقعہ نہیں بلکہ انسان اور بندروں یا گوریلا کے اجداد شروع میں ایک تھے ، لیکن ارتقائی مراحل کے دوران دو شاخیں ایک دوسرے سے علیحدہ ہو گئیں۔ بعد میں ایک شاخ میں بندروں کا اور دوسری میں انسانوں کا ارتقائی عمل جاری ہوا اور اب تک جاری ہے ۔ڈارون انسانی تاریخ میں اپنی نوعیت کا کام کرنے والا پہلا شخص تھا جس نے دور دراز علاقوں میں پائے جانے والے نباتات اور حیوانات کی اقسام میں افتراق کا عنصر محسوس کیا اور پھر گہرے مطالعہ اور غوروفکر کے بعد حیات میں عمل پذیر ارتقاء کا نظریہ مذکورہ کتاب کی شکل میں دنیا کے سامنے پیش کیا ۔ اس کے پیش کردہ دلائل عقلی طور پر اتنے مضبوط تھے کہ تعلیم یافتہ عیسائی اس نظریہ کو قبول کئے بنا نہ رہ سکے ۔تورات حضرت موسیٰ کی لکھی ہوئی یا الہامی کتاب نہ ہونا ان کے درمیان پہلے ہی سے موضوعِ بحث تھا اور بائیبل پر خصوصی تحقیق جاری تھی جس کی روداد ہم

نے حصّہ اوّل میں بیان کی ۔ پھر سترہویں صدی میں گلیلیو کے پیش کردہ مشاہدات کے مطابق زمین کے بجائے سورج کائنات کا مرکز ہونا جزوی طور پر درست ہونے کے باوجود یہودی و عیسائی عقیدہ کے لئے قابلِ تسلیم نہیں تھا ۔ عیسائی کلیسا سولہویں سترہویں صدی سے شمسی نظام کی تحقیقات کے خلاف ظالمانہ جارحیت کے راستے پر چل رہا تھا لہٰذا مذکورہ تین عناصر کے اثرات کے نتیجہ میں بالآخر معتدبہ عیسائی اور یہودی عقیدت مند یہ سمجھنا شروع ہوئے کہ کتابِ مقدّس پر ایمان رکھنا ایک لا یعنی بات ہے اور انسان کو کسی مذہب کی ضرورت نہیں ہے ۔ اگر کتابِ مقدّس خدا کا اپنا کلام خالص حالت میں انہیں میسر ہوتا تو الٹا ان کی اپنی سائنسی تحقیقات میں معاون ثابت ہوتا اور ان کی رہنمائی کرتا لیکن یہ کتاب محض چند نفس پرست افراد کے مرتب کرنے کی وجہ سے طبعی دنیا پر جاری مذکورہ تحقیقی موضوعات تعلیم یافتہ افراد کو اپنے مذہب سے کُلّی انکار اور ملحد ہو جانے کا راستہ اختیار کرنے کا سبب بن گئے ۔

بنی نوع انسان کی ابتداء پر تحقیق کا عمل ڈارون کے پیش کردہ نظریۂ ارتقاء اور نظریۂ قدرتی انتخاب سے شروع ہو ا ۔ درحقیقت ایک قطعی سائنسی موضوع ہونے کی وجہ سے اس پر تحقیق یقیناً ہونی چاہئے تھی، لہٰذا مغربی دنیا میں یہ تحقیق اب بھی جاری ہے ۔ ڈارون کے زمانے میں ایٹمی ساخت اور اس کے اجزاء، کاربن ایٹم کی بنیاد پر ہر نوع کی حیات کا اجراء، حیاتیاتی سیل یا حیاتیاتی خلیہ کی ساخت اور اجزاء کے کیمیائی عوامل، جینیات اور DNA کوڈ وغیرہ جیسے اہم علوم سے انسان واقف نہیں تھا لیکن وقت کے ساتھ ماہرین نے انہیں دریافت کیا اور ان کی مزید گہرائیوں سے واقف ہوئے ۔ اب انسان کہیں زیادہ بہتر صورت میں حیاتیاتی سائنس میں پوشیدہ باریک نزاکتیں جان سکتا ہے ۔ساتھ میں آرکیالوجیکل تحقیقات نے دنیا کے مختلف علاقوں سے انسانی یا انسان کی طبعی ساخت سے ملتے جلتے حیوانات کی پتھرائی ہوئی ہڈیاں ڈھونڈ نکالیں اور ان پر تحقیقاتی مقالات وقت کے ساتھ ساتھ منظرِ عام پر آتے رہے ۔

اب تک کی تحقیقات کی روشنی سے معلوم ہو سکا ہے کہ انسان سے ملتا جلتا قدیم ترین وجود پچیس لاکھ سال قبل پہلی مرتبہ مشرقی افریقہ میں نمودار ہوا جسے جنوبی بن مانس یا گوریلا کے نام سے جانا جاتا ہے ۔ تقریباً بیس لاکھ سال قبل ان میں سے چند جوڑے نقل مکانی

کر کے افریقہ، یورپ ، ایشیا اور جنوب میں انڈونیشیا کے جزیروں تک پہنچ گئے ۔ شمالی یورپ کے سرد برفانی جنگلوں یا انڈونیشیا کے گرم مرطوب علاقوں اور درمیان کے زیادہ متوازن علاقوں میں اپنی بقا قائم رکھنے کے لئے انہیں بالکل الگ نوعیت کی جسمانی خصوصیات اور استعداد درکار تھیں لہٰذا ان کے درمیان حیاتیاتی ارتقاء اور قدرتی انتخاب کا عمل بالکل مختلف سمتوں میں عمل پذیر ہوا ۔ ان مختلف علاقوں سے دریافت کی جانے والی پتھرائی ہڈیوں کو سائنس دانوں نے بہت پیچیدہ ناموں سے درجہ بندی کرنے کا طریقہ اختیار کیا ۔ عام طور پر جس جغرافیائی علاقہ سے ہڈیاں دریافت ہوئیں اس علاقے کا نام اس نوع کے فرد کے ساتھ منسلک کیا مثلاً جرمنی میں واقع نینڈر وادی , Neander valley, میں 1856ء میں پہلی مرتبہ انسان نما فرد کی کچھ ہڈیاں ملیں اس لئے اس کا نام نینڈر تھال آدمی چنا گیا ۔ یہ ساڑھے پانچ سے چھ فیٹ لمبے، پینسٹھ کلوگرام وزن اور ہاتھ پیروں کے مضبوط پٹھوں کے ساتھ جسمانی طور پر مضبوط تھے لہٰذا سرد علاقوں کے موسم بہتر برداشت کر سکتے تھے ۔اس کے برعکس انڈونیشیا کے جزیرہ جاوا میں سولو وادی کا انسان جسے Homo Solensis, نام دیا گیا یہ محض ساڑھے تین فیٹ لمبے اور بیس کلوگرام تک جسمانی وزن رکھتے تھے ۔

ڈیڑھ لاکھ سال قبل مشرقی افریقہ میں ایسے لوگ موجود تھے جو دیکھنے میں ہماری طرح کے انسان تھے جنہیں Homo Sapiens یعنی سوچنے والے انسان یا جدید انسان سمجھا جاتا ہے لیکن یہ معلوم ہے کہ ستر ہزار سال قبل تک ان کی سیکھنے کی صلاحیتیں بہت محدود تھیں ۔ان میں کوئی بھی ایسی نمایاں خصوصیات نہیں تھیں جو انہیں دوسرے حیوانات سے ممیز کر سکیں ۔ وہ دوسرے تمام حیو نات کی طرح گروہوں کی شکل میں رہنے، خوراک کی تلاش میں ایک مقام سے دوسرے مقام کی طرف نقل مکانی اور قدرتی موسمی عناصر سے مقابلہ کرتے نظر آتے تھے ۔ پینتالیس ہزار سال قبل یہ یورپ اور مشرقی ایشیا میں آباد تھے لیکن ایک اہم کڑی جو اب تک گم ہے وہ یہ کہ یہ اقسام اچانک معدوم ہو گئیں ۔ انڈونیشیا کے چھوٹے قد اور جسم والے افراد کی ہڈیاں جو زمانے کے لحاظ سے ہم سے قریب ترین ہوں وہ پچاس ہزار سال پرانی ہیں ۔ اسی طرح نینڈر تھال انسان بھی تیس ہزار سال قبل معدوم ہو گئے ۔ ماہرینِ آثارِ قدیمہ کے مطابق سوچنے کی

صلاحیت رکھنے والے قدیم انسانوں نے بارہ ہزار سال قبل خانہ بدوشی کی زندگی گزارنے کے بجائے زراعت کرنے کا ہنر دریافت کر لیا اور وہیں سے اس اکیلی بچ جانے والی نوع کا ترقیاتی عمل جاری ہے ۔

ماہرین کی نظر میں پچھلے ستر ہزار سے تیس ہزار سال کے درمیان کسی وقت جدید انسان میں سیکھنے کا انقلابی عمل شروع ہوا جس کے نتیجے میں جسمانی طور پر نسبتاً کمزور ہونے کے باوجود وہ دوسری انسان نما انواع کو مکمّل ہلاک کر دینے میں کامیاب ہوگئے ۔اس مخصوص نوعِ انسانی میں سیکھنے کا انقلابی عمل شروع ہونے کا سبب کیا تھا؟ اس کے بارے میں کوئی واضح بات دریافت نہیں ہو سکی ہے ۔ محققین یہ سمجھتے ہیں کہ کسی نامعلوم وجہ سے اس نوع کے جینز میں حادثاتی طور پر کوئی ایسی نئی ترتیب پیدا ہو گئی یا امتزاج بن گیا جس نے دماغی خلیات کو کچھ اس طرح آپس میں جوڑا جو سیکھنے کے عمل کے لئے زیادہ سازگار تھا ۔ مایوسی ہوتی ہے یہ دیکھ کر کہ ایسے بڑے اور فیصلہ کن سوالات اتنے سہل طریقہ سے بآسانی بلا ثبوت اور بلا دلیل حل کر لئے جاتے ہیں ۔ ماہرین کا یہ ذہنی عمل درست نہیں سمجھا جا سکتا ۔ کائنات میں پائے جانے والے عناصر ، پیریاڈک ٹیبل میں موجود 92 قدرتی عناصر یعنی آکسیجن، آئرن، سلفر وغیرہ ، کے درمیان کیمیاوی تعلق بن نہیں سکتا جب تک کہ ان کے درمیان کسی خاص ترتیب میں جمع ہونے کی استعداد نہ رکھی گئی ہو ۔ پھر اسی منفرد کیمیاوی تعلق کی وجہ سے حیاتیاتی خلیے زندہ اجسام کے مختلف اجزاء کے اندر وہ خاص کام انجام دیتے ہیں جس کے لئے وہ بنائے گئے ہیں ۔ان خلیات میں موجود پیچیدگیوں کا جو کچھ بھی علم جدید دنیا اپنے پاس رکھتی ہے وہ اس وقت بھی بہت زیادہ ابتدائی نوعیت کا ہے ۔

سائنسی علوم سے واقفیت کے نتیجے میں نوعِ انسانی کی تیز رفتار ترقی کے جو کچھ مشاہدات ہمارے سامنے ہیں وہ یقیناً انسان کو انتہائی مرعوب کر دیتے ہیں لیکن ان علوم کی حقیقی گہرائی کے لحاظ سے آج کے ماہرینِ علوم کس مقام پر ہیں اس حقیقت کا کچھ نہ کچھ شعور ہر انسان کو ہونا ضروری ہے ۔ اس نکتہ کی مناسبت طریقے سے وضاحت آگے مناسب وقت پر پیش کی جائے گی ۔ فی الوقت غور طلب بات یہ ہے کہ ڈارون کے مشاہدات کو مغربی دنیا بوجوہ سائنس کی نظر سے دیکھتی ہے اور بنیادی نتائج اخذ کر لینے میں عجلت سے

کام لیتی ہے جو قطعی غیر مناسب ہے ۔تعجب ہے کہ یہ لوگ مذکورہ علم کو ڈارون کی تھیوری سے منسوب کرتے ہیں ۔کسی مشاہدہ کی وضاحت کے لئے پیش کی جانے والی تھیوری کی عمارت قیاس پر تعمیر ہوتی ہے پھر اس کی روشنی میں ثبوت تلاش کئے جاتے ہیں تاکہ وہ تھیوری یا نظریہ ثابت کیا جا سکے ۔ جب ثبوت حاصل ہو جاتا ہے اور ممکنہ مناسب طریقوں کے ذریعے نظریہ کی تصدیق ہوجاتی ہے تب وہ نظریہ نہیں رہتا بلکہ سائنسی قانون قرار دے دیا جاتا ہے اور وہ قانون بھی اس وقت تک قانون رہتا ہے جب تک کہ وقت گزرنے کے ساتھ کوئی ایسا مشاہدہ نہ ہوجائے جو اس قانون کی مجموعی تصدیق میں مسائل کا سبب بنتا ہو ۔ گذشتہ دو صدیوں میں کئی مرتبہ سائنسی دنیا کو اس صورتحال کا سامنا ہو چکا ہے اور فزکس کے شعبہ میں گزشتہ سو سال سے اس صورتحال کا آج بھی سامنا ہے ۔ اس نکتہ کی وضاحت بھی مناسب وقت تک کے لئے موخر کی جاتی ہے ۔فی الوقت اس کرہ ارض پر حیاتِ انسانی کی ابتدا کے متعلق ڈارون کی تھیوری کو کسی نوعیت کا سائنسی مشاہدہ تسلیم کر لینے کی بنا پر مغربی محققین کی راہ اس راہ سے الگ ہو جاتی ہے جس کا کچھ اشارہ تورات کی کتاب پیدائش کے ابتدائی ابواب سے انہیں مل سکتا تھا یا پھر واضح طور پر قرانِ کریم انسان کے سامنے پیش کرتا ہے ۔

اگر حیاتیاتی سائنس کے انسانی ارتقاء کے حوالے سے مغربی محققین کے پیش کردہ تجزیات پر غور کریں تو محسوس ہوتا ہے کہ یہ حضرات مختصر شواہد کی بنیاد پر ہی نتائج اخذ کر لینے میں جلد بازی کر بیٹھتے ہیں تاکہ بنی نوع انسان کو ایک ایسی ہستی دیکھ سکیں جو ارتقائی عمل سے اسی طرح عالمِ واقعہ میں نمودار ہوگئی جیسی کہ دوسری تمام حیاتیاتی انواع یعنی مکھی اور مچھر سے لے کر دوسرے زمینی حیوانات، فضائی پرندے یا آبی انواع نظر آتی ہیں ۔ حیاتیاتی سائنس جس یک سطحی نظر سے مغربی دنیا کا انسان دیکھتا ہے یا دیکھنا چاہتا ہے اس سے کہیں زیادہ پیچیدہ ہے ۔ ہمارا سورج ،ہماری زمین اور ساتھ میں ہم خود بھی اسّی ہزار کلومیٹر فی گھنٹہ کی رفتار سے اپنی ملکی وے کہکشاں میں ہمہ وقت سفر کرتے ہیں تب کہیں ڈھائی کروڑ سال میں اس کے مرکز کے گرد ہمارا ایک چکر مکمّل ہوتا ہے ۔ ہمارا سورج اور زمین ساڑھے چار بلین سال قبل پیدا ہونے کے بعد سے اب تک ایسے اٹھارہ چکر ہی لگا سکے ہیں ۔ ایسے ایک

سفر کے دوران ہمارے شمسی نظام کے اطراف میں پائے جانے والے ستاروں اور کہکشاؤں کا ماحول بدلتا چلا جاتا ہے جس کے نتیجہ میں زمین پر پہنچنے والی شعاعیں اور دیگر ذرات کی اقسام، ان کی مقدار اور ان کی شدت بھی بدلتی رہتی ہے ۔ انسان ابھی تو نہیں جانتا لیکن آنے والے وقتوں میں یقیناً معلوم ہو جائے گا کہ حیاتیات اپنی تفصیلات میں ان بیرونی شعاعوں اور دیگر ذرات وغیرہ کے اثرات سے متاثر ہوئے بغیر رہ نہیں سکتیں ۔ علاوہ ازیں زمین پر پچھلا برفانی دور ice, age, بھی تقریباً ایک لاکھ سال قبل سے لے کر پچیس ہزار سال قبل تک جاری رہا جس میں کرہ عرضی کا بڑا حصہ مستقلاً برف سے ڈھکا رہا لہٰذا اندازہ کیا جا سکتا ہے کہ نباتات اور حیوانات کو طویل عرصہ کن حالات کا سامنا تھا اور فراہمی خوراک کس قسم کی انواع کے لئے کس حد تک دشوار ہو سکتی تھیں ۔

بلاشبہ ، آرکیالوجیکل تحقیق میں قدیم انسانوں کے پتھروں سے بنائے ہوئے اوزار دریافت ہوئے ہیں جو انہوں نے جانوروں کے شکار وغیرہ میں استعمال کے لئے ایجاد کئے۔ لیکن یہ کم تر درجہ کی صلاحیت صرف قدیم انسانوں کی حد تک محدود نہیں ۔ زمین پر بندروں کی اقسام کے علاوہ بھی جانوروں کی کئی اور انواع پائی جاتی ہیں جو کسی نوعیت کا اوزار اپنی خوراک کے حصول کے لئے استعمال کرتی ہیں ۔بندروں سمیت جو انواع سادہ اوزار استعمال کرنے کا مظاہرہ کرتی ہیں ان میں ایسا نظر نہیں آتا کہ نوع کا ایک نمائندہ اپنی ہی نوع کے دوسرے نمائندگان کے مقابلے میں کچھ زیادہ ذہانت رکھتا ہو لیکن انسانوں میں یہ معاملہ ہمیشہ سے بہت مختلف ہے ۔ اس میں اکثریت واجبی ذہانت کا مظاہرہ کرتی ہے جبکہ بہت کم تعداد میں نسبتاً زیادہ ذہین افراد ملتے ہیں پھر صدیوں کے سفر میں گنتی کے چند افراد ملتے ہیں جو ذہانت کی کسی اور ہی بلندی پر نظر آتے ہیں ۔

ڈارون کے تحقیق کردہ مشاہدات میں حیاتیاتی انواع میں موجود نظریۂ ارتقاء اور نظریۂ قدرتی انتخابات بلاشبہ تمام انواع میں قدیم زمانے سے عمل پذیر انتہائی نمایاں مشاہدہ تھا جس نے بوجوہ مغرب کے عام ذہنوں میں بآسانی دو صدیوں تک اپنی جگہ برقرار رکھی ۔ لیکن موجودہ زمانے میں جینیاتی سائنس کی تحقیقات نے واضح کر دیا ہے کہ حیاتیاتی خلیہ میں موجود ڈی این اے کوڈ دراصل تمام حیاتیاتی انواع میں پائی جانے والی مذکورہ دونوں استعداد اپنے اندر محفوظ

رکھتا ہے ۔ اہم ترین بات یہ ہے کہ اس ڈی این اے کوڈ میں کسی نوعیت کے ارتقاء اور قدرتی انتخاب کے آثار یا اشارات دیکھنے میں نہیں آسکے ہیں اس لئے ڈارون کا نظریہ بیشتر معقول مغربی افراد ترک کر چکے ہیں ۔

تخلیقِ آدمؑ اور قصّہِ آدمؑ و ابلیس

اللہ تعالیٰ نے قرانِ کریم میں تخلیقِ کائنات ، کرّہ ارضی پر تخلیقِ حیات اور تخلیقِ حضرت آدمؑ و حوّا کی بعض انتہائی اہم تفصیلات بیان کی ہیں جو اِن تمام تخلیقات کا اصل مقصد انسان کے سامنے پیش کرتی ہیں ۔ گذشتہ تین صدیوں کے دوران پیدا ہونے والے متعدد سائنسی علوم سے واقفیت سے پہلے کے زمانے تک قرانِ کریم میں درج اس نوعیت کی تفصیلات کے مفاہیم انسان کے لئے کچھ اور تھے لیکن اب موجودہ سائنسی تحقیقات اور دریافتوں کی روشنی میں یہ نسبتاً زیادہ واضح ہونے لگے ہیں ۔ یہ یقینی بات ہے کہ آنے والے وقتوں میں انسان کی دسترس ان علوم میں درجہ بہ درجہ بڑھے گی، کائنات ، زمین پر بسنے والی حیات اور انسان کے متعلق حقیقتیں اور قران میں بیان کردہ متعلقہ تفصیلات مزید واضح ہوتی چلی جائیں گی ۔

اللہ تبارک و تعالیٰ قرآنی آیات میں مظاہرِ خلق کی طرف انسان کو اتنی کثرت سے اور مختلف الفاظ میں بار بار متوجہ کرتے اور غوروفکر کی دعوت دیتے ہیں کہ اس کا شمار مشکل ہے ۔ لیکن تخلیقِ حضرت آدمؑ و حوّا کی حقیقت کو ایک ایسے پیرائے میں بیان کیا گیا ہے جو غور و فکر کی ترغیب کے باوجود کافی منفرد ہے ۔ قرینِ قیاس بات یہی ہو سکتی ہے کہ انسان غور و فکر سے یا کسی سائنسی تحقیق سے اس کی اصل حقیقت کو نہیں پہنچ سکتا ۔ قرآنِ کریم میں سات مرتبہ سات مختلف سورتوں میں واقعہ کے بعض جزوی اجزا بیان کے مرکزی موضوع سے مطابقت رکھنے کی بنا پر انفرادی طور پر نمایاں کئے گئے ہیں ۔ واقعۂ تخلیقِ آدمؑ جیسے موضوع پر جو کچھ تفاسیر ہمارے قدیم مفسرین نے پیش کیں کم و بیش وہی تفصیلات ہمارے موجودہ دور کے مفسرین بھی عموماً دہرا دیتے ہیں لہٰذا قدیم مفسرین کے بیانات یہاں

نقل کرنا ضروری نہیں تاہم دورِ حاضر کے مفسرین کے بعض متعلقہ نکات کا مختصراً ذکر ضرور کیا جائے گا۔

دوسری بات یہ کہ قارئین کو علم ہونا ضروری ہے کہ تخلیقِ کائنات اور تخلیقِ حضرت آد مؑ و حوّا کا کچھ بیان قدیم "آسمانی صحائف" کے حوالے سے صرف عہد نامہ قدیم میں اور اس میں بھی توراتِ خمسہ کی صرف پہلی کتاب پیدائش میں ہی موجود ہے ،بلکہ بائیبل کی شروعات ہی انہی دو موضوعات سے ہوتی ہے ۔ عہد نامہ جدید کی چار اناجیل میں، جیسی کہ وہ اب تحریر شدہ حالت میں ملتی ہیں، انہیں موضوع نہیں بنایا گیا ،لہٰذا قرانِ کریم کے بیانات سے صرف کتاب پیدائش کے بیانات کا موازنہ ہمارے لئے ممکن رہے گا۔ یہاں قارئین کو تنبیہ کر دینا ضروری ہے کہ اس واقعہ پر بائیبل اور قرآن کے بیانات کا موازنہ کر کے قرآن کی تفصیلات کو بائیبل سے بہتر یا برتر دکھا دینے کی کوشش نہیں کی جا رہی ۔ اس معاملہ میں اب تک جو کچھ بھی ہم حصّہ اوّل و دوئم میں تحریر کر چکے ہیں اس کے بعد مزید شواہد نمایاں کرنے کی ضرورت نہیں رہتی، تاہم دونوں صحیفوں میں درج بیانات محض ایک جگہ جمع کر دینے سے بغیر کچھ کہے بھی یہ حقیقت از خود عیاں ہوتی ہے ۔بائیبل کی اس تحریر پر بحث کے ذریعے بائیبل کا ایک ایسا پہلو سامنے لانا مقصود ہے جو ہماری تحریر میں اب تک اس لئے مستور رہا کہ ایسا ہی موقع ہمیں درکار تھا جیسا اب ہے ۔

تخلیقِ آد مؑ و حوّا کا بیان بائیبل میں

بائیبل کی کتاب پیدائش میں تخلیقِ آد مؑ و حوّا کی جو کچھ تفصیلات بیان ہیں اُن میں سے صرف منتخب اجزاء ذیل میں نقل کیے جائیں گے ،جو ہماری بحث کے لئے ضروری ہیں، تاکہ غیر ضروری طوالت سے بچا جا سکے ۔ انسانِ اوّل کی تخلیق کے متعلق بائیبل لکھتی ہے:

> اور خداوند خدا نے زمین کی مٹّی سے انسان کو بنایا اور اُس کے نتھنوں میں زندگی کا دم پھونکا تو انسان جیتی جان ہوا ۔اور خداوند خدا نے مشرق کی طرف عدن میں ایک باغ لگایا اور انسان کو جسے اس نے بنایا تھا وہاں رکھا ۔ اور خداوند خدا نے ہر درخت کو جو دیکھنے میں خوش نما

> اور کھانے کے لئے اچّھا تھا زمین سے اگایا اور باغ کے بیچ میں حیات کا درخت اور نیک و بد کی پہچان کا درخت بھی لگایا ۔(پیدائش 2:7)

یہاں تک کے اقتباس میں جو بات سامنے آتی ہے وہ یہ کہ خدا نے زمین کی مٹّی سے اولین انسان کو بنایا اور اسی زمین پر مشرق کی طرف کسی باغِ عدن میں اسے رکھا ۔ خدا نے اس ابتدائی انسان کو خلق کرنے کے بعد اُس کے لئے خوش نما اور خوش ذائقہ درخت پیدا کئے اور ساتھ میں دو خصوصی درخت جن میں ایک حیات کا اور دوسرا نیک و بد کی پہچان کا درخت بھی باغ کے درمیان میں لگایا ۔اوپر فقرہ میں محض ایک درخت کو دو الگ خصوصیات کا حامل ہونا مراد نہیں بلکہ یہاں دو الگ الگ صفات کے دو درخت مراد ہیں ۔ آگے چل کر بائیبل ہی سے یہ نکتہ واضح ہو جائے گا ۔اس اقتباس کے بعد اگلی پانچ سطور میں چار ندیوں کا بیان ہے جو اسی باغِ عدن سے پھوٹتی ہیں جن میں سے بابل یا موجودہ عراق سے گزرنے والے دو بڑے دریا یعنی دریائے دجلہ و دریائے فرات سے سب واقف ہیں لہٰذا انہیں یہاں نقل کرنا ضروری نہیں ۔ بائیبل آگے بیان کرتی ہے:

> اور خداوند خدا نے آدم کو لے کر باغِ عدن میں رکھا کہ اُس کی باغبانی اور نگہبانی کرے ۔ اور خداوند خدا نے آدم کو حکم دیا اور کہا کہ تو باغ کے ہر درخت کا پھل بے روک ٹوک کھا سکتا ہے ۔ لیکن نیک و بد کی پہچان کے درخت کا کبھی نہ کھانا کیونکہ جس روز تو نے اُس میں سے کھایا تُو مرا۔(پیدائش 2:15)

بائیبل اپنے ابتدائی فقرہ میں بتاتی ہے کہ پہلا انسان مٹّی سے بنایا گیا لیکن اب ان سطور میں وہ "آدم" کے نام سے آپ کا تذکرہ کرتی ہے ۔ قرآنِ کریم میں بھی آپ کا اسی نام سے ذکر ہوا ہے ۔ پھر بائیبل اللہ تعالیٰ کا حکم بتاتی ہے کہ آپ کو باغِ عدن کے صرف ایک درخت کا پھل کھانے کی ممانعت ہے جس کی،ازروئے بائیبل، خاصیت اگرچہ یہ ہے کہ اس کے کھانے سے" نیک و بد کی پہچان " حاصل ہو سکتی ہے ،لیکن اس درخت کے پھل کی ممانعت کی جو وجہ آدم کو بتائی گئی وہ یہ کہ جوں ہی اس کا پھل کھایا اسی دن آدم کو موت کا سامنا کرنا پڑ جائے گا ۔ بالفاظ دیگر خدا نے اس درخت کے پھل میں تو در حقیقت "نیک و بد کی پہچان" رکھنے کی صفت پیدا کی تھی لیکن آدم کو اس کے برعکس بتایا کہ اس درخت کے پھل میں زہر کی تاثیر ہے جو

کھانے والے کو مار کر چھوڑتی ہے ۔مقامِ افسوس ہے کہ اس طرح کی کوئی بھی بات کہے جانے کو ہر انسان جھوٹ بولنا یا دھوکہ دینا قرار دیتا ہے ۔ بائیبل آگے لکھتی ہے:

> اور خداوند خدا نے کُل دشتی جانور اور ہوا کے کُل پرندے مٹّی سے بنائے اور اُن کو آدم کے پاس لایا کہ دیکھے کہ وہ اُن کے کیا نام رکھتا ہے اور آدم نے جس جانور کو جو کہا وہی اُس کا نام ٹھہرا ۔ اور آدم نے کُل چوپایوں اور ہوا کے پرندوں اور کُل دشتی جانوروں کے نام رکھے ۔(پیدائش 2:19)

اس اقتباس اور اس سے پہلے کے اقتباس کے مطابق خدا نے نہ صرف تمام پھلوں کے درخت آدم کی تخلیق کے بعد پیدا کئے بلکہ زمین کے تمام جانور اور ہوا کے پرندے بھی تخلیقِ آدم کے بعد مٹّی سے پیدا کئے ۔ عرصۂ دراز تک بائیبل کے معتقدین یہ تمام کلام الہامی سمجھنے کی بنا پر یہ ترتیب سچ سمجھتے رہے ۔عصرِ حاضر میں کہیں پہنچ کر علم ہوا کہ تخلیقِ اشیاء کی بتائی گئی یہ ترتیب سراسر غلط ہے تاہم اس موقع پر ہماری توجہ بائیبل کی اس نوعیت کی غلطیوں کی نشاندہی پر نہیں ہے ۔ اس معاملہ میں جو کچھ حصّہ اوّل اور حصّہ دوئم میں زیرِ بحث آیا وہ کافی ہے ۔ یہاں ہم بائیبل کے کسی نئے پہلو کی نشاندہی کرنا چاہتے ہیں ۔یہ پہلو ہماری آنے والی بحث میں بتدریج واضح ہو سکے گا ۔

اوپر اقتباس میں ایک اور قابلِ توجہ بات یہ ہے کہ خدا نے ہر قسم کے جانور اور پرندے حضرت آدم کے سامنے ظاہر کئے تاکہ وہ ہر ایک کا نام رکھ دیں اور آپ نے ایسا ہی کیا ۔اگلی چند سطور میں بائیبل بتاتی ہے خدا نے جب حضرت آدم سو رہے تھے تو ان کی ایک پسلی نکال کر وہاں گوشت بھر دیا اور اس پسلی سے حضرت آدم کے لئے حضرت حوّا کو بطورِ بیوی بنایا اور یہ کہ وہ دونوں ننگے تھے اور وہ شرماتے نہ تھے ۔بائیبل آگے لکھتی ہے:

> اور سانپ کُل دشتی جانوروں سے جن کو خداوند خدا نے بنایا تھا چالاک تھا اور اُس نے عورت سے کہا کیا واقعی خدا نے کہا ہے کہ باغ کے کسی درخت کا پھل تم نہ کھانا؟۔ عورت نے سانپ سے کہا کہ باغ کے درختوں کا پھل تو ہم کھاتے ہیں پر جو درخت باغ کے بیچ میں ہے اُس کے پھل کی بابت خدا نے کہا ہے کہ تم نہ تو اُسے کھانا اور نہ چھونا ورنہ مر جاؤ گے ۔

YAHUDIYAT, ISAIYAT OR ISLAM 705

تب سانپ نے عورت سے کہا کہ تم ہر گز نہ مرو گے ۔ بلکہ خدا جانتا ہے کہ جس دن تم اُسے کھاؤ گے تمہاری آنکھیں کھل جائیں گی اور تم خدا کی مانند نیک و بد کے جاننے والے بن جاؤ گے ۔

عورت نے جو دیکھا کہ وہ درخت کھانے کے لئے اچھا اور آنکھوں کو خوشنما معلوم ہوتا ہے اور عقل بخشنے کے لئے خوب ہے تو اُس پھل میں سے لیا اور کھایا اور اپنے شوہر کو بھی دیا اور اُس نے کھایا ۔ تب دونوں کی آنکھیں کھل گئیں اور اُن کا معلوم ہوا کہ وہ ننگے ہیں اور انہوں نے انجیر کے پتوّں کو سی کر اپنے لئے لنگیاں بنائیں (پیدائش 3:1)

اس اقتباس میں چند انتہائی اہم باتیں ہمارے سامنے آتی ہیں ۔ ایک یہ کہ سانپ، جو اگرچہ چالاک تھا ، انسان کا بڑا ہمدرد اور بہی خواہ ثابت ہوتا ہے ۔ سانپ کے پوچھنے پر عورت نے سچ کہا کہ خدا نے یہ پھل کھانے سے ہمیں اس لئے منع کیا ہے کہ وہ نہیں چاہتا ہم اسے کھا کر ہلاک ہو جائیں ۔ سانپ بتاتا ہے خدا نے تمہیں جو بتایا ہے وہ سچ نہیں اور خدا کو علم ہے کہ اس کے کھانے سے تمہیں عقل آجائے گی ۔ تمہارا عقل مند ہو جانا اسے قبول نہیں اس لئے تمہیں روکا جا رہا ہے ۔تب عورت نے نہ صرف خود کھایا بلکہ اپنے شوہر کو بھی کھلایا ۔ اس کے کھانے کے بعد، خدا کے بتائے ہوئے کے مطابق وہ اس روز مر جاتے لیکن؛ وہ نہ مرے بلکہ اس کے بعد مکمّل طور پر وہی ہوا جو کچھ سانپ نے نہیں بتایا تھا ۔اس نے بتایا تھا تمہاری آنکھیں کھل جائیں گی اور واقعتاً ان کی آنکھیں کھل گئیں ۔ اس نے بتایا تھا تمہیں نیک و بد کی پہچان ہو جائے گی انہیں دفعتاً معلوم ہوا کہ وہ ننگے ہیں جو کہ ایک بُری بات ہے، یعنی انہیں نیک و بد کی پہچان ہو گئی، لہٰذا انہوں نے انجیر کے پتّوں سے اپنے ستر چھپانے کی کوشش کی ۔

قارئین بائیبل کی اب تک کی نقول سے بآسانی اخذ کر سکتے ہیں کہ پھل کھا لینے کے بعد جو حقیقت حضرت آدم و حوّا کے مشاہدے میں آئی وہ یہ کہ معاذاللہ ثمّہ معاذاللہ خدا کا قول جھوٹا ثابت ہوا جبکہ سانپ کا قول اپنی مکمّل تفصیل میں سچ ثابت ہوا ۔ بائیبل ثابت کرتی ہے کہ دو ہستیوں میں سے وہ سانپ ہی کی ہستی تھی جو ان کی ہمدرد اور خیر خواہ ثابت ہوئی جبکہ معاذاللہ ثمّہ معاذاللہ خدا کی ہستی نوعِ انسانی کی ابتدا میں ہی دشمن اور بدخواہ قرار پاتی ہے ۔ تورات میں درج یہ تفصیلات پڑھنا اور انہیں نقل کرنا ہمارے دل پر بہت بھاری بوجھ کا سبب ہے لیکن ہمیں یہ سب نقل کرنا ضروری تھا ۔

اوپر اقتباس میں قارئین یہ بھی نوٹ کر سکتے ہیں کہ سانپ نے حضرت آدم کے بجائے حضرت حوّا کو پہلے حقیقت سے واقف کر کے حکم عدولی پر رضا مند کیا لہٰذا حضرت حوّا نے پہلے شجرِ ممنوعہ کھا کر عدو لِ حکم کیا پھر اس کے بعد حضرت آدم کو کھلا کر انہیں بھی شریکِ جرم کیا ۔ مقامِ افسوس ہے کہ بائیبل میں بیان کردہ یہ ترتیب خواتین کی صنف پر تاریخ کے تمام ادوار میں انتہائی ظلم کا سبب بنتی رہی ہے ۔ قرآنِ کریم اس ترتیب کی تصدیق نہیں کرتا ۔

بائیبل کی اگلی چند سطور میں بیان ہے کہ خدا کی حضرت آدم و حوّا سے حکم عدولی اور سانپ کے ترغیب دینے کی باز پرس اور پھر اس کے نتیجے میں زمین پر ان کے ساتھ کیا پیش آتا رہے گا ۔ یہ تفصیلات ہماری بحث کے لئے کارآمد نہیں لہذا حذف کرتے ہیں تاہم اس کے بعد کی چند سطور قابلِ توجہ ہیں:

> اور خداوند خدا نے کہا دیکھو انسان نیک و بد کی پہچان میں ہم میں سے ایک کی مانند ہو گیا ۔ اب کہیں ایسا نہ ہو کہ وہ اپنا ہاتھ بڑھائے اور حیات کے درخت سے بھی کچھ لے کر کھائے اور ہمیشہ جیتا رہے ۔ اس لئے خداوند خدا نے اس کو باغِ عدن سے باہر کر دیا تاکہ وہ اُس زمین کی جس میں سے وہ لیا گیا تھا کھیتی کرے ۔ چنانچہ اُس نے آدم کو نکال دیا اور باغِ عدن کے مشرق کی طرف کرّوبیوں کو اور چوگرد گھومنے والی شعلہ زن تلوار کو رکھا کہ وہ زندگی کے درخت کی راہ کی حفاظت کریں (پیدائش 3:22)

یہ اقتباس واضح کردیتا ہے کہ وہاں دو درخت تھے جن میں سے ایک درخت کا پھل کھا کر انسان نیک و بد کی پہچان کی استعداد حاصل کر گیا ۔ اب کہیں ایسا نہ ہو کہ وہ دوسرے درخت سے بھی کھا لے اور حیاتِ ابدی حاصل کر بیٹھے لہٰذا خدا نے باغِ عدن سے اسے خارج کردیا کہ نہ وہ وہاں رہے گا نہ اُس پھل کو کھا سکے گا ۔ باغِ عدن سے باہر کر دینے کے بعد وہاں تک پہنچانے والے راستے کی حفاظت بھی ضروری تھی لہٰذا اس کے لئے دو خصوصی انتظامات کر دئے تاکہ وہ بعد میں اگر آنا چاہے تو وہاں نہ آسکے ۔ مذکورہ کرّوبی بائیبل کی روایات کے مطابق شیر کا سر، انسانی چہرہ، پرندہ کے بازو وغیرہ پر مشتمل کوئی نامعلوم مخلوق تھی جس کا یہاں تخلیقِ آدم کے وقت ذکر ہوا ۔ بائیبل کے مطابق اس واقعہ کے دو ہزار سال بعد اس کرّوبی کے دو مجسمے بنوا کر ہیکل سلیمانی کے پاک ترین مقام پر عہد کا صندوق

کے ساتھ رکھے گئے تھے ۔ تنہا کرّوبی کسی وقت حفاظت میں ناکام نہ ہو جائیں یا ناکا فی ثابت ہوں، لہٰذا چومکھی چال چلنے والی آگ اگلتی تلوار بھی باغِ عدن کی راہ پر رکھ دی گئی تاکہ آنے والے کو ٹکڑے ٹکڑے کر کے جلا دے ۔ایک اور قابلِ حیرت بات یہ کہ خدا کا قول " ہم میں سے ایک کی مانند ہو گیا" لکھ دینے سے خدا کی وحدانیت پر واضح ابہام الگ پیدا کر دیا گیا ۔

بائیبل کے مذکورہ بیانات سے ممکنہ یہی مفاہیم اخذ کئے جا سکتے ہیں جبکہ ان کے مقابلے میں کوئی دوسری تاویل ممکن نہیں ہے ۔ پھر ایسا بھی نہیں ہے کہ تورات کی پانچ کتابوں میں کسی دوسرے موقع یہ تفصیلات کسی اور انداز میں بتائی گئی ہوں جو کوئی دوسرا مفہوم اخذ کرنے میں مددگار ہو سکے ۔

یہ ہے وہ تصویر تمام کائنات کے خالق اور مالک کی جو J مصنف کتابِ مقدّس پر ایمان رکھنے والی اپنی نسلی قوم کے آگے پیش کرتا ہے ۔قارئین ان سب اقتباسات میں" خداوند خدا " لکھا ہونے سے پہچان گئے ہونگے کہ یہ جنوبی ریاست یہودیہ سے تعلق رکھنے والے J مصنف کی تحریر ہے جو اس نے 700 ق م کے قریب کسی وقت لکھی ۔ یہ مصنف بھی دیگر تینوں مصنفوں کی طرح بنی اسرائیلی قبائلی عصبیت کا شکار تھا ۔ ان چاروں مصنفوں نے جو کچھ بھی لکھا وہ سب اُسی ذہنی تنگ نظری کے تحت لکھا جس کو ہم بخوبی واضح کر چکے ہیں لیکن جو نکتہ ہم یہاں اٹھانا چاہتے ہیں وہ یہ کہ زیرِ بحث واقعات میں کم از کم قبائلی عصبیت کا قطعی کوئی عمل دخل نہیں ۔ قبائلی عصبیت کا عنصر بہت بعد کی شئے ہے جس کی ابتدا حضرت یعقوبؑ کی بارہ اولادوں سے یہودیوں کے درمیان شروع ہوئی یہ حضرت آدم و حوّا کی تخلیق کے واقعات ہیں جو تمام انسانوں کے جد امجد ہیں اس لئے مذکورہ بارہ قبیلوں کے مابین اس معاملہ میں کسی نوعیت کے حسد کا کوئی موقع نہیں ۔

یہودی شروع سے توراتِ خمسہ کی پانچ کتابوں کا مصنف حضرت موسیٰ کو مانتے رہے ہیں لہٰذا کتاب پیدائش میں تخلیقِ کائنات سے لے کر حضرت یوسفؑ کی زندگی تک کے تمام واقعات کی تفصیل حضرت موسیٰ کے ذریعے انہیں ملی ہو گی یہ تعلیمات بھی حضرت موسیٰ کے زیرِ تربیت پروان چڑھنے والی اس نئی نسل کو حاصل ہوئی ہوگی جب بنی اسرائیل مصر کی غلامی سے آزاد ہونے کے بعد

حضرت موسیٰ کے احکامات کے صریح منکر ہوئے ، لہٰذا اللہ تعالیٰ کی طرف سے چالیس سالہ صحرا نوردی اور پھر وہیں مر کھپ جانے کی سزا کے مستحق قرار دیئے گئے۔ صحرا میں پیدا ہونے والی نئی نسل ہی فلسطین میں داخل ہو سکی ۔ نئی نسل کو اپنی پیدائش سے لے کر آئندہ چالیس سال دن و رات حضرت موسیٰ اور حضرت ہارونؑ کی صحبت حاصل تھی ۔ انہیں کچھ اور کرنے کی ضرورت تھی نہیں ا س لئے کہ بہترین خوراک اللہ تعالیٰ نے معجزانہ طریقے سے بلا مشقت ان کے لئے فراہم کر رکھی تھی ۔ عسکری تربیت، اچھی صحت اور اچھے اخلاقی کردار انہیں درکار تھے، لہٰذا ایسی تمام ضروریات کے ساتھ ساتھ حضرت موسیٰ کے وسیلہ سے براہ راست اللہ تعالیٰ کی طرف سے دیئے گئے تخلیقِ کائنات اور تخلیقِ آدم کے واقعات کے ذریعے نوعِ انسانی کو ان کے پیدا کئے جانے کا اصل مقصد بتانا ایک بہترین نعمت انہیں میسر تھی ۔

یہ یقینی ہے کہ حضرت موسیٰ نے حضرت آدم و حوّا کو شجرِ ممنوعہ کی ترغیب دینے کا مجرم شیطان بتایا جس کو J مصنف نے بدل کر سانپ کر دیا ۔ یہاں بڑا سوال یہ ہے کہ اس مصنف کے پاس شیطان کو مخفی رکھ کر سانپ کو اصل ذمہ دار بتانے کی کیا وجہ ہو سکتی ہے؟ ۔ مصنف شیطان کی جگہ سانپ لکھ کر آخر کس نوعیت کا فائدہ اٹھا سکتا تھا؟ نہ صرف اصل ہستی کا چھپایا جانا بلکہ واقعہ کی جو مجموعی تصویر اوپر بنائی گئی ہے وہ بھی بالکل واضح دیکھی جا سکتی ہے ۔ سانپ آدم و حوّا کا اصل ہمدرد ہے اور انہیں سچ باتیں بتاتا ہے ۔ایسا نہیں ہے کہ لفظ "شیطان" محض ان اقتباسات میں اتفاقاً کہیں موجود نہیں ۔ یہ لفظ تورات کی پانچ کتابوں میں کہیں پایا نہیں جاتا ۔ اگر J مصنف بالفرض کسی نامعلوم وجہ سے لفظ "شیطان" کہیں لکھنا نہیں چاہتا تھا تو دیگر تین مصنفوں کو بیشتر مواقع میسر تھے کہ اگر اپنی قوم سے کچھ بھی ہمدردی تھی تو شیطان کے عزائم سے نہیں تو نام سے تو متعارف رکھتے کم از کم ۔شیطان کو کسی اور نام سے بھی تورات کے کسی فقرہ سے اخذ کرنا ممکن نہیں ۔ایک نیا لفظ "عزازیل" بے شک تورات کی کتاب احبار باب 16 میں ملتا ہے لیکن وہ شیطان کا مترادف نہیں ہے ۔ لفظ "عزازیل" کی وضاحت کچھ دیر کے لئے موخر کی جاتی ہے ۔یہاں بات لفظ شیطان تورات میں موجود نہ رہنے پر ہی ختم نہیں ہو جاتی ۔ مذکورہ مصنف نے باغِ عدن کا وقوع اسی زمین پر

بتایا تھا جہاں حضرت آدم خلق ہوئے ۔ لفظ "جنت" لکھنا بھی مصنف کی پریشانی کا باعث ہے اس لئے اسے باغِ عدن اسی زمین پر دکھانا پڑا ۔ اس بات میں بھی یہ مصنف منفرد نہیں اس لئے کہ دیگر تین مصنفوں نے بھی لفظ "جنت" کہیں استعمال نہیں کیا ۔ الفاظ "جزا و سزا" اور "جنت و دوزخ" یا ان کے مترادف الفاظ عہدنامہ قدیم کی کتابوں میں موجود نہیں ۔ تورات کے مصنفین ایک ہی وقت میں نہیں پائے جاتے تھے کہ انہوں نے متفقہ طور پر یہ باتیں آپس میں طے کر لی ہوں۔ یہ الگ الگ زمانہ میں پیدا ہوئے اور انہیں کبھی ایک دوسرے کا سامنا نہیں ہوا ۔ لہٰذا چار مختلف تحریروں میں طرح طرح کے ان گنت اختلافات ہونے کے باوجود مذکورہ خصوصیات میں بالکل ہم آہنگ ہونا یا "شیطان" اور "جنت و دوزخ" جیسے الفاظ یا کم از کم ان جیسی اہم ترین حقیقتوں کا سرے سے کوئی تصوّر اپنے ہم نسل افراد کو نہ پہنچانا انتہائی غیر متوقع اور ناقابلِ یقین ہونے کی حد تک حیرت انگیز ہے لفظ "شیطان" عہد نامہ قدیم کی بعض دوسری کتابوں ،مثلاً کتاب ایّوب وغیرہ، میں ملتا ہے ۔ اسی طرح لفظ "پاتال" بھی بعض مرتبہ دوسری کتبوں میں دیکھا جا سکتا ہے جہاں پاتال سے بائیبل کی مراد دوزخ نہیں بلکہ زمین کی گہرائی میں کوئی مقام ہے جہاں مجرموں کے لئے آگ دھکتی ہے لیکن فی الوقت ہماری توجہ تورات تک ہی محدود ہے جہاں قصّہ تخلیقِ آدم وحوّا تحریر ہے ۔بائیبل کی ابتدا میں اس واقعہ کے بعض اجزا J مصنف اور بعض اجزا P مصنف کے ہاتھوں لکھے گئے ۔ تمام واقعہ اور تورات کی پانچوں کتابوں میں الفاظ "شیطان" اور "جنت و دوزخ" نہ لکھا جانا بلکہ "شیطان" کی جگہ "سانپ" لکھنا اور اس کو بھی س طرح کہ وہی انسان کا اصلی خیر خواہ ہے۔ بائیبل کی تحریروں میں ایسی غیر معمولی خاصیت پیدا کرنے کے پیچھے وہ ہستی ہونی چاہئے جس کو اس خاصیت سے فائدہ پہنچتا ہے ۔ اللہ تعالیٰ کے مقابلے میں سانپ ہی انسان دوست ثابت ہے لیکن سانپ تو بائیبل کا مصنف نہیں ہے ۔ جس ہستی کو یہ خصوصیت براہ راست فائدہ پہنچا تی ہے وہ خود "شیطان" ہی ہو سکتا ہے ۔ہم یہ بات لکھنے پر بائیبل کے عقیدت مندوں سے حد درجہ معذرت خواہ ہیں لیکن اس توجیہ کے مقابلے پر کوئی اور توجیہ بائیبل میں نظر نہیں آتی ۔ بائیبل اپنے عقیدت مندوں کے لئے "شیطان" کے بارے میں کوئی ایسی وضاحت رکھتی ہی نہیں کہ وہ جان سکیں یہ کیا شئے ہے ۔اناجیل البتہ بتاتی ہیں کہ حضرت عیسیٰؑ اپنا تحریکی مشن

شروع کرتے وقت ابلیس سے تین مرتبہ آزمائے گئے لیکن وہ آپ کو دھوکہ دینے میں ناکام رہا (متی 4:1) ۔ یہ بات ہر طرح قابلِ تسلیم ہے کہ شیطان نے حضرت عیسیٰ کو بہکانے کی کوشش کی لیکن ناکام رہا اسی طرح قطعی ممکن ہے کہ شیطان نے تورات کے چار مصنفوں کو بھی ورغلایا لیکن وہ خود کو نہ بچا سکے ۔

تخلیقِ آدمؑ و حوّا کا بیان قرآن میں

بائیبل میں تخلیقِ آدم کا پس منظر واضح کرنے کے بعد اب ہم قرانِ کریم کی طرح رجوع کرتے ہیں کہ اصل حقیقت میں وہ کیا تعلیمات تھیں جنہیں گزری قومیں محفوظ رکھنا تو در کنار اس کے حقیقی مفہوم ہی کو اس درجہ مسخ کر دیا گیا کہ بعد میں آنے والوں کے لئے مکمّل طور پر غیر حقیقی شکل اختیار کر گیا ۔ قرانِ کریم میں تخلیقِ آدم و حوّا سات مرتبہ بیان ہوا ہے ۔ قرانِ کریم میں گزرا ہوا کوئی واقعہ بیان ہوتا ہے تو اس موقع پر واقعہ کے وہ اجزاء بیان ہوتے ہیں جو اس موقع سے یا اس سورہ کے مرکزی مضمون سے تعلق رکھتے ہوں یا اس سورہ کا مرکزی مفہوم اخذ کرنے میں مددگار ہوں ۔لہٰذا قرانِ کریم میں ماضی کے بہت سے واقعات نئے پہلوؤں کے ساتھ دہرائے گئے ہیں ۔ان دہرائے گئے واقعات سے ایک اہم فائدہ یہ بھی ہمیں حاصل ہوتا ہے کہ ایک موقع پر قران پڑھنے والے کے دماغ میں واقعہ سے متعلق کوئی سوال پیدا ہو تو وہی واقعہ کسی دوسرے موقع پر نئے پہلو کے ساتھ دہرایا گیا ہے اس لئے وہاں اکثر سوالوں کا جوابات مل جاتے ہیں ۔ قرانِ کریم میں تمام مقامات پر جس طرح سے واقعہ بیان ہوا اسے ذیل میں مصحف کی ترتیب کے مطابق نقل کیا جاتا ہے:

1۔پھر ذرا اس وقت کا تصوّر کرو جب تمہارے رب نے فرشتوں سے کہا تھا کہ "میں زمین میں ایک خلیفہ بنانے والا ہوں"۔ انہوں نے عرض کیا: "کیا آپ زمین میں کسی ایسے کو مقرر کرنے والے ہیں 'جو اس کے انتظام کو بگاڑ دے گا اور خونریزیاں کرے گا؟ آپ کی حمد و ثنا کے ساتھ تسبیح اور آپ کے لئے تقدیس تو ہم کر ہی رہے ہیں"۔ فرمایا: "میں جانتا ہوں جو کچھ تم نہیں جانتے"۔ اس کے بعد اللہ نے آدم کو ساری چیزوں

کے نام سکھائے، پھر انہیں فرشتوں کے سامنے پیش کیا اور فرمایا "اگر تمہارا خیال صحیح ہے (کہ کسی خلیفہ کے تقرر سے انتظام بگڑ جائے گا)تو ذرا ان چیزوں کے نام بتاؤ" ۔انہوں نے عرض کیا "نقص سے پاک تو آپ ہی کی ذات ہے ' ہم تو بس اتنا ہی علم رکھتے ہیں ' جتنا آپ نے ہم کو دے دیا ہے ۔حقیقت میں سب کچھ جاننے والا اور سمجھنے والا آپ کے سوا کوئی نہیں" ۔پھر اللہ نے آدم سے کہا:" تم انہیں سب چیزوں کے نام بتاؤ"۔ جب اس نے ان کو اُن سب کے نام بتا دیئے ' تو اللہ نے فرمایا:" میں نے تم سے کہا نہ تھا کہ میں آسمانوں اور زمین کی وہ ساری حقیقتیں جانتا ہوں جو تم سے مخفی ہیں ' جو کچھ تم ظاہر کرتے ہو وہ بھی مجھے معلوم ہے اور جو کچھ تم چھپاتے ہو ' اسے بھی میں جانتا ہوں"۔

پھر جب ہم نے فرشتوں کو حکم دیا کہ آدم کے آگے جُھک جاؤ' تو سب جُھک گئے ' مگر ابلیس نے انکار کیا وہ اپنی بڑائی کے گھمنڈ میں پڑ گیا اور نافرمانوں میں شامل ہو گیا ۔پھر ہم نے آدم سے کہا کہ"تم اور تمہاری بیوی ' دونوں جنت میں رہو اور یہاں بفراغت جو چاہو کھاؤ ' مگر اس درخت کا رخ نہ کرنا ' ورنہ ظالموں میں شمار ہو گے"۔ آخر کار شیطان نے ان دونوں کو اس درخت کی ترغیب دے کر ہمارے حکم کی پیروی سے ہٹا دیا اور انہیں اس حالت سے نکلوا کر چھوڑا جس میں وہ تھے ۔ہم نے حکم دیا کہ "اب تم سب یہاں سے اتر جاؤ، تم ایک دوسرے کے دشمن ہو اور تمہیں ایک خاص وقت تک زمین میں ٹھیرنا اور وہیں گزر بسر کرنا ہے "۔اس وقت آدم نے اپنے رب سے کچھ کلمات سیکھ کر توبہ کی، جس کو اس کے رب نے قبول کر لیا، کیونکہ وہ بڑا معاف کرنے والا اور رحم فرمانے والا ہے ۔

ہم نے کہا کہ" تم سب یہاں سے اتر جاؤ۔ پھر جو میری طرف سے کوئی ہدایت تمہارے پاس پہنچے ' تو جو لوگ میری اس ہدایت کی پیروی کریں گے ' ان کے لئے کسی خوف اور رنج کا موقع نہ ہو گا، اور جو اس کو قبول کرنے سے انکار کریں گے اور ہماری آیات کو جھٹلائیں گے ' وہ آگ میں جانے والے لوگ ہیں ' جہاں وہ ہمیشہ رہیں گے"۔(02-البقرة:30-39)

2۔ہم نے تمہاری تخلیق کی ابتدا کی ' پھر تمہاری صورت بنائی ' پھر فرشتوں سے کہا آدم کو سجدہ کرو اس حکم پر سب نے سجدہ کیا مگر ابلیس سجدہ کرنے والوں میں شامل نہ ہوا ۔

پوچھا، "تجھے کس چیز نے سجدہ کرنے سے روکا جبکہ میں نے تجھ کو حکم دیا تھا"؟ بولا، "میں اُس سے بہتر ہوں ' تو نے مجھے آگ سے پیدا کیا ہے اور اُسے مٹی سے"۔ فرمایا، "اچھا ، تو یہاں سے نیچے اتر ۔تجھے حق نہیں ہے کہ یہاں بڑائی کا گھمنڈ کرے ۔ نکل جا کہ درحقیقت تو اُن لوگوں میں سے ہے جو خود اپنی ذلّت چاہتے ہیں "بولا،" مجھے اس دن

تک مہلت دے جب کہ یہ سب دوبارہ اٹھائے جائیں گے"۔ فرمایا، "تجھے مہلت ہے"۔بولا، "اچھا تو جس طرح تو نے مجھے گمراہی میں مبتلا کیا ہے میں بھی اب تیری سیدھی راہ پر ان انسانوں کی گھات میں لگا رہوں گا، آگے اور پیچھے ' دائیں اور بائیں ' ہر طرف سے انہیں گھیروں گا اور تو ان میں سے اکثر کو شکر گزار نہ پائے گا۔فرمایا،" نکل جا یہاں سے ذلیل اور ٹھکرایا ہوا، یقین رکھ کہ اِن میں سے جو تیری پیروی کریں گے ' تجھ سمیت ان سب سے جہنّم کو بھر دوں گا ۔اور اے آدم، تو اور تیری بیوی ' دونوں اس جنت میں رہو' جہاں جس چیز کو تمہارا جی چاہے کھاؤ، مگر اس درخت کے پاس نہ پھٹکنا ورنہ ظالموں میں سے ہو جاؤ گے"۔

پھر شیطان نے اُن کو بہکایا تاکہ ان کی شرمگاہیں جو ایک دوسرے سے چھپائی گئی تھیں ان کے سامنے کھول دے ۔ اس نے ان سے کہا "تمہارے رب نے تمہیں جو اس درخت سے روکا ہے اس کی وجہ اِس کے سوا کچھ نہیں ہے کہ کہیں تم فرشتے نہ بن جاؤ، یا تمہیں ہمیشگی کی زندگی حاصل نہ ہو جائے ۔ اور اس نے قسم کھا کر کہا کہ میں تمہارا سچا خیر خواہ ہوں ۔

اس طرح دھوکا دے کر وہ ان دونوں کو رفتہ رفتہ اپنے ڈھب پر لے آیا ۔ آخر کار جب انہوں نے اس درخت کا مزہ چکھا تو ان کے ستر ایک دوسرے کے سامنے کھل گئے اور وہ اپنے جسموں کو جنّت کے پتّوں سے ڈھانکنے لگے۔

تب ان کے رب نے انہیں پکارا" کیا میں نے تمہیں اس درخت سے نہ روکا تھا اور نہ کہا تھا کہ شیطان تمہارا کھلا دشمن ہے"؟ دونوں بول اٹھے " اے رب، ہم نے اپنے اوپر ستم کیا، اب اگر تو نے ہم سے درگزر نہ فرمایا اور رحم نہ کیا تو یقیناً ہم تباہ ہو جائیں گے"۔ فرمایا،"اُتر جاؤ، تم ایک دوسرے کے دشمن ہو، اور تمہارے لئے ایک خاص مدّت تک زمین ہی میں جائے قرار اور سامان زیست ہے"۔ اور فرمایا "وہیں تم کو جینا اور وہیں مرنا ہے اور اسی میں سے تم کو آخر کار نکالا جائے گا"۔

اے اولادِ آدم، ہم نے تم پر لباس نازل کیا ہے کہ تمہارے جسم کے قابلِ شرم حصّوں کو ڈھانکے اور تمہارے لئے جسم کی حفاظت اور زینت کا سامان بھی ہو ' اور بہترین لباس تقویٰ کا لباس ہے ۔ یہ اللہ کی نشانیوں میں سے ایک نشانی ہے ' شاید کہ لوگ اس سے سبق لیں ۔ اے بنی آدم ' ایسا نہ ہو کہ شیطان تمہیں پھر اُسی طرح فتنے میں مبتلا کر دے جس طرح اس نے تمہارے والدین کو جنّت سے نکلوایا تھا اور ان کے لباس ان پر سے اُتر وا دئے تھے تاکہ ان کی شرمگاہیں ایک دوسرے کے سامنے کھولے ۔ وہ اور اس کے ساتھی تمہیں ایسی جگہ سے دیکھتے ہیں جہاں سے تم انہیں نہیں دیکھ سکتے ۔ ان شیاطین کو ہم نے اُن لوگوں کا سرپرست بنا دیا ہے جو ایمان نہیں لاتے ۔ (07-الاعراف:11-27)

3۔ہم نے انسان کو سڑی ہوئی مٹی کے سوکھے گارے سے بنایا ۔ اور اس سے پہلے جِنوں کو ہم آگ کی لپٹ سے پیدا کر چکے تھے ۔ پھر یاد کرو اُس موقع کو جب تمہارے رب نے فرشتوں سے کہا کہ" میں سڑی ہوئی مٹی کے سوکھے گارے سے ایک بشر پیدا کر رہا ہوں ۔ جب میں اُسے پورا بنا چکوں اور اس میں اپنی روح سے کچھ پھونک دوں تو تم سب اس کے آگے سجدے میں گر جانا" ۔چنانچہ تمام فرشتوں نے سجدہ کیا، سوائے ابلیس کے کہ اُس نے سجدہ کرنے والوں کا ساتھ دینے سے انکار کر دیا ۔

رب نے پوچھا" اے ابلیس، تجھے کیا ہوا کہ تو نے سجدہ کرنے والوں کا ساتھ نہ دیا؟"۔ اُس نے کہا "میرا یہ کام نہیں ہے کہ میں اِس بشر کو سجدہ کروں جسے تو نے سڑی ہوئی مٹی کے سوکھے گارے سے پیدا کیا ہے"۔

رب نے فرمایا" اچّھا تو نکل جا یہاں سے کیونکہ تو مردُود ہے ' اور اب روزِ جزا تک تجھ پر لعنت ہے"۔ اُس نے عرض کیا" میرے رب یہ بات ہے تو پھر مجھے اُس روز تک کے لئے مہلت دے جبکہ سب انسان دوبارہ اٹھائے جائیں گے"۔ فرمایا" اچّھا ' تجھے مہلت ہے اُس دن تک جس کا وقت ہمیں معلوم ہے"۔ وہ بولا" میرے رب ' جیسا تو نے مجھے بہکایا اُسی طرح اب میں زمین میں ان کے لئے دل فریبیاں پیدا کر کے اِن سب کو بہکاؤں گا، سوائے تیرے اُن بندوں کے جنہیں تو نے اِن میں سے خالص کر لیا ہو"۔ فرمایا" یہ راستہ ہے جو سیدھا مجھ تک پہنچتا ہے ۔ بے شک جو میرے حقیقی بندے ہیں ان پر تیرا بس نہ چلے گا ۔ تیرا بس تو صرف اُن بہکے ہوئے لوگوں پر چلے گا جو تیری پیروی کریں، اور اُن سب کے لئے جہنّم کی وعید ہے -(15-الحجر:26-47)

4۔اور یاد کرو جبکہ ہم نے ملائکہ سے کہا کہ آدم کو سجدہ کرو ' تو سب نے سجدہ کیا ' مگر ابلیس نے نہ کیا ۔ اُس نے کہا" کیا میں اُس کو سجدہ کروں جسے تو نے مٹی سے بنایا ہے؟" پھر وہ بولا" دیکھ تو سہی ' کیا یہ اس قابل تھا کہ تو نے اسے مجھ پر فضیلت دی؟ اگر تو مجھے قیامت کے دن تک مہلت دے تو میں اس کی پوری نسل کی بیخ کنی کر ڈالوں، بس تھوڑے ہی لوگ مجھ سے بچ سکیں گے"۔ اللہ تعالیٰ نے فرمایا، "اچّھا تو جا، ان میں سے جو بھی تیری پیروی کریں، تجھ سمیت اُن سب کے لئے جہنّم ہی بھرپور جزا ہے ۔ تو جس جس کو اپنی دعوت سے پھسلا سکتا ہے پھسلا لے ' اُن پر اپنے سوار اور پیادے چڑھا لا، مال اور اولاد میں ان کے ساتھ ساجھا لگا، اور ان کو وعدوں کے جال میں پھانس ۔ اور شیطان کے وعدے ایک دھوکے کے سوا اور کچھ بھی نہیں یقیناً میرے بندوں پر تجھے کوئی اقتدار حاصل نہ ہوگا، اور توکّل کے لئے تیرا رب کافی ہے "-(17-بنی اسرائیل:61-65)

5۔یاد کرو ' جب ہم نے فرشتوں سے کہا کہ آدم کو سجدہ کرو تو انہوں نے سجدہ کیا مگر ابلیس نے نہ کیا ۔ وہ جِنوں میں سے تھا اس لئے اپنے رب

کے حکم کی اطاعت سے نکل گیا ۔ اب کیا تم مجھے چھوڑ کر اُس کو اور اُس کی ذرّیّت کو اپنا سرپرستِ بناتے ہو حالانکہ وہ تمہارے دشمن ہیں؟-(18-الکہف47-50)

6-یاد کرو وہ وقت جبکہ ہم نے فرشتوں سے کہا تھا کہ آدم کو سجدہ کرو ۔ وہ سب تو سجدہ کر گئے ' مگر ایک ابلیس تھا کہ انکار کر بیٹھا ۔اس پر ہم نے آدم سے کہا کہ "دیکھو ' یہ تمہارا اور تمہاری بیوی کا دشمن ہے ' ایسا نہ ہو کہ یہ تمہیں جنّت سے نکلوا دے اور تم مصیبت میں پڑ جاؤ۔ یہاں تو تمہیں یہ آسائشیں حاصل ہیں کہ نہ بھوکے ننگے رہتے ہو ' نہ پیاس اور دھوپ تمہیں ستاتی ہے"۔ لیکن شیطان نے اس کو پھسلا دیا ۔ کہنے لگا "آدم ' بتاؤں تمہیں وہ درخت جس سے ابدی زندگی اور لازوال سلطنت حاصل ہوتی ہے"؟۔ آخر کار دونوں (میاں بیوی) اس درخت کا پھل کھا گئے ۔ نتیجہ یہ ہوا کہ فوراً ہی ان کے ستر ایک دوسرے کے آگے کھل گئے اور لگے دونوں اپنے آپ کو جنّت کے پتّوں سے ڈھانکنے۔ آدم نے اپنے رب کی نافرمانی کی اور راہ راست سے بھٹک گیا ۔ پھر اس کے رب نے اسے برگزیدہ کیا اور اس کی توبہ قبول کر لی اور اسے ہدایت بخشی ۔ اور فرمایا "تم دونوں فریق یہاں سے اُتر جاؤ۔ تم ایک دوسرے کے دشمن رہو گے ۔ اب اگر میری طرف سے کوئی ہدایت پہنچے تو جو کوئی میری اُس ہدایت کی پیروی کرے گا وہ نہ بھٹکے گا نہ بدبختی میں مبتلا ہو گا ۔ اور جو میرے "ذکر" (درسِ نصیحت) سے منہ موڑے گا اس کے لئے دنیا میں تنگ زندگی ہو گی اور قیامت کے روز ہم اُسے اندھا اٹھائیں گے"-(20- طٰہٰ:116-124)

7-جب تیرے رب نے فرشتوں سے کہا" میں مٹّی سے ایک بشر بنانے والا ہوں ' پھر جب میں اُسے پوری طرح بنا دوں اور اس میں اپنی روح پھونک دوں تو تم اس کے آگے سجدے میں گر جاؤ"۔ اس حکم کے مطابق فرشتے سب کے سب سجدے میں گر گئے ' مگر ابلیس نے اپنی بڑائی کا گھمنڈ کیا اور وہ کافروں میں سے ہو گیا ۔ رب نے فرمایا" اے ابلیس، تجھے کیا چیز اُس کو سجدہ کرنے سے مانع ہوئی جسے میں نے اپنے دونوں ہاتھوں سے بنایا ہے؟ تو بڑا بن رہا ہے یا تو ہے ہی کچھ اونچے درجے کی ہستیوں میں سے"؟ اس نے جواب دیا" میں اُس سے بہتر ہوں، آپ نے مجھ کو آگ سے پیدا کیا ہے اور اِس کو مٹّی سے"۔ فرمایا اچّھا تو یہاں سے نکل جا، تو مردود ہے اور تیرے اوپر یومِ الجزاء تک میری لعنت ہے"۔ وہ بولا" اے میرے رب ' یہ بات ہے تو پھر مجھے اُس وقت تک کے لئے مہلت دے جب یہ لوگ دوبارہ اٹھائے جائیں گے"۔ فرمایا،" اچّھا، تجھے اُس روز تک کی مہلت ہے جس کا وقت مجھے معلوم ہے"۔ اس نے کہا" تیری عزّت کی قسم ' میں ان سب لوگوں کو بہکا کر رہوں گا ،بجُز تیرے ان بندوں کے جنہیں تو نے خالص کر لیا ہے"۔ فرمایا" تو حق یہ ہے" اور

میں حق ہی کہا کرتا ہوں 'کہ میں جہنّم کو تجھ سے اور اُن سب لوگوں بھر دوں گا جو انسانوں میں سے تیری پیروی کریں گے"- (38-صٓ:71-85)

یہ تمام آیات انتہائی دلچسپ ہیں ۔ انسان انہیں پڑھے اور ذرا دیر کو ٹھہر جائے تو ان میں موجود مفاہیم کی گہرائیوں میں ڈوبتا چلا جاتا ہے ۔جو بنیادی اور اہم تصورات عام لوگوں کے لئے یہ آیاتِ کریمہ پیش کرتی ہیں وہ اپنی جگہ بہت سادہ اور بالکل واضح ہیں جبکہ بعض تشریح طلب ہیں جنہیں ذیل میں زیرِ غور لایا جائے گا ۔قارئین سے التماس ہے کہ ساتوں اقتباسات ، یا کم از کم پہلا اقتباس، بحث کی ابتدا میں ایک مرتبہ پھر پڑھ لیں ۔اوپر ساتوں اقتباسات عددی ترتیب سے نقل کر دیئے ہیں تاکہ ان کا حوالہ دینے میں سہولت ہو ۔

پہلا اقتباس سورہ بقرہ کی جملہ دس آیات پر مشتمل ہے ۔ ان دس آیات کی تشریح مولانا اصلاحی نے اپنی تفسیر کے اٹھارہ صفحات میں بیان کی ہے ۔ امام ابن کثیر نے بھی تفسیر ابن کثیر میں ان آیات کے لئے چودہ صفحات استعمال کئے ، جبکہ مولانا مودودیؒ نے نسبتاً کم یعنی تفہیم القرآن کے آٹھ صفحات میں اپنی تشریحات بیان کیں۔ یہ تمام تفصیلات ہمارے مقصدِ تحریر کے لئے درکار نہیں سوائے اس کے کہ بعض پہلو جو ہماری توجّہ کے طالب ہیں، ان کے متعلق روایات اور مفسرین نے آیات کے کیا مفاہیم اپنی تفاسیر میں بیان کئے ہیں ، وہ بحث میں شامل رہیں گے ۔

آدم کو سب نام سکھائے

ہماری بحث میں آیات کے اہم ترین نکات میں سے پہلا نکتہ اللہ تعالیٰ کا حضرت آدمؑ کو تمام نام سکھانے کا معاملہ ہے ۔ایک بات جو مذکورہ تفاسیر سے اخذ ہوتی ہے وہ یہ کہ آیات کی تشریح کے لئے بعض اہم صحابہ سے منسوب متضاد روایات بتائی گئی ہیں لیکن انہیں پڑھنے سے واضح محسوس ہوتا ہے کہ انہوں نے براہ راست رسول اللہ سے نہیں سنا بلکہ اپنی سمجھ کے مطابق تشریحات بیان کی ہیں ، یعنی تشریحات بیان کرنے کا انداز بذات خود یہ بات تجویز کرتا ہے ۔غالباً یہی وجہ ہے کہ مولانا مودودیؒ نے آیت کا ترجمہ "تمام چیزوں کے نام سکھائے" کیا ہے ۔ابن کثیر نے بھی یہی مفہوم لکھا جبکہ مولانا اصلاحی کے پیش کردہ مفہوم کے مطابق اللہ تعالیٰ نے اشیاء کے نہیں

بلکہ "لوگوں کے نام" سکھائے تھے ۔ ہمارے کہنے کا مطلب یہ ہے کہ روایات میں بہت زیادہ اضطراب ہے اور مختلف نوعیت کے بیانات ہیں جن میں سے مفسرین نے اپنی سمجھ کے مطابق ان مفاہیم کو ترجیحاً اپنی تفاسیر میں بیان کیا جو ان کی نظر میں عقلاً زیادہ قابلِ قبول تھے ۔ بعض روایات میں یہ تھا کہ اللہ تعالیٰ نے تمام چیزوں یعنی پہاڑ، درخت ، گدھے، برتن وغیرہ کے نام جبکہ بعض راوی کہتے ہیں کہ فرشتوں اور اولادِ آدم کے نام بتائے گئے ۔ اولادِ آدم کے نام بتانے کی دلیل یہ تھی کہ چونکہ فرشتوں نے تخلیقِ آدم کے وقت استفہامیہ انداز میں اپنا خیال ظاہر کیا تھا کہ اللہ تعالیٰ کسی ایسے کو خلیفہ مقرر کرنا چاہتے ہیں جو زمین پر خوں ریزی اور فساد پیدا کرے گا ۔ اس کے جواب میں اللہ تعالیٰ نے اولادِ آدم میں بد خصلت لوگوں کے ساتھ ان کے نام بھی بتائے جو انبیاء و رسل، شہداء اور صدیقین میں شمار کئے جانے تھے ۔ مولانا اصلاحی نے اس تخیّل کو قابلِ ترجیح سمجھنے پر ترجمہ میں "لوگوں کے نام بتائے" کا مفہوم پیش کیا ۔ابن کثیر نے تفسیر قرآن کے علاوہ قصص الانبیاء کے نام سے بھی ایک کتاب تحریر کی ۔ اس کتاب کے ابتدائی ساٹھ سے زائد صفحات میں کہیں زیادہ تفصیل سے تخلیقِ آدم سے متعلق واقعات اور تشریحات بیان کی ہیں ۔ تمام تفصیلات کا خلاصہ یہی ہے کہ اللہ تعالیٰ نے حضرت آدم ؑ کو سب نام بتا دئیے تب ان لوگوں کو یا ان اشیاء کو فرشتوں کے سامنے پیش کر کے ان سے سوال کیا کہ ان کے نام بتائیں ۔ فرشتوں نے معذوری ظاہر کی تو آدم سے کہا کہ وہ سب نام بتائیں، حضرت آدمؑ نے سب نام بتا دئے ۔بائیبل نے بھی کسی حد تک ملتا جلتا تصوّر پیش کیا تھا کہ اللہ تعالیٰ نے تمام اشیاء حضرت آدمؑ کو دکھائیں تب حضرت آدمؑ نے سب کے نام رکھے ۔

درپیش مسئلہ

اگرچہ ان تشریحات سے متعدد دوسرے سوالات پیدا ہوتے ہیں، مثلاً اللہ تعالیٰ نے جنت میں حضرت آدمؑ کی ذریت آپ کو بتا کر صالح اور غیر صالح کی نشاندہی کر دی اور حضرت آدمؑ کے ذریعے فرشتوں کو بھی وضاحت کر دی گئی تو پھر دنیا بنانے کی اور انسان کو دنیا میں زندگی کا ایک دورانیہ پورا کرنے کی کیا وجہ ہو سکتی ہے؟ یہ بھی اندازہ کیا جاسکتا ہے کہ ذریت آدمؑ کی فہرست کس قدر طویل رہی ہو

گی ۔بعض قرآنی آیات کی اسی نوعیت کی فلسفیانہ تشریحات سے تاریخِ اسلامی کے ابتدائی ادوار میں جبر و قدر کے مباحث پیدا ہوئے ۔نام بتانے کے معاملہ میں ایک اضافی بات یہ بھی پتہ چلتی ہے کہ تمہارا جو نام تمہارے والدین نے رکھا یا تم نے اپنی اولاد کا نام منتخب کیا، یا ان کی پیدائش پر کرو گے، وہ دراصل الہامی تھا یا اب پیدائش پر نام رکھتے وقت بذریعہ الہام دل میں آ جائے گا ۔ وجہ یہ کہ وہ نام تو پہلے ہی سے حضرت آدمؑ اور فرشتوں کو بتا دیا گیا تھا ۔ بعض لوگوں کے نام ان کی اپنی زندگی میں کسی وجہ سے تبدیل کر دیئے جا تے ہیں، وہ الگ ایک مسئلہ ہے ۔ دریں اثناء یہ مسئلہ بھی موجود رہتا ہے کہ بالفرض اشیاء کے نام بتائے گئے ہوں تو، جیسا کہ ہم دنیا میں دیکھتے ہیں، انسان اشیاء کے نام محض ان کی شناخت کے لئے استعمال کرتا ہے ۔اگرچہ یہ درست ہے کہ بعض اشیاء کے نام اس شئے کی کسی صفت کو بھی ظاہر کرتے ہیں لیکن ایسا بہت کم ہے ۔ پھر انسان چاہے ان پڑھ اور علوم سے بالکل ناواقف ہو تب بھی وہ اشیاء کے نام بہرحال جانتا ہے، تب بھی جاہل سمجھا جاتا ہے۔ کہنے کا مطلب ہے نام جاننے سے علم حاصل نہیں ہوتا ۔

قارئین غور کریں کہ پہلے اقتباس میں جب فرشتے نام نہ بتا سکے تو ان کا جواب کیا تھا؟۔ انہوں نے کہا کہ نقص سے پاک اللہ تعالیٰ کی ذات ہے ۔ ہم صرف اتنا ہی جانتے ہیں جتنا آپ نے ہمیں علم دیا ہے اور یہ کہ سب علم و حکمت اللہ تعالیٰ کے پاس ہے ۔ یہ تسلیم نہیں ہونا چاہئیے کہ فرشتوں نے محض نام نہ معلوم ہونے کو اپنا ایک نقص قرار دیا اور کہا نقائص سے پاک اللہ کی ہستی ہے لہٰذا ، بین السطور دیکھا جائے تو فرشتوں کی نظر میں کسی پہلو سے علمیت کا عنصر درپیش ہونا ہی قرینِ قیاس تسلیم کرنا پڑے گا ۔

مفسرین کی بتائی گئی ناموں سے واقفیت یا ناواقفیت کی قسم کی تشریحات اور ان سے پیدا ہونے والی الجھنوں سے ہمیں دلچسپی پیدا نہیں ہو سکی، بلکہ اس کے برعکس آیات کی تشریح میں ہمیں کچھ الگ ہی مسئلہ درپیش تھا ۔عام حالات میں ہم دیکھتے ہیں کہ مثلاً شعبۂ تدریس میں کسی ممتحن کو سالانہ امتحانی پرچہ وضع کرنے کی ذمّہ داری ہو لیکن وہ ممتحن اپنے اقربا کو قبل از امتحان ان سوالات سے واقف کر دے یا کچھ سرمایہ حاصل کرنے کی خاطر دوسروں کو بتا دے تو مستفید ہونے والوں کو چھوڑ کر سب ہی اس ممتحن کو حقیر

سمجھتے ہیں اور قرار واقعی سزا کا مستحق ٹھہراتے ہیں ۔ آیات کا سرسری مفہوم یہی ہمارے سامنے آتا ہے ۔ اللہ تعالیٰ نے فرشتوں اور حضرت آدمؑ کے امتحان سے پہلے ہی حضرت آدمؑ کو سب نام بتا دیے تھے، بالفاظ دیگر پرچہ آؤٹ کر دیا تھا ۔فرشتے اگر ایسے سخت الفاظ نہ کہہ سکتے ہوں تب بھی ان کا جواب یہ ہو سکتا تھا یا ہونا چاہئے تھا کہ: " اے ہمارے رب، آدمؑ کو یہ نام معلوم ہیں اس لئے کہ آپ نے وہ نام اسے بتا دئے ۔ اگر آپ ہمیں بتا دیتے تو ہم بھی جواب میں یہ نام بتا سکتے تھے" ۔ اس طریقہ سے حضرت آدمؑ کا سب نام بتا دینا فرشتوں کے مقابلے میں حضرت آدمؑ یا انسان کی افضلیت تسلیم کرنا بہت مشکل ہے ۔ اقتباس 7 میں حضرت آدمؑ کی پیدائش سے پہلے ہی فرشتوں کو سجدہ کا حکم مل چکا تھا لیکن آدمؑ کو اللہ کا خلیفہ سمجھنے میں فرشتے الجھن کا شکار تھے کہ اگر امکانی طور پر انسان سے خوں ریزی اور فساد پیدا ہونے کا خدشہ ہے تو اسے خلیفہ کیوں بنایا جا رہا ہے؟ ۔ اقتباس 1 میں حضرت آدمؑ کو پیشگی نام بتا دینے کی الجھن اس اقتباس کی دیگر تفصیلات سے رفع نہیں ہوتی ۔ اس الجھن کا جواب تلاش کرنے میں ہمیں سورہ بقرہ کی ان آیات کے بعد اس واقعہ کی باقی آیات توجّہ سے دیکھنی پڑیں اور قرآن کے دوسرے مقامات پر بھی تلاش کرنا پڑا ۔ بالآخر ان سات سورتوں میں درج قصّہ آدم و حوّا چند بار توجّہ سے پڑھنے پر وہ کلیدی نکتہ ہماری نظروں میں آگیا اور اس کلیدی نکتہ کے تحت آیات کا جو مفہوم پیدا ہوا اس سے ہمارا دل مطمئن ہوگیا ۔ یہ معاملہ آیات قرآنی کا ہے لہٰذا اس پر کچھ نئی بات کہنے سے دل دہشت کا شکار ہے لیکن بہت غور کرنے کے بعد ہمارا فیصلہ ہوا کہ اس کا بتلانا ضروری ہے ۔ اس کلیدی نکتہ کی تشریح کے ساتھ آیات میں موجود اہم نکات بھی واضح ہو سکیں گے ۔

کلیدی نکتہ: ابلیس یا شیطان

اس کلیدی نکتہ کی نشاندہی اس طرح ہوئی کہ اقتباس 1 میں ارشاد ہے: جب سجدہ کا حکم ہوا تو سب نے سجدہ کیا سوائے ابلیس کے ۔اس آیت میں عربی میں لفظ "ابلیس" درج ہے ۔ اقتباس 5 میں بتایا گیا کہ ابلیس جنّوں میں سے تھا اس لئے اطاعت کے حکم سے نکل گیا ۔اگر اقتباس 1 کی طرف واپس جائیں تو چند آیات بعد اللہ تعالیٰ نے حضرت آدمؑ کو تنبیہ

کی کہ جنت میں سب کچھ کھاؤ لیکن فلاں درخت کا رخ مت کرنا ۔ اسی تسلسل میں یہ اقتباس بتاتا ہے کہ شیطان نے آدمؑ کو بہکا دیا اور دونوں میاں بیوی اس درخت کا پھل کھا کر اللہ تعالیٰ کے حکم کی نافرمانی کر بیٹھے ۔اس آیت میں اللہ تعالیٰ نے عربی میں لفظ "شیطان" استعمال کیا جبکہ اس سے پہلے آیت میں اس کے لئے لفظ "ابلیس" استعمال ہوا تھا یہیں سے ہمیں ایک اور سوال درپیش ہوا کہ اللہ تعالی نے ایک ہی ہستی کی طرف اشارہ کرنے کے لئے چند ہی آیات کے فاصلے پر دو الگ الفاظ کیوں استعمال کئے ؟ دونوں مرتبہ ایک ہی لفظ کیوں نہیں استعمال کیا گیا ؟ اگر پہلی مرتبہ اسے ابلیس کہا تھا تو بعد میں بھی ابلیس کہہ دیتے یا دونوں مرتبہ شیطان کہہ دیتے ۔اس کے جواب میں ہمیں خیال ہوا کہ شاید عربی میں تلاوتِ قرآن کی صوتی ہم آہنگی میں کوئی بات ہو سکتی ہے جو ہماری سمجھ سے بالاتر ہے ۔ ، لہٰذا اس واقعہ پر دوسری آیات دیکھنی پڑیں گی ۔بغور دیکھنے پر یہی بات سامنے آئی کہ ساتوں سورتوں میں ابتدا میں اس ہستی کے لئے لفظ "ابلیس" ہی استعمال ہوا ہے ۔ اقتباس 2 میں پہلے ایک مرتبہ لفظ ابلیس پھر چار مرتبہ لفظ شیطان موجود ہے ، یعنی پہلے اسے ابلیس بتایا گیا لیکن بعد میں شیطان ۔

یہ مسئلہ سلجھانے کے لئے بحث کو آگے بڑھانے سے پہلے وقت کا کوئی تصوّر ذہن میں ہونا ضروری ہے ۔ ہمارے کہنے کا مقصد یہ ہے کہ واقعہ کی تفصیلات وقت کے کچھ کم عرصہ میں جلدازجلد پوری نہیں ہو گئیں بلکہ امکانی طور پر ہر مرحلے میں اس میں بہت وقت لگا ہے ۔ مثلاً اقتباس 2 میں سورہ بتاتی ہے کہ شیطان انہیں بھٹکانے کے لئے رفتہ رفتہ اپنے ڈھب پر لے آیا ۔اقتباس 2 میں جو تفصیلات بتائی گئی ہیں وہ تخلیقِ آدمؑ سے بھی پہلے اس تخلیق کی منصوبہ بندی کا فرشتوں سے تذکرہ اور سجدہ کرنے کا حکم (اقتباس 7) سے لے کر حضرت آدمؑ و حوّا کا جنت سے اخراج تک کے واقعات شامل ہیں جس میں بہت وقت صرف ہوا ہے ۔ ہمارے پیش کردہ کلیدی نکتہ کو سمجھنے کے لئے وقت کے دورانیہ کو دو حصوں میں تقسیم رکھنا ضروری ہے ۔ ایک حصہ تخلیقِ آدمؑ کی منصوبہ بندی سے لے کر وہاں تک کا زمانہ جب کہ فرشتوں نے سجدہ کیا اور ابلیس نے انکار کیا جبکہ دوسرا حصہ ابلیس کے انکار سے حضرت آدمؑ و حوّا کا جنت سے اخراج تک کے زمانے پر محیط ہے ۔ قارئین محسوس کرلیں گے

کہ قرآنی مفہوم کے لحاظ سے یہ دورانیہ انہی دو حصوں میں منقسم ہے ۔

وقت یا زمانہ کے پہلے حصہ میں ہوا یہ ہے کہ ابلیس اپنے دل میں تکبّر لئے تھا لیکن یہ بات دوسری مخلوقات سے پوشیدہ تھی ۔اقتباس 1 میں ناموں کے سوال و جواب کے بعد اللہ تعالیٰ کا فرشتوں سے ارشاد تھا: " جو کچھ تم ظاہر کرتے ہو ' وہ بھی مجھے معلوم ہے اور جو کچھ تم چھپاتے ہو ' اسے بھی میں جانتا ہوں"۔ واقعات کی مجموعی تفصیلات پر غور کرنے سے واضح ہوتا ہے کہ فرشتوں نے انسان کو خلیفہ نامزد کرنے کی مصلحت دریافت کرنا چاہی لیکن ابلیس کا مسئلہ کچھ اور تھا ۔ وہ اپنے دل میں تکبّر چھپائے بیٹھا تھا اور اس سے بھی بڑھ کر یہ کہ وہ خود اپنے آپ کو اس اعزاز کا مستحق اور اہل سمجھتا تھا ۔ فرشتے ابلیس کی مخفی صفت اور مخفی خواہشات سے واقف نہ تھے ۔آگے کی تفصیلات میں ناموں کے سوال و جواب اور سجدہ کے حکم سے تمام باتیں یکدم سب کے سامنے کھل گئیں ۔

ہماری تجویز کے مطابق دو زمانوں پر مبنی وقت کے پہلے حصہ میں جب بھی جنّوں میں سے اس تکبّر زدہ ہستی کے تذکرہ کی ضرورت ہوئی تو اللہ تعالیٰ نے اس کے نام کے لئے لفظ "ابلیس" استعمال کیا ۔ اس زمانے کا اختتام ذی شعور مخلوقات کو حضرت آدمؑ کو سجدہ کے حکم کی تعمیل پر ہوا جس میں ابلیس نے کہا : " میں آدم سے بہتر ہوں"۔ یہاں سے زمانے کا دوسرا حصہ شروع ہوتا ہے جس میں ابلیس کی ہستی اپنی شخصیت کا دوسرا پہلو سامنے لاتی ہے یہ کہتے ہوئے کہ: " اگر اسے وقت دیا جائے تو وہ ثابت کر سکتا ہے کہ وہ بہتر ہے"۔ جب اس نے اپنے قول سے تکبر کی صفت ظاہر کی اور حضرت آدمؑ کے جنت میں رہتے ہوئے عملاً دھوکہ دے کر بھی اس صفت کو ذی شعور مخلوقات کے سامنے واضح کر دیا تب اللہ تعالیٰ نے ابلیس کے تذکرہ کے لئے اپنے مخصوص طریقۂ کار کے تحت اسے " شیطان" کہا ہے ۔زمانہ کے اس تصوّر کی روشنی میں اگر قارئین درج کردہ سات اقتباسات کا از سر نو جائزہ لیں تو اللہ تعالیٰ کے اس اصول کی بآسانی شناخت کر سکتے ہیں ۔یہ کیا اصول ہے؟ اللہ تعالیٰ کا اصول یہ کہ کسی ہستی کا تذکرہ مقصود ہو تو اس ہستی کے لئے اللہ تعالیٰ وہ نام استعمال کرتے ہیں جو ہستی کی اس صفت کا مظہر ہو جو صفت واقعتاً اس ہستی میں اس وقت موجود ہے ۔ اگر وہ ہستی بعد میں کوئی

اور صفت اختیار کر لے تو اس صفت کی مطابقت کے لئے اس کا نام بدل دیا جائے گا ۔اس اصول یا نکتہ پر اب تک کی پیش کردہ وضاحت اس نتیجہ تک پہنچنے کے لئے کافی نہیں اس لئے اسے مزید کریدنا ضروری ہے ۔

آگے بڑھنے سے پہلے عربی لفظ " ابلیس" کا مفہوم جان لینا چاہئے ۔ اس لفظ کا عربی سہ حرفی مادّہ بلس ہے جس کے معنی ہیں حیرت سے کسی کا منہ بند ہو جائے جس کو'ہکا بکا رہ گیا 'سے بھی کبھی ظاہر کیا جاتا ہے ۔ پھر اس کے معنی یہ بھی ہیں کہ کسی وجہ سے کوئی انتہائی مایوس ہو جائے ۔ روزِ آخرت ایسے انتہائی مایوس لوگوں کے لئے اللہ تعالیٰ سورہ روم میں فرماتے ہیں:

اور جب وہ ساعت برپا ہو گی اس دن مجرم ہک دک رہ جائیں گے (30-الرّوم:12)

قرآنِ کریم کی اس آیت میں "ہک دک" کے لئے عربی الفاظ "یُبلِسُ المُجرِمُونَ" استعمال ہوئے ہیں یعنی قیامت کے دن مجرم انتہائی مایوسی کے عالم میں کچھ کہنے کے قابل نہ رہیں گے ۔ بالفاظ دیگر قرآنِ کریم میں روزِ آخر مجرمین کی یہ صفت، خاصیت یا کیفیت بتانے کے لئے لفظ بلس استعمال ہوا ۔ اب اگر لفظ بلس قرآنِ کریم میں کسی کا نام بتانے کے لئے استعمال ہو تو اس سے مراد اس ہستی کی صفت، خاصیت یا کیفیت بتانا مقصود ہے ۔ لہٰذا ہم کہہ سکتے ہیں کہ قرآنِ کریم کی ان آیات میں ابلیس یقیناً اللہ تعالیٰ کی مخلوق میں سے کسی کا نام تھا لیکن یہ نام اُس کی کسی خاصیت، صفت یا کیفیت کی طرف دوسروں کو متوجہ کرنے کے لئے چنا گیا تھا ۔

جنّوں کی نوع میں کا ایک فرد تخلیقِ آدم سے لے کر حکمِ سجدہ کے زمانے تک اس صفت یا نفسیاتی کیفیت کا حامل تھا ۔ قرآنِ کریم میں اس کا نام "ابلیس" بتایا گیا اس لئے کہ اب تک کے عرصے میں وہ ایک انتہائی مایوس ہستی تھا ۔ سجدہ سے انکار کے بعد اس نے یکے بعد دیگرے دو حالتیں اختیار کیں ۔ پہلی حالت وہ تھی جب اللہ تعالیٰ نے اس سے حکم عدولی کی جواب طلبی کی تو، چونکہ وہ خود ساختہ تکبّر کا شکار تھا، اس نے اسی تکبّر سے جواب دیا کہ میں اُس سے بہتر ہوں: " آپ نے مجھے آگ سے پیدا کیا ہے اور اسے مٹّی سے"۔ اللہ تعالیٰ نے اس کے تکبّر اور صریح حکم عدولی کے باوجود محض ناراضگی کا اظہار کیا کہ تو جس مقام پر رکھا گیا تھا ،اب تکبّر کی وجہ سے اس مقام کے لائق نہ رہا ۔ تو یہاں سے نکل جا ، تو نے اپنے عمل سے ہمیشہ

کے لئے خود کو لعنتوں کا مستحق بنا لیا ہے ۔ تعجب ہے کہ اللہ تعالیٰ کا ردعمل سننے کے بعد نہ وہ نادم ہوا اور نہ ہی معافی و درگزر کی درخواست کی، بلکہ کہتا ہے کہ ،جس ہستی کو اللہ نے اپنے ہاتھوں سے بنایا اور مسجود ملائکہ ٹھہرایا ، وہ اس کو بے راہ کر کے چھوڑے گا ۔ اس نے جیسا کہا تھا بر سرِ موقع وہی کردیا ۔جب واقعتاً اس نے حضرت آدمؑ کو ورغلا دیا ، تو اس وقت یا اس کے بعد اللہ تعالیٰ نے اسے "ابلیس" نہیں کہا بلکہ "شیطان" کہا اس لئے کہ وہ اب مایوس نہیں رہا تھا ، وہ اللہ تعالیٰ کا نافرمان ہونے سے آگے بڑھ کر سرکش اور باغی ہو چکا تھا ۔ لفظ " شیطان" کا یہی مطلب ہے ۔ قرآنِ کریم کی زیرِ غور ساتوں آیات میں یہ مفہوم بہت صراحت کے ساتھ اخذ ہو رہا ہے کہ قرآنِ کریم کسی کا نام ظاہر کرنے کے لئے اس کی کوئی خاصیت، صفت یا کیفیت کا مترادف لفظ استعمال کرتا ہے جو اس ہستی میں نمایاں ترین ہو یا اس ہستی کی پہچان بن سکے ۔اس حد تک کی وضاحت سے قارئین اب سمجھ سکتے ہیں کہ " اللہ تعالیٰ نے حضرت آدمؑ کو تمام نام سکھائے" سے کیا مراد ہو سکتی ہے ۔ لیکن اس نکتہ کی مزید وضاحت کی طرف بڑھنے سے پہلے ابلیس اور شیطان کی بحث مکمّل کرنا ضروری ہے ۔

زیرِ غور سات آیات میں لفظ "ابلیس" نو مرتبہ اور "شیطان" سات مرتبہ لکھا گیا ہے ۔ قرآنِ کریم میں لفظ شیطان بآسانی اسّی سے زائد مرتبہ دیکھنے میں آتا ہے ۔ بکثرت مقامات پر تو لفظ شیطان سے وہی سرکش جنّ یا وہ اور اس کی ذریت مراد ہے لیکن کئی مواقع پر یہ لفظ ایسے انسانوں کے لئے بھی استعمال ہوا ہے جو اپنے قول و عمل سے اللہ تعالیٰ سے سرکشی و بغاوت کا مظاہرہ کرتے ہیں ۔تاہم یہ بات تجسس آمیز ہے کہ لفظ ابلیس نو مرتبہ مذکورہ آیات کے علاوہ بھی دو مقامات پر درج ہے جہاں قصّہ آدم و ابلیس کا تذکرہ نہیں ہوا تھا :

> پھر وہ معبود اور یہ بہکے ہوئے لوگ ' اور ابلیس کے لشکر سب کے سب اوپر تلے دھکیل دئے جائیں گے (26۔ الشُعرآء:95)

> ان کے معاملہ میں ابلیس نے اپنا گمان صحیح پایا اور انہوں نے اُسی کی پیروی کی ' بجُز ایک تھوڑے سے گروہ کے جو مومن تھا (34۔ سَبَا:20)

پہلی آیت میں جب کفّار مکہ رسول اللہ کی تعلیمات کا پیہم انکار کرنے پر مُصِر تھے تو انہیں وعید سنا دی گئی کہ وہ اپنے معبود اور

YAHUDIYAT, ISAIYAT OR ISLAM 723

ابلیس کے لشکر سمیت جہنّم میں دھکیل دئے جائیں گے ۔ دوسری آیت میں عرب کے جنوب میں بسنے والی یمن کی مشہور قومِ سبا کے انجام سے کفّار کو عبرت دلائی گئی کہ انہوں نے اللہ تعالیٰ کی نعمتوں کی ناشکری کی، لہٰذا ایک بڑے سیلاب کے ذریعے برباد کر دئے گئے ، اس قوم کے متعلق ارشاد ہوا کہ ان کے معاملے میں ابلیس نے اپنا گمان صحیح پایا ۔

ان دونوں مقامات پر لفظ ابلیس ہمارا پیش کردہ نقطۂ نظر کی تردید کرتا نظر نہیں آتا ۔ قرآنِ کریم میں ابلیس کا تذکرہ حضرت آدمؑ کو سجدہ کرنے کے معاملہ میں ہوا ہے جبکہ جنّ اور فرشتے تخلیقِ آدم سے پہلے خلق کر دیئے گئے تھے ۔ تخلیقِ آدم سے پہلے کے زمانے میں چونکہ ابلیس یا حضرت آدمؑ کا تذکرہ نہیں ہوا ، اس لئے ایسے کسی موقع پر ابلیس کا قرآنِ کریم میں ذکر نہیں ہے اور نہ ہی کسی ایسے نام سے اس کا تذکرہ ہے جہاں اس کا ابلیس کے بجائے کوئی اور نام لیا جاتا ۔ بعض اسلامی روایات میں عزازیل نامی ایک ہستی کا تصوّر ملتا ہے کہ یہ ابلیس یا شیطان کا اصل نام تھا ۔بعض قدیم اسلامی مفسرین ابلیس کے اصل نام کی بنا "عزیز" پر رکھتے ہیں یعنی خدا کا پسندیدہ یا خدا کا محبوب ہونے کی وجہ سے اسے یہ نام دیا گیا تھا ۔ یہ بات اگرچہ ہمارے نقطۂ نظر کی پُر زور تائید کرتی ہے کہ مایوس ہونے ور ابلیس کہلانے سے پہلے اس جنّ کو اللہ تعالیٰ کے مقربین میں عزازیل نام حاصل تھا ۔ اسلامی روایات اشارہ کرتی ہیں کہ وہ خود کو اللہ کا خلیفہ ہونے کا اہل سمجھتا تھا لیکن جب اس نے دیکھا کہ مٹّی سے کسی انسان کو بنایا جا رہا ہے تو وہ مایوسی کا شکار ہوا کہ یہ نئی ہستی کیوں بنائی جا رہی ہے ؟۔اقتباس 4 عزازیل کا یہ عنصر نمایاں کرنے کیلئے بہت واضح ہے ۔ ابلیس کہتا ہے : "دیکھ تو سہی ' کیا یہ اس قابل تھا کہ تو نے اسے مجھ پر فضیلت دی"۔بالفاظ دیگر اس کا کہنا تھا حکم آدم کو دیا جانا چاہئے کہ وہ ابلیس کو سجدہ کرے اس لئے کہ اسے آدم پر فضیلت حاصل ہے ۔

قرآنِ کریم کی زیرِ غور آیات میں لفظ ابلیس یاشیطان کا جو مفہوم ہم پیش کرنے کی کوشش میں ہیں، اِس معاملہ میں عزازیل سے متعلق بیان کردہ اسلامی روایت ہمارے مفہوم کی تصدیق کرتی ہے، تاہم تخلیقِ حضرت آدمؑ و حوّا سے متعلق بے شمار ایسی روایت بھی موجود ہیں جو صریحاً غلط ہیں ، اس لئے کس روایت کو قبول کر لیا جائے اور کسے قبول نہ کیا جائے اس کا انحصار ہمارے انتخاب پر چلا جاتا ہے

جو مناسب بات نہیں۔ مسلمانوں کو احادیث و روایات پر بہت سنجیدگی سے تحقیق مستقلاً جاری رکھنی چاہئے تھی جو نہیں کی گئی۔ لہٰذا فی الوقت ہم قرآن سے باہر کی کوئی دلیل اپنے مفہوم کی تائید کے لئے شامل کرنے کے حق میں نہیں تاہم اب اگر ہم میں سے کوئی اٹھے اور روایات کو پرکھ کر تصدیق کر سکے کہ "عزازیل" واقعی ابلیس کا اصل نام تھا تو "سب نام سکھائے" کے معاملے میں یہاں پیش کئے گئے مفہوم پر اعتماد بہت بڑھ سکے گا۔

لفظ عزازیل اپنی جگہ کافی تجسس کا باعث ہے۔ اس کی بنیاد کا لفظ "عزیز" عربی لفظ نہیں۔ عبرانی زبان میں مرکب لفظ عزازیل کو مادّہ الفاظ "عزاز" اور "ایل" سے ملا کر بنایا گیا ہے۔ عبرانی میں عزاز کے معنی میں مضبوط ہونا، قائم ہو جانا، قوّت، یا کسی شئے کی مضبوطی میں اضافہ ہونا وغیرہ شامل ہیں، جبکہ "ایل" سے ہمارے قارئین واقف ہیں کہ یہ ایلوہیم کا مخفف ہے اور اِس سے مراد اللہ تعالیٰ کی ہستی ہے۔ تورات کی کتاب احبار میں لفظ عزازیل کا سرسری تذکرہ اوپر کیا گیا تھا۔ تورات میں کتاب احبار چند جملوں کے علاوہ پوری کی پوری P مصنف کی تحریر ہے۔ درج شدہ واقعہ میں بیان کیا گیا ہے کہ اللہ تعالیٰ نے حضرت موسیٰ کو حکم دیا کہ حضرت ہارون قربانی کے لئے دو بکرے مہیّا کریں اور ان پر اللہ کے نام کی اور عزازیل کے نام کی چِٹھیاں ڈالیں۔ جس بکرے پر اللہ کے نام کی چِٹھی نکلے اسے بنی اسرائیل قوم کی خطا کے لئے قربان کر دیں، لیکن:

جس بکرے پر عزازیل کے نام کی چِٹھی نکلے وہ خداوند کے حضور زندہ کھڑا کیا جائے تاکہ اس سے کفّارہ دیا جائے اور وہ عزازیل کے لئے بیابان میں چھوڑ دیا جائے (احبار 16:10)

ہمیں جو بات یہاں متوجہ کرتی ہے وہ یہ کہ خدا کے نام کا بکرا تو قربان کر دیا گیا لیکن عزازیل کے نام کے بکرے کو قربان نہیں کیا گیا، بلکہ اسے زندہ چھوڑ دینے کا حکم دیا گیا۔ اللہ تعالیٰ اور عزازیل کے مابین اس حوالے سے نمایاں فرق محسوس ہوتا ہے۔ اگرچہ عبرانی معنویت کے لحاظ سے عزازیل اچّھا اور پسندیدہ نام ہے لیکن اس کے نام پر قربانی کی اجازت نہیں دی گئی۔ یہ ممکن ہے کہ وقت کے کسی دورانیہ میں یہ معزز شخصیت ہو لیکن اس نے کسی وقت خود کو بدل دیا تو اس کے لئے تورات میں لفظ "سانپ" استعمال ہوا۔

تمام بائیبل میں بس اسی جگہ عزازیل کا لفظ دیکھنے میں آتا ہے اور محض بائیبل سے اس لفظ کا کوئی مفہوم اخذ نہیں ہو سکتا سوائے اس کے کہ بائیبل سے باہر کی اگر کوئی روایات ہوں تو ان کی طرف رجوع کیا جا سکے ۔ اس لفظ کی اچانک موجودگی اور پھر اس کے بعد تمام بائیبل میں مزید وضاحت نہ ہونا انسان کو اس کی طرف متوجہ کرتا ہے ۔ بائیبل میں اس کی موجودگی اور اسلامی روایات میں موجود طویل بیانات میں سے جو مختصر بیان ہم نے اوپر نقل کیا اس کی وجہ صرف یہ نہیں کہ یہ لفظ ہمارے پیش کردہ نقطۂ نظر کی اضافی تائید کرتا ہے، اس سے کہیں زیادہ بلکہ اہم ترین بات انسان کے لئے اپنے دشمن کو زیادہ سے زیادہ سمجھنا ضروری ہونا چاہئے ۔ ابلیس قرآنِ کریم کی متعدد تصریحات کے مطابق انسان کا کھلا دشمن ہے ۔ اُمت مسلمہ کے علما و مفسرین نے اس دشمن کو اور اس کے طریقۂ واردات سمجھنے کی کوشش کی ہوتی اور عام مسلمانوں کو مناسب واقفیت کی کوشش میں کچھ وقت صرف کیا ہوتا تو اُمت اس حال کو نہ پہنچ پاتی ۔

اب تک کی بحث سے ہمیں واضح ہوا کہ اللہ تعالی کے حکم سے حضرت آدمؑ نے فرشتوں کو سب نام بتائے تو وہ آپ کی اولادوں یا دنیا کی جملہ اشیاء کے نام نہیں بلکہ جو کچھ بھی فرشتوں کے سامنے پیش کیا گیا تھا،ان کی صفات یا خصوصیات تھیں جنہیں اللہ تعالیٰ نے ان اشیاء کا نام کہا ہے ۔ یہاں یہ سوال باقی ہے کہ فرشتوں نے جواباً کیوں نہ کہا کہ آپ نے آدمؑ کو بتا دیا اس لئے اسے معلوم ہے ۔اگر قرآنِ کریم میں غور کیا جائے تو نہ تو "اللہ نے آدمؑ کو سب نام سکھائے" سے وہ کچھ مراد ہے جو سمجھا جاتا رہا ہے اور نہ ہی فرشتوں نے یہ مطلب اخذ کیا ۔اس بات کو مثالی طور پر ہم اس طرح سمجھ سکتے ہیں کہ مثلاً آپ کھانا کھاتے وقت کھانے کا نوالہ منہ تک لے جاتے ہیں تو آپ کہیں گے میں نے نوالہ منہ میں رکھا۔ یہی بات اللہ تعالیٰ فرمائیں گے تو کہیں گے کہ "ہم نے نوالہ تمھارے منہ میں رکھا" اس کی وجہ یہ کہ نوالہ منہ میں رکھنے کا کام آپ کے ہاتھ کے تمام اجزا اور دماغی ربط کے ان گنت ضابطوں کے تحت ہی ہو سکا ہے جو اللہ تعالیٰ کے عطا کردہ ہیں ۔جس طرح نوالہ حلق سے اتارنے کے بعد لاتعداد عوامل اس غذا کے لئے مقرر ہیں جن میں تمھارا کوئی ہاتھ نہیں اسی طرح ہاتھ اور دماغی اجزا میں وہ استعداد اللہ نے رکھی ہے، لہٰذا یہ کام اللہ نے کیا ۔ کوئی شخص خدانخواستہ فالج کا شکار ہو کر نوالہ منہ میں نہ رکھ

سکے تو انسان بخوبی یہ بات سمجھ سکتا ہے ۔ اللہ تعالیٰ نے بات کہنے کا یہ طریقہ قرآنِ کریم میں بکثرت استعمال کیا ہے جس کی یہاں ایک مثال کافی ہو جانی چاہئے ۔سورہ بنی اسرائیل میں ارشاد ہے اللہ تعالیٰ نے بنی اسرائیل کو پیشگی متنبہ کر دیا تھا کہ وہ دو مرتبہ بڑی سرکشی دکھائیں گے اور زمین میں فساد عظیم برپا کر دیں گے ۔ ان میں سے پہلی سرکشی کی طرف متوجہ کرنے کے لئے قرآنِ کریم بتاتا ہے:

> اے بنی اسرائیل ' ہم نے تمہارے مقابلے پر اپنے ایسے بندے اٹھائے جو نہایت زور آور تھے اور وہ تمہارے ملک میں گھس کر ہر طرف پھیل گئے ۔ یہ ایک وعدہ تھا جسے پورا ہو کر رہنا تھا (17-بنی اسرائیل:5)

یہ وہی 587 ق م میں بابل کے بادشاہ نبو کد نضر کے ہاتھوں بنی اسرائیل کی پہلی بڑی تباہی تھی ۔ نبو کد نضر ایک مشرک بادشاہ اور بابل کی قوم ایک مشرک قوم تھی ۔ نبو کد نضر کو اللہ تعالیٰ کی طرف سے ایسا کوئی حکم پہنچنے کا کوئی سوال نہیں لیکن اس کام کو اللہ تعالیٰ نے اپنی طرف نسبت دی ہے ۔جیسے یہاں اللہ نے بندے اٹھائے اسی طرح حضرت آدمؑ کے لئے فرمایا کہ اللہ نے سب نام سکھائے ۔ حضرت آدمؑ نے جو کچھ سیکھا یا ہر انسان اس دنیا میں جو کچھ سیکھتا ہے، اس کی استعداد اللہ نے اس میں پیدا کی ہے تب وہ سیکھ پاتا ہے ۔ فرشتوں کے سامنے اشیاء پیش ہونے کے بعد سوال ہوا کہ مثلاً ان اشیاء کی صفات بتاؤ تو ان کا جواب یہ تھا کہ یہ علم حاصل کرنے کی قدرت ہمارے پاس نہیں بلکہ یہ صرف اللہ کے پاس ہے ۔ نہ صرف فرشتوں اور جنّات میں بلکہ زمین کی مٹّی سے پیدا کی گئی اور زمین پر پائی جانے والی کثیر مخلوقات میں ایسی استعداد کا مشاہدہ انہیں اب تک نہیں ہوا تھا ۔ یہ قدرت یا استعداد انہوں نے حضرت آدمؑ میں دیکھیں کہ جو اشیاء وہ فرشتے ہمیشہ سے دیکھتے آرہے تھے اور نہیں جان سکے کہ ان کی کیا صفات ہیں، وہ صفات آدمؑ نے اپنے طور پر غور و فکر کر کے دریافت کرلیں ۔ پوشیدہ علوم کو اپنے طور پر غور و فکر اور مشاہدات کے تجزیہ سے حاصل کر لینا حضرتِ انسان کی اتنی برتر صفت تھی فرشتے جس سے محروم تھے، لہٰذا حضرت آدمؑ کی فضیلت انہوں نے بہ خوشی تسلیم کر لی۔ مزید کچھ جاننے کی ضرورت انہیں باقی نہ رہی تھی اس لئے حکم الٰہی کے مطابق حضرت آدمؑ کے آگے سرنگوں ہو گئے ۔فرشتوں کے برعکس ابلیس اپنی خواہشات سے

مغلوب ہو کر موقع پر موجود مخلوقات کے سامنے ہی اپنے خالق سے کھلی تکرار پر اتر آیا ۔ کہتا ہے ' دیکھ تو سہی ، کیا یہ اس قابل ہے کہ میں اسے سجدہ کروں؟ ۔ کہتا ہے مجھے موقع ملے تو میں اپنا برسرِ حق ہونا ثابت کر دوں گا ۔ اس نے خود کہا کہ میں ان کے دلوں میں وسوسے ڈالوں گا اور یہ میرے بہکانے کا شکار ہوں گے سوائے ان لوگوں کے جنہیں اللہ نے اپنے لئے خالص کر لیا ہو ۔ فرمان ہوا ' یہ شرط طے ہو گئی ۔ قیامت تک کے لئے اس کو اختیار ہے کہ اپنے وسوسہ کے ہتھیار سے جسے چاہے ورغلا دے ۔ اس کی پیروی کرنے والے تمام لوگ اس کی ہمراہی میں جہنّم میں دھکیل دیئے جائیں گے ۔

قارئین سمجھ سکتے ہیں کہ حضرت آدمؑ سے حکم عدولی کروانے میں کامیابی کے بعد ہی برسرِ موقع شیطان کا معاملہ نبٹا یا جا سکتا تھا ۔ یقیناً وہ کہہ سکتا تھا کہ حضرت آدمؑ حکم الٰہی نظر انداز کرنے کے بعد خلیفۃ اللہ ہونے کے اعزاز کے اہل نہیں رہے ۔ اس کی اس دلیل کے جواب میں یہ کہا جا سکتا تھا کہ بے شک آدمؑ نے حکم عدولی کی لیکن یہ اس لئے ہوا کہ تُو نے اسے ورغلایا تھا۔ اگر تُو عرصہ دراز تک اسے نہ ورغلا تا تو وہ حکم سے باہر نہ جاتا ۔ یہ بتا کہ تُو جو سجدہ سے انکار اور حکم عدولی کا مرتکب ہوا ، تو کس کے ورغلانے میں آکر تُو انکار کر بیٹھا ۔ شیطان کے پاس اس دلیل کا کوئی جواب نہیں ہو سکتا تھا ۔اس کا معاملہ برسرِ موقع ثابت ہو جانے پر وہیں نبٹا یا جا سکتا تھا لیکن ایسا نہیں کیا گیا ۔ اللہ تعالیٰ نے شیطان کو بھی دکھا دیا کہ حضرت آدمؑ نے اپنی غلطی کی نشاندہی پر اس کی طرح اکڑ نے کے بجئے فوراً ندامت ظاہر کی اور اللہ تعالیٰ سے درگزر کی درخواست کی ۔ اللہ تعالیٰ نے اس کے آنکھوں دیکھتے حضرت آدمؑ کی درخواست کو قبولیت عطا کی اور انہیں معاف کر دیا ۔ لیکن دونوں فریقین پر واضح کیا کہ جنّت ایسا مقام نہیں جو مفت میں دے دیا جائے ۔ حضرت آدمؑ کو جنّت میں پیدا کر کے اور اس کا مشاہدہ کروا کے واضح کر دیا کہ یہ مقام ان کے شایانِ شان ہے لیکن اس کی اہلیت انہیں ثابت کرنا ہوگی ، حضرت آدمؑ کو جنّت سے باہر نکل کر زندگی کا ایک دور دنیا میں مکمّل کرنا ہوگا اور اپنے عمل کے ذریعے یہ مقام کمانا ہوگا اور اسی طرح اولادِ آدم کو ۔ شیطان کو بھی اسی طرح موقع دیا کہ نسلِ آدم کی بیخ کنی کے جو عزائم اس نے الفاظ میں بیان کئے انہیں بروئے کار لا سکے ۔ اس کا کہنا تھا کہ: "مجھے مہلت ملے تو میں سب کو گمراہ کر دوں گا ،بس

تھوڑے ہی لوگ مجھ سے بچ سکیں گے"۔ قارئین دیکھ سکتے ہیں کہ ابھی نسلِ آدم کا ایک فرد بھی اس دنیا میں پیدا نہیں ہوا تھا لیکن ان کے متعلق اپنے تجزیہ میں ابلیس کتنا درست تھا ۔جو شرط اس کے اپنے منہ سے بولنے پر اس کے اور اللہ تعالیٰ کے درمیان طے ہوئی تھی وہ یہ کہ اسے اولادِ آدم کو صرف وسوسہ کے ذریعے ورغلانے کا حق حاصل ہے لیکن وہ موقع بہ موقع یہ شرط توڑتا رہا ہے ۔ اس کے اس طرزِ عمل کی وضاحت آگے ہو سکے گی ۔

ان اقتباسات میں اللہ تعالیٰ نے نسلِ انسانی کے لئے اپنے اصول واضح کر دیئے ۔ پہلے تو یہ کہ شیطان کے بہکاوے میں آ کر کوئی غلطی انسان کر بیٹھے تو اگر نادم ہو کر اللہ تعالیٰ سے خلوصِ قلب کے ساتھ معافی کا طلب گار ہو تو اسے حاصل ہو سکتی ہے کیونکہ وہ بڑا معاف کر نے والا اور رحم فرمانے والا ہے ۔ دوسری بات اقتباس 1 میں یہ بتا دی گئی کہ جو ہدایات اللہ تعالیٰ کی طرف سے نوعِ انسانی کو پہنچیں تو جو لوگ ہدایات کی پیروی کریں گے ان کے لئے کوئی رنج و خوف نہیں لیکن جو انکار کریں گے اور آیات کو جھٹلائیں گے وہ آگ میں جانے والے لوگ ہیں جہاں وہ ہمیشہ رہیں گے ۔اقتباس 2 میں شیطان سے فرمایا ' جو تیری پیروی کریں گے تجھ سمیت ان سب سے جہنّم کو بھر دوں گا ۔شیطان کو کن جرائم کی بنا پر جہنّم کی وعید سنائی گئی؟ ایک تو یہ کہ وہ حکم الٰہی کا منکر ہو کر اس پر آڑ گیا اور دوسرے یہ کہ اللہ تعالیٰ کی خلق کو گمراہ کرنے پر اپنی کمر باندھی ۔لہٰذا نسلِ انسانی کو یہی پیغام دیا گیا کہ شیطان کی پیروی کے برعکس اللہ تعالیٰ جن کاموں کا حکم دیں اس میں انسان مکمّل اطاعت کا مظاہرہ کرے اور جن کاموں سے منع کر دیا جائے انہیں کرنے کی جستجو نہ کرے ۔کرنے والے اور نہ کرنے والے کاموں کی شناخت کی نظر سے انسان کلام اللہ اور سیرتِ سرورِ عالم کی طرف متوجہ ہو تو کسی تفسیری پیچیدگی اور مغالطے کے بغیر ہر ایک کو واضح ہدایات مل جاتی ہیں ۔ سورہ النحل کی ایک آیت ذیل میں درج ہے جو کہ خطبۂ جمعہ کے لوازمات میں شامل ہے:

> اللہ عدل اور احسان اور صلہ رحمی کا حکم دیتا ہے اور بدی و بے حیائی اور ظلم و زیادتی سے منع کر تا ہے (16-النّحل:90)

محض چند الفاظ پر مشتمل مختصر آیت ہی ایمان والوں کے لئے دوسرے انسانوں کے ساتھ معاملات کے تمام پہلوؤں کا احاطہ کر لیتی ہے۔ اس آیت میں کوئی سفارشات نہیں بیان کر دی گئی ہیں کہ کوئی چاہے تو قبول کر لے اور نہ چاہے تو کوئی حرج نہیں۔ یہ اللہ تعالیٰ کے صریح احکامات ہیں کہ انسان دوسروں کے ساتھ برتاؤ میں کس اخلاقی مظاہرہ کا پابند ہے اور کردار و عمل کی کیا برائیاں ہیں جن کی قطعی ممانعت کر دی گئی ہے۔

باب 4

طبع و صفاتِ انسانی

پچھلے باب میں تخلیقِ انسانی کے ابتدائی مراحل میں پیش آنے والے واقعات کے تذکرہ سے ہمیں نسلِ آدم کی علم حاصل کرنے کی بنیاد پر دوسری مخلوقات پر فضیلت لیکن شیطانی وسوسہ سے شکست کھا جانے کی کمزوری جیسی دو خصوصیات کا علم ہوا ۔ اس دوسری صفت یا دوسری کمزوری کو ہمیں مزید قریب سے دیکھنا اور سمجھنا ضروری ہے ۔ یہ کمزوری جب انسانی اجتماعیت میں اپنا ظہور کرتی رہی ہے تو اس کے اثرات سے بچ رہنا کسی کے لئے بھی ممکن نہیں رہتا ، لہٰذا کم و بیش سب ہی واقف ہیں ۔ لیکن ذیل میں اس کمزوری کے کچھ تجزیہ کی ابتداء ماضی کے بعض تاریخی واقعات سے کی جا رہی ہے ۔

ماضی کے چند بین الاقوامی واقعات

انسان جب حصولِ لذّت اور تسکینِ خواہشات کے زیرِ اثر شیطانیت کی راہ اختیار کرتا ہے تو دوسروں کے ساتھ معاملات میں انصاف کی صفت اس کے ہاتھوں سے نکلنا شروع ہوتی ہے ۔جس طرح وہ درجہ بہ درجہ نفسِ انسانی کے مطالبات سے شکست کھاتا ہے اتنا ہی وہ اپنے آپ کو جرائم کا ارتکاب کرنے پر آمادہ دیکھتا ہے ۔ اس حد کو پہنچ جائے تو اسے ناانصافی یا مجرمانہ اقدامات کی حدود میں داخل ہونے کے معاملہ میں اس بات سے سروکار نہیں رہتا کہ دوسرے فریق کا اس سے کس نوعیت کا تعلق ہے ۔ دوسرا فریق اس کے بھائی بہن، بعض اوقات ماں یا باپ یا اس کے ہم مذہب یا اس کی قوم کے افراد ہو سکتے ہیں اور ہوتے ہیں ۔ جائداد کے تنازعات یا حصولِ دولت کی خاطر طرح

طرح کے جرائم کے شکار افراد ہر قوم میں اور انسانی تمدّن کے ہر دور میں پائے جاتے ہیں ۔اپنی قوم اور اطراف کی اقوام پر نظر دوڑائی جائے تو تمام اخلاقی، اقتصادی اور تعلیمی پسماندگی کی شکار اقوام کو بربادی کے راستے پر لڑھکتے رہنے کے بنیادی اسباب میں حکومت، پولیس، فوج، عدالتیں اور تمام سرکاری اداروں کے ساتھ اُس تمدّن میں پائے جانے والے دیگر عام مجرمان شامل ہیں ۔

بیان کردہ خاصیت کے بعد نوعِ انسانی کی بحیثیتِ مجموعی صفات کے حوالے سے دوسری یہ صفت دیکھنے میں آتی ہے کہ انسان اپنی ذات کی ترجیح کے بعد ذہنی دائرہ وسیع کرتا ہے تو اپنی اولاد اور قریبی اعزہ کو اپنی ترجیحات میں شامل کرتا ہے ۔ پھر یہ دائرہ مزید پھیلتا ہے تو اپنی ہم زبان یا ہم مذہب قوم یا اپنے فرقے کے افراد کو شامل کر لیتا ہے ۔ مزید وسعت دیتا ہے تو رنگ و نسل کی بنیاد پر لوگوں کو تقسیم کرتا ہے اور جن کو وہ اپنی ہم نسل یا ہم رنگ قوم قرار دیتا ہے انہیں معاملات میں دوسری اقوام پر فوقیت دیتا ہے ۔یہ نفسیاتی عارضہ جب بہت بگڑتا ہے تو انسانی گروہ سفاکیت کی کسی حد پر نہیں ٹھہرتے جس کی عبرتناک مثالوں سے انسانی تاریخ بھری پڑی ہے ۔

رسول اللہ کی بعثت کے وقت یروشلم تقریباً آٹھ صدیوں سے روم اور پھر عیسائی قسطنطنیہ کے زیرِ اقتدار چل رہا تھا ۔ حضرت عمر ؓ کی خلافت کے چوتھے سال یعنی 16 ہجری یا 650ء میں یہ شہر مسلمان فوج کے زیرِ محاصرہ تھا ۔ یروشلم کے عیسائی امراء نے مسلمانوں کی ایران و عراق، دمشق اور مصر میں بڑے پیمانے پر فتوحات دیکھنے کے بعد حضرت عمر ؓ کے ہاتھ پر صلح اور شہر حوالے کرنے کی درخواست کی جس پر صلح نامہ دونوں فریقین کے درمیان طے ہو گیا ۔ جن شرائط پر شہر مسلمانوں کے حوالے ہوا اس کی بعض تفصیلات حسب ذیل ہیں ۔اس صلح نامہ کے مطابق حضرت عمر ؓ نے یروشلم کے تمام باشندوں کے جان و مال اور عبادت گاہوں کو مکمّل پناہ دی ۔ باشندوں کو یہ اجازت حاصل تھی کہ وہ یروشلم کے بجائے کسی بھی دوسرے من پسند علاقوں میں رہنا چاہیں تو اپنے مال اور مُقدّس عبادتی اشیاء ساتھ لے جانے کے مجاز ہوں گے ۔ اپنے مامن تک بحفاظت پہنچانے کی ذمّہ دار مسلمان فوج ہو گی ۔ اپنے عقیدہ پر قائم رہنے اور مسلمان علاقوں میں رہنے کی صورت میں سالانہ جزیہ

ادا کرنے کے ذمّہ دار ہونگے اور اس کے معاوضے میں ان کی جان ، مال اور عصمت تمام اندرونی و بیرونی ظالمانہ یورش سے محفوظ رہے گی۔

مسلمانوں کے زیرِ اقتدار ساڑھے چار سو سال اپنے عقائد اور جان و مال محفوظ رکھنے کے بعد مغربی عیسائی دنیا نے یروشلم پر واپس قبضہ حاصل کرنے لئے صلیبی جنگوں کا آغاز کیا۔صلیبی جنگ اپنے نام ہی سے عیسائیوں کے لئے مذہبی بنیاد رکھتی تھی باوجود یہ کہ اناجیل میں حضرت عیسیٰؑ کا کوئی قول اس کے حق میں انہیں میسر نہیں تھا۔ یروشلم کے عیسائی مذہبی امراء سلجوقیوں کے کسی غلط عمل کو اپنے مذہب کے خلاف بنیاد بنا کر رومی پاپائیت سے مدد کے طالب تھے۔پاپائیت نے اس خبر کو پورے یورپ میں بطور پروپیگنڈہ استعمال کیا اور مسلمانوں کے خلاف جنگ کے عوض عیسائیوں کو دوسری زندگی میں خدا کی بادشاہت ملنے کا پروانہ جاری کیا۔ بالآخر دو دہائیوں پر محیط تیاریوں کے بعد 1095ء میں صلیبی جنگ شروع کی گئی جو سو سال تک لڑی جاتی رہی۔جس ترغیب کے ذریعے لوگوں میں جوش و خروش پید کیا جا رہا تھا وہ یہ کہ حضرت عیسیٰؑ کو معاذاللہ خدا ، خدا کا بیٹا یا تین میں کا ایک خدا کا جو عقیدہ وہ رکھتے ہیں ،مسلمان اس حیثیت سے انہیں تسلیم نہیں کرتے، لہٰذا وہ منکرِ عیسیٰ یا بالفاظ دیگر دجال ہیں اس لئے انہیں جینے کا حق حاصل نہیں۔ یروشلم ہمیشہ کے لئے عیسائیوں کے ہاتھوں میں رہنا ضروری ہے اور یہ کہ اسے مکمّل طور پر "دجال" سے پاک کیا جانا بھی اتنا ہی ضروری ہے۔مسلمان بحیثیتِ قوم اُس وقت خود داخلی کمزوریوں کا شکار تھے۔مصر میں فاطمی حکومت اعتقادی کمزوریوں میں مبتلا تھی جبکہ سلجوقیوں کو قسطنطنیہ کی عسکری طاقت اور ممکنہ جارحیت کے خلاف خود کو مجتمع رکھنا درکار تھا، لہٰذا مغربی عیسائیت کو صلیبی جنگوں کے ذریعے وحشت و درندگی کا مظاہرہ کرنے کے لئے حالات سازگار تھے۔یروشلم حاصل کر لینے کے بعد بلاتفریق مرد و عورت اور بچہ و بوڑھا جو خون بے دریغ بہادیا گیا وہ قرطاس میں ثبت ہے۔اٹھاسی سال عیسائیوں کے قبضے میں رہنے کے بعد کرد سلطان صلاح الدین ایوبی نے یروشلم 1187ء میں واپس آزاد کروا لیا تو عیسائیوں کو جان سلامت رکھ کر یروشلم سے جانے کی اجازت دی تھی۔

مسلمان بادشاہ اور ان کے رفقاء زمانہ کے چلن سے مستقبل بھانپ لینے کی صلاحیت اور خود اپنے لئے اور اپنی قوم کے لئے درکار ضروری فراست و دور اندیشی سے محروم تھے لہٰذا انحطاط و زوال درجہ بہ درجہ اپنا مقام اجتماعیت میں بناتا رہا تھا۔ تقریباً تین صدی بعد 1478ء میں فرڈینینڈ اور ازابیلہ نے اسپین مسلمانوں سے چھین لینے کے بعد اسپینش تفتیش (Spanish Inquisition) کے نام سے حکمنامہ جاری کیا کہ غیر عیسائی باشندوں کو عیسائیت قبول کرنے پر مجبور کیا جائے اور انکار کرنے والوں کو زندہ نہ رہنے دیا جائے۔تقریباً ایک کروڑ مسلمان اور یہودی اس لئے ہلاک کر دیئے گئے کہ وہ انتہائی ظالمانہ اور غیر منصفانہ حکم تسلیم نہیں کر سکتے تھے۔یہودیوں کو مذکورہ حکمنامہ سے پہلے بھی عیسائیوں کے ہاتھوں ماضی میں ہلاکت و استحصال کا سامنا ہوتا رہا تھا لیکن اس مرتبہ کے حالات ان کے لئے پہلے سے کہیں زیادہ دہشت ناک تھے۔ اس موقع سے قبل یہودی قوم کو اسلامی تمدّن میں نہ صرف مکمّل پناہ حاصل تھی بلکہ اہل اور قابل یہودیوں کو حکومتی انتظامیہ میں شرکت کے مواقع بھی حاصل تھے ۔اس دور میں وہ اقتصادی لحاظ سے بھی بہت بہتر حالات میں خود کو پاتے تھے اور اس بات کے وہ بخوبی معترف تھے۔مسلم اسپین میں چھ صدی مسلمانوں کے درمیان بحفاظت رہنے کے بعد عیسائی مذہبی انتہا پسندی اور بنیاد پرستی کا گھرا زخم اٹھانے میں مسلمانوں کے شریک تھے ۔

یورپ جب علمی طور سے مکمّل تاریکی میں لپٹا تھا تو مغربی عیسائی دنیا کو مسلمان حکومتوں کے درمیان آزادانہ تجارتی آمد و رفت کی وجہ سے مسلمانوں کی علم دوستی سے واقفیت حاصل ہوئی اور علم حاصل کرنے کی لگن پیدا ہوئی ۔ لیکن یہ کیتھولک چرچ تھا جس نے کفر کے نام پر جارحانہ مزاحمت کا راستہ اختیار کیا ۔ ایسے "کافرانہ" جدید علوم پر تحقیقات کرنے والے عیسائی مجرمین کو بھڑکتی آگ پر زندہ جلا دینا یورپ میں عام بات تھی تاکہ دوسرے تمام لوگ ایسی جرآت سے باز رہیں ۔ اسی مذہبی جنونیت کا نتیجہ تھا کہ مارٹن لوتھر نے 1546ء میں مذہبی اصلاح کی کوششیں شروع کیں تو عام عیسائیوں میں یہ پروٹسٹنٹ تحریک مقبولیت حاصل کرتی چلی گئی اس لئے کہ کیتھولک عیسائیت کے عہدیداروں کی مذہبی جنونیت ، حصولِ دولت اور رہبانیت کے نام پر عمومی شہوانیت نے لوگوں کی

بڑی تعداد کو ان سے متنفر کر رکھا تھا ۔ پروٹسٹنٹ شروع میں اقلیت میں ہونے کی وجہ سے استحصال کا شکار تھے لیکن اکثریت میں آنے کے بعد انہوں نے بھی وہی انتہا پسندانہ طریقے اپنے مخالفین کے حق میں استعمال کیے ۔

سولہویں صدی کے وسط میں یہودیوں میں پہلی مرتبہ صیہونیت سوچ پیدا ہوئی کہ طویل خانہ بدری ختم کر کے بحیثیتِ قوم انہیں یروشلم واپس آنا ضروری ہے ۔یہودی قوم کے عقیدہ کی جڑ میں جو نظریہ عمل پیرا ہے وہ یہ کہ وہ خدا کی پسندیدہ قوم کی حیثیت سے ایک تاریخ ساز قوم ہیں ، اس لئے وہی اس بات کے اہل ہیں کہ دنیا کو بہتر اور برتر شکل میں ڈھال سکیں۔ لیکن یہ مقصد حاصل ہو نہیں سکتا جب تک کہ وہ اپنا آبائی وطن فلسطین مکمّل طور پر واپس حاصل نہ کر لیں ۔بعد کے سالوں میں قوم کے بڑوں نے اجتماعیت کو ہدف بنا کر تنظیم، دولت مندی اور ذہانت کو بطور طریقۂ کار استعمال کیا اور مغربی عیسائیت کو یہ تسلیم کرانے میں کامیاب رہے کہ فلسطین میں بطورِ قوم یہودیوں کا سیاسی قیام ناگزیر ہے اور یہ مقصد حاصل کرنے کے لئے مغربی عیسائیت کا تعاون بھی اتنا ہی ناگزیر ہے ۔مغربی عیسائیت کو اس معاملہ میں پیش کردہ نقطۂ نظر یا تصوّر قبول کرنے میں کوئی رکاوٹ نہیں تھی کہ ان کے خدا یا خدا کے بیٹے کی آمدِ ثانی اس وقت تک نہیں ہو سکتی جب تک کہ فلسطین یہودیوں کو واپس نہ مل جائے اور وہ وہاں ہیکل سلیمانی تعمیر نہ کر لیں اور یہ کہ اس آمدِ ثانیہ پر دجال یعنی حضرت عیسٰی کا انکار کرنے والے ہلاک کر دیئے جائیں گے، وغیرہ ۔بعد کی تفصیلات میں ہر برٹ ہرٹزل (1860-1904) کی جدید صیہونی تحریک کی تاسیس، سلطنتِ عثمانیہ کا خاتمہ، عرب رہنماؤں یعنی شریفِ مکّہ، سعودی شاہی خاندان ،مصر کے شاہ فاروق، اور اردن کے شاہ عبداللہ کا اپنے یورپی آقاؤں کا مطالبہ تسلیم کرنا کہ فلسطین برطانوی انتظام کے حوالے کر دیا جائے ، بعدازاں یہودیوں کی باضابطہ اور مسلسل یورپی تعاون کے تحت فلسطین میں آبادکاری، 1947ء میں قیامِ اسرائیل اور موجودہ زمانہ تک کے حالات ایک گہری ذہانت اور اتنی ہی گہری سفاکیت کی داستان ہے جو ہر آنے والے دن ایک نیا گہرا زخم انسانیت کے سینے پر لگاتی ہے ۔

حضرت عیسیٰ کی بعثت کے زمانے میں بے رحمانہ خون خرابہ سے اپنے مقاصد حاصل کرنا جیسا کچھ رومیوں کے مزاج میں دیکھا

گیا تھا ،جس کا کچھ تذکرہ کتاب کے حصّہ دوئم میں کیا گیا ، وہ مغرب میں ہمیشہ سے قائم رہا ہے اور آج کے زمانے تک بلا تعطل جاری ہے ۔یورپ کہنے کو تو عیسائی ہے لیکن حضرت عیسیٰ اور بنی اسرائیل کے تمام انبیاء عراق و فلسطین کے گندمی رنگ باشندے تھے ۔ یورپی سفید فام اقوام میں نسلی برتری کا تصوّر نامور یونانی فلسفیوں کے ذریعے 400 ق م کے لگ بھگ زمانے میں پیش کیا گیا ۔یہ ایک بے بنیاد فلسفیانہ سوچ تھی جس نے محض اس وجہ سے سفید فام اقوام کے ذہنوں میں جگہ بنا لی کہ اُس زمانے میں دیگر گندمی اور گہرے رنگ والی اقوام تمدنی طور پر ارتقاء کے وہ مراحل طے نہ کر پائی تھیں جو یونانی قوم حاصل کر چکی تھی ۔ہمارے اپنے زمانے میں نازی جرمنی طاقتور ہوا اور کیتھولک چرچ کی تائید کے ذریعے ایڈولف ہٹلر کی پیدا کردہ جارحیت کے نتیجے میں پورے سات سال دنیا کا بڑا حصّہ بدترین وبال اور جنگ کا ہولناک ترین منظر پیش کرتا رہا ۔اس غارتگری کے پیچھے نازی سفید فام رنگت کا احساسِ برتری اور دوسری اقوام کو جنگلی اور وحشی سمجھنا جیسی بیماری کی انتہائی صورت موجود تھی جس کا اعلان برسرِ عام کیا جاتا تھا اور کیتھولک چرچ کی آشیرباد اسے حاصل تھی ۔

اس بیمار سوچ نے جس پیمانہ پر انسانی قتلِ عام کیا اس کی کوئی اور مثال تاریخ میں موجود نہیں ۔53 ملکوں اور ان کے ذیلی علاقوں کے تقریباً ڈھائی کروڑ فوجی وردیوں کے حامل انسان جنگِ عظیم دوئم میں ہلاک ہوئے جبکہ تقریباً تین کروڑ عام شہری باشندے بموں، بندوق کی گولیوں، بھوک، بیماریوں اور نظر بندی کے لئے قائم کیمپوں کا نشانہ بن گئے ۔ نازی جرمن قوم سمجھتی تھی کہ یہودی سطحِ زمین پر بدترین قوم ہے اور یہ کہ ان کی وجہ سے نازی سفید فام قوم کو خطرات لاحق ہیں، لہٰذا ان کو مکمّل معدوم کردینا ضروری ہے ۔ جنگِ عظیم دوئم کے سلسلہ میں ہولوکاسٹ کی اصطلاح پیش کی جاتی ہے جو کہ یونانی زبان کا لفظ ہے اور اس سے مراد "آگ کے ذریعے قربانی" ہے ۔کہا جاتا ہے کہ اس ہولوکاسٹ کے نتیجہ میں ساٹھ لاکھ یہودی آگ میں جلا کر قربان کر دیئے گئے ۔بنی نوع انسان کے ایسے وحشیانہ اقدامات سے انسان شرم سے سر نہیں اٹھا سکتا لیکن انسانی سفاکیت کی چند دوسری مثالوں کی طرف توجہ کریں تو جنگِ عظیم

دوئم میں ہلاکتوں کی تقریباً پانچ کروڑ کی تعداد نسبتاً بہت معمولی ہے ۔

پندرہویں صدی کے اواخر میں براعظم امریکہ دریافت ہوا تو شمالی امریکہ میں ریڈ انڈین قوم آباد تھی ۔ یورپی اقوام نے زمین پر موجود اس بہترین خطہ کو اپنے لئے مخصوص کرنے کا فیصلہ کیا تو ریڈ انڈین قوم کو تقریباً معدوم کرنا ضروری سمجھا گیا، لہٰذا طویل دورانیہ میں یہاں کے دس کروڑ باشندے موت کے گھاٹ اتار دئیے گئے ۔ان ادوار میں جنگی ہتھیار کے طور پر بارود پہلے ہی دریافت شدہ تھا اور بندوقوں کا استعمال جاری تھا لیکن آمد و رفت کے لئے جانور اور زراعت جیسے سخت مشقّتی کاموں کا انحصار انسانوں پر تھا ۔ایسے کاموں کے لئے افریقہ سے اٹھارہ کروڑ جوان اور مضبوط جسم والے سیاہ فام افریقیوں کو شکارکے جالوں کے ذریعے ڈھونڈ ڈھونڈ کر شکار کیا گیا اور بادبانی کشتیوں اوربحری جہازوں کے ذریعے امریکہ منتقل کیا گیا ۔ شکار کئے گئے اٹھارہ کروڑ میں سے دو کروڑ سے کم افراد زندہ امریکہ پہنچ سکے باقی سفر کی مصیبتوں میں ختم ہوگئے ۔براعظم امریکہ دریافت ہوا تو جنوبی امریکہ میں رہنے والی اقوام ، ان کے اموال اور زمین میں موجود سونا چاندی اوّلین ہدف قرار دئیے گئے ۔ اس کے نتیجے میں وہاں رہنے والے پانچ کروڑ افراد کو دنیا چھوڑ دینی پڑی ۔براعظم آسٹریلیا اور نیوزی لینڈ کے علاقے بھی دریافت کر لئے گئے تھے ، وہاں انہی غاصبانہ مقاصد کے تحت مرنے والوں کی تعداد اور ہیروشیما ناگاساکی پر گرائے گئے دو ایٹم بم کا شکار ہونے والوں کا مجموعی تخمینہ دو کروڑ افراد سے زیادہ ہے ۔ ماضی قریب کی اس اندوہناک داستان میں کچھ اور ابھی باقی ہے ۔ براعظم ایشیا پر مکمّل تسلط سے پہلے انڈونیشیا کے چند زرخیز جزیروں پر جائفل جاوتری، لونگ اور دار چینی جیسے قیمتی زراعتی اجناس ، جو اپنی پیداواری کے لئے خصوصی موسمی حالات کی مقتضی ہیں اور یورپ اور بیشتر دوسرے علاقوں میں دستیاب نہیں، لہٰذا حصولِ دولت کا بڑا ذریعہ بن سکتی تھیں ۔پندرہویں صدی میں یورپ کو اس خزانے کا علم ہوا تو پرتگال، ہالینڈ اور برطانیہ وغیرہ نے باضابطہ طریقے سے اصل باشندوں کی نسل کشی کا وہی طریقہ استعمال کیا جس کی مثالیں اوپر درج تحریر میں دیکھی گئیں اور وحشت و سفاکیت میں کسی طرح کم نہیں تھیں ۔بعد کے ادوار میں

چین و ہندوستان وغیرہ کے انیسویں اور بیسویں صدی میں پیش آنے والے واقعات ہیں جہاں تفصیلات میں محض اتنا فرق ہے کہ باضابطہ نسل کشی بوجوہ ضروری نہیں سمجھی گئی بلکہ قدرتی ذخائر اور مال و دولت بذریعہ ذہانت حاصل کر لینے پر توجّہ مرکوز رکھی گئی ۔

اس تمام تحریر سے جو نتیجہ اخذ کیا جا سکتا ہے وہ یہ کہ انسانوں میں سے ہی بعض اقوام نے چہار اطراف نظر دوڑائی تو انہیں وہ اشیاء زمین کے طول و عرض پر پھیلے علاقوں میں بکھری نظر آئیں جو دوسری اقوام کی ملکیت میں تھیں اور جن کا حقیقی مصرف یہ تھا کہ وہ انسانی جسم کو یا انسانی نفس کو راحت پہنچانے یا اسے خوش کرنے کی استعداد رکھتی تھیں ۔ اپنے عقائد کے ضمن میں اخلاقیات کی تعلیم سے محروم رہنے اور نفسِ امارہ سے مغلوبیت کا ایک ہی نتیجہ نوعِ انسانی نے حقیقی طور پر انگیز کیا اور تماشائی اقوام نے مشاہدہ کیا جو تمدنی ارتقاء کے پہلے دن سے انسان دیکھتا چلا آیا ہے ۔کیا کوئی ایسی دلیل پیش کی جا سکتی ہے کہ نفسِ امارہ سے مغلوبیت کا بدترین اجتماعی مظاہرہ انسانیت دیکھ چکی ہے اور یہ کہ آئندہ اس سے بدتر سطح کا مشاہدہ اسے نہ ہو سکے گا ؟ یہ کہنا اس لئے مشکل ہے کہ انسانی آبادی میں تیز رفتار اضافہ کے ساتھ بطنِ زمین میں پوشیدہ قدرتی ذرائع میں شدید قلت کا سامنا ہونا شروع ہو تو پسماندہ اقوام سے کرۂزمین کو پاک کرنا ضروری قرار دیا جا سکتا ہے اس بنیاد پر کہ پسماندہ اقوام بچے کھچے قدرتی ذرائع کی قلت میں مزید شدت اور آبادی میں مزید اضافہ کے سوا کوئی اور مقصد و صلاحیت نہیں رکھتیں ۔یہودی قوم خدا کی پسندیدہ یا سفید فام مغربی عیسائیت برتر نسل سمجھنے کے نتائج میں یہ سوچ نطشے کے نقطۂ نظر کی طرح تحت الشعور مستور ہو سکتی ہے کہ تمام نسلوں کو تمدنی ارتقاء کے بلند تر مقامات پر پہنچانا حیاتِ انسانی کا بلند ترین مقصد نہیں بلکہ اس مقامِ بلند کی مستحق وہ مختصر برتر نسل ہونی چاہئے جو مہذب ہے یا کائنات کے خالق کی پسندیدہ نسل ہے ۔ یہ سوچ اگر موجود ہے تو بدترین فسادِ ارضی اور بدترین سفاکیت کا مشاہدہ ابھی باقی ہے ۔زمانۂ آخر کے حوالے سے ہادیِ برحقؐ کی ایک حدیث معروف ہے:

> ایک نشانی یہ ہے کہ لونڈی اپنی مالکہ کو جنم دے گی اور دوسری یہ ہے کہ تم (عرب کے) ننگے پاؤں، ننگے بدن پھرنے والے کنگال چرواہوں

> کو اونچی اونچی عمارتیں بنانے میں ایک دوسرے سے مقابلہ کرتے دیکھو گے (مسلم، رقم 93)

یہ حدیث غامدی صاحب اپنی کتاب "المیزان" میں نقل کرنے کے بعد اس کی تشریح کے بیان میں فرماتے ہیں:

> ان میں سے دوسری علامت تو بالکل واضح ہے ۔ پچھلی صدی سے اس کا ظہور سرزمینِ عرب میں ہر شخص بسر چشم دیکھ سکتا ہے ۔پہلی علامت کا مصداق متعین کرنے میں لوگوں کو دقت ہوئی ہے ۔ ہمارے نزدیک اس کا مفہوم بھی بالکل واضح ہے ۔ اس سے مراد ایک ادارے کی حیثیت سے غلامی کا خاتمہ ہے ۔ یہ دونوں واقعات ایک ہی زمانے میں ہوئے ہیں ۔ اس لحاظ سے یہ پیشگوئی قربِ قیامت کا زمانہ بالکل متعین کر دیتی ہے ۔(المیزان،صفحہ 175)

پہلی نشانی " لونڈی اپنی مالکہ کو جنم دے گی" کی تشریح میں غامدی صاحب کی منطق " ایک ادارے کی حیثیت سے غلامی کا خاتمہ" سمجھ سے بالا ہونے کا اعتراف ہمیں کرنا پڑتا ہے ۔ اس علامت کا سیدھا مطلب یہی ہونا چاہئے کہ قیامت کے زمانے میں لونڈیاں نظامِ انسانی میں موجود ہوں ۔غامدی صاحب کا تخیل اس وقت درست سمجھا جا سکتا ہے جب بطورِ اصول کسی کہی گئی بات کا وہ مفہوم تلاش کیا جائے جو اس بات کے سیدھے سادھے مفہوم کی ضد ہو ۔ غلامی چاہے مرد کی ہو یا عورت کی، یہ کبھی ختم ہونے والی نہیں، محض اس کی شکل تبدیل ہو جاتی ہے اور غور کیا جائے تو اس بات کی سمجھ زیادہ دشوار نہیں ۔ تاہم اگر غامدی صاحب کی، حضرت ابراہیمؑ کا اللہ کے حکم کی تعمیل میں بیٹا قربان کرنے کے خواب کی طرح، بالکل "برعکس مفہوم" والی منطق تسلیم کر لی جائے تب بھی موصوف کو کم از کم اس حدیث کی دونوں علامتوں پر اس کا اطلاق کرنا چاہیئے ۔ اس منطق کے لحاظ سے ننگے عرب چرواہے اونچی اونچی نہیں بلکہ چھوٹی چھوٹی عمارات کی تعمیر میں مقابلہ بازی کریں یا اسی بر عکس نوعیت کا کوئی اور مفہوم غامدی صاحب بتا سکیں تو بتائیں ۔قرآن و حدیث کی تشریحات میں انسان جس قسم کی سہل انگیزی برتنا چاہتا ہے اس کی جرات اسے نہیں کرنی چاہیئے ۔

پہلی توجّہ طلب بات یہ ہے کہ رسول اللہ کی حدیث میں کلیدی لفظ "مالکہ" کہا گیا ہے یعنی لونڈی سے پیدا ہونے والے بچہ کی جنس پہلے

سے بتا دی گئی ہے کہ وہ لڑکی ہے ۔ ہمارے زمانے سے پہلے تک نہ تو انسان کے پاس جنس طے کرنے کا اختیار تھا اور نہ ہی پیدائش سے قبل بچہ کی جنس کا علم ہو سکتا تھا ۔ موجود دور میں ٹیسٹ ٹیوب بے بی اور جینیاتی سائنس انسان کو غالباً اس مقام تک پہنچا چکی ہیں کہ وہ اپنی خواہش کے مطابق لڑکا یا لڑکی پیدا ہونے کا فیصلہ کر سکے ۔دوسری توجّہ طلب بات یہ کہ تولیدی نظام میں زوجین کی ہر مقاربت کے دوران باپ کے جسم سے ماں کے بطن میں داخلے کے لئے چار کروڑ سے بیس کروڑ نطفوں کا اخراج ہوتا ہے جبکہ ماں کے تولیدی نظام میں ایک ماہ میں صرف ایک بیضہ افزائش کے لئے بنتا ہے ۔ اگر افزائش کا عمل ماں کے بطن میں قرار حاصل کر لے تو نو ماہ بچے کی پیدائش اور کم از کم تین ماہ ماں بننے والی خاتون کا ماہانہ نظام دوبارہ شروع ہونے کے لئے درکار ہیں۔لہٰذا پیدائش کی تعداد بڑھانا ہو تو وقت کی قید ماں کے تولیدی نظام میں ہے ۔

یہودی مذہب کی بنیاد خونی سلسلہ پر رکھی گئی ہے یعنی اگر اس کا خونی رشتہ حضرت یعقوبؑ کی بارہ اولاد سے ثابت ہے تب تو وہ یہودی ہے ورنہ نہیں ۔ یہودیوں کی تعداد اس وجہ سے اور پھر مستقل عذابِ الٰہی کی زد میں رہنے کی وجہ سے دوسری نسلوں کے مقابلے میں محدود ہے ۔ یہودی اگر خالص خون کی بنیاد پر اپنی تعداد بڑھانے کا فیصلہ کرنا چاہیں تو پہلے مرحلے میں انہیں غیر یہودی نسلوں کی صحت مند اور جوان لڑکیاں مہیا کرنی پڑیں گی تاکہ ان کے بطن میں لیبارٹری میں یہودی مرد کا وہ نطفہ جو لڑکی پیدا کرنے کے لئے درکار ہے اور یہودی عورت کے بیضہ کو بار آور کرنے کے بعد ابتدائی جرثومہ اس غیر یہودی لڑکی کے بطن میں امپلانٹ کر دیں ۔ اس طریقے سے وہ خالص یہودی لڑکیوں کی تعداد بڑھا سکیں گے اس کے بعد دوسرے مرحلے میں ان یہودی لڑکیوں کے ذریعے خالص یہودی مردوں کی تعداد بڑھائی جا سکتی ہے ۔ اس پس منظر کے تحت اگر پہلے مرحلے کی صورتحال بتانی ہو تو یہی کہنا پڑے گا کہ لونڈی اپنی مالکہ کو جنم دیتی ہے ، واللہ عالم ۔انسان صنعتی ترقی کی اس سطح پر پہنچ جائے اور زمین پر قائم حیاتیاتی نظام میں فساد کا موجب ہو تو اللہ تعالیٰ کا قائم کردہ توازن برقرار نہ رہ سکے گا اس لئے کہ ایسی استعداد انسان کو میسر نہیں ہے ۔ پس "لونڈی کا مالکہ کو جنم دینا"

جیسی صورت حال کو قربِ قیامت کی پیش بندی سمجھنا بالکل مناسب پیشگوئی سمجھی جانی چاہئے۔

شرفِ بنی آدم

زمین پر بسنے والی سادہ حیاتیاتی اقسام یعنی نباتات ، خوردبینی حیات اور کیڑوں وغیرہ سے قطع نظر،جو خصوصیت پیچیدہ حیاتیاتی مظاہر یعنی انسان اور دوسرے حیوانات میں مشترک ہے وہ یہ کہ تمام انواع ہڈیوں اور گوشت سے بنا ڈھانچہ یا جسم ہیں جو اپنی ظاہری تفصیلات میں چاہے کتنی متنوع اور منفرد ہوں، بقاء حیات کے لئے جسموں میں جو اعضا رکھتی ہیں وہ آپس میں متماثل ہیں اورایک ہی نوعیت کے امور انجام دیتے نظر آتے ہیں۔ دل جس طرح انسان کے سینے میں دھڑکتا اور سارے جسم میں خون دوڑاتا ہے ،اسی طرح دوسرے حیوانات میں اور اسی طرح دیگر اعضائے رئیسہ بھی۔ پھر جو حواسِ خمسہ انسان کو میسر ہیں جن کی مدد سے وہ اپنے کام انجام دیتا اور طبعی عمر گزارتا ہے وہی دوسرے حیوانات میں دیکھے جاتے ہیں۔ جس طرح انسان زوجین کے باہمی فطری عمل کے ذریعے اپنی نوع کا تسلسل اس زمیں پر قائم رکھے ہوئے ہے اسی طرح دوسرے تمام حیوانات بھی برقرار رکھتے ہیں۔جس طرح انسان اپنے جسم میں جب تک جان یا روح رکھتا ہے وہ زندہ رہتا ہے اور جب روح کا تعلق جسم سے نہ رہے تو مر جاتا ہے اسی طرح دوسری تمام حیاتیاتی اقسام بھی۔ تو پھر انسان اور دوسرے حیوانات میں کیا فرق رہا؟

غور کیا جائے تو انسان اور اور دوسری تمام حیاتیاتی انواع میں دو بڑے فرق ہیں جن کی بنیاد پر نوعِ انسان دوسری تمام انواع میں ممیز ہے۔ پہلا فرق یہ کہ انسان اپنے اندر ایک ایسی اضافی صفت رکھتا ہے جو حیات کی دوسری تمام اقسام کو میسرنہیں۔ اس اضافی شئے یا اضافی صفت کو نفسِ انسانی کے عنوان سے جانا جاتا ہے۔ یہ صرف انسان کے لئے خاص ہے۔دوسرا فرق یہ ہے کہ تمام جانداروں میں زندگی کو قائم رکھنے والی روح اپنے اندر ایک صفت یا صلاحیت رکھتی ہے جو حیات کی دوسری اقسام میں اس سطح پر نہیں جس سطح پر انسانوں میں مشاہدہ میں آتی ہے۔یہ دونوں خصوصیات حسّی نہیں کہ

کسی طریقے سے ان کی پیمائش کی جا سکے، اس لئے صرف فلسفیانہ توجیہ کے ذریعے ہی واضح کی جا سکتی ہیں ۔

انسان میں نفس اور روح باہم اتنی پیوستہ ہیں کہ یہ بظاہر ایک ہی شئے محسوس ہوتی ہیں لیکن نفس الگ شئے ہے اور روح الگ شئے ۔ قرآنِ کریم ہمیں بتاتا ہے کہ اللہ تعالیٰ نے دنیا میں روزِ قیامت تک پیدا ہونے والے تمام انسانوں کی منفرد روحیں انسان کی طبعی تخلیق سے قبل خلقِ کر دیں اور وہ ابد تک قائم رہنے والی ہیں ۔ اب یہ کبھی معدوم نہیں ہو سکتیں سوائے یہ کہ اللہ کچھ اور چاہے ۔روح ہمیشہ زندہ رہتی ہے اور یہ کہ روحِ انسانی کو سوچنے کی اور سوچ کا تجزیہ کرنے کی صفات عطا کی گئی ہیں جس کے ذریعے سے وہ علم حاصل کرتا ہے ۔ یہ صفات دوسری تمام حیاتیاتی اقسام کو اُس اعلیٰ سطح پر نہیں میسر جیسی کہ انسان کو عطا کی گئیں ۔روحِ انسانی سوچتی ہے اور ہمیشہ زندہ رہنے والی غیر مرئی شئے ہے ۔ نفسِ انسانی بھی اپنی حقیقت میں غیر مرئی ہے لیکن یہ ابدی نہیں بلکہ عارضی ہے ،کم از کم وہ نفس جو اس زمینی انسانی جسم میں نظر آتا ہے ۔کسی انسان کا ایسی حالت میں ملنا عام مشاہدہ ہے کہ روح اس کے جسم میں موجود ہوتی ہے جبکہ نفس عارضی طور پر اسے چھوڑ بیٹھا ہو ۔ مثلاً کوئی شخص بیہوشی کے عالم میں ہو تو روح کا تعلق اُس کے جسم سے قائم رہتا ہے چاہے ظاہری آنکھوں سے ہمیں وہ شخص فوت شدہ محسوس ہوتا ہو ۔عالمِ ہوش میں واپس آنے پر اسے نہیں معلوم ہوتا کہ کتنا وقت نفس کے بغیر اس پر گزر گیا ۔ یہی یا ملتی جلتی حالت ہمیں روز سونے کے دوران پیش آتی ہے ۔

اس مختصر بحث کی روشنی میں انسان تین اشیاء (جسم، نفس اور روح) کا مرکب تصوّر کیا جاسکتا ہے ۔حیاتیاتی اجسام کو زندہ رہنے کے لئے خوراک، ہوا اور پانی درکار ہیں تاکہ جسم میں موجود ان گنت خلیات دن و رات اپنے کیمیائی عوامل انجام دیتے رہیں ۔ یہ جسم انسان اور دوسری حیات میں بھوک و پیاس کا احساس کے ذریعے اپنے لئے خوراک فراہم کروا لیتا ہے لیکن، بمقابلہ حیوانات و دیگر حیات ،انسان میں فرق یہ ہے کہ خوراک مہیا کرنے کے ساتھ بلکہ اس سے بھی پہلے وہ ذائقہ کا متلاشی ہوتا ہے یا ذائقہ کو فوقیت دیتا ہے ۔ کم ذائقہ یا بد ذائقہ خوراک بھی اُس کی جسمانی ضروریات پوری کر سکتی ہیں لیکن وہ اس کے مقابلے میں ذائقہ کو ترجیح دیتا ہے اور اگر خوش ذائقہ

شئے میسر نہ ہو تو اس کی خواہش دل میں رکھتا ہے ۔ حیوانات اور دوسری حیاتیاتی اقسام میں جسم کا یہ تقاضا نظر نہیں آتا اس لئے ہم کہہ سکتے ہیں کہ جسم خوراک پر پلتا ہے جبکہ نفس لذّت چاہتا ہے یا لذّت پر پلتا ہے ۔ نفسِ انسانی کی یہی خصوصیت اسے دوسری حیات سے الگ کر دیتی ہے ۔ دوسری تمام حیاتیاتی انواع میں خوراک سے لذّت حاصل کرنے کا عنصر موجود ہونے کا تعین مشکل ہے ۔ انسانی جسم کی خوراک بیشتر ایسی خوردنی اشیاء ہو سکتی ہیں جو اس کی صحت کے لئے کہیں زیادہ مفید ہوں لیکن اس کا ذائقہ کو ترجیح دینا ظاہر کرتا ہے کہ نفس کی خوراک لذّت ہے جس کے حصول کی خاطر وہ اپنے لئے ذائقہ دار کھانے یا مشروبات مہیا کرتا ہے تاکہ اپنے آپ کو خوش کر سکے ۔ عام مشاہدہ ہے کہ بھوک کی شدّت ہو تو خوراک سے لذّت حاصل کرنا انسان کی ترجیح نہیں رہتی بلکہ اُس وقت جسم کو زندہ رکھنے کے لئے جو کچھ بھی میسر ہو وہ اسے کفایت کرتا ہے ۔ لذّت کی یہ طلب انسان کو زندگی کے کسی بلند تر مقصد کی طرف متوجہ رہنے میں رکاوٹ کا سبب ہے ۔ اللہ تعالیٰ نے سال میں ایک ماہ کے روزے فرض کئے تاکہ انسان میں تقویٰ یعنی خوفِ الٰہی پیدا ہو، تاہم بھوک و پیاس کے کا احساس سے نفس کی ریاضت کا موقع فراہم کرنا ایک ضمنی اور اضافی فائدہ قابلِ قیاس گردانا جا سکتا ہے ۔

لذّتِ دہن کا میدان بہت محدود ہے ۔ جلد ہی انسان کا جسم اسے بتا دیتا ہے کہ شکم سیر ہو چکا یا اُس کی پیاس بجھ چکی ، اب و ہ مزید کھا اور پی نہیں سکتا جب تک کہ دوبارہ احتیاج پیدا نہ ہو جائے تاہم اسے اپنے اطراف میں لذّتِ دہن کے علاوہ بھی بہتیرے ایسے ترغیبی ذرائع نظر آتے ہیں جو اس کے نفس کو فرحت پہنچا سکیں ۔ نفس کی یہ شدت مقتضی رہتی ہے کہ جسمانی اور نفسیاتی راحتیں پہنچانے والی جن اشیاء سے وہ یا اس کے لواحقین محروم ہیں وہ اشیاء اُسے حاصل ہوں ۔ ایسی راحتوں کی مقدار شکم کی گنجائش کی طرح محدود نہیں لہٰذا ان کی کثرت کی آرزو حصولِ دولت کی شکل اختیار کر لیتی ہیں اور بالآخر حصولِ دولت زندگی کا مقصد بنتی چلی جاتی ہے ۔ تمدنی ارتقاء کے ساتھ انسان کے علم میں اضافہ ہوتا ہے اور مختلف علوم وقت کے ساتھ ساتھ انسانی سہولیات اور راحتوں کی ایسی اشیاء اور آلات وجود میں لاتے ہیں جو پچھلے وقتوں میں موجود نہیں تھے ۔ جو فراد مالی رکاوٹوں کی بنیاد پر ان اشیاء کو حاصل کرنے کے متحمل نہیں ان کا

احساسِ محرومی کی زد میں آنا قدرتی امر ہے ، لہٰذا تمدنی اور سائنسی ارتقا کے ساتھ احساسِ محرومی کے مآخذ بھی بڑھتے چلے جاتے ہیں -

اس موقع پر ایک تجربہ کا ذکر مناسب ہے ۔ تفصیل یہ ہے کہ کسی بند کمرے میں دو بندروں کو دو الگ پنجروں میں ایسی تنہائ میں رکھا گیا کہ وہ ایک دوسرے کو دیکھ سکتے ہوں ۔ کوئی شخص روزانہ کسی مخصوص وقت میں مونگ پھلی اور پانی کی برابر مقدار انہیں مہیا کرتا تاکہ سلسلۂ حیات قائم رہے ۔ شروع کے چند روز ان کے مزاج میں بے سکونی دیکھنے میں آئی لیکن جلد ہی ان کی حرکات و سکنات نے ظاہر کردیا کہ وہ نئے حالات کے عادی ہونا شروع ہوگئے ۔جب دیکھ لیا گیا کہ دونوں نئے حالات سے سمجھوتہ کر چکے ہیں تب خوراک پہنچانے والے شخص نے ایک دن اپنے مقررہ وقت پر ایک کو مونگ پھلی اور پانی کی وہی مقدار دی جو روز اسے ملتی تھی اور اس نے اسی آرام کے ساتھ اٹھا لی جس طرح وہ روز اٹھاتا تھا لیکن دوسرے بندر کو مونگ پھلی کے بجائے پھلوں کی اقسام میں سے چند پکے ہوئے کیلے دے دیئے جس سے اس کی بانچھیں کھل گئیں اور لپک کے انہیں لے لیا ۔ پہلے بندر نے یہ ماجرا دیکھا تو انتہائی غضب کا مظاہرہ کیا اور مونگ پھلی پھینک دیں ۔ اگر اُس کو یہ علم نہ ہوتا کہ دوسرے بندر کو کیا دے دیا گیا ہے تو وہ اس مرتبہ بھی جسم و جاں کا رشتہ بحال رکھنے کے لئے بلا رغبت مونگ پھلی سے اپنی بھوک مٹا لیتا ۔ دوسرے کو کیا حاصل ہے جو اسے میسر نہیں محض یہ بات علم میں آجانے نے براہ راست اس کی نفسیاتی کیفیات پر بھاری اثر پیدا کر دیا ۔

اس موقع پر ایک کے بجائے زیادہ تعداد میں محروم بندر تصوّر کئے جائیں تو یہ ممکن ہے کہ ان میں سے کوئی محسوس کرے اور دوسروں کو بھی تلقین کرے کہ دوسروں کو نہ توجہ دو، جو کچھ بلا مشقت مل رہا ہے اس کو غنیمت جانو ۔ زندگی کی سانس چل رہی ہے لہٰذا اسی پر قناعت کرو۔ کوئی دوسرا کہے ، آخر ہمارا قصور کیا ہے جس کی ہمیں یہ سزا دی جارہی ہے ؟ یا دوسرے کو کس بات کا انعام دیا جا رہا ہے؟ انہی میں سے کوئی تیسرا بندر یہ کہہ سکتا ہے کہ تم سب مل کر اس پنجرہ کو توڑ کر آزاد ہو جاؤ اور اس نامعقول بندر سے کیلے چھین لو جو اتنا خوش ہو رہا ہے ۔ انہی میں سے کوئی چوتھا یہ بھی کہہ سکتا ہے کہ ہماری قید پہلے دن سے ہی غیر منصفانہ تھی ۔ ہمیں

بہت پہلے آزادی حاصل کر لینی چاہئے تھی لیکن ہم اس لئے حاصل نہ کر سکے کیونکہ ہم گروہ بندیوں کا شکار تھے ۔ اگر ہم سب اکٹھے ہو جائیں تو ہماری مجموعی طاقت اس زنداں اور اس کے نگرانی کرنے والے کی طاقت سے زیادہ ہے ۔ اس زنداں اور اس کے نگراں کی کمزوریوں کو میں غور و فکر کے بعد سمجھ چکا ہوں ۔ اس کی ان کمزوریوں کو اپنے حق میں استعمال کر کے آزادی حاصل کرنے کا یہ اور یہ طریقہ وضع کیا جا سکتا ہے ۔تم سب مل کر اپنے میں سے ایک رہنما کا انتخاب کرو اور آزادی حاصل کرنے کا جو فرض تم پر عائد ہے اس فرض کو انجام دو۔ اگر تمہاری نظر میں میری ہستی رہنمائی کے لئے زیادہ مناسب ہے تو اٹھ جاؤ اور میرے ہاتھ مضبوط کرو۔ میں تمہاری رہنمائی کروں گا ۔آؤ ہم سب مل کر اس پنجرہ کو توڑ دیں، ہمیں قید کرنے اور غیر منصفانہ تقسیم کرنے والے شخص کو راستے سے ہٹا دیں اور آزادی کی زندگی بسر کریں ۔ بندروں کے اس مجموعے کو متعدد مختلف الخیال رہنماؤں کے غور و فکر کے نتیجے میں متضاد راہیں دریافت کرنے اور سجھانے کا نتیجہ یہ نکلے گا کہ وہ چھوٹے گروہوں کی شکل میں ہی منقسم رہیں گے اور ان کی مجموعی قوّت اُس کم از کم سطح کو نہ پہنچ سکے گی جو زنداں کی دیواریں مسمار کرنے کے لئے درکار ہیں ۔

سابقہ انسانی تاریخ کے واقعات اس مثال کی روشنی میں دیکھے جائیں تو بہتیرے واقعات کی توجیہ اس نوعیت کی مثلوں سے ہو سکتی ہے لیکن یہاں ہماری مراد یہ بات نمایاں کرنا تھی کہ انسان کو محض یہ علم ہوجانا کہ گرد و پیش کی دنیا میں کیا اشیاء ہیں جو دوسروں کو حاصل ہیں لیکن وہ یا اس کے لواحقین اب تک محروم ہیں ، اس کے اعصاب نفسانی ترغیبات کی گرفت میں جکڑ دیتے ہیں ۔ تاہم نفسِ انسانی کی ان صفات کا روشن پہلو یہ ہے کہ اس کے بغیر نہ صرف بقائے نوع ممکن نہیں رہ سکتا بلکہ تمدّن کا ارتقاء بھی ایک قدم نہیں چل سکتا ہے ۔ خرابی کا سبب یہ صرف اُس وقت بنتا ہے جب اِس کی شدّت ایسی سطح کو پہنچ جائے کہ محض لذّت حاصل کرنے کی خاطر انسان عقلاً مغلوبیت اختیار کر بیٹھے ۔ نفسانی لذتیں محسوس کرنے کا انحصار ذرائع کی اخلاقی حیثیت پر بالکل نہیں ہے ۔ کوئی پھل چوری کرکے حاصل کیا جائے یا خریدا جائے، اس کا ذائقہ تبدیل نہیں ہوتا

۔شہوت سے مغلوب ہو کر انسان اسی لذّت کے حصول کی خاطر زنا کا ارتکاب کرتا ہے ۔

روحِ انسانی اپنی صفات میں انسانی نفس کے مقابلے میں انتہائی درجہ عظیم شئے ہے ۔ اس کی ایک صفت یہ ہے کہ یہ سوچتی ہے اور حاصل شدہ معلومات کا تجزیہ کر کے نتائج اخذ کرتی ہے اور دوسری عظیم صفت یہ کہ یہ محبت پر پلتی ہے ۔ انسان اپنے جسم میں موجود روح کی سوچنے کی صفت کے ذریعے علم حاصل کرتا ہے اور علم سے اس میں محبت پیدا ہونے کا احساس جنم لیتا ہے ۔عجیب حیران کن بات یہ ہے کہ انسان کو محسوس ہونے والی محبت اپنے ظہور کا جو راستہ اختیار کرتی ہے وہ راستہ نفس کے اختیار کردہ راستہ کے بالکل مخالف سمت میں چلتا ہے ۔

انسان اگر خود کو راحت پہنچانے والی کسی شئے سے محروم ہو تو نفسِ انسانی خواہش کرتا ہے کہ وہ نایاب شئے اسے حاصل ہو جائے اور وہ خوش ہو جاتا ہے جب وہ شئے اسے حاصل ہو جاتی ہے ۔ اس کے مقابلے میں اگر اسی شخص کی ملکیت میں کوئی شئے ہے اور کوئی دوسری ہستی ،جس سے وہ محبت رکھتا ہو ، اس شئے سے محروم ہو تو وہ اپنی ملکیت سے دستبردار ہو کر وہ شئے اس ہستی کے حوالے کردیتا ہے اور یہ کر دینے سے اسے خوشی محسوس ہوتی ہے ۔ نفس کوئی شئے حاصل ہونے پر خوش ہوتا ہے جبکہ محبت کوئی حاصل شدہ شئے دوسرے کے حوالے کر دینے پر خوش ہوتی ہے ۔یہ دونوں احساسات اپنے ظہور کے دو مختلف اور متضاد راستے اختیار کرتے ہیں ۔محبت کے جذبہ کی اس قربانی کی تصدیق کسی بھی قوم، مذہب، رنگ، نسل اور تمدّن میں پائے جانے والے ماں یا باپ کر دیں گے ۔ محبّت کی اس صفت کی تصدیق حیوانات کے ماں باپ میں بھی کم و بیش برابر کی سطح پر دیکھنے میں آتی ہے اس لئے یہ کہنا غالباً غیر مناسب نہیں کہ ماں باپ کی محبت کی حد تک انسان و حیوانات مساوی سطح پر ہیں لیکن ماں باپ کی سطح پر اس جذبہ کا شعور دراصل اس کی معمولی سی جھلک ہے ۔ اس جذبہ کی وسعت میں اضافہ دیکھنے میں آتا ہے جب انسانوں میں نسبتاً کم تعداد میں ایسے لوگ ملتے ہیں جو اپنی اولاد کے علاوہ دوسروں کی محرومیوں کا بھی ازالہ کرنے کے لئے اپنے وقت اور صلاحیتوں کا استعمال کرتے ہیں ۔ مزید وسعت اس طرح کہ انسانوں میں بہت کم ایسے بھی ملتے ہیں جو خود اپنے آپ

کو دریافت کر جاتے ہیں ، اس عظیم تر مقصد کو دریافت کر جاتے ہیں جس کے لئے وہ خلق ہوئے اور اپنی تمام عمر یا عمر کا بڑا حصّہ اس برتر مقصد کے حصول میں لگا دیتے ہیں ۔ ان افراد کو قریب سے کوئی دیکھ سکے تو جو بات اسے مشترک نظر آئے گی وہ یہ کہ ایسے بیش قیمت افراد ہر زمانے میں نفسِ انسانی کے مطالبات سے بڑی حد تک آزاد ہوتے ہیں اور دوسری مشترک صفت یہ کہ علم یافتہ ہوتے ہیں اور دل میں محبت رکھتے ہیں ۔

انسانی نفس کے احساسات غیر مرئی ہیں لیکن اس کا رہائشی مقام دماغ میں ہے ۔ محبت بھی غیر مرئی شئے ہے لیکن توقع کے برعکس اس کا رہائشی مقام دماغ نہیں بلکہ دل ہے ۔ ہم کو شدید خواہش ہے کہ محبت کی اس حقیقت کو اور اس کے متعدد پہلوؤں کو بےشمار قرآنی آیات کے ذریعے واضح کریں لیکن ہم یہ کرنے کے بجائے قارئین پر چھوڑتے ہیں کہ خود تحقیق کریں ۔ماں کے بطن میں انسانی جسم کی ابتدا محض ایک خلیہ سے ہوتی ہے جو ماں باپ کے اختلاط سے قبل نصف خلیہ باپ کے نطفہ میں اور نصف بیضہ ماں کے بطن میں مقیم ہوتا ہے ۔ وہ نصف خلیات بھی زمین میں پائے جانے والے اجزاء سے بنتے ہیں جو بذریعہ خوراک ماں باپ کے اجسام میں نطفہ اور بیضہ کی حالت کو پہنچتے ہیں جو ربّ الکریم کے بنائے گئے قنون میں ان کے لئے رکھ دی گئی ہے ۔ماں کے بطن میں اور پیدائش کے بعد بھی تمام عمر جسم کی پرورش اِسی مٹّی میں پائے جانے والے اجزاء سے ہوتی ہے ۔ اس مٹّی میں ہے کیا؟ وہی کاربن، نائٹروجن، کیلشیم، وغیرہ ۔ یہ تمام عناصر بھی صرف اور صرف الیکٹران، پروٹون اور نیوٹران کا ہی مجموعہ ہیں اور اگر کوئی فرق ہے تو صرف یہ کہ ہر منفرد عنصر کے لئے ان تین اجزاء کی ایک مخصوص تعداد ہے ۔مثلاً کوئلے اور ہمارے جسم کے ہر خلیہ میں پائے جانے والے کاربن کے ایٹم میں یہ تین اجزاء چھ کی تعداد میں ہیں یعنی چھ الیکٹران، چھ پروٹون اور چھ نیوٹران تو اس کے مقابلے میں ہوا ، پانی اور ہمارے جسم میں پائے جانے والے ہر خلیہ میں موجود آکسیجن کے ہر ایٹم کے یہ تینوں اجزاء آٹھ کی تعداد میں ہیں یعنی آٹھ الیکٹران، آٹھ پروٹون اور آٹھ نیوٹران ۔قدرتی حالات میں پائے جانے والے 92 (یا 98 بشرطِ کیا نقطۂ نظر استعمال کیا جائے) عناصر میں مذکورہ تین اجزاء کی صرف تعداد کا فرق ہے ۔ پھر ایسا نہیں ہے کہ آکسیجن میں موجود تین

اجزاء اور کاربن یا کسی بھی دوسرے عنصر کے انہی تین اجزاء کی خصوصیات میں کسی بھی نوعیت کا کوئی معمولی فرق پایا جاتا ہو ۔ ایسا نہیں ہے ۔مطلب یہ ہے کہ جو صفات انفرادی الیکٹران، پروٹون اور نیوٹران کی کاربن ایٹم میں ہیں بعینہ وہی صفات آکسیجن یا کسی بھی دوسرے عنصر کے ایٹموں میں ہے ۔ کوئی شخص کہاں سے یہ یقینی طور پر کہہ سکتا ہے کہ نفسانی احساسات اور محبت کے احساسات انسان یا دوسری حیاتیاتی اقسام ان طبعی ایٹموں سے حاصل کرتے ہیں جو زمین میں پائی جاتی ہیں یا چونکہ یہ تمام عناصر وہی تین مشترک اجزاء سے بنے ہیں لہٰذا الیکٹران، پروٹون یا نیوٹران میں سے کسی سے حاصل کرتے ہیں ؟ انفرادی الیکٹران، پروٹون اور نیوٹران بھی دوسرے اجزاء سے بنے ہیں جن کی صفات ہر ایک عنصر کے لئے یکساں ہیں ۔زمین جو کچھ بھی اپنی مجموعی کمیت یعنی مادّہ کی مقدار رکھتی ہے وہ تمام مادّہ تو سورج اور زمین کے وجود میں آنے یعنی ساڑھے چار بلین سال سے بھی بہت سال پہلے بڑا دھماکہ (سپر نووا ایکسپلوژن) کے نتیجہ میں پیدا ہوئے تھے ۔ اسی مادّہ کے ذرّات نے بتدریج مجتمع ہونے پر ہمارے سورج، زمین اور دوسرے سیاروں کی شکل اختیار کی ۔ ہمارا شمسی نظام بننے سے بہت پہلے سے یہ تمام ایٹم اپنی اُسی حالت میں ہیں جس حالت میں یہ اب زمین میں اور زمین پر پائے جاتے ہیں ۔ موضوعِ بحث وہ عناصر ہیں جو زندگی کی تخلیق اور اس کی بقا کے لئے قدرت استعمال کرتی ہے یعنی وہ عناصر جو تابکاری نہیں کرتے ۔بہت عرصہ قبل زمین کی سطح پر پائے جانے والے ان عناصر کی سادہ ترین ترکیب میں حیات کی ابتدا ہوئی اور اس وقت سے یہی عناصر ایک حیاتیاتی جسم کے بعد دوسرے حیاتیاتی جسم میں منتقل ہوتے چلے جا رہے ہیں ۔ کوئی نہیں جانتا کہ آج اس کا جسم جن ذرّات پر بنا ہے ان میں سے کوئی ذرّہ یا ذرّات پہلے کتنے حیاتیاتی اقسام کے جسموں کی تعمیر میں استعمال ہو چکا ہے یا جب ہم مٹّی ہو جائیں گے تو کتنی زندگیوں کا حصّہ بنے گا ۔پھر مٹّی ہو جانے کا کیا سوال ہے؟ ہماری زندگی کے تقریباً ہر ساتویں سال جسمانی طور پر ہم مکمّل طور پر نئے ایٹموں سے تبدیل ہو چکے ہوتے ہیں ۔ ہمارے جسم کے اجزاء سے دوسرے حیاتیاتی جسم تشکیل پاتے ہیں اور دوسرے حیاتیاتی اجسام سے ہمارے ۔آج شام کے کھانے میں آپ جو مرغ کا قورمہ یا پلاؤ تناول فرمائیں گے وہ کوئی دوسری حیات کی

تعمیر کے لئے استعمال ہوا تھا لیکن اس کی فنا کے بعد وہ آپ کے جسم کی تعمیر کا حصّہ بننے والا ہے۔

خلاصہ بحث یہ ہے کہ ابتدائے آفرینش سے انسانوں کی اکثریت ایسی حالت میں دیکھی جاتی ہے کہ وہ گوشت اور ہڈیوں کے ڈھانچے پر مبنی ایک ایسی سواری ہے جس کا سوار نفسِ انسانی ہے جو تا عمر اسے جسمانی اور نفسیاتی راحتوں اور لذتوں کے حصول میں دوڑائے رکھتا ہے۔ نفسانی احساسات کے ساتھ ساتھ محبت کے احساس سے بھی ہر ایک کو واسطہ پڑتا ہے لیکن بڑی اکثریت دل و دماغ کی سوچنے کی استعداد سے غافل رہ جاتی ہے، نتیجتاً محبت کے بلند اور وسیع تر درجات کے مشاہدے سے بھی محروم رہ جاتی ہے۔ قرآنِ کریم کی آیات میں لفظ "نفس" انسانی غور و فکر کے لئے دو گہرے اور وسیع مفاہیم سے آراستہ تصورات پیش کرتا ہے۔ایک مفہوم میں جب کسی شخص کو خود اس کی طرف یا بطورِ نوع انسانی متوجہ کرنا مقصود ہو تو ارشاد ہے:

اے محمّد! ہم نے تم کو **لوگوں کے لئے** (فَمِن نَّفسِكَ) رسول بنا کر بھیجا ہے، اور اس پر اللہ کی گواہی کافی ہے (4۔النساء:79)

جب قرآن **تمہارے سامنے** (فِي نَفسِكَ) پڑھا جائے تو اسے توجّہ سے سنو' شاید کہ تم پر بھی رحمت ہو جائے (7۔الاعراف:205)

(ہر **متنفّس** (نَفسٍ)کو موت کا مزا چکھنا ہے (29۔العنکبوت:57

ان قرآنی آیات میں عربی الفاظ قوسین میں نقل کر دیئے ہیں جبکہ مترادف اردو ترجمہ گہری روشنائی میں نمایاں کر دیا ہے۔ آیات میں انسان کو اپنی طرف یا نوعِ انسانی کو متوجہ کرنے کا مفہوم واضح ہے۔ تیسری آیت عام طور پر بہت معروف ہے۔یہ آیت اس معاملہ میں واضح ہے کہ موت انسان کے غیر مرئی نفس پر وقوع ہوتی ہے، اس لئے کہ روح اپنا ایک سفر مکمّل کرنے کے بعد اگلے سفر پر روانہ ہوجاتی ہے ،اس شئے پر کوئی موت طاری نہیں ہوتی۔ انسانی جسم جن عناصر سے مل کر بنا تھا ان میں کسی تبدیلی کا سرے سے کوئی سوال نہیں۔ وہ مٹّی سے حاصل ہوا تھا اور واپس مٹّی میں یا کسی اور حیات میں منتقل ہو جائے گا۔موت نے حقیقتاً جو تبدیلی پیدا کی وہ یہ کہ اس ناگزیر واقعہ نے فوت شدہ شخص پر شیطان کے عمل دخل کا

خاتمہ کر دیا ہے ۔شیطان اللہ تعالٰی سے طے شدہ شرط کے مطابق انسان کے صرف نفس کو اپنے مقاصد کے لئے استعمال کر سکتا تھا ، لہٰذا موت واقع ہونے سے کسی مخصوص روح کا ساتھی نفس کا کم و بیش بلوغت کی عمر سے جاری وقتِ امتحان اور شیطان کے لئے اس نفس تک رسائی کا دورانیہ بیک وقت مکمّل ہو گیا ۔

قرآنِ کریم اوپر بیان کردہ مفہوم کے علاوہ ایک اور وسیع تر معنوں میں یہ لفظ بکثرت استعمال کرتا ہے جس سے مراد کسی انسان کے میلانات یا رجحانات سے وابستہ خصوصیات ہیں جنہیں عام طور پر انسان کی خودی کے اجزاء میں لوگ شمار کر لیتے ہیں ۔ نفس کے اس مفہوم کے اجزاء میں غصّہ، خواہش، لذّت، شہوت، ناموری وغیرہ شامل ہیں ۔ ان اجزاء کو انسانی شخصیت کا مغز سمجھا جا سکتا ہے ۔ان میں سے کوئی جزو انسانی روح کا حصّہ نہیں بلکہ انسان کی طبعی حیثیت کا حصّہ ہے ۔اگر انسان کی طبعی حیثیت کی تعریف بیان کی جائے تو کہا جا سکتا ہے کہ نفس انسان کی طبعی تخلیق کا وہ حصّہ ہے جو انسانی جسم میں غیر مرئی شکل میں پوشیدہ ہے ۔غیر مرئی اس لئے کہ اسے ناپا یا اس کا وزن نہیں کیا جاسکتا لیکن یہ انسانی ہستی کا حصّہ ہے ۔ مثال کے ذریعے اس طرح سمجھا جاسکتا ہے کہ کسی شخص میں نفس کی اس صفت کے منفی اثرات شدت سے عمل پذیر ہوں تو اکثر دوسرے افراد اسے پہچان لیتے ہیں ۔کوئی شخص شدید شہوت کا شکار ہو تو چہرہ پر اس کا عکس محسوس ہوتا ہے ۔ قرآنِ کریم میں نفسِ انسانی کے اس دوسرے وسیع تر مفہوم کو اس کی خصوصیات کے حوالے سے مزید تین صفات میں تقسیم کر کے استعمال کیا گیا ہے جس میں سے ایک صفت یہی ہے جس کو ہم نے مثال کے لئے استعمال کیا ۔ ان تین صفات کا ذیل میں ترتیب وار تذکرہ کیا جاتا ہے ۔

نفسِ امارہ

قرآنِ کریم میں سورہ یوسفؑ میں جب اپنی قید کے دوران حضرت یوسفؑ نے بادشاہ کے خواب کی تعبیر بتائی تو شاہ مصر نے انہیں دربار میں تشریف لانے کا پیغام بھیجا ۔ حضرت یوسفؑ نے موقع دیکھ کر اپنی طویل قید سے رہائی حاصل کرنے کے بجائے شاہ مصر سے آپ پر عائد جرم کی تفتیش کا مطالبہ کیا ۔ بادشاہ کے دربار میں عزیز

مصر کی بیوی زلیخا اور واقعہ سے متعلقہ دیگر خواتین کی شہادتوں کے ذریعے آپ کی پاکبازی ثابت ہو گئی تو قید خانہ میں حضرت یوسفؑ نے ذیل میں درج الفاظ کہے تھے:

نفسِ امارہ تو بدی پر اکساتا ہی ہے الاّ یہ کہ کسی پر میرے رب کی رحمت ہو (12-یوسف:53)

اپنے جسم کو ہم کوئی سواری تصوّر کریں تو اس سواری کی لگام نفسِ امارہ کے ہاتھوں میں ہوتی ہے ۔ یہ بدی پر اکساتا ہے اور انسان اس کے حکم کی تعمیل میں جس سمت میں یہ اسے چلاتا ہے اس سمت میں انسان چل پڑتا ہے ۔جسمانی خواہش کی ہر طلب اس کے حکم میں شامل رہتی ہے اور اس کے ذریعے وہ انسانی شخصیت پر حاوی رہتا ہے ۔ نفسانی خواہشات کی تکمیل کے طریقۂ کار میں یہ اخلاقی یا غیر اخلاقی ہونے کا کوئی سوال نہیں اٹھاتا بلکہ اسے اپنے حکم کی تعمیل سے غرض ہوتی ہے ۔نفسِ امارہ کی صورت میں یہ غیر مرئی صفت اللہ تعالیٰ نے انسان کے وجود کا لازمی حصّہ بنایا تاکہ مثلاً لذّتِ طعام کے تحت اشیائے خورد و نوش کے اجزائے ترکیبی میں نئے سے نئے ذائقے تلاش کرے یا جائز اخلاقی طریقوں کے تحت سہولیات زندگی کے حصول کے مطالبات پورے کرے تاکہ صحت مند تمدنی ارتقاء کا عمل جاری رہے ۔ لیکن یہی وہ واحد اختیار ہے جس کی رسائی اللہ تعالیٰ نے شیطان کے ہاتھ میں دینے کی شرط قبول کی تاکہ انسان اور شیطان اپنی شخصیت کے اصل کردار کا ثبوت دے سکیں ۔

مغربی عیسائیت نے گذشتہ چند صدیوں کے دوران تیز رفتار سائنسی علوم کی ترقی کے ساتھ ان علوم کی روشنی میں اپنے عقائد کا عقلی جائزہ لیا تو اپنے مذہبی صحائف میں پوشیدہ انسانی مداخلت کے اثرات تلاش کر لئے ۔ ان کی ایک بدقسمتی یہ تھی کہ ان صحائف کو انسانی مداخلت سے پاک کر لینا انسانی دائرہ استعداد سے باہر کی بات تھی ۔ دوسری عظیم بدقسمتی یہ تھی کہ کسی بھی خطہ زمین پر اصل اسلامی تمدّن کی کوئی مثال وہ نہ دیکھ سکتے تھے ۔ پس انہیں اپنا چھ صدی طویل تاریک دور کو مذہبی جاہلیت قرار دے کر تخلیقِ کائنات اور تخلیقِ حیات کے متعلق ملحدانہ تصورات اختیار کرنے ہی تھے ۔اس کا نتیجہ یہ بھی نکلنا تھا کہ اپنے تمدّن کی ضمن میں نفسِ امارہ کے مطالبات کے حصول کا طریقۂ کار اخلاقی یا غیر اخلاقی ہونے کی بنیاد پر رد و قبول کرنے کے بجائے بلا تخصیص پورا کرنے کی اشاعت کا راستہ پکڑیں ۔انٹرنیٹ کی ایجاد اور اشاعتی ذرائع میں

غیر معمولی ترقی کے ساتھ مغرب میں اس نقطۂ نظر کی اشاعت اس طرح کی جاتی ہے کہ انسان کسی ایسے کام سے لطف اندوز ہونا چاہیے جس میں کسی اور انسانی ہستی کی شرکت لازمی ہے تو جب تک کہ دونوں فریق ان خواہشات کی تکمیل کے لئے رضا مند ہوں انہیں یہ کام کر لینے میں کوئی قباحت نہیں ۔تمہارا دل جسمانی لذّت کا مقتضی ہے تو جو دل چاہے کرو جب تک کہ دوسرا فریق بھی اسے قبول کرتا ہے ۔مغربی دنیا اپنے فنونِ لطیفہ، ادب اور اشاعتی ذرائع کے ذریعے اپنے معاشرے کو اور تمام دنیا کو پیش کرنے کے لئے گوہرِ نایاب کا یہ جدید ترین ایڈیشن اپنے سائنسی اور عقلی خزانہ سے تلاش کر سکی ہے اور اپنے تعلیمی نظام کے ذریعے اس نقطۂ نظر کے فروغ کی کوشاں ہے ۔یہ نقطۂ نظر حیوانیت کی سطح سے ایک ذرّہ بھی بلند نہیں ۔ حیوانات میں بقائے نوع اور تسلسل حیات کے لئے قدرت کے نظام میں جبلت کا طریقۂ کار استعمال کیا گیا تھا اس لئے کہ وہاں تمدنی ارتقاء کی ضرورت شامل نہیں تھی ۔ نوعِ انسانی کا تمام انحصار صحت مند تمدنی ارتقاء پر تھا تاکہ انسان اُن قوانین فطرت کی سمجھ پیدا کر سکے جن پر تخلیقِ کائنات اور تخلیقِ حیات کی بنیاد قائم ہے ۔ اس ذہنی استعداد کی نعمت سے خالقِ کائنات و خالقِ حیات نے اپنی کسی بھی دوسری خلق کو نہیں نوازا ۔ نفسِ امارہ کے مطالبات پورے کرنے کا جدید ایڈیشن بہت مایوس کن ہے اور یقیناً انسان کو اس کے اثرات جلد نظر آ جائیں گے۔ نفس انسانی میں موجود صفات میں سے پہلی صفت زیرِ بحث لائ گئی جس کی طغیانی انسان کو بہا لے جانا چاہتی ہے لیکن اس کی دوسری صفت انسان کو بآسانی بہنے نہیں دیتی اور جلد یا بدیر اسے راہِ مستقیم کے نشانات دکھلاتی ہے ۔

نفسِ لوّامہ

نفسِ امارہ انسان میں گناہ کی رغبت پیدا کرنے کا سبب ہے ۔اس رغبت کا مقابلہ کرنے کے لئے اللہ تعالیٰ نے نفسِ لوّامہ کی صورت میں وہ قوّت پیدا کی تاکہ اس کی مدد سے انسان نفسِ امارہ کا مقابلہ کر سکے ۔نفسِ لوّامہ وہ چشمہ ہے جس سے فرد کی زندگی میں اور اجتماعی معاشرہ میں بلند تر صالحیت کے سوتے اپنی جگہ بناتے ہیں تاکہ اجتماعی زندگی حیوانیت کی سطح سے بلند تر مقام پر قائم رہ سکے

اور فرد و معاشرہ خالقِ کی حکم عدولی اور اطاعت سے انحراف کے اثرات دبا سکے ۔ نفسِ لوّامہ کے ذریعے انسان کو زیادہ متوازن زندگی گزارنے کی اور انسان کو اپنی اور دوسروں کی نظر میں باعزت ہونے کی خصوصیات پیدا کرنے کی ترغیب حاصل ہوتی ہے ۔انسان کسی معاشرہ کا فرد ہو یا کسی مذہب کا ماننے والا ہو اور تاریخ کے کسی بھی عہد کا حصّہ ہو، وہ جب بھی نفسِ امارہ کے حصول میں غیر اخلاقی راستے اختیار کرتا ہے تو جلد ہی اپنی طبیعت پر کسی بھاری بوجھ کی موجودگی کا مشاہدہ کرتا ہے ۔یہ احساس اسے قرآنِ کریم میں بتائی گئی نفسِ انسانی کی دوسری صفت فراہم کرتی ہے ۔ اللہ تعالیٰ نے نفسِ لوّامہ سے اس صفت کی نشاندہی کی ہے۔ قرآنِ کریم کا ارشاد ہے:

نہیں ' میں قسم کھاتا ہوں قیامت کے دن کی، اور نہیں ' میں قسم کھاتا ہوں **ملامت کرنے والے نفس** (بِا لنَّفسِ اللَّوَّامَةِ) کی -75-اَلقِیٰمة:2)

کفار مکّہ رسول اللہ کی پیش کردہ تعلیمات میں شامل روزِ قیامت اور نوعِ انسانی کے محاسبہ اعمال سے انکار پر بضد ہوتے تھے ۔ ایسے ہی ایک موقعِ پر اس سورہ کا نزول ہوا جس میں ان کے اسی انکار کی طرف متوجہ کرنے کے بعد اللہ تعالیٰ نے روزِ قیامت اور نفسِ لوّامہ کو بطورِ گواہی پیش کیا کہ اس حقیقت کا انکار ممکن نہیں ۔

نفسِ امارہ انسان سے کوئی گناہ سرزد کروا دیتا ہے تو نفسِ لوّامہ دل کی گہرائیوں سے اسے تنبیہ کرتا ہے کہ وہ کام اسے نہیں کرنا چاہئے تھا ۔ نفسِ لوّامہ انسان کے اندرون سے اس میں جرم کا احساس پیدا کرتا ہے اور گناہ پر اصرار کرتے رہنے سے روکتا ہے یہاں تک کہ انسان وہ کام ترک بھی کر سکتا ہے ۔ احساس جرم کا بوجھ اٹھائے رکھنا ایک مشکل بات ہے ۔گناہ کرنے سے اس میں اندر سے شرمندگی محسوس ہوتی ہے اور وہ نہیں چاہتا کہ اس کے ناپسندیدہ پوشیدہ کام دوسروں کے علم میں آئیں ۔ وہ سوچتا ہے کاش اس نے یہ نہ کیا ہوتا ۔ نفسِ لوّامہ مستقلاً نفسِ امارہ سے جنگ کی حالت میں رہتا ہے ۔کبھی ایک کو شکست ہوتی ہے اور دوسرے کی فتح اور کبھی اس کے برعکس ۔برے اعمال کے نتائج اور نفسِ لوّامہ (ملامت کرنے والا نفس، عموماً ضمیر کے نام سے جانا جاتا ہے)عقلی طور پر بہ تدریج بتا دیتے ہیں کہ برے اعمال اس کے حق میں نقصان دہ ثابت ہوئے ۔ یہ تجزیات اجتماعی تمدّن کے حوالے سے بھی گروہ انسانی کو مجبوراً

کرنے پڑتے ہیں ، نتیجتاً اصلاح کے نئے راستے تلاش کئے جاتے ہیں لہٰذا دورِ جدید کی فواحشات ایک طرف مایوسی کا سبب ہیں تو دوسری طرف نفسِ لوّامہ کے اجتماعی تمدّن پر اثرات بہتر امید کے امکانات پیدا کر سکتے ہیں ۔

نفسِ مطمئنہ

نفسِ انسانی کی پہلی صفت نفسِ امارہ جہاں انسان کے اندر بے اطمینانی کا سبب ہے وہیں دوسری صفت نفسِ لوّامہ اس میں بے اطمینانی کو تحلیل کرکے اس کی طبیعت میں اطمینان کا احساس پیدا کرتی ہے ۔ جس درجہ نفسِ لوّامہ اس مقابلے میں کامیابی حاصل کرتا ہے اس قدر اطمینان وہ شخص محسوس کرتا چلا جاتا ہے ۔ لیکن اطمینان کی بلند ترین کیفیت کیا ہو سکتی ہے؟ اسے اللہ تعالیٰ نے نفس کی تیسری صفت کے طور پر اپنی مخصوص اصطلاح کے ذریعے واضح کیا ہے ۔

> اے **نفسِ مطمئن**(النَّفسُ المُطمئنَّةُ) چل ' اپنے رب کی طرف اس حال میں کہ تو اپنے انجام سے خوش اور پسندیدہ ہے ۔ شامل ہو جا میرے بندوں میں اور داخل ہو جا میری جنت میں (89- الفَجر:27)

ان مختصر آیات میں اللہ تعالیٰ نے اولاً یہ بتایا کہ بعض گذشتہ اقوام اور کفار مکہ کے ماحول میں سے بین السطور نفسِ امارہ سے مغلوبیت کا شکار ہو کر کیا اعمال کرتے چلے گئے جنہیں نہیں کرنا چاہئے تھا اور نفسِ لوّامہ کے تحت کیا اعمال کرنے چاہئے تھے جنہیں کرنے سے وہ قاصر رہے ، ان کا بالآخر کیا انجام ہونے والا ہے۔ اس کے بعد اللہ تعالیٰ نے نفسِ انسانی کی تیسری صفت بیان کی جس کے ، اگر قرآنِ کریم کی مجموعی ہدایات پیش نظر ہوں تو، دو مطالب یا دو درجات متعین کئے جا سکتے ہیں پہلا یہ کہ ایسا شخص اپنی نفسیاتی کیفیات میں مطمئن ہے اور ہدایات الٰہی کی طرف اس طرح لپکنا چاہتا ہے جس طرح لوہا مقناطیس کی طرف لپکتا ہے ۔ دنیا کی کوئی اور شئے اسے خوش نہیں کر پاتی ۔ یہ شخص بھی کر تو وہی رہا ہے جو نفسِ امارہ کی تقلید سے کسی کو حاصل ہوتا ہے، یعنی خود کو خوش کرنا اور فرحت

حاصل کرنا لیکن اس شخص کی صالحیت صرف اس بات کی جستجو کرتی ہے جو بارگاہِ الٰہی میں مقبول ہے یعنی اطاعتِ الٰہی ۔

دوسرا مطلب یا مفہوم کے حوالے سے ایسے افراد کی نشاندہی قرآنِ کریم سے ہوتی ہے جن کی قلبی متانت اور طمانیت اسی بطن انسانیت سے نکلے چند کامل افراد کو نفسِ مطمئنہ کی اُس بلند ترین سطح پر پہنچا دیتی ہے جس کیفیتِ طمانیت کو الفاظ سے بیان کرنا ممکن نہیں اور نہ ہی ہم جیسے ان کیفیا ت کو سمجھ سکتے ہیں ۔ اوپر درج قرآنی آیت میں اللہ تعالیٰ نے ان خاص الخاص لوگوں کے لئے عربی الفاظ رَاضِیۃً مَّرضِیَّۃً استعمال کئے ۔ ایسے خاص لوگوں کے لئے اللہ تعالیٰ نے لفظ آل مقرَّبِین سے انہیں اور ان کے دائمی مقام کو کسی دوسری سورہ میں نمایاں کیا ہے اور اس لئے کیا ہے کہ نوعِ انسانی جان لے کہ دنیا کی زندگی میں یہ موقع اسے حاصل ہے کہ ایسا بلند ترین دائمی مقام حاصل کرنے کی تمنّا اور کوشش کرے اور یہ کہ اس مقام کا حصول اس کی دسترس سے باہر نہیں ہے ۔ قرانِ کریم کا ارشاد ہے:

> جب وہ ہونے والا واقعہ پیش آجائے گا تو کوئی اُس کو جھٹلانے والا نہ ہوگا ۔ وہ تہ و بالا کر دینے والی آفت ہو گی ۔ زمین اس وقت یکبارگی ہلا ڈالی جائے گی اور پہاڑ اس طرح ریزہ ریزہ کر دیئے جائیں گے کہ پراگندہ غبار بن کر رہ جائیں گے ۔تم لوگ اُس وقت تین گروہوں میں تقسیم ہو جاؤ گے:
>
> دائیں بازو والے، سو دائیں بازو والوں (کی خوش نصیبی) کا کیا کہنا ۔
>
> اور بائیں بازو والے، تو بائیں بازو والوں (کی بدنصیبی) کا کیا ٹھکانا ۔
>
> اور آگے والے تو پھر آگے والے ہی ہیں ۔ وہی تو مقرّب لوگ ہیں ۔ نعمت بھری جنت میں رہیں گے ۔ اگلوں میں سے بہت ہونگے اور پچھلوں میں سے کم۔ (56-الواقعہ:1)

اس سورۂمبارکہ میں اللہ تعالیٰ نے دیگر کئی سورتوں کی طرح روز قیامت کی تصویر بیان کی جس کی آفتیں سہار لینے کا کوئی امکان نہیں الّا یہ کہ اللہ کی پناہ مل جائے۔ لیکن جزا اور سزا کی تفصیلات کے لحاظ سے یہ منفرد سورہ ہے ۔جنت و دوزخ کے متعلق عام تصوّر ہے کہ جو لوگ اپنے دنیوی اعمال کے احتساب میں اللہ تعالیٰ کی مغفرت

حاصل کرنے میں کامیاب رہیں گے وہ جنت کے حقدار ہوں گے لیکن جن کے گناہ ان کی نیکیوں سے زیادہ وزنی ہوں گے وہ جہنّم کے مستحق ہوں گے۔ یہ سورہ ایک اضافی عنصر بتانے میں منفرد ہے کہ یہ جنتی گروہ یعنی دائیں بازو والوں کو مزید دو گروہوں میں تقسیم کرکے خاص الخاص گروہ کو مقرّب گروہ کی حیثیت سے نمایاں اور الگ کرتی ہے۔ مقرّبین کے متعلق سورہ بتاتی ہے کہ وہ اگلوں میں سے بہت ہوں گے اور پچھلوں میں سے کم۔ سورہ میں آگے چل کر تینوں گروہ آخرت میں کیا حاصل کریں گے اسے واضح کر دیا گیا ہے۔ ان تفصیلات میں قرآن یہ بھی بتاتا ہے کہ دائیں گروہ والے اگلوں میں سے بھی بہت ہوں گے اور پچھلوں میں سے بھی بہت۔ جنت میں جو نعمتیں دو گروہوں کو ملیں گی اس کی تفصیلات میں بھی کچھ فرق ہے یہاں اسی بات کی طرف توجہ مقصود تھی کہ دنیوی زندگی میں نفسِ مطمئنہ کی صفات ان راستوں کے اشارات بتاتی ہے جو انسان کو بارگاہِ خداوندی میں مقرّبین کے اعزاز کا مستحق بنا سکیں۔

باب 5

حفاظتِ قرآن

یہودی ہوں یا عیسائی یا کوئی اور قوم وہ اپنے پاس ہدایاتِ الٰہی نہیں رکھتیں کہ خود صراطِ مستقیم پر چل سکیں اور باقی دنیا کو اس راہ کی طرف متوجہ کر سکیں ۔ قرانِ کریم کی رو سے گزری ہوئی اقوام میں جو انبیاء و رُسل مبعوث ہوئے ان کی تعلیمات انہی اقوام تک محدود تھیں لیکن گذشتہ انبیاء و رُسل کے برعکس اللہ تعالیٰ نے رسولِ اکرمؐ کو رہتی دنیا تک تمام اولادِ آدم کی ہدایت و رہنمائی کے لئے اللہ کا آخری نبی و آخری رسول قرار دیا ۔

> اے محمد ؐ ، کہہ دو کہ اے انسانو، میں تم سب کی طرف اُس خدا کا بھیجا ہوا رسول ہوں جو آسمانوں اور زمین کی بادشاہی کا مالک ہے ۔(7-الاعراف:158)

رسول اللہ کی وفات کے بعد اس عظمتِ کبریٰ کا حق اداکرنے کی عظیم ذمّہ داری اللہ تعالیٰ نے اُمت مسلمہ کے کاندھوں پر رکھدی ۔ اس ذمہ داری کا احساس کرنے اور اسے سر انجام دینے کے لئے اُمت کو کیا تعلیم درکار ہے؟ اسی ضرورت کو پورا کرنے کے لئے بعد میں آنے والوں کے پاس کتاب اللہ اور رسول اللہ کی سنّت وہ دو ذرائع ہیں جو قیامت تک کے لئے انسان کو میسّر ہیں ۔ان چند فقروں میں جو کچھ درج کیا گیا وہ در حقیقت قرآنی تعلیمات کے خلاصہ کی بلند ترین سطح ہے جو اخلاقیات کے حوالے سے اسلامی معاشرہ کی اجتماعی حیثیت میں پیدا کی جا سکتی ہے یا پیدا کی جانی چاہئے تاکہ غیر اسلامی معاشرہ اس نعمتِ خداوندی کا مشاہدہ کر سکے اور اگر خود اپنانا چاہے تو اسے اپنا سکے ۔ قرانِ کریم کی تعلیمات سے بالآخر جو نتیجہ ہم پیش کرنا چاہتے ہیں وہ یہ کہ انسانی عقل اپنے طور پر یہ انتہائی سطح حاصل کرنے کی استعداد نہیں رکھتی اس لئے اگر وہ یہ مقامِ عظیم حاصل کرنے کی خواہش مند ہو تو بیک وقت قرانِ کریم اور سیرتِ سرورِ عالم کی طرف رجوع ہونے کے علاوہ کوئی اور صورت نہیں ۔ یقیناً یہ بڑا

فقرہ ہے لیکن انشاءاللہ آنے والے مباحث کے اختتام پر اس دعویٰ کی وضاحت پیش کرنے کی کوشش کی جائے گی ۔ قارئین کرام جلد بازی میں یہ قیاس نہ کریں کہ ان فقروں سے ہماری مراد یہ کہ ہر مسلمان کی انفرادی طور پر یہی ذمّہ داری ہے ۔ آنے والے مباحث میں قرانِ کریم کے اس نکتہ کے ساتھ بعض دوسرے اہم نکات موضوعِ بحث رہیں گے۔ ہدایاتِ خداوندی کے دو ذرائع میں سے پہلا ذریعہ یعنی قرانِ کریم کے متعلق اللہ تعالیٰ کا ارشاد ہے:

کہہ دو کہ اگر انسان اور جن سب کے سب مل کر اس قرآن جیسی کوئی چیز لانے کی کوشش کریں تو نہ لا سکیں گے، چاہے وہ سب ایک دوسرے کے مددگار ہی کیوں نہ ہوں ۔(17۔ بنی اسرائیل:88)

کیا یہ لوگ قرآن پر غور نہیں کرتے؟ اگر یہ اللہ کے سوا کسی اور کی طرف سے ہوتا تو اس میں بہت کچھ اختلافات بیانی پائ جاتی (4۔النساء: 82)

ہم تمہیں پڑھوا دیں گے، پھر تم نہیں بھولو گے ۔(87۔الاعلیٰ:6)

اے نبی 'اس وحی کو جلدی جلدی یاد کرنے کے لئے اپنی زبان کو حرکت نہ دو' اس کو یاد کرا دینا اور پڑھوا دینا ہمارے ذمّہ ہے ' لہٰذا جب ہم اسے پڑھ رہے ہوں اس وقت تم اِس کی قرآت کو غور سے سنتے رہو' پھر اس کا مطلب سمجھا دینا بھی ہمارے ذمّہ ہے (75۔القیامہ:16-19)

اور اب یہ ذکر(اے نبی) تم پر نازل کیا ہے تاکہ تم لوگوں کے سامنے اس تعلیم کی تشریح و توضیح کرتے جاؤ جو ان کے لئے اتاری گئی ہے ۔(النّحل:44)

ہم ہی نے اس ذکر (قرآن) کو نازل کیا ہے اور ہم ہی اس کے حفاظت کرنے والے ہیں (الحجر:9)

اوپر درجہ کردہ آیات جیسے پیغامات اللہ تعالیٰ نے بعض دوسری سورتوں میں بھی بیان فرمائے ہیں ۔ مدعا واضح ہے کہ قرآنِ کریم ایسی کتاب ہے کہ اس جیسا کلام تخلیق کر لینا جنّ و انس کے بس میں نہیں ۔ پھر ایک اور حقیقت واضح کر دی کہ قرآنِ کریم میں پہلی سورہ سے آخری سورہ تک انسانی عقائد، فرد ، معاشرہ یہاں تک کہ بین الاقوامی معاملات تک کے لئے قوانین، پھر انسانی تہذیب و تمدّن، معاشرت و معیشت و سیاسیات ہی نہیں بلکہ کائنات کی تخلیق سے لے کر تخلیقِ

انسانی اور محسوسات کی دنیا کے تمام ہی آثار پر پھیلے ہوئے ہیں اور موقع بہ موقع دہرائے گئے ہیں ، قرآنِ کریم بتاتا ہے کہ یہ کتاب اللہ کے سوا کسی اور کی طرف سے ہوتی تو اس کے وسیع ترین بیانات میں غلطی نکالی جا سکتی تھی۔ محض اسی سورہ سے دنیا کو دستیاب تورات و زبور و انجیل کی حقیقت عیاں ہوجاتی ہے جو غلطیوں سے بھرپور ہے۔ منکرینِ قرآن کبھی قرآنِ کریم میں غلط بیانی تلاش کرنے میں کامیاب نہ ہوسکے اور نہ ہی دنیوی علوم کی دسترس میں اضافہ کے باوجود آج بھی یا بعد میں کبھی کامیاب ہو سکتے ہیں۔ یہ جملہ، جیسا کہ قارئین جانتے ہیں کہ، بہت عام ہے اور اکثر سننے میں آتا ہے لیکن قرآنِ کریم کی عظمت کا یہ صریح اور ناقابلِ تردید عقلی ثبوت کہیں زیادہ مضبوط دلائل کے ساتھ کتاب کے آخری باب میں پیش کیا جائے گا جب تخلیقِ کائنات کی بعض اہم تفصیلات اور قرآنِ کریم کی متعلقہ آیات کی تشریحات موجودہ سائنس کی روشنی میں بیان کی جائیں گی۔

اوپر آیات میں قرآنِ کریم یہ بھی بتاتا ہے کہ یہ کتاب مفہوم و معنی کی صورت میں نازل نہیں ہوئی کہ اس کی آیات اور سورتیں رسول اللہ نے اپنے الفاظ میں بیان کر دی ہوں ،بلکہ اس کتاب کے جملہ الفاظ اللہ تعالیٰ کے اپنے الفاظ ہیں۔ نزولِ قرآن کے ابتدائی دنوں میں رسولِ اکرمؐ تکمیلِ وحی سے پہلے ہی، اس اندیشہ سے کہ کہیں بھول نہ جائیں، ترسیل وحی کے دوران الفاظ دہراتے تھے۔ اسی بات پر رسول اللہ کو ٹوک دیا گیا کہ آپؐ پریشان نہ ہوں، قرانِ کریم کو رسول اللہ کی یادداشت میں محفوظ کردینا اللہ کے ذمّہ ہے۔ پھر اس کے مطالب کی تشریح بھی اللہ تعالیٰ کے ذمّہ ہے تاکہ آپؐ لوگوں کے سامنے اللہ تعالیٰ کی بتائی گئی تشریح کے مطابق قرآن کی توضیح و تشریح کر دیں۔ساتھ میں اللہ تعالیٰ نے یہ بھی بتا دیا کہ وہ اللہ تبارک و تعالیٰ کی ہستی ہی ہے جو اس کتاب کی ہمیشہ کے لئے حفاظت کرنے والی ہے۔ قرانِ کریم کی حفاظت اللہ تعالیٰ نے اس طرح انجام دی کہ جلد ہی نزولِ قرآن کے ساتھ ساتھ رسول اللہ نے اپنے کاتبین کے ذریعے اسے لکھوانا شروع کر دیا ۔مکہ میں مسلمانوں پر کفّار مکہ کا ظلم و ستم جب انتہائی حدیں عبور کر گیا تو اللہ تعالیٰ نے عارضی طور پر انہیں حبشہ ہجرت کر لینے کی اجازت دے دی۔ یہ واقعہ پانچ بعدِ بعثت میں پیش آیا اور انہی دنوں میں اللہ تعالیٰ نے سورہ طٰہٰ نازل کی۔ ایسے ہی سخت حالات تھے جس

میں عالمِ اضطراب میں حضرت عمرؓ رسول اللہ کو قتل کر دینے کے ارادہ سے نکلے ۔ راستہ میں کسی نے بتایا کہ حضرت عمرؓ کی بہن اور بہنوئی بھی اب اسلام قبول کر چکے ہیں ۔ وہ حقیقتِ حال دریافت کرنے کے لئے بہن کے گھر گئے تو داخل ہوتے وقت انہیں قرآن پڑھے جانے کی آواز سنائی دی ۔ پس بہنوئی کو آبائی مذہب رد کر دینے پر مارنا شروع کردیا ۔ بہن بچانے آئیں تو انہیں بھی زخمی کر دیا ۔ بہن نے جب پر عزم آواز سے کہا کہ اے عمر، تم سے جو بن پڑتا ہے کر لو، جس صداقت کو ہم قبول کر چکے ہیں تم ہمیں اس سے باز نہیں رکھ سکتے ۔یہ سنا تو حضرت عمرؓ کو اپنے طرزِ عمل پر ندامت محسوس ہوئی اور اسی کیفیت میں انہوں نے کہا مجھے دکھاؤ جو تم پڑھ رہے تھے ۔ بہن نے جواب دیا کہ ناپاکی کی حالت میں تم اسے چھو نہیں سکتے ۔ الغرض انہوں نے غسل کر کے خود کو پاک کیا تب وہ سورہ پڑھی جو ایک صحیفہ کی صورت میں رسول اللہ کے ایک صحابی کے پاس تھی جسے پڑھ کر وہ حضرت عمرؓ کے بہن و بہنوئی کو سنا رہے تھے لیکن حضرت عمرؓ کے ڈر سے چھپ گئے تھے ۔جو سورہ حضرت عمرؓ کے پڑھنے میں آئی وہ ایک صحیفہ کی حالت میں لکھی ہوئی یہی سورہ طٰہٰ تھی ۔سورہ کے مضمون اور کلامِ مبین کا اعجاز دیکھ کر حضرت عمرؓ متاثر ہوئے بنا اور چند تعریفی کلمات کہے بنا رہ نہ سکے ۔ رسول اللہ کے صحابی نے یہ توصیفی کلمات سنے تو خود کو حضرت عمرؓ پر ظاہر کر دیا اور کہا،" اے عمر ،اللہ کی طرف چلو ، اللہ کی طرف چلو، میں نے کل ہی رسول اللہ کو یہ دعا کرتے سنا ہے خدایا، ابو جہل یا عمر بن خطاب میں سے کسی کو اسلام کا حامی بنا دے" ۔ اس فقرہ نے رہی سہی کسر پوری کر دی اور حضرت عمرؓ نے رسول اللہ کی خدمت میں حاضر ہو کر اسلام قبول کر لیا ۔ پس، حضرت عمرؓ کا اسلام لانا حقیقتاً رسول اللہ کی دعا تھی اللہ تعالیٰ نے جسے قبولیت عطا کی اور مسلمانوں کو حالتِ کمزوری میں وہ تقویت مل گئی جس کے وہ ضرورت مند تھے ۔

یہاں اس واقعہ کو کچھ تفصیل سے بیان کیا لیکن اصل مقصد یہ تھا کہ اللہ تعالیٰ نے قرانِ کریم کی حفاظت اس طرح کی کہ اسے رسول اللہ کے ذہن میں محفوظ کر دیا، دوسری طرف رسول اللہ نے اللہ تعالیٰ کے عطا کردہ علم کی روشنی میں فیصلہ کیا کہ کاتبوں کے ذریعے لکھوا کر بھی محفوظ کر دیں۔ انہی میں سے ایک تحریر شدہ سورہ پانچ نبوی

میں حضرت عمرؓ کی دسترس میں آ سکی تھی ۔ صحائف کی صورت میں ایک اور بڑی افادیت یہ بھی تھی کہ مومنین انہیں ایک دوسرے کو پہنچا کر تعلیمِ قرآن کا اجرا کر سکیں اور صحابہ کرام میں سے جو حضرات حفظ کرنا چاہیں وہ تحریری ذریعہ سامنے رکھ کر مشق کریں اور دماغوں میں محفوظ کر لیں ۔

اللہ تعالیٰ کا احسان ہے کہ جس ہستی کو تمام انسانیت کے سامنے تقلید کے لئے پیش کرنا تھا اس ہستی کے بعثت سے پہلے کی بھی زندگی کے واقعات اصحابِ رسول اللہ کی بتائی گئی روایات اور عینی شاہدین کے بیانات کے تحت تحریری شکل میں محفوظ کر دیئے ۔ ان روایات سے پتہ چلتا ہے رسول اللہ بعثت سے چند سال پہلے ہی سے خلوت پسند ہو گئے اور مکہ سے قریباً دس کلومیٹر دور شمال مشرق میں جبل نور کی بلندی پر واقع ایک غار ، جو غارِ حراء کے نام سے تاریخ میں ایک مُقدّس مقام کی حیثیت حاصل کر گیا، اعتکاف اور غوروفکر کی خاطر قیام فرماتے ۔ روایات بتاتی ہیں کہ آپؐ سال میں ایک مہینہ غارِ حراء میں گزارنے لگے تھے ۔ چند روز کا سامانِ خوراک اپنے ہمراہ لے جاتے ،واپس آ کر کعبہ کا سات مرتبہ طواف کرتے اور اس اعتکاف کے زمانے میں کثرت سے مساکین کو کھانا کھلاتے تھے ۔ ایسے ہی ایک قیام کے دوران آپؐ اللہ تعالیٰ کی طرف سے منصبِ رسالت پر فائز کئے گئے تو قرانِ کریم کے نزول کی ابتدا جن پانچ آیات سے ہوئیں وہ:

پڑھو (اے نبیؐ) اپنے رب کے نام کے ساتھ جس نے پیدا کیا، چمٹنے والے خون سے انسان کی تخلیق کی ۔ پڑھو' اور تمہارا رب بڑا کریم ہے جس نے قلم سے علم سکھایا، انسان کو وہ علم دیا جسے وہ نہ جانتا تھا ۔(96۔العلق:1-5)

قرانِ کریم کی ان اوّلین پانچ آیات نقل کرنے سے ہمارا اصل مقصد تو قرانِ کریم صحائف کی شکل میں لکھے جانے کی مزید وضاحت کرنا ہے لیکن یہ آیات قرانِ کریم کی صداقت کے ثبوت میں ایک انتہائی منفرد اور انتہائی مضبوط دلیل بھی فراہم کرتی ہیں، لہٰذا اس بات کی وضاحت پہلے کی جاتی ہے، اس کے بعد ہم موقع کی بحث پر لوٹ سکیں گے ۔

YAHUDIYAT, ISAIYAT OR ISLAM 763

انسان کو پیدا کرنے کے متعلق اوپر دوسری آیت میں اللہ تعالیٰ نے عربی میں خَلَقَ الِا اِنُسَانً مِنُ عَلَقٍ نازل فرمایا ۔ یہاں عربی لفظ"علق" استعمال ہوا ہے اور یہی لفظ اس سورہ مبارکہ کا نام بھی ہے ۔ علاوہ ازیں اس سورہ کا نام "اقرا" بھی کہا جاتا ہے جو پہلی آیت کا پہلا ہی لفظ "اِقُرَاُ" یعنی "پڑھو" سے ماخوذ ہے ۔ لفظ "علق" ہمارے زمانے سے قبل تک کے مفسرین "جما ہوا خون" یا "جمے ہوئے خون کا لوتھڑا" بطورِ مفہوم سمجھتے اور بتاتے رہے ہیں۔ مولانا مودودیؒ نے اپنی تفسیر القرآن میں بھی اس آیت کا ترجمہ "جمے ہوئے خون کے ایک لوتھڑے سے انسان کی تخلیق کی" کیا ہے لیکن ہم نے یہاں مولانا کا ترجمہ استعمال نہیں کیا بلکہ اس کے برعکس "چمٹنے والا خون" استعمال کیا ہے ۔

استقرار حمل کے ابتدائی چند ہفتوں کے دوران بعض وجوہ سے اگر اسقاط ہو جائے تو لوگوں کے مشاہدے میں یہ اسقاط جمے ہوئے خون کے لوتھڑے کی صورت میں ظاہر ہوتا تھا ۔ عربی زبان میں جما ہوا خون "علق" کے چند مطالب میں سے ایک مطلب ہے لہٰذا مفسرین کا اس لفظ کا یہ مطلب لینا درست تھا اور یہی مفہوم گزشتہ صدی سے پہلے تک مستعمل رہا ہے ۔گزشتہ صدی سے پہلے تک طاقتور خوردبین کے بغیر استقرار حمل کے ابتدائی حالات جان لینا کسی طرح ممکن نہیں تھا ۔ تخلیقِ حیات کے ابتدائی مراحل میں درجہ بہ درجہ تبدیلی دورِ حاضر کی ایجادات نے واضح کرنا شروع کی تب ہی قرآن میں بعض مقامات پر بیان کردہ متعلقہ آیات کے مطالب لوگوں کو واضح ہونا شروع ہوئے ہیں ۔موجودہ دور کے ایسے مشاہدات قرآن کے بیانات سے محض سو فیصد مطابقت ہی نہیں رکھتے بلکہ قرآن کے بیانات ہی سے انسان کے دماغ میں وہ مناسب تصویر بن سکی ہے جس کے اشارات طاقتور خوردبینوں کے ذریعے حاصل ہو رہے تھے ۔ لفظ "علق" کا ایک معنی یہ بھی ہے کہ کوئی شئے کسی دوسری شئے سے چمٹ جائے، اسی طرح مثلاً جیسے چھپکلی دیوار سے چمٹی رہتی ہے ۔ لیکن زیادہ بہتر مثال "جونک" ہے جو چھپکلی کی مثال کے مقابلے میں حقیقت سے انتہائی حد تک قریب ہے ۔

لفظ "علق" کو جونک کی نوعیت کی کوئی شئے تصوّر کریں تو ایک حیاتیاتی شئے کی تصویر ذہن میں بنتی ہے جبکہ جمے ہوئے خون کا لوتھڑا ایک مردہ شئے ہے ۔علق کا ترجمہ جمے ہوئے خون

کا لوتھڑا صرف اس وقت ہی کرنا مناسب ہے جبکہ وہ اسقاط کی حالت میں پایا جائے لیکن اس سے انسان تو پیدا نہ ہوگا ۔ قرآن نے انسان کی پیدائش کے لئے لفظ علق استعمال کیا جو صرف اس حالت میں درست ہے جب وہ شئے ایک زندہ وجودکی صورت میں ماں کے بطن سے چمٹی ہو، پھر اسی حالت سے ابتدا کرنے کے بعد انسان درجہ بہ درجہ تخلیقی مراحل طے کرتے ہوئے بالآخر پیدا کیا جاتا ہے ۔

لفظ علق" کا مادّہ دو حروف ل اور ق پر مبنی ہے اور قرانِ کریم میں چھ مرتبہ یہ لفظ استعمال ہوا ہے ۔ پانچ مرتبہ تو صیغہ واحد یعنی "عَلَقَةً "یا " عَلَقَةٍ "کی صورت میں جبکہ صرف ایک مرتبہ صیغہ جمع یعنی" عَلَقٍ " اجتماعی مفہوم کے لئے اسی سورہ میں استعمال ہوا جو اوپر نقل کی گئی ۔قارئین کی توجہ اور سہولت کی خاطر چار دیگر مقامات پر درج متعلقہ آیات کا ترجمہ ذیل میں نقل ہے ۔ ان آیات میں بھی ہم مولانا مودودیؒ کے ترجمہ میں لفظ علق کے لئے ضروری تبدیلی کریں گے ۔

اے لوگو ' اگر تمہیں زندگی بعدِ موت کے بارے میں شک ہے تو تمہیں معلوم ہو کہ ہم نے تم کو مٹّی سے پیدا کیا ہے ' پر نطفہ سے ' پھر چمٹنے والے خون سے ' پھر گوشت کی بوٹی سے جو شکل والی بھی ہوتی ہے اور بے شکل بھی ۔ ہم جس (نطفے) کو چاہتے ہیں ایک وقتِ خاص تک رحموں میں ٹھہرائے رکھتے ہیں ' پھر تم کو ایک بچّے کی شکل میں نکال لاتے ہیں ۔(22-الحج:5)

ہم نے انسان کو مٹّی کے ست سے بنایا ' پھر اسے ایک محفوظ جگہ ٹپکی ہوئی بوند میں تبدیل کیا ' پھر اس بوند کو چمٹنے والے خون کی شکل دی ' پھر چمٹنے والے خون کو بوٹی بنا دیا، پھر بوٹی کی ہڈّیاں بنائیں، پھر ہڈّیوں پر گوشت چڑھایا ' پھر اسے ایک دوسری ہی مخلوق بنا کھڑا کیا ۔ پس بڑا ہی بابرکت ہے اللہ ' سب کاریگروں سے اچّھا کاریگر ۔(23-المومنون:12-14)

وہی تو ہے جس نے تم کو مٹّی سے پیدا کیا ' پھر نطفہ سے ' پھر چمٹنے والے خون سے ' پھر وہ تمہیں بچّے کی شکل میں نکالتا ہے ' پھر تمہیں بڑھاتا ہے (40-المومن:67)

کیا وہ ایک حقیر پانی کا نطفہ نہ تھا جو رحم مادر میں ٹپکا یا جاتا ہے ؟ پھر وہ ایک چمٹنے والا خون بنا ' پھر اللہ نے اس کا جسم بنایا اور اس کے اعضاء درست کئے ' پھر اس سے مرد و عورت کی دو قسمیں

بنائیں ۔ کیا وہ اس پر قادر نہیں ہے کہ مرنے والوں کو دوبارہ زندہ کرے
(75-القیامۃ:37-40)

یہاں درج کی گئی آیات کے علاوہ بھی ایک مرتبہ یہ لفظ قرآن میں استعمال ہوا ہے ۔ قرآن کی چوتھی سورہ "النساء" کی آیت نمبر 129 میں اللہ تعالیٰ کا ایک سے زائد بیویوں سے متعلق فرمان ہے کہ ایسا نہ ہو کہ ایک بیوی کی طرف اتنا جھک جاؤ کہ دوسری کو "معلق" یا لٹکتا چھوڑ دو ۔ لفظ معلق بھی علق سے نکلا ہے لیکن یہاں بالکل مختلف مفہوم کے لئے استعمال ہوا جو ہمارے موضوع سے متعلق نہیں، لہٰذا اس پر بحث کی یہاں ضرورت نہیں ہے ۔

لفظ "علق" کا ترجمہ " جمے ہوئے خون کا لوتھڑا" کے بجائے" چمٹنے والی شئے" پہلی مرتبہ فرانس کے Maurice Bucaille (1920-1998ء) نے مسلم دنیا کے سامنے تجویز کیااور مشورہ دیا کہ ترجمہ میں "جما ہوا خون" استعمال نہ کیا جائے ۔آپ عیسائی گھرانے میں پیدا ہوئے جبکہ پیشہ کے طور پر شعبہ طب سے منسلک تھے ۔قدرتِ خداوندی نے انہیں سعودی عرب پہنچا دیا جہاں وہ شاہ فیصل مرحوم کے ذاتی معالج بن گئے ۔ سعودی عرب میں رہائش کے دوران شاہ فیصل کی سیرت ، وہاں کا ماحول اور اسلامی تہذیب کے مشاہدات نے انہیں اسلام کی طرف متوجہ کیا ۔ حقانیت ان پر عیاں ہونے لگی تو بالآخر اسلام پر ایمان لے آئے ۔ تعلیم یافتہ، نیک طینت اور ذہین تھے لہٰذا قرانِ کریم کو گہرائی سے سمجھنے کے لئے عربی زبان سیکھنے کا فیصلہ کیا ۔ چونکہ خود ڈاکٹر تھے اور بطن مادر میں پیدائش کے ابتدائی مراحل سے متعلق جدید معلومات سے بخوبی واقف تھے، اس لئے عربی زبان سیکھ لینے کے بعد زیرِ بحث نکتہ کی گہرائی آپ کی نظروں سے اوجھل نہ رہ سکی ۔ بہت ممکن ہے کہ انہوں نے کسی عربی ، انگریزی یا فرانسیسی زبان میں ان آیات میں "علق" کا ترجمہ یا مفہوم "جمے ہوئے خون کا لوتھڑا " ہی پڑھا ہو لیکن انہوں نے اسے قبول نہیں کیا بلکہ اپنے طبی علوم کی روشنی میں براہ راست عربی زبان میں اس لفظ کے مطالب جاننے کی کوشش کی اور بالآخر وہ وضاحت پیش کی جسے بخوشی تسلیم کر لیا گیا ۔ لفظ "علق" کے مطالب میں کسی شئے کا کسی دوسری شئے سے جڑ جانا، لٹکنا، کسی کنوئیں سے پانی کھینچنے کے اجزاء یا ان اجزاء کا مجموعہ، جما ہوا خون اور جونک شامل ہیں ۔ لفظ کا مجموعی مفہوم یہ ہے کہ کوئی شئے اپنے

سے بہتر کسی شئے سے جڑ جائے ۔ علاوہ ازیں خون کے حوالے سے خصوصاً گہرا سرخ خون جو ابھی سوکھا نہ ہو۔

آپ نے ہم وطن عیسائیوں کی محبت میں فرانسیسی زبان میں سائنس اور قرآن پر کئی کتابیں لکھیں ۔ اسی زبان میں ایک اور بہترین کتاب "بائیبل، قرآن اور سائنس " کے عنوان سے بھی شائع کی ۔ اس کتاب میں انہوں نے قرانِ کریم میں بیان کردہ زوجین کی مقاربت سے بھی پہلے سے لے کر بطن مادر میں تخلیقی عمل کے تمام مراحل کا مروّجہ سائنسی علوم سے موازنہ کرنے کے بعد ثابت کیا کہ موجودہ سائنس میں کوئی ایسا مشاہدہ دستیاب نہیں جو قرانِ کریم میں بیان کردہ حقائق پر کسی نوعیت کے اعتراض یا اختلاف کی بناء رکھ سکے ۔ اپنی اس کتاب میں آپ کا بنیادی موضوع انسان کے گرد و پیش موجود محسوسات کی دنیا اور تمام کائنات کے وہ موضوعات ،جن کو تورات یا انجیل یا قرآن میں زیرِ بحث لایا گیا ہے، ان بیانات کا موجودہ دور میں دستیاب سائنسی علوم سے موازنہ کیا جائے تاکہ کتبِ مقدّسہ کے الہامی بیانات کی صداقت کو پرکھا جا سکے ۔لہٰذا بہت سے موضوعات آپ کی کتاب میں زیرِ بحث لائے گئے اور انہوں نے بہ دلائل واضح کیا کہ بائیبل کے بیانات اور سائنس میں ایک مرتبہ بھی مطابقت نہیں ملتی جبکہ سائنس بہت سی باتوں کی تصدیق کرتی ہے جو قرانِ کریم میں بیان کی گئی ہیں ۔اس کتاب میں انہوں نے عہد نامہ قدیم کے چار مصنفوں کو بھی موضوع بحث بنایا ۔ بائیبل کے مصنفوں پر ان کی بحث سے خود ہم نے یہ کتاب تحریر کرنے میں بہت فائدہ اٹھایا ہے ۔مذکورہ مصنف کی کتاب، جیسا کہ ہم نے بتایا، خصوصاً عیسائی عقیدہ رکھنے والوں میں جستجوئے حقیقت کی طلب از سر نو جگانے کے لئے لکھی گئی تھی، لہٰذا بہت سی یہودی یا عیسائی تفصیلات وہاں موجود نہیں جنہیں جانے بنا ہمارے قارئین کے لئے اس کتاب کا سمجھنا آسان نہیں ۔ تاہم ہماری کتاب پڑھ لینے کے بعد مذکورہ کتاب نسبتاً زیادہ آسانی سے سمجھی جا سکتی ہے ۔

لفظ "علق" پر "بائیبل، قرآن اور سائنس" میں پیشِ کردہ تجویز کے بعد ایک اور طبی ماہر محمد الاسکندری نے ، جو مسلمان محققین میں اس نوعیت کا پہلا محقق شمار ہوتے ہیں،1989ء میں قرآن میں تخلیقِ انسانی سے متعلق آیات کی سائنسی نقطۂ نظر کے حوالے سے مزید سفارشات پیش کیں۔ محمد الاسکندری کے مشاہدات کے مطابق انسانی

تخلیق کے مراحل میں پہلے مرحلہ میں مٹّی کی تیاری پھر دوسرے مرحلہ میں مٹّی کی پدرانہ نطفہ اور مادرانہ بیضہ میں تبدیلی، پھر تیسرے مرحلے میں دونوں اجزاء کی باہمی بار آوری کے بعد نطفہ کی علقہ میں تبدیلی عمل میں آتی ہے ، لہٰذا انہوں نے قرآنی لفظ علقہ تخلیق کا تیسرا مرحلہ تجویز کیا ۔ علقہ اس وقت بھی اپنی کمیت میں ایک ذرّہ بے مقدار شمار ہوتا ہے جو کسی نوعیت کے مائع میں پیرتے یا بہتے ہوئے رحم مادر میں پہنچتا ہے اور خوردبین کے ذریعے سائنسدانوں کو رحم مادر کی اندرونی سطح پر جونک کی طرح چمٹا ہوا نظر آتا ہے ۔محمد الاسکندری مزید بتاتے ہیں کہ وہ ذرّہ بے مقدار مستقلاً اپنی ساخت تبدیل کرتے ہوئے ابتدا میں ایک چھوٹی سی لکیر کی شکل بنا لیتا ہے جو درمیان سے کچھ پھولی ہوئی نظر آتی ہے ۔چھوٹی سی وہ لکیر اپنی ساخت بدلتے ہوئے ایک دائرہ کی شکل اختیار کرتی ہے اور ان تمام عوامل کے دوران اس کی کمیت بھی بڑھتے رہنے کی وجہ سے بالآخر ایک مختصر سے چبائے یا کچلے ہوئے گوشت کی شکل بنا لیتی ہے ، قرآن مجید میں اسے مّضغَةٍ کہا گیا ہے ۔

ان علمی مباحث کے اثرات کے نتیجے میں 1984ء میں جدہ میں قرآن میں درج ایسی نوعیت کی آیات پر سائنسی پہلو سے تحقیقات آگے بڑھانے کے لئے ایک ادارہ قائم کیا گیا جس کے تحت مختلف ممالک میں کانفرنسیں منعقد کی جاتی ہیں اور مقالات کی شکل میں نئی تحقیقات پیش اور شائع کی جاتی ہیں ۔سائنسدانوں کا مجموعی اتفاق ہے کہ تخلیق کے عوامل میں نطفہ، علقہ اور مدغہ لمحہ بہ لمحہ تبدیل ہوتے ہوئے تین متعین مراحل میں تقسیم کئے جا سکتے ہیں ۔ مدغہ کی حالت پہنچنے کے بعد گوشت سے ہڈیوں کی بناوٹ اور تمام جسمانی اعضاء وغیرہ اسی مدغہ کی مختلف حالتیں ہیں جن کی تکمیل کے بعد ایک نئی زندگی رحم مادر سے نمودار ہوتی ہے ۔قارئین اوپر درج کردہ پانچ آیاتِ مبارکہ پر دوبارہ نظر ڈال لیں، وہاں قطعی طور پر بعینہ یہی تین مراحل بیان ہوئے ہیں ۔

غور کریں تو ہم سمجھ سکتے ہیں کہ ان آیات کے نزول کے بعد مومنین ان کا کیا مفہوم تصوّر کر سکتے تھے؟ وہ یہ تو جانتے تھے کہ زوجین کی مقاربت کے دوران باپ کے جسم سے مائع کی شکل میں ان کے جسم کا کوئی جزو ماں کے رحم کی طرف منتقل ہو گیا اور اگر سب کچھ ٹھیک رہا تو تقریباً نو ماہ بعد ایک نیا انسان چھوٹے

سے بچّے کی صورت میں ان کی گود میں آ گیا ۔ وہ یہ بھی یقیناً سوچ سکتے تھے کہ نو ماہ قبل مائع کی قلیل مقدار نو ماہ بعد ڈھائی یا تین کلو گرام وزنی زندہ ہستی کی شکل اختیار کر گئی لہٰذا روز بہ روز اور لمحہ بہ لمحہ مائع کی مختصر مقدار بڑھتے بڑھتے اس حالت کو پہنچ گئی لیکن اس تمام عرصہ کے دوران یہ سب کیسے یا کس ترتیب سے ہوا؟ اس کا کسی فلسفیانہ مفہوم کا کوئی سراغ قرآن کے ماننے والے تو کیا کسی بھی انسانی گروہ میں کسی بھی زمانے میں نظر نہیں آتا جو چاہے غلط ہی کیوں نہ ہو ۔ یہ قرآن کا اعجاز اور اس کی صداقت کا کھلا ثبوت ہے کہ تقریباً پندرہ صدی قبل ایسی باریک نزاکتیں بیان کر دی گئیں جن کے لئے محض یہ کہہ دینا کہ چودہ صدی قبل قرآن میں بتا یا گیا اور آج کی سائنس ان کی تصدیق کرتی ہے، در حقیقت اعجازِ قرآنی کا مکمّل اعتراف نہیں ۔ قرانِ کریم میں تخلیقِ حیاتِ انسانی کو، جس طرح کہ وہ واضح حدود میں متعین مراحل میں تقسیم کرکے بتائی گئیں، دراصل وہی تقسیم انسانی دماغ میں ایک واضح مفہوم پیدا کرنے میں مددگار ہے ۔علاوہ ازیں لفظ "علق" استعمال کئے بغیر بھی تخلیقِ حیات متعدد مقامات پر مختلف انداز میں قرانِ کریم میں تذکرہ ہوئیں اور دورِ حاضر میں اب تک کی حاصل کردہ سائنسی علوم کی استعداد کے ذریعے ان قرآنی آیات کے مفاہیم مزید واضح ہو سکے ۔ یہ تفصیلات صرف وہی طبی ماہرین سمجھ سکتے ہیں جو تولیدی سائنس یعنی رحم مادر میں پیش آنے والے عوامل کی پیچیدگیوں سے واقف ہیں ، لہٰذا ہمارے عام قارئین کے سامنے ان آیاتِ کریمہ پر بحث ضروری نہ ہونے پر اضافی آیات و تشریحات تحریر نہیں کریں گے ۔تاہم اسی پس منظر کے تحت ہم نے کہا کہ قرآنی آیات کی روشنی میں آج کا انسان حیاتِ انسانی کے حیرت زدہ کر دینے واقعات کا حقیقی شعور حاصل کرنے کا زیادہ آسانی سے اہل ہو سکا ہے ، لیکن ہم اپنی کہی اس بات سے بھی مکمّل اتفاق کرنے سے قاصر ہیں ۔ ہماری سمجھ کے مطابق انسان کو محسوسات کی دنیا کی طرف بکثرت متوجہ کرنے سے قرانِ کریم کی اصل غایت کچھ اور تھی جسے بیان کرنے کے لئے یہ موقع غیر مناسب ہے، لیکن ہم انشاء اللہ جلد ہی وہاں پہنچنے والے ہیں ۔

اس بحث کو مکمّل کرنے سے پہلے ایک آخری بات کی طرف متوجہ کیا جاتا ہے ۔ اوپر پانچ آیاتِ کریمہ میں تخلیقِ حیات کا پہلا مرحلہ" ہم نے انسان کو مٹّی کے ست سے بنایا" سے کیا گیا ۔ قارئین

YAHUDIYAT, ISAIYAT OR ISLAM 769

دیکھ سکتے ہیں کہ یہاں وہ مٹی نہیں بیان ہوئی ہے جس سے حضرت آدمؑ تخلیق کئے گئے تھے ۔ حیاتیاتی اجسام میں جو کچھ بھی بنتا ہے وہ سب کا سب اپنی حقیقت میں زمینی مٹّی کی ہی تبدیل شدہ شکل ہے ۔انسانی جسم میں جو کچھ بھی بنتا ہے وہ اس خوراک سے ہی بنتا ہے جو اسے زندگی کی بقا کے لئے بار بار کھانی پڑتی ہے ۔ وہ خوراک چاہے نباتات ہوں ، گوشت ہو یا مشروبات ، وہ سب کے سب مٹّی ہی کی تبدیل شدہ شکل ہیں ۔ کسی پھل کا درخت تصوّر کرو جو زمین میں قائم ہے، وہ درخت اپنی حقیقت میں ایک مشین ہے جو مٹّی سے مادّہ کی کچھ مقدار لے کر ، اب تک کی سمجھ سے باہر کیمیائی عوامل کے ذریعے ، کارخانہ کی کسی مشین کی طرح، اس مادّہ کو کسی پھل میں یا پتوں میں بدل دیتی ہے جسے انسان یا جانور کھاتے ہیں ، تب ان سے ان کا جسم بنتا ہے ۔ ہمارا جسم ، یا کسی بھی انسانی آنکھوں سے دیکھے جانے والے جانداروں کا جسم، بھی خود اپنی جگہ ایک پیچیدہ ترین مشین ہے ۔ان اجسام کا اپنی تمام تر زندگی کے دوران جو کچھ بھی تعامل ہوتا ہے وہ ہوا، سورج کی روشنی اور مشروبات و خوراک پر ہی مبنی ہے ۔ جانداروں کے وزن میں اضافہ ہونے کا مطلب ہے مادّہ کی کچھ مقدار اس کے جسم میں بڑھ گئی ۔ یہ وزن سانس لینے سے نہیں بڑھتا ۔ سورج کی روشنی حاصل کرنے سے بھی نہیں بڑھتا ۔ سورج کی روشنی کے چھوٹے ترین ذرہ، یعنی فوٹان، میں مادّہ کی کوئی مقدار نہیں جو کسی جاندار کا، بشمول نباتات، وزن بڑھا سکے ۔روشنی کے ذرّات میں صرف انرجی ہے جو مادّہ کے مابین کیمیائی عوامل پیدا کرتی ہے ۔ اسی طرح ہوا بھی جانداروں کے اجسام میں صرف کیمیائی عوامل کی ذمّہ دار ہے ۔ لہٰذا جانداروں کے وزن میں اضافہ مشروبات و خوراک سے ہی ہوتا ہے ۔ وزن میں اضافہ کا مطلب یہ ہوا کہ اس کے جسم میں موجود ایٹموں کی تعداد بڑھ گئی ، لیکن عام حالات میں نہ تو نئے ایٹم پیدا کیے جا سکتے ہیں اور نہ ہی پہلے سے موجود ایٹموں کو تقسیم کر کے ان کی تعداد بڑھائی جا سکتی ہے ۔یہ نئے ایٹم ہر جاندار اس غذا اور مشروبات سے حاصل کرتا ہے جو وہ کھاتا اور پیتا ہے ۔ نباتات بظاہر زمین میں جڑ اور زمین سے باہر تنا، شاخیں اور پتوں پر مبنی بہت سادہ مشین نظر آتے ہیں لیکن جو پیچیدگیاں ان میں مخفی ہیں وہ طرح طرح کے رنگ اور خوشبو سے بھرپور پھل، اور پھول وغیرہ کی صورت میں انسان دیکھتا ہے ۔ مٹھی

بھر زمین کی مٹّی اٹھا دیکھو، سونگھ لو اور چکھ لو اور بتاؤ کہاں پر اس مٹّی نے وہ لیموں کی کھٹّاس، وہ مرچوں کی تیزی، لہسن اور ہلدی میں صحت بخشنے والے اجزاء، انار و انگور کا رس اور ان کی مٹھاس اپنے اندر چھپا رکھے ہیں ؟زمینی مٹّی کو انتہائی حیرت انگیز دوسری ساخت دے دینا ان سادہ مشینوں کے ذریعے کیا گیا ہے تب ہی انسان انہیں اپنے جسم میں پہنچا تا ہے تو کتنے کیمیائی عوامل کے بعد اُس کا جسم نطفہ بنا پاتا ہے ۔ اوپر درج دوسری آیت میں اللہ تعالیٰ فرماتے ہیں" ہم نے انسان کو مٹّی کے ست سے بنایا ' پھر اسے ایک محفوظ جگہ ٹپکی ہوئی بوند میں تبدیل کیا "۔ یعنی نطفہ بنانے کے لئے انسان مٹّی یا اس کا ست پھانک نہیں لیتا بلکہ انسانی جسم سے باہر وہ مٹّی پہلے اس حالت میں بدلی جاتی ہے جسے انسانی جسم قبول کر سکے اور خوراک کی حیثیت سے انسان اس مٹّی کے اجزاء اپنے جسم میں موجود مشینوں تک پہنچا سکے تاکہ اس کا جسم باقی ان گنت کاموں کے ساتھ ساتھ نطفہ بھی بنا سکے ۔ یہ معلومات ذہن میں رکھتے ہوئے ہم تخلیقِ حیات کے تین مراحل مٹّی، نطفہ اور مدغہ کی زیادہ واضح تصویر بنا سکتے اور حیران ہو سکتے ہیں ۔

اعجازِ قرآنی اور قدرتِ خداوندی کے وہ شاہکار جو دن و رات ہماری نظر کے سامنے ہیں اور دن و رات ہم انہیں برتتے ہیں، قارئین کو سرسری طور پر متوجہ کرنے کے بعد اب ہم اس اصل بحث کی طرف رجوع ہوتے ہیں جس کے لئے سورۃ علق کی پانچ ابتدائی آیات نقل کی گئی تھیں ۔ان آیات کے حوالے سے ہم ابتدا میں یہ کہنا چاہتے ہیں کہ اللہ تبارک و تعالیٰ نے رسولِ اکرمؐ کی حیاتِ طیبہ میں پہلی مرتبہ قرانِ کریم سے آپؐ کو متعارف کیا تو وہ ایک لکھی ہوئی تحریر تھی ۔ یہ بہت ہی خوبصورت تفصیلات ہیں جنہیں مولانا مودودیؒ نے سورہ کی تفسیر میں جمع کردیا ہے ۔ نبیِ کریمؐ فرماتے ہیں حضرت جبرائیلؑ نے آپؐ کو لکھی ہوئی عبارت دکھائی اور کہا 'پڑھو، آپؐ نے جواباً کہا میں نہیں پڑھ سکتا یا میں پڑھنا نہیں جانتا، اس پر فرشتہ نے آپؐ کو لپٹا کر بھینچ لیا اس حد تک کہ آپؐ کو سانس لینا مشکل ہوگیا ۔ فرشتہ نے آپؐ کو چھوڑ دیا اور پھر کہا پڑھو' آپؐ نے اپنا وہی جواب دہرایا تو فرشتہ نے دوبارہ آپؐ کو بھینچ لیا، یہاں تک کہ آپؐ کی سانس رکنے لگی ۔ یہ عمل تین مرتبہ دہرایا گیا اس کے بعد فرشتہ نے آپؐ کو مذکورہ پانچ آیات کی تعلیم دی ۔

فرشتہ کا رسول اللہ کو تین مرتبہ بھینچ لینا یقیناً تجسس آمیز ہے ۔ ہم نے بہت سوچا اس کی آخر کیا وجہ ہوسکتی ہے؟ خیال ہوتا ہے کہ فرشتہ نے آپؐ کو بھینچنے کے عمل سے غالباً یہ بتایا کہ انسانی پیدائش کے ابتدائی مراحل میں علقہ جیسی چمٹنے یا بھینچنے جیسی صورتحال قدرتِ الٰہی نے تخلیقِ حیات کے لئے مقدّر کر رکھی ہے ۔ اگر بالفرض ہمارا یہ خیال درست ہو تو غالباً تین مرتبہ یہ عمل بطن مادر میں دہرایا جاتا ہے پھر یہ بھی اغلب ہو سکتا ہے کہ بطن مادر ہی اس عمل کا ماخذ ہے تاکہ نطفہ کا خود کو پرورش کرنے کا اپنا عمل جاگ جائے یا چل پڑے ۔کیا معلوم انسان کو ایسے عوامل مزید گہرائی میں جاننے کی استعداد حاصل ہو تو اس نوعیت کی تفصیلات سامنے آ سکیں ۔ اب تک کی صورتحال تو یہ ہے کہ انسان تخلیقِ الٰہی کے مختلف الاقسام مظاہر کی جس قدر گہرائی میں پہنچ پاتا ہے اور سمجھتا ہے کہ علم کی گہرائی یہیں تک ہے ، اس کو بالآخر علم ہوجاتا ہے کہ اس کے آگے ایک اور سطح موجود ہے ۔ اس سطح کی دسترس حاصل ہوتی ہے تو ایک اور نئی سطح جلد یا بدیر عیاں ہو جا تی ہے ، اور یہ سلسلہ رکنے میں نہیں آ رہا ۔

سورۃ العلق کی مذکورہ آیات میں ربِّ کریم نے ، یا اللہ تعالٰی کے حکم سے حضرت جبرئیلؑ نے ، رسول اللہ کو لکھی ہوئی آیات پڑھنے کا کہا جبکہ اللہ تعالیٰ نے اپنی حکمت کے تحت ہی آپؐ کو پڑھنے لکھنے سے محروم رکھا تھا ۔ قرانِ کریم دوسرے کئی مواقع پر آپؐ کی اس محرومی کو آپؐ کی صداقت کے ثبوت کے طور پر سامنے لاتا ہے کہ وہ قدیم صحائف آسمانی میں پائے جانے والے گزشتہ انبیاء اور رسولوں کے واقعات سے واقف نہ تھے جو آپؐ کے لبوں سے اب پے درپے ادا ہو رہے ہیں ۔ قارئین نوٹ کر سکتے ہیں کہ ان آیاتِ کریمہ میں دونوں ہی باتوں، یعنی کسی لکھی ہوئی تحریر کو پڑھنے کا اور اس کے بعد کوئی لکھی جانے کے لائق بات کو لکھنے کے لئے قلم کا ذکر کر دیا گیا ۔ پس یہ کوئی باعثِ تعجب بات ہے کہ رسول اللہ نے ابتدا سے قرانِ کریم کو تحریری شکل دینا شروع کر دی ؟دوسری غور طلب بات یہ ہے کہ قرانِ کریم طویل و مختصر سورتوں پر مشتمل ہے ۔ بیشتر مرتبہ مخصوص حالات یا مواقع پر متعلقہ چند آیات کوئی مخصوص تعلیم یا احکامات کے نزول کے لئے اللہ تعالیٰ کی طرف سے ارسال کی جاتی تھیں جنہیں مخصوص سورتوں میں رسول اللہ کی بتائی ہوئی

ہدایات کے مطابق کہ کن آیات سے پہلے یا کن آیات کے بعد انہیں جوڑا جائے، جوڑ دیا جاتا تھا ۔ یہ کام بآسانی صرف اسی صورت میں کیا جاسکتا تھا جب کہ قرآن کو تحریری شکل میں جمع کیا جا رہا ہو ۔ قرانِ کریم اپنی ہیئت میں اس حد تک اثر انگیز تھا کہ رسول اللہ کے ، عربی زبان بولنے اور سمجھنے والے، ہم قوم میں سے نیک طینت افراد کے دماغ مسخر کرتا رہا تھا ۔ کفّار مکہ کو قرآن کی اس طاقت سے کوئی پناہ نہ ملتی تھی تو بالآخر یہ راستہ نکالنے پر مجبور ہوتے تھے کہ لوگوں کو اسے سننے ہی نہ دیں یہ کہہ کر کہ یہ رسول اللہ کا کوئی جادوئی کلام ہے جس کے ذریعے وہ لوگوں پر جادو کر دیتے ہیں ، اور اس جادو کے اثر سے انسان اپنے ماں باپ یا گھر والوں سے اپنا تعلق منقطع کئے دے رہا ہے ، لہٰذا اس کلام کی آواز تمہارے کانوں تک نہ پہنچنے پائے ۔ کفّار مکہ کا نادانستگی میں کہا گیا یہ قول اپنی جگہ سچّا تھا ۔رسول اللہ کے اصحاب کے دلوں میں قرانِ کریم سے ایسی محبت پیدا ہوئی کہ رسول اللہ کی تقلید میں خود انہوں نے بھی قرانِ کریم کو اپنی یادداشتوں میں محفوظ کرنا شروع کر دیا ۔

رسول اللہ کی وفات کے بعد حضرت ابوبکرؓ کے دورِ خلافت میں مسیلمہ کذّاب کے ارتداد اور بغاوت کے خلاف جنگ میں بڑی تعداد میں وہ اصحابِ رسول اللہ شہید ہو گئے جو حافظ قرآن تھے تو قرآن کی محافظت کے لئے مشورہ کے بعد فیصلہ ہوا کہ رسول اللہ کے ایک خصوصی کاتب حضرت زید بن ثابتؓ کے زیرِ نگرانی تحریر شدہ قرآن جمع کر لیا جائے ۔ حضرت ابوبکرؓ کا یہ فیصلہ آنے والے وقتوں میں آپ کی اہم ترین خدمات میں سے ایک ثابت ہوا ۔ قرانِ کریم کا یہ نسخہ مرتب ہونے کے بعد حضرت ابوبکرؓ کے زیرِ حفاظت رکھا گیا ۔ حضرت ابوبکرؓ کی وفات کے بعد یہ حضرت عمرؓ کے دورِ خلافت میں ان کے پاس محفوظ رہا ۔ حضرت عمرؓ کی وفات کے موقع پر اسے آپ کی صاحبزادی ام المونین حضرت حفصہؓ کے حوالے کر دیا گیا ۔ حضرت عمرؓ کی خلافت کے دوران کثیر فتوحات کے نتیجے میں بہت بڑا زمینی خطہ اُمت مسلمہ کے ماتحت آچکا تھا ۔ حضرت عمرؓ کے بعد حضرت عثمانؓ کے عہد میں آذربائیجان اور آرمینیا جیسے دور کے علاقوں اور غیر عربی زبان و تلفظ کے افتراق کی وجہ سے تلاوتِ قرآن کے بارے میں مسائل پیدا ہونے کے خدشات لاحق ہوئے تو مدینہ منورہ کے عمائدین سے مشورہ کے بعد قبیلہ قریش کے تلفظ میں وہ

قرآن تمام مملکت میں رائج کیا گیا اور حضرت حفصہؓ کے پاس محفوظ قرآن کی ایک ایک جلد مملکت کے ہر گورنر کو ارسال کر دی گئی ۔ قارئین دیکھ سکتے ہیں کہ اللہ تعالیٰ کی طرف سے نماز اور نماز کے علاوہ بھی تلاوتِ قرآن کی غیر عربی زبان میں یا غیر مانوس لہجے اور تلفظ میں تلاوت کی اجازت کیوں نہیں دی گئی ۔

اوپر بیان کردہ تمام تفصیلات کا خلاصہ یہ ہے کہ جو قرآن اب تقریباً پندرہ صدی بعد دنیا کے ہر خطے میں دستیاب ہے یہ وہی قرآن مکمّل طور پر انہی الفاظِ الٰہی پر مشتمل ہے جو رسول اللہ کے تئیس سالہ دورِ رسالت کے دوران اُمت کے حوالے ہوا اور اِس پر آج بھی اللہ تعالٰی کی اسی دلیل کا اطلاق ہوتا ہے کہ اگر اس میں کہیں، سہواً یا قصداً، انسانی مداخلت ہوتی تو غلط بیانی کا نشان مل جاتا ۔ لہٰذا غور کیا جائے تو یہ انتہائی عجیب اور حیرت انگیز بات ہے کہ مسلمان بھی یہودیوں اور عیسائیوں کی طرح فرقہ بندیوں کا شکار ہیں ۔ رسول اللہ کی وفات کو زیادہ عرصہ نہ گزرا کہ مسلمانوں میں اختلافات کا ظہور ہونا شروع ہوا جس کی ابتدا سیاسی معاملات سے ہوئی پھر وہ درجہ بدرجہ نظریاتی، رنگ و نسل اور زبان کی بنیادوں پر گروہ بندیوں کا شکار ہوتی چلی گئی ۔ اس تنہا فتنہ کے جو نتائج نکلنے تھے بعد کی تمام تاریخ میں درجہ بہ درجہ وہی نتائج نکلتے چلے گئے۔

اسی تنہا فتنہ کے نتائج آج تک مسلمان اپنی ذلّت آمیز اجتماعی زندگیوں میں مشاہدہ کرنے اور انگیز کرنے پر مجبور رہے، لیکن اب ہمارے وقتوں میں مفہومِ قرآنی کے معاملے میں آزاد خیالی اور سہل انگیزی نے نئی ساخت لینی شروع کی ہے ۔ ذیل میں غامدی صاحب کی کتاب المیزان کا ایک اور جرات مندانہ اقتباس نقل ہے جس میں دو قرآنی سورتوں کی چند آیات اور ان کی تشریح شامل ہے ۔

> عنقریب (اسے) ہم (پورا) تمہیں پڑھا دیں گے تو تم نہیں بھولو گے، مگر وہی جو اللہ چاہے گا ۔ وہ بے شک، جانتا ہے اُسے بھی جو اِس وقت (تمہارے) سامنے ہے اور اُسے بھی جو (تم سے) چھپا ہوا ہے ۔(87-الاعلیٰ:6)

> اِس (قرآن) کو جلد پا لینے کے لئے اے پیغمبر)، اپنی زبان کو اس پر جلدی نہ چلاؤ۔ اِس کو جمع کردینا اور سنانا، یہ سب ہماری ذمہ داری ہے ۔ اِس لئے جب ہم اِس کو پڑھ چکیں تو (ہماری) اُس قراءت کی پیروی کرو ۔ پھر

ہمارے ہی ذمہ ہے کہ (تمہارے لئے اگر کہیں ضرورت ہو تو) اس کی وضاحت کر دیں -75-القیامہ:16)

ان آیتوں میں قرآن کے نزول اور اُس کی ترتیب و تدوین سے متعلق اللہ تعالیٰ کی جو اسکیم بیان ہوئی ہے، وہ یہ ہے:

اولاً ، نبی صل اللہ علیہ وسلم کو بتایا گیا ہے کہ حالات کے لحاظ سے تھوڑا تھوڑا کر کے یہ قرآن جس طرح آپ کو دیا جا رہا ہے، اس کے دینے کے صحیح طریقہ یہی ہے۔ لیکن اس سے آپ کو اس کی حفاظت اور جمع و ترتیب کے بارے میں کوئی تردد نہیں ہونا چاہئے . **اس کی جو قراءت اس کے زمانۂ نزول میں اس وقت کی جا رہی ہے، اس کے بعد اس کی ایک دوسری قراءت ہو گی . اُس موقع پر اللہ تعالیٰ اپنی حکمت کے تحت اِس میں سے کوئی چیز اگر ختم کرنا چاہیں گے تو اُسے ختم کرنے کے بعد یہ آپ کو اس طرح پڑھا دیں گے کہ اس میں کسی سہو و نسیان کا کوئی امکان باقی نہ رہے گا اور اپنی آخری صورت میں یہ بالکل محفوظ آپ کے حوالے کر دیا جائے گا .**

ثانیاً ، آپ کو بتایا گیا ہے کہ یہ دوسری قراءت قرآن کو جمع کر کے ایک کتاب کی صورت میں مرتب کر دینے کے بعد کی جائے گی اور اس کے ساتھ ہی آپ اس بات کے پابند ہو جائیں گے کہ آئندہ اس قراءت کی پیروی کریں . اس کے بعد اس سے پہلے کی قراءت کے مطابق اس کو پڑھنا آپ کے لئے جائز نہ ہو گا .

ثلاثاً، یہ بتایا گیا ہے کہ قرآن سے متعلق اگر شرح و وضاحت کی ضرورت ہو گی تو وہ بھی اس موقع پر کر دی جائے گی اور اس طرح یہ کتاب خود اس کے نازل کرنے والے ہی کی طرف سے جمع و ترتیب اور تفہیم و تبیین کے بعد ہر لحاظ سے مکمّل ہو جائے گی .

قرآن کی یہی آخری قراءت ہے جسے اصطلاح میں "عرضۂ اخیرہ" کی قراءت کہا جاتا ہے . روایتوں سے معلوم ہوتا ہے کہ جبرائیل امین ہر سال جتنا قرآن نازل ہو جاتا تھا، رمضان کے مہینے میں اسے نبی صل اللہ علیہ وسلم کو پڑھ کر سناتے تھے . آپ کی زندگی کے آخری سال میں، جب یہ عرضۂ اخیرہ کی قراءت ہوئی تو انہوں نے اُسے دو مرتبہ حضرت صل اللہ علیہ وسلم کو پڑھ کر سنایا .(المیزان:صفحہ 28)

موصوف نے دو سورتوں کی جن منتخب آیات کی تشریح کے ذریعے جو منفرد مفہوم کشید کرنے کی کوشش کی وہ خود ساختہ ہے اور قرآنِ کریم پر صریح بہتان ہے . تحریر کا تمام سراسر ناجائز حصّہ ہم نے گہری روشنائی سے نمایاں کر دیا ہے . قارئین چاہیں تو اسے

دوبارہ پڑھ لیں اور اس کے بعد وہ آیات پڑھیں کہ ان میں کہاں وہ مفہوم پوشیدہ ہے جس کو نچوڑ لانے کی کوشش موصوف نے فرمائی ہے ۔ پہلی آیت کی ابتدا میں لفظ "عنقریب" اصل قرآنی آیت میں موجود نہیں تھا لیکن موصوف نے اپنی طرف سے اضافہ کیا تاکہ پنے تجویز کردہ مفہوم کی قبولیت میں آسانی پیدا ہو سکے ۔ الحمد للہ، یہ کتاب اللہ کی حفاظت میں ہے ۔ مخلوق میں اتنی طاقت کہاں کہ خلق سے سرکشی کرے اور کامیاب رہے ۔

غامدی صاحب کا انکشاف یہ ہے کہ114 مختصر و طویل سورتوں پر مشتمل قرآنی آیات تئیس سال کے دوران جستہ جستہ نازل ہوئیں وہ کسی نامعلوم قراءت کے ساتھ یوں ہی پڑی رہتی تھیں جنہیں ایک نئی ترتیب اور نئی قراءت کے ساتھ آخری رمضان میں رسول اللہ کو اس کی تعلیم دی گئی اور اس وقت آیات کی ضروری شرح بتائی گئی جو اس سے قبل رسول اللہ کے علم میں نہ تھی ۔ اُس موقع پر قرآن میں سے وہ آیات بھی نکال دی گئیں جن کی رسول اللہ اور آپ کی اُمت کو ضرورت باقی نہ رہی تھی ۔

یہ سب پڑھ لینے کے بعد جو بات زیادہ اعتماد سے کہی جا سکتی ہے وہ یہ کہ غامدی صاحب نے غالباً یہ سب اس لئے لکھا ہے کہ اُمت کا ردعمل دیکھا جا سکے اور اس کے بعد طے کیا جائے کہ آگے کیا قدم اٹھانا مناسب ہو گا ۔یقینی بات ہے کہ کوئی نہ کوئی مقصد ہے جس کی کوشش جاری ہے ۔کتاب المیزان کے اس اقتباس کے آگے بھی بہت کچھ پڑا ہے جس کے تذکرہ کی ہمیں رغبت محسوس نہیں ہوتی ۔ہم یہاں قرآنِ کریم کی ایک آیت دوبارہ نقل کرتے ہیں جو ہم اوپر پیش کر چکے ہیں :

> اور اب یہ ذکر (اے نبی) تم پر نازل کیا ہے تاکہ تم لوگوں کے سامنے اس تعلیم کی تشریح و توضیح کرتے جاؤ جو ان کے لئے اتاری گئی ہے ۔(النّحل:44)

رسول اللہ نزولِ قرآن کے ساتھ اس کی تعلیم کی تشریح و توضیح بھی اللہ کے حکم سے کرتے چلے آرہے تھے ۔یہ تمام علم غیر موثر اور نامعلوم قراءت کی حالت میں نہیں بلکہ رسول اللہ کے ساتھ ساتھ آپ کے رفقاء کے ہاتھوں میں بھی منتقل ہوتا چلا جاتا تھا ۔ سورہ القلم میں ارشاد ہے:

ن۔ قسم ہے قلم کی اور اُس چیز کی جسے لکھنے والے لکھ رہے ہیں، تم اپنے رب کے فضل سے مجنون نہیں ہو ۔ اور یقیناً تمہارے لئے ایسا اجر ہے جس کا سلسلہ کبھی ختم ہونے والا نہیں ۔اور بے شک تم اخلاق کے بڑے مرتبے پر ہو ۔(68۔القلم:1)

اس سورہ کا نام ہی قلم ہے اور یہ مکّہ کے ابتدائی دور میں نازل ہوئی تھی ۔ یہاں قلم سے مراد وہ قلم ہے جس سے یہ ذکر یعنی قرآن لکھا جا رہا ہے ۔ اس سے خود بخود یہ نتیجہ نکلتا ہے کہ وہ چیز جو لکھی جا رہی تھی اس سے مراد قرآن مجید ہے ۔ مولانا مودودیؒ تفسیر میں لکھتے ہیں: "آیات کا مطلب یہ ہے کہ قرآن جو کاتبین وحی کے ہاتھوں سے ثبت ہو رہا ہے ، بجائے خود کفّار کے اس بہتان کی تردید کے لئے کافی ہے کہ معاذاللہ رسول اللہ مجنون ہیں"۔ قرآن مجید کی ابتدائی آیات یعنی سورہ علق میں اللہ تعالیٰ رسول اللہ کو پہلی بتائی گئی باتوں میں ہی قلم کی اہمیت کی طرف آپؐ کو متوجہ کر چکے تھے ۔ قرآنِ کریم کی حفاظت سے متعلق جو تاریخی تفصیلات اور حکمتیں ہیں، وہ ہم بیان کر چکے ہیں ۔ قرآنِ کریم کے متن کی جانچ پڑتال اور تصدیق کے لئے تاریخی تفصیل جاننے کی ہمیں ضرورت نہیں بلکہ قرآنِ کریم کی صداقت کا امتحان اس کے متن ہی میں موجود ہے اور وہ یہ ہے کہ اس میں غلط بیانی و اختلاف بیانی تلاش کرنا ممکن نہیں ہے ۔ تاریخی تفصیلات جاننے سے ہمیں یہ پتہ چلتا ہے کہ اللہ تعالیٰ نے قرآن کی حفاظت کے لئے کیا طریقہ استعمال کیا ۔

باب 6

دینِ اسلام

گزشتہ ابواب میں ہم نے اسلام بحیثیتِ دین سے متعلق بعض ایسے مفکرین کے نقطہ ہائے نظر پیش کئے جو ہندوستان و پاکستان کی اکثریت کی نظر میں معتبر سمجھے جاتے ہیں ۔ ان میں سے ایک شخصیت مولانا مودودیؒ تھے جن کی جملہ تحریری اور عملی زندگی کا خلاصہ یہ تھا کہ زمین کے جس خطہ پر مسلمان اکثریت میں ہوں اس خطہ پر خدا کی حاکمیت تسلیم کرنا مسلمانوں کے ایمان کا حصّہ ہے لہٰذا اگر خدا کی حاکمیت قائم نہیں تو اس مقصد کو حاصل کر لینا مسلمانوں کی اجتماعیت کا اوّلین ہدف ہونا چاہئے ۔اپنی عملی زندگی کے ابتدا میں اپنی تحریروں کے ذریعے قرآن و سنّت کی بنیاد پر اس مقصد کی عقلی توضیح پیش کرنے کے بعد جماعتِ اسلامی کے نام سے ایک تحریک کی بنیاد رکھی اور تحریک کے سربراہ کی حیثیت سے اس مشن کی رہنمائی کی۔ لیکن تقریباً پچیس سال کوشش کے باوجود جس شکل میں پاکستان کا نظمِ اجتماعی ہونا چاہئے تھا اس کا مشاہدہ اپنی زندگی میں نہ کر سکے ۔ایک شخصیت مولانا وحید الدین خاں کی تھی جن کا مولانا مودودیؒ کے دینِ اسلام سے متعلق نظریات میں بنیادی اختلاف اسی نقطۂ نظر سے تھا کہ کسی ملک کا دستور قرآن و سنّت پر ہونے کی کوشش مسلمان فرد پر نہیں بلکہ فرد کا اصل مقصد آخرت کی کامیابی ہے اور یہ کامیابی صرف انہیں حاصل ہو سکے گی جو اپنی زندگی میں اللہ تعالیٰ کی عبادات کے ذریعے اس کا قرب حاصل کر چکے ہوں ۔اس قرب کی جو کیفیات انسان پر طاری ہونا چاہئیں انہیں ہم بخوبی بیان کر چکے ہیں ۔محبت کے شدید جذبات کے تحت اللہ تعالیٰ کی طرف لپکنا وغیرہ میں اصل غور طلب بات یہ ہے کہ محبت یا نفرت انسان کی اختیاری کیفیات نہیں جن کو ہدف مان کر انسان اس کے حصول کی کوشش کرے بلکہ یہ تو بے اختیار پیدا ہونے والے احساسات ہیں جو ازخود کسی کے دل میں کسی کے لئے پیدا ہو تے ہیں اور خود بخود ہی غائب بھی ہو سکتے ہیں ۔بہرحال چونکہ

یہ ایک منفرد نظریہ پیش کرنے والی کافی مشہور شخصیت ہیں لہٰذا اپنے تجزیہ میں ہم نے انہیں شامل کیا ۔ایک اور شخصیت ڈاکٹر اسرار احمد کی تھی جنہوں نے دینِ اسلام کے چار لوازم سورہ العصر کی تفسیر میں بیان کئے جنہیں پورا کئے بغیر آخرت میں انسان کی نجات کا کوئی امکان نہیں ۔آپ کی تشریح کے مطابق مسلمانوں کی تقریباً جملہ اکثریت صرف پہلی یعنی اللہ پر ایمان کی شرط پورا کرنے کا ثبوت رکھتی ہے اس لئے کہ وہ موروثی مسلمان ہے محض اس وجہ سے کہ وہ ایک مسلمان گھرانے میں پیدا ہو گئی جس میں اس کے اپنے ارادہ کا کوئی دخل نہ تھا ۔ علاوہ ازیں نوعِ انسانی میں مرد و عورت دونوں ہی مساوی استحقاق کی حامل اصناف ہیں لیکن انجامِ آخرت کے حوالے سے عورتوں پر سورہ العصر کی چار شرائط کے اطلاق کی وضاحت کو آپ کی کتاب "منتخب نصاب" میں موضوعِ بحث نہیں بنایا گیا ۔ایک شخصیت جاوید احمد غامدی کی ہے جنہوں نے دینِ اسلام کی تفصیلات میں ایمانیات، نماز ، روزہ، زکوٰۃ، حج ، تعدد ازواج، طلاق، پاکیزگی وغیرہ جیسے تمام ہی انفرادی معاملات قرآن و حدیث کے شواہد کے ساتھ اپنی کتاب "المیزان" میں تفصیلاً بیان کر دیئے جن کو دنیا کے کسی بھی ملک میں پایا جانے والا مسلمان اگر چاہے تو بحسن و خوبی اپنا سکتا ہے لیکن ان تفصیلات کے مطابق حکومتی نظام کو خدا کے احکامات کے زیرِ اثر رہنے کی ذمّہ داری عام مسلمان پر عائد نہیں ہوتی ۔ آپ کے نقطۂ نظر کے مطابق مسلمانوں کے کسی ملک میں افراد پر مشتمل کوئی گروہ حکومتی نظام کے کسی عنصر سے اختلاف کی بنا پر عملی اقدامات صرف ایک صورت میں کر سکتا ہے جبکہ اکثریت اس گروہ کی حمایت میں ہو ۔ اگر ایسا نہیں تو وہ گروہ بغاوت کے جرم میں حکومت کی جانب سے واجب القتل تک قرار دیا جا سکتا ہے ۔ ہماری فہرست میں ایک اور شخصیت مولانا امین احسن اصلاحی کی تھی ۔ ہمارے پاس فی الوقت موصوف کی ضخیم تفسیر "تدبّر قرآن" دستیاب ہے جس میں دینِ اسلام کی کوئی خصوصی تشریح موجود نہیں لیکن آپ کو فہرست میں شامل رکھنے کی وجہ یہ کہ آپ جماعتِ اسلامی کے بانی ممبران میں سے ایک تھے پھر طویل عرصہ بعد نظریاتی بنیاد پر جماعت سے علیحدگی اختیار کی ۔ اس سلسلہ کی آخری بات یہ کہ ہماری فہرست میں مولانا حمید الدین فراہی کا بھی مفسر قرآن کی حیثیت سے نام شامل تھا اگرچہ جماعتِ اسلامی کی

تاسیس سے قبل ہی آپ وفات پا چکے تھے ۔آپ کو بحث میں شامل کرنے کی ایک ہی وجہ تھی کہ قرآنی آیات کے تراجم میں عصرِ حاضر کے مفکرین کی تحاریر میں عدم یکسانیت کے جو نشانات ملتے ہیں اس مسئلہ کو زیرِ بحث لایا جا سکے، جیسا کہ سورہ فیل کی تفسیر میں ہم دیکھ چکے ہیں ۔

دینِ اسلام کی تشریح میں زیرِ بحث افتراق محض جزوی افتراق نہیں بلکہ بنیادی اختلافات کے زمرے میں آتے ہیں۔ انسان ان متفرق تشریحات میں سے کسی ایک تشریح کو ہی اپنی زندگی میں اپنا سکتا ہے، لہٰذا ایک مفسر کی تشریح رد کرنا اور کسی دوسرے مفسر کی تشریح قبول کرنے میں ہم کسی شخصیت کو رد یا قبول کرنے کے مرتکب نہیں بلکہ تصورِ قرآنی میں کسی ایک تصور کو قبول اور دوسرے تصورات قبول نہ کرنے کی ذمّہ داری اپنے سر لیتے ہیں ۔ ہم یہ خطرہ اٹھا نہیں سکتے کہ کسی ایک تشریح کو بلا تحقیق اپنا لیں اور روزِ آخرت خود کو حیرت زدہ اور مایوس پائیں کہ جو تشریح ہم کسی تشریح کنندہ کے بھروسہ پر قبول کئے بیٹھے تھے وہ دینِ اسلام کی حقیقی شرح نہیں تھی ۔ہم اسی لئے بہر موقع یہ واضح کرنے کی کوشش کرتے رہے کہ اگر چہ مفسرین اپنے طور پر اپنا نقطۂ نظر قران و سنّت کی حدود میں رہتے ہوئے پیش کرتے ہیں لیکن وہاں مسئلہ قرآنی آیات کا نہیں بلکہ بعض معتبر شخصیات آیات کے ترجمے میں اپنے مفاہیم کی تائید کی خاطر تبدیلیاں کر لیتے ہیں یا وہ مفاہیم اخذ کرتے ہیں جنہیں در حقیقت مجموعی طور پر قرآن سے ثابت کرنا مشکل ہے ۔ قرآنی تراجم میں عدم یکسانیت کی بعض مثالیں ان شخصیات سے متعلق بحث میں بیان کی جا چکی ہیں ۔ اسی مسئلے کی مزید وضاحت کے لئے موضوع پر اضافی بحث کی ابتدا قرآنِ کریم کی ایک آیت سے کرتے ہیں ۔

> اے لوگو جو ایمان لائے ہو ' اگر کوئی فاسق تمہارے پاس کوئی خبر لے کر آئے تو تحقیق کر لیا کرو ' کہیں ایسا نہ ہو کہ تم کسی گروہ کو نادانستہ نقصان پہنچا بیٹھو اور پھر اپنے کئے پر پشیمان ہو ۔ خوب جان رکھو کہ کہ تمہارے درمیان اللہ کا رسول ہے ۔ اگر وہ بہت سے معاملات میں تمہاری بات مان لیا کرے تو تم خود ہی مشکلات میں مبتلا ہو جاؤ ۔(49-الحُجُرات:6)

قرآنِ کریم کی سورہ الحجرات میں یہ اپنی نوعیت کی تنہا آیت ہے جس میں مومنین کو ہدایت کی گئی کہ انہیں پہنچنے والی اہم خبروں پر فوری فیصلہ سے پہلے خبر کی صداقت پرکھ لیا کریں تاکہ نادانستہ کسی بڑی غلطی کا ارتکاب نہ کر بیٹھیں ۔اس آیت کے پس منظر میں ہمارے موضوع کے لئے بہت اہم نکتہ پوشیدہ ہے : لہٰذا اس آیت کی تشریح کی تفصیلات کا بیان ناگزیر ہے ۔

یہ سورہ فتح مکّہ کے بعد رسول اللہ کی نبوّت کے آخری زمانے میں نازل ہوئی ۔نقل کردہ آیت کے متعلق جو واقعہ روایات میں بیان ہوا ہے وہ یہ کہ قبیلہ بنی المصطلق جب مسلمان ہو گیا تو رسول اللہ نے اپنے ایک صحابی کو بھیجا کہ ان لوگوں سے زکوٰۃ وصول کر لائیں ۔ یہ اُن کے علاقے میں پہنچے تو کسی وجہ سے ڈر گئے اور اہلِ قبیلہ سے ملے بغیر مدینہ واپس آکر رسول اللہ سے شکایت کر دی کہ انہوں نے زکوٰۃ دینے سے انکار کر دیا ہے اور وہ مجھے قتل کرنا چاہتے تھے ۔ حضور یہ سن کر سخت ناراض ہوئے ۔ بعض شریکِ مجلس نے اصرار کیا کہ قبیلہ کی سرکوبی کے لئے فوج کا ایک دستہ فوری روانہ کیا جائے ۔ ابھی فوج روانہ نہیں ہوئی تھی کہ بنی المصطلق کے سردار حارث بن ضرار (ام المومنین حضرت جویریہ کے والد) اس دوران میں خود ایک وفد لے کر مدینہ پہنچ گئے اور عرض کی: 'خدا کی قسم ہم نے تو قاصد کو دیکھا تک نہیں کجا کہ زکوٰۃ دینے سے انکار اور اُن کے قتل کا کوئی سوال پیدا ہو، ہم ایمان پر قائم ہیں اور ادائے زکوٰۃ سے ہمیں ہرگز انکار نہیں ہے"۔ اُس موقع پر یہ آیت خصوصاً چند ان مسلمانوں اور بعد کے ان جیسے مسلمانوں کو تنبیہ کی غرض سے نازل ہوئی ۔ مکمّل آیت واضح ہے کہ رسول اللہ فوری عسکری اقدام کرنے کے حق میں نہیں تھے ، جبکہ بعض کا اصرار تھا فوری چڑھائی کر دی جائے ۔اس پر اُن لوگوں کو تنبیہ کی گئی کہ تمھارا یہ چاہنا کہ اہم معاملات میں جو رائے تمہیں مناسب نظر آتی ہے اُسی پر عمل کر دیا جائے، سخت بے جا جسارت ہے جس کا خمیازہ سب کو بھگتنا پڑ سکتا ہے ۔اس آیت میں دو اشارات ہیں جن پر توجہ ضروری ہے ۔

پہلا اشارہ یہ کہ اگر چہ قرآنِ کریم میں متعدد مقامات پر اللہ تعالیٰ نے مسلمانوں کو نماز قائم کرنے اور زکوٰۃ دینے کا حکم دیا ہے لیکن اس آیت کے پس منظر سے جو بات سامنے آتی ہے وہ یہ کہ کسی مسلمان قبیلہ سے متعلق علم میں آ رہا تھا کہ وہ حکومت کو زکوٰۃ ادا

کرنے کے منکر ہیں ۔ آیت کے مفہوم کی رو سے بالفرض اس انکار کی تصدیق ہو جاتی تو منکرِ زکوٰۃ مسلمان قبیلہ کے خلاف مسلح کوشش ہو سکتی تھی اور اگر نوبت لڑائی تک پہنچ جاتی تو دونوں طرف سے جانی نقصان پہنچنا بھی لازمی تھا ۔اگر حکومت کو زکوٰۃ ادا کرنے سے انکار پر بعض لوگوں کا تلوار اٹھانے پر اصرار کی اسلامی تعلیمات میں جگہ نہ ہوتی تو اللہ تعالٰی کی طرف سے اس خیال کا غیر اسلامی ہونا اس آیت کے تسلسل میں بیان کر دیا جاتا ۔ اس سورہ مبارکہ میں ایسا کوئی بیان موجود نہیں ۔ دوسرے صورت یہ بھی برابر سے ممکن تھی کہ رسول اللہ اسی مجلس میں مُسلّح کارروائی کے خیال کا غیر اسلامی ہونا تمام ہی مومنین کو واضح کر دیتے ۔یہ اہم ترین سوال ہے کہ قرآنِ کریم میں زکوٰۃ ادا کرنے سے مراد اپنے طور پر کسی مستحق کو ادا کی جائے یا اسے حکومتِ وقت تک پہنچانے کا مطالبہ ہے؟

دوسرا اشارہ یہ کہ رسول اللہ مومنین کے لئے اللہ کے آخری رسول کے ساتھ ہی مومنین کے امیر بھی تھے ۔ لوگ اس حد تک استحقاق اور ذمّہ داری میں حق بجانب تھے کہ کسی مسئلے پر اپنی آراء اپنے امیر کے سامنے پیش کرتے لیکن اپنی رائے پر اصرار کرنا ان کے لئے درست نہیں اور نہ ہی اسے قبول یا گوارا کرنا مناسب ہونا چاہئے بلکہ افہام و تفہیم سے معاملات درست ہونے چاہئیں ۔امیر کے مقابلے میں اپنی رائے پر بضد ہونا غلط اس وجہ سے ہے کہ لوگوں کا امیر امکانی طور پر اور اکثر رائے شماری سے وہ مقرر ہو سکتا ہے جو اس گروہ کے دوسرے افراد کے مقابلے میں زیادہ سمجھدار اور دور اندیش ہو ۔وہ افراد جو اپنی رائے کی قبولیت پر بضد ہیں اگر واقعتاً زیادہ دور اندیش یا سمجھ دار ہوتے تو ان کو تو پہلے سے ہی امیر ہونے کا مقام حاصل رہنا چاہئے تھا ۔اگرچہ رسول اللہ کی اطاعت سے انحراف کی کوئی معمولی سی گنجائش اللہ تعالیٰ نے مومنین کو نہیں دی لیکن اطاعتِ امیر اور اجتماعیت کے اصول و ضوابط قرآنی تعلیمات اور رسول اللہ کی تعلیمات کا حصّہ ہیں اس لئے دونوں ذرائع میں واضح ہدایات اُمت کو میسر ہیں ۔

اور دین کے کام میں ان کو بھی شریکِ مشورہ رکھو ' پھر جب تمہارا عزم کسی رائے پر مستحکم ہو جائے تو اللہ پر بھروسہ رکھو(3- آلِ عمران:159)

اے لوگو جو ایمان لائے ہو ' اطاعت کرو اللہ کی اور اطاعت کرو رسول کی اور ان لوگوں کی جو تم میں سے صاحبِ امر ہوں ' پھر اگر تمہارے درمیان کسی معاملہ میں نزاع ہو جائے تو اُسے اللہ اور رسول کی طرف پھیر دو، اگر تم واقعی اللہ اور روزِ آخر پر ایمان رکھتے ہو ۔ یہی ایک صحیح طریقِ کار ہے اور انجام کے اعتبار سے بھی بہتر ہے ۔(4-النّسآء:59)

یہ آیات اپنے مفہوم میں واضح ہیں ۔ سورہ النّسآء کی ان آیات میں تو کمال درجہ کی ہدایات ہیں ۔یہاں اللہ تعالیٰ نے یہ نہیں فرمایا کہ یہ صحیح طریقہ کاروں میں سے ایک ہے بلکہ ارشاد ہوا کہ صحیح طریقِ کار یہی ایک ہے ۔حقیقت یہ ہے کہ رسول اللہ کے بعد خلافت راشدہ ملوکیت سے بدلی گئی تو اس کام کی جڑ میں اسی ہدایت الٰہی سے روگردانی کار فرما تھی ۔انہی ہدایات کی مزید تشریح رسول اللہ کی متعدد احادیث میں بیان ہیں جو یہاں نقل نہیں کی جا رہیں ۔

اب تک کی تحریر میں قارئین کے سامنے بلترتیب دو اشارات یعنی زکوٰۃ حکومتِ وقت کو دی جائے یا اپنے طور پر مستحقین تک پہنچا دی جائے ؟ اور اطاعتِ امیر کے مقابلے میں اپنی کسی رائے پر اصرار کرنا نمایاں کئے گئے ۔یہ اشارات چونکہ دینِ اسلام اور مذکورہ مفسرین کے نقطہ ہائے نظر کی وضاحت کے ضمن میں نمایاں کئے گئے ہیں اس لئے مزید قریب سے انہیں دیکھنا ضروری ہے ۔

قرآنِ کریم اور رسولِ اللہ کے متعدد ارشادات سے واضح ہوتا ہے کہ آپؐ تمام انسانوں کے لئے رہنما مبعوث کئے گئے لیکن اپنی دنیوی حیات کے دوران آپؐ کو جزیرۃالعرب کی جغرافیائی سرحدوں کی حد تک اللہ تعالیٰ کی ہدایات کے عملی اطلاق کا مظاہرہ کرنا تھا ۔ اس بات کو قرآنِ کریم ذیل کی آیات سے واضح کرتا ہے:

اور کہہ دو کہ میں اس (تبلیغ و ہدایت کے) کام پر تم سے کسی اجر کا طالب نہیں ہوں ' یہ تو ایک عام نصیحت ہے تمام دنیا والوں کے لئے . . . یہ ایک کتاب ہے جسے ہم نے نازل کیا ہے ۔ بڑی خیر و برکت والی ہے ۔ اس کی تصدیق کرتی ہے جو پہلے آئی تھی ۔ اور لئے نازل کی گئی ہے کہ اس کے ذریعہ سے تم بستیوں کے اس مرکز (یعنی مکّہ) اور اس کے اطراف میں رہنے والوں کو متنبہ کرو۔(6-الانعام:90)

فتح مکّہ کے بعد جزیرۃالعرب میں مقیم تمام عرب قبائل میں دعوتِ اسلامی کی کامیابی آپؐ کی رسالت کا آخری سنگ میل تھا ۔ اسے عبور

کرنے کے لئے تائید الٰہی کی صورت میں رسول اللہ کی نبوّت کے تقریباً آخری سال 9 ہجری میں حج کے موقع پر مدینہ منورہ میں سورہ التوبہ آپؐ پر نازل ہوئی ۔ اس سورہ میں قدیم جاہلیت پر بضد مشرکین عرب سے اعلانِ براءت کر دیا گیا کہ اگر چاہیں تو مسلمانوں سے لڑ کر اپنے بچاؤ کی کوشش آزما لیں یا ملک چھوڑ کر نکل جائیں۔ ہوا کا رخ دیکھنے کی بنا پر وہ ایک ایک کر کے دائرہ اسلام میں داخل تو ہو گئے لیکن شعائر دینِ اسلام میں دنیا و آخرت کی جو فلاح مضمر تھی اس نعمت کا شعور انہیں حاصل نہیں ہوا تھا ۔تاہم تائید ایزدی سے جو نعمت مومنین کو حاصل ہوئی وہ یہ کہ اعلانِ براءت کے نتیجے میں قدیم جاہلیت کے پاس مسلمانوں کے خلاف بڑے پیمانے پر مجتمع ہونے کا کوئی امکان باقی نہ رہا ۔ رسول اللہ کے پاس اب دنیوی حیات کے چند ماہ باقی رہ گئے تھے جن سے یا تو اللہ تعالیٰ نے آپؐ کو براہ راست مطلع کر دیا تھا یا پھر انبیاء کو اللہ تعالیٰ کی طرف سے "باتوں کی تہہ تک پہنچنا سکھایا" کی صفت کی وجہ سے آپؐ سمجھ چکے تھے کہ آپؐ کے ذمّہ کیا گیا کام مکمّل ہو چلا ہے - 10 ہجری میں حجتہ الوداع کے موقع پر اپنے خطاب میں آپؐ نے مسلمانوں سے ارشاد کیا : "مجھے نہیں معلوم کہ میں آئندہ سال تم سے مل سکوں" پھر آخری خطاب فرمایا ۔ آپؐ کا یہ ارشاد واضح ہے کہ آپؐ دنیا سے رخصت ہونے کا وقت قیاس کر چکے تھے ۔مدینہ واپسی پر چند ماہ میں آپؐ کی علالت شروع ہوئی جس میں آپؐ کی وفات پوشیدہ تھی ۔ اس علالت سے کچھ ہی دن قبل آپؐ اپنے آزاد کردہ غلام حضرت زید بن حارثہؓ کے بیٹے حضرت اسامہ بن زیدؓ کو امیر لشکر مقرر کرنے کے بعد شام کی سرحدوں پر موجود رومی افواج کی جارحیت کا جواب دینے کے لئے فوج روانہ کرنے کا حکم دے چکے تھے ۔ مدینہ منورہ کے نواح میں فوجی تیاریاں جاری تھیں کہ آپؐ کی علالت سے اصحاب مطلع ہوئے ۔ اسی اثنا میں یمن میں اسود عنسی نامی فتنہ گر نے لوگوں کو اکٹھا کر کے حکومتِ مدینہ کے خلاف بغاوت کی اور پورا یمن اپنے قبضے میں لے لیا ۔ اس یمنی بغاوت کے ساتھ ساتھ مدینہ سے دور مشرقی سرحدوں کی طرف یمامہ میں مسیلمہ کذاب نے رسول اللہ کی نبوّت میں حصّہ دار ہونے کا دعویٰ کر دیا ۔ یہ شخص دعویٰ نبوّت اور ارتداد میں اکیلا نہیں تھا بلکہ رسول اللہ کے آخری ایام میں عربی قبیلہ بنو اسد کے فتنہ گر طلیحہ نے بھی اللہ کا نبی ہونے کا دعویٰ کیا ۔ رسول اللہ علالت کے باوجود ان فتنوں

کے سدباب کی کوششوں میں تھے کہ آپؐ کے آخری لمحات آ پہنچے اور "رفیقِ اعلیٰ" کی طرف آپؐ کی مراجعت ہو گئی۔

اپنی علالت کے چند دنوں میں یا اس سے قبل آپؐ نے، اس علم کے باوجود کہ آپؐ کا وقتِ رخصت ہے، اپنے بعد اُمت کی امارت کے لئے اس طرح سے کوئی واضح ہدایت نہیں دی کہ مثلاً اپنے قریبی رفقاء کو بیٹھا کر حجت کے انداز میں یا دلائل کے ساتھ کسی مخصوص یا مناسب ترین ہستی کی تاکید کر دی ہو یا مسجد نبوی میں خطبۂ جامعہ میں صریح اعلان فرما دیا ہو۔ اس معاملہ میں قدیم مورخین و مفسرین کی نقل کردہ جو روایات ملتی ہیں وہ مزید تحقیق طلب ہیں۔ اگرچہ اپنی علالت کے دوران حضرت ابوبکرؓ کو مسجد نبوی میں امام مقرر کر کے حضرت ابوبکرؓ کو خلیفۃ المومنین چنے جانے کا واضح اشارہ کر دیا اس لئے کہ مدینہ منورہ میں دس برس آپؐ ہی نمازیوں کے امامت کرتے تھے۔ رسول اللہ کی علالت کے دنوں میں مدینہ منورہ میں ہنگامی صورتحال برپا تھی۔ ایک طرف تو روم کی فوجی طاقت سے عرب کی شمالی سرحدوں پر مقابلہ کے لئے رسولؐ اللہ کی ہدایت پر فوجی تیاریاں آپؐ کی علالت کے سبب سے تعطل کا شکار تھیں جن میں وقت ضائع ہونے کا فائدہ بہرحال دشمنوں کو پہنچنا تھا۔ پھر خود عرب میں ارتداد اور بغاوت نے الگ سر اٹھا رکھا تھا۔ تاریخ نگار خلیفہ کے چناؤ کا معاملہ درپیش حالات سے منقطع کر کے تحریر کرتے ہیں لہٰذا تجزیاتی نقطۂ نظر سے واقعات کو سمجھنے کا موقع ہاتھ نہیں لگتا۔ رسول اللہ کے پیش رو کا انتخاب کر لیا جانا فوری حل طلب مسئلہ تھا۔ ثقیفہ بنو ساعدہ میں انصار کی میٹنگ وغیرہ کی تفصیلات سے قطع نظر حضرت ابوبکرؓ رسول اللہ کے بعد صالحیت اور تقویٰ کی بنیاد پر اکابرین مدینہ کی نظروں میں افضل ترین سمجھے گئے اور انہیں خلیفۃ المومنین تسلیم کر لیا گیا۔ بالیقین بہت سے واقعات ہیں جن میں رسول اللہ کی حیاتِ طیبہ کے دوران حضرت ابوبکرؓ کی طبیعت و کردار میں دوسرے تمام صحابہ پر افضلیت کا ثبوت ملتا ہے لیکن حضرت ابوبکرؓ کی شخصیت میں پوشیدہ فراست و دور اندیشی کی صفات اور عسکری صلاحیتوں کو رسول اللہ کی حیاتِ طیبہ کے دوران ظہور کا موقع نہیں مل سکا تھا۔ خلیفہ بننے کے بعد کی سوا دو سالہ زندگی میں اس کا حیرت انگیز مشاہدہ دیکھنے میں آتا ہے اور اسی مشاہدہ سے ہمارے

پہلے نمایاں کردہ دو اشارات کی مزید وضاحت ہو سکے گی جس کے لئے درکار مناسب پس منظر ہم نے اب تک تحریر کیا ۔

حضرت ابو بکر ؓ نے خلیفۃ المسلمین کی بیعت حاصل ہو جانے کے بعد پہلا کام یہ کیا کہ مسلمان فوجی لشکر کو شام روانہ ہو جانے کا حکم دے دیا جبکہ اکابرین مدینہ کی رائے میں بڑی فوج کئی دنوں تک مدینہ سے دور بھیج دینے سے مرکزِ خلافت کمزور اور عرب میں بغاوت کے مسائل دوچند ہو جائیں گے لہٰذا فوج فوراً روانہ نہ کی جائے ۔ حضرت ابوبکر ؓ نے اس معاملہ پر تنہا ہونے کے باوجود اکابرین کی رائے سے اتفاق نہ کیا اور اپنے فیصلے پر قائم رہے ۔مورخین حضرت ابوبکر ؓ کا صرف یہ بیان لکھتے ہیں کہ جو فیصلہ رسول اللہ نے کیا اسے تبدیل کرنے کا حق کسی کو حاصل نہیں ۔ ہم کو بھی اس بات کے برعکس کچھ سمجھنے کا حق حاصل نہیں لیکن غور کریں تو جس طرح حالات کے تحت رسول اللہ نے غزوہ احزاب کے موقع پر حضرت سلمان فارسی ؓ کا خندق کھودنے کا مشورہ قبول کیا تھا اسی طرح نئے حالات میں کوئی اور متبادل سازگار فیصلہ قابلِ قبول سمجھا جا سکتا تھا ۔تاہم حضرت ابوبکر ؓ کے مشورے قبول نہ کرنے اور فوج بھیجنے پر اصرار کی وجہ رسول اللہ کی تقلید کے علاوہ اور کیا وجہ ہو سکتی ہے؟ غور کیا جائے تو یہ بڑی سامنے کی بات ہے کہ قومِ عرب دنیا کی اس وقت کی دو عظیم طاقتوں ،روم اور ایران اور ان کے جنگی عزائم و رجحانات سے بہت پہلے ہی سے بخوبی واقف تھی۔ حضرت ابوبکر ؓ کا شام کی طرف فوجی لشکر بھیجنے کا فیصلہ اپنے آپ عرب قوم کو واضح کرنے کے لئے کافی تھا کہ مدینہ اتنا طاقتور ہے کہ ایک بڑی طاقت سے مقابلہ کے لئے فوج بھیجتا ہے ۔لہٰذا محض اتنا جان لینے سے اپنی اپنی جگہ تنہا عرب قبائل کو کسی قسم کا اتحاد بنائے بغیر جارحیت سے پہلے اچھی طرح سوچنا پڑے گا ۔اکابرین مدینہ نے یہ دیکھ لینے کے بعد کہ حضرت ابوبکرؓ اپنے فیصلے پر قائم ہیں تو دوسری کوشش میں کم عمر سالار لشکر حضرت اسامہ بن زید ؓ کی جگہ کسی اور کو مقرر کرنے کی حضرت عمر ؓ کے ذریعے درخواست کی لیکن حضرت ابوبکر ؓ نے اسے بھی قبول نہیں کیا ۔ حضرت اسامہ بن زید ؓ کے والد حضرت زید بن حارثہ ؓ کچھ عرصہ قبل شمالی سرحدوں پر رومن اتحادی قبائل کے ہاتھوں شہید کر دیئے گئے تھے لہٰذا رسول اللہ کا حضرت اسامہ بن زید ؓ کو سالار مقرر

کرنا اور حضرت ابوبکرؓ کا انہیں سالار قائم رکھنا مناسب فیصلہ تھا۔ ہمارے لئے اور ہمارے معزز مفکرین کے لئے دیکھنے کی بات یہ ہے اور تھی کہ اکابرین مدینہ حضرت ابوبکرؓ کی امارت سے اور اُمت کی اجتماعیت سے یہ کہتے ہوئے علیحدہ نہیں ہوگئے کہ ان کے نزدیک حضرت ابوبکرؓ کا اپنی مرضی چلانا غیر مناسب ہے اور یہ کہ جب ہمارا کچھ سنا نہیں جاتا تو ہم تعاون کس بات کا کریں؟ خلافتِ حضرت ابوبکرؓ کے ابتدائی دنوں میں یہ تنہا اختلافی نوعیت کا واقعہ نہ تھا بلکہ ایک اور بڑا اختلافی مسئلہ جلد پیش آنے والا تھا۔

رسول اللہ کی رحلت کی خبر بہت تیزی سے عرب کے طول و عرض میں پھیل چکی تھی۔دار الخلافہ فوج کی روانگیِ شام کی وجہ سے عسکری طور پر کمزور حالت میں تھا پھر جلد ہی عرب قبائل میں فتنۂ ارتداد پھوٹ پڑا اور مدینہ میں بھی نفاق نے سر اٹھا لیا۔اکثر عرب قبائل ایسے بھی تھے جو رسول اللہ کے بعد دار الخلافہ کو زکوٰۃ دینے پر تیار نہیں تھے۔ یہودیت و نصرانیت نے الگ نظریں گاڑ رکھی تھیں کہ رسول اللہ کے بعد مسلمانوں میں کمزوری پیدا ہو تو موقع سے فائدہ اٹھانے سے محروم نہ رہ جائیں۔منکرِ زکوٰۃ قبائل نے وفود مدینہ روانہ کئے کہ مرکزِ خلافت سے زکوٰۃ ادا نہ کرنے کی رعایت حاصل کرلیں۔ ان اشخاص نے کبار صحابہؓ کو گفت وشنید کے ذریعے حضرت ابوبکرؓ کے ساتھ مباحثہ پر راضی کیا کہ ان کے حق میں فیصلہ کر دیا جائے۔ حضرت عمرؓ سمیت اکابرین سمجھتے تھے کہ یہ قبائل مرتد نہیں ہوگئے، دینِ اسلام، رسول اللہ کی رسالت اور پنجوقتہ نماز پر قائم ہیں لہٰذا محض ادائیگی زکوٰۃ سے انکار پر انہیں غیر مسلم کیسے قرار دیا جاسکتا ہے؟ حضرت ابوہریرہؓ سے روایت ہے کہ حضرت عمرؓ نے حضرت حضرت ابو بکرؓ کو رسول اللہ کا ارشاد یاد دلایا: "مجھے لوگوں سے جنگ کرنے کا حکم دیا گیا ہے 'حتیٰ کہ وہ گواہی دے دیں کہ اللہ کے سوا کوئی معبود نہیں اور محمدؐ اللہ کے رسول ہیں' اور جب وہ یہ گواہی دے دیں گے تو وہ اپنے خون اور اموال مجھ سے محفوظ کر لیں گے، سوائے اس کے کہ حق ان کے لینے کا تقاضہ کرتا ہو"۔اس کے جواب میں حضرت ابوبکرؓ نے فرمایا کہ اسلام کی بنیاد جن عقائد پر قائم ہے، زکوٰۃ ان میں سے ایک ہے اور ساتھ میں قرآن کی آیت پڑھی: " اگر وہ توبہ کریں نماز قائم کریں اور زکوٰۃ دیں تو ان کا راستہ چھوڑ دو"۔ لہٰذا زکوٰۃ دینے سے انکار کے بعد وہ مسلمان نہیں رہے۔

مدینہ کی کمزور صورتحال کے باعث معتبر صحابہ کی یہ رائے بھی تھی کہ جو قبائل عدم ادائیگی زکوٰۃ کی جس حالت پر رہنا چاہتے ہیں انہیں چھیڑا نہ جائے، وہ جس طرح ارکان دین پر قائم ہیں ، کیا معلوم کہ ادائیگی زکوٰۃ کا فریضہ ان کے دلوں میں جاگ جائے یا کم از کم مدینہ کی کمزوری کے دوران حالات ہاتھوں سے باہر نہ نکل جائیں ۔ بظاہر درپیش حالات میں یہ رائے بہت مناسب نظر آتی ہے، لیکن حضرت ابو بکرؓ ان قبائل کو مرتد قرار دینے اور ان کے خلاف مسلّح کارروائی کے عزم سے ایک قدم پیچھے ہٹنے پر تیار نہ ہوئے اور وفد کو یہ بات واضح کرنے کے بعد اپنے گھروں کو واپس جانے کا حکم دے دیا ۔یہ وفود مدینہ میں فوج کی قلت دیکھ چکے تھے لہٰذا حضرت ابو بکرؓ نے مدینہ منورہ پر فوری حملہ کے خدشات کے تحت صحابہ کو دن و رات تیار اور گوریلا نوعیت کی مدافعت و جارحیت پر تیار کیا ۔ آنے والے چند ہی دنوں میں مدینہ کو متوقع مسلّح جارحیت کا سامنا ہوا لیکن مٹھی بھر مومنین کی خلوصِ نیت، جرآت مندی، جذبۂ قربانی اور اللہ تعالیٰ کی رضا اہلِ مدینہ کے شاملِ حال رہی اور انتہائی کم وسائل کے باوجود یہ سخت دن انہوں نے کامیابی کے ساتھ سہار لئے ۔ یہ قطعی قابلِ فہم ہے کہ حضرت ابوبکر ؓ نے حضرت اسامہ بن زید ؓ کو جلد از جلد اپنی شامی مہم کی تکمیل اور واپسی کی تاکید کی ہو گی ۔ حضرت اسامہ ؓ اپنے مقصد میں کامرانی حاصل کر کے چالیس یا ستر دن بعد واپس مدینہ پہنچ گئے ۔مرکزِ خلافت اب کمزور نہ رہا تھا لہٰذا حضرت ابوبکر ؓ نے مکمّل قوّت کے ساتھ بتدریج باغیوں، منکرین زکوٰۃ و مرتد قبائل اور جھوٹی نبوّت کے دعویداروں کے خلاف محاذ کھول دیئے ۔حضرت ابوبکر ؓ کا عہدِ خلافت محض سوا دو سال طویل تھا لیکن اس انتہائی مختصر وقت میں جزیرۂ عرب کے طول و عرض میں دینِ اسلام کا مکمّل طور پر از سر نو نفاذ کر دینا حضرت ابوبکر ؓ کے زیرِ سربراہی مدینہ کے کبار صحابہ ؓ اور تمام مومنین کی بیش بہا قربانیوں کے مرہونِ منت ہے ۔ محض دو سال قبل عرب کا کوئی علاقہ ارتداد، جھوٹے مدعیان نبوّت، منکرینِ زکوٰۃ اور باغیوں سے بچا نہیں تھا، حتیٰ کہ دار الخلافہ کے بھی مغلوبیت سے بچ جانے کے امکانات معدوم سمجھے جا سکتے تھے ، اور اس پر مزید یہ کہ لشکرِ اسامہ ؓ کی روانگی اور منکرینِ زکوٰۃ کا فتنہ جیسے متنازعہ فیہ امور کا حضرت ابوبکر ؓ کو سامنا تھا ۔ مسیلمہ کذاب کو ہلاک کرنے کی

مہم میں مسلمانوں کو یمامہ میں حضرت خالد بن ولید کی سپہ سالاری میں بہت بھاری جنگ لڑنا پڑی جس میں بڑی تعداد میں حفاظ قرآن صحابہ ؓ شہادت پر فائز ہوئے ۔ اسی بڑے واقعہ سے کبار صحابہ ؓ کو آئندہ نسلوں کے لئے قرآنِ کریم کو تحریری شکل میں محفوظ کرنے کی تحریک پیدا ہوئی اور حضرت ابوبکر ؓ کے عہدِ خلافت میں آپ ؓ کے حکمنامہ کے تحت تدوین قرآنِ کریم جیسا کارِ عظیم مکمّل کیا گیا ۔ حضرت ابوبکر ؓ کی رہنمائی میں جزیرۂ عرب میں مکمّل امن و امان کی سطح قائم کر لینے کے بعد بیرونی طاقتوں کے سلسلۂ جارحیت کے سدباب کا بھی آغاز آپ ؓ کے ہاتھوں ہو چکا تھا کہ قضائے الٰہی کے تحت آپ ؓ کا وقتِ مہلت ختم ہو گیا ۔ یہ کارِ عظیم حضرت عمر ؓ کے نامہ اعمال میں ثبت ہونا تھا ۔اس بہت بڑے موضوع پر مختصراً اشارہ کرنے سے ہمارا مقصد یہ بات نمایاں کرنی تھی کہ ان عظیم شخصیات کے پاس ذریعۂ ہدایت کے نام پروہی دو ماخذ ذرائع یعنی قرآنِ کریم اور سنّتِ سرورِ عالم تھے اور اس کے ساتھ اللہ تعالیٰ کی عطا کردہ ذہانت اور اپنی طبیعتوں میں موجود صالحیت تھی جن کی بنا پر انسانی استعداد کا ایسے بلند معیار پر مظاہرہ کیا جس کے مساوی کارنامے تاریخِ انسانی سے ڈھونڈ نکالنا بہت مشکل ہے ۔واقعات کے تذکرے اور تفاصیل سے احتراز کے باوجود صرف ایک واقعہ کی کچھ تفصیل ذیل میں پیش کرنے کی ہمیں ضرورت ہے ۔ خلافتِ حضرت ابوبکر ؓ کے واقعات میں مالک بن نویرہ نامی منکرِ زکوٰۃ کی بھی کچھ تفصیلات ہیں جس میں اپنی بغاوت کے دوران یہ شخص سجاح نامی عورت کا حلیف بنا تھا ۔ یہ عورت بھی نبوّت کی دعویدار تھی اور بعد میں مسیلمہ کذاب سے اپنے قبیلہ کے ساتھ جا ملی تھی تاکہ دونوں مل کر پورے عرب پر اپنی حاکمیت قائم کر لیں ۔ مالک بن نویرہ مومنین کے ہاتھوں گرفتار ہو کر حضرت خالد بن ولید ؓ کو پہنچا دیا گیا اور بالآخر بعض غلط فہمیوں کے نتیجہ میں مسلمان فوج کے ہاتھوں قتل ہو گیا ۔ اس قتل کے معاملے میں حضرت قتادہ ؓ نے حضرت خالد پر اپنی رائے ظاہر کی کہ یہ قتل غیر منصفانہ ہے لیکن ان کی تسلی کے لائق جواب نہ ملا تو حضرت خالد سے اجازت لئے بنا لشکر سے علیحدہ ہو کر مدینہ حضرت ابوبکر ؓ کے پاس پہنچ گئے اور اپنی شکایت بیان کی ۔مسئلہ عدالتی تحقیق کا مقتضی تھا لہٰذا حضرت عمر نے خلیفۂ مومنین حضرت ابوبکر ؓ سے حضرت خالد ؓ کو مدینہ طلب کرنے اور جواب طلبی کا مشورہ دیا ۔ حضرت

ابوبکر ؓ نے واقعات کی یکطرفہ تفصیل جاننے کے بعد فیصلہ کیا کہ متنازعہ معاملہ میں حضرت خالد کی خواہش نفس کے امکانات موجود نہیں، لہٰذا ان کو فریضہ جہاد پر مامور رکھنا اور میدانِ جنگ سے نہ ہٹانا ضروری ہے ۔ لیکن جو خصوصی بات جس کی وجہ سے ہم نے مختصراً یہ واقعہ بیان کیا وہ یہ ہے کہ حضرت ابوبکر ؓ نے حضرت قتادہ ؓ کو سالار جنگ اور امیر حضرت خالد سے اجازت لئے بغیر مدینہ آنے پر سخت سرزنش کی اور فوراً واپس جانے کا حکم دیا ۔ بالفاظ دیگر حضرت ابوبکر ؓ کو قبول نہیں تھا کہ حضرت قتادہ ؓ اپنے امیر حضرت خالد ؓ کی اطاعت میں کسی ایسی کمزوری کا ارتکاب کرتے جس کا مشاہدہ دوسرے مومنین کر سکتے تھے ۔حضرت قتادہ ؓ نے اس حکم کی تعمیل کی ۔

اب تک کی تحریر میں ہم نے بیشتر ان مواقع کی نشاندہی کی جہاں کئی معتبر صحابہ ؓ مسلمانوں کے اجتماعی مسائل میں وقت کے امیر سے اختلافِ رائے کا شکار تھے لیکن ایک مرتبہ بھی یہ دیکھنے میں نہیں آیا کہ انہوں نے امیر کا ساتھ دینے سے ہاتھ اٹھا لیا ہو ۔ انہوں نے کبھی یہ نہیں کیا کہ اپنی پارٹی یہ سمجھتے ہوئے الگ بنا لی کہ اس طرح خدا کے دین کی اور مسلمانوں کی زیادہ بہتر خدمت کر سکتے ہیں ۔اس کی کیا وجہ ہو سکتی ہے؟ اگر یہ کہا جائے اس کی ممکنہ دو وجوہات ہیں تو یہ کہنا یوں غلط رہے گا کہ وجہ دراصل ایک ہی ہے جبکہ دوسری وجہ پہلی اور اصل وجہ میں پوشیدہ حکمت ہے ۔ وہ پہلی اور اصل وجہ کے طور پر بخوبی جانتے تھے کہ امیر کی اطاعت حکمِ قرآنی ہے الّا یہ کہ امیر کا حکم قرآن اور سنّت کی حدود سے باہر ہو ۔سورۃ النساء کی آیت اوپر درج کی جا چکی ہے جس میں حکم الٰہی تھا کہ اللہ و رسول اور امیر کی اطاعت کرو لیکن اگر تمہارے درمیان نزاع پیدا ہو تو اسے اللہ اور رسول کی طرف پھیر دو ۔ کبار صحابہ ؓ قرآنی علوم رسول اللہ سے سیکھے ہوئے تھے اور وہ جانتے تھے حضرت ابوبکر کا کوئی فیصلہ اور کوئی حکم قرآن و سنّت کی حدود سے باہر نہیں ۔ وہ جانتے تھے کہ حکمِ امیر کی اطاعت نہ کرنے پر امیر کی عدم اطاعت کے مرتکب نہیں بلکہ روزِ حساب قرآنی حکم سے بغاوت کے مرتکب پائے جائیں گے ۔ اس کے علاوہ ہم سمجھتے ہیں کہ وہ جانتے تھے کہ مسلمانوں کی اجتماعیت میں سے ایک فرد ٹوٹ کر الگ ہو جائے تو اجتماعی قوّت میں ایک فرد کے مساوی کمی آجائے گی

اور جو اہداف حاصل کرنے ضروری ہیں ان میں ایک شخص کے بقدر کمزوری پیدا ہوگی ۔ لیکن اگر اپنے اختلاف کی تشہیر کر کے قوم میں سے جتنے اضافی افراد وہ اختلاف زدہ شخص توڑ نے جائے گا اسی کے مساوی اجتماعی قوّت اضمحلال کی شکار رہے گی اور اہداف کا حصول بھی اتنا ہی مشکل اور غیر ممکن ہوتا چلا جائے گا ۔ وہ جانتے تھے کہ اہداف حاصل نہ ہو سکے تو جتنے لوگ بشمول خلیفۃ المسلمین " غلط نقطۂ نظر" کا شکار ہیں وہ تو نقصان اٹھائیں گے ہی لیکن خود ہمارا ان نقصانات سے بچ جانا بھی غیر ممکن ہے ۔ گروہ بندیوں کا نتیجہ بہرحال انحطاط اور زوال کے سوا کوئی دوسرا ہو نہیں سکتا ، فرق صرف اتنا ہے کہ انحطاط جلد نظر آجائے یا اس کے ظہور میں دیر لگے ۔ خلافتِ حضرت ابوبکرؓ کی ابتدا میں مدینہ منورہ اور پورے عرب میں سر اٹھانے والے مسائل کی گمبھیر تا اتنی واضح ہے کہ متنازعہ فیہ مسائل پر کبار صحابہؓ میں سے کوئی بھی انا پرستی کا شکار ہو کر اَڑ جاتا تو جو کامیابیاں اُمت حاصل کرسکی ان کا ظہور ممکن نہ ہو سکتا تھا ۔ خلافتِ راشدہ کے آخری سالوں میں یہی فتنہ اُمت میں بتدریج اپنی جگہ بنانے میں کامیاب رہا اور بالآخر خلافتِ راشدہ کو شہنشاہیت کے لئے جگہ خالی کرنا پڑی ۔مولانا مودودیؒ نے اس حقیقت کی ہر پہلو سے وضاحت اپنی کتاب "خلافت و ملوکیت" میں اس بہترین معیار پر کر دی ہے کہ اس میں کسی اور وضاحت کی کوئی گنجائش باقی نہ رہی ۔ کم عقلوں نے اس کتاب کی ضمن میں توہینِ صحابہ کے نام پر طرح طرح کے اعتراضات و اختلافات اٹھائے ۔ ان کی عقل کی پستی انہیں یہ سجھانے سے قاصر تھی کہ خلافتِ راشدہ کا ملوکیت میں بدل جانا ایک تاریخی حقیقت ہے، لہٰذا اگر مولانا مودودیؒ کے وضاحت کردہ اسباب درست نہ تھے تو معترض حضرات اعتراضات اٹھانے کے بجائے خود اس تاریخی حقیقت کے اسباب واضح کر دیتے ۔ معترض شخصیات کے اعتراضات کی نوعیت ہی کافی ثبوت ہے کہ مذکورہ تاریخی حقائق کے اسباب واضح کرنا بیشتر اعتراض اٹھانے والوں کی رسائی سے باہر کی شئے ہے ۔

زیرِ بحث موضوع میں خلافتِ راشدہ کی ابتدا میں دیکھے جانے والے دو اہم مشاہدات کی طرف قارئین کو متوجہ کیا گیا ۔ پہلا مشاہدہ یہ کہ کبار صحابہؓ انتہائی نازک حالات میں امیرِ خلافت حضرت ابوبکرؓ کی آراء اور احکامات سے عدم اتفاق کا شکار ہوئے لیکن انہوں نے

نظمِ اجتماعی سے خود کو الگ نہیں کر لیا بلکہ اُمت کی فلاح کے لئے اپنی تمام قوّتیں امیرِ مملکت کو فراہم کیے رکھیں ۔ یہ بات تاریخی روایات میں موجود ہے کہ معتبر صحابہ ؓ نے بعد میں دیکھی جانے والی کامیابیوں کے بعد اپنی آراء کی غلطیاں تسلیم کیں، تسلیم کیا کہ حضرت ابوبکر ؓ کے دلائل برحق تھے اور حضرت ابوبکر ؓ کا مقام ان کی نظروں میں اور اونچا ہو گیا ۔

دوسرا مشاہدہ ادائیگی زکوٰۃ کے ضمن میں یہ کہ مسلمان قبائل کا دار الخلافہ کو زکوٰۃ ادا نہ کرنے کو حضرت ابوبکر ؓ نے ارتداد قرار دیا اور ان قبائل کے خلاف مسلّح اقدامات کئے ۔ اوپر سورہ الحجرات کی آیات کا پس منظر جس میں منکرِ زکوٰۃ کے خلاف جنگ سے رسول اللہ کو منع نہ کیا گیا اور اس کے بعد حضرت ابوبکرؓ کی اس عمل کے خلاف جنگ سے مراد پانچ ستونوں پر قائم ہونے والے اسلامی تمدّن میں مسلمانوں پر مرکزِ خلافت کو زکوٰۃ کی ادائیگی لازم تھی ۔ اگر یہ بات ہم تسلیم نہ کر سکیں تو ہمیں حضرت ابوبکر ؓ کا منکرینِ زکوٰۃ کے خلاف اعلان جنگ غیر اسلامی قرار دینا پڑے گا اور اس کے ساتھ ہی ہم رسول اللہ کے ارشاد کے مطابق حضرت ابوبکر ؓ کی خلافت کو خلافت راشدہ کہنے کے لائق بھی نہ رہ سکیں گے ، معاذاللہ ثمّہ معاذاللہ ۔

رسول اللہ کی بعثت سے پہلے عرب اپنی تمام تاریخ میں نہ تو کسی باقاعدہ حکومت کے زیرِ اثر کبھی رہا تھا اور نہ ہی سخت جغرافیائی حالات اور اقتصادی پس ماندگی کی وجہ سے قریب کی طاقتور اقوام کا کبھی باج گزار پایا گیا تھا ۔ تمام قبائل اپنے تمام معاملات میں قبائلی سردار کے زیرِ اثر خودمختار تھے ۔ عرب قوم مذہب اور عقیدہ کی بدترین جاہلیت اور ضلالتوں کے ساتھ تمدّن اور اخلاقیات کی بھی بدترین سطح پر قائم چلی آ رہی تھی ۔محض یہ سوچ کر کپکپی ہوتی ہے کہ کسی ماں باپ کے گھر ولادت کا وقت آ پہنچا ہے لیکن قریب ہی گڑھا تیار ہے کہ اگر لڑکی پیدا ہوگئی تو فوراً زندہ دفن کر دی جائے گی ۔ اس سے بدتر سطح اور کیا ہو سکتی ہے جو انسانوں کی اجتماعیت دکھا سکے؟ رسول اللہ اپنے دعوتی مراحل کے دوران بتا چکے تھے کہ دینِ اسلام کے ثمرات میں اُمت ایسا وقت بھی دیکھ سکے گی کہ ایک عورت عرب کی شمالی سرحد سے جنوبی سرحد تک تن تنہا جائے گی اور اسے خوفِ خدا کے سوا کسی کا خوف نہیں ہوگا ۔ظاہری بات

ہے کہ اجتماعی تمدّن کی یہ سطح حاصل نہیں ہو سکتی جب تک کہ ملک کی باقاعدہ فوج، پولیس اور عدلیہ کا نظام درجہ بہ درجہ قائم نہ ہوجائے، لہٰذا دارالخلافہ کو زکوٰۃ کا نظام اپنے ہاتھوں میں رکھنا ایک لازمی ضرورت تھی ۔جنگ بدر میں گرفتار ہونے والے کفار مکّہ میں سے جو قیدی آزادی کی قیمت ادا کرنے سے قاصر تھے ان پر رسول اللہ کی عائد کردہ شرط کہ ایک ناخواندہ کو لکھنا پڑھنا سکھا کر آزاد ہو سکتے ہیں ، یہ عمل ذہانت کے حامل صحابہ کرامؓ کو بتا چکا تھا کہ اجتماعی نوعیت کی کیا ذمّہ داریاں لوازمات میں شامل ہیں ۔ پس خلافتِ راشدہ کے عہد میں سماجی برائیوں کا خاتمہ، بیماروں کا علاج، مظلوموں کی فریاد رسی، مجبوروں کی مدد و استعانت، دولت کی منصفانہ تقسیم اور غربت ختم کرنا جیسے فلاحی اقدامات دیکھے جا سکتے ہیں لیکن جب خلافتِ راشدہ شہنشاہیت یا ملوکیت سے بدل گئی تو عام صاحبِ نصاب مومنین یہ جانتے ہوئے کہ ادا کردہ اموال نفسانی خواہشات کے شکار بادشاہوں کے اقتدار کو مستحکم کرنے میں ہی استعمال کئے جائیں گے ،کیوں کر انہیں زکوٰۃ ادا کر سکتے تھے ۔ دینِ اسلام میں حالتِ اضطرار میں فرائض کی انجام دہی میں نرمی اس حد تک ہے کہ قطعی حرام جانوروں کا گوشت بقدرِ ضرورت استعمال کرنے کی گنجائش اللہ تعالیٰ نے دی ہے ۔ پنجوقتہ نماز مسلمانوں پر لازم ہے لیکن بیمار ی میں کھڑا نہ ہو سکے تو بیٹھ کر اور بیٹھ نہ سکے تو لیٹ کر اشاروں سے پڑھنے کا حکم ہے جب تک کہ حالتِ اضطرار باقی ہے ۔ صحتیاب ہونے پر یہ رعائت خود بخود ختم ہو جاتی ہے ۔ زکوٰۃ کے معاملہ پر غور کیا جائے تو ہوا یہی ہے کہ مسلمانوں نے بادشاہت کے اقتدار میں اجتماعی طور پر خود کو حالتِ اضطرار میں ہونا قرار دیا اور ادائیگی زکوٰۃ کا یہ حل نکالا کہ جب تک کہ صالح اقتدار واپس نہیں آجاتا ،اموال کی ادائیگی اپنی آبادیوں میں موجود مستحقین تک پہنچا دی جائے ۔ یہ حالتِ اضطرار چودہ سو سال سے بلا تعطل جاری ہے ۔جب اُمت مسلسل حالتِ اضطرار میں ہے تو یہ بات ہماری سمجھ سے بالا ہے کہ حقیقی دینِ اسلام کی تصویر کوئی کس طرح دیکھ سکتا ہے ۔ہماری مراد یہ ہے کہ کوئی مسلمان اگر صرف لیٹے ہوئے اور اشاروں سے نماز پڑھنے کی حالت میں ہو تو اسے اس حالت میں نماز پڑھنا سکھانے کی ضرورت ہے اور علمائے دین و مفکرین کو پہلے یہ کہہ دینا پڑے گا کہ یہ طریقۂ نماز صرف حالتِ

اضطرار میں قابلِ عمل ہے ۔ پس مولانا وحید الدین خاں یا ڈاکٹر اسرار احمد یا غامدی صاحب وغیرہ سے اولاً تو ہماری درخواست یہ ہوتی کہ انہیں ان الفاظ کے ساتھ دینِ اسلام کی تشریح بیان کرنی چاہئے کہ یہ حقیقی دین کی نہیں بلکہ دینِ اسلام کی جزوی تصویر ہے ۔

نوعِ انسانی ایک ہی ماں باپ رکھنے کے باوجود مختلف اجتماعی خصوصیات کی بنا پر مختلف گروہوں میں تقسیم کی جا سکتی ہے جو اپنی حقیقت میں ایک قدرتی تقسیم ہے۔ لیکن انسانی گروہ نفسانی مغلوبیت کا شکار ہوتے ہیں تو اصل آسمانی تعلیمات سے محروم رہنے پر دوسرے گروہوں سے ان کا برتاؤ جس انتہائی بھیانک شکل کو پہنچتا ہے اس کا اندازہ ہمیں ماضی کے چند بین الاقوامی واقعات سے ہوا ۔ مخلوق ہونے کی حیثیت سے انسان کی نظر اپنے لئے یا اپنوں کے لئے ایک طرح کی ہوتی ہے اور دوسروں کے لئے کچھ اور ۔تمام کائنات کا خالق و مالک و مدبر ایک ہی ہستی ہے جو اپنی جملہ صفات میں الواحد ہستی ہے اور وہی ہستی کرہء ارضی پر بسنے والے تمام انسانوں کی خالق، آقا اور باپ ہے ۔ لفظ "باپ" کا ممکنہ کسی پہلو سے کوئی مفہوم تصوّر کرنا ممکن ہو ،اس مفہوم پر پورا اترنے والی ہستی اللہ تعالیٰ کی ہی ہستی ہو سکتی ہے ۔ اللہ تعالیٰ تمام انسانوں کو اپنی خلق کی حیثیت سے جس نظر سے دیکھتا ہے اس کا کچھ اندازہ اللہ تعالیٰ کے بظاہر ایک معمولی سے حکم پر غور کرنے سے کیا جاسکتا ہے ۔

باوضو ہونا پنجوقتہ نماز کی بنیادی شرط ہے ۔ انسان حوائج ضروریہ سے فراغت حاصل کرتا ہے تو وضو سلامت نہیں رہتا لہٰذا وقت کی نماز پڑھنے کے لئے دوبارہ وضو کے ذریعے پاکی حاصل کرنا ضروری ہے ۔قارئین یہ بھی جانتے ہیں کہ مَردوں کے لئے فرض نماز اجتماعی حیثیت سے محلّے کی مسجد میں باجماعت پڑھنا اللہ تعالیٰ کی نظر میں پسندیدہ ہے ۔ باوضو رہنے کی شرائط میں یہ بھی شامل ہے کہ اگر غیر اضطراری طور پر ریاح کا اخراج ہو جائے تو اس سے بھی وضو سلامت نہیں رہتا اور نماز سے پہلے وہی پورا وضو کرنا ضروری ہے جو حوائج ضروریہ سے فراغت کے بعد کیا جاتا ہے ۔ انسان قدرتی طور پر کوشش کرے گا کہ نماز سے پہلے اس کا وضو سلامت رہے اس لئے اس کی کوشش ہو گی کہ ریاح اس کے پیٹ میں کسی مناسب وقت تک کے لئے محفوظ رہ جائے ۔ ریاح کے معاملہ میں یہ شرط کیوں رکھی گئی ہے؟ پہلی بات تو یہ کہ با وضو حالت میں

ریاح جب تک انسان کے پیٹ میں تھی سو تھی لیکن اس کا وضو قائم تھا اور اس کا جسم بھی پاک تھا ۔جب وہ ریاح پیٹ سے خارج ہو گئی تب تو اسے خود کو اور بھی زیادہ پاک سمجھنا چاہئیے ۔ ریاح خارج ہونے سے اسے ناپاک قرار دیا جا رہا ہے اور وہی وضو دوبارہ کرنے کا حکم ہے جس کی تفصیلات میں جسم کے اس حصّہ کی صفائی سرے سے شامل ہی نہیں جہاں سے ریاح کا اخراج ہوا تھا ۔اب اگر غور کیا جائے تو ہو یہ رہا ہے کہ بالفرض مسجد میں نماز کے انتظار میں یا دورانِ نماز کسی سے ریاح خارج ہو تو کچھ نا پسندیدہ بو ماحول میں سرایت ہو سکتی ہے جو دوسروں کو ناگوار محسوس ہو اور ان کے ارتکاز میں خلل پیدا کرنے کا سبب بن سکے ۔قارئین اندازہ کر سکتے ہیں کہ مناسب ماحول کے دوران با آواز یا بلا آواز ناگوار بو بکثرت سرایت کرتی چلی جائے تو ماحول کس حد تک متاثر ہو سکتا ہے ۔ ریاح کے معاملہ میں رسول اللہ یہ ہدایت اللہ تعالیٰ کے حکم سے کر سکتے تھے کہ لوگ اجتماع کے دوران اس پر توجّہ رکھیں لیکن رسول اللہ کا حکم یہی ہوا کہ وضو دوبارہ کیا جائے ۔ریاح کے معاملہ پر غور کیا جائے تو یہی توجیح سمجھ میں آتی ہے کہ انسان سے ایسی حرکت سرزد نہ ہو جو دوسروں میں احساسِ ناگواری کا سبب ہو ۔ قارئین ہم سے متفق ہوں تو محض معمولی سے حکم کی حکمت یہ بتاتی ہے کہ اللہ تعالیٰ کو کسی انسان کا دوسرے پیدا کردہ انسانوں کو خالی بدبو کے احساس سے اذیّت دینا قبول نہیں تو اپنی باتوں سے یا خود غرضی و لالچ، حسد و دشمنی ، مذہب و فرقہ ، زبان و نسل غرض کسی بھی بنیاد پر تمدّن کے جملہ معاملات میں واقعتاً بربادی کی حد تک تکلیف و اذیّت پہنچانے کے واقعات اپنے نامہ اعمال میں جمع کرتا رہا ہو تو اس کا خمیازہ کتنا شدید ہو سکتا ہے یا ہونا چاہئیے ۔پھر اس کے برعکس اگر اپنے اعمال سے اللہ تعالیٰ کی مخلوق کے لئے آسانیاں پیدا کرنے کی کوشش کرتا رہا ہو تو اللہ تعالیٰ کی کتنی قربت کا مستحق ہو سکتا ہے ۔قارئین کی نصیحت کے لئے یہی دو اور صرف یہی دو پہلو اور ساتھ میں " آدم کو سب نام سکھائے " کا درست مفہوم ذہن میں رکھتے ہوئے قرآنِ کریم کی تعلیمات سمجھنے کی کوشش کی جائے تو بہت جلد قرآنی ہدایات واضح ہونا شروع ہو جاتی ہیں ۔

اور ذرا انہیں آدم کے دو بیٹوں کا قصّہ بھی بے کم و کاست سنا دو ۔ جب اُن دونوں نے قربانی کی تو اُن میں سے ایک کی قربانی قبول کی گئی

اور دوسرے کی نہ کی گئی ۔ اُس نے کہا " میں تجھے مار ڈالوں گا "۔ اُس نے جواب دیا "اللہ تو متقیوں کی نذر ہی قبول کرتا ہے ۔ اگر تو مجھے قتل کرنے کے لئے ہاتھ اٹھائے گا تو میں تجھے قتل کرنے کے لئے ہاتھ نہ اٹھاؤں گا ' میں اللہ ربّ العالمین سے ڈرتا ہوں ۔ میں چاہتا ہوں کہ میرا اور اپنا گناہ تو ہی سمیٹ لے اور دوزخی بن کر رہے ۔ ظالموں کے ظلم کا یہی بدلہ ہے"۔

آخر کار اس کے نفس نے اپنے بھائی کا قتل اس کے لئے آسان کر دیا اور وہ اسے مار کر اُن لوگوں میں شامل ہو گیا جو نقصان اٹھانے والے ہیں ۔ پھر اللہ نے ایک کوّا بھیجا جو زمین کھودنے لگا تاکہ اسے بتائے کہ اپنے بھائی کی لاش کیسے چھپائے ۔ یہ دیکھ کر وہ بولا افسوس مجھ پر! میں اس کوّے جیسا بھی نہ ہو سکا کہ اپنے بھائی کی لاش چھپانے کی تدبیر نکال لیتا ۔ اس کے بعد وہ اپنے کئے پر بہت پچھتایا ۔(5۔ المَآئدۃ:27)

ہم نے گزشتہ ابواب میں تخلیقِ آدم کے حوالے سے عصری تحقیقات کے نقطۂ ہائے نظر اور صحائف آسمانی میں پیش کردہ بیانات اور تجزیہ تحریر کیا ۔ وہاں اہم نکتہ یہ بیان کیا کہ زمین پر برپا پچھلا برفانی دور تقریباً ایک لاکھ سال سے کم و بیش پچیس ہزار سال تک جاری رہا ۔ اس دور میں انسان نما حیات نیندرتھال یا ہوموسیپینس وغیرہ اقسام کے پاس خود کو منجمد ہونے سے محفوظ رکھنے کے لئے آگ دستیاب نہیں تھی، غذا کے طور پر کوئی پھل اور سبزی دستیاب نہیں تھی، گروہوں کی شکل میں غاروں میں ایک دوسرے سے بہت قریب رہنے کی وجہ سے نئے موسمی حالات میں اچانک نمودار ہونے والی اور آنکھوں سے نہ دیکھی جانے والی وبا کا شکار ہو سکتے تھے ۔ الغرض متعدد عناصر ان کی مکمّل معدومیت کا سبب بن سکتے تھے جن کی وجہ سے ان کا وجود زمین پر سے بالکل اسی طرح ہمیشہ کے لئے ختم ہوگیا جس طرح ڈائنوسار چھ کروڑ سال قبل معدوم ہو گئے ۔عصر حاضر میں آثارِ قدیمہ تحقیقات سے متعدد ایسے قوی الجثہ حیوانات کی پتھرائی ہوئی ہڈّیاں دریافت ہوئیں ہیں جو اسی برفانی دور میں معدوم ہو گئے ۔ پس جن شدید موسمیاتی حالات کے تحت قوی الجثہ حیوانات کی نسل جاری نہ رہی اسی طرح انسان نما حیات کی بقا بھی قائم نہ رہی ۔

اب سے غالباً دس ہزار سال یا مزید چند ہزار سال قبل اللہ تعالیٰ کی قدرت سے بالکل نئی اور زیادہ برتر ذہنی استعداد کی حامل نسلِ انسانی کا زمین پر قیام عمل میں آیا جو اسی بہتر ذہنی استعداد کی وجہ

سے احتسابِ اعمال کی ذمّہ دار اور جزا و سزا کی مستحق قرار دی گئی ۔ نسلِ انسانی کے اس زمین پر پیدا کردہ اوّلین اولادِ آدم میں سے دو بیٹوں کا تذکرہ قرآنِ کریم کی سورتوں میں صرف اسی سورہ کی مختصر آیات میں بیان ہوا یہ آیات اللہ تعالیٰ نے چند ان بنیادی حقائق کی نشاندہی کے لئے بیان فرمائیں جو بالکل ابتدا سے نسلِ انسانی پر لاگو ہیں ۔اس واقعہ کی اضافی تفصیلات تورات کی پہلی کتاب اور چھ سات صدی قبل کے مسلمان مفسرین اور تاریخ نگاروں کی تحریروں سے اکثر حاصل کئے جاتے ہیں لیکن چونکہ ان کی تصدیق ممکن نہیں اور دوسری مشکل یہ کہ مسلمانوں کی بیان کردہ تاریخی تفصیلات موجودہ علوم کی روشنی میں درست قرار نہیں دی جا سکتیں ' لہٰذا ہم بیشتر معاملات میں ان کی طرف رجوع نہیں کر سکتے۔ علاوہ ازیں جو تفصیلات اللہ تعالیٰ نے قرآنِ کریم میں مبہم طور پر بیان کیں ، ان کی مزید کرید قرآنِ کریم کی بنیادی ہدایات اخذ کرنے میں کوئی اضافی مدد فراہم نہیں کرتیں ۔

قرآنِ کریم کی ان آیات سے ایک نکتہ تو یہ واضح ہے کہ نسلِ آدم کے اوّلین دو بیٹے تمدنی علوم کے حوالے سے بالکل ابتدائی سطح پر تھے ۔ ایک بھائی نے کسی کوّے کو زمین کریدتے دیکھا تاکہ وہ خوراک کی قسم کی کوئی شئے چھپا سکے تب ہی اسے مقتول بھائی کی لاش چھپانے کا خیال سجھائی دیا ۔ اس قاتل کو صفتِ امارہ سے مغلوب ہو کر ناحق قتل کا مرتکب ہونے اور پھر لاش چھپانے کی تحریک کے دوران ضمیر یا نفسِ لوّامہ کے زیرِ اثر خود کو ملامت کرنے کی صفات ابتدائی فرد میں اسی طرح موجود دکھا دی گئیں جیسا کہ بعد میں آنے والے ہر فرد کی طبیعت کے لازمی اجزا ہیں ۔مقتول بھائی کی طبعی نیکی کی صفت نمایاں کر کے انسانی نفس کی تیسری اور پسندیدہ صفت یعنی نفسِ مطمئنہ کی جھلک بھی دکھا دی گئی ۔ وہ نیک صفت انسان اپنے بھائی کو ارتکابِ جرم سے روکنے کے لئے تقویٰ کا لفظ استعمال کرتا ہے کہ اللہ تعالیٰ کا خوف محض اس لئے کہ ناحق قتل جیسے گناہ کا لازمی نتیجہ سخت خمیازہ کی صورت میں طے شدہ ہے ۔ دونوں افراد اپنے خالق کو "اللہ" کے نام سے جانتے تھے جو ہمیشہ سے اللہ تعالیٰ کا اسمِ ذات ہے ، اللہ تعالیٰ کا خود اپنا طے کردہ نام ہے اور تینوں باشعور مخلوقات یعنی فرشتے ، جنّ اور انسان کو اللہ تعالیٰ کی طرف سے بتایا گیا ہے ۔ مزید برآں دونوں افراد

تمدنی علوم میں ابتدائی سطح پر ہونے کے باوجود احتساب اور جنت و دوزخ کی حقیقتوں اور ان مقامات کے لئے طے کردہ اصول و ضوابط سے کماحقہ واقف کرا دیئے گئے تھے ۔وہ جانتے تھے کہ اللہ تعالیٰ کی عبادت ان کی زندگی کا حصّہ ہے اور یہ کہ قربانی کی ادائیگی کے ذریعے وہ اللہ تعالیٰ کی قربت کے مستحق ہو سکتے ہیں ۔ یہ علم بہر حال کسبی ذرائع سے انسان کو نہیں حاصل ہوتا ۔ان آیات میں انسانی زندگی اور انسان کی طبعی خصوصیات سے متعلق بنیادی حقائق کی نشاندہی کے بعد ان بھائیوں کے نام یا انہوں نے کیا قربانی پیش کی یا کس طرح ایک کی قربانی قبول ہوئی اور دوسرے کی نہیں وغیرہ جاننے کی کیا حاجت جب ان آیات میں انہیں واضح نہیں کیا گیا ۔انسانی طبعی خصوصیات بعض مختلف الفاظ میں زیادہ وضاحت کے ساتھ قرآنِ کریم کی دوسری سورتیں میں ارشاد کی گئیں:

> اور نفسِ انسانی کی اور اُس ذات کی قسم جس نے اسے ہموار کیا پھر اُس کی بدی اور اُس کی پرہیزگاری اُس پر الہام کر دی، یقیناً فلاح پا گیا وہ جس نے نفس کا تزکیہ کیا اور نامراد ہوا وہ جس نے اُس کو دبا دیا ۔(91-الشمس 7:)

مولانا مودودیؒ ان آیات کی تشریح میں لکھتے ہیں ' نفسِ انسانی کا ہموار کیا جانا سے مراد ہے اسے ایسا جسم عطا کیا جو اپنے قامتِ راست، ہاتھ پاؤں اور اپنے دماغ کے اعتبار سے انسان کی سی زندگی بسر کرنے کے لئے موزوں ترین تھا ۔ اس کو حواسِ خمسہ عطا کئے جو اپنے تناسب اور خصوصیات کی بنا پر اس کے لئے بہترین ذریعۂ علم بن سکتے تھے ۔ اس کو قوتِ عقل و فکر، قوتِ استدلال و استنباط، قوتِ خیال، قوتِ حافظہ، قوتِ تمیز، قوتِ فیصلہ، قوتِ ارادی اور دوسری ایسی ذہنی قوتیں عطا کیں جن کی بدولت وہ دنیا میں اُس کام کے قابل ہوا جو انسان کے کرنے کا ہے ۔ اس کے علاوہ ہموار کرنے میں یہ مفہوم بھی شامل ہے کہ اسے پیدائشی گناہ گار اور جبلّی بدمعاش بنا کر نہیں بلکہ راست اور سیدھی فطرت پر پیدا کیا اور اس کی ساخت میں کوئی خلقی کجی نہیں رکھ دی کہ وہ سیدھی راہ اختیار کرنا چاہے تو بھی نہ کر سکے ۔اسی بات کو اللہ تعالیٰ نے سورہ روم میں فرمایا: "قائم ہو جاؤ اُس فطرت پر جس پر اللہ تعالیٰ نے انسان کو پیدا کیا ہے"(30-الروم:30)پھر نفسِ انسانی پر اس کی بدی اور نیکی و

پرہیزگاری الہام کردی یعنی ایک تو یہ کہ یہ دونوں رجحانات و میلانات اس کی طبیعت میں رکھ دئیے دوسرے یہ کہ انسانی اخلاق و اعمال کو نیکی اور بدی کی بنیاد پر تقسیم کرنے کا شعور اسے ودیعت کر دیا گیا -

قدیم اقوام

نسلِ انسانی کے اوّلین افراد میں ودیعت کردہ بنیادی صفات اور ان کے نتیجہ میں پیدا ہونے والے دو مختلف طرزِ عمل کی نشاندہی کے ساتھ اللہ تعالیٰ نے بعدِ میں آنے والی اقوام کے ایسے ہی برے کردار اور اپنے طے کردہ اصولوں کے تحت انبیاء و رسل مبعوث کرنے اور اقوام کو عطا کردہ مہلتِ عمل کی بہ اعلانِ ضبطی کے واقعات مختلف سورتوں میں بیان فرمائے ۔حضرت آدم ؑ کی دو اولادوں کے زمانے میں انسانی تمدّن ابتدائی سطح پر تھا جس میں ذاتی ملکیت کے مسائل موجود نہیں تھے ۔ اس وقت نسلِ انسانی کے ایک نمائندہ کا اپنے اندر دوسرے فرد کے خلاف محض حسد محسوس کرنا قتلِ ناحق جیسے ظلم کا ذریعہ بنا ۔آنے والے وقتوں میں تمدنی ارتقاء کے ساتھ ساتھ بہ تسلسُل انسانی اشیائے ضرورت کی دریافت ، ان کے حصول اور ذاتی ملکیت کے صریح تنازعاتی مسائل بتدریج پیدا ہونے والے تھے ۔ اللہ تعالیٰ نے قرآنِ کریم کا ضخیم حصّہ ان عناصر کی نشاندہی کے لئے مختص کیا جس کی تفصیلات قومِ نوح ؑ کے بعض اہم واقعات سے قرآنِ کریم میں شروع ہوتی ہیں۔ قومِ نوح ؑ اور بعد میں آنے والی اقوام میں سے قومِ عاد، قومِ ثمود اور قومِ شعیب ؑ سے متعلق چند آیات کے منتخب حصے ذیل میں نقل کئے جائیں گے ۔ موضوع مناسب ضخامت کا مقتضی ہے لیکن اختصار سے کام لینا ضروری ہے ، لہٰذا دینِ اسلام کے حوالے سے چند بنیادی عناصر کی وضاحت تک ہی اپنے بیان کو محدود رکھنا پڑے گا -

1۔ہم نے نوح کو اس کی قوم کی طرف بھیجا ۔ اس نے کہا "اے برادرانِ قوم، اللہ کی بندگی کرو' اُس کے سوا تمہارا کوئی خد نہیں ہے ۔ میں تمہارے حق میں ایک ہولناک دن کے عذاب سے ڈراتا ہوں"۔ اُس کی قوم کے سرداروں نے جواب دیا "ہم کو تو یہ نظر آتا ہے کہ تم صریح گمراہی میں مبتلا ہو"۔ (7-الاعراف:59)

مگر انہوں نے اس کو جھٹلا دیا ۔ آخر کار ہم نے اس کو اور اس کے ساتھیوں کو ایک کشتی میں نجات دی اور ان لوگوں کو ڈبو دیا جنہوں نے ہماری آیات کو جھٹلایا تھا (7-الاعراف:64)

2-اور عاد کی طرف ہم نے ان کے بھائی ہود کو بھیجا ۔ اس نے کہا " اے برادران قوم، اللہ کی بندگی کرو' اس کے علاوہ تمہارا کوئی خدا نہیں ہے ۔ پھر کیا تم غلط روی سے پرہیز نہ کرو گے"؟ اس کی قوم کے سرداروں نے 'جو اس کی بات ماننے سے انکار کر رہے تھے' جواب میں کہا "ہم تو تمہیں بے عقلی میں مبتلا سمجھتے ہیں اور ہمیں گمان ہے کہ تم جھوٹے ہو"۔ (7-الاعراف:65)

انہوں نے جواب دیا "کیا تو ہمارے پاس اس لئے آیا ہے کہ ہم اکیلے اللہ کی عبادت کریں اور انہیں چھوڑ دیں جن کی عبادت ہمارے باپ دادا کرتے آئے ہیں؟ اچھا تو لے آ وہ عذاب جس کی تو ہمیں دھمکی دیتا ہے اگر تو سچا ہے" ۔آخر کار ہم نے اپنی مہربانی سے ہود اور اس کے ساتھیوں کو بچا لیا اور ان کی جڑ کاٹ دی جو ہماری آیات کو جھٹلا چکے تھے اور ایمان لانے والے نہ تھے۔ (7-الاعراف:72)

3-اور ثمود کی طرف ہم نے ان کے بھائی صالح کو بھیجا ۔ اس نے کہا "اے برادران قوم ' اللہ کی بندگی کرو' اس کے سوا تمہارا کوئی خدا نہیں ہے ۔ تمہارے پاس تمہارے رب کی کھلی دلیل آگئی ہے ۔ یہ اللہ کی اونٹنی تمہارے لئے ایک نشانی کے طور پر ہے ' لہٰذا اسے چھوڑ دو کہ خدا کی زمین میں چرتی پھرے ۔ اس کو کسی برے ارادے سے ہاتھ نہ لگانا ورنہ ایک دردناک عذاب تمہیں آ لے گا ۔ یاد کرو وہ وقت جب اللہ نے قومِ عاد کے بعد تمہیں اس کا جانشین بنایا اور تم کو زمین میں یہ منزلت بخشی کہ آج تم اس کے ہموار میدانوں میں عالی شان محل بناتے اور اس کے پہاڑوں کو مکانات کی شکل میں تراشتے ہو ۔ پس اس کی قدرت کے کرشموں سے غافل نہ ہو جاؤ اور زمین میں فساد برپا نہ کرو"۔

اس کی قوم کے سرداروں نے جو بڑے بنے ہوئے تھے 'کمزور طبقہ کے ان لوگوں سے جو ایمان لے آئے تھے ' کہا "کیا تم واقعی یہ جانتے ہو کہ صالح اپنے رب کا پیغمبر ہے"؟ انہوں نے جواب دیا "بے شک جس پیغام کے ساتھ وہ بھیجا گیا ہے اسے ہم مانتے ہیں"۔ ان بڑائی کے مدعیوں نے کہا جس چیز کو تم نے مانا ہے ہم اس کے منکر ہیں ۔(7-الاعراف:73)

4-اور مدین والوں کی طرف ہم نے ان کے بھائی شعیب کو بھیجا ۔ اس نے کہا "اے برادرانِ قوم ' اللہ کی بندگی کرو' اس کے سوا تمہارا کوئی خدا نہیں ہے ۔ تمہارے پاس تمہارے رب کی صاف رہنمائی آگئی ہے ' لہٰذا وزن اور پیمانے پورے کرو' لوگوں کو ان کی چیزوں میں گھاٹا نہ دو' اور زمین میں فساد برپا نہ کرو جب کہ اس کی اصلاح ہو چکی ہے ' اسی میں

تمہاری بھلائی ہے اگر تم واقعی مومن ہو ۔ اور (زندگی کے) ہر راستے پر رہزن بن کر نہ بیٹھ جاؤ کہ لوگوں کو خوفزدہ کرنے اور ایمان لانے والوں کو خدا کے راستے سے روکنے لگو اور سیدھی راہ کو ٹیڑھا کرنے کے درپے ہو جاؤ ۔ یاد کرو وہ زمانہ جبکہ تم تھوڑے تھے پھر اللہ نے تمہیں بہت کر دیا ' اور آنکھیں کھول کر دیکھو کہ دنیا میں مفسدوں کا کیا انجام ہوا ہے۔(7۔الاعراف:85)

اس کی قوم کے سرداروں نے ' جو اس کی بات ماننے سے انکار کر چکے تھے ' آپس میں کہا "اگر تم نے شعیب کی پیروی کر لی تو برباد ہو جاؤ گے"۔مگر ایک دہلا دینے والی آفت نے ان کو آلیا(7۔الاعراف:91)

اوپر نقل کردہ اقتباسات سے پہلے اس سورہ میں اللہ تعالیٰ نے مشرکین مکّہ کو راہِ راست اختیار کرنے اور اللہ و رسول پر ایمان لانے کے لئے قصّہ آدم ؑ و ابلیس کا واقعہ تفصیلاً بتایا ہے، جسے ہم پہلے نقل کر چکے ہیں، کہ مشرکین انکار کرنے پر شیطان کی پیروی کے مرتکب ہیں ۔پھر گذشتہ مغضوب اقوام کے انجام کی طرف متوجہ کیا جس میں حضرت موسیٰ ؑ اور فرعون کے واقعات، قومِ مصر پر عذاب، بنی اسرائیل کی مستقل روگردانی اور قومِ لوط پر عذاب کی تفصیلات کے ساتھ چار وہ اقوام شامل ہیں جن کے بیانات کے کچھ حصے اوپر نقل کئے ۔

ان آیات میں نوٹ کرنے والی بات یہ ہے کہ حضرت نوح ؑ، حضرت ہودؑ، حضرت صالح ؑ اور حضرت شعیب ؑ میں سے پہلے اور آخری رسول یعنی حضرت نوحؑ اور حضرت شعیبؑ کے درمیان زمانے کے لحاظ سے دو ہزار سال سے کہیں زائد عرصہ کا فاصلہ ہے ۔ حضرت آدم ؑجو صالح اولاد اپنے پیچھے چھوڑ گئے تھے ان میں سے حضرت نوح ؑکی قوم پہلی قوم ہے جس میں اجتماعی بگاڑ اس درجہ بڑھ گیا کہ اللہ تعالیٰ نے انہیں راہِ راست پر واپس آنے کے لئے حضرت نوح ؑکو بطورِ رسول مبعوث کیا ۔ یہ قوم اللہ پر ایمان کے ساتھ دوسرے خداؤں کی پرستش میں ملوث تھی ۔ قوم کا یہ جرم حضرت نوح ؑکی تنبیہ سے عیاں ہے کہ ایک اللہ کے سوا تمہارا کوئی اور خدا نہیں ، لہٰذا ایک اللہ کی بندگی کرو۔ آیات بتاتی ہیں کہ قوم کے سرداروں نے حضرت نوح کے احکامات ماننے سے انکار کر دیا۔ سورہ ہود میں حضرت نوح ؑقوم کو اللہ کے سوا دوسرے خداؤں کی بندگی سے منع کرتے ہیں تو جواب ملتا ہے:

> جواب میں اُس کی قوم کے سردار ' جنہوں نے اس کی بات ماننے سے انکار کیا تھا ' بولے "ہماری نظر میں تو تم اس کے سوا کچھ نہیں ہو کہ بس ایک انسان ہو ہم جیسے ۔ اور ہم دیکھ رہے ہیں کہ ہماری قوم میں سے بس ان لوگوں نے جو ہمارے ہاں اراذل تھے بے سوچے سمجھے تمہاری پیروی اختیار کر لی ہے -(11-ھود:27)

حضرت نوح ؑ کی دعوتِ ایمانی کا جواب منکر سرداروں کے پاس یہ تھا کہ قوم کے رذیل تمہارے ہمنوا ہیں اس لئے کہ وہ سوچ سمجھ سے عاری ہیں ۔ اس سورہ میں آگے طوفانِ عظیم آنے سے پہلے اللہ کا حکم ہوتا ہے کہ حضرت نوح ؑ تمام ایمان والوں کو کشتی میں سوار کرلیں تو قرآن بتاتا ہے "اور تھوڑے ہی لوگ تھے جو نوحؑ کے ساتھ ایمان لائے تھے"(11-ہود:40)- قومِ نوحؑ کی ہٹ دھرمی کے بعض دوسرے مشاہدات قرآن کی دوسری سورتوں میں بھی موجود ہیں -سورہ عنکبوت کی آیت ذیل میں نقل ہے ۔ اس کے علاوہ قرآن میں ایک پوری سورہ نوحؑ کے نام سے ہے جس کی چند آیات نقل کی جاتی ہیں:

> ہم نے نوحؑ کو اس قوم کی طرف بھیجا اور وہ پچاس کم ایک ہزار برس ان کے درمیان رہا ۔ آخر کار اُن لوگوں کو طوفان نے آگھیرا اس حال میں کہ وہ ظالم تھے (29-العنکبوت:14)

> اس (یعنی حضرت نوح ؑ) نے عرض کیا "اے میرے رب ' میں نے اپنی قوم کے لوگوں کو شب و روز پکارا مگر میری پکار نے ان کے فرار ہی میں اضافہ کیا ۔ اور جب بھی میں نے ان کو بلایا تاکہ تو انہیں معاف کر دے، انہوں نے کانوں میں انگلیاں ٹھونس لیں اور اپنے کپڑوں سے منہ ڈھانک لئے اور اپنی روش پر اڑ گئے اور بڑا تکبّر کیا ۔ پھر میں نے ان کو ہانکے پکارے دعوت دی ۔ پھر میں نے علانیہ بھی ان کو تبلیغ کی اور چپکے چپکے بھی سمجھایا ۔ ۔ ۔ نوحؑ نے کہا ، "میرے رب، انہوں نے میری بات رد کر دی اور اُن کی پیروی کی جو مال اور اولاد پا کر اور زیادہ نامراد ہو گئے ہیں ۔ ان لوگوں نے بڑا بھاری مکر کا جال پھیلا رکھا ہے ۔ انہوں نے کہا ہرگز نہ چھوڑو ودّ اور سواع کو ' اور نہ یغوث اور یعوق اور نسر کو -(71-نوح:5)

جس صبر آزمائی کے ساتھ حضرت نوح ؑ نے اس قدر طویل عرصہ اللہ تعالیٰ کی عائد کردہ ذمّہ داری کو انجام دیا، اسے تصوّر کرنا بھی ہمارے لئے ممکن نہیں -سورہ نوح کے اقتباس میں بالآخر حضرت نوح ؑ اللہ تعالیٰ کے پاس استغاثہ پیش کرتے ہیں کہ سرداروں کا پھیلایا

ہوا جال توڑنا میری طاقت سے باہر ہے اور یہ کہ اس بگڑی ہوئی قوم کا فیصلہ اللہ تعالیٰ اپنے ہاتھ میں لے لیں ۔ اس موقع پر حضرت نوحؑ کو کشتی بنانے اور قوم کے چند مومنین کو طوفان سے قبل اس پر سوار ہونے کا حکم دے دیا گیا ۔آیت میں پانچ دیوتاؤں کے نام بتائے گئے ہیں جن کو حضرت نوحؑ کی قوم نے اللہ تعالیٰ کا شریک بنا رکھا تھا ۔اگرچہ طوفانِ عظیم سے حضرت نوحؑ اور تھوڑے سے مومنین بچ سکے اور انہی سے از سر نو اولادِ آدمؑ کا سلسلہ جاری ہوا، لیکن قومِ نوحؑ کے یہ دیوتا تاریخ میں کسی وجہ سے محفوظ رہ گئے اور رسول اللہ کے وقت میں عرب میں ان کی پرستش جاری تھی ۔

اگر ہم زیرِ غور آیات کے مجموعی مفہوم سے یہ نتیجہ نکالنا چاہیں کہ قومِ نوحؑ کا اصل مسئلہ اللہ تعالیٰ کی بندگی میں دوسرے من گھڑت دیوتاؤں کی پرستش کو شریک کرنا اور یہ کہ حضرت نوحؑ کی اسی گناہ کی ممانعت کی اپیل قوم کے سردار ماننے پر تیار نہیں تھے اور قوم کی بڑی تعداد اس انکار میں سرداروں کی شریک تھی تو ہم غلطی کر بیٹھیں گے ۔ مشرکانہ عقیدہ کا نتیجہ نہ صرف قومِ نوحؑ کے معاملہ میں بلکہ رسول اللہ کے وقت میں قومِ عرب اور اس سے پہلے اور بعد کی تمام اقوام میں یہ بگاڑ پیدا کردیتا ہے کہ آخرت کا حقیقی تصوّر لوگوں کے ذہنوں میں جن تفصیلات کے ساتھ رہنا چاہئیے اس حالت میں نہیں رہتا بلکہ انتہائی صورتوں میں اس کا کوئی اشارہ تک باقی نہیں رہ جاتا ۔ انسان کو احتساب سے فارغ کر دیا جائے تو تمدنی قیود تو ایک طرف وہ اپنے ضمیر کی آواز سننے کا منکر ہو جاتا ہے ۔آخرت کا کوئی مبہم تصوّر رکھنے کے باوجود بھی اگر اس میں سے اعمال کی جواب طلبی کا عنصر نہ رہے تو اس کے نتیجے میں کسی معاشرے کی اکثریت کو اس معاشرے کی اقلیت کے ہاتھوں مستقل ظلم کا شکار ہونا پڑتا ہے۔ ظلم کی یہ چکی نسل در نسل چلنے والی شئے ہے جس کی سب سے واضح مثال شرک پر مبنی ہندو مذہب ہے جس نے خود اپنی ہی ہم مذہب قوم کو محض پیدائش کے اعتبار سے چار طبقات میں ایک دوسرے پر فوقیت کی بنیاد پر تقسیم کر رکھا ہے ۔ اس خود ساختہ تقسیم میں چوتھے کمترین درجہ پر متعین طبقہ کے حق میں عزت و حرمت ، معاشی حقوق اور تعزیرات پر ایسی بدترین حد بندیاں ہزاروں سال سے قائم رکھی ہیں جنہیں پڑھنے پر یقین نہیں ہوتا کہ ایسا بھی ممکن ہے ۔قرآنی تعلیمات میں مکّہ میں نازل ہونے والی تمام

سورتوں میں اسی لئے مشرکانہ عقائد کے مقابلے میں خالص وحدانیت اور آخرت پر اس کی جملہ تفصیلات کے ساتھ مکمّل یقین پر سب سے زیادہ شدت کے ساتھ زور دیا گیا ۔ قومِ نوحؑ کے معاملہ میں انسانی تمدّن ابتدائی حالت میں ہونے کے باوجود قوم کی اکثریت مٹھی بھر سرداروں کے ہاتھوں ظلم کا شکار تھی جسے سرداروں نے قوم کو اراذل اور شرفا کی تقسیم کہہ کر واضح کر دیا ۔ سرداروں کی گرفت قوم پر اتنی مضبوط تھی کہ حضرت نوحؑ کی حیرت انگیز طویل کوششوں کے بعد بھی محض چند لوگ ان کا ساتھ دینے پر تیار ہو سکے ۔

اگر شرک سے پاک خالص اللہ تعالیٰ کی بندگی (بندگی سے ہماری مراد بعض مفسرین کا پیش کردہ تصوّر کہ انسان عبادتی مراسم سر انجام دے) تخلیقِ انسانی کا تنہا مقصد تھا تو جیسا کہ تخلیقِ آدمؑ کے وقت فرشتوں کا کہنا تھا کہ آپ کی تقدیس تو ہم کر ہی رہے ہیں لہٰذا ایسی ہستی کیوں خلق کی جا رہی ہے جو زمین میں خوں ریزی کرے گی اور فساد پھیلائے گی؟ وہاں یہ جواب دیا جا سکتا تھا کہ عبادتی مراسم ہمیں کسی اور مخلوق سے بھی مطلوب ہیں لیکن وہاں اللہ تعالیٰ کا ارشاد ہوا کہ تم اصل مقصد سے واقف نہیں ۔یہ اصل مقصد بھی الفاظ میں فرشتوں کو بتایا جاسکتا تھا لیکن اللہ تعالیٰ نے یہ بھی نہیں کیا بلکہ حضرت آدمؑ کے ذریعے "تمام نام" انہیں بتلا کر عملی مظاہرہ کروا دیا کہ جو دماغی استعداد اس نئی مخلوق کو عطا کی گئی ہے وہ انہیں میسر نہیں ۔ پس فرشتوں نے مزید کچھ کہے بغیر حضرت آدمؑ کی یہ فضیلت تسلیم کر لی ۔پھر دوسری غور طلب بات یہ ہے کہ اللہ تعالیٰ کے مبعوث تمام رسول اس اہم بات میں مشترک ہیں کہ اگرچہ بالکل مختلف زمانوں میں اپنا اپنا دعوتی کام پیش کیا ، لیکن ان کا قوم سے پہلا مطالبہ ہی یہ تھا کہ اپنے سرداروں کی پیروی نہ کرو بلکہ میری اطاعت کرو اور یہ کہ اس کے جواب میں مجھے تم سے کچھ نہیں چاہئے ، مجھے اپنے کام کا اجر اللہ سے حاصل ہو گا ۔رسولوں کی کہنے کی سیدھی بات یہ ہونی چاہئے تھی کہ ایک اللہ کی عبادت کرو اور اس عبادت کے مراسم یہ ہیں کہ نماز پڑھو، روزے رکھو، زکوٰۃ دو وغیرہ اور اس کے طریقے میں بتاتا ہوں ۔ یہ کرو گے تو اللہ تمہیں جنت الفردوس میں جگہ دے گا ۔ ان ہدایات کی فراہمی کے لئے لوگوں سے اطاعتِ رسول کا مطالبہ ہونا نہیں چاہئے تھا اور نہ ہی ایسی ہدایات فراہم کرنے کے لئے کسی اطاعت کی ضرورت تھی ۔بے شک عبادتی مراسم اور ان

کے طریقۂ کار رسولوں کی تعلیمات کے اہم ترین مقصد کا حصّہ تھے اور قرآن میں بکثرت بیان ہوئے لیکن ساتھ میں اطاعت سے رسولوں کی مراد یہ تھی کہ اللہ کا وضع کردہ زندگی کا قانون تمہیں مجھ سے ملے گا۔ جو قوانین تمہارے امراء اور آباؤ اجداد نے بنا دیئے ہیں وہ ظلم پر مبنی ہیں اور ان کی وجہ سے تمہاری زندگیاں برباد ہیں ۔ لہٰذا تمام قوانین رد کر دو اور اس کے بجائے جو احکامات میں تمہیں دیتا ہوں وہ اللہ تعالیٰ کے بنائے ہوئے ہیں اس لئے مکمّل منصفانہ ہیں، لہٰذا ان کی تعمیل میں اور انہیں سیکھنے کے لئے میری اطاعت کرو۔ سورہ الشعرآء میں حضرت نوح ؑ، حضرت ہودؑ، حضرت صالح ؑ، حضرت لوطؑ اور حضرت شعیب ؑ کا یکے بعد دیگرے یہی قول قرآن میں درج ہے جس میں سے صرف حضرت نوح ؑ کا قول ذیل میں نقل ہے۔ ایک ہی قول پانچ مرتبہ یہاں نقل کرنے کی ضرورت نہیں:

> یاد کرو جبکہ ان کے بھائی نوح نے ان سے کہا تھا " کیا تم ڈرتے نہیں ہو؟ میں تمہارے لئے ایک امانت دار رسول ہوں ' لہٰذا تم اللہ سے ڈرو اور میری اطاعت کرو ۔ میں اس کام پر تم سے کسی اجر کا طالب نہیں ہوں ' میرا اجر تو اللہ کے پاس ہے ۔ پس تم اللہ سے ڈرو اور میری اطاعت کرو (26-الشعراء 108)

جو مفہوم اس بحث میں ہم پیش کرنا چاہتے ہیں وہ یہ کہ ماضی کی بہت سی اقوام میں برسرِ اقتدار اور خوشحال طبقہ اپنے ہم خیال و ہم طبع مذہبی امراء کے گٹھ جوڑ کے ساتھ خدا اور آخرت کے خوف سے عاری اور مشرکانہ عقائد کو فروغ دینے کا ذمّہ دار تھا تاکہ ایسے عقائد کے ذریعے خود اپنے لئے عیش کے سامان مہیا کر سکے ۔ اس کا سہل ترین راستہ ان کے سامنے یہ تھا کہ اپنے ہی باشندوں اور اطراف کی کمزور قوموں کو ظلم کا نشانہ بنائیں ۔عددی لحاظ سے یہ طبقہ اقلیت میں ہونے کے باوجود ہر قوم میں اتنا طاقتور تھا کہ مظلوم اور کمزور اکثریت ان کا ہاتھ پکڑ لینے سے قاصر تھی ۔ اس فسدد سے دنیا کو پاک کرنے اور لوگوں کو ظلم سے نجات دلانے کے لئے اللہ تعالیٰ نے ہر ایسی قوم میں صریح نشانیوں کے ساتھ رسول مبعوث کئے کہ وہ اپنے قول میں صادق ہیں اور ان رسولوں نے خدائے واحد پر ایمان، آخرت اور جزا و سزا پر یقین کرنے اور معاشرتی زندگی کے قوانین کے لئے لوگوں سے اطاعت کا مطالبہ کیا ۔رسولوں کی انتھک دعوتی مہم کے بعد جب یہ ثابت ہوگیا کہ قوم کے بااثر طبقات یہ مطالبات تسلیم کرنے

پر تیار نہیں اور قوم کی ایک مختصر تعداد ہی اللہ اور رسول پر ایمان لا سکی تو اللہ تبارک و تعالیٰ نے فوق الفطر ی طریقوں سے ہر مرتبہ مومنین کا گروہ بچا لیا اور زمین کو ناپاک مفسدین سے پاک کر دیا ۔

اس موضوع کی ابتدا میں ہم نے پچھلے صفحات میں سورہ الاعراف کی چند آیات عددی ترتیب کے ساتھ نقل کی تھیں جن میں چار مغضوب اقوام کا بیان درج تھا ۔ اس میں سے اگر چہ پہلی تین قوموں کے متعلق یہ تفصیلات اس طرح نہیں بتائی گئیں جیسا کہ ہم نے خلاصہ کی شکل میں یہاں تحریر کیا ، لیکن قارئین چوتھے اقتباس کی آیات پڑھ لیں جو حضرت شعیب ؑ کی قوم کے بارے میں بتائی گئیں تو بآسانی ان تمام باتوں کی تصدیق ہو جائے گی ۔ اس قوم کا جرم یہ تھا کہ عام بازاروں میں دکاندار کم تولنے کی بے ایمانی کا شکار تھے اور راستوں میں لوٹ مار کو حصولِ مال کا ذریعہ بنا رکھا تھا ۔ قرآن ان جرائم کو زمین میں فساد پھیلانے سے تعبیر کرتا ہے ۔ تیسرے اقتباس میں حضرت صالح ؑ کی قوم کے جرائم کو بھی فساد کہا گیا ہے ۔جیسا کہ ہم نے پہلے کہا کہ تمدنی ارتقاء کے ساتھ ساتھ حصولِ لذّت کے نئے سے نئے ذرائع، ذاتی ملکیت کی نئی سے نئی اشیاء اور جرائم کے نئے سے نئے طریقے منظرِ عام پر آتے تھے اس لئے قرآن کے بیانات میں ہر قوم کے جرائم کی تفصیلات میں قطعی یکسانیت تلاش کرنا مناسب نہیں ۔ یکسانیت جس حقیقت میں ہے وہ یہ کہ بااثر طبقہ نفسِ امارہ کی تسکین کے لئے جرائم کا راستہ اختیار کرے اور وہ ہر قوم اور ہر زمانے میں ایک ہی شکل میں ظاہر ہوتا ہے ۔حضرت شعیب ؑ کے زمانے تک عام دکانداری میں اس کے اثرات پھیل گئے تھے تو آیات میں اس کی نشاندہی ہوئی ۔ اس سے پہلے کی اقوام میں بادشاہوں اور سرداروں کی رہائشی عمارتوں سے نام و نمود اور محض فخر محسوس کرنے کی خاطر پہاڑوں میں بلند و بالا عمارتیں تراشنا اور مرنے والے امراء کے مقبروں کے لئے بڑے سے بڑے اہرام تعمیر کرنا جیسے کام قومِ عاد، قوم ثمود اور قومِ فرعون کے امراء نے اختیار کیں۔ قدیم زمانے میں یہ کام انسان کی جسمانی طاقتوں کے ذریعے ہی انجام دیئے جا سکتے تھے ۔، لہٰذا انسانوں کو پکڑ کر اس کی بھینٹ چڑھا دینے کے سوا کوئی اور راستہ ان کے پاس نہ تھا ۔یہ پراجیکٹ بھی ایسے نہ تھے کہ دو چار سال میں مکمّل ہو جائیں اور عذاب میں گرفتار غلاموں کو نجات کی کسی امید کا آسرا ہو کہ تعمیر مکمّل ہو تو شاید جان چھوٹ جائے ۔ ایک

ایک عمارت کی تعمیر پچاس پچاس سال اور سو سو سال تک چلنے والی تھی اور نسلیں کی نسلیں اس ناگہانی آفت کا شکار تھیں ۔ پھران کا حاصل کیا تھا؟ نسلِ انسانی کے کسی بدترین نمائندہ اور اس کے لواحقین کا نام و نمود حاصل کر لینا ، فخر محسوس کرنا اور دوسروں کو جتانا ؟ ان اقوام کے مظالم کی ضمن میں بلند عمارتوں کی تعمیر ہی بطورِ علامت قرآن میں استعمال کی گئی ہے ۔قرآنِ کریم میں دوسرے مقامات پر مختلف انداز میں ایسے مظالم کی نشاندہی اور اللہ تعالیٰ کی سنّت کا بیان موجود ہے، لیکن ہماری بیان کردہ تفصیلات کے واضح اشارات کے لئے ذیل میں نقل آیات بطورِ مثال پیش کی جاتی ہیں :

تم نے دیکھا نہیں کہ تمہارے رب نے کیا برتاؤ کیا اونچے ستونوں والے عاد ارم کے ساتھ' جن کے مانند کوئی قوم دنیا کے ملکوں میں پیدا نہیں کی گئی تھی؟ اور ثمود کے ساتھ جنہوں نے وادی میں چٹانیں تراشی تھیں؟ اور میخوں والے فرعون کے ساتھ؟ یہ وہ لوگ تھے جنہوں نے دنیا کے ملکوں میں بڑی سرکشی کی تھی اور ان میں بہت فساد پھیلایا تھا ۔ آخر کار تمہارے رب نے ان پر عذاب کا کوڑا برسا دیا ۔(89-الفجر:6)

لوگو ' تم سے پہلے کی قوموں کو ہم نے ہلاک کر دیا جب انہوں نے ظلم کی روش اختیار کی اور ان کے رسول ان کے پاس کھلی کھلی نشانیاں لے کر آئے اور انہوں نے ایمان لا کر ہی نہ دیا ۔ اس طرح ہم مجرموں کو ان کے جرائم کا بدلہ دیا کرتے ہیں ۔(10-یونس:13)

اور تیرا رب بستیوں کو ہلاک کرنے والا نہ تھا جب تک کہ ان کے مرکز میں ایک رسول نہ بھیج دیتا جو ان کو ہماری آیات سناتا ۔ اور ہم بستیوں کو ہلاک کرنے والے نہ تھے جب تک کہ ان کے رہنے والے ظالم نہ ہو جاتے ۔(28-القصص:59)

پھر کیوں نہ اُن قوموں میں جو تم سے پہلے گزر چکی ہیں ایسے اہلِ خیر موجود رہے جو لوگوں کو زمین میں فساد برپا کرنے سے روکتے؟ایسے لوگ نکلے بھی تو بہت کم، جن کو ہم نے ان قوموں میں سے بچا لیا، ورنہ ظالم لوگ تو انہی مزوں کے پیچھے پڑے رہے جن کے سامان انہیں فراوانی کے ساتھ دئے گئے تھے اور وہ مجرم بن کر رہے ۔ تیرا رب ایسا نہیں ہے کہ بستیوں کو ناحق تباہ کر دے حالانکہ ان کے باشندے اصلاح کرنے والے ہوں (11-ہود:116)

پہلی آیت میں عاد ارم وہی قومِ عاد ہے جس کی طرف حضرت ہود ُبھیجے گئے ۔ قرآن ان اقوام کے تعمیراتی کاموں ور جہانگیری کو

سرکشی و فساد گردانتا ہے ۔ دوسری آیت میں بھی قوموں کی ہلاکت کی وجہ ظلم کی روش قرار دی گئی جو ایسا جرم تھا جس میں ان کی ہلاکت ہی اللہ تعالیٰ کے انصاف میں ان کے جرائم کا بدلہ تھی ۔ تیسری آیت میں بھی یہ بتایا گیا کہ مغضوب اقوام اپنے جرائم کی بنا پر ایک رسول بھیجے جانے کی مقتضی ہوئیں اور جب وہ اپنے ظلم پر بضد اور رسول کے منکر ہوئے تو اپنے انجام کو پہنچا دئے گئے ۔ اللہ تعالیٰ نے سورہ اخلاص میں بتا دیا کہ اللہ بے نیاز ہے ۔ اللہ بے شک ہر بات میں بے نیاز ہے ۔ اللہ کو اس بات سے کیا غرض کہ کوئی اس کی بندگی کرے یا کوئی نہ کرے ۔

لوگوں سے کہو "میرے رب کو تمہاری کیا حاجت پڑی ہے اگر تم اُس کو نہ پکارو۔(25-الفرقان:77)

لیکن اگر اللہ کی مخلوق میں سے کسی نے کسی کو ظلم کا نشانہ بنایا تو اس معاملہ کی حسّاسیت کا اندازہ ریاح کا اخراج اور وضو کی سلامتی کی وضاحت سے ہو جاتا ہے کہ اللہ تعالیٰ کی نظر میں صریح ظلم کتنا بڑا جرم ہے ۔

ابتدا میں سب لوگ ایک ہی طریقے پر تھے ۔ پھر اللہ نے نبی بھیجے جو راست روی پر بشارت دینے والے اور کج روی کے نتائج سے ڈرانے والے تھے ، اور ان کے ساتھ کتابِ برحق نازل کی تاکہ حق کے بارے میں لوگوں کے درمیان جو اختلافات رونما ہو گئے تھے، ان کا فیصلہ کر ے۔ اختلاف ان لوگوں نے کیا جنہیں حق کا علم دیا جا چکا تھا ۔ انہوں نے روشن ہدایات پا لینے کے بعد محض اس لئے حق کو چھوڑ کر مختلف طریقے نکالے کہ وہ آپس میں زیادتی کرنا چاہتے تھے ۔ پس جو لوگ انبیاء پر ایمان لے آئے ' انہیں اللہ نے اپنے اذن سے اُس حق کا راستہ دکھا دیا جس میں لوگوں نے اختلاف کیا تھا (2-البقرہ:213)

اس آیت میں سنّتِ الٰہی بالکل واضح کردی گئی ہے کہ ابتدا میں لوگ اجتماعی بگاڑ کا شکار نہیں تھے لیکن جب لوگوں میں اختلافات اور راہِ راست سے دوری کے دیرپا اثرات پیدا ہونا شروع ہوئے تو اللہ تعالیٰ نے نیک و بد اعمال کے انجام کی بشارت و تنبیہ اور کتاب اللہ کی تعلیمات کے مطابق اختلافات کا فیصلہ کرنے کے لئے انبیاء بھیجے ۔ اختلاف پیدا ہونے کا اصل مُحرّک کیا تھا اسے اللہ تعالیٰ نے واضح کردیا کہ وہ آپس میں منصفانہ طور طریقے برتنا نہیں چاہتے تھے بلکہ زیادتی کرنا چاہتے تھے ۔

اگرچہ اللہ تعالیٰ نے اپنی سنّت کے مطابق رسول اللہ کی بعثت سے قبل کی مجرم اقوام کو ہلاک کر دیا اور مومنین کا صرف مختصر گروہ بچا یا گیا لیکن جب قیامت کے بعد کا ایک دن اللہ نے مقرر کر رکھا ہے جس میں نوعِ انسانی کے تمام افراد جمع کئے جائیں گے اور ہر فرد کے اعمال کا احتساب ہو گا تو بعض اقوام مکمّل طور پر ہلاک کیوں کر دی گئیں؟ یہ بات قابلِ تسلیم ہے کہ مجرم اقوام اپنے جرائم سے خود کو سزائے موت کا حقدار کر چکی تھیں لیکن قرآنِ کریم میں دو باتیں اس الجھن کے جواب میں ملتی ہیں ۔ اللہ تعالیٰ نے رسولوں کی تعلیمات کے جواب میں مشرکین مکہ کا بشمول تمام ہی گذشتہ اقوام ایک قول بکثرت بیان کیا کہ وہ اپنے باپ دادا کے طور طریقوں کو تمام مغضوب اقوام کی طرح غلط ماننے پر تیار نہیں تھے ۔ ان کے لئے یہ بات سمجھ سے باہر تھی کہ ان کے باپ دادا کبھی غلط بھی ہو سکتے تھے ۔وقت کے رسولوں نے اگرچہ اپنے مخاطبین کو آزادانہ تنقیدی سوچ کی طرف عقلی دلائل کے ساتھ متوجہ کیا لیکن باپ دادا کی تقلیذ کا گہرا اثر ہمیشہ دیرپا ثابت ہوتا رہا ۔انسان کا بچہ رسول اللہ کی ایک حدیث کی رو سے دینِ فطرت پر پیدا ہوتا ہے لیکن ابتدائی عمر سے ماں باپ کے طور طریقے دیکھتا چلا آتا ہے تو بالآخر ان کا بھرپور عکس اس کے ذہن پر ایک پائدار نقش کی صورت میں اپنی جگہ بنا لیتا ہے ۔اس حقیقت میں تمدنی ارتقاء کے ساتھ بہت آہستہ تبدیلی آنی تھی جیسا کہ ہمارے وقت میں اب اولاد باپ دادا کے طور طریقے پسماندہ اور خود کو والدین سے زیادہ سمجھ دار قیاس کرتی ہے لیکن قدیم زمانوں میں یہ بڑا مسئلہ تھا پھر قارئین اس بات سے بھی واقف ہیں کہ اللہ تعالیٰ نے زمانۂ قدیم میں کسی وقت تمام انسانی ارواح پیدا کر کے قول و قرار لیا تھا کہ ان کا خالق کون ہے :

> اور اے نبی، لوگوں کو یاد دلاؤ وہ وقت جبکہ تمہارے رب نے بنی آدم کی پشتوں سے ان کی نسل کو نکالا تھا اور انہیں خود ان کے اوپر گواہ بناتے ہوئے پوچھا تھا "کیا میں تمہارا رب نہیں ہوں"؟ انہوں نے کہا "ضرور آپ ہی ہمارے رب ہیں، ہم اس پر گواہی دیتے ہیں"۔(7-الاعراف:172)

یہ تعداد چاہے کتنی بڑی ہو لیکن یہ ایک محدود تعداد ہے ۔ وہ انسان جو موقع ملنے پر بھی ایمان لانے کے بجائے اپنے بد عقیدہ پر بضد رہے تو مزید اولاد پیدا کرنے کا حق صلب کرنے سے اللہ تعالیٰ نے

ارواحِ انسانی کو ان نیک گھرانوں میں پیدا ہونے اور پروان چڑھنے کا موقع دیا جو مومنین کی حیثیت سے بچا لئے گئے تھے ۔ اس حقیقت کی طرف اللہ تعالیٰ نے بالکل الگ طرز سے بھی ہمیں متوجہ کیا ہے ۔ موضوع کے آغاز میں سورہ الاعراف سے جو چار اقتباسات نقل کئے گئے تھے ان میں سے چوتھے اقتباس میں حضرت شعیب ؑ قوم کو ناپ تول میں کمی پر تنبیہ کرتے ہیں تو فرماتے ہیں:

اور زمین پر فساد برپا نہ کرو جب کہ اس کی اصلاح ہو چکی ہے (7-الاعراف:85)

اپنے لوگوں سے خطاب میں حضرت شعیب ؑ کا منشاء یہ تھا کہ فسادی اقوام سے پاک کر کے اللہ تعالیٰ زمین کی اصلاح کر چکے ہیں تو تم فساد کی ابتدا کیوں کرتے ہو؟ اس بات کا اطلاق تمام مغضوب اقوام پر ہوتا ہے کہ بچائے گئے نیک لوگوں سے پیدا ہونے والی نسلوں کے پاس باپ دادا کی تقلید کا عذر نہ رہے اور اپنے اعمال کے وہ خود جواب دہ ہوں ۔لہٰذا مغضوب اقوام کی مکمّل ہلاکت نئے پیدا ہونے والوں کے لئے اللہ تعالیٰ کی رحمت تھی کہ وہ نیک لوگوں کی اولادیں ہوں ۔ نوعِ انسانی کا ہر فرد اپنی جگہ ایک مکمّل اکائی ہے اور اپنے اعمال کا وہی تنہا جواب دہ ہے ۔

مقصدِ تخلیق

تخلیقِ انسانی کا مقصد اور اس کے ساتھ درپیش حقائق اللہ تعالیٰ نے متعدد مفاہیم کے ساتھ قرآنِ کریم میں بیان کئے ہیں ۔ ذیل میں چند آیات نقل ہیں :

نہایت بزرگ اور برتر ہے وہ جس کے ہاتھ میں کائنات کی سلطنت ہے اور وہ ہر چیز پر قدرت رکھتا ہے ۔جس نے موت و زندگی کو ایجاد کیا تاکہ تم لوگوں کو آزما کر دیکھے تم میں سے کون بہتر عمل کرنے والا ہے، اور وہ زبردست بھی ہے اور درگزر فرمانے والا بھی -(67-الملک:1)

ہر شخص کا درجہ اُس کے عمل کے لحاظ سے ہے اور تمہارا رب لوگوں کے اعمال سے بے خبر نہیں ہے (6-الانعام:132)

حق یہ ہے کہ جو بھی اپنی ہستی کو اللہ کی اطاعت میں سونپ دے اور نیک روش پر چلے ' اس کے لئے اس کے رب کے پاس اُس کا اجر ہے اور ایسے لوگوں کے لئے کسی رنج و خوف کا کوئی موقع نہیں (2-البقرہ:112)

اور اللہ کسی ناشکرے بدعمل انسان کو پسند نہیں کرتا ۔ ہاں ' جو لوگ ایمان لے آئیں اور نیک عمل کریں اور نماز قائم کریں اور زکوٰۃ دیں ' ان کا اجر بے شک ان کے رب کے پاس ہے اور ان کے لئے کسی رنج و خوف کا موقع نہیں (2-البقرہ:276)

آخر کار جب وہ کان بہرے کر دینے والی آواز بلند ہو گی ۔ اُس دن آدمی اپنے بھائی اور اپنی ماں اور اپنے باپ اور اپنی بیوی اور اپنی اولاد سے بھاگے گا ۔ ان میں سے ہر شخص پر اُس دن ایسا وقت آپڑے گا کہ اسے اپنے سوا کسی کا ہوش نہ ہو گا ۔ کچھ چہرے اس روز دمک رہے ہوں گے، بشاش بشاش اور خوش و خرّم ہوں گے ۔ اور کچھ چہروں پر اس روز خاک اُڑ رہی ہو گی اور کلونس چھائی ہوئی ہو گی ۔ یہی کافر و فاجر لوگ ہوں گے -(عبس:33)

جب زمین اپنی پوری شدّت کے ساتھ ہلا ڈالی جائے گی، اور زمین اپنے اندر کے سارے بوجھ نکال کر باہر ڈال دے گی . . . اس روز لوگ متفرّق حالت میں پلٹیں گے تاکہ ان کے اعمال انہیں دکھائے جائیں ۔ پھر جس نے

ذرّہ برابر نیکی کی ہو گی وہ اس کو دیکھ لے گا، اور جس نے ذرّہ برابر بدی کی ہو گی وہ اس کو دیکھ لے گا ۔(99۔الزلزال:1)

زمین پر نوعِ انسانی کا مقصدِ حیات قرآنِ کریم کی آیات بالکل واضح طور پر بتاَ دیتی ہیں کہ جنّت کوئی کم قیمت مقام نہیں کہ یونہی دے دیا جائے بلکہ اگر کوئی اسے حاصل کرنا چاہے تو شعور کی عمر حاصل کرنے والا ہر انسان اپنے اعمال سے اپنی طبیعت و کردار اور اہلیت کا ثبوت دے ۔ قرآنِ کریم ساتھ میں یہ بھی بہ تفصیل بتاتا ہے کہ وہ کیا طبیعت و صفتِ انسانی ہے جو آخرت میں فلاح و کامیابی اور انعامات کی مستحق ٹھہرے گی اور کس نوعیت کے اعمال ہیں جن کے مرتکب اللہ تعالیٰ کے غضب کا شکار قرار دئے جائیں گے ۔ اس سلسلۂ زندگی کے خاتمہ کے لئے اللہ تعالیٰ نے قیامت کا ایک ایسا ہولناک منظر اور طریقے کا انتخاب کیا جس کی ضرورت اور مصلحت اللہ ہی بہتر جانتا ہے ۔

پھر جب وہ ہنگامۂ عظیم برپا ہو گا، جس روز انسان اپنا سب کیا دھرا یاد کرے گا، اور ہر دیکھنے والے کے سامنے دوزخ کھول کر رکھ دی جائے گی ، تو جس نے سرکشی کی تھی اور دنیا کی زندگی کو ترجیح دی تھی، دوزخ ہی اس کا ٹھکانہ ہو گی ۔ اور جس نے اپنے رب کے سامنے کھڑے ہونے کا خوف کیا تھا اور لفس کو بری خواہشات سے باز رکھا تھا، جنّت اس کا ٹھکانہ ہو گی ۔(79۔النّزعٰت:24)

اور تم اُن بڑے بڑے گناہوں سے پرہیز کرتے رہو جن سے تمہیں منع کیا جا رہا ہے تو تمہاری چھوٹی موٹی برائیاں ہم تمہارے حساب سے ساقط کر دیں گے اور تم کو عزّت کی جگہ داخل کر دیں گے (4۔النّسآء:31)

اور ان لوگوں کو اچھی جزا سے نوازے جنہوں نے نیک رویّہ اختیار کیا ہے، جو بڑے بڑے گناہوں اورکُھلے کُھلے قبیح افعال سے پرہیز کرتے ہیں، الّا یہ کہ کچھ قصور ان سے سرزد ہو جائے ۔بلاشبہ تیرے رب کا دامنِ مغفرت بہت وسیع ہے (53۔النجم:31)

اگر کوئی شخص برا فعل کر گزرے یا اپنے نفس پر ظلم کر جائے اور اس کے بعد اللہ سے درگزر کی درخواست کرے تو اللہ کو درگزر کرنے والا اور رحیم پائے گا (4۔النّسآء:104)

اللہ کے ہاں بس شرک ہی کی بخشش نہیں ہے ' اس کے سوا اور سب کچھ معاف ہو سکتا ہے جسے وہ معاف کرنا چاہیے ۔ جس نے اللہ کے

ساتھ کسی کو شریک ٹھیرایا وہ تو گمراہی میں بہت دور نکل گیا (4-النّسَآء:116)

اور جو شخص سچائی لے کر آیا اور جنہوں نے اسے سچ مانا وہی عذاب سے بچنے والے ہیں ۔ انہیں اپنے رب کے ہاں وہ سب کچھ ملے گا جس کی وہ خواہش کریں گے ۔ یہ ہے نیکی کرنے والوں کی جزا ۔ تاکہ جو بدترین اعمال انہوں نے کئے تھے، انہیں اللہ ان کے حساب سے ساقط کر دے اور جو بہترین اعمال وہ کرتے رہے ان کے لحاظ سے ان کو اجر عطا فرمائے (39-الزمر:33)

جو کچھ بھی تم لوگوں کو دیا گیا ہے وہ محض دنیا کی چند روزہ زندگی کا سر و سامان ہے، اور جو کچھ اللہ کے ہاں ہے وہ بہتر بھی ہے اور پائیدار بھی ۔ وہ ان لوگوں کے لئے ہے جو ایمان لائے ہیں اور اپنے رب پر بھروسہ کرتے ہیں، جو بڑے بڑے گناہوں اور بے حیائی کے کاموں سے پرہیز کرتے ہیں اور اگر غصّہ آجائے تو درگزر کرتے ہیں، جو اپنے رب کا حکم مانتے ہیں، نماز قائم کرتے ہیں اور اپنے معاملات آپس کے مشورے سے چلاتے ہیں، ہم نے جو کچھ بھی رزق دیا ہے اس میں سے خرچ کرتے ہیں، اور جب ان پر زیادتی کی جاتی ہے تو اس کا مقابلہ کرتے ہیں (42-الشورٰی:36)

قرآنِ کریم میں درج بکثرت آیت میں سے یہ چند آیات ہیں جو انسان کو بِلا کوئی اشتباہ و مغالطہ واضح کردیتی ہیں کہ اگر کوئی شخص خلقِ خدا کے لئے تکلیف کا سبب بنا تو اس عمل کی سزا کا سامنا کئے بغیر وہ بچ نہیں سکتا اور جس نے ان کا بھلا چاہا اور اس کی کوشش کی تو اس کا اجر اسے یقیناً ملے گا ۔ یہ تفصیل نہ تو وحید الدین خاں کی بتائی گئی شرط کہ انسان خدا سے عشق کا وہ مقام حاصل کرے کہ اس سے سرگوشیاں کرے وغیرہ سے مطابقت رکھتی ہے اور نہ ہی ڈاکٹر اسرار احمد مرحوم کی بتائی گئی چار شرائط کی تکمیل سے اس کا کوئی تعلق ہے ۔ ذیل میں ایک اور آیت قومِ شعیب ؑ جیسے جرائم کا مرتکب معاشرہ کا کردار بتاتی ہے جو خوفِ خدا اور خوفِ آخرت سے نڈر ہو تو کن راستوں پر چل نکلتا ہے:

تباہی ہے ڈنڈی مارنے والوں کے لئے ۔ جن کا حال یہ ہے کہ جب لوگوں سے لیتے ہیں تو پورا پورا لیتے ہیں، اور جب اُن کو ناپ کر یا تول کر دیتے ہیں تو انہیں گھاٹا دیتے ہیں ۔ کیا یہ لوگ نہیں سمجھتے کہ ایک بڑے دن یہ اٹھا کر لائے جانے والے ہیں؟ اُس دن جبکہ سب لوگ ربّ العالمین کے سامنے کھڑے ہوں گے ۔

ہر گز نہیں، یقیناً بدکاروں کا نامہ اعمال قید خانے کے دفتر میں ہے ۔اور تمہیں کیا معلوم کہ وہ قید خانے کا دفتر کیا ہے؟ ایک کتاب ہے لکھی ہوئی ۔ تباہی ہے اُس روز جھٹلانے والوں کے لئے جو روزِ جزا کو جھٹلاتے ہیں ۔ اور اسے نہیں جھٹلاتا مگر ہر وہ شخص جو حد سے گزر جانے والا بدعمل ہے ۔ ۔ ۔ ہر گز نہیں، بےشک نیک آدمیوں کا نامہ اعمال بلند پایا لوگوں کے دفتر میں ہے ۔ اور تمہیں کیا خبر کہ کیا ہے وہ بلند پایہ لوگوں کا دفتر؟ ایک لکھی ہوئی کتاب ہے جس کی نگہداشت مقرب فرشتے کرتے ہیں ۔ بےشک نیک لوگ بڑے مزے میں ہوں گے (83-المطفّفین:1)

تم اپنے دل کی باتیں خواہ ظاہر کرو یا چھپاؤ اللہ بہرحال ان کا حساب تم سے لے لے گا ۔ پھر اسے اختیار ہے ' جسے چاہے ' معاف کر دے اور جسے چاہے ' سزا دے ۔ وہ ہر چیز پر قدرت رکھتا ہے ۔ (2-البقرہ:284)

ہم نے اخراجِ ریاح اور حفاظتِ وضو کی بحث میں مفہوم تجویز کیا کہ غالباً اللہ تعالیٰ کو قبول نہیں کہ کسی ایمان لانے والے کی کوئی حرکت دوسروں میں ناگواری کا سبب ہو لیکن اس آیت میں اللہ تعالیٰ کی پشت پناہی کس حد تک خلقِ خدا کو حاصل ہے وہ ناگواری کے احساس سے بھی بڑھ کر ہے ۔ ناپ تول میں کمی کرنے والا تھوڑا سا مال چرانے کی خاطر اپنے ہاتھ کی صفائی کا ایسا ہنر دکھاتا ہے کہ گاہک کو اس کے نقصان کا پتہ نہیں چلتا ۔ عین ممکن ہے کہ گاہک کو تھوڑے سے نقصان کا کبھی علم نہ ہو سکے لیکن اس غاصب دکاندار کے لئے اللہ تعالیٰ کی غضبناکی واضح ہے کہ وہ اسے بدکردار اور حد سے گزر جانے والا بدعمل قرار دیتا ہے ۔اسی بات سے انسان قیاس کر سکتا ہے کہ منہ در منہ اذیّت پہنچانے، چوری، ملاوٹ، رشوت ستانی، عصمت دری اور ناحق قتل جیسے جرائم پر قطعی انصاف کس انجام کا مقتضی ہو سکتا ہے ۔اس سے بڑھ کر یہ کہ حصولِ دولت اور احساسِ برتری کا حق سمجھتے ہوئے انسانی نسلوں پر ظلمِ عظیم کی کیسی کچھ جواب طلبی ہونے والی ہے ۔

اے محمد ؐ، ان سے کہو کہ میرے رب نے جو چیزیں حرام کی ہیں وہ تو یہ ہیں: بے شرمی کے کام خواہ کھلے ہوں یا چھپے اور گناہ اور حق کے خلاف زیادتی اور یہ کہ اللہ کے ساتھ تم کسی کو شریک کرو جس کے لئے اُس نے کوئی سند نازل نہیں کی اور یہ کہ اللہ کے نام پر کوئی ایسی بات کہو جس کے متعلق تمہیں علم نہ ہو کہ وہ حقیقت میں اسی نے فرمائی ہے (7-الاعراف:33)

اس آیت میں اللہ تعالیٰ نے ایسے غلط کام جو ہر انسان جانتا ہے کہ غلط ہیں انہیں حرام قرار دینے کے بعد شرک کو حرام قرار دیا جس کی سمجھ سے انسانوں کی بڑی تعداد نہ صرف محروم ہے بلکہ وہ جاننا ہی نہیں چاہتی کہ وہ کیا تصورات ہیں جو بلا کوئی نفع پہنچائے اسے شرک کی حدود میں کھینچ لاتے ہیں ۔ پھر اللہ تعالیٰ نے یہ بھی حرام قرار دیا کہ کوئی شخص یہ کہے کہ اللہ نے ایسا فرمایا جبکہ وہ اللہ کا فرمان نہ ہو ۔ اس عظیم جرم کے اصل مرتکب تو یہودی اور عیسائی مذہبی رہنما تھے لیکن کیا اس میں یہ شامل نہیں کہ اللہ تعالیٰ کی کہی بات کا کوئی ایسا مفہوم پیش کیا جائے جو بات کا اصل مفہوم نہ ہو ؟ قرآنِ کریم کی ہر آیت نسلِ انسانی کی ہدایت کے لئے ہے اور اس بات میں انتہائی درجہ احتیاط لازم ہے کہ جو اصل مفہومِ آیات ہے اس کے بیان میں غلطی نہ ہونے پائے ۔ہمیں بحالتِ مجبوری بعض مفکرین کے تحریری اشارات پیش کرنے پڑے ورنہ ہم یہ ذمہ داری اٹھانے کی جرآت نہیں رکھتے کہ قرآنی آیات کا اپنی عقل سے کوئی مفہوم تجویز کریں ۔ ہمارا حتیٰ الامکان محتاط ہونے کے احساس کے ساتھ ساتھ قرآنِ کریم انسان کی ہمت افزائی بھی کرتا ہے کہ اللہ کی کتاب کی محکم ہدایات کی سمجھ پیدا کرنا آسان ہے اور اسے دوسروں تک پہنچانا نیکی کے عظیم کاموں میں سے ایک ہے ۔

> دین کے معاملے میں کوئی زور زبردستی نہیں ہے ۔ صحیح بات غلط خیالات سے الگ چھانٹ کر رکھ دی گئی ہے ۔ اب جو کوئی طاغوت کا انکار کر کے اللہ پر ایمان لے آیا ' اُس نے ایک ایسا مضبوط سہارا تھام لیا ' جو کبھی ٹوٹنے والا نہیں اور اللہ سب کچھ سننے والا اور جاننے والا ہے ۔ جو لوگ اللہ پر ایمان لاتے ہیں ' ان کا حامی و مددگار اللہ ہے اور وہ ان کو تاریکیوں سے روشنی میں نکال لاتا ہے ۔ اور جو لوگ کفر کی راہ اختیار کرتے ہیں اُن کے حامی و مددگار طاغوت ہیں اور وہ انہیں روشنی سے تاریکیوں کی طرف کھینچ لے جاتے ہیں ۔ یہ آگ میں جانے والے لوگ ہیں ' جہاں یہ ہمیشہ رہیں گے (2-البقرہ:256)

قرآنِ کریم نیکی کی تلقین اور اعمالِ بد سے اجتناب کے ساتھ ساتھ یہ بات بھی نمایاں کرتا ہے کہ اگر نادانی میں کوئی ایسا کام کر بیٹھا ہو جو اس کے کرنے کا نہ تھا تو اللہ کی رحمت اس سے دور نہیں اگر وہ اصلاح کر لے اور اپنی غلطی پر نادم ہو کر اللہ سے معافی کا طلب گار ہو :

جب تمہارے پاس وہ لوگ آئیں جو ہماری آیات پر ایمان لاتے ہیں تو ان سے کہو "تم پر سلامتی ہے ۔ تمہارے رب نے رحم و کرم کا شیوہ اپنے اوپر لازم کر لیا ہے ۔ یہ اس کا رحم و کرم ہی ہے کہ اگر تم میں سے کوئی نادانی کے ساتھ کسی برائی کا ارتکاب کر بیٹھا ہو پھر اس کے بعد توبہ کرے اور اصلاح کر لے تو وہ اسے معاف کر دیتا ہے اور نرمی سے کام لیتا ہے"۔(6-الانعام:54)

اللہ تعالیٰ کی نظر میں نیکی کی قدر و قیمت کتنی ہے اور جنّت الفردوس کے مکین اللہ تعالیٰ کو کتنے محبوب ہیں اس حقیقت کو قرآنِ کریم کی ذیل میں نقل دو آیات بخوبی واضح کرتی ہیں:

جو اللہ کے حضور نیکی لے کر آئے گا اس کے لئے دس گنا اجر ہے، اور جو بدی لے کر آئے گا اس کو اتنا ہی بدلہ دیا جائے گا جتنا اس نے قصور کیا ہے اور کسی پر ظلم نہ کیا جائے گا (6-الانعام:160)

جو لوگ ایمان لائے ہیں اور ان کی اولاد بھی کسی درجۂ ایمان میں ان کے نقشِ قدم پر چلی ہے ان کی اُس اولاد کو بھی ہم (جنّت میں) ان کے ساتھ ملا دیں گے اور اُن کے عمل میں کوئی گھاٹا ان کو نہ دیں گے ۔ (53-النجم:21)

پہلی آیت پر غور کیا جائے تو یہ اللہ تعالیٰ کی رحمت کی بہت بڑی نشانی ہے کہ انسان کو اس کی ہر ایک نیکی کا دس گنا اجر حاصل ہو جبکہ برے کام کا اتنا ہی بدلہ ملے جتنا قصور اس سے سرزد ہوا ۔ خصوصاً جب اللہ تعالیٰ نے نیک و بد کی پہچان الہام کر دی اور برے کاموں سے بچنے کے لئے ضمیر کے نام سے نفسِ لوّامہ اس میں ودیعت کر دی اس کے باوجود نیکی کا دس گنا اجر ملنے پر بظاہر ایسا محسوس ہو کہ جنّت سے محروم کوئی نہ رہے گا لیکن دیکھا جا سکتا ہے کہ نفسانی خواہشات کتنی طاقتور ہیں کہ نسلِ انسانی کی اکثریت گناہ میں زندگی بسر کرتی چلی جاتی ہے ۔اللہ تعالیٰ نیک زندگی کی قدر افزائی اس طرح فرماتے ہیں کہ اللہ کے حضور والدین اگر جنّت کے مستحق ہوں تو ان سے کمتر اعمال رکھنے والی اولاد کے درجات بلند کر کے انہیں والدین کے پاس پہنچا دیا جائے گا تاکہ والدین کے دل مزید شاد ہو جائیں ۔

نیکی کا معیار کیا ہے یا کیا کام نیکی کے ہیں عام طور پر مسلمان اپنی طبیعت یا عقل و سمجھ کے مطابق قیاس کر لیتے ہیں لیکن قرآنِ کریم تصحیح کرتا ہے کہ اللہ تعالیٰ کی نظر میں نیکی سے مراد ہے کہ

YAHUDIYAT, ISAIYAT OR ISLAM 817

انسان دوسروں کے لئے ہمدردی کے کن احساسات کا مظاہرہ کرتا ہے اور اپنے جذبات کے زیرِ اثر راہِ خدا میں کس حد تک تکالیف اٹھانے اور قربانیاں پیش کرنے کی سعی کرتا ہے:

> اور انہیں یہ بھی یاد دلاؤ کہ جب ان میں سے ایک گروہ نے دوسرے گروہ سے کہا تھا کہ "تم ایسے لوگوں کو کیوں نصیحت کرتے ہو جنہیں اللہ ہلاک کرنے والا یا سخت سزا دینے والا ہے" تو انہوں نے جواب دیا تھا کہ "ہم یہ سب کچھ تمہارے رب کے حضور اپنی معذرت پیش کرنے کے لئے کرتے ہیں اور اس امید پر کرتے ہیں کہ شاید یہ لوگ اس کی نافرمانی سے پرہیز کرنے لگیں"۔ آخر کار جب وہ اُن ہدایت کو بالکل ہی فراموش کر گئے جو انہیں یاد کرائی گئی تھیں تو ہم نے اُن لوگوں کو بچا لیا جو برائی سے روکتے تھے اور باقی سب لوگوں کو جو ظالم تھے ان کی نافرمانیوں پر سخت عذاب میں پکڑ لیا ۔ (7-الاعراف:164)

ان آیات میں مخاطب بنی اسرائیل ہیں لیکن انسانی کردار و عمل کی ایک بہت اہم صفت کی طرف توجّہ دلائی کہ اللہ تعالیٰ کی بارگاہ میں انسانی اعمال کا تجزیہ کس طریقہ پر کیا جاتا ہے ۔ یہاں بنی اسرائیل کے افراد کو اعمال و کردار کے لحاظ سے تین گروہوں میں تقسیم کیا گیا ہے جن میں سے ایک گروہ صریح گناہوں کا شکار تھا اور دوسرا گروہ پہلے گروہ کی بد اعمالیوں پر سرزنش اور اجتناب کی تلقین کرتا تھا جبکہ ایک اور یعنی انہی میں کا تیسرا گروہ ان منع کرنے والوں کو کسی درستگی کی تلقین سے ہٹانے کی کوشش کرتا تھا کہ ہماری طرح کے خاموش تماشائی بنیں اور اللہ کی عبادت میں مشغول رہیں ۔اگرچہ یہ بات آیات میں موجود نہیں لیکن یہ قرینِ قیاس ہے کہ وہ دونوں گروہ عبادات سے غافل نہ رہتے ہوں گے ۔لیکن جب اللہ تعالیٰ نے بد اعمال اور سرکشی پر بضد رہنے والوں کو مصیبتوں میں مبتلا کرنے کا فیصلہ کیا تو صرف وہی گروہ بچا لیا گیا جو عملی طور پر اصلاح کی کوشش کرتا تھا اور باقی افراد کو نافرمان قرار دیتے ہوئے عذاب میں مبتلا کر دیا ۔جو گروہ خاموش تماشائی اور محض عبادات کی حد تک محدود تھا وہ یقیناً اللہ کا حکم "برائی سے منع کرنا" سے عملی نافرمانی کا مرتکب تھا ، لہٰذا وہ بھی نافرمان قرار دیا گیا ۔ اس صفت کا موازنہ ایک اور سورہ میں ایک الگ مفہوم کے ساتھ کیا گیا ہے:

> کیا تم لوگوں نے حاجیوں کو پانی پلانے اور مسجدِ حرام کی مجاوری کرنے کو اس شخص کے کام کے برابر ٹھیرا لیا ہے جو ایمان لایا اللہ

پر اور روزِ آخر پر اور جس نے جانفشانی کی اللہ کی راہ میں؟ اللہ کے نزدیک تو یہ دونوں برابر نہیں ہیں اور اللہ ظالموں کی رہنمائی نہیں کرتا ۔ اللہ کے ہاں تو انہی لوگوں کا درجہ بڑا ہے جو ایمان لائے اور جنہوں نے اس کی راہ میں گھر بار چھوڑے اور جان و مال سے جہاد کیا ۔ (9-التوبہ:19)

قارئین کی توجّہ کے لئے یہ بڑی اہم آیت ہے ۔اللہ تعالیٰ نے آخرت میں بلند درجات کے مستحق وہ افراد قرار دئے ہیں جو ایمان کے بعد اپنے نامہ اعمال میں تین باتوں کا ثبوت پیش کر سکتے ہوں ۔ ایک یہ کہ انہوں نے راہِ خدا میں ہجرت کی ، دوسرے یہ کہ اپنے مال کی قربانی دی اور تیسرے یہ کہ اپنی جان کی قربانی دی ۔تاریخِ انسانی میں الحمد للہ معتدبہ تعداد میں ایسی نادر شخصیات کے شواہد ملتے ہیں اور ہمارے عہد میں مولانا مودودیؒ اس فہرست میں شامل ہیں ۔ ہماری بحث میں شامل دیگر پانچ مفکرین کے لئے ان تین نشانیوں میں سے کوئی ایک بھی ڈھونڈ لینا مشکل ہے سوائے ڈاکٹر اسرار احمد جنہوں نے بلا شک وو شبہ مال کمانا راہِ خدا میں تج دیا ۔ دورِ حاضر کے مذکورہ مفکرین سمیت بیشتر عام مسلمانوں کے لئے سوچنے کی بات یہ ہونی چاہئے کہ مولانا مودودیؒ جیسی شخصیت جو اپنی زندگی کی جملہ تفصیلات کی روشنی میں اللہ تعالیٰ کے حضور بلند درجات کی اہل ہے ایسی ہستی پر محض اپنی ناقص عقل کے تحت تخفیف کی نظر رکھنا کتنی گمراہ کن حرکت ہے ۔

جنّت و دوزخ کے متعلق عام تصوّر ہے کہ جنّت ان کامیاب لوگوں کا مقام ہے جو اپنی زندگی کے مجموعی افعال میں اللہ تعالیٰ کے احکامات کے طابع رہے اور روزِ حساب نیک قرار دیئے گئے جبکہ دوزخ ایسے لوگوں کا ٹھکانہ ہو گا جو اپنے مجموعی اعمال میں گناہ گار اور مجرم ثابت ہوئے ۔ یہ بات یوں توجّہ طلب ہے کہ سرسری نگاہ سے بھی دیکھا جائے تو دنیا میں پیدا ہونے والے کسی فرد کا اعمال نامہ کسی دوسرے فرد کے اعمال نامہ سے مطابقت رکھنے کا کوئی امکان نہیں ۔ قرآنِ کریم میں ارشاد ہے:

ہم یقیناً ایک روز مُردوں کو زندہ کرنے والے ہیں ۔ جو کچھ افعال انہوں نے کیے ہیں وہ سب ہم لکھتے جا رہے ہیں، اور جو کچھ آثار انہوں نے پیچھے چھوڑے ہیں وہ بھی ہم ثبت کر رہے ہیں ۔ ہر چیز کو ہم نے ایک کھلی کتاب میں درج کر رکھا ہے ۔(36-یٰسین:12)

انسان کی مختلف اقسام کی کتنی نیکیاں اور کتنے بد اعمال ہیں جن کے اثرات آنے والی نسلوں کو پہنچتے ہیں اور وہ ان سے فیضیاب ہوتی چلی جاتی ہیں، ان کا حساب کون کر سکتا ہے ؟ سوائے اللہ وحدہُ لاشریک کے ۔ پس انسان کا نامہ اعمال ایک پیچیدہ ترین شئے ہے ۔جس طرح ہر انسان اپنی شکل و صورت میں منفرد ہے اسی طرح اس کی شعوری زندگی کا اعمال نامہ بھی منفرد ہونا ایسی بات نہیں کہ اس کا سمجھنا مشکل ہو ۔ لہٰذا واقعتاً جب اعمال کے حساب سے سزا و جزا طے ہو گی تو یہ بعید از قیاس نہیں کہ جنّت کے درجات ہوں اور دوزخ کے بھی درجات ہوں ۔ قرآنِ کریم نے یہ بات زیادہ واضح نہیں کی لیکن دونوں مقامات کے متعلق سرسری اشارہ کیا ہے جو ذیل میں نقل ہے:

> اے لوگو جو ایمان لائے ہو ' مومنوں کو چھوڑ کر کافروں کو اپنا رفیق نہ بناؤ ۔ کیا تم چاہتے ہو کہ اللہ کو اپنے خلاف صریح حجّت دے دو؟ یقین جانو کہ منافق جہنّم کے سب سے نیچے طبقے میں جائیں گے اور تم کسی کو ان کا مددگار نہ پاؤ گے ۔ (4-النّسَآء:144)

اس آیت میں اللہ تعالیٰ نے منافقین کو دوزخ کے سب سے نچلے طبقے کا مستحق قرار دیا ہے ۔ یہ آیت دوزخ میں طبقات کی موجودگی کی تصریح کرتی ہے جس کا مطلب یہ کہ دوزخ میں ہر مجرم کا مقام اس کے جرم کے مطابق متعین ہو گا ۔ قرآنِ کریم میں جنّت کے متعلق طبقات کی نشاندہی کے لئے اس آیت سے مماثلت رکھنے والی کوئی آیت شاید موجود نہیں لیکن ایک بالکل منفرد آیت ہے جس کے مفہوم میں بہت گہرائی ہے اور بعض دوسری آیات کی طرح یہ آیات بھی ہم پہلے نقل کر چکے ہیں:

> جب وہ ہونے والا واقعہ پیش آجائے گا تو کوئی اس کے وقوع کو جھٹلانے والا نہ ہوگا ۔ وہ تہ و بالا کر دینے والی آفت ہو گی ۔ زمین اس وقت یکبارگی ہلا ڈالی جائے گی اور پہاڑ اس طرح ریزہ ریزہ کر دیئے جائیں گے کہ پراگندہ غبار بن کے رہ جائیں گے ۔تم لوگ اُس وقت تین گروہوں میں تقسیم ہو جاؤ گے:
>
> دائیں بازو والے، سو دائیں بازو والوں (کی خوش نصیبی) کا کیا کہنا ۔
>
> اور بائیں بازو والے، تو بائیں بازو والوں (کی بد نصیبی) کا کیا ٹھکانا ۔

اور آگے والے تو پھر آگے والے ہی ہیں ۔وہی تو مقرّب لوگ ہیں ۔ نعمت بھری جنّتوں میں رہیں گے ۔ اگلوں میں سے بہت ہونگے اور پچھلوں میں سے کم ۔ ۔ ۔

اور دائیں بازو والے ، دائیں بازو والوں کی خوش نصیبی کا کیا کہنا ۔ ۔ ۔ وہ اگلوں میں سے بہت ہوں گے اور پچھلوں میں سے بھی بہت ۔(56- الوَاقِعَہ:؛1)

اس آیت میں اللہ تعالیٰ نے روزِ قیامت پیش ہونے والی ہولناکیاں بیان کرنے کے بعد بتایا کہ جزا و سزا کے دن انسان دو گروہوں میں نہیں بلکہ تین گروہوں میں تقسیم ہوں گے ۔ دوزخیوں کو تو اگر چہ بائیں بازو والے کہہ کر ایک گروہ شمار کیا جائے گا لیکن جنّت کے مستحق افراد کو دو مزید گروہوں کی شکل دی جائے گی ۔ایک گروہ دائیں بازو والے کہے جائیں گے جن میں سے "آگے والے " اللہ تعالیٰ کی ایسی خصوصی توجّہ کے مستحق قرار دیئے گئے کہ انہیں "مقرّب لوگ" کہا گیا ہے ۔ان آگے والے لوگوں کے لئے آیت میں لفظ " السّبِقُون " استعمال ہوا ہے جس سے مراد وہ لوگ ہیں جنہوں نے نیکی اور حق پرستی قبول کرنے اور راہِ خدا میں قربانیاں پیش کرنے میں سبقت کی ۔ حدیث میں حضرت عائشہ روایت کرتی ہیں کہ رسول اللہ نے لوگوں سے دریافت کیا "جانتے ہو روزِ قیامت کون لوگ سب سے پہلے پہنچ کر اللہ کے سایہ میں جگہ پائیں گے"؟ لوگوں نے عرض کیا اللہ اور اللہ کا رسول ہی زیادہ جانتے ہیں ۔ فرمایا "وہ جن کا حال یہ تھا کہ جب ان کے آگے حق پیش کیا گیا انہوں نے قبول کر لیا، جب ان سے حق مانگا گیا انہوں نے ادا کر دیا، اور دوسروں کے معاملے میں ان کا فیصلہ وہی کچھ تھا جو خود اپنی ذات کے معاملہ میں تھا"(مُسندِ احمد)۔

دائیں بازو اور مقرّب لوگوں کے لئے ان آیات میں اللہ تعالیٰ نے ایک ایسی منفرد بات بیان فرمائی جس کی مثال قرآنِ کریم میں کہیں اور نہیں ملتی ۔یہاں مقرّبین کے لئے ارشاد ہوا کہ " **وہ اگلوں میں سے بہت ہوں گے اور پچھلوں میں سے کم**" ۔ اس ارشاد کے بعد اگلی دس آیات میں جنّت میں جو نعمتیں ان کی ملکیت ہونے والی ہیں ان کی تصویر بتائی گئی جسے ہم نے طوالت کے خدشہ سے نقل نہیں کیا ۔ اسی طرح آگے چل کر دائیں بازو والوں کے لئے ارشاد ہوتا ہے " **وہ اگلوں میں سے بہت ہوں گے اور پچھلوں میں سے بھی بہت**"، اور آگے اس گروہ

کو بھی جنّت میں اللہ تعالیٰ کی طرف سے ملنے والی نعمتوں کا ذکر ہے جنہیں یہاں نقل نہیں کیا گیا ۔ان نعمتوں کی تفصیلات میں فرق ہے جو کہ قارئین اس سورہ اور اس کی تفسیر میں پڑھ سکتے ہیں ۔

اللہ تعالیٰ نے یہاں وقت کی ترتیب میں لوگوں کے اعمال کے لحاظ سے اوّلین اور آخرین میں تعداد کا جو فرق بتایا اس کی وضاحت کے لئے روایات میں رسول اللہ کا کوئی قول مفسرین نقل نہیں کرتے، لہٰذا اپنی عقل و سمجھ کی بنیاد پر اس کی تشریح کی جاتی ہے اور چند مختلف تشریحات تفاسیر میں دستیاب ہیں ۔بعض مفسرین کے نزدیک حضرت آدمؑ سے لے کر رسول اللہ کی بعثت سے قبل کی امّتیں اوّلین ہیں اور رسول اللہ کی بعثت سے بعد کے تمام افراد آخرین ہیں ۔ایک گروہ کہتا ہے اس سے مراد ہر نبی کے ابتدائی پیروؤں میں سبقت کرنے والے زیادہ ہیں اور بعد کے پیروؤں میں کم۔ بعض کہتے ہیں یہاں اوّلین اور آخرین سے مراد رسول اللہ کی اُمّت کے اوّلین و آخرین ہیں ۔مولانا امین احسن اصلاحی مرحوم نے تفسیر "تدبّر قرآن" میں بعض قرآنی آیات کا حوالہ دینے کے بعد واضح کیا کہ ان کی رائے میں قرآنی الفاظ کا یہی تیسرا مفہوم قابلِ تسلیم ہے ۔مولانا مودودیؒ نے اپنی تفسیر میں یہ تینوں مفاہیم درست سمجھنے کے بعد اپنا یہ خیال بھی ظاہر کیا کہ نسلِ انسانی کے ہر گزرتے دور کے ساتھ سبقت کرنے والوں کا تناسب گھٹتا چلا جاتا ہے ۔

بغور دیکھا جائے تو مولانا مودودیؒ غالباً اپنی تفسیر اپنے آخری مفہوم تک محدود رکھتے ، اس لئے کہ تمدنی ارتقاء کے ساتھ ساتھ ذاتی ملکیت اور تعیش کے سامان بڑھتے چلے جاتے تھے ۔ زیادہ ترقی کے ساتھ بکثرت سہولیات کی اشیاء ضروریاتِ زندگی میں بدلنی اور انسان کی تمام زندگی کو ان کے حصول کی کوششوں میں باندھ لینے والی تھیں لہٰذا انسان کو کچھ دیر ٹھہرنے اور نفسِ امارہ کی گرفت سے باہر رہ کر زندگی کے دیگر حقائق پر سوچنے یا متوجہ ہونے کے مواقع بھی بتدریج کم ہوتے چلے جاتے تھے ۔ بعض دوسرے مفسرین اور مولانا اصلاحی کا یہ مفہوم کہ اوّلین و آخرین سے اُمّتِ رسول اللہ کے اوّلین و آخرین مراد ہیں اس لئے بھی درست نہیں ہونا چاہئے کہ انسان کس دور میں پیدا ہو اور کس گھرانے میں پیدا ہو اس کا اختیار تو اللہ نے انسان کو نہیں دیا ۔ یہ واضح ہے کہ انسان اپنے لئے وہی مذہب قبول کرتا ہے جس مذہب کے ماننے والوں میں وہ پیدا ہوا ۔ حضرت عیسیٰ

اور رسول اللہ کی بعثت کے درمیان چھ صدیاں حائل ہیں یعنی اوسطاً چوبیس نسلوں میں سے کتنی نسلیں ہیں جو تورات و زبور و انجیل کی اصل تعلیمات سے بالکل محروم رہ گئیں؟ اصل حقیقت جو قرآنِ کریم میں متعدد مقامات پر تنبیہات اور انسانی واقعات کے اللہ تعالیٰ کے پیش کردہ تجزیات سے واضح ہوتی ہے وہ کسی انسان کا راہِ خدا میں جذبۂ قربانی اور دوسرے انسانوں کے لئے جذبۂ خلوص و محبت کا مظاہرہ ہے جس میں وقت یا زمانہ کی کوئی قید نہیں ۔مثال کے طور پر سورہ یٰسین میں ایک واقعہ کا تفصیلی بیان ہے جس کا کچھ حصّہ ذیل میں درج ہے ۔ اس واقعہ کا پس منظر یہ ہے کہ اللہ تعالیٰ نے کسی بستی میں دو رسول بھیجے کہ وہاں کے باشندے رسولوں اور خدائے واحد پر ایمان لائیں لیکن انہوں نے انکار کیا ۔ تب اللہ نے ایک اور رسول دو رسولوں کی مدد کے لئے بھیجا لیکن وہ لوگ کوئی اصلاح قبول کرنے پر تیار نہیں ہوئے ۔ ان حالات میں اُن لوگوں کی اپنی قوم میں سے ایک شخص اٹھتا ہے اور قوم کو شیطان کی پیروی سے اجتناب اور رسولوں کی دعوت قبول کرنے کی نصیحت کرتا ہے ۔ سورہ یٰسین میں اللہ کے اسی نیک بندہ کا کردار نمایاں کیا گیا ہے ۔

اتنے میں شہر کے دور دراز گوشے سے ایک شخص دوڑتا ہوا آیا اور بولا "اے میری قوم کے لوگو، رسولوں کی پیروی اختیار کر لو ۔ پیروی کرو اُن لوگوں کی جو تم سے کوئی اجر نہیں چاہتے اور ٹھیک راستے پر ہیں ۔ آخر میں کیوں نہ اُس ہستی کی بندگی کروں جس نے مجھے پیدا کیا ہے اور جس کی طرف تم سب کو پلٹ کر جانا ہے؟ کیا میں اُسے چھوڑ کر دوسرے معبود بنا لوں؟ حالانکہ خدائے رحمان مجھے کوئی نقصان پہنچانا چاہے تو نہ اُن کی شفاعت میرے کسی کام آسکتی ہے اور نہ وہ مجھے چھڑا ہی سکتے ہیں ۔ اگر میں ایسا کروں تو میں صریح گمراہی میں مبتلا ہو جاؤں گا ۔ میں تو تمہارے رب پر ایمان لے آیا، تم بھی میری بات مان لو"۔

(آخر کار ان لوگوں نے اسے قتل کر دیا) اور اُس شخص سے کہہ دیا گیا کہ "داخل ہو جا میری جنّت میں"۔ اُس نے کہا "کاش میری قوم کو معلوم ہوتا کہ میرے رب نے کس چیز کی بدولت میری مغفرت فرما دی اور مجھے باعزّت لوگوں میں داخل فرمایا"۔ اِس کے بعد اُس کی قوم پر ہم نے آسمان سے کوئی لشکر نہیں اتارا ۔ ہمیں لشکر بھیجنے کی کوئی حاجت نہیں تھی ۔ بس ایک دھماکہ ہوا اور وہ سب بجھ کر رہ گئے ۔(36- یٰسین:22)

یہ قوم واضح طور پر اللہ تعالیٰ کی ہستی سے واقف تھی لیکن اپنے عقیدہ میں دوسرے معبودوں کو اس حیثیت سے شامل کر رکھا تھا کہ وہ ان معبودوں کے ذریعے اللہ تعالیٰ کی جواب طلبی اور سزا کے بجائے شفاعت حاصل ہونے کا یقین رکھتے تھے۔ انہوں نے بالآخر اللہ کے اُس نیک بندہ کو شہید کر دیا اور اسے جنّت الفردوس کا مستحق بنا دیا۔ جو خاص بات یہاں دیکھنے والی ہے وہ یہ کہ جوں ہی اُس بندۂ مومن کی آنکھ دوسرے عالم میں کھلی، وہ بے اختیار اپنے قاتلوں کے لئے دل میں جذبۂ خیر خواہی کی شدت کے تحت تمنّا کرتا ہے کہ کاش میری قوم میرا نیک انجام جان لے اور میری زندگی سے نہیں تو میری موت سے سبق لے اور راہِ راست اختیار کر لے۔ کسی شریف انسان کی اس انتہائی درجہ کی خیر خواہی کی صفت کہ اپنے قاتلوں تک کو جہنّم کا ایندھن بننے کے بجائے ایمان لا کر جنّت کا مستحق ہونے کی آرزو رکھنا ایسی صفت ہے جس کا ظہور انبیاء و رسل کے علاوہ عام بندوں سے بھی تاریخ میں ہوا ہے اور انشاءاللہ آئندہ ہوتا رہے گا۔

تکمیلِ دین

پچھلے صفحات میں قرآنِ کریم کی چند آیات بطورِ مثال یہ بتانے کے لئے نقل کی گئیں کہ وہ کیا صفات ہیں جن کی پرورش و حفاظت انسان اپنی ہستی میں کرے اور وہ کیا اعمال ہیں جو اس پرورش میں انسان کے مدد گار ہیں ۔ قرآنِ کریم اس طریقِ زندگی کو صراطِ مستقیم قرار دیتا ہے ۔ انسان اس راہ پر چلنے کا فیصلہ کرے تو اپنے خالق اور اُس کی مخلوقات کے متعلق جتنا زیادہ اخلاص کا ثبوت وہ پیش کر سکے، اللہ کے مقرّبین میں شامل ہونے کے اتنے ہی زیادہ بلند مقامات کا دوسری اور ابدی زندگی میں مستحق ہونے کی امید کر سکتا ہے ۔انسانی طبیعت و کردار کی ایسی صفات اور درکار اعمال انتہائی تفصیل سے قرآنِ کریم میں تحریر ہیں کہ انسانی زندگی کا کوئی پہلو ہدایات سے محروم نہیں رہ جاتا ۔ ساتھ ہی تمام منکرات جو انسان کو پستی کی نئی سے نئی گہرائیوں میں دھکیل سکتے ہیں، ان کی نشاندہی اور اجتناب کی تاکید بھی قرآنِ کریم کی آیات سے بچی نہیں رہتی ۔ ان ہدایات کے ساتھ ساتھ عام انسانی زندگی کی ایک اور اہم ترین ضرورت جس کے بغیر اسے صراطِ مستقیم پر چلنا اور قائم رہنا آسان نہیں رہتا وہ یہ کہ جس تمدّن کا وہ حصّہ ہے، اس تمدّن کی بنیاد کن اصولوں پر رکھی گئی ہے؟ انسان انفرادی اعمال میں اللہ تعالیٰ کی ہدایات کا محتاج ہے لیکن اس سے کہیں زیادہ وہ تمدّن اللہ تعالیٰ کی ہدایات کا محتاج ہے جس تمدّن کا وہ انسان حصّہ ہے ۔ اچھّے یا برے انسان کی تعریف یا اس کی پہچان آسان ہے اور ہر ایک یہ تعریف کر سکتا ہے لیکن ایک پیچیدہ تر تمدّن کی صالحیت کے بلند معیار پر تعمیر اور اُس کی استقامت کی استعداد کم از کم اب تک کے انسان کو خدائی ہدایات کے بغیر میسر نہیں ۔ تمدنی ارتقاء کے ساتھ انسانی اجتماعیت کی پیچیدگیاں بڑھتی جاتی ہیں ۔انسانی زندگی کی شروعات میں معاملات سادہ ہونے کے باوجود اجتماعی معاملات میں اس خامی اور کمزوری کا مظاہرہ انسانی تمدّن میں دیکھا گیا ۔قرآنِ کریم انسانی زندگی کے ابتدائی ادوار ہی سے مغضوب اقوام کے طرزِ عمل اور ان کے نتائج کی صورت میں بکثرت تمدنی خامیوں کی نشاندہی کرتا ہے جس میں سے چند آیات پچھلے صفحات پرنقل کی گئیں ۔ نوعِ انسانی کے لئے اللہ تعالیٰ کا تجویز

کردہ تمدّن کا عملی مظاہرہ بنی نوع انسان کی جملہ تاریخ میں اب تک صرف ایک مرتبہ مشاہدہ میں آیا جب رسول اللہ نے مدینہ کے دس سالہ دورِ رسالت میں تائیدِ الٰہی سے جزیرۂ عرب میں اسے برپا کر دیا اور آپؐ کے بعد تیس سالہ خلافتِ راشدہ کے دوران تائیدِ الٰہی کے تحت وہ تمدّن قائم رہا۔ قرآنِ کریم میں شعائر اسلام کی اصطلاح کے تحت اللہ تعالیٰ نے سوری المائدہ کی ایک آیت میں "آج تمہارے دین کو تمہارے لئے مکمّل کر دیا" کے الفاظ میں ارشاد فرمایا جسے کچھ دیر بعد نقل کیا جائے گا ، اس لئے کہ اس ضمن میں قرآنِ کریم میں درج تاریخی بیانات سے بعض امور کی نشاندہی ضروری ہے ۔

سورہ بقرہ کی چند آیات سے ہمیں پتہ چلتا ہے کہ مکّہ مکرمہ میں رسول اللہ کی پیدائش اور بعثت در حقیقت حضرت ابراہیمؑ اور حضرت اسماعیلؑ کی دعا تھی جسے بارگاہ الٰہی میں اڑھائی ہزار سال سے زائد عرصہ گزر جانے کے بعد قبولیت عطا ہوئی ۔ آیات ذیل میں نقل ہیں:

> اور یاد کرو ابراہیمؑ اور اسماعیلؑ جب اس گھر کی دیواریں اٹھا رہے تھے ' تو دعا کرتے جاتے تھے: "اے ہمارے رب ' ہم سے یہ خدمت قبول فرما لے ، تو سب کی سننے اور سب کچھ جاننے والا ہے ۔ اے رب ہم دونوں کو اپنا مسلم (مطیع فرمان) بنا ، ہماری نسل سے ایک ایسی قوم اٹھا ' جو تیری مسلم ہو ' ہمیں اپنی عبادت کے طریقے بتا ، اور ہماری کوتاہیوں سے درگزر فرما، تو بڑا معاف کرنے والا اور رحم فرمانے والا ہے ۔ **اور اے رب، ان لوگوں میں خود انہیں کی قوم سے ایک ایسا رسول اٹھا ، جو انھیں تیری آیات سنائے ، ان کو کتاب اور حکمت کی تعلیم دے اور ان کی زندگیاں سنوارے** ۔ تو بڑا مقتدر اور حکیم ہے"۔ (2-البقرة 127)

نسلِ انسانی کے عظیم ترین نمائندوں میں سے ایک باپ اور ایک بیٹے کی بڑی عجیب دعا یا درخواست ہے جو اللہ تعالیٰ کے حضور پیش کی گئی ۔ دونوں مل کر کعبۃ اللہ کی تعمیر کے دوران اپنے حق میں دعائیں کرتے ہیں پھر دعا کرتے ہیں کہ ان کی نسل کو اتنا فروغ ہو کہ وہ اپنے خالق کی مسلم ہوں اور آخر میں یہ کہ ان کی اپنی اولاد میں سے ایک ایسا رسول پیدا ہو جو لوگوں کو کتاب و حکمت کی تعلیم دے اور ان کی زندگیوں کو پاکیزہ بنائے ۔ اسے ہم نے گہری روشنائی سے نمایاں کر دیا ہے یہ کتنا بڑا مطالبہ اللہ تعالیٰ سے کیا گیا اور نوعِ انسانی پر کتنے دیرپا اثرات پیدا کرنے کی استعداد یہ دعا اپنے الفاظ میں رکھتی تھی ،اس پر غور کرنے کے لئے ہم قارئین کو ذیل کی

تحریر کے ذریعے متوجہ کرتے ہیں ۔ اللہ تعالیٰ کے حضور اس دعا کی قبولیت جس طرح مکمّل مفہوم کے ساتھ رسول اللہ کی بعثت کے ذریعے ظاہر ہوئ ، قرآنِ کریم، سیرتِ سرورِ عالم اور تاریخ اس کا واضح ثبوت ہے ۔ تاہم اس سورہ میں آگے چل کر عرب مخاطبین سے ارشاد ہوتا ہے:

> میں نے تمہارے درمیان خود تم میں سے ایک رسول بھیجا جو تمہیں میری آیات سناتا ہے، تمہاری زندگیوں کو سنوارتا ہے، تمہیں کتاب اور حکمت کی تعلیم دیتا ہے، اور تمہیں وہ باتیں سکھاتا ہے جو تم نہ جانتے تھے ۔ (2-البقرۃ:151)

یہاں واضح ہے کہ اللہ تعالیٰ نے اس آیت میں حضرت ابراہیم ؑ اور حضرت اسماعیل ؑ کی دعا کچھ اضافہ کے ساتھ بعینہ انہی الفاظ میں دہرائی ہے جن الفاظ میں وہ دعا اللہ کے حضور پیش کی گئی تھی ۔ حضرت ابراہیم ؑ نہ مکّہ کے اور نہ ہی فلسطین کے رہائشی تھے ۔ ان کا پیدائشی وطن تو ایک دور کی سرزمین مُلکِ عراق تھا جہاں سے انہوں نے اللہ کے حکم سے فلسطین کی طرف ہجرت کی تھی ۔ حضرت ابراہیم ؑ نے عراق کے بادشاہ نمرود کو اپنا رب تسلیم کرنے اور اس کے معبودوں کو اپنا معبود ماننے کے بجائے اللہ تعالیٰ کو اپنا رب اور معبود قرار دیا تھا اور ملک کے باشندوں کو اسی حقیقت کی تعلیم دینے کے درپے تھے، لہٰذا نمرود اور اُس کے عمائدین نے آپ کو آگ سے دہکتے الاؤ میں زندہ جلا دینے کی کوشش کی، لیکن اللہ تعالیٰ نے اپنے بنائے ہوئے قانونِ فطرت کو بالکل آخری وقت میں بدل دیا کہ بھڑکتی آگ آپ کو کوئی گزند پہنچا نہ سکی ۔اب عراق حضرت ابراہیمؑ کے لئے ایک محفوظ ترین ملک ہونا چاہئے تھا اس لئے کہ یہ معجزہ دیکھ لینے کے بعد وہاں کون انہیں نقصان پہنچانے کی جرات کر سکتا تھا ۔ مزید برآں لوگوں کو اللہ کی طرف رجوع کرنے کی دعوت کے لئے عراق کے باشندے حضرت ابراہیمؑ کے آسان ترین ہدف ہو سکتے تھے جبکہ وہ تمام لوگ اللہ تعالیٰ کے اتنے بڑے معجزہ کا مشاہدہ کر چکے تھے ۔ کیا کوئی یہ کہہ سکتا ہے کہ عراق کے باشندے حضرت ابراہیم کی تعلیمات کے حاجت مند نہ تھے؟ کیا اولادِ آدم ؑ ہونے کی حیثیت سے انہیں آخرت کی پائدار نجات حاصل ہونے کی حاجت نہ تھی؟ قرآنِ کریم اللہ کے اس معجزہ کے بعد حضرت ابراہیم ؑ کا عراق میں مزید قیام اور

دعوتِ الی اللہ کے بجائے نوجوانی کی عمر میں فلسطین کی مہاجرت بتاتا ہے ۔اپنے سفرِ مہاجرت میں آپ نے اپنے شیرخوار بیٹے حضرت اسماعیلؑ کو حضرت ہاجرہؓ کے ہمراہ مکّہ کی سنسان وادی میں تعمیلِ حکم کی خاطر تن تنہا اللہ تعالیٰ کے حوالے کر دیا اور وہاں خود رہائش اختیار نہ کی بلکہ فلسطین میں اپنا ٹھکانہ بنایا ا، اس طرح وہاں دو ہزار سال تک بنی اسرائیل کے لئے سلسلۂ نبوّت و رسالت اللہ تعالیٰ کی عنایت سے قائم رہا ۔قارئین واقف ہیں کہ باشندگانِ عرب کے لئے حضرت اسماعیلؑ کی نسل سے کسی نبی یا رسول کا کوئی اشارہ نہیں ملتا سوائے رسول اللہ کے جو حضرت ابراہیمؑ کے ڈھائی ہزار سال سے زائد عرصہ بعد مکّہ میں پیدا ہوئے ۔رسول اللہ کی بعثت کے زمانے میں عرب کے باشندے اور قریشِ مکّہ عقیدہ اسلام کے لحاظ سے بدترین حالت میں تھے ۔ عقیدہ کا بنیادی تصوّر یعنی تصورِ آخرت جو رسول اللہ کی مکّی تعلیمات کے تین مرکزی اجزاء اللہ تعالیٰ کی وحدانیت ، رسالتِ رسول اللہ اور یوم الدین پر مشتمل تھا، دونوں اجزا سمیت کسی طرح قریش مکّہ کے حلق سے نیچے نہ اترتا تھا ۔ کچھ معلوم نہیں کہ رسول اللہ سے قبل عرب کی بد عقید گی اور گمراہیوں کی تاریخ کتنی طویل ہے ۔ الغرض مکّہ میں یہ حقیقت عمل پیرا تھی کہ ڈھائی ہزار سال سے زائد عرصہ تک عرب میں کوئی نبی مبعوث نہیں کیا گیا جبکہ اس کے متوازی فلسطین میں انبیاء و رسل کا متواتر سلسلہ قائم رہا، یہاں تک کہ رسول اللہ سے چھ صدی قبل بنی اسرائیل میں حضرت عیسیٰؑ جیسے جلیل القدر رسول اس قوم کی ہدایت کے لئے بھیجے گئے ۔

کوئی بھی شخص جو پچیس پچیس سال یا پچاس پچاس سال کے مسلسل تدبّر قرآنی کے بعد لوگوں کو یہ سجھانے کی کوشش کرتا ہے کہ دینِ اسلام میں ایمانیات یعنی اجزائے ایمانی ، عبادات یعنی نماز و روزہ وغیرہ اور شریعت یعنی نکاح و طلاق، تعدد ازواج، مباشرت کے حدود، کھانے پینے کے قواعد و آداب اور تعزیرات وغیرہ پر مبنی ہدایت انسانوں کے برتنے کے لئے بتائے گئے ہیں اور دین صرف یہیں تک ہے ، وہ بلا کہے اللہ تعالیٰ پر اقربا پروری کا الزام رکھ دیتا ہے ۔ اسے اس تبلیغ کے ساتھ ساتھ اپنی عقلِ پستہ سے یہ بھی برآمد کر کے بتانا چاہئے کہ اللہ تعالیٰ نے ڈھائی ہزار سال صرف بنی اسرائیل پر یہ عنایت کیوں جاری رکھی اور حضرت ابراہیمؑ کے عزیز تر بیٹے حضرت اسماعیلؑ کی اولاد کے سلسلے کو ڈھائی ہزار سال اس نعمت

سے کیوں محروم رکھا ؟ عزیز تر بیٹے سے ہماری مراد یہ کہ حضرت ابراہیم ؑ اپنی زوجہ محترمہ حضرت سارا ؓ کے ہمراہ عراق سے روانہ ہوئے تو اللہ تعالیٰ سے ایک صالح اولاد کی دعا کرتے ہیں لیکن اللہ نے پچاس سال سے زائد عرصہ انہیں بے اولاد رکھنے کے بعد بطنِ حضرت ہاجرہ ؓ سے انہیں پہلی اولاد حضرت اسماعیل ؑ سے نوازا ۔ حضرت اسماعیل ؑ کا نام دو اجزا سے مرکب ہے ،سمع یعنی سنا اور ایل یعنی اللہ لہٰذا مطلب ہوا "اللہ نے سن لیا"۔

ہم اصل سوال کی طرف پلٹتے ہیں کہ دنیا کی آبادی حضرت ابراہیم ؑ کے صرف اسی دو نسلی سلسلوں پر مشتمل تو نہیں تھی ۔ کرۂ ارضی کے ہر خطے میں اولادِ آدم ؑ رہتے چلے آ رہے تھے ، انہیں سراسر دینِ اسلام کی تعلیمات سے محروم رکھنا، یہ کہاں کا انصاف ہے؟ امریکہ و آسٹریلیا میں بھی تو اولادِ آدم ؑ بستی چلی آ رہی تھی ۔ قارئین توجّہ کریں تو یہ سمجھنا مشکل نہیں کہ انسانوں کے تمدنی ارتقاء کے ساتھ ساتھ زمین پر فساد کی نئی صورتیں پیدا ہوتی ہیں اور بگڑے ہوئے انسانی دماغ لوگوں کے درمیان ناانصافی اور ظلم کے نئے سے نئے طریقے دریافت کرتے ہیں ۔ ابتدا میں جب تمدّن خانہ بدوشی کی حد تک تھا تو انسانی بقا کا تمام تر انحصار لوگوں کے باہمی تعاون پر مبنی تھا ، لہٰذا سنجیدہ نوعیت کے مظالم کا نہ تو موقع تھا اور نہ ہی اجتماعیت کو اس کا ناقابلِ برداشت حد تک سامنا کرنے کی مصیبت پیش آتی تھی ۔ پھر جیسے جیسے انسان کو دریاؤں کے دامن میں مستقل بسنا اور زراعت کے طریقے سمجھ میں آنا شروع ہوئے اس نے دریاؤں کے آس پاس رہائشی بستیاں بسانی شروع کیں ۔ اسی ارتقائی عمل کے ساتھ ساتھ ذاتی ملکیت کی اشیا کے تصورات انسانی گرفت میں آئے اور اس کے ساتھ ہی چوری، ظلم و زیادتی اور دھوکہ دہی جیسے مسائل نے عام انسانوں کی زندگی کا سکون برباد کرنا شروع کیا ۔ انسانی اجتماعیت میں حیرت انگیز طور پر چالاک انسانوں کی ہمیشہ سے ایک مختصر تعداد ہر تمدّن میں موجود رہتی ہے ۔ حضرت نوح ؑ کی قوم تمدّن کے ابتدائی دور میں اولادِ آدم ؑ میں پہلی قوم تھی جس کے سرداروں اور مذہبی پنڈتوں نے قوم کی نفسیاتی کمزوری کو جانچ لیا تو جھوٹے دیوتاؤں کی عبادات کے نام پر نذرانے پیش کرنے کی طرف انہیں راغب کیا اور استحصال کے مختلف طریقے وضع کئے ۔قومِ نوحؑ اور بعد کی مغضوب اقوام میں یہی ایک مسئلہ ہے جو اجتماعی زندگی پر بار بار

پلٹتا رہا ہے ۔ حضرت ابراہیم ؑ کو اللہ تعالیٰ نے عراق میں نہ رہنے دیا اس کی وجہ یہ کہ اگر چہ عراق و ایران اور دریائے دجلہ و فرات کی معاشرت میں ترقی ہونی تھی لیکن اس کے ساتھ ہی عراق سے بآسانی دو ہزار میل دور جنوب مغرب میں دریائے نیل کی تہذیب مصر میں پروان چڑھنا تھی ۔ ان کے کم و بیش درمیان میں فلسطین کا علاقہ تھا جس کے قدرتی ذرائع، تجارتی مواقع اور جغرافیائی خوبصورتی کتاب کے حصّہ اوّل میں اسی وجہ کو نمایاں کرنے کی خاطر بیان کئے گئے تھے کہ فلسطین تیز رفتار تمدنی ارتقاء کے لئے موزوں ترین خطوں میں شمار ہونا تھا ۔ اس کے مقابلے میں مذکورہ وقت کے تمام عرصہ میں عرب کے تمدّن کو آگے بڑھنے میں بہت وقت درکار تھا ۔ اتنی وضاحت کے بعد قارئین سمجھ سکتے ہیں کہ فلسطین دنیا کی امامت کے لئے بھی (اس سے ہماری مراد دیگر اقوام کو صالح اجتماعی زندگی کے اصول و ضوابط کا عملی مظاہرہ پیش کرنا) بہترین زمینی خطہ تسلیم کرنا پڑتا ہے ۔اللہ تعالیٰ کی حکمت مقتضی ہوئی کہ حضرت ابراہیم ؑ فلسطین میں قیام کریں اور حضرت اسحاق ؑ کے گھرانے سے بنی اسرائیل کے لئے مسلسل الہامی ہدایات فراہم کرنے اور بد عملی پر تنبیہات کا سلسلہ برقرار رکھا جو حضرت عیسٰی ؑ کی بعثت تک ان کے لئے جاری رہا ۔حضرت عیسٰی ؑ اس قوم کی راست روی کی طرف رہنمائی کے لئے اللہ تعالیٰ کی طرف سے بھیجے گئے آخری رسول تھے جن کی بے قدری کا انتہائی مظاہرہ انبیاء سے خونی رشتہ رکھنے والی کوئی قوم کر سکتی تھی تو اس کے بعض انتہائی جرائم صفت نفسوں نے یہ مظاہرہ کیا ۔ حضرت عیسٰی ؑ کے بعد اللہ تعالیٰ کی مشیت نوعِ انسانی کی ہدایت کے لئے آخری رسول اور چیدہ و مُقدّس ترین گروہ کے سردار رسول اللہ کی مقتضی تھی جن کے لئے اللہ تعالیٰ نے حضرت اسماعیل ؑ کا نسب چن رکھا تھا ۔

ہم قارئین کو حضرت ابراہیم و حضرت اسماعیل ؑ کی خانہ کعبہ کی دیواریں کھڑی کرتے وقت کی دعا کی طرف ایک مرتبہ پھر متوجہ کرنا چاہتے ہیں ۔ خانہ کعبہ کی تعمیر سے کئی سال قبل اللہ تعالیٰ نے حضرت ابراہیم ؑ کو مکّہ میں وہ مقام بتا دیا تھا جہاں خدا کا گھر تعمیر ہونا تھا ۔ قرآنِ کریم میں ارشاد ہے: "یاد کرو وہ وقت جبکہ ہم نے ابراہیم ؑ کے لئے اِس گھر (خانہ کعبہ) کی جگہ تجویز کی تھی" (22-الحج:26)۔رسول اللہ کی احادیث کے مطابق حضرت ابراہیم نے

حضرت اسماعیل ؑ کو شیر خوار عمر میں حضرت ہاجرہ کے ہمراہ ایک تھیلے میں کھجوریں اور مشکیزہ میں پانی دے کر مکّہ کی سنسان بے آب و گیاہ وادی میں تنہا چھوڑ دیا ۔ حضرت ابراہیمؑ انہیں چھوڑ کر روانہ ہونے لگے تو حضرت ہاجرہ نے پوچھا کہ ماں بیٹا کیوں یہاں تنہا چھوڑے جاتے ہیں؟ تو آپ کچھ کہہ نہ سکے ۔متعدد بار پوچھنے پر بھی جواب نہ ملا تو پوچھا، کیا اللہ کا حکم ہے؟ تو اثبات میں محض اتنا فرمایا کہ ہاں ۔اس پر وہ بولیں کہ اللہ ہمیں ضائع نہیں کرے گا اور بیٹے کے پاس آ بیٹھیں۔ حضرت ابراہیم ؑ پہاڑی کی اوٹ تک پہنچ گئے جہاں سے وہ ماں اور بیٹا نظر نہ آتے تھے تو اس مقام کی طرف نظر کی جہاں کہ خانہ کعبہ تعمیر ہونا تھا اور اللہ تعالیٰ سے عرض کیا:

> پروردگار ' میں نے ایک بے آب و گیاہ وادی میں اپنی اولاد کے ایک حصّے کو تیرے محترم گھر کے پاس لا بسایا ہے ۔ پروردگار، یہ میں نے اس لئے کیا ہے کہ یہ لوگ یہاں نماز قائم کریں ' لہٰذا تو لوگوں کے دلوں کو ان کا مشتاق بنا اور انہیں کھانے کو پھل دے، شاید کہ یہ شکر گزار بنیں (14-ابراہیم:37)

حضرت ابراہیم ؑ کی اللہ تعالیٰ سے درخواست کے یہ الفاظ روزِ روشن کی طرح عیاں ہیں کہ اللہ تعالیٰ کے بھروسے پر آپ کو حضرت ہاجرہ اور بڑھاپے میں پیدا ہوئی اکلوتی شیر خوار اولاد کی جان کا کوئی خطرہ لاحق نہیں تھا ۔ اللہ تعالیٰ نے حضرت ابراہیم کی اس دعا کو یہ قبولیت عطا فرمائی کہ بعد میں حضرت اسماعیل ؑ کو بھی رسالت سے نواز دیا:

> اور اس کتاب میں اسماعیل ؑ کا ذکر کرو۔ وہ وعدے کا سچّا اور رسول نبی تھا ۔ وہ اپنے گھر والوں کو نماز اور زکوٰۃ کا حکم دیتا تھا اور اپنے رب کے نزدیک ایک پسندیدہ انسان تھا ۔(19-مریم:54)

رسول اللہ فرماتے ہیں ،حضرت ابراہیم کی ماں بیٹا سے روانگی کے بعد حضرت ہاجرہ بچّے کو دودھ پلاتی رہیں لیکن چند دنوں میں کھجور اور پانی ختم ہو گیا اور ماں کے جسم میں بچّے کے لئے دودھ نہ رہا تو بے اختیار ہو کر صفا اور مروہ کی پہاڑیوں پر چڑھ کر دور تک دیکھنے کے لئے کہ شاید کوئی مسافر قافلہ دکھائی دے جائے ، دونوں پہاڑیوں کے درمیان کسی مصیبت زدہ کی طرح دوڑنے پر

سات مرتبہ یہ عمل دہرایا ۔ اللہ تعالیٰ نے پریشان حال ماں کا یہ فعل سات مرتبہ مکمّل ہونے دیا تب حضرت جبریل ؑ کو حضرت اسماعیل ؑ کے پیروں تلے زمزم جاری کرنے کا حکم دیا اور حضرت ہاجرہ کے صفا و مروہ کے درمیان دوڑنے کے فعل کو صفا و مروہ کی سعی کی صورت میں حج کا مستقل جزو بنا دیا ۔ جلد ہی زمزم کی وجہ سے مکّہ کی سنسان وادی میں ایک چھوٹی سی بستی کی بنا پڑ گئی اور حضرت اسماعیل ؑ پرورش پاتے ہوئے نوجوانی کی عمر کو پہنچ گئے تو اللہ تعالیٰ نے حضرت ابراہیم ؑ کو بیٹے کی قربانی جیسے عظیم ترین امتحان میں ڈالا اور دونوں باپ بیٹا سرخ رو ہوئے ۔ اس عظیم واقعہ کی یادگاری کا مصداق بھی اللہ تعالیٰ نے مویشی جانور کی قربانی حج کا لازمی جزو اور ساتھ ہی صاحبِ نصاب مسلمانوں کے لئے عیدالاضحٰی کے وجوب میں شامل کر دیا ۔ واقعۂ قربانی کے بعد حضرت ابراہیم ؑ اور حضرت اسماعیل ؑ خانہ کعبہ تعمیر کرتے وقت وہ دعا کرتے ہیں جو رسول اللہ کی بعثت کی شکل میں ظاہر ہوئی ۔

اب اگر قارئین غور کریں کہ حضرت ابراہیم ؑ کے تعمیرِ کعبہ سے پہلے تک کے جو عظیم ترین واقعات آپ کی زندگی میں پیش آئے ان کی حکمت و مصلحت پر غور کر کے آنجنابؑ اس حقیقت کی تہہ تک پہنچ گئے جو اللہ تعالیٰ نے وادئ مکّہ کے متعلق طے کر رکھی تھی ۔ اللہ تعالیٰ کا حضرت ابراہیم ؑ کی زندگی کو نمرود کے حملے سے محفوظ رکھنا، انہیں اپنا آبائی وطن چھوڑ کر فلسطین میں قیام کرنے کا حکم دینا، نوزائیدہ بیٹے کو ماں کے ہمراہ وادئ بیابان میں چھوڑ دینے کا حکم اور پھر ان کی بقا کے لئے اللہ کا چشمۂ زمزم جاری کرنا، حضرت ابراہیم ؑ سے اسی بیٹے کی قربانی طلب کرنا اور آخری وقت میں اس قربانی کے فدیہ میں مینڈھا مہیا کرنا یہ تمام واقعات جو سرے سے دوسروں کے مشاہدے میں بھی نہیں آ رہے تھے،حضرت ابراہیم ؑ کو اچنبھے میں ڈالنے اور سوچنے کے لئے مجبور کرنے میں بہت تھے کہ ان واقعات کی پشت پر اللہ تعالیٰ کی کوئی عظیم مشیت کارفرما ہے ۔ حضرت ابراہیمؑ نے غور کیا اور اللہ کی مشیت سمجھنے میں کامیاب رہے ۔ حضرت ابراہیم ؑ اور حضرت اسماعیل ؑ اللہ کی مشیت کو ہی اللہ کے حضور دعا کی صورت میں پیش کرتے ہیں جو نوعِ انسانی کے متعلق اللہ تعالیٰ نے طے کر رکھی تھی ۔ فرق اتنا رہا کہ اللہ تعالیٰ نے مبارک باپ بیٹا کے گھرانے سے جو رسول اٹھایا وہ اللہ کا آخری رسول

اور سرورِ عالم ثابت ہوا اور یہ کہ ایک اضافی صفت رسول اللہ کو عطا کی جو دعا میں شامل نہیں تھی " اور تمہیں وہ باتیں سکھاتا ہے جو تم نہ جانتے تھے" ۔اللہ کے رسول اور انبیاء طبیعت و کردار اور فراست و دور اندیشی جیسی صفات کی کن عظمتوں کے مالک ہوتے ہیں؟ ان کے حقیقی مفہوم تک پہنچنا عام انسان کے بس میں نہیں ہے ۔اب اگر قارئین غامدی صاحب کی تجویز یاد کریں کہ حضرت ابراہیم ؑ و حضرت اسماعیل ؑ قربانی کے خواب کی غلط تعبیر سمجھ بیٹھے ، لیکن اس کی تصحیح کا خیال پچھلی کئی صدیوں میں بڑے بڑے جلیل و قدر اسلامی مفکرین میں سے کسی کو نہ ہو سکا اور یہ ادراک ہمارے زمانے میں پہنچ کر غامدی صاحب جیسے صاحبِ فراست کو ہوا ہے، کس قدر بے ہودہ پن اور صریح توہین کا ارتکاب ہے ۔ حضرت ابراہیم ؑ اور حضرت اسماعیل ؑ ایسی بلند درجہ کی فراست کے مالک تھے کہ ان کی نظریں نوعِ انسانی کے حق میں اللہ تعالیٰ کی مشیت تک پہنچ سکتی تھیں ۔ہم نے مقتدر باپ اور بیٹے کی اسی انتہائی درجہ کی فراست کے مقابلے میں غامدی صاحب کی حضرت ابراہیم ؑ کے خواب کی تعبیر نہ کرنے جیسی غلطی کی تہمت پر لکھا تھا کہ یہ بات ہمارے رنج کا سبب بنی اور یہ کہ قارئین کے سامنے اپنے رنج کی اصل وجہ بتانے کا یہی موقع ہمیں درکار تھا ۔ غامدی صاحب رسولوں کے متعلق اللہ تعالیٰ کی سنّت بیان کرتے ہیں :

قرآن میں اس کی تفصیل کے مطابق رسول اپنے مخاطبین کے لئے خدا کی عدالت بن کر آتا ہے اور اُن کا فیصلہ کر کے دنیا سے رخصت ہوتا ہے ۔ ۔ ۔ رسول کے مخاطبین کے لئے ایک قیامت صغریٰ برپا کر دی جاتی ہے ۔ اِس دعوت کی جو تاریخ قرآن میں بیان ہوئی ہے، اُس سے معلوم ہوتا ہے کہ اس موقع پر بالعموم دو ہی صورتیں پیش آتی ہیں ۔ ۔ ۔ پہلی صورت میں رسول کے قوم کو چھوڑ دینے کے بعد یہ ذلّت اس طرح مسلّط کی جاتی ہے کہ آسمان کی فوجیں نازل ہوتی ہیں ۔ ۔ ۔ کہ رسول کے مخالفین میں سے کوئی بھی زمین پر باقی نہیں رہتا ۔ قرآن سے معلوم ہوتا ہے کہ قومِ نوح، قومِ لوط، قومِ صالح، قومِ شعیب اور اسی طرح کی بعض دوسری اقوام کے ساتھ یہی معاملہ پیش آیا ۔ اس سے مستثنیٰ صرف بنی اسرائیل رہے جو اصلاً توحید سے وابستہ تھے ۔ ۔ ۔ ان کی ہلاکت کے بجائے ہمیشہ کے لئے مغلوبیت کا عذاب ان پر مسلط کر دیا گیا ۔

دوسری صورت میں عذاب کا یہ فیصلہ رسول اور اُس کے ساتھیوں کی تلواروں کے ذریعے نافذ کیا جاتا ہے . . . نبی صل اللہ علیہ السلام کے معاملے میں یہی دوسری صورت پیدا ہوئی . . .

ثلاثاً، اس میں غلبہ حق، **استخلاف فی الارض** اور جہاد و قتال کی آیات سے متعلق یہ بات بالخصوص پوری تحقیق کے ساتھ متعین کرنی چاہئے کہ اُن میں کیا چیز شریعت کا حکم اور خدا کا ابدی فیصلہ ہے اور کیا چیز اسی انذار رسالت کے مخالفین کے ساتھ خاص کوئی قانون ہے **جو اب لوگوں کے لئے باقی نہیں رہا** ۔(المیزان:صفحہ 49)

ہمیں غامدی صاحب کی کتاب میں سے اس اقتباس کو مختصر رکھنے کے لئے کچھ کانٹ چھانٹ کرنا پڑی ہے لیکن کوئی غیر متعلق بات منسوب کرنے کے لئے ہاتھ کی صفائی دکھانے کی کوشش یا نیت اس میں شامل نہیں ، بلکہ مقصد صرف یہ ہے کہ اہم نکات بآسانی دیکھے جا سکیں ۔ ہم نے اقتباس کو اہم باتوں کے لحاظ سے تین ٹکڑوں میں تقسیم کر دیا ہے ۔ یہ تینوں باتیں موصوف اللہ تعالیٰ کے اصول یا سنّت کے طور پر بیان کرتے ہیں جو کہ ایک ایسی کوشش ہے جس میں حد درجہ احتیاط ہر شخص کے لئے لازم ہونی چاہئے ۔

اقتباس کے پہلے ٹکڑے میں مغضوب اقوام کی ہلاکت کو لازماً اللہ کی عدالت اور قیامت صغریٰ کی حیثیت سے اللہ تعالیٰ کی سنّت کے مفہوم میں پیش کر دینا درست نہیں ۔ جن اقوام کا موصوف نے قرآنِ کریم میں سے حوالہ دیا ان میں سے کسی بھی قوم نے اپنے رسول کو ہلاک کر دینے کا عزم ظاہر نہیں کیا، اگرچہ بے شک ان کے جرائم ایسے تھے کہ اللہ کا انصاف ان اقوام کی ہلاکت کا مقتضی تھا ۔ اس کے مقابلے میں حضرت ابراہیمؑ کی قوم نے آپ کو ہلاک کرنے کے ارادے کو آنجناب کو آگ کے الاؤ میں دھکیل کر پایہ تکمیل تک پہنچا دیا لیکن نمرود کی قوم، غامدی صاحب کی بیان کردہ سنّت کے مطابق، اللہ کے غضب کا شکار نہیں ہوئی ۔ علاوہ ازیں کیا غامدی صاحب نے سورہ الصّٰفّٰت میں حضرت یونسؑ کا واقعہ نہیں پڑھا جس میں حضرت یونسؑ نینوا کی قوم پر انزار کی مدّت مکمّل ہونے سے قبل اللہ تعالیٰ کی اجازت کے بغیر اپنا مستقر چھوڑ کر چلے گئے ؟آپؑ اس غلطی کے عتاب میں مچھلی کے پیٹ میں پہنچا دئے گئے پھر اللہ سے معافی کے خواستگار ہوئے تو آپؑ کی خطا معاف ہو گئی تھی۔

غامدی صاحب نے " قرآن میں اس کی تفصیل کے مطابق رسول اپنے مخاطبین کے لئے خدا کی عدالت بن کر آتا ہے اور اُن کا فیصلہ کر کے دنیا سے رخصت ہوتا ہے " بہت یک سطحی بات قرآنِ کریم کی بابت تحریر کر دی ہے ۔ حقیقتاً ہر ایک رسول اپنی پیغمبرانہ زندگی میں احکامِ الہی کا پابند ہوتا ہے۔ حضرت نوح ؑ 950 سالہ طویل کوششیں صدا بہ صحرا ثابت ہونے پر اپنا استغاثہ اللہ تعالیٰ کے حضور پیش کرتے ہیں ۔حضرت اسماعیلؑ رسول مقرر ہوئے لیکن آپؑ کی قوم کسی اندوہناک فیصلے کا شکار نہیں ہوئی ۔ رسول کی بعثت اتنا سادہ معاملہ اُس وقت نظر آتی ہے جب قرآنِ کریم کو محض سرسری نظر سے دیکھا جائے ۔ آگے کے مباحث میں ہم اللہ تعالیٰ کی اس رحمت کے بعض پہلو دیکھ سکیں گے ۔

ہمیں غامدی صاحب کے اقتباس کے اس ٹکڑے سے غرض نہیں اور اس میں دیکھی جانے والی خامی کو بشری کمزوری تسلیم کیا جا سکتا ہے ۔ ہمیں خود اپنی کتاب میں ایسی متعدد غلطیوں کا خدشہ ہے جس میں اللہ کی مدد اور اس کے بعد اصلاح کے لئے قارئین کی نصیحتوں کے محتاج ہیں ۔ غامدی صاحب کے اقتباس کا یہ ٹکڑا محض اس لئے نقل کیا گیا تاکہ اگلے دو ٹکڑوں کا تسلسل واضح رہے ۔ دوسرے ٹکڑے کو گہری روشنائی سے ہم نے نمایاں کر دیا ہے ۔ یہ انتہائی افسوسناک بات لکھی گئی ہے ۔ اس بات کا لکھا جانا قرآن کے منکرین کو ہی زیب دیتا ہے اور منکرین ایسا لکھتے اور کہتے بھی رہے ہیں ۔ ہم مولانا مودودیؒ کے تعارف میں "الجہاد فی الاسلام" کے حوالے سے چند الفاظ اس معاملہ پر تحریر کر چکے ہیں ، تاہم یہاں غامدی صاحب کے تحریر کردہ فقرہ کی مختصر وضاحت کرنا ضروری ہے ۔ قارئین جانتے ہیں کہ رسول اللہ کی تیئیس سالہ پیغمبرانہ زندگی کے تیرہ سال مکّہ میں دعوتِ ایمان کی جدوجہد میں صرف ہوئے جس میں مستقلاً منکرین کے ظلم و ستم کی زد میں رہنے کی وجہ سے یہ تمام عرصہ رسول اللہ اور بتدریج ایمان لانے والوں کی مختصر تعداد کے لئے انتہائی صبر آزما تھا ۔ مکّی دور کے اواخر میں عام انسانی دماغ سے تفصیلات کا جائزہ لیا جائے تو بظاہر منکرین کے ناحق مظالم کی اینٹ کا جواب پتھر سے دیا جانا ممکن ہو سکتا تھا لیکن اللہ تعالیٰ کی طرف سے رسول اللہ اور گنتی کے چند مومنین کو اس کی اجازت نہیں دی گئی ۔مومنین کو دئیے جانے والے مظالم کی روح

فرسا واقعات کی داستانیں موجود ہیں لیکن انہیں صبر کی تلقین دی گئی اور بالآخر جب یہ مظالم ناقابل برداشت حد کو پہنچ گئے تو حبشہ میں عارضی پناہ کی اجازت اللہ نے مومنین کو دے دی۔ اس کے بعد رسول اللہ کے مدنی دس سال ہیں جن میں اللہ تعالیٰ کی عنایت سے آنحضرت کا دعوتی مشن اپنی تکمیل کو پہنچ گیا جس میں حربی نقطۂ نظر سے پانچ جنگیں رسول اللہ و مومنین اور عرب کے کافروں کے درمیان لڑی گئیں - یہی جنگیں ہیں جن سے مغربی منکرین وہ نتائج اخذ کرتے ہیں جن کی غامدی صاحب نے اوپر اقتباس میں تصدیق و ہمنوائی کی کوشش کی ہے -

پہلی جنگ یعنی جنگِ بدر میں کُفارِ مکّہ دو ہجری میں رسول اللہ اور مومنین کی مختصر تعداد کو ہلاک کر دینے کے ارادے سے مدینہ پر حملہ آور ہونے کے لئے نکلے جو بدر کے مقام پر لڑی گئی - یہ رسول اللہ کی مدافعتی جنگ تھی جس میں چالیس کے قریب مشرکین دورانِ جنگ ہلاک ہوئے - پھر ایک ہی سال بعد شکست کا بدلہ لینے کے لئے مشرکین نے تین ہجری میں مدینہ پر اپنے اسی ارادے سے حملہ کیا - یہ بھی رسول اللہ کی مدافعتی جنگ تھی جس میں ستّر کفار قتل ہو گئے - دو سال بعد مشرکین مکّہ نے سارے عرب سے فوجیں جمع کر کے اپنے ناکام اور ناپاک ارادوں کی تکمیل اور مدینہ کو تخت و تاراج کر دینے کے لئے تمام ممکنہ طاقتیں جھونک دیں لیکن اللہ کی عنایت سے ایک ماہ کی ناکہ بندی کے بعد ناکام واپس ہوئے - اس محاصرہ میں دو بدو جنگ کی نوبت نہیں آئی سوائے دو چار کفار جو مدافعتی خندق عبور کرنے کی کوشش میں ہلاک ہو گئے - یہ بھی رسول اللہ کی مدافعتی جنگ تھی - چھ ہجری میں کفار مکّہ کے ایماء پر دونوں فریقین کے درمیان دس سال جنگ نہ ہونے کا صلح حدیبیہ کے نام سے مشہور معاہدہ طے ہوا جسے اللہ تعالیٰ نے رسول اللہ اور مومنین کے حق میں فتح مبین قرار دیا تھا - مشرکین مکّہ اس معاہدہ کے پابند نہ رہے تب رسول اللہ نے سات ہجری میں مکّہ کی طرف جارحیت کا اقدام کیا یہ واحد جنگ تھی جسے غامدی صاحب تلوار کے ذریعے کفار قریش کے جرائم کا سدباب قرار دے سکتے ہیں لیکن انہیں چاہیے کہ اس کی تفصیلات کم از کم کچھ تو ایماندارانہ نظر سے دیکھیں -مشرکین کی صلح حدیبیہ کی صریح خلاف ورزی کے بعد رسول اللہ دس ہزار مُقدّسوں کے ہمراہ مکمّل رازداری کے ساتھ مکّہ پہنچ گئے کہ ان کے

کانوں کان خبر نہ ہوئی جبکہ مومنین کا گروہ اب اتنا طاقتور تھا کہ اس کا مقابلہ مشرکین کے بس میں کسی طرح نہیں ہو سکتا تھا اور علی الاعلان حملہ کیا جانا بالکل ممکن تھا ۔ مکّہ کے قریب پہنچنے پر رسول اللہ نے مومنین کو حکم دیا کہ اپنا کھانا پکانے کے لئے ہر شخص اپنی آگ علیحدہ جلائے ۔ مشرکین کے لئے دور سے اس آگ کا نظارہ ہی کافی ہو گیا کہ بلا کوئی حربی مقابلہ شکست تسلیم کر لی گئی ۔ شکست اگرچہ تسلیم کر لی گئی لیکن انتقامی استعداد رکھنے کے باوجود اللہ کے رسول نے مکّہ کے تمام حربی و غیر حربی باشندوں کو جان و مال کی مکمّل پناہ دے دی ۔رسول اللہ کی فراست و شفقت کی کتنی بڑی مثال ہے ۔ مشرکین مکّہ کے جد امجد کا تعمیر کردہ زمین پر اللہ کی عبادت کا پہلا گھر اور دینِ اسلام کا مرکز مشرکین کے تین سو ساٹھ بتوں سے پاک کیا جانا ایک لازمی امر تھا اور اسے، بطورِ آخری رسول، رسول اللہ کے ہاتھوں عمل میں آنا ہی تھا ۔ یہ مقصد بغیر کوئی خون بہائے حاصل کر لیا گیا ۔اس کے بعد صرف ایک اور جنگ عربوں کے ساتھ پیش آئی جو غزوۂ حنین ہے لیکن یہ مشرکین عرب کی آخری ناکام کوشش اور رسول اللہ کی مدافعتی جنگ تھی ۔ فتح مکّہ کے بعد اطراف کے قبائل اسلام لے آئے تو رسول اللہ کی فوجی طاقت اب چودہ ہزار حربی نفوس تک پہنچ چکی تھی ۔ حنین و طائف قبائل کے پاس تھوڑے بہت قبائل کی مشترکہ کوشش کی کامیابی کا تصوّر غیر حقیقی تھا، لہٰذا اس مدافعتی جنگ میں مسلمان کامیاب رہے ۔ اس کے بعد ایک ہی سال میں تمام عرب قبائل جوق در جوق اسلام قبول کرتے چلے گئے ۔رسول اللہ کے تیئس سالہ دورِ رسالت میں عرب مشرکین کے جملہ جانی اتلاف کا تخمینہ دو ڈھائی سو افراد سے زیادہ نہیں اور وہ بھی مسلمانوں کو قتل کرنے کی مدافعت میں ہلاک ہوئے ۔ اس عنصر کو منہا کر دیا جائے تو تلوار سے ایک قتل ثابت نہیں کیا جاسکتا ماسوا چند جو کسی غلط فہمی یا غلطی کے نتیجے میں رو بعمل ہو گئے جو ہر معاشرے اور ہر زمانے کے قانونِ قتل میں قابلِ استثنا ہیں ۔ مقامِ افسوس ہے ہمارے لئے کہ اس جدید دور میں ایسے خیالات پڑھنے کو ملتے ہیں جیسے کہ کتاب المیزان میں دیکھے جاتے ہیں کہ رسول اللہ اور صحابہ کی تلواروں کے ذریعے عذابِ الٰہی کا فیصلہ منکرین پر نافذ کیا گیا ۔غامدی صاحب کے حق میں بہتر تھا کہ یہ قطعی غیر حقیقی الزام اور تہمت منکرینِ قرآن کو دہراتے رہنے کے لئے چھوڑے رکھتے ۔

جہاں تک ہماری سمجھ میں آتا ہے وہ یہ کہ اپنی کتاب "المیزان" میں غامدی صاحب کو بیشتر غیر حقیقی تصورات و مفاہیم پیش کرنے ضرورت پیش آئی اسے موصوف نے اوپر نقل کردہ اقتباس کے تیسرے ٹکڑے میں بیان کر دیا ہے۔ یہ چونکہ ہماری کتاب کا اہم ترین عنصر ہے، اس لئے سہولت کی خاطر دوبارہ نقل کیا جاتا ہے:

> ثالثاً، اس میں غلبہ حق، **استخلاف فی الارض** اور جہاد و قتال کی آیات سے متعلق یہ بات بالخصوص پوری تحقیق کے ساتھ متعین کرنی چاہئے کہ اُن میں کیا چیز شریعت کا حکم اور خدا کا ابدی فیصلہ ہے اور کیا چیز اسی انذار رسالت کے مخالفین کے ساتھ خاص کوئی قنون ہے **جو اب لوگوں کے لئے باقی نہیں رہا**۔(المیزان:صفحہ 49)

یہاں لفظ "استخلاف فی الارض" سے غامدی صاحب کی مراد کسی زمینی خطہ پر خلافت راشدہ کا نمونہ دوبارہ قائم کرنے کی کوشش ہے جو، غامدی صاحب کے پچیس سالہ تدبر کی رو سے، شریعت کا حکم اور خدا کا ازلی فیصلہ اور رسالت کے مخالفین سے منسلک قوانین میں "اب" شامل نہیں رہا۔اس فقرہ میں "اب" لکھ دینے سے موصوف نے کسی قرآنی حکم یا بعض احکامات کا اطلاق اپنی کتاب لکھنے کے زمانے اور اس کے بعد آنے والے زمانوں کے لئے مخصوص کر دیا ہے۔موصوف معاذاللہ قرآنِ کریم کا کوئی نیا تبدیل شدہ ایڈیشن تو پیدا نہیں کر سکتے تھے کہ یہ بات مخلوقات کے بس میں نہیں ہے، لیکن تحریر کردہ فقرہ واضح ہے کہ یہ قرآنِ کریم کی بعض آیات کے مفاہیم کا نیا ایڈیشن ہے جسے جاری کرنے میں موصوف سمجھتے ہیں کہ انہیں کسی نوعیت کی کامیابی حاصل ہے۔ ہمارے دور میں استخلاف فی الارض ہی دراصل وہ تصوّر ہے جس کے ہر ممکنہ پہلو کی وضاحت مولانا مودودیؒ نے اپنی بلند معیار تحریروں کے ذریعے کی اور پھر متحدہ ہند کے اکثریتی مسلمان علاقوں میں اور بعد میں پاکستان بن جانے پر وہاں اس کے عملی نفاذ کی "ناکام" کوشش کی۔ جماعتِ اسلامی کی ستر سالہ روداد کے تذکرہ میں عموماً مخالفین بہت جوش و جذبہ سے "ناکامی" کا لفظ استعمال کرتے ہیں، لیکن اس میں پوشیدہ حقیقت جلد سامنے آجائے گی۔ غامدی صاحب نے بھی مولانا مودودیؒ، جماعتِ اسلامی اور جماعت کے لٹریچر سے نظریاتی اختلاف رکھنے کی بنا پر علیحدگی اختیار کی۔ ان اختلافات کی فہرست میں کیا کچھ شامل ہے؟ یہ تفصیل ہمارے لئے ضروری نہیں، تاہم غامدی صاحب

کا تحریر کردہ لفظ "استخلاف فی الارض" کی وضاحت قرآنِ کریم کی بعض آیات کی روشنی میں تلاش کرنے کی کوشش کریں گے ۔ مولانا مودودیؒ نے اس موضوع پر جتنا ضخیم تحریری کام کر دیا ہے اس پر مزید کچھ اضافہ کرنے کی کوشش پر ہم خود کو شرمندہ کرنے کا سزاوار سمجھتے ہیں لیکن چونکہ اس کتاب میں تاریخِ انسانی اور نوعِ انسانی کے بعض وہ پہلو زیرِ غور لائے گئے جو ایک کتاب کی صورت میں قارئین کو بآسانی دستیاب نہیں ، اس لئے جو بحث یہاں "تکمیلِ دین" کی وضاحت کے لئے شروع کی گئی اسے منطقی انجام تک پہنچایا جائے گا۔

نوعِ انسانی کی امامت

غامدی صاحب کی کتاب کے زیرِ بحث اقتباس سے قبل ہم اس مقام تک پہنچ گئے تھے کہ حضرت ابراہیمؑ و حضرت اسماعیلؑ کے ہاتھوں زمین پر انسانوں کے لئے مکہ میں پہلی عبادت گاہ تعمیر کی گئی ، لیکن اللہ تعالیٰ نے انسانوں کی رشد و ہدایت کے لئے فلسطین کو مرکز قرار دے کر انبیاء و رسل کا سلسلہ حضرت ابراہیمؑ کے منجھلے بیٹے حضرت اسحاقؑ کے گھرانے سے جاری کیا ۔ قرآنِ کریم کا ارشاد ہے:

> یاد کرو کہ جب ابراہیم کو اس کے رب نے چند باتوں میں آزمایا اور وہ اُن سب میں پورا اُتر گیا ' تو اُس نے کہا: "میں تجھے سب لوگوں کا پیشوا بنانے والا ہوں"۔ ابراہیم نے عرض کیا: "اور کیا میری اولاد سے بھی یہی وعدہ ہے"؟ اُس نے جواب دیا: "میرا وعدہ ظالموں سے متعلق نہیں ہے"۔ اور یہ کہ ہم نے اس گھر (کعبہ) کو لوگوں کے لئے مرکز اور امن کی جگہ قرار دیا تھا اور لوگوں کو حکم دیا تھا کہ ابراہیم جہاں عبادت کے لئے کھڑا ہوتا ہے اس مقام کو مستقل جائے نماز بنا لو، اور ابراہیم اور اسماعیل کو تاکید کی تھی کہ میرے اِس گھر کو طواف اور اعتکاف اور رکوع اور سجدہ کرنے والوں کے لئے پاک رکھو۔(2-البقرہ:124)

ان آیات میں حضرت ابراہیمؑ آزمائشوں میں سرخرو ثابت ہوئے تو اللہ تعالیٰ نے آپ کو تمام لوگوں کا امام بنانے کا اعزاز دینے کا فیصلہ سنایا اور حضرت ابراہیمؑ کے پوچھنے پر آپ کی نیک و صالح اولاد کو بھی یہ نعمت عطاہونے کے فیصلے سے آگاہ کیا ۔ساتھ میں قرآنِ کریم کے مخاطبین کو کعبۃ اللہ کی حرمت و عظمت اور اس حقیقت کو

YAHUDIYAT, ISAIYAT OR ISLAM 839

یاد دلایا کہ اس گھر کی تعمیر کے پہلے دن حج بیت اللہ کی اقامت کر دی گئی تھی تاہم ، یہ حقیقت قرآنِ کریم سے واضح ہے کہ حضرت اسماعیل ؑ کو مکّہ میں بطورِ رسول تعینات تو کیا لیکن نوعِ انسانی کی رہنمائی کے لئے حضرت ابراہیم ؑ کو فلسطین میں بسایا گیا :

اور اس کتاب میں اسماعیل کا ذکر کرو۔ وہ وعدہ کا سچّا اور رسول نبی تھا (19-مریم:54)

قارئین واقف ہیں کہ عہد نامہ عتیق کے مطابق فلسطین میں پہلی عبادت گاہ حضرت ابراہیم ؑ کی فلسطین میں وفات کے پندرہ صدی سے زائد عرصہ گزرنے پر بذریعہ حضرت سلیمان ؑ بیت المقدس میں ہیکل سلیمانی کی تعمیر ہوئی جبکہ قرآنِ کریم خانہ کعبہ کے متعلق مخاطبین کو تصریح کرتا ہے:

جن لوگوں کو ہم نے کتاب دی ہے، وہ اِس مقام (کعبہ) کو ایسا پہچانتے ہیں جیسے اپنی اولاد کو پہچانتے ہیں، مگر اِن میں سے ایک گروہ جانتے بوجھتے حق کو چھپا رہا ہے -(2-البقرہ:146)

اس آیت میں غالباً یہودی و عیسائی یا کم از کم یقینی طور پر یہودی مراد ہیں کہ وہ کعبۃ اللہ کو اپنی اولاد کی طرح پہچانتے ہیں لیکن ایک گروہ قصداً یہ حقیقت پوشیدہ رکھے ہوئے ہے ۔ قارئین اب تک جان گئے ہیں کہ اس گروہ سے مراد یہودی مذہبی علماء و فقہاء کا گروہ ہے ۔بائیبل کے نام سے جو کتابِ مُقدّس اب ہمیں دستیاب ہے اس میں خانہ کعبہ کا کوئی معمولی سا اشارہ بھی نہیں ملتا ، لہٰذا اس بائیبل کے لحاظ سے یہودی و عیسائی خانہ کعبہ کو اولاد کی طرح پہچاننا تو درکنار اس نام یا اس علامت سے واقفیت کا بھی کوئی سوال پیدا نہیں ہوتا ۔درحقیقت جو تورات و انجیل رسول اللہ کے زمانے میں عرب کے یہودیوں یا عیسائیوں کو دستیاب تھی وہ کچھ اور ہی تورات و انجیل تھی ۔حضرت موسیٰ ؑ سے قبل از رسالت مصر میں ایک شخص سہواً ہلاک ہوگیا تو فرعون کے خوف سے آپ کو چند سالوں کے لئے مدین میں پناہ حاصل کرنی پڑی ۔ مدین پہنچنے پر یہ واقعہ کافی جانا پہچانا ہے کہ آپ کسی کنویں تک پہنچے تو وہاں بکریوں کو پانی پلانے کی منتظر دو لڑکیوں کی مدد فرمائی جس کے نتیجے میں آپ کی ملاقات ان لڑکیوں کے والد سے ہوئی ۔ لڑکیوں کے والد نے ایک اجنبی ہونے کے باوجود آپ کی شخصیت میں موجود بلند کردار اور صالحیت پہچان لی تو آپ کو اپنی

بیٹی سے نکاح کا پیغام دیا۔یہ پورا واقعہ سورہ قصص میں بہت تفصیل کے ساتھ بیان ہوا ہے جس میں سے ایک آیت ذیل میں نقل ہے:

> اس (یعنی لڑکیوں) کے باپ نے (موسیٰ سے)کہا "میں چاہتا ہوں کہ اپنی دو بیٹیوں میں سے ایک کا نکاح تمہارے ساتھ کر دوں بشرطیکہ تم آٹھ سال میرے ہاں ملازمت کرو، اور اگر دس سال پورے کر دو تو یہ تمہاری مرضی ہے۔(28-القصص 27)

اس آیت کے اردو ترجمہ میں مولانا مودودیؒ نے جس عربی لفظ کا ترجمہ "آٹھ سال" کیا ہے وہ قرآنی آیت میں عربی الفاظ میں ثَمٰنِیَ حِجَجٍ درج ہے۔ قرآنِ کریم کی اس آیت کے علاوہ قرآن میں وقت کے لئے جب بھی لفظ "سال" استعمال ہوا ہے اس کے لئے عربی لفظ "سنین" ملتا ہے، مثلاً حضرت نوح ؑ کی 950 سال عمر کے لئے لفظ "سَنَۃٍ" سورہ 29-العنکبوت:14 میں دیکھا جاسکتا ہے۔ لہٰذا اوپر آیت میں بھی بآسانی سَنَۃٍ استعمال ہو سکتا تھا۔ قرآنِ کریم میں اس موقع پر خصوصی توجہ نظر آتی ہے کہ لڑکیوں کے والد نے آٹھ سال نہیں بلکہ آٹھ حج کے الفاظ استعمال کئے۔اس نکتہ کو بآسانی پچھلے صفحات پر کی گئی بحث میں انگریزی لفظ "Hagg" کے موقع پر بیان کیا جا سکتا تھا لیکن ہم نے زیادہ مناسب وقت کے لئے اسے چھوڑ رکھا تھا۔اس نکتہ کی طرف ہمارے بڑے بھائی سید طارق ظفر نے کچھ عرصہ قبل ہمیں متوجہ کیا۔ عام حالات میں ایسے قرآنی عناصر انسانی گرفت میں نہیں آتے۔ مولانا مودودیؒ کے ساتھ ساتھ ابن کثیر کے تفسیر القرآن کے اردو ترجمہ میں بھی آٹھ سال درج ہے، جبکہ غامدی صاحب کے استاذ امام امین احسن اصلاحی نے بھی یہی ترجمہ اختیار کیا ہے۔ اصلاحی صاحب نے تدبر قرآن میں چونکہ ہر آیت کے لئے پہلے الفاظ کی تحقیق میں بہت وقت صرف کیا پھر اس کے بعد تفسیر اور متعلقہ تفصیلات تحریر کی ہیں، لہٰذا ہمیں اصلاحی صاحب سے توقع تھی کہ یہ لفظ انہیں متوجہ کر لے گا۔اس آیت میں لفظ "آٹھ حج" اس لئے اہمیت کا حامل ہے کہ قرآنِ کریم کے مطابق کعبۃ اللہ کا سالانہ حج حضرت موسیٰ کے زمانے میں قائم تھا، اسی لئے آپ کے ہونے والے خسر نے مدت کی نشاندہی کے لئے آٹھ حج کے الفاظ استعمال کئے۔ عصری تحقیقات سے یہ حقیقت سامنے آچکی ہے کہ حضرت موسیٰ بنی اسرائیل کو مصر کی غلامی سے نجات کے بعد حج کے لئے مکّہ لے آئے تھے۔ حج بیت اللہ کے

معمولی اشارات بھی بائیبل میں نہیں چھوڑے گئے، لیکن یہودی علماء کی کوششوں کے باوجود بعض جگہ "غلطیاں" ملتی ہیں۔ مثلاً، حضرت موسیٰ کی فرعون سے جو طویل تکرار تورات میں موجود ہے اس کا ایک اقتباس ذیل میں نقل ہے:

> اِس کے بعد موسیٰ اور ہارون نے جا کر فرعون سے کہا کہ خداوند اسرائیل کا خدا یوں فرماتا ہے کہ میرے لوگوں کو جانے دے تاکہ وہ بیابان میں میرے لئے **عید** کریں۔ فرعون نے کہا کہ خداوند کون ہے کہ میں اُس کی بات مان کو کر بنی اسرائیل کو جانے دوں ؟میں خداوند کو نہیں جانتا اور میں بنی اسرائیل کو جانے بھی نہیں دوں گا۔ تب انہوں نے کہا کہ عبرانیوں کا خدا ہم سے ملا ہے سو ہم کو اجازت دے کہ ہم تین دن کی منزل بیابان میں جا کر خداوند اپنے **خدا کے لئے قربانی کریں** (خروج 5:3)

اس اقتباس میں لفظ "عید" اور الفاظ "خدا کے لئے قربانی" سے حج بیت اللہ سے وابستہ اسلامی شعائر کی طرف ہی اشارہ ہے جو حضرت ابراہیمؑ کے وقت سے چلا آ رہا تھا جس کی طرف قرآنِ کریم نے حضرت موسیٰ کے حوالے سے آٹھ حج کہہ کر ہمیں متوجہ کیا ہے۔اس عبادت گاہ کی تعمیر چونکہ حضرت ابراہیمؑ کے ساتھ ساتھ براہ راست حضرت اسماعیلؑ سے منسلک تھی، لہٰذا اپنی قوم میں " خدا کی پسندیدہ قوم" کا یقین پیدا کرنے کے لئے بنی اسرائیل کا مذہبی نظام بائیبل میں ایسی تفصیلات کی شمولیت کا متحمل ہو نہیں سکتا تھا۔ یہی وجہ ہے کہ بیٹے کی قربانی کو تورات میں حضرت اسحاقؑ سے منسوب کیا گیا اور حضرت ابراہیمؑ و حضرت اسماعیلؑ کی تعمیرِ خانہ کعبہ اور اصل دینی تعلیمات قصداً ضائع کر دی گئیں۔اللہ تعالیٰ کی طرف سے عطا کردہ صراطِ مستقیم کی ہدایات سے بغاوت و سرکشی کی جس انتہا کو یہودی علماء عبور کر گئے اسے قرآنِ کریم نے ایک آیت سے مکمّل کھول کر رکھ دیا ہے:

> پھر اپنے کفر میں اتنے بڑھے کہ مریم پر سخت بہتان لگایا، اور خود کہا کہ ہم نے مسیح، عیسیٰ اِبن مریم،رسول اللہ کو قتل کر دیا ہے۔ حالانکہ فی الواقع انہوں نے نہ اُس کو قتل کیا نہ صلیب پر چڑھایا بلکہ معاملہ اُن کے لئے مشتبہ کر دیا گیا۔(4-النّسَآء:157)

اس جرمِ عظیم اور اللہ تعالیٰ سے صریح بغاوت و سرکشی کی پشت پر بنی اسرائیل بحیثیتِ قوم کے خاص و عام کی تمام تاریخ موجود تھی،

لہٰذا اس واقعہ کے بعد اقوامِ عالم کی امامت ہ رہنمائی کی نعمتِ عظمیٰ ان سے صلب کرلی گئی اور اللہ تعالیٰ نے ملک عرب سے حضرت ابراہیم ؑ کے خانوادہ کی دوسری شاخ حضرت اسماعیل ؑ کے نسب سے رسول اللہ کو اٹھایا اور آپ ؑ کی اُمت کو قیامت تک کے لئے یہ اعزاز بخش دیا ۔قرآنِ کریم کی تمام سورتوں اور تمام آیتوں کی تلخیص اگر ایک فقرہ میں بیان کی جائے تو یہی حقیقت ہے جو ہم نے یہاں بیان کی ۔ اس فقرہ کی مزید وضاحت یقیناً ایک ضروری بات ہے۔ اللہ تعالیٰ سے مدد کی امید کے ساتھ ذیل میں یہ کوشش پیشِ خدمت ہے ۔

امامت کی منتقلی

بنی اسرائیل کا بحیثیتِ قوم طبیعت و کردار کی تشریح ان کی اپنی کتابوں میں سے ہم بخوبی بیان کر چکے ہیں، پھر قرآنِ کریم نے ان کی بیشتر گمراہیوں کی تصدیق کے علاوہ بھی متعدد قومی جرائم کا پردہ کھول دیا ہے جو بائیبل میں موجود نہیں ۔ قرآنِ کریم میں درج بعض بد اعمالیاں بھی ہم موقع بہ موقع بیان کر چکے ہیں ، اس لئے مزید کچھ لکھنے کی حاجت نہیں ۔ قارئین کی یاددہانی کے لئے بطورِ خلاصہ یہ کہا جا سکتا ہے کہ بنی اسرائیل کے تاریخی کردار میں نمایاں بات ان کی بُتوں کی پرستش ہے جس کے بخت نصر کے ہاتھوں یروشلم کی بربادی سے قبل تک انتہائی گرویدہ نظر آتے رہے ہیں ۔یروشلم واپسی کے بعد انہوں نے بتدریج مشرکانہ رسومات سے تو اجتناب کر لیا لیکن جس صالحیت پر مبنی معاشرہ کے تعمیر کی ہدایات حضرت موسیٰؑ کی شریعت میں انہیں دی گئی تھیں اس کی حقانیت کا شعور یہ قوم حاصل نہ کر سکی ۔ قارئین سمجھ چکے ہیں کہ بنی اسرائیل کی بحیثیتِ قوم اس محرومی کے اصل ذمہ دار ان کے مذہبی علماء تھے اور عام لوگ ان کی تقلید پر رضا مند تھے ۔ قرآنِ کریم کی چند آیات میں سے یہ تصریحات ذیل میں نقل ہیں:

> اے بنی اسرائیل ! یاد کرو میری وہ نعمت جس سے میں نے تمہیں نوازا تھا، اور یہ کہ میں نے تمہیں دنیا کی تمام قوموں پر فضیلت دی تھی -(2-البقرہ:122)

اے ایمان والو! ان اہلِ کتاب کے اکثر علماء اور درویشوں کا حال یہ ہے کہ وہ لوگوں کے مال باطل طریقوں سے کھاتے ہیں اور نہیں اللہ کی راہ سے روکتے ہیں ۔(9-التوبہ:34)

اے مسلمانو! اب کیا اِن لوگوں (یعنی یہودیوں) سے تم یہ توقع رکھتے ہو کہ یہ تمہاری دعوت پر ایمان لائیں گے؟ حالانکہ ان میں سے ایک گروہ کا شیوہ رہا ہے کہ اللہ کا کلام سنا اور پھر خوب سوجھ بوجھ کر دانستہ اس میں تحریف کی ۔(2-البقرہ:75)

ان اہلِ کتاب کو وہ عہد بھی یاد دلاؤ جو اللہ نے اُن سے لیا تھا کہ تمہیں کتاب کی تعلیمات کو لوگوں میں پھیلانا ہو گا، انھیں پوشیدہ رکھنا نہیں ہو گا ۔ مگر انہوں نے کتاب کو پس پشت ڈال دیا اور تھوڑی قیمت پر اسے بیچ ڈالا ۔ کتنا بُرا کاروبار ہے جو یہ کر رہے ہیں ۔(3-آلِ عمران:187)

اے پیغمبر! تمہارے لئے باعثِ رنج نہ ہوں وہ لوگ جو کفر کی راہ میں بڑی تیز گام دکھا رہے ہیں ۔ خواہ وہ اُن میں سے ہوں جو منہ سے کہتے ہیں، ہم ایمان لائے مگر اُن کے دل ایمان نہیں لائے، یا ان میں سے ہوں جو یہودی بن گئے ہیں، جن کا حال یہ ہے کہ جھوٹ کے لئے کان لگاتے ہیں، اور دوسرے لوگوں کی خاطر جو تمہارے پاس کبھی نہیں آئے ،سن گن لیتے پھرتے ہیں، کتاب اللہ کے الفاظ کو ان کا صحیح محل متعین ہونے کے بعد اصل معنی سے پھیرتے ہیں، اور لوگوں سے کہتے ہیں کہ اگر تمہیں یہ حکم دیا جائے تو مانو نہیں تو نہ مانو۔(5-المآئدہ:41)

یہاں درج آیات میں سے پہلی آیت میں قرآنِ کریم بنی اسرائیل کو اللہ کی اُس نعمت کی یاد دلاتا ہے جس سے اس قوم کو نوازا گیا تھا ۔ اس نعمت سے وہی امامت مراد ہے جس کا عہد اللہ تعالٰی نے ان کے جد حضرت ابراہیمؑ سے باندھا تھا لیکن رسول اللہ کے وقت تک کی تمام سابقہ تاریخ میں بنی اسرائیل نے اس نعمت کی کوئی قدر نہیں کی ۔ان کے علماء اور اکابرین اس حد تک خدا سے بے خوف اور حُبِّ دنیا سے مغلوب تھے کہ حصولِ مال کے لئے جانتے بوجھتے کلام اللہ میں تحریف کیں اور بد اعمالی پر تنبیہ کے لئے بھیجے گئے انبیاء کو جانتے بوجھتے ہلاک کیا ۔اللہ تعالیٰ نے عرب کے یہودیوں کو رسول اللہ پر ایمان لانے کا حکم دیا جس سے واضح ہو گیا کہ امامت کا اعزاز ان سے واپس لیا جاتا ہے ۔ ہجرت مدینہ کے ڈیڑھ سال بعد مسلمانوں کو سورہ بقرہ میں موجود تحویلِ قبلہ کا حکم دے دیا گیا کہ اب سے اللہ تعالیٰ کی عبادت کا رخ بیت المقدس کے بجائے خانہ کعبہ کی طرف کیا جائے گا ۔ اس طرح سے نوعِ انسانی کی ہدایت کا جو عہد

حضرت ابراہیمؑ سے باندھا گیا تھا اسے سرورِ عالم کی اُمت کے حوالے کر دیا گیا ۔ نعمتِ خداوندی کی مسلمانوں کو منتقلی کے لئے جو الفاظ قرآنِ کریم میں استعمال ہوئے وہ درحقیقت بہت بھاری ہیں ۔ذیل میں اس درخواست کے ساتھ نقل ہیں کہ اسے پڑھ کر ذرا دیر کو سوچنے کے لئے ٹھہر جائیں:

> اب دنیا میں وہ بہترین گروہ تم ہو جسے انسانوں کی ہدایت و اصلاح کے لئے میدان میں لایا گیا ہے ۔ تم نیکی کا حکم دیتے ہو، بدی سے روکتے ہو اور اللہ پر ایمان رکھتے ہو ۔(3-آلِ عمران:110)

اس آیت کے مقابلے پر وحید الدین خاں فرماتے ہیں کہ انسان کو اس لئے پیدا کیا کہ وہ اللہ سے سرگوشیاں کرے اور محبت کی شدّت سے اُس کے قدموں سے لپٹ جائے اور دوسری طرف غامدی صاحب فرماتے ہیں کہ انسان زیرِ ناف بال کیسے تراشے، طلاق کیوں دے اور کیسے دے ۔بنی اسرائیل کے علماء اور عوام کے ہاتھ اصل تورات، زبور و انجیل تک کبھی پہنچے نہیں لیکن پہلے دن سے اللہ تعالیٰ نے ہر مسلمان کی رسائی قرآنِ کریم تک دے رکھی ہے ۔ قارئین خود بتائیں کہ اصل قصور وار کسے ٹھہرانا چاہئے؟

ہجرت مدینہ کے بعد سے تکمیلِ دین کے سفر کی رفتار وقت کے ساتھ تیز سے تیز تر ہوتی چلی گئی ۔ہجرت کے نویں سال جبکہ اللہ تعالیٰ نے رسول اللہ اور آپؐ کی اُمت کو عرب میں مکمّل عسکری غلبہ عطا کردیا اور کوئی قبیلہ ایسا باقی نہ رہا جو مدینہ منورہ پر کسی جارہانہ اقدام کا خیال بھی دل میں لا سکتا تھا تو اس سال تمام عرب اور یمنی قبائل ایک ایک کر کے دعوتِ اسلامی قبول کرتے چلے گئے ۔ اگلے سال دس ہجری میں رسول اللہ نے حج ادا کیا جسے ہم حجتہ الوداع کے نام سے جانتے ہیں ۔ یومِ عرفہ کے موقع پر رسول اللہ پر ایک آیت کا نزول ہوا جس کا تعارف اس بحث کی ابتداء میں کیا گیا تھا ۔ یہ آیت سورہ المَآئدة میں موجود ہے ۔ سورہ المَآئدة کا نزول چھ ہجری کے اواخر میں صلح حدیبیہ کے بعد سات ہجری کے شروع میں کسی وقت ہوا تھا جس میں دس ہجری میں نازل ہونے والی آیت کو رسول اللہ نے اس سورہ میں شامل کیا:

> آج میں نے تمہارے دین کو تمہارے لئے مکمّل کر دیا ہے اور اپنی نعمت تم پر تمام کر دی ہے اور تمہارے لئے اسلام کو تمہارے دین کی حیثیت سے قبول کر لیا ہے ۔(5۔المآئدۃ:3)

حجتہ الوداع میں قربانی کے روز رسول اللہ نے ایک لاکھ سے زائد حجاج کو عظیم خطبہ دیا جس کی ابتدا آپ ؐنے اِس طرح کی کہ پہلے تو حاضرین کو اس مہینہ، اس دن اور اس مقام کی حرمت کی طرف متوجہ کیا پھر فرمایا: "تمہارے خون، تمہارے اموال اور تمہاری عزتیں تم پر اسی طرح حرام ہیں جس طرح اس ماہ میں اس شہر میں تمہارے اس دن کی حرمت ہے "۔ رسول اللہ نے تین الفاظ خون، مال اور عزت حرام قرار دے کر ہر شخص کو کسی بھی دوسرے افراد کے ظلم و زیادتی سے اس طرح محفوظ کر دیا کہ ان الفاظ سے باہر کوئی شئے ناجائز اعمال اور کسی بھی قسم کے جرم کے لئے نہیں بچ رہتی ۔قرآنِ کریم کی حج اکبر کے دن نازل ہونے والی آیت میں نعمت تمام کردینے سے مراد اور کیا ہوسکتی ہے سوائے یہ کہ عبادت اور انسانی معاملات میں تمام اعمال جنہیں کرنے کا حکم دیا گیا اور جو اعمال اجتناب کے حکم میں شامل کر دیئے گئے ان کی مکمّل اطاعت کی جائے ۔لیکن قرآنِ کریم میں یہ محض لفظی تلقین و نصیحت نہیں کہ اس کے بدلے میں جنت و دوزخ کی شکل میں اچّھا اور برا انجام سامنے کھڑا ہے بلکہ رسول اللہ نے قرآنی ہدایات پر مبنی اجتماعی زندگی کا نظام ہجرت مدینہ کے ابتدائی دنوں سے عملی ترتیب دینا شروع کیا اور دس سال کے مختصر عرصے میں تمام عرب پر قائم کر دیا ۔ رسول اللہ کی مدینہ ہجرت سے پہلے قرآنِ کریم کی آیت نازل ہوئی:

> اور دعا کرو کہ پروردگار، مجھ کو جہاں بھی لے جا سچّائ کے ساتھ لے جا اور جہاں سے بھی نکال سچّائ کے ساتھ نکال اور اپنی طرف سے ایک اقتدار کو میرا مدد گار بنا دے ۔(17۔بنی اسرائیل:81)

اس دعا کے نتیجے میں مدینہ منورہ کی امارت پہلے دن سے رسول اللہ کے اختیار میں تھی ۔ آپؐ نے اللہ کے دین پر ایمان لانے والوں کو شریعت و فقہ کی محض تعلیمات ہی قرآنِ کریم کی سورتوں اور اپنے اعمال و اقوال سے نہیں بلکہ قرآنِ کریم میں بتائے گئے معاشرت کے پورے نظام کو اقتدار کی قوّت سے پورے عرب میں بزور نافذ کیا ۔

تم لوگوں میں کچھ لوگ تو ایسے ضرور ہی رہنے چاہئیں جو نیکی کی طرف بلائیں ، بھلائیوں کا حکم دیں ' اور برائیوں سے روکتے رہیں ۔ جو لوگ یہ کام کریں گے وہی فلاح پائیں گے۔(3-آل عمران:104)

اس آیت میں اللہ تعالیٰ نے کچھ لوگوں کو تین نیک کاموں کو بزور قوّت انجام دینے کی تلقین کرنے کے بعد فرمایا کہ جو لوگ یہ کام کریں گے وہی فلاح پائیں گے ۔ کیا اس آیت سے یہ مراد لی جائے گی کہ صرف وہی "کچھ" لوگ فلاح پائیں گے جو بتائے گئے نیک کام کرنے میں کامیاب ہوئے ؟ اور پھر یہ کہ کس زندگی میں اس فلاح سے مستفید ہونے کا بتایا جا رہا ہے، اس دنیا میں یا مرنے کے بعد کی زندگی میں ؟بے شک انسان کسی ایک آیت سے متعلق سوال اور اپنی عقل سے کوئی جواب یا مفہوم پیدا کر سکتا ہے، لیکن یہ آدھا کام ہے ۔ سوال یا سوالوں کے بعد آیات کا سیاق و سباق، پوری سورہ، پورا قرآن یا رسول اللہ کی سنّت میں سے اپنے اخذ کردہ جوابات کی تصدیق قطعی لازمی امر ہے ۔ اگرچہ قرآنِ کریم سے اس کا جواب ملتا ہے لیکن اس آیت سے عقلی طور پر بھی بآسانی اخذ کیا جاسکتا ہے کہ آخرت کی فلاح نہیں بلکہ اسی دنیاوی زندگی کی فلاح مراد ہے اس لئے کہ فلاح کے ضرورت مندوں میں بچے، بوڑھے اور عورتیں سبھی شامل ہیں جو مذکورہ کام بزور قوّت سر انجام دینے کی استعداد نہیں رکھتے ۔ فلاح سے مراد یہ کہ اسی دنیا میں پورا معاشرہ اس فلاح و سعادت کا تجربہ و مشاہدہ کر سکتا ہے جس معاشرے کی اجتماعیت "کچھ" لوگ معروف کی تلقین اور منکر کو بہ قوّت دبا دینے کی استعداد مہیا کرتے ہوں ۔

یہ "چھوٹا" گروہ عرب کی معاشرت میں کبھی موجود نہیں رہا تھا، اس لئے لوٹ مار، قتل و غارت عام ہونے کے ساتھ ساتھ نومولود بچّی زندہ دفن کر دی جاتی تھی اور کوئی نظام و ادارہ وہاں نہیں تھا جو یہ مظالم روک سکے یا مظلوموں کی داد رسی کر سکے ۔ پس یہ عدلیہ و پولیس کا نظام تھا جس کا اجراء پہلی مرتبہ رسول اللہ کے ہاتھوں ہوا جس کی ذمّہ داری میں قصداً چوری، زنا، شراب خواری، سود وغیرہ سے بزور اجتناب شامل تھے ۔ سود کی ممانعت کا بحکم اجراء رسول اللہ نے حجتہ الوداع کے اسی خطاب میں کیا جس کے ابتدائی کلمات اوپر نقل کئے گئے ۔ اس حکم کی ابتداء رسول اللہ نے اپنے چچا حضرت عباس ؓ کا لوگوں پر سود ساقط کرنے سے کی۔ فواحشات کے چلن و اشاعت و ترغیب کی کوئی گنجائش ملک میں قانوناً باقی نہ رہنے دی

اور اس کے مقابلے میں ملک کے طولِ و عرض میں مساجد کی تعمیر اور اماموں کے تقرر کے ذریعے اقامتِ صلاۃ کے نظام کی بناء ڈال دی ۔ اسی سلسلے کی ایک اور اہم ترین کڑی حکومتِ وقت کو زکوٰۃ کی ادائیگی کا لازمی حکم تھا جس کی اہمیت اور وضاحت کی جا چکی ہے ۔ حجتہ الوداع میں مِنٰی کے مقام پر ایّامِ تشریق کے وسط میں رسول اللہ پر قرآنِ کریم کی آخری مکمّل سورہ نازل ہوئی جو ذیل میں نقل ہے ۔ اس سورہ کے نزول کے بعد ہی رسول اللہ نے وہ مشہور خطاب کیا جس کا کچھ حصہ ہم دیکھ چکے ہیں:

> جب اللہ کی مدد آجائے اور فتح نصیب ہو جائے اور (اے نبی) تم دیکھ لو کہ لوگ فوج در فوج اللہ کے دین میں داخل ہو رہے ہیں، تو اپنے رب کی حمد کے ساتھ اُس کی تسبیح کرو اور اُس سے مغفرت کی دعا مانگو، بے شک وہ بڑا توبہ قبول کرنے والا ہے ۔(110:النصر)

روایت بتاتی ہیں کہ اس سورہ کے مضمون سے رسول اللہ نے اخذ کیا کہ آپ ؑ کی اجل قریب ہے اور اپنے اسی خطبہ میں حاضرین سے فرمایا کہ آپؑ شاید آئندہ سال لوگوں سے نہ مل سکیں ۔ ماہ ذوالحج میں واپسی کے بعد رسول اللہ نے حیاتِ طیبہ کے دو ماہ محرم اور صفر مدینہ منورہ میں مکمّل کئے اور تیسرے ماہ ربیع الاوّل میں آپ ؑ کی وفات ہو گئی ۔قارئین متوجہ ہوں کہ سورہ کے مضمون سے رسول اللہ کی اجل اخذ کرنا مشکل ہے ۔ ہمارے مقدمہ کے لحاظ سے یہ ایک اہم سوال ہے جس کی نزاکت جلد واضح ہو گی ۔

انزار اور نصیحت

رسول اللہ کے کسی فرمان سے یہ معلوم نہیں ہوتا جس میں آپ ؑ نے ارشاد فرمایا ہو کہ اللہ تعالیٰ نے آپ ؑ کی وفات کی اطلاع آپؑ کو کر دی ہے۔ لہٰذا اوپر درج سورہ میں کیا اشارہ ہے جس کے تحت رسول اللہ نے لوگوں سے خیال ظاہر کیا کہ شاید آئندہ سال آپؑ ان سے نہ مل پائیں ؟تلاش کیا جائے تو ایک قرآنی آیت سے اِس کا جواب مل سکتا ہے ، اور اسی آیت سے ہمارے زیرِ بحث موضوع کے اہم ترین سوال کا جواب مل سکے گا ۔ یہ آیت اور اِس سے متصل قبل آیت کا ایک حصہ ذیل میں نقل ہے ۔

اور (یہ کتاب) اس لئے نازل کی گئی ہے کہ اس کے ذریعے سے تم بستیوں کے اس مرکز (یعنی مکّہ) اور اِس کے اطراف میں رہنے والوں کو متنبہ کرو۔(6-الانعام:92)

یہ تو ایک عام نصیحت ہے تمام دنیا والوں کے لئے (6-الانعام:90)

پہلی آیت میں رسول اللہ کو سونپی گئی ذمّہ داری واضح ہے کہ آپؐ مکّہ اور اس کے قریبی علاقوں کی حدود میں تنبیہ کے ذمّہ دار ہیں ، لیکن اس سے قبل سورہ بتاتی ہے کہ آپ کا پیغام تمام انسانیت کے لئے ہے ۔اگر ہم تمام انسانیت کے لئے یہ تصوّر رکھیں کہ اپنی سیرتِ پاک اور قرآنی تعلیمات سے جس طرح رسول اللہ نے مدینہ یا مکّہ یا عرب باشندوں کو فیضیاب کیا اور قوم کے صالحین ایک ایک کر کے آپؐ کی دعوت کے معتقد ہو گئے، اسی طرح دنیا میں بسنے والے دوسرے افراد کو ایسے مواقع کیوں نہیں فراہم ہوئے؟ اگر وقت درکار تھا تو اللہ تعالیٰ کی قدرت سے آپؐ کو بھی حضرت نوحؑ جیسی 950 سالہ طویل عمر عطا ہو سکتی تھی ۔ اللہ تعالیٰ چاہتے تو طویل عمری کو دو سے ضرب دے کر 1900 سال کر سکتے تھے کہ نسل در نسل آپؐ سے فیضیاب ہوتی چلی جاتیں، وغیرہ ۔ہمیں تسلیم ہے کہ یہ سوال احمقانہ ہونے کی حد تک غیر حقیقی ہے، اس لئے کہ یہ تقاضا قیامت تک رسول اللہ کی حیات کا مقتضی ہے ۔تاہم قرآنِ کریم کا ارشاد کہ یہ کتاب تمام دنیا والوں کے لئے نصیحت ہے اور آپؐ کا قول کہ آپؐ تمام انسانوں کی طرف اللہ کے رسول ہیں ، ان کے درست مفہوم تک پہنچنا اس لئے ضروری ہے کہ ہم جان سکیں کہ آیا مولانا مودودیؒ کا مفہومِ دین درست ہے یا غامدی صاحب کا ۔ یہاں کہا جا سکتا ہے کہ اس بات سے ہمیں کیا غرض کہ مولانا مودودیؒ یا دیگر جدید مفسرین میں سے کون اپنی وضاحتوں میں درست ہے ۔ یہ کام تو اللہ تعالیٰ کا ہے جہاں ہم خود اپنی زندگی کے لئے جواب دہ ہیں ۔ اس موازنہ میں صحیح اور غلط کی نشاندہی ہمیں اس لئے ضروری ہے کہ اولاً، ہم جان سکیں کہ دینِ اسلام کی کیا ذمّہ داریاں ہم پر عائد ہیں جن سے روزِ جزا و سزا کسی کو مفر نہیں اور ثانیاً، یہ کہ ہماری اپنی زندگی کس حد تک اس درست مفہوم سے مطابقت رکھتی ہے تاکہ اللہ کی توفیق ہو تو اب وہ تقاضے پورا کر سکیں ۔ ہم اوپر درج دو آیات کی طرف متوجہ ہوتے ہیں ۔ پہلی آیت میں عرب قوم کی تنبیہ کے لئے اللہ تعالیٰ

نے عربی لفظ "وَلِتُنذِرَ" استعمال کیا ہے جبکہ دوسری آیت میں عربی لفظ " ذِکرٰی لِلعٰلَمِینَ" کیا گیا ہے ۔دونوں آیات میں مرکزی لفظ مختلف ہونے کی وجہ سے آیات کے مفاہیم بھی مختلف ہیں ۔ پہلی آیت کے لفظ تنبیہ کے لحاظ سے آٹھ ہجری میں فتح مکّہ کے بعد کے واقعات پر غور کریں تو خصوصاً نو ہجری میں حج سے کچھ دن قبل رسول اللہ پر سورہ توبہ نازل ہوئی جس میں اللہ تعالیٰ نے مشرکین عرب اور رسول اللہ کے درمیان معاہدہ کے خاتمے کا فیصلہ کر دیا ۔ مسلمان اس حج کے لئے حضرت ابوبکرؓ کی امارت میں روانہ ہو چکے تھے ، لہٰذا رسول اللہ نے حضرت علیؓ کو حج کے موقع پر تمام عرب سے آئے ہوئے مشرکین کے سامنے اس حکم کا اعلان کرنے کے لئے بھیجا ۔ سورہ توبہ کی ابتدائی آیات کے مطابق مشرکین عرب کو چار ماہ کی مہلت دی گئی کہ اس دوران غور کر لیں کہ یا تو وہ اسلام قبول کر لیں یا مرنے کے لئے تیار ہو جائیں ۔ اس سورہ میں اہلِ کتاب کے لئے بھی ایک حکم دیا گیا تھا ۔ سورہ کی متعلقہ دونوں آیات ذیل میں درج ہیں:

> پس جب حرام مہینے (یعنی چار ماہ) گزر جائیں تو مشرکین کو قتل کرو جہاں پاؤ اور انہیں پکڑو اور گھیرو اور ہر گھات میں ان کی خبر لینے کے لئے بیٹھو۔ پھر اگر وہ توبہ کر لیں اور نماز قائم کریں اور زکوٰۃ دیں (تو انہیں چھوڑ دو ۔(9-التوبہ:5

> جنگ کرو اہلِ کتاب میں سے ان لوگوں کے خلاف جو اللہ اور روزِ آخر پر ایمان نہیں لاتے اور جو کچھ اللہ اور اس کے رسول نے حرام قرار دیا ہے اسے حرام نہیں کرتے اور دینِ حق کو اپنا دین نہیں بناتے، (ان سے لڑو) یہاں تک کہ وہ اپنے ہاتھ سے جزیہ دیں اور چھوٹے بن کر رہیں (۔(9-التوبہ:29

پہلی بات تو یہ کہ عام مسلمانوں پر نہیں بلکہ حکومتِ وقت پر اس حکم کے بروئے کار لانے کی ذمّہ داری تھی اور عام مسلمانوں پر اس کا اطلاق اس حد تک تھا کہ وہ حکومت کے فیصلے پر عملدرآمد میں معاون ہوں ۔ مشرکین عرب کے لئے اللہ کا فیصلہ تھا کہ وہ شرک سے باز آجائیں اور رسول اللہ کا دین قبول کر لیں، اور اگر وہی لاقانونیت، بتوں کی پرستش اور گناہگار زندگی گزارنے پر بضد ہیں تو سرزمینِ عرب چھوڑ کر اپنا ٹھکانا کہیں اور بنائیں ۔ دوسری صورت میں چار ماہ بعد مسلمانوں کی تلوار ان کی گردنوں پر ہوگی ۔بر سبیل تذکرہ ، غامدی صاحب بہت ہوا تو اس آیت کو تلوار سے مشرکین عرب پر

عذابِ الٰہی قرار دے سکتے ہیں ۔لیکن واقعتاً اس اعلان کے بعد کسی قتل کی نوبت نہیں پہنچی اور نہ ہی پہنچ سکتی تھی ۔ اس کی وجہ یہ کہ ایک سال قبل مکّہ مسلمانوں کے آگے بغیر تلوار چلائے مفتوح ہو چکا تھا، غزوہ حنین و طائف میں چند بڑے مشترکہ قبیلوں کی جنگی کوشش ناکام ہو چکی تھی اور اس کے بعد سب سے بڑی حقیقت یہ سامنے آ چکی تھی کہ محض تین ماہ قبل غزوہ تبوک میں رسول اللہ تیس ہزار کی عظیم الشان فوج کے ساتھ روم سے متصل شمالی سرحدوں پر حکومتِ روم کی جارحیت کا سدباب کرنے کی مہم سے کامیابی کے ساتھ واپس آ چکے تھے ۔ان حالات میں پہلے ہی سے متعدد عرب قبائل دائرہ اسلام میں داخل ہو رہے تھے، لہٰذا معدودے چند بگڑے ہوئے قبائل کو قدیم جاہلیت پر چھوڑے رکھنا کا مطلب اسلامی معاشرہ میں ایک مستقل خرابی کو زندہ رہنے دینا کے مترادف تھا ۔لہٰذا مسلمان فوج کے خلاف مقابلے کی سکت نہ رکھنے کی بنا پر وہ بھی یکے بعد دیگرے دائرہ اسلام میں داخل ہو گئے اور کسی عرب باشندے کی گردن مومنین کی تلوار تلے آنے کی نوبت نہیں آئی ۔

اس اعلان براءت کا خلاصہ یہ کہ اللہ تعالیٰ کے قانون کے مطابق عرب قوم کے باشندے صرف مسلمان ہونے کی صورت میں ہی عرب میں رہ سکتے تھے ورنہ نہیں ۔ اگر وہ اپنی بیٹیوں کو پیدا ہوتے ہی زندہ درگور کرنے پر بضد ہیں تو اس کے لئے عرب سے باہر کوئی اور زمین تلاش کریں ۔دوسری آیت میں اہلِ کتاب کو عرب میں رہنے کی مشروط اجازت دی گئی کہ اپنے عقائد پر کاربند رہنا چاہتے ہیں تو وہ جزیہ کی ادائیگی اور اسلامی قوانینِ معاشرت کے پابند ہو کر رہ سکتے ہیں ۔ ان تفصیلات کی روشنی میں بحث کے شروع میں درج سورہ الانعام کی پہلی آیت کا مفہوم سمجھنے کے لئے اسے ذیل میں دوبارہ نقل کرتے ہیں:

> اور (یہ کتاب) اس لئے نازل کی گئی ہے کہ اس کے ذریعے سے تم بستیوں کے اس مرکز (یعنی مکّہ) اور اِس کے اطراف میں رہنے والوں کو متنبہ کرو۔(6۔الانعام:92)

سورہ الانعام رسول اللہ کی ہجرت مدینہ سے ایک سال قبل مکّہ میں نازل ہوئی تھی جس میں آپؐ کو عرب کی حدود کے اندر انذار کا حکم دیا ۔ گیارہ سال کی کوششوں کے بعد رسول اللہ حجتہ الوداع سے

پہلے انذار کا ہدف پورے ملک میں حاصل کر چکے تھے جیسا کہ ہم نے اوپر بیان کردہ تفصیلات میں دیکھا لہٰذا، اللہ تعالیٰ کی طرف سے تکمیلِ دین اور لوگوں کا فوج در فوج اسلام میں داخل ہونا کی آیات نازل ہوئیں تو آپؐ نے نتیجہ اخذ کیا کہ آپؐ کا کام پایہ تکمیل کو پہنچ گیا۔ تاہم اس سے رسول اللہ کی اجل کا مفہوم کیسے نکل سکتا ہے؟ تو حضرت ابوبکر سے روایت ہے کہ رسول اللہ نے فرمایا ایک بندہ کو انتخاب کا موقع دیا گیا کہ دنیا میں رہنا چاہے یا آخرت قبول کر لے تو اُس نے آخرت قبول کر لی۔ یہ سن کر حضرت ابوبکر وقتِ جدائی سمجھ گئے اور رو پڑے کہ رسول اللہ نے اپنے لئے ارشاد کیا ہے یہ روایت بتاتی ہے کہ اجل رسول اللہ کا اپنا انتخاب تھا۔اس روایت پر ذرا دیر سوچیں تو اللہ تعالیٰ کے حضور رسول اللہ سے الفت کا جو مقامِ عظیم ہے اس کا کچھ اندازہ کیا جاسکتا ہے۔دونوں طرف سے الفت کا اظہار ہے۔ اللہ تعالیٰ نے رسول اللہ کو اختیار دیا کہ خود فیصلہ کر لیں ورنہ اور کس کے بارے میں کبھی ایسا سنا گیا؟ دوسری طرف یہ کہ رسول اللہ نے رفیقِ اعلیٰ کی رفاقت کو چنا بجائے یہ کہ دنیا میں کچھ عرصہ مزید قیام کر لیتے۔

قارئین کی یاددہانی کے لئے سورہ الانعام کی ایک اور آیت جو اوپر نقل کی گئی تھی یعنی "یہ تو ایک عام نصیحت ہے تمام دنیا والوں کے لئے"، اس آیت کے مفہوم کا تعین رسول اللہ کے خطوط سے کیا جا سکتا ہے۔رسول اللہ نے صلح حدیبیہ کے بعد عرب سے قریب کی اقوام کو دعوتِ دین کے لئے جو خطوط روانہ کئے ، ان میں سے سلطنتِ روم اور سلطنتِ فارس (ایران) کے نام خطوط کا متن بطورِ مثال ذیل میں نقل ہے۔

بِسۡمِ اللّٰہِ الرَّحمٰنِ الرَّحِیم

محمد رسول اللہ کی طرف سے روم کے عظیم ہرقل کے نام ۔ جس نے ہدایت کا پاس کیا اس پر سلام ۔ اما بعد! اسلام قبول کرو، اس کا اجر اللہ تعالیٰ تمہیں دو مرتبہ دے گا اور اگر تم نے انکار کیا تو اس کی ذمہ داری بھی تمہیں دوہری اٹھانی ہو گی ۔(تاریخِ طبری جلد دوئم، حصّہ اوّل صفحہ 266)

بِسۡمِ اللّٰہِ الرَّحمٰنِ الرَّحِیم

محمد رسول اللہ کی طرف سے فارس کے عظیم کسریٰ کے نام ۔ سلام اس پر جس نے ہدایت کی اتباع کی، اللہ اور اس کے رسول پر ایمان لایا اور گواہی دی کہ اللہ کے سوا کوئی عبادت کے لائق نہیں ہے اور محمد اس کے بندے اور رسول ہیں ۔ میں تمہیں اللہ کی طرف آنے کی دعوت دیتا ہوں ۔ میں اللہ کا رسول ہوں اور اللہ کی طرف سے میری ذمہ داری ساری زندہ انسانی برادری کو خدا کے غضب سے ڈرانا اور اس کی طرف سے کافروں کے سامنے قولِ حق پیش کرنا ہے ۔ تم چاہو تو یہ دعوتِ حق قبول کر لو، عدم قبول کی صورت میں ایران کے تمام مجوسیوں کا گناہ تمہارے سر ہو گا ۔(تاریخِ طبری جلد دوئم، حصّہ اوّل صفحہ 270)

یہاں قطعی واضح ہے کہ ان خطوط کے جملہ متن کو نصیحت کے سوا کچھ اور کہنا ممکن نہیں ہے ۔ نہ صرف یہ کہ ان خطوط میں کسی جارحانہ نقطۂ نظر کا نام و نشان نہیں ہے بلکہ ہمیں رسول اللہ کے کسی قول کی نشاندہی بھی نہیں ہوتی جہاں مومنین کو دوسری مشرک اقوام کے خلاف جارحانہ نوعیت کی کوئی ہدایات دی گئی ہوں ۔ بے شک یہ حقیقت ہے کہ رسول اللہ نے اُس وقت کی دو عظیم طاقتوں، روم و فارس، پر مسلمانوں کے غلبہ کی پیشگوئیاں قبل از وقت کر دی تھیں اور وہ خلافت راشدہ کے دوران بعینہ پوری ہو گئیں لیکن اس معاملہ میں یہ دیکھنا ضروری ہے کہ جارحیت کا اقدام پہلے کس فریق سے ہوا ۔اسلامی مورخین بتاتے ہیں کہ حضرت ابوبکرؓ داخلی ارتداد و بغاوت کا سدباب کے بعد بیرونی جارحیت کی طرف متوجہ ہوئے تو روم اور فارس نے ایک نئی عسکری طاقت منظرِ عام پر آنا اپنے لئے خطرہ کی علامت تصوّر کیا اور باہمی اتحاد کے ذریعے کھلے مقابلے پر اتر آئے۔ بالفاظ دیگر جارحیت کی ابتدا روم و فارس کی تھی جس

کی مدافعت کرنا قطعی حق بات ہے، تاہم رسول اللہ کے بعد کی بیشتر تفصیلات ہمارے موضوع کا حصّہ نہیں ۔

پس سورہ الانعام کی زیرِ غور آیت میں قومِ عرب کے لئے استعمال کردہ لفظ "وَلِتُنذِرَ" کی روشنی میں ہم کہہ سکتے ہیں کہ رسول اللہ کی نوعِ انسانی کو دینِ اسلام سے متعارف کرنے کی ذمہ داری یہاں تک تھی کہ اقوامِ عالم کے حقیقی مشاہدہ کے لئے صالح معاشرتی زندگی کا نمونہ جس کے معروف و منکر ، مذہبی اعتقادات و رسومات ، سماجی ، اقتصادی و سیاسی معاملات، تعزیراتی قوانین، صلح و جنگ غرض تمدنی زندگی کے تمام پہلو قرآنی اصولوں کی بنیاد پر تعمیر کئے گئے ہوں اور یہ معاشرتی نظام مکمّل طور پر جزیرۃالعرب میں قائم کر دیا گیا ہو ۔ رسول اللہ انسانی تاریخ میں پہلی مرتبہ اللہ تعالٰی کی استعانت اور اپنی اور اپنے اصحاب کی بے کراں قربانیوں کے وسیلہ سے حجتہ الوداع سے قبل اس نظام کو جملہ تفصیلات کے ساتھ جزیرۃ العرب پر قائم کر چکے تھے ۔ اس کے بعد باقی دنیا اور آنے والے وقتوں کے لئے سورہ الانعام میں استعمال کردہ لفظ " ذِکرٰی لِلعٰلَمِینَ" اور رسول اللہ کے خطوط کی روشنی میں رسول اللہ کو ایک ناصح قرار دیا جا سکتا ہے ۔

قارئین سمجھ سکتے ہیں کہ اللہ تعالیٰ کا رسول اللہ کو حجتہ الوداع کے بعد اپنے پاس بلا لینا ایک مناسب بات تھی ۔ اس کی وجہ یہ کہ رسول اللہ کے مبارک لبوں سے جو کچھ بھی ارشاد ہوتا رہا تھا وہ یا تو قرآنِ کریم کی سورتیں و آیات ہوتی تھیں یا قرآنِ کریم سے باہر کی کوئی بات ہو تو اللہ کا قول ہونے کی صورت میں اس بات کی تصریح اور اس کی نشاندہی آپؐ صحابہ کرام سے کر دیتے تھے ۔ قرآنِ کریم اب مکمّل ہو چلا تھا اور اصل الفاظ میں اس کتاب کی حفاظت اللہ تعالیٰ ہی کرنے والے تھے ۔دوسرے الفاظ میں قرآنِ کریم اور سیرتِ سرورِ عالم کی حیثیت رہتی دنیا تک رسول اللہ کا قائم مقام ہونے کے سوا اور کیا ہو سکتی تھی ؟رسول اللہ نے دنیا سے رخصت ہونے پر ایک صالح معاشرہ کی باگ ڈور اُمت کے ممکنہ سربراہان کے حوالے کی جو کچھ وقت گزرنے پر انحطاط کی گرفت میں آنا شروع ہوگئی ۔یہاں جاری بحث کا تعلق "تکمیلِ دین" کی بحث سے ہی ہے اور اسی بحث سے ہمیں جواب مل سکے گا کہ بحیثیتِ مسلمان ہماری کیا ذمہ داریاں ہیں جن کا علم ہمیں ہونا ضروری ہے ۔اس معاملہ میں چند نکات کا تذکرہ نہیں ہو سکا ہے جو ذیل میں شروع کیا جاتا ہے ۔

سُنّتُ اللہ

اس جاری بحث میں قارئین کو اللہ تعالیٰ کا ایک اصول سمجھ لینا ضروری ہے ۔ اللہ تعالیٰ کے غضب کا شکار ہونے والی گذشتہ اقوام جو اللہ تعالیٰ کی ہدایات کے انکار پر بضد رہیں، ان گمراہ اقوام کے جرائم اور جرائم کے اصل مُحرّکات اور ان کے نتیجہ میں انسانی زندگیوں میں پیدا ہونے والے فسادات قرآنِ کریم میں بہت وضاحت کے ساتھ بیان کئے گئے ہیں ۔اللہ تعالیٰ کے جو بھی رسول ان اقوام کی اصلاح و تنبیہ کے لئے بھیجے گئے کم و بیش تمام رسولوں کے ہاتھوں اللہ تعالیٰ نے صریح معجزات ان اقوام کو دکھائے محض یہ صداقت ثابت کرنے کے لئے کہ وہ رسول واقعتاً اللہ کے فرستادہ ہیں ۔ بالفاظ دیگر رسولوں کی تعلیمات میں لوگوں کی اپنی دنیوی زندگی کے لئے بھی جو فلاح اور پاکیزہ زندگی کے امکانات موجود تھے انہیں دریافت کر لینے میں دلچسپی ان اقوام کو نہیں بلکہ اس کے مقابلے میں مجرمانہ بے اطمینانی کی زندگی زیادہ قابلِ قبول تھی ۔ اللہ کی مغضوب اقوام کی جو تفصیلات قرآنِ کریم میں درج ہیں اُن میں مشترک پہلو یہ ہے کہ کسی ایک رسول کو بھی اپنے متبعین کی وہ کمترین تعداد میسر نہیں ہو سکی جس کے ذریعے معاشرے کے بگڑے ہوئے بااقتدار طبقہ کی طاقت کا توڑ کیا جا سکتا ہو ۔ایسا توڑ کردینا اللہ تعالیٰ کی قدرت سے باہر کی شئے نہیں تھا کہ اپنی طرف سے اللہ کے رسول کے ہاتھ مضبوط کر دیتے اور مومنین کے ذریعے ایک فلاح پر مبنی معاشرہ کی بنیاد ڈال دی جاتی ۔ اس کے برعکس بااختیار منکر طبقہ اور اُس طبقے کے تمام مقلدین ہر مرتبہ معجزاتی طریقوں سے ہلاک کئے گئے اور مختصر صالح افراد سے نئے دور کی قوم اٹھائی گئی ۔ یہ سلسلہ حضرت ابراہیمؑ تک پہنچنے پر اللہ تعالیٰ نے انہیں عراق سے نقل مکانی کرنے اور فلسطین کو اپنا دعوتی مرکز بنانے کا حکم دیا اگرچہ کہ دینِ اسلام اگر ایمانیات اور فقہ کی حد تک ہی تھا تو عراق کے باشندے بھی اس کے اتنے ہی ضرورت مند سمجھنے چاہئیں جیسے کہ کوئی بھی دوسری قوم ہو سکتی ہے ۔حضرت ابراہیمؑ کے گھرانے سے فلسطین میں یکے بعد دیگرے تین مسلسل انبیاء حضرت اسحاقؑ ، حضرت یعقوبؑ اور حضرت یوسفؑ کے سلسلے سے ایک قوم پروان چڑھائی گئی ۔ یہ

خاندان حضرت یوسفؑ کے توسط سے مصر میں ایک شاندار عروج اور اس کے بعد فرعونوں کی بدترین غلامی کا شکار ہوا تو اسی خاندان سے حضرت موسیٰؑ ان کو عطا کئے گئے جن کے ذریعے اللہ تعالیٰ نے معجزاتی طور پر فرعون اور اس کی فوج کو سمندر میں غرق کر دیا ۔ اس قوم کے لئے واپس مصر پلٹ جانا دنیا میں محفوظ ترین ملک تھا جبکہ وہاں کوئی فوجی طاقت موجود ہی نہ تھی جس سے اسے خطرات لاحق ہوں۔ بائیبل صراحتاً بتاتی ہے کہ یہ قوم مصر سے افراتفری کے عالم میں ضروری اشیاء کے ساتھ ہنگامی طور پر مصر سے نکلی تھی ، لہٰذا ان کے بسے بسائے گھر مصر میں موجود رہنا کوئی اچنبھے کی بات نہیں جنہیں واپس حاصل کرنے کی خواہش وہ کر سکتے تھے ، لیکن حضرت موسیٰؑ کے ذریعے واپسی کے سفر کے بجائے فلسطین واپس جانے کا حکم دیا گیا جو قوم کے اجداد کا وطن تھا ۔ بنی اسرائیل بدترین فرعونی عذاب کا شکار رہے تھے، مصر میں حضرت موسیٰؑ کے متعدد معجزات ان کی آنکھوں دیکھے تھے، اور فرعونی فوج سے معجزانہ نجات بھی آنکھوں دیکھتے ہوئی، لیکن دورانِ سفر کسی قوم کی بُت پرستی نظروں میں آئی تو پہلا مطالبہ حضرت موسیٰؑ سے یہ کیا کہ ایسے ہی بُت ان کی پرستش کے لئے بھی بنا دئے جائیں ۔ حضرت موسیٰؑ کو اللہ تعالیٰ سے ہدایات کے لئے کوہ طور پر بلایا گیا تو آپ کی غیر موجودگی کا پہلا موقع ملتے ہی پرستش کی خاطر بیل کا بُت سونے کا بنا لیا ۔ خدا کی ہدایات سے منہ موڑنے کے نتیجے میں حضرت موسیٰؑ کی زندگی میں اور بعد میں کئے گئے تمام بڑے جرائم اور اُن کے نتائج اللہ تعالیٰ نے سورہ بقرہ اور دوسری سورتوں میں تفصیلاً بیان فرمائے ہیں کہ تب نہیں تو اب یہ قوم ان سے سبق حاصل کر لے اور ساتھ ہی مسلمانوں کے لئے مقامِ عبرت کہ راہِ راست سے رو گردانی کسی قوم کو کس عذاب کا مستحق بنا دیتی ہے ۔قارئین بیشتر تفصیلات اس کتاب میں پڑھتے رہے ہیں لیکن :

> یاد کرو جب موسیٰؑ نے اپنی قوم سے کہا تھا کہ "اے میری قوم کے لوگو! اللہ کی اُس نعمت کا خیال کرو جو اُس نے تمہیں عطا کی تھی ۔ اُس نے تم میں نبی پیدا کئے، تم کو فرماں رواں بنایا، اور تم کو وہ کچھ دیا جو دنیا میں کسی کو نہ دیا تھا ۔ اے برادرانِ قوم! اِس مقدّس سرزمین میں داخل ہو جاؤ جو اللہ نے تمہارے لئے لکھ دی ہے، پیچھے نہ ہٹو ورنہ ناکام و نامراد پلٹو گے"۔ انہوں نے جواب دیا "اے موسیٰ! وہاں تو بڑے زبردست لوگ رہتے ہیں، ہم وہاں ہرگز نہ جائیں گے جب تک کہ وہ وہں سے نکل نہ

جائیں ۔ ہاں اگر وہ وہاں سے نکل گئے تو ہم داخل ہونے کے لئے تیار ہیں"۔
(5-المآئدة:21)

حضرت موسیٰؑ قوم پر اللہ کی نعمتیں یاد دلانے کے بعد فرماتے ہیں فلسطین اللہ تعالیٰ نے تمہارے لئے لکھ دی ہے، لہٰذا اللہ کے بھروسے پر اس میں داخل ہو جاؤ اور اپنے لئے حاصل کر لو، لیکن انہوں نے فرعون سے اللہ کے ہاتھوں نجات کے باوجود کھلی بزدلی کا مظاہرہ کیا اور حکم ماننے سے انکار کر دیا ۔ غور کیا جائے کہ اُن کا حضرت موسیٰؑ کو جواب کیا تھا؟ وہ کہتے ہیں کہ وہاں کے رہنے والے اگر نکل جائیں تو ہم جانے کے لئے تیار ہیں ۔ گویا کہ وہ حکم کا اتنا حصّہ مان کر حضرت موسیٰؑ یا اللہ تعالیٰ پر یہ احسان کر سکتے تھے کہ وہاں چلے جائیں ۔انہیں کہنا تو یہ چاہئے تھا کہ " اے موسیٰؑ کراماتی عصا تو آپ کے ہاتھ میں ہے ، وہی کرامت ایک مرتبہ پھر دہرا دیں جو فرعون کے لشکر کو چند دن قبل دکھلائی تھی، ہمیں کیوں خطرات میں ڈالتے ہیں"؟ بہرحال قرآنِ کریم بتاتا ہے کہ اُن کے بزدلانہ جواب کے بعد قوم کے لئے چالیس سالہ صحرا نوردی لکھ دی اور ایک نئی نسل حضرت موسیٰؑ کی زیرِ تربیت صحراؤں میں پروان چڑھائی گئی جس نے بالآخر حضرت موسیٰؑ کی وفات کے بعد اپنے قوّتِ بازو سے سرزمینِ فلسطین حاصل کر لی ہم اس واقعہ سے جس بات کی طرف قارئین کو متوجہ کرنا چاہتے ہیں وہ یہ کہ کراماتی عصا واقعتاً حضرت موسیٰؑ کے پاس تھا جس کے ذریعے مصر میں اور چالیس سالہ صحرا نوردی میں بھی متعدد معجزات اللہ تعالیٰ کے حکم و استعانت سے آپ نے قوم کی بقا کے لئے انہیں دکھائے سوائے اس کے کہ قوم کو فلسطین حاصل کرنے میں اس عصا کی مدد لیتے ۔ مقصود یہ تھا کہ فلسطین اپنے قوّتِ بازو کے زور پر ہی قوم کو حاصل کرنا ہوگا ۔قوم کے آخری رسول حضرت عیسیٰؑ نے اپنی رسالت کے دوران عظیم الشان معجزات قوم کو دکھائے ۔ ہم پہلے بیان کر چکے ہیں کہ رسالت کے تمام عرصہ آپ اپنے اصحاب کو عدم جارحیت اور مظالم پر صبر کی تلقین کرتے رہے لیکن واقعۂ صلیب کے وقت یروشلم آئے تو آپ نے انہیں پس انداز پیسے سے تلوار خریدنے کا حکم دیا۔ آپ کے چند اصحاب مقابلہ کے لئے درکار ہمّت مجتمع نہ کر پائے تو اللہ تعالیٰ نے مٹھی بھر بدترین علماء کو ان جرائم کا ارتکاب کرنے دیا جو وہ کرنا چاہتے تھے لیکن آپؑ کو محفوظ رکھا ۔ بعد میں جن عظیم شجاعت و

قربانیوں کا مظاہرہ انہی اصحاب کے ہاتھوں ہوا، وہ ہم اناجیل سے بیان کر چکے ہیں ۔رسول اللہ کے مکّہ مکرمہ میں تیرہ سالہ دورِ رسالت میں صحابہ کو حضرت عیسیٰؑ کی طرح عدم جارحیت اور صبر کا حکم تھا، پھر مدنی دورِ رسالت میں تمام غزوات و سرایہ میں معمولی سا بھی محسوس معجزہ اللہ تعالیٰ کی طرف سے مومنین و کفار کے دیکھنے میں نہیں آیا ۔ بے شک اللہ تعالیٰ کی مدد شاملِ حال تھی اور اُمت کو قرآنِ کریم کی آیات میں فرشتوں کے ذریعے مدد پہنچانے کا بتایا گیا لیکن برسرِ موقع اسے محسوس کر کے جان لینے سے سب قاصر تھے ۔ان تفاصیل سے ہمیں کیا بات سمجھ میں آتی ہے ؟ ہمیں پتہ چلتا ہے کہ اللہ تعالیٰ کے رسولوں کے ذریعے حضرت نوحؑ سے لے کر رسول اللہ تک ان گنت معجزات مومنین و منکرین کے دیکھنے میں آئے لیکن ایک مرتبہ بھی ایسا نہیں ہوا کہ مومنین کے غلبہ کے لئے اللہ تعالیٰ نے اپنی طرف سے کوئی معجزانہ قوّت انہیں فراہم کی ہو ۔پھر تمام انسانی تاریخ میں ایک مرتبہ بھی ایسا نہیں ہوا کہ مومنین کی مختصر تعداد اپنے وقت کی مخالف طاقتوں کے خلاف کامیابی کے امکانات رکھتی ہو، لہٰذا اللہ تعالیٰ نے ہر موقع پر ان طاقتوں کا خاتمہ کیا اور جتنے کچھ بھی مومنین تھے وہ بچا لئے گئے ۔اللہ تعالیٰ کی یہ لاتبدیل سنّت بہت نمایاں طریقے سے تاریخ کے صفحات پر نظر آتی ہے ۔ رسول اللہ تمام غزوات میں مومنین کے سالار تھے اور مقرب صحابہ نے بہت قریب سے رسول اللہ کی جنگی حکمت عملی کا ہر موقع پر مشاہدہ کیا اور تعلیم حاصل کی ۔ رسول اللہ کی بے خوفی اور دلیری کے بھی مناظر متعدد اصحاب نے اپنی آنکھوں سے دیکھے لیکن روایات میں کہیں نظر نہیں آتا کہ آپؐ ایک مرتبہ بھی براہ راست تلوار لے کر میدانِ جنگ میں کود پڑے ہوں ۔انسانی تاریخ میں یہ پہلا موقع ہے کہ وقت کے رسول کو جدوجہد کے ہر مرحلے پر صالح ، شجاع اور بے لوث انسانوں کی وہ کمترین تعداد میسر ہوتی رہی جو اس جغرافیائی علاقہ میں اسلامی معاشرہ کی تکمیل کے لئے درکار تھی ۔رسول اللہ سے پہلے کہ تمام مواقع پر صالح، شجاع اور بے لوث افراد کی تعداد کمترین درکار تعداد سے کم تھی، اور اللہ تعالیٰ کی سنّت نہیں تھی کہ معجزانہ قوّت سے مدد پہنچائی جاتی اور انہیں منکرین پر غلبہ عطا کر دیا جاتا ۔

مساوی اہمیت کی دوسری اہم بات یہ کہ رسول اللہ کی تئیس سالہ رسالت کے بیسویں سال سات ہجری میں عرب کا پہلا شہر مکّہ مکرمہ کی فتح مسلمانوں کو حاصل ہوئی اور اس کے بعد کے دو سال بہت تیزی سے اور مسلسل مدافعتی غزوات میں گزر گئے لیکن اللہ تعالیٰ نے رسول اللہ اور مومنین کو مکمّل کامرانیاں عطا کیں ۔ اس کے بعد سورہ توبہ میں کافروں سے براءت کا الٹی میٹم اللہ تعالیٰ نے جاری کیا اور تمام عرب قبائل اسلام کے آگے سرنگوں ہوتے چلے گئے ۔ اس کے بعد جلد ہی حجتہ الوداع میں رسول اللہ کے کام کی تکمیل بتا دی گئی اور تین ماہ بعد آپؐ اس دنیا سے رخصت ہو گئے ۔اسی آخری سال غزوۂ تبوک کی تیاریوں اور دورانِ سفر کے وقت منافقین کی ہرزہ سرائی اور مسجد ضرار کی سازشی تعمیر کے واقعات پھر اسود عنسی کا یمن میں اور مسیلمہ کذاب کا یمامہ میں دعویٰ نبوّت کے واقعات ہیں جو رسول اللہ کی زندگی کے آخری چند ماہ میں وقوع ہونے والے کافی بڑے واقعات ہیں ۔ مدینہ سے دور کے علاقوں کے عربی بدوؤں نے اسلام قبول تو کر لیا لیکن وہ اسلامی تعلیمات سے متعلق بمشکل ہی کچھ جانتے تھے ۔ ان میں صالحیت کی صفات پیدا ہونے کے لئے کافی وقت اور امتحانات درکار تھے ۔ ہم نے یہ سب کافی اختصار سے بیان کیا ہے۔ ان بڑے مسائل کے اثرات بہت تیزی سے مدینہ کے حالات پر پیدا ہوئے ، تاہم ان کا کچھ تذکرہ حضرت ابوبکرؓ کے دورِ خلافت کے ذکر میں ہو چکا ہے ، اس لئے امید ہے کہ ہم جو کچھ کہنا چاہتے ہیں قارئین اسے سمجھ سکیں گے ۔ رسول اللہ کی زندگی کے آخری سال عرب میں ارتداد و بغاوت کی موجودگی سے یہ بات بہت واضح ہے کہ عرب کے بیشتر علاقوں اور آبادیوں کی اخلاقی تطہیر ہنوز باقی تھی کہ رسول اللہ کو اللہ تعالیٰ نے اپنے پاس بلا لیا ۔ اگر اللہ تعالیٰ کا رسول اللہ کو بلا لینے میں عجلت کا ہمارا پیش کردہ نقطۂ نظر درست تسلیم کیا جا سکے تو اس کی یہ وجہ قرار دینا پڑتی ہے کہ اللہ تعالیٰ نے اس کارِ عظیم کا کچھ حصّہ اس حال میں رسول اللہ کے اصحاب کے حوالے کیا کہ وہ بلند درجات کی حامل ہستیاں رسول اللہ کی لیڈر شپ کے بغیر اپنے طور پر اسے مکمّل کریں ۔ بالفاظ دیگر انبیاء و رسل کی تمام تاریخ اور رسول اللہ کے دورِ رسالت کے بین السطور سے ہمیں یہ پتہ چلتا ہے کہ دینِ اسلام کی طرز کا معاشرہ مکمّل طور پر وجود میں لانا اور قائم رکھنا رسولوں کا کام نہیں ہے ۔ دینِ اسلام کی طرز کا معاشرہ وجود

میں لانا اور اسے قائم رکھنا عام مسلمانوں کا کام ہے ۔جس معاشرے کی اجتماعی قوّت اور صالحیت ایسا معاشرہ وجود میں نہ لا سکتی ہو، وہ نہ اسے چلا سکتی ہے اور نہ ہی اسے کبھی قائم رکھ سکتی ہے ۔جو مخصوص صفات اس معاشرہ کو وجود میں لانے کے لئے مومنین کو درکار ہیں، وہی صفات اس معاشرہ کو چلانے میں بھی درکار ہیں اور اسے قائم رکھنے میں بھی وہی صفات درکار ہیں ۔رسول اللہ نے اللہ تعالیٰ کی عطا کردہ بصیرت کے تحت اپنے قریبی اصحاب میں ایسی کمال درجہ صفات و استعداد پیدا کر دیں کہ اگر چہ آپؐ کی وفات کے فوراً بعد یہ قصر اس قدر تیزی سے زمیں بوس ہو سکتا تھا کہ کسی کے سنبھالے نہ سنبھل سکے ،لیکن آپؐ کے چیدہ اصحاب اس درجہ تیار کر دیئے گئے تھے کہ اس چیلنج کا دو بدو مقابلہ کر سکیں ۔تمام تعریفیں اللہ ہی کے لئے ہیں ۔

رسول اللہ کے اصحاب جانتے تھے کہ وہ کیا چیز ہے جس سے اللہ تعالیٰ نے اپنے رسول کے ذریعے نوعِ انسانی کو متعارف کیا ہے ۔ قارئین واقف ہوں گے کہ حضرت عمرؓ کے زمانے میں دار الخلافہ کے اکابرین کے مابین ضرورت محسوس ہوئی کہ رومی کیلنڈر کی طرح اسلام کا اپنا کیلنڈر ہو ۔ اس کی ابتدا طے کرنے کا سوال پیدا ہوا تو ہمارا جیسا انسان تجویز کرتا کہ اسے رسول اللہ کے سالِ پیدائش سے شروع کیا جائے اور اگر یہ نہیں تو پھر رسول اللہ کے سالِ نبوّت سے تو لازمی شروع کیا جائے ۔ واللہ و اعلم ،شاید کوئی یہ کہتا کہ رسول اللہ کی وفات سے شروع کیا جائے ، اس لئے کہ اس سال دین مکمّل ہوا یا قرآنِ کریم کی تکمیل ہوئی ، لیکن حضرت عمرؓ اور دیگر اصحاب جس بات پر متفق ہوئے وہ ان میں سے ایک نہیں بلکہ رسول اللہ کی ہجرت تھی ۔ ہجرت میں کیا خاص بات ہے جس کی وجہ سے اسے دوسرے نمایاں مواقع پر ترجیح حاصل ہے ؟جبکہ قرآنِ کریم مکّہ میں نازل ہونا شروع ہوا اور مدینہ میں رسول اللہ کے آخری سال تک اس کا نزول جاری رہا ۔ جو تعلیمات رسول اللہ مکّہ میں دے رہے تھے وہ مدینہ میں اسی طرح جاری رہیں۔ رسول اللہ کی مدینہ ہجرت میں خاص بات یہ ہے کہ تاریخِ انسانی میں پہلی مرتبہ دینِ اسلام کو بحیثیتِ انسانی تمدّن عملی طور پر قائم کر دینے کی طرف اٹھایا گیا پہلا قدم تھا ۔ہم یہاں اپنی کوتاہ علمی کا اعتراف کرنے کے ساتھ عرض کرتے ہیں کہ بے شک قرآنِ کریم مکمّل ہوگیا، اللہ تعالیٰ کی نعمتِ عظمیٰ بھی نظری طور پر نوعِ

انسانی کی ہدایت کے لئے رہتی دنیا تک کے لئے محفوظ ہو گئی لیکن عرب کے طول و عرض میں ارتداد اور باطل نبوّت کی آواز رسول اللہ کی رحلت کے وقت موجود تھی ۔رسول اللہ کی علالت کے دوران مدینہ خبر پہنچی تھی کہ مسیلمہ کذّاب نے یمامہ پر اور اسود عنسی نے یمن پر قبضہ کر لیا ہے جبکہ طلیحہ نے بھی نبوّت کا دعویٰ کر دیا ہے اور بہت سے لوگ اس کے ساتھ مل گئے ہیں ۔ ان باطل قوّوتوں کی پشت پر اتنی طاقت تھی کہ رسول اللہ کی رحلت کے بعد پیش آنے والے مقابلوں میں حافظ قرآن جماعت کی اتنی بڑی تعداد شہادت کے مرتبہ پر فائز ہوگئی کہ اکابر صحابہ کو قرآنِ کریم کے تمام تحریری اجزا کو مکمّل کتاب کی صورت میں محفوظ کر دینے کا فوری بند و بست کرنا پڑا ۔ تفصیلات پر غور کیا جائے تو ماننا پڑتا ہے کہ رسول اللہ کی رحلت کے فوراً بعد عرب میں مانع زکوٰۃ اور ارتداد کا طوفان مدینہ کے سوا عرب کے ایک سرے سے دوسرے سرے تک اچانک شروع ہوا اس کا مکمّل خاتمہ حضرت ابوبکرؓ کے دورِ خلافت میں ہوا اور یہ کہ حضرت ابوبکرؓ کی وفات ہوئی تو کوئی ایسی آواز عرب میں باقی نہ رہی جو اُمت کے لئے باعثِ تشویش ہو سکتی تھی ۔پس، دینِ اسلام کی تکمیل کا عمل اپنے کمال پر حضرت ابوبکرؓ کے دوسرے سالِ خلافت میں پہنچا ہے ۔ جیسا کہ ہم نے کہا، نظری طور پر اس نظامِ اسلام کو قائم رکھنے کے لئے وہی صفات، صالحیت و استعداد درکار ہیں جو اس نظام کو قائم کرنے کے لئے درکار ہیں ۔اللہ تعالیٰ نے اصحابِ رسول اللہ کے ہاتھوں نظامِ اسلامی کی اقامت کا آخری کچھ حصّہ رسول اللہ کی ان کے درمیان موجودگی کے بغیر مکمّل کروا دینے سے نوعِ انسانی کو مشاہدہ کروا دیا کہ غیر انبیاء کے ذریعے اس کا قائم کیا جانا اور قائم کر لینے کے بعد اس کا چلانا اور قائم رکھنا ممکن ہے ۔

نظامِ صحابہ میں کیا خاص بات تھی کہ وہ اس جیسا کارِ عظیم کر سکے؟ اس خصوصیت کے تین اجزاء ہیں جو ایسی مساوی اہمیت رکھتے ہیں کہ کسی اجتماعی عملی جدوجہد کے لئے تین اجزاء میں سے کوئی ایک جزو موجود نہ ہو یا موجودہ نہ رہے تو اس ہدف کا حاصل کر لینا غیر ممکن ہے، یعنی یہ تین اجزاء بیک وقت درکار ہیں ۔ پہلا جزو یہ کہ گروہ کا امیر ذاتی کردار و طبیعت میں تقویٰ کا بلند معیار رکھنے کے ساتھ ساتھ معاصرین کے مقابلے میں فراست و دوراندیشی کی برتر خصوصیات کا مالک ہو ۔ دوسرا جزو یہ کہ

YAHUDIYAT, ISAIYAT OR ISLAM 861

ایسے اکابرین و علماء و مفکرین اسے میسر ہوں جو نیک کرداری اور مطلوبہ لیڈرشپ کی صلاحیت رکھتے ہوں لیکن ساتھ ہی ساتھ اطاعتِ امیر میں اس حد تک پابند ہوں کہ جب تک امیر سے کوئی ایسا حکم سرزد نہ ہوجائے جو اللہ و رسول کی وضع کردہ حدود سے صراحتاً باہر ہو ، عام لوگوں میں امیر کے ساتھ نزاع کا باعث بنتے قطعی نہ دیکھے جائیں ۔تیسرا جزو یہ ہے کہ اجتماعی گروہ کو عام حمایتیوں کی ایسی معتدبہ تعداد میسر ہو جو اجتماعی مقصد کو دل سے تسلیم کرتی ہو اور اس کے لئے زمینی بھاگ دوڑ کی لگن و استطاعت رکھتی ہو ۔مذکورہ تین اجزاء کی روشنی میں خلافتِ راشدہ کی جملہ تیس سالہ تاریخ پڑھی جائے تو بآسانی سمجھ آجاتا ہے کہ یہ کیوں کر قائم رہی اور ملوکیت میں کس طرح بدلی گئی ۔ تاہم، غور کرنے پر ہمیں یہ سمجھ میں آتا ہے کہ خلافتِ راشدہ کا ملوکیت میں تبدیل ہونا مشیتِ الٰہی کا ہی ایک حصّہ تھا ۔ قرآنِ کریم کا فرمان پہلے نقل ہو چکا ہے لیکن ذیل میں دوبارہ نقل ہے:

> نہایت بزرگ و برتر ہے وہ جس کے ہاتھ میں کائنات کی سلطنت ہے، اور وہ ہر چیز پر قدرت رکھتا ہے ۔ جس نے موت و زندگی کو ایجاد کیا تاکہ تم لوگوں کو آزما کر دیکھے تم میں سے کون بہتر عمل کرنے والا ہے ، اور وہ زبردست بھی ہے اور درگزر فرمانے والا بھی ۔(67-الملک:1)

اس ارشادِ باری تعالیٰ میں تمام ہی اولادِ آدمؑ کا مقصدِ تخلیق بتادیا گیا ہے کہ ہر شخص کو اس کے عمل کے مطابق پرکھا جائے گا ۔ اب ظاہر ہے کہ مثلاً کوئی شخص پیدائشی طور پر بینائی سے محروم ہو اور روزِ آخرت یہ مطالبہ کرے کہ اس نے تمام زندگی کسی نامحرم خاتون کو شہوانی نظر سے نہیں دیکھا، لہٰذا اسے اِس نیک عمل کا اجر ملنا چاہئے ، تو جواباً یہی کہا جائے گا کہ یہ امتحان تم پر لاگو نہیں ہے ۔پس، جیسا کہ قارئین نے دیکھا کہ، جنّت اور دوزخ کے درجات ہیں ، لہٰذا ہونا یہ چاہیے کہ صرف ایک ہی مرتبہ کی زندگی میں جس قدر بلندی یا پستی کسی شخص کی طبیعت اقتضا رکھتی ہو ، اُس بلندی یا اُس پستی کے حصول کے مواقع اُسے میسر ہوں ۔اس آیت کا یہ مفہوم از خود تجویز کردیتا ہے کہ نظامِ اسلامی کا قیام نوعِ انسانی کے مشاہدہ میں آجانے کے بعد باقی نہ رہے تاکہ خدا کا کوئی بندہ خلقِ خدا کی دنیوی و اخروی فلاح کا حریص ہو تو اِس کے قیام کی کوششوں کا

اپنی عملی زندگی میں ثبوت دے سکے ۔یہاں نظامِ اسلامی کا تیس سال بعد ملوکیت میں تبدیل ہونے کو مسئلہ جبر و قدر سے نہ جوڑا جائے ۔ ہمارے کہنے کا مطلب ہے کہ یہ تبدیلی انسانی اعمال سے پیدا ہوئی اور اس کے وقوع میں اللہ تعالیٰ نے کوئی مداخلت نہیں کی بلکہ اسے ہونے دیا ۔نظام کی یہ تبدیلی ہادیِ برحق نے جس سال میں پیش ہونا بتائی تھی ٹھیک اسی سال وقوع ہوگئی ۔ بعد کے تمام ادوار اپنی تفصیلات میں رسول اللہ کے پیشگی بتائے گئے اقوال کے عین مطابق ہمارے سامنے موجود ہیں لہٰذا آئندہ بھی جو کچھ ہونے والا ہے اس میں کسی مغالطہ کی گنجائش نہیں ہے ۔رسول اللہ کی پیشگوئی کے مطابق تیس سال خلافت راشدہ کا نظام رائج رہنے کے بعد ملوکیت میں بدل گیا تو اوپر بیان کردہ اجزاء میں سے پہلے دو اجزاء بدلے گئے ۔ خلافت راشدہ کے تیس سالوں میں مملکت کے چار امیر یکے بعد دیگرے جس بنیاد پر چنے گئے وہ یہ کہ اُمت کی نظروں میں ان اشخاص کی تقویٰ و بلند کرداری ثابت شدہ تھی ۔ امیر کی اس صفت کی وجہ سے حکومت کی اساسی مشینری کے عہدیدار بھی شخصی کردار اور ماہرانہ اہلیت کی بنیاد پر ذمہ داریوں کے اہل تھے، اور ساتھ ہی نیکی کی بنیاد پر قائم شدہ معاشرہ میں سے زمینی بھاگ دوڑ کے لئے بھی اہل افراد بکثرت دستیاب تھے، لہٰذا اپنی مدت تک یہ نظام چلا اور قائم رہا ۔ملوکیت طاقت کے زور پر حاصل کی گئی۔ ا سے اُمت کے سواد اعظم کی حمایت حاصل نہ تھی، لہٰذا پہلا جزو اُمت سے کھویا گیا ۔اقتدار شخصی اغراض کے لئے حاصل کیا گیا تھا اس لئے حکومتی مشینری کے لئے اکابرینِ مملکت وہی افراد چنے جا سکتے تھے جو بادشاہ کی اغراض کے لئے سودمند ہوں، لہٰذا دوسرا جزو بھی اُمت سے کھویا گیا ۔ تیسرا جزو اگر رہا بھی تو اس کے پاس وہ استعداد نہیں رہتی جو پہلے دو اجزا پر اثر انداز ہو سکے ۔ قرآنِ کریم میں بادشاہت کے نظام کو کوئی تائید حاصل نہیں لیکن بارہ صدی تک یہی نظام مسلمان دنیا میں چلتا رہا ۔ انیسویں صدی میں دوسری جنگ عظیم کے نتیجے میں مسلمانوں کو استعماری طاقتوں کی گرفت سے آزادی کے امکانات پیدا ہو رہے تھے اس وقت طویل عرصہ سے چلے آر ہے زوال کے تجربات و مشاہدات کے بعد مواقع پیدا ہوئے کہ آزاد مسلمان ریاستیں اپنی اجتماعیت کے بنیادی اصول اسلامی ہدایات کے مطابق منضبط کر لیں ۔ بر صغیر پاک و ہند میں بروقت قائد اعظم، علامہ اقبال اور مولانا مودودیؒ جیسی

شخصیات منظرِ عام پر آئیں جن کی رہنمائی میں اسلامی تمدّن جدید دور میں ایک مرتبہ پھر سے اقوامِ عالم کے سامنے بطورِ نصیحت پیش کیا جا نے کا صریح امکان پیدا ہوا ، لیکن مخصوص جغرافیائی خطوں میں مسلمان اکثریت کے باوجود اُمت مسلمہ یہ موقع گنوا بیٹھی ۔آزادی کے دنوں میں آسان ترین طریقے سے یہ ہدف حاصل کیا جا سکتا تھا اور اگر اس وقت حاصل نہ کر لیا جاتا تو اِس کے بعد اس کے حصول میں بتدریج مشکلات بڑھتی چلی جاتی تھیں ۔قیامِ پاکستان کے بعد مولانا مودودیؒ نے اقامتِ دینِ اسلام کی مہم کا آغاز کیا تو اس کام کے لئے درکار مذکورہ تین اجزاء میں سے پہلے اور تیسرے اجزاء جماعتِ اسلامی کو بخوبی حاصل تھے۔ پہلے جزو کے مطابق ایسے گروہ کا امیر تقویٰ اور فراست و دوراندیشی کے لحاظ سے معاصرین کے مقابلے میں برتر معیار کا حامل ہو، اس مقام پر مولانا مودودیؒ کی استعداد اور معاصرین کی استعداد میں بہت فاصلہ حائل تھا ۔ جماعت کو تیسرے جزو کے لئے بڑی تعداد میں زمینی بھاگ دوڑ کرنے والے مخلص اور نیک عام حمایتی میسر تھے ۔ لیکن دوسرے جزو کے اہل شرکاء میں بعض ایسے داخلِ جماعت ہو گئے جو اگر نہ داخل ہوئے ہوتے تو بہت کچھ امکانات تھے کہ یہ ملک اُس نعمتِ عظمیٰ کا مستحق ہو جاتا جس کے لئے اس مملکت کا قیام عمل میں آیا تھا ۔

موضوع کے ابتدا میں ہم نے مولانا وحید الدین خاں اور غامدی صاحب کے نظریاتی اختلافات یہ بتائے تھے کہ ان کی سمجھ کے مطابق اقامتِ اسلام عام مسلمانوں کی ذمہ داری نہیں ہے ، جبکہ مولانا امین احسن اصلاحی اور ڈاکٹر اسرار احمد کی نظر میں جماعتِ اسلامی کا الیکشن کے ذریعے اس کام کا حصول درست نہیں ۔ چار حضرات دوسرے جزو یعنی اکابرین و مفکرین کی حیثیت سے اس گروہ میں داخل ہوئے اور اس کے بعد اعلانیہ علیحدگی اختیار کی ۔اگر یہ حضرات اس جماعت میں داخل نہ ہوئے ہوتے تو جماعت کے مقاصد کو کسی بڑے نقصان کا سامنا نہ ہوتا ۔ ان حضرات کو برصغیر پاک و ہند میں چہار سو پھیلی انوع و اقسام کی درگاہ شریف، مزار شریف، چادر شریف، عرس شریف، زیارات، دستار بندیاں ، نذر نیاز وغیرہ کے بجائے اُمت کے لئے سب سے زیادہ مفید یہ پرچار کرنا نظر آیا کہ دو حضرات نے لوگوں کو تعلیم دی کہ مذہبی نقطۂ نظر سے جماعت کا طریقۂ کار درست نہیں ہے جبکہ دو نے یہ بتایا کہ جماعت

کا مذہبی نقطۂ نظر ہی درست نہیں ہے ۔یہ حضرات بخوبی جانتے تھے کہ اکثریت کی معلومات اس دین کے متعلق نہ ہونے کے برابر ہیں ۔ وہ یہ بھی جانتے تھے کہ " بزعمِ خود پڑھا لکھا شخص" دینی علوم سے محرومی کے بعد دینِ اسلام کو مغرب کی پیدا کردہ تعصبات کی عینک سے دیکھتا ہے ، جدید دور میں اسلام کو ازکار رفتہ سمجھتا ہے اور مغرب کی اندھی تقلید ہی اس کا دین و ایمان ہے ۔پس، ان حضرات کی علیحدگی کی تشہیر ہوئی تو مذہبی علوم کی سمجھ کے لحاظ سے جہالت میں ڈوبی اکثریت کے کان جماعت کی دعوت اور کار خیر کی قولی حمایت کی سماعت تک کے لئے بھی بند ہو گئے۔ ڈاکٹر اسرار احمد مرحوم نے جماعتِ اسلامی سے علیحدگی کے بعد تنظیمِ اسلامی کے نام سے ایک علیحدہ جماعت تشکیل دی ، اس جماعت کا وضع کردہ تلخیصی پیغام ذیل میں نقل ہے:

تنظیمِ اسلامی کا پیغام نظامِ خلافت کا قیام
تنظیمِ اسلامی مروجہ مفہوم کے اعتبار سے نہ کوئی سیاسی جماعت نہ مذہبی فرقہ
بلکہ ایک اصولی
اسلامی انقلابی جماعت
ہے جو اولاً پاکستان اور بالآخر ساری دنیا میں
دینِ حق یعنی اسلام کو غالب یا بالفاظ دیگر نظامِ خلافت کو قائم کرنے کے لئے
کوشاں ہے! (منتخب نصاب: صفحہ آخر)

قرآنی حکم کے مطابق کسی اجتماعیت میں امیرِ جماعت کی اطاعت اور استعانت سے دستبرداری کی اجازت ارکانِ جماعت کو اس وقت تک حاصل نہیں جب تک کہ امیرِ جماعت کا کوئی حکم قرآن اور سنّت سے منحرف ثابت نہ ہو جائے ۔ جماعتِ اسلامی پاکستان میں انعقادِ خلافتِ الٰہیہ جیسے مقصدِ عظیم کے لئے وضع ہوئی لیکن عملی کوشش میں شمولیت کے بعد ابتدا میں ہی جماعت سے علیحدگی اختیار کی گئی ، علیحدگی کی تشہیر بھی ہو گئی اور بعینہ اسی مقصد کے لئے الگ جماعت بنا لی گئی۔ معاشرہ اجتماعی مقاصد کے لئے مخلصین کی جو مختصر تعداد مہیا کر سکتا تھا اسے دو گروہوں میں تقسیم کر دیا ۔ اسی طرح دوسرے علیحدہ ہونے والے نے اور پھر تیسرے نے، وغیرہ ۔ اس عمل کا جو نتیجہ ہو سکتا تھا وہی ہوا کہ اجتماعی طاقت کو تقسیم کر لینے سے جو کچھ بھی ممکنہ مفید اثرات معاشرہ میں پیدا کئے جا سکتے تھے اس کے امکانات نہ دوسرے کے لئے چھوڑے نہ ہی اپنے لئے باقی رکھ سکے ۔ بانئ تنظیمِ اسلامی اور اِس کے عمائدین کے پاس

کچھ عقل و سمجھ ہوتی تو "تمام دنیا میں نظامِ خلافت" جیسی خوش فہمی پیدا نہ ہو سکتی تھی ۔ تاریخِ انسانی ایک مرتبہ بھی ایسا کبھی نہیں دکھا سکی ہے ۔ جماعتِ اسلامی کی جدوجہد کی ابتداء میں علیحدگی کا جو مظاہرہ مذکورہ حضرات کے ہاتھوں دیکھنے میں آیا اس کی تفصیلات میں اور اس کتاب کے حصّہ دوئم کے ابتدائی چار ابواب میں یہودی مذہبی اکابرین کے حوالے سے جو کچھ ہمارے سامنے واضح ہوا ، اُس میں نوعیت کا کوئی فرق نہیں ہے لہٰذا جو نتائج وہاں پیدا ہوئے ، وہی نتائج اگر اب نہ نظر آتے تو یہ یقینی حیرت کی بات ہو سکتی تھی ۔اجتماعیت کو کسی بھی نظریہ کی بنیاد پر تقسیم کرنے کا نتیجہ خود اپنی جگہ واحد نتیجہ ہے ۔ قرآنِ کریم کا ارشاد ہے:

> تم سب اللہ کی رسّی کو مضبوطی سے پکڑ لو اور تفرقہ میں نہ پڑو . . . کہیں تم ان لوگوں کی طرح نہ ہو جانا جو فرقوں میں بٹ گئے اور کھلی کھلی واضح ہدایات پانے کے بعد پھر اختلافات میں مبتلا ہوئے ۔ جنہوں نے یہ روش اختیار کی وہ اُس روز سخت سزا پائیں گے جبکہ کچھ لوگ سرخرو ہوں گے اور کچھ کا منہ کالا ہو گا ' جن کا منہ کالا ہو گا (ان سے کہا جائے گا کہ) نعمتِ ایمان پانے کے بعد بھی تم نے کافرانہ رویّہ اختیار کیا؟ اچّھا تو اب اِس کفران نعت کے صلہ میں عذاب کا مزہ چکھو ۔ رہے وہ لوگ جن کے چہرے روشن ہوں گے تو اُن کو اللہ کے دامنِ رحمت میں جگہ ملے گی اور ہمیشہ وہ اسی حالت میں رہیں گے (3-آل عمران:103)

کسی برتر مقصدِ حیات کی خاطر صالحیت کی بنیاد پر کھڑی ہونے والی جماعت کو اجتماعیت سے دور کر کے گروہوں میں تقسیم کرنے والا ہر ایک شخص خود کو اوپر درج آیاتِ قرآنی کی زد میں لے آنے کے امکانات پیدا کر دیتا ہے، چاہے اس کی بنیاد مذہبی فرقہ ہو یا سیاسی مقاصد یا کوئی اور عنصر ۔ اِس آیت میں اللہ تعالیٰ نے تفرقہ پیدا کرنے والوں اور اسے قبول کرنے والوں کے لئے "کافرانہ رویّہ اختیار کیا " جیسے سخت الفاظ استعمال کئے اور سخت عذاب کی وعید سنا دی ہے ۔کوئی بھی شخص جو موت کے بعد روزِ آخرت کی جزا و سزا کا سامنا نہ کرنے کا کوئی راستہ دریافت نہ کر سکتا ہو اسے قرآنِ کریم کے ایسے صریح احکامات سے اجتناب کی جرات کرنے کا خیال بھی دل میں نہیں آ سکتا اور ڈاکٹر اسرار احمد، جاوید غامدی یا وحید الدین خاں اور اسی طرح کے متعدد دوسرے فرقہ پردازوں کی پیروی اختیار کرنے کا کوئی موقع نہیں ہو سکتا ۔ اس بات کا سمجھنا مشکل نہیں کہ اللہ

تعالیٰ کے بیان کردہ عبادتی احکامات، یعنی نماز، روزہ، زکواۃ وغیرہ اور حرام سے قطعی اجتناب یعنی زنا، جوا ،شراب، ظلم و زیادتی اور قتلِ ناحق وغیرہ کے مقابلے میں اتحاد اور اتفاق قائم رکھنے کا قرآنِ کریم کے اس حکم کا براہ راست اطلاق قرآنی صالحیت پر قائم شدہ انسانی تمدّن کی بقاء پر ہے جو کہ دنیوی زندگی میں نوعِ انسانی کی دیرپا فلاح کی واحد صورت ہے ۔ شیطانیت سے پاک اور صحت مند تمدنی ارتقاء کا تمام تر دارومدار اسی قرآنی تمدّن پر ہے جس کے لئے درکار اجتماعی اتفاق قائم رکھنے کو اللہ تعالیٰ نے "اللہ کی رسّی" کے الفاظ میں بیان کیا ۔ ضرور ہے کہ اِس بات کی مزید وضاحت کی جائے تاکہ ہم قرآنی آیت کو درست تناظر میں دیکھ سکیں ۔

تمدنی ارتقاء سے ہماری مراد ہے کہ دوسری تمام حیات کے مقابلے میں انسان کو عقل و سمجھ دے کر پیدا کیا گیا ہے تاکہ وہ اپنے اطراف میں موجود مظاہر پر عقل و سمجھ کی روشنی میں نظر ڈالے اور "ان کے نام پہچان لے" یعنی ان میں پوشیدہ خصوصیات دریافت کرے اور جن اصولوں کے تحت وہ اشیاء عمل پزیر ہیں، ان اصول و ضوابط کی سمجھ پیدا کرے ۔ان خصوصیات اور ان اصولوں کی نشاندہی ہوگی تو اس کے اگلے مراحل میں ازخود واضح ہو سکے گا کہ انسان اور دیگر حیات کی فلاح کے لئے کیا کچھ نعمتیں ان مظاہر میں پوشیدہ ہیں ۔غاروں سے نکلنے کے بعد انسان تہذیب کے تمام مراحل اسی طریقہ پر طے کرتا رہا تھا ۔نظامِ فطرت میں گنتی کے کُل چار ذرائع ہیں جو تمدنی ارتقاء کے مراحل طے کرنے کی راہ کو آسان بنا سکتے ہیں ۔ جس معاشرے کو یہ چاروں ذرائع میسر ہوں، اس معاشرے کا تمدنی سفر اتنا ہی آسان رہے گا جبکہ جن معاشروں میں یہ چار ذرائع جس ترتیب سے کم ہو جائیں اسی قدر اُس معاشرے کا تمدنی سفر مشکل تر ہوتا چلا جائے گا ۔یہ چار ذرائع بلترتیب اس طرح سمجھے جا سکتے ہیں کہ کسی جغرافیائی خطہ پر سال کے دوران (1) سورج کی روشنی، (2) میٹھا پانی، (3) زراعتی زمین اور (4) کام کے قابل انسانوں کی تعداد کس حد تک میسر ہے ۔قارئین اس ذہن کے ساتھ زمین پر پائے جانے والے پانچ بر اعظموں پر نظر ڈالیں تو بآسانی دیکھ سکتے ہیں کہ زمین پر موجود بہت کم جغرافیائی خطے ہیں جہاں یہ چاروں ذرائع بیک وقت وافر مقدار میں پائے جاتے ہوں ۔ اکثر مقامات عام طور پر ایک یا دو ذرائع سے ضرور محروم ہیں یا ایک یا دو ذرائع

وافر مقدار میں موجود نہیں، جبکہ چند خوش بخت خطے ایسے ہیں جہاں یہ چاروں ذرائع وافر مقدار میں میسر ہیں۔ ہماری سرسری سے غور کی بنیاد پر پاکستان ان خوش بخت خطوں میں اوّل مقام پر فائز ہے۔ یقیناً کوئی شخص خواہشمند ہو تو ریاضی کی بنیاد پر اس کا تخمینہ کر سکتا ہے جس سے واضح ہو سکے کہ پاکستان اگر پہلے نمبر پر نہیں تو دوسرے یا تیسرے نمبر کا مستحق قرار دیا جا سکے، لیکن تب بھی پاکستان اللہ تعالیٰ کی خصوصی فضیلت کے اس اطلاق سے محروم نہیں رہ سکے گا۔ چار ذرائع کا اطلاق اُس وقت تک تھا جب تک کہ انسانی تمدّن کا انحصار مویشی اور سواری کے جانوروں کی جسمانی قوّت پر مبنی تھا۔ صنعتی ترقی کے بعد پہاڑ اور سمندر اضافی ذرائع شمار کئے جا سکتے ہیں جن کی افادیت وقت کے ساتھ ساتھ واضح ہوتی رہے گی۔ پاکستان کو یہ اضافی ذرائع بھی ہمیشہ سے دستیاب رہے ہیں۔ پس تمدنی ترقی دراصل پاکستانیوں کے لئے آسان ترین راہ تھی۔ بحیثیتِ اسلامی ملک پاکستان کی تشکیل تاریخِ انسانی میں اپنی نوعیت کا پہلا واقعہ تھا اور پھر اس ملک کے عالمِ ظہور میں آنے سے پہلے ہی اللہ تعالیٰ نے مولانا مودودیؒ جیسی شخصیت اس سرزمین کو عطا کر دی کہ تحریکِ احیائے دین کی رہنمائی کے فرائض انجام دے سکیں، لیکن دو بھاری ترین پتھر اِس راہ میں ایسے حائل تھے جن کی وجہ سے اس کامیابی کے امکانات بہت کم تھے۔ ایک تو یہ کہ یہاں کے باشندے اسلامی عقیدہ کی تفصیلات میں ہی مشرکانہ حدود تک پہنچے ہوئے تھے اور اس بنیاد پر متعدد چھوٹے چھوٹے گروہوں میں منقسم تھے، پھر اس عظیم گمراہی کے بعد اس قوم نے علاقائی زبانوں اور علاقائی ثقافت کے نام پر ہر ایک گروہ کو دوسرے سے پھاڑ کر الگ کر رکھا تھا۔ دنیا کے ملکوں میں اور انسان کی تمام تاریخ میں یہ واحد ملک ہے جس کے سربراہان نے صوبوں کے نام علاقائی زبانوں یعنی صوبہ سندھ، صوبہ بلوچستان، صوبہ پنجاب اور صوبہ سرحد کے نام سے اشاعت کے ذریعے علاقائی قومیت کی بنیاد پر تفریق کو پروان چڑھایا تاکہ ہر قوم کی ذہنی پرواز ان حدود سے باہر نہ جا سکے۔ صوبہ سرحد میں پختون قوم بستی چلی آرہی تھی، پس اس قوم کو بھی اپنی علیحدہ شناخت برقرار رکھنے کے لئے صوبہ سرحد کا نام صوبہ خیبر پختون خواہ رکھنا ہی تھا۔صوبہ بنگال کو بھی "اسلامی جمہوریہ پاکستان" کی غلامی سے آزاد ہونا تھا۔ ایک قوم جو ہندوستان سے جان

و مال کی قربانیوں کے ساتھ ہجرت کر کے اس ملک میں بسنے کی خواہش لے کر پہنچی اسے مہاجر قوم کی شناخت دے کر الگ برتاؤ کے لئے مخصوص کیا گیا ۔ ایسے زمینی حقائق کی موجودگی میں پاکستانی قوم کو دینِ اسلام کی صورت میں جو نعمت میسر تھی اُس کی نشاندہی اور قدر شناسی اس قوم کے بس میں نہیں تھی ۔ پھر ایک اور بڑی مصیبت یہ کہ بعض حضرات تحریکِ احیائے دین میں شامل ہوئے لیکن اعلانیہ الگ ہو کر قوم کو راہ دکھانے کے لئے اٹھ کھڑے ہوئے وہ بھی اس نعمت کی قرار واقعی سمجھ کی استعداد سے محروم تھے ۔ لہٰذا اِن حالات میں جو نتیجہ نکل سکتا تھا وہ یہ کہ انسانوں کی معتدبہ اکثریت اپنی عقل و سمجھ کی فضیلت کو جرائم کے ذریعے نفسانی خواہشات کے تقاضے پورے کرنے میں استعمال کرتی رہے ، جبکہ نیک طینت افراد خود کو بے دست و پا اور لاچار سمجھتے ہوئے امید کے سہاروں پر جو بن پڑے اسی کے ساتھ مشکلات انگیز کرتے رہیں ۔ "اسلامی جمہوریہ" پاکستان کی اب تک کی تاریخ کا خلاصہ بہرحال یہی ہے ۔

اجتماعی معاملات کے لئے اور خاص طور پر دینِ اسلام کی اقامت کے لئے اجتماعیت میں درکار تین اجزاء میں سے امیر کی صالحیت ، استقامتِ نیت و ارادہ اور فراست کے بعد کے دو اجزاء میں باصلاحیت اور بے غرض افراد کی کم از کم تعداد امیر کو میسر نہ ہو تو تحریک کامیابی تک تو نہیں پہنچتی ، لیکن راہِ خدا میں تکلیفیں اٹھانے اور قربانیاں دینے والے بکثرت افراد کو اپنے اعمال نامے ترتیب دینے کے مواقع حاصل ہوتے رہتے ہیں ہم نے کچھ دیر قبل تحریر کیا تھا کہ جماعتِ اسلامی کی اپنی کوششوں میں "ناکامی " بڑی جوش و خروش سے بیان ہوتی ہے پہلی بات تو یہ کہ کسی بھی نوعیت کے انسانی کوششوں کے اثرات لازماً پیدا ہوتے ہیں ۔ فرق صرف اتنا ہے کہ کم عقلوں کی دماغی بینائی یہ اثرات دیکھ لینے سے انہیں محروم رکھتی ہے ۔ پھر دینِ اسلام کی اقامتی کوششوں میں کامیابی یا ناکامی کا سوال اٹھانے کا کوئی موقع بیچ میں لانا از خود کم عقلی کی نشانی ہے ۔ اقامتِ دین کی کوششوں کا پہلو قرآنِ کریم میں رکھا ہی اس لئے گیا ہے کہ ہر دور میں نوعِ انسانی کو یومِ آخرت بلند تر مقامات پر پہنچنے کے مواقع میسر رہیں اور یہ کہ یہ پہلو انسانی تمدّن کے ارتقاء کے ابتدائی دور کے ساتھ ہی اسے حاصل رہا تھا ۔ قارئین یہوداہ مکابی اور اس کے باپ

کی عالیشان کوششوں کو اور یہودی علماء و فقہاء کا ان کوششوں کو برباد کردینا دیکھ چکے ہیں ۔یہاں مناسب ہے کہ رسول اللہ کی مستقبل کے بارے میں احادیث میں سے ایک حدیث کا مکمّل متن نقل کر دیا جائے جس کا پہلا حصّہ ہم اس بحث میں استعمال کرتے رہے ہیں:

> تمہارے دیں کی ابتداء نبوّت اور رحمت سے ہے اور وہ تمہارے درمیان رہے گی جب تک اللہ چاہے گا پھر اللہ جل جلالہ اس کو اٹھا لے گا ۔ پھر نبوّت کے طرز پر خلافت ہو گی، جب تک اللہ چاہے گا ۔ پھر اللہ اسے بھی اٹھا لے گا ۔ پھر بداطوار بادشاہی ہو گی اور جب تک اللہ چاہے گا رہے گی ۔ پھر اللہ اسے بھی اٹھا لے گا ۔
>
> پھر جبر کی فرمانروائی ہو گی اور وہ بھی اللہ جب تک چاہے گا رہے گی ۔ پھر اللہ اسے بھی اٹھا لے گا ۔پھر وہی خلافت بطریق نبوّت ہو گی جو لوگوں کے درمیان نبی کی سنّت کے مطابق عمل کرے گی اور اسلام زمین میں پاؤں جمائے گا ۔ اس حکومت سے آسمان والے بھی خوش ہوں گے اور زمین والے بھی ۔ آسمان دل کھول کر اپنی برکتوں کی بارش کرے گا اور زمین اپنے پیٹ کے سارے خزانے اُگل دے گی ۔(امام شاطبی:موافقات)

نبیِ کریمؐ نے پیش گوئی فرمائ تھی کہ میرے بعد تیس سال خلافت رہے گی، پھر بادشاہی ہو گی ۔ یہ مدّت ربیع الاوّل 41 ہجری میں ختم ہو گئی جب کہ حضرت حسنؓ حضرت معاویہؓ کے حق میں خلافت سے دستبردار ہوئے ۔اس روایت میں تاریخ کے پانچ مرحلوں کی طرف اشارہ ہے جن میں سے تین مراحل کا گزر جانا صداقت کا منہ بولتا ثبوت ہے اور چوتھا اب ہماری آنکھوں کے سامنے ہے ۔آخر میں پانچواں مرحلہ ہے جس کے آنے میں کسی ابہام کا کوئی سوال نہیں ۔ نبیِ کریمؐ کے ارشاد سے یہ بھی واضح ہے کہ خلافت راشدہ کے بعد پانچویں مرحلے سے پہلے اقامتِ دین کی کوئی کوشش کامیاب نہیں ہونی تھی، لیکن اس کا مطلب یہ نکالا جائے کہ ایسی ہر کوشش بے فائدہ ہے تو یہ بہت بڑی غلط بات شمار ہو گی ۔ آخرت میں حاصل ہونے والے نتائج پیشِ نظر ہوں تو یہ سوال اٹھانے کا کیا موقع ہے کہ دنیوی کوششوں میں کوئی کامیابی ہو سکتی ہے یا نہیں ہو سکتی ۔انسان زندگی کا بلند تر مقصد متعین کرنا چاہے تو ہر زمانے میں اُس کے پاس مواقع موجود ہیں کہ خلقِ خدا کی فلاح کو اپنے نفس کی خواہشات پر ترجیح دینے کے ثبوت اپنے اعمال نامہ میں جمع کرتا چلا جائے ۔قرآنِ کریم

کی آیات اوپر نقل کی گئیں جن میں صرف وہ گروہ اللہ کے عذاب سے محفوظ رہا جو لوگوں کو برائیوں سے منع کرتا تھا ۔ بڑی تفصیل سے بتایا جاسکتا ہے کہ انسانی کوششیں قطعی لاحاصل نہیں ہوتیں سوائے اس کے کہ اکثر دیکھنے والے اسے دیکھ نہیں پاتے۔ سب سے بڑی بات یہ کہ خلافت راشدہ کی عدم موجودگی نے ہر ایمان رکھنے والے کو موقع دیا کہ اپنے عمل سے ثابت کریں کن ترجیحات میں اپنی زندگی گزاری ۔

اپنی بحث میں ہم اس مقام پر پہنچ گئے ہیں کہ اپنی ایک بات کی توجیہ قارئین کے سامنے پیش کر سکیں۔ہمیں مولانا مودودیؒ اور دیگر حضرات کی طرف ان کے ناموں کے ساتھ انگلی اٹھانے کی ضرورت اس لئے پیش آئی تاکہ قارئین دیکھ سکیں کہ انسانی دماغ کے کارنامے ہم نے نظریاتی یا تصوراتی طور پر وضع نہیں کر لئے جن کا حقیقی دنیا سے کوئی واسطہ نہیں بلکہ یہ حقیقی کردار ہیں ۔ قارئین تاریخ میں جھانکیں تو ایسی ہی شخصیات اُمت مسلمہ کی گذشتہ تاریخ میں جگہ بہ جگہ نظر آئیں گی ۔ تاریخ میں زیادہ دور تک دیکھ سکیں تو ہر دور میں ایسے کردار آپ تلاش کر سکتے ہیں کہ اللہ کا کوئی بندہ خلوص نیتی کے ساتھ خلقِ خدا کی فلاح کیلئے اٹھ کھڑا ہو اور کوئی دوسرا اُس کی راہ میں رکاوٹ کے لئے پتھروں کا ڈھیر نہ کھڑا کردے۔جب یہی ایک بات انسانی تاریخ میں پہلے سے چلتی چلی آرہی ہے تو آئندہ بھی اسے ہی چلتے رہنا ہے ۔

ہم زندگی کیسے بسر کریں؟

انسان کو زندگی کیسے بسر کرنی چاہئے؟ وہ یہی ہے کہ دنیا سے رخصت ہو تو اس کے اعمال کی فہرست خلقِ خدا کو اذیت دینے سے حتی الامکان خالی رہے ، جب بھی موقع ہو دوسروں کی زندگی آسان کرنے سے پیچھے نہ ہٹے۔ اللہ اور اللہ کے رسول نے قرآن اور مستند سنّت کے ذریعے جن احکامات پر عمل کرنے کا حکم دیا اور جن سے منع کر دیا ان کی حتیٰ الامکان مکمّل اطاعت کرے ۔اللہ تعالیٰ کی بتائی گئی عبادات کے تقاضے پورے کرتا رہے اور اس کے ساتھ اگر کوئی گروہ قرآن و سنّت کی مکمّل پیروی کے ساتھ کسی بھی زمینی خطے پر دینِ اسلام کی اقامت کے لئے کوشاں ہو تو اس گروہ کے ہاتھ مضبوط

کرنے میں اپنا حصّہ ڈالنے سے پیچھے نہ رہ جائے ۔کس گروہ میں قرآن و سنّت کی مکمّل پیروی واقعتاً موجود ہے؟ اس عنصر کی حقیقی شناخت آسان بات نہیں ہے ۔ اہلِ علم حضرات سے توقع ہے کہ مناسب توجّہ سے یہ کتاب پڑھنے کے بعد اس معاملے میں ماضی کے مقابلے میں بہتر سمجھ بوجھ دکھانے پر توجّہ کریں گے ۔

ہر ایک عام انسان کے لئے حقیقی نیک نیتی کے ساتھ نیک زندگی گذار دینا نہ صرف ممکنات میں سے ہے بلکہ سکونِ قلب کی جو کیفیات اس شخص کو میسر رہتی ہیں، مجرمانہ طبیعت کے حامل افراد ان سے قطعی انجان رہ جاتے ہیں ۔ اللہ تعالیٰ کی شانِ رحیمی اور شانِ غفاری کی اِس سے بڑی اور کیا مثال ہو سکتی ہے کہ وہ اپنی رحمت و مغفرت کے دروازے اُس وقت تک بند نہیں کرتا جب تک کہ موت کسی کے سامنے نہ آ کھڑی ہو ۔پس، ہر ایک کو موقع حاصل ہے کہ گزری زندگی میں کئے گئے اعمال کا تجزیہ کرے اور جہاں جہاں اسے اصلاح کی ضرورت محسوس ہو، اصلاح کرتا رہے ۔کوئی شخص جو تمدّن کے ادنٰی شعبہ سے متعلق دکاندار یا بس ڈرائیور ہو یا پھر اعلیٰ شعبہ کا کوئی ڈاکٹر، انجینئر یا سائنس دان ہو یا پھر بڑی سے بڑی عدلیہ کا جج ہو خواہ ملک کا وزیرِ اعظم ہو سب پر یہ امور یکساں لاگو ہیں ۔اقامتِ دین جیسی تحریک کی سربراہی کے لئے جو صفات درکار ہیں ایسی صفات کی حامل شخصیت ربِّ کریم بہت وقفہ دے کر پیدا کرتے ہیں ۔ پچھلی شخصیت مولانا مودودیؒ کی رحلت کو پچاس سال ہو گئے ۔ اللہ سے دعا ہے کہ احیائے دین کی ایک نئی تحریک کا اجراء کے لئے درکار استعداد کی حامل شخصیت اُمت کو جلد عطا ہو جائے ۔تاہم یہاں بتائے گئے امور جتنے زیادہ اخلاص اور ایثار کے ساتھ برتے جائیں اتنا ہی بڑا اجر اللہ تعالیٰ کی شانِ رحیمی سے متوقع ہونے کا یقین قرآنِ کریم نے ہمیں دے رکھا ہے ۔ یہ فرائض ہمارے قارئین بہت آسانی کے ساتھ کتاب کے اس حصّہ میں نقل کردہ قرآنی آیات سے خود اپنے طور پر بھی اخذ کر سکتے ہیں ۔

باب 7

متفرقات

گزشتہ مباحث میں بعض امور مناسب وضاحت کے مقتضی تھے لیکن برسرِ موقع بیان کرنے پر زیر بحث موضوع کا تسلسل غیر متاثر نہیں رہ سکتا تھا ۔ ان امور کے لئے ہم نے "متفرقات" کے عنوان سے کتاب کے آخری باب کا انتخاب کیا ہے ۔ یہاں پیش کئے جانے والے مباحث بظاہر الگ الگ موضوع محسوس ہوں لیکن یہ آپس میں مربوط ہیں اور مجموعی طور پر براہ راست بائیبل کے بیانات یا قرآنِ کریم کی تعلیمات سے ہی متعلق ہیں۔ پھر ایک فائدہ یہ ہے کہ ان سے حیاتِ انسانی سے وابستہ کسی پہلو کی مزید وضاحت ہو سکے گی جو گزشتہ مباحث میں نہ ہو سکی تھی ۔

متعدد خداؤں کا تصوّر

نوعِ انسانی نے اپنی زندگی خانہ بدوشی اور چرواہوں کی حیثیت سے شروع کی لیکن جب دریائی علاقوں کے قریب بسنا شروع کیا اور مویشیوں اور باربرداری کے جانور سدھارنے میں کامیاب ہوگئے تو آگ کے استعمال اور زراعت کے ساتھ تمدنی ارتقاء کے مراحل بھی طے کرنا شروع ہو گئے ۔ ابتدائی ادوار میں اوزار و ہتھیار بنانے کے لئے پتھروں کا استعمال ماضی بعید سے چلا آ رہا تھا یہ عہد پتھر کا عہد (Stone Age) کہلاتا ہے جس کے بعد کانسی کا انسانی عہد (Bronze Age) شروع ہوا جو 3300 سے 1200 ق م کا دور سمجھا جاتا ہے ۔عام خیال ہے کہ تانبہ اور ٹن حادثاتی طور پر ملائے گئے تو اس مرکب دھات کی خصوصیت اوزار و ہتھیار بنانے میں پتھروں سے زیادہ کارآمد دیکھی گئیں ۔ اس مرکب دھات کو مختلف ساخت دینا آسان تھا اور اس سے بنائے گئے اوزار میں کاٹنے کی تیزی پتھر کے اوزار کے مقابلے میں بہت بہتر تھی ۔ ٹن بھی دیکھنے میں چاندی سے ملتی

جلتی ایک نرم دھات ہے لیکن پگھلی حالت میں تانبہ سے مل کر ایک مفید دھات میں بدل جاتی ہے ۔ ممکنہ طور پر کسی علاقے میں پائے جانے والے پتھروں پر انسانوں نے آگ جلائ جن پتھروں میں اتفاقاً تانبہ اور ٹن کی مقدار زیادہ تھی تو وہاں پر یہ مرکب دھات دیکھی گئی اور اس کی قدر پہچان لی گئی - 700 ق م کے لگ بھگ زمانے میں لوہا دریافت کر لیا گیا تو انسان کانسی کے عہد سے لوہے کے عہد (Iron Age) میں داخل ہوا ۔لوہا نہ صرف یہ کہ تانبہ اور ٹن کے مقابلے میں کہیں زیادہ مقدار میں دستیاب تھا بلکہ اس کو مفید حالت میں تبدیل کرنا آسان تھا اور اس کی افادیت بھی کانسی سے بہت بہتر تھی ۔ارشادِ خداوندی ہے:

> ہم نے داؤد کو اپنے ہاں سے بڑا فضل عطا کیا تھا . . . ہم نے لوہے کو اس کے لئے نرم کر دیا اِس ہدایت کے ساتھ کہ زرہیں بنا اور اُن کے حلقے ٹھیک اندازے پر رکھ ۔(34-سَبَا:10)

> اور سلیمان کے لئے ہم نے ہوا کو مسخّر کر دیا، صبح کے وقت چلنا ایک مہینے کی راہ تک اور شام کے وقت اس کا چلنا ایک مہینے کی راہ تک ۔ ہم نے اُس کے لئے پگھلے ہوئے تانبے کا چشمہ بہا دیا (34-سَبَا:12)

حضرت داؤدؑ و حضرت سلیمانؑ کا زمانہ 900 ق م کا زمانہ ہے ۔اللہ تعالیٰ کی عطا کردہ فراست کے تحت جلیل القدر انبیاء اور باپ بیٹے نے ایسے فنون سے قوم کو متعارف کیا جس نے ٹکنالوجی کے میدان میں دوسری اقوام پر انہیں نمایاں فوقیت دے دی اور اقوامِ عالم کی رہنمائی کے لئے اُن کی راہ آسان کردی ۔لیکن حضرت سلیمانؑ کی وفات کے بعد پہلا کام ان کے کاہن اور مذہب کے رکھوالوں نے کیا وہ یہ کہ قبائلی عصبیت کے جذبات کو ہوا دی اور متحدہ ملک کے دو ٹکڑے کر دیئے ۔ نتیجہ یہ ہوا کہ ٹکنالوجی کی فوقیت دوسری اقوام کے لئے چھوڑ دی گئیں تاکہ تین چار صدی بعد اس جرم کا خمیازہ قوم کے ساتھ ساتھ مذہبی اکابرین اور انکی اپنی اولادیں بھی بھگت سکیں ۔جدید محققین 700ق م میں لوہے کا دور کی نشاندہی میں حقیقت سے بہت دور نہیں بلکہ صرف دو صدیوں کا فرق ہے ۔اصل دور 900ق م میں حضرت داؤدؑ کے دستِ مبارک سے شروع ہو چکا تھا ۔

3300 ق م کے لگ بھگ زمانے میں کانسی کا عہد جس زمینی خطہ پر شروع ہوا وہ میسو پوٹامیا کی تہذیب تھی جس میں آپس میں

متصل سمارا، اسور اور بابل کی ترقی پذیر ثقافتیں شامل تھیں ۔ یہ علاقہ اب موجودہ عراق میں شامل ہے جبکہ کنعانی قوم میسو پوٹامیا کے مغرب اور جنوب مغربی علاقوں سیریا، اردن اور فلسطین کی رہائشی تھی ۔ اُس زمانے میں انسانوں کی زندگیاں جتنی سادہ تھیں اس کا اندازہ بآسانی کیا جا سکتا ہے ۔ خوراک کے لئےبطنِ زمین سے فصلوں کی کاشت، مویشیوں کی نگہداشت، پانی کی دستیابی اور موسمی بارش پر انحصار وغیرہ کی سمجھ پیدا کرنا اور روز مرہ کے مشقّتی کاموں کے بعد غروبِ آفتاب کے وقت کی ڈھلتی روشنی اور اس کے بعد آگ کی روشنی میں تفریح طبع کے لئے لوگوں کا کچھ دیر کے لئے اکٹھا وقت گزار لینا اور اس کے بعد اگلے دن کے لئے آرام ۔ سال کے چار موسم بلترتیب موسمِ گرما یا زراعت کا زمانہ جس میں اپنے اور اپنے مویشیوں کے لئے سال بھر کے لئے اجناس کی پیداوار کے لئے انتھک محنت ، پھر موسمِ خزاں جس سے متصل قبل کھیتیوں کا پکنا اور اپنی محنتوں کا پھل جمع کرنا اور پت جھڑ، اور پھر بتدریج موسمِ سرما کی آمد اور ماہِ دسمبر میں اس کا اپنی شدّت کا انتہٰئی مقام چھو لینا ، پھر اس کا زوال اور تقریباً چھ ماہ میں محفوظ شدہ خوراک کی درجہ بدرجہ قلّت کی پریشانیاں، پھر اِس کے بعد ماہِ مارچ میں موسمِ بہار کی آمد کا شدّت سے انتظار اور اُس خوبصورت موسم کا عالمِ واقعہ میں نمودار ہونا ان کے روز مرہ کے مشاہدات اور زندگی کے قیام کے لئے اہم ترین مشاہدات کا حصّہ تھے ۔ دن کی روشنی میں اپنے کاموں کی مشغولیت اور روئے زمین کے مشاہدات کے بعد عموماً کھلے آسمان تلے سونے سے قبل آسمانوں پر انسانی نظر کھینچ لینے والے مناظر ، ان کی خوبصورتی اور اپنی طرف متوجہ کرنے اور انہی میں کے بعض لوگوں کو مستقل متوجہ رکھنے والی انتہائی باریک تبدیلیاں ان کے لئے عظیم ترین کائناتی مناظر میں سے تھے ۔ آج کا انسان فضائی آلودگیوں اور توجّہ کو منقسم رکھنے والی طرح طرح کی دوسری دستیاب اشیاء کی وجہ سے فضائے بسیط پر موجود مناظر کی حقیقی عظمت پر توجّہ سے محروم ہے لیکن گزرے زمانوں میں اس نظارے کا سحر کچھ اور تھا ۔

سورج و زمین اور دوسرے سیاروں اور ستاروں کی حرکیات کا ربط قدیم باشندے نہیں جانتے تھے لیکن سورج و چاند کے بعد آسمانوں پر روشن ترین سیارہ وینس ان کے لئے انتہائی متاثر کن تھا اور سیارہ

زحل (Saturn) کی آسمان پر آہستہ حرکت ان کی توجّہ کا سبب تھی ۔ ستاروں کے کم وبیش ساکن پس منظر میں سیاروں کی نسبتاً تیز رفتار حرکیات کی وجہ سے آنکھوں سے دیکھ لئے جانے والے پانچ سیاروں مرکری، وینس، مریخ، جیو پیٹر اور زحل سے زمانۂ قدیم سے اقوام واقف ہو چکی تھیں۔ اس واقفیت کے اشارات میسو پوٹامیا کے ساتھ ساتھ مصر، یونان، روم، ہندوستان و چین وغیرہ کی قدیم تاریخ میں پائے جاتے ہیں۔پھر سب سے اہم سورج اور چاند تھے جس میں سے سورج کے وسیلہ سے سردی و گرمی اور فصلوں کا پیدا ہونا ان کے لئے اہم ترین تھا جبکہ چاند اپنی خوبصورتی ، ٹھنڈی روشنی اور اس کی نظر آنے والی ساخت میں دن بدن پیدا ہونے والی تبدیلیوں کی وجہ سے ان کے تجسس کا سبب تھا ۔وہ یہ بھی جانتے تھے کہ سورج مشرق سے ہر روز ایک ہی مطلع سے نمودار نہیں ہوتا بلکہ سردیوں کے موسم میں دھیرے دھیرے داہنی طرف کھسکتا جاتا ہے یہاں تک کہ 25 دسمبر کو اپنے انتہائی داہنے مقام سے طلوع ہونے کے بعد واپس بائیں طرف کھسکنا شروع ہوتا ہے، اور بالآخر جب گرمیوں کی شدّت اپنے جوبن پر پہنچتی ہے تو اپنا انتہائی مقام چھو کر واپس پلٹ جاتا ہے ۔ زمانۂ قبل از تاریخ میں مشرقی پہاڑیوں کی بلندی پر ایسے کٹاؤ کے آثار بعض جگہ اب بھی سلامت ہیں جن کے پس منظر میں طلوعِ آفتاب کا منظر دیکھنے سے وہ بارہ مہینوں کا درست اندازہ کر لیتے تھے ۔

دوسری اہم بات جو قدیم اقوام کے نفسیات جاننے کے لئے ہمیں سمجھنا ضروری ہے وہ یہ کہ ان کے مشاہدات میں کسی خطہ میں اچانک زلزلے سے یک بیک زمین کا شدّت سے ہل جانا، اس حد تک کہ بعض اوقات ان کے کچے پکّے مکانوں کی چھت ان کے سروں پر آپڑیں اور وہ زخمی یا ان میں کے چند ہلاک ہو جائیں، یا پھر کوئی ہوا یا بارش کا شدّت کا طوفان انہیں گھیر لے جو ان کے مکانات اور فصلیں برباد کردے، یا برسات میں زور کی بجلی گرنے کا دھماکہ ہو جس سے ڈر و خوف کا شکار ہو جائیں یا اس دوران کسی اونچے درخت کے نیچے پناہ کی تلاش میں وہ کھڑے ہوں اور آسمانی بجلی انہیں چٹ کر جائے ، ایسے واقعات کی عقلی توجیح ان کے لئے ممکن نہیں تھی سوائے یہ کہ بیشتر اوقات یہ سوچیں کہ بیرونی ماحول میں کچھ انجانی قوّوتیں موجود ہیں جو کسی وجہ سے ناراض ہو جائیں تو ایسے مظاہر کے ذریعے اپنی ناراضگی کا اظہار کرتی ہیں ۔ان کے دلوں میں یہ

خیال بھی آ سکتا تھا کہ ایسی قوّوتوں کو ناراض نہ ہونے دیا جائے یا ان میں سے کوئی شخص یہ تخیّل پیش کرتا تو وہ بآسانی اسے قبول کر سکتے تھے۔ سوچنے کی صلاحیت کی وجہ سے قدیم انسان بھی طرح طرح کے خوف یا محرومیوں کے احساسات سے خلاصی کی خواہش رکھ سکتا تھا ۔ اولاد سے محروم کو اولاد کی خواہش یا اولادِ نرینہ کی تمنّا، لاعلاج بیماری سے چھٹکارا، بروقت بارش نہ ہونے سے زرعی محنت کی بربادی اور قحط کے خطرات اور اسی طرح آسودگی پہنچانے والی اشیاء کا غیر مرئی طریقے سے حصول جیسے متعدد تقاضے ہیں جو قدیم انسان کو بھی اسی طرح گھیرتے تھے جن سے آج کا انسان بھی آزاد نہیں ہے ۔ان کے لئے یہ بات بھی بآسانی قابلِ قبول تھی کہ کائنات، خصوصاً آسمانوں پر بسنے والی ان دیکھی قوّوتوں کے کچھ نہ کچھ مقرّب لوگ دنیا میں ان کے نمائندے ہوتے ہیں یا وہ قوّتیں چند خصوصی لوگوں میں حلول کر جاتی ہیں جن کو خوش رکھنے سے ان قوّوتوں کو بھی خوش کیا جاسکتا ہے اور دل کی مرادیں پوری ہو سکتی ہیں ۔ ان خاص افراد میں حلول ہونے کا یا غیر مرئی قوّوتوں کی پسندیدہ اور مقرّب شخصیات ہونے کا ہمیشہ ایک ہی ثبوت دریافت ہوا ہے اور وہ یہ کہ ایسے افراد کسی نہ کسی نوعیت کی کرامات دکھانے کی استعداد رکھتے ہیں جن کا مظاہرہ دوسروں کے لئے ممکن نہیں ۔جب آج کے مسلمان کو قرآن مجید پاس ہونے کے باوجود بزرگانِ دین اور اولیاء اللہ کے ہاتھوں ظاہر ہونے والی کرامات کے بغیر تسلّی نہیں ہوتی اور مزاروں پر چادریں، بریانی و زردے کی دیگیں اور نذر و نیاز سے بدلہ میں دنیوی تمنائیں بر آنے کی امیدیں رہتی ہیں تو اُس وقت کا انسان تو بہت زیادہ قابلِ رحم تھا ۔ قدیم زمانے کے لوگ جو عام علوم سے ناواقف اور اللہ تعالیٰ کی غیر مشتبہ ہدایات سے محروم تھے ایسے تخیلات سے کیونکر متاثر ہوئے بنا رہ سکتے تھے؟ ہوشیار و چالاک اقلیت نے ہمیشہ ایسے تخیلات وضع کئے اور خود کو یا معاشرہ کے ماضی قریب یا اپنے حالیہ وقتوں کے کسی نمایاں خصوصیات کی حامل شخصیات کی کرامات کی دروغ گوئیاں اکثریت کے سامنے حقیقی واقعات کی صورت میں بیان کیں اور بلا مزاحمت انہیں تسلیم کروا لیا گیا ۔کراماتی استعداد کے ساتھ ساتھ دوسرا عنصر جو قدیم تصورات کا لازمی جزو نظر آتا ہے وہ دیومالائی واقعات و روایات کی تخلیق میں بعض ہنرمندوں کا شادا بیِ تخیّل کا عنصر ہے ۔ یہ عنصر

بھی کائنات سے وابستہ علوم سے ناواقفیت اور اوہام پرستی کی چاہت کے انسانی رجحانات کی وجہ سے ہنرمند افراد کی طرف سے پیش کیا گیا تو بآسانی معاشرت یا ثقافت کا حصّہ بنا لیا گیا ۔

بیان کردہ اجزاء کی روشنی میں تاریخِ انسانی کے اس پہلو کا جائزہ لیا جائے تو تاریخی طور پر متعدد خداؤں کا تصوّر اور ایسے تصورات پر مبنی مذہبی نظام پہلی مرتبہ میسو پوٹامیا کی سرزمین پر دیکھنے میں آتا ہے ، قرآن مجید اس کی تصریح کرتا ہے اور تاریخی ذرائع سے اس کی تصدیق ممکن ہے پہلا رسم الخط اسی تہذیب سے انہی زمانوں میں ہوا جس کے باقیات مٹّی کی ٹکیوں اور اینٹوں وغیرہ کی شکل میں دریافت ہوئے ہیں، ان میں بڑے اور چھوٹے متعدد دیوتاؤں اور دیویوں کے اشارات ملتے ہیں ۔

انیسویں صدی میں آثارِ قدیمہ کی دریافت منظرِ عام پر آئیں تو قدیم مذاہب کے محققین کی آراء کے مطابق سیمیرامیس (Semiramis) ایک حقیقی عورت تھی جو اپنے لوگوں کو پہلی مرتبہ متعدد دیوی و دیوتاؤں کا تصوّر تسلیم کرانے میں کامیاب ہوئی یا چند دوسرے لوگوں نے سیمیرامیس کے ساتھ مل کر اسے اس طرح پیش کیا ۔حقیقت چاہے کچھ رہی ہو لیکن سیمیر امیس کی اہمیت دیوتاؤں کی پرستش کے معاملے میں یہ ہے کہ میسو پوٹامیا اور قریب و دور کے دوسرے علاقوں میں بعد کے ادوار کے بھی متعدد دیوی دیوتاؤں سے منسوب روایات کا سرا اسی عورت سے جا ملتا ہے ۔ سیمیر امیس نے خود کو ایک بڑی دیوی ، ایک کنواری ماں کی حیثیت سے اپنے بن باپ کے بیٹے کو ایک دیوتا اور ساتھ میں نمرود کو بھی ایک دیوتا کے روپ میں پیش کیا اور لوگوں نے اس حیثیت سے انہیں تسلیم کیا ۔یہ وہی نمرود ہے جسے بائیبل میں حضرت نوحؑ کے بیٹے حام کا پوتا بتایا گیا ہے، یعنی حام سے کوش اور کوش سے نمرود ۔ اسی حام سے کنعان پیدا ہوا تھا جس کا تذکرہ ہو چکا ہے ۔نمرود کے متعلق تورات بتاتی ہے:

> اور کوش سے نمرود پیدا ہوا ۔ وہ روی زمین پر ایک سورما ہوا ہے ۔ خداوند کے سامنے وہ ایک شکاری سورما ہوا ہے اس لئے یہ مثل چلی کہ خداوند کے سامنے نمرود سا شکاری سورما ۔ اور اس کی بادشاہی کی ابتدا ملک سنعار میں بابل اور ارک اور اگاد اور کلنہ سے ہوئی ۔ اسی ملک سے نکل کر وہ اسور میں آیا اور نینوا اور رحوبوت عیر اور کلح کو اور نینوا اور کلح کے درمیان رسن کو جو بڑا شہر ہے بنایا ۔(پیدائش10:8)

اسی نمرود کے حکم پر مشہور بابل کا مینارہ (Tower of Babel) تعمیر کیا گیا تھا ۔ تاریخی ذرائع سے بائیبل کے بیان کی تصدیق ہوتی ہے کہ ایک بادشاہ ہونے کی حیثیت سے وہ اپنے دور کا ایک غیر معمولی بادشاہ تھا ۔ اس کے کارنامے دیکھنے کے بعد اگر اس کی قوم نے اسے اپنا دیوتا تسلیم کر لیا تو یہ اچنبھے کی بات نہیں ہے۔ سیمیر امیس اس کی ملکہ تھی اور اس کے عہد میں بادشاہ اور ملکہ کو خدائی کا درجہ مل گیا اور آگ کی اور بُتوں کی پرستش شروع ہوئی ۔ اسی کو اپنا رب تسلیم نہ کرنے پر حضرت ابراہیمؑ کو دہکتے الاؤ میں جلا دینے کی کوشش اس نے کی جو قرآن مجید نے تفصیلاً بیان کی ہے ۔عراق کے جنوبی علاقے فارس یا ایران میں پیدا ہونے والے زرتشت مذہب کا بانی یہی نمرود سمجھا جاتا ہے جبکہ اسیریا میں اسے شاہ نائنس (King Ninus) تسلیم کیا گیا ہے ۔ملکہ سیمیرامیس نے خود کو عشتر دیوی کی حیثیت سے پیش کیا اور روایت پھیلائی کہ کبوتروں نے اس کی پرورش کی اور یہ کہ بغیر کسی مردانہ مقاربت کے اس سے ایک بیٹا پیدا ہو گا جس کا نام تموز ہو گا ۔بعض تجزیہ نگار یہ بھی تجویز کرتے ہیں کہ نمرود کسی نامعلوم طریقہ سے ہلاک ہو گیا تو سیمیرامیس پورے ملک کی ملکہ بن گئی اور مملکت میں مشہور کردیا گیا کہ نمرود دوبارہ زندہ ہو کر سورج پر چلا گیا ہے ۔ بعدازاں سورج دیوتا کی حالت میں اپنی شعاعوں سے اس نے سیمیرامیس کو حاملہ کردیا ہے جس سے تموزکی شکل میں وہ لوگوں کے لئے دوبارہ جنم لے گا۔ اس صورت میں وہ نمرود کی بیوی بھی تھی اور ماں بھی ۔اس واقعہ کی یادگاری کے لئے اس کی مملکت میں سال میں یک دن سورج کی تقدیس کے لئے مقرر کر دیا گیا ۔

انیسویں صدی کی تحقیقات کے تحت جو بات سامنے آتی ہے وہ یہ کہ مختلف مذاہب میں دراصل ایک کنواری ماں اور بے باپ کی اولاد تموز کی روایات مختلف ناموں سے مختلف علاقوں میں دہرائی گئی ہیں ۔ کنواری ماں اور بیٹا کا منفرد جوڑا مصر میں آئسس (Isis) اور اسائرس (Osiris) جبکہ سمارا میں دمکینا (Damkina) اور مردوک (Marduk) کے ناموں سے ماضی میں انہی منفرد روایات کے تحت جانے جاتے رہے جن کی مآخذ روایات بظاہر سیمیرامیس اور تموز سے جا ملتی ہیں ۔انہی تاریخی اشارات کی تشریح و قیاسات کی روشنی میں جدید دور کے بعض آزاد خیال عیسائی محققین سمجھتے ہیں کہ

کیتھولک چرچ انجانے میں اسی سیمیر امیس اور تموز کی پرستش کرتا رہا ہے ۔

سیمیر امیس یا اس کی مترادف تمام دیویوں کے متعلق قدیم تصوّر یہ سامنے آتا ہے کہ پورے سال کے دوران یہ دیوی یکے بعد دیگرے تین حالتوں سے گزرتی ہے اور یہ حالتیں ہمیشہ جاری رہتی ہیں ۔ان تین حالتوں میں اولاً وہ افزائش یا شہوت کی دیوی اس کے بعد ماں دیوی اور یہ حالت گزرنے کے بعد آخر میں ایک بوڑھی عورت کی حیثیت سے ایک تیسری دیوی کی شکل اختیار کرتی ہے ۔ تین حالتوں سے گزرنے پر ایک سال بھی مکمّل ہوجاتا ہے اور ہر آنے والے سال یہ سائیکل دوبارہ چل پڑتا ہے ۔ان تصورات کے تحت عورت کی مماثلت ایسی نظر آئی جیسے چاند مختلف حالتوں سے گزرتا ہے ۔عورت کے نظام میں جو تخلیقی قوتیں مخفی ہیں ان کے اثرات کے تحت عورت اپنی کیمسٹری میں اور اس کی وجہ سے اپنی کیفیات میں اسی طرح ہر ماہ مختلف حالات سے گزرتی ہے جس طرح بظاہر چاند انہیں ہر ماہ گزرتا نظر آتا تھا ۔عورت کے تخلیقی نظام میں ہارمون کے اثرات تو اب بھی کیا کوئی سمجھ سکتا ہے لیکن ہمارے دور سے پہلے کچھ جاننا تو ایک طرف ان کی گہرائیوں کا کوئی معمولی سا تصوّر بھی لوگوں کے لئے غیر ممکن تھا ۔ انہیں عورت کی ماہانہ کیفیات اور چاند کی ماہانہ تبدیلیوں میں مماثلت نظر آئی ۔ اس کے مقابلے میں مرد اپنے موڈ یا کیفیات میں ایک دن کے دوران ہی گزر جاتا اور روز گزر جاتا ہے لہٰذا مرد انہیں سورج کی طرح روز طلوع ہونے، اپنی انتہائی شدت پر پہنچنے اور غروب ہونے سے مماثل نظر آیا ۔سیمیر امیس سے منسوب روایات ظاہر کرتی ہیں کہ وہ ایسٹر کے تہوار کے دوران یعنی ماہ مارچ میں افزائش یا پیدائش کی حالت کو پہنچتی ہے ۔ اس کے بعد ماہِ مئی میں وہ ماں ہو جاتی ہے اور اِس کے بعد بالآخر ماہ دسمبر میں بوڑھی عورت کی حالت کو پہنچ جاتی ہے، اس طرح یہ سائیکل سال بہ سال چلتا چلا جاتا ہے ۔ جب وہ بوڑھی عورت کی حالت کو پہنچتی جاتی ہے تو مرد دیوتا عبادتی رسومات کی جگہ لے لیتا ہے ۔ اس صورتحال میں سیمیر امیس کنوار پن کی حالت میں تموز کو جنم دیتی ہے ۔تموز کو عشق یا محبت کا دیوتا تصوّر کیا گیا لیکن وہ درحقیقت افزائش یا شہوت کے تناظر میں اپنا کردار پیش کرتا ہے جبکہ لوگ سیمیر امیس کے دوبارہ جنم لینے کے منتظر ہوتے ہیں ۔ اس طرح سال بہ سال

دہرایا جانے والا پیٹرن یا طرز یہ بنتا ہے کہ زمین سردیوں کے چھ ماہ کے دوران مرد دیوتا کے زیرِ اثر رہتی ہے جبکہ گرمیوں کے چھ ماہ عورت کی تخلیقی قوّتوں کے ماتحت عمل کرتی ہے اور فصلیں اگاتی ہے ۔ زمین کی قوّتِ تخلیق یا دھرتی ماں کے تناظر میں عورت دیوی مرد دیوتا کو ایک بچّے کی شکل میں جنم دیتی ہے جو سردیوں کے چھ ماہ کے دوران قوّت حاصل کرتا ہے، مئی کے مہینے میں ماں دیوی کو حاملہ کر دیتا ہے ، گرمیوں کے انتہائی دنوں میں بیٹا اپنی طاقت کی معراج پر پہنچ جاتا ہے اور زمین اپنے خزانے فصلوں کی صورت میں انڈیل دیتی ہے ۔ جب دھرتی ماں یہ سب کر بیٹھتی ہے تو اس کے بعد بیٹے کی طاقت میں بتدریج کمزوری ہونا شروع ہوتی ہے اور وہ زیرِ زمین چلا جاتا ہے اور افزائش کی دیوی کو بھی ساتھ لے جاتا ہے تاکہ وقت آنے پر وہ دیوی دوبارہ نمودار ہو، حاملہ ہو اور بیٹا جنم دے سردیوں کے چھ ماہ ماں دیوی یعنی سیمیرامیس چونکہ دھرتی ماں ہے، لہٰذا وہ زمین میں سو رہتی ہے اور سردیوں کے اختتام پر جاگنا شروع ہوتی ہے اور مارچ کے مہینے میں موسمِ بہار کی صورت میں خود کو ظاہر کر دیتی ہے ۔

انسانی تمدّن میں عملی کاموں کی استعداد صرف جوان مردوں اور عورتوں کے بس میں ہوتی ہے ،جبکہ بچّے کھیل کود میں مگن اور بوڑھے فاصلے سے کام ہوتا دیکھنے اور گزرے ہوئے اچھّے برے واقعات سوچنے اور ایک دوسرے کو بتانے کے سوا کچھ کر نہیں پاتے، لہٰذا امور و معاملات کی لگام جوانوں کے ہاتھ رہتی ہے اس حالت میں کہ اسی دورانیہ میں وہ جنسی قوّوتوں سے بھرپور اور ان قوّوتوں کے طاقتور اثرات کے زیرِ اثر ہوتے ہیں اور نئی زندگیاں معرضِ وجود میں لانے جیسے معجزاتی عمل کا حصّہ بنتے ہیں ۔ نوعِ انسانی کی اس صفت و صلاحیت میں توازن کا مظاہرہ انسانی تمدّن الہامی ہدایات و تعلیمات سے محروم رہتے ہوئے اپنی تمام تاریخ میں کبھی نہیں دکھا سکا ہے اور طبعاً عقل کی کمی کا شکار ہو تو الہامی تعلیمات کی دستیابی کے باوجود جس درست نظر سے یہ معاملہ دیکھا اور سمجھا جائے ، اُس میں بھی غلطی کا شکار ہوتا ہے ڈاکٹر اسرار احمد مرحوم انسان میں ودیعت کردہ نیکی اور بدی کی پہچان کے لئے اپنی عقل و سمجھ کے مطابق قارئین کو تعلیم دینے کے لئے لکھتے ہیں:

> ہمارے معاشرے میں جو طبقات اخلاقی اعتبار سے سب سے زیادہ گرے ہوئے شمار ہوتے ہیں اُن کا جائزہ لیا جائے تو معلوم ہو گا کہ نیکی کا کوئی نہ کوئی تصوّر ان کے ہاں بھی موجود ہے ۔ چنانچہ ڈاکوؤں ' رسہ گیروں ' جیب کتروں' حتیٰ کہ جسم فروشی کرنے والی فاحشہ عورتوں کے یہاں بھی ثواب اور پُن کے باقاعدہ کھاتے کھلے ہوئے ہیں (منتخب نصاب: صفحہ 47)

ڈاکٹر صاحب کا اپنے معاشرے یعنی پاکستان کی طرف اشارہ ہے جن میں چند اقسام کے جرائم کا نام لے کر ان کے مرتکب مجرموں کو سب سے زیادہ گرے ہوئے طبقات قرار دیا ۔ اس نظر سے معاشرہ کو دیکھنے کا کوئی فائدہ نہیں ۔معاشرہ زوال کا راستہ پکڑتا ہی اس وقت ہے جب اقتدار کے منصب پر فائز اشرافیہ بے دریغ بےباکی کے ساتھ اخلاقی جرائم میں ملوث ہوتی ہے ،تب ہی بہتی گنگا سے مستفید ہونے والے جیب کترے اور رسّہ گیر برسات کے مینڈک کی طرح باہر نکلنے کی جرآت کرتے ہیں۔ رسّہ گیر کسی کی گائے بھینس چرا لے جانے والے کو کہا جاتا ہے ۔کسی معاشرے کا برسرِ اقتدار طبقہ گمراہ، مجرمانہ صفت رکھتا ہو یا عقل و سمجھ سے عاری ہو تب ہی اس کے نتیجے میں جرائم پیشہ افراد ایسے معاشرے میں فروغ پاتے ہیں اور یہ کہ اس میں کسی زمانے کی کوئی قید نہیں ۔ہم دیکھ چکے ہیں کہ قرآن قومِ نوح کے زمانے سے اسی عنصر کو سب سے بڑا مسئلہ قرار دیتا ہے اور آئندہ بھی بربادی کے راستے پر چلنے والے معاشرے اسی طبقہ کے احسان مند رہیں گے ۔ لیکن یہ فقرہ پڑھنے پر جو بات ہمارے دکھ کا سبب بنتی ہے وہ یہ کہ تجویز کردہ تخیّل کے برعکس اللہ نے عورت میں یہ صفت پیدا نہیں کی کہ وہ زندگی کی بقا کے لئے جسم فروشی کا راستہ اختیار کرے اور نہ ہی اس میں شہوانی مطالبات کی وہ شدّت اور مُحرِّکات رکھے گئے جو مردوں کو دئیے گئے ہیں ۔تاریخِ انسانی کے ہر دور اور ہر معاشرہ میں اس پیشہ کَی موجودگی تمام تر مردوں کی مرہونِ منت ہے ۔ جدید دور سے قطع نظر ماضی کے کسی غیر اسلامی اور جاہلیت کی بنیاد پر قائم مشرکانہ معاشروں میں بھی ایسے پیشہ اور مقامات کی نشاندہی نہیں پائی جاتی جہاں مردوں کے قحبہ خانوں میں عورتیں جسمانی تقاضوں کی تسکین حاصل کریں یا لونڈیوں کی طرح غلاموں کی خرید و فروخت اس مقصد کے لئے کی جاتی ہو ۔ عورتوں میں بے راہ روی سرے سے مسئلہ ہے ہی نہیں کہ

ان کی ہدایات کے لئے خواتین انبیاء بھیجے جاتے ۔ جس صالح فطرت پر اللہ نے انہیں پیدا کیا اس فطرت میں بگاڑ پیدا کر دینے کی استعداد اب جدید دور میں حاصل ہو سکی ہے کہ مردوں کی اخلاق باختگی کے اثرات اب لڑکیوں یا عورتوں میں نظر آنا شروع ہو چکے ہیں ۔ اب سے پہلے تک عورتوں کی قلیل تعداد ہمیشہ اس حد تک مجبور کر دی گئی کہ اسے اپنی فطرتِ تخلیق کو توڑ کر آمدنی کا یہ پیشہ قبول کرنا پڑا ۔ اللہ تعالیٰ نے مادرانہ محبت اور ماں کے بطن میں اپنے جسم سے نئی زندگی کو اس کا تمام تر جسم دینے اور پیدائش کے بعد اس زندگی کی پرورش و پرداخت کی صبر آمیز طویل مشقت کے بدلے اسے رسول اللہ سے یہ ارشاد کروا کر جنّت کا پروانہ عطا کر دیا کہ "جنّت ماں کے قدموں تلے ہے"۔ یعنی انسان کو موقع ہو اور ماں مدد کی محتاج ہو تو محض ماں کی خدمت کردے اور جنّت حاصل کر لے ۔ڈاکٹر صاحب نے معاشرے کے تین بدترین طبقات بتانے کے بعد "حتیٰ کہ" لفظ فاحشہ عورتوں کے لئے استعمال کر کے بتایا کہ یہ بد ترین سے بھی بدتر طبقہ ہے ۔لڑکی بحیثیت بیوی اور ماں اللہ کی نعمتوں میں سے ہے جو بدکار وبدکردار لوگوں کو شاہراہ عام سے بزور ہٹا دینے کے بعد اگر شاذونادر ضرورت ہو تو اصلاح اور حفاظت کی محتاج ہے ۔

قدیم زمانے میں جنسِ مخالف سے محبت اور نفسانی خواہشات کے حصول کو عبادتی رسموں کے طرز پر منانے کا طریقہ وضع کیا گیا اور سفلی احساسات کو ہوا دینے والی رسومات ایجاد کی گئیں ۔ یہ بھی بدکردار مردوں کا کارنامہ تھا جس سے عورت ذات کو دھوکہ دیا گیا ۔ ماہ فروری کے وسط میں ویلینٹائن ڈے منایا جاتا ہے ۔ یہ" مقدس" دن ابتدا میں سیمیرامیس، تموز اور نمرود کی تقدیس کے لئے منایا گیا لیکن اس تہوار کی داخلی خصوصیات دور دراز علاقوں تک پھیل جانے کے اثرات رکھتی تھیں، لہٰذا دوسرے علاقوں میں مثلاً سیمیرامیس افزائش کی دیوی وینس، بیٹا تموز شہوت کا دیوتا کیوپڈ اور نمرود باپ دیوتا کی حیثیت سے یونان میں جیو پیٹر یا روم میں زیوس دیوتا کہلائے گئے ۔تموز یا کیوپڈ کو علامتی طور پر لوگوں کے دلوں پر تیر چلاتے دکھایا گیا جس سے مراد تھی اُس تیر کے ذریعے یا اُسے چلا کر وہ بیک وقت عشق و محبت کے جذبات انسان کے دل میں اتار دیتا ہے ۔ موسمِ بہار میں اس تہوار کی تقلید میں افزائش یا شہوت کی دیوی سیمیرامیس کے

مندر میں پھول کے تحفے نذر کرنے سے مراد تھی کہ دیوی افزائش کے لئے جاگنا شروع ہو گئی ہے لہٰذا لوگ خوشی منائیں ۔

ماہِ مارچ کے وسط میں مولک (Molech) کی پرستش کے لئے ایک تہوار کی بناء رکھی گئی جس کے سر پر علامت کے طور پر سینگ بنا ہوتا تھا ۔ بابل کے معلق باغات (Hanging Gardens of Babylon) میں نمرود کے لئے ایک مندر تعمیر تھا جس میں دو سینگوں کے ساتھ مولک کی علامت کے تحت نمرود کا مجسمہ بنایا گیا جہاں اُس کے حضور قربانیاں پیش کی جاتی تھیں ۔عقیدہ تھا کہ اگر مولک کے قدموں میں بچّے قربان کر دیئے جائیں تو مولک کی عنایات انہیں حاصل ہو سکیں گی اور ان کی دولت میں فراوانی ہو گی ۔ آج بھی بعض لوگ زیورات کی شکل میں مولک کا سینگ پہننا پسند کرتے ہیں جس پر ایک سینگ والا گھوڑا (Unicorn) آویزاں ہوتا ہے ۔ لوگ سمجھتے تھے کہ یہ سینگ انہیں بیماریوں سے شفاء دیتا ہے یا بیماریوں سے دور رکھتا ہے ۔ روئے زمین پر اسے قیمتی ترین شئے سمجھا جاتا تھا اور اس تصوّر کی مخالفت یا اس پر تخفیف کی نظر رکھنے والا سخت سزا کا مستحق تصوّر کیا جاتا تھا ۔گھوڑے کے سر پر بنے سینگ میں اسی طرح کے بل کھاتے ہوئے دائرے بنے ہوتے ہیں جیسے کہ نمرود کا تعمیر کردہ بابل کا مینارہ میں بنے ہوئے تھے ۔

بائیبل میں یہودیہ کے بادشاہ یوسیاہ کی بیشتر تفصیلات کتاب کے حصّہ اوّل اور حصّہ دوئم میں متعدد مرتبہ ہمارے سامنے آتی رہی ہیں ۔ ہیکل میں تورات دریافت ہونے کے بعد شاہ یوسیاہ ملک بھر سے بدعقیدگی کے تمام مآخذ مٹا دینے کے لئے کھڑا ہوا ، اس مہم کا مختصر اقتباس ذیل میں نقل ہے:

> اور اُس (یعنی یوسیاہ) نے توفت میں جو بنی ہنّوم کی وادی میں ہے نجاست پھنکوائ تاکہ کوئی شخص مولک کے لئے اپنے بیٹے یا بیٹی کو آگ میں نہ چلوا سکے ۔ اور اُس نے اُن گھوڑوں کو دور کر دیا جن کو یہوداہ کے بادشاہوں نے سورج کے لئے مخصوص کر کے خداوند کے گھر کے آستانہ پر ناتن ملک خواجہ سرا کی کوٹھری کے برابر رکھا تھا جو ہیکل کی حد کے اندر تھی اور سورج کے رتھوں کو آگ سے جلا دیا ۔(2-سلاطین 23:10)

یہ اقتباس واضح ہے کہ حضرت ابراہیمؑ کے ڈیڑھ ہزار سال بعد بنی اسرائیل کی مرکزی عبادت گاہ میں نمرود کی پرستش کی جاتی تھی

اور اپنی اولاد کو آگ میں چلوایا جاتا تھا ۔ اور یہی نہیں بلکہ شہوت کے مطالبات پورے کرنے کے لئے متعلقہ دیویاں بھی پوجی جاتی تھیں جو اسی اقتباس میں آگے بتائی گئیں جنہیں نقل کرنے کی ضرورت نہیں ۔

عیسائی دنیا میں کرسمَس 25 دسمبر کو حضرت عیسیٰؑ کے یومِ پیدائش کے طور پر جس دھوم دھام سے منایا جاتا ہے اُس سے سب واقف ہیں ۔ اناجیل میں بہت واضح ہے کہ حضرت عیسیٰؑ جاڑے میں نہیں بلکہ موسمِ گرما میں پیدا ہوئے تھے جب چرواہے کھلے میدانوں میں گلہ کی نگہبانی کر رہے تھے (لوقا 2:8)۔ قرآنِ کریم اسی بات کی تصدیق کرتا ہے کہ زچگی کے خاتمہ پر حضرت مریمؑ قوم کے طعن کے خوف سے چھپ کر دور کسی کھجور کے درخت تلے تھیں تو فرشتہ کے کہنے کے مطابق پکی ہوئی کھجوریں آپ کی تقویت کے لئے حاصل ہوئی (19-مریم:24)۔ کھجوریں موسمِ گرما میں ہی پکتی ہیں ۔ عیسائی حضرات اناجیل میں بیان کردہ دشواری سے واقف ہیں لیکن عقیدہ کی قبولیت میں اتنا زور ہے کہ ان کی نظر میں واقعہ کی یادگاری کے لئے دن کا درست ہونا ضروری بات نہیں ۔ 25 دسمبر سورج دیوتا کی پرستش کے لئے قدیم سے جاری تھا کہ اسی روز سورج کا مقامِ طلوع مشرقی داہنے کنارے کا انتہائی مقام کو چھو کر واپس پلٹتا ہے اور دن بڑا اور راتیں چھوٹی ہونا شروع ہوتی ہیں ۔

ماہِ اپریل کے پہلے ہفتے میں ایسٹر کا تہوار بھی جوش و خروش سے منایا جاتا ہے ۔عیسائی عقیدت مند حضرت عیسیٰؑ کے واقعۂ صلیب کے تین روز بعد قبر سے زندہ ہونے کی یادگاری میں یہ تہوار مناتے ہیں لیکن اس کی رسومات توجّہ طلب ہیں ۔تہوار کی تفصیلات اور افزائش و شہوت کی دیوی سیمیرامیس، چاند کی دیوی عشتارت یا میڈونا، مصر کی دیوی آئسس، یونانی افروڈائٹ، روم کی وینس کی پرستش میں جو مماثلت موجود ہے وہ بتاتی ہے کہ حضرت نوحؑ کی تیسری نسل میں ہی انسانی تمدّن کی اخلاق باختگی کے جو اثرات اپنی جگہ بنانے میں کامیاب ہوئے وہ اپنی نوعیت میں اتنے طاقتور تھے کہ نہ صرف دوسرے معاشروں میں پھیلتے چلے گئے بلکہ الٰہی ہدایات کا حامل بنی اسرائیل معاشرہ بھی خود کو محفوظ نہ رکھ سکا ۔ لفظ عشتورا یا لفظ عشتارت قدیم انگریزی میں Eostre لکھا جاتا رہا ہے جس کی موجودہ لفظ Easter سے مماثلت واضح ہے دیوی و دیوتاؤں کی پرستش کی رسومات میں Eostre کی آمد پر نئے چاند کے بعد آنے

والے پہلے اتوار کو انسانی قربانی کے ذریعے اس تہوار کی خوشی منائی جاتی تھی ۔اس تہوار سے مراد تھی کہ سیمیرامیس نے موسمِ بہار میں نیا جنم لے لیا ہے جو اِس دیوی کی تین نسوانی حالتوں میں سے ایک حالت ہے جسے اوپر بیان کیا گیا ۔عیسائی تہوار میں Easter Egg ایک نمایاں ترین علامت ہے ۔ بابل کے قدیم عقائد میں عشتارت دیوی چاند سے ایک طلائی انڈے کی شکل میں دنیا میں نمودار ہوئی ، لہٰذا اس تہوار میں اُس انڈے کی تلاش کی جائے ۔اگر وہ تلاش ہوگیا تو تلاش کرنے والے کو دیوی کی عنایات حاصل ہوں گی ۔انڈا سیمیرامیس یا عشتارت یعنی افزائش کی دیوی کے نئے جنم کی اسی طرح کی علامت ہے جیسے انڈے میں سے نئی زندگی جنم لیتی ہے ۔اس تہوار میں خرگوش کی موجودگی بھی اس لئے ہے کہ خرگوش میں افزائش کی رفتار بہت تیز ہے ، ورنہ خرگوش نہ انڈے دیتا ہے اور نہ ہی انہیں سیتا ہے ۔ اس روز کھانے میں سور کو ترجیح دی جاتی ہے ۔ تموز کے متعلق روایات ہیں کہ وہ شکار کے دوران کسی جنگلی سور سے ہلاک ہو گیا تھا ۔ ہم نے کتاب کے حصّہ دوئم میں ذکر کیا تھا کہ یونان نے سکندرِ اعظم کے زمانے میں یروشلم فتح کیا تو بعد میں ہیکل میں زبردستی سور ذبح کرنے پر بنی اسرائیل کو مجبور کیا گیا، اس لئے کہ بنی اسرائیل سور سے نفرت کرتے تھے یا گھن کھاتے تھے ۔ ہمارا یہ بات لکھنا اپنی جگہ درست تھا لیکن غالباً یونانیوں کی زور زبردستی کی اصل وجہ یہ تھی کہ جب بنی اسرائیل شکست یافتہ ہیں تو انہیں اپنے باطل عقائد کی جگہ ہمارے مذہبی عقائد قبول کرنا ہوں گے ۔اوپر بیان کردو ایسٹر تہوار کی تمام رسومات میں سے کسی رسم یا علامت کا حضرت عیسیٰؑ کے تین روز بعد حیاتِ ثانیہ سے دور کا بھی کوئی تعلق نظر نہیں آتا ۔ در حقیقت ماہ دسمبر میں کرسمَس کی یادگاری کی طرح ماہ اپریل میں ایسٹر تہوار منانا اپنی داخلی تفصیلات کی بنیاد پر سیمیرامس کی موسمِ بہار میں دوبارہ جنم لینے کے قدیم تہوار سے مماثل ہے ۔عیسائیت کے مذہبی تہوار و رسومات مذکورہ تفصیلات کے ساتھ چوتھی صدی عیسوی میں شاہ قسطنطین کے حکم پر منعقد کردہ نیقاوی کونسل اور بعد کی میٹنگز میں عیسائی مذہبی اکابرین کے ذریعے ہی طے ہو سکتی تھیں ۔ تہواروں کی تفصیلات کے معاملہ میں ان حضرات کے پاس خود اپنے طور پر منظور کردہ چار معتبر اناجیل (Canonical Gospels) میں سے تصدیق کرنے والے اشارات کی عدم

موجودگی از خود تجویز کرتی ہے کہ عقیدہ کی تفصیلات اِس طرح وضع کی گئیں جو رومن اقتدار اور اس کی قوم کی معاشرت میں پہلے سے چلے آرہے اصنام پرست عقائد سے مطابقت رکھتی ہوں۔حصّہ دوئم کے اختتامی مقامات پر بیشتر تفصیلات بتائی جا چکی ہیں۔ہم حصّہ دوئم باب 3 کے خاتمہ پر یہ بھی بتا چکے ہیں کہ یونانی تسلط کے زمانے میں سامریہ کے یہودیوں نے شاہ انٹیوکس کے پیدا کردہ خوف و ہراس کی بنا پر خود کو یہودی کہلانے سے انکار اور کوہ گرزیم پر بنائی گئی اپنی عبادت گاہ کا نام بدل کر جیوپیٹر کا ہیکل کر دیا تھا۔ان معاملات کو اگر حالات سے متاثر یونانی دور کے یہودی یا شاہ قسطنطنیہ کے زمانے کے عیسائی مذہبی امراء کی نظر سے دیکھا جائے (اور بالفرض عذر دریافت کیا جائے) تو وہ حالتِ اضطرار کا عذر کرنے میں اتنا ہی حق بجانب تسلیم کئے جا سکتے ہیں جتنا کہ اُمت مسلمہ زکوٰۃ کے معاملے میں حالتِ اضطرار میں ہے چاہے اس حالت کا شعور اسے نہ ہو۔جس اہم نکتہ کی طرف ہم قارئین کو متوجہ کرنا چاہتے ہیں وہ یہ کہ کسی اصل اور حقیقی نظریہ میں کسی بھی وجہ سے کسی بھی نوعیت کی تبدیلی قبول کروا دی جائے تو وقت کے ساتھ تبدیلی کی غیر مانوسیت زائل ہوتی چلی جاتی ہے اور آگے چل کر وہ تبدیلی بھی بالآخر نظریہ کا حصّہ بن جاتی ہے۔تاریخ کے مطالعے میں ایسے اسباق ڈھونڈے جا سکتے ہیں۔

> تب وہ مجھے خداوند کے گھر کے شمالی پھاٹک پر لایا اور کیا دیکھتا ہوں کہ وہاں عورتوں بیٹھی تموز پر نوحہ کر رہی ہیں۔تب اُس نے فرمایا اے آدم زاد کیا تو نے یہ دیکھا ہے؟ تو ابھی ان سے بھی بڑی مکروہات دیکھے گا۔پھر وہ مجھے خداوند کے گھر کے اندرونی صحن میں لے گیا اور کیا دیکھتا ہوں کہ خداوند کی ہیکل کے دروازہ پر آستانہ اور مذبح کے درمیان قریباً پچیس شخص ہیں جن کی پیٹھ خداوند کی ہیکل کی طرف ہے اور اُن کے منہ مشرق کی طرف ہیں اور مشرق کا رخ کر کے سورج کو سجدہ کر رہے ہیں۔(حزقی ایل8:14)

اس اقتباس سے واضح ہے کہ بنی اسرائیل نے حضرت موسیٰ کی شریعت پسِ پشت ڈال کر تموز کی سور سے ہلاکت کی یادگاری اور سورج کو سجدہ کرنے کی صورت میں اُس نمرود کی پرستش قبول کی جس کی خدائی تسلیم نہ کرنے پر اِس قوم کے جد امجد حضرت ابراہیمؑ کو دہکتے الاؤ میں دھکیلا گیا تھا۔

> اور انہوں نے توفت کے اونچے مقام بن ہنّوم کی وادی میں بنائے تاکہ اپنے بیٹے اور بیٹیوں کو آگ میں چلائیں جس کا میں نے حکم نہیں دیا اور میرے دل میں اس کا خیال بھی نہیں آیا تھا ۔(یرمیاہ 7:31)

اس ایک فقرہ میں انتہائی روح فرسا اور بھیانک صورت ہمارے سامنے ہے جس سے نوعِ انسانی طرح طرح کی حالتوں میں بارہا گزرتی رہی ہے اور جسے سوچنے سے دل ٹوٹ جاتا ہے ۔ نونہال آگ میں دھکیل دینے کے لئے تیار ہیں ، پاس ہی کوئی مذہبی شریعت کا ماہر کھڑا ہے جس کی نگرانی میں عبادتی طبلہ یا ڈھول پر دھمادھم یا کسی دوسرے ساز پر کوئی دُھن جاری ہے اور نظمی طرز میں دعائیں پڑھی جا رہی ہیں ۔ نونہالوں کے والدین قریب ہی دَم سادھے کھڑے ہیں ۔ کون جانتا ہے کہ اُن کے چہروں پر اس وقت کیا پڑھا جا سکتا تھا ؟وہ یہ دیکھنے کے منتظر ہیں کہ اُن کی اولاد آگ میں زندہ جل جائے تو مولک دیوتا والدین کی بہتر زندگی کے لئے ان کا تحفہ قبول کر لے ۔کوئی نہیں ہے وہاں کہ خود اِن سب کا قیمہ کر دے اور کوؤں، چیلوں اورگِدھ کی خوراک بنا دے ۔ یہ کوئی تمثیل یا ادبی تخیل قطعی نہیں بلکہ بشمول بنی اسرائیل دیگر اقوام ایسے اندوہناک غیر انسانی جرائم میں ملوث رہی ہیں اور کوئی تلاش کرنا چاہے تو اسے مل جائے گا کہ چودھویں پندرہویں صدی عیسوی میں بھی انسان اسے کرلینے پر رضا مند رہے ہیں ۔بنی اسرائیل اپنی تاریخ میں حضرت ابراہیمؑ کا اطاعتِ حکم میں اولاد کی قربانی کا واقعہ سے واقف تھے جس کی تفصیلی جزئیات میں ان کے مذہبی ماہرین اور مصنفین کو قصداً تبدیلیاں کرنی پڑیں ۔ ذیل میں ایک اقتباس نقل ہے:

> ان باتوں کے بعد یوں ہوا کہ خدا نے ابرہام کو آزمایا اور اسے کہا اے ابرہام! اُس نے کہا میں حاضر ہوں ۔ تب اُس نے کہا کہ تو اپنے بیٹے اضحاق کو جو **تیرا اکلوتا** ہے اور جسے تو پیار کرتا ہے ساتھ لے کر موریاہ کے ملک میں جا اور وہاں اسے پہاڑوں میں سے ایک پہاڑ پر جو میں تجھے بتاؤں گا سوختنی قربانی کے طور پر چڑھا ۔(پیدائش 22:1)

اللہ تعالیٰ کا یہ امتحان تو حضرت اسماعیلؑ کے لئے تھا لیکن چونکہ بنی اسرائیل اور تورات کے مصنف خدا کی منتخب قوم ہونے کا خود ساختہ اعزاز اپنے لئے مخصوص رکھنا چاہتے تھے، اِس لئے وہاں حضرت اسماعیلؑ لکھا رہنا چھوڑ نہیں سکتے تھے ۔امکانی طور

پر مصنفوں کو دستیاب مصحف میں حضرت اسماعیلؑ کا نام لکھا تھا جس کو انہوں نے حضرت اسحٰقؑ سے بدل دیا ۔ اس امکان کی وجہ یہ کہ حضرت اسحٰقؑ کے نام کے آگے "تیرا اکلوتا" لکھا ہے جبکہ تورات صراحتاً یہ بھی بتاتی ہے کہ چودہ سال تک حضرت اسماعیلؑ ہی تنہا اور اکلوتی اولاد تھے جن کی قربانی کا واقعہ پیش آیا تب حضرت اسحٰقؑ کی پیدائش ہوئی ۔ مصنف اگر ہوشیار ہوتا تو الفاظ " تیرا اکلوتا" وہ مٹا چکا ہوتا ۔اس اقتباس کے بعد کی تفصیل یہاں نقل نہیں کی لیکن خلاصہ یہ ہے کہ حضرت ابراہیمؑ آگ، چھری اور حضرت اسحٰقؑ کو لے کر موریاہ کے پہاڑ پر پہنچے اور بیٹا قربان کرنے کی کوشش کی لیکن ایک مینڈھے کے عوض بیٹا قربان ہونے سے بچا لیا گیا ۔ بعدازاں ، بنی اسرائیل قوم کو بیشتر مسخ شدہ روایات پہنچیں جس میں سے بعض اوقات اپنے طور پر بظاہر نیک نیتی سے بھی مطالب اخذ کئے گئے ۔ مثلاً، مصر کی غلامی سے آزادی کے بعد فلسطین پہنچے اور قبائل میں منقسم رہ کر رہائش شروع کی تو جلد دوسری اقوام کے ہاتھوں ذلّت کا شکار ہوئے ۔تب ہی ان میں کے افتاح نامی ایک سورما نے غیر اقوام سے جنگ میں فتحیاب ہونے کے لئے نذر مانی کہ کامیاب رہا تو واپسی میں اس کے استقبال کے لئے اس کے گھر سے نکلنے والا پہلا فرد سوختنی قربانی کے طور پر وہ خدا کے حضور گزرانے گا ۔ موقع آنے پر وہ فرد اس کی اکلوتی جوان بیٹی نکلی جسے اس نے قربان کر دیا (قضاۃ 11:31)۔یہ واقعہ ہم پہلے بھی بیان کر چکے ہیں ۔ وہ کسی دوسرے کی جان قربان کرنے کی نذر کیسے مان سکتا تھا؟ آنے والے زمانوں میں بنی اسرائیل نے اسی سوختنی قربانیوں کو اپنی معاشرت میں داخل کر لیا لیکن اب اپنے بچّوں کی آگ پر جلانے کی قربانیوں سے وہ سورج دیوتا کی تقدیس کرتے تھے ، جیسا کہ اوپر یرمیاہ کے اقتباس سے ظاہر ہے ۔یہ اعتقاد بنی اسرائیل کے مذہبی امراء کی تعلیم کے بغیر کسی طرح ممکن نہیں ہو سکتا تھا ۔

قبل از بعثت حضرت عیسیٰؑ رومن تمدّن میں 3 صدی ق م سے سیارہ زحل یعنی Saturn بطورِ زراعت کا خدا، سیارہ جیو پیٹر کو زحل کا بیٹا سمجھنا، وینس کو افزائش اور جنس کی دیوی، میڈورا یا میڈونا کو مادرِ خدا وغیرہ کے اشارات واضح ہیں ۔ لہٰذا تیسری صدی عیسوی میں رومیوں کو پولس کا وضع کردہ عقیدۂ تثلیث (باپ،بیٹا اور روح القدس) اور مادرِ خدا جیسے عقائد قبول کرنے میں کوئی مشکل درپیش

نہ ہوئی ۔ ہفتہ کے ساتوں دنوں کے نام ان کے معاشرے میں پہلے ہی سے آسمانی اجسام کی پرستش کے طور پر بنالئے گئے تھے ۔ مثلاً ہفتہ یعنی Saturday کو سیارہ Saturn یعنی زراعت کا دیوتا، اتوار کو Day of the Sun یا Sunday سورج یا نمرود کی پرستش اور پیر یعنی Monday کو Day of the Moon کی حیثیت سے چاند دیوی یا نمرود کی بیوی اور تموز کی کنواری ماں سیمیر امیس کی پرستش کا مقام حاصل تھا اور مجسموں کی شکل میں پورے ملک اور مقبوضہ علاقوں کے طول و عرض میں نسب چلے آتے تھے ۔ اجرام فلک کی پرستش کے اشارات کے تحت ہفتہ کے ساتوں دنوں کے نام یونان کے عروج کے زمانے میں رائج ہوئے اور جزوی تبدیلیوں کے ساتھ حضرت عیسیٰؑ کی بعثت سے قبل روم کے زمانۂ عروج میں وہ شکل اختیار کی جو اب تک قائم ہے ۔

یونانی عروج کے زمانے میں ایک دیومالائی روایت وضع ہوئی کہ دیوتا پرومیتھیس (Prometheus) نے آگ چوری کر کے انسانوں کے حوالے کردی تاکہ وہ اسے استعمال میں لائیں اور ترقی کا سفر شروع کر دیں ۔ دیوتا زیوس (Zeus) نے اس جرم میں اسے پہاڑ پر باندھ دیا جہاں ایک گدھ دن بھر اس کا جگر کھودتا ہے لیکن رات میں اس کا زخم بھر دیا جاتا ہے تاکہ اگلے روز اُس کا جگر دوبارہ کھایا جا سکے ۔ زیوس وہی دیوتا ہے جو رومن دیومالا میں جیو پیٹر کے نام سے اولمپس پہاڑ پر رہتا ہے اور آسمانی بجلی اور گرج پر اختیار رکھتا ہے اور انسانی سانس چلاتا ہے یہ تخیّل اور دوسرے تمام ہی تخیلات کا حقیقت سے کوئی واسطہ نہیں لیکن انسانی طبیعت انہیں حقیقی ماننے پر رضا مند رہی ہے ۔ ایسے غیر حقیقی تصورات کی بنیاد پر انسان فکر و عمل کا جو راستہ اختیار کرتا ہے اس سے فسادِ عالم کے شاخ در شاخ ان گنت راستے پیدا ہوتے چلے جاتے ہیں ۔

علومِ فلکیات

گزشتہ بحث میں سورہ سَبَا کی چند آیات نقل کی گئی تھیں جن میں اللہ تعالیٰ کی عنایات سے حضرت داؤدؑ اور حضرت سلیمانؑ کے عہد میں عصرِ آئرن (Iron Age) کی ابتدا ہوئی جس میں حربی و تمدنی استعمال کے لئے لوہا اور اس کے ساتھ بادبانی جہازوں کی ترقی یافتہ

اور سہل آمد و رفت کے لئے سمندری ہواؤں سے وابستہ علوم سے واقفیت حاصل ہوئی ۔ یہ دو بڑی نعمتیں تھیں جن سے بنی اسرائیل کو فیضیاب کیا گیا ۔ ایک تو ان کے درمیان گزشتہ ایک ہزار سال سے مستقلاً انبیاء و رسل کی بعثت کے ذریعے ان کے اجتماعی فکر و عمل کی رہنمائی اور پھر حضرت موسیٰؑ کے وسیلہ سے شریعتِ دین کے ذریعے انہیں ایک صالح معاشرہ کی تشکیل کا موقع فراہم ہوا ۔ یہ اپنی حیثیت میں اللہ تعالیٰ کی عظیم ترین نعمت تھی اس لئے کہ اس سے برتر نعمت کرۂ زمین پر انسانی فلاح کے لئے انسان کو میسر نہیں ۔ پھر اِس نعمت پر مزید یہ کہ اِس قوم کو اچانک حضرت داؤدؑ اور حضرت سلیمانؑ جیسے دو جلیل القدر انبیاء کے ذریعے تمدنی علوم کی برتر ترقی یافتہ سطح سے روشناس کرا دیا گیا اور دوسری اقوام پر انہیں نمایاں برتری فراہم کر دی ۔لیکن بحیثیتِ قوم انہوں نے نعمتوں کی ناشکری کی اور انحطاط کی لپیٹ میں آنا قبول کیا جس کے نتیجے میں وہی سخت عبرتناک سزائیں بھگتنا پڑیں جن کا مستحق انہوں نے خود کو بنا رکھا تھا ۔نوعِ انسانی کے تمدنی ارتقاء کے مراحل میں کانسی کے عہد سے لوہے کے عہد میں داخل ہونا کوئی معمولی نعمت نہیں تھی جس کے لئے اس قوم کا انتخاب کیا گیا تھا ۔

آئرن کا عہد شروع ہونے کے سولہ صدی بعد خالقِ کائنات کی مشیت مقتضی ہوئی کہ عرب سے ایک قوم کو اٹھائے اور اقوام عالم کی امامت کی جو نعمت اور ذمہ داری بنی اسرائیل کو پچیس صدیوں سے دے رکھی تھی وہ ان سے ضبط کر کے رسول اللہ کی اُمت کے حوالے کر دی جائے ۔اس موقع پر بھی اللہ تعالیٰ نے رسول اللہ کے وسیلہ سے دو عظیم نعمتوں سے اُمت کو نوازا یا دوسرے الفاظ میں امامت کا حق ادا کرنے کے لئے دو اجزاء سے اُمت کے ہاتھ مضبوط کئے ۔ ایک نعمتِ کبریٰ تو قرآنِ کریم اور رسول اللہ کی سنّت ہے ، جس پر قرآنِ کریم کی برکات کی وجہ سے سواد اعظم کا اتفاق ہے ،جبکہ دوسرا عظیم جزو تمدنی علوم و فنون کے حوالے سے ہے جس کی طرف دورِ حاضر کے اسلامی مفکرین کی بھی نگاہ نہیں پہنچ سکی ہے ۔ اسی عنصر کی نشاندہی اور وضاحت یہاں مطلوب ہے جس کا ابتدائی اشارہ "متعدد خداؤں کا تصوّر" کی بحث میں کیا گیا ۔

اوپر کی بحث میں ہم نے دیکھا کہ میسو پوٹامیا کی سرزمین پر اب سے چار ہزار سال قبل حضرت نوحؑ کی چوتھی نسل سے نمرود

اور اس کی بیوی سیمیرامیس کو سورج دیوتا اور چاند دیوی کے اوتار کی شکل میں ان کی اور فلکی اجسام کی پرستش کی ابتداء ہوئی ۔وقت کے ساتھ ساتھ یہ تصورات بتدریج مزید پانچ سیاروں کی پرستش کے اضافے کے ساتھ دوسری تہذیبوں میں متعدد مختلف خداؤں کے ناموں سے پھیلتے چلے گئے ۔ قدیم اقوام کے عمومی تصورات تھے کہ جن خداؤں کی پرستش کی جاتی ہے، یہ فلکیاتی اجسام ان کی رہائش گاہ ہیں اور وہاں سے یہ ان دیکھی قوّوتیں لوگوں کی احتیاجات کا جواب دیتی ہیں ۔رات کے آسمان پر کم روشنی دکھانے والے لامتناہی ستاروں کے پس منظر میں ان اجسام کی اور خصوصاً سورج اور چاند کی ہیئت یقیناً اتنی سحر انگیز تھی کہ طرح طرح کے دیو مالائی تخیلات بعض انسانی دماغ نے خلق کئے اور عام لوگوں کی ان تخیلات کی طرف قدرتی رغبت کی وجہ سے وہ قبول کر لئے گئے ۔ پرستش کے علاوہ قدیم انسان نے سورج و چاند کو دنوں، مہینوں اور سالوں کا حساب رکھنے کا استعمال سیکھ لیا اور ساتھ ہی آسمان پر ستاروں کے مقامات کو برّی اور بحری سفر کے مفید استعمال کی سمجھ پیدا کر لی ۔قدیم ثقافتوں کی تعمیرات کے باقی رہ جانے والے آثار مصر اور وسطی امریکہ کی مایا تہذیب کے اہرام یا برطانیہ میں Stone henge کے ستون وغیرہ میں تعمیرات کی سمتوں اور فلکیاتی اجرام کی سمتوں میں مناسبت سے اشارات ملتے ہیں کہ وہ اقوام فلکیاتی اجرام کو کس نظر سے دیکھتی تھیں ۔قدیم یونان، مصر، مایا، چین، ہندوستان اور دوسری بہت سی اقوام کا اس تصوّر میں اشتراک تھا کہ یہ اجسام دیوی دیوتاؤں کے رہائشی مقامات ہیں ۔ فلکیاتی مشاہدات کا تمام تر انحصار آنکھوں سے دیکھ لینے کی حد تک تھا ۔پرستش کے مواقع کے ساتھ ساتھ ان اجسام کا کلینڈر کی صورت میں وقتوں کا حساب اور طویل سفر میں راستوں کے تعین کی حد تک کے استعمال بھی دیکھنے میں آتے ہیں ۔تاہم وہیں پر یہ بھی اصولی طور پر قابلِ تسلیم ہے کہ انبوہِ کثیر میں انگلیوں پر گن لئے جانے والے چند ایسے افراد بھی منظرِ عام پر آتے ہیں جو مشاہدہ میں آنے والے ہر ایک مظہر کے بارے میں سوال کرتے ہیں کہ ایسا کیوں ہے؟ اور پھر اُس سوال کا کوئی قابلِ قبول حل تلاش کرتے ہیں ۔تاریخِ انسانی میں یقیناً بہت سے ذہین افراد گزرے ہیں جن کی تحقیق اور سوال و جواب محض اشاعت کی نوبت تک نہ پہنچنے یا بعد میں آنے والوں کی نا عاقبت اندیشی کی وجہ سے تاریخ کے عمل

میں ضائع ہو گئے ۔ایسا بہت ممکن ہے کہ قدیم زمانے میں بعض افراد زیادہ گہرائی سے ان اجسام پر غور کے لئے متوجہ ہوئے ہوں اور کچھ نتائج تک پہنچ گئے ہوں، لیکن تاریخ میں پہلی مرتبہ یونان کے دورِ عروج میں یہ عنصر ہمارے سامنے آتا ہے ۔

ارسطو کی فلکیات

محفوظ رہ جانے والی تاریخ بتاتی ہے کہ یونانی فلسفی ارسطو (384-322 ق م) نے پہلی مرتبہ فلکیات کے متعلق ایک تصوّر پیش کیا ۔ اُس کا کہنا تھا کہ زمین ایک متحرک جسم نہیں ہے بلکہ ساکن حالت میں فضا میں قائم ہے اور سورج و چاند اور باقی تمام ستارے و سیارے زمین کے گرد دائرے کی شکل میں حرکت کرتے ہیں ۔ ارسطو اور اس کے زمانے کے بعض دوسرے فلسفی اس نتیجہ تک پہلے ہی پہنچ چکے تھے کہ زمین چہار اطراف میں لامحدود وسعتوں پر پھیلی نہیں بلکہ ایک گول جسم ہے ۔ سمندر کے کنارے جب انہیں ہر مرتبہ جہاز پر قائم اونچا جھنڈا یا جہاز کا اونچائی والا حصّہ پہلے نظر آنا شروع ہوتا اور اس کے بعد آہستہ آہستہ جہاز کا نچلا حصّہ نظروں میں آتا تو ایسا کیوں ہے؟ پر غور کیا اور جلد سمجھ گئے کہ زمین گول ہے ۔ارسطو کی نظر میں جیومیٹری کی دوسری شکلوں کے مقابلے میں دائرہ ایک بہترین اور مکمّل شکل تھی، لہٰذا اُس نے نتیجہ نکالا کہ زمین کائنات کا مرکز ہے اور دوسرے تمام کائناتی اجسام مکمّل دائرے کی شکل میں اس کے گرد چکر لگاتے ہیں ۔زمین اگرچہ سورج کے گرد تقریباً ایک لاکھ کلومیٹر فی گھنٹہ اور سورج کے ساتھ مل کر ہماری ملکی وے کہکشاں کے گرد تقریباً 9 لاکھ کلومیٹر فی گھنٹہ کی رفتار سے دوڑتی ہے ،لیکن چونکہ یہ حرکت غیر محسوس ہے اس لئے قدیم زمانے کے انسان کو اس کی نشاندہی نہیں ہو سکتی تھی ۔انسانی دماغ کی یہی فضیلت و خوبصورتی ہے کہ وہ منطق کے اصول پر کسی مشاہدہ کی عقلی توجیح تلاش کرتا اور لوگوں کو پیش کرتا ہے ۔ اسی طریقۂ کار کو فلسفہ بھی کہہ دیتے ہیں ۔ اس میں کوئی حرج نہیں کہ کوئی منطقی یا فلسفیانہ توجیح اپنی جگہ درست نہ ہو ۔ مزید غور اور جرح یا بعد کے مشاہدات سے منطق کی خامی یا کمزوری کی نشاندہی ہوتی ہے اور توجیح میں اصلاح ہوتی ہے ۔ تمدنی ارتقاء اسی بنیاد پر قائم ہے اور

جب تک انسان دنیا میں موجود ہے، منطق اور فلسفہ کے اصولوں پر حصولِ علم ایک جاری رہنے والا عمل ہے ۔ خالص منطق یا خالی فلسفہ دورِ جدید میں سائنسی نظریہ کے نام سے اسی نقطۂ نظر کی ترقی یافتہ شکل ہے اور اسی سائنسی نظریہ کی وضاحت سے ہم اپنی بحث کی بنیاد یعنی مسلمانوں کو حاصل دوسری عظیم نعمت سے لاعلمی کی وضاحت میں کامیاب ہو سکیں گے ۔منطق کے جس سائنسی نقطۂ نظر کا یہاں تذکرہ ہے وہ دراصل سولہویں صدی عیسوی میں شروع ہی فلکیاتی تحقیقات سے ہوا ہے ۔ فلکیات میں موجود اجسام کی اعتقادی اہمیت اقوام نے چار ہزار سال قبل محسوس کی اور پھر اسے طویل عرصہ مضبوط پکڑے رہی، لیکن انہی اجسام پر تحقیقات کے نتیجے میں انسان بالآخر موجودہ سائنسی دور کا مشاہدہ کر سکا ہے ، لہٰذا اس معاملہ کو تفصیلاً سمجھنا ضروری ہے ۔ فلکیات اپنی گہرائی اور وسعتوں میں جملہ موضوعات میں طویل ترین موضوع ہے اور علوم کے لحاظ سے جتنے بھی موضوعات اس کرۂ زمین پر پائے جاتے ہیں اُن میں در حقیقت دلچسپ ترین اور مشکل ترین موضوع بھی یہی ہے ۔تاہم ہمارے عام قارئین کو جس حد تک اس کی واقفیت ضروری ہے کم از کم اس حد تک کی بحث ذیل میں ضرور پیش کی جائے گی تاکہ ہمارا تخیّل کہ " اُمت کو عطا کی گئی دوسری نعمت سے لاعلمی" قارئین پر واضح ہو سکے ۔

بطلیموس کی فلکیات

زمین کی بظاہر حالتِ سکون اور کسی استہزا کی غیر موجودگی ارسطو کا پیش کردہ تصوّر درست سمجھنے کے لئے کافی تھی، لہٰذا پانچ چھ صدیوں تک یہ اسی طرح تسلیم کیا گیا ، پھر اسکندریہ کے یونانی فلسفی بطلیموس (100-170 ء) نے اُس وقت کی معلوم کائنات سے متعلق ارسطو کے پیش کردہ نظریہ میں مزید جدت پیدا کی ۔ مغربی تاریخ اسے ٹالمی (Claudius Ptolemy) کے نام سے پیش کرتی ہے ۔ P یہاں ساکن ہے لیکن عربی میں چونکہ حرف "پ" موجود نہیں اس لئے مسلمان تاریخ نویسوں اور ماہرینِ فلکیات نے اسے بطلیموس لکھا ہے ۔ بطلیموس اپنے اور بعد کے طویل دور میں ایک ریاضی دان، ماہرِ فلکیات، نجومی اور موسیقی کے نظریاتی علوم اور جغرافیہ

کا ماہر سمجھا گیا ۔ بطلیموس نے پہلی مرتبہ دنیا کے سامنے فلکی حرکیات کا ایک ماڈل پیش کیا جو اپنی تفصیلات میں سیاروں کی حرکت اور سورج و چاند گرہن کی پیشگوئیوں کی خصوصیات رکھتا تھا ۔کائنات کا یہ تصوّر بازنطینی عہد اور اس کے بعد انتہائی بدقسمتی کہ اسلامی دنیا اور تمام یورپ میں چودہ صدی سے زائد عرصہ قابلِ تسلیم رہا ہے ۔ارسطو کے زمانے میں یونان کے مفکرین آسمانی مشاہدہ سے پانچ سیاروں کی نشاندہی کر چکے تھے ۔ انہوں نے ان سیاروں کو Planets کا نام دیا جس سے "بھٹکنے والے " مراد تھی ۔ ان سیاروں کی حرکت آسان پر جَڑے دوسرے ستاروں کے مقابلے میں پیچیدہ تھی اور وہ بظاہر زمین کے گرد دائرہ کی شکل میں چلتے چلتے کچھ عرصہ واپس پلٹتے دکھائی دیتے اور اس کے بعد پھر اصل راستے کی سمت چلتے نظر آتے تھے ۔بطلیموس نے اپنے ماڈل میں اسی مشکل کا حل پیش کیا ۔ اس نے بتایا کہ سیارے زمین کے گرد بڑے دائرے میں حرکت کے دوران خود اپنے گِرد بھی چھوٹے دائرے بناتے ہیں جس کی وجہ سے وہ چلتے چلتے واپس پیچھے پلٹتے نظر آتے ہیں ۔ ان چھوٹے دائروں کو epicycles کا نام دیا گیا ۔اگرچہ اس ماڈل نے کسی مناسب حد تک کائناتی اجسام کی حرکیات کی وضاحت کی اور آنے والے دنوں میں فضا میں ان اجسام کے حرکتی مقام کی پیشگوئی کو ممکن بنایا لیکن اس ماڈل میں کچھ قباحتیں موجود تھیں جن کی تفصیلات فی الوقت نظر انداز کر سکتے ہیں ۔ عیسائی چرچ کی نظر میں یہ ماڈل ان کے آسمانی صحائف میں موجود تعلیمات کے عین مطابق تھا، اس لئے کہ خدا نے پہلے اہم ترین شئے زمین بنائی اور اس پر آدم و حوّا کو تخلیق کیا، وغیرہ ۔چھٹی صدی عیسوی کے ابتدائی عہد میں رسول اللہ پر قرآنِ کریم نازل ہوا تو اس میں کائناتی اجسام کی طرف مسلمانوں کو بعض ایسے صریح اشارات کے ساتھ بکثرت متوجہ کیا گیا جو بطلیموس کے پیش کردہ نظریات سے قطعاً مختلف تھے ۔ ہمیں کچھ دیر تک یہ بیانات بوجوہ موخر رکھنے ضروری ہیں تاکہ قرآنِ کریم سے باہر کا مکمّل تاریخی بیان ہمارے سامنے آجائے ۔ بطلیموس کے دوسری صدی عیسوی میں پیش کردہ ماڈل کی تصحیح کا معاملہ اسلامی عہد میں قرآنِ کریم کے اشارات کی روشنی میں لازماً بہت تیز رفتاری سے کامیابی کی طرف چل دینا چاہئے تھا لیکن ایسا نہیں ہوا ۔اس کے برعکس تاریخی طور پر فلکیاتی حرکیات کا پہلا ماڈل عیسائی

دنیا میں سے سامنے آیا جو کہ سولہویں صدی کی ابتدا میں 1514ء میں نکولس کپرنیکس نے پیش کیا لیکن اس سے پہلے اسلامی دنیا میں بطلیموس کے کام پر پیش رفت کی جا رہی تھی جس کی تفصیلات جاننا ضروری ہیں۔

اسلامی دنیا میں فلکیات پر تحقیق

دوسری صدی عیسوی سے چودھویں صدی عیسوی کے دوران فلکیاتی تحقیقات کے ضمن میں عیسائی دنیا میں خلاء ہے جس میں 400ء سے 800ء کا یورپی تاریک دور شامل ہے۔ یہ خلاء مسلمانوں کے ذریعے پُر ہوا جب مسلمان مشرق وسطیٰ، شمالی افریقہ اور اسپین وغیرہ میں برسرِ عروج تھے۔آٹھویں سے چودھویں صدی کے دوران مسلمان سائنس دانوں کی توجّہ تھی کہ یونانی تحقیقات کا عربی ترجمہ کر کے ان علوم کو محفوظ کر لیا جائے۔یونانی تحقیقات عموماً منطق کے اصولوں پر قائم تھیں جن کو اسلامی دور کے اسکالرز نے عام طور پر رد کردیا اور اُس کے مقابلے میں تجرباتی اور ریاضی کے طریقوں کو بنیاد بنایا جو اپنی جگہ ایک اہم ترین پیش رفت تھی۔ اسی عہد میں ریاضی کا اہم شعبہ الجبرا پیدا ہوا اور جیومیٹری کے یونانی قواعد کی متعدد خامیاں درست ہوئیں اور مزید بہتری پیدا کی گئی۔ ان کوششوں کے دوران ریاضی کے بہت سے قواعد، زمانے کا حساب اور کیلنڈر، فلکی اجسام اور اُن کی حرکیات کے پہلے سے زیادہ بہتر ریکارڈ مرتب کئے گئے۔ اسی طرح دیگر سائنسی شعبوں میں ریاضی، کیمیا، طبیعیات اور طب جیسے بڑے موضوعات شامل ہیں۔

ابو علی الحسن بن الهیثم (965-1040ء) جو یورپ میں Alhazen کے نام سے معروف ہے ، فلکیات، ریاضی اور طبیعیات کے بڑے ماہرین میں شمار ہوتا ہے۔ الهیثم کو جدید آپٹکس کا بابائے آدم تسلیم کیا گیا۔ روشنی کو عدسوں سے گزرنے اور آئینے سے انعکاس پر مبنی تجربات و مشاہدات کے بعد الهیثم نے کتاب المناظر کے نام سے کتاب لکھی جو تحقیقاتی دنیا میں مشہور ہوئی ، لاطینی زبان میں یورپی اقوام کے لئے ترجمہ ہوئی اور نصاب میں شامل کی گئی۔ اِس کتاب سے کپلر، گلیلیو اور نیوٹن نے استفادہ حاصل کیا۔ یہ تین یورپی سائنس دان آگے بہت کچھ زیرِ تذکرہ آئیں گے۔ درحقیقت الهیثم کی عدسہ و آئینہ

کے روشنی کی شعاع پر اثرات کی تحقیق کے بعد مسلمان سائنسی دنیا کو ٹیلی اسکوپ ایجاد کر لینی چاہئے تھی ۔الهیثم ک کہنا تھا کہ مظاہر یا مشاہدہ کی کسی بھی عقلی توضیح کا ایسے تجربات سے ثابت ہونا ضروری ہے جو دہرائے جا سکیں یا انہیں ریاضی کے اصولوں پر پرکھا جا سکے ۔ یہی نقطۂ نظر درحقیقت سائنٹفک تحقیق کی بنیاد ہے ۔الهیثم کو پہلا حقیقی سائنس دان مانا گیا اور بعض اسکالرز نے اسے فلکیاتی تحقیق کی وجہ سے "دوسرا بطلیموس" کا خطاب بھی دیا ۔ اس نے فلسفہ، طب اور مذاہب پر بھی کتابیں لکھیں ۔ بصرہ، عراق میں پیدائش کے بعد فاطمی اقتدار کے دارالحکومت قاہرہ میں رہائش اختیار کی جہاں روزگار کی خاطر امراء طبقہ کی اولادوں کو تعلیم دینے میں وقت گزارا ۔

محمد بن کثیر الفرغانی (800-870ء) بغداد میں عباسی دورِ اقتدار میں نویں صدی کے مشہور ماہرِ فلکیات میں شمار ہوتا ہے ۔ اس نے فلکیاتی آلات پر کتاب لکھی جس میں بطلیموس کے مشاہدات کی تصحیح اور اضافی فلکیاتی ڈیٹا جمع تھا۔ کتاب کی اشاعت کے بعد جلد ہی عبرانی اور لاطینی زبانوں میں تراجم شائع ہوئے ۔ کتاب میں زمین کے قطر کا تخمینہ پیش کیا ۔ کہا جاتا ہے کہ کرسٹوفر کولمبس نے امریکہ کی طرف بحری سفر میں ان اعدادوشمار ک استعمال کیا ۔اس سے چند سال قبل محمد بن موسیٰ الخوارزمی(780-850ء) نے بغداد میں ریاضی کی اہم شاخ الجبرا ایجاد کی اور کتاب الجبر کے نام سے اسے دنیا کے سامنے پیش کیا ۔ ریاضی کی اس شاخ کا انگریزی نام Algebra اسی کتاب الجبر سے اخذ شدہ ہے ۔اس نے بطلیموس کے کام کی روشنی میں مزید فلکیاتی ڈیٹا اکٹھا کر کے شائع کیا جس کے لاطینی زبان میں ترجمہ کئے گئے ۔نصیر الدین الطوسی(1201-1274ء) ایک مشہور ایرانی ریاضی دان اور ماہرِ فلکیات تھا جس نے ہلاکو خان کو تجویز دی اور قائل کیا کہ اُس کے تعاون سے ایک رصدگاہ تعمیر کی جائے تاکہ فلکیاتی اجسام کی حرکت کی بہتر پیشگوئیاں کی جا سکیں ۔ یہ رصدگاہ اُس کے زیرِ نگرانی آذربائیجان میں تعمیر ہوئی جس کے ذریعے سیاروں اور سورج کی حرکیات کا مفید ڈیٹا اکٹھا ہوا ۔ الطوسی کو بطلیموس اور کوپرنیکس کے درمیان سب سے اہم ماہرِ فلکیات مانا جاتا ہے ۔نمایاں ترین سائنس دانوں میں عمر خیام(1048-1131ء) شامل ہے جو ریاضی دان، ماہرِ فلکیات اور شاعر کی حیثیت سے نامور ہوا

۔ عمر خیام نے فارس کے شہر اصفہان میں فلکیاتی رصدگاہ قائم کی اور اپنے مشاہدات کی مدد سے جدید کیلنڈر بنایا جو موجودہ زمانے میں بھی ایران اور افغانستان میں استعمال کیا جاتا ہے ۔

الغرض اسلامی سنہری دور میں بیس سے زیادہ شعبۂ فلکیات کے ماہرین نے فلکیاتی سائنس میں اہم پیش رفت کی ۔ فلکیات کے علاوہ بھی متعدد علوم میں بہت بڑے اساتذہ اور اسکالرز اس عہد میں سامنے آئے جن کا تذکرہ اس کتاب میں نہیں کر سکیں گے ۔ تاہم ضروری بات یہ ہے کہ یورپ سے بڑی تعداد میں طلباء نے اسلامی تعلیم گاہوں کا رخ کیا اور علم حاصل کیا ۔ اسلامی ممالک کی مشہور درس گاہوں کی تقلید میں یورپ میں درسگاہیں تعمیر ہوئیں جنہیں وقت کے ساتھ وسعت دے کر بہترین جامعات میں تبدیل کیا گیا ۔ انہی عوامل کے دوران کتابوں کے تراجم کی صورت میں بیشتر علوم مغربی دنیا کو منتقل ہوئے اور علوم کی ترقّی نے یہاں بتدریج تیز رفتاری اختیار کی جیسی کہ اب ہماری نظروں کے سامنے ہے ۔

جو بات ہم آگے کی تحریر میں واضح کرنا چاہتے ہیں وہ یہ کہ مغرب کا تمام تر عسکری، صنعتی، اقتصادی اور تمدنی (تمدنی سے ہماری مراد محض ظاہری سہولیاتِ زندگی ہے)ترقی کا سفر براہ راست صرف اور صرف فلکیاتی تحقیق میں ایک مخصوص دور کی کامیابی سے شروع ہو سکا ہے ۔ ہمارے بعض قارئین یقیناً متجسس ہوں گے کہ زمین کی سورج کے گرد حرکت یا سورج کی زمین کے گرد حرکت میں سے کسی ایک بات کی تصدیق کسی تحقیق سے ہو جائے ،اس سے کسی قوم کی دنیوی ترقی کا کیا تعلق ہو سکتا ہے؟ تاہم جب یہ واضح ہو جائے گا تو جلد ہی یہ بھی واضح ہو سکے گا کہ اللہ تعالیٰ کی وہ کیا دوسری نعمت تھی جو اُمت مسلمہ کی دسترس میں آسکتی تھی، اگر کسی کو اس کی پہچان ہوتی، لیکن وہ پھسل کر ہاتھوں سے نکل گئی ۔

یہ بات جاننے کے لئے مغرب میں فلکیاتی تحقیق کی تفصیلات میں جانے کو ہم تیار ہیں لیکن اس کی شروعات سے قبل مسلمانوں کی سیاسی و معاشرتی صورتحال اور عراق و ایران و افغانستان وغیرہ میں قائم تحقیقی و علمی مراکز کو آئندہ کی چند صدیوں کے دوران کن حالات کا سامنا ہوا ؟اس کا سرسری جائزہ ضروری ہے ۔ مسلمان سلطنتوں کو جزوی طور پر پیش آنے والی صلیبی جنگیں جو 1096ء

سے لے کر 1291ء تک مختلف ادوار میں لڑی گئیں اور مسلمان سلطنتوں کی آپس کی نااتفاقی اور چپقلش سے قطع نظر جن بدترین حالات کا سامنا ہوا وہ چنگیز خان کی سپہ سالاری میں منگول سلطنت کا قیام تھا جو اس کی نسل میں 1206ء سے 1368ء تک قائم رہا۔

چنگیز خان 1162ء میں تموجن کے نام سے ایک چھوٹے منگول قبیلے کے سردار کے گھر پیدا ہوا۔ وہ آٹھ سال کا تھا کہ اُس کے باپ کے مرنے پر قبیلہ نے ماں اور بیٹے کو رد کر دیا۔ غربت میں بچپنا گزارنے پر انتقام کی تڑپ دل میں رکھ کر جوان ہوا تو کچھ اتحادی اپنے گرد جمع کئے اور بدلہ لے لیا، لیکن جس جفاکش راستہ پر وہ چل نکلا تھا اُس سے پیچھے نہیں ہٹا۔ کچھ ہی عرصہ میں اتنی طاقت اکٹھا کر لی کہ چین کی شمال مغربی ریاست اور شمالی چین کی ریاستیں فتح کر لیں۔ ان فتوحات سے اتنا اعتماد حاصل ہو گیا کہ اگلے مراحل میں یکے بعد دیگرے وسطی ایشیا کی خوارزمی سلطنت اور اس کے بعد ایران، افغانستان اور مشرق وسطیٰ کے علاقے فتح کر لئے۔ تقریباً پونے دو صدی طویل منگول سلطنت نے اپنے عروج میں منگولیا، چین، کوریا، برما، ایران، عراق، افغانستان، پاکستان، وسطی ایشیا، سائبیریا، آرمینیا، آزربائیجان، ترکی، یوکرین اور روس کا بڑا حصّہ اپنے اقتدار میں کر رکھا تھا۔ ان فتوحات کے دوران انسانی جانوں اور عزت و حرمت کا جس بڑے پیمانے پر اتلاف ہوا اس سے بڑی مثال تاریخِ انسانی میں نہیں دیکھی گئی۔ بغداد گذشتہ پانچ صدیوں سے عباسیوں کے عہد میں تحقیق اور علم و فکر کا مرکز چلا آرہا تھا، 1255ء میں چنگیز خان کے پوتے ہلاکو خان کے ہاتھوں تاراج ہو گیا۔ اس کے ساتھ ہی مسلمانوں کا سنہرا دور بھی اپنے انجام کو پہنچ گیا۔ بغداد اس کے بعد عثمانیہ سلطنت کے زیرِ اثر رہا، لیکن مسلمانوں میں علم کا فروغ دوبارہ دیکھنے میں نہیں آیا۔ نصیر الدین الطوسی لکھتا ہے کہ ہلاکو خان نے بغداد فتح کرنے کے بعد تقریب منعقد کی جس میں آخری عباسی شہنشاہ کو دعوت میں بلایا اور اس کے محل کا سونے کا برتن اسے دے کر کہا، اسے کھاؤ۔ شکست خوردہ بادشاہ نے جواب دیا اسے کھایا نہیں جا سکتا، ہلاکو خان نے جواباً کہا: تم نے کیوں نہ اپنا سونا اپنی فوج کو دیا کہ وہ بہادری سے لڑتے اور میرے ہاتھ سے تمہیں بچا لیتے اور کیوں نہ تم نے اپنے محل کے دروازے کا لوہا اپنی فوج کو دیا کہ اس کے تیر بنا کر میرا مقابلہ کرتے؟ بادشاہ نے

جواب دیا، خدا کی یہی مرضی تھی ، تب ہلاکو نے کہا ،تو پھر اب جو تمہارے ساتھ ہونے والا ہے، یہ بھی خدا کی مرضی ہے ہم نے اوپر بتایا کہ نصیر الدین طوسی کی درخواست پر ہلاکو نے اسے رصدگاہ بنا کر دی ۔ طوسی ایرانی نسل سے تھا جبکہ عباسی شہنشاہ عربی النسل تھا ۔عباسی شہنشاہ مارا گیا ۔ طوسی سلامت رہا ۔ پس، قارئین قیاس کر سکتے ہیں بغداد میں کیا ہوا ہوگا ۔

مغربی عیسائیت میں فلکیات

یورپ کی نشاۃ ثانیہ پندرہویں صدی میں اٹلی کے شہر فلورینس سے شروع ہوئی اور سترہویں صدی تک جاری رہی ۔ فلورینس میں سیاست، آرٹ، مذہب اور بڑی تعداد میں تعلیم حاصل کرنے میں دلچسپی رکھنے والے لوگوں کی آمد بیک وقت جمع ہو گئے تھے ۔پرنٹنگ پریس بھی ایجاد ہو چکا تھا، لہٰذا لوگوں کے خیالات جنگل کی آگ کی طرح تمام یورپ میں تیزی سے پھیلنے کی صلاحیت رکھتے تھے ۔وقت کے ساتھ تجدید کے اثرات نہ صرف موسیقی، مجسمہ سازی اور پینٹنگ بلکہ سائنسی علوم و فنون میں انقلابی تبدیلیاں پیدا کرتے چلے گئے ، یہاں تک کہ خصوصاً قدرتی دنیا سے متعلق سائنس یعنی حیاتیات، طبیعیات اور فلکیاتی سائنس وغیرہ سے متعلق چرچ کے نظریات زیادہ عرصہ عام نقطہ چینی سے باہر نہ رہ سکے -1492ء میں امریکہ کی دریافت نے لوگوں کا دنیا سے متعلق نقطۂ نظر اور دانشورانہ سوچ کو مزید اتنی وسعت دی کہ قدیم سوچ پر تنقید اور نئے تصورات و خیالات کی تسخیر میں دماغی توانائیاں استعمال کی جانے لگیں ۔

یورپی نشاۃ ثانیہ کی ابتدا سے پہلے تک فلکیات کی عمارت مسلمانوں کی تحقیقات کے باوجود کم و بیش اٹھارہ صدیوں سے ارسطو اور بطلیموس کے کلاسیکی نظریات پر کھڑی تھی جس میں پوری کائنات زمین کے گرد گھوم رہی تھی ۔اسلامی دنیا سے جو علوم یورپ کو گزشتہ چار پانچ صدی کے دوران منتقل ہوئے ، ان کی روشنی میں فلکیاتی سائنس کا مسئلہ ایک مرتبہ پھر یورپ میں اٹھایا گیا جس کی شروعات میں ٹیلی اسکوپ کی ایجاد سے پہلے نکولس کُوپرنِکس نے

نظریاتی طور پر اپنے کام سے قدیم نظریات کی صداقت میں شبہات پیدا کئے ۔

کُپرنِکس (1543-1473ء) پہلا شخص ہے جس نے فلکیات کے قدیم نظریہ کو چیلنج کیا اور اپنے مشاہدات اور ریاضی کی بنیاد پر دلائل پیش کئے کہ سورج کائنات کا مرکز ہے اور یہ کہ زمین کے ساتھ ساتھ دوسرے سیارے سورج کے گرد اپنے اپنے مدار میں گردش کرتے ہیں ۔ چرچ اور چرچ کے زیرِ اثر معاشرتی اداروں کی نظر میں یہ ایک انقلابی اور مذہبی تصورات کے خلاف نظریہ تھا جو سورج کو مرکز قرار دے کر زمین اور اس پر بسنے والے انسانوں کی قدر و قیمت میں تخفیف کا سبب تھا ۔ کُپرنِکس اپنے موقف سے دستبردار تو نہیں ہوا لیکن وہ غریب اپنی کتاب اٹلی میں اپنی وفات سے صرف دو ماہ قبل شائع کر سکا ۔بعد کے اسکالرز جدید فلکیات کے انقلابی سفر کا سہرا اسی ریاضی دان کے سر پر باندھتے ہیں جو کہ ایک مناسب بات ہے ۔

جیورڈانو برونو (1600-1548ء) اٹلی کا ایک فلسفی تھا جس نے کُپرنِکس کے پیش کردہ نقطۂ نظر کی حمایت کی اور یہ کہا کہ آسمان پر نظر آنے والے ستارے درحقیقت لاتعداد سورج ہیں جن کے سیارے اپنے سورج کے گرد اسی طرح گھومتے ہیں جیسے زمینی سورج کے گرد دیگر سیارے گردش میں ہیں ، اور یہ کہ دوسرے سیاروں پر بھی زندگی پائی جا سکتی ہے ۔ اس نے یہ بھی کہا کہ کائنات کی کوئی حد نہیں بلکہ یہ لامتناہی ہے ۔ اُس پر کفر کا مقدمہ چلایا گیا اور چرچ کی تحقیقات کے بعد مجرم قرار دے کر تماشائیوں کی موجودگی میں اسے آگ کے الاؤ پر زندہ جلا دیا گیا ۔2012ء میں مجھے روم میں اس عدالت کو دیکھنے کا موقع ملا جہاں علم کے اس متلاشی کو مجرم ثابت کیا گیا اور پھر مارکیٹ کے جس چوک میں اسے جلا دینے کی سزا دی گئی ۔موت کے طویل عرصہ بعد لوگوں نے اسے عزت کی نگاہ سے دیکھا اور وہ سائنس کا ایک شہید قرار دیا گیا ۔ چوک میں شہید کی یادگاری کے لئے مجسمہ نسب تھا ۔

ٹائکو براہی (1601-1546ء) فلکیاتی سائنس میں ایک اور بڑا نام ہے یہ ڈنمارک کا باشندہ تھا ۔ بادشاہ کی اعانت سے اس کی نگرانی میں پہلی رصدگاہ تعمیر ہوئی ۔ اس نے بہت باریکی اور بہت محنت کے ساتھ فلکیاتی اجسام کی حرکت کا ڈیٹا اکٹھا کیا ۔ٹائکو کی نظر میں ارسطو اور بطلیموس کا کلاسیکی نظریہ مجموعی طور پر درست تھا

صرف اس فرق کے ساتھ کہ سورج اور چاند تو زمین کے گرد گھومتے ہیں جبکہ دوسرے سیارے سورج کے گرد چکر لگاتے ہیں ۔اس کی نظر میں کُپرنِکس کا یہ کہنا کہ زمین سورج کے گرد گھومتی ہے، آسمانی صحائف سے انکار کے مترادف ہے ۔ اس کے نظریات سے قطع نظر اس کا جمع کردہ فلکیاتی ڈیٹا بہت قیمتی تھا ۔ ٹائکو کی زندگی کے آخری چند سالوں میں اس نے یوہانس کیپلر نامی ایک جوان فلکیاتی سائنس دان اپنے پاس ملازم رکھا اس طرح یہ تمام ڈیٹا اس کی وفات سے قبل کیپلر کی دسترس میں آگیا ۔

یوہانس کیپلر (1571-1636ء) اپنی کالج کی تعلیم کے دوران بطلیموس کا زمین مرکز نظریہ اور کُپرنِکس کا سورج مرکز نظریہ سے متعارف ہوا اور ان کی وضاحتی تفصیلات سے اس نے محسوس کر لیا کہ کُپرنِکس کا نظریہ زیادہ مدلل ہے ۔سولہویں صدی کی ابتدا میں عمومی طور پر معروف ماہرِ فلکیات گیلیلیو بھی کُپرنِکس کے نظریہ کی حمایت میں عیسائی چرچ اور معاشرتی امراء کی طرف سے مصیبتوں کا شکار تھا اور لوگ چرچ کے غیر منصفانہ سلوک سے واقف تھے ۔1601ء میں ٹائکو براہی کے مرنے کے بعد کیپلر نے ٹائکو کے فلکی حرکیات پر جمع کردہ ڈیٹا پر سخت محنت شروع کی اور آئندہ چند سالوں میں انسانی تاریخ میں پہلی مرتبہ فلکیاتی اجسام کی حرکت سے متعلق تین قوانین دریافت کرنے میں کامیاب ہو گیا ۔ تینوں قوانین اپنی خصوصیات میں بہت شاندار ہیں ۔ ٹائکو براہی سے سیاروں کا مدار میں ایک گردش مکمّل کرنے کا دورانیہ اور ساتھ میں سیاروں کی تقریباً دائرہ میں حرکت کا نصف قطر یا دوسرے الفاظ میں سورج سے سیارے کا فاصلہ کی معلومات کیپلر کو حاصل تھیں جس کی بنیاد پر اُس نے یہ تین قوانین دریافت کئے ۔ ذیل میں قارئین کی وضاحت کے لئے کیپلر کو دستیاب ڈیٹا کا کچھ حصّہ بطورِ مثال درج ہے ۔ ساتھ میں کیپلر کا دریافت کردہ تیسرا قانون کے نتائج بھی درج ہیں جن کی تشریح بیان کی جائے گی ۔

سیارہ	(دن) T	(R(million km سورج سے فاصلہ	R/T	R^3/T^2
مرکری	88	57.7	1.52	0.04
وینس	224.5	107.7	2.08	0.04
زمین	365	149	2.45	0.04
مریخ	686.6	227	3.02	0.04
مُشتری	4328	775	5.58	0.04
زحل	10752	1423	7.55	0.04
یورینس	30667	2864	10.71	0.04
نیپچون	60152	4486	13.41	0.04

سیارے کتنے دنوں میں سورج کے گرد ایک دائرہ مکمّل کرتے ہیں ؟ یہ ڈیٹا ٹیبل کے دوسرے کالم میں اور ساتھ ہی سیارے کا سورج سے اوسط فاصلہ تیسرے کالم میں موجود ہے ۔ ہماری زمین اپنے سورج کے گرد گھومنے والا چوتھا سیارہ ہے جو 365 دنوں میں ایک دائرہ یا ایک سال مکمّل کرتا ہے ۔ اس نظر سے دیکھیں تو سورج سے قریب ترین سیارہ مرکری تقریباً تین ماہ میں جبکہ سب سے زیادہ دور سیارہ نیپچون سب سے زیادہ وقت لیتا ہے جو کہ زمینی سال کے مطابق تقریباً 165 سال میں ایک چکّر مکمّل کرتا ہے ۔کیپلر نے اس نوعیت کے R بطورِ سورج سے فاصلہ اور T بطورِ دن پر مشتمل ڈیٹا پر غور کیا اور حیرت انگیز طور پر R اور T کے درمیان ایک خاص تعلق ڈھونڈ لیا کہ ہر سیارے کے R^3 اور T^2 آپس میں راست متناسب ہیں، بالفاظ دیگر اگر ہر سیارہ کے R^3 کو اس کے T^2 سے تقسیم کیا جائے تو جو عدد حاصل ہوگا وہ ہر سیارے کے لئے یکساں ہے ۔ یہ تفصیل ٹیبل کے آخری کالم میں دیکھی جا سکتی ہے ۔ٹیبل کے آخری کالم میں یہ حقیقت نمایاں ہے کہ ہر سیارہ کے لئے ایک ہی عدد 0.04 حاصل ہوا ۔ ہم نے اپنی طرف سے R/T کا عدد دکھانے کے لئے چوتھے کالم کا اضافہ کر دیا ہے جو ظاہر کرتا ہے کہ یہ عدد ہر سیارہ کے لئے منفرد ہے ۔ آخری کالم میں درج ہر سیارے کے لئے ایک ہی عدد حاصل ہونا کیپلر کو دستیاب ڈیٹا پر اُس کے غور و فکر کا حیرت انگیز مظاہرہ تھا جس کو کیپلر کا تیسرا قانون قرار دے کر اُس کے احسان کی قدر کی گئی ۔ کیپلر کا دوسرا قانون بھی کم حیرت انگیز نہیں لیکن اس کا اور اسی

طرح پہلا قانون کا تعارف یہاں نہیں کیا گیا ہے ۔بعد میں کُپرنِکس اور گلیلیو کے ساتھ کیپلر کو بھی جدید فلکیات کے بانیوں میں شمار کیا گیا ۔

گلیلیو گیلیلائ (1642-1564ء) کیپلر سے عمر میں سات سال بڑا تھا ۔اٹلی میں یونیورسٹی طالبِ علم کی حیثیت سے اُس نے طب کی تعلیم حاصل کی لیکن اسے ریاضی اور طبیعیات میں زیادہ دلچسپی تھی، لہٰذا طب کو خیر باد کہہ کر طبیعیات و ریاضی میں مہارت حاصل کی اور یونیورسٹی میں شعبہ ریاضی کا چیرمین تک کا عہدہ حاصل کر لیا ۔فلکیات اس کی دلچسپی کا سب سے بڑا موضوع تھا ۔اس نے بھی کیپلر کی طرح کُپرنِکس کے ماڈل کو درست تسلیم کیا اور اپنی تعلیمات کی روشنی میں تحریروں کے ذریعے لوگوں میں اس نظریہ کی تشریح بیان کرنی شروع کیں اور ساتھ میں یہ تخیّل بھی کہ مذہب اور سائنس شانہ بشانہ چل سکتے ہیں ۔چرچ گلیلیو کا نقطۂ نظر قبول کرنے پر تیار نہیں تھا لہٰذا اس کو ان حرکات سے روکا گیا لیکن اس نے اپنے خیالات و دلائل ایک کتاب کی صورت میں شائع کر دیئے ۔ نتیجتاً اُس کی ملازمت ضبط کر کے اُس کو اپنے گھر کی حدود میں محصور کر دیا گیا اور اُس کی کتاب کو ممنوعہ کتابوں کی فہرست میں شامل کر کے ممکنہ دستیاب جلدیں ضائع کر دی گئیں ۔اپنے گھر میں نظر بند رہتے ہوئے بطورِ تجرباتی سائنس دان اس نے اپنے دلچسپی کے موضوع پر تحقیق جاری رکھی ۔ اس عہد میں دوربینوں کے استعمال کے لئے عدسہ کی ساخت وغیرہ پر نئی جدت منظرِ عام پر تھیں جن کی مدد سے وہ دنیا کی پہلی ٹیلی اسکوپ بنانے میں کامیاب ہو ا اور اپنی ٹیلی اسکوپ کے ذریعے اس کی نظریں آسمان سے پیوست ہو گئیں ۔جلد ہی اس نے سیارہ مشتری کے تین چاند دریافت کر لئے جنہیں ٹیلی اسکوپ کے بغیر دیکھ لینا ممکن نہ تھا ۔ مشتری کے چاند سورج یا زمین کے گرد گھومنے کے بجائے خلاء میں کسی اور جسم کے گرد گھومنے کا مطلب یہ تھا کہ زمین کو کائنات کا مرکز قرار دینے کا کوئی امکان باقی نہیں رہ سکتا تھا ۔گلیلیو نے اپنے مشاہدات بہت احتیاط اور خوبی کے ساتھ قلم بند کئے اور خفیہ طریقے سے ہالینڈ میں شائع کر دیے۔ ہالینڈ پر رومن چرچ کے اتنے اثرات نہیں تھے کہ ایسی اشاعت روکی جا سکے جبکہ وہاں کے عام باشندے بھی جدید نظریات کو قدر کی نگاہ سے دیکھتے تھے ۔کیتھولک چرچ نے خاموشی اور غیر محسوس طریقے سے 1758ء میں گلیلیو کی کتابوں پر سے پابندی ہٹا لی لیکن

گلیلیو سے ناروا سلوک پر معذرت کرنے میں مزید ڈھائی صدی اسے انتظار کرنا پڑا جب 1992ء میں پوپ جوہن پال II نے اعتراف کیا کہ گلیلیو سے غیر مناسب برتاؤ کیا گیا تھا۔

آئزک نیوٹن

نیوٹن (1643-1727ء) نے بطورِ کسان اپنی زندگی کی ابتدا کی لیکن جلد ہی زندگی کا وہ راستہ اختیار کیا جس نے اسے انسان کی آج تک کی سائنسی تاریخ کے موثر ترین شخصیت میں چوٹی کی شخصیت کہلانے کا مستحق بنا دیا ۔نیوٹن نے روزمرہ کے مشاہدہ میں آنے والے فلکیاتی اجسام کی حرکیات کو کُپرنِکس ، کیپلر اور گلیلیو کے پیش کردہ نظریات کی روشنی میں پرکھا اور کیپلر کے دریافت کردہ تین قوانین کی طرح ایک مرتبہ پھر تین قوانین دریافت کئے لیکن ان کی قدر و قیمت کیپلر کے قوانین جیسی نہیں ۔کیپلر کے قوانین کے عنوان کو درست الفاظ میں بیان کیا جائے تو "سیاروں کی حرکت کے کیپلر کے تین قوانین" کہنا درست ہے ۔ اس انداز میں نیوٹن کے قوانین کا عنوان کے لئے کہا جائے گا " حرکت کے نیوٹن کے تین قوانین"۔ الفاظ کے فرق سے مفہوم میں فرق واضح ہے کہ اگرچہ کیپلر کے قوانین کا اطلاق قدرتی حالت میں دائرے میں حرکت کرنے والے اجسام پر ہوتا ہے ، لیکن نیوٹن کے قوانین کا اطلاق انسانی مشاہدہ میں آنے والی تمام حرکیات پر ہوتا ہے جس میں دائرہ میں حرکت کرنے والے اجسام بھی شامل ہیں ۔دائرہ کے بجائے بیضوی زیادہ بہتر لفظ ہے لیکن یہاں سہولت کی خاطر دائرہ استعمال کیا جارہا ہے ۔

کیپلر نے سیارہ کی حرکت کا تیسرا قانون یہ بتایا تھا کہ R^3اور T^2آپس میں راست متناسب ہیں۔ کوئی نظریاتی توجیح اس نوعیت کے کسی مشاہدے کی تعریف کی پشت پر نہ ہو تو ایسے قانون کو تجرباتی یا مشاہداتی قانون قرار دیا جاتا ہے ۔اس کی وجہ یہ کہ اگر پوچھا جائے کہ سیارہ کی حرکیات میں R^3اور T^2آپس میں راست متناسب کیوں ہیں؟ تو اس کا سائنسی نظریاتی بنیاد پر جواب نیوٹن کے قوانین سے پہلے نہیں دیا جاسکتا تھا ۔بالفاظ دیگر نیوٹن کے قوانین کے بغیر یہ نہیں

کہا جاسکتا تھا کہ مثلاً $R^{2.5}$ اور $T^{3.8}$ آپس میں راست متناسب ہونے کی دریافت ممکن نہیں ۔

نیوٹن کے دماغ کی انفرادیت یہ تھی کہ اُس کی نظر میں کیپلر کا مشاہداتی طور پر دریافت کردہ R^3 اور T^2 کا آپس میں ربط ریاضی کی زبان میں جتنا سادہ ہے ، اس کی پشت پر فطرت کا قانون بھی ریاضی کی زبان میں اتنا ہی سادہ ہو سکتا ہے جو اس ربط کی سائنسی توجیح کر سکے یا اس حقیقت کی نمائندگی کر سکے ۔ نیوٹن کا ایسے کسی کام کو ریاضی کی زبان میں ظاہر کرنے کا نقطۂ نظر دراصل شعبۂ طبیعیات میں بعد میں وضع ہونے والے یا دریافت ہونے والے تمام قوانین یا نظریات کی بنیاد ہے اور اِس بنیاد کا پہلا پتھر کھڑا کرنے کا سہرا نیوٹن کے سر ہے ۔ مسلمان معاشرے میں تو تاریخ کے اِس نوعیت کے واقعات سمجھنے کا کوئی رجحان دیکھنے میں نہیں آتا لیکن عام طور پر مغربی اسکالرز بھی اکثر اوقات نیوٹن کے دور سے شروع ہونے والی انسانی سوچ میں ڈرامائی تبدیلی کے اس عنصر کی مناسبت اہمیت اور اِس کی ستائش کو نظر انداز کردیتے ہیں ہم نیوٹن کے قوانین کی وضاحت سے پہلے قارئین کی پیشگی تنبیہ کے لئے کہنا چاہتے ہیں کہ انسان دس ہزار سال یا اِس سے زائد عرصہ قبل غاروں میں رہنے اور جنگلی پھل اور شکار پر گزر بسر کرنے سے آگے بڑھا اور کاشتکاری کے دور سے تمدنی زندگی شروع کی تو اُس وقت سے لے کر محض ایک یا دو صدی قبل تک اُس کا تمام تر انحصار بعض مضبوط جانوروں کی جسمانی طاقت پر ہی رہتا رہا ہے ۔ کاشتکاری ، طویل سفر اور سامان کی ترسیل جیسے کام خواہ تجارتی مقاصد کے لئے تھے یا آپس کی جنگوں کے لئے یہ سب کام گائے ، بھینس، گھوڑے اور اونٹ کی مدد سے کئے جاتے تھے ۔ گذشتہ دو صدیوں میں صنعتی دور کی ابتدا کرنے والے اسٹیم انجن، ریل گاڑی، ہوائی جہاز اور بے شمار مشینوں کی ایجاد پھر ان کے بعد الیکٹرانکس، کمپیوٹرز، مصنوعی سیارے، ٹیلی کمیونیکیشن ، طبی استعمال کی مشینیں غرض یہ کہ تمام ایجادات جو اب تک ہو چکی ہیں یا آئندہ ہو سکیں گی، یہ سب نیوٹن کے ایک دماغی عمل کی احسان مند رہیں گی ۔ نیوٹن کی مدح سرائی میں بیان کردہ نکتہ کی وضاحت ضروری ہے ۔

نیوٹن نے 1687ء میں کششِ ثقل کا آفاقی قانون دریافت کر کے ثابت کیا کہ سیاروں کی سورج کے گرد گھومنے کی وجہ یہ ہے کہ

سورج اپنے گرد موجود فلکیاتی اجسام پر ایک فورس ڈالتا ہے جس کی وجہ سے سیاروں کی یہ حرکیات دیکھنے میں آتی ہیں۔نیوٹن کا یہ بیان دراصل انسانی بول چال کی زبان میں کائنات کے کسی مظہر کی تعریف یا وضاحت کا بیان ہے جو نثری الفاظ میں اُس نے کیا۔ ارسطو نے تقریباً تیئیس صدی قبل کائنات کی حقیقت یہ کہہ کر بیان کی تھی کہ تمام کائنات چار اشیاء: پانی، ہوا، آگ اور مٹّی سے بنی ہیں اور یہ کہ ہر شئے اپنے ماخذ سے قریب رہنا چاہتی ہے۔ پانی اور مٹّی کا ماخذ زمین ہے۔ آگ کا ماخذ زمین نہیں بلکہ سورج ہے، یہ وہاں پہنچنا چاہتی ہے اس لئے اوپر کی طرف اٹھتی ہے۔ یقینی ہے کہ یہی تخیّل سیارہ/دیوتا جیو پیٹر (مشتری) اور دیوتا پرومیتھیس سے متعلق دیومالائی روایت وضع کرنے کا سبب بنا کہ پرومیتھیس نے سورج سے آگ چوری کی اور انسانوں کو دے دی۔ارسطو نے بھی بادلوں سے پانی برسنا اور زمین پر آنا یا کسی پتھر کو اوپر پھینکنے پر واپس آنا یا آگ کا اوپر اٹھنا جیسے مظاہر کی تعریف نثری طور پر الفاظ میں بیان کر دی۔ لیکن ارسطو کی بیان کردہ تعریف سے یہ پتہ نہیں چلتا کہ یہ سب کیسے ہو رہا ہے۔ نیوٹن کے نثری بیان سے بھی اس سوال کا جواب نہیں ملتا کہ ایسا کیوں ہے؟ لہٰذا اگر نیوٹن اور ارسطو کا بیان پڑھیں تو دونوں میں اسپرٹ کا کوئی فرق نہیں ہے بلکہ یہی کہا جائے گا کہ یہاں فلسفہ یا منطق پر مبنی دلائل کار فرما ہیں۔نیوٹن کی برتری یہ ہے کہ وہ کسی کائناتی مظہر کی الفاظ میں بیان کردہ نثری تعریف پر ٹھہرتا نہیں بلکہ پہلے اس کو ریاضی کی زبان میں لکھتا ہے تب اُس کی وضاحت کرتا ہے۔نیوٹن کی یہی عظمت ہے کہ اُس نے حرکت کے تین قوانین بتائے اور اُن کے ساتھ ایک علیحدہ قانون "کائناتی کششِ ثقل کا قانون" کے عنوان سے وضع کیا جو تین قوانین کے ساتھ مل کر ریاضی کی بنیاد پر اجسام کی حرکت کی نظریاتی توجیہ کرتے ہیں اور ساتھ میں یہ بھی ثابت کرتے ہیں کہ کیپلر کے تیسرے قانون میں R^3 اور T^2 آپس میں راست متناسب کے علاوہ کوئی اور صورت ممکن نہیں ہو سکتی۔

نیوٹن کے قوانین کے ذریعے کیپلر کا بیان کردہ سیاروں کی حرکت کا R^3 اور T^2 کے درمیان ربط کی وضاحت ہمارے بعض قارئین کے لئے دشوار ہو سکتی ہے لیکن کچھ زحمت اس لئے گوارا کر لینی چاہئے کہ ہماری نظر میں اس نکتہ کی وضاحت سے نہ صرف نیوٹن کی دماغی طاقت کا قرار واقعی اعتراف کیا جاسکتا ہے بلکہ انہی

تفصیلات کے ذریعے ہم سمجھ سکیں گے کہ اللہ تعالیٰ کی اُمت مسلمہ کو نوازی گئی دوسری نعمت کیا تھی جسے ہم نہ سمجھ پائے ۔

مذکورہ معاملہ کی وضاحت کے لئے نیوٹن کا حرکت کا دوسرا قانون اور نیوٹن کا کائناتی یا آفاقی کششِ ثقل کا قانون جو اُس نے ریاضی کی زبان میں لکھے اور اُن کی تشریحات بیان کیں، یہی دو قوانین ہمیں درکار ہیں:

حرکت کا دوسرا قانون $F = ma$

$$\frac{GmM}{r^2}$$

آفاقی کششِ ثقل کا قانون $F =$

حرکت کا دوسرا قانون

نیوٹن نے ریاضی میں لکھے گئے حرکت کے دوسرے قانون کی وضاحت اس طرح کی کہ اگر کسی جسم پر فورس (F) ڈالی جائے تو اس جسم میں اسراع (a) پیدا ہوسکتا ہے ۔ اسراع سے مراد یہ کہ اس جسم کی رفتار میں تبدیلی آسکتی ہے اور یہ کہ اگر کسی جسم کی کمیت (m یعنی جسم میں مادّہ کی مقدار) زیادہ ہو تو اسراع پیدا کرنے کے لئے زیادہ فورس استعمال کرنی پڑے گی ۔ فورس کی مقدار کا تعین اس مساوات سے کیا جاسکتا ہے جس کو فارمولے کے طور پر اوپر لکھا گیا ۔

آفاقی کششِ ثقل کا قانون

نیوٹن کی وضاحت کے مطابق اجسام کے اندر ایک فورس (F) پوشیدہ ہے جس کے تحت دو اجسام مستقلاً ایک دوسرے کو اپنی طرف کھینچے ہیں ۔ کتنی فورس سے کھینچے ہیں؟ اس کا تخمینہ اُس مساوات کے ذریعے کیا جا سکتا ہے جو ایک فارمولے کے طور پر ریاضی کے اصولوں پر اوپر بیان کی۔ اس فارمولے کے تحت اگر اجسام کی کمیت (m) اور (M) زیادہ ہو تو عمل پذیر فورس بھی زیادہ ہو گی اوردو اجسام جتنی دور فاصلے پر ہوں، یعنی (r) جتنا زیادہ ہو اسی حساب سے فورس کی شدّت میں تیزی سے کمی واقع ہو گی۔ اس

مساوات میں ٹرم G کو نیوٹن نے کششِ ثقل کا آفاقی مستقل (Universal Gravitational Constant) قرار دیا جس کی مقدار تجربات کے ذریعے معلوم کی جاتی تھی ۔

R^3 اور T^2 کے درمیان ربط

کیپلر کے اس قانون کا نظریاتی ثبوت نیوٹن کے بتائے ہوئے دو قوانین کے ذریعے اس طرح کیا جا سکتا ہے کہ اگر ہم سورج کی کمیت کو M سے اور اُس کے اطراف گردش کرنے والے کسی سیارے کی کمیت کو m سے ظاہر کریں اور ساتھ میں ان دونوں اجسام کے درمیان فاصلے کو R سے ظاہر کریں تو سورج کی سیارے پر عمل پذیر فورس نیوٹن کے دوسرے قانون کے مطابق $F = ma$ سے اور ان دونوں اجسام کے درمیان کششِ ثقل کی وجہ سے فورس $F = \frac{GmM}{R^2}$ سے ظاہر کی جا سکتی ہے ۔ یہ دونوں فورسز چونکہ برابر ہیں؛ اس لئے ہم $ma = \frac{GmM}{R^2}$ لکھ سکتے ہیں ۔ یہاں کمیت m مساوات کے دونوں طرف موجود ہے، لہٰذا ریاضی کے قاعدے کے تحت اسے منقطع کیا جا سکتا ہے ۔ انقطاع کے بعد درست شکل میں یہ مساوات $a = \frac{GM}{R^2}$ بن جائے گی ۔

دائرے میں حرکت کرنے والے کسی بھی جسم میں طبیعیات کے قانون کے مطابق اسراع موجود رہتا ہے جس کو سیارہ کی حرکت کے لئے ریاضی کے قاعدے کے مطابق $a = \frac{v^2}{R}$ سے ظاہر کیا جاسکتا ہے جس کی تفصیلات سمجھنے کی ہمیں فی الوقت ضرورت نہیں ہے ۔ دوسری بات یہ کہ سیارہ سورج کے اطراف ایک دائرہ مکمّل کرنے پر T وقت میں $2\pi R$ فاصلہ طے کرتا ہے ۔ $2\pi R$ فاصلہ بھی دائرہ کا ایک قاعدہ ہے، لہٰذا سیارہ کی رفتار v کو ان دو مقداروں کی مدد سے $v = \frac{2\pi R}{T}$ لکھا جا سکتا ہے ۔ اب اگر ہم یہ دونوں مقداریں $a = \frac{v^2}{R}$ اور $v =$

$\frac{2\pi R}{T}$ اوپر درج مساوات $a = \frac{GM}{R^2}$ میں استعمال کریں تو تھوڑی کوشش کے بعد لکھ سکتے ہیں:

$= \frac{GM}{R^2} \frac{4\pi^2 R}{T^2}$ ، اس کو مزید ترتیب دیں تو ریاضی کے قاعدے کے مطابق اسے $= \frac{GM}{4\pi^2} \frac{R^3}{T^2}$ لکھا جائے گا ۔اس مساوات میں داہنے ہاتھ والی تمام علامات کا حاصل ایک عدد ہے جو ہر سیارے کا سورج سے فاصلہ اور سورج کے گرد دائرہ مکمّل کرنے کا وقت استعمال کرنے سے ایک ہی عدد دیتا ہے جیسا کہ ہم نے کیپلر کے مشاہداتی ٹیبل کے آخری کالم میں نقل کیا تھا ۔

پس، نیوٹن کے طبیعیات کے اصول پر دریافت کردہ کششِ ثقل کی آفاقی فورس پر مبنی قانون نے کیپلر کے مشاہداتی قانون کی مکمّل توضیح پیش کی اور ساتھ میں یہ بھی ثابت کر دیا کہ کائناتی اجسام کی حرکیات کا R^3اور T^2آپس میں راست متناسب ہونے کے علاوہ کوئی اور طرز ممکن نہیں ہے ۔نیوٹن کے قوانین سے حاصل کردہ اوپر درج نتیجہ کے تحت طبعی ٹرم GM کا تخمینہ $GM = 4.0x10^{14} m^3/s^2$لگایا گیا ۔

یہ پہلا موقع تھا جس میں ثابت کیا گیا کہ سورج کے گرد سیاروں کی حرکت یا زمین کے گرد چاند کی حرکت نیوٹن کے دریافت کردہ آفاقی قوانین کے زیرِ اثر ہیں ورنہ نیوٹن سے پہلے اس کا کوئی تصوّر انسان نہیں کر سکا تھا ۔یہ قوانین چونکہ آفاقی ہیں، لہٰذا اِن کا اطلاق نہ صرف سورج، سیاروں اور چاند پر بلکہ توپ کے گولے پر، کسی کا جھولے پر جھولنا وغیرہ بھی ان قوانین کے تحت سمجھے جا سکتے ہیں ۔مثال کے طور پر ہماری کالج کی انٹرمیڈیٹ تعلیم کے دوران پہلے سال لیبارٹری میں زمین کی وجہ سے اسراع تجربہ سے معلوم کیا جاتا تھا جس میں گلیلیو کے تجربے کی طرح مختصر وزن کی لوہے کی گولیاں کسی زاویہ سے لڑھکائ جاتی تھیں اور وقت کی پیمائش کی جاتی تھی ۔ اس تجربہ سے بآسانی زمین کا اسراع $g = 9.8 m/s^2$حاصل ہو جاتا تھا ۔ نیوٹن کے قوانین سے اخذ کردہ مساوات $GM = aR^2$میں زمین کا نصف قطر $R= 6370 km$ اور اسراع $g = 9.8 m/s^2$استعمال

کیا جائے تو اس تخمینہ سے بآسانی $GM = 4x10^{14}m^3/s^2$ حاصل کیا جاسکتا ہے جو کہ وہی عدد ہے جو سورج اور سیارے کے ڈیٹا سے اوپر حاصل ہوا تھا ۔ زمین چونکہ سورج کے گرد 365.25 دنوں میں ایک چکر مکمّل کرتی ہے جبکہ سورج زمین سے 150 ملین کلومیٹر دور ہے، لہٰذا نیوٹن کے قانون کے ذریعے سورج میں مادّہ کی مقدار یا سورج کی کمیت معلوم کی جا سکتی ہے ۔ قارئین کوشش کریں تو معلوم ہوگا کہ سورج میں زمین سے 330،000 گنا زیادہ مادّہ موجود ہے ۔انہی قوانین سے مثلاً انڈرومیڈا کہکشاں میں مادّہ کی مقدار معلوم ہوتی ہے اور بلیک ہول اور تاریک مادّہ جیسے تصورات مزید واضح ہو سکے ہیں ۔

نیوٹن کے قوانین بہت بڑا خزانہ ثابت ہوئے ۔ کائنات میں پائی جانے والی چار فورسز، یعنی گریوٹی یا کششِ ثقل، روشنی اور دو فورسز جو ایٹم کے اندر کام کرتی ہیں ، میں سے پہلی قوّت کے آفاقی قوانین نیوٹن کے توسط سے دستیاب ہوئے جن سے انسان کائنات میں موجود اتنے دور کے اجسام کی سائنسی توجیہ کر سکتا ہے جن فاصلوں کا تصوّر کرنا محال ہے ۔

نیوٹن کے قوانین نے سورج کے گرد تمام سیاروں کی حرکیات کی پیشگوئیاں کیں جو تجرباتی مشاہدات سے بالکل درست ثابت ہوئیں سوائے سورج سے قریب ترین سیارہ مرکری کے ۔ سورج سے قریب ترین ہونے کی وجہ سے اس سیارہ پر سورج کی کششِ ثقل کا اثر باقی سیاروں کے مقابلے میں شدید ترین ہے ۔ اس سیارے کی اپنے مدار میں حرکت نیوٹن کے قوانین سے حاصل ہونے والی حرکیات سے مختلف تھی ۔ اس معاملے کی سائنسی توجیہہ کے لئے دنیا کو دو صدی سے زائد عرصہ انتظار کرنا پڑا جب تک کہ آئن سٹائن نے بیسویں صدی میں اپنے نظریہ کی ریاضیات مکمّل نہ کر لیں ۔

آئن سٹائن

البرٹ آئن سٹائن (1879-1955ء)انسانی ذہانت کے لحاظ سے پوری انسانی تاریخ میں سب سے بڑا نام تسلیم کیا جاتا ہے ۔ اس نے 1905ء میں Special Theory of Relativity اور دس سال بعد General Theory of Relativity سے دنیا کو متعارف کیا لیکن اس کی پیش کردہ خصوصاً

دوسری یعنی جنرل تھیوری کو ہمیشہ سے تھوڑے ہی لوگ سمجھ پاتے ہیں ۔اِس کی وجہ یہ کہ جس قسم کا Math اس کی جنرل تھیوری میں استعمال ہوا، اس سے لوگ واقف نہیں اور اتنی ہی بلکہ اُس سے بھی زیادہ بڑی وجہ یہ کہ زمان و مکاں کے جس مفہوم کا یہ نظریہ تقاضا کرتا ہے اس تک کسی کی نظر نہیں پہنچ پاتی ہے اور نہ ہی تھوڑی بہت کوشش سے پہنچ سکتی ہے ۔بیشتر لوگ آئن سٹائن کی پہلی تھیوری سے پیدا شدہ مشہور مساوات $E = mc^2$ سے واقف ہیں لیکن اس مساوات کا درست مفہوم بھی عام طور پر نہیں سمجھ پاتے ۔ نیوٹن کے قوانین اگرچہ مرکری کے سوا باقی تمام سیاروں کی حرکیات کی درست توجیح پیش کرتے ہیں ، لیکن یہ قوانین کائنات کی محض موجودہ صورتحال کی وضاحت کرتے ہیں ۔ ان سے یہ پتا نہیں چلتا کہ طبعی کائنات اس حالت تک پہنچنے میں کیا راستہ اختیار کرتی رہی ہے ، کب شروع ہوئی اور کس سمت میں یہ اب جاری ہے ۔ آئن سٹائن کی جنرل تھیوری نے نہ صرف مرکری کی حرکیات کو درست طور پر بتایا بلکہ کائنات کی ابتدا یعنی Big Bang اور زمان و مکاں کے نئے اور اچھوتے مفہوم سے کششِ ثقل کی ایسی حیرت انگیز توجیح کی جس کی وجہ سے نظریاتی اور تجرباتی سائنس دانوں کو بیشتر سوالات کے تسلّی بخش جواب ملتے جاتے ہیں ۔ آئن سٹائن کی پہلی تھیوری سے حاصل کردہ مساوات $E = mc^2$ نے واضح کیا کہ سورج کے بطن میں کیا عمل جاری ہے جس کے ذریعے وہ توانائی حاصل کرتا ہے، اپنی ساخت کو قائم رکھے ہوئے ہے اور برقی مقناطیسی شعاعوں کے ذریعے اپنے اطراف کو روشن کرتا ہے اور انہیں زمین کو منتقل کرتا ہے جس کی وجہ سے زمین پر حیات جیسا انہونا تخلیقی منظر نامہ قائم ہے ۔اسی مساوات میں ایٹمی توانائی کا تصوّر بھی پوشیدہ تھا جس کی سمجھ پیدا کر کے ایٹمی بم بنایا گیا اور بعد میں ایٹمی ریکٹر کے ذریعے تمدنی استعمال کے لئے سستی ترین بجلی بنانے کی صنعت پیدا ہوئی ۔ جو مدعا اس تمام بحث میں ہم نے اٹھا رکھا ہے اس کے لئے قارئین کو آئن سٹائن کے کام کی وضاحت بیان کرنے کی ہمیں ضرورت نہیں ہے ۔ جو اصل بات ہمیں موضوع کے لحاظ سے درکار ہے، اُس کے لئے آئن سٹائن کی جنرل تھیوری سے برآمد ہونے والی کششِ ثقل کی مساوات ، جو نیوٹن کی مساوات سے مختلف اور انتہائی پیچیدہ ہے، ذیل میں نقل ہے:

$$R_{\mu\nu} - \frac{1}{2}Rg_{\mu\nu} + \Lambda g_{\mu\nu} = \frac{8\pi G}{c^4} T_{\mu\nu}$$

اس مساوات میں داہنی طرف کی ٹرم $T_{\mu\nu}$ مادّہ اور انرجی کی زمان و مکاں میں تقسیم کو ظاہر کرتی ہے ۔ اگر آئن سٹائن کی اس مساوات کا ہمارے شمسی نظام پر اطلاق کرنا ہو تو اس کی جگہ سورج کی کمیت رکھی جائے گی ۔ مساوات کی بائیں طرف کی تینوں ٹرم زمان و مکاں کو جیومیٹری کی شکل میں وہ ساخت دیتی ہے جس کے تحت سورج کے گرد تمام سیاروں کی حرکیات کا معاملہ طے ہوتا ہے ۔اس مساوات میں داہنی طرف ٹرم G بھی موجود ہے ۔ یہ وہی Gravitational Constant G ہے جسے نیوٹن نے اپنے قانون میں متعارف کرایا تھا ہمارے موضوع کے لحاظ سے اہم ترین علامت بائیں طرف کی تیسری ٹرم میں موجود علامت Λ ہے جسے آئن سٹائن نے Cosmclogical Constant کے عنوان سے اپنی تھیوری میں پیش کیا ۔

اس علامت کا پس منظر سمجھنے کے لئے ہمیں کچھ دیر کے لئے ماضی میں واپس جھانکنا پڑے گا ۔ ارسطو کے زمانے سے پہلے تک میسو پوٹامیا، سمیر یا ، مصر اور انڈیا وغیرہ کی قدیم تہذیبوں میں آسمانوں میں مختلف مقامات پر تاروں کے جمگھٹے منفرد طرز کی جیومیٹریکل شکلیں اختیار رکھتے تھے جو ان کی توجّہ کے بڑے مناظر میں سے تھے ۔ ان جیومیٹریکل شکلوں کو بعد میں یونانیوں نے زیادہ بہتر ریکارڈ کی صورت میں محفوظ کیا ۔ انہی قدیم وقتوں سے

ستاروں کے جمگھٹوں کو بُرج (Constellations) کے نام سے جانا گیا اور ہر منفرد جمگھٹے کے لئے الگ نام اور ان سے منسوب تخیلاتی روایات و کرامات وغیرہ بھی فنونِ لطیفہ میں مستقل مقام حاصل کرتی رہیں ۔ عام طور پر لوگوں کو اپنی قسمتوں کا براہ راست تعلق ان ستاروں اور بُرجوں کی چال پر منحصر ہونا بھی ہمیشہ سے یقینی اور حقیقی محسوس ہوتا رہا ہے ۔ یہ تصورات دوسری تمام اقوام کے ساتھ ساتھ مسلمانوں کے سنہرے دور اور بعد کے انحطاط زدہ ادوار میں بھی باقاعیدگی سے دیکھنے کو ملتے ہیں ۔قدیم اقوام کو یہ بُرج آسمانوں پر سورج اور سیاروں کے مقابلے میں بہت آہستہ چال رکھنے والے اجسام نظر آتے تھے، یعنی بعض جمگھٹے موسمِ سرما میں تو بعض موسمِ گرما میں ہر سال سامنے آتے تھے ۔ لہٰذا بطلیموس نے دوسری صدی عیسوی میں ارسطو کا چار پانچ صدی قبل کے تصورِ کائنات کو اپنے وقتوں کے جدید طرز میں ماڈل کے طور پر پیش کیا تو اس کا خلاصہ یہ تھا کہ سورج اور سیارے زمین کے اطراف گردش میں ہیں ۔ یہ اجسام دراصل آنکھوں سے نہ دیکھے جانے والے شفاف کرسٹل سے بنے ہوئے قُبّوں میں اس طرح جڑے ہوئے ہیں کہ پہلے ایک قُبّہ ہے پھر اُس کے باہر ایک بڑا قُبّہ پھر ایک اور، اس طرح قُبّہ پر قُبّہ جمع ہیں ۔ ہر قُبّہ پر کچھ روشن اجسام بندھے ہوئے ہیں اور یہ سلسلہ دور تک جاری ہے ۔ زمین کے گرد اجسام نہیں بلکہ یہ تمام قُبّہ گھومتے ہیں اور آخری قُبّہ کے بعد اندھیرا ہے ۔

نیوٹن کے زمانے میں زمین کی جگہ سورج کو ساکن تسلیم کر لیا گیا اور چونکہ سیاروں کی حرکیات سورج کے گرد ہونا ایک حقیقی بات تھی لہٰذا بطلیموس کے ماڈل میں جو الجھنیں تھیں وہ صاف ہو گئیں ۔ گلیلیو کی ٹیلی اسکوپ سے نظروں کی رسائی زیادہ فاصلوں تک پہنچ سکی تو بُرج اور بظاہر دور فاصلوں پر قائم ستارے سورج کے گرد حرکت کرتے محسوس ہوئے ، اس لئے بیسویں صدی کی ابتدا تک فلکیاتی ماہرین کا تصوّر یہ تھا کہ اگرچہ بہت فاصلے پر قائم ستارے سورج کے گرد بہت آہستگی سے حرکت کرتے ہیں لیکن جو ستارے بہت دھندلے یا بہت چھوٹے نظر آتے ہیں وہ بتدریج کم و بیش ساکن ہوتے چلے جاتے ہیں ۔بالفاظ دیگر تمام کائنات کو مجموعی طور دیکھا جائے تو اگرچہ قریبی اجسام حرکت کرتے نظر آتے ہیں، لیکن کائنات اپنی انتہائی وسعتوں میں ایک ساکن شئے ہے ۔

اس حد تک وضاحت کے بعد قارئین کی توجّہ کے لئے ضروری ہے کہ آئن سٹائن کی جنرل تھیوری کی پیچیدہ مساوات پر ایک نظر ڈال لیں ۔آئن سٹائن جب اپنے انتہائی پیچیدہ Math کے بعد اس مساوات کی فائنل حالت تک پہنچا تو اُس مساوات میں Λ علامت رکھنے والی تیسری ٹرم موجود نہیں تھی ۔ وہ خود تو تجرباتی فلکیات کا ماہر نہیں تھا ۔ اُس کا دلچسپی کا موضوع ریاضی اور طبیعیات تھا ۔ 1915ء میں اپنی تھیوری پیش کرنے سے پہلے فلکیات کے ماہرین کے ذریعے اُس کے علم میں یہ بات تھی کہ کائنات اپنی انتہائی وسعتوں میں ساکن (static) ہے، لہٰذا اسے اپنی مساوات میں Λ علامت کے ساتھ تیسری ٹرم کا اپنے طور پر اضافہ کرنا پڑا ۔ اس ٹرم کے بغیر اُس کی مساوات دو باتیں تجویز کرتی تھی: ایک یہ کہ تمام کائنات ماضی میں کسی وقت ایک ناقابلِ تصوّر حد تک چھوٹے نقطہ سے Big Bang کی صورت میں شروع ہو کر خلا میں پھیلنا شروع ہوئی اور دوسری بات یہ کہ کائنات کا پھیلاؤ وقت کے ساتھ سست ہوتا چلا جائے گا یہاں تک کہ کششِ ثقل اس پھیلاؤ پر حاوی ہونا شروع ہو جائے ۔ تب ایک وقت آئے گا کہ وہ واپس سکڑنا شروع ہوگی، اور اس حد تک پہنچے گی کہ دوسرا Big Bang نمودار ہوجائے، اِس طرح یہ طرز دہرایا جاتا رہے گا ۔آئن سٹائن کی تھیوری سے کم از کم اُس وقت تک کے علم کے مطابق یہ طرز تجویز ہوتا تھا، لیکن اپنی مساوات سے ساکن کائنات کا نتیجہ اخذ کروانے کے لئے آئن سٹائن نے Λ کی علامت کے ساتھ

تیسری ٹرم داخل کی ۔ اس ٹرم نے کائنات کے پھیلاؤ اور کھنچاؤ میں ایسا توازن پیدا کیا کہ دونوں قوّوتوں کے اثرات منقطع ہو گئے اور کائنات نے ایک ساکن کائنات کی حیثیت اختیار کر لی ۔ آئن سٹائن نے اس علامت کا نام اسی وجہ سے Cosmological Constant رکھا تھا ۔آئن سٹائن کے 1915ء میں جنرل تھیوری پیش کرنے کے بعد بھی چند سال تک ملکی وے کہکشاں کو ہی تمام کائنات سمجھا جاتا رہا تھا ۔ اس وقت تک ٹیلی اسکوپ اتنی طاقتور نہیں تھیں کہ زمینی فضا کی کثافتوں سے باہر دور تک دیکھ سکیں ۔ انتہائی فاصلے پر جو کہکشائیں بہت مدھم اور دھندلے نقطے محسوس ہوتی تھیں، انہیں بھی ملکی وے کا حصّہ سمجھا گیا ۔ وہ اجسام مشاہداتی فلکیات کے ماہرین کو تقریباً غیر متحرک محسوس ہوتے تھے ۔

ہَبل ٹیلی اسکوپ

ہَبل ٹیلی اسکوپ ایک مشہورِ عالم لیبارٹری انسٹرومنٹ کی حیثیت سے انتہائی معروف شئے ہے جس کی مدد سے بیسویں صدی میں کائنات کے انتہائی گہرے رازوں سے پردہ اٹھایا جا سکا ہے ۔اس ٹیلی اسکوپ کا نام مشاہداتی فلکیات کے ایک بڑے سائنس دان ایڈوِن ہَبل (1889-1953ء) کے نام پر اُس کی بجا طور پر انتہائی اعلیٰ خدمات کے اعتراف میں ہَبل ٹیلی اسکوپ رکھا گیا ۔ ہَبل نے 1917 میں شکاگو یونیورسٹی سے فلکیات میں PhD کرنے کے بعد کیلیفورنیا میں تعمیر ہونے والی ایک نئی اور طاقتور ٹیلی اسکوپ کے ذریعے فلکیاتی تحقیق شروع کی ۔ ہَبل کی تحقیقات کے بعد جو اہم ترین مشاہدات بلا تردید سامنے آئے وہ یہ کہ اولاً ، کائنات صرف ملکی وے کہکشاں تک محدود نہیں بلکہ اس سے کہیں زیادہ وسیع ہے ثانیاً ، یہ کہ جن مدھم ستاروں کو ملکی وے کہکشاں کا حصّہ سمجھا گیا تھا، وہ درحقیقت

اپنی جگہ عظیم الخلقت کہکشائیں ہیں ۔ثلاثاً ، یہ کہ کائنات اپنی وسعتوں میں ساکن نہیں ہے ۔رابعاً، یہ کہ کائنات کا پھیلاؤ کسی مستقل رفتار سے نہیں ہو رہا بلکہ پھیلاؤ کی رفتار وقت کے ساتھ بڑھ رہی ہے اور خامساً، یہ کہ کائنات میں جتنا دور دیکھا جائے، کائنات کے پھیلاؤ کی رفتار میں اضافہ بھی اتنا ہی زیادہ ہے ۔

ہَبل ٹیلی اسکوپ اور سائنس دان ایڈوِن ہَبل سے متعلق اور بھی بہت اہم قابلِ تذکرہ باتیں ہیں جنہیں نظر انداز کیا جا سکتا ہے تاکہ قارئین کو آئن سٹائن کے ساکن کائنات کے تصوّر کی طرف متوجہ رکھا جا سکے۔ ساکن کائنات سے مطابقت کے لئے آئن سٹائن کو اپنی عظیم الشان جنرل تھیوری میں Λ کی علامت کا اضافہ کرنا پڑا تھا جو اُس کی اصل تھیوری میں موجود نہیں تھا ۔ ہَبل ٹیلی اسکوپ کے ذریعے اس نقطہ نظر کے برعکس مشاہدات سامنے آنے پر آئن سٹائن نے 29 جنوری 1931ء کے روز کیلیفورنیا جا کر ہَبل سے ملاقات کی اور ٹیلی اسکوپ سے کائنات کو ساکن ہونے کے بجائے اس کے پھیلنے کا ذاتی مشاہدہ کیا ۔ اُس روز آئن سٹائن نے اخبار نویسوں سے ایک جملہ کہا جو بعد میں بہت یاد رکھا گیا ہے ۔اُس نے کہا کہ جنرل تھیوری کی فائنل مساوات میں Λ داخل کرنا اُس کی زندگی کی سب سے بڑی غلطی تھی ۔یہ کہنا مشکل ہے کہ اپنی وفات کے وقت اپنی غلطی پر اُس ذہین شخص کے کیا احساسات تھے لیکن 1990ء کے لگ بھگ زمانے میں نئے کائناتی مشاہدات کے بعد اِس علامت کو نظریاتی طبیعیات کے ماہرین کہیں زیادہ شدّت سے آئن سٹائن کی مساوات میں واپس لانے پر مجبور ہوئے ہیں ۔

تلخیصِ موضوع

علومِ فلکیات کے زیرِ بحث موضوع میں قرآنی اشارات کا تذکرہ ابھی باقی ہے ، لہٰذا موضوع کے خلاصہ کے طور پر کچھ بیان کرنا بظاہر مناسب نہیں ، لیکن یہاں ہماری مراد یہ ہے کہ اب تک کی بحث میں ہم جان لیں کہ ہمارے سیکھنے کی کیا باتیں یہاں موجود ہیں ۔زیرِ غور نکات دو الگ حصوں میں بیان کیے جا سکتے ہیں ،جس کے بعد قرآنِ کریم کی متعلقہ آیات دیکھی جائیں گی تو امید ہے کہ انشاء اللہ ہم آیات کا زیادہ بہتر یا زیادہ درست مفہوم سمجھ سکیں گے ۔

تلخیص کا پہلا حصّہ یہ کہ نیوٹن انسانی تاریخ میں پہلا سائنس دان ہے جس نے طبعی دنیا سے متعلق کسی مظہر کی توضیح ریاضی کی زبان میں کی ۔ کسی مشاہدہ یا کسی طبعی ساخت کو ریاضی کے قواعد کے تحت سمجھنا یا بیان کرنا کوئی نیا تصوّر نہیں بلکہ کافی پرانا ہے ۔ مسئلہ فیثا غورث سے کون واقف نہیں ہے ؟ کسی مثلث میں اگر ایک زاویہ 90 درجہ کا ہو تو اس مثلث کے وتر کی لمبائی کا فارمولا یونانی فلسفی فیثا غورث نے پانچویں صدی قبل مسیح کے زمانے میں ریاضی کے اصول پر دیا تھا جو آج بھی نہ صرف پڑھایا جاتا ہے بلکہ متعدد معاملات میں استعمال بھی ہوتا ہے ۔آئن سٹائن کی پہلی تھیوری جس کی بدولت $E=mc^2$ جیسی اہم اور دنیا کی مشہور ترین مساوات حاصل ہو سکی، اس کا تمام تر انحصار فیثا غورث کے ڈھائی ہزار سال قبل دریافت کردہ اسی اصول پر تھا ۔

$$\sqrt{p^2 + b^2} = h$$

ی ہ ایک سادہ سا فارمولا ہے جس کے ذریعے اگر مثلث کا عمود p اور قاعدہ b کی لمبائی معلوم ہو مثلث کے وتر h کی لمبائی کا بآسانی تخمینہ لگایا جاسکتا ہے ۔یونان کے ذہین افراد بعد کی چند صدیوں میں اس فارمولا اور ٹرگنومیٹری کے قاعدے استعمال کر کے زمین سے چاند کا مناسب حد تک درست فاصلہ حاصل کر سکے تھے ۔اسلامی سنہری دور میں عبدالرحمن الخزینی نے بارہویں صدی عیسوی میر عناصر کا مطلق وزن معلوم کرنے کا فارمولا دریافت کیا اور متاثر کن نتائج حاصل کئے ۔ فارمولا ذیل میں نقل ہے:

$$\frac{\frac{1}{d1} - \frac{1}{s}}{\frac{1}{d1} - \frac{1}{d2}} X = A$$

علامتوں کی وضاحت کے بغیر اس فارمولے کو سمجھنا ممکن نہیں، تاہم تفصیلات میں جائے بغیر بھی فارمولے کی پیچیدگی دیکھی جا سکتی ہے خصوصاً اس صورت میں جبکہ اس سے حاصل کردہ نتائج تسلی بخش ہوں ۔ ہمارے کہنے کا مطلب ہے کہ کسی معاشرہ یا تمدّن میں اعلیٰ معیار کی سرپرستی کے عناصر موجود ہوں تو وہاں برتر علوم کی پرورش ہو سکتی ہیں ۔ یونان میں علوم اور تحقیق پر توجّہ کے پندرہ صدی بعد مسلمان تہذیب میں ریاضی کے قواعد کا استعمال قابلِ قدر علامت تھی لیکن تاتاری غارت گری کے ساتھ ہی یہ سلسلہ مسلمانوں میں معدوم ہو گیا ۔

فلکیاتی تحقیق میں مسلمان اسکالرز آٹھویں سے تیرہویں صدی تک بطلیموس کے زمین مرکز نظریہ کے تحت یہ تحقیق آگے بڑھاتے رہے تھے ، لیکن بدقسمتی سے یہ تحقیقات بہت کچھ علمِ نجوم اور ستاروں کی چال کا انسانی قسمت میں عمل دخل کے زیرِ اثر کی جا تی رہیں ۔ کیمیا گری میں تجرباتی مشاہدات بہت اعلیٰ پیمانے پر نظر آتے ہیں، لیکن اِس کے پیچھے بھی اکثر یہ تمنّا نظر آتی ہے کہ کسی کیمیائی عمل سے تانبہ پیتل وغیرہ کو سونے میں تبدیل کیا جاسکتا ہے ۔فلکیاتی تحقیق مسلمانوں سے یورپ کو منتقل ہوئی تو کُپرنِکس نے پندرہ صدی سے جاری زمین مرکز فلکیات کے مقابلے میں سولہویں صدی میں پہلی مرتبہ سورج مرکز فلکیات کا تصوّر پیش کیا اور آنے والی چار صدیوں تک اس ماڈل کے اثرات فلکیاتی علوم کے ساتھ ساتھ دیگر سائنسی علوم میں بھی انتہائی غیر معمولی پیش قدمی کرتے چلے گئے ۔نیوٹن نے سترہویں صدی میں چار آفاقی فورسز میں سے ایک فورس کو ریاضی کی مساوات کے ذریعے ظاہر کرنے کی بنا ڈال دی تو اُس کے بعد مغربی سائنسی تحقیقات نے اس روایت کی قدر و قیمت کا

بخوبی اندازہ کر لیا ، لہٰذا ریاضی کے طریقے سے انحراف کی کبھی کوشش نہیں کی ۔ آئن سٹائن 1905ء کے لگ بھگ زمانے میں جنرل تھیوری کی اصل منطق سمجھ گیا تھا لیکن اُس نے ارسطو کی طرح اپنا نقطۂ نظر نثری انداز میں دنیا کو بتانے کے بجائے اپنے تک محدود رکھا اور دس سال محض اِس کوشش میں صرف کر دیئے کہ یہ تصوّر ریاضی کی زبان میں کیسے لکھا جائے؟ اُس نے جب یہ کر لیا تو اپنی انتہائی پیچیدہ مساوات کے تحت اسے پیش کیا جو ہم نے اوپر نقل کی ۔ آئن سٹائن کی پیش کردہ $E = mc^2$ دنیا کی مشہور ترین مساوات ہے۔ اس کو ریاضی کی زبان میں بتائے بغیر کچھ حاصل نہیں کیا جاسکتا تھا اور جو کچھ حاصل کیا جا سکا وہ ناقابلِ یقین ہونے کی حد تک غیر معمولی ہے ۔

آئن سٹائن سے دو صدی قبل متعدد مغربی سائنس دان کائنات میں بڑے اجسام سے وابستہ علوم کے ساتھ ساتھ مختصر ترین اجسام یعنی ایٹم اور روشنی کی حقیقت پر تحقیقات کی طرف بہت دل جمعی سے اپنی توجہات مبذول کر چکے تھے ۔ بالآخر 1935ء میں شروڈنجر نامی سائنس دان نے انتہائی چھوٹے ذرّات کے معاملے میں الیکٹران کی حرکیات کی توضیح کے لئے ایک مساوات دریافت کی جو اس شعبۂ طبیعیات میں انقلابی مساوات ثابت ہوئی جس کے بغیر موجودہ الیکٹرانکس کی ایجادات ممکن نہیں ہو سکتی تھیں ۔ موجودہ سائنسی ،صنعتی ، کمپیوٹر اور اطلاعات و نشریات کی انتہائی تیز رفتار ترقی کا تمام تر انحصار 1947ء میں پہلی مرتبہ ایجاد ہونے والے سولڈ اسٹیٹ ٹرانزسٹر پر ہے جو درحقیقت انسانی زندگی کے ہر ایک شعبے میں انقلابی تبدیلیاں پیدا کرتا چلا گیا ہے ۔اس وقت دنیا کا کم و بیش ہر اِنسان دن بھر جو سیل فون ہاتھ میں تھامے رہتا ہے، اس ایک سیل فون میں کام کرنے والے ٹرانزسٹر کی تعداد تمام دنیا میں بسنے والے انسانوں کی تعداد سے زیادہ ہے ۔پس یہ بات باعثِ تعجب نہیں کہ کارخانوں میں ایک سال میں بنائے جانے والے ٹرانزسٹرز کی تعداد سال بھر میں پوری دنیا میں زراعت سے پیدا ہونے والے چاول کی تعداد سے زیادہ ہے ۔ ریت کے ذرّات کو لاتعداد ٹرانزسٹرز پر مشتمل مائکروچپ میں تبدیل کرنا ریاضی کی بنیاد پر تعمیر ہونے والی طبیعیات کے بغیر ممکن نہیں تھا جس کی پہلی مساوات 1935ء میں شروڈنجر نے دنیا کے سامنے پیش کی ۔ انیسویں صدی کی ابتداء میں یورپی حکومتوں

کی طرف سے سائنس دانوں کو حرارت سے منسوب سائنسی تحقیقات کی طرف متوجہ کیا گیا ۔ اقتصادی فوائد کے لئے بہتر اسٹیم انجن بنانے میں حرارتی توانائی کی سائنس سمجھنا ضروری تھی، لہٰذا Thermodynamics کے نام سے شعبۂ طبیعیات کی نئی شاخ قائم ہوئی اور ریاضی کی زبان میں نظریات وضع ہوئے اور پیش کئے گئے ۔

بنیادی سائنس کی عمارت کی تمام تر تعمیر کی جڑ میں جو عنصر مشترک ہے وہ یہ کہ ہر ایک سائنسدان نے صرف یہ جاننے کی کوشش کی کائنات کا کوئی بھی مظہر جس حالت میں بھی نظر آتا ہے، اُس حالت میں پائے جانے کی وجہ کیا ہے؟ اور پھر جو کچھ بھی جواب تلاش کیا اسے ریاضی کی زبان میں پیش کیا ۔ ان بیش قیمت لوگوں کو اس بات سے غرض نہیں تھی کہ ان کے جوابات سے ان کو یا ان کی قوم کو یا دنیا کو کیا فائدہ پہنچ سکتا ہے ۔ ان کی دلچسپی محض یہ بات جان لینے میں تھی کہ کسی مظہر کے پیچھے کیا قانون پوشیدہ ہے ۔ فائدہ ،سہولت یا ترقی وغیرہ جیسے سوالات بعد میں اٹھائے جاتے تھے ۔اگر وہ ہماری طرح تانبہ کو سونا بنانے کی نظر سے مظاہر کو دیکھتے تو حقیقی علوم ان کے ہاتھ بھی نہیں لگ سکتے تھے ۔1997ء میں پہلی مرتبہ جدید الیکٹرانکس کے ایک کارخانے میں ہمیں بطورِ الیکٹریکل انجینئر ملازمت ملی تو اندازہ ہوا کہ ہم کتنے پیچھے رہ گئے ہیں ۔

اوپر تذکرہ کئے گئے تمام معاملات بہت وضاحت کے ساتھ بیان ہو سکتے ہیں لیکن طبیعیات سے ناواقف قارئین بآسانی سمجھ نہیں سکیں گے ، اس لئے ہم مزید وضاحتی بیان سے مجتنب ہیں ۔ تاہم ہمارے کہنے کا مقصد یہ ہے کہ سائنسی ترقی میں کلیدی عنصر کائناتی مظاہر کو ریاضی کی زبان میں سمجھنا اور دنیا کے سامنے پیش کرنا واحد جزو ہے جس کا ادراک انسانوں میں پہلی مرتبہ جوں ہی نیوٹن نے حاصل کیا ، تیز رفتار انقلابی تمدنی تبدیلیوں نے اپنا جھنڈا مستحکم کر دیا ۔ نیوٹن نے فلکیاتی اجسام کی حرکیات کی سائنسی توجیح ریاضی کی زبان میں پیش کی ۔ دوسرے کائناتی مظاہر مثلاً لوہے کو بہت زیادہ حرارت دی جائے یا کوئلہ جلایا جائے تو اُس میں سے روشنی کیوں نکلنا شروع ہو جاتی ہے؟ یا حرارت میں اضافہ کے ساتھ اُس روشنی کی رنگت سرخ سے بتدریج سفید روشنی کی طرف کیوں مائل ہوتی ہے؟ چہار اطراف موجود بے شمار مشاہدات کے معاملے میں عیسائی دنیا میں سوالات

پیدا ہوئے لیکن وہاں متعلقہ ماہرین نے الفاظ میں فلسفہ بھگارنے کے بجائے صرف اور صرف ریاضی کی زبان میں جوابات تلاش کئے اور وہ کامیاب رہے ۔فلکیاتی حرکیات کی ریاضی کے تحت سائنسی توجیح کے بعد مغربی سائنس دانوں کی توجّہ مادّہ کے چھوٹے ترین ذرّات یعنی الیکٹران اور پروٹون وغیرہ کی طرف راغب ہوئی ۔ یہاں بھی نیوٹن کی حرکیات کی ریاضیاتی توجیح کی طرح چھوٹے ذرّات کی آزادانہ یا دوسرے ذرّات کے زیرِ اثر حرکیات کے اصول و قوانین ریاضی کی ہی زبان میں دریافت کئے گئے ۔ پس موجودہ عہد تک کی اور آئندہ کی بھی تمام سائنسی کامیابیوں کا سہرا بڑے سے بڑے اور چھوٹے سے چھوٹے مادّی اجسام کی حرکیات کا اسی ریضی کے اصولوں پر اور ریاضی کی زبان میں سمجھنے کا نتیجہ ہے جس کا نقطۂ آغاز نیوٹن کے دریافت کردہ تین قوانین حرکت ہیں جنہیں نیوٹن نے پہلی مرتبہ ریاضی کی زبان میں دنیا کے سامنے پیش کیا ۔آگے بڑھنے سے پہلے ایک اہم بات کی نشاندہی ضروری ہے ۔ سولہویں صدی میں پیدا ہونے والا تصوّر کہ سورج آسمان پر ساکت ہے اور یہ کہ تمام کائناتی اجسام سورج کے اطراف گردش میں ہیں، یہ تصوّر 1924ء میں اختتام پذیر ہونے کے بعد جدید تصوّر میں اب کہیں جا کر تبدیل ہوا ہے ۔جدید تصوّر کے مطابق کائنات میں کوئی شئے ساکن نہیں بلکہ تمام اشیاء حرکت میں ہیں ۔ اِس نئے تصوّر کا سہرا امریکی ماہرِ فلکیات ایڈوِن ہَبل کے سر ہے جس نے دوسری کہکشائیں دریافت کرنے کے بعد اُن کہکشاؤں کی حرکیات ٹیلی اسکوپ پر دیکھیں تو یہ نتیجہ اخذ کیا ۔

قرآنِ کریم کا تصورِ فلکیات

کائنات سے متعلق قرآنِ کریم میں دیکھی جانے والی بعض آیات زیرِ غور لانے سے قبل اپنے مقدمہ کی تشکیل کے لئے ہماری نظر میں جو مباحث ضروری تھے، ان کی وضاحت مکمّل ہو چکی ہے ۔ تاہم قرآنی آیات نقل کرنے سے قبل ہم اب تک کی جاری بحث سے فائدہ اٹھاتے ہوئے ایک متعلقہ نکتہ کی وضاحت کر دیں جس کی ضرورت ہمیں جلد پیش آنے والی ہے ۔اس کتاب میں ہمارا تمام تر موضوع انسان ہی رہا ہے جس کی انفرادی و اجتماعی زندگی سے وابستہ معاملات

کو انسانی تاریخ کی روشنی میں سمجھنے کی کوشش کی گئی ہے ۔ وقت کی پیمائش گھنٹہ، دن، مہینہ، سال و صدیوں میں ہم کرتے ہیں لیکن وقت اپنی جگہ ایک مسلسل جاری رہنے والی شئے ہے ۔ انسانی تاریخ بھی ایک تسلسل میں اپنا سفر جاری رکھتی ہے ۔ اس تسلسل میں کسی ایک عہد کو دوسرے عہد سے الگ کر کے دیکھنے کے لئے کسی مناسب ضابطہ کو پُر معنی ہونا ضروری ہے جو مختلف عہدوں کی حدود متعین کر سکے ۔اس ضابطہ کا فائدہ یہ ہے کہ اِس کی مدد سے ہم تاریخِ انسانی کے تسلسل میں ان عناصر کی نشاندہی کر نے کی سمجھ حاصل کر سکتے ہیں جو اجتماعیت کے کردار اور فکر و عمل پر ڈرامائی اثرات پیدا کرنے کی استعداد رکھتے ہیں تاکہ ایسے عناصر کی روشنی میں ہم اپنی اجتماعیت کے اصولوں کا انتخاب کر سکیں اور ان پر قرار واقعی دل جمعی کے ساتھ عمل پیرا ہو سکیں ۔اگر یہ مرکزی جزو ہمارے مطلوب کا مرکزی حصّہ نہ ہو تو تاریخ کا مطالعہ کسی نفسیاتی تسکین کے علاوہ محض بربادیِ وقت ہے ۔

مذکورہ ضابطہ کے پہلو سے دیکھا جائے تو ہمیں انسانی تمدنی ارتقاء چھ ادوار میں تقسیم کرنا مناسب نظر آتا ہے ۔پہلا عہد خانہ بدوشی کا عہد تھا جو حضرت نوحؑ کے دور میں ختم ہوا جب حضرت نوحؑ کے زمانے میں زراعت کی بناء ڈالی گئی ۔ اس سے ہماری مراد حضرت نوحؑ کا اللہ تعالیٰ کے حکم کے تحت سدھائے ہوئے جانوروں کو کشتی میں سوار کر لینا تھا جو از سر نو شروع ہونے والی زراعتی زندگی کے لئے ضروری تھے ۔ بائیبل کی طرح بارہویں صدی تک کے مسلمان مفسرین کی نظر میں حضرت نوحؑ نے دنیا کی تمام حیاتیاتی انواع جہاز میں سوار کر لی تھیں جو اپنی جگہ غیر معقول بات ہے ۔دوسرا عہد حضرت ابراہیمؑ سے شروع ہوا جب ہماری رائے میں حضرت ابراہیمؑ کے ذریعے کانسی کے عہد کی ابتدا ہوئی ۔مغربی محققین سمجھتے ہیں کہ کانسی کا عہد 3300 ق م سے شروع ہوا لیکن بعض روایات کی روشنی میں یہ عہد 4000 ق م کے آس پاس حضرت ابراہیمؑ کے عہد میں شروع ہو چکا تھا ۔ بائیبل کی کتاب پیدائش حضرت ابراہیمؑ کا ایک واقعہ بیان کرتی ہے کہ اس زمانے میں بابل و نینوا کے چار قبائلی سردار فوج اکٹھا کر کے فلسطین و شام کے علاقوں پر حملہ آور ہوئے اور سب کو مارتے کھدیڑتے ہوئے حضرت لوطؑ کی قوم تک جا پہنچے اور حضرت لوطؑ کو بھی مال اور عورتوں سمیت لوٹ لے

گئے ۔ حضرت ابراہیمؑ کو اطلاع ہوئی تو صرف تین سو اٹھارہ جوانوں کے ساتھ پیچھا کیا ، حملہ آور فوج کو شکست دی اور یرغمالیوں کو مال سمیت چھڑا لائے (پیدائش 14:1)۔ اس مختصر فوج کی ایک بڑے اور خونخوار جتھے پر فتح اگر اللہ تعالیٰ کی کسی معجزاتی مدد کا نتیجہ نہ ہو تو کانسی کے ہتھیاروں کے ذریعے حضرت ابراہیمؑ کی عسکری فوقیت قابلِ قیاس سمجھی جا سکتی ہے ۔ علاوہ ازیں یہودی مورخ یوسیفس روایت بیان کرتا ہے کہ حضرت ابراہیمؑ جب مصر گئے تو وہاں امراء کو ریاضی کی تعلیمات سکھائی تھیں ۔ اس کا تذکرہ ہم حصّہ اوّل میں بھی کر چکے ہیں ۔یقیناً بائیبل یا یوسیفس کے بیانات کا کوئی واضح تاریخی ثبوت ہمارے پاس موجود نہیں ہے ،لہٰذا اگر ہمارا کانسی کا عہد حضرت ابراہیمؑ سے منسوب کرنا قارئین کی نظروں میں قابلِ تسلیم نہ ہو تو کوئی حرج نہیں ۔لیکن تیسرا یعنی آئرن عہد کے لئے قرآنِ کریم تصریح کرتا ہے کہ یہ دور حضرت داؤدؑ سے شروع ہوا، جس کی وضاحت ہم پیچھے کر چکے ہیں ۔ چودھویں صدی کے مفسر ابن کثیر قرآنی آیات کی تفسیر میں بتاتے ہیں کہ حضرت داؤدؑ لوہے کو مٹھی میں بھینچ کر جو صورت دینا چاہتے اسے دے دیتے تھے ۔ آئرن عہد پچھلے کانسی کے عہد سے اپنے عہد کو ڈرامائی طور پر صنعت و حرفت کی بنیاد پر الگ کرتا ہے ۔چوتھا عہد رسول اللہ کے دور سے شروع ہوا جس میں قرآنِ کریم کی تعلیمات کی بنیاد پر اور حقیقی علوم کے حصول کی طرف واضح اشارات کی بنیاد پر یہ عہد پچھلے ادوار سے برتر ثابت ہوا لیکن اس معاملے میں شدید غفلت کا مظاہرہ کیا گیا جس کی وضاحت ابھی باقی ہے ۔پانچواں عہد نیوٹن کے ریاضی کی زبان میں تحقیق کا عمل تھا جس نے پچھلے ادوار پر صریح برتری حاصل کی ۔ چھٹا عہد نیوٹن کے تین صدی بعد آئن سٹائن اور کوانٹم طبیعیات کا عہد ہے جس نے تمدنی ترقی کو چار چاند لگا رکھے ہیں ۔ ہمارا دور آئن سٹائن طبیعیات اور کوانٹم طبیعیات کے بعد نئی طبیعیات کی تلاش میں ہے تاکہ کائنات سے متعلق بعض غیر حل شدہ سوالات حل کئے جا سکیں ، لیکن پچھتر سال میں اب تک کوئی ٹھوس پیش رفت کے امکانات سامنے نہیں آ سکے ہیں ۔ اگر ان کوششوں میں کامیابی ہو تو غالباً ساتواں عہد شروع ہو سکے گا ۔

ہم نے اپنی سوچ کے مطابق انسانی تاریخ کے چھ ادوار کی نشاندہی کی جن کی سرحدیں اس بنیاد پر وضع کی گئیں کہ یہ تمدنی ارتقاء میں

کسی ڈرامائی ترقی کے امکانات کا سبب بنتے ہیں ۔ یہ ادوار یکساں دورانیہ کے ادوار نہیں ہیں ، لیکن ان سے مراد یہ ہے کہ انسان بطورِ نوع چھ ادوار سے گزرتا ہوا آج کے دور تک پہنچا ہے ۔اس بات کو قرآنِ کریم کے الفاظ میں کہا جائے تو ہم انہیں چھ دن بھی کہہ سکتے ہیں ، یعنی انسان چھ دنوں میں آج کے دور میں پہنچ گیا ہے لیکن اس سے مراد دس ہزار سے زائد عرصہ پر مشتمل وقت کا دورانیہ ہے ۔اس نقطۂ نظر کی روشنی میں کائنات کے حوالے سے قرآنِ کریم کی بعض آیات زیر غور آئیں گی ، لیکن آفاق میں اجسام کی حرکیات پر قرآنی آیات ذیل میں نقل ہیں:

وہ دن کے اندر رات کو اور رات کے اندر دن کو پروتا ہوا لے آتا ہے ۔ چاند اور سورج کو اس نے مسخّر کر رکھا ہے ۔ یہ سب کچھ ایک مقرر وقت تک چلے جا رہا ہے ۔(35۔فاطر:13)

وہی دن پر رات اور رات پر دن کو لپیٹتا ہے ۔ اسی نے سورج اور چاند کو اس طرح مسخّر کر رکھا ہے کہ ہر ایک ایک وقتِ مقرر تک چلے جا رہا ہے ۔(الزمر:5)

جس نے سورج اور چاند کو تمہارے لئے مسخّر کیا کہ لگا تار چلے جا رہے ہیں (14۔ ابرٰهیم:33)

اور وہ اللہ ہی ہے جس نے رات اور دن بنائے اور سورج اور چاند کو پیدا کیا ۔ سب ایک ایک فلک پر تیر رہے ہیں ۔(21۔الانبیآء:33)

اور اس نے سورج و چاند کو ایک قانون کا پابند بنایا ۔ اس سارے نظام کی ہر چیز ایک مقرر وقت تک چل رہی ہے اور اللہ ہی اس سارے کام کی تدبیر فرما رہا ہے ۔(13۔الرّعد:2)

اور سورج، وہ اپنے ٹھکانے کی طرف چلا جا رہا ہے ۔ یہ زبردست علیم ہستی کا باندھا ہوا حساب ہے ۔ اور چاند، اُس کے لئے ہم نے منزلیں مقرر کر دی ہیں یہاں تک کہ ان سے گزرتا ہوا وہ پھر کھجور کی سوکھی شاخ کے مانند رہ جاتا ہے ۔ نہ سورج کے بس میں یہ ہے کہ وہ چاند کو جا پکڑے اور نہ رات دن پر سبقت لے جا سکتی ہے ۔ سب ایک ایک فلک میں تیر رہے ہیں ۔(36۔ یٰس:40)

ان آیات کو انسان پڑھتا ہے اور اللہ تعالیٰ کی قدرت و عظمت کے آگے بے اختیار سجدہ ریز ہو جاتا ہے ۔ ان مختصر ترین آیات میں وہ تمام حقیقتیں بیان فرما دی گئی ہیں جن کا ادراک قرآنی تعلیمات سے

مکمّل ناواقف رہنے کے بعد مغرب کا انسان قدم بہ قدم چلتے ہوئے ہَبل فضائی ٹیلی اسکوپ کے ذریعے بیسویں صدی کے اواخر میں حاصل کر سکا جو محض کل کی بات ہے ۔انسانی تاریخ میں آئن سٹائن کی ذہانت سے کسی درجہ میں قریب کی ذہانت کا حامل کوئی شخص سامنے نہیں لایا جا سکتا لیکن وہ ذہین ترین انسان بھی اپنی زندگی کی سب سے بڑی غلطی سے محفوظ رہ جاتا اگریہ آیاتِ قرآنی اس کے علم میں ہوتیں۔

سنہرے اسلامی عہد کے جملہ مسلمان فلکیاتی سائنس دان اگر ان آیات سے یا ان کے مفاہیم سے کچھ بھی واقف ہوتے تو اپنی تحقیقاتی زندگی کا ایک گھنٹہ بھر بھی بطلیموس کا نظریہ درست نہیں قرار دے سکتے تھے ۔ وہ سب اپنی جگہ ذہین اور محنتی تھے ۔قرآنی آیات کی روشنی میں بطلیموس کے نظریہ میں شبہات کا شکار ہوتے تو قرآنِ کریم کی یہ چند آیات ہی انہیں بہت جلد درست تحقیقی راہ پر لگا دیتیں ۔مسلمان سائنسدان ریاضی کے شعبے میں بہت شاندار استعداد ی صلاحیتیں دکھا رہے تھے ۔ اوپر نقل کردہ آیات پر ریاضی کی نظر سے توجہات مرکوز کرتے تو حقیقت زیادہ دیر پوشیدہ نہ رہ سکتی تھی ۔ ہم نے اسی بات کی طرف پہلے اشارہ کیا کہ قرآنِ کریم میں جو اصل نعمت پوشیدہ ہے وہ یہ کہ قرآنِ کریم حسیاتی معجزات کے برعکس انسانی زندگی کے ہر ایک پہلو کی طرف انسان کو عقلی طور پر متوجہ کرتا ہے کہ قرآنی تعلیمات میں حکمتوں کے جو راز پوشیدہ ہیں، ان کی معرفت حاصل کرے تو بہت جلد راہِ فلاح ڈھونڈ لے گا ۔ انسانی زندگی کے جملہ پہلوؤں میں حیاتیات کے ساتھ ساتھ فلکیات کا علم بھی شامل تھا جو اپنی باریک ترین تفصیلات میں مکمّل طور پر ان حقیقتوں پر مشتمل تھا جن حقیقتوں کی بنیاد پر اللہ تعالیٰ نے کائنات اور اُس کے جملہ اجزاء کی تخلیق کی ہے ۔ قرآنِ کریم میں اللہ تعالیٰ نے جس کثرت کے ساتھ انسان کو خلق کی گہرائیوں پر غوروفکر کی طرف راغب کیا ، یہ خود ایک بہت بڑا موضوع ہے ۔ ذیل میں بطورِ مثال چند آیات نقل ہیں ۔ اس مختصر سورہ میں اللہ تعالیٰ نے انسانی زندگی روزِ حشر جنّت و دوزخ کی شکل میں کس نوعیت کی جزا اور سزا کے نتائج پیدا کرنے والی ہے، اِس بیان کے فوراً بعد جس حقیقت کی طرف ہمیں متوجہ کیا، وہ آیات پڑھنے سے تعلق رکھتی ہیں:

> تو کیا یہ اونٹوں کو نہیں دیکھتے کہ کیسے بنائے گئے، آسمان کو نہیں دیکھتے کہ کیسے اٹھایا گیا، پہاڑوں کو نہیں دیکھتے کہ کیسے جمائے گئے، اور زمین کو نہیں دیکھتے کہ کیسے بچھائی گئی؟ (88- الغاشئہ:17)

اُمت نے "اونٹ کیسے بنائے گئے؟" کو اونٹ کے ماں باپ کی مقاربت اور دورانِ حمل کو محض باہر ہی سے دیکھنے اور غور کرنے سے زیادہ کوئی تفصیل جاننے میں کسی دلچسپی کا مظاہرہ نہیں کیا جبکہ اونٹ سے تمام ہی حیات مراد ہے ۔ آیات میں ارشاد ہے "آسمان کیسے اٹھایا گیا؟، زمین کیسے بچھائی گئی؟" اللہ تعالیٰ نے نہ صرف آثار کی طرف متوجہ کیا بلکہ مختلف مقامات پر لفظ "کیسے" کی اصل حقیقت کی طرف واضح ترین اشارات کی صورت میں درست تحقیق کی راہ نمایاں کر دی، جیسا کہ ہم نے "علقہ" کی بحث میں دیکھا اور تخلیقِ کائنات کی بحث میں جلد دیکھنے والے ہیں ۔ آگے کی تحریر میں ہم قارئین کو واضح کرنا چاہتے ہیں کہ قرآنِ کریم کی یہی نعمت تھی جس کی قدر و قیمت کا درست شعور حاصل کرنے اور اعتراف کرنے سے ہم محروم رہتے رہے ہیں ۔ہم نے اسی نعمت کی طرف اشارہ کیا تھا کہ یہ وہ دوسری نعمت تھی جو ہمارے ہاتھوں سے نکل گئی ۔کائناتی اور محسوسات کی دنیا سے وابستہ علوم میں فوقیت کے بغیر اُمت مسلمہ دنیا کی امامت کا فریضہ نہ تو پہلے کبھی انجام دے سکتی تھی اور نہ ہی آئندہ کبھی دے سکے گی ۔ یہ کوئی ایسی پیچیدہ بات نہیں ہے جو بآسانی سمجھ میں نہ آ سکے ، تاہم ذیل میں پیش کردہ چند حقیقی مشاہدات اس معاملہ کو سمجھنے میں ہمارے عام قارئین کے لئے بخوبی مددگار ہو سکیں گے ۔

قرونِ وسطیٰ کے مسلمان فلکیاتی محققین کے حق میں ہمارے پاس دو ہی باتیں ہیں جن میں سے ایک کو ہمیں لازماً قبول کرنا پڑتا ہے ۔ ایک بات یہ کہ وہ اوپر نقل کردہ آیات سے واقف تھے لیکن قرآنی تعلیمات کے سراسر مخالف بطلیموس کے نظریے کو ترجیح دی ۔ اس صورت میں انہیں قرآنی آیات سے صریح غفلت برتنے کا مرتکب ماننا پڑتا ہے ۔ دوسری صورت میں عربی زبان جاننے کے باوجود ان آیات کے مفاہیم سے واقف نہیں تھے لہذا بطلیموس کا نظریہ درست سمجھتے رہے ۔امکانی طور پر یہی دوسری بات قابلِ تسلیم سمجھی جا سکتی ہے لیکن یہ بات ہمارے بیان کردہ نقطۂ نظر کی تائید کرتی ہے کہ اقوامِ عالم کی امامت کے لئے علوم میں فوقیت حاصل کرنے کے

جو واضح اشارات قرآنِ کریم میں بطورِ نعمت ارشاد ہوئے ان کی قدر شناسی سے غفلت برتی گئی۔
اوپر آیات میں اللہ تعالیٰ کا فرمان ہے کہ فلکیاتی اجسام ایک قانون کے پابند ہیں اور یہ اللہ کا باندھا ہوا حساب ہے۔ حساب کی دو قسمیں ہیں جن کے لئے انسان کو قلم کی ضرورت پڑتی ہے۔ ایک تو اس طرح کا حساب کتاب جس کی مثلاً کسی دکاندار یا بینکوں وغیرہ کو ضرورت پڑتی ہے۔ اسی کو ڈیٹا سے تعبیر کرتے ہیں جیسا کہ مسلمان ماہرینِ فلکیات سورج و چاند وغیرہ کے طلوع و غروب کے مختلف مقامات کی پیمائش کو ڈیٹا کی صورت میں بطلیموس کے ڈیٹا سے زیادہ بہتر ڈیٹا اپنی زندگی بھر جمع کرتے رہے اور مغرب کے حوالے کیا۔حساب کی دوسری قسم خود Math کا سبجیکٹ ہے جس کے لئے قلم کا استعمال کر کے نیوٹن اور آئن سٹائن ریاضی کی زبان میں اس قانون کو سمجھنے اور بیان کرنے میں کامیاب ہوگئے جو قانون اللہ تعالیٰ نے ان اجسام کے لئے پیدا کیا تھا۔ انسانی استعداد کی یہی برتری ہے کہ ہمارے جیسے انسانوں میں سے ایسے بھی ہیں جو اللہ کے بتائے ہوئے اشارات کو جانے بغیر بھی ایسے علوم کی گہرائی تک پہنچ جاتے ہیں جن علوم کی بنیاد پر اللہ تعالیٰ نے محسوس کائنات کو خلق کیا ہے۔اس فقرہ سے ہمارا اسی بات کی طرف اشارہ ہے کہ "اللہ نے آدم کو سب نام سکھائے"۔قلم کی قدر و قیمت سے بھی اللہ تعالیٰ نے ہمیں اوّلین نازل کردہ پانچ آیاتِ قرآنی میں متوجہ کر دیا تھا۔
اوپر تاریخِ انسانی کے چھ تمدنی ادوار کا ذکر کیا گیا جن میں رسول اللہ کے عہد کی خاص اور منفرد بات یہ ہے کہ پچھلے ادوار میں اپنے پاس سے تمدنی ارتقاء کا مُحرِّک یعنی کانسی کی صنعت یا لوہے کی صنعت انبیاء کے ذریعے دینے کے بجائے اللہ تعالیٰ نے قرآنِ کریم میں بعض کائناتی معاملات کی طرف ایمان والوں کو علمی نقطۂ نظر سے متوجہ کیا جن میں لفظ "علق" جس کا پہلے تذکرہ ہوا یا زیرِ غور آیات میں فلکیاتی اجسام کی حرکت یا تخلیقِ کائنات سے متعلق بعض دوسری آیات، جو ہمارا اگلا موضوع ہے، اور بیشتر دوسرے مظاہر شامل ہیں۔انسانی نفسیات میں یہ بات شامل ہے کہ وہ خواہ چاہیں یا نہ چاہیں اُس طبقہ یا اُس قوم کی تقلید پر مجبور ہیں جو علوم میں برتر نظر آتی ہیں۔ مسلمانوں کو اقوامِ عالم کی امامت جیسے منصبِ عظمیٰ پر قائم رہنے کے لئے دو ہی اہلیت پہلے بھی درکار تھیں اور آج بھی درکار ہیں اور

یہ دونوں بیک وقت درکار ہیں : اولاً ، صالحیت کی بنیاد پر تعمیر شدہ تمدّن اور ثانیاً، اجتماعی سطح پر علوم و فنون کے ذرائع کی بہتر سے بہتر سرپرستی ۔جس دن یہ کام کسی معاشرہ میں شروع کر دیا گیا اسی دن اس معاشرہ کی فلاح کا سفر بھی شروع ہو جائے گا ۔

قرآنِ کریم کی صورت میں اللہ تعالیٰ نے یہی دو نعمتیں اُمت مسلمہ کے حوالے کیں جس میں سے دوسری نعمت کا درست شعور رکھنے کے معاملے میں ہماری تاریخ بتاتی ہے کہ ہم محروم رہ گئے لہٰذا ماضی میں جو کچھ ہوا وہ انہی دو نعمتوں کی ناشکری کا قدرتی نتیجہ تھا اور آئندہ بھی جو کچھ ہو گا وہ انہی نعمتوں کا شکر کرنے یا نہ کرنے کا قدرتی نتیجہ رہے گا ۔ دورِ حاضر کے بیشتر بزعمِ خود "اہلِ علم " حضرات مغربی سائنسی تحقیقات کے اشارات قرآنِ کریم میں سے ڈھونڈ نکالتے ہیں اور پھر خوشی و انبساط کے ساتھ مطلع فرماتے ہیں کہ ہمارے قرآن میں یہ چودہ پندرہ صدی پہلے بتا دیا گیا تھا ۔ وہ اس کے علاوہ اور کر بھی کیا سکتے ہیں؟ تکمیلِ مدعا کے ضمن میں ہمارا آخری موضوع تخلیقِ کائنات کا بیان ہے ۔

تخلیقِ کائنات

تورات کی پہلی کتاب پیدائش اپنی تحریر کی ابتدا چھ دنوں میں کائنات کی تخلیق کے بیان سے شروع کرتی ہے ۔ سورہ ابرٰھیم آیت 3 کی رو سے حضرت موسیٰؑ نے چالیس سالہ صحرا نوردی کے دوران بنی اسرائیل کی نئی نسل پروان چڑھائی تو اللہ تعالیٰ کے عطا کردہ شریعت کے علاوہ بھی حقیقی علوم سے انہیں روشناس کیا ،لیکن بعد کی نسلیں حضرت موسیٰؑ کی تعلیمات اصل حالت میں محفوظ نہ رکھ سکیں ۔ ان چھ دنوں میں ہر دن کس نوعیت کی تخلیق عمل میں آئی اس میں بائیبل کے مصنفین نے اپنی ناقص عقل پر انحصار کیا ۔ مثلاً اِس واقعہ کا مصنف سورج، چاند اور ستاروں کی تخلیق چوتھے روز بتاتا ہے یعنی ابتدائی تین دنوں میں زمین، درخت، پھول پودے اور پانی وغیرہ پیدا ہو جانے کے بعد سورج و ستارے پیدا ہوئے ۔ اسی طرح وہ ہر دن کو صبح و شام کے حساب سے چوبیس گھنٹوں کا دن شمار کرتا ہے ۔

قرانِ کریم میں طویل سورتوں اور متعدد آیات میں یہودیوں اور عیسائیوں کے عقائد کی تصحیح اور دعوتِ اسلامی تسلیم کر لینے کے لئے پچھلے صحائف کے مضامین بکثرت از سر نو بیان ہوئے ، جن میں واقعۂ تخلیقِ کائنات بھی من و عن چھ دنوں میں پورا ہونا ارشاد ہوا۔ مدینہ ہجرت کے بعد رسول اللہ اور مومنین کو اٹھارہ ماہ خانہ کعبہ کے بجائے بیت المقدس کی طرف رخ کر کے نماز پڑھنے کا حکم تھا۔ اس حکم کا صریح مطلب تھا کہ اللہ تعالیٰ نے اہلِ کتاب کو بلا جواز انکار کا کوئی موقع نہ رہنے دیا ، تب مدینہ منورہ میں رسول اللہ کو تحویلِ قبلہ کا حکم دیا گیا جو سورہ بقرہ آیت 143 میں درج ہے۔ تحویلِ قبلہ کے اعلان کا مطلب تھا کہ امامتِ اقوامِ عالم کی نعمت بنی اسرائیل سے صلب ہو کر اُمت مسلمہ کے حوالے کر دی گئی ہے۔ سورہ میں ارشاد ہے:

> جن لوگوں کو ہم نے کتاب دی ہے، وہ اِس مقام کو (جسے قبلہ بنایا گیا ہے) ایسا پہچانتے ہیں، جیسا اپنی اولاد کو پہچانتے ہیں، مگر اِن میں سے ایک گروہ جانتے بوجھتے حق کو چھپا رہا ہے (2-البقرة:146)

مدینہ منورہ میں حق کو جانتے بوجھتے چھپانے والا گروہ یہودیوں کے مذہبی اجارہ داروں کا گروہ ہی تھا جس نے اور بعد میں عیسائی مذہبی اکابرین نے بائیبل کی تحریروں میں وہ تمام نشانیاں حذف کر دیں جو قرانِ کریم کی صداقت ثابت کر کے ان مذاہب کے عام معتقدین کے دلوں میں شبہات پیدا کر سکتی تھیں۔تورات کتاب پیدائش میں حضرت ابراہیم ؑ کا واقعہ بیان کرتی ہے کہ خدا کی طرف سے آنجنابؑ کو حاران سے فلسطین جانے کا حکم ہوا۔ حضرت ابراہیمؑ جب فلسطین پہنچے تو بائیبل کا بیان ہے:

> اور وہاں سے کوچ کر کے اُس پہاڑ کی طرف گیا جو بیت ایل کے مشرق میں ہے اور اپنا ڈیرہ ایسے لگایا کہ بیت ایل مغرب میں اور عی مشرق میں پڑا اور وہاں اُس نے خداوند کے لئے قربان گاہ بنائی اور خداوند سے دعا کی۔ اور ابرام سفر کرتا کرتا جنوب کی طرف بڑھ گیا (پیدائش-12:8)

اس اقتباس پر غور کیا جائے تو مصنف کی حضرت ابراہیمؑ کے ڈیرہ کی سمت بتانے کی طرف توجّہ واضح ہے۔ بعض دیگر اہم مقامات پر بھی سمت کی طرف خصوصی توجّہ محسوس ہوتی ہے، جن کی

نشاندہی ہم نظر انداز کرتے ہیں ۔مذکورہ موقع پر مصنف بتاتا ہے کہ حضرت ابراہیمؑ نے جس مقام پر قربان گاہ بنائی اور اللہ کی عبادت کی اُس مقام کے مغرب میں بیت ایل اور مشرق میں عی تھا ۔ اس صورت میں حضرت ابراہیمؑ کا یا آپ کے ڈیرے کا رخ یا تو شمال کی طرف ہو سکتا تھا یا جنوبی طرف ۔ شمال کی طرف سے تو وہ آر ہے تھے، لہٰذا اس طرف رخ کرنے کا نہ تو کوئی جواز تھا اور نہ ہی حضرت ابراہیمؑ سے پہلے یا بعد میں حاران یا عراق میں کسی مقامِ مقدّسہ کا کوئی ثبوت بائیبل میں ملتا ہے ۔آخری سمت صرف جنوبی سمت رہ جاتی ہے جس طرف مکّہ واقع ہے ۔اسی بیابان میں حضرت ابراہیمؑ نے کعبۃ اللہ تعمیر کیا اور بعد میں اس مقام کے اطراف میں مکّہ مکرمہ کے نام سے مبارک شہر آباد ہوا ۔ یہودی علماء مکّہ میں تعمیرِ کعبہ کا ذکر اپنی بائیبل میں نہیں کر سکتے تھے، اس لئے کہ وہ اگر ایسا کرتے تو اپنے نسلی قوم کو خدا کی محبوب قوم کیسے گردانتے ۔ لہٰذا بڑی توجّہ سے ایسی نشانیاں بائیبل میں سے حذف کر دی گئیں لیکن کہیں کہیں ان کی بھول چوک اب بھی تلاش کی جا سکتی ہے ۔ جیسے جیسے ان کے علم میں آتا رہے گا، یہ حرکت ان سے متوقع رہے گی کہ اگلے ایڈیشن میں ایسے باقی رہ جانے والے نشانات بھی گم کر دیں ، جیسا کہ ہم نے حالیہ دور میں بائیبل کے "اصلاح شدہ" ایڈیشن میں واضح کیا ۔اس بات میں شک نہیں کہ وہ خانہ کعبہ کو اپنی اولاد کی طرح پہچانتے تھے ۔

الغرض، قرانِ کریم میں اللہ تعالیٰ نے کائنات کی چھ دنوں میں تخلیق بیان کرنے سے یہودیوں اور عیسائیوں کے سامنے روشن ترین دلیل پیش کر دی کہ یہ واقعتاً اللہ کا کلام ہے، اس لئے کہ چھ دنوں کے قریب کا بھی کوئی تخیّل دوسری اقوام کی روایات میں سے نہیں پیش کیا جا سکتا تھا ۔ لیکن ساتھ میں بعض جزئیاتی تفصیلات کے اضافے سے اُمت مسلمہ کو بھی محسوس دنیا کے متعدد عظیم مظاہر میں سے عظیم ترین مظہر کی طرف غور و فکر کی ترغیب دی ۔ ارشاد فرمایا:

> زمین اور آسمانوں کی پیدائش میں اور رات و دن کے باری باری سے آنے میں ان ہوشمند لوگوں کے لئے بہت نشانیاں ہیں جو اٹھتے، بیٹھتے اور لیٹتے، ہر حال میں خدا کو یاد کرتے ہیں اور آسمان و زمین کی ساخت میں غور و فکر کرتے ہیں ۔ (وہ بے اختیار پکار اٹھتے ہیں) "پروردگار! یہ سب کچھ تو نے فضول اور بے مقصد نہیں بنایا ہے، تو پاک ہے اس سے کہ عبث کام کرے ۔(3- آلِ عمران:191)

یہاں اللہ تعالیٰ نے ہمیں تخلیقِ کائنات کی طرف متوجہ کیا کہ ہوشمند لوگ چہار اطراف موجود نشانیوں پر غور کرتے ہیں اور ہر گھڑی، یعنی اٹھتے، بیٹھتے اور لیٹتے خدا کو یاد رکھتے ہیں ۔یقیناً اس نوعیت کی آیات اور رسولؐ اللہ کی ان گنت احادیث سے عام فہم ایمان لانے والوں کو ترغیب کی صورت میں ایک بڑی نعمت تھی کہ لوگ اللہ کو یاد رکھنے سے دوسری غیر ضروری دلچسپیوں میں الجھ کر شیطان کے نرغے میں آنے اور اُس بڑے دشمن کا آسان شکار بن جانے سے بچ سکیں ۔لیکن اس آیت میں "آسمان و زمین کی ساخت میں غور و فکر کرتے ہیں" کے الفاظ سے اُمت کے ذہین افراد کو متوجہ کر دیا گیا کہ تخلیقی عناصر میں وہ کیا راز پوشیدہ ہیں جن کی سمجھ پیدا کرنے کی ذمہ داری اُن پر عائد ہے ۔یہ راز آشکارہ ہوں گے تو ان کی حکمت بھی آشکارہ ہو سکے گی ،اور تب ہی دل سے بے اختیار صدا ہوگی کہ یہ سب فضول و بے مقصد نہیں ہے ۔خالی تسبیح کے دانوں پر گن گن کر چند مبارک کلمات دہرانے سے کم از کم اس سفر کے راستے پر تو ایک قدم بھی نہیں اٹھ سکتا ، اگرچہ عام فہم افراد کے لئے ایسے اعمال کی افادیت سے انکار نہیں کیا جاسکتا ۔ اجتماعیت کے لئے قابلِ توجّہ بات یہ تھی کہ اسلامی تمدّن میں قدرتی طور پر کم تعداد میں پیدا ہونے والے ایسے درکار استعداد کے حامل افراد کا انتخاب کیا جاتا اور معاشی ضروریات کے حصول سے انہیں آزاد رکھا جاتا تاکہ فروغِ علم کا درّ امتیاز اِس چنیدہ تمدّن کے ہاتھ رہتا اور پھر علم کے توسطؔ سے برتر فنون حاصل کرتی اور اِس کے ذریعے اُمت مسلمہ بحیثیتِ مجموعی امامت کی اہلیت اپنے اندر قائم رکھ سکتی ۔رسول اللہ اصحابِ صُفّہ کی اصطلاح میں "اونچا مقام" پر لوگوں کی کفالت کرتے اور اُن کو تعلیم دیتے تھے، یہ اس طریقۂ کار کے لئے کافی اشارہ تھا ۔ حکومت کو زکوٰۃ کی ادائیگی اور اُس مال کے استعمال اور انتظامات میں علوم کی یعنی تعلیم و تحقیقات کی سرپرستی تمدّن کے لازمی اجزاء میں سے تھی جو حکومت کے زیرِ نگرانی انفاق فی سبیل اللہ کے تحت انجام دیئے جاتے ۔لیکن جیسا کہ ہم نے پہلے بتایا کہ رسول اللہ کی رحلت کے تیس سال بعد ملوکیت شروع ہوئی تو اُس وقت سے آج تک یہ اُمت زکوٰۃ کے معاملہ میں ہی حالتِ اضطرار میں ہے ، لہٰذا دیگر تقاضے تو دور کی بات ہیں۔ یہ تنہا مسئلہ نہیں جو قرآن مجید میں تدبّر کرنے والے اہلِ علم حضرات کے ادراک سے باہر رہ گیا ہو ۔تمدّن

میں سودی معیشت یا سود سے پاک معیشت جیسے اہم ترین معاملہ میں قرانِ کریم کی اہم دلیل تھی :

> وہ کہتے ہیں "تجارت بھی تو آخر سود ہی جیسی چیز ہے"، حالانکہ اللہ نے تجارت کو حلال کیا ہے اور سود کو حرام ۔ لہٰذا جس شخص کو اس کے رب کی طرف سے یہ نصیحت پہنچے اور آئندہ کے لئے وہ سود خواری سے باز آجائے، تو جو کچھ وہ پہلے کھا چکا، سو کھا چکا، اُس کا معاملہ اللہ کے حوالے ہے اور جو اِس حکم کے بعد بھی اسی حرکت کا اعادہ کرے گا، وہ جہنمی ہے، جہاں وہ ہمیشہ رہے گا ۔ اللہ سود کا مٹھ مار دیتا ہے اور صدقات کو نشوونما دیتا ہے ۔(2-البقرة:275)

اللہ تعالیٰ نے تجارت کو حلال قرار دیا ہے اور سود کو حرام ۔ اسی بات کی وضاحت و تشریح بیان کرنے میں صفحات پر صفحات استعمال کئے جاتے ہیں (غامدی صاحب کی کتاب المیزان، صفحہ 501)لیکن جو اہم ترین اور سادہ ترین نکتہ ہے وہ سامنے نہیں آتا جبکہ طویل تشریحات کی وجہ سے قانون کا جو اصل پیغام و حکمت ہے ،وہ پوشیدہ رہ جاتا ہے ۔ سیدھی بات یہ ہے کہ انسان جس معاملہ میں بھی کسی کی خدمت کا اعتراف کر کے اسے کسی معاوضہ کا حقدار سمجھتا ہے، وہ یہ کہ اُس شخص کی محنت سے کسی کو فائدہ پہنچا ہے یا اپنے کام سے اُس شخص نے کسی شئے کی قدر میں اضافہ کیا ہے ۔ وہ چاہے کسی کسان نے کھیتی اگائی ہو، اس لئے کہ اس خطہ زمین پر وہ محنت نہ کرتا تو اس جگہ کی پیداوار سے دنیا محروم رہ جاتی، یا اُس اجناس کو کسی دوسرے شخص نے بازار تک پہنچایا تاکہ مخلوقِ خدا مستفید ہو سکے ۔ اسی طرح کسی استاد نے لوگوں کی اولاد کو تعلیم دی یا کسی کارخانے کے ملازموں نے لوگوں کے لئے کارآمد اشیاء بنائیں ،اور اسی طرح دیگر تمام تمدنی امور شامل ہیں ۔ اس نوعیت کے کسی کام میں حصّہ دار ہونے کے بجائے ایک شخص سود کے ذریعے بلاتفریق اپنے مال پر کسی بھی فیصد پر معینہ مدت کے بعد اضافی رقم وصول کرنا چاہتا ہے، چاہے اس کا مال کسی خدمت یا کسی شئے کی قدر میں اضافہ کا سبب بنا ہو یا نہ بنا ہو ۔ اُس شخص کے لئے کہا جائے کہ اپنا مال اپنے پاس رکھے اور حکومت ایسے چلن کی اجازت اسے نہ دے ۔سادہ الفاظ میں حکم کا مطلب یہ ہے کہ کسی شخص کو بھی اس کے مال سے اس تخصیص کے بغیر کہ اس کا مال انسانی خدمت یا اشیاء کی قدر میں اضافہ کے لئے استعمال نہ ہوا ہو، ایک روپیہ بھی زائد لینے

کا استحقاق نہیں ہو سکتا ۔ یہ قانون فرد کے لئے ہے جبکہ ایک صالح حکومت کے لئے علیحدہ قوانین ہیں ۔ اس مرکزی نکتہ کی روشنی میں متعدد معاشی امکانات لوگوں کی فلاح کے لئے تمدّن کی پیچیدگیوں میں اضافہ کے ساتھ ساتھ وضع ہو سکتے تھے اور حکومت کی زیرِ نگرانی برپا کئے جا سکتے تھے ، بشرطیکہ حکومت زکوٰۃ کے نظام کی سرپرستی کی اہل ہوتی ۔ سود کے معاملے کو اسی طرح سے دیکھنا چاہئے تھا جیسے انگور کی کاشت کو پھل اور مشروبات کی شکل میں بازار میں لایا جائے یا شراب کی شکل میں لوگوں تک پہنچایا جائے ۔

ان معاملات کو بطورِ مثال اس طرح دیکھا جا سکتا ہے کہ کسی شخص سے کسی کار کے چلنے کی تعریف پوچھی جائے تو وہ کہہ سکتا ہے کہ اِس میں ایک انجن ہوتا ہے جس میں کسی خاص پرزہ کے ذریعے ٹنکی میں سے پٹرول پہنچایا جاتا ہے، پھر ایک دوسرے نظام کے تحت اس انجن میں آگ بھڑکتی ہے جو تیسرے نظام کے تحت حرارتی توانائی کو میکانکی توانائی میں بدلتی ہے اور پہیوں تک پہنچائی جاتی ہے تو کار مثلاً 100 کلومیٹر فی گھنٹہ کی رفتار سے چل سکتی ہے ۔اس کار میں بیشک ڈرائیور اور مسافروں کے لئے پنکھا یا بیٹھنے کے لئے سیٹیں وغیرہ ہیں، لیکن کار کے چلنے کا نظام صرف مذکورہ اجزاء کی درستگی پر منحصر ہے ۔اب کوئی کہے کہ اگر چار پہیوں سے یہ کار 100 کلومیٹر فی گھنٹہ کے حساب سے دوڑ سکتی ہے تو ریاضی کے قاعدے کے مطابق تین پہیوں پر اس کو 75 کلومیٹر فی گھنٹہ کی رفتار سے چلنا چاہیے تو اس کا جواب نفی میں اسی وجہ سے ہو گا کہ کار کے پہیے بے شک کار کے انجن کا حصّہ نہیں لیکن کار کا مطلوبہ وظیفہ انجام دینے کا ناگزیر حصّہ ہیں ۔ اگر کوئی کہے کہ چار میں سے تین پہیے دستیاب ہیں، لہٰذا چوتھے کے لئے لکڑی سے چوکور پہیہ بنا کر اس میں کسی طرح جوڑ دیں تو اس کا جواب بھی نفی میں ہی ہوگا کہ درکار شرائط بعینہٖ اپنی جملہ تفصیلات میں پوری کئے بغیر کار کا یہ وظیفہ نہیں متوقع ہو سکتا ۔ اللہ تعالیٰ نے کائنات کی تمام اشیاء تخلیق کرنے کے ساتھ انسان کی نفسیات میں وہ خصوصیات رکھیں جو کائناتی قوتوں کے ساتھ متوازن بھی رہ سکتی ہیں اور کائنات کے توازن کو بگاڑ بھی سکتی ہیں ۔ یہ معاملات جس قدر پیچیدہ ہیں، اُن کی سمجھ کا مظاہرہ انسان اپنی عقل و سمجھ کی بنیاد پر دکھانے کی قدرت نہیں رکھتا ۔اللہ تعالیٰ نے اپنی رحمت سے

تمدّن کا ایسا ہی متوازن نظام اس دنیا میں انسان کی فلاح کے لئے وضع کیا اور قرآن و سنّت اور عملی مظاہرہ کی صورت میں پیش کر دیا جو اُس کی نفسیاتی قوتوں کے ساتھ اور کائنات کے ساتھ ہم آہنگ ہے ۔جو اجتماعیت اسے اپنا لے گی وہ فلاح پائے گی، لیکن بعض اجزاء میں ردو بدل کے ساتھ اسے اپنائے رکھا تو کار میں ایک چوکور پہیہ لگانے جیسا نتیجہ پر اسے حیران نہیں ہونا چاہیے ۔بادشاہت نظام میں داخل کر دی گویا کہ ایک غیر متوازن پہیہ کار میں لگا دیا۔ زکوٰۃ کا نظام حالتِ اضطرار میں از خود تبدیل کردیا گویا کہ اس پہیہ کے عدم توازن میں مزید اضافہ کر دیا ۔ایسا تمدّن اکثریتی مسلمان تمدّن کہا جا سکتا ہے لیکن اس میں فلاح کی توقع غیر حقیقی ہے، اور بدترین حالت میں اقوامِ عالم کی امامت تو ایک طرف الٹا انہیں بدظن کر دینے کی حالت کو یہ تمدّن پہنچ سکتا ہے ، جیسا کہ اب دیکھا جاتا ہے ۔

ایک ضمنی بحث کی صورت میں یہاں کچھ اضافی تحریر پیش کرنے کی وجہ یہ ہے کہ ہم یہ کتاب مکمّل کرنے کے بعد مزید کوئی کتاب لکھنے کے خواہشمند نہیں، اس لئے سود جیسے اہم معاملہ پر ضروری سمجھا کہ یہ لکھ دیا جائے ۔ اصل موضوع کی طرف پلٹنے کے لئے چھ دنوں میں تمام تخلیقات کے متعلق آیات ذیل میں نقل ہیں:

> درحقیقت تمہارا رب اللہ ہی ہے جس نے آسمانوں اور زمین کو چھ دنوں میں پیدا کیا، پھر اپنے تختِ سلطنت پر جلوہ فرما ہوا ۔ جو رات کو دن پر ڈھانک دیتا ہے اور پھر دن رات کے پیچھے دوڑا چلا آتا ہے ۔ جس نے سورج اور چاند اور تارے پیدا کئے ۔ سب اس کے فرمان کے طابع ہیں ۔ خبردار رہو! اسی کی خلق ہے اور اُسی کا امر ہے ۔(7-الاعراف:54)

> حقیقت یہ ہے کہ تمہارا رب وہی خدا ہے جس نے آسمانوں اور زمین کو چھ دنوں میں پیدا کیا ، پھر تختِ حکومت پر جلوہ گر ہوا اور کائنات کا انتظام چلا رہا ہے ۔(10-یونس:3)

> اور وہی ہے جس نے آسمانوں اور زمین کو چھ دنوں میں پیدا کیا ۔ اور اُس کا عرشِ پانی پر تھا تاکہ تم کو آزما کر دیکھے تم میں کون بہتر عمل کرنے والا ہے ۔(11-ھود:7)

> وہ جس نے چھ دنوں میں زمین اور آسمانوں کو اور اُن ساری چیزوں کو بنا کر رکھ دیا جو آسمان و زمین کے درمیان ہیں، پھر آپ ہی (کائنات کے تختِ سلطنت) "عرش" پر جلوہ فرما ہوا ۔(25-الفرقان:59)

وہ اللہ ہی ہے جس نے آسمانوں اور زمین کو اور اُن ساری چیزوں کو جو اُن کے درمیان ہیں چھ دنوں میں پیدا کیا اور اس کے بعد عرش پر جلوہ فرما ہوا (32-السجدہ:4)

اے نبی! ان سے کہو کیا تم اُس خدا سے کفر کرتے ہو اور دوسروں کو اُس کا ہمسر ٹھہراتے ہو جس نے زمین کو دو دنوں میں بنا دیا؟ وہی تو ہے جو سارے جہان والوں کا رب ہے۔ اُس نے اوپر سے اُس پر پہاڑ جما دئیے اور اس میں برکتیں رکھ دیں اور اس کے اندر سب مانگنے والوں کے لئے ہر ایک کی طلب و حاجت کے مطابق ٹھیک اندازے سے خوراک کا سامان مہیا کر دیا۔ یہ سب کام چار دن میں ہو گئے۔ پھر وہ آسمان کی طرف متوجہ ہوا جو اس وقت محض دھواں تھا۔ اُس نے آسمان اور زمین سے کہا "وجود میں آجاؤ، خواہ تم چاہو یا نہ چاہو"۔ دونوں نے کہا "ہم آ گئے فرمانبرداروں کی طرح-(41- حٰم السجّدۃ:11)

قرانِ کریم کی چھ آیات کا مفہوم یہی ہے کہ اللہ تعالیٰ نے چھ دنوں میں زمین و آسمان اور اُن کے درمیان موجود تمام چیزیں پیدا کر دیں۔ آخری اقتباس سورہ سجدہ میں کچھ اضافی جزئیات بھی ارشاد فرمائی گئیں، جن میں تخلیق کے دنوں کی تعداد چھ ہی ہے جس کو قارئین کا ذرا سا غور واضح کردے گا۔ یہاں توجّہ طلب بات یہ بھی ہے کہ چھ دنوں میں تمام کائنات کی تخلیق کو اللہ تعالیٰ نے قرآن مجید کی چھ مختلف سورہ میں چھ الگ آیات میں چھ مرتبہ بیان فرمایا ہے۔چودھویں صدی عیسوی تک ابن کثیر کی تفسیر میں یہ زمین کے 24 گھنٹوں پر مشتمل چھ دن ہی شمار ہوتے رہے ہیں، لیکن ہم ابن کثیر یا کسی دوسرے مذہبی عالم کو ایسے علوم سے متعلق قرآنی آیات کے غیر حقیقی مفاہیم دوسروں تک پہنچانے کا ذمہ دار نہیں ٹھہرا سکتے۔ ایسی آیات کے درست مفاہیم تو اُن لوگوں کی اور حکومتوں اور بادشاہوں کی ذمہ داری تھی جو حصولِ علم کے اداروں کی سرپرستی کے ذمہ دار تھے۔ جب مسلمان ماہرینِ فلکیات ہی سنہری دور میں قرانِ کریم کی تعلیمات و اشارات سے باہر رہ کر قرآنی مفہوم سے برعکس اور متضاد بطلیموس کے تخیّل کی پرورش کرتے رہے تو چھ دنوں کے متعلق ابن کثیر کو وہ بھلا کیا بتا سکتے تھے؟ ابن کثیر کے وقت تک مسلمانوں کا سنہری دور طلوع ہو کر اور اپنی بہاریں دکھانے کے بعد غروب ہو چکا تھا۔

قرانِ کریم میں مذکورہ آیات کے علاوہ ایک اور آیت میں بالکل منفرد انداز میں کائنات سے متعلق ایک حقیقت کی طرف اشارہ کیا گیا

ہے ۔ اس آیت کے براہ راست مخاطبین تو منکرین ہیں، لیکن سنہری دور کے بیس سے زیادہ ماہرینِ فلکیات میں سے کوئی اگر چاہتا تو محسوس کر سکتا تھا کہ براہ راست اُس کو مخاطب کیا گیا ہے ۔

> کیا وہ لوگ جنہوں نے انکار کر دیا ہے غور نہیں کرتے کہ یہ سب آسمان اور زمین باہم ملے ہوئے تھے، پھر ہم نے انہیں جدا کیا، اور پانی سے ہر زندہ چیز پیدا کی -(21-الانبیآء:30)

اس آیت میں "رتق" اور "فتق" کے الفاظ استعمال کئے گئے ہیں ۔ رتق کے معنی میں یکجا ہونا، ایک دوسرے سے جُڑا ہونا، اکٹھا ہونا، متصل ہونا جبکہ فتق کے معنی میں پھاڑنے اور جدا کرنے کے مفہوم شامل ہیں ۔ اگر معصوم نظر سے دیکھا جائے تو آیت کے مخاطب وہ منکرین ہیں جن کے لئے آسمان کا باہم ملا جلا ہونا اور ماضی میں کسی وقت علیحدہ کیا جانا اور پھر پانی سے ہر ایک حیاتیاتی نوع کا پیدا ہونا ثابت شدہ مشاہدات میں آچکے ہوں لیکن اس کے باوجود پیش کردہ دعوتِ اسلامی کا انکار کر دیں ۔ اس لحاظ سے اس آیت کے مخاطبین گزرے ہوئے زمانے کے بجائے ہمارے دور کے منکرین ہی ہو سکتے تھے اگر واقعتاً ان کے مشاہدے میں کوئی ایسا اسلامی معاشرہ ہوتا جو قرآن و سنّت سے مطابقت یعنی خلافت راشدہ سے مماثلت رکھتا ہو ۔ ذیل کی بحث میں ہم اس آیت اور چھ دنوں میں کائنات کی تخلیق کا مفہوم جدید سائنسی علم کی روشنی میں سمجھنے کی کوشش کریں گے لیکن اس سے پہلے ایک نظر مفسرین کی تشریحات پر ڈال لینا ضروری ہے ۔

> ابتدا میں زمین و آسمان ملے جلے ایک دوسرے سے پیوست تہہ بہ تہہ تھے ۔ اللہ تعالیٰ نے انہیں الگ الگ کیا ۔ زمینوں کو نیچے ، آسمانوں کو اوپر فاصلے سے اور حکمت سے قائم کیا (ابن کثیر، تفسیرِ قرآن، جلد سوم، صفحہ:240)

> بظاہر ان الفاظ سے جو بات سمجھ میں آتی ہے وہ یہ ہے کہ کائنات کی ابتدائی شکل ایک تودے (Mass) کی سی تھی، بعد میں اُس کو الگ الگ حصوں میں تقسیم کر کے زمین اور دوسرے اجرام فلکی جدا جدا دنیاؤں کی شکل میں بنائے گئے (مولانا مودودیؒ، تفہیم القرآن، جلد 3، صفحہ:156)

رتق کے معنی بند اور فتق کے معنی کھولنے کے ہیں ۔ آسمان اور زمین کے بند ہونے اور اُن کے کھولنے سے مقصود یہاں اس بات کی طرف توجّہ دلانا ہے کہ دیکھتے ہو کہ آسمان بند ہوتا ہے، اُس سے بارش نہیں ہوتی، اسی طرح زمین بند ہوتی ہے، اُس سے سبزہ نہیں اگتا، پھر دیکھتے ہو کہ آسمان کھلتا ہے اور اُس سے دھڑا دھڑ پانی برسنے لگتا ہے اور اس کے بعد خدا زمین کو بھی کھول دیتا ہے اور وہ اپنی نباتت کے خزانے اگلنا شروع کر دیتی ہے ۔ کل تک زمین بالکل خشک اور مردہ پڑی ہوئی تھی لیکن بارش کے ہوتے ہی اس کے گوشے گوشے میں زندگی کے آثار نمودار ہو گئے (امین احسن اصلاحی، تدبّر قرآن، جلد پنجم، صفحہ:140)

ان اقتباسات میں تین مفسرین کی تفسیر نقل ہیں ۔ پہلا اقتباس ، ابن کثیر کی چودھویں صدی میں بیان کردہ تفسیر رتق و فتق کے معنی کی روشنی میں بہترین تفسیر ہے ۔ دوسرے اقتباس میں مولانا مودودیؒ کی تفسیر کا اگرچہ سو فیصدی اطلاق نہیں ہو سکتا، لیکن اس میں رتق و فتق کے معنی سے انحراف نہیں کیا گیا ۔ فلکیاتی سائنس کی اِس انتہائی غیر معمولی اور موجودہ طبیعیات کی قطعی ناقابلِ توضیح صورتحال کو سمجھنے کی توقع کسی بھی غیر سائنسی شخصیت سے امید رکھنا صریح نا انصافی ہے ۔ لہٰذا مولانا مودودیؒ کی جزوی عدم مطابقت کو باعثِ تشویش نہیں قرار دیا جاسکتا لیکن جاوید احمد غامدی صاحب اپنی کتاب المیزان کے بکثرت اقتباسات بطورِ دلیل و وضاحت اپنے استاذ امین احسن اصلاحی کی تدبّر قرآن سے متواتر نقل کرتے چلے جاتے ہیں، لیکن ان کے استاذ کی تشریح، جو کہ وقت کے لحاظ سے جدید ترین تشریح ہے، قطعی غیر معقول ہے ۔ اپنی تجویز کردہ تفسیر کے لئے اصلاحی صاحب نے مذکورہ آیت کا جو ترجمہ بیان کیا، اس کا فرق سمجھنے کے لئے تینوں مفسرین کا سورہ الانبیاء کی آیت 30کا ترجمہ ذیل میں نقل ہے:

کیا کافر لوگوں نے یہ نہیں دیکھا کہ آسمان و زمین منہ بند ملے جلے تھے ۔ پھر ہم نے انہیں کھول کر جدا جدا کیا، اور ہر زندہ چیز کو ہم نے پانی سے پیدا کیا ۔(ابن کثیر، تفسیرِ قرآن، جلد سوم، صفحہ:240)

کیا وہ لوگ جنہوں نے انکار کر دیا ہے غور نہیں کرتے کہ یہ سب آسمان اور زمین باہم ملے ہوئے تھے، پھر ہم نے انہیں جدا کیا، اور پانی سے ہر زندہ چیز پیدا کی ۔(مولانا مودودیؒ، تفہیم القرآن، جلد 3، صفحہ:156)

کیا ان کفر کرنے والوں نے اِس بات پر غور نہیں کیا آسمان اور زمین دونوں بند ہوتے ہیں، پھر ہم اُن کو کھول دیتے ہیں اور ہم نے پانی سے ہر چیز کو زندہ کیا۔ (امین احسن اصلاحی، تدبّر قرآن، جلد پنجم، صفحہ:140)۔

تینوں تراجم سے واضح ہے کہ ابن کثیر اور مولانا مودودیؒ کے ترجمے سے آیت کا ایک مفہوم جبکہ مولانا اصلاحی صاحب کے ترجمے سے کوئی الگ ہی مفہوم اخذ ہو سکتا ہے، لہٰذا یہی فرق مولانا اصلاحی کی تفسیر میں واضح ہے ۔موصوف نے معاملہ کو بارش اور ہریالی پر منطبق کرنے کے لئے رتق و فتق کے عمومی مفہوم سے اجتناب کیا اور وہ مفہوم آیت سے منسوب کیا جو ایک اجنبی مفہوم ہے ۔قارئین اگر اب بھی کچھ الجھن کا شکار ہوں تو سورہ الانبیاء کی اس آیت کا پورا سیاق و سباق پڑھ لیں جو ہم نے یہاں نقل نہیں کیا ۔ بآسانی دیکھا جا سکتا ہے کہ بارش اور ہریالی نہیں بلکہ وہ کچھ مراد ہے جو ابن کثیر اور مولانا مودودیؒ نے بیان کیا ۔مولانا اصلاحی کی 55 سالہ اور ان کے استاد مولانا حمید الدین فراہی کا تدبّر ملا کر یہ تقریباً ایک صدی کے تدبّر کے نتائج ہیں جس سو سالہ تدبر کی نشاندہی تدبّر قرآن کے تعارف میں کی گئی ہے ۔

قرآنِ کریم اللہ تعالیٰ نے نازل کردہ اصل الفاظ کے ساتھ قیامت تک کے لئے لفظ بہ لفظ محفوظ کر دیا گیا، لیکن قرآنِ کریم کی 114 سورتوں اور 6236 آیات کے تراجم اپنے الفاظ میں بیان کرنے کے ذریعے اکثر اوقات گنجائش نکالی جاتی ہے تاکہ پنی عقل و سمجھ کے مطابق مفاہیم اخذ کئے جا سکیں ۔ غور کیا جائے تو اسی راستے سے طرح طرح کے فقہی اختلافات سے آگے بڑھ کر ایسی تاویلات پیدا کر لی گئیں جو صراحتاً گمراہی و شرک کی حدود میں داخل ہیں اور پھر یہی راستے اختیار کر کے یہ اُمت اپنی تاریخ میں فرقہ واریت کے ذریعے گروہ در گروہ میں تقسیم نظر آتی ہے ۔ قرآنِ کریم کے نزول سے پہلے کے اہلِ کتاب کے پاس اللہ تعالیٰ کا کلام اصل الفاظ میں دستیاب نہیں تھا۔ ان کے معلمین و مفسرین کا تمام تر انحصار روایات بالمعنی اور اپنی عقل و سمجھ پر تھا، لہٰذا یہودیت اور عیسائیت کی تاریخ میں جو کچھ نظر آتا ہے اُس میں کچھ ایسا نہیں جو قابلِ تعجب قرار دیا جا سکے ۔ قابلِ تعجب بات جو کچھ بھی ہے وہ دراصل مسلمانوں کے معاملہ میں ہے کہ یہاں معلم حضرات میں ایسے بھی ہیں جو قرآنِ کریم کی تعلیمات کی قرار

واقعی سمجھ پیدا کئے بغیر مفاہیم اخذ کرتے ہیں اور لوگوں کے آگے پیش کر دیتے ہیں ۔

تخلیقِ کائنات کی قرآنی ترتیب

قرآنِ کریم کی زیرِ غور آیت میں بتایا گیا کہ زمین و آسمان آپس میں ملے ہوئے تھے پھر کسی وقت انہیں پھاڑ کر ایک دوسرے سے جدا کیا گیا ۔ اس منفرد آیت کے علاوہ اللہ تعالیٰ نے چھ الگ آیات میں بتایا کہ پوری کائنات اور زمین پر حیات کی چھ دنوں میں تخلیق کی گئی اور یہی چھ دن بائیبل میں بھی تحریر کئے گئے تھے ۔قرآنِ کریم میں ایک بڑی اہم سورہ ہے جن کی چند آیات سے واقعتاً اخذ کیا جا سکتا ہے کہ ان چھ دنوں میں جملہ تخلیقی عوامل کس ترتیب سے عالمِ واقعہ میں نمودار ہوئے ۔ہمارے مفسرین کی نظریں سورہ کی ان خوبصورت گہرائیوں تک بھی نہیں پہنچ سکیں، لیکن ان پر غور کرنے سے انسان انتہائی پُر اثر کیفیات کا شکار ہوتا ہے ۔ ہم یہ ضرور کہیں گے کہ ہمارے گذشتہ مفسرین تخلیقی ترتیب کی نشاندہی نہ کرسکنے کے موردِ الزام اس لئے نہیں سمجھے جا سکتے کہ اس بات کی نشاندہی فلکیاتی علوم سے کسی حد تک واقفیت کے بغیر ممکن نہیں ہو سکتی تھی ۔ ہم چونکہ فلکیاتی علوم میں دلچسپی کا شکار رہے ہیں، اس لئے یہ نکتہ ہماری نظر میں آ سکا ۔ آگے کی بحث میں اب تک کے فلکیاتی سائنسی مشاہدات کی روشنی میں ان آیات کا مفہوم سمجھنا ہمارے پیشِ نظر ہے ۔متعلقہ آیات ذیل میں درج ہیں:

> کیا تم لوگوں کی تخلیق زیادہ سخت کام ہے یا آسمان کی؟ اللہ نے اُس کو بنایا، اُس کی چھت خوب اونچی اٹھائی پھر اس کا توازن قائم کیا، اور اُس کی رات ڈھانکی اور اُس کا دن نکالا ۔ اِس کے بعد زمین کو بچھایا، اُس کے اندر سے اُس کا پانی اور چارہ نکالا، اور پہاڑ اس میں گاڑ دیے سامانِ زیست کے طور پر تمہارے لئے اور تمہارے مویشیوں کے لئے ۔(79۔ النّٰزعٰت:27)

کوئی شئے تبدیلیوں کے زیرِ اثر ہو تو اس میں تبدیلی کا عمل وقت کے تناظر میں ایک مسلسل عمل ہے جس کو ٹکڑوں میں تقسیم کرکے دیکھنا اور خصوصاً سمجھنے کے لئے دیکھنا کسی ضابطہ کے تحت

ہی ہونا چاہئے ۔ اس کی ایک قرآنی مثال ہم سورہ علق کی پانچ آیات کی تشریح میں دیکھ چکے ہیں ۔عمومی مثال کے طور پر ہم کسی بھی حیاتیاتی شئے میں پیدا ہونے والی تبدیلیوں پر غور کریں تو اگر چہ یہ مسلسل تبدیلیاں ہیں لیکن انہیں کسی ضابطہ کے تحت دیکھنا نہ صرف ایک مناسب بات ہے ، بلکہ اُس شئے کی حقیقت یا تبدیلیوں کو درست طور پر سمجھنے کے لئے یہ ایک ضروری طریقہ بھی ممکن ہو سکتا ہے ۔اگر ہم خود انسانی حیات پر ہی غور کرنا چاہیں تو اگرچہ پیدائش سے موت تک یہ ایک ہی مرحلہ یا دورانیہ ہے ، لیکن اسے بچپن پھر جوانی اور پھر بڑھاپا کے تین ادوار میں یا مثلاً پیدائش کے بعد سے ابتدائی دو سال جس میں بچّے کی زندگی کا انحصار محض دودھ پر یا شِیرِ مادر پر ہوتا ہے جب کہ اُس کے دانت نکلنے کے ساتھ جسم کے تمام اعضاء خوراک کو استعمال کرنے کے قابل ہونے کے لئے تیار کئے جاتے ہیں ۔ اِس مرحلے کے بعد اگلے مرحلے میں وہ بلوغت کی عمر میں پہنچنے کو ڈرامائی تبدیلیوں سے نمایاں کرتا ہے، اور اسی ضابطہ کے تحت بڑھاپے کی آخری سطح تک مزید مراحل میں تقسیم کیا جاسکتا ہے ۔ مراحل کو کسی ضابطہ کے تحت تقسیم کر لیا جائے تو یقینی ہے کہ زمین میں پائے جانے والے بقائے حیات کے لئے درکار عناصر جو دراصل دوسری حیاتیاتی مشینوں سے ہی پر اسیس ہونے کے بعد یعنی پھل، سبزیاں اور حلال جانوروں کے گوشت وغیرہ کی صورت میں انسانی جسم کو فراہم ہوتے ہیں ، ان پر انسانی جسم کے پیدا کردہ کیمیائی عوامل زیادہ بہتر طور پر سمجھے جا سکتے ہیں ۔امکانی طور پر قیاس کیا جا سکتا ہے کہ ہر ایک مرحلے پر چند مخصوص اور زیادہ ضروری کیمیائی عوامل زیادہ شدّت کے ساتھ عمل پیرا ہیں جو دوسرے مراحل پر اتنے شدید نہیں ۔ ان مراحل کو ہدف بنا کر مناسب تحقیق ہو تو مثلاً ہر مرحلے کے لئے مخصوص غذائیں زیادہ موثر طور پر تجویز کی جا سکتی ہیں ۔ انسانی حیات کی سورہ علق کے حوالے سے پیدائش سے پہلے کی کسی ضابطہ کے تحت تقسیم کی طرح پیدائش کے بعد کی تقسیم کی طرف قرآنِ کریم کی سورہ الحدید کی چند آیات میں واضح اشارہ موجود ہے:

خُوب جان لو کہ یہ دنیا کی زندگی اِس کے سوا کچھ نہیں کہ(1) ایک کھیل اور (2) دل لگی اور (3) ظاہری ٹیپ ٹاپ اور (4) تمہارا آپس میں ایک دوسرے پر فخر جتانا اور (5) مال و اولاد میں ایک دوسرے سے بڑھ

جانے کی کوشش کرنا ہے ۔ اِس کی مثال ایسی ہے جیسے ایک بارش ہو گئی تو (1) اس سے پیدا ہونے والی نباتات کو دیکھ کر کاشت کار خوش ہو گئے ۔(2) پھر وہ کھیتی پک جاتی ہے، (3) اور تم دیکھتے ہو کہ وہ زرد ہو گئی ۔ (4) پھر وہ بُھس بن کر رہ جاتی ہے (57۔الحدید:20)

ان آیات کے ترجمہ میں انسانی حیات کی پیدائش کے بعد کے مراحل میں تقسیم کی نشاندہی میں سہولت کی خاطر ہم نے اپنی طرف سے اعداد کا اضافہ کر دیا ہے ۔پہلے بچپنا ، پھر بلوغت ، پھر جوانی اور اُس کے بعد جوانی کی تمام عملی زندگی اور آخر میں زوال کا دور بآسانی دیکھا جا سکتا ہے ۔ حیات کے اسی باضابطہ تقسیم کے مراحل کی طرف نباتاتی حیات کی چار مراحل میں تقسیم کی مماثلت سے بھی متوجہ کیا گیا ہے ۔کاشتکاری میں ہر ایک مرحلے کے دوران زرعی کھاد کی مخصوص کیمیاوی ترتیب کے تحت فراہمی کافی مناسب حد تک سمجھی جا چکی ہے ۔انسانی حیات کے معاملات مختلف مراحل میں مخصوص غذائی اجزاء کی فراہمی میں محض حالیہ دور میں پیشرفت کی ابتدا ہو سکی ہے، جبکہ مسلمانوں کو بہت پہلے متوجہ ہونا چاہئے تھا ۔ زراعت چونکہ باہر میدانوں میں ہوتی ہے اس لئے سورج کی روشنی کی خصوصیات کی طرف صحت مند نباتات کے حوالے سے کوئی تشویش کبھی لاحق نہیں ہوئی سوائے اس بات کے کہ سورج کی روشنی انہیں برابر ملتی رہے ۔ لیکن انسانی صحت کے معاملہ میں سورج کی روشنی سے محرومی صنعتی دور کے بعد کی تیز رفتار ترقی کی وجہ سے مسئلہ بن چکی ہے لیکن اس کے باوجود بھی ترقی یافتہ اقوام اس کی اہمیت سے کماحقہ واقف نہیں نظر آتیں ۔ پچھلے تمام ادوار میں دن میں سورج کی روشنی اور سورج کی غیر موجودگی میں آگ پر کھانا پکانے کے دوران بعینہ سورج کی روشنی کی مماثل روشنی انسان کو دستیاب رہتی تھی ۔ بعد ازاں 1880ء میں ایڈیسن نے لائٹ بلب ایجاد کیا تو اس میں بھی سورج کی روشنی کی خصوصیات بڑی حد تک موجود تھیں ۔1930ء میں مرکری ٹیوب لائٹ ایجاد کر لی گئیں جن کا روشنی کے لئے استعمال بلب کے مقابلے میں بہت سستا تھا تو پوری دنیا میں اِس کا استعمال شروع ہو گیا، یہاں تک کہ آج بھی ترقی یافتہ ملکوں کے ہسپتالوں ، دفتروں اور دیگر مقامات پر استعمال کی جا رہی ہیں جبکہ یہ جسمانی ضروریات کے لحاظ سے بدترین انتخابات ہے ۔ موجودہ دور میں LED لائٹ اور بھی کم بجلی استعمال کرنے اور

بہت زیادہ عرصہ کارآمد ہونے کی وجہ سے ٹیوب لائٹ کی جگہ لینا شروع ہو گئی ہیں جن کے بعض برانڈ صحت کے حوالے سے نسبتاً بہتر ہیں لیکن سورج کی روشنی کے متبادل خصوصیات ان میں موجود نہیں ہیں ۔ سورج کی روشنی میں مختلف انرجی یا توانائی کی شعاعیں موجود ہیں جن کے زیرِ اثر انتہائی طویل عرصہ میں زمین پر حیات کا ارتقائی عمل سر انجام ہوا ہے جس کے مفید ترین تقاضوں میں لاعلمی اور کم علمی کی وجہ سے مداخلت جاری ہے ۔ امید ہے کہ ترقّی یافتہ اقوام خصوصاً بہت چھوٹے بچّوں اور بوڑھوں کو روشنی کے حوالے سے غیر مفید ماحول میں رکھنے کی غلطی سے واقف ہوں گے تو ان کے طفیل وہ اقوام بھی مستفید ہو سکیں گی جن کے اجتماعی نظام مدون کرنے والے سربراہان اپنے لوگوں کی علوم سے بیگانگی کو ترجیح دیتے ہیں ۔قارئین کو دعوتِ فکر کے لئے ہم بتاتے ہیں کہ قرآنِ کریم میں بعض سورتوں میں ارشاد ہے۔ "ہم نے دن تمہارے کام کاج کے لئے اور رات آرام کے لئے بنائی"۔ دن میں انسان باہر روشنی میں کچھ نہ کچھ نکل آتا ہے، لیکن رات میں آرام کی ضرورت اللہ تعالیٰ نے اس طرح رکھی ہے کہ انسان پورے جسم کو چادر یا کمبل سے ڈھانک لیتا ہے یہاں تک کہ آنکھیں بھی بند کر دی جاتی ہیں تاکہ روشنی کی نوعیت کی کوئی شعاع جسم کو دستیاب نہ رہے ، تب ہی وہ کیمیائی عوامل اپنا کام سر انجام دیتے ہیں جو دن کی روشنی میں ممکن نہیں تھے ۔ اسی طرح دن میں سورج کی روشنی کی عدم دستیابی میں بہت سے کیمیائی عوامل اپنا کام پورا نہیں کر سکتے جب تک کہ اِس روشنی کی وہ کم سے کم مقدار میسر نہ ہو جو انسانی جسم کے لئے درکار ہے ۔ہم قارئین کو بعض خصوصی قرآنی آیات کی طرف متوجہ کرنے کے لئے اِس سے زیادہ وضاحت کے متحمل یہاں نہیں ہو سکتے ۔سورہ الحدید میں حیات کی اس تقسیم کی وضاحت ڈاکٹر اسرار احمد نے منتخب نصاب جلد دوم میں صفحہ 561 پر بیان کی ہے ۔

مظاہرِ فطرت کے مراحل کی باضابطہ تقسیم کی بحث میں سورہ النّٰزعٰت کی اوپر نقل کردہ آیات پر دوبارہ نظر ڈالی جائے تو وہاں زمین کے لئے الفاظ "اس کے بعد" نے ہمیں مجموعی آیات کی طرف خصوصی طور پر متوجہ کیا تو جلد ہی محسوس ہوا کہ یہاں جملہ تخلیق کی ترتیب کی طرف اشارہ موجود ہے ۔ انتہائی دلچسپ بات یہ بھی ہے کہ جس طرح چھ دنوں میں تخلیقِ کائنات کو چھ مختلف

سورتوں کی چھ آیات میں بیان ہوا، اسی طرح یہاں آیت 27 سے آیت 32 تک کُل چھ آیات میں ہی یہ ترتیب بتائی گئی ہے قارئین کی سہولت کے لئے آیات ہماری طرف سے اعداد داخل کر دینے کے ساتھ ذیل میں دوبارہ نقل ہیں:

> کیا تم لوگوں کی تخلیق زیادہ سخت کام ہے یا آسمان کی؟ اللہ نے اُس کو بنایا،(1) اُس کی چھت خوب اونچی اٹھائی پھر اس کا توازن قائم کیا، (2) اور اُس کی رات ڈھانکی اور اُس کا دن نکالا - (3)اس کے بعد زمین کو بچھایا، اُس کے اندر سے اُس کا(4) پانی اور(5) چارہ نکالا، اور(6) پہاڑ اس میں گاڑ دیے سامانِ زیست کے طور پر تمہارے لئے اور تمہارے مویشیوں کے لئے -(79۔ النّٰزعٰت:27)

قارئین اگر ضرورت محسوس کریں تو چھ دنوں میں کائنات کی تخلیق سے متعلق ان آیات پر ایک نظر ڈال سکتے ہیں جو اوپر نقل کی گئی تھیں ۔ اگرنہ یاد ہو تو وہاں دو دنوں میں زمین و آسمان کی تخلیق اور باقی چار دنوں میں زمین کی دیگر تیاریوں میں استعمال ہونا بتائے گئے تھے ۔موجودہ فلکیاتی علوم کی روشنی میں یہ بالکل اسی ترتیب سے عالمِ ظہور میں واقع ہوئے جس ترتیب سے یہ واقعات سورہ النّٰزعٰت کی چھ آیات میں ارشاد ہوئے ہیں ۔ لہٰذا ہمارے سامنے ضرورت اِس بات کی ہے کہ سائنسی مشاہدہ کی سورہ النّٰزعٰت سے مطابقت سمجھ لی جائے ۔

کائنات کی تخلیقی ترتیب اور سائنس

فلکیاتی اجسام کی حرکیات کی بحث میں ہم نے آئن سٹائن کی جنرل تھیوری برائے اضافیت کی کمال درجہ حیرت انگیز مساوات نقل کی تھی اور بتایا تھا کہ اس مساوات کی تجویز کے مطابق کائنات پھیل رہی ہے اور کسی وقت جبکہ اِس پھیلاؤ پر کششِ ثقل حاوی ہونا شروع ہو گی تو اس کا سکڑنے کا عمل شروع ہو گا ۔ یہ نتیجہ از خود تجویز کرتا تھا کہ اپنی ابتدا میں کائنات ایک نقطہ کی حد تک مختصر تھی، پھر وہ پھٹ گئی اور پھیلنا شروع ہو گئی لیکن دوبارہ پھٹ کر نیا سائیکل

شروع کرنے کے لئے واپس پلٹے گی، اس طرح یہ سائیکل جاری و ساری رہنے والی شئے ہے ۔طبیعیات کی رو سے ہمیں درست الفاظ یہ لکھنے چاہئے تھے کہ کائنات نہیں پھیل رہی بلکہ فلکیاتی اجسام کے درمیان جو فضا ہے وہ فضا پھیل رہی ہے، لہٰذا اس میں موجود اجسام کے درمیان فاصلہ بڑھتا جا رہا ہے ۔ آئن سٹائن کی جنرل تھیوری میں زمان الگ اور مکاں الگ جہتیں نہیں بلکہ زمان و مکاں ایک مربوط چار جہاتی شئے ہے لیکن عام انسان زمان یعنی وقت اور مکاں یعنی اسپیس الگ الگ دیکھنے کا عادی ہے، اس لئے اس تصوّر کے درست مفہوم کی تشریح کے لئے علیحدہ کتابوں میں ضخیم حصّہ مختص کیا جاتا ہے ۔ ہم عام قارئین کے لئے تفصیلاتی وضاحت میں اس حد تک جانے کے متحمل نہیں، اس لئے بعض معاملات جن سادہ الفاظ میں بیان کئے جائیں گے وہ طبیعیات کی زبان سے کسی حد تک عدم مطابقت کا شکار محسوس ہو سکتے ہیں ۔

ہم نے گزشتہ بحث میں یہ بھی بتایا تھا کہ آئن سٹائن نے 1915ء میں جنرل تھیوری پیش کی تو اس وقت فلکیاتی سائنس یہ سمجھتی تھی کہ ساری کائنات سورج کے اطراف گردش میں ہے لیکن وسیع تر حدود میں کائنات ساکن ہے ۔اس مشاہدہ کی وجہ سے آئن سٹائن کو اپنی مساوات میں ایک مستقل ٹرم Λ کا اضافہ کرنا پڑا جسے اس نے بعد میں زندگی کی بڑی غلطی قرار دیا تھا ۔اپنی مساوات کا مکمّل تصوّر آئن سٹائن کے کہنے کے مطابق اسے اس طرح ہوا کہ کلرک کی حیثیت سے اپنے آفس بلڈنگ کی تیسری منزل پر کمرے میں بیٹھا تھا جبکہ باہر کوئی کاریگر سیڑھی پر کھڑا بلند عمارت کی کھڑکی صاف کر رہا تھا ۔ آئن سٹائن کے دماغ میں خیال ہوا کہ اگر یہ کاریگر گر پڑے تو زمین تک پہنچنے کے دوران اسے کیسا محسوس ہو گا؟ بس اسی وقت اس نے کچھ سوچا اور اُس کا ذہن نیوٹن کے کششِ ثقل کے قانون کی

خامی کا حل تلاش کرنے کے لئے ایک خاص سمت میں چل پڑا ۔ آئن سٹائن نے اس لمحے کو اپنی زندگی کا بہترین لمحہ قرار دیا ۔1990 کی دہائی میں فضائی ٹیلی اسکوپ کے ذریعے کائنات میں زیادہ فاصلے تک دیکھنے کی رسائی حاصل ہوئی تو نظریاتی سائنس دانوں کے لئے پریشان کن اور حیران کن سوالات اب یہ پیدا ہو گئے ہیں کہ جتنی کچھ بھی کہکشائیں اور کتنے ہی سورج ان کہکشاؤں میں دیکھ لئے گئے ہیں ان سب کے مادّہ کو تمام بلیک ہول میں موجود مادّہ سمیت جمع کیا جائے تو کائنات میں جتنا مادّہ ہونا چاہیئے، اس کے مقابلے میں 5 فی صد سے کم مقدار بنتی ہے ۔ کائنات میں 25 فیصد مادّہ ان کہکشاؤں میں موجود ہے لیکن وہ ٹیلی اسکوپ میں نظر نہیں آ رہا ۔اس نتیجہ کا ماخذ نیوٹن کے وہی دو سادہ ریاضی کی زبان میں لکھے گئے قوانین ہیں جو ہم بیان کر چکے ہیں ۔اس نامعلوم مادّہ کو (Dark Matter) کا نام دیا گیا ہے ۔پھر دوسرا بڑا مسئلہ یہ پیدا ہوا کہ کائنات کے پھیلاؤ کی رفتار بتدریج کم ہونے یا کم از کم مستقل رفتار سے پھیلنے کے بجائے ہر لمحہ اُس کی رفتار بڑھتی چلی جا رہی ہے ۔ یعنی کل جتنی تیزی سے پھیل رہی تھی، آج اُس سے زیادہ تیزی سے پھیل رہی ہے اور اگلے روز اور زیادہ تیزی سے پھیلے گی ۔بالفاظ دیگر کائنات کے پھیلاؤ میں اسراع موجود ہے جو قانونِ فطرت کے مطابق کسی توانائی کی موجودگی کے بغیر ممکن نہیں ۔کہکشاؤں میں یا ان کے اطراف کی فضا میں اس توانائی کی یا اِس کے ماخذ کی نشاندہی مختلف استعداد کی

حامل جدید اسپیس ٹیلی اسکوپ سے آج تک نہیں ہو سکی ہے لہٰذا اس نامعلوم توانائی کو کا نام دیا گیا ہے Dark Energy اور کائناتی پھیلاؤ میں اسراع کی مقدار $E = mc^2$ کے حساب سے نظریاتی طور پر تجویز کرتی ہے کہ اس کی مقدار 70 فی صد ہے ۔اس بیان سے انسانی علم کا موجودہ مقام واضح ہو جاتا ہے کہ کھربوں سورج اور کہکشاؤں کا صرف 5 فی صد حصّہ سمجھ میں آ سکا ہے ،جبکہ 95 فی صد کائنات کے بارے میں انسان تاریکی میں ہے ، لہٰذا اس معاملے کے لئے لفظ "Dark" استعمال کرنا مناسب بات ہے ۔ ان نامعلوم مادّہ اور انرجی کی وجہ سے نظریاتی طبیعیات کے سائنس دانوں کو آئن سٹائن کی مساوات میں مستقل ٹرم Λ آئن سٹائن کی اپنی سوچ کے مقابلے میں کہیں زیادہ زیادہ شدّت کے ساتھ 1990ء کے لگ بھگ زمانے میں واپس لانی پڑی ۔یہاں سے ہم جس حد تک کا بظاہر حقیقی علم انسان کے پاس ہے، اُس علم کی روشنی میں اپنی قرآنی آیات کی سائنسی توجیح کی جستجو کر سکتے ہیں ۔

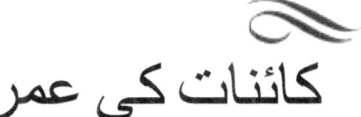

کائنات کی عمر

قرانِ کریم کی سورہ الانبیاء میں ارشاد ہوا کہ زمین و آسمان باہم ملے ہوئے تھے پھر کسی وقت اللہ تعالیٰ کے حکم سے وہ جدا کئے گئے ۔پس، قرانِ کریم تصدیق کرتا ہے کہ آئن سٹائن کی جنرل تھیوری سے تجویز ہونے والا Big Bang ہماری کائنات کا نقطۂ آغاز ہے ۔ پھر ہبل اسپیس ٹیلی اسکوپ سے 2004 کے مشاہدات سے تخمینہ لگایا گیا کہ کائنات میں تقریباً 165 ارب کہکشائیں ہیں ۔ہماری ملکی وے کہکشاں سے قریب ترین کہکشاں Andromeda ہے جس کا ہمری کہکشاں سے فاصلہ تقریباً 25 لاکھ نوری سال ہے ۔روشنی کے ذرّات ایک لاکھ 86 ہزار میل فی سیکنڈ کی رفتار سے ہماری زمین کی گرد ایک سیکنڈ میں آٹھ چکر لگا لیتے ہیں ، اس لئے صرف قریب ترین کہکشاں کا 25 لاکھ نوری سال جتنا فاصلہ پہلے ہی عام انسان کے تصورات کی گرفت سے باہر نکل جاتا ہے ۔تاہم کسی غبارے کا حجم معلوم کرنے کا ریاضی کا فارمولا استعمال کیا جائے تو کائنات کا حجم $(165x10^9)^{1/3}x2.5x10^6$ حل کرنے سے $13.7x10^9$ نوری سال حاصل کیا جاسکتا ہے ۔ بالفاظ دیگر کائنات کی وسعت تقریباً 13.7 ارب میل ہے اور یہ کہ Big Bang یا اللہ تعالیٰ کا ارشاد کردہ رتق و فتق کا واقعہ 13.7 ارب سال قبل پیش ہوا تھا ، یا کائنات کی عمر تقریباً 13.7 ارب سال ہے ۔ضروری نہیں کہ یہ تخمینہ درست مان لیا جائے ۔ اس کی وجہ یہ ہے کہ ہم سے دور ترین فاصلہ پر موجود کہکشاؤں کی روشنی اب 13.7 ارب سال بعد ہم تک پہنچ رہی ہے جو بتاتی ہے کہ وہ ہم سے 13.7 ارب میل دور ہے ۔ اس سے زیادہ فاصلہ پر کہکشائیں ہو سکتی ہیں جن کی روشنی ہم تک پہنچنے میں وقت درکار ہے ،لہٰذا کائنات اور بھی زیادہ وسیع ہو سکتی ہے ۔ تاہم اس کو درست مانتے ہوئے ہم کائنات سے متعلقہ دیگر مشاہدات پر غور کر سکتے ہیں ۔

کائنات کا تخلیقی عمل

مادّہ کے جو ذرّات مشاہدہ میں آتے ہیں یا جن سے ہماری زمین اور ہمارے اجسام بنے ہیں وہ Big Bang کے وقت اپنا وجود نہیں رکھتے تھے ۔ اس وقت اور اس کے بعد چند لمحات تک جو کچھ بھی تھا وہ ایک لامتناہی چھوٹے مقام میں لامتناہی حرارتی توانائی اور لامتناہی دباؤ کی شکل میں تھا ۔ جب اس مقام میں لامتناہی رفتار سے پھیلاؤ آنا شروع ہوا تو Big Bang کے بعد چند سیکنڈوں میں انرجی اور دباؤ میں اس پھیلاؤ کی وجہ سے اتنی کمی آگئی کہ $E = mc^2$ کے تحت انرجی مادّہ میں تبدیل ہو سکے ۔لہٰذا چند سیکنڈوں میں انرجی اُس کمتر سطح کو پہنچ گئی کہ الیکٹران، پروٹون، نیوٹران روشنی کے ذرّات یعنی فوٹان اور بعض دوسرے ذرّات بننا شروع ہوئے ۔اس وقت تک درجہ حرارت ایک ارب درجہ سینٹی گریڈ تک گر چکا تھا ۔تین منٹ گزرنے پر درجہ حرارت اتنا کم ہو گیا کہ یہ ذرّات باہم مل سکیں تو ہائیڈروجن اور ہیلیم کے مرکزے بننا شروع ہوئے ۔اس وقت تک درجہ حرارت ہزاروں ڈگری کو پہنچ گیا تھا ۔ اس سطح کو پہنچنے سے پہلے چونکہ بیشتر ذرّات برقی تھے، اس لئے روشنی کے ذرّات ان برقی ذرّات مثلاً الیکٹران اور پروٹون وغیرہ سے بہت زیادہ ٹکراؤ کی وجہ سے اس فضاء سے باہر نہیں نکل سکتے تھے ۔ اس حالت کو سائنس دان Hot Plasma Cloud کہتے ہیں جس میں مادّہ بہت زیادہ توانائی کی حالت میں ہوتا ہے ۔اس حالت کو بادل کی شکل قرار دینا بالکل مناسب بات ہے ۔ یہ حالت تین لاکھ اسّی ہزار سال تک برقرار رہی جس کے دوران کائنات دھوئیں کی حالت میں تھی ۔ اس عرصہ میں کائنات کا درجہ حرارت تین ہزار ڈگری سینٹی گریڈ تک گر چکا تھا جس سطح پر برقی ذرّات اب نیوٹرل حالت اختیار کر سکتے تھے ۔ پس ہائیڈروجن اور ہیلیم نیوٹرل ایٹموں میں تبدیل ہونے کے ساتھ ہی پوری کائنات غیر شفاف سے شفاف ہو گئی ۔ اس وقت ابتدا میں پیدا ہونے والی روشنی تین لاکھ اسّی ہزار سال گزرنے کے بعد کائنات میں پھیلنا شروع ہوئی ۔ Big Bang کے تقریباً ایک ارب سال بعد ہائیڈروجن اور ہیلیم گیس کے بادل حرارت کم ہونے اور اپنی گردشی رفتار میں کمی اور کششِ ثقل کے بتدریج حاوی ہونے کی وجہ سے کائنات میں جگہ بہ جگہ اکٹھا

ہونا شروع ہوگئے اور ابتدائی لاتعداد کہکشاؤں کی اور کہکشاؤں کے اندر لاتعداد ستاروں کی شکل اختیار کر گئے ۔ان ابتدائ اجسام کو ہم نے ستارے لکھا ہے لیکن کسی گولے یا کرّہ کی شکل اختیار کرنے کے دوران ان کی اندرونی حرارت روشنی کے اخراج کی سطح ابھی حاصل نہیں کر سکی تھی، بلکہ فضاء میں بکھرے ذرّات بڑے دائرے میں کسی مرکز کے گرد گھومنے کی وجہ سے کرّہ کی شکل میں اپنی جسامت بڑھاتے چلے گئے تھے ۔ جسامت میں اضافہ کی وجہ سے کرّہ کے مرکز کے قریب جمع ہائیڈروجن پر کششِ ثقل کا دباؤ بڑھا اور اِس دباؤ کی وجہ سے اندرونی حصّہ میں حرارت بڑھتے بڑھتے اس حد کو پہنچ گئی کہ ہائیڈروجن ایٹموں کو ایک دوسرے میں گھس جانے کے علاوہ کوئی جگہ باقی نہ رہی ۔ اس وقت چار ہائیڈروجن ایٹم مل کر ایک ہیلیم ایٹم میں تبدیل ہو گئے ۔ ایک ہیلیم ایٹم میں مادّہ کی مقدار چار ہائیڈروجن ایٹموں کے مجموعی مقدارِ مادّہ سے کم ہے ۔ مادّہ کی مقدار کا یہ فرق آئن سٹائن کی مساوات $E = mc^2$ کے مطابق انرجی کی صورت میں برآمد ہوا جس نے حرارت کی شکل میں کششِ ثقل کے اندرونی کھنچاؤ کے مقابلے میں کرّہ کے مرکز کو باہر کی طرف پھیلنے کی قوّت فراہم کر دی، اس طرح ایسے اجسام کا توازن قائم ہوا اور ان کی بیرونی سطح سے روشنی کا اخراج بھی شروع ہوگیا ۔ اس حالت کو پہنچنے پر وہ اجسام واقعتاً روشنی کا اخراج کرنے والے سورج کی شکل اختیار کر گئے ۔ہائیڈروجن گیس ان اجسام میں فیول کی صورت میں طویل عرصہ استعمال ہوتی رہی یہاں تک کہ مرکز کے اطراف میں یہ عمل جاری رہنے والی بیشتر ہائیڈروجن استعمال ہو کر ہیلیم میں تبدیل ہو گئی ۔ وقت گزرنے کے کے ساتھ ہائیڈروجن فیول کم ہونے سے مرکز کی حرارت میں کمی واقع ہوئی، جس کی وجہ سے کششِ ثقل کا دباؤ بڑھا یہاں تک کہ وہاں پر موجود ہیلیم کو اب اتنی جگہ باقی نہ رہی کہ وہ اپنی ہیئت قائم رکھ سکتے سوائے یہ کہ آپس میں گھس جائیں ۔ بس اسی دباؤ کے تحت بتدریج دوسرے چھوٹے ایٹم یعنی کاربن، نائٹروجن اور آکسیجن وغیرہ بننا شروع ہوئے اور اِس مرتبہ بھی ہیلیم اور ان عناصر کے درمیان مادّہ کا فرق مرکز کو حرارت پہنچاتا رہا اور تمام سورج کائنات میں روشنی پھیلاتے رہے ۔ یہ عمل اس وقت تک جاری رہا جب تک کہ مرکزی حصّہ کا تمام مادّہ آئرن یعنی حدید یا لوہے میں نہ تبدیل ہو گیا ۔ سورج کی اندرونی

بھٹی میں لوہا بن جانے کے بعد یہ عمل مزید جاری نہیں رہتا ۔ لوہا کائنات میں سب سے زیادہ مستحکم عنصر ہے ۔ اس سے زیادہ بھاری ایٹم کی بناوٹ کے دوران انرجی کا اخراج ہونے کے بجائے ایسے تمام عناصر کو بننے کے لئے انرجی درکار ہوتی ہے ۔ سورج کا بیشتر اندرونی حصّہ لوہے میں تبدیل ہونے کے بعد کوئی فیول میسر نہیں رہتا تو سورج کی مجموعی حرارت بتدریج کم ہوتی چلی جاتی ہے اور اس دوران اس کی روشنی کی مقدار میں بھی کمی آتی چلی جاتی ہے ۔ اس صورت میں وہ سورج بھی اپنی ابتدائی جسامت کے لحاظ سے دس بارہ ارب سال اپنا دستیاب فیول استعمال کر کے سفید روشنی کے بجائے بتدریج سرخ روشنی کا اخراج جاری رکھ سکتا ہے ۔ لیکن اگر Big Bang کے بعد ایک ارب سال سے 9 ارب سال کے دوران بننے والے وہ سورج جن کی ابتدائی جسامت یعنی مادّہ کی مقدار یا ہائیڈروجن اور ہیلیم کی مقدار ہمارے سورج سے کم از کم 10 گنا زیادہ تھی، انہیں زندگی و موت کا بالکل الگ راستہ حاصل ہوتا ہے ۔ قارئین کو واضح رہے کہ ہمارا سورج ابھی نہیں بن سکا ہے ۔ یہ لفظ صرف مثال کے لئے استعمال کیا جا رہا ہے ۔ دس گنا ضخیم سورج کے معاملے میں ایک بات تو یہ کہ دس گنا ضخیم ہونے کی وجہ سے ان کی کششِ ثقل بھی ہمارے سورج سے دس گنا زیادہ تھی، لہٰذا اس کششِ ثقل کی شدّت سے مقابلہ کے لئے انہیں اپنا فیول بہت تیزی سے استعمال کرنا پڑتا ہے اور چند لاکھوں سال میں ہی اپنا فیول خرچ کر جاتے ہیں اور پھر کششِ ثقل کے اندرونی کھنچاؤ کے ردعمل کے نتیجے میں دھماکے سے پھٹ جاتے ہیں ۔ اس واقعہ کو Super Nova کہا گیا ہے ۔ اس عمل کے دوران سورج کی موت پر جتنی روشنی کا اخراج ہوتا ہے وہ اس کی اپنی کہکشاں میں موجود تمام ستاروں کی روشنی سے زیادہ ہوتی ہے ۔ ایسے ضخیم سورج کے پھٹنے کے دوران اس کی ساخت میں موجود ہلکے ایٹموں کو اتنی توانائی مل جاتی ہے جس کے نتیجے میں آئرن سے زیادہ بھاری ایٹم تشکیل ہوتے ہیں جن میں سونا، چاندی، مرکری اور دوسرے تمام عناصر شامل ہیں ہمارے سورج اور زمین تقریباً 4.5 ارب سال قبل بن سکے ہیں ۔ ہمارے شمسی نظام میں موجود تمام مادّہ 5 ارب سال سے پہلے کسی ضخیم سورج کے مرنے کے بعد اُس کے سپر نووا انفجار کی بکھری ہوئی راکھ ہے ۔ ہمارا سورج اسی سپر نووا کی بکھری ہوئی راکھ اور اطراف میں موجود ہائیڈروجن اور ہیلیم سے

بنا ہے ۔ زمین اور دیگر سیارے بھی اسی سے بنے ہیں ہمارے جسم کا ایک ایک ذرّہ اور جو پانی ہم پیتے ہیں، جو سانس ہم لیتے ہیں اور جو کچھ بھی کھاتے ہیں یا کپڑے پہنتے ہیں، ہر ایک ایٹم اس راکھ سے حاصل ہوا ہے جو 5 سے دس ارب سال پہلے کسی سپر نووا انفجار کے نتیجے میں پیدا ہوا تھا ۔ جس پانی پر تمام حیات قائم ہے اس پانی کا ہر مالیکیول دو ہائیڈروجن ایٹم اور ایک آکسیجن ایٹم سے مل کر بنا ہے اس میں آکسیجن تو بیشک کسی سپر نووا انفجار کے تحت کائنات میں Big Bang کے کئی ارب سال بعد پیدا ہوئی لیکن کائنات میں پایا جانے والا ہر ہائیڈروجن ایٹم اور تقریباً تمام ہیلیم ایٹم 13.7 ارب سال قدیم ہے ۔ لامحدود بیرونی فضا سے زمین تک پہنچنے والی طاقتور کائناتی شعاعوں کے محدود اثرات سے قطع نظر اب جو پانی کا گلاس ہمارے قارئین نوش فرمائیں تو یاد کریں کہ اس پانی کا ایک جزو ہائیڈروجن بحیثیتِ مادّہ پہلی مرتبہ 13.7 ارب سال قبل خالقِ عالم نے تخلیق کیا تھا اور تب سے یہ اپنی اسی حالت میں قائم ہے ۔

یہاں تک کی تفصیلات کو قرانِ کریم کی اوپر نقل کردہ آیات کی روشنی میں دیکھا جائے تو قارئین کے لئے سمجھ لینا مشکل نہیں کہ قرانِ کریم کے مطابق کائناتی تخلیق کے دو دن مکمّل ہو چکے تھے ۔ ہم نے دو صفحات قبل عرض کیا کہ تین لاکھ اسّی ہزار سال تک روشنی اپنے مخرج کے مقامات سے باہر نہیں نکل سکتی تھی ۔ Big Bang شروع ہونے کے بعد فضاء کے ابتدائی پھیلاؤ کے دوران پیدا ہونے والے ذرّات بیشتر برقی ذرّات تھے جو روشنی کے فوٹان سے شدید متصادم ہوتے ہیں ۔ یہ کیفیت تین لاکھ اسّی ہزار سال تک برقرار رہی، اس دوران وہ ذرّات نیوٹرل ہائیڈروجن اور ہیلیم میں تبدیل ہونا شروع ہوئے تو فضاء میں شفافیت کی ابتداء ہوئی اور فوٹان آزادانہ حرکت کرنے کے قابل ہوسکے ۔ سورج کے سامنے بادل آجائیں تو روشنی کا گزر مشکل ہو جاتا ہے، اسی لئے سائنس دانوں نے کائنات کی اس کیفیت کو Hot Plasma Cloud سے بیان کیا ، یعنی اس تمام عرصہ کائنات بادل کی طرح تھی ۔اس کے بعد ایک ارب سال گزرنے پر کائنات میں کہکشائیں، کہکشاؤں کے اندر سورج اور ضخیم سورج کے سپر نووا انفجار کے نتیجے میں92 قدرتی عناصر میں موجود وزنی ایٹموں کے بنائے جانے کا عمل جاری ہوا اور آئندہ آٹھ ارب سال کے دوران سورج کی دوسری جنریشن اور ان کے ساتھ ہی سورج کے

گرد سیارے وجود میں آئے ۔ ہم نے سہولت کے لئے دو آیات ذیل میں دوبارہ نقل کر دی ہیں:

۔ پھر وہ آسمان کی طرف متوجہ ہوا جو اس وقت محض دھواں تھا ۔ اُس نے آسمان اور زمین سے کہا "وجود میں آجاؤ، خواہ تم چاہو یا نہ چاہو"۔ دونوں نے کہا "ہم آ گئے فرمانبرداروں کی طرح۔(41۔ حٰم السجّدۃ:11)

کیا تم لوگوں کی تخلیق زیادہ سخت کام ہے یا آسمان کی؟ اللہ نے اُس کو بنایا،(1) اُس کی چھت خوب اونچی اٹھائی پھر اس کا توازن قائم کیا، (2) اور اُس کی رات ڈھانکی اور اُس کا دن نکالا ۔ (3)اس کے بعد زمین کو بچھایا، اُس کے اندر سے اُس کا(4) پانی اور(5) چارہ نکالا، اور(6) پہاڑ اس میں گاڑ دیے سامانِ زیست کے طور پر تمہارے لئے اور تمہارے مویشیوں کے لئے ۔(79۔ النّٰزعٰت:27)

پہلی آیت کا مطلب واضح ہے کہ پہلا دن تین لاکھ اسّی ہزار سال طویل تھا جس عرصہ کے دوران کائنات محض دھواں تھی اور یہ کہ سائنس دانوں نے اس صورتحال کو Hot Plasma Clouds سے ظاہر کرنے کے لئے بہت مناسب الفاظ کا چناؤ کیا ۔اور اِس پہلی آیت کے عین مطابق دھوئیں کی حالت کے بعد مادّی کائنات کی ابتدا ہوئی ۔ دوسری آیت کے مطابق دوسرا دن مکمّل ہونے تک نو ارب سال کا عرصہ گزر چکا تھا ۔ قارئین جانتے ہیں کہ سورج کے دن و رات نہیں ہوتے اور وہ تمام زندگی ہمہ وقت چمکتے رہتے ہیں ۔ دن و رات سیاروں کے ہوتے ہیں، وجہ یہ کہ وہ اپنے محور کے گرد گھومتے ہیں تو جب نصف حصّہ سورج کے سامنے ہوتا ہے تو وہاں دن ہوتا ہے اور دوسرے نصف حصّہ پر رات ہوتی ہے ۔ لہٰذا دوسری آیت میں "اُس کی رات ڈھانکی اور اُس کا دن نکالا" سے قطعی واضح ہے کہ زمین اور سیارے دوسرے دن تک پیدا ہو چکے تھے ۔ ہم نے آیت میں اسی لئے عدد (2) اپنی طرف سے داخل کر دیا تھا ۔فلکیاتی اجسام میں کہکشاؤں کا گردش کرنا، ان کہکشاؤں میں اربوں سورج کی گردش اور سیاروں کا اپنے اپنے سورج کے گرد طواف کو اللہ تعالیٰ نے ایک لفظ "توازن" سے ظاہر کر دیا ہے ۔ قارئین ملاحظہ کریں کہ کائنات کی تمام اشیاء تخلیق کے دوسرے دن سے ہمہ وقت حالتِ طواف میں ہیں ، پھر حج بیت اللہ و عمرہ کے وقت مسلمان اللہ کے حکم کی اطاعت میں خانہ کعبہ کے گرد طواف کے ذریعے کائنات سے ہم آہنگی کا مظاہرہ کرتا

ہے ۔ کائناتی اجسام کی بیضوی شکل میں ترجیحی حرکت جس سمت میں ہوتی ہے وہ گھڑی کی سوئی کی سمت میں نہیں بلکہ مخالف سمت میں ہے ۔ بعض کہکشائیں کسی دوسری قریبی کہکشاں کے ہنگامی اثرات کی وجہ سے گھڑی کی سمت میں گردش کرتی نظر آ سکی ہیں ، لیکن کائنات کی ترجیحی حرکت گھڑی کی سوئی کی مخالف سمت ہے ۔ قارئین نوٹ کر سکتے ہیں کہ طوافِ کعبہ بھی اسی ترجیحی سمت میں یا گھڑی کی سوئی کی مخالف سمت میں کیا جاتا ہے اور اس طرح انسان کو قصداً کائنات کی حرکت سے مطابقت کا موقع فراہم ہو جاتا ہے ۔

اوپر آیات میں تقریباً چودہ ارب سال میں سے نو ارب سال منہا کرنے کے بعد آخری پانچ ارب سال کو اللہ تعالیٰ نے بقیہ چار دنوں میں تقسیم کیا ہے ۔ اِس دوران زمین پر عمل پذیر بعض خصوصی معاملات میں نیوٹن اور آئن سٹائن کے قوانین و نظریات سے مدد نہیں ملتی بلکہ انہیں دوسرے تحقیقی ذرائع سے حاصل کردہ علوم کے تحت سمجھا جا سکتا ہے ۔

ارضی ارتقاء

زیرِ غور آیات میں اللہ تعالیٰ نے دو دنوں میں زمین و آسمان اور تمام کہکشائیں و ستارے عالمِ ظہور میں آجانے اور توازن قائم ہو جانے کے بعد اگلے چار دنوں میں زمین پر پیدا ہونے والے ارتقائی عمل کو(3) زمین کا بچھایا جانا، (4)پانی، (5)نباتات اور (6)پہاڑ کے الفاظ میں چار مراحل کی ترتیب میں بیان فرمایا ہے ، اور اِس کے بعد ارشاد ہوا: "سامانِ زیست کے طور پر تمہارے لئے اور تمہارے مویشیوں کے لئے"۔ ان مختصر آیات میں آخری درجہ میں پیدا ہونے والی اصل مخلوق یعنی انسان کی زمینی زندگی کے لئے اس سے بہتر ترتیب بتانا ممکن نہیں ہے ، اور یہ کہ انہی چار دنوں میں حیات کے لئے جو بھی بڑے سے بڑے اور چھوٹے سے چھوٹے اجزاء سوچے جا سکتے، تحقیق کئے جا سکتے اور دریافت کئے جا سکتے ہیں، نظروں کے سامنے رکھ دئے گئے ہیں ۔سورج، زمین، پانی، نباتات اور پہاڑ میں سامانِ زیست یعنی حیات کے تسلسل کے لئے درحقیقت تمام سامان کا مکمّل احاطہ ہو گیا ہے ۔اس آخری اور اصل مخلوق کی زمینی زندگی

کے لئے ابتدا سے جو کام کیا گیا ہے، اس کی طرف نقل کردہ پہلی آیت میں اشارہ کیا گیا کہ "کیا تم لوگوں کی تخلیق زیادہ سخت کام ہے یا آسمان کی؟ اللہ نے اُس کو بنایا"۔ سیارے و ستارے، کہکشائیں، بلیک ہول، تاریک مادّہ اور تاریک انرجی پھر ایٹمی ذرّات اور ان کے اجزاء اور جو کچھ بھی فزکس ان سے متعلق اب تک سمجھی جاسکی ہے، ان کی گہرائیوں کا ، اور قرآنی فرمان کے مطابق "سخت کام" کا تھوڑا بہت اندازہ دراصل فزکس کا کوئی طالبِ علم ہی کر سکتا ہے، تاہم ہماری کوشش تھی کہ عام قارئین بھی ان وسیع ترین معاملات کا کسی حد تک درست مفہوم پیدا کر سکیں جو قرآنِ کریم کی آیات میں نمایاں کئے گئے ہیں ۔تمام تعریفیں اللہ ہی کے لئے ہیں ۔

تخلیقِ کائنات کے تیسرے دن کے متعلق ارشاد ہے : "اس کے بعد زمین کو بچھایا" ہماری سمجھ کے مطابق یہاں زمین کے لئے "بچھایا" سے بہتر کوئی اور لفظ ڈھونڈنا شاید ممکن نہ ہو ۔ زمین کی تیاری کو اس طرح دیکھنا چاہئے کہ جیسے کسی عزیز اور محبوب ہستی کی آمد سے پہلے تیاری کی جاتی ہے کہ مہمان کی تمام ضروریات کا انتظام مکمّل رہے ۔اِس نظر سے ہم جیو لوجیکل تحقیق کے ذریعے سمجھے جانے والے بعض نکات ذیل میں قارئین کے سامنے پیش کرنا چاہتے ہیں تاکہ زیرِ غور آیات کا مفہوم واضح ہو جائے ۔

فلکیاتی سائنس کی تحقیق کے مطابق سورج سے توانائی کا اخراج اور ہائیڈروجن کا فی سیکنڈ بطورِ فیول استعمال کے ذریعے سورج کی عمر کا تخمینہ اور ساتھ میں آسمان سے زمین پر پہنچنے والے شہاب ثاقب کے ٹکڑوں، سمندر کی زمینی سطح سے حاصل کئے گئے لاوا کی صورت میں زمین کی گہرائیوں سے نکل کر ٹھنڈے ہو جانے والے پتھر اور 16 جولائی ، 1969ء میں پہلا اپالو مشن کے ذریعے چاند کی سطح سے لائے جانے والے پتھر وغیرہ کے قابلِ بھروسہ سائنسی طریقوں سے ہمارے شمسی نظام کی عمر کا درست ترین اندازہ یہ ہے کہ سورج، زمین اور دوسرے سیارے 4.6 ارب سال پہلے وجود میں آئے ہیں ۔ اب تک کی مجموعی جیو لوجیکل تحقیق پر غور کیا جائے تو اتفاق کی بات یہ ہے کہ کرۂ زمین کی پیدائش کے بعد اس میں پیدا ہونے والی نمایاں تبدیلیوں کو قرآنی نظر سے دیکھیں تو خود زمین پر پیدا ہونے والی تبدیلیاں بھی بآسانی چھ دنوں یا چھ ادوار میں تقسیم ہوتی ہیں ۔ اس تقسیم سے مراد کسی پہلو سے قرانِ کریم میں بیان کردہ چار

دن سے عدم اتفاق کا سوال نہیں ہے ۔قرانِ کریم کی زیرِ غور آیت میں زمینی حیات کو مرکزی موضوع بنا کر حیاتیاتی پہلو سے دوار کی تقسیم کی گئی ہے جو کہ اپنی جگہ بہترین اور ہر لحاظ سے مکمّل ہے ۔ ہم محض اس نظر سے دیکھنے کے خواہشمند ہیں کہ، حیاتیاتی پہلو سے قطع نظر، زمین ارتقائی عمل کے دوران کن مراحل سے گزرتی ہوئی اِس حالت کو پہنچی جیسی کہ یہ آج ہمیں نظر آتی ہے ۔

پہلا دور: سیاہی مائل زمین کی تخلیق

4.6 ارب سال قبل اطراف میں پھیلی ہوئی کسی سپر نووا انفجار کی راکھ نے اولاً ،کششِ ثقل کی وجہ سے پتھر کے تودوں کی شکل اختیار کی اور پھر سالہا سال گردش کرتے ہوئے سورج اور سورج کے اطراف سیاروں کی شکل اختیار کر گئے جن میں سے چوتھا سیارہ ہماری زمین ہے ۔ زمین اس وقت کسی لاوا کی طرح دھکتا ہوا گولہ تھا جس کا درجہ حرارت 1000 درجہ سینٹی گریڈ سے بہت زیادہ تھا ۔ وقت کے ساتھ اس کرہ کی اوپری سطح ٹھنڈی ہوئی تو دیکھنے میں وہ ایک سیاہ جسم تھا ۔ اس وقت زمین کے مادّہ میں حیات کے لئے درکار تمام ایٹمی عناصر منرل کرسٹل کی شکل میں موجود تھے ۔

دوسرا دور: سیاہ سے سرمئی

0.2 ارب سال یعنی 200 ملین سال تک زمین کی اندرونی حرارت اور دباؤ کی وجہ سے لاوا کی شکل میں اندرونی میٹیریل متحرک رہتا رہا اور بیرونی فضاء سے برفانی اجسام زمینی مدار میں داخل ہو کر زمین پر پہنچتے رہے جس کی وجہ سے زمین ٹھنڈی ہوتے ہوئے سرمئی رنگ اختیار کر گئی ۔ زمین پر پانی کی آمد شروع ہو چکی تھی اور زمینی ساخت اب تک ماربل یا سرمئی گرینائٹ کی شکل اختیار کر چکی تھی ۔

تیسرا دور: سرمئی سے نیلا

0.1 ارب یعنی 100 ملین سال کے عرصے میں سیلیکٹ اور پانی کے کیمیائی عمل سے زمین نے نیلا رنگ اختیار کر لیا ۔ اسی عرصہ میں پانی کی موجودگی کی وجہ سے زرقون کرسٹل پہلی مرتبہ بننے میں آئے ۔زمین پر موجود زرقون کرسٹل کی عمر 4.3 ارب سال دیکھی گئی ہے ۔زمین تقریباً 1 ارب سال تک اسی حالت میں قائم رہی ۔ زمین کی حرارت بتدریج کم ہوتی رہی ۔ فضائی ماحول ابھی تک زیادہ تر نائٹروجن اور کاربن ڈائ آکسائڈ گیسوں پر مشتمل تھا اور آکسیجن کی

مقدار بہت کم تھی - 3.8 ارب سال قبل پہلی مرتبہ زمین پر زیرِ آب جرثومہ کی شکل میں زندگی کے آثار پیدا ہوئے - پانی میں پیدا ہونے والے جرثومے Stromatolite کہلائے گئے اور یہ واحد سیل پر مبنی بیکٹیریا تھے جو کائی کی طرح کم گہرے پانی میں پیدا ہونا شروع ہوئے اور زندگی کا دورانیہ مکمّل ہونے پر پرت در پرت کی قسم کے پتھریلے تودے زیر آب بناتے چلے گئے -

چوتھا دور: نیلا سے سرخ

3.3 ارب سال سے لے کر 0.8 ارب سال تک Stromatolite بیکٹیریا کاربن ڈائ آکسائڈ پر زندہ رہنے اور آکسیجن خارج کرنے کی وجہ سے زمین کی فضاء میں اتنا عرصہ خالص آکسیجن کی مقدار بڑھاتے رہے -سطح زمین پر بہت زیادہ مقدار میں آئرن موجود تھا - آکسیجن کی دستیابی کے ساتھ آئرن کیمیائی عمل کے تحت زنگ میں تبدیل ہوا جو سرخی مائل تھا - زمین کا رنگ نیلے سے اب سرخ ہو گیا تھا -کھربوں ٹن کی مقدار میں زنگ پیدا ہوا اور سمندروں کی زمینی سطح پر جمع ہوتا چلا گیا - ساتھ میں کھربوں کی تعداد میں جرثومے سانس لے رہے تھے - انواع و اقسام کے بیکٹیریا کی اوسط زندگی کا دورانیہ محض چند منٹ پر مشتمل تھا - اپنی زندگی اور موت کے ذریعے یہ طرح طرح کے منرل بنا سکتے تھے -ایک ارب سال قبل 250 قسم کے منرل تھے تو اب 5000 سے زیادہ قسم کے منرل سطح زمین پر تہ بر تہ بھر بھرے پتھر کی طرح پھیلے ہوئے تھے - ان پتھروں کو بطورِ خوراک استعمال کرنے سے نئے بیکٹیریا پیدا ہوئے اور ان بیکٹیریا کے مرنے سے پتھر کی شکل میں نئے منرل پیدا ہوئے -

پانچواں دور: سرخ سے سفید

0.8 ارب سال قبل زمین مکمّل برفانی دور کی لپیٹ میں تھی جس کے نتیجے میں جرثومے پر مشتمل تمام حیات غیر موثر یا معدوم ہو گئیں -زمین اب سفید برف سے ڈھک چکی تھی - 0.3 ارب سال تک بڑی مقدار میں برف زمین پر جمع ہوئی -بالآخر زمین کے اندر موجود لاوا کی مدد سے برف پگھلنا شروع ہوئی اور اِس کی وجہ سے فضاء میں آکسیجن کی مقدار میں مزید اضافہ ہوا ،جو زیادہ پیچیدہ حیات کے لئے سودمند اور ضروری تھا -

چھٹا دور: سفید سے سبز

0.5 ارب سال قبل کے زمانے میں فضاء میں اتنی آکسیجن جمع ہوچکی تھی جس نے فضاء کی بلندی پر اوزون سطح بنا کر زمین کو ڈھک لیا ۔ اب سورج کی زیادہ انرجی والی بالائے بنفشی شعاعیں زمین تک نہیں پہنچ سکتی تھیں جن کی موجودگی میں اُس حیات کا وجود ممکن نہیں تھا جو ہمارے روز مرہ کے مشاہدات میں نظر آتی ہیں ۔ اِس محفوظ غلاف کے وجود میں آنے کے بعد ہی زمین پر سبزہ اور خشکی و سمندروں میں پیچیدہ تر حیات کے درمیان ارتقائی عمل شروع ہوا اور بتدریج نئی انواع نمودار ہوتی رہیں ۔0.5 ارب سال سے لے کر اب تک کے زمانے میں برفانی ادوار بھی آتے رہے جن کی وجہ سے حیات کی بہت سی چھوٹی اور بڑی انواع مثلاً ڈائنوسار اور دوسرے ضخیم جانور معدوم ہو گئے اور نئی انواع نمودار ہوئیں جن میں شامل کم و بیش دو لاکھ سال قبل نمودار ہونے والی انسانوں سے مماثل نوع اور بالآخر جدید انسان جس کے پتھرائی ہڈیوں کے قدیم ترین شواہد و آثار دس سے بارہ ہزار سال قبل کا زمانہ تجویز کرتے ہیں ۔

موضوع کی پیچیدگی کی وجہ سے خصوصاً مغربی ممالک کی جامعات میں مختلف شعبوں کے تحت تحقیقات جاری رہتی ہیں اور نئے انکشافات کے ساتھ ساتھ نئے مفاہیم بھی پرانے مفاہیم کی جگہ لیتے رہے ہیں ۔ موجودہ علمی سطح کو بھی حرفِ آخر سمجھنے کا کوئی موقع نہیں ہے ۔ یہاں تفصیلات بہت سادہ الفاظ میں بیان کی گئیں جن کی جزوی تفصیلات پر بہت زیادہ تکیہ نہیں کیا جاسکتا، تاہم اس مختصر تشریح سے قرانِ کریم کی زیرِ غور آیات میں چوتھادن واضح ہو جاتا ہے کہ چوتھے دن زمین پر پانی جمع ہوا:

> اور آسمان سے ہم نے ٹھیک حساب کے مطابق ایک خاص مقدار میں پانی اتارا اور اُس کو زمین میں ٹھہرا دیا (23-المومنون:18)

اور پھر اس کے بعد ہی پانچویں دن نباتات کی اقسام میں ارتقاء شروع ہو گیا اور زمین نے وہ سبز رنگ اختیار کر لیا جو آج تک قائم ہے ۔موجودہ بحث کی آخری بات تخلیقِ کائنات کا آخری اور چھٹا دن ہے جس میں پہاڑ گاڑ دئے گئے ۔اس کی وضاحت کے لئے اگر قارئین زمین کے گلوب پر یا کسی ایسے زمینی نقشے پر نظر ڈالیں جس میں براعظم دیکھے جا سکیں تو بآسانی پہچان سکتے ہیں کہ براعظم افریقہ اور بر اعظم امریکہ ماضی میں باہم ملے ہوئے تھے ۔بر اعظم افریقہ

کے مغربی کناروں اور براعظم امریکہ کے مشرقی کناروں کی ساخت اسی طرح آپس میں ملتی نظر آتی ہیں جس طرح بچوں کے کھیلنے والی puzzle کے ٹکڑے آپس میں مل جاتے ہیں -1984ء میں ریڈیو ٹیلی اسکوپ کے ذریعے امریکہ اور یورپ میں جرمنی کے درمیان بہت مستند طریقے سے سال بہ سال فاصلہ ناپا گیا تو معلوم ہوا کہ دونوں ملکوں میں 2.5 cm/year کے حساب سے فاصلہ بڑھ رہا ہے ، جس سے مراد یہ کہ دونوں بر اعظموں میں وقت کے ساتھ فاصلہ بڑھتا رہا ہے -اِس فاصلے کی بڑھنے کی وجہ پہلے ہی سے اخذ شدہ تھی بحرِ اوقیانوس میں قطب شمالی سے قطب جنوبی کی سمت میں زیرِ سمندر ایک پہاڑی سلسلہ کی نشاندہی ہو چکی تھی جس کی ساخت براعظم افریقہ کی مغربی ساحلی سرحدوں اور براعظم امریکی کے مشرقی ساحلی سرحدوں سے مماثل ہے اور دونوں بر اعظموں کو شمالاً جنوباً تقریباً درمیان سے منقطع کرتی ہے -اس زیرِ سمندر پہاڑی سلسلہ کو Mid-Atlantic Ridge کا نام دیا گیا ہے -اس پہاڑی سلسلہ کا ظہور زمین کے سخت خول میں موجود پرتوں کے درمیان تصادم کا نتیجہ ہے جس کو Plate Tectonics کہا جاتا ہے - ان پرتوں میں جب اچانک زیادہ تیزی سے حرکت ہوتی ہے تو زلزلے آتے ہیں اور اگر زیرِ زمین پیدا ہوجائے تو سونامی کی صورت میں زمین یا سمندر کی طاقت کا اظہار ہوتا ہے -

دو بر اعظموں کے درمیان 2.5 cm/year کے حساب سے فاصلہ بڑھنے کا مطلب ہے کہ ماضی میں کسی وقت دونوں براعظم باہم ملے ہوئے تھے ، جیسا کہ متعلقہ ساحلی سرحدوں کی ساخت میں مماثلت ایک مضبوط ممکنہ ثبوت کے طور پر موجود ہے - فاصلے میں سالانہ اضافہ سے ایک عمومی اندازہ لگایا جا سکتا ہے کہ کس وقت یہ براعظم ماضی میں باہم ملے ہوئے تھے یا پہاڑی سلسلہ Mid-Atlantic Ridge کی پیدائش کب شروع ہوئی؟ جنوبی امریکہ کے ملک برازیل کی مشرقی سرحد اور مثلاً افریقہ کے شمال مشرق میں نائجیریا کی جنوب مغربی سرحد کے درمیان 4000 km کا فاصلہ ہے -اس فاصلہ اور فاصلے میں اضافہ کی شرح 2.5 cm/year کے ذریعے بآسانی درکار عمر کا تخمینہ لگایا جا سکتا ہے :

$$\frac{100}{2.5}$$

x 1000 meter x year/meter = 160 x 10^6year 4000

اس سادہ ریاضی کے تحت پتہ چلتا ہے کہ 160 ملین سال قبل دونوں براعظم باہم متصل تھے یا زیرِ سمندر پہاڑی سلسلہ 160 ملین سال قبل پیدا ہوا تھا ۔ یہ ایک عمومی تخمینہ ہے، اس لئے کہ اِس میں ہم نے فرض کیا کہ تمام عرصہ فاصلہ بڑھنے کی شرح cm/year 2.5 یکساں تھی جو کہ ضروری نہیں کہ تمام عرصہ یکساں رہی ہو ۔ امریکہ کے مشرقی ساحلوں پر پائے جانے والے سمندری پتھروں کی عمر دوسرے تجرباتی طریقوں سے معلوم کرنے پر قدیم ترین پتھر 180 ملین سال پرانے پائے گئے ہیں ۔یہ زیادہ قابلِ بھروسہ عدد سمجھا جا سکتا ہے، تاہم جس نتیجہ کے حصول کے لئے یہ مشاہدہ پیش کیا گیا اس معاملے میں ہمیں کسی حتمی عمر کا اندازہ لگانے کی ضرورت نہیں، سوائے یہ کہ زمین پر پانی اور نباتات کے بعد پہاڑوں کی تعمیر آخری ثابت شدہ نمایاں مظہر ہے جو زیرِ غور قرآنی آیات کی تشریح کے سلسلے میں ہمیں درکار تھا ۔اس مشاہدہ کی تائید میں ماؤنٹ ایورسٹ کی مثال بھی زیرِ غور لائی جا سکتی ہے جس کی عمر کا تخمینہ بعض قابلِ بھروسہ طریقوں کے تحت تقریباً 50 سے 60 ملین سال لگایا گیا ہے ۔ زمین پر یہ پہاڑ نہ ہوتے تو سمندروں سے جتنا کچھ بھی پانی سورج کی تمازت سے بخارات بن کر اوپر اٹھتا ہے وہ بارش کی صورت میں انہی سمندروں پر برستا رہتا اور بارش اور سردیوں میں برفباری کی صورت میں اتنی کم مقدار خشک زمین تک پہنچتی کہ زمین پر حیات کا ظہور اور بقائے حیات ممکن نہیں ہو سکتا تھا ۔پس، سطح زمین پر بلند ترین پہاڑ پانی اور نباتات کے بعد زمین پر پیدا ہوئے، لہٰذا قرآنِ کریم کے چار دن یا چار ادوار کی موجودہ دور کے سائنسی مشاہدات سے مکمّل تصدیق ہو تی ہے ۔

قرآنِ کریم کی چھ منفرد آیات میں اللہ تعالیٰ نے واقعتاً جن چھ دنوں میں تخلیقِ کائنات کی تمام تفصیلات کو جن بہترین ادوار میں تقسیم کیا اُس سے زیادہ بہتر تقسیم کسی مرکزی مدعا کو بیان کرنے کے لئے ممکن نہیں ہے ۔ساتھ ہی ہمیں اب تک کے سائنسی مشاہدات کے ذریعے مذکورہ آیات کی سو فیصد تصدیق سمجھ لینے کا موقع فراہم ہوا ۔موجودہ عہد میں اور بعد میں پیدا ہونے والے انسان اِس لحاظ سے

خوش نصیب ہیں کہ قرآنِ کریم کی صورت میں دستیاب نعمت کا ماضی میں پیدا ہونے والوں کے مقابلے میں کہیں زیادہ بہتر شعور حاصل کر سکتے ہیں اور زیادہ عزم کے ساتھ قرآنی ہدایات پر عمل پیرا ہو سکتے ہیں ۔ سورہ النّٰزعٰت دراصل تعلیمی پہلو کے ساتھ ساتھ اپنی صوتی خصوصیات میں بھی بہترین سورتوں میں سے ایک ہے ۔ انسان کے کردار و عمل اور اِس کے نتائج کو تخلیقِ عالم جیسے واقعۂ عظیم کی طرف توجّہ دلانے کے بعد بہت سادہ الفاظ میں اس طرح بیان کیا جو اپنی جگہ بہت شاندار اور مکمّل ہے:

> کیا تم لوگوں کی تخلیق زیادہ سخت کام ہے یا آسمان کی؟ اللہ نے اُس کو بنایا،(1) اُس کی چھت خوب اونچی اٹھائی پھر اس کا توازن قائم کیا، (2) اور اُس کی رات ڈھانکی اور اُس کا دن نکالا ۔ (3)اس کے بعد زمین کو بچھایا، اُس کے اندر سے اُس کا(4) پانی اور(5) چارہ نکالا، اور(6) پہاڑ اس میں گاڑ دیے سامانِ زیست کے طور پر تمہارے لئے اور تمہارے مویشیوں کے لئے ۔
>
> پھر جب وہ ہنگامۂ عظیم برپا ہو گا، جس روز انسان اپنا سب کیا دھرا یاد کرے گا، اور ہر دیکھنے والے کے سامنے دوزخ کھول کر رکھ دی جائے گی، تو جس نے سرکشی کی تھی اور دنیا کی زندگی کو ترجیح دی تھی، دوزخ ہی اُس کا ٹھکانہ ہو گی ۔ اور جس نے اپنے رب کے سامنے کھڑے ہونے کا خوف کیا تھا اور نفس کو بری خواہشات سے باز رکھا تھا، جنّت اُس کا ٹھکانہ ہو گی ۔(79- النّٰزعٰت:27)

یہ آیات بھی شاندار ترین سورتوں میں سے ایک سورہ کی سادہ و بہترین آیات ہیں کہ روزِ قیامت انسان کی تمام زندگی ایک مرتبہ پھر اُس کی نظروں کے سامنے ہو گی اور تمام اعمال اُس اخلاقی قدر کے مطابق پرکھ لئے جائیں گے جس کے اجزاء قرآنِ کریم میں کھول کر بیان کر دیئے ہیں یا نفسِ لوامہ اور نفسِ مطمئنہ کی صورت میں ودیعت کر دیئے گئے ہیں ۔جو شخص بھی نفسِ امارہ سے مغلوب رہا اور اعمالِ بد کا مجموعی مرتکب پایا گیا اس کے لئے وہی مقام مقدّر ہے جس کے استحقاق کا مظاہرہ اُس کی عملی زندگی ثابت کرتی ہے اور جس نے نیک نفسی کا راستہ اختیار کیا اور احکامِ خداوندی کی اطاعت کی ، وہ جنّت الفردوس میں ابدی ٹھکانہ کا مستحق قرار دیا جائے گا ۔بالفاظ دیگر تقریباً 14 ارب سال کے چھ ادوار میں اللہ تعالیٰ کی صفتِ الخالق کے تحت تخلیق کے عظیم ترین مظاہر پیدا کئے جانے کی پشت

پر جو اصل مقصد پوشیدہ تھا وہ یہ کہ عقل و سمجھ کی استعداد رکھنے والی انسانی مخلوق کو ایک عارضی جسم کے ساتھ زمین پر زندگی کے ایک دور سے گزارا جائے تاکہ نوعِ انسانی خود اپنی نیک و بد صفات کی بنیاد پر علیحدہ کی جا سکے اور مکمّل انصاف کے ساتھ ابدی زندگی کے اُس مقام پر پہنچ سکے جس کا استحقاق اُس نے اپنے دنیوی اعمال کے ذریعے حاصل کیا ۔جن کامران لوگوں نے اپنی زندگی میں ایک روز احتسابِ اعمال کے لئے خدا کے حضور پیش ہونے کا خوف کیا اور تقویٰ کی شہادت پیش کر سکے، جنّتِ نعیم میں ان کے متعلق ارشاد ہوتا ہے:

وہاں وہ سب کچھ ہوگا جو وہ چاہیں گے، اور ہمارے پاس اس سے زیادہ بھی بہت کچھ ان کے لئے ہے -(50-ق:35)

زیرِ غور آیات میں اللہ تعالیٰ نے آخری یا چھٹے دن پہاڑوں کے متعلق محض اتنا ارشاد فرمایا کہ "پہاڑ گاڑ دئے سامانِ زیست کے طور پر تمہارے لئے اور تمہارے مویشیوں کے لئے"۔ بالفاظ دیگر پہاڑوں کا وجود بقائے حیات کے اہم اجزاء میں ایک اہم جزو ہے ۔ ان آیات کو ہم نے آسمان و زمین کے تخلیقی مراحل کی روشنی میں سمجھنے کی کوشش کی، لہٰذا زمین پر بارش اور برف کی صورت میں پانی کی فراہمی کے حوالے سے پہاڑوں کی اہمیت کا تذکرہ نمایاں ہوا ۔ کائنات کے کسی بھی مظہر کی طرف انسان متوجہ ہو تو اُس مظہر کے متعدد پہلو ایک ایک کر کے نظروں کے سامنے آتے چلے جاتے ہیں ، پھر ہر ایک پہلو میں اتنی گہرائی بتدریج نمایاں ہوتی جاتی ہے کہ انسان کسی بھی وقت یہ محسوس نہیں کر پا تاکہ اس گہرائی کا مکمّل شعور اسے حاصل ہو گیا ہے ۔پہاڑوں کی وجہ سے ہواؤں کی حرکیات، بارش کی صورت میں پانی کی تقسیم، مقامی درجۂ حرارت پر اثرات، زمین کی مٹّی کی ایک جگہ سے دوسری جگہ منتقلی اور مزید کتنے عوامل ہیں جو ان معاملات سے منسلک ہیں ، انہیں انسانی عقل و سمجھ کے حوالے کیا گیا ہے کہ غور کرے اور حیات کی بہتری کے لئے جو سامان ان میں پوشیدہ ہیں، انہیں دریافت کرے ۔ قرآنِ کریم میں دیگر ان گنت مظاہر کی طرح پہاڑوں کے متعلق بھی بعض اہم خصوصیات کی طرف متوجہ کیا گیا جن میں سے ہم ایک اور بڑی اہم خاصیت کی نشاندہی کرنا چاہتے ہیں جسے قرآنِ کریم میں بڑے منفرد انداز میں نمایاں کیا گیا ہے:

اُس نے زمین میں پہاڑوں کی میخیں گاڑ دیں تاکہ زمین تم کو لے کر ڈُھلک نہ جائے ۔ اُس نے دریا جاری کئے اور قدرتی راستے بنائے تاکہ تم ہدایت پاؤ۔ اُس نے زمین میں راستہ بنانے والی علامتیں رکھ دیں اور تاروں سے بھی لوگ ہدایت پاتے ہیں -(16-النّحل:15)

اور ہم نے زمین میں پہاڑ جما دئے تاکہ وہ انہیں لے کر ڈُھلک نہ جائے، اور اس میں کشادہ راہیں بنا دیں، شاید کہ لوگ اپنا راستہ معلوم کر لیں -(16-الانبیاء:15)

دونوں آیات میں اللہ تعالیٰ کا ارشاد ہے کہ زمین میں پہاڑ قائم کر دیئے تاکہ زمین " ڈُھلک نہ جائے"پہلی آیت میں واضح ہے کہ انہی پہاڑوں کی وجہ سے خشک زمین پر دریا جاری ہوئے ورنہ، جیسا کہ ہم نے واضح کیا، کہ پہاڑوں کے بغیر کم و بیش تمام بارش واپس نمکین سمندروں پر برستی رہتی - پھر پانی کے اسی بہاؤ سے زمینی مٹّی کی ایک جگہ سے دوسری جگہ منتقلی اور قدرتی راستوں کا پیدا ہونا، الغرض ہر ایک تخلیقی مظہر کے متعدد پہلو ہیں جو غور و فکر کے نتیجے میں سامنے آتے ہیں اور قرآنِ کریم علم کے متلاشی کو ان کی طرف متوجہ کرتا ہے ۔دوسری آیت میں ارشاد ہوا کہ کشادہ راہیں بنا دیں، شاید کہ لوگ اپنا راستہ معلوم کر لیں ۔ کشادہ راہوں سے راستہ تو مسافر کو از خود معلوم ہوا جاتا ہے ، لہٰذا "شاید کہ لوگ اپنا راستہ معلوم کرلیں" ، ان الفاظ میں ایک عجیب بات کہی گئی ہے ۔انسان کو راستہ کسی علاقے میں ایک مقام سے دوسرے مقام پر پہنچنے کے لئے درکار ہوتا ہے لیکن ایک زندگی کے بعد دوسری زندگی میں بھی کسی مقام پر پہنچنے کے لئے انسان کسی راستے کا ہی محتاج ہے ۔ نیند کی حالت کو منہا کردیا جائے تو باقی تمام عمر ہر سانس کے دوران انسان جس راستے کا محتاج ہے، اسے اللہ تعالیٰ نے "صراطِ مستقیم" یعنی سیدھا راستہ کہا ہے۔ ہر نماز کے دوران سورہ فاتحہ پڑھنے پر انسان اِھدِنَا الصِّرَاطَ المُستَقِیم یعنی "ہمیں سیدھا راستہ دکھا" کے الفاظ ادا کر کے اللہ تعالیٰ سے اسی راستے کی ہدایت کی دعا کرتا ہے ۔گزرے زمانوں میں قرآنِ کریم کی ایسی آیات سے ایک طرح کے مفاہیم اخذ ہوتے تھے لیکن سائنسی علوم میں اضافہ کے ساتھ مزید گہرے مفاہیم سامنے آتے ہیں ۔ اس آیت میں "شاید کہ لوگ اپنا راستہ معلوم کرلیں" سے ہماری رائے میں زندگی کا راستہ مراد ہے ۔ امید ہے کہ پہاڑوں

کی تعمیر کے مقاصد میں ایک مقصد یہ کہ زمین " ڈھلک نہ جائے " کی تشریح کے بعد قارئین ہماری رائے سے اتفاق کر سکیں گے ۔

سورج کے اطراف گردش کے دوران زمین بالکل سیدھی گردش کرنے کے بجائے ایک جھکاؤ کے ساتھ گردش کرتی ہے ۔زمین کے قطب شمالی اور قطب جنوبی سے گزرتی ہوئی ایک تصوراتی لائن بنائی جائے تو دن و رات پیدا کرنے کے لئے اپنے جس محور پر 24 گھنٹے میں ایک چکر مکمّل کرتی ہے اس محور اور مذکورہ تصوراتی لائن کے درمیان 23.4 درجہ کا مستقل زاویہ قائم رہتا ہے ۔ یعنی زمین تصوراتی لائن سے 23.4 درجہ جھکی ہوئی ہے ۔ اس مخصوص جھکاؤ کی وجہ سے زمین کے شمالی نصف کرہ اور جنوبی نصف کرہ پر پہنچنے والی سورج کی شعاعیں سال بھر کے دوران یکساں نہیں رہتیں اور اسی جھکاؤ کی وجہ سے زمین پر چار موسم پیدا ہوتے ہیں ۔اگر یہ جھکاؤ نہ رہتا تو زمین کے ہر حصّہ پر پورے سال ایک ہی موسم رہتا اور اِس کے نتیجے میں انسان ، حیوانات اور نباتات سمیت جس طرح کی حیات زمین پر موجود ہے، کم از کم اس قسم کی کسی بھی حیات کا کوئی امکان نہیں ہو سکتا تھا ۔

دورِ حاضر کے سائنسی نظریات کے مطابق زمین کی پیدائش کے ابتدائی مراحل کے دوران ہی کسی وقت کوئی بہت بڑا سیارچہ زمین سے ٹکرانے کے بعد چاند کی صورت میں زمین کے اطراف گردش میں آگیا اور اسی تصادم کی وجہ سے زمین کی اپنے محور پر گردش نے تصوراتی لائن سے 23.4 درجہ کا جھکاؤ قائم کر لیا ۔زمینی جھکاؤ پیدا ہونے کے اِس نظریہ کو کسی مضبوط مشاہدہ کی پشت پناہی حاصل نہیں ہے ۔ ہماری رائے میں چاند بننے کی حد تک یہ تجویز درست ہے لیکن زمینی جھکاؤ زمین کی پیدائش کے ابتدائی مراحل کے بجائے آخری مرحلے میں پہاڑوں کی تعمیر کے بعد نمودار ہوا ۔ایسا ممکن ہے کہ زمین پر پہاڑوں کی تعمیر کے بعد بیرونی فضاؤں میں سے کوئی نسبتاً چھوٹا پتھریلا وجود زمین کے ساتھ ترچھی سمت میں متصادم ہوا ،اور اِس تصادم کے نتیجے میں زمینی جھکاؤ قائم ہو گیا ۔تاہم یہ قیاس بھی ممکن ہے کہ بلا تصادم محض پہاڑوں کی وجہ سے یہ جھکاؤ پیدا ہو گیا ۔ اس امکان کی موجودگی کے لئے تفصیلی بحث ذیل میں پیش کی جاتی ہے ۔

اپنے محور پر گھومنے والے اجسام میں مادّہ کی مقدار کی تقسیم اُس جسم کی گردشی حرکت میں بہت اہم عنصر ہے ۔کار کے پہیوں کو بغور دیکھا جائے تو ان کے درمیانی دھاتی حصّہ کے کنارے پر سیسہ سے بنا ہوا ایک چھوٹا سا ٹکڑا مضبوطی سے چسپاں کیا جاتا ہے ۔ اس کی موجودگی کی وجہ یہ ہے کہ پہیے میں مادّہ کی مقدار بالکل ہموار نہیں ہوتی ۔ پہیے کو کار میں لگنے سے قبل کسی مشین کے ساتھ تیزی سے گھمایا جاتا ہے تب اس پر کسی مناسب جگہ سیسہ کا ٹکڑا رکھنے سے پہیے کا توازن حاصل کر لیا جاتا ہے ۔ سیسہ کا وہ ٹکڑا اُس خاص مقام پر نہ رہے تو کار کی چال متوازن نہیں رہتی اور توازن پیدا کرنے کے اِس عمل کو دہرانے کی ضرورت پیش آتی ہے ۔ اسی طرح برف پر اسکیٹنگ کے کھیل میں کھلاڑی دائرے میں گھومنے کے کچھ دیر بعد درمیانی حصّہ میں آتا ہے اور اپنے محور پر گھومنا شروع کرتے وقت دونوں ہاتھ پھیلائے رکھتا ہے اور گھومنے کی ایک رفتار حاصل کر لیتا ہے ، لیکن اِس کے بعد ہاتھوں کو اپنے سر کی طرف سمیٹتا ہے تو کھلاڑی کے گھومنے کی رفتار تیزی سے بڑھ جاتی ہے ۔اس عمل کے دوران اس کے جسم میں مادّہ کی مقدار میں کوئی تبدیلی پیدا نہیں ہوتی لیکن محض جسم میں موجود مادّہ کی تقسیم میں تبدیلی سے جسم کے گھومنے کی رفتار میں بڑی تبدیلی واقع ہوجاتی ہے ۔

دیکھا جا سکتا ہے کہ زمین کی طرف " ڈُھلک نہ جائے" کا اشارہ کرنے سے کسی ایسے مشاہدہ کی طرف متوجہ کرنا مقصود نہیں تھا جس سے نزولِ قرآن کے وقت مخاطبین کسی درجہ میں بھی کوئی واقفیت رکھتے ہوں، اور نہ ہی نصف صدی سے پہلے تک انسان کو ایسی استعداد حاصل تھی کہ زمینی توازن پر اثر انداز ہو سکے ۔آج تک کی ترقّی یافتہ اقوام بھی زمین کے " ڈُھلک نہ جائے" کے کسی بھی تصوّر سے ناآشنا ہیں ۔جدید دور میں کوئلہ، معدنیات کا حصول اور صنعتی ترقّی کے نام پر اقوامِ عالم مادّہ کی بڑی مقدار ایک مقام سے دور دراز کے مقامات پر بے دریغ منتقل کرتی ہیں اور بلند و بالا تعمیرات کی خاطر غیر مقامی علاقوں سے بڑی مقدار میں میٹیریل کی سطحِ زمین پر از سر نو تقسیم کی مرتکب ہیں ۔قارئین دیکھ چکے ہیں کہ محور کے گرد حرکت میں مادّہ کی تقسیم نہ صرف یہ کہ اہم ہے بلکہ مادّہ کی تھوڑی سی مقدار گردشی حرکت میں بڑے اثرات پیدا کر سکتی ہے ۔ پہیہ کے وزن کے مقابلے میں سیسہ کے ٹکڑے کی مقدار

وزن کے اعتبار سے بہت معمولی ہے لیکن اس کے اثرات واضح ہیں ۔ زمین کا اپنے محور کے گرد ایک خاص زاویئے کے تحت گھومنے کے ساتھ زمین پر بقائے حیات کا معاملہ براہ راست متسلک ہے ۔ بظاہر امکان ہے کہ میٹیریل کی منتقلی اور اونچی عمارتوں کی تعمیر سے زمین میں یہ حساسیت پیدا ہوچکی ہے یا مستقبل میں پیدا کردی جائے تو اِس کے بعد، نیوٹن کے تیسرے قانونِ حرکت کے تحت، زمین کے کسی مقام پر بڑا زلزلہ، آتش فشاں یا سونامی کے ردعمل کے نتیجے میں زمین اپنے محوری گردش کے کسی نئے توازن کی حالت پر پہنچ جائے یا زمینی جھکاؤ کا زاویہ تبدیل ہو جائے ۔ انتہائی صورتحال میں جھکاؤ کا زاویہ صفر ہو جانے یا 90 درجہ پر پہنچ جانے کے ساتھ بقائے حیات کا نباہ ممکن نہ رہ سکے گا، جبکہ 23.4 درجہ کے مقابلے میں کوئی دوسرا نمایاں فرق بھی کم تشویشناک نہیں ہے ۔ اِس معاملہ میں ایک صورتحال یہ بھی ہو سکتی ہے کہ مذکورہ زاویہ میں 180 درجہ کی تبدیلی آجائے ۔ اس صورت میں بقائے حیات کے معاملات تو قطعی غیر متاثر رہ سکتے ہیں لیکن ہوگا یہ کہ سورج اچانک مشرق کے بجائے روز مغرب سے طلوع ہوا کرے گا ۔ قربِ قیامت کی اِس نشانی کے متعلق قدیم سے مسلمانوں کا خیال تھا کہ زمین الٹی چل پڑے گی ۔ اللہ تعالیٰ کے پیدا کردہ طبعی قوانین کی موجودگی میں زمین الٹے قدموں چلنے کے امکانات قطعی غیر حقیقی ہیں سوائے یہ کہ کششِ ثقل کے قوانین میں کوئی تبدیلی اللہ تعالیٰ اپنی قدرت سے پیدا فرما دیں ۔ زیادہ قرینِ قیاس یہی بات ہو سکتی ہے جو ہم نے بیان کی کہ ممکنہ تباہ کن اثرات سے انجان رہتے ہوئے اقتصادی فوائد اور تعیشات کی خاطر زمین پر مادّہ کی تقسیم کا عمل جاری ہے ۔ ایک بڑی مشکل یہ ہے کہ اگر زمین نئی توازنی حالت کے لئے تیار ہو چکی ہو اور اچانک کسی زلزلے یا آتش فشاں یا سونامی کی وجہ سے خطرناک حد تک جھکاؤ کا نیا زاویہ اختیار کر لے تو اس جھکاؤ کی واپسی کا کوئی امکان باقی نہیں رہے گا ۔ اس واپسی کے لئے دونوں ہی باتیں درکار ہوں گی ۔ پہلی یہ کہ مادّہ کی صنعتی دور سے پہلے کی تقسیم کی سمجھ اور اُس کے بعد مادّہ کی مناسب مقامات پر واپس منتقلی، اور دوسری یہ کہ کسی مناسب مقام پر زلزلہ، آتش فشاں یا سونامی کا مناسب قوّت کے ساتھ ظہور ۔بہت کم امکانات ہیں کہ انسان ایسی سمجھ اور استعداد حاصل کر لینے میں کامیاب ہو کہ زمینی جھکاؤ اس کی اصل سطح پر واپس

لا سکے ۔ میکانیاتی طبیعیات کے ماہرین کو اس تشویشی معاملہ کو بخوبی سمجھ لینا ضروری ہے کہ واقعتاً یہ تشویش حق بجانب ہو سکتی ہے یا نہیں اور اب تک کی صورتحال کا جائزہ لیا جائے اور آئندہ کے ترقیاتی اقدامات پر توجّہ رکھی جا سکے ۔ہم نے اِس بحث کی شروعات میں خیال ظاہر کیا تھا کہ اوپر نقل کی گئی آیت میں "شاید کہ لوگ اپنا راستہ معلوم کرلیں" سے زندگی کا راستہ مراد ہے یا قبل از وقت تنبیہ ہے کہ " ڈُھلک نہ جائے " کے معاملہ میں پہاڑوں کے کردار اور انسانی مداخلت کے اثرات کی سمجھ پیدا کریں ۔

> سورج اور چاند ایک حساب کے پابند ہیں اور تارے اور درخت سب سجدہ ریز ہیں ۔ آسمان کو اس نے بلند کیا اور میزان قائم کر دی ۔ اِس کا تقاضا یہ ہے کہ تم میزان میں خلل نہ ڈالو، انصاف کے ساتھ ٹھیک ٹھیک تولو اور ترازو میں ڈنڈی نہ مارو ۔(55-الرحمٰن:5)

قارئین غالباً ہمارے ہم خیال ہو سکتے ہیں کہ " ڈُھلک نہ جائے " کے اصل مخاطب جدید دور کے انسان ہیں ۔اللہ تبارک و تعالیٰ کی تخلیق کے بڑے سے بڑے اور چھوٹے سے چھوٹے مظاہر کی جتنی بھی گہرائی سے سمجھنے کی کوشش کی جا سکے ، ان کوششوں کے دوران پیچیدگی در پیچیدگی کی نشاندہی کے ساتھ ساتھ جو بات انتہائی نمایاں ہو کر سامنے آتی چلی جاتی ہے وہ یہ کہ تمام تخلیقات میں آپس میں ایک ربط قائم ہے جس ربط کی وجہ سے پوری کائنات ایک توازن برقرار رکھے ہوئے ہے ، جیسا کہ سورہ رحمٰن کی نقل کردہ آیات سے ظاہر ہے ۔تمام مخلوقات میں تنہا انسان کی ہستی ہے جو اس جملہ میزان کے کسی حصّے میں توازن کو بگاڑ سکتی ہے ۔اِس انسان کو ہدایت ہے کہ سامانِ زیست کی قدر و قیمت اور حفاظت کا شعور پیدا کرے اور ہمیشہ کی زندگی کا راستہ پورے شعور کے ساتھ اختیار کرے ۔ انسان کا کائنات کے ساتھ ربط کا واحد مظہر یہ کہ دوسری مخلوقات کے لئے اذیّت و تکلیف کا باعث نہ بنے جس کی ایک مثال ترازو میں ڈنڈی مارنے سے نمایاں کر دی گئی کہ اپنے مفاد کے لئے دوسرے کے ساتھ غیر محسوس طریقے سے بھی کوئی غیر منصفانہ حرکت کی تو اس مخلوق کو خالق کی پشت پناہی حاصل ہے ۔

امید ہے کہ قارئین کرام اب تک کے مباحثہ کے بعد سمجھ سکتے ہیں کہ اُمت مسلمہ کائناتی علوم سے متعلق قرآنی آیات کے بعض

انتہائی اہم اشارات کی طرف متوجہ نہ رہ سکنے کی بناء پر اللہ تعالیٰ کی دوسری اہم ترین نعمت کی معرفت سے غافل رہ گئے۔ سائنسی علوم کے ذریعے صنعت و حرفت میں برتری اور صالحیت کی بنیاد پر تعمیر شدہ معاشرہ کےبغیر اقوامِ عالم کی امامت جیسے قابلِ عزت مقام و مرتبہ کی استقامت غیر ممکن تھی ۔اس غفلت کا نتیجہ ہمیشہ سے ایک ہی رہا ہے کہ اُن اقوام کی تقلید جو علوم میں برتری کے مقام پر فائز ہیں ۔مقامِ افسوس یہ ہے کہ سائنسی ارتقاء جس درست بنیاد پر ہونا تھا وہ چار صدی قبل مغربی اقوام کے ہاتھوں ہو چکا لیکن آج تک مسلمان اہلِ علم حضرات میں اس معاملہ کو حقیقی نظر سے دیکھنے اور دکھلانے کی استعداد نظر نہیں آتی ۔لہٰذا جن بنیادوں پر کوئی امید افزا اسلامی تمدّن تعمیر ہونا چاہئے وہ دنیا میں کہیں دیکھنے میں نہیں آتا ۔ قرآنِ کریم میں کائناتی مظاہر کے اصل حقائق اور انسانی کردار و عمل کی رہنمائی کے لئے اس قدر بلند درجہ پر بتائی گئی تعلیمات کے باوجود اسلامی عقیدہ کے حاملین اصل ہدایات کی طرف توجّہ رکھنے کے بجائے فروعی ، غیر ضروری اور یہاں تک کہ گمراہ کن مشاغل پر رضا مند رہے ہیں ،اس کے لئے بطورِ مثال شیعہ فرقہ کے بکثرت محیّر العقل تصورات میں سے دو تصوّر ذیل میں نقل ہیں ۔

حضرت علیؓ سے منسوب کرامات

اب جبکہ قارئین مادّہ کی تخلیق کی حقیقت اور سائنسی توجیح سے کسی حد تک واقف ہو چکے ہیں ،فقہ اثناء عشریہ کے ایک شیعہ عالم سید نجم الحسن کراروی کی "چودہ ستارے" کے عنوان سے ایک کتاب میں حضرت علی سے منسوب کرامات میں سے ایک کرامت کا تذکرہ کیا جانا مناسب ہے ۔ چودہ ستارے سے مراد رسول اللہ، رسول اللہ کی محبوب صاحب زادیونمیں سے(یا شیعہ روایات کے مطابق واحد صاحبزادی) حضرت فاطمہؓ اور داماد حضرت علیؓ کے گھرانے سے پیدا ہونے والے گیارہ امام ملا کر جملہ چودہ ستارے ہیں، ان کی فضیلت اور ان کے دشمنوں کے ہاتھوں سرزد ہونے والے مظالم کا بیان اس کتاب میں جمع کر دیا گیا ہے ۔دشمنوں میں سرکردہ ہستیاں رسول اللہ کے وہ چیدہ اصحابؓ ہیں جن کی فضیلت قرآن مجید اور سیرتِ رسول اللہ کے تاریخی ریکارڈ سے قطعی طور پر ثابت شدہ ہے ۔رسول اللہ کی وفات کے بعد جنابِ فضہ حضرت فاطمۃالزھراؓ کی کنیز کی حیثیت سے خدمت میں تھیں تو کتاب میں بیان ہے:

> جنابِ فضہ حضرت فاطمہؓ کے خانہ اقدس میں آئیں اور اُن کی ظاہری غربت و افلاس کو دیکھا تو اکسیر کا ذخیرہ نکالا اور تانبے کے ٹکڑے پر اس اکسیر کو استعمال کیا جس سے تانبا بہترین سونا بن گیا اور جنابِ فضہ اس کو لے کر حضرت امیر المومنین (یعنی حضرت علیؓ) کی خدمت میں حاضر ہوئیں ۔ آپ نے اسے دیکھ کر فرمایا کہ اے فضہ تم نے بہترین سونا بنایا ہے لیکن اگر تم تانبے کو بھی پگھلا دیتیں تو اس سے زیادہ بہتر سونا بن جاتا ۔ فضہ نے ازروئے تعجب کہا کہ مولا آپ اس فن سے بھی واقف ہیں؟ آپ نے امام حسین کی طرف اشارہ کرتے ہوئے فرمایا کہ یہ علم تو ہمارا بچّہ بھی جانتا ہے ۔ پھر فرمایا کہ اے فضہ ہم تمام علوم سے واقف ہیں ۔اِس کے بعد آپ نے اشارہ فرمایا اور زمین کا ایک ٹکڑا بہترین سونے اور قیمتی جواہر میں تبدیل ہو گیا ۔ پھر آپ نے ارشاد فرمایا کہ اے فضہ ہم اس کے لئے نہیں پیدا کئے گئے (چودہ ستارے:صفحہ 107)

کتاب کے اسی صفحے پر درج ہے کہ جنابِ فضہ حبشہ کے بادشاہوں میں سے ایک بادشاہ کی دخترِ نیک اختر تھیں ۔اس اقتباس میں تانبا یعنی Copper کو سونا بنانے کا فن دراصل حبشہ کے کسی بادشاہ کی دخترِ نیک اختر کی طرف ہے جن کے پاس اکسیر نامی کوئی شئے تھی جس کی مدد سے یہ کام ممکن تھا ۔اگرچہ بیان کے مطابق خاتون کا سونا بہترین تھا لیکن اس فن میں مزید بہتری کے لئے حضرت علیؑ نے انہیں برسرِ موقع اضافی نصیحت تعلیم کر دی کہ تانبے کو پگھلا کر وہ اکسیر استعمال کی جائے تو اور بھی اچھا سونا بن سکے گا ۔ اِس کے بعد خاتون کی ناواقفیت دور کرنے کے لئے فرمایا کہ ایسے تمام علوم سے آپ کا گھرانہ واقف ہے ، اِس کے بعد انگلی کے اشارے سے مٹّی یا پتھر کو سونا و جواہر میں تبدیل کر کے جنابِ فضہ کو مشاہدہ کروا دیا گیا کہ امام اکبر کے اختیارات کا دائرہ تمام دستیاب علوم سے بھی برتر معاملات تک وسیع ہے ، لہٰذا امام اور آپ کا گھرانہ کسی اکسیر کا محتاج نہیں رہتا جو عام لوگوں کو درکار ہے ۔ جنابِ فضہ اگر اِس مزید ترقی یافتہ فن کو یا کم از کم یہ اکسیر اپنے لواحقین کو منتقل کر دیتیں تو اِس فرقہ کو بہت فائدہ پہنچ سکتا تھا ۔

جیسا کہ ہم نے بتایا کہ عام سورج کی بھٹی میں لوہا بننے کے بعد بھاری عناصر کی تشکیل رک جاتی ہے ۔ شعبۂ کیمیاء کے حساب سے لوہے کا ایٹمی وزن 55.8 جبکہ تانبا کا 63.5 لیکن سونے کا ایٹمی وزن197 ہے جو کہ تانبے سے تین گنا زیادہ ہے ۔سپر نووا انفجار کے دوران زیادہ وزنی عناصر کی تشکیل کے لئے زیادہ درکار انرجی کا دورانیہ کم ہوتا چلا جاتا ہے، اس لئے زیادہ وزنی عناصر کی مقدار بھی کم ہوتی چلی جاتی ہے ۔ زمین پر موجود آئرن اور نائٹروجن کی مقدار تقریباً مساوی ہے جبکہ کاربن دو گنا اور آکسیجن چار گنا زیادہ ہے، لیکن سونا آئرن کے مقابلے میں دس لاکھ گنا کم ہے ۔ یورینیم کی مقدار سونے سے بھی کم ہے ۔ یورینیم کا ایٹمی وزن 238 ہے ۔سپر نووا دھماکا کے وقت پھٹنے والے سورج کی بیرونی سطح دس ہزار کلومیٹر فی سیکنڈ سے زیادہ تیز رفتاری سے پھیلتی ہے لہٰذا دھماکے میں موجود انرجی بہت سرعت کے ساتھ کم ہوتی ہے ۔ سونا اس لئے کمیاب ہے کہ اس کے بننے کے لئے وقت اسے بہت کم ملتا ہے ۔ پھر کائنات میں سوائے کسی سپر نووا انفجار کے کوئی ایسا فن ممکن نہیں جس سے کسی عنصر کو سونے میں تبدیل کیا جا سکے ۔کسی اکسیر

سے سونا بنانے کا فن جنابِ فضہ سے اور تانبہ کو مزید پکانے سے اور بھی اچّھا سونا بنانے کی ترکیب کی نسبت حضرت علیؓ سے کرنا قطعی طور پر انسانی تخیلات کی پستی اور دروغ گوئی کا کرشمہ ہے ۔ شیعہ فرقہ کے بانی و معلمین اگر یہ سائنسی حقیقت جانتے ہوتے تو کبھی ایسی لغو روایات ڈھال ڈھال کر لوگوں تک نہ پہنچاتے ۔شیعہ فرقے کی کوئی کتاب پڑھ لی جائے، ایک کتاب ایسی نہیں ملتی جس میں کرامات اور غیر حقیقی فضیلت کے بجائے خالص توحید، خالص صالحیت اور کردار کی پاکیزگی بطورِ ہدایت پیش کی گئی ہو ۔ قرآن مجید کے ایسے بنیادی اجزاء سے صرفِ نظر کرنا ہو تو کرامات کے علاوہ انسان دوسری کوئی شئے آج تک دریافت نہیں کر سکا ہے ۔ چودہ ستارے نامی کتاب میں بھی غلط روایات اور جھوٹی کرامات کی بھرمار کے علاوہ بمشکل ہی کوئی قابلِ ستائش فقرہ تلاش کیا جاسکتا ہے ۔سب سے معروف کرامات میں جنگل کے بادشاہ یعنی شیر کو ضرور بیچ میں لایا جاتا ہے ۔یہ کرامت شیعہ فرقے کی تخلیق سے بہت پہلے کے زمانے سے لوگوں میں پسند کی جاتی رہی ہے ۔ بائیبل کی کتاب 1۔سلاطین، باب 13 میں ایک بزرگ سے منسوب کرامت کو کسی شیر کے ذریعہ ہی پورا ہونا بتایا گیا ہے ۔ قصّہ طویل ہے اس لئے نقل کرنا ضروری نہیں ۔ متجسس قارئین اگر چاہیں تو خود تلاش کر کے محظوظ ہو سکتے ہیں ۔

چودہ ستارے نامی کتاب میں رسول اللہ ، حضرت علیؓ اور دیگر گیارہ اماموں کی عام انسان تو ایک طرف اللہ تعالیٰ کے تمام انبیاء و رسول سے برتر ہونے کے ثبوت میں ایک خاص کرامت یہ ایجاد کی گئی ہے کہ بارہ امام اور رسول اللہ کا سایہ زمین پر نہیں پڑتا تھا ۔ رسول اللہ کی نورانیت کو اسی سایہ نہ ہونے کی کرامت کے ذریعے درگاہوں اور مزارات کے مرغوب سنّی فرقے بھی بڑے جوش و خروش سے بیان کرتے چلے آرہے ہیں ۔ان کم علموں کی دسترس میں نہیں ہے کہ کسی جسم کا سایہ نظر نہ آنا اس جسم کی کرامت نہیں بلکہ دیکھنے والے کی کرامت ہے، چاہے دیکھنے والا کوئی مسلمان ہو یا کافر یا کوئی جانور ۔ کسی جسم پر روشنی کی شعاعیں ٹکراتی ہیں تو اس جسم سے منعکس اور منتشر ہو کر ہر طرف پھیلتی ہیں ۔ ان منتشر شعاعوں کا کچھ حصّہ دیکھنے والے کی آنکھوں تک پہنچتا ہے تب ہی وہ اُس جسم کو دیکھ سکتا ہے ۔ سایہ نہ ہونے کا مطلب یہ ہے کہ روشنی

اس جسم سے ٹکرا کر منعکس ہونے کے بجائے اُس جسم سے مکمّل گزر گئی ہے ۔ لہٰذا جب کوئی شعاع جسم سے منعکس نہیں ہوئی لیکن دیکھنے والے نے اس جسم کو دیکھ لیا تو وہ اُس دیکھنے والے کی کرامت ہے ، جسم کی کرامت نہیں ۔پانی اور شفاف پلاسٹک کے علاوہ دنیا میں عام اشیاء میں سے ایک شئے ایسی ہے جس میں سے روشنی گزر سکتی ہے اور وہ کھڑکی کا شیشہ ہے ۔ اس شیشے کے ٹکڑے کو سورج کی روشنی میں رکھ کر اس کا عکس ڈھونڈنے کی کوشش کریں تو وہ آپ کو نہ مل سکے گا ۔ لیکن یہ کہنا غلط ہے ۔ روشنی کے قانون کے مطابق شیشے سے ٹکرانے پر چار فیصد روشنی ضرور منعکس ہوتی ہے جس کی وجہ سے آپ شیشے کو بھی دیکھتے ہیں اور اُس کے دوسری طرف کی اشیاء بھی دیکھ لیتے ہیں ۔ اب اگر آپ اُس شیشے کا عکس توجّہ سے دیکھیں تو آپ اُس کا ہلکا سا عکس زمین پر دیکھ سکیں گے ۔ کرامات کے دھنی حضرات کرامات کے شوقین سامعین کو بتائیں کہ رسول اللہ یا بارہ اماموں کے پہنے ہوئے کپڑے دھو کر دھوپ میں لٹکائے جاتے تھے اس وقت تو ان کپڑوں کا عکس ہوتا تھا لیکن جوں ہی رسول اللہ نے یا اماموں نے وہ کپڑے پہن لئے، ان کپڑوں کا عکس غائب ہو گیا ۔ کرامات یا معجزات قرانِ کریم میں اللہ تعالیٰ کی نشانیوں میں سے ایک موضوع ہے اور ان کے مفاہیم میں بہت گہرائی ہے ۔کوئی بھی معجزہ یا کرامت جو قرآن مجید یا رسول اللہ کے قول و عمل سے اگر ثابت نہ کیا جا سکتا ہو، اس سے گمراہی کے سوا کچھ اور حاصل نہیں ہوتا لیکن اِس کے باوجود بکثرت انسانوں کی طبیعتیں ایسی ہیں جو اپنی جہالت کی وجہ سے کوئی فیض حاصل کئے بغیر عاقبت کی بربادی قبول کرنے پر تیار رہتی ہیں ۔ اس طرزِ عمل کی لازمی شرطِ واحد یہ ہے کہ انسان تمام عمر قرانِ کریم سے ناواقفیت میں گزار دے ۔

آخر الزماں

یہ کتاب قربِ قیامت سے وابستہ چند تصورات کے تجزیہ کے بغیر مکمّل نہیں کی جا سکتی ۔کتاب کی حامل یہودی، عیسئی اور مسلمان تینوں امتیں قیامت سے قبل ایک واقعۂ عظیم کے متوقع ہیں جس کا اِس موقع پر موجود نوعِ انسانی کو سامنا کرنا ہوگا ۔اِس واقعۂ عظیم

کا مطلب زمین پر ایک ایسے بڑے خدا مخالف وجود کا آزادانہ ظہور ہے جو انسانی تاریخ میں پہلے کبھی نہیں ہوا ۔تینوں امتیں اس انتہائی اندوہناک واقعہ کے ظہور پر تو متفق ہیں، لیکن واقعہ سے منسوب اہم ترین اجزاء کی بنیادی تفصیلات ہر عقیدہ میں مختلف ہیں ۔ مختصراً یہ کہ یہودیوں کے عقیدہ میں چونکہ وہ خدا کی پسندیدہ قوم ہیں اور ان کے لئے "مسیحِ موعود" کے نام سے ایک ایسے بادشاہ کا وعدہ کیا گیا تھا جو حضرت داؤدؑ کے خاندان سے پیدا ہوگا اور تمام انسانوں پر اس محبوب قوم کی بادشاہت قائم کردے گا۔ یہودیوں کی نظر میں یہ وعدہ اب تک پورا نہیں ہوا اور وہ اِس سہانی امید سے دستبردار ہونا نہیں چاہتے ۔اِس قوم میں مبعوث انبیاء سے منسوب روایات کا جو تاریخی ریکارڈ انہوں نے اپنے پاس محفوظ رکھا ہے، اس میں مسیحِ موعود کا ایک خدا مخالف وجود پر غلبہ بھی شامل ہے جو ان اقوام میں سے نمودار ہوگا جو یہودیوں کی دشمن رہی ہیں اور تاریخی طور پر یہ عیسائی اور مسلمان اقوام ہیں ۔عیسائی عقیدہ میں حضرت عیسیٰؑ کی اس زمین پر آمدِ ثانی آپؑ کے اقوال سے ثابت ہے اور یہ کہ اس آمدِ ثانی پر وہ اپنے مخالف یعنی منکرِ مسیح پر غلبہ حاصل کریں گے اور آپؑ کے عقیدت مندوں کو اس جہان اور اگلے جہان میں خدا کی بادشاہی میں شریک کریں گے ۔ یہ منکرِ مسیح ان اقوام میں سے نمودار ہوگا جو حضرت مسیحؑ کو خدا کا بیٹا تسلیم کرنے کے منکر ہیں ۔ اس تصوّر کے تحت یہودی اور مسلمان قوم منکرینِ مسیحؑ میں خود بخود شامل ہیں ۔عیسائی عقیدت مند بھی اس دل پسند تصوّر میں کسی ردو بدل کے لئے تیار نہیں ۔اسلامی روایات میں منکرِ مسیحؑ کا معروف نام دجال ہے جو کسی یہودی گھرانے میں پیدا ہوگا ۔ مسلمانوں پر وہ اتنا سخت وقت ہوگا جس کا آمدِ دجال سے پہلے انسان کو کبھی سامنا نہیں ہوا ۔ اُس کی بے پناہ طاقت اور معجز نما باطل قوّوتوں کا کوئی مقابلہ نہ کر سکے گا سوائے یہ کہ حضرت عیسیٰؑ ظہورِ ثانی کے بعد اور امام مہدی مسلمانوں کی طرف سے دجال اور اُس کے مددگاروں کا مقابلہ کریں اور انہیں حق بجانب انجام تک پہنچا دیں ۔

قربِ قیامت کے اہم ترین اجزاء میں سے کم از کم اِس واقعۂ عظیم کے وقوع ہونے کی حد تک تینوں عقائد میں اتفاق ہونا اس واقعہ کی ہلاکت آفرینی کا منہ بولتا ثبوت ہے کہ گزشتہ اقوام کو خصوصی طور پر متنبہ کیا جاتا رہا ہے ۔پھر ساتھ میں یہ کہ واقعہ کی اہم ترین تفصیلات

میں تینوں عقائد میں دن و رات جیسا فرق بھی موجود ہے۔ہمارے لئے سوال یہ ہے کہ اللہ تعالیٰ کی وہ کیا مصلحت ہے جس کے تحت قربِ قیامت سے پہلے ذریت آدم کے ایک مختصر حصے کو اس ہلاکت آفرینی کا سامنا کرنے کے لئے مخصوص کیا گیا ہے اور حضرت عیسیٰؑ کے ہاتھوں دجّال کی ہلاکت کے بعد خلافت منہاج علیٰ النبوّۃ کا از سر نو قیام مقرر کیا گیا ہے ؟ دوسرا سوال یہ بھی پیدا ہوتا ہے کہ واقعۂ دجّال کی اہم ترین تفصیلات میں حاملین کتاب میں اتنا زیادہ افتراق کیوں نظر آتا ہے ؟ جہاں تک یہودی اور عیسائی عقائد میں اس واقعہ کی تفصیلات کا تصوّر ہے، اس کے مُحرّکات کی واضح تفصیلات ہمارے قارئین اس کتاب کے پہلے دو حصوں میں موجود تفصیلات کی روشنی میں مناسب حد تک سمجھ چکے ہیں۔ پھر مسلمانوں میں خصوصاً جاری عہد کے اکثر متکلمین اور مصنفین کی اس معاملے پر گہری نظر پیش کی جاتی رہی ہے ۔ہمارے بھائی سید طارق ظفر کی بھی ایک دہائی سے زائد عرصہ سے قربِ قیامت کے شواہد اور ظہورِ دجّال پر گہری تنقیدی نظر ہے اور تمام تفصیلات کی ایک کتابی تدوین کا عمل جاری ہے، لہٰذا ہمیں ان معاملات کی تفصیلی وضاحت درپیش نہیں ہے ۔ہمارا تجسس پہلے سوال کی حد تک ہے کہ اللہ تعالیٰ کی کیا حکمت ہے جس کے تحت یہ حقیقت قربِ قیامت تک کے لئے موخر ہے ۔

ایک معروف روایت ہے کہ مدینہ کی نواح میں اِبن صیاد نامی ایک یہودی بچّہ تھا جس سے متعلق چند غیر معمولی مشاہدات دیکھے گئے جن کی وجہ سے اسے دجال قیاس کیا جا رہا تھا ۔ روایات بتاتی ہیں کہ حضرت عمرؓ نے رسول اللہ سے اسے قتل کرنے کی اجازت طلب کی تاکہ لوگوں کو دجال کی مصیبت سے نجات مل جائے ۔ رسول اللہ نے جواباً ارشاد فرمایا کہ اگر اِبن صیاد واقعتاً مسیح الدجال یا دجالِ اکبر ہے تو اسے حضرت عیسیٰؑ کے سوا کوئی اور قتل نہیں کر سکے گا ۔یہ روایت واضح ہے کہ مسیح الدجال کا معاملہ اپنی تفصیلات میں ایک پہلے ہی سے طے شدہ معاملہ ہے جس کا تجربہ ہونا ابھی باقی ہے ۔پھر روایات اس میں بھی صریح ہیں کہ مسیح الدجال شیطان کا ایک بڑا حربہ ہے ۔اگرچہ کہ اس کردار کے متعلق اضافی تفصیلات بھی روایات سے جمع ہوسکتی ہیں، لیکن ہم اتنی ہی خصوصیات کو ذہن

میں رکھتے ہوئے قرآنِ کریم کی بعض آیات پر اپنی توجہات مبذول کر سکتے ہیں ۔

شیطان یا شیطان کا بڑا حربہ جو قیامت کے قریب نمودار ہونے والا ہے اس کا مسئلہ دراصل حضرت آدمؑ کی تخلیق سے بھی پہلے سے موجود تھا ۔قارئین نے تخلیقِ کائنات کے مباحث میں دیکھا کہ Big Bang سے کائنات کی ابتدا ہوئی تو تین لاکھ اسّی ہزار سال تک کائنات مکمّل طور پر حرارتی توانائی کی صورت میں تھی اور یہ حرارت بھی کوئلے کی آگ یا سورج کے مرکزی حصّہ میں پیدا ہونے والی حرارت کے بجائے ایک الگ نوعیت کی حرارت تھی ۔ جیسا کہ ہم نے پہلے بتایا کہ ہمارے مشاہدہ میں آنے والی تمام کائنات اور اس کے طول و عرض میں پیدا ہونے والے تمام مشاہدات چار فطری قوّوتوں (کششِ ثقل، برقی مقناطیسی قوّت، نیوکلیائی کمزور قوّت اور نیوکلیائی طاقتور قوّت)کے زیرِ اثر پیدا ہوتے ہیں ۔یہ چار قوّوتیں تین لاکھ اسّی ہزار سال تک عالمِ ظہور میں نہیں آئی تھیں بلکہ اللہ تعالیٰ کے لامحدود علم کا حصّہ تھیں ۔ان قوّوتوں اور ان کی مخصوص مقداروں کی تفصیلات میں جتنی گہرائی ہے ، اُس کی تشریح اور وضاحت کے لئے کتابیں لکھنی پڑتی ہیں ، لہٰذا اس سمت کی طرف چلنے کی کوئی گنجائش یہاں موجود نہیں ہے ۔ یہ چار قوّوتیں اپنی مخصوص مقدار کے ساتھ ایک ایک کر کے عالمِ ظہور میں آئیں تو حرارت کے بعد دوسری قوّت روشنی کی صورت میں اور اِس کے بعد ہی دیگر دو قوّوتیں نمودار ہوئیں ۔ ہمارے کہنے کی مراد یہ ہے کہ ابتدائی حالت میں کائنات حرارت کی شکل میں تھی، پھر اس کے بعد روشنی اور آخر میں مادّہ خلق ہوا جس کی آخری شکل زمین تھی ۔ اس ترتیب کی روشنی میں قیاس کیا جا سکتا ہے کہ ابتدا میں حرارت سے جنّ، پھر اِس کے بعد روشنی سے فرشتے اور آخر میں زمینی مٹّی سے انسان پیدا ہوئے ۔ مٹّی اور انسان محسوسات کی دنیا میں شمار ہیں ۔ حرارت اور روشنی بھی محسوسات کی دنیا میں ہی شامل ہیں، لیکن ان سے پیدا ہونے والے جنّ اور فرشتے کسی بھی قسم کے آلات سے محسوس نہیں کئے جا سکتے ۔جنّات اگر خود چاہیں یا فرشتے اگر اللہ کا حکم ہو تو کوئی ایسی حالت اختیار کر سکتے ہیں جنہیں محسوس کیا جاسکتا ہے ۔بظاہر ان مخلوقات کی ماہیت اور حیاتیاتی جسم میں روح کی ماہیت میں جس قسم کی مماثلت ہے اُس کی حقیقت کو سمجھنا دنیوی زندگی میں ممکن نہیں ہے ۔

تخلیقِ آدمؑ کے وقت فرشتوں کو سجدہ کا حکم ہوا تو ابلیس نے انکار کر دیا ، اس لئے کہ وہ دل میں تکبّر چھپائے بیٹھا تھا ۔ زیرِ بحث معاملہ کی وضاحت کے لئے ہمیں اسی واقعہ کی طرف رجوع کرنا پڑے گا ۔ قصّہ آدمؑ و ابلیس پر تفصیلی بحث ہم دیکھ چکے ہیں ۔ یہاں پر پہلے تحریر کردہ تفصیلی آیات کے چند منتخب حصّے بطورِ سہولت دوبارہ نقل ہیں:

> پوچھا، "تجھے کس چیز نے سجدہ کرنے سے روکا جبکہ میں نے تجھ کو حکم دیا تھا"؟ بولا، "میں اُس سے بہتر ہوں' تو نے مجھے آگ سے پیدا کیا ہے اور اُسے مٹی سے"۔(07-الاعراف:11-27)

> رب نے پوچھا" اے ابلیس، تجھے کیا ہوا کہ تو نے سجدہ کرنے والوں کا ساتھ نہ دیا؟"۔ اُس نے کہا "میرا یہ کام نہیں ہے کہ میں اِس بشر کو سجدہ کروں جسے تو نے سڑی ہوئی مٹی کے سوکھے گارے سے پیدا کیا ہے"۔(15-الحجر:26-47)

> پھر وہ بولا" دیکھ تو سہی ' کیا یہ اس قابل تھا کہ تو نے اسے مجھ پر فضیلت دی؟ اگر تو مجھے قیامت کے دن تک مہلت دے تو میں اس کی پوری نسل کی بیخ کنی کر ڈالوں، بس تھوڑے ہی لوگ مجھ سے بچ سکیں گے"۔(17-بنی اسرائیل:61-65)

ابلیس یا شیطان کے حوالے سے یہ آیات چند اہم امور پر روشنی ڈالتی ہیں ۔ پہلی بات تو یہ کہ ابلیس آگ سے بننے کی وجہ سے خود کو حضرت آدمؑ سے بہتر سمجھتا تھا ۔یہ حقیقت ابلیس کے مشاہدات میں تھی کہ حضرت آدمؑ سڑی ہوئی مٹّی کے سوکھے گارے سے بنائے گئے ہیں ۔کسی سڑی ہوئی شئے سے عام مشاہدہ یہ ہے کہ سڑ جانے پر اُس شئے میں ناگوار بو اور چکناہٹ پیدا ہو جاتی ہے ، اور اس وجہ سے ہر ایک انسان کو اس شئے کی قربت سے گندگی کا احساس ہوتا ہے ۔اس ناگوار احساس سے قطع نظر، یہ صفت بقائے حیات کے اہم ترین اجزاء میں سے ایک جزو ہے ۔ مختصر ترین جسامت پر مشتمل یہ ان دیکھی دنیا پیچیدگیوں کے لحاظ سے خود اپنے اندر ایک وسیع ترین دنیا سے کم نہیں ۔ بیکٹیریا جیسے خلیات کی بیرونی سطح چربی یا چکناہٹ کی قسم کے اجزاء سے بنی ہے جس پر صابن یا الکوحل استعمال کیا جئے تو بیکٹریا کی بیرونی سطح سلامت نہیں رہتی اور وہ مر جاتے ہیں ۔ 2020ء میں کووڈ 19 وائرس کے پھیلاؤ کے دنوں

میں اس سے بچاؤ کے لئے لوگوں کو صابن سے ہاتھ دھونے کی تلقین اسی وجہ سے کی جاتی تھی بیکٹیریا اور وائرس میں درندوں اور مویشی چرندوں کی طرح یا پرندوں اور سمندری و دریائی مخلوقات کی طرح گوشت خور اور نباتات پر پلنے والی دونوں اقسام موجود ہیں ۔ جو بیکٹیریا اور وائرس انسان کو بیماری میں مبتلا کرتے ہیں وہ گوشت خور قسم کی مخلوقات ہیں جبکہ وہ اقسام جو نباتاتی خوراک پر زندہ رہتی ہیں، وہ بہتر انسانی صحت کا لازمی حصّہ ہیں ۔ یہ بہت دور کی بات نہیں کہ انسان کو اس بڑی حقیقت کا معمولی شعور بھی نہیں تھا، لیکن غنیمت ہے کہ اب اس طرف مناسب توجّہ شروع ہو چکی ہے ۔ اللہ تعالیٰ کی طرف سے مویشیوں کی قسم کے جانور انسانی خوراک کے لئے حلال قرار دینے میں نباتات پر پلنے والے بیکٹیریا سے متعلق پہلو بھی کافی اہم محسوس کیا جاسکتا ہے اس لئے کہ یہی بیکٹیریا صحت مند مویشی جانوروں میں پائے جا سکتے ہیں۔ بیکٹیریا کی بہت سی اقسام ایسی ہیں جن کو اضافی آکسیجن کے بجائے اضافی کاربن ڈائ آکسائڈ کا ماحول ضروری ہے۔ یہ اقسام انسانوں اور دوسری حیات کے صحتمند نظامِ ہاضمہ کا ضروری جزو ہیں ۔ ان اقسام کی زندگی اور موت کے دوران امونیا گیس کا اخراج ہوتا ہے جو ایک ناگوار گیس ہے زمین پر حیاتیاتی نظام میں اللہ تعالیٰ کی جو میزان قائم ہے، اُس میں اوسطاً 20 منٹ میں اپنی پوری زندگی اور افزائشِ نسل کا وظیفہ مکمّل کرنے والے بیکٹیریا اور وائرس جتنی بڑی ذمّہ داری سر انجام دیتے ہیں، اتنی کسی بھی دوسری مخلوق کو حاصل نہیں ہے ۔

کسی سڑ جانے والی شئے میں مرے ہوئے بیکٹیریا کی کثرت کی وجہ سے چکناہٹ اور بدبو پیدا ہوتی ہے ۔ جس مٹّی سے انسان اوّل بنایا گیا اُس مٹّی میں خمیر اور بدبو پیدا ہوئی، جس کی وجہ سے ابلیس نے حضرت آدمؑ کو حقارت کی نظر سے دیکھا اور کہا کہ وہ آدمؑ سے بہتر ہے ۔ اللہ تعالیٰ کی تخلیقات میں پوشیدہ گہرائی اور حکمتوں تک رسائی اس کی پہنچ سے باہر تھی۔ اوپر درج آیات تجویز کرتی ہیں کہ خلیفۃ اللہ جیسے اعزاز کا وہ خود خواہشمند تھا ۔ تخلیقِ آدمؑ اور حضرت آدمؑ کو سجدہ کے حکم سے اُس کے پندار غرور کو ضرب پہنچی تو اس کے نتیجے میں اُس نے اللہ تبارک و تعالیٰ کے خلاف بغاوت کا راستہ اختیار کیا ۔ وہ اللہ تبارک و تعالیٰ کو براہ راست مخاطب کرتے ہوئے کہتا ہے: "دیکھ تو سہی ' کیا یہ اس قابل تھا کہ تو نے اسے مجھ پر فضیلت دی؟"۔

اُس بدبخت کی مراد یہ تھی کہ اللہ تعالیٰ، معاذاللہ ابلیس کی برتری اور آدمؑ کی کمتر حیثیت دیکھنے سے قاصر ہے۔بین السطور اُس کا کہنا تھا کہ فضیلت مجھے حاصل ہے، لہٰذا آدمؑ کو حکم دیا جانا چاہئے تھا کہ وہ ابلیس کو سجدہ کرے، یا بالفاظ دیگر خلیفۃ اللہ ہونے کا حقدار ابلیس ہے۔قارئین آیات کی بقیہ تفصیلات سے آگاہ ہیں کہ اللہ تعالیٰ نے صریح حکم عدولی کرنے پر اسے عرشِ الٰہی سے نکل جانے کا حکم دیا لیکن اِس پر کسی ندامت کے بجائے اس نے قیامت تک کی مہلت مانگی کہ اسے اولادِ آدمؑ کو خلیفۃ اللہ جیسے اعزاز کا اہل نہ ہونے کا ثبوت پیش کرنے کا موقع دیا جائے۔یہ موقع اللہ تعالیٰ نے اسے دے دیا، اس شرط کے ساتھ کہ اپنا دعویٰ ثابت کرنے کے لئے لوگوں کے دلوں میں وسوسے ڈال کر انہیں بھٹکانے کے علاوہ کوئی اور ذرائع استعمال کرنے کا حق اسے حاصل نہیں ہے۔یہاں تک کی بحث سے اتنی بات تو واضح ہے کہ ابلیس کا مسئلہ حضرت آدمؑ سے نہیں بلکہ براہ راست اللہ تعالیٰ کی ہستی سے ہے۔ حضرت آدمؑ سے حسد کرنے سے کہیں زیادہ اسے اِس بات کی امید ہے کہ اللہ تبارک و تعالی کی بارگاہ میں وہ برسرعام ثابت کر سکتا ہے کہ وہ بدبخت خود اللہ تعالیٰ کے مقابلے میں حق بجانب ہے۔جنّت میں بہت کوشش اور دروغ گوئی کے ذریعے حضرت آدمؑ کو ورغلانے میں کامیاب ہونے کے بعد اِس ذہنی کیفیت کے ساتھ وہ زمین پر اترا ہے کہ اپنے دعویٰ کی درستگی ثابت کر سکے۔

اللہ تبارک و تعالیٰ کے تخلیقِ عالم جیسے منصوبۂ عظیم میں قیامت کے بعد کی زندگی میں بھی نوعِ انسانی بطورِ خلیفۃ اللہ شامل ہے لیکن یہ اعزاز تمام انسانوں کے لئے نہیں ہے۔اس معاملہ میں بطورِ امتحانی ذرائع انسانی حیات کو نفس کی تین حالتوں، آسمانی صحائف اور رسولوں کی تعلیمات کے وسیلہ سے اختیار دیا گیا ہے کہ چاہے تو اللہ کی اطاعت قبول کرے یا چاہے تو شیطان کی راہ اختیار کر لے۔انسانی زندگی کے اسی ریکارڈ سے انسان کا خلیفۃ اللہ ہونے کا استحقاق ہونا یا نہ ہونا بھی طے ہو جاتا ہے۔

قرآنِ کریم کی رو سے اللہ تعالیٰ نے حضرت آدمؑ کے ساتھ ابتدائی معرکہ کے بعد ابلیس کی درخواست پر اسے قیامت تک کی مہلت کے لئے امکانی طور پر اتنی ہی طویل زندگی دے رکھی ہے۔ساتھ میں ہتھیار کے طور پر اسے انسان میں اللہ تعالیٰ کی طرف سے ودیعت

کردہ نفسِ امارہ یا نفسانی خواہشات کو وسوسوں کے ذریعے مشتعل کرنے تک کا میدانِ عمل مقرر کیا گیا کہ وہ اس کی حدود میں رہتے ہوئے اپنے دعویٰ کی صداقت کا ثبوت دے ۔ تاہم قرآنِ کریم کی بعض آیات اور روایات سے اندازہ ہوتا ہے کہ وہ تاریخ کے بعض اہم مواقع پر طے شدہ حدود سے کھلا احتراز کرنے کا ارتکاب کرتا رہا ہے ۔ان میں سے ہم دو مواقع کی طرف قارئین کو متوجہ کرنا چاہتے ہیں ۔

اگرچہ ہم شیطان جنّوں کو ان کی اصل ہیئت میں نہیں دیکھ سکتے لیکن وہ ہمیں ہمہ وقت دیکھنے کے اہل ہیں ۔ قرآنِ کریم میں ارشاد ہے:
شیطان اور اُس کے ساتھی تمہیں ایسی جگہ سے دیکھتے ہیں جہاں سے تم انہیں نہیں دیکھ سکتے (7۔الاعراف:27)۔ اس ذہن کے ساتھ قرآنِ کریم میں بیان کردہ حضرت ابراہیمؑ کے واقعات کا جائزہ لیں تو پتہ چلتا ہے کہ آپؑ کی زندگی میں انتہائی مشکل لمحات سے آپؑ کو گزارا گیا اور ہر مرتبہ آپؑ نے اتنی ہی عالیشان کامیابی کا مظاہرہ کیا ۔شیطان کے آنکھوں دیکھتے نمرود اور اس کی قوم نے محض اللہ کی طرف بلانے کے جرم میں آگ کے الاؤ کی نظر کیا لیکن شیطان کے مشاہدہ میں جو کچھ آیا وہ یہ کہ آپؑ نے زندگی بچانے کی خاطر اپنی دعوت سے دستبرداری کے بجائے طمانیت قلب کے ساتھ دہکتی آگ میں جل جانا قبول کر لیا ۔ شیطان کی نظروں سے اوجھل نہیں رہ سکتا تھا کہ حضرت ابراہیمؑ کی زندگی محفوظ کر لینا اُس لمحے کے بعد کا فعل تھا جو اللہ تعالیٰ کی قدرت سے پیش ہوا ۔ حضرت ابراہیمؑ کا بھڑکتی آگ کے الاؤ میں دھکیل دیا جانا قبول کرنے کو دیکھ لینے کے بعد شیطان کیسے سوچ سکتا ہے کہ وہ بہتر ہے ؟ شیطان کے آنکھوں دیکھتے حضرت ابراہیمؑ کو بڑھاپے میں اولاد ہوئی ۔ اُس اکلوتی اولاد کو حضرت ابراہیمؑ نے محض اللہ کے حکم کی اطاعت میں ماں کے ساتھ ایک وادئ بیابان میں اکیلا چھوڑ دیا ۔حضرت ہاجرہ نے اپنے شفیق شوہر سے استفسار کیا کہ کیا اللہ کا یہی حکم ہے؟ آپؑ نے خود کو بالفاظ جواب دینے سے قاصر محسوس کیا تو محض اثبات میں سر ہلا دیا ۔ شیطان اِس واقعہ کا شاہد تھا ۔ وہ کیسے سوچ سکتا تھا کہ وہ بہتر ہے ؟ شیطان کی آنکھوں دیکھتے اسی بڑھاپے کے سہارے کو اللہ کے جلیل القدر رسول حکم الٰہی کی اطاعت میں ذبح کرنے پر آمادہ ہو گئے ۔ اس واقعۂ عظیم کے واحد شاہدین میں یا تو اطاعت شعار باپ بیٹا تھے یا پھر شیطان تھا ۔ رسول اللہ سے منسوب روایات بتاتی ہیں کہ اس موقع

پر شیطان نے حضرت ابراہیمؑ کو ورغلانے کی کوشش کی جس پر آپؑ نے تین مرتبہ اسے دور بھگانے کے لئے پتھر مارے ۔اس کا مطلب ہے کہ شیطان نے وسوسوں کی ناکامی کے بعد خود کو جسمانی طور پر ظاہر کیا تاکہ کسی بھی طرح اس کارِ عظیم کی تکمیل نہ ہونے دے ، ورنہ ہوا میں پتھر کون چلاتا ہے ؟ حج کے دوران حجاج کا اسی واقعہ کی یادگاری میں علامتی سنگ باری کرنا شعائر حج کا مستقل جزو بنا دیا گیا ۔ مالی استعداد رکھنے والے مومنین کے لئے زندگی میں ایک مرتبہ ادائیگی حج فرض ہے اس طرح شیطان ہر حجاج کی زندگی سے کم از کم ایک مرتبہ ضرور جان لیتا ہے کہ حضرت ابراہیمؑ کا معتقد اسے کس نظر سے دیکھتا ہے ۔اگر واقعتاً شیطان حضرت ابراہیمؑ کو ورغلانے کے لئے جسم کی صورت میں ظاہر ہوا تو اس نے قانون کی خلاف ورزی کی اور میدانِ عمل کے طے شدہ حدود سے تجاوز کیا ۔اس واقعہ سے زیادہ نمایاں اور کہیں زیادہ بڑی جسارت کا مظاہرہ حضرت موسیٰؑ کے دورِ رسالت میں محسوس ہوتا ہے ۔

حضرت موسیٰؑ اور بنی اسرائیل نے مصر کی غلامی سے نجات کے بعد سمندر عبور کر لیا اور فرعون اپنی فوج سمیت سمندر برد ہو گیا تو سورہ الاعراف آیت 138 میں بیان ہے کہ بنی اسرائیل قوم نے کسی بستی میں لوگوں کو بُتوں کا گرویدہ دیکھا تو حضرت موسیٰؑ سے درخواست کی کہ اُن کے لئے بھی پرستش کے ایسے ہی بُت گھڑ دئے جائیں ۔ حضرت موسیٰؑ اس ظالمانہ مطالبہ پر قوم کی سخت سرزنش کرتے ہیں، اِس کے بعد بیان ہے کہ اللہ تعالیٰ نے اپنے رسولؑ کو ایک ماہ کے لئے کوہ طور پر طلب فرمایا اور حضرت موسیٰؑ کے حاضر ہونے کے بعد قیام کے دس روز اور بڑھا دئے ۔ حضرت موسیٰؑ اپنی قوم کی نالائقی سے بخوبی واقف تھے ۔ آپؑ نے روانگی سے قبل حضرت ہارونؑ کو اپنے پیچھے خلیفہ مقرر کیا تاکہ آپؑ کی غیر موجودگی میں قوم بد اعمالیوں کے لئے بالکل آزاد نہ رہ جائے ۔آپؑ اللہ تعالیٰ کے حضور روانگی سے قبل قوم کو تیس دن غیر حاضر رہنے کا بتا گئے تھے، لہٰذا ایک ماہ بعد حضرت موسیٰؑ کی واپسی میں دیر ہوئی تو لوگ بے چینی کا شکار ہوئے اور جب قوم میں شامل سامری نامی شخص نے لوگوں کے زیورات سے بیل کا بُت بنایا اور لوگوں کے سامنے پیش کیا تو حضرت ہارونؑ کی ممانعت کے باوجود سونے کے بیل کی پرستش میں مبتلا ہوگئے ۔کوہ طور پر اللہ تعالیٰ نے پتھر کی

تختیوں پر تورات کے بنیادی دس احکامات حضرت موسیٰؑ کے حوالے کئے اور ساتھ ہی آپؑ کو قوم کی گمراہی سے مطلع کیا۔ آپؑ رنجیدہ دل واپس آئے اور قوم سے ظلمِ عظیم کی وجہ دریافت کی:

موسیٰ کے پیچھے اُس کی قوم کے لوگوں نے اپنے زیوروں سے ایک بچھڑے کا پتلا بنا لیا جس سے بیل کی آواز نکلتی تھی۔کیا انہیں نظر نہیں آتا تھا کہ وہ نہ اُن سے بولتا ہے نہ کسی معاملے میں اُن کی رہنمائی کرتا ہے؟مگر پھر بھی انہوں نے اسے معبود بنا لیا اور وہ سخت ظالم تھے۔(7۔الاعراف:148)

یاد کرو جب موسیٰ نے اپنی قوم سے کہا کہ "لوگو، تم نے بچھڑے کو معبود بنا کر اپنے اوپر سخت ظلم کیا ہے، لہٰذا تم لوگ اپنے خالق کے حضور توبہ کرو اور اپنی جانوں کو ہلاک کرو، اسی میں تمہارے خالق کے نزدیک تمہاری بہتری ہے"۔(2۔ البقرۃ:54)

موسیٰ سخت غصّے اور رنج کی حالت میں اپنی قوم کی طرف پلٹا۔ جا کر اُس نے کہا، "اے میری قوم کے لوگو، کیا تمہارے رب نے تم سے اچھے وعدے نہیں کئے تھے؟ کیا تمہیں دن لگ گئے ہیں؟ یا تم اپنے رب کا غضب ہی اپنے اوپر لانا چاہتے تھے کہ تم نے مجھ سے وعدہ خلافی کی"؟ انہوں نے جواب دیا، "ہم نے آپ سے وعدہ خلافی کچھ اپنے اختیار سے نہیں کی، معاملہ یہ ہوا کہ لوگوں کے زیورات کے بوجھ سے ہم لد گئے تھے اور ہم نے بس ان کو پھینک دیا تھا" پھر اسی طرح سامری نے بھی کچھ ڈالا اور ان کے لئے ایک بچھڑے کی مورت بنا کر نکال لایا جس میں سے بیل کی سی آواز نکلتی تھی۔ لوگ پکار اٹھے "یہی ہے تمہارا خدا اور موسیٰ کا خدا، موسیٰ اسے بھول گیا"۔ کیا وہ دیکھتے نہ تھے کہ نہ وہ اُن کی بات کا جواب دیتا ہے اور نہ اُن کے نفع و نقصان کا کچھ اختیار رکھتا ہے؟

ہارون پہلے ہی ان سے کہہ چکا تھا کہ " لوگو، تم اِس کی وجہ سے فتنے میں پڑ گئے ہو، تمہارا رب تو رحمٰن ہے، پس تم میری پیروی کرو اور میری بات مانو"۔ مگر انہوں نے اُس سے کہہ دیا کہ "ہم تو اسی کی پرستش کرتے رہیں گے جب تک کہ موسیٰ واپس نہ آ جائے"۔ ۔ ۔ ۔

موسیٰ نے کہا " اور سامری تیرا کیا معاملہ ہے"؟ اُس نے جواب دیا "میں نے وہ چیز دیکھی جو ان لوگوں کو نظر نہ آئی، پس میں نے رسول کے نقشِ قدم سے ایک مٹھی اٹھا لی اور اُس کو ڈال دیا۔ میرے نفس نے مجھے کچھ ایسا ہی سجھایا"۔ موسیٰ نے کہا " اچّھا تو جا، اب زندگی بھر تجھے یہی پکارتے رہنا ہے کہ مجھے نہ چھونا۔ اور تیرے لئے بازپرس کا ایک

وقت مقرر ہے جو تجھ سے ہرگز نہ ٹلے گا ۔ اور دیکھ اپنے اِس خدا کو جس پر تو ریجھا ہوا تھا، اب ہم اسے جلا ڈالیں گے اور ریزہ ریزہ کر کے دریا میں بہا دیں گے ۔ لوگو، تمہارا خدا تو بس ایک ہی اللہ ہے جس کے سوا کوئی اور خدا نہیں ہے، ہر چیز پر اُس کا علم حاوی ہے"-(20-طٰہٰ:86)

شیطان اور قربِ قیامت کے معاملے میں ہم صرف اتنا کچھ بیان کرنے کی جسارت چاہتے ہیں جو ہمیں عام طور پر اہلِ علم حضرات کی تحاریر میں نظر نہیں آتا ۔ اہلِ علم حضرات کی عمومی تحاریر اور خطابات میں قربِ قیامت کی نشانیوں کے طور پر رسول اللہ کی احادیث پہلے ہی دستیاب ہیں، لہٰذا انہیں دوبارہ تحریر کرنے کی کیا ضرورت ہو سکتی ہے؟ جو پہلو ہمارے پیشِ نظر ہے اس کی وضاحت کے لئے ہمیں قرآنِ کریم میں بیان کردہ بنی اسرائیل کا بیل پرستی کا واقعہ سے زیادہ کوئی اور دوسرا بیان اتنا متجسس اور اہم نہیں نظر آتا ۔ کتاب کے پہلے حصّے میں بائیبل میں اِس واقعہ کے متعلق تحریر کردہ تفصیلات اور حضرت ہارونؑ سے اِس کی ظالمانہ نسبت کی بخوبی وضاحت کی جا چکی ہے ، اِس لئے قرآنِ کریم کی آیات کی تشریح میں ہمیں بائیبل کی کسی تفصیل کی مدد درکار نہیں سوائے یہ کہ چند مقامات پر محض اشارہ کر دیا جائے ۔

سورہ یوسفؑ سے قطع نظر، قرآنِ کریم میں حضرت موسیٰؑ کی رسالت کے واقعات سابقہ تمام رسولوں کے مقابلے میں سب سے زیادہ تفصیل کے ساتھ بیان فرمائے گئے ہیں ۔ اوپر نقل کی گئیں تین سورتوں میں بھی حضرت موسیٰؑ ، فرعون اور بنی اسرائیل کے اہم تاریخی واقعات دوسری بیشتر سورتوں کی طرح طویل بیانات کی شکل میں موجود ہیں جن میں سے ہم نے صرف وہ چند آیات اوپر نقل کیں جو بنی اسرائیل کے بیل پرستی کے طبعی رجحانات کی نشاندہی کرتی ہیں ۔ اوپر نقل کردہ تین آیات میں بھی تیسرا اقتباس زیادہ طویل ہے اور قارئین کی توجّہ کے لئے بتانا ضروری ہے کہ تیسرے اقتباس میں جو تفصیلات بتائی گئی ہیں انہیں کسی اور پہلو سے قرآنِ کریم کی کسی بھی دوسری سورہ میں نہیں دہرایا گیا ہے یعنی ان آیات سے جو کچھ بھی اخذ کیا جا سکے اس کی مزید وضاحت کسی دوسری سورہ سے ہمیں دستیاب نہیں ہے، سوائے وہ کچھ جو ہم نے پہلے دو اقتباسات میں نقل کر دیا ہے دوسری اہم بات جو قارئین کو واضح رہنی چاہئے وہ یہ کہ بائیبل اور قرآنِ کریم میں بنی اسرائیل کی مصر سے نجات کے بعد

صحرا میں یہ پہلا موقع ہے جہاں اس قوم کا بیل کی تقدیس کا واضح رجحان ملتا ہے ۔تیسری بات یہ بھی قابلِ توجّہ ہے کہ ہم اسلامی قدیم و جدید مفسرین کا تحریر کردہ لفظ "بچھڑا" استعمال کرنے کے بجائے "جوان بیل" لکھنے کو ترجیح دینا چاہتے ہیں۔ جوان بیل کی جسمانی ساخت اور ہیئت سے مردانگی کی طاقت کا بے پناہ اظہار نظر آتا ہے ، پھر شاید عام قارئین واقف نہ ہوں لیکن قدیم زمانے سے بیل کی آنکھیں حتیٰ کے گائے کی آنکھوں سے بھی زیادہ خوبصورت سمجھی جاتی رہی ہیں ۔جوان بیل کی انہی خصوصیات کی وجہ سے نہ صرف بنی اسرائیل بلکہ ماضی کی دوسری اقوام میں بھی طویل عرصہ پرستش کا مقام اسے حاصل رہا ہے اور مثلاً جدید دور میں، چاہے پرستش نہ بھی ہو ، پسندیدگی کے طور پر امریکہ کی اسٹاک مارکیٹ جب اوپر کی طرف دوڑتی ہے تو جوان بیل کا مجسمہ یا اُس کی شبیہ بطورِ علامت پیش کی جاتی ہے ۔ ہمارے مفسرین چونکہ اسے بچھڑا نقل کرتے آئے ہیں، لہٰذا ذیل کی بحث میں آیات کے تراجم مولانا مودودیؒ کی تفہیم القرآن سے نقل کرنے کی وجہ سے ہم بھی روانی برقرار رکھنے کے لئے یہی لفظ استعمال کریں گے ۔ اِس وضاحتی پیش بندی کی آخری اہم بات یہ ہے کہ اوپر نقل کردہ تین آیات کی تفسیر کے معاملے میں قدیم مفسرین کی تشریحات بغور پڑھنے سے یہ حقیقت بہت واضح نظر آتی ہے کہ بیانات براہ راست رسول اللہ سے سمجھ لینے کے بعد نہیں بیان کئے گئے بلکہ یہ آیات بعض ان آیات میں سے ہیں جہاں مفاہیم اپنی سمجھ کے مطابق اخذ کردہ ہیں ۔یہ آیات بھی بعض عظیم آیات کی طرح کی ہیں جہاں دوسرے علوم سے واقفیت کے بعد زیادہ وسیع معنی پیدا ہونے تھے ۔یہ آیات مناسب گہرائی سے دیکھنے کے دوران متعدد سوالات درپیش ہونے والے ہیں ، لہٰذا قارئین سے درخواست ہے کہ تراجم توجّہ سے ایک مرتبہ پھر پڑھ لیں تاکہ بات سمجھنے میں آسانی ہو ۔

پہلی آیت میں قرآنِ کریم کا اپنا بیان ہے کہ بنی اسرائیل میں بعض افراد نے لوگوں کے زیورات سے بچھڑے کا پتلا بنایا جس سے خود بخود مطلب نکلتا ہے کہ سونا، چاندی وغیرہ کو پگھلا کر بچھڑے کی شکل کا مجسمہ بنایا گیا اور اگرچہ کہ یہ دھاتی مجسمہ تھا لیکن اس میں سے بیل کی سی آواز نکلتی تھی ۔ بنی اسرائیل کی نظر میں مجسمہ سے بیل کی آواز نکلنا کافی صفت تھی کہ اسے معبود تسلیم کر لیا

جائے ۔مجسمہ سے آواز نکلنے کو ہمارے مفسرین نے کسی کھوکھلے مجسمہ پر محمول کیا جس میں دو طرفہ سوراخ کے ذریعے ہوا کا گذر ہوا تو مجسمہ سے بیل کی سی آواز پیدا ہو گئی ۔اس قسم کی شئے کو سونے یا سونے اور چاندی کو پگھلا کر اور چھینی ہتھوڑی سے ٹھوک پیٹ کر بنایا جا سکتا تھا ، تاہم مجسمہ کس طرح بنایا گیا؟ اسے بنانے کا طریقۂ کار تینوں سورتیں میں نہیں بتایا گیا ہے ۔

دوسری آیت میں حضرت موسیٰؑ کا حکم ہوتا ہے کہ لوگ اس گناہ عظیم پر استغفار کریں اور اپنی جانوں کو ہلاک کریں ۔کیا اس سے یہ مطلب لیا جائے کہ لوگ توبہ کرنے کے بعد خودکشی کرلیں؟ یا جنہوں نے یہ گناہ نہیں کیا ہو وہ کسی بات پر توبہ کریں اور ان لوگوں کو ہلاک کر دیں جو واقعتاً اس گناہ کے مرتکب تھے؟ آیت بتاتی ہے کہ اسی میں اللہ کی نظر میں لوگوں کی بہتری ہے ۔ اگر خودکشی کی صورت میں لوگوں کی بہتری تھی تو امکانی طور پر آخرت کا لفظ موجود ہوتا ۔ اسلامی عقیدہ میں خودکشی کی کوئی اجازت نہیں ہے، لہٰذا درست مفہوم یہی ہوسکتا تھا کہ گناہ کے مرتکب استغفار کریں اور پھر ہلاک کر دیئے جائیں یا جو لوگ اس گناہ کے مرتکب نہیں تھے وہ اپنی اس غلطی پر استغفار کریں کہ انہوں نے اپنے درمیان اِس کبیرہ گناہ کے سدباب کی ممکنہ کوشش کے بجائے یہ ظلم ہونا گوارا کیا لیکن بچھڑے کو معبود بنانے والے قابلِ معافی نہیں، لہٰذا انہیں ہلاک کر دیا جائے ۔قدیم اسلامی مفسرین نے بائبل (خروج 32:28)میں اُس روز تقریباً تین ہزار لوگ ہلاک کئے جانے کی صراحت کی وجہ سے یہودی روایات کا حوالہ دیتے ہوئے آیت کی یہی تشریح بیان کی ہے اور بعد کے مفسرین نے اپنی تحریروں میں دہرایا ہے کہ گناہ کے مرتکب ہلاک کر دیئے گئے ۔اپنی جانوں کو ہلاک کرنے کا حکم پہلی اور تیسری آیت میں موجود نہیں ہے جبکہ اِس دوسری آیت میں بھی انداز کا غیر مبہم ہونا محسوس کیا جا سکتا ہے کہ ہدایات کیسے بروئے کار لائی جا ئیں گی ۔تیسرے اقتباس میں واقعہ زیادہ تفصیل سے پیش کیا گیا ہے ۔ اس میں پہلے تو حضرت موسیٰؑ قوم کو سخت الفاظ میں تنبیہ کرتے ہیں کہ اللہ تعالیٰ نے جو وعدے لوگوں سے کئے ہیں انہیں پورا ہونے کے انتظار میں بہت دن ہو گئے؟ اس وعدہ سے غالباً آپؑ کی مراد اُس قول کی یاد دہانی تھی جو مصر کی غلامی کے دوران آپؑ نے قوم سے فرمائی تھی:

> اُس (یعنی حضرت موسیٰ) کی قوم کے لوگوں نے کہا "تیرے آنے سے پہلے بھی ہم ستائے جاتے تھے اور اب تیرے آنے پر بھی ستائے جا رہے ہیں"۔ اُس نے جواب دیا "قریب ہے وہ وقت کہ تمہارا رب تمہارے دشمن کو ہلاک کر دے اور تم کو زمین میں خلیفہ بنائے، پھر دیکھے تم کیسے عمل کرتے ہو"۔ (7-الاعراف:129)

حضرت موسیٰؑ اوپر درج آیات میں قوم کو یاد دلاتے ہیں کہ فرعون کو ہلاک کرنے میں کچھ دیر نہیں ہوئی کہ لوگ آپؑ کے وعدے کی خلاف ورزی کر بیٹھے ہیں ۔ قوم سے گناہ کبیرہ کی جواب طلبی پر قوم کے نمائندہ افراد، جو یقیناً قبائلی سردار ہی ہو سکتے ہیں، قوم کی طرف سے جواب دیتے ہیں کہ لوگوں نے جانتے بوجھتے یہ گمراہی نہیں اختیار کی بلکہ ہوا یہ کہ قوم نے زیورات پھینک دیئے ، پھر سامری نے بھی اس میں کچھ ڈالا اور یہ بچھڑا اس میں سے نکال لایا جو بیل کی طرح ڈکراتا تھا اور یہ کہ اس مافوق الفطرت مظاہرہ پر لوگ بول پڑے کہ یہی تمہارا خدا اور موسیٰؑ کا خدا ہے ۔قدیم اسلامی مفسرین ابن عباسؓ اور بعض دیگر صحابہؓ سے روایت کرتے ہیں کہ لوگوں نے سفر کی مشکلات میں انفرادی طور پر زیورات کی حفاظت کے بجائے انہیں ایک جگہ اکٹھا کیا تاکہ انہیں پگھلا کر ایک شکل دے دی جائے تاکہ بیابان میں حفاظت و ترسیل آسان رہے ۔ سرداروں کا کہنا تھا کہ زیورات آگ میں پگھلا نے پر اِن میں سے سونے کا بچھڑا نکل آیا ۔آگے آیت میں "موسیٰ اسے بھول گیا" سے مفسرین کی مراد یہ کہ لوگوں نے یہ مطلب نکالا کہ حضرت موسیٰ کوہ طور پر جانے سے پہلے لوگوں کو بتانا بھول گئے کہ یہ بچھڑا ہی تمہارا رب ہے ۔ مفسرین بیان کرتے ہیں کہ بے جان بچھڑا کھوکھلا تھا اور اس میں دو طرف سوراخ تھے جن میں سے ہوا گزرتی تو ڈکرانے کی آواز نکلتی تھی ۔ اس بازپرس اور سرداروں کے جوابات کے موقع پر اللہ تعالیٰ کا سوالیہ ارشاد ہوتا ہے کہ "لوگوں نے دیکھا نہیں کہ وہ بچھڑا نہ لوگوں کو کوئی جواب دیتا تھا اور نہ ہی اُن کی رہنمائی کر سکتا تھا "۔ آیات میں آگے حضرت ہارونؑ کی تنبیہات ،بےبسی اور لوگوں کی ہٹ دھرمی کا بیان ہے کہ حضرت موسیٰؑ کی واپسی سے پہلے وہ بچھڑے کی پرستش سے باز نہ رہیں گے ۔ اسی تسلسل میں حضرت موسیٰؑ کی شدید غصّہ کی کیفیت میں حضرت ہارونؑ کی سرزنش اور جواب میں حضرت ہارونؑ کی

طرف سے مناسب و معقول توضیح درج ہے جسے ہم نے نقل نہیں کیا تاکہ زیرِ غور مسائل پر توجّہ قائم رہے ۔سرداروں نے بچھڑے کا ظہور سامری کی کرامت کا نتیجہ قرار دیا تھا جو اب تک بظاہر پاس ہی خاموش کھڑا تھا۔ حضرت موسیٰؑ سامری کی طرف رخ کر کے وضاحت طلب کرتے ہیں ۔ وہ کہتا ہے کہ اُس نے رسول کے نقشِ قدم سے ایک مٹّھی اٹھا لی اور اسے زیورات میں ڈال دیا تو یہ معجزہ از خود لوگوں کے سامنے آگیا ۔ بالفاظ دیگر وہ رسول کے نقشِ پا کی مٹی زیورات میں ڈالنے کا ذمّہ دار ہے ، باقی جو کچھ ہوا وہ اُس مٹّی کی کرامت ہے جس میں اُس کا کوئی دوش نہیں ۔قدیم مفسرین بتاتے ہیں کہ فرعون کو سمندر برد کرنے سے پہلے حضرت جبرائیلؑ گھوڑے پر حضرت موسیٰؑ کی اعانت کے لئے تشریف لائے تھے تو اس گھوڑے کے قدموں کی کچھ مٹّی سامری نے محفوظ کر رکھی تھی ۔حضرت موسیٰ نے اُس کا بیان مکمّل جھوٹ سمجھا لیکن قوم کے سامنے جرح کر کے اسے جھوٹا ثابت کرنے کے بجائے کہا کہ وہ وہاں سے چلا جائے ۔ اُس کو کہا کہ وہ تمام عمر مجھے نہ چھوؤ پکارتا رہے اور یہ کہ اُس کی سزا کے لئے ایک دن مقرر ہے جو اُس سے ہرگز نہ ٹلے گا ۔اُس کے بعد سامری سے فرماتے ہیں کہ جس خدا پر تو اِس قدر عاشق تھا اسے ہم جلا کر پیس ڈالیں گے اور اُس کی راکھ دریا میں بہا دیں گے ۔ حضرت موسیٰؑ کا کلام مکمّل ہونے کے بعد قرآنِ کریم یہ نہیں بتاتا کہ بچھڑے کا مجسمہ جلانے اور اُس کی راکھ دریا کی نظر کرنے کا عمل واقعتاً کیا گیا، تاہم قدیم مفسرین مجسمہ جلانے اور راکھ بکھیرنے کی تائید کرتے ہیں ۔ بائیبل بھی صراحتاً بیان کرتی ہے کہ نہ صرف یہ کہ سونے کا مجسمہ جلایا گیا بلکہ اسے باریک پیس کر پانی پر چھڑکا گیا اور وہ پانی بنی اسرائیل کو پلایا گیا (خروج 32:20)۔ قرآنِ کریم کی اس آخری آیت پر واقعہ کا بیان مکمّل ہوتا ہے اور یہ کہ سامری کی مجسمہ سازی اور سوال و جواب کی متعلقہ تفصیلات قرآنِ کریم کی دوسری سورتوں میں موجود نہیں ہیں ۔

اب تک کی بحث میں قارئین محسوس کر سکتے ہیں کہ زیرِ غور قرآنی آیات میں کئی جگہ آیات کا مفہوم اپنے متن میں واضح نہیں کہ پڑھنے والا محض آیات کے ترجمہ سے بآسانی اِس معاملہ کا کوئی واضح اور مکمّل تصوّر قائم کرلے۔ ماضی کے واقعات کی نسبت قرآنِ کریم میں کم ہی ایسا ہوا ہے کہ کوئی بات مناسب وضاحت کے ساتھ

نہ کر دی گئی ہو ۔ قدیم مفسرین نے ان آیات کی تشریح میں صحابہ کے الفاظ جس انداز میں تحریر کئے وہ الفاظ اپنی جگہ واضح ہیں کہ رسول اللہ سے سیکھ کر نہیں بتائے گئے ۔ بائیبل میں بے شمار غلطیوں اور قصداً غلط بیانی کے باوجود بائیبل اور قرآنِ کریم میں نہ صرف یہ واقعہ بلکہ بہت سے دوسرے واقعات میں نمایاں مماثلت موجود ہونا بھی بہر حال ایک حقیقت ہے ۔ یہ کہنا مناسب ہے کہ ان قرآنی آیات میں بعض غیر واضح آیات کی اضافی تشریح کے لئے قدیم مفسرین اور محدثین نے بائیبل کے بیانات بطورِ ماخذ استعمال کئے ہیں ۔اگر رسول اللہ نے بالفرض ان آیات کی تشریح یا اضافی تفصیلات بطورِ خاص نہیں بیان فرمائی تو یہ بات ہمیں جس وجہ سے ہر طرح قابلِ تسلیم ہے وہ یہاں واضح ہو سکے گی ۔ ہمارے جدید مفسرین کا آیات کی قدیم تفاسیر بعینہ قبول کر لینے میں بھی کوئی حرج نہیں ۔ اِس کی وجہ یہ کہ قرآنِ کریم کا اصل مقصد نوعِ انسانی کو زندگی بسر کرنے کا درست راستہ فراہم کرنا ہے ۔ صراطِ مستقیم کی طرف رہنمائی کے لئے قرآنِ کریم میں جو ہدایات ہیں وہ تو ہر خاص و عام کے لئے ہر لحاظ سے قطعی واضح ہیں ۔ ان ہدایات کے بعد ماضی کی اقوام کی کامیابیوں اور بربادیوں کی تفصیلی وضاحت خصوصاً اُن لوگوں کے لئے ہیں جو اجتماعیت کی صورت گری کے اہل ہیں یا اسے وضع کرنے، قائم کرنے اور قائم کر لینے کے بعد قائم رکھنے کی ذمّہ داری اٹھانا چاہتے ہیں ۔لہٰذا ماضی کی اقوام سے متعلق جملہ قرآنی بیانات بھی بہترین اور اپنے مقصد کے لئے جامع ہیں ماسوا چند واقعات میں موجود وہ حصّہ جسے اجتماعیت کے معاملات سے کوئی بڑا واسطہ نہیں ہے ۔ خصوصاً مذکورہ آیات میں معمولی ابہام غالباً اس لئے نظر آتا ہے کہ ان کا تعلق قربِ قیامت سے ہے اور اس کی طرف غالباً وہی شخص متوجہ ہو سکتا ہے جو کم و بیش ہمارے زمانے کی سائنس کا طالبِ علم بھی ہو ۔

امین احسن اصلاحی صاحب کی تدبّر قرآن اب تک کی جدید ترین تفسیر ہے ۔جلد پانچ، صفحہ 83 پر آپ نے مذکورہ آخری آیات کی یہی تشریح بیان کی ہے کہ حضرت موسیٰ نے سامری کو تمام عمر خود کو اچھوت بتانے کا حکم دیا اور مجسمہ جلا کر راکھ دریا میں بہا دی یعنی قرآنی بیان سے آگے بڑھ کر بتایا کہ حضرت موسیٰ نے واقعتاً جیسا کہا تھا، وہی کر بھی دیا ۔مولانا مودودیؒ نے بھی تفہیم القرآن جلد تین،

صفحہ 121 پر مذکورہ آیات کی یہی تفسیر بیان کی سوائے یہ کہ آخری آیت میں قرآنِ کریم کے بیان پر اضافہ کر کے یہ نہیں بتایا کہ مجسمہ جلانے کا واقعہ حقیقتاً بھی بروئے کار لایا گیا تھا۔

تفاسیر میں واقعہ کی تفصیلات پڑھنے کے دوران جو بات ہماری الجھن کا سبب بنی وہ یہ کہ حضرت موسیٰ نے جب کبیرہ گناہ کے مرتکب افراد کو ہلاک کرنے کا حکم دیا اور وہ، بقول اسلامی مفسرین، ہلاک کر دئیے گئے تو گناہِ کبیرہ کے اصل بانی سامری کو محض اتنی سزا کے ساتھ کہ وہ خود کو اچھوت پکارتا رہے، زندہ کیونکر چھوڑا جا سکتا تھا ؟آج بھی کسی پھانسی کے مجرم کو یہ انتخاب دیا جائے کہ چاہے تو اسے پھانسی پر لٹکایا جائے یا وہ تمام عمر خود کو اچھوت پکارنے کی سزا قبول کر لے تو یقینی ہے کہ وہ بلا تردد دوسری صورت قبول کر کے اپنا ٹھکانہ کسی اور جگہ بنا لے گا جہاں لوگ اسے نہ جانتے ہوں پھر دوسرا مسئلہ ہمارے لئے یہ تھا کہ ہماری سمجھ کے مطابق لکڑی کی آگ سے سونے کو نرم کر کے کوئی نئی شکل تو دی جا سکتی تھی لیکن اسے جلا کر راکھ بنا دینا ممکن نہیں ہو سکتا تھا۔ سونا، جیسا کہ ہم نے پہلے بتایا، ہوا میں موجود آکسیجن سے کیمیائی عمل کرنے کے لائق نہیں جس کی وجہ سے اس کی چمک دمک برقرار رہتی ہے۔ سونے کو میکانیاتی ترکیب سے ٹھوک پیٹ کر پاؤڈر کی شکل تو دی جا سکتی ہے لیکن جلا کر نہیں۔ بظاہر جدید سائنسی معلومات کے مطابق سونے کو جلا کر راکھ کی شکل دے دینا واقعتاً ممکن نہیں، اور خصوصاً لکڑی کی آگ سے۔ بنی اسرائیل کو صحرا میں لکڑیاں ہی اُس وقت دستیاب ہو سکتی تھیں۔ قرآنی آیت تصریح کرتی ہے کہ حضرت موسیٰ نے فرمایا : مجسمہ کو جلا کر راکھ کر دیا جائے گا۔

پھر تیسرا مسئلہ یہ کہ سونے کا بچھڑا لوگوں کے سامنے پیش ہوا تو اس میں سے محض بیل کی سی آواز نکلنے کی وجہ سے "یہی ہمارا خدا ہے" کیسے بے دریغ اور بآسانی تسلیم کر لیا گیا جبکہ وہ فرعونی دربار میں اس سے کہیں زیادہ حیرت انگیز جادوگری کے عینی شاہد رہ چکے تھے؟ یہ تو محض سونے کا مجسمہ تھا جس میں سے آواز نکلتی تھی جبکہ فرعون کے دربار میں جادو گروں کے ہاتھوں رسّی اور لکڑی کو جیتے جاگتے ان گنت سانپ بنتے دیکھ چکے تھے۔ ان

کا یا کم از کم اکثریت کا پہلا خیال یہ ہونا چاہئے تھا کہ وہ اس مجسمہ کو کسی جادو کا کرشمہ سمجھتے ۔

قرآنِ کریم کے اس پورے واقعہ کے درست مفہوم تک پہنچنے کے لئے ہمیں کوئی غیر حقیقی مفروضہ قائم کرنے کی ضرورت نہیں ہے ۔ ہمارے قدیم و جدید مفسرین نے آیات کا مجموعی مفہوم پہلے طے کر لیا پھر اِس کے بعد ترجمہ ایسے الفاظ میں کیا جو ان کے اخذ کردہ مفاہیم کی تائید کر سکے ۔ اپنی کوشش میں وہ سہواً غلطی کا شکار اس لئے رہے ہیں کہ انہوں نے ذرا دیر رک کر دماغ میں سوالات نہیں پیدا ہونے دئے بلکہ قرآنی آیات کو بعض مواقع پر بائیبل سے سمجھنے کی کوشش کی ۔قارئین اندازہ کر سکتے ہیں کہ ہمارے مستقبل کے مفسرین اور متکلمین کے لئے کتنا ضروری ہے کہ قرآنی آیات کے لئے بائیبل سے کسی نوعیت کے استفادہ سے پہلے ہماری کتاب کا حصّہ اوّل و دوئم توجّہ سے پڑھ لیں تاکہ وہ جان لیں کہ قرآن مجید کا علم حاصل کرنے کے لئے قرآنِ کریم ، رسول اللہ کی مستند احادیث، تاریخِ انسانی اور گردو پیش کے قدرتی مظاہر کی سائنسی توجیہات کے سوا کسی بھی دوسرے ذرائع کی طرف دیکھنا غیر ضروری ہونے کے ساتھ ساتھ نقصان دہ بھی ہے ۔ بطورِ مثال زیرِ غور واقعہ سے متعلق سورہ بقرۃ کی چند اضافی آیات ذیل میں نقل ہیں ۔

> یاد کرو ، جب ہم نے موسیٰ کو چالیس شبانہ روز کی قرارداد پر بلایا، تو اس کے پیچھے تم بچھڑے کو اپنا معبود بنا بیٹھے ۔ اُس وقت تم نے بڑی زیادتی کی تھی، مگر اس پر بھی ہم نے تمہیں معاف کر دیا کہ شاید اب تک شکر گزار بنو۔ یاد کرو کہ ہم نے موسیٰ کو کتاب اور فرقان عطا کی تاکہ تم اس کے ذریعے سے سیدھا راستہ پا سکو۔یاد کرو جب موسیٰ نے اپنی قوم سے کہا کہ "لوگو، تم نے بچھڑے کو معبود بنا کر اپنے اوپر سخت ظلم کیا ہے، لہٰذا تم لوگ اپنے خالق کے حضور توبہ کرو اور اپنی جانوں کو ہلاک کرو، اسی میں تمہارے خالق کے نزدیک تمہاری بہتری ہے"۔ اُس وقت تمہارے خالق نے تمہاری توبہ قبول کر لی کہ وہ بڑا معاف کرنے والا اور رحم فرمانے والا ہے ۔(2-البقرۃ:51)

ان آیات میں اللہ تعالیٰ کا ارشاد ہے کہ بنی اسرائیل کے کبیرہ گناہ کے مرتکب افراد کو توبہ کرنے کا کہا گیا تو انہوں نے توبہ کی جسے اللہ تعالیٰ نے قبولیت عطا کی اور انہیں معاف کر دیا گیا ۔بائیبل میں اِس واقعہ کے مجرموں کو ہلاک کیے جانے کی تصدیق قرآن سے نہیں

ہوتی، لہٰذا ہمارے مفسرین بائیبل سے رجوع کرنے پر غلطی کا شکار ہوئے ۔ اس سے زیادہ اہم بات یہ کہ بائیبل میں سونے کا ڈھالا ہوا بیل کا مجسمہ کے برعکس قرآنِ کریم میں ارشاد ہے کہ انہوں نے بچھڑے کو معبود بنا لیا، جیسا کہ ان آیات میں دو مرتبہ یہ لفظ دیکھا جا سکتا ہے ۔بچھڑا اور بچھڑے کا مجسمہ دو الگ شئے ہیں ۔

اب تک کی بحث کے بعد ہم سامری کے واقعہ کو، جیسا کہ ہم نے سورہ طٰہٰ سے چند آیات اوپر نقل کیں، بہتر طور پر سمجھ سکتے ہیں ۔ آخری آیت میں حضرت موسیٰ نے سامری کے وضع کردہ شاہکار کو جلانے کا کہا ،وہ وجود اپنی حقیقت میں سونے ک مجسمہ نہیں بلکہ گوشت پوست پر مبنی بیل کا صحت مند بچھڑا تھا جسے لکڑی کی آگ سے جلا کر کوئلہ کر دینا، کوٹ پیس کر ریزہ ریزہ کر دینا اور سمندر یا دریا میں بہا دینا ممکن تھا اور سامری کے آنکھوں دیکھتے حضرت موسیٰ نے یہ فعل کر دیا ۔ اصل واقعہ یہ ہوا کہ بنی اسرائیل نے زیورات کو پگھلانے کے عمل کے دوران ایک جیتا جاگتا صحتمند بچھڑا نمودار ہوتے دیکھا جو کہ جادوگروں کی نظر بندی کے بجائے ایک الگ نوعیت کا مشاہدہ تھا۔ اس صریح مافوق الفطرت واقعہ کو آنکھوں دیکھتے نمودار ہونے پر وہ بآسانی دھوکہ میں آسکتے تھے جب انہیں بتایا گیا کہ ان کا خدا جیتے جاگتے جوان بیل کی شکل میں نمودار ہو گیا ہے ۔ یہ مظاہرہ تو آج بھی مزارات کے مرغوب مسلمانوں میں دکھایا جائے تو کتنے ہیں جو اس دھوکہ میں نہ آجائیں ۔ ہماری رائے میں لوگوں نے اسے اصلی بیل کی شکل میں ڈکراتے سنا اور غالباً اُس کے قریب جا کر اور اسے اپنے ہاتھوں سے چھو کر دیکھا کہ واقعتاً اصلی جوان اور طاقتور بیل ہے تو وہ اور کیا کرتے جبکہ انہیں بتایا جاتا جو کچھ بھی بتایا جارہا تھا ۔

قرآنِ کریم کا ارشاد ہے کہ اُس میں سے بیل کی آواز آتی تھی ۔ کیا ایسا بآسانی ممکن ہے کہ کسی ترکیب سے آج بھی کوئی دھاتی بیل بنا کر سوراخ کر دیئے جائیں اور ان میں سے محض ہوا کے گزرنے سے کسی سیٹی کی آواز کے بجائے بلاشبہ کسی ڈکراتے ہوئے بیل کی آواز آئے؟ سامری اس معاملے میں پہلے تو دھاتوں کی ڈھلائ کا بڑا ماہر ماننا پڑے گا اور پھر یہ کہ اس کا یہ ہنر لوگوں سے قطعی پوشیدہ ہونا چاہئے اور تیسرے یہ کہ زیورات کو بولتے ہوئے مجسمہ کی شکل دینا بھی لوگوں کی نظروں سے پوشیدہ رہ کر کرنا پڑے گا،

تب ہی لوگوں کے سامنے آگ میں سے اسے اچانک نکال لائے تو اُس کی بات کا یقین ہو سکے گا ۔اولاً، یہ صورتحال ازخود عجیب ہے کہ سامری، ہماری تجویز کردہ مشکلات کے باوجود، لوگوں کے درمیان رہتے ہوئے اپنے قطعی خفیہ طریقے سے کئے گئے کرتب میں بالکل کامیاب رہا، پھر اگر یہ سونے کا ہی بیل تھا تو جلا کر راکھ کیسے کیا جا سکتا تھا؟

ہمیں سونے کا مجسمہ کے بجائے حقیقی بچھڑا تسلیم کرنے کے لئے اسے جلا سکنے کے علاوہ بھی کچھ اشارات مل سکیں تو اس نئے اور غیر معروف مفہوم کی صداقت کے متعلق ہمارے اعتماد میں کچھ اضافہ ہو سکتا ہے ۔ اس بات کے لئے قارئین کو اوپر سورہ بقرۃ کی آیات کی طرف متوجہ کیا جاتا ہے ۔آخری آیت میں حضرت موسیٰؑ فرماتے ہیں کہ کبیرہ گناہ کے مرتکب اپنے خالق سے توبہ کریں اسی میں تمہارے خالق کے نزدیک تمہاری بہتری ہے ۔قارئین اگر یہ آیت عربی میں پڑھیں تو اگر چہ اللہ تعالیٰ کی ہستی کے لئے عربی میں لفظ "خالق" دوسرے مقامات پر بکثرت استعمال ہوا ہے، لیکن اس آیت میں حضرت موسیٰؑ نے لفظ " خالق " نہیں بلکہ "باری" دونوں مرتبہ استعمال کیا ہے ۔ قرآنِ کریم کی رو سے تخلیق کا عمل اللہ تبارک و تعالیٰ کی ہستی کی تین صفات کے تحت عالمِ شہود میں آتا ہے ۔ قرآنِ کریم میں آیت ہے:

هُوَ اللهُ الخَالِقُ البَارِئُ المُصَوِّرُ (59-الحشر:24)

یہاں اللہ تعالیٰ کے تین صفاتی نام بلترتیب الخالق، الباری اور المصوّر بتائے گئے ہیں جن کے ترجمہ میں مولانا مودودیؒ لکھتے ہیں: "وہ اللہ ہی ہے جو تخلیق کا منصوبہ بنانے والا اور اس کو نافذ کرنے والا اور اس کے مطابق سورت گری کرنے والا ہے ۔اگرچہ کہ اللہ تعالیٰ کی ان صفات کا حقیقی مفہوم بھی اللہ ہی کے علم میں ہے، لیکن ان کا جو کچھ بھی محدود تصوّر انسان کے لئے جان لینا ممکن ہے، اس کا کچھ اندازہ اس بیان کردہ ترتیب سے کیا جاسکتا ہے ۔ یہ ترتیب اسی طرح ہے کہ مثلاً انسان اگر کوئی مکان تعمیر کرنا چاہے تو پہلے اُس مکان کا ایک نقشہ ذہن میں بنائے گا، پھر طبعی نقشہ بنا کر اُس نقشہ کے مطابق مکان کا ڈھانچہ تعمیر کرے گا، اِس کے بعد مکان کی تزئین مکمّل کرے گا ۔ تخلیقِ کائنات کی اب تک کی دستیاب معلومات کے تحت ہم نے دیکھا کہ Big Bang کے وقت اور اُس کے شروع ہونے

کے ایک عرصہ تک عالمِ طبعی کی چار قوّوتیں اور بے شمار دوسری خصوصیات کا اس عالمِ ہستی میں کوئی وجود نہیں تھا لیکن یہ تمام تفصیلات اللہ تعالیٰ کے لامتناہی علم کا حصّہ تھیں ۔ دوسرے الفاظ میں یہ اللہ تعالیٰ کا عالمِ خلق تھا یا عالمِ شہود کا پہلا مرحلہ تھا ۔ اِس کے بعد دو دنوں میں، یعنی تقریباً نو ارب سال کے دوران جملہ کائنات کا ڈھانچہ تعمیر ہو گیا اور عالمِ شہود میں توازن قائم ہو گیا ۔ یہ اللہ تعالیٰ کا عالمِ بریّہ اور اللہ تعالیٰ کی صفتِ باری کا ظہور تھا یا عالمِ شہود کا دوسرا مرحلہ تھا ۔ اس کے بعد تیسرے مرحلے میں اللہ تعالیٰ کی صفتِ المُصَوِّر کے تحت چار ادوار میں کائنات کی تزئین مکمّل کر دی گئی ۔

سورہ بقرۃ کی آیت میں حضرت موسیٰؑ کا لوگوں کو اللہ تعالیٰ کی طرف متوجہ کرنے کے لئے اللہ تعالیٰ کا اسم ہستی یعنی "اللہ" جو قوم کے لئے معروف لفظ تھا اسے یا الخالق استعمال کرنے کے بجائے الباری استعمال کرنے سے کسی خاص نکتہ کی طرف اشارہ ناقابلِ قیاس نہیں ہونا چاہئے ۔سامری یا دنیا کے کسی بھی شخص کا بے جان مادّہ میں سے کوئی زندہ مخلوق پیدا کر دینے کا عمل تائید ایزدی کے بغیر تسلیم نہیں کیا جاسکتا ۔ہماری رائے میں سامری درحقیقت انسان نہیں بلکہ الشیطان بالمعروف ابلیس تھا ۔ اُس نے اللہ تعالیٰ کی صفتِ باری کا اپنے ہاتھوں مظاہرہ کیا کہ بے جان مادّہ کو کسی جیتی جاگتی حیات کی شکل دے دی ، اس وجہ سے حضرت موسیٰؑ نے لوگوں کو اللہ کی طرف متوجہ کرتے وقت لفظ "باری" استعمال کیا لیکن درحقیقت سامری کو جتا دیا کہ وہ پہچانا جا چکا ہے اور یہ کہ اُس کی حقیقت جان لی گئی ہے کہ وہ عالمِ بریّہ میں مداخلت کر کے معاہدہ کی خلاف ورزی کا مرتکب ہوا جس کا حق اسے حاصل نہیں تھا ۔ قرآنی آیت کا یہ مفہوم پیش کرنے پر ہمارے متعلق کہا جاسکتا ہے کہ ہم نے حدود سے تجاوز کر کے ایسا مفہوم قرآنِ کریم سے منسوب کیا جس کا اطلاق نہیں کیا جاسکتا اور ہم کلام اللہ سے گستاخی کے مرتکب ہیں ۔لیکن اس واقعۂ سامری میں آخری آیت بھی بغور دیکھی جائے تو اگر زیادہ نہیں تو کم از کم اتنی ہی اہم ہے اور یہ کہ ہم اس آیت کو بھی اپنے مفہوم کی تائید میں استعمال کر سکتے ہیں ۔ اسی بات سے یہ بھی واضح ہو سکے گا کہ ہم نے اس تذکرہ کو قربِ قیامت کی بحث کے لئے کیوں موخر کر رکھا تھا ۔سورہ طٰہٰ سے جو آیات اِس بحث کے سلسلے میں اوپر نقل کی

گئی تھیں ان میں سے ایک آیت کو سہولت کی خاطر دوبارہ نقل کیا جاتا ہے:

> موسیٰ نے کہا " اچّھا تو جا، اب زندگی بھر تجھے یہی پکارتے رہنا ہے کہ مجھے نہ چھونا ۔ اور تیرے لئے بازپرس کا ایک وقت مقرر ہے جو تجھ سے ہرگز نہ ٹلے گا" -(20-طہٰ:86)

اس آیت میں حضرت موسیٰؑ کا سامری کو یہ کہنا کہ "مجھے نہ چھونا" کے لئے قرآنِ کریم میں عربی لفظ "لامساس" استعمال ہوا ہے ۔عربی میں" لا " یعنی نہیں اور "مساس " یعنی ہاتھ لگانا یا چھونا مراد ہے ۔ قدیم مفسرین کو صحابہ کرام سے جو روایات فراہم ہوئیں اور بائیبل میں بھی کوڑھ کے مریضوں کے لئے شریعت میں ایسے ہی سخت احکامات تھے کہ چھوت جیسے متعدی اور عبرتناک مرض میں مبتلا افراد چھوئے نہ جائیں بلکہ لوگوں سے دور رکھے جائیں ،لہٰذا ہمارے قدیم و جدید مفسرین کو آیت کا یہ مفہوم مناسب محسوس ہوا کہ سامری کو اچھوت کہلوانے کا حکم دیا گیا ، خصوصاً جبکہ صحابہ سے بھی ایسی روایات دستیاب تھیں ـلیکن دیکھنے کی بات یہ ہے کہ لفظ "مساس" اچھوت یا ناپاک کے علاوہ کسی کو نقصان پہنچانے یا مارنے کے لئے چھونا کے لئے بھی استعمال ہوتا ہے ۔ مثلاً اگر کوئی شخص دوسروں کے ساتھ مار پیٹ کرنے کی دھن میں ہو تو اسے دھمکانے کے لئے کبھی کوئی کہہ دیتا ہے کہ اگر مجھے یا میرے بچّے کو ہاتھ بھی لگایا تو اچھا نہیں ہو گا یا مثلاً دھمکانے کے لئے کہا جائے کہ اگر تم میں دم خم ہے تو مجھے چھو کر دیکھو، وغیرہ ۔ اس مفہوم کے لئے بھی لفظ "لامساس" ہی استعمال ہو سکتا ہے ۔

حضرت موسیٰؑ اللہ تعالیٰ کی عنایات کے تحت سامری کو پہچان گئے تھے کہ وہ الشیطان بالمعروف ابلیس ہے۔ آپؑ نے اپنے الفاظ کے انتخاب سے اُس کی جانی پہچانی حقیقت اُس کے سامنے کھول دی کہ چونکہ اللہ تعالیٰ نے اسے قیامت تک کی مہلت دے رکھی ہے، اس لئے اسے نقصان پہنچانے کے لئے کوئی اسے ہاتھ نہیں لگا سکتا ۔ آپؑ نے لامساس کہہ کر اسے بتا دیا کہ اسے اللہ تعالیٰ کی طرف سے قیامت تک کی مہلت حاصل ہے، لہٰذا اس جرم کی سزا اسے نہیں دی جا سکتی ۔ یہ کہہ دینے سے از خود یہ بھی واضح ہو گیا کہ آپؑ اسے پہچان گئے ہیں کہ وہ کون ہے ۔ اس آیت کا نصف آخر حصّہ بھی یقیناً غور طلب

ہے ۔ اس میں حضرت موسیٰؑ نے "تیرے لئے خاص وقت مقرر ہے جو تجھ سے ہرگز نہ ٹلے گا " کہہ کر یومِ آخرت جو کہ تمام ہی جنّ و انس کے لئے مقرر ہے ، اس کو علیحدہ کر دیا کہ قربِ قیامت کے وقت ایک مخصوص صورتحال اس کے لئے پہلے سے طے ہو چکی ہے ۔ اگرچہ کہ ابلیس کے لئے ہماری قیاس کردہ حقیقت یا مخصوص صورتحال کا کوئی اشارہ قرآن مجید میں موجود نہیں لیکن اللہ تعالیٰ کا یہ فرمان موجود ہے کہ "ہر نفس کو موت کا ذائقہ چکھنا ہے" ، اس لئے حضرت عیسیٰؑ اور ابلیس کو ہمیں اس حقیقت میں شامل شمار کرنا چاہیے ، اِس لئے کہ یہی دو ہستیاں ہیں جن پر موت جیسی حقیقت اب تک وارد نہیں ہو سکی ہے ۔رسول اللہ سے منسوب روایات موجود ہیں کہ قیامت سے پہلے حضرت عیسیٰؑ دجال کو ہلاک کریں گے اور تمام دنیا میں صالحیت برپا کر دینے کے بعد آنجناب یعنی حضرت عیسیٰؑ کی وفات ہو گی ۔ بالفاظ دیگر ابلیس کو سزا دینے کا اختیار حضرت موسیٰؑ کے پاس نہیں بلکہ قیامت سے پہلے حضرت عیسیٰؑ کے اختیار میں ہے ۔یہ بالکل وہی بات ہے جیسی کہ رسول اللہ نے ابن صیاد کے معاملے میں حضرت عمرؓ سے ارشاد فرمائی کہ ابن صیاد اگر دجال ہے تو اسے صرف حضرت عیسیٰؑ ہی ہلاک کر سکیں گے ۔بچھڑا چونکہ اللہ تعالیٰ کی طے کردہ فطرت کے بجائے مافوق الفطری حیاتیاتی جسم تھا، لہٰذا اسے اپنی نگرانی میں مکمّل جلا دینا اور تمام راکھ پانی میں بہا دینا ضروری تھا، تاکہ یہ غیر فطری طریقہ پر بنایا گیا حیاتیاتی جسم کسی نوعیت کے اجزاء کی شکل میں لوگوں کے ہاتھوں میں نہ رہ سکے ۔ اگرچہ قرآن یہ نہیں بتاتا کہ حضرت موسیٰؑ نے واقعتاً اسے جلا کر راکھ بکھیر دی ، لیکن حضرت موسیٰؑ نے غالباً ایسا ہی کیا اس لئے کہ وہ بیل وہاں لوگوں کے درمیان کیونکر آزادانہ چھوڑا جا سکتا تھا؟ ،تاہم سامری کو زندہ سلامت جانے دیا کہ وہ حضرت عیسیٰؑ کی آمدِ ثانی کا انتظار کرے ۔یہ بہت مضبوط دلیل تسلیم کی جا سکتی ہے کہ گناہ کبیرہ کا بانی کیوں بے سزا چھوڑ دیا گیا ۔

زیرِ غور آیات کی تشریحات میں جدید مفسرین کا بچھڑے کو سونے کا مجسمہ تجویز کرنا اور جلا کر راکھ بنا دینا سائنسی پہلو سے الجھن کا سبب بنا تو چند انتہائی اہم نکات ہمارے سامنے آ سکے ۔ایک اہم بات یہ ہمارے سامنے آئی کہ ابلیس وعدہ کے تحت مشروط مہلتِ عمل ملنے کے باوجود اللہ تعالیٰ کے حضور اپنی دھوکہ دہی سے

باز نہیں رہتا اور طے شدہ حدود سے تجاوز کرتا رہا ہے ۔قارئین اب سمجھ سکتے ہیں کہ بائیبل کی کتاب پیدائش میں شیطان نے حضرت آدمؑ کو ورغلایا تو وہاں مصنف کا شیطان کی جگہ سانپ لکھنا کس کے ورغلانے پر ہوا ہوگا ۔ تورات میں یومِ آخرت، حساب کتاب اور جنّت و دوزخ کا تذکرہ نہ ہونے کی کیا وجہ ہے ۔ ہم نے قارئین کے لئے نمایاں کیا کہ کتاب پیدائش کے قصّہ آدمؑ و ابلیس میں معاذاللہ شیطان کو اللہ تعالیٰ کے مقابلے میں انسان کا خیر خواہ جبکہ اللہ تعالیٰ کی ہستی کو دشمن دکھایا گیا ہے، اس کے پیچھے کیا عنصر عمل پذیر ہے ۔اوپر درج قرآنی آیات پر غور کے نتیجے میں ہم نے تجویز کیا کہ سامری انسان نہیں بلکہ شیطان تھا جو کوہ سینا پر حضرت موسیٰ ؑ کو طلب کئے جانے پر مضطرب ہوا اور آپؑ کی عدم موجودگی میں بنی اسرائیل کو گمراہ کرنے کے لئے کود پڑا ۔ حیرانی کی بات ہے کہ تورات نے یہ نام "سامری" استعمال ہی نہیں کیا بلکہ اس کی جگہ کوئی دوسرا نام لکھا بھی تو حضرت ہارونؑ سے یہ گناہ منسوب کیا ۔قارئین سمجھ سکتے ہیں کہ مصنف کے قلم کے پیچھے کیا ہستی کار فرما تھی ۔

مغربی عیسائیت تمام تر سینٹ پال یعنی پَولُس کی وضع کردہ ہے ۔ پَولُس کو اپنے چند سپاہیوں کے ہمراہ دمشق کے راستے پر سورج کی مانند شدید روشنی اور آواز سنائی دی تھی کہ حضرت عیسیٰؑ اُس سے مخاطب ہیں ۔اللہ تعالیٰ کے نظام میں پَولُس کو حضرت عیسیٰؑ کا مکاشفہ ہونے کا تو سرے سے کوئی امکان موجود نہیں، لہٰذا مکاشفہ کا مطلب یا تو یہ لیا جاسکتا ہے کہ پَولُس نے غلط بیانی کی یا پھر واقعتاً روشنی کا جھماکہ اور کوئی آواز اسے سنائی دی ۔اس واقعہ کے بعد اس کا تمام زندگی اپنے عقیدہ کی اشاعت میں ہر طرح کی سختیاں انگیز کرنا حتیٰ کے اس راستے میں ہلاک ہو جانا ظاہر کرتا ہے کہ وہ اپنے کام میں مخلص تھا ۔زندگی کا ایسا مظاہرہ کسی جھوٹ پر تعمیر نہیں ہوسکتا ۔یہی وجہ ہے کہ خصوصاً اس کی نیک نیتی اور پھر اس کے پیش کردہ نظریات کو بالآخر قبولِ عام حاصل ہوا ۔ ہمیں تسلیم کرنا پڑتا ہے کہ روشنی کا جھماکہ اور حضرت عیسیٰؑ کا مکاشفہ بیان کرنے میں وہ صادق تھا ۔ اس صورت میں ہمیں یہ بھی تسلیم ہو سکتا ہے کہ اس حرکت کی پشت پر شیطان کی ہستی کارفرما تھی ۔ پَولُس بھی مولانا وحید الدین خاں کی طرح ناقص منطقی دماغ کا انسان تھا ۔ پَولُس کے خطوط میں اس کے دلائل اور مولانا وحید الدین کی کتاب "تعبیر کی

غلطی" میں دلائل توجّہ سے پڑھے جائیں تو حیرت انگیز مماثلت کے اشارات تلاش کر لینا مشکل نہیں ہے ۔ اپنی گذشتہ بحث میں ہمیں اس مماثلت کی نشاندہی کرنے کی ضرورت محسوس نہیں ہوئی ، لہٰذا نظر انداز کر دیا گیا ۔ مولانا وحید الدین خاں کو تو قرآن مجید کی صورت میں کتابِ عظیم مہیا تھی لیکن پَولُس کی بدقسمتی یہ تھی کہ ناقص منطقی دماغ کے ساتھ ساتھ قدیم صحائف کے نام پر جو کچھ اسے دستیاب تھا وہ زبانی روایات اور یہودی ربّانیوں کی موشگافیوں کی وجہ سے انتہائی مایوس کن حالت پر پہنچا دیا گیا تھا ، لہٰذا فراست سے محروم اور منطق پسند پَولُس کا دماغ غلط راہ اختیار کرنے کے سوا اور کیا کر سکتا تھا؟

قیامت کے قریب پیش آنے والے واقعات میں المسیح الدجال کا ظہور، زندگی اور موت جیسی حقیقتوں میں اُس کی غیر معمولی طاقتوں کی دسترس کا مظاہرہ اور خود کو لوگوں کا خدا تسلیم کرنے کا مطالبہ جیسے بڑے معاملات شامل ہیں ہمارا اوپر بیان کردہ نکتہ المسیح الدجال کو خود الشیطان بالمعروف ابلیس تجویز کرتا ہے جبکہ روایات میں دجال شیطان کا سب سے بڑا حربہ ہے جسے وہ لوگوں کے سامنے لائے گا ۔ قربِ قیامت کے حوالے سے قرآنِ کریم کے چند متعلقہ اشارات قارئین کے سامنے پیش کئے گئے ۔اسی نقطۂ نظر کے تحت لفظ "مصفاہ" کے مفہوم کی گہرائی کا تفصیلی تذکرہ کیا گیا تھا کہ آخر الزماں ایک ایسا اہم معاملہ ہے کہ اس کی تنبیہات، شناخت اور نشاندہی کے اشارات زمانۂ قدیم سے انبیاء کرام کے ذریعے پیش کئے جاتے رہے ہیں پس اہلِ علم حضرات کو دعوتِ فکر ہے کہ قربِ قیامت سے متعلق جملہ روایات وسیع تر تناظر میں از سر نو زیرِ غور لائی جا ئیں ۔

حضرت عیسیٰؑ کی آمدِ ثانی

اناجیلِ اربع اور اسلامی روایات میں حضرت عیسیٰؑ کی دنیا میں دوبارہ آمد براہ راست ظہورِ دجال کے معاملے سے منسلک ہے ۔ اسلامی روایات ہی نہیں بلکہ حضرت داؤدؑ اور حضرت عیسیٰؑ کے درمیانی عرصے میں بنی اسرائیل کے بعض دوسرے انبیاء بھی قیامت کی پیشگوئی اور قربِ قیامت کی نمایاں نشانیوں میں ایک بڑی مصیبت کا سامنا کرنے سے انہیں آگاہ کرتے رہے تھے جو بائیبل میں موجود ہیں ۔ اِس بات سے اندازہ کیا جاسکتا ہے کہ یہ ایک ایسا اہم واقعہ ہے کہ اس کے بارے میں نوعِ انسانی کے قدیم افراد کو بھی متنبہ کیا جاتا رہا ہے جن کو دجال کا سامنا نہیں کرنا تھا ۔خصوصاً یہ بات بھی توجّہ طلب ہے کہ قیامت کا واقعہ ایسا غیر متوقع اور لمحاتی طور پر اچانک پیش آجائے گا جس کا پیشگی اندازہ کسی کے لئے بھی ممکن نہیں ہو گا ۔اس بات سے اللہ تعالیٰ نے انسان کو تو کیا ابلیس کو بھی بخوبی واقف کر رکھا ہے، جیسا کہ ہم قصہ حضرت آدمؑ و ابلیس کے لئے بیان کردہ آیات میں دیکھ چکے ہیں ۔ وہاں 15-الحجر:38 میں اللہ تعالیٰ کا ابلیس کے لئے ارشاد ہوا : "تجھے مہلت ہے اُس دن تک جس کا وقت ہمیں معلوم ہے "پھر کفار مکّہ روزِ قیامت کی حقیقت کے انکار پر بضد رہنے کی وجہ سے رسول اللہ سے بکثرت پوچھتے کہ واقعۂ قیامت کب ہوگا تو قرآنِ کریم میں موقع بہ موقع ارشاد ہوا کہ اس کا وقت صرف اللہ تعالیٰ کے علم میں ہے ۔

وقوع قیامت کی صرف نشانیاں بتائ گئی ہیں۔ ظہورِ دجال اور حضرت عیسیٰؑ کی آمدِ ثانی رسول اللہ کی ارشاد کردہ قیامت کی دس اہم نشانیوں میں شامل ہیں ۔ اسلامی روایات کے مطابق دجال دنیا میں ظاہر ہونے کے بعد متعدد غیر معمولی مظاہروں کے علاوہ مردہ کو زندہ کر دینے جیسا مظاہرہ دکھا ئے گا اور لوگوں سے دجال کو خدا تسلیم کرنے کا مطالبہ کرے گا ۔ اپنے ماننے والوں کو وہ دنیا کی بڑی نعمتوں سے نوازے گا لیکن اس کا انکار کرنے والوں کو اس کے ہاتھوں ایسے سنگین مصائب کا سامنا ہو گا جو انسانی مشاہدہ میں پہلے کبھی نہ رہے ہوں ۔ بالآخر وہ وقت آ پہنچے گا کہ اللہ تعالیٰ کے اذن سے حضرت عیسیٰؑ دنیا میں ایک مرتبہ پھر تشریف لائیں گے اور صالح مسلمانوں

اور امام مہدی کے ہمراہ دجال اور اُس کی افواج کا مقابلہ کریں گے اور وہ دشمنِ خدا آنجناب کے ہاتھوں ہلاک ہوگا۔ اس دشمنِ خدا اور دشمنِ بنی آدم کی ہلاکت کے بعد اللہ تعالیٰ کی بادشاہت کا زمین پر از سر نو قیام وغیرہ کی بھی تمام تر تفصیلات رسول اللہ کی ارشاد کردہ تعلیمات پر مبنی ہیں ۔ قرآنِ کریم میں مستقبل میں پیش ہونے والے یہ عظیم واقعات صراحتاً بیان نہیں کئے گئے ۔مولانا مودودیؒ نے کتاب سیرتِ سرورِ عالم جلد اوّل کے باب گیارہ میں رسول اللہ کی چند نمایاں پیشگوئیوں کے تسلسل میں ظہورِ دجال، امام مہدی اور ظہورِ حضرت عیسیٰؑ اور حضرت عیسیٰؑ کے ہاتھوں دجال کی ہلاکت وغیرہ سے متعلق متعدد مستند احادیث ایک جگہ نقل کر دی ہیں ، لہٰذا امید ہے کہ ہم طویل احادیث نقل کئے بغیر اپنا مدعا واضح کر سکیں گے ۔

ان حقائق سے متعلق روایات کی تشریحات اکثر حضرات کے ذہنوں میں بہت واضح تصویر نہیں بنا پاتی یا کچھ ابہام باقی رہ جاتے ہیں ۔ہمارے جدید دور کے بعض عقلیت پسند حضرات خصوصاً قرآنِ کریم میں ان حقائق کی عدم موجودگی کی بنا پر نکتہ چینی کے انداز میں سوالات اٹھاتے ہیں اور جلدبازی میں رسول اللہ سے منسوب مستند روایات کو یہ کہتے ہوئے ناقابلِ تسلیم سمجھ بیٹھتے ہیں کہ ایسی روایات ان حضرات کے تجویز کردہ عقلی معیار پر پوری نہیں اترتیں ۔پھر یہ بھی ہمارے دیکھنے میں آتا ہے کہ بعض جدید مفکرین مزید آگے بڑھ کر مذکورہ حقائق کے معروف مفاہیم کی رد میں ایک الگ اور نیا مفہوم عام لوگوں تک پہنچانے میں اپنی کوششیں صرف کرنے لگے ہیں ۔ہم لفظ "مصفاہ" کی توضیح کے سلسلے میں عرض کر چکے ہیں کہ اُمت اس معاملہ کے لئے خصوصی درسگاہ کے قیام میں غفلت کا شکار رہی ہے ۔ ہمارے قارئین سمجھ سکتے ہیں کہ اگر اس ادارہ کا قیام برقرار رہتا اور متوقع ذمّہ داریاں وقت کے دورانیہ میں سنبھلی رہتیں تو امت کی مجموعی توجّہ ان اصل مسائل پر مرکوز رہتی جو اقوامِ عالم میں ان کی ذلّت کا سبب بنتے چلے آ رہے ہیں چاہے وقتِ قیامت ہو یا نہ ہو ۔ہمیں امید ہے کہ ذیل میں پیش کردہ تحریر ہمارے قارئین کو اس معاملہ کا بہتر مفہوم اخذ کرنے میں مددگار ہو سکے گی اور ساتھ ہی جدید دور کے عقلیت پسند حضرات کو بھی اس اہم معاملہ پر از سر نو دعوتِ فکر کی گنجائش رکھ سکے گی ۔پھر ہماری اِس خوش امیدی سے بھی کہیں زیادہ اہم بات یہ کہ قارئین کو اُمت کے

ایک اور انتہائی مایوس کن بےحسی و بے رغبتی پر مبنی اجتماعی طرز عمل کی طرف متوجہ کرنا چاہتے ہیں جس کا مظاہرہ گذشتہ چند دہائیوں سے ہوتا چلا آ رہا ہے۔ درحقیقت ہماری نظر میں یہ عنصر بھی ہماری اس بحث کے اصل مُحرِّکات کاحصّہ ہے لیکن ہم اسے آخر میں بیان کر سکیں گے تاکہ اِس کے بیان سے قبل مناسب پس منظر تیار ہو جائے۔

جدید عقلیت پسند مفکرین کی ضمن میں ہمارا اشارہ جاوید غامدی صاحب کی طرف ہے جنہوں نے قربِ قیامت کے واقعات میں دجال اور حضرت مسیحؑ کے حوالے سے معروف تصورات کے برعکس ایک نئے مفہوم سے متعارف کیا ہے۔ موصوف کی کتاب "المیزان" سے ایک اقتباس زیرِ غور لایا جائے گا جس میں موصوف نے اپنا نقطۂ نظر تین نکات میں پیش کیا ہے۔ یہ اقتباس کچھ طویل ہے لہٰذا ہم دو ٹکڑوں میں اسے قارئین کے سامنے رکھیں گے تاکہ ہماری تنقید سمجھنے میں سہولت ہو۔ غامدی صاحب کے تین میں سے پہلے دو نکات ذیل میں نقل ہیں:

> نزولِ مسیح کی روایتوں کو اگرچہ محدثین نے بالعموم قبول کیا ہے، لیکن قرآن مجید کی روشنی میں دیکھئے تو وہ بھی محل نظر ہیں۔
>
> اوّلا، اِس لئے کہ مسیح علیہ السلام کی شخصیت قرآن مجید میں کئی پہلوؤں سے زیرِ بحث آئی ہے۔ ان کی دعوت اور شخصیت پر قرآن نے جگہ جگہ تبصرہ کیا ہے۔ روزِ قیامت کی ہلچل بھی قرآن کا خاص موضوع ہے۔ ایک جلیل القدر پیغمبر کے زندہ آسمان سے نازل ہو جانے کا واقعہ کوئی معمولی واقعہ نہیں ہے۔ لیکن موقع بیان کے باوجود اس واقعہ کی طرف ادنیٰ اشارہ بھی قرآن کے بین الدفتین کسی جگہ مذکور نہیں ہے۔ علم و عقل اس خاموشی پر مطمئن ہو سکتے ہیں؟ اسے باور کرنا آسان نہیں۔
>
> ثانیاً، اس لئے کہ سورہ مائدہ میں قرآن نے مسیح علیہ السلام کے ساتھ اللہ تعالیٰ کا ایک مکالمہ نقل کیا ہے جو قیامت کے دن ہو گا۔ اُس میں اللہ تعالیٰ اُن سے نصاریٰ کی اصل گمراہی کے بارے میں پوچھیں گے کہ کیا تم نے یہ تعلیم انہیں دی تھی کہ مجھ کو اور میری ماں کو خدا کے سوا معبود بناؤ۔ اس کے جواب میں وہ دوسری باتوں کے ساتھ یہ بھی کہیں گے کہ میں نے تو ان سے وہی بات کہی جس کا آپ نے حکم دیا تھا اور جب تک میں ان کے درمیان موجود رہا، اس وقت تک دیکھتا رہا کہ وہ کیا کر رہے

ہیں ۔ لیکن جب آپ نے مجھے اٹھا لیا تو میں نہیں جانتا کہ انہوں نے کیا بنایا اور کیا بگاڑا ۔ اس کے بعد تو آپ ہی نگراں رہے ہیں ۔

اس میں دیکھ لیجیے، مسیح علیہ السلام اگر ایک مرتبہ پھر دنیا میں آ چکے ہیں تو یہ آخری جملہ کسی طرح موزوں نہیں ہے ۔ اس کے بعد تو انہیں کہنا چاہیے کہ میں اِن کی گمراہی کو اچھی طرح جنتا ہوں اور ابھی کچھ دیر پہلے اس پر متنبہ کر کے آیا ہوں ۔ فرمایا ہے:

"میں نے تو ان سے وہی بات کہی جس کا تو نے مجھے حکم دیا تھا کہ اللہ کی بندگی کرو جو میرا بھی پروردگار ہے اور تمہارا بھی، اور میں اُن پر گواہ رہا، جب تک میں اُن کے درمیان موجود رہا، پھر جب تو نے مجھے اٹھا لیا تو اُن پر تو ہی نگران رہا ہے اور تو ہر چیز پر گواہ ہے (5-المائدہ:117)- (المیزان: صفحہ 178)

اپنے پہلے فقرہ میں غامدی صاحب نے حضرت عیسٰیؑ کی آمدِ ثانی کی اسلامی روایات یعنی احادیث کے متعلق فرمایا کہ "قرآن کی روشنی میں یہ بھی محل نظر ہے" ۔ لفظ "بھی" سے موصوف کا اشارہ امام مہدی کے متعلق روایت کی طرف ہے جسے انہوں نے اس فقرہ سے متصل قبل تحریر کیا ۔ ہم اسے فی الوقت نظر انداز کر سکتے ہیں ، اس لئے یہاں نقل نہیں کیا گیا ہے ۔

غامدی صاحب نے پہلی عقلی دلیل یہ پیش کی ہے کہ حضرت عیسٰی کی قیامت سے پہلے دوبارہ آمد اتنا بڑا واقعہ ہے کہ اس واقعہ کی نشاندہی قرآن مجید میں ہو جانی چاہئے تھی جبکہ اللہ تعالیٰ نے حضرت عیسٰیؑ کی شخصیت پر کئی پہلوؤں سے بحث کی ہے اور دعوت اور شخصیت پر جگہ جگہ تبصرہ کیا ہے ۔چونکہ قرآن مجید میں حضرت عیسٰی کی آمدِ ثانی کا تذکرہ نہیں ہوا لہٰذا محض رسولؐ اللہ کا اسے بیان کردینا کافی نہیں کہ علم و عقل کی روشنی میں اسے قبول کر لیا جائے ۔ اس کے بعد دوسری دلیل کے طور پر سورہ المائدہ کی ایک آیت کی طرف اپنی کتاب پڑھنے والوں کو متوجہ کیا ہے ، لیکن جس مفہوم کی گنجائش پیدا کرنے کی کوشش فرمائی ہے وہ مفہوم وہاں موجود نہیں ہے ۔ ان آیات میں اللہ تعالیٰ نے حضرت عیسٰیؑ سے جو سوال پوچھا ہے وہ آنجناب کی اصل رسالت سے متعلق ہے ۔ مطلب یہ کہ حضرت عیسٰی جب بنی اسرائیل میں بحیثیت رسول مبعوث کئے گئے تھے تو اپنے زمانۂ رسالت کے دوران آپ نے کیا تعلیمات پیش کی تھیں ۔ اسی سوال کا جواب حضرت عیسٰی نے واضح طور پر دے دیا ۔سوال میں وہ

معاملات شامل ہی نہیں ہیں جو قیامت سے پہلے نوع انسانی کے ساتھ ایک مختصر عرصہ کے دوران پیش ہو چکے ہوں گے ۔ پھر دلچسپ بات یہ کہ حضرت عیسیٰ کا آمدِ ثانی کے لحاظ سے غامدی صاحب کا تجویز کردہ متوقع جواب بھی خود غامدی صاحب کے ذہن کی اختراع ہے ۔ رسول اللہ نے حضرت عیسیٰؑ کی دوبارہ آمد کے معاملہ میں جو بیان فرمایا ہے، وہ کچھ اور ہی بات ہے ۔ یہ تفصیل درحقیقت ہماری نظر میں اہم ترین باتوں میں سے ہے، لہٰذا جلد ہی بیان کی جائے گی ۔غامدی صاحب اپنی تیسری دلیل ذیل کے الفاظ میں پیش کرتے ہیں:

> ثالثًا، اس لئے کہ سورہ آل عمران کی ایک آیت میں قرآن نے مسیح علیہ السلام کے بارے میں قیامت تک کا لائحہ عمل بیان فرمایا ہے ۔ یہ موقع تھا کہ قیامت تک کے الفاظ کی صراحت کے ساتھ جب اللہ تعالیٰ وہ چیزیں بیان کر رہے تھے جو ان کے اور ان کے پیروؤں کے ساتھ ہونے والی ہیں تو یہ بھی بیان کر دیتے کہ قیامت سے پہلے میں ایک مرتبہ پھر تجھے دنیا میں بھیجنے والا ہوں ۔ مگر اللہ نے ایسا نہیں کیا ۔سیدنا مسیح کو آنا ہے تو یہ خاموشی کیوں ہے؟ اس کی وجہ سمجھ میں نہیں آتی ۔ آیت یہ ہے:
>
> "میں نے فیصلہ کیا ہے کہ تجھے وفات دوں گا اور اپنی طرف اٹھا لوں گا اور (تیرے) ان منکروں سے تجھے پاک کروں گا اور تیری پیروی کرنے والوں کو قیامت کے دن تک ان منکروں پر غالب رکھوں گا ۔ پھر تم سب کو بالآخر میرے پاس آنا ہے ۔ سو اُس وقت میں تمہارے درمیان اُن چیزوں کا فیصلہ کروں گا جن میں تم اختلاف کرتے رہے ہو (3۔ آل عمرٰان:55)۔ (المیزان:صفحہ 179)

اس اقتباس میں بھی غامدی صاحب یہی رائے پیش کرتے ہیں کہ اگر حضرت عیسیٰؑ کو دو مختلف زمانوں میں دنیا میں رہنا تھا تو امکانی طور پر یہاں اللہ تعالیٰ نے تذکرہ کر دیا ہوتا ۔ یہ آیات نقل کرنے کے بعد غامدی صاحب نے اس معاملہ پر اپنی بحث مکمّل کر دی ہے ۔

قارئین دیکھ سکتے ہیں کہ عقلی دلیل کے طور پر غامدی صاحب کی بحث کا کلیدی نکتہ در حقیقت ایک ہی ہے کہ حضرت عیسیٰؑ کی آمدِ ثانی کا کوئی اشارہ قرآنِ کریم میں موجود نہیں ہے ۔ آپ کا یہ کہہ دینا کافی تھا کہ یہ خبر قرآن سے ثابت نہیں ہے، لیکن آپ نے قرآن کی دو سورتوں میں سے وہ آیات بھی پیش کر دیں جہاں موصوف کی رائے کے مطابق موقع تھا کہ اس غیر معمولی واقعہ کی طرف اللہ تعالیٰ کچھ اشارہ ضرور فراہم کر دیتے ۔

دینِ اسلام میں پہلی اور بنیادی بات تو یہ ہے کہ دین کی نظریاتی اور عملی شکل و صورت قرآنِ کریم اور رسول اللہ کی سنّت کے ذریعے مکمّل ہوتی ہے ۔مولانا مودودیؒ نے اپنی بیشتر تحریروں میں اور تفہیم القرآن کے مناسب مقامات پر بہت عالمانہ طریقے سے یہ حقیقت قرآنِ کریم کی آیات اور رسول اللہ کی سیرت کے واقعات سے ثابت کر دی ہے ۔ آپ نے منکرینِ حدیث اور قادیانی فرقہ کے عقائد کے جواب میں "سنّت کی آئینی حیثیت" جیسی کتاب تحریر کی جس کے متن میں کوئی اضافہ کرنا آسان بات نہیں ہے ۔یہ اصول مسلمانوں کے سواد اعظم میں طے شدہ ہے کہ رسول اللہ سے منسوب جو روایات جرح کے اصول پر مستند ہیں وہ مستند احادیث تسلیم کی جاتی ہیں ۔کسی مستند حدیث کو اس بنا پر رد نہیں کیا جاسکتا کہ اس کی تائید کا کوئی اشارہ قرآنِ کریم میں موجود نہیں ہے۔ کوئی مستند حدیث صرف اس بنیاد پر ناقابلِ تسلیم قرار دی جا سکتی ہے اگر وہ قرآنِ کریم میں موجود کسی تعلیم کے خلاف ہو ۔غامدی صاحب حضرت عیسٰی کی آمدِ ثانی کی ثقہ روایات صرف ایک صورت میں رد کر سکتے ہیں اگر وہ قرآنِ کریم سے دکھا سکیں کہ حضرت عیسٰیؑ قیامت سے قبل زمین پر دوبارہ نہیں بھیجے جائیں گے ، کیونکہ مستند احادیث بتاتی ہیں وہ بھیجے جائیں گے ۔

غامدی صاحب نے اس بحث سے صرف ایک صفحہ قبل صفحہ 177 پر رسول اللہ کی ارشاد کردہ قربِ قیامت کی دس علامات نقل کی ہیں جس میں حضرت عیسٰیؑ کی آمدِ ثانی کی علامت وہاں پر یہ کہتے ہوئے حذف کر دی ہے کہ وہ اس علامت سے اتفاق نہیں کرتے ۔ جناب نے ایسا نہیں کیا کہ حدیث کو دس علامات کی جگہ نو علامات کہتے ۔ آپ نے انہیں دس علامات کہہ کر دس علامت ہی لکھیں لیکن مذکورہ علامت کی جگہ دوسری روایات میں سے ڈھونڈ کر "ہوا جو انہیں اٹھا کر سمندر میں پھینک دے گی " سے خالی جگہ کا انتظام کیا ہے ۔یہ اتنی واضح بات ہے کہ ہمیں موصوف کی تحریر کردہ دس علامات اور اصل حدیث سے موازنہ وغیرہ یہاں نقل کرنے کی ضرورت نہیں ہے ۔رسول اللہ کی ارشاد کردہ دس علامات یا نشانیوں میں ظہورِ دجال شامل ہے ۔عجیب بات ہے کہ غامدی صاحب نے دجال کی آمد کو رسول اللہ کی حدیث میں موجود دس نشانیوں کی فہرست میں شامل رکھا ہے جبکہ اس ہونے والے واقعہ کا بھی قرآنِ کریم میں کہیں ذکر نہیں ہے

۔ جس اصول کی بنا پر وہ حضرت عیسیٰؑ سے متعلق روایت رد کرنا چاہتے ہیں بعینہ وہی اصول انہیں دجال پر بھی لاگو کرنا چاہئے ۔ ہماری حیرانی کی وجہ یہ ہے کہ جو اصول غامدی صاحب عقل کی بنیاد پر وضع کرنا چاہتے ہیں اس کا اطلاق بھی کسی نوعیت کے عقلی پیمانے پر ہی کرنے کے خواہاں ہیں ۔امام مہدی کی قیامت سے پہلے آمد بھی رسول اللہ سے منسوب روایات کی بنیاد پر ہے لیکن اس کا بھی کوئی اشارہ قرآنِ کریم میں موجود نہیں ہے۔ حیرت ہے کہ غامدی صاحب نے اس روایت کو قرآن میں عدم موجودگی کے باوجود تسلیم کیا ہے لیکن فرماتے ہیں کہ رسول اللہ کی یہ پیشگوئی حضرت عمر بن عبدالعزیز پر پوری ہوچکی اس لئے کوئی اور امام مہدی نہیں آنے والا ہے ۔رسول اللہ کی تین پیشگوئیاں امام مہدی، ظہورِ دجال اور حضرت عیسیٰؑ کی دوبارہ آمد کا قرآن میں ذکر نہیں لیکن غامدی صاحب تین میں سے دو روایات قبول کرتے ہیں اور ایک اس بنا پر رد کر دیتے ہیں کہ وہ قرآن میں موجود نہیں ۔اپنا وضع کردہ ایک ہی اصول کا اطلاق متضاد طریقوں سے کیوں کیا جارہا ہے؟ اس کی وجہ نہیں بتائی ہے ۔رسول اللہ انبیاء و رُسُل کی طویل فہرست میں آخری نبی اور رسول ہیں ۔ رسول اللہ کو اُمت کو یقینی طور پر مکمّل وضاحت کے ساتھ بتانا تھا کہ حضرت عیسیٰؑ دوبارہ تشریف لائیں گے اور کس حیثیت سے کس کام کے لئے تشریف لائیں گے ۔ وجہ یہ کہ اگر اُمت اس بات سے مناسب طور پر واقف نہ ہو تو ایسا نہ ہو سکے کہ خود مسلمانوں میں سے صالح اور نیک طینت افراد آنجناب کے خلاف اٹھ کھڑے ہو جائیں ، محض اس بنا پر کہ رسول اللہ کے بعد یہ دروازہ بند ہو چکا ہے ۔ رسول اللہ نے اپنے ارشادات میں تصریح فرما دی کہ حضرت عیسیٰؑ شریعتِ محمدی کے پابند ہوں گے ۔ غامدی صاحب کی فراست نے امکان پیدا کر دیا ہے کہ حضرت عیسیٰؑ جب ظاہر ہوں تو غامدی صاحب کی تعلیمات سے متاثر افراد حضرت عیسیٰؑ کی آمدِ ثانی تسلیم نہ کریں اور جماعتِ مومنین کے راستے میں رکاوٹیں کھڑی کریں ۔ اوپر نقل کردہ اقتباس میں غامدی صاحب نے بحث کی ابتدا میں تحریر کیا :

" اوّلا، اِس لئے کہ مسیح علیہ السلام کی شخصیت قرآن مجید میں کئی پہلوؤں سے زیرِ بحث آئی ہے ۔ ان کی دعوت اور شخصیت پر قرآن نے جگہ جگہ تبصرہ کیا ہے"۔ (المیزان: صفحہ 178)

کوئی بھی شخص قرآنِ کریم کو اس نظر سے دیکھے تو اللہ کی کتاب کی گہرائی کے احساس سے متعارف نہیں ہو سکے گا۔ قرآنِ کریم نہ تو کسی شخصیت کے پہلوؤں پر "بحث" کرتا ہے اور نہ ہی دعوت و شخصیت پر جگہ جگہ "تبصرہ" کرتا ہے ۔ قرآن کی تمام سورتوں اور آیات کا مقصد انسان کی افرادی اور اجتماعی زندگی برتنے کے رہنما اصول فراہم کرنا ہے جو انسان کی دنیوی و اخروی فلاح کے ضامن ہیں ۔ ان رہنما اصولوں کی حکمت سمجھانے کے لئے اللہ تعالیٰ نے اپنے رسولوں اور انبیاء کی سیرت و واقعات اور ان تعلیمات سے روگردانی کرنے والی اقوام کے واقعات اور نتائج مختلف پہلوؤں سے بیان فرمائے ہیں ۔ قرآنِ کریم میں محدود سورتیں اور محدود آیات ہی اپنی جگہ بنا سکتی تھیں۔ جو واقعات وقوع قیامت سے قبل جملہ نوعِ انسانی کے ایک مختصر حصے کے ساتھ پیش آنے والے ہیں ان کے تذکرہ اور تفصیلات کو بھی قرآنِ کریم کی آیات میں درج کیا جاتا تو کتابُ اللہ کی ضخامت بھی اُسی حساب سے بڑھتی چلی جاتی ۔ اللہ تعالیٰ نے قرآنِ کریم کی حفاظت کا یہ طریقہ اختیار کیا کہ اپنے نیک بندوں کے دلوں میں اِس کتاب کی ایسی محبت پیدا کی کہ انہوں نے پورا قرآنِ کریم ذہنوں میں محفوظ کیا اور اسی طریقہ کے ذریعے اللہ تعالیٰ نے اپنی کتاب بعد میں آنے والوں کے لئے لفظ بہ لفظ محفوظ کردی۔ حفظِ قرآنی کا سلسلہ روزِ قیامت تک انشاءاللہ جاری رہنے والا ہے ۔ قرآنِ کریم کی ضخامت اتنی ہی ہونی چاہیئے تھی کہ اوسط درجہ کی ذہنی استعداد پورا قرآن حفظ کر سکے ۔ پس اللہ تعالیٰ نے وقوع قیامت کی اہم تفصیلات سے رسول اللہ کو مطلع کر دیا کہ اُمت کی آگاہی کا یہ فریضہ اپنے ارشادات کے ذریعے انجام فرما دیں ۔

غامدی صاحب نے کتاب المیزان کے بیشتر حصّے میں اپنے استاذ مولانا امین احسن اصلاحی کی تدبر قرآن کی تشریحات استعمال کی ہیں ۔ مولانا امین احسن اصلاحی کے استاذ مولانا حمید الدین فراہی کے دریافت کردہ نظمِ قرآنی کے متعلق غامدی صاحب فرماتے ہیں:

> استاذ امین احسن اصلاحی لکھتے ہیں: "نظم کے متعلق یہ خیال بالکل غلط ہے کہ وہ محض علمی لطائف کے قسم کی ایک چیز ہے جس کی قرآن کے اصل مقصد کے نقطۂ نظر سے کوئی خاص قدر و قیمت نہیں ہے ۔ ہمارے نزدیک تو اُس کی اصل قدروقیمت یہی ہے کہ قرآن کے علوم اور اس کی حکمت تک رسائی ہو سکتی ہے تو اسی کے واسطے سے ہو

سکتی ہے ۔ جو شخص نظم کے بغیر قرآن کو پڑھے گا وہ زیادہ سے زیادہ جو حاصل کر سکے گا، وہ کچھ منفرد احکام اور مفرد قسم کی ہدایات ہیں"۔ (المیزان: صفحہ 50)

قرآنی علوم اور حکمت کی رسائی کے نقطۂ نظر سے جو بات ہمارے دیکھنے میں آ سکی ہے وہ یہ کہ غامدی صاحب کی کتاب " المیزان "اور مولانا اصلاحی کی تفسیر " تدبر قرآن " سے کچھ افادیت حاصل ہونے کے بجائے بعض مقامات انسان کو تشویشناک حد تک غلط راہ پر چل پڑنے کی ترغیب فراہم کرتے ہیں ۔ مولانا اصلاحی نے اپنی تفسیر کا دیباچہ 22، مئی 1983ء میں تحریر کیا کہ ان کا اور ان کے استاذ مولانا حمید الدین فراہی کا کم و بیش ایک صدی کا قرآنی فکر ہے جو "تدبر قرآن" میں پیش ہوا ہے ۔غامدی صاحب کی کتاب "المیزان" کے دیباچہ پر 10، اپریل 1990ء درج ہے، تاہم اپنے استاذ کی تعلیمات کی روشنی میں آپ کی قرآنی تعلیمات ہنوز جاری ہیں، لہٰذا یہ قرآنی تدبر و فکر اب کم و بیش ڈیڑھ صدی پر پھیل چکا ہے ۔

تاریخِ انسانی کے منظر نامہ میں حضرت عیسٰیؑ ایک غیر معمولی اور انتہائی منفرد شخصیت ہیں ۔ جو خصوصیات آنجناب سے وابستہ ہیں ان میں آپ نوعِ انسانی میں تنہا ہستی ہیں ۔ آنجناب قیامت کی نشانی ہیں ۔ عہدِ جدید کے اہلِ علم حضرات میں سے مولانا مودودیؒ نے حضرت عیسٰیؑ سے متعلق تمام اہم معاملات بحسن و خوبی اپنی تحریروں میں بیان کر دیئے ہیں ۔ آنجناب کی آمدِ ثانی اور قیامت سے پہلے پیش آنے والے واقعات کی وضاحت رسول اللہ کی ارشاد کردہ پیشگوئیوں کے ذریعے کی جاتی ہے ۔ تمام پیشگوئیاں ہمارے مذہبی امور کے ماہرین اور عام افراد میں معروف ہیں، تاہم ان پیشگوئیوں سے متعلق چند سوالات اور ابہام ہنوز دیکھنے میں آتے ہیں ۔ اس کی وجہ یہ ہے کہ گذشتہ مفکرین کی تشریحات میں کچھ تشنگی ہے جو ابہام کا سبب بنتی ہے ۔ اسی تشنگی کا تدارک ہمارے پیشِ نظر ہے خصوصاً ہمارے دور میں جبکہ نئے تصورات خلق کئے جا رہے ہیں ۔

اگر غور کیا جائے تو محسوس ہو سکتا ہے کہ حضرت عیسٰیؑ کے ظہورِ ثانی کا آنجناب کی پہلی "وفات" سے ایک قریبی تعلق ہے، لہٰذا آپ کی اس دنیا سے پہلی روانگی کی تفصیلات کو درست ذہن کے ساتھ دیکھنا بھی اتنا ہی ضروری ہے ۔ ہم نے فی الوقت لفظ "وفات" استعمال کیا ہے جبکہ عام مسلمانوں کا تصوّر اور مفسرین کی معروف

تشریح یہ ہے کہ آنجناب کو زندہ آسمان پر اٹھا لیا گیا تھا ۔ اسلامی عہد کی تفسیروں میں ابتدائی زمانے سے حضرت عیسیٰؑ کا جسمِ اطہر کے ساتھ رفع آسمانی جیسے مفہوم کے ماخذ بظاہر قرآنِ کریم کی دو الگ سورتوں میں چند آیات اور رسول اللہ کی متعدد احادیث ہیں ۔ وضاحت کے لئے متعلقہ قرآنی آیات اور رسول اللہ کی متعدد احادیث میں سے ایک حدیث ذیل میں نقل ہے:

1-پھر بنی اسرائیل (مسیح کے خلاف)خفیہ تدبیریں کرنے لگے ۔ جواب میں اللہ نے بھی اپنی خفیہ تدبیر کی اور ایسی تدبیروں میں اللہ سب سے بڑھ کر ہے ۔ (وہ اللہ کی خفیہ تدبیر ہی تھی) جب اُس نے کہا "اے عیسیٰ! اب میں تجھے واپس لے لوں گا اور تجھ کو اپنی طرف اٹھا لوں گا اور جنہوں نے تیرا انکار کیا ہے ان سے تجھے پاک کر دوں گا (3۔ آلِ عمرٰان:54)

2-پھر اپنے کفر میں اتنے بڑھے کہ مریم پر سخت بہتان لگایا اور خود کہا کہ ہم نے عیسیٰ اِبن مریم، رسول اللہ کو قتل کر دیا ہے ۔ حالانکہ فی الواقع انہوں نے نہ اُس کو قتل کیا نہ صلیب پر چڑھایا بلکہ معاملہ اُن کے لئے مشتبہ کر دیا گیا ۔ اور جن لوگوں نے اِس کے بارے میں ختلاف کیا ہے وہ بھی دراصل شک میں مبتلا ہیں، ان کے پاس اِس معاملہ میں کوئی علم نہیں ہے ، محض گمان ہی کی پیروی ہے ۔ انہوں نے مسیح کو یقین کے ساتھ قتل نہیں کیا بلکہ اللہ نے اُس کو اپنی طرف اٹھا لیا ۔ اور اہلِ کتاب میں سے کوئی ایسا نہ ہوگا جو اُس کی موت سے پہلے اُس پر ایمان نہ لے آئے گا ۔ اور قیامت کے روز وہ اُن پر گواہی دے گا (4۔ النساء:156)

3-ابو ہریرہؓ سے روایت ہے کہ نبی صل اللہ علیہ وسلم نے فرمایا "میرے اور اُن (یعنی عیسٰی علیہ السلام) کے درمیان کوئی نبی نہیں ہے ۔ وہ اترنے والے ہیں، پس جب تم اُن کا دیکھو تو پہچان لینا ۔ وہ ایک میانہ قد آدمی ہیں، رنگ مائل بسُرخی و سپیدی ہے، دو زرد رنگ کے کپڑے پہنے ہوئے ہوں گے ۔ ان کے سر کے بال ایسے ہوں گے گویا اب اُن سے پانی ٹپکنے والا ہے، حالانکہ وہ بھیگے ہوئے نہیں ہوں گے ۔

وہ اسلام پر لوگوں سے جنگ کریں گے، صلیب کو پاش پاش کر دیں گے، خنزیر کو قتل کر دیں گے، جزیہ ختم کر دیں گے، اور اللہ اُن کے زمانے میں اسلام کے سوا تمام مِلّتوں کو مٹا دے گا، اور وہ مسیح الدجال کو ہلاک کر دیں گے، اور زمین میں چالیس سال ٹھیریں گے ۔ پھر اُن کا انتقال ہو جائے گا اور مسلمان اُن کی نمازِ جنازہ پڑھیں گے (ابو داؤد، کتاب الملاحم، باب خروج الدجال ۔ مُسنَد احمد بروایت ابو ہریرہؓ)

پہلی آیات میں اللہ تعالیٰ نے حضرت عیسیٰؑ کو واپس اپنی طرف بلانے کے لئے عربی میں لفظ مُتَوَفِّیكَ استعمال کیا ہے ۔ اردو زبان میں جب کوئی شخص زندگی مکمّل ہونے کے بعد دوسرے جہان میں منتقل ہو جاتا ہے تو اُس کے لئے وفات، موت، مر جانا، ہلاک ہو جانا، انتقال ہو جانا میں سے کوئی لفظ استعمال کیا جاتا ہے ۔اس آیت میں لفظ وفات استعمال ہوا ہے ۔ اگر یہاں بالفرض عمومی مفہوم "مر جانا" تسلیم کیا جائے تو مراد یہ ہوسکتی ہے کہ اگرچہ یہودی حضرت عیسیٰؑ کو ہلاک کرنے کے درپے ہیں لیکن اللہ تعالیٰ اُن کی سازشیں ناکام کر دیں گے اور یہودیوں کے قتل کرنے سے پہلے ہی آپ کی وفات ہوجائے گی ۔ اس کے لئے" اللہ تعالیٰ اپنی تدبیروں میں سب سے بڑھ کر ہے " کہنا غیر ضروری ہے ۔ پھر دوسری آیات میں بتکرار ارشاد ہوا کہ یہودی نہ تو حضرت عیسیٰؑ کو صلیب پر چڑھا سکے اور نہ ہی قتل کر سکے بلکہ یہ معاملہ اُن کے لئے بالکل مشتبہ ہو گیا ۔ اس آیت میں اللہ تعالیٰ نے حضرت عیسیٰؑ کو اپنی طرف اٹھا لینے کے لئے لفظ وفات استعمال کرنے کے بجائے عربی لفظ رَافِعُكَ استعمال کیا ہے ۔ علاوہ ازیں اہم ترین اور کلیدی بات آخری آیت میں موجود ہے جس میں اللہ تعالیٰ نے حضرت عیسیٰؑ کی مستقبل میں موت کا ذکر کیا ہے لیکن اب یہاں عربی لفظ " مَّوتِہِ " استعمال کیا ہے ۔پھر تیسرا اقتباس واضح ہے جہاں رسول اللہ کی حدیث میں حضرت عیسیٰؑ کے لئے ارشاد ہے "وہ اترنے والے ہیں"۔ کہاں سے اترنے والے ہیں؟ ظاہر ہے کہ جس مقام پر "رفع" کے بعد آپ کا قیام ہے ۔ ان منفرد تحریروں اور بیانات کی بنا پر قدیم مفسرین نے حضرت عیسیٰؑ سے متعلق متفقہ تشریح تسلیم کی کہ آنجناب کا جسمانی حیات کے ساتھ رفع ہوا، اللہ تعالیٰ کی بنائی کائنات میں کسی مقام پر بقید حیات ہیں، ایک مرتبہ پھر "پیدا ہونے کے بجائے" اللہ کے اذن سے زمین پر اتر آئیں گے، دجال کو ہلاک کردیں گے اور پھر اس کے بعد حضرت عیسیٰؑ کی بھی وفات ہوگی تاکہ اللہ کا وہ فرمان پورا ہو کہ ہر نفس کو ذائقہ موت چکھنا ہے ۔ غامدی صاحب دوسرے کسی بھی مرنے والے شخص کی طرح حضرت عیسیٰؑ کی بھی دو ہزار سال قبل وفات کا تصوّر پیش کرنے میں منفرد نہیں ہیں ۔ مرزا غلام احمد قادیانی نے بھی اپنے دلائل میں یہی کہا تھا کہ حضرت عیسیٰؑ تو پہلے ہی وفات پا چکے ہیں اس لئے جس مسیح موعود کا وعدہ قدیم سے چلا آ رہا ہے اسی کو پورا کرنے کے لئے میں پیدا ہوا ہوں

۔غامدی صاحب کی انفرادیت یہ ہے کہ وہ حالیہ دور میں اس مفہوم کی ترویج کے خواہشمند ہیں ۔ غامدی صاحب نے حضرت عیسیٰؑ کی آمدِ ثانی کی اسلامی روایات قبول نہ کرنے کے دلائل میں اپنی بحث کے تیسرے نکتہ کی تشریح کو سورہ آلِ عمران کی چند آیات پر مکمّل کیا جو ہم نے چند صفحات قبل نقل کی تھی ۔ انٹرنیٹ کے عہد میں داخل ہونے کے بعد علوم کی اشاعت کے ذرائع میں ڈرامائی تبدیلیاں جاری ہیں جس میں اہلِ علم حضرات کا زیادہ انحصار اب سوشل میڈیا جیسے ذرائع پر ہے ۔غامدی صاحب کی بھی قرآنی علوم پر تعلیمی نقطۂ نظر سے ریکارڈ کی گئی متعدد ویڈیو یوٹیوب پر موجود ہیں ۔ انہی میں سے ایک ویڈیو سیریز میں آپ نے سورہ آلِ عمران کی حضرت عیسیٰؑ سے متعلق نقل کردہ آیت "میں نے فیصلہ کیا ہے کہ تجھے وفات دوں گا اور اپنی طرف اٹھا لوں گا" کی تشریح ایک جدید ترین مفہوم کے ساتھ لوگوں کے سامنے پیش کی ہے کہ قرآنِ کریم میں وفات سے مراد ہے حضرت عیسیٰؑ پر حقیقی موت دو ہزار سال قبل وارد ہو چکی ہے ۔

قرآنی آیات میں غور کیا جائے تو اللہ تعالیٰ نے دنیوی زندگی کے خاتمے کے لئے عمومی طور پر "موت" اور "وفات" کے الفاظ الگ مفہوم کے ساتھ استعمال کئے ہیں اور ہمارے خیال میں ان دو الفاظ کے منفرد مفہوم کی وجہ سے قدیم و جدید ادوار کے کم و بیش تمام مفسرین نے متفقہ شرح پیش کی کہ حضرت عیسیٰؑ بقید حیات ہیں ۔ذیل کی تحریر میں اس نکتہ کی وضاحت کے لئے چند قرآنی آیات نقل کی جا رہی ہیں ۔ ان آیات میں اللہ تعالیٰ نے جہاں موت یا وفات کے الفاظ استعمال کئے ہیں ہم نے وہیں پر مترادف عربی الفاظ بھی شامل کر دیئے ہیں تاکہ قارئین کو سمجھنے میں سہولت ہو ۔

پہلا گروپ:

پھر جب سلیمان پر ہم نے موت(المَوتَ) کا فیصلہ نافذ کیا تو جنوں کو اس کی موت(مَوتِہٖ) کا پتہ دینے والی کوئی چیز اُس گھن کے سوا نہ تھی جو اُس کے عصا کو کھا رہا تھا (34-سبا:14)

اور اہلِ کتاب میں سے کوئی ایسا نہ ہوگا جو اُس کی موت (مَوتِہٖ) سے پہلے اُس (یعنی حضرت عیسیٰؑ) پر ایمان نہ لے آئے گا (4-النساء:159)

دیکھو اللہ کی رحمت کے اثرات کہ مردہ(مَوتِها) پڑی ہوئی زمین پر کہ وہ (کس طرح جِلااٹھاتا ہے (30-الروم:50

تم بے جان(مَوتِکُم) ہو کر گر چکے تھے مگر پھر ہم نے تم کو چلا اٹھایا ((2-البقرہ:56

یہ لوگ کہتے ہیں "ہماری پہلی موت (مَوتُناَ)کے سوا اور کچھ نہیں" (44-الدخان:35)

لوگوں نے اُسے چھوڑ کر ایسے معبود بنا لئے جو کسی چیز کو پیدا نہیں کرتے بلکہ خود پیدا کئے جاتے ہیں، جو خود اپنے لئے بھی کسی نفع یا نقصان کا اختیار نہیں رکھتے، جو نہ مار سکتے ہیں نہ جِلا سکتے ہیں نہ مرے(مَوتاً) ہوئے کو پھر اٹھا سکتے ہیں (25-الفرقان:3)

دوسرا گروپ:

پھر اُس وقت کیا حال ہو گا جب فرشتے اُن کی روحیں قبض(تَوَفَّھُمُ) کریں (گے (47-محمّد:27

اے میرے رب میری. واپسی (تَوَفَّنِی) اسلام پر کر اور انجامِ کار مجھے (صالحین سے ملا (12-یوسف:101

یہاں تک کہ جب تم میں سے کسی کی موت (المَوتُ) کا وقت آجاتا ہے تو اُس کے بھیجے ہوئے فرشتے اُس کی جان نکال (تَوَفَّتهُ) لیتے ہیں ((6-الانعام:61

جو لوگ اپنے نفس پر ظلم کر رہے تھے اُن کی روحیں جب فرشتوں نے قبض (تَوَفَّھُمُ)کیں تو اُن سے پوچھا کہ یہ تم کس حال میں مبتلا تھے؟ انہوں نے جواب دیا کہ ہم زمین میں کمزور و مجبور تھے (4-النساء:97)

موت اور وفات کے حوالے سے متعدد قرآنی آیات میں سے چند آیات دو گروپس کی شکل میں دیکھنے سے نمایاں فرق محسوس کیا جاسکتا ہے ۔ کسی جسم میں جان نہ رہنے کو اللہ تعالیٰ نے موت سے تعبیر کیا ہے ، جبکہ فرشتوں کے کوئی شئے واپس وصول کرنے کے لئے لفظ وفات استعمال کیا ہے ۔ اللہ تعالیٰ نے سورہ اٰل عمران آیت 55 میں حضرت عیسیٰؑ کی صلیب پر وفات کے بجائے اپنے پاس اٹھا لینے کے لئے بیک وقت مُتَوَفِّيْكَ و رَافِعُكَ استعمال کئے ہیں، لیکن مستقبل میں آنجناب کی وفات کے لئے سورہ النساء آیت 156 میں موت یعنی عربی لفظ مَوتِہٖ تحریر کیا ہے ۔

لفظ مُتَوَفِّيْكَ کا مادّہ لفظ تَوَفّی ہے ۔مولانا مودودیؒ تفہیم القرآن جلد اوّل صفحہ 257 میں اس لفظ کے معنی کے لئے لکھتے ہیں: تَوَفّی کے

اصل معنی لینے اور وصول کرنے کے ہیں ۔ "روح قبض کرنا" اس لفظ کا مجازی استعمال ہے نہ کہ اصل لغوی معنی ۔ غامدی صاحب کے استاذ مولانا امین احسن اصلاحی نے بھی اپنی تفسیر تدبر قرآن جلد 2 صفحہ 102 پر یہی تشریح بہت تفصیل سے بیان کی ہے ۔ صفحہ 103 پر وہ صراحتاً لکھتے ہیں: "یہاں مندرجہ ذیل قرائن اِس بات کے خلاف ہیں کہ اس کے معنی یہاں موت دینے کے لئے جائیں" پھر چار قرائن کے تحت اِس نکتہ کی تفصیلی وضاحت کر دی ہے ہم زیادہ طوالت سے بچنے کی خاطر مولانا اصلاحی کے لفظ مُتَوَفِّيۡكَ پر تفصیلی دلائل نقل کرنے سے قاصر ہیں ، لیکن یہاں سوچنے کی بات یہ ہے کہ غامدی صاحب اپنی کتاب میں بہت تحسین آمیز الفاظ کے ساتھ اپنے استاذ امین احسن اصلاحی کی تفسیر تدبر قرآن استعمال کرتے چلے گئے ہیں جبکہ اس معاملے میں اپنے استاذ سے قطعی اختلاف پر مطمئن ہیں ۔

ہمارے قارئین بھی اب دو گروپس میں نقل قرآنی آیات سے سمجھ سکتے ہیں کہ سورہ ال عمران آیت 55 میں قرائن بہت واضح ہیں اور داخلی طور پر ثابت کرتے ہیں کہ قرآنِ کریم کے مطابق حضرت عیسیٰؑ کا رفع سماوی بہ حیات اور جسمِ اطہر کے ساتھ تھا ۔ سب سے زیادہ نمایاں طور پر یہ حقیقت اوپر نقل کردہ سورہ النساء آیت 156 میں ہمارے سامنے آتی ہے جس میں یہ دونوں عربی الفاظ بیک وقت موجود ہیں یہاں اللہ تعالیٰ نے حضرت عیسیٰؑ کو آسمان پر اٹھا لیا تو اِس کے لئے عربی لفظ "بَل رَّفَعَهُ" استعمال کیا، لیکن جب آنجنب کی دوبارہ آمد کے حوالے سے فرمایا کہ" اہلِ کتاب میں سے کوئی ایسا نہ ہوگا جو اُس کی موت سے پہلے اُس پر ایمان نہ لے آئے گا" تو عربی لفظ " مَّوتِہٖ" استعمال کیا ۔ قرآنِ کریم میں موجود اتنی واضح علامات کے بعد رسول اللہ کی ارشاد کردہ حضرت عیسیٰؑ کی دوبارہ آمد سے متعلق بشارتیں اِس معاملے میں کوئی ابہام باقی نہیں رہنے دیتیں ۔

غامدی صاحب اپنی حالیہ تعلیمات میں سورہ اٰل عمرٰان آیت 55 میں وفات کی جگہ موت استعمال کرنا چاہتے ہیں اُس کی غالباً بڑی وجہ یہی ہے کہ رسول اللہ کی ارشاد کردہ متعدد سند یافتہ احادیث میں حضرت عیسیٰؑ کی قیامت سے قبل آمدِ ثانی کی بشارتیں غامدی صاحب کے عقلی معیار پر پوری نہیں اترتیں ۔ کوئی بھی شخص اپنے عقلی معیار کے مطابق قرآنی آیات کا جو بھی مفہوم اخذ کرنا چاہے ، اس میں وہ بے شک آزاد ہے ۔ اللہ تعالیٰ اپنی رحمت کی بنا پر انسان کے دل میں اٹھنے

والے خیالات تک سے واقف ہونے کے باوجود غلط خیالات پر کسی کو سزا کا موجب نہیں ٹھہراتے جبکہ اللہ تعالیٰ کی رحمت کا حال یہ ہے کہ نیک خیالات محض دل میں آ جانے کو اس کے حق میں نیکی شمار کرتے ہیں، جیسا کہ متعلقہ قرآنی آیت پہلے نقل کی جا چکی ہے ۔ تاہم قرآنی آیات سے متعلق غیر حقیقی خیالات خود تک محدود رکھنے کے بجائے دوسروں تک پہنچا دینا ہر اُس شخص کے لئے انتہائی سنجیدہ و خطرناک معاملہ ہے جو آخرت میں پیش آنے والے انصافِ کاملہ پر ایمان رکھتا ہو ۔ ہم نے اپنی کتاب میں بعض شخصیات کی عزت و احترام میں تخفیف کا بیڑا نہیں اٹھا رکھا اور نہ ہی ہمیں یا کسی اور کو بھی ایسا کرنے کا کوئی حق حاصل ہے ۔ اللہ تعالیٰ اپنی رحمت سے ہر شخص کے بڑے سے بڑے گناہ معاف کر دیتے ہیں اگر وہ زندگی کے کسی لمحے پر اللہ تعالیٰ کی طرف صدقِ دل سے رجوع کر لے ۔ ہم کیسے کسی کے بارے میں کہہ سکتے ہیں کہ اس نے کسی وقت توبہ و استغفار نہ کر لیا ہو یا ایسا نہ کر لے گا ؟ ہمارے جیسے عام انسان کا اصل مسئلہ یہ ہے کہ کیا ہم قرآنی تعلیمات سے واقفیت کے معاملے میں زندگی بھر اسی تحقیق میں الجھے رہیں کہ مفکرین میں سے کون حق بات بیان کر رہا ہے یا اس کی بتائی گئی باتوں میں کون سی صداقتیں ایسی ہیں جنہیں ہم قبول کر سکیں اور دوسری ناحق باتیں رد کر سکیں ؟ یہی وجہ ہے کہ بعض حق و نا حق باتیں اور خصوصاً اُن کی شناخت کا درست طریقۂ کار کی وضاحت کے لئے بعض شخصیات کے نقطہ ہائے نظر پر ہماری بحث ناگزیر تھی ۔

حضرت عیسیٰؑ کی آمدِ ثانی اور انجیل

ہم کتاب کے حصّہ دوئم میں دیکھ چکے ہیں کہ اناجیلِ اربعہ کے مصنفوں نے سابقہ کُتبِ مقدّسہ میں موجود واقعات و روایات کو برحق جانا اور اُس کی روشنی میں اپنے ہادی و رہنما حضرت عیسیٰؑ کی تعلیمات کو سمجھا تو راہِ راست سے بھٹک گئے ۔ عہد نامہ قدیم کی کتابیں بنی اسرائیل کو بتاتی تھیں کہ خدا کا ایک بڑا دشمن قیامت سے قبل ظاہر ہو گا اور اُس کے دنوں میں غیب سے مسیح ابن داؤد کی آمد ہوگی جو انہیں نجات دلائے گی ۔حضرت عیسیٰؑ کو اپنے طور پر "مسیح ابن داؤد" یقین کیا تو اِس کے ساتھ ہی قیامت اپنی زندگی میں وقوع ہونا بھی انہیں اخذ کرنا پڑا ۔ اس غیر حقیقی تصوّر کی بنا پر پَولُس کے اور چاروں مصنفوں کے مذہبی تصورات مکمّل طور پر متاثر ہو گئے ۔عہد نامہ قدیم اور اناجیل میں موجود بہت سی مثالوں میں سے تین اقتباسات ذیل میں نقل ہیں جو یہ حقیقت واضح کرنے کے لئے کافی ہیں:

1-دیکھو خداوند کے بزرگ اور ہولناک دن کے آنے سے پیشتر میں ایلیّاہ نبی کو تمہارے پاس بھیجوں گا (ملاکی 4:5)

2-لیکن اُس دن اور اُس گھڑی کی بابت کوئی نہیں جانتا ۔ نہ آسمان کے فرشتے نہ بیٹا مگر صرف باپ۔ جیسا نوح کے دنوں میں ہوا ویسا ہی ابن آدم کے آنے کے وقت ہو گا ۔ کیونکہ جس طرح طوفان سے پہلے کے دنوں میں لوگ کھاتے پیتے اور بیاہ شادی کرتے تھے اُس دن تک کہ نوح کشتی میں داخل ہوا اور جب تک طوفان آ کر اُن سب کو بہا نہ لے گیا ان کو خبر نہ ہوئی اسی طرح ابن آدم کا آنا ہو گا (متی 24:36)

3-اور اُس وقت ابن آدم کا نشان آسمان پر دکھائی دے گا ۔ اور اُس وقت زمین کی سب قومیں چھاتی پیٹیں گی اور ابن آدم کو بڑی قدرت اور جلال کے ساتھ آسمان کے بادلوں پر آتے دیکھیں گی . . . میں تم سے سچ کہتا ہوں کہ **جب تک یہ سب باتیں نہ ہو لیں یہ نسل ہرگز تمام نہ ہو گی ۔** آسمان اور زمین ٹل جائیں گے لیکن میری باتیں ہرگز نہ ٹلیں گی (متی 24:30)

پہلے اقتباس میں ایلیّاہ نبی حضرت سلیمانؑ کے بعد بنی اسرائیل کے پہلے نبی تھے جو آٹھویں صدی ق م میں شمالی ریاست کی بداعمالیوں کی وجہ سے بھیجے گئے اور بائیبل کی رو سے قوم کے سر کردہ طبقہ نے سرکشی کی تو زندہ آسمان پر اٹھا لیے گئے (2-سلاطین 2:11)-انہی کی قیامت سے قبل دوبارہ آمد کی پیشگوئی ملاکی یا ملاخیہ نبی نے کی ۔ بائیبل کے مطابق ملاخیہ نبی سکندر اعظم کی فتوحات سے تقریباً ایک صدی قبل چوتھی صدی ق م میں نمودار ہوئے تھے ۔ پہلا اقتباس عہد نامہ قدیم کی آخری کتاب کے آخری دو جملوں میں سے ایک جملہ ہے ۔

حضرت عیسیٰ کی رسالت کی ابتدا سے کچھ عرصہ قبل یوحنا نبی نے بھی فلسطین کے انہی علاقوں میں بنی اسرائیل کے درمیان اپنی دعوت کا آغاز کر دیا تھا ۔ اناجیل میں حضرت عیسیٰؑ کے اقوال کے ذریعے یوحنا نبی کو ایلیّاہ نبی کا مصداق قرار دیا ہے : "کیونکہ سب نبیوں اور تورات نے یوحنا تک نبوّت کی -اور چاہو تو مانو، ایلیّاہ جو آنے والا تھا یہی ہے (متی 11:13)- ملاخیہ نبی کے بقول ایلیّاہ نبی کی آمدِ ثانی قربِ قیامت سے مشروط تھی، لہٰذا اناجیل کے مصنفوں نے یہی نتیجہ اخذ کیا کہ خداوند کا بزرگ اور ہولناک دن آنے ہی والا ہے ۔ لوقا اپنی انجیل حضرت یوحنا ؑ کے ضعیف باپ حضرت زکریاؑ اور ضعیف و بانجھ ماں کے گھر معجزانہ پیدائش سے شروع کرتا ہے اور اس بڑے واقعہ سے متصل ایک اور منفرد معجزہ کے تحت چھ ماہ بعد حضرت عیسیٰؑ کی ولادت تفصیلاً تحریر کرتا ہے -دونوں معجزانہ ولادت کی جو تفصیلات لوقا نے پہلے باب میں بیان کیں ایسی تفصیلات دیگر تینوں اناجیل میں موجود نہیں ہیں ۔ قرآنِ کریم کی انیسویں سورہ مریم میں اللہ تعالیٰ نے اسی ترتیب سے دونوں جلیل القدر ہستیوں کی معجزانہ پیدائش کی تفصیلات بیان فرمائی ہیں ۔ سورہ مریم میں لوقا کی تحریر کردہ بیشتر اہم تفصیلات کی تصدیق ہوتی ہے ۔ قرآنِ کریم میں اللہ تعالیٰ نے حضرت یوحناً کا نام یحییٰؑ اس تصریح کے ساتھ بتایا کہ آنجناب سے پہلے کسی کا نام یحییٰ نہیں رکھا گیا تھا ۔

دوسرے اقتباس میں حضرت عیسیٰؑ کے خطبہ کا پہلا جزو آپ کے مخاطبین کو قیامت برپا ہونے کی بعینہ وہی کیفیت بتاتا ہے جیسی کہ قرآنِ کریم میں بتائی گئی ہے یعنی قیامت کس لمحہ آئے گی؟ یہ صرف اللہ کو معلوم ہے- دوسرا جزو بھی قطعی واضح ہے کہ حضرت مسیحؑ

کی آمدِ ثانی رسول اللہ سے منسوب ثقہ و مستند روایات کے عین مطابق ہے ۔ قارئین دوسرے اور تیسرے اقتباس میں یہ بھی دیکھ سکتے ہیں کہ حضرت مسیحؑ اپنے لئے "ابن آدم" کس طرح استعمال کیا کرتے تھے ۔

تیسرے اقتباس میں مصنفین نے ، اپنی اور معتقد قارئین کی بد قسمتی کہ، حواریوں کی زندگی میں ہی حضرت مسیحؑ کی دوبارہ آمد آنجناب کا اپنا قول کی حیثیت سے تحریر کر دیا جسے ہم نے گہری روشنائی سے نمایاں کر دیا ہے ۔ بیچ میں قربِ قیامت کی اضافی نشانیوں کے لئے بھی چند فقرے درج ہیں جو ہم نے نقل نہیں کئے ۔ پَولُس کے قیامت جلد ہی چند سالوں میں برپا ہونے کے تصوّر کو ہم حصّہ دوئم میں تفصیلاً بیان کر چکے ہیں ۔ ہم نے قیامت جلد وقوع پذیر ہونے جیسے نقطۂ نظر کو پَولُس اور اناجیل کے مصنفوں کا دینِ مسیح کا غیر حقیقی تصوّر وضع کرنے والے دو بنیادی اسباب میں سے ایک سبب قرار دیا ہے ۔ دوسرا سبب بھی حصّہ دوئم میں زیرِ بحث لایا گیا تھا کہ یہ بد قسمت افراد تورات اور اپنی قوم کے دوسرے انبیاء کی کتابوں کو خدا کا حقیقی کلام سمجھتے رہے تھے ۔ وہ اپنی تمام قدیم تحریروں میں ہر بات کے لئے یہی لکھا دیکھتے تھے کہ "خدا نے یہ فرمایا"۔ انتہائی قابلِ افسوس بات یہ ہے کہ اناجیل کے مصنفوں نے اپنے قدیم بزرگانِ دین کے اسی ناحق طریقے کی تقلید کی اور اوپر تیسرے اقتباس میں قربِ قیامت کے خود اپنے اخذ کردہ تصوّر کو حضرت عیسٰیؑ کا فرمان بیان کر دیا ۔ نتیجہ یہ ہوا کہ حضرت عیسٰی کی اصل تعلیمات اور سیرت کے واقعات جو کہ قرآنِ کریم میں بیان ہیں ان کا بہت بڑا اور اہم ترین حصّہ اناجیل میں تحریر نہ ہو سکا ۔ایسا ہونے کی وجہ یہی تھی کہ عقیدۂ عیسائیت کا جو مرکزی تصوّر اور تفصیلات وضع کرنے کا فیصلہ کیا گیا وہ اصل تعلیمات کے ساتھ لوگوں کے سامنے پیش نہیں کیا جاسکتا تھا ۔

لفظ "انجیل" سے عام طور پر خوش خبری مراد لی جاتی ہے ۔ پَولُس کے وضع کردہ عقیدہ میں ہم نے دیکھا کہ حضرت مسیحؑ پر جو شخص "توحید فی التثلیث" کی حیثیت سے ایمان رکھتا ہو وہ مسیح ابن خدا کی ابدی بادشاہت میں شریک ہونے کا مستحق تسلیم کیا جائے گا ۔ اس مرکزی تصوّر کو خوش خبری قرار دینے کے بعد دیگر تفصیلات میں موسوی شریعت کو لعنت قرار دے کر رد کر دیا اور اپنے طبعی انتہا پسند رجحانات کے زیرِ اثر چند اخلاقی اصول مسیحی ایمان رکھنے

والوں کے لئے تجویز کئے جنہیں عام انسانوں کا قبول کر لینا اور اُس پر قائم رہنا ممکن نہیں تھا ۔یہ تفصیلات حصّہ دوئم میں ہم دیکھ چکے ہیں ۔ ہمارے اکثر اسلامی مفکرین بھی لفظ "انجیل" کو مکّہ میں رسول اللہ کی بعثت سے متعلق حضرت عیسیٰؑ کی پیشگوئی کو خوش خبری کے محدود تناظر میں دیکھتے ہیں ۔ اِس کے برعکس قرآنِ کریم انجیل کو بہت وسیع تناظر میں پیش کرتا ہے ۔ آیات ذیل میں نقل ہیں:

> پھر ہم نے ان پیغمبروں کے بعد مریم کے بیٹے عیسیٰ کو بھیجا ۔ تورات میں سے جو کچھ اُس کے سامنے موجود تھا وہ اُس کی تصدیق کرنے والا تھا ۔ اور ہم نے اُس کو انجیل عطا کی جس میں رہنمائی اور روشنی تھی اور وہ بھی تورات میں سے جو کچھ اُس وقت موجود تھا اُس کی تصدیق کرنے والی تھی اور خدا پرست لوگوں کے لئے سراسر ہدایت اور نصیحت تھی ۔ ہمارا حکم تھا کہ اہلِ انجیل اُس قانون کے مطابق فیصلہ کریں جو اللہ نے اُس میں نازل کیا ہے اور جو لوگ اللہ کے نازل کردہ قانون کے مطابق فیصلہ نہ کریں وہی فاسق ہیں (5-المَآئدہ:46)

یہ آیات واضح ہیں کہ حضرت عیسیٰؑ نے حضرت موسیٰؑ کے توسط سے عطا کردہ شریعت کو بنی اسرائیل کے مذہبی امراء کی نفسانی آلائشوں سے پاک کیا اور ہدایات کا وہ حصّہ جو مکمّل طور پر معدوم کردیا گیا تھا اس کی از سر نو تدوین کی ۔ انجیل بھی اپنی جملہ تفصیلات میں نوعِ انسانی کے لئے اللہ تعالیٰ کے وضع کردہ قوانین تھے جوایک ایسی مکمّل اور پائدار بنیاد فراہم کرتے تھے جن پر اُن کی انفرادی و اجتماعی حیاتِ انسانی کی عمارت کی تعمیر درکار تھی ۔ حضرت مسیحؑ رسالت کی ابتدا میں مشہور پہاڑی خطاب میں بڑے مجمعے میں فرماتے ہیں:

> پس تم اِس طرح دعا کیا کرو کہ آئے ہمارے باپ تو جو آسمان پر ہے تیرا نام پاک مانا جائے ۔ تیری بادشاہی آئے ۔ تیری مرضی جیسی آسمان پر پوری ہوتی ہے زمین پر بھی ہو ۔ (متی6:9)

رسالت کا مطمح نظر حضرت مسیحؑ کے ارشاد سے واضح ہے کہ انسانی زندگی کا اختیاری جزو اللہ تعالیٰ کے وضع کردہ قانون یا شریعت کے ماتحت ہو نہ کہ دوسرے بادشاہ انسانی معاشرہ کو اپنے مفادات کے لئے وضع کردہ قوانین کا پابند کریں ۔

ہم نے لوقا کی انجیل میں حضرت عیسیٰؑ اور حضرت یحییٰؑ کی معجزانہ پیدائش کی تفصیلات کی قرآنِ کریم کی سورہ مریم کی آیات سے ہونے والی تصدیق بطورِ مثال پیش کی کہ اناجیل کی تمام تحریرات ناقابلِ قبول قرار دینا ممکن نہیں ہے ۔ہماری بحث میں حضرت عیسیٰؑ سے متعلق نقل کردہ دو اقتباسات واضح ہیں کہ اپنی بیشتر اصل تفصیلات میں قرآنِ کریم کی متعلقہ آیات اور رسول اللہ کے ارشادات کے عین مطابق ہیں پس، حضرت عیسیٰؑ کی آمدِ ثانی کی مآخذ پیشگوئیاں صرف رسول اللہ کی احادیث پر ہی مبنی نہیں بلکہ قرآنِ کریم اور ساتھ میں انجیل سے بھی ثابت ہیں ۔ غامدی صاحب کتاب المیزان صفحہ 150 پر پانچ سے زائد صفحات میں کتابوں پر ایمان کے تحت تورات، زبور اور انجیل پر ایمان سے متعلق قرآنی آیات اور مذکورہ کتابوں کے تاریخی پس منظر اور دیگر تفصیلات تحریر فرماتے ہیں۔ ہماری توقع غیر مناسب نہیں کہ موصوف کے اب تک کے چالیس پچاس سالہ تدبّر کے نتیجے میں انجیل کی یہ تحاریر ان کی نظر میں آ جانی چاہئے تھیں ۔ایسا ہو جاتا تو آپ " حضرت عیسیٰؑ دو ہزار سال قبل وفات پا چکے ہیں" جیسا غیر حقیقی تصوّر لوگوں کے سامنے پیش نہ کرتے ۔

حضرت عیسیٰؑ کی آمدِثانی کی ضرورت؟

اس موضوع کے عنوان کو سوالیہ نشان سے ظاہر کرنے کی وجہ یہ ہے کہ کوئی بھی متجسس دماغ اپنی موجودہ زندگی میں محض قیاس کی بنیاد پر حضرت عیسیٰؑ کی دوبارہ آمد اور متعلقہ تفصیلات کی حقیقت میں پوشیدہ اصل حکمت تک نہیں پہنچ سکتا ۔لیکن ایسے سوالات چونکہ ہر کس و ناکس کے دماغ میں کبھی نہ کبھی اٹھتے ہی ہیں، لہٰذا جو کچھ معلومات ہمیں میسر ہیں ان کی روشنی میں منطقی نقطۂ نظر کے تحت کسی حد تک جوابات اخذ کرنے کی کوشش ہوسکتی ہے ۔ذیل میں اسی منطقی اور بڑی حد تک قیاسی نقطۂ نظر کے تحت کچھ تصوّر پیش کیا جائے گا جس سے ہماری مراد اسے حتمی حیثیت سے قبول کرنا نہیں بلکہ صاحبِ غور و فکر حضرات کے لئے دعوتِ فکر کی ترغیب ہے ۔ جیسا کہ پہلے عرض کیا، رسول اللہ نے آخر الزماں کے متعلق متعدد احادیث میں تفصیلات سے ہمیں آگاہ کیا جنہیں خود ایک علیحدہ موضوع کے طور پر سمجھنا چاہئے ۔بہت زیادہ طوالت کی وجہ سے ہم اس موضوع پر یہاں غور کے حق میں نہیں ہیں ۔ذیل کی تحریر میں امکان موجود ہے کہ ہمارا تجویز کردہ مفہوم رسول اللہ کی کسی حدیث سے جزوی طور پر عدم مطابقت کا شکار محسوس ہو ۔لیکن اس سے مقصود یہ ہے کہ ذیل میں پیش کردہ مفہوم جیسی نوعیت کے نتائج تک پہنچنے کے لئے رسول اللہ کی جملہ احادیث پر زیادہ گہری تحقیق کی طرف متوجہ کرنے کی ترغیب ہے ۔

اس دنیا کو اچانک پیش ہونے والے ہنگامۂ عظیم کے تحت ایک شکل ختم ہونے کے بعد دوسری شکل اختیار کرنا تو اللہ تعالیٰ نے قرآنِ کریم کی خصوصاً مختصر سورتوں میں بہت واضح الفاظ میں بیان کر دی ہیں، تاہم اس عظیم حادثہ سے گنتی کے چند سال قبل المسیح الدجال، امام مہدی اور المسیح الموعود یعنی حضرت عیسیٰؑ کی آمد و انجام پہلے پیش آنے ہیں ۔ انہی نوعیت کی احادیث میں رسول اللہ نے پانچ ادوار بھی پیشگوئیوں کی صورت میں بتائے جو مختصر الفاظ میں یہ کہ پہلے مرحلہ میں نبوّت و رحمت سے دین کی ابتدا، پھر دوسرا مرحلہ

نبوّت کے طریقہ پر خلافت جو رسول اللہ کے بعد تیس سال قائم رہی ، پھر تیسرا مرحلہ جس میں بداطوار بادشاہی جو خلافت عثمانیہ تک جاری رہا، پھر چوتھے مرحلے میں جبر کی فرمانروائی جس سے ہم اب گزر رہے ہیں ، پھر خلافت بطریقِ نبوّت کے ایک مختصر دورانیہ پر مشتمل پانچواں اور آخری مرحلہ جس میں آسمان دل کھول کر اپنی برکتوں کی بارش کرے گا اور زمین اپنے پیٹ کے سارے خزانے اگل دے گی ۔ اس آخری مرحلہ سے متعلق احادیث میں بیان کردہ بعض تفصیلات ہیں جو بعض حضرات کے ذہنوں میں الجھن کا سبب ہیں اور اکثریت کے اذہان واضح نہیں ہیں ۔ ہماری رائے اس معاملہ میں یہ ہے کہ اگر واقعۂ تخلیقِ آدمؑ کی طرف قارئین متوجہ ہوں تو نہ صرف یہ کہ بیشتر سوالوں کے واضح جوابات مل سکتے ہیں بلکہ کہیں زیادہ اہم بات یہ ہمارے سامنے آتی ہے کہ اِس پیشگی بتائے گئے انجام کے سوا کوئی اور انجام نہیں ہونا چاہئے تھا ۔

یہ نقطۂ نظر سمجھنے کے لئے دو باتیں اہم ترین ہیں ۔ پہلی یہ کہ حضرت آدمؑ کو سجدہ کرنے کے حکم پر فرشتوں کا اللہ تعالیٰ سے سوال تھا کہ ایسی ہستی کیوں تخلیق کی جا رہی ہے جو زمین میں خوں ریزی کرے گی اور فساد پھیلائے گی؟ اس کا کوئی جواب نہیں دیا گیا بلکہ حضرت آدمؑ کی اپنے طور پر علم حاصل کرنے کی استعداد کا حقیقی مظاہرہ انہیں کرایا گیا تو حضرت آدمؑ کی اس فضیلت کو فرشتوں نے تسلیم کیا ۔ یہ بات قرینِ قیاس ہے کہ فرشتے انسانوں کو دیکھتے رہے ہیں ، لہٰذا حضرت آدمؑ کے بعد سے لے کر اب تک کے انسانوں کے جو کچھ مشاہدات انہیں دیکھنے میں آچکے ہیں، ان میں ناحق قتل و غارت اور فساد فی الارض ہی غالب عنصر ہو سکتا ہے ۔ زمین پر پائی جانے والی تمام حیات بیک نظر دیکھی جائیں تو حیات کی کوئی نوع ایسی نہیں جو اپنی ہی نوع کا خون بہائے اور ان کی زندگی اجیرن کردے ۔ درندے اگر دوسرے جانوروں کو خوراک کے لئے ہلاک کرتے ہیں تو صرف اتنا جو اس وقت ان کے جسم کی ضرورت تھی اور یہ جبلت بھی ان کی اپنی منتخب کردہ اور وضع کردہ نہیں تھی ۔ انسانوں نے انسانوں میں خوں ریزی اور فساد پھیلانے کا جو مظاہرہ کیا ہے وہی اُس کی شروع دن سے اجتماعی تاریخ ہے ماسوا گنتی کے چند شہداء وصدیقین و صالحین اور گنتی کے چند افراد جنہوں نے ابتدائی تاریخ سے محسوس کائنات میں پوشیدہ راز دریافت کرنے میں اپنے دماغ

کی توانائیاں استعمال کیں۔ فرشتوں کا خوں ریزی اور فساد سے متعلق سوال کا جواب ابھی باقی ہے ۔

ہماری توجّہ کے لئے دوسری اہم بات ابلیس کی اپنی شخصیت ہے ۔ وہ حضرت آدمؑ کو سجدہ کرنے کے حکم پر براہ راست اللہ تعالیٰ کو مخاطب کر کے کہتا ہے: "دیکھ تو سہی کیا یہ اس قابل ہے کہ میں اسے سجدہ کروں؟"۔ ابلیس کے اس جواب پر جتنا سوچیں اتنی ہی حیرانی ہوتی ہے ۔ اللہ تعالیٰ کی ہستی کی معرفت تو ہر طرح سے غیر ممکن ہے لیکن جو ناقدری اللہ تعالیٰ کے لئے اس کے اندر پوشیدہ تھی وہ سجدہ کے حکم پر اس طرح باہر نکل آئی کہ موقع پر موجود سجدہ کرنے والے فرشتے ابلیس کی یہ صفت اب دیکھ سکتے تھے ۔ ابلیس کی ہستی میں نافرمانی اور خدا سے بغاوت و دشمنی کی مزید استعداد موجود تھی ۔ اُس بدقسمت نے دعویٰ کیا کہ اللہ تعالیٰ ابلیس کی حضرت آدمؑ پر فضیلت دیکھ لینے سے قاصر ہے، اس لئے وہ اللہ تعالیٰ سے کہتا ہے اسے اپنی بات ثابت کرنے کا موقع دیا جائے ۔ انسان کے دل میں وسوسے ڈال کر گمراہ کرنے کے اختیار کے ساتھ اسے موقع دے دیا گیا جس کی مشروط حدود سے تجاوز کرنے کے بعض مواقع پر اشارات ہمیں محسوس ہوئے تو ان کی نشاندہی کی گئی ۔ابلیس جنّوں میں کا ایک فرد ہے جو قرآنِ کریم کے متعلقہ بیانات کے مطابق خود کو اللہ تعالیٰ کے مقابلے میں برحق ثابت کرنے کا موقع ملنے کی بنا پر المسیح الدجال کی حیثیت سے زندہ ہے اور "ہر نفس کو موت کا ذائقہ چکھنا ہے" کے قول کے مطابق حضرت عیسیٰؑ کے ہاتھوں بالآخر موت کا ذائقہ چکھے گا ۔ ابلیس کے پہلے جرم کی سزا اگر ہلاکت ہو سکتی تھی تو غالباً اللہ تعالیٰ نے حضرت عیسیٰؑ کو مثلِ آدمؑ پیدا کیا ۔ قرآنِ کریم میں ارشاد ہے:

> اللہ کے نزدیک عیسیٰ کی مثال آدم کی سی ہے کہ اللہ نے اسے مٹّی سے
> پیدا کیا اور حکم دیا کہ ہو جا اور وہ ہو گیا (3-آل عمران:59)

قرآنِ کریم ہمیں بتاتا ہے جس طرح فطرت کے طریقے سے بالا طریقہ پر حضرت آدمؑ کو پیدا کیا اسی بالا طریقہ پر حضرت عیسیٰؑ خلق کئے گئے ۔قرآنِ کریم میں حضرت عیسیٰؑ کے لئے اگرچہ "ابن مریم" بھی استعمال ہوا ہے (19-مریم:34)،لیکن جیسا کہ اناجیل میں صراحتاً درج ہے،اپنی قوم کے سامنے حضرت عیسیٰؑ کا اپنے لئے "ابن آدم"

استعمال کرنا مناسب ترین بات تھی اور اپنے اندر کسی نوعیت کی الوہیت کے تصوّر کی معمولی سی بھی گنجائش فراہم نہیں کر سکتی تھی ۔ حضرت عیسیٰؑ کی قوم واقف تھی کہ تورات کی پہلی کتاب پیدائش حضرت آدمؑ مٹّی سے پیدا کئے جانے سے اپنا بیان شروع کرتی ہے ۔ حصّہ دوئم میں ہم حضرت عیسیٰؑ کے حوالے سے اسی انتہائی غیر معمولی خاصیت کی بہ تفصیل نشاندہی کر چکے ہیں کہ آنجناب نے اپنے عام خطبات میں یا اپنے حواریوں کو تعلیم دیتے وقت اپنی ہستی کے لئے ہر مرتبہ "ابن آدم" کے الفاظ استعمال کئے تھے ۔ اللہ تعالیٰ نے مثلِ آدمؑ حضرت عیسیٰؑ کو بقید حیات رکھنے کا فیصلہ کیا تاکہ ابلیس کی مہلتِ عمل اور میعادِ زندگی مکمّل ہونے پر پہلے جرم کی سزا کے طور پر اسی مثلِ آدم کے ہاتھوں ذلّت کی موت دیں جنہیں سجدہ کرنے سے اُس نے انکار کیا تھا ۔ خدا کی مخلوق کو راہِ خدا سے بھٹکانے کا جرم زیادہ بڑا ہے جس کے لئے اللہ تعالیٰ نے مقامِ دوزخ مخصوص کیا ہے جس میں وہ اور اُس کی تقلید کرنے والے اپنا ٹھکانہ بنائیں گے ۔حضرت عیسیٰؑ بھی دجال کی ہلاکت کے کچھ عرصہ بعد وفات پائیں گے تاکہ ہر نفس کو موت کا ذائقہ چکھنا ہے کا اطلاق آنجناب پر بھی ہوجائے ۔یہاں ایک اشتباہ پیدا ہو تا ہے کہ شیطان نے انکارِ سجدہ کے موقع پر مطالبہ کیا تھا کہ" مجھے قیامت تک کی مہلت دی جائے تو میں پوری نسلِ انسانی کی بیخ کنی کر ڈالوں گا، بس تھوڑے ہی لوگ مجھ سے بچ سکیں گے "-(17-بنی اسرائیل:61-65)۔لیکن اگر فرض کیا جائے کہ حضرت عیسیٰؑ کے ہاتھوں ابلیس کی ہلاکت کے وقت تمام دنیا میں اسلام پر قائم رہنے والے نسلِ انسانی کے آخری افراد ہوں تو ابلیس کو ابتدائے آفرینش سے پیدا ہونے والے تمام لوگوں کو گمراہ کرنے کا موقع مکمّل ہو جاتا ہے ۔ اس طرح بظاہر ہماری پیش کردہ منطقی تجویز غیر مناسب نہیں محسوس ہوتی، تاہم یہ بات محض تجویز کی حد تک ہے ۔ اس معاملے میں غیر ضروری کرید سے کہیں زیادہ اہم ہمارے اعمال ہیں جن کی جوابدہی کا سامنا ہمیں پیش ہونا ہے ۔

ایک سوال یہ رہ جاتا ہے کہ آخری اور پانچویں مرحلے میں خلافت بطریق نبوّت کیوں طے کی گئی ہے؟ قارئین کو حیرانی نہ ہو کہ یہ ابلیس کی ہلاکت کے بعد کا ایک قدرتی امر ہے ۔ رسول اللہ کا ارشاد ہے کہ آسمان و زمین کی تمام برکتیں بہ افراط باہر آ جائیں گی ۔سائنسی علوم و ترقی اوجِ کمال پر پہنچی ہو ، لوگوں کی ضروریاتِ زندگی کے

نیک اور ایماندار طریقوں سے حصول میں رکاوٹیں نہ رہیں اور لوگوں کے دلوں میں وسوسے ڈالنے والے ابلیس اور اُس کے لشکر نہ رہیں تو ہر انسان میں پیدا کردہ نفسِ لوّامہ کی صفت کافی ہے کہ انسانی معاشرہ صالحیت کا مظاہرہ کرے اور فرشتوں کو حقیقی جواب مل جائے کہ خوں ریزی اور فساد کا جو مظاہرہ نوعِ انسانی شروع سے دکھاتی رہی اس کا بڑا حصّہ ابلیس کے مرہونِ منت تھا۔اسی تفصیل میں یہ بات بھی پوشیدہ تھی کہ ابلیس کی باغیانہ کوششوں کے ذریعے انسانوں میں گویا کوئلوں کے ڈھیر میں سے ہیرے علیحدہ کرنے کا ہدف حاصل ہو گیا۔ آپ کسی کوئلے کی کان کی جملہ تاریخ پر توجّہ کریں تو پتہ چلتا ہے کہ کان دریافت ہونے کے بعد کوئلہ نکالنے کا مرحلہ شروع ہوا تو نکلتا ہی چلا جاتا ہے اور ختم ہونے میں نہیں آتا۔ اِس کے مقابلے میں کسی پہاڑ سے کوئی ہیرا اتفاقاً دریافت ہو تو پورا پہاڑ کھود کر ریزہ ریزہ کردینے اور بہ دقت چھاننے کے بعد مٹھی بھر ہیرے تلاش ہوتے ہیں جبکہ ہیرا بھی درختوں کی لکڑی میں موجود اسی کاربن سے بنا تھا جس کاربن سے کوئلہ بنا تھا۔ کیا یہ زیادہ قابلِ تعجب بات ہے کہ اسی تناسب سے کوئلے اور ہیرے کی صفات انسانی تاریخ میں نظر آتی ہیں ؟ جِنّات بھی اللہ تعالیٰ کی اُس بڑی سکیم کا حصّہ ہیں جس سکیم کی مناسب واقفیت انسان کو دنیاوی زندگی میں میسر نہیں۔اللہ تعالیٰ نے قرآنِ کریم کی سورہ اَلجِنَّ میں بہت خوبصورت تفصیلات بیان کیں کہ جِنّوں کے ایک گروہ کو رسول اللہ کی نمازِ فجر کی امامت کے دوران تلاوتِ کلام پاک کی سماعت ہوئی تو کلامِ پاک اُن کے دلوں میں اتر گیا، ایمان لے آئے اور اپنی قوم میں جا کر قرآنی تعلیمات کا ذکر کیا اور انہیں اللہ پر ایمان لانے کی دعوت دی۔ سورہ الرحمٰن کی تقریباً تمام آیات میں اللہ تعالیٰ نے براہ راست جِنّوں اور انسانوں کو مخاطب کیا۔ اسی طرح بعض دوسری سورتوں میں بھی جِنّوں کی طبیعت و صفات سے آگاہی فراہم کی ہے، لیکن قرآنِ کریم کی ایک آیت قارئین میں غالباً زیادہ معروف نہ ہو اِس لئے ذیل میں نقل ہے:

> اے گروہ جِنّ و انس، کیا تمھارے پاس خود تم ہی میں سے وہ پیغمبر نہیں آئے تھے جو تم کو میری آیات سناتے اور اِس دن کے انجام سے ڈراتے تھے؟ وہ کہیں گے "ہاں، ہم اپنے خلاف خود گواہی دیتے ہیں"
> (6-الانعام:130)

ان آیات میں جنّوں اور انسانوں سے روزِ آخرت جو سوال و جواب اور جزا و سزا کا فیصلہ کیا جائے گا اُس کے بیان میں اُن ہدایات کے متعلق پوچھا جائے گا جو اللہ تعالیٰ کے پیغمبروں کے وسیلے سے دونوں انواع تک پہنچائی گئی تھیں ۔اس آیت اور سورہ جِنّ میں واضح ہے کہ جِنّ نہ صرف یہ کہ انسانوں میں ارسال کردہ رسولوں پر ایمان لاتے ہیں بلکہ خود ان میں بھی ان کی اپنی نوع کے افراد اللہ کے رسول کی حیثیت سے مبعوث کئے جاتے ہیں ۔ اِس حقیقت کی روشنی میں جِنّوں میں سے ایک فرد ابلیس کی طبیعت کا اندازہ ہوتا ہے کہ خدا سے مقابلہ کرنے میں وہ کس حد تک جری ہے جبکہ اسی کی نوع میں سے کتنے ہیں جو اللہ تعالیٰ کے حضور عاجزی اختیار کرتے ہیں ۔علاوہ ازیں اگر غور کیا جائے تو اِس آیت میں اللہ تعالیٰ کی سکیم کی وسعت بھی محسوس کی جا سکتی ہے جو عام طور پر ہماری توجہ سے محروم رہتی ہے ۔

اب تک کی بحث میں اہم ترین بات کی طرف متوجہ کرنے کے لئے درکار پس منظر تقریباً مکمّل ہو گیا ہے سوائے ایک تفصیل جسے بیان کرنا ضروری ہے ۔ اس کے لئے ہم اوپر نقل کردہ قرآنی اقتباسات میں سے ایک اقتباس سہولت کی خاطر دوبارہ نقل کرتے ہیں:

> پھر اپنے کفر میں اتنے بڑھے کہ مریم پر سخت بہتان لگیا اور خود کہا کہ ہم نے عیسیٰ اِبن مریم، رسول اللہ کو قتل کر دیا ہے ۔ حالانکہ فی الواقع انہوں نے نہ اُس کو قتل کیا نہ صلیب پر چڑھایا بلکہ معاملہ اُن کے لیے مشتبہ کر دیا گیا ۔ اور جن لوگوں نے اِس کے بارے میں اختلاف کیا ہے وہ بھی دراصل شک میں مبتلا ہیں، ان کے پاس اِس معاملہ میں کوئی علم نہیں ہے ، محض گمان ہی کی پیروی ہے ۔ انہوں نے مسیح کو یقین کے ساتھ قتل نہیں کیا بلکہ اللہ نے اُس کو اپنی طرف اٹھا لیا ۔ اور اہلِ کتاب میں سے کوئی ایسا نہ ہوگا جو اُس کی موت سے پہلے اُس پر ایمان نہ لے آئے گا ۔ اور قیامت کے روز وہ اُن پر گواہی دے گا (4۔ النساء:156)

ذیل کی بحث میں ہماری توجّہ کا محور وہ یہودی ہیں جنہوں نے حضرت مریم پر بہتان طرازی کی اور خود کہا کہ ہم نے اللہ کے رسول کو قتل کردیا لیکن اس معاملہ میں شبہ کا شکار ہوئے ۔مروجہ معتبر اناجیل، کتاب اعمال اور دیگر خطوط میں ایسی کوئی بات نہیں پائی جاتی ہے بلکہ ان تحریروں میں بظاہر بہت واضح ہے کہ یروشلم کے سردار کاہن اور اُس کے مددگار وں نے رومن گورنر کے ذریعے

حضرت عیسیٰؑ کو صلیب پر چڑھا کر قتل کر دیا لیکن وفات کے تیسرے روز اپنی پیشگوئی کے مطابق زندہ ہو گئے اور چند روز اپنے اصحاب میں خود کو ظاہر کرنے اور چند ہدایات دینے کے بعد فرشتوں کے ذریعے آسمان پر اٹھا لئے گئے ۔ عیسائی عقیدہ کے بنیادی اجزاء کا تمام تر انحصار پَولُس کی وضع کردہ تعلیمات اور اناجیل کی انہی تفصیلات پر ہے جن کا مناسب گہرائی کے ساتھ تجزیہ حصّہ دوئم میں ہم دیکھ چکے ہیں ۔

ہم بعض مقامات پر شواہد پیش کر چکے ہیں کہ رسول اللہ کے زمانے میں جو یہودی اور عیسائی تعلیمات و روایات رائج تھیں وہ معتبر اناجیل سے مختلف تھیں لیکن عرصۂ دراز سے ان کے کوئی آثار دنیا میں موجود نہیں رہے ۔ہمارے قدیم و جدید مفسرین نے قرآنی آیات کی روشنی میں واقعۂ صلیب کی توضیح بیان کی جو قیاسات پر مبنی تھی ۔ مثال کے طور پر مولانا مودودیؒ نے ان آیات کی تفسیر میں تحریر کیا کہ غالباً رومن گورنر کے دربار میں حضرت عیسیٰؑ ہی پیش کئے گئے اور یہودیوں نے اس سے صلیب دینے کا مطالبہ کیا لیکن بعد میں اللہ تعالیٰ نے آپ کو اٹھا لیا جس کے نتیجے میں کسی اور شخص کو حضرت عیسیٰؑ سمجھتے ہوئے صلیب دی گئی ۔مولانا مودودیؒ تفہیم القرآن کی جلد اوّل تحریر کرتے وقت برنباس کی انجیل سے ناواقف تھے ورنہ واقعۂ صلیب کی تشریح میں انجیل برنباس کے بیان کو ترجیح دیتے اور قیاس سے اجتناب کرتے ۔ بعد ازاں تفہیم القرآن جلد پانچ لکھنے تک انجیل برنباس سے واقف ہو چکے تھے اور حسبِ دستور گہرا مطالعہ کر چکے تھے ۔ مولانا مودودیؒ انجیل برنباس سے متعلق اپنے تاثرات اور اس انجیل کو ترجیح دینے کی وجوہات تفہیم القرآن جلد پانچ میں سورہ 61-الصف آیت 5 کی تشریح کے سلسلے میں بہت شاندار طریقے سے بتا چکے ہیں ۔

عیسائی عقیدہ کی کتابوں میں موجود برنباس نامی تنہا ہستی کا تفصیلی تذکرہ کتاب اعمال اور پَولُس کے خطوط سے متعلق مباحثہ میں حصّہ دوئم میں ہم کرتے رہے ہیں ۔ برنباس سے منسوب انجیل سولہویں صدی میں اتفاقیہ رومی کلیسا سے کسی عیسائی معتقد کو دستیاب ہو گئی جسے کلیسا نے غیر معتبر اور مشکوک الصحّت کتابوں کے ذخیرہ میں عام عیسائیوں سے پوشیدہ کر رکھا تھا ۔ سولہویں صدی کے بعد عرصہ دراز تک یہ انجیل مسلمانوں میں غیر معروف رہی پھر

بیسویں صدی کے آغاز میں اس کے انگریزی تراجم سے لوگ واقف ہوئے اور بشمول اردو دوسری زبانوں میں ترجمے کئے گئے۔ عیسائی کلیسا کا اصرار ہے کہ یہ انجیل کسی مسلمان کی لکھی ہوئی ہے۔

انجیل برنباس میں واقعۂ صلیب کی جو ترجمانی کی گئی ہے وہ زیرِ غور قرآنی آیات سے سو فیصدی اتفاق کرتی ہے اور اصل واقعۂ کی حقیقی تفصیلات اس طرح بیان کرتی ہے کہ قرآنی آیات مکمّل واضح ہو کر نظروں کے سامنے آجاتی ہیں ہمیں انجیل برنباس کا 2005ء میں اردو میں طبع شدہ نسخہ دستیاب ہے جس میں سے حضرت عیسیٰؑ کے واقعۂ صلیب سے متعلق چند فقرے نقل کریں گے۔ چار معتبر اناجیل اور برنباس کی انجیل کے مطابق یہودیوں کی ایک ہفتہ پر مشتمل عید فسح کے نام سے سب سے بڑی عید کا موقع تھا جو کہ بنی اسرائیل کی فرعونیوں کی غلامی سے نجات کی یادگاری میں حضرت موسیٰؑ کی طرف سے دی گئی شریعت کے مطابق منایا جاتا تھا (خروج 23:14)۔اس موقع پر پورے فلسطین میں آباد یہودیوں کی کثیر تعداد کے ساتھ ساتھ حضرت عیسیٰؑ بھی اپنے حواریوں اور دوسرے عقیدت مندوں کے ساتھ یروشلم میں موجود تھے اور حضرت عیسیٰؑ کھلے بندوں ہیکل میں آنے والے عام یہودیوں کو وہ تعلیمات دے رہے تھے جو ہیکل کے عہدیداروں کو کسی طرح قابلِ قبول نہیں تھیں۔ انہوں نے عوامی بلوے کے خوف سے دن کی روشنی میں حضرت عیسیٰؑ پر ہاتھ ڈالنے کے بجائے رات کے اندھیرے کا انتخاب کیا اور حضرت عیسیٰؑ کے بارہ حواریوں میں سے ایک غدار حواری یہوداہ کی تیس سکوں کے عوض مخبری کی بنا پر کلیسا کے سپاہی آنجناب کو گرفتار کرنے کے لئے بھیجے۔ انجیل برنباس بتاتی ہے:

> مقدس فرشتے آئے اور اُس کھڑکی میں سے، جو دکھن کی طرف کھلتی ہے، یسوع کو نکال لے گئے۔ انہوں نے اسے تیسرے آسمان میں لا بٹھایا، ان فرشتوں کی صحبت میں جو ابد تک خدا کی حمد کرتے ہیں۔
>
> یہوداہ جھپٹ کر سبھوں سے پہلے اُس حجرے میں داخل ہوا جہاں سے یسوع کو اٹھا لیا گیا تھا اور شاگرد سو رہے تھے۔ اِس پر حیرت انگیز خدا نے حیرت انگیز کام کیا، وہ یہ کہ یہوداہ بدل کر بول چال اور چہرے میں ایسا یسوع کی مانند ہو گیا کہ ہم اسے یسوع ہی سمجھے۔ اور وہ ہمیں جگا کر دریافت کرنے لگا کہ استاد کہاں ہے۔ اِس پر ہم نے تعجب کیا اور جواب دیا: "آقا، تو ہی تو ہمارا استاد ہے، کیا تو ہمیں بھول گیا؟"

> اور وہ مسکرا کر بولا: "بھلا تم احمق ہو کہ مجھے یہوداہ اسکریوتی نہیں سمجھتے!" اور وہ یہ کہہ ہی رہا تھا کہ سپاہ داخل ہوئی، اور یہوداہ پر ہاتھ ڈال دیا، کیونکہ وہ ہر طرح سے یسوع جیسا تھا۔ ہم یہوداہ کی باتیں سن کر اور سپاہیوں کا انبوہ دیکھ کر گویا بدحواس بھاگ کھڑے ہوئے (انجیل برنباس:باب 215)

انجیل برنباس کے اس مختصر سے اقتباس نے حضرت عیسیٰؑ کے واقعۂ صلیب کی تمام حقیقت ہی نہیں کھول کر رکھ دی بلکہ وہ بنیادیں بھی ملیامیٹ کردی ہیں جن پر عیسائی عقیدہ کی جملہ عمارت تعمیر ہے۔ اس عقیدہ کی بنیاد کا پتھر ہی یہ ہے کہ حضرت عیسیٰؑ نے بحیثیت اِبن خدا صلیب پر لعنت کی موت قبول کر کے انسان کے پیدائشی گناہ کی قربانی دے دی اور اسے دائمی گناہ سے آزاد کر دیا۔ ابتدائی عیسائی معتقدین کی تمام وہ کتابیں جو حضرت عیسیٰؑ کی اصل تعلیمات اور حیاتِ طیبہ میں پیش آنے والے اصل واقعات بتاتی تھیں اُن کتابوں کی موجودگی میں عقیدۂ عیسائیت کی ترویج ممکن نہ تھی، اس لئے لامحالہ ایسی تمام کتابیں مردود قرار دینے، ضائع کر دینے اور ان کی تحویل بڑا جرم قرار دینے کے علاوہ کوئی اور تدبیر نہیں سوچی جا سکتی تھی۔ انجیل برنباس ان متعدد کتابوں میں شامل تھی۔

انجیل برنباس یہوداہ کی صلیب پر موت کے بعد یہ بھی بتاتی ہے کہ تمام حواری اور حضرت مسیحؑ کی والدہ صلیب پر ہلاک ہونے والی ہستی کو تمام وقت اپنی محبوب ہستی سمجھتے رہے اور واقعۂ وفات کے بعد انتہائی اندوہناک رنج و غم میں گرفتار تھے تو حضرت مسیحؑ ان کی تسلی وتشفی کے لئے ان کے درمیان آپہنچے:

> یسوع نے خدا سے دعا کی کہ اسے اپنی ماں اور اپنے شاگردوں کو دیکھنے کی طاقت عطا کرے۔ تب خدائے رحیم نے اپنے چار مقرّب فرشتوں کو حکم دیا کہ یسوع کو اس کی ماں کے گھر لے جائیں اور وہاں اُس پر تین دن تک نگہبانی کریں، اور وہ صرف اُن کو دکھائی دے جو اُس کی تعلیم پر ایمان لائے ہوں۔۔۔ یسوع نے اپنی ماں کو گلے لگا کر کہا: "امّاں، میرا اعتبار کر، میں تجھ سے سچ کہتا ہوں کہ میں مرا ہی نہیں ہوں، کیونکہ خدا نے مجھے دنیا کے خاتمے کے قریب تک کے لئے محفوظ رکھا ہے"(انجیل برنباس:باب 219)

انجیل برنباس کا یہ اقتباس منفرد ہے اور یہ کہ اگر چہ قرآنِ کریم میں اس بات کا ذکر نہیں لیکن اللہ تعالیٰ کی رحمت پر نظر کریں تو اسے

برحق تسلیم کرنے میں کوئی مشکل نہیں ہے ۔ انجیل برنباس بتاتی ہے کہ حیرت انگیز خدا نے یہودی کاہنوں اور اُن کے ساتھیوں کی کسی ممکنہ توہین سے پہلے ہی اپنے رسول کو زندہ اپنے حضور بلا لیا اور جس شخص نے تیس سکوں کے عوض آنجناب کو ممکنہ قاتلوں کے ہاتھ بیچ دیا تھا، اسی کو شکل اور آواز میں ہوبہو حضرت عیسٰی جیسا کر دیا ۔صلیب پر بالآخر یہی ذلّت کے ساتھ ہلاک ہوا ۔عدالتی مقدمہ، گورنر پیلاطس کے دربار میں پیشی اور صلیب دینے کی تفصیلات انجیل برنباس میں بھی کم و بیش چار اناجیل سے ملتی جلتی ہیں جنہیں یہاں نقل کرنے کی ضرورت نہیں ۔

یہاں غور طلب بات یہ ہے کہ قرآنی آیات کے حوالے سے یہ تو واضح ہے کہ حضرت عیسٰیؑ کو نہ تو صلیب دی گئی اور نہ ہی وہ قتل کئے گئے بلکہ اللہ تعالیٰ نے انہیں واپس بلا لیا لیکن یہ جزو واضح نہیں ہوتا کہ حضرت عیسٰیؑ کے قاتلوں نے یقین کے ساتھ آپ کو ہلاک نہیں کیا بلکہ شبہات کا شکار ہو گئے۔ انجیل برنباس اپنے بیان کے تسلسل میں بتاتی ہے کہ یہوداہ نے بہت واویلا کیا کہ وہ یسوع نہیں ہے لیکن گرفتاری سے لے کر صلیب دینے تک کسی نے بھی اس کا یقین نہیں کیا ۔ اس معاملے میں ہم انجیل کی طرف متوجہ ہوئے بغیر بھی اندازہ کر سکتے ہیں کہ یہوداہ کی گرفتاری کے وقت سے لے کر صلیب پر چڑھائے جانے تک خود یہوداہ پر کیا بیت رہی ہو گی یا وہ کن کیفیات کا شکار رہا ہو گا ۔ وہ خود کو کسی آئینہ میں تو نہ دیکھ سکتا تھا لیکن جب حضرت عیسٰیؑ کو گرفتار کراتے وقت دوسرے رفقا نے اسے یسوع قرار دیا تو اس کو یہی خیال آیا ہو گا کہ سب حواری اور سپاہ کسی شدید مغالطہ کا شکار ہیں اور اسی طرز پر اس کی چیخ و پکار انجیل برنباس میں درج ہے ۔معتبر اناجیل اور انجیل برنباس کی روداد بتاتی ہیں کہ سردار کاہن کی سپاہ حضرت عیسٰیؑ/یہوداہ کو رات میں گرفتار کر کے سردار کاہن کے دیوان خانہ میں پہنچا دیتی ہیں جہاں یہودی عمائدین تفتیش کے لئے جمع تھے ۔ اس موقع پر انجیل برنباس سے ایک اقتباس نقل ہے:

> سردار کاہن نے یہوداہ کو اپنے روبرو بندھا ہوا بلوایا، اور اُس سے اُس کے شاگردوں اور اُس کی تعلیم کی بابت سوال کیا ۔ اِس پر یہوداہ نے، گویا بےخودی کے عالم میں، کوئی ٹُک کا جواب نہ دیا ۔ تب سردار کاہن نے اسے اسرائیل کے زندہ خدا کی قسم دی کہ سچ سچ بتائے ۔

> یہوداہ نے جواب دیا: "میں تمہیں بتا چکا ہوں کہ میں یہوداہ اسکریوتی ہوں، جس نے تمہارے ہاتھ میں یسوع ناصری کو دینے کا وعدہ کیا تھا، اور تم نہ معلوم کس ترکیب سے دیوانے ہو گئے ہو، کہ ہر طرح مجھے یسوع ہی قرار دیتے ہو"(انجیل برنباس: باب 216)

تفصیلات تسلیم کی جا سکیں تو یہ واضح ہے کہ یہوداہ اب تک کی افراتفری میں اصل حقیقت نہیں سمجھ سکا تھا ۔ لیکن جلد ہی دوسرے تمام لوگوں کا اسے مسلسل یسوع سمجھنا یا کم از کم اپنی آواز میں تبدیلی سے مشتبہ ہو کر اس کو ضرور احساس ہوگیا ہوگا کہ کتنے بڑے قضیہ میں اس نے خود کو پھنسا لیا ہے ۔ وہ واقف تھا کہ ماضی میں اُس کی قوم فرعونیوں کی بدترین غلامی کا شکار تھی لیکن وہ صرف اللہ تعالیٰ ہی کی ہستی تھی جس نے اپنی قاہرانہ قوّت کا استعمال کیا اور فرعونیوں سے نجات دی تھی ۔ وہ بحیثیت قریبی حواری مستقلاً حضرت عیسیٰؑ کا ہمراہی ہونے کی وجہ سے حضرت عیسیٰؑ کو عطا کردہ صریح غیر معمولی معجزات دیکھتا اور تعلیمات میں روزِ آخرت کی جزا و سزا کے اصول و قاعدے سنتا رہا تھا ۔ یقینی امکان ہے کہ اسے یہ جاننے میں زیادہ دیر نہ لگی ہو کہ جو گناہ وہ کر بیٹھا ہے اب اُس کی بھیانک سزا سے بچ نہ سکے گا ۔ایسا شخص کیا کرے گا؟ وہ دم سادھ لے گا اور خاموش ہو جائے گا کہ اب بچاؤ کا کوئی راستہ ممکن نہیں ۔ اناجیل متی اور مرقس میں اس بات کا اشارہ ملتا ہے۔ ذیل میں متی سے اقتباس نقل ہے:

> اِس پر پیلاطس نے اُس سے کہا کیا تو سنتا نہیں یہ تیرے خلاف کیا گواہی دیتے ہیں؟ اُس نے ایک بات کا بھی اُس کو جواب نہیں دیا ۔ یہاں تک کہ حاکم نے بہت تعجب کیا (متی-27:13)

یہوداہ کی ایسے سنگین موقع پر مستقل خاموشی اِس حد تک تھی کہ حاکم کو بہت متعجب ہونا پڑا ۔ تاہم انہی کارروائیوں میں یہوداہ کے مختصر جوابی فقرے بھی درج ہیں، اس لئے ہم اس خاموشی کو اپنی دلیل کے حق میں خفیف سا اشارہ ہی شمار کر سکتے ہیں ۔ یہوداہ اسکریوتی کے متعلق معتبر اناجیل میں زیادہ قابلِ تعجب بات یہ نظر آتی ہے کہ اس کو چاروں اناجیل میں شروع ہی سے غدار دکھایا گیا ہے ۔ اناجیل ابتدائی تحریروں میں بارہ حواریوں کا تعارف کرتے وقت یہوداہ اسکریوتی کے لئے لکھتی ہیں "جس نے اسے، یعنی یسوع کو،

پکڑوا بھی دیا یہوداہ کی غداری کی پیشگی اطلاع حضرت مسیحؑ کے لبوں سے متعدد بار ادا ہونے کی حیثیت سے بتکرار لکھی گئی ہے۔ ہیکل کے سپاہیوں کو لے کر یہوداہ کا حضرت مسیحؑ کی گرفتاری کے لئے آنا بھی بہت صراحت کے ساتھ چاروں انجیل میں لکھا گیا ہے لہٰذا ہمیں، یا انجیل کے کسی بھی قاری کو، یہ جاننے میں دلچسپی ہونی چاہئے کہ حضرت مسیحؑ کی صلیبی وفات کے بعد یہوداہ اسکریوتی کا یہودیوں کے ساتھ یا بچ جانے والے حضرت مسیحؑ کے عقیدت مندوں کے ساتھ کیا معاملہ رہا۔ اگر اس بات کی تلاش کی جائے تو چار میں سے تین انجیلوں میں یہوداہ کے ذریعے حضرت مسیحؑ کی گرفتاری کے بعد اس کا نام سرے سے لیا ہی نہیں گیا ہے۔ صرف متی نے اس کا انجام تحریر کیا ہے جسے پڑھ لینا مناسب ہے:

جب اُس کے پکڑوانے والے یہوداہ نے یہ دیکھا کہ وہ (یعنی یسوع) مجرم ٹھہرایا گیا ہے تو پچھتایا اور وہ تیس روپے سردار کاہنوں اور بزرگوں کے پاس لا کر کہا۔ میں نے گناہ کیا کہ بے قصور کو قتل کے لئے پکڑوایا۔ انہوں نے کہا ہمیں کیا؟ تو جان۔ اور وہ روپیوں کو مقدس میں پھینک کر چلا گیا اور جا کر اپنے آپ کو پھانسی دی۔ (متی۔27:3)

یہوداہ کے اس انجام کو دیکھیں تو یہ سمجھنا مشکل ہے باقی تین انجیلوں میں اس واقعہ کو قطعی نظر انداز کر دینے کی کیا وجہ ہو سکتی ہے؟ حواریوں میں پطرس کے بعد یہی حواری ہے جس کا چاروں اناجیل سب سے زیادہ تذکرہ کرتی رہی تھیں۔ اُس کے جرمِ عظیم کے انجام سے متعلق مکمّل خاموشی اپنے طور پر تو عجیب بات ہی ہے لیکن یہوداہ کا انجام انجیل متی کے بعد دوسری اور آخری مرتبہ کتاب اعمال میں دیکھنے کو ملتا ہے جہاں واقعۂ صلیب کے چند دن بعد حواری اپنی کچھ ڈھارس بندھ جانے پر ایک جگہ جمع ہوتے ہیں تو پطرس حواری اپنا پہلا خطاب کرتا ہے:

اس نے بدکاری کی کمائی سے ایک کھیت حاصل کیا اور سر کے بل گرا اور اُس کا پیٹ پھٹ گیا اور اُس کی سب انتڑیاں نکل پڑیں، اور یہ یروشلم کے سب رہنے والوں کو معلوم ہوا (اعمال 1:18)

اس تفصیل میں اور جو کچھ انجیل متی میں موجود ہے دراصل دو مکمّل مختلف باتیں ہیں۔ انجیل متی میں یہوداہ کی پھانسی کا واقعہ

صلیب سے پہلے درج ہے جبکہ کتاب اعمال کا مصنف لوقا یہوداہ کا واقعۂ صلیب کے بعد کھیت خریدنے اور سر کے بل گر کر ہلاک ہونا اِس تصریح کے ساتھ بتاتا ہے کہ یروشلم کے سب رہنے والے اس کے انجامِ بد سے واقف ہوئے ۔ لیکن بعد میں یہی لوقا اپنی انجیل یعنی انجیل لوقا لکھتے وقت اس واقعہ کو نظر انداز کر دیتا ہے ۔

یہوداہ سے متعلق دستیاب ہونے والی قطعی مبہم تفصیلات جان لینے کے بعد ہم حضرت مسیحؑ کے یہودی قاتلوں کے شبہات سے وابستہ قرآنی آیات کا مفہوم قیاسی طور پر کسی حد تک سمجھ سکتے ہیں یروشلم میں موجود واقعۂ صلیب کے عملی حصّہ دار اور دیگر تمام شاہدین اس حقیقت سے واقف نہ تھے کہ حضرت مسیحؑ کی گرفتاری سے کچھ ہی لمحہ قبل کرۂ ارض اور یروشلم کے ماحول میں حضرت مسیحؑ کی صورت میں ایک طبعی انسانی وجود کی کمی آچکی ہے ۔ ایک شخص کو جسے ،یہ جانتے ہوئے کہ وہ اللہ کا رسول یسوع مسیح ہے، ہیکل کے عمائدین نے صلیب پر ہلاک کیا اور اس کی صلیبی موت کا یقین کر لینے کے بعد اس کے ایک معتقد نے صلیب پر سے اتار کر عارضی طور پر کسی مقبرہ میں رکھا ، وہ شخص عدالتی کاروائی کے دوران خود کو یہوداہ اسکریوتی بتاتا رہا تھا ۔ واقعۂ صلیب کا اگلا روز ان قاتلوں کے لئے یومِ سبت یعنی خدا کی عبادت اور آرام کا دن تھا ۔واقعۂ صلیب کی ہڑبونگ کے دوران انہیں یہوداہ کی موجودگی یا عدم موجودگی کا احساس نہ ہو سکتا تھا اس لئے کہ اللہ کے رسول کو جانتے بوجھتے ہلاک کرنے کی کوشش کے دوران طاری ہونے والی اضطراری کیفیت کوئی معمولی اضطرار نہیں ہو سکتی تھی ۔ جمعہ کی شب شروع ہونے تک قاتلین اپنے گھروں کو جا چکے تھے ۔ اس شب یا اگلے دن سبت کے دوران انہیں اپنے آدمی یہوداہ کا خیال ضرور آیا ہو گا اور اُس کی تلاش کی ہو گی جس نے اللہ کے رسول کی گرفتاری میں مدد کی تھی خصوصاً اس وجہ سے کہ جس ہستی کو جانتے بوجھتے قتل کیا وہ خود کو یہوداہ کہتا رہا تھا یہوداہ زندہ حالت میں یروشلم میں کہیں موجود نہیں ہے ۔گرفتاری سے پہلے ہی حضرت مسیحؑ کے جسم سمیت اٹھا لئے جانے اور یہوداہ کی شکل تبدیل ہو جانے سے وہ لا علم ہیں ۔ یہوداہ گمشدہ ہے اور جس شخص کو ان کی آنکھوں دیکھتے قبر میں لے جایا گیا ہے وہ یسوع ہے لیکن مرنے سے پہلے وہ خود کو یہوداہ کہتا رہا تھا ۔ یہودی عمائدین یقیناً خود سے سوال

کریں گے کہ انہوں نے کسے قتل کیا؟ اللہ کے رسول کو یا یہوداہ کو؟ تمام واقعہ کے دوران جو کچھ اُن کی آنکھیں دیکھتی رہیں وہ یہ کہ قتل ہونے والا شخص یسوع تھا لیکن اسی دوران جو کچھ اُن کے کان سنتے رہے وہ یہ کہ وہ یہوداہ تھا اور اب قطعی لاپتہ ہے ۔ اس صورتحال میں کسی پختہ یقین کے ساتھ اس سوال کا ایک مضبوط جواب وہ دے نہیں سکتے ۔اوپر نقل کی گئی سورہ النساء کی متعلقہ آیات میں "معاملہ مشتبہ ہو گیا" کی حقیقت واضح ہے ۔

اس بحث میں ہم نے یہوداہ کا انجام سے متعلق چند اقتباسات اناجیل سے نقل کئے ۔حضرت عیسیٰؑ کے معاملاتِ قتل میں اشتباہ سے متعلق ممکنہ احوال کا اختصار کے ساتھ کچھ ذکر سے ہماری مراد یہ ہے کہ ایسے معاملات جن میں قیاس کے سوا کسی حتمی نتیجے پر نہیں پہنچا جا سکتا ، ان پر کم از کم معتبر اناجیل کی تحریروں کی روشنی میں غور و فکر نہ کیا جائے ۔ ہم طبعاً یہ نتیجہ نکالنا چاہیں گے کہ یہوداہ کا انجام معتبر اناجیل سے حتمی طور پر متعین نہیں کیا جاسکتا، لیکن عیسائی معتقدین طبعاً اصرار کریں گے کہ اُس نے یا خودکشی کر لی یا وہ سر کے بل گرا اور اُس کا پیٹ پھٹ گیا یہودی و عیسائی عام معتقدین کو دعوتِ فکر کے لئے حقیقی تفصیلات صرف ان کتابوں سے ہی حاصل ہو سکتی ہیں جن کو کلیسا غیر معتبر اور مشکوک الصحت کتابیں قرار دیتا ہے ۔ بیسویں صدی میں حیرت انگیز انکشاف یہ ہوا ہے کہ چوتھی صدی میں بازنطینی بادشاہت نے پَولُس کی وضع کردہ عیسائیت قبول کرنے کے بعد عدم مطابقت رکھنے والی اناجیل طاقت کے زور پر زبردستی حاصل کرنا اور ضایع کرنا شروع کیں تو حضرت عیسیٰؑ پر مخلصانہ ایمان رکھنے والے ایسے بھی لوگ تھے جنہوں نے اپنی عزیز کتابیں حکومتی مظالم سے پوشیدہ رکھنے کی کوششوں میں مٹّی کے برتنوں میں محفوظ کر کے زیرِ زمین چھپا دیں یا کسی شخص کے فوت ہو جانے پر اُس کی محبوب کتاب میت کے سینے پر رکھکر اقارب نے میت دفن کردی ۔ انیسویں اور بیسویں صدی میں لاتعداد دستاویزات اور دوسرے آثار ایک تسلسل سے دریافت ہوتے رہے ہیں لیکن مسلمان اجتماعیت کی انتہائی شدید غفلت اور انفرادی مسلمانوں کی پیسے کی ہوس کے نتیجے میں تمام دستاویزات مکمّل طور پر مسلمان اجتماعیت کے قبضے میں رہنے کے بجائے ایک ایک کر کے مخصوص عیسائی اور یہودی اداروں کے محفوظ ہاتھوں میں

پہنچ چکی ہیں ۔ ہم ایسے ہی ایک قابلِ شرم واقعہ کی مختصر تفصیل ذیل میں بطورِ مثال تحریر کرنا چاہتے ہیں جو ہم نے ٹیلیویژن کے کسی دستاویزی پروگرام سے نوٹ کئے تھے ۔مسلمان اجتماعیت کے اسی افسوسناک مظاہرہ کی طرف متوجہ کرنے کا اشارہ ابتدا میں کیا تھا اور یہ کہ اسے تحریر کرنے کی خاطر ہم نے اوپر درج بحث مکمّل کی ہے ۔

یہوداہ کی انجیل

1978ء میں مصر کے ریگستانوں میں مصر کی قدیم قبطی زبان میں تحریر انجیل کا ایک نسخہ دریافت ہوا جو کچھ عرصہ بعد جنیوا کی بلیک مارکیٹ میں مخصوص تشہیر کے ساتھ نمودار ہوا ۔ قدیم زبانوں کے ماہرین اطلاع ملنے پر جنیوا میں جمع ہوئے تاکہ دریافت شدہ نسخہ کی قدر و قیمت کا اندازہ ہوسکے ۔نسخہ کا مصری مالک تیس لاکھ امریکی ڈالر کے بدلے میں اسے بیچنے پر تیار تھا ۔ نسخہ بیچنے والے کی طرف سے ماہرین کو صرف یہ بتایا گیا تھا کہ اس کتاب کے ٹائٹل پر لفظ "یہوداہ" لکھا ہے۔ متن کی اصلیت کی تحقیقات کے بغیر کسی تحریر کی مطلوبہ قیمت بہت مہنگی قرار دی گئی ۔ یہ دستاویز بالآخر کسی بہتر گاہک کی امید میں نیویارک کے کسی بینک کی تجوری میں پہنچ گئی اور مناسب خریدار نہ ملنے پر بیس سال تک تجوری میں پڑی رہی ۔طویل عرصہ گاہک کی تلاش میں ناکام ہونے کے بعد مالک نے ماہرین کو دستاویز کے مختصر اجزا فراہم کر کے مزید تجزیہ و تصدیق کا موقع دیا ۔ ان کوششوں کے نتیجے میں امکان ظاہر ہوا کہ یہ واقعتاً کسی یہوداہ نامی شخص کی تحریر ہے ۔ مالک اور گاہک کے درمیانی بروکر کی بل گیٹس تک رسائی ہوئی اور اس نے بل گیٹس کو بطورِ خریدار رضامند کر لیا۔ اس نئے خریدار کو خفیہ رکھتے ہوئے مالک کو پچیس لاکھ ڈالر کی آفر ہوئی لیکن اب مصری مالک کی حسّ شامہ زیادہ رقم کے امکانات سونگھنے لگی تھی ۔ آخر کو کتاب نہیں بیچی گئی۔ کتاب وقت کے ساتھ خستہ ہونے لگی تھی تو مالک نے اسے فریج میں رکھنے کا فیصلہ کیا تاکہ دستاویز مزید کچھ عرصہ محفوظ رہ جائے ،لیکن اس حرکت سے کتاب کی حالت مزید خستہ ہو گئی ۔

2006ء میں پہلی مرتبہ اخبارات اور دوسرے ابلاغی ذرائع کے ذریعے عام لوگوں کو اس اہم تاریخی دستاویز سے روشناس کرنے کا فیصلہ ہوا ۔ تشہیری مہم کے دوران بتایا گیا کہ یہ دستاویز عیسائی کتابوں میں قدیم ترین اور دوسری صدی عیسوی کی تحریر ہے جو کہ یہوداہ کی انجیل نہیں بلکہ یہوداہ کے بارے میں لکھی گئی ہے ۔ یسوع کی شخصیت اس تحریر میں دوسری چاروں معتبر اناجیل کے مقابلے میں بہت کچھ مختلف ہے ۔ یہوداہ کی شخصیت بھی اس میں بالکل مختلف ہے ۔ اس تحریر میں یہوداہ کو یسوع کی قابلِ اعتماد ہستی بتایا گیا ہے اور یہ کہ اس میں یسوع کی فلکیات اور دوسرے قدرتی مناظر سے متعلق تعلیمات و تشریحات موجود ہیں ۔ اس تحریر میں یسوع نے واقعۂ صلیب سے قبل مشہور عشاء ربّانی کے دوران یہوداہ کو خصوصی اور پوشیدہ علوم منتقل کرنے کے لئے منتخب کیا اور اسے حکم دیا کہ خدا کی مرضی پوری کرنے کے لئے اسے ایک انتہائی اہم کام سر انجام دینا ہوگا ۔ اس کتاب میں یہوداہ غدار نہیں بلکہ اسے حکم ہے کہ یسوع کی جان قربان کرنے کے لئے یسوع کو پکڑوانے کا الزام اپنے سر لے تاکہ خدا کی مرضی پوری ہو ۔ یسوع نے اس کو بتایا کہ یہ کام کرنے پر وہ ہمیشہ قابلِ نفرت نہیں رہے گا ۔اس کتاب میں یہوداہ یسوع کا حکم قبول کرتا ہے ۔ وہ شیطانی کردار نہیں بلکہ ایک ہیرو ہے ۔چاروں اناجیل کے مقابلے میں یہ تحریر یہوداہ کے کردار اور اُس کی شخصیت کو مکمّل طور پر بدل دیتی ہے ۔

ایک سال بعد 2007ء میں قدیم قبطی زبان کے کسی دوسرے ماہر نے کتاب کے مزید اجزا میسر ہونے کے بعد اپنے نتائج پیش کئے کہ پچھلے تجزیات میں تحریر کے کم اجزا اور درمیانی اجزا ضائع ہونے یا عدم دستیاب ہونے کی وجہ سے ترجمہ غلط ہو گیا تھا ۔ اضافی اجزا کی مدد سے بظاہر جو حقیقت نظر آتی ہے وہ یہ کہ یہوداہ انسان نہیں بلکہ تیرہ شیطانوں میں سے ایک ہے اور بدترین شیطان ہے ۔

2008ء میں کتاب کا مالک دیوالیہ ہو گیا تو اُس کی تمام املاک ضبط ہوگئیں جن میں یہ دستاویز بھی شامل تھی ۔اب پوری کتاب، جو کہ خستہ حال تھی اور دستاویز کے بعض اجزا مکمّل تباہ ہو چکے تھے ۔ ماہرین کو میسر تھی ۔ آخری اور مکمّل تجزیہ کے بعد ماہرین کی رائے یہ تھی کہ اس دستاویز کے مطابق کوئی حواری بھی نیک نیت کہلانے کا حقدار نہیں ۔ تمام حواری راہ بھٹکے ہوئے ہیں اور یہ کہ یسوع کی

محنت لاحاصل رہی ۔ماہرین کے مطابق 180ء میں اس کتاب کو کفر کے مصداق قرار دے دیا گیا تھا ۔کتاب کے اجزا ٹیلیویژن پروگرام کے مطابق حفاظت کے لئے واپس جنیوا پہنچا دیئے گئے ۔

اس دستاویز پر مغرب کے تحقیقاتی نتائج بہت عجیب ہیں ۔ دستاویز کے کچھ اجزاء دریافت ہونے کے بعد پہلی تحقیق کا خلاصہ یہ بتایا گیا تھا کہ یہوداہ نے اپنی مرضی سے اپنی جان کسی بڑے مقصد کے لئے قربان کی اور یہ کہ وہ غدار نہیں بلکہ ہیرو تھا ۔ پھر ایک سال بعد کچھ مزید اجزاء حاصل ہوئے تو تحقیق کے خلاصے نے شمالی سمت سے جنوب کا رخ اختیار کر لیا ۔یہ بات تسلیم کرنا بڑا مشکل ہے ۔ مغربی عیسائیت کے مذہبی اداروں کے بعض مشاہدات اس کتاب میں پیش کئے گئے ان کی روشنی میں قیاسات کئے جا سکتے ہیں کہ ممکنہ اصل معاملہ کیا ہو سکتا ہے ۔دریافت ہونے والی تمام ہی دستاویزات کی مکمّل طور پر قطعی غیر جانبداری کے ساتھ عام لوگوں تک رسائی ہونی چاہئے تھی ، لیکن اِس کا امکان نہیں ہو سکے گا ۔

جس بات کی نشاندہی ہم کرنا چاہتے ہیں وہ یہ کہ اس مصری دریافت کنندہ شخص کو علم تھا کہ کسی مسلمان ملک کے بادشاہ، شاہ زادے و شاہزادیاں، جمہوری حکومتیں اور ان گنت امیر کاروباری حضرات میں سے کسی کے پاس ایک انتہائی بوسیدہ کتاب بطورِ دریافت لے کر جائے تو لات مار کر نکالا جائے گا ، لہٰذا دوسرے تمام بیچنے والوں کی طرح اسے بھی جنیوا اور امریکہ ہی پہنچنا تھا ۔یہی حال صحائف بحیرۂ مردار (Dead Sea Scrolls) کا ہے ۔ فلسطین کے علاقے میں قمران کے غاروں کے قریب 1946ء میں کسی عرب چرواہے کے بیٹے کو بکریاں چَراتے وقت اتفاقیہ ایک غار میں موجود مٹّی کے بڑے مرتبان میں طومار رکھے ملے تو تجسس میں اپنے باپ کے پاس اٹھا لایا ۔باپ نے غیر اہم سمجھتے ہوئے اپنے خیمہ کے ستون سے چند دنوں کے لئے لٹکا دیا اور بعد میں ایک جوڑا چمڑے کے بنے سینڈل کے عوض بازار میں بیچ دیا ۔ بالآخر آنے والے دس سالوں میں تمام غاروں سے تلاش کر کے پندرہ ہزار طومار اور اجزا دریافت کر لئے گئے اور سب کے سب اسرائیل کی ملکیت میں محفوظ ہیں ۔یہ صحائف مجموعی طور پر تین صدی ق م سے لے کر 100 ء کے دوران عبرانی اور ارامی زبان میں لکھے جاتے رہے تھے ۔اسی طرح کی اور بھی مثالیں ہیں کہ اردن، ترکی، مصر ، فلسطین اور قریبی مسلمان

علاقوں میں تاریخی نوادرات تلاش کئے جاتے ہیں تاکہ اسرائیل یا مغربی خریداروں کو بیچے جا سکیں۔ مسلمان اجتماعیت میں تحقیقاتی نقطۂ نظر کی کچھ بھی قدر ہوتی تو دستاویزات کی علمی قدر و قیمت کا شعور ہوسکتا تھا ، قرآنِ کریم کی بعض آیات کی زیادہ بہتر سمجھ پیدا ہو سکتی تھی اور بہت سے سوالوں کے جواب مل سکتے تھے۔ افسوس کہ یہ موقع ہاتھ میں نہ رہا۔

کوہ نور ہیرا کسی بندر کو تھما دیا جائے تو وہ تجسس میں الٹ پلٹ کرے گا، اسے سونگھے گا لیکن اسی دوران کیلے کا گچھا اسے دیا جائے تو ہیرا پھینک کر اسے جھپٹ لے گا اور محفوظ مقام کی طرف دوڑ جائے گا تاکہ ہاتھ آئی شئے کے مزے اڑائے۔ مسلمانوں کی اجتماعیت اُس بندر سے کچھ مختلف نہیں ہے۔ لیکن ہم نے یہ غلط کہا۔ یہ بات اس لئے غلط ہے کہ بندر کو عقل و سمجھ میسر نہیں۔ "مسلمانوں کی اجتماعیت کسی بندر سے مختلف نہیں " جیسے الفاظ اصل حقیقت کی مکمّل ترجمانی نہیں کرتے۔

حرفِ آخر

آسمانی صحائف پر زمانۂ قدیم سے بے شمار کتابیں لکھی جاتی رہی ہیں ۔ اِن صحائف کے مندرجات میں سے کوئی پہلو ایسا نہیں ہے جو اہلِ علم حضرات کی تشریحات سے بچ رہا ہو ۔اِس کتاب کے لئے ہماری بنیادی کوشش یہ تھی کہ کُتبِ مقدّسہ کے بعض پہلوؤں کی وہ تشریحات اور مفاہیم پیش کئے جائیں جن پر ہمارے جدید مفسرین کی نظریں نہ پہنچ سکیں یا ان حضرات کی تشریحات میں کوئی کمی یا نقائص پائے جاتے ہیں ۔ نقائص کے ضمن میں بہت بڑا مسئلہ ہمارے اسلامی قدیم و جدید اہلِ علم حضرات کا بائیبل سے متعلق علم اور تصوّر تھا جو خود اپنی جگہ ناقص تھا اور اس کی وجہ سے قرآنِ کریم کی بعض آیات کی تشریحات میں بھی غیر حقیقی مفاہیم اپنی جگہ بناتے رہے تھے ۔ بائیبل کی تحاریر اور خصوصاً تورات کے مندرجات میں انسانی کمزوریوں کے تحت پیدا ہونے والے نقائص اس حد تک پیچیدہ تھے کہ ہمارے اہلِ علم ان کی اصل وجوہات تک نہ تو بآسانی پہنچ سکتے تھے اور نہ ہی اکثر اوقات سرّی و خفی غلطیوں کی نشاندہی کر سکتے تھے ۔ گذشتہ چند صدی کے دوران خود مغربی مفکرین ان نقائص کی طرف متوجہ ہوئے اور غلطیوں اور غلط بیانیوں کے اصل مُحرّکات کی نشاندہی اور وضاحت کرنے میں بڑی حد تک کامیاب ہوگئے ۔ ہم نے انہی مغربی تحقیقات و انکشافات سے استفادہ کیا اور اس کوشش کے نتیجے میں اطمینان و انبساط کی سب سے بڑی بات ہمیں یہ حاصل ہو سکی کہ اللہ تعالیٰ کے چند انتہائی جلیل القدر انبیاء سے منسوب انتہائی پست اور کبیرہ گناہ جیسے واقعات کے لئے قصداً کی گئی غلط بیانیاں اور ان غلط بیانیوں کے مُحرّکات ہم خود بائیبل کے مندرجات سے ثابت کر سکے اور ساتھ ہی ساتھ ان انبیاء کی اصل قدر و قیمت بھی بائیبل کی انہی تحاریر سے نکال کر قارئین کے سامنے رکھ دیں ۔ان معاملات کو مناسب وضاحت کے ساتھ سامنے لانا اور بائیبل کے علماء اور سرپرستوں کا خود اپنے مذہب کے عقیدت مندوں کو اصل حقائق سے محروم رکھنے سے متعلق طریقۂ کار جیسے اہم امور قارئین کے سامنے پیش کرنا انتہائی ضروری تھا ۔ ایسی تمام تفصیلات اور ہماری معروضات کتاب کے حصّہ اوّل و دوئم میں بیان کی گئیں ۔

جدید دور کے اہلِ علم سمجھے جانے والے بعض اسلامی معلمین اور متکلمین کے دینِ اسلام کے متعلق پیش کردہ متضاد مفاہیم کے اہم نکات اور قرآنی آیات کے ناقص اور غیر حقیقی تراجم اور تفاسیر قارئین کے سامنے بطورِ مثال پیش کئے اور قرآنِ کریم کی دینِ اسلام سے متعلق حقیقی تعلیمات اور مسلمانوں کی حقیقی ذمّہ داریاں قرآن و سنّت کی روشنی میں بہ دلائل واضح کی گئیں ۔تاریخ کے تجزیہ سے واضح کیا کہ اجتماعیت اور خصوصاً کائناتی مظاہر سے وابستہ علوم کے حصول کی جو ذمّہ داری اُمت مسلمہ پر اجتماعی نظام کے تحت عائد تھی، اس کی اہمیت اور تقاضوں کے شعور سے غافل اور منحرف رہ کر وہ راہ اختیار کی جو پستیوں کی طرف لے جانے والی راہ ہے ۔ساتھ ہی یہ بھی واضح کیا کہ دنیوی اور اخروی کامرانیوں کی شاہراہ ایسی نہیں کہ انسان انفرادی حیثیت سے یا اجتماعی طور پر ایک مرتبہ کھو بیٹھے تو یہ دوبارہ تلاش اور حاصل نہیں ہوسکتی ۔ قرآنِ کریم اور سنّت رسول اللہ ہی واحد ذریعۂ ہدایت مطمع نظر ہو تو جس لمحہ اس راہ پر چلنے کا فیصلہ کر لیا جائے، اسی لمحہ یہ ذرائع اپنی ہدایات کا فیضان جاری کر دیتے ہیں ۔رسول اللہ کی رحلت کے بعد کے تیس سال منہا کردیئے جائیں تو جملہ اسلامی تاریخ میں اُمّتِ مسلمہ بنی نوع انسان کے سامنے حقیقی اسلامی تمدّن کا عملی نمونہ پیش کرنے سے قاصر رہی ہے جس سے بڑی بدقسمتی کا تصوّر محال ہے ۔ اس کا واحد نتیجہ یہ رہا کہ نوعِ انسانی کی اکثریت قرآنی تعلیمات کی طرف متوجہ ہونے سے قاصر رہ کر شیطانی قوّوتوں کے رحم و کرم پر بے آسرا چھوڑ دی گئی ۔عالمگیر اجتماعیت اب اس حالت کو پہنچ چکی کہ مادّہ پرستانہ تصوّر زندگی کی تقلید کے سوا زندگی کا کوئی بلند تر مقصد اور مطمح نظر کی شناخت تک سے عاجز ہے ۔

اس کتاب کے عنوان کے مطابق یہودیت، عیسائیت اور اسلام کے اپنے مآخذ صحائف زیرِ تجزیہ لائے گئے اور پھر تینوں عقائد کے بنیادی عناصر کو محققانہ نقطۂ نظر کے تحت پیش کیا گیا ۔ تحریر کا تمام حصّہ اس طریقہ کی نذر ہونے کے باوجود ہم تیسرے حصّہ میں موقع بہ موقع محض اشارات کے مقابلے میں نسبتاً زیادہ وضاحت کے ساتھ قرآنِ کریم کی اجتماعیت کے حوالے سے ہدایات کی قدر و قیمت اور حقیقی مفہوم نمایاں کرنے کی کوشش کرتے رہے ۔ سنجیدہ قارئین سے امید کرتے ہیں کہ مناسب توجّہ سے کتاب پڑھی جائے اور

ساتھ میں قرآنِ کریم اور رسول اللہ کی سنّت پر نظر مرکوز رہے تو زندگی کے برتر مفاہیم زیادہ روشن دکھائی دے سکتے ہیں ۔خصوصاً وہ نوجوان جو کائناتی مظاہر میں پوشیدہ حقیقتیں جاننے کے متلاشی ہوں ، انہیں ایک بہتر ذہن کے ساتھ مناظر فطرت کی تحقیق کی درست راہ کے لئے ہماری کتاب کے بعض اشارات اور قرآنِ کریم کے متعلقہ مندرجات لازماً حقیقی رہنمائی فراہم کریں گے ۔

ہم اللہ تبارک و تعالیٰ کے انتہائی شکر گزار ہیں کہ ہماری طویل عرصہ پر مبنی دلی تمنّائیں اِس کتاب کی شکل میں تکمیل کو پہنچ سکیں ۔انسان کی عقلی استعداد اپنی وسعتوں میں بہت محدود ہے ، لہٰذا اس کا عمل غلطیوں اور نقائص سے پاک کبھی نہیں ہو سکتا ۔ یہ بات یقینی ہے کہ ہم بھی اپنے کام میں متعدد مقامات پر غلطیوں کا شکار ہیں لیکن بہت کم ایسا ہوتا ہے کہ انسان اپنی غلطی از خود بہ عجلت تلاش کر لے ۔ غلطیاں وقت کے ساتھ ساتھ عیاں ہوتی ہیں ، لہٰذا بہت ممکن ہے کہ بعض غلطیوں سے ہم خود بھی مستقبل میں واقف ہو سکیں گے ، تاہم قارئین سے التماس ہے کہ ہماری غلطیوں پر اصلاح کے لئے ہمیں ضرور متنبہ کریں ۔

فہرستِ ماخذ

-کتابِ مُقدّس پاکستان بائیبل سوسائٹی انارکلی لاہور -پاکستان 2015ء

- برنباس کی انجیل مترجم آسی ضیائی، اسلامک پبلیکیشنز 3-کورٹ سٹریٹ، لوئر مال لاہور -پاکستان 2005ء

-تفہیم القرآن مولانا ابوالاعلیٰ مودودی، مکتبۂ تعمیرِ انسانیت، موچی دروازہ لاہور -پاکستان

-سیرتِ سرورِ عالم مولانا سید ابوالاعلیٰ مودودی ، ترجمان القرآن لاہور -پاکستان 1989ء

-تدبر قرآن ، مولانا امین احسن اصلاحی، فاران فاؤنڈیشن، فلک شیر پرنٹرز، ابراہیم روڈ لاہور -پاکستان 2009ء

-تفسیر ابن کثیر، مترجم خطیب الہند مولانا محمد جونا گڑھی، مکتبۂ قدوسیہ، رسول پلازہ امین پور بازار، فیصل آباد -پاکستان 2006ء

-تاریخِ طبری، علامہ ابو جعفر محمد بن جریر الطبری، ترحمہ سید محمد ابراہیم، نفیس اکیڈمی، اردو بازار کراچی -پاکستان 2004ء

-میزان ، جاوید احمد غامدی، المورد ادارہ علم و تحقیق، شرکت پرنٹنگ پریس لاہور -پاکستان 2009ء

-تعبیر کی غلطی مولانا وحید الدین خاں، فضلی سنز پبلشرز، کراچی -پاکستان 1997ء

مطالعہ قرآن کریم کا منتظر نصاب مرتبہ ڈاکٹر اسرار احمد مکتبۂ- ماڈل ٹاؤن لاہور Kخدّام قرآن لاہور، 36-

چودہ ستارے، مولانا سید نجم الحسن کر اروی، امامیہ کتب خانہ،- مغل حویلی لاہور پاکستان 1973ء

-The Holy Bible, King James Version, Kappa Books Publishers, USA

-The New Oxford Annotated Bible 3rd Edition, New Revised Standard Version, Oxford 1989

-Josephus The Complete Work Translated by Williom Whiston, Thomas Nelson Publishers Nashville 1998

-The Bible the Quran and Science, Dr Maurice Bucaille Translated by Alastair D. Parnell, Millat book center, Delhi-India 2005

-Who wrote the Bible, Richard Elliott Friedman, Summit Books, New York 1987

www.ingramcontent.com/pod-product-compliance
Lightning Source LLC
Chambersburg PA
CBHW020629300426
44112CB00007B/62